2024

年 版

法律法规全书系列

中华人民共和国

教育法律法规全书

EDUCATION LAWS AND REGULATIONS

· 含全部规章 ·

法律出版社法规中心 编

法律出版社
LAW PRESS · CHINA

北京

图书在版编目(CIP)数据

中华人民共和国教育法律法规全书 : 含全部规章 / 法律出版社法规中心编. -- 2 版. -- 北京 : 法律出版社, 2024

(法律法规全书系列)

ISBN 978-7-5197-8663-2

Ⅰ. ①中… Ⅱ. ①法… Ⅲ. ①教育法-汇编-中国 Ⅳ. ①D922.169

中国国家版本馆 CIP 数据核字(2023)第 247764 号

中华人民共和国教育法律法规全书(含全部规章)
ZHONGHUA RENMIN GONGHEGUO JIAOYU FALÜ FAGUI QUANSHU (HAN QUANBU GUIZHANG)

法律出版社法规中心 编

责任编辑 冯高琼
装帧设计 臧晓飞

出版发行 法律出版社
编辑统筹 法规出版分社
责任校对 裴 黎 王语童
责任印制 耿润瑜
经 销 新华书店

开本 787 毫米×960 毫米 1/16
印张 48.5 **字数** 1630 千
版本 2024 年 1 月第 2 版
印次 2024 年 1 月第 1 次印刷
印刷 三河市兴达印务有限公司

地址:北京市丰台区莲花池西里 7 号(100073)
网址:www.lawpress.com.cn
投稿邮箱:info@lawpress.com.cn
举报盗版邮箱:jbwq@lawpress.com.cn

销售电话:010-83938349
客服电话:010-83938350
咨询电话:010-63939796

书号:ISBN 978-7-5197-8663-2
定价:98.00 元

凡购买本社图书,如有印装错误,我社负责退换。电话:010-83938349

编辑出版说明

教育是民族振兴、社会进步的重要基石,是功在当代、利在千秋的德政工程,对提高人民综合素质、促进人的全面发展、增强中华民族创新创造活力、实现中华民族伟大复兴具有决定性意义。党中央、国务院高度重视教育工作。习近平同志在中国共产党第二十次全国代表大会上的报告《高举中国特色社会主义伟大旗帜　为全面建设社会主义现代化国家而团结奋斗》中强调:教育是国之大计、党之大计。坚持以人民为中心发展教育,加快建设高质量教育体系,发展素质教育,促进教育公平。加快义务教育优质均衡发展和城乡一体化,优化区域教育资源配置,强化学前教育、特殊教育普惠发展,坚持高中阶段学校多样化发展,完善覆盖全学段学生资助体系。统筹职业教育、高等教育、继续教育协同创新,推进职普融通、产教融合、科教融汇,优化职业教育类型定位。加强基础学科、新兴学科、交叉学科建设,加快建设中国特色、世界一流的大学和优势学科。引导规范民办教育发展。为满足教育工作者的各种工作需求,便于家长、学生等了解教育相关法律政策规定,我们精心编辑出版了这本《中华人民共和国教育法律法规全书(含全部规章)》,本书具有以下特点:

一、收录全面,编排合理,查询方便

收录改革开放以来至2023年12月期间公布的现行有效的与教育相关的法律、行政法规、司法解释、部门规章以及重要的规范性文件,全面涵盖教育法律制度的方方面面。

全书内容分为:综合,学前教育,义务教育,高等教育,职业技术教育,学位管理与研究生教育,成人教育,特殊教育,家庭教育,留学教育,民办教育、校外培训机构、合作办学,教师队伍建设,教育资金,学校管理,未成年人保护等十五个大类,部分大类下分设诸多小类,便于读者根据工作、实务需求查询对应类别的相关规定。

二、特设条旨,收录指导案例及典型案例,实用性强

全书对相关核心主体法附加条旨,指引读者迅速找到自己需要的条文。收录最高人民法院、最高人民检察院发布的与教育、未成年人保护相关的指导案例及典型案例,这些案例在实践中起到指引法官"同案同判"的作用,具有很高的参考性。

三、特色服务,动态增补

为保持本书与新法的同步更新,避免读者在一定周期内重复购书,特结合法律出版社法规中心的资源优势提供动态增补服务。读者可扫描封底二维码,查看、下载增补材料。

由于编者水平有限,还望读者在使用过程中不吝赐教,提出您的宝贵意见(邮箱地址:faguizhongxin@163.com),以便本书继续修订完善。谢谢!

法律出版社法规中心

2023年12月

总　目　录

目　录

一、综　合

---

① 目录中对有修改的文件,将其第一次公布的时间和最近一次修改的时间一并列出,在正文中收录的是最新修改后的文本。特此说明。

二、学前教育

1. 综合

2. 幼儿园教师

三、义务教育

1. 综合

2. 学校、教师

3. 教材、读物

四、高等教育

1. 综合

2. 学校管理

3. 教材及教职工

五、职业技术教育

1. 综合

2. 学校管理

3. 教师、教材

4. 职业技能、职业大赛

六、学位管理与研究生教育

七、成人教育

八、特殊教育

九、家庭教育

十、留学教育

十一、民办教育、校外培训机构、合作办学

1. 民办教育

2. 校外培训机构

3. 中外合作办学

十二、教师队伍建设

十三、教育资金

十四、学 校 管 理

1. 学校文体工作

2. 学校卫生与食品安全

3. 学校安全管理

十五、未成年人保护

1. 综合

2. 社会保护

3. 司法保护

【指导案例】

【典型案例】

附　录

一、综合

资料补充栏

中华人民共和国宪法(节录)

1. 1982年12月4日第五届全国人民代表大会第五次会议通过
2. 1982年12月4日全国人民代表大会公告公布施行
3. 根据1988年4月12日第七届全国人民代表大会第一次会议通过的《中华人民共和国宪法修正案》、1993年3月29日第八届全国人民代表大会第一次会议通过的《中华人民共和国宪法修正案》、1999年3月15日第九届全国人民代表大会第二次会议通过的《中华人民共和国宪法修正案》、2004年3月14日第十届全国人民代表大会第二次会议通过的《中华人民共和国宪法修正案》和2018年3月11日第十三届全国人民代表大会第一次会议通过的《中华人民共和国宪法修正案》修正

第十九条　【教育事业】①国家发展社会主义的教育事业,提高全国人民的科学文化水平。

国家举办各种学校,普及初等义务教育,发展中等教育、职业教育和高等教育,并且发展学前教育。

国家发展各种教育设施,扫除文盲,对工人、农民、国家工作人员和其他劳动者进行政治、文化、科学、技术、业务的教育,鼓励自学成才。

国家鼓励集体经济组织、国家企业事业组织和其他社会力量依照法律规定举办各种教育事业。

国家推广全国通用的普通话。

第二十三条　【人才培养】国家培养为社会主义服务的各种专业人才,扩大知识分子的队伍,创造条件,充分发挥他们在社会主义现代化建设中的作用。

第二十四条　【精神文明建设】国家通过普及理想教育、道德教育、文化教育、纪律和法制教育,通过在城乡不同范围的群众中制定和执行各种守则、公约,加强社会主义精神文明的建设。

国家倡导社会主义核心价值观,提倡爱祖国、爱人民、爱劳动、爱科学、爱社会主义的公德,在人民中进行爱国主义、集体主义和国际主义、共产主义的教育,进行辩证唯物主义和历史唯物主义的教育,反对资本主义的、封建主义的和其他的腐朽思想。

第三十六条　【宗教信仰自由】中华人民共和国公民有宗教信仰自由。

任何国家机关、社会团体和个人不得强制公民信仰宗教或者不信仰宗教,不得歧视信仰宗教的公民和不信仰宗教的公民。

国家保护正常的宗教活动。任何人不得利用宗教进行破坏社会秩序、损害公民身体健康、妨碍国家教育制度的活动。

宗教团体和宗教事务不受外国势力的支配。

第四十五条　【社会保障权利】中华人民共和国公民在年老、疾病或者丧失劳动能力的情况下,有从国家和社会获得物质帮助的权利。国家发展为公民享受这些权利所需要的社会保险、社会救济和医疗卫生事业。

国家和社会保障残废军人的生活,抚恤烈士家属,优待军人家属。

国家和社会帮助安排盲、聋、哑和其他有残疾的公民的劳动、生活和教育。

第四十六条　【受教育权利义务】中华人民共和国公民有受教育的权利和义务。

国家培养青年、少年、儿童在品德、智力、体质等方面全面发展。

第四十七条　【文化活动权】中华人民共和国公民有进行科学研究、文学艺术创作和其他文化活动的自由。国家对于从事教育、科学、技术、文学、艺术和其他文化事业的公民的有益于人民的创造性工作,给以鼓励和帮助。

中华人民共和国教育法

1. 1995年3月18日第八届全国人民代表大会第三次会议通过
2. 根据2009年8月27日第十一届全国人民代表大会常务委员会第十次会议《关于修改部分法律的决定》第一次修正
3. 根据2015年12月27日第十二届全国人民代表大会常务委员会第十八次会议《关于修改〈中华人民共和国教育法〉的决定》第二次修正
4. 根据2021年4月29日第十三届全国人民代表大会常务委员会第二十八次会议《关于修改〈中华人民共和国教育法〉的决定》第三次修正

目　录

---

① 条文主旨为编者所加,下同。

第一章　总　　则

第一条　【立法目的】为了发展教育事业，提高全民族的素质，促进社会主义物质文明和精神文明建设，根据宪法，制定本法。

第二条　【适用范围】在中华人民共和国境内的各级各类教育，适用本法。

第三条　【指导思想和基本原则】国家坚持中国共产党的领导，坚持以马克思列宁主义、毛泽东思想、邓小平理论、“三个代表”重要思想、科学发展观、习近平新时代中国特色社会主义思想为指导，遵循宪法确定的基本原则，发展社会主义的教育事业。

第四条　【教育的地位】教育是社会主义现代化建设的基础，对提高人民综合素质、促进人的全面发展、增强中华民族创新创造活力、实现中华民族伟大复兴具有决定性意义，国家保障教育事业优先发展。

全社会应当关心和支持教育事业的发展。

全社会应当尊重教师。

第五条　【教育的任务】教育必须为社会主义现代化建设服务、为人民服务，必须与生产劳动和社会实践相结合，培养德智体美劳全面发展的社会主义建设者和接班人。

第六条　【教育基本内容】教育应当坚持立德树人，对受教育者加强社会主义核心价值观教育，增强受教育者的社会责任感、创新精神和实践能力。

国家在受教育者中进行爱国主义、集体主义、中国特色社会主义的教育，进行理想、道德、纪律、法治、国防和民族团结的教育。

第七条　【继承和吸收】教育应当继承和弘扬中华优秀传统文化、革命文化、社会主义先进文化，吸收人类文明发展的一切优秀成果。

第八条　【教育与国家和社会利益】教育活动必须符合国家和社会公共利益。

国家实行教育与宗教相分离。任何组织和个人不得利用宗教进行妨碍国家教育制度的活动。

第九条　【公民的教育权利和义务】中华人民共和国公民有受教育的权利和义务。

公民不分民族、种族、性别、职业、财产状况、宗教信仰等，依法享有平等的受教育机会。

第十条　【帮助、扶持的教育】国家根据各少数民族的特点和需要，帮助各少数民族地区发展教育事业。

国家扶持边远贫困地区发展教育事业。

国家扶持和发展残疾人教育事业。

第十一条　【教育改革、公平、科研】国家适应社会主义市场经济发展和社会进步的需要，推进教育改革，推动各级各类教育协调发展、衔接融通，完善现代国民教育体系，健全终身教育体系，提高教育现代化水平。

国家采取措施促进教育公平，推动教育均衡发展。

国家支持、鼓励和组织教育科学研究，推广教育科学研究成果，促进教育质量提高。

第十二条　【语言文字】国家通用语言文字为学校及其他教育机构的基本教育教学语言文字，学校及其他教育机构应当使用国家通用语言文字进行教育教学。

民族自治地方以少数民族学生为主的学校及其他教育机构，从实际出发，使用国家通用语言文字和本民族或者当地民族通用的语言文字实施双语教育。

国家采取措施，为少数民族学生为主的学校及其他教育机构实施双语教育提供条件和支持。

第十三条　【奖励对象】国家对发展教育事业做出突出贡献的组织和个人，给予奖励。

第十四条　【管理体制】国务院和地方各级人民政府根据分级管理、分工负责的原则，领导和管理教育工作。

中等及中等以下教育在国务院领导下，由地方人民政府管理。

高等教育由国务院和省、自治区、直辖市人民政府管理。

第十五条　【教育行政部门】国务院教育行政部门主管全国教育工作，统筹规划、协调管理全国的教育事业。

县级以上地方各级人民政府教育行政部门主管本行政区域内的教育工作。

县级以上各级人民政府其他有关部门在各自的职责范围内，负责有关的教育工作。

第十六条　【人大监督】国务院和县级以上地方各级人民政府应当向本级人民代表大会或者其常务委员会报告教育工作和教育经费预算、决算情况，接受监督。

第二章　教育基本制度

第十七条　【教育阶段制度】国家实行学前教育、初等教育、中等教育、高等教育的学校教育制度。

国家建立科学的学制系统。学制系统内的学校和其他教育机构的设置、教育形式、修业年限、招生对象、培养目标等，由国务院或者由国务院授权教育行政部门规定。

第十八条　【学前教育】国家制定学前教育标准，加快普及学前教育，构建覆盖城乡，特别是农村的学前教育公共服务体系。

各级人民政府应当采取措施，为适龄儿童接受学前教育提供条件和支持。

第十九条　【义务教育】国家实行九年制义务教育制度。

各级人民政府采取各种措施保障适龄儿童、少年就学。

适龄儿童、少年的父母或者其他监护人以及有关社会组织和个人有义务使适龄儿童、少年接受并完成规定年限的义务教育。

第二十条　【职业教育和继续教育】国家实行职业教育制度和继续教育制度。

各级人民政府、有关行政部门和行业组织以及企业事业组织应当采取措施，发展并保障公民接受职业学校教育或者各种形式的职业培训。

国家鼓励发展多种形式的继续教育，使公民接受适当形式的政治、经济、文化、科学、技术、业务等方面的教育，促进不同类型学习成果的互认和衔接，推动全民终身学习。

第二十一条　【考试制度】国家实行国家教育考试制度。

国家教育考试由国务院教育行政部门确定种类，并由国家批准的实施教育考试的机构承办。

第二十二条　【学业证书】国家实行学业证书制度。

经国家批准设立或者认可的学校及其他教育机构按照国家有关规定，颁发学历证书或者其他学业证书。

第二十三条　【学位制度】国家实行学位制度。

学位授予单位依法对达到一定学术水平或者专业技术水平的人员授予相应的学位，颁发学位证书。

第二十四条　【扫盲教育】各级人民政府、基层群众性自治组织和企业事业组织应当采取各种措施，开展扫除文盲的教育工作。

按照国家规定具有接受扫除文盲教育能力的公民，应当接受扫除文盲的教育。

第二十五条　【教育督导和教育评估】国家实行教育督导制度和学校及其他教育机构教育评估制度。

第三章　学校及其他教育机构

第二十六条　【举办学校及其他教育机构】国家制定教育发展规划，并举办学校及其他教育机构。

国家鼓励企业事业组织、社会团体、其他社会组织及公民个人依法举办学校及其他教育机构。

国家举办学校及其他教育机构，应当坚持勤俭节约的原则。

以财政性经费、捐赠资产举办或者参与举办的学校及其他教育机构不得设立为营利性组织。

第二十七条　【设立条件】设立学校及其他教育机构，必须具备下列基本条件：

（一）有组织机构和章程；

（二）有合格的教师；

（三）有符合规定标准的教学场所及设施、设备等；

（四）有必备的办学资金和稳定的经费来源。

第二十八条　【审批、注册和备案制度】学校及其他教育机构的设立、变更和终止，应当按照国家有关规定办理审核、批准、注册或者备案手续。

第二十九条　【学校权利】学校及其他教育机构行使下列权利：

（一）按照章程自主管理；

（二）组织实施教育教学活动；

（三）招收学生或者其他受教育者；

（四）对受教育者进行学籍管理，实施奖励或者处分；

（五）对受教育者颁发相应的学业证书；

（六）聘任教师及其他职工，实施奖励或者处分；

（七）管理、使用本单位的设施和经费；

（八）拒绝任何组织和个人对教育教学活动的非法干涉；

（九）法律、法规规定的其他权利。

国家保护学校及其他教育机构的合法权益不受侵犯。

第三十条　【学校义务】学校及其他教育机构应当履行下列义务：

（一）遵守法律、法规；

（二）贯彻国家的教育方针，执行国家教育教学标准，保证教育教学质量；

（三）维护受教育者、教师及其他职工的合法权益；

（四）以适当方式为受教育者及其监护人了解受教育者的学业成绩及其他有关情况提供便利；

（五）遵照国家有关规定收取费用并公开收费项目；

（六）依法接受监督。

第三十一条　【学校内部管理体制】学校及其他教育机构的举办者按照国家有关规定，确定其所举办的学校或者其他教育机构的管理体制。

学校及其他教育机构的校长或者主要行政负责人必须由具有中华人民共和国国籍、在中国境内定居、并具备国家规定任职条件的公民担任，其任免按照国家有关规定办理。学校的教学及其他行政管理,由校长负责。

学校及其他教育机构应当按照国家有关规定,通过以教师为主体的教职工代表大会等组织形式,保障教职工参与民主管理和监督。

第三十二条　【学校的法律地位】学校及其他教育机构具备法人条件的,自批准设立或者登记注册之日起取得法人资格。

学校及其他教育机构在民事活动中依法享有民事权利,承担民事责任。

学校及其他教育机构中的国有资产属于国家所有。

学校及其他教育机构兴办的校办产业独立承担民事责任。

第四章　教师和其他教育工作者

第三十三条　【教师的权利义务】教师享有法律规定的权利,履行法律规定的义务,忠诚于人民的教育事业。

第三十四条　【教师待遇】国家保护教师的合法权益,改善教师的工作条件和生活条件,提高教师的社会地位。

教师的工资报酬、福利待遇,依照法律、法规的规定办理。

第三十五条　【教师制度】国家实行教师资格、职务、聘任制度,通过考核、奖励、培养和培训,提高教师素质,加强教师队伍建设。

第三十六条　【管理人员和教辅人员等】学校及其他教育机构中的管理人员,实行教育职员制度。

学校及其他教育机构中的教学辅助人员和其他专业技术人员,实行专业技术职务聘任制度。

第五章　受教育者

第三十七条　【受教育者的平等权】受教育者在入学、升学、就业等方面依法享有平等权利。

学校和有关行政部门应当按照国家有关规定,保障女子在入学、升学、就业、授予学位、派出留学等方面享有同男子平等的权利。

第三十八条　【国家和社会资助】国家、社会对符合入学条件、家庭经济困难的儿童、少年、青年,提供各种形式的资助。

第三十九条　【残疾人教育】国家、社会、学校及其他教育机构应当根据残疾人身心特性和需要实施教育,并为其提供帮助和便利。

第四十条　【违法犯罪的未成年人】国家、社会、家庭、学校及其他教育机构应当为有违法犯罪行为的未成年人接受教育创造条件。

第四十一条　【职业教育】从业人员有依法接受职业培训和继续教育的权利和义务。

国家机关、企业事业组织和其他社会组织,应当为本单位职工的学习和培训提供条件和便利。

第四十二条　【终身教育】国家鼓励学校及其他教育机构、社会组织采取措施,为公民接受终身教育创造条件。

第四十三条　【受教育者权利】受教育者享有下列权利:

(一)参加教育教学计划安排的各种活动,使用教育教学设施、设备、图书资料;

(二)按照国家有关规定获得奖学金、贷学金、助学金;

(三)在学业成绩和品行上获得公正评价,完成规定的学业后获得相应的学业证书、学位证书;

(四)对学校给予的处分不服向有关部门提出申诉,对学校、教师侵犯其人身权、财产权等合法权益,提出申诉或者依法提起诉讼;

(五)法律、法规规定的其他权利。

第四十四条　【受教育者义务】受教育者应当履行下列义务:

(一)遵守法律、法规;

(二)遵守学生行为规范,尊敬师长,养成良好的思想品德和行为习惯;

(三)努力学习,完成规定的学习任务;

(四)遵守所在学校或者其他教育机构的管理制度。

第四十五条　【学校、体育和卫生保健】教育、体育、卫生行政部门和学校及其他教育机构应当完善体育、卫生保健设施,保护学生的身心健康。

第六章　教育与社会

第四十六条　【社会环境】国家机关、军队、企业事业组织、社会团体及其他社会组织和个人,应当依法为儿童、少年、青年学生的身心健康成长创造良好的社会环境。

第四十七条　【社会合作】国家鼓励企业事业组织、社会团体及其他社会组织同高等学校、中等职业学校在教学、科研、技术开发和推广等方面进行多种形式的合作。

企业事业组织、社会团体及其他社会组织和个人,可以通过适当形式,支持学校的建设,参与学校管理。

第四十八条　【学生实习和社会实践】国家机关、军队、企业事业组织及其他社会组织应当为学校组织的学生实习、社会实践活动提供帮助和便利。

第四十九条　【社会公益活动】学校及其他教育机构在不影响正常教育教学活动的前提下，应当积极参加当地的社会公益活动。

第五十条　【家庭教育】未成年人的父母或者其他监护人应当为其未成年子女或者其他被监护人受教育提供必要条件。

未成年人的父母或者其他监护人应当配合学校及其他教育机构，对其未成年子女或者其他被监护人进行教育。

学校、教师可以对学生家长提供家庭教育指导。

第五十一条　【文化单位义务】图书馆、博物馆、科技馆、文化馆、美术馆、体育馆（场）等社会公共文化体育设施，以及历史文化古迹和革命纪念馆（地），应当对教师、学生实行优待，为受教育者接受教育提供便利。

广播、电视台（站）应当开设教育节目，促进受教育者思想品德、文化和科学技术素质的提高。

第五十二条　【校外教育】国家、社会建立和发展对未成年人进行校外教育的设施。

学校及其他教育机构应当同基层群众性自治组织、企业事业组织、社会团体相互配合，加强对未成年人的校外教育工作。

第五十三条　【社会文化教育】国家鼓励社会团体、社会文化机构及其他社会组织和个人开展有益于受教育者身心健康的社会文化教育活动。

第七章　教育投入与条件保障

第五十四条　【经费筹措体制】国家建立以财政拨款为主、其他多种渠道筹措教育经费为辅的体制，逐步增加对教育的投入，保证国家举办的学校教育经费的稳定来源。

企业事业组织、社会团体及其他社会组织和个人依法举办的学校及其他教育机构，办学经费由举办者负责筹措，各级人民政府可以给予适当支持。

第五十五条　【财政经费比例】国家财政性教育经费支出占国民生产总值的比例应当随着国民经济的发展和财政收入的增长逐步提高。具体比例和实施步骤由国务院规定。

全国各级财政支出总额中教育经费所占比例应当随着国民经济的发展逐步提高。

第五十六条　【经费支出与增长】各级人民政府的教育经费支出，按照事权和财权相统一的原则，在财政预算中单独列项。

各级人民政府教育财政拨款的增长应当高于财政经常性收入的增长，并使按在校学生人数平均的教育费用逐步增长，保证教师工资和学生人均公用经费逐步增长。

第五十七条　【专项资金】国务院及县级以上地方各级人民政府应当设立教育专项资金，重点扶持边远贫困地区、少数民族地区实施义务教育。

第五十八条　【教育费附加】税务机关依法足额征收教育费附加，由教育行政部门统筹管理，主要用于实施义务教育。

省、自治区、直辖市人民政府根据国务院的有关规定，可以决定开征用于教育的地方附加费，专款专用。

第五十九条　【校办产业】国家采取优惠措施，鼓励和扶持学校在不影响正常教育教学的前提下开展勤工俭学和社会服务，兴办校办产业。

第六十条　【捐资助学】国家鼓励境内、境外社会组织和个人捐资助学。

第六十一条　【经费、捐赠使用】国家财政性教育经费、社会组织和个人对教育的捐赠，必须用于教育，不得挪用、克扣。

第六十二条　【教育信贷】国家鼓励运用金融、信贷手段，支持教育事业的发展。

第六十三条　【经费监管】各级人民政府及其教育行政部门应当加强对学校及其他教育机构教育经费的监督管理，提高教育投资效益。

第六十四条　【学校基建】地方各级人民政府及其有关行政部门必须把学校的基本建设纳入城乡建设规划，统筹安排学校的基本建设用地及所需物资，按照国家有关规定实行优先、优惠政策。

第六十五条　【教学用品】各级人民政府对教科书及教学用图书资料的出版发行，对教学仪器、设备的生产和供应，对用于学校教育教学和科学研究的图书资料、教学仪器、设备的进口，按照国家有关规定实行优先、优惠政策。

第六十六条　【现代化教学手段】国家推进教育信息化，加快教育信息基础设施建设，利用信息技术促进优质教育资源普及共享，提高教育教学水平和教育管理水平。

县级以上人民政府及其有关部门应当发展教育信息技术和其他现代化教学方式，有关行政部门应当优先安排，给予扶持。

国家鼓励学校及其他教育机构推广运用现代化教学方式。

第八章　教育对外交流与合作

第六十七条　【对外交流合作原则】国家鼓励开展教育

对外交流与合作，支持学校及其他教育机构引进优质教育资源，依法开展中外合作办学，发展国际教育服务，培养国际化人才。

教育对外交流与合作坚持独立自主、平等互利、相互尊重的原则，不得违反中国法律，不得损害国家主权、安全和社会公共利益。

第六十八条　【出国管理】中国境内公民出国留学、研究、进行学术交流或者任教，依照国家有关规定办理。

第六十九条　【境外人员入境学习】中国境外个人符合国家规定的条件并办理有关手续后，可以进入中国境内学校及其他教育机构学习、研究、进行学术交流或者任教，其合法权益受国家保护。

第七十条　【境外学业证书承认】中国对境外教育机构颁发的学位证书、学历证书及其他学业证书的承认，依照中华人民共和国缔结或者加入的国际条约办理，或者按照国家有关规定办理。

第九章　法律责任

第七十一条　【有关经费的违法责任】违反国家有关规定，不按照预算核拨教育经费的，由同级人民政府限期核拨；情节严重的，对直接负责的主管人员和其他直接责任人员，依法给予处分。

违反国家财政制度、财务制度，挪用、克扣教育经费的，由上级机关责令限期归还被挪用、克扣的经费，并对直接负责的主管人员和其他直接责任人员，依法给予处分；构成犯罪的，依法追究刑事责任。

第七十二条　【扰乱教学秩序等行为的法律责任】结伙斗殴、寻衅滋事，扰乱学校及其他教育机构教育教学秩序或者破坏校舍、场地及其他财产的，由公安机关给予治安管理处罚；构成犯罪的，依法追究刑事责任。

侵占学校及其他教育机构的校舍、场地及其他财产的，依法承担民事责任。

第七十三条　【对有危险的教学设施不采取措施的法律责任】明知校舍或者教育教学设施有危险，而不采取措施，造成人员伤亡或者重大财产损失的，对直接负责的主管人员和其他直接责任人员，依法追究刑事责任。

第七十四条　【乱收费用的法律责任】违反国家有关规定，向学校或者其他教育机构收取费用的，由政府责令退还所收费用；对直接负责的主管人员和其他直接责任人员，依法给予处分。

第七十五条　【违法办学的法律责任】违反国家有关规定，举办学校或者其他教育机构的，由教育行政部门或者其他有关行政部门予以撤销；有违法所得的，没收违法所得；对直接负责的主管人员和其他直接责任人员，依法给予处分。

第七十六条　【违规招生的法律责任】学校或者其他教育机构违反国家有关规定招收学生的，由教育行政部门或者其他有关行政部门责令退回招收的学生，退还所收费用；对学校、其他教育机构给予警告，可以处违法所得五倍以下罚款；情节严重的，责令停止相关招生资格一年以上三年以下，直至撤销招生资格、吊销办学许可证；对直接负责的主管人员和其他直接责任人员，依法给予处分；构成犯罪的，依法追究刑事责任。

第七十七条　【徇私舞弊招生的法律责任】在招收学生工作中滥用职权、玩忽职守、徇私舞弊的，由教育行政部门或者其他有关行政部门责令退回招收的不符合入学条件的人员；对直接负责的主管人员和其他直接责任人员，依法给予处分；构成犯罪的，依法追究刑事责任。

盗用、冒用他人身份，顶替他人取得的入学资格的，由教育行政部门或者其他有关行政部门责令撤销入学资格，并责令停止参加相关国家教育考试二年以上五年以下；已经取得学位证书、学历证书或者其他学业证书的，由颁发机构撤销相关证书；已经成为公职人员的，依法给予开除处分；构成违反治安管理行为的，由公安机关依法给予治安管理处罚；构成犯罪的，依法追究刑事责任。

与他人串通，允许他人冒用本人身份，顶替本人取得的入学资格的，由教育行政部门或者其他有关行政部门责令停止参加相关国家教育考试一年以上三年以下；有违法所得的，没收违法所得；已经成为公职人员的，依法给予处分；构成违反治安管理行为的，由公安机关依法给予治安管理处罚；构成犯罪的，依法追究刑事责任。

组织、指使盗用或者冒用他人身份，顶替他人取得的入学资格的，有违法所得的，没收违法所得；属于公职人员的，依法给予处分；构成违反治安管理行为的，由公安机关依法给予治安管理处罚；构成犯罪的，依法追究刑事责任。

入学资格被顶替权利受到侵害的，可以请求恢复其入学资格。

第七十八条　【乱收学杂费的法律责任】学校及其他教育机构违反国家有关规定向受教育者收取费用的，由教育行政部门或者其他有关行政部门责令退还所收费用；对直接负责的主管人员和其他直接责任人员，依法给予处分。

第七十九条　【非法获取试题或答案等行为的法律责

任】考生在国家教育考试中有下列行为之一的，由组织考试的教育考试机构工作人员在考试现场采取必要措施予以制止并终止其继续参加考试；组织考试的教育考试机构可以取消其相关考试资格或者考试成绩；情节严重的，由教育行政部门责令停止参加相关国家教育考试一年以上三年以下；构成违反治安管理行为的，由公安机关依法给予治安管理处罚；构成犯罪的，依法追究刑事责任：

（一）非法获取考试试题或者答案的；

（二）携带或者使用考试作弊器材、资料的；

（三）抄袭他人答案的；

（四）让他人代替自己参加考试的；

（五）其他以不正当手段获得考试成绩的作弊行为。

第八十条 【组织作弊等行为的法律责任】任何组织或者个人在国家教育考试中有下列行为之一，有违法所得的，由公安机关没收违法所得，并处违法所得一倍以上五倍以下罚款；情节严重的，处五日以上十五日以下拘留；构成犯罪的，依法追究刑事责任；属于国家机关工作人员的，还应当依法给予处分：

（一）组织作弊的；

（二）通过提供考试作弊器材等方式为作弊提供帮助或者便利的；

（三）代替他人参加考试的；

（四）在考试结束前泄露、传播考试试题或者答案的；

（五）其他扰乱考试秩序的行为。

第八十一条 【疏于管理的法律责任】举办国家教育考试，教育行政部门、教育考试机构疏于管理，造成考场秩序混乱、作弊情况严重的，对直接负责的主管人员和其他直接责任人员，依法给予处分；构成犯罪的，依法追究刑事责任。

第八十二条 【违法颁发学业证书等行为的法律责任】学校或者其他教育机构违反本法规定，颁发学位证书、学历证书或者其他学业证书的，由教育行政部门或者其他有关行政部门宣布证书无效，责令收回或者予以没收；有违法所得的，没收违法所得；情节严重的，责令停止相关招生资格一年以上三年以下，直至撤销招生资格、颁发证书资格；对直接负责的主管人员和其他直接责任人员，依法给予处分。

前款规定以外的任何组织或者个人制造、销售、颁发假冒学位证书、学历证书或者其他学业证书，构成违反治安管理行为的，由公安机关依法给予治安管理处罚；构成犯罪的，依法追究刑事责任。

以作弊、剽窃、抄袭等欺诈行为或者其他不正当手段获得学位证书、学历证书或者其他学业证书的，由颁发机构撤销相关证书。购买、使用假冒学位证书、学历证书或者其他学业证书，构成违反治安管理行为的，由公安机关依法给予治安管理处罚。

第八十三条 【侵权行为的法律责任】违反本法规定，侵犯教师、受教育者、学校或者其他教育机构的合法权益，造成损失、损害的，应当依法承担民事责任。

第十章 附 则

第八十四条 【军事和宗教教育】军事学校教育由中央军事委员会根据本法的原则规定。

宗教学校教育由国务院另行规定。

第八十五条 【外资办学】境外的组织和个人在中国境内办学和合作办学的办法，由国务院规定。

第八十六条 【施行日期】本法自 1995 年 9 月 1 日起施行。

中华人民共和国
国家通用语言文字法

1. 2000 年 10 月 31 日第九届全国人民代表大会常务委员会第十八次会议通过

2. 2000 年 10 月 31 日中华人民共和国主席令第 37 号公布

3. 自 2001 年 1 月 1 日起施行

目 录

第一章 总 则

第一条 【立法目的】为推动国家通用语言文字的规范化、标准化及其健康发展，使国家通用语言文字在社会生活中更好地发挥作用，促进各民族、各地区经济文化交流，根据宪法，制定本法。

第二条 【国家通用语言文字】本法所称的国家通用语言文字是普通话和规范汉字。

第三条 【推广普通话与推行规范汉字】国家推广普通话，推行规范汉字。

第四条 【学习和使用】公民有学习和使用国家通用语

言文字的权利。

国家为公民学习和使用国家通用语言文字提供条件。

地方各级人民政府及其有关部门应当采取措施，推广普通话和推行规范汉字。

第五条 【使用的原则】国家通用语言文字的使用应当有利于维护国家主权和民族尊严，有利于国家统一和民族团结，有利于社会主义物质文明建设和精神文明建设。

第六条 【国家的责任】国家颁布国家通用语言文字的规范和标准，管理国家通用语言文字的社会应用，支持国家通用语言文字的教学和科学研究，促进国家通用语言文字的规范、丰富和发展。

第七条 【国家奖励】国家奖励为国家通用语言文字事业做出突出贡献的组织和个人。

第八条 【民族语言文字自由】各民族都有使用和发展自己的语言文字的自由。

少数民族语言文字的使用依据宪法、民族区域自治法及其他法律的有关规定。

第二章 国家通用语言文字的使用

第九条 【公务用语用字】国家机关以普通话和规范汉字为公务用语用字。法律另有规定的除外。

第十条 【教育用语用字】学校及其他教育机构以普通话和规范汉字为基本的教育教学用语用字。法律另有规定的除外。

学校及其他教育机构通过汉语文课程教授普通话和规范汉字。使用的汉语文教材，应当符合国家通用语言文字的规范和标准。

第十一条 【汉语文出版物】汉语文出版物应当符合国家通用语言文字的规范和标准。

汉语文出版物中需要使用外国语言文字的，应当用国家通用语言文字作必要的注释。

第十二条 【播音用语】广播电台、电视台以普通话为基本的播音用语。

需要使用外国语言为播音用语的，须经国务院广播电视部门批准。

第十三条 【服务用字】公共服务行业以规范汉字为基本的服务用字。因公共服务需要，招牌、广告、告示、标志牌等使用外国文字并同时使用中文的，应当使用规范汉字。

提倡公共服务行业以普通话为服务用语。

第十四条 【基本用语用字】下列情形，应当以国家通用语言文字为基本的用语用字：

（一）广播、电影、电视用语用字；

（二）公共场所的设施用字；

（三）招牌、广告用字；

（四）企业事业组织名称；

（五）在境内销售的商品的包装、说明。

第十五条 【信息用语文字】信息处理和信息技术产品中使用的国家通用语言文字应当符合国家的规范和标准。

第十六条 【方言的使用】本章有关规定中，有下列情形的，可以使用方言：

（一）国家机关的工作人员执行公务时确需使用的；

（二）经国务院广播电视部门或省级广播电视部门批准的播音用语；

（三）戏曲、影视等艺术形式中需要使用的；

（四）出版、教学、研究中确需使用的。

第十七条 【繁体字、异体字的保留或使用】本章有关规定中，有下列情形的，可以保留或使用繁体字、异体字：

（一）文物古迹；

（二）姓氏中的异体字；

（三）书法、篆刻等艺术作品；

（四）题词和招牌的手书字；

（五）出版、教学、研究中需要使用的；

（六）经国务院有关部门批准的特殊情况。

第十八条 【汉语拼音方案】国家通用语言文字以《汉语拼音方案》作为拼写和注音工具。

《汉语拼音方案》是中国人名、地名和中文文献罗马字母拼写法的统一规范，并用于汉字不便或不能使用的领域。

初等教育应当进行汉语拼音教学。

第十九条 【普通话能力】凡以普通话作为工作语言的岗位，其工作人员应当具备说普通话的能力。

以普通话作为工作语言的播音员、节目主持人和影视话剧演员、教师、国家机关工作人员的普通话水平，应当分别达到国家规定的等级标准；对尚未达到国家规定的普通话等级标准的，分别情况进行培训。

第二十条 【对外汉语教学】对外汉语教学应当教授普通话和规范汉字。

第三章 管理和监督

第二十一条 【国务院的规划指导与管理监督】国家通用语言文字工作由国务院语言文字工作部门负责规划指导、管理监督。

国务院有关部门管理本系统的国家通用语言文字

的使用。

第二十二条　【地方语言文字的管理和监督】地方语言文字工作部门和其他有关部门，管理和监督本行政区域内的国家通用语言文字的使用。

第二十三条　【工商行政的管理监督】县级以上各级人民政府工商行政管理部门依法对企业名称、商品名称以及广告的用语用字进行管理和监督。

第二十四条　【测试等级标准】国务院语言文字工作部门颁布普通话水平测试等级标准。

第二十五条　【译名】外国人名、地名等专有名词和科学技术术语译成国家通用语言文字，由国务院语言文字工作部门或者其他有关部门组织审定。

第二十六条　【违法及其处理】违反本法第二章有关规定，不按照国家通用语言文字的规范和标准使用语言文字的，公民可以提出批评和建议。

本法第十九条第二款规定的人员用语违反本法第二章有关规定的，有关单位应当对直接责任人员进行批评教育；拒不改正的，由有关单位作出处理。

城市公共场所的设施和招牌、广告用字违反本法第二章有关规定的，由有关行政管理部门责令改正；拒不改正的，予以警告，并督促其限期改正。

第二十七条　【违法干涉】违反本法规定，干涉他人学习和使用国家通用语言文字的，由有关行政管理部门责令限期改正，并予以警告。

第四章　附　　则

第二十八条　【施行日期】本法自 2001 年 1 月 1 日起施行。

中华人民共和国国防教育法

1. *2001 年 4 月 28 日第九届全国人民代表大会常务委员会第二十一次会议通过*
2. *根据 2018 年 4 月 27 日第十三届全国人民代表大会常务委员会第二次会议《关于修改〈中华人民共和国国境卫生检疫法〉等六部法律的决定》修正*

目　　录

第一章　总　　则

第一条　【立法目的】为了普及和加强国防教育，发扬爱国主义精神，促进国防建设和社会主义精神文明建设，根据国防法和教育法，制定本法。

第二条　【国防教育】国防教育是建设和巩固国防的基础，是增强民族凝聚力、提高全民素质的重要途径。

第三条　【开展国防教育的意义】国家通过开展国防教育，使公民增强国防观念，掌握基本的国防知识，学习必要的军事技能，激发爱国热情，自觉履行国防义务。

第四条　【方针与原则】国防教育贯彻全民参与、长期坚持、讲求实效的方针，实行经常教育与集中教育相结合、普及教育与重点教育相结合、理论教育与行为教育相结合的原则，针对不同对象确定相应的教育内容分类组织实施。

第五条　【国防教育的权利和义务】中华人民共和国公民都有接受国防教育的权利和义务。

普及和加强国防教育是全社会的共同责任。

一切国家机关和武装力量、各政党和各社会团体、各企业事业组织以及基层群众性自治组织，都应当根据各自的实际情况组织本地区、本部门、本单位开展国防教育。

第六条　【国防教育的领导】国务院领导全国的国防教育工作。中央军事委员会协同国务院开展全民国防教育。

地方各级人民政府领导本行政区域内的国防教育工作。驻地军事机关协助和支持地方人民政府开展国防教育。

第七条　【国防教育工作机构】国家国防教育工作机构规划、组织、指导和协调全国的国防教育工作。

县级以上地方负责国防教育工作的机构组织、指导、协调和检查本行政区域内的国防教育工作。

第八条　【有关部门的国防教育职责】教育、退役军人事务、文化宣传等部门，在各自职责范围内负责国防教育工作。

征兵、国防科研生产、国民经济动员、人民防空、国防交通、军事设施保护等工作的主管部门，依照本法和有关法律、法规的规定，负责国防教育工作。

工会、共产主义青年团、妇女联合会以及其他有关社会团体，协助人民政府开展国防教育。

第九条　【部队的国防教育】中国人民解放军、中国人民武装警察部队按照中央军事委员会的有关规定开展国防教育。

第十条 【支持和鼓励】国家支持、鼓励社会组织和个人开展有益于国防教育的活动。

第十一条 【表彰和奖励】国家和社会对在国防教育工作中作出突出贡献的组织和个人,采取各种形式给予表彰和奖励。

第十二条 【国防教育日】国家设立全民国防教育日。

第二章 学校国防教育

第十三条 【学校的国防教育】学校的国防教育是全民国防教育的基础,是实施素质教育的重要内容。

教育行政部门应当将国防教育列入工作计划,加强对学校国防教育的组织、指导和监督,并对学校国防教育工作定期进行考核。

第十四条 【小学与初中的国防教育】小学和初级中学应当将国防教育的内容纳入有关课程,将课堂教学与课外活动相结合,对学生进行国防教育。

有条件的小学和初级中学可以组织学生开展以国防教育为主题的少年军校活动。教育行政部门、共产主义青年团组织和其他有关部门应当加强对少年军校活动的指导与管理。

小学和初级中学可以根据需要聘请校外辅导员,协助学校开展多种形式的国防教育活动。

第十五条 【高校和高中的国防教育】高等学校、高级中学和相当于高级中学的学校应当将课堂教学与军事训练相结合,对学生进行国防教育。

高等学校应当设置适当的国防教育课程,高级中学和相当于高级中学的学校应当在有关课程中安排专门的国防教育内容,并可以在学生中开展形式多样的国防教育活动。

高等学校、高级中学和相当于高级中学的学校学生的军事训练,由学校负责军事训练的机构或者军事教员按照国家有关规定组织实施。军事机关应当协助学校组织学生的军事训练。

第十六条 【学校的国防教育义务】学校应当将国防教育列入学校的工作和教学计划,采取有效措施,保证国防教育的质量和效果。

学校组织军事训练活动,应当采取措施,加强安全保障。

第十七条 【国家工作人员的国防教育培训】负责培训国家工作人员的各类教育机构,应当将国防教育纳入培训计划,设置适当的国防教育课程。

国家根据需要选送地方和部门的负责人到有关军事院校接受培训,学习和掌握履行领导职责所必需的国防知识。

第三章 社会国防教育

第十八条 【国家机关的国防教育】国家机关应当根据各自的工作性质和特点,采取多种形式对工作人员进行国防教育。

国家机关工作人员应当具备基本的国防知识。从事国防建设事业的国家机关工作人员,必须学习和掌握履行职责所必需的国防知识。

各地区、各部门的领导人员应当依法履行组织、领导本地区、本部门开展国防教育的职责。

第十九条 【企事业与社会团体的国防教育】企业事业组织应当将国防教育列入职工教育计划,结合政治教育、业务培训、文化体育等活动,对职工进行国防教育。

承担国防科研生产、国防设施建设、国防交通保障等任务的企业事业组织,应当根据所担负的任务,制定相应的国防教育计划,有针对性地对职工进行国防教育。

社会团体应当根据各自的活动特点开展国防教育。

第二十条 【民兵等的国防教育】军区、省军区(卫戍区、警备区)、军分区(警备区)和县、自治县、市、市辖区的人民武装部按照国家和军队的有关规定,结合政治教育和组织整顿、军事训练、执行勤务、征兵工作以及重大节日、纪念日活动,对民兵、预备役人员进行国防教育。

民兵、预备役人员的国防教育,应当以基干民兵、第一类预备役人员和担任领导职务的民兵、预备役人员为重点,建立和完善制度,保证受教育的人员、教育时间和教育内容的落实。

第二十一条 【居委会与村委会的国防教育】城市居民委员会、农村村民委员会应当将国防教育纳入社区、农村社会主义精神文明建设的内容,结合征兵工作、拥军优属以及重大节日、纪念日活动,对居民、村民进行国防教育。

城市居民委员会、农村村民委员会可以聘请退役军人协助开展国防教育。

第二十二条 【文化等部门和单位的国防教育】文化、新闻、出版、广播、电影、电视等部门和单位应当根据形势和任务的要求,采取多种形式开展国防教育。

中央和省、自治区、直辖市以及设区的市的广播电台、电视台、报刊应当开设国防教育节目或者栏目,普及国防知识。

第二十三条 【有关博物馆和纪念馆等的国防教育】烈士陵园、革命遗址和其他具有国防教育功能的博物馆、纪念馆、科技馆、文化馆、青少年宫等场所,应当为公民接受国防教育提供便利,对有组织的国防教育活动实行优惠或者免费;依照本法第二十八条的规定被命名为国防教育基地的,应当对有组织的中小学生免费开放;在全民国防教育日向社会免费开放。

第四章 国防教育的保障

第二十四条 【计划与经费】各级人民政府应当将国防教育纳入国民经济和社会发展计划,并根据开展国防教育的需要,在财政预算中保障国防教育所需的经费。

第二十五条 【单位与学校的国防教育经费】国家机关、事业单位、社会团体开展国防教育所需的经费,在本单位预算经费内列支;企业开展国防教育所需经费,在本单位职工教育经费中列支。

学校组织学生军事训练所需的经费,按照国家有关规定执行。

第二十六条 【国防教育的资助】国家鼓励社会组织和个人捐赠财产,资助国防教育的开展。

社会组织和个人资助国防教育的财产,由依法成立的国防教育基金组织或者其他公益性社会组织依法管理。

国家鼓励社会组织和个人提供或者捐赠所收藏的具有国防教育意义的实物用于国防教育。使用单位对提供使用的实物应当妥善保管,使用完毕,及时归还。

第二十七条 【经费和财产的使用】国防教育经费和社会组织、个人资助国防教育的财产,必须用于国防教育事业,任何单位或者个人不得挪用、克扣。

第二十八条 【国防教育基地的命名】本法第二十三条规定的场所,具备下列条件的,经省、自治区、直辖市人民政府批准,可以命名为国防教育基地:

(一)有明确的国防教育主题内容;

(二)有健全的管理机构和规章制度;

(三)有相应的国防教育设施;

(四)有必要的经费保障;

(五)有显著的社会教育效果。

国防教育基地应当加强建设,不断完善,充分发挥国防教育的功能。被命名的国防教育基地不再具备前款规定条件的,由原批准机关撤销命名。

第二十九条 【政府加强国防教育】各级人民政府应当加强对国防教育基地的规划、建设和管理,并为其发挥作用提供必要的保障。

各级人民政府应当加强对具有国防教育意义的文物的收集、整理、保护工作。

第三十条 【国防教育大纲】全民国防教育使用统一的国防教育大纲。国防教育大纲由国家国防教育工作机构组织制定。

适用于不同地区、不同类别教育对象的国防教育教材,由有关部门或者地方依据国防教育大纲并结合本地区、本部门的特点组织编写。

第三十一条 【国防教育教员】各级国防教育工作机构应当组织、协调有关部门做好国防教育教员的选拔、培训和管理工作,加强国防教育师资队伍建设。

国防教育教员应当从热爱国防教育事业、具有基本的国防知识和必要的军事技能的人员中选拔。

第三十二条 【部队对驻地的国防教育义务】中国人民解放军和中国人民武装警察部队应当根据需要和可能,为驻地有组织的国防教育活动选派军事教员,提供必要的军事训练场地、设施以及其他便利条件。

在国庆节、中国人民解放军建军节和全民国防教育日,经批准的军营可以向社会开放。军营开放的办法由中央军事委员会规定。

第五章 法律责任

第三十三条 【拒不开展国防教育行为】国家机关、社会团体、企业事业组织以及其他社会组织违反本法规定,拒不开展国防教育活动的,由人民政府有关部门或者上级机关给予批评教育,并责令限期改正;拒不改正,造成恶劣影响的,对负有直接责任的主管人员依法给予行政处分。

第三十四条 【挪用、克扣国防教育经费】违反本法规定,挪用、克扣国防教育经费的,由有关主管部门责令限期归还;对负有直接责任的主管人员和其他直接责任人员依法给予行政处分;构成犯罪的,依法追究刑事责任。

第三十五条 【侵害设施与展品的行为】侵占、破坏国防教育基地设施、损毁展品的,由有关主管部门给予批评教育,并责令限期改正;有关责任人应当依法承担相应的民事责任。

有前款所列行为,违反治安管理规定的,由公安机关依法给予治安管理处罚;构成犯罪的,依法追究刑事责任。

第三十六条 【扰乱国防教育秩序和盗用国防教育名义骗取钱财的行为】寻衅滋事,扰乱国防教育工作和活动秩序的,或者盗用国防教育名义骗取钱财的,由有关主管部门给予批评教育,并予以制止;违反治安管理规定的,由公安机关依法给予治安管理处罚;构成犯罪的,依法追究刑事责任。

第三十七条 【玩忽职守等】负责国防教育的国家工作

人员玩忽职守、滥用职权、徇私舞弊的，依法给予行政处分；构成犯罪的，依法追究刑事责任。

第六章 附 则

第三十八条 【施行日期】本法自公布之日起施行。

中华人民共和国行政处罚法

1. 1996年3月17日第八届全国人民代表大会第四次会议通过
2. 根据2009年8月27日第十一届全国人民代表大会常务委员会第十次会议《关于修改部分法律的决定》第一次修正
3. 根据2017年9月1日第十二届全国人民代表大会常务委员会第二十九次会议《关于修改〈中华人民共和国法官法〉等八部法律的决定》第二次修正
4. 2021年1月22日第十三届全国人民代表大会常务委员会第二十五次会议修订

目 录

第一章 总 则

第一条 【立法目的】为了规范行政处罚的设定和实施，保障和监督行政机关有效实施行政管理，维护公共利益和社会秩序，保护公民、法人或者其他组织的合法权益，根据宪法，制定本法。

第二条 【行政处罚定义】行政处罚是指行政机关依法对违反行政管理秩序的公民、法人或者其他组织，以减损权益或者增加义务的方式予以惩戒的行为。

第三条 【适用范围】行政处罚的设定和实施，适用本法。

第四条 【处罚法定】公民、法人或者其他组织违反行政管理秩序的行为，应当给予行政处罚的，依照本法由法律、法规、规章规定，并由行政机关依照本法规定的程序实施。

第五条 【公正、公开原则和过罚相当原则】行政处罚遵循公正、公开的原则。

设定和实施行政处罚必须以事实为依据，与违法行为的事实、性质、情节以及社会危害程度相当。

对违法行为给予行政处罚的规定必须公布；未经公布的，不得作为行政处罚的依据。

第六条 【处罚与教育相结合原则】实施行政处罚，纠正违法行为，应当坚持处罚与教育相结合，教育公民、法人或者其他组织自觉守法。

第七条 【权利保障原则】公民、法人或者其他组织对行政机关所给予的行政处罚，享有陈述权、申辩权；对行政处罚不服的，有权依法申请行政复议或者提起行政诉讼。

公民、法人或者其他组织因行政机关违法给予行政处罚受到损害的，有权依法提出赔偿要求。

第八条 【民事责任与禁止以罚代刑】公民、法人或者其他组织因违法行为受到行政处罚，其违法行为对他人造成损害的，应当依法承担民事责任。

违法行为构成犯罪，应当依法追究刑事责任的，不得以行政处罚代替刑事处罚。

第二章 行政处罚的种类和设定

第九条 【行政处罚的种类】行政处罚的种类：

（一）警告、通报批评；

（二）罚款、没收违法所得、没收非法财物；

（三）暂扣许可证件、降低资质等级、吊销许可证件；

（四）限制开展生产经营活动、责令停产停业、责令关闭、限制从业；

（五）行政拘留；

（六）法律、行政法规规定的其他行政处罚。

第十条 【法律的行政处罚设定权】法律可以设定各种行政处罚。

限制人身自由的行政处罚，只能由法律设定。

第十一条 【行政法规的行政处罚设定权】行政法规可以设定除限制人身自由以外的行政处罚。

法律对违法行为已经作出行政处罚规定，行政法规需要作出具体规定的，必须在法律规定的给予行政处罚的行为、种类和幅度的范围内规定。

法律对违法行为未作出行政处罚规定，行政法规为实施法律，可以补充设定行政处罚。拟补充设定行政处罚的，应当通过听证会、论证会等形式广泛听取意见，并向制定机关作出书面说明。行政法规报送备案时，应当说明补充设定行政处罚的情况。

第十二条　【地方性法规的行政处罚设定权】地方性法规可以设定除限制人身自由、吊销营业执照以外的行政处罚。

法律、行政法规对违法行为已经作出行政处罚规定，地方性法规需要作出具体规定的，必须在法律、行政法规规定的给予行政处罚的行为、种类和幅度的范围内规定。

法律、行政法规对违法行为未作出行政处罚规定，地方性法规为实施法律、行政法规，可以补充设定行政处罚。拟补充设定行政处罚的，应当通过听证会、论证会等形式广泛听取意见，并向制定机关作出书面说明。地方性法规报送备案时，应当说明补充设定行政处罚的情况。

第十三条　【国务院部门规章的行政处罚设定权】国务院部门规章可以在法律、行政法规规定的给予行政处罚的行为、种类和幅度的范围内作出具体规定。

尚未制定法律、行政法规的，国务院部门规章对违反行政管理秩序的行为，可以设定警告、通报批评或者一定数额罚款的行政处罚。罚款的限额由国务院规定。

第十四条　【地方政府规章的行政处罚设定权】地方政府规章可以在法律、法规规定的给予行政处罚的行为、种类和幅度的范围内作出具体规定。

尚未制定法律、法规的，地方政府规章对违反行政管理秩序的行为，可以设定警告、通报批评或者一定数额罚款的行政处罚。罚款的限额由省、自治区、直辖市人民代表大会常务委员会规定。

第十五条　【行政处罚的评估】国务院部门和省、自治区、直辖市人民政府及其有关部门应当定期组织评估行政处罚的实施情况和必要性，对不适当的行政处罚事项及种类、罚款数额等，应当提出修改或者废止的建议。

第十六条　【其他规范性文件不得设定行政处罚】除法律、法规、规章外，其他规范性文件不得设定行政处罚。

第三章　行政处罚的实施机关

第十七条　【行政处罚的实施主体】行政处罚由具有行政处罚权的行政机关在法定职权范围内实施。

第十八条　【相对集中行政处罚权】国家在城市管理、市场监管、生态环境、文化市场、交通运输、应急管理、农业等领域推行建立综合行政执法制度，相对集中行政处罚权。

国务院或者省、自治区、直辖市人民政府可以决定一个行政机关行使有关行政机关的行政处罚权。

限制人身自由的行政处罚权只能由公安机关和法律规定的其他机关行使。

第十九条　【行政处罚的授权】法律、法规授权的具有管理公共事务职能的组织可以在法定授权范围内实施行政处罚。

第二十条　【行政处罚的委托】行政机关依照法律、法规、规章的规定，可以在其法定权限内书面委托符合本法第二十一条规定条件的组织实施行政处罚。行政机关不得委托其他组织或者个人实施行政处罚。

委托书应当载明委托的具体事项、权限、期限等内容。委托行政机关和受委托组织应当将委托书向社会公布。

委托行政机关对受委托组织实施行政处罚的行为应当负责监督，并对该行为的后果承担法律责任。

受委托组织在委托范围内，以委托行政机关名义实施行政处罚；不得再委托其他组织或者个人实施行政处罚。

第二十一条　【受委托组织的条件】受委托组织必须符合以下条件：

（一）依法成立并具有管理公共事务职能；

（二）有熟悉有关法律、法规、规章和业务并取得行政执法资格的工作人员；

（三）需要进行技术检查或者技术鉴定的，应当有条件组织进行相应的技术检查或者技术鉴定。

第四章　行政处罚的管辖和适用

第二十二条　【行政处罚的地域管辖】行政处罚由违法行为发生地的行政机关管辖。法律、行政法规、部门规章另有规定的，从其规定。

第二十三条　【行政处罚的级别管辖和职能管辖】行政处罚由县级以上地方人民政府具有行政处罚权的行政机关管辖。法律、行政法规另有规定的，从其规定。

第二十四条　【下放行政处罚权的条件与情形】省、自治区、直辖市根据当地实际情况，可以决定将基层管理迫切需要的县级人民政府部门的行政处罚权交由能够有效承接的乡镇人民政府、街道办事处行使，并定期组织评估。决定应当公布。

承接行政处罚权的乡镇人民政府、街道办事处应当加强执法能力建设，按照规定范围、依照法定程序实施行政处罚。

有关地方人民政府及其部门应当加强组织协调、业务指导、执法监督，建立健全行政处罚协调配合机制，完善评议、考核制度。

第二十五条 【行政处罚的管辖归属】两个以上行政机关都有管辖权的，由最先立案的行政机关管辖。

对管辖发生争议的，应当协商解决，协商不成的，报请共同的上一级行政机关指定管辖；也可以直接由共同的上一级行政机关指定管辖。

第二十六条 【行政处罚的协助实施请求权】行政机关因实施行政处罚的需要，可以向有关机关提出协助请求。协助事项属于被请求机关职权范围内的，应当依法予以协助。

第二十七条 【行政处罚案件的移送管辖】违法行为涉嫌犯罪的，行政机关应当及时将案件移送司法机关，依法追究刑事责任。对依法不需要追究刑事责任或者免予刑事处罚，但应当给予行政处罚的，司法机关应当及时将案件移送有关行政机关。

行政处罚实施机关与司法机关之间应当加强协调配合，建立健全案件移送制度，加强证据材料移交、接收衔接，完善案件处理信息通报机制。

第二十八条 【责令改正与没收违法所得】行政机关实施行政处罚时，应当责令当事人改正或者限期改正违法行为。

当事人有违法所得，除依法应当退赔的外，应当予以没收。违法所得是指实施违法行为所取得的款项。法律、行政法规、部门规章对违法所得的计算另有规定的，从其规定。

第二十九条 【一事不再罚】对当事人的同一个违法行为，不得给予两次以上罚款的行政处罚。同一个违法行为违反多个法律规范应当给予罚款处罚的，按照罚款数额高的规定处罚。

第三十条 【未成年人的行政处罚】不满十四周岁的未成年人有违法行为的，不予行政处罚，责令监护人加以管教；已满十四周岁不满十八周岁的未成年人有违法行为的，应当从轻或者减轻行政处罚。

第三十一条 【精神状况异常及智力低下的人的行政处罚】精神病人、智力残疾人在不能辨认或者不能控制自己行为时有违法行为的，不予行政处罚，但应当责令其监护人严加看管和治疗。间歇性精神病人在精神正常时有违法行为的，应当给予行政处罚。尚未完全丧失辨认或者控制自己行为能力的精神病人、智力残疾人有违法行为的，可以从轻或者减轻行政处罚。

第三十二条 【从轻或者减轻行政处罚】当事人有下列情形之一，应当从轻或者减轻行政处罚：

（一）主动消除或者减轻违法行为危害后果的；

（二）受他人胁迫或者诱骗实施违法行为的；

（三）主动供述行政机关尚未掌握的违法行为的；

（四）配合行政机关查处违法行为有立功表现的；

（五）法律、法规、规章规定其他应当从轻或者减轻行政处罚的。

第三十三条 【免予处罚】违法行为轻微并及时改正，没有造成危害后果的，不予行政处罚。初次违法且危害后果轻微并及时改正的，可以不予行政处罚。

当事人有证据足以证明没有主观过错的，不予行政处罚。法律、行政法规另有规定的，从其规定。

对当事人的违法行为依法不予行政处罚的，行政机关应当对当事人进行教育。

第三十四条 【裁量基准的制定】行政机关可以依法制定行政处罚裁量基准，规范行使行政处罚裁量权。行政处罚裁量基准应当向社会公布。

第三十五条 【刑罚的折抵】违法行为构成犯罪，人民法院判处拘役或者有期徒刑时，行政机关已经给予当事人行政拘留的，应当依法折抵相应刑期。

违法行为构成犯罪，人民法院判处罚金时，行政机关已经给予当事人罚款的，应当折抵相应罚金；行政机关尚未给予当事人罚款的，不再给予罚款。

第三十六条 【行政处罚追责时效】违法行为在二年内未被发现的，不再给予行政处罚；涉及公民生命健康安全、金融安全且有危害后果的，上述期限延长至五年。法律另有规定的除外。

前款规定的期限，从违法行为发生之日起计算；违法行为有连续或者继续状态的，从行为终了之日起计算。

第三十七条 【从旧兼从轻原则】实施行政处罚，适用违法行为发生时的法律、法规、规章的规定。但是，作出行政处罚决定时，法律、法规、规章已被修改或者废止，且新的规定处罚较轻或者不认为是违法的，适用新的规定。

第三十八条 【无效的行政处罚】行政处罚没有依据或者实施主体不具有行政主体资格的，行政处罚无效。

违反法定程序构成重大且明显违法的，行政处罚无效。

第五章 行政处罚的决定

第一节 一般规定

第三十九条 【行政处罚公示制度】行政处罚的实施机关、立案依据、实施程序和救济渠道等信息应当公示。

第四十条 【行政处罚的前提条件】公民、法人或者其他组织违反行政管理秩序的行为，依法应当给予行政处罚的，行政机关必须查明事实；违法事实不清、证据不足的，不得给予行政处罚。

第四十一条　【电子监控设备的配置程序、内容审核、权利告知】行政机关依照法律、行政法规规定利用电子技术监控设备收集、固定违法事实的，应当经过法制和技术审核，确保电子技术监控设备符合标准、设置合理、标志明显，设置地点应当向社会公布。

电子技术监控设备记录违法事实应当真实、清晰、完整、准确。行政机关应当审核记录内容是否符合要求；未经审核或者经审核不符合要求的，不得作为行政处罚的证据。

行政机关应当及时告知当事人违法事实，并采取信息化手段或者其他措施，为当事人查询、陈述和申辩提供便利。不得限制或者变相限制当事人享有的陈述权、申辩权。

第四十二条　【对行政执法人员的执法要求】行政处罚应当由具有行政执法资格的执法人员实施。执法人员不得少于两人，法律另有规定的除外。

执法人员应当文明执法，尊重和保护当事人合法权益。

第四十三条　【行政执法人员回避制度】执法人员与案件有直接利害关系或者有其他关系可能影响公正执法的，应当回避。

当事人认为执法人员与案件有直接利害关系或者有其他关系可能影响公正执法的，有权申请回避。

当事人提出回避申请的，行政机关应当依法审查，由行政机关负责人决定。决定作出之前，不停止调查。

第四十四条　【行政机关的告知义务】行政机关在作出行政处罚决定之前，应当告知当事人拟作出的行政处罚内容及事实、理由、依据，并告知当事人依法享有的陈述、申辩、要求听证等权利。

第四十五条　【当事人的陈述权和申辩权】当事人有权进行陈述和申辩。行政机关必须充分听取当事人的意见，对当事人提出的事实、理由和证据，应当进行复核；当事人提出的事实、理由或者证据成立的，行政机关应当采纳。

行政机关不得因当事人陈述、申辩而给予更重的处罚。

第四十六条　【证据的种类及适用规则】证据包括：

（一）书证；

（二）物证；

（三）视听资料；

（四）电子数据；

（五）证人证言；

（六）当事人的陈述；

（七）鉴定意见；

（八）勘验笔录、现场笔录。

证据必须经查证属实，方可作为认定案件事实的根据。

以非法手段取得的证据，不得作为认定案件事实的根据。

第四十七条　【行政执法全过程记录制度】行政机关应当依法以文字、音像等形式，对行政处罚的启动、调查取证、审核、决定、送达、执行等进行全过程记录，归档保存。

第四十八条　【行政处罚决定信息公开】具有一定社会影响的行政处罚决定应当依法公开。

公开的行政处罚决定被依法变更、撤销、确认违法或者确认无效的，行政机关应当在三日内撤回行政处罚决定信息并公开说明理由。

第四十九条　【重大突发事件从快处理、从重处罚】发生重大传染病疫情等突发事件，为了控制、减轻和消除突发事件引起的社会危害，行政机关对违反突发事件应对措施的行为，依法快速、从重处罚。

第五十条　【保护国家秘密、商业秘密或者个人隐私义务】行政机关及其工作人员对实施行政处罚过程中知悉的国家秘密、商业秘密或者个人隐私，应当依法予以保密。

第二节　简易程序

第五十一条　【行政机关当场处罚】违法事实确凿并有法定依据，对公民处以二百元以下、对法人或者其他组织处以三千元以下罚款或者警告的行政处罚的，可以当场作出行政处罚决定。法律另有规定的，从其规定。

第五十二条　【行政机关当场处罚需履行法定手续】执法人员当场作出行政处罚决定的，应当向当事人出示执法证件，填写预定格式、编有号码的行政处罚决定书，并当场交付当事人。当事人拒绝签收的，应当在行政处罚决定书上注明。

前款规定的行政处罚决定书应当载明当事人的违法行为，行政处罚的种类和依据、罚款数额、时间、地点，申请行政复议、提起行政诉讼的途径和期限以及行政机关名称，并由执法人员签名或者盖章。

执法人员当场作出的行政处罚决定，应当报所属行政机关备案。

第五十三条　【行政机关当场处罚履行方式】对当场作出的行政处罚决定，当事人应当依照本法第六十七条至第六十九条的规定履行。

第三节　普通程序

第五十四条　【处罚前调查取证程序】除本法第五十一条规定的可以当场作出的行政处罚外，行政机关发现公民、法人或者其他组织有依法应当给予行政处罚的行为的，必须全面、客观、公正地调查，收集有关证据；必要时，依照法律、法规的规定，可以进行检查。

符合立案标准的，行政机关应当及时立案。

第五十五条　【执法人员调查中应出示证件及调查对象配合义务】执法人员在调查或者进行检查时，应当主动向当事人或者有关人员出示执法证件。当事人或者有关人员有权要求执法人员出示执法证件。执法人员不出示执法证件的，当事人或者有关人员有权拒绝接受调查或者检查。

当事人或者有关人员应当如实回答询问，并协助调查或者检查，不得拒绝或者阻挠。询问或者检查应当制作笔录。

第五十六条　【取证方法和程序】行政机关在收集证据时，可以采取抽样取证的方法；在证据可能灭失或者以后难以取得的情况下，经行政机关负责人批准，可以先行登记保存，并应当在七日内及时作出处理决定，在此期间，当事人或者有关人员不得销毁或者转移证据。

第五十七条　【处罚决定】调查终结，行政机关负责人应当对调查结果进行审查，根据不同情况，分别作出如下决定：

（一）确有应受行政处罚的违法行为的，根据情节轻重及具体情况，作出行政处罚决定；

（二）违法行为轻微，依法可以不予行政处罚的，不予行政处罚；

（三）违法事实不能成立的，不予行政处罚；

（四）违法行为涉嫌犯罪的，移送司法机关。

对情节复杂或者重大违法行为给予行政处罚，行政机关负责人应当集体讨论决定。

第五十八条　【特定事项法制审核制度】有下列情形之一，在行政机关负责人作出行政处罚的决定之前，应当由从事行政处罚决定法制审核的人员进行法制审核；未经法制审核或者审核未通过的，不得作出决定：

（一）涉及重大公共利益的；

（二）直接关系当事人或者第三人重大权益，经过听证程序的；

（三）案件情况疑难复杂、涉及多个法律关系的；

（四）法律、法规规定应当进行法制审核的其他情形。

行政机关中初次从事行政处罚决定法制审核的人员，应当通过国家统一法律职业资格考试取得法律职业资格。

第五十九条　【行政处罚决定书的制作和内容】行政机关依照本法第五十七条的规定给予行政处罚，应当制作行政处罚决定书。行政处罚决定书应当载明下列事项：

（一）当事人的姓名或者名称、地址；

（二）违反法律、法规、规章的事实和证据；

（三）行政处罚的种类和依据；

（四）行政处罚的履行方式和期限；

（五）申请行政复议、提起行政诉讼的途径和期限；

（六）作出行政处罚决定的行政机关名称和作出决定的日期。

行政处罚决定书必须盖有作出行政处罚决定的行政机关的印章。

第六十条　【行政处罚期限】行政机关应当自行政处罚案件立案之日起九十日内作出行政处罚决定。法律、法规、规章另有规定的，从其规定。

第六十一条　【行政处罚决定书的送达】行政处罚决定书应当在宣告后当场交付当事人；当事人不在场的，行政机关应当在七日内依照《中华人民共和国民事诉讼法》的有关规定，将行政处罚决定书送达当事人。

当事人同意并签订确认书的，行政机关可以采用传真、电子邮件等方式，将行政处罚决定书等送达当事人。

第六十二条　【不得做出行政处罚决定的情形】行政机关及其执法人员在作出行政处罚决定之前，未依照本法第四十四条、第四十五条的规定向当事人告知拟作出的行政处罚内容及事实、理由、依据，或者拒绝听取当事人的陈述、申辩，不得作出行政处罚决定；当事人明确放弃陈述或者申辩权利的除外。

第四节　听证程序

第六十三条　【行政处罚听证程序的适用范围】行政机关拟作出下列行政处罚决定，应当告知当事人有要求听证的权利，当事人要求听证的，行政机关应当组织听证：

（一）较大数额罚款；

（二）没收较大数额违法所得、没收较大价值非法财物；

（三）降低资质等级、吊销许可证件；

（四）责令停产停业、责令关闭、限制从业；

（五）其他较重的行政处罚；

（六）法律、法规、规章规定的其他情形。

当事人不承担行政机关组织听证的费用。

第六十四条　【行政处罚的听证程序】听证应当依照以下程序组织：

（一）当事人要求听证的，应当在行政机关告知后五日内提出；

（二）行政机关应当在举行听证的七日前，通知当事人及有关人员听证的时间、地点；

（三）除涉及国家秘密、商业秘密或者个人隐私依法予以保密外，听证公开举行；

（四）听证由行政机关指定的非本案调查人员主持；当事人认为主持人与本案有直接利害关系的，有权申请回避；

（五）当事人可以亲自参加听证，也可以委托一至二人代理；

（六）当事人及其代理人无正当理由拒不出席听证或者未经许可中途退出听证的，视为放弃听证权利，行政机关终止听证；

（七）举行听证时，调查人员提出当事人违法的事实、证据和行政处罚建议，当事人进行申辩和质证；

（八）听证应当制作笔录。笔录应当交当事人或者其代理人核对无误后签字或者盖章。当事人或者其代理人拒绝签字或者盖章的，由听证主持人在笔录中注明。

第六十五条　【听证笔录及处罚决定】听证结束后，行政机关应当根据听证笔录，依照本法第五十七条的规定，作出决定。

第六章　行政处罚的执行

第六十六条　【履行期限】行政处罚决定依法作出后，当事人应当在行政处罚决定书载明的期限内，予以履行。

当事人确有经济困难，需要延期或者分期缴纳罚款的，经当事人申请和行政机关批准，可以暂缓或者分期缴纳。

第六十七条　【罚缴分离原则】作出罚款决定的行政机关应当与收缴罚款的机构分离。

除依照本法第六十八条、第六十九条的规定当场收缴的罚款外，作出行政处罚决定的行政机关及其执法人员不得自行收缴罚款。

当事人应当自收到行政处罚决定书之日起十五日内，到指定的银行或者通过电子支付系统缴纳罚款。银行应当收受罚款，并将罚款直接上缴国库。

第六十八条　【当场收缴罚款情形】依照本法第五十一条的规定当场作出行政处罚决定，有下列情形之一，执法人员可以当场收缴罚款：

（一）依法给予一百元以下罚款的；

（二）不当场收缴事后难以执行的。

第六十九条　【边远地区当场收缴罚款】在边远、水上、交通不便地区，行政机关及其执法人员依照本法第五十一条、第五十七条的规定作出罚款决定后，当事人到指定的银行或者通过电子支付系统缴纳罚款确有困难，经当事人提出，行政机关及其执法人员可以当场收缴罚款。

第七十条　【罚款收据】行政机关及其执法人员当场收缴罚款的，必须向当事人出具国务院财政部门或者省、自治区、直辖市人民政府财政部门统一制发的专用票据；不出具财政部门统一制发的专用票据的，当事人有权拒绝缴纳罚款。

第七十一条　【当场收缴罚款的上缴程序】执法人员当场收缴的罚款，应当自收缴罚款之日起二日内，交至行政机关；在水上当场收缴的罚款，应当自抵岸之日起二日内交至行政机关；行政机关应当在二日内将罚款缴付指定的银行。

第七十二条　【执行措施】当事人逾期不履行行政处罚决定的，作出行政处罚决定的行政机关可以采取下列措施：

（一）到期不缴纳罚款的，每日按罚款数额的百分之三加处罚款，加处罚款的数额不得超出罚款的数额；

（二）根据法律规定，将查封、扣押的财物拍卖、依法处理或者将冻结的存款、汇款划拨抵缴罚款；

（三）根据法律规定，采取其他行政强制执行方式；

（四）依照《中华人民共和国行政强制法》的规定申请人民法院强制执行。

行政机关批准延期、分期缴纳罚款的，申请人民法院强制执行的期限，自暂缓或者分期缴纳罚款期限结束之日起计算。

第七十三条　【复议、诉讼期间行政处罚不停止执行】当事人对行政处罚决定不服，申请行政复议或者提起行政诉讼的，行政处罚不停止执行，法律另有规定的除外。

当事人对限制人身自由的行政处罚决定不服，申请行政复议或者提起行政诉讼的，可以向作出决定的机关提出暂缓执行申请。符合法律规定情形的，应当暂缓执行。

当事人申请行政复议或者提起行政诉讼的，加处罚款的数额在行政复议或者行政诉讼期间不予计算。

第七十四条 【罚没非法财物的处理】除依法应当予以销毁的物品外，依法没收的非法财物必须按照国家规定公开拍卖或者按照国家有关规定处理。

罚款、没收的违法所得或者没收非法财物拍卖的款项，必须全部上缴国库，任何行政机关或者个人不得以任何形式截留、私分或者变相私分。

罚款、没收的违法所得或者没收非法财物拍卖的款项，不得同作出行政处罚决定的行政机关及其工作人员的考核、考评直接或者变相挂钩。除依法应当退还、退赔的外，财政部门不得以任何形式向作出行政处罚决定的行政机关返还罚款、没收的违法所得或者没收非法财物拍卖的款项。

第七十五条 【行政处罚监督制度】行政机关应当建立健全对行政处罚的监督制度。县级以上人民政府应当定期组织开展行政执法评议、考核，加强对行政处罚的监督检查，规范和保障行政处罚的实施。

行政机关实施行政处罚应当接受社会监督。公民、法人或者其他组织对行政机关实施行政处罚的行为，有权申诉或者检举；行政机关应当认真审查，发现有错误的，应当主动改正。

第七章 法律责任

第七十六条 【违法行政处罚实施人员的法律责任】行政机关实施行政处罚，有下列情形之一，由上级行政机关或者有关机关责令改正，对直接负责的主管人员和其他直接责任人员依法给予处分：

（一）没有法定的行政处罚依据的；

（二）擅自改变行政处罚种类、幅度的；

（三）违反法定的行政处罚程序的；

（四）违反本法第二十条关于委托处罚的规定的；

（五）执法人员未取得执法证件的。

行政机关对符合立案标准的案件不及时立案的，依照前款规定予以处理。

第七十七条 【违法使用单据的法律责任】行政机关对当事人进行处罚不使用罚款、没收财物单据或者使用非法定部门制发的罚款、没收财物单据的，当事人有权拒绝，并有权予以检举，由上级行政机关或者有关机关对使用的非法单据予以收缴销毁，对直接负责的主管人员和其他直接责任人员依法给予处分。

第七十八条 【违反罚缴分离的法律责任】行政机关违反本法第六十七条的规定自行收缴罚款的，财政部门违反本法第七十四条的规定向行政机关返还罚款、没收的违法所得或者拍卖款项的，由上级行政机关或者有关机关责令改正，对直接负责的主管人员和其他直接责任人员依法给予处分。

第七十九条 【截留私分罚没款的法律责任】行政机关截留、私分或者变相私分罚款、没收的违法所得或者财物的，由财政部门或者有关机关予以追缴，对直接负责的主管人员和其他直接责任人员依法给予处分；情节严重构成犯罪的，依法追究刑事责任。

执法人员利用职务上的便利，索取或者收受他人财物、将收缴罚款据为己有，构成犯罪的，依法追究刑事责任；情节轻微不构成犯罪的，依法给予处分。

第八十条 【使用、损毁查封、扣押财物的法律责任】行政机关使用或者损毁查封、扣押的财物，对当事人造成损失的，应当依法予以赔偿，对直接负责的主管人员和其他直接责任人员依法给予处分。

第八十一条 【违法行政检查和违法行政强制执行的法律责任】行政机关违法实施检查措施或者执行措施，给公民人身或者财产造成损害、给法人或者其他组织造成损失的，应当依法予以赔偿，对直接负责的主管人员和其他直接责任人员依法给予处分；情节严重构成犯罪的，依法追究刑事责任。

第八十二条 【以罚代刑的法律责任】行政机关对应当依法移交司法机关追究刑事责任的案件不移交，以行政处罚代替刑事处罚，由上级行政机关或者有关机关责令改正，对直接负责的主管人员和其他直接责任人员依法给予处分；情节严重构成犯罪的，依法追究刑事责任。

第八十三条 【执法人员不作为致损应担责】行政机关对应当予以制止和处罚的违法行为不予制止、处罚，致使公民、法人或者其他组织的合法权益、公共利益和社会秩序遭受损害的，对直接负责的主管人员和其他直接责任人员依法给予处分；情节严重构成犯罪的，依法追究刑事责任。

第八章 附 则

第八十四条 【法的对象效力范围】外国人、无国籍人、外国组织在中华人民共和国领域内有违法行为，应当给予行政处罚的，适用本法，法律另有规定的除外。

第八十五条 【期限】本法中“二日”“三日”“五日”“七日”的规定是指工作日，不含法定节假日。

第八十六条 【施行日期】本法自2021年7月15日起施行。

中华人民共和国行政许可法

1. 2003年8月27日第十届全国人民代表大会常务委员会第四次会议通过

2. 根据2019年4月23日第十三届全国人民代表大会常务委员会第十次会议《关于修改〈中华人民共和国建筑法〉等八部法律的决定》修正

目　　录

第一章　总　　则

第一条　【立法目的】为了规范行政许可的设定和实施，保护公民、法人和其他组织的合法权益，维护公共利益和社会秩序，保障和监督行政机关有效实施行政管理，根据宪法，制定本法。

第二条　【含义】本法所称行政许可，是指行政机关根据公民、法人或者其他组织的申请，经依法审查，准予其从事特定活动的行为。

第三条　【适用范围】行政许可的设定和实施，适用本法。

有关行政机关对其他机关或者对其直接管理的事业单位的人事、财务、外事等事项的审批，不适用本法。

第四条　【依法设定和实施】设定和实施行政许可，应当依照法定的权限、范围、条件和程序。

第五条　【公开、公平、公正原则】设定和实施行政许可，应当遵循公开、公平、公正、非歧视的原则。

有关行政许可的规定应当公布；未经公布的，不得作为实施行政许可的依据。行政许可的实施和结果，除涉及国家秘密、商业秘密或者个人隐私的外，应当公开。未经申请人同意，行政机关及其工作人员、参与专家评审等的人员不得披露申请人提交的商业秘密、未披露信息或者保密商务信息，法律另有规定或者涉及国家安全、重大社会公共利益的除外；行政机关依法公开申请人前述信息的，允许申请人在合理期限内提出异议。

符合法定条件、标准的，申请人有依法取得行政许可的平等权利，行政机关不得歧视任何人。

第六条　【便民原则】实施行政许可，应当遵循便民的原则，提高办事效率，提供优质服务。

第七条　【公民、法人的合法权益】公民、法人或者其他组织对行政机关实施行政许可，享有陈述权、申辩权；有权依法申请行政复议或者提起行政诉讼；其合法权益因行政机关违法实施行政许可受到损害的，有权依法要求赔偿。

第八条　【禁止随意更改许可】公民、法人或者其他组织依法取得的行政许可受法律保护，行政机关不得擅自改变已经生效的行政许可。

行政许可所依据的法律、法规、规章修改或者废止，或者准予行政许可所依据的客观情况发生重大变化的，为了公共利益的需要，行政机关可以依法变更或者撤回已经生效的行政许可。由此给公民、法人或者其他组织造成财产损失的，行政机关应当依法给予补偿。

第九条　【禁止随意转让许可】依法取得的行政许可，除法律、法规规定依照法定条件和程序可以转让的外，不得转让。

第十条　【健全许可监督】县级以上人民政府应当建立健全对行政机关实施行政许可的监督制度，加强对行政机关实施行政许可的监督检查。

行政机关应当对公民、法人或者其他组织从事行政许可事项的活动实施有效监督。

第二章　行政许可的设定

第十一条　【设定目的】设定行政许可，应当遵循经济和社会发展规律，有利于发挥公民、法人或者其他组织的积极性、主动性，维护公共利益和社会秩序，促进经济、社会和生态环境协调发展。

第十二条　【可设定事项】下列事项可以设定行政许可：

（一）直接涉及国家安全、公共安全、经济宏观调控、生态环境保护以及直接关系人身健康、生命财产安全等特定活动，需要按照法定条件予以批准的事项；

（二）有限自然资源开发利用、公共资源配置以及直接关系公共利益的特定行业的市场准入等，需要赋予特定权利的事项；

（三）提供公众服务并且直接关系公共利益的职业、行业，需要确定具备特殊信誉、特殊条件或者特殊技能等资格、资质的事项；

（四）直接关系公共安全、人身健康、生命财产安全的重要设备、设施、产品、物品，需要按照技术标准、技术规范，通过检验、检测、检疫等方式进行审定的事项；

（五）企业或者其他组织的设立等，需要确定主体资格的事项；

（六）法律、行政法规规定可以设定行政许可的其他事项。

第十三条　【可以不设的事项】本法第十二条所列事项，通过下列方式能够予以规范的，可以不设行政许可：

（一）公民、法人或者其他组织能够自主决定的；

（二）市场竞争机制能够有效调节的；

（三）行业组织或者中介机构能够自律管理的；

（四）行政机关采用事后监督等其他行政管理方式能够解决的。

第十四条　【法律、行政法规和行政决定设定行政许可权限】本法第十二条所列事项，法律可以设定行政许可。尚未制定法律的，行政法规可以设定行政许可。

必要时，国务院可以采用发布决定的方式设定行政许可。实施后，除临时性行政许可事项外，国务院应当及时提请全国人民代表大会及其常务委员会制定法律，或者自行制定行政法规。

第十五条　【地方性法规、地方政府规章设定行政许可权限】本法第十二条所列事项，尚未制定法律、行政法规的，地方性法规可以设定行政许可；尚未制定法律、行政法规和地方性法规的，因行政管理的需要，确需立即实施行政许可的，省、自治区、直辖市人民政府规章可以设定临时性的行政许可。临时性的行政许可实施满一年需要继续实施的，应当提请本级人民代表大会及其常务委员会制定地方性法规。

地方性法规和省、自治区、直辖市人民政府规章，不得设定应当由国家统一确定的公民、法人或者其他组织的资格、资质的行政许可；不得设定企业或者其他组织的设立登记及其前置性行政许可。其设定的行政许可，不得限制其他地区的个人或者企业到本地区从事生产经营和提供服务，不得限制其他地区的商品进入本地区市场。

第十六条　【规定具体许可】行政法规可以在法律设定的行政许可事项范围内，对实施该行政许可作出具体规定。

地方性法规可以在法律、行政法规设定的行政许可事项范围内，对实施该行政许可作出具体规定。

规章可以在上位法设定的行政许可事项范围内，对实施该行政许可作出具体规定。

法规、规章对实施上位法设定的行政许可作出的具体规定，不得增设行政许可；对行政许可条件作出的具体规定，不得增设违反上位法的其他条件。

第十七条　【禁止越权设定】除本法第十四条、第十五条规定的外，其他规范性文件一律不得设定行政许可。

第十八条　【设定的具体内容】设定行政许可，应当规定行政许可的实施机关、条件、程序、期限。

第十九条　【设定前的意见听取】起草法律草案、法规草案和省、自治区、直辖市人民政府规章草案，拟设定行政许可的，起草单位应当采取听证会、论证会等形式听取意见，并向制定机关说明设定该行政许可的必要性、对经济和社会可能产生的影响以及听取和采纳意见的情况。

第二十条　【设定与实施情况评价】行政许可的设定机关应当定期对其设定的行政许可进行评价；对已设定的行政许可，认为通过本法第十三条所列方式能够解决的，应当对设定该行政许可的规定及时予以修改或者废止。

行政许可的实施机关可以对已设定的行政许可的实施情况及存在的必要性适时进行评价，并将意见报告该行政许可的设定机关。

公民、法人或者其他组织可以向行政许可的设定机关和实施机关就行政许可的设定和实施提出意见和建议。

第二十一条　【有关地区经济事务行政许可的取消】省、自治区、直辖市人民政府对行政法规设定的有关经济事务的行政许可，根据本行政区域经济和社会发展情况，认为通过本法第十三条所列方式能够解决的，报国务院批准后，可以在本行政区域内停止实施该行政许可。

第三章　行政许可的实施机关

第二十二条　【法定职权范围内实施】行政许可由具有行政许可权的行政机关在其法定职权范围内实施。

第二十三条　【法定授权实施】法律、法规授权的具有管理公共事务职能的组织，在法定授权范围内，以自己的名义实施行政许可。被授权的组织适用本法有关行政机关的规定。

第二十四条　【委托实施】行政机关在其法定职权范围内,依照法律、法规、规章的规定,可以委托其他行政机关实施行政许可。委托机关应当将受委托行政机关和受委托实施行政许可的内容予以公告。

委托行政机关对受委托行政机关实施行政许可的行为应当负责监督,并对该行为的后果承担法律责任。

受委托行政机关在委托范围内,以委托行政机关名义实施行政许可;不得再委托其他组织或者个人实施行政许可。

第二十五条　【集中行使许可权】经国务院批准,省、自治区、直辖市人民政府根据精简、统一、效能的原则,可以决定一个行政机关行使有关行政机关的行政许可权。

第二十六条　【统一、联合实施】行政许可需要行政机关内设的多个机构办理的,该行政机关应当确定一个机构统一受理行政许可申请,统一送达行政许可决定。

行政许可依法由地方人民政府两个以上部门分别实施的,本级人民政府可以确定一个部门受理行政许可申请并转告有关部门分别提出意见后统一办理,或者组织有关部门联合办理、集中办理。

第二十七条　【禁止非法实施】行政机关实施行政许可,不得向申请人提出购买指定商品、接受有偿服务等不正当要求。

行政机关工作人员办理行政许可,不得索取或者收受申请人的财物,不得谋取其他利益。

第二十八条　【专业技术组织优先行政机关实施的行为】对直接关系公共安全、人身健康、生命财产安全的设备、设施、产品、物品的检验、检测、检疫,除法律、行政法规规定由行政机关实施的外,应当逐步由符合法定条件的专业技术组织实施。专业技术组织及其有关人员对所实施的检验、检测、检疫结论承担法律责任。

第四章　行政许可的实施程序

第一节　申请与受理

第二十九条　【申请要件】公民、法人或者其他组织从事特定活动,依法需要取得行政许可的,应当向行政机关提出申请。申请书需要采用格式文本的,行政机关应当向申请人提供行政许可申请书格式文本。申请书格式文本中不得包含与申请行政许可事项没有直接关系的内容。

申请人可以委托代理人提出行政许可申请。但是,依法应当由申请人到行政机关办公场所提出行政许可申请的除外。

行政许可申请可以通过信函、电报、电传、传真、电子数据交换和电子邮件等方式提出。

第三十条　【许可公示】行政机关应当将法律、法规、规章规定的有关行政许可的事项、依据、条件、数量、程序、期限以及需要提交的全部材料的目录和申请书示范文本等在办公场所公示。

申请人要求行政机关对公示内容予以说明、解释的,行政机关应当说明、解释,提供准确、可靠的信息。

第三十一条　【申请材料真实】申请人申请行政许可,应当如实向行政机关提交有关材料和反映真实情况,并对其申请材料实质内容的真实性负责。行政机关不得要求申请人提交与其申请的行政许可事项无关的技术资料和其他材料。

行政机关及其工作人员不得以转让技术作为取得行政许可的条件;不得在实施行政许可的过程中,直接或者间接地要求转让技术。

第三十二条　【申请处理】行政机关对申请人提出的行政许可申请,应当根据下列情况分别作出处理:

(一)申请事项依法不需要取得行政许可的,应当即时告知申请人不受理;

(二)申请事项依法不属于本行政机关职权范围的,应当即时作出不予受理的决定,并告知申请人向有关行政机关申请;

(三)申请材料存在可以当场更正的错误的,应当允许申请人当场更正;

(四)申请材料不齐全或者不符合法定形式的,应当当场或者在五日内一次告知申请人需要补正的全部内容,逾期不告知的,自收到申请材料之日起即为受理;

(五)申请事项属于本行政机关职权范围,申请材料齐全、符合法定形式,或者申请人按照本行政机关的要求提交全部补正申请材料的,应当受理行政许可申请。

行政机关受理或者不予受理行政许可申请,应当出具加盖本行政机关专用印章和注明日期的书面凭证。

第三十三条　【推行电子政务】行政机关应当建立和完善有关制度,推行电子政务,在行政机关的网站上公布行政许可事项,方便申请人采取数据电文等方式提出行政许可申请;应当与其他行政机关共享有关行政许可信息,提高办事效率。

第二节　审查与决定

第三十四条　【申请材料的审查、核实】行政机关应当对申请人提交的申请材料进行审查。

申请人提交的申请材料齐全、符合法定形式，行政机关能够当场作出决定的，应当当场作出书面的行政许可决定。

根据法定条件和程序，需要对申请材料的实质内容进行核实的，行政机关应当指派两名以上工作人员进行核查。

第三十五条 【下级对上级行政机关直接报送初审】依法应当先经下级行政机关审查后报上级行政机关决定的行政许可，下级行政机关应当在法定期限内将初步审查意见和全部申请材料直接报送上级行政机关。上级行政机关不得要求申请人重复提供申请材料。

第三十六条 【利害关系人意见】行政机关对行政许可申请进行审查时，发现行政许可事项直接关系他人重大利益的，应当告知该利害关系人。申请人、利害关系人有权进行陈述和申辩。行政机关应当听取申请人、利害关系人的意见。

第三十七条 【许可决定期限】行政机关对行政许可申请进行审查后，除当场作出行政许可决定的外，应当在法定期限内按照规定程序作出行政许可决定。

第三十八条 【许可决定的作出】申请人的申请符合法定条件、标准的，行政机关应当依法作出准予行政许可的书面决定。

行政机关依法作出不予行政许可的书面决定的，应当说明理由，并告知申请人享有依法申请行政复议或者提起行政诉讼的权利。

第三十九条 【行政许可证件形式】行政机关作出准予行政许可的决定，需要颁发行政许可证件的，应当向申请人颁发加盖本行政机关印章的下列行政许可证件：

（一）许可证、执照或者其他许可证书；

（二）资格证、资质证或者其他合格证书；

（三）行政机关的批准文件或者证明文件；

（四）法律、法规规定的其他行政许可证件。

行政机关实施检验、检测、检疫的，可以在检验、检测、检疫合格的设备、设施、产品、物品上加贴标签或者加盖检验、检测、检疫印章。

第四十条 【行政许可公开】行政机关作出的准予行政许可决定，应当予以公开，公众有权查阅。

第四十一条 【许可的效力范围】法律、行政法规设定的行政许可，其适用范围没有地域限制的，申请人取得的行政许可在全国范围内有效。

第三节 期 限

第四十二条 【作出许可决定的期限】除可以当场作出行政许可决定的外，行政机关应当自受理行政许可申请之日起二十日内作出行政许可决定。二十日内不能作出决定的，经本行政机关负责人批准，可以延长十日，并应当将延长期限的理由告知申请人。但是，法律、法规另有规定的，依照其规定。

依照本法第二十六条的规定，行政许可采取统一办理或者联合办理、集中办理的，办理的时间不得超过四十五日；四十五日内不能办结的，经本级人民政府负责人批准，可以延长十五日，并应当将延长期限的理由告知申请人。

第四十三条 【下级行政机关初审期限】依法应当先经下级行政机关审查后报上级行政机关决定的行政许可，下级行政机关应当自其受理行政许可申请之日起二十日内审查完毕。但是，法律、法规另有规定的，依照其规定。

第四十四条 【行政许可证件的颁发、送达期限】行政机关作出准予行政许可的决定，应当自作出决定之日起十日内向申请人颁发、送达行政许可证件，或者加贴标签、加盖检验、检测、检疫印章。

第四十五条 【需排除时限】行政机关作出行政许可决定，依法需要听证、招标、拍卖、检验、检测、检疫、鉴定和专家评审的，所需时间不计算在本节规定的期限内。行政机关应当将所需时间书面告知申请人。

第四节 听 证

第四十六条 【适用范围】法律、法规、规章规定实施行政许可应当听证的事项，或者行政机关认为需要听证的其他涉及公共利益的重大行政许可事项，行政机关应当向社会公告，并举行听证。

第四十七条 【听证权的告知和听证费用】行政许可直接涉及申请人与他人之间重大利益关系的，行政机关在作出行政许可决定前，应当告知申请人、利害关系人享有要求听证的权利；申请人、利害关系人在被告知听证权利之日起五日内提出听证申请的，行政机关应当在二十日内组织听证。

申请人、利害关系人不承担行政机关组织听证的费用。

第四十八条 【听证程序】听证按照下列程序进行：

（一）行政机关应当于举行听证的七日前将举行听证的时间、地点通知申请人、利害关系人，必要时予以公告；

（二）听证应当公开举行；

（三）行政机关应当指定审查该行政许可申请的工作人员以外的人员为听证主持人，申请人、利害关系人认为主持人与该行政许可事项有直接利害关系的，有权申请回避；

（四）举行听证时，审查该行政许可申请的工作人员应当提供审查意见的证据、理由，申请人、利害关系人可以提出证据，并进行申辩和质证；

（五）听证应当制作笔录，听证笔录应当交听证参加人确认无误后签字或者盖章。

行政机关应当根据听证笔录，作出行政许可决定。

第五节　变更与延续

第四十九条　【变更程序】被许可人要求变更行政许可事项的，应当向作出行政许可决定的行政机关提出申请；符合法定条件、标准的，行政机关应当依法办理变更手续。

第五十条　【许可有效期的延续】被许可人需要延续依法取得的行政许可的有效期的，应当在该行政许可有效期届满三十日前向作出行政许可决定的行政机关提出申请。但是，法律、法规、规章另有规定的，依照其规定。

行政机关应当根据被许可人的申请，在该行政许可有效期届满前作出是否准予延续的决定；逾期未作决定的，视为准予延续。

第六节　特别规定

第五十一条　【特别程序优先适用】实施行政许可的程序，本节有规定的，适用本节规定；本节没有规定的，适用本章其他有关规定。

第五十二条　【国务院实施行政许可的程序】国务院实施行政许可的程序，适用有关法律、行政法规的规定。

第五十三条　【特许许可方式】实施本法第十二条第二项所列事项的行政许可的，行政机关应当通过招标、拍卖等公平竞争的方式作出决定。但是，法律、行政法规另有规定的，依照其规定。

行政机关通过招标、拍卖等方式作出行政许可决定的具体程序，依照有关法律、行政法规的规定。

行政机关按照招标、拍卖程序确定中标人、买受人后，应当作出准予行政许可的决定，并依法向中标人、买受人颁发行政许可证件。

行政机关违反本条规定，不采用招标、拍卖方式，或者违反招标、拍卖程序，损害申请人合法权益的，申请人可以依法申请行政复议或者提起行政诉讼。

第五十四条　【认可许可】实施本法第十二条第三项所列事项的行政许可，赋予公民特定资格，依法应当举行国家考试的，行政机关根据考试成绩和其他法定条件作出行政许可决定；赋予法人或者其他组织特定的资格、资质的，行政机关根据申请人的专业人员构成、技术条件、经营业绩和管理水平等的考核结果作出行政许可决定。但是，法律、行政法规另有规定的，依照其规定。

公民特定资格的考试依法由行政机关或者行业组织实施，公开举行。行政机关或者行业组织应当事先公布资格考试的报名条件、报考办法、考试科目以及考试大纲。但是，不得组织强制性的资格考试的考前培训，不得指定教材或者其他助考材料。

第五十五条　【核准许可】实施本法第十二条第四项所列事项的行政许可的，应当按照技术标准、技术规范依法进行检验、检测、检疫，行政机关根据检验、检测、检疫的结果作出行政许可决定。

行政机关实施检验、检测、检疫，应当自受理申请之日起五日内指派两名以上工作人员按照技术标准、技术规范进行检验、检测、检疫。不需要对检验、检测、检疫结果作进一步技术分析即可认定设备、设施、产品、物品是否符合技术标准、技术规范的，行政机关应当当场作出行政许可决定。

行政机关根据检验、检测、检疫结果，作出不予行政许可决定的，应当书面说明不予行政许可所依据的技术标准、技术规范。

第五十六条　【登记许可】实施本法第十二条第五项所列事项的行政许可，申请人提交的申请材料齐全、符合法定形式的，行政机关应当当场予以登记。需要对申请材料的实质内容进行核实的，行政机关依照本法第三十四条第三款的规定办理。

第五十七条　【按序许可】有数量限制的行政许可，两个或者两个以上申请人的申请均符合法定条件、标准的，行政机关应当根据受理行政许可申请的先后顺序作出准予行政许可的决定。但是，法律、行政法规另有规定的，依照其规定。

第五章　行政许可的费用

第五十八条　【禁止违规收费及经费的财政保障】行政机关实施行政许可和对行政许可事项进行监督检查，不得收取任何费用。但是，法律、行政法规另有规定的，依照其规定。

行政机关提供行政许可申请书格式文本，不得收费。

行政机关实施行政许可所需经费应当列入本行政机关的预算，由本级财政予以保障，按照批准的预算予以核拨。

第五十九条　【依法收费并上缴】行政机关实施行政许可，依照法律、行政法规收取费用的，应当按照公布的法定项目和标准收费；所收取的费用必须全部上缴国库，任何机关或者个人不得以任何形式截留、挪用、私分或者变相私分。财政部门不得以任何形式向行政机关返还或者变相返还实施行政许可所收取的费用。

第六章　监督检查

第六十条　【上级对下级的监查】上级行政机关应当加强对下级行政机关实施行政许可的监督检查，及时纠正行政许可实施中的违法行为。

第六十一条　【对被许可人的监管】行政机关应当建立健全监督制度，通过核查反映被许可人从事行政许可事项活动情况的有关材料，履行监督责任。

行政机关依法对被许可人从事行政许可事项的活动进行监督检查时，应当将监督检查的情况和处理结果予以记录，由监督检查人员签字后归档。公众有权查阅行政机关监督检查记录。

行政机关应当创造条件，实现与被许可人、其他有关行政机关的计算机档案系统互联，核查被许可人从事行政许可事项活动情况。

第六十二条　【对被许可产品、场所、设备的监管】行政机关可以对被许可人生产经营的产品依法进行抽样检查、检验、检测，对其生产经营场所依法进行实地检查。检查时，行政机关可以依法查阅或者要求被许可人报送有关材料；被许可人应当如实提供有关情况和材料。

行政机关根据法律、行政法规的规定，对直接关系公共安全、人身健康、生命财产安全的重要设备、设施进行定期检验。对检验合格的，行政机关应当发给相应的证明文件。

第六十三条　【违法监督检查】行政机关实施监督检查，不得妨碍被许可人正常的生产经营活动，不得索取或者收受被许可人的财物，不得谋取其他利益。

第六十四条　【对被许可人跨域违法行为的抄告】被许可人在作出行政许可决定的行政机关管辖区域外违法从事行政许可事项活动的，违法行为发生地的行政机关应当依法将被许可人的违法事实、处理结果抄告作出行政许可决定的行政机关。

第六十五条　【举报监督】个人和组织发现违法从事行政许可事项的活动，有权向行政机关举报，行政机关应当及时核实、处理。

第六十六条　【对资源开发、利用被许可人的监管】被许可人未依法履行开发利用自然资源义务或者未依法履行利用公共资源义务的，行政机关应当责令限期改正；被许可人在规定期限内不改正的，行政机关应当依照有关法律、行政法规的规定予以处理。

第六十七条　【对市场准入被许可人的监管】取得直接关系公共利益的特定行业的市场准入行政许可的被许可人，应当按照国家规定的服务标准、资费标准和行政机关依法规定的条件，向用户提供安全、方便、稳定和价格合理的服务，并履行普遍服务的义务；未经作出行政许可决定的行政机关批准，不得擅自停业、歇业。

被许可人不履行前款规定的义务的，行政机关应当责令限期改正，或者依法采取有效措施督促其履行义务。

第六十八条　【对重要设备、设施的自检、监查】对直接关系公共安全、人身健康、生命财产安全的重要设备、设施，行政机关应当督促设计、建造、安装和使用单位建立相应的自检制度。

行政机关在监督检查时，发现直接关系公共安全、人身健康、生命财产安全的重要设备、设施存在安全隐患的，应当责令停止建造、安装和使用，并责令设计、建造、安装和使用单位立即改正。

第六十九条　【对违法行政许可的撤销】有下列情形之一的，作出行政许可决定的行政机关或者其上级行政机关，根据利害关系人的请求或者依据职权，可以撤销行政许可：

（一）行政机关工作人员滥用职权、玩忽职守作出准予行政许可决定的；

（二）超越法定职权作出准予行政许可决定的；

（三）违反法定程序作出准予行政许可决定的；

（四）对不具备申请资格或者不符合法定条件的申请人准予行政许可的；

（五）依法可以撤销行政许可的其他情形。

被许可人以欺骗、贿赂等不正当手段取得行政许可的，应当予以撤销。

依照前两款的规定撤销行政许可，可能对公共利益造成重大损害的，不予撤销。

依照本条第一款的规定撤销行政许可，被许可人的合法权益受到损害的，行政机关应当依法给予赔偿。依照本条第二款的规定撤销行政许可的，被许可人基于行政许可取得的利益不受保护。

第七十条　【行政许可注销】有下列情形之一的，行政机关应当依法办理有关行政许可的注销手续：

（一）行政许可有效期届满未延续的；

（二）赋予公民特定资格的行政许可，该公民死亡或者丧失行为能力的；

（三）法人或者其他组织依法终止的；

（四）行政许可依法被撤销、撤回，或者行政许可证件依法被吊销的；

（五）因不可抗力导致行政许可事项无法实施的；

（六）法律、法规规定的应当注销行政许可的其他情形。

第七章 法律责任

第七十一条 【违规许可的改正、撤销】违反本法第十七条规定设定的行政许可，有关机关应当责令设定该行政许可的机关改正，或者依法予以撤销。

第七十二条 【行政机关及其工作人员的违规责任】行政机关及其工作人员违反本法的规定，有下列情形之一的，由其上级行政机关或者监察机关责令改正；情节严重的，对直接负责的主管人员和其他直接责任人员依法给予行政处分：

（一）对符合法定条件的行政许可申请不予受理的；

（二）不在办公场所公示依法应当公示的材料的；

（三）在受理、审查、决定行政许可过程中，未向申请人、利害关系人履行法定告知义务的；

（四）申请人提交的申请材料不齐全、不符合法定形式，不一次告知申请人必须补正的全部内容的；

（五）违法披露申请人提交的商业秘密、未披露信息或者保密商务信息的；

（六）以转让技术作为取得行政许可的条件，或者在实施行政许可的过程中直接或者间接地要求转让技术的；

（七）未依法说明不受理行政许可申请或者不予行政许可的理由的；

（八）依法应当举行听证而不举行听证的。

第七十三条 【行政机关工作人员违法收取财物】行政机关工作人员办理行政许可、实施监督检查，索取或者收受他人财物或者谋取其他利益，构成犯罪的，依法追究刑事责任；尚不构成犯罪的，依法给予行政处分。

第七十四条 【行政机关违法实施许可】行政机关实施行政许可，有下列情形之一的，由其上级行政机关或者监察机关责令改正，对直接负责的主管人员和其他直接责任人员依法给予行政处分；构成犯罪的，依法追究刑事责任：

（一）对不符合法定条件的申请人准予行政许可或者超越法定职权作出准予行政许可决定的；

（二）对符合法定条件的申请人不予行政许可或者不在法定期限内作出准予行政许可决定的；

（三）依法应当根据招标、拍卖结果或者考试成绩择优作出准予行政许可决定，未经招标、拍卖或者考试，或者不根据招标、拍卖结果或者考试成绩择优作出准予行政许可决定的。

第七十五条 【行政机关违规收费】行政机关实施行政许可，擅自收费或者不按照法定项目和标准收费的，由其上级行政机关或者监察机关责令退还非法收取的费用；对直接负责的主管人员和其他直接责任人员依法给予行政处分。

截留、挪用、私分或者变相私分实施行政许可依法收取的费用的，予以追缴；对直接负责的主管人员和其他直接责任人员依法给予行政处分；构成犯罪的，依法追究刑事责任。

第七十六条 【损害赔偿责任】行政机关违法实施行政许可，给当事人的合法权益造成损害的，应当依照国家赔偿法的规定给予赔偿。

第七十七条 【行政机关不履行监督或监督不力】行政机关不依法履行监督职责或者监督不力，造成严重后果的，由其上级行政机关或者监察机关责令改正，对直接负责的主管人员和其他直接责任人员依法给予行政处分；构成犯罪的，依法追究刑事责任。

第七十八条 【对有隐瞒情况等行为的申请人的处理】行政许可申请人隐瞒有关情况或者提供虚假材料申请行政许可的，行政机关不予受理或者不予行政许可，并给予警告；行政许可申请属于直接关系公共安全、人身健康、生命财产安全事项的，申请人在一年内不得再次申请该行政许可。

第七十九条 【对以欺骗等手段取得许可的处罚】被许可人以欺骗、贿赂等不正当手段取得行政许可的，行政机关应当依法给予行政处罚；取得的行政许可属于直接关系公共安全、人身健康、生命财产安全事项的，申请人在三年内不得再次申请该行政许可；构成犯罪的，依法追究刑事责任。

第八十条 【对被许可人违法行为的处罚】被许可人有下列行为之一的，行政机关应当依法给予行政处罚；构成犯罪的，依法追究刑事责任：

（一）涂改、倒卖、出租、出借行政许可证件，或者以其他形式非法转让行政许可的；

（二）超越行政许可范围进行活动的；

（三）向负责监督检查的行政机关隐瞒有关情况、提供虚假材料或者拒绝提供反映其活动情况的真实材料的；

（四）法律、法规、规章规定的其他违法行为。

第八十一条　【对未经许可擅自从事相关活动的处罚】公民、法人或者其他组织未经行政许可，擅自从事依法应当取得行政许可的活动的，行政机关应当依法采取措施予以制止，并依法给予行政处罚；构成犯罪的，依法追究刑事责任。

第八章　附　　则

第八十二条　【期限的计算】本法规定的行政机关实施行政许可的期限以工作日计算，不含法定节假日。

第八十三条　【施行日期】本法自 2004 年 7 月 1 日起施行。

本法施行前有关行政许可的规定，制定机关应当依照本法规定予以清理；不符合本法规定的，自本法施行之日起停止执行。

中华人民共和国行政复议法

1. 1999 年 4 月 29 日第九届全国人民代表大会常务委员会第九次会议通过

2. 根据2009 年 8 月 27 日第十一届全国人民代表大会常务委员会第十次会议《关于修改部分法律的决定》第一次修正

3. 根据2017 年 9 月 1 日第十二届全国人民代表大会常务委员会第二十九次会议《关于修改〈中华人民共和国法官法〉等八部法律的决定》第二次修正

4. 2023 年 9 月 1 日第十四届全国人民代表大会常务委员会第五次会议修订

目　　录

第一章　总　　则

第一条　【立法目的和立法依据】为了防止和纠正违法的或者不当的行政行为，保护公民、法人和其他组织的合法权益，监督和保障行政机关依法行使职权，发挥行政复议化解行政争议的主渠道作用，推进法治政府建设，根据宪法，制定本法。

第二条　【适用范围】公民、法人或者其他组织认为行政机关的行政行为侵犯其合法权益，向行政复议机关提出行政复议申请，行政复议机关办理行政复议案件，适用本法。

前款所称行政行为，包括法律、法规、规章授权的组织的行政行为。

第三条　【行政复议工作的原则】行政复议工作坚持中国共产党的领导。

行政复议机关履行行政复议职责，应当遵循合法、公正、公开、高效、便民、为民的原则，坚持有错必纠，保障法律、法规的正确实施。

第四条　【行政复议机构及职责】县级以上各级人民政府以及其他依照本法履行行政复议职责的行政机关是行政复议机关。

行政复议机关办理行政复议事项的机构是行政复议机构。行政复议机构同时组织办理行政复议机关的行政应诉事项。

行政复议机关应当加强行政复议工作，支持和保障行政复议机构依法履行职责。上级行政复议机构对下级行政复议机构的行政复议工作进行指导、监督。

国务院行政复议机构可以发布行政复议指导性案例。

第五条　【调解】行政复议机关办理行政复议案件，可以进行调解。

调解应当遵循合法、自愿的原则，不得损害国家利益、社会公共利益和他人合法权益，不得违反法律、法规的强制性规定。

第六条　【行政复议人员队伍建设和管理】国家建立专业化、职业化行政复议人员队伍。

行政复议机构中初次从事行政复议工作的人员，应当通过国家统一法律职业资格考试取得法律职业资格，并参加统一职前培训。

国务院行政复议机构应当会同有关部门制定行政复议人员工作规范，加强对行政复议人员的业务考核和管理。

第七条　【行政复议机构和人员的保障措施】行政复议机关应当确保行政复议机构的人员配备与所承担的工作任务相适应，提高行政复议人员专业素质，根据工作需要保障办案场所、装备等设施。县级以上各级人民政府应当将行政复议工作经费列入本级预算。

第八条　【信息化建设】行政复议机关应当加强信息化建设，运用现代信息技术，方便公民、法人或者其他组织申请、参加行政复议，提高工作质量和效率。

第九条　【行政复议激励措施】对在行政复议工作中做出显著成绩的单位和个人，按照国家有关规定给予表彰和奖励。

第十条　【对复议决定不服提起诉讼】公民、法人或者其他组织对行政复议决定不服的，可以依照《中华人民共和国行政诉讼法》的规定向人民法院提起行政诉讼，但是法律规定行政复议决定为最终裁决的除外。

第二章　行政复议申请

第一节　行政复议范围

第十一条　【复议范围】有下列情形之一的，公民、法人或者其他组织可以依照本法申请行政复议：

（一）对行政机关作出的行政处罚决定不服；

（二）对行政机关作出的行政强制措施、行政强制执行决定不服；

（三）申请行政许可，行政机关拒绝或者在法定期限内不予答复，或者对行政机关作出的有关行政许可的其他决定不服；

（四）对行政机关作出的确认自然资源的所有权或者使用权的决定不服；

（五）对行政机关作出的征收征用决定及其补偿决定不服；

（六）对行政机关作出的赔偿决定或者不予赔偿决定不服；

（七）对行政机关作出的不予受理工伤认定申请的决定或者工伤认定结论不服；

（八）认为行政机关侵犯其经营自主权或者农村土地承包经营权、农村土地经营权；

（九）认为行政机关滥用行政权力排除或者限制竞争；

（十）认为行政机关违法集资、摊派费用或者违法要求履行其他义务；

（十一）申请行政机关履行保护人身权利、财产权利、受教育权利等合法权益的法定职责，行政机关拒绝履行、未依法履行或者不予答复；

（十二）申请行政机关依法给付抚恤金、社会保险待遇或者最低生活保障等社会保障，行政机关没有依法给付；

（十三）认为行政机关不依法订立、不依法履行、未按照约定履行或者违法变更、解除政府特许经营协议、土地房屋征收补偿协议等行政协议；

（十四）认为行政机关在政府信息公开工作中侵犯其合法权益；

（十五）认为行政机关的其他行政行为侵犯其合法权益。

第十二条　【复议范围的排除】下列事项不属于行政复议范围：

（一）国防、外交等国家行为；

（二）行政法规、规章或者行政机关制定、发布的具有普遍约束力的决定、命令等规范性文件；

（三）行政机关对行政机关工作人员的奖惩、任免等决定；

（四）行政机关对民事纠纷作出的调解。

第十三条　【规范性文件申请附带审查】公民、法人或者其他组织认为行政机关的行政行为所依据的下列规范性文件不合法，在对行政行为申请行政复议时，可以一并向行政复议机关提出对该规范性文件的附带审查申请：

（一）国务院部门的规范性文件；

（二）县级以上地方各级人民政府及其工作部门的规范性文件；

（三）乡、镇人民政府的规范性文件；

（四）法律、法规、规章授权的组织的规范性文件。

前款所列规范性文件不含规章。规章的审查依照法律、行政法规办理。

第二节　行政复议参加人

第十四条　【复议申请人】依照本法申请行政复议的公民、法人或者其他组织是申请人。

有权申请行政复议的公民死亡的，其近亲属可以申请行政复议。有权申请行政复议的法人或者其他组织终止的，其权利义务承受人可以申请行政复议。

有权申请行政复议的公民为无民事行为能力人或者限制民事行为能力人的，其法定代理人可以代为申请行政复议。

第十五条　【复议代表人】同一行政复议案件申请人人数众多的，可以由申请人推选代表人参加行政复议。

代表人参加行政复议的行为对其所代表的申请人发生效力，但是代表人变更行政复议请求、撤回行政复议申请、承认第三人请求的,应当经被代表的申请人同意。

第十六条 【复议第三人】申请人以外的同被申请行政复议的行政行为或者行政复议案件处理结果有利害关系的公民、法人或者其他组织,可以作为第三人申请参加行政复议,或者由行政复议机构通知其作为第三人参加行政复议。

第三人不参加行政复议,不影响行政复议案件的审理。

第十七条 【复议代理人】申请人、第三人可以委托一至二名律师、基层法律服务工作者或者其他代理人代为参加行政复议。

申请人、第三人委托代理人的,应当向行政复议机构提交授权委托书、委托人及被委托人的身份证明文件。授权委托书应当载明委托事项、权限和期限。申请人、第三人变更或者解除代理人权限的,应当书面告知行政复议机构。

第十八条 【法律援助】符合法律援助条件的行政复议申请人申请法律援助的,法律援助机构应当依法为其提供法律援助。

第十九条 【被申请人】公民、法人或者其他组织对行政行为不服申请行政复议的,作出行政行为的行政机关或者法律、法规、规章授权的组织是被申请人。

两个以上行政机关以共同的名义作出同一行政行为的,共同作出行政行为的行政机关是被申请人。

行政机关委托的组织作出行政行为的,委托的行政机关是被申请人。

作出行政行为的行政机关被撤销或者职权变更的,继续行使其职权的行政机关是被申请人。

第三节 申请的提出

第二十条 【申请复议的期限】公民、法人或者其他组织认为行政行为侵犯其合法权益的,可以自知道或者应当知道该行政行为之日起六十日内提出行政复议申请;但是法律规定的申请期限超过六十日的除外。

因不可抗力或者其他正当理由耽误法定申请期限的,申请期限自障碍消除之日起继续计算。

行政机关作出行政行为时,未告知公民、法人或者其他组织申请行政复议的权利、行政复议机关和申请期限的,申请期限自公民、法人或者其他组织知道或者应当知道申请行政复议的权利、行政复议机关和申请期限之日起计算,但是自知道或者应当知道行政行为内容之日起最长不得超过一年。

第二十一条 【最长复议期限】因不动产提出的行政复议申请自行政行为作出之日起超过二十年,其他行政复议申请自行政行为作出之日起超过五年的,行政复议机关不予受理。

第二十二条 【复议申请方式】申请人申请行政复议,可以书面申请;书面申请有困难的,也可以口头申请。

书面申请的,可以通过邮寄或者行政复议机关指定的互联网渠道等方式提交行政复议申请书,也可以当面提交行政复议申请书。行政机关通过互联网渠道送达行政行为决定书的,应当同时提供提交行政复议申请书的互联网渠道。

口头申请的,行政复议机关应当当场记录申请人的基本情况、行政复议请求、申请行政复议的主要事实、理由和时间。

申请人对两个以上行政行为不服的,应当分别申请行政复议。

第二十三条 【复议前置】有下列情形之一的,申请人应当先向行政复议机关申请行政复议,对行政复议决定不服的,可以再依法向人民法院提起行政诉讼:

(一)对当场作出的行政处罚决定不服;

(二)对行政机关作出的侵犯其已经依法取得的自然资源的所有权或者使用权的决定不服;

(三)认为行政机关存在本法第十一条规定的未履行法定职责情形;

(四)申请政府信息公开,行政机关不予公开;

(五)法律、行政法规规定应当先向行政复议机关申请行政复议的其他情形。

对前款规定的情形,行政机关在作出行政行为时应当告知公民、法人或者其他组织先向行政复议机关申请行政复议。

第四节 行政复议管辖

第二十四条 【县级以上地方各级人民政府的复议管辖范围】县级以上地方各级人民政府管辖下列行政复议案件:

(一)对本级人民政府工作部门作出的行政行为不服的;

(二)对下一级人民政府作出的行政行为不服的;

(三)对本级人民政府依法设立的派出机关作出的行政行为不服的;

(四)对本级人民政府或者其工作部门管理的法律、法规、规章授权的组织作出的行政行为不服的。

除前款规定外,省、自治区、直辖市人民政府同时管辖对本机关作出的行政行为不服的行政复议案件。

省、自治区人民政府依法设立的派出机关参照设区的市级人民政府的职责权限，管辖相关行政复议案件。

对县级以上地方各级人民政府工作部门依法设立的派出机构依照法律、法规、规章规定，以派出机构的名义作出的行政行为不服的行政复议案件，由本级人民政府管辖；其中，对直辖市、设区的市人民政府工作部门按照行政区划设立的派出机构作出的行政行为不服的，也可以由其所在地的人民政府管辖。

第二十五条　【国务院部门的复议管辖范围】国务院部门管辖下列行政复议案件：

（一）对本部门作出的行政行为不服的；

（二）对本部门依法设立的派出机构依照法律、行政法规、部门规章规定，以派出机构的名义作出的行政行为不服的；

（三）对本部门管理的法律、行政法规、部门规章授权的组织作出的行政行为不服的。

第二十六条　【对省部级机关作出行政复议决定不服的救济途径】对省、自治区、直辖市人民政府依照本法第二十四条第二款的规定、国务院部门依照本法第二十五条第一项的规定作出的行政复议决定不服的，可以向人民法院提起行政诉讼；也可以向国务院申请裁决，国务院依照本法的规定作出最终裁决。

第二十七条　【对垂直机关、税务和国家安全机关行政行为不服的管辖】对海关、金融、外汇管理等实行垂直领导的行政机关、税务和国家安全机关的行政行为不服的，向上一级主管部门申请行政复议。

第二十八条　【对地方人民政府司法行政部门行政行为不服的复议】对履行行政复议机构职责的地方人民政府司法行政部门的行政行为不服的，可以向本级人民政府申请行政复议，也可以向上一级司法行政部门申请行政复议。

第二十九条　【复议和诉讼的选择】公民、法人或者其他组织申请行政复议，行政复议机关已经依法受理的，在行政复议期间不得向人民法院提起行政诉讼。

公民、法人或者其他组织向人民法院提起行政诉讼，人民法院已经依法受理的，不得申请行政复议。

第三章　行政复议受理

第三十条　【受理条件及审查】行政复议机关收到行政复议申请后，应当在五日内进行审查。对符合下列规定的，行政复议机关应当予以受理：

（一）有明确的申请人和符合本法规定的被申请人；

（二）申请人与被申请行政复议的行政行为有利害关系；

（三）有具体的行政复议请求和理由；

（四）在法定申请期限内提出；

（五）属于本法规定的行政复议范围；

（六）属于本机关的管辖范围；

（七）行政复议机关未受理过该申请人就同一行政行为提出的行政复议申请，并且人民法院未受理过该申请人就同一行政行为提起的行政诉讼。

对不符合前款规定的行政复议申请，行政复议机关应当在审查期限内决定不予受理并说明理由；不属于本机关管辖的，还应当在不予受理决定中告知申请人有管辖权的行政复议机关。

行政复议申请的审查期限届满，行政复议机关未作出不予受理决定的，审查期限届满之日起视为受理。

第三十一条　【申请材料补正】行政复议申请材料不齐全或者表述不清楚，无法判断行政复议申请是否符合本法第三十条第一款规定的，行政复议机关应当自收到申请之日起五日内书面通知申请人补正。补正通知应当一次性载明需要补正的事项。

申请人应当自收到补正通知之日起十日内提交补正材料。有正当理由不能按期补正的，行政复议机关可以延长合理的补正期限。无正当理由逾期不补正的，视为申请人放弃行政复议申请，并记录在案。

行政复议机关收到补正材料后，依照本法第三十条的规定处理。

第三十二条　【对当场作出或者依据电子技术监控设备记录的违法事实作出的行政处罚决定不服的行政复议申请】对当场作出或者依据电子技术监控设备记录的违法事实作出的行政处罚决定不服申请行政复议的，可以通过作出行政处罚决定的行政机关提交行政复议申请。

行政机关收到行政复议申请后，应当及时处理；认为需要维持行政处罚决定的，应当自收到行政复议申请之日起五日内转送行政复议机关。

第三十三条　【驳回复议申请】行政复议机关受理行政复议申请后，发现该行政复议申请不符合本法第三十条第一款规定的，应当决定驳回申请并说明理由。

第三十四条　【对复议前置案件不服提起行政诉讼】法律、行政法规规定应当先向行政复议机关申请行政复议、对行政复议决定不服再向人民法院提起行政诉讼的，行政复议机关决定不予受理、驳回申请或者受理后超过行政复议期限不作答复的，公民、法人或者其他组织可以自收到决定书之日起或者行政复议期限届满之日起十五日内,依法向人民法院提起行政诉讼。

第三十五条 【上级行政机关直接受理和责令纠正】公民、法人或者其他组织依法提出行政复议申请,行政复议机关无正当理由不予受理、驳回申请或者受理后超过行政复议期限不作答复的,申请人有权向上级行政机关反映,上级行政机关应当责令其纠正;必要时,上级行政复议机关可以直接受理。

第四章 行政复议审理

第一节 一般规定

第三十六条 【行政复议审理程序及保密规定】行政复议机关受理行政复议申请后,依照本法适用普通程序或者简易程序进行审理。行政复议机构应当指定行政复议人员负责办理行政复议案件。

行政复议人员对办理行政复议案件过程中知悉的国家秘密、商业秘密和个人隐私,应当予以保密。

第三十七条 【行政复议案件审理依据】行政复议机关依照法律、法规、规章审理行政复议案件。

行政复议机关审理民族自治地方的行政复议案件,同时依照该民族自治地方的自治条例和单行条例。

第三十八条 【行政复议案件的提级管辖】上级行政复议机关根据需要,可以审理下级行政复议机关管辖的行政复议案件。

下级行政复议机关对其管辖的行政复议案件,认为需要由上级行政复议机关审理的,可以报请上级行政复议机关决定。

第三十九条 【行政复议中止】行政复议期间有下列情形之一的,行政复议中止:

(一)作为申请人的公民死亡,其近亲属尚未确定是否参加行政复议;

(二)作为申请人的公民丧失参加行政复议的行为能力,尚未确定法定代理人参加行政复议;

(三)作为申请人的公民下落不明;

(四)作为申请人的法人或者其他组织终止,尚未确定权利义务承受人;

(五)申请人、被申请人因不可抗力或者其他正当理由,不能参加行政复议;

(六)依照本法规定进行调解、和解,申请人和被申请人同意中止;

(七)行政复议案件涉及的法律适用问题需要有权机关作出解释或者确认;

(八)行政复议案件审理需要以其他案件的审理结果为依据,而其他案件尚未审结;

(九)有本法第五十六条或者第五十七条规定的情形;

(十)需要中止行政复议的其他情形。

行政复议中止的原因消除后,应当及时恢复行政复议案件的审理。

行政复议机关中止、恢复行政复议案件的审理,应当书面告知当事人。

第四十条 【行政复议机关无正当理由中止复议的处理】行政复议期间,行政复议机关无正当理由中止行政复议的,上级行政机关应当责令其恢复审理。

第四十一条 【行政复议终止】行政复议期间有下列情形之一的,行政复议机关决定终止行政复议:

(一)申请人撤回行政复议申请,行政复议机构准予撤回;

(二)作为申请人的公民死亡,没有近亲属或者其近亲属放弃行政复议权利;

(三)作为申请人的法人或者其他组织终止,没有权利义务承受人或者其权利义务承受人放弃行政复议权利;

(四)申请人对行政拘留或者限制人身自由的行政强制措施不服申请行政复议后,因同一违法行为涉嫌犯罪,被采取刑事强制措施;

(五)依照本法第三十九条第一款第一项、第二项、第四项的规定中止行政复议满六十日,行政复议中止的原因仍未消除。

第四十二条 【行政复议不停止执行及例外情形】行政复议期间行政行为不停止执行;但是有下列情形之一的,应当停止执行:

(一)被申请人认为需要停止执行;

(二)行政复议机关认为需要停止执行;

(三)申请人、第三人申请停止执行,行政复议机关认为其要求合理,决定停止执行;

(四)法律、法规、规章规定停止执行的其他情形。

第二节 行政复议证据

第四十三条 【行政复议证据种类】行政复议证据包括:

(一)书证;

(二)物证;

(三)视听资料;

(四)电子数据;

(五)证人证言;

(六)当事人的陈述;

(七)鉴定意见;

(八)勘验笔录、现场笔录。

以上证据经行政复议机构审查属实，才能作为认定行政复议案件事实的根据。

第四十四条　【举证责任分配】被申请人对其作出的行政行为的合法性、适当性负有举证责任。

有下列情形之一的，申请人应当提供证据：

（一）认为被申请人不履行法定职责的，提供曾经要求被申请人履行法定职责的证据，但是被申请人应当依职权主动履行法定职责或者申请人因正当理由不能提供的除外；

（二）提出行政赔偿请求的，提供受行政行为侵害而造成损害的证据，但是因被申请人原因导致申请人无法举证的，由被申请人承担举证责任；

（三）法律、法规规定需要申请人提供证据的其他情形。

第四十五条　【行政复议机关的调查取证权】行政复议机关有权向有关单位和个人调查取证，查阅、复制、调取有关文件和资料，向有关人员进行询问。

调查取证时，行政复议人员不得少于两人，并应当出示行政复议工作证件。

被调查取证的单位和个人应当积极配合行政复议人员的工作，不得拒绝或者阻挠。

第四十六条　【被申请人不得自行取证与例外】行政复议期间，被申请人不得自行向申请人和其他有关单位或者个人收集证据；自行收集的证据不作为认定行政行为合法性、适当性的依据。

行政复议期间，申请人或者第三人提出被申请行政复议的行政行为作出时没有提出的理由或者证据的，经行政复议机构同意，被申请人可以补充证据。

第四十七条　【申请人、第三人的查阅权】行政复议期间，申请人、第三人及其委托代理人可以按照规定查阅、复制被申请人提出的书面答复、作出行政行为的证据、依据和其他有关材料，除涉及国家秘密、商业秘密、个人隐私或者可能危及国家安全、公共安全、社会稳定的情形外，行政复议机构应当同意。

第三节　普通程序

第四十八条　【行政复议申请的发送与被申请人的答复和举证】行政复议机构应当自行政复议申请受理之日起七日内，将行政复议申请书副本或者行政复议申请笔录复印件发送被申请人。被申请人应当自收到行政复议申请书副本或者行政复议申请笔录复印件之日起十日内，提出书面答复，并提交作出行政行为的证据、依据和其他有关材料。

第四十九条　【当面审与书面审】适用普通程序审理的行政复议案件，行政复议机构应当当面或者通过互联网、电话等方式听取当事人的意见，并将听取的意见记录在案。因当事人原因不能听取意见的，可以书面审理。

第五十条　【行政复议听证程序】审理重大、疑难、复杂的行政复议案件，行政复议机构应当组织听证。

行政复议机构认为有必要听证，或者申请人请求听证的，行政复议机构可以组织听证。

听证由一名行政复议人员任主持人，两名以上行政复议人员任听证员，一名记录员制作听证笔录。

第五十一条　【行政复议听证规则】行政复议机构组织听证的，应当于举行听证的五日前将听证的时间、地点和拟听证事项书面通知当事人。

申请人无正当理由拒不参加听证的，视为放弃听证权利。

被申请人的负责人应当参加听证。不能参加的，应当说明理由并委托相应的工作人员参加听证。

第五十二条　【行政复议委员会】县级以上各级人民政府应当建立相关政府部门、专家、学者等参与的行政复议委员会，为办理行政复议案件提供咨询意见，并就行政复议工作中的重大事项和共性问题研究提出意见。行政复议委员会的组成和开展工作的具体办法，由国务院行政复议机构制定。

审理行政复议案件涉及下列情形之一的，行政复议机构应当提请行政复议委员会提出咨询意见：

（一）案情重大、疑难、复杂；

（二）专业性、技术性较强；

（三）本法第二十四条第二款规定的行政复议案件；

（四）行政复议机构认为有必要。

行政复议机构应当记录行政复议委员会的咨询意见。

第四节　简易程序

第五十三条　【行政复议简易程序的适用范围】行政复议机关审理下列行政复议案件，认为事实清楚、权利义务关系明确、争议不大的，可以适用简易程序：

（一）被申请行政复议的行政行为是当场作出；

（二）被申请行政复议的行政行为是警告或者通报批评；

（三）案件涉及款额三千元以下；

（四）属于政府信息公开案件。

除前款规定以外的行政复议案件，当事人各方同意适用简易程序的，可以适用简易程序。

第五十四条　【简易程序的程序性要求】适用简易程序审理的行政复议案件，行政复议机构应当自受理行政复议申请之日起三日内，将行政复议申请书副本或者行政复议申请笔录复印件发送被申请人。被申请人应当自收到行政复议申请书副本或者行政复议申请笔录复印件之日起五日内，提出书面答复，并提交作出行政行为的证据、依据和其他有关材料。

适用简易程序审理的行政复议案件，可以书面审理。

第五十五条　【简易程序与普通程序的转换】适用简易程序审理的行政复议案件，行政复议机构认为不宜适用简易程序的，经行政复议机构的负责人批准，可以转为普通程序审理。

第五节　行政复议附带审查

第五十六条　【行政复议机关对规范性文件的处理】申请人依照本法第十三条的规定提出对有关规范性文件的附带审查申请，行政复议机关有权处理的，应当在三十日内依法处理；无权处理的，应当在七日内转送有权处理的行政机关依法处理。

第五十七条　【行政复议机关依据合法性对行政行为的审查处理】行政复议机关在对被申请人作出的行政行为进行审查时，认为其依据不合法，本机关有权处理的，应当在三十日内依法处理；无权处理的，应当在七日内转送有权处理的国家机关依法处理。

第五十八条　【行政复议机关处理有关规范性文件或者行政行为依据的程序】行政复议机关依照本法第五十六条、第五十七条的规定有权处理有关规范性文件或者依据的，行政复议机构应当自行政复议中止之日起三日内，书面通知规范性文件或者依据的制定机关就相关条款的合法性提出书面答复。制定机关应当自收到书面通知之日起十日内提交书面答复及相关材料。

行政复议机构认为必要时，可以要求规范性文件或者依据的制定机关当面说明理由，制定机关应当配合。

第五十九条　【行政复议机关对规范性文件的审查处理】行政复议机关依照本法第五十六条、第五十七条的规定有权处理有关规范性文件或者依据，认为相关条款合法的，在行政复议决定书中一并告知；认为相关条款超越权限或者违反上位法的，决定停止该条款的执行，并责令制定机关予以纠正。

第六十条　【接受转送机关对转送文件的审查处理】依照本法第五十六条、第五十七条的规定接受转送的行政机关、国家机关应当自收到转送之日起六十日内，将处理意见回复转送的行政复议机关。

第五章　行政复议决定

第六十一条　【行政复议决定的作出程序】行政复议机关依照本法审理行政复议案件，由行政复议机构对行政行为进行审查，提出意见，经行政复议机关的负责人同意或者集体讨论通过后，以行政复议机关的名义作出行政复议决定。

经过听证的行政复议案件，行政复议机关应当根据听证笔录、审查认定的事实和证据，依照本法作出行政复议决定。

提请行政复议委员会提出咨询意见的行政复议案件，行政复议机关应当将咨询意见作为作出行政复议决定的重要参考依据。

第六十二条　【行政复议决定的作出期限】适用普通程序审理的行政复议案件，行政复议机关应当自受理申请之日起六十日内作出行政复议决定；但是法律规定的行政复议期限少于六十日的除外。情况复杂，不能在规定期限内作出行政复议决定的，经行政复议机构的负责人批准，可以适当延长，并书面告知当事人；但是延长期限最多不得超过三十日。

适用简易程序审理的行政复议案件，行政复议机关应当自受理申请之日起三十日内作出行政复议决定。

第六十三条　【变更决定】行政行为有下列情形之一的，行政复议机关决定变更该行政行为：

（一）事实清楚，证据确凿，适用依据正确，程序合法，但是内容不适当；

（二）事实清楚，证据确凿，程序合法，但是未正确适用依据；

（三）事实不清、证据不足，经行政复议机关查清事实和证据。

行政复议机关不得作出对申请人更为不利的变更决定，但是第三人提出相反请求的除外。

第六十四条　【撤销或者部分撤销决定】行政行为有下列情形之一的，行政复议机关决定撤销或者部分撤销该行政行为，并可以责令被申请人在一定期限内重新作出行政行为：

（一）主要事实不清、证据不足；

（二）违反法定程序；

（三）适用的依据不合法；

（四）超越职权或者滥用职权。

行政复议机关责令被申请人重新作出行政行为的，被申请人不得以同一事实和理由作出与被申请行政复议的行政行为相同或者基本相同的行政行为，但是行政复议机关以违反法定程序为由决定撤销或者部分撤销的除外。

第六十五条　**【确认违法决定】**行政行为有下列情形之一的，行政复议机关不撤销该行政行为，但是确认该行政行为违法：

（一）依法应予撤销，但是撤销会给国家利益、社会公共利益造成重大损害；

（二）程序轻微违法，但是对申请人权利不产生实际影响。

行政行为有下列情形之一，不需要撤销或者责令履行的，行政复议机关确认该行政行为违法：

（一）行政行为违法，但是不具有可撤销内容；

（二）被申请人改变原违法行政行为，申请人仍要求撤销或者确认该行政行为违法；

（三）被申请人不履行或者拖延履行法定职责，责令履行没有意义。

第六十六条　**【限期履行职责】**被申请人不履行法定职责的，行政复议机关决定被申请人在一定期限内履行。

第六十七条　**【确认无效决定】**行政行为有实施主体不具有行政主体资格或者没有依据等重大且明显违法情形，申请人申请确认行政行为无效的，行政复议机关确认该行政行为无效。

第六十八条　**【维持决定】**行政行为认定事实清楚，证据确凿，适用依据正确，程序合法，内容适当的，行政复议机关决定维持该行政行为。

第六十九条　**【驳回行政复议申请决定】**行政复议机关受理申请人认为被申请人不履行法定职责的行政复议申请后，发现被申请人没有相应法定职责或者在受理前已经履行法定职责的，决定驳回申请人的行政复议请求。

第七十条　**【举证不能的法律后果】**被申请人不按照本法第四十八条、第五十四条的规定提出书面答复、提交作出行政行为的证据、依据和其他有关材料的，视为该行政行为没有证据、依据，行政复议机关决定撤销、部分撤销该行政行为，确认该行政行为违法、无效或者决定被申请人在一定期限内履行，但是行政行为涉及第三人合法权益，第三人提供证据的除外。

第七十一条　**【行政协议履行及补偿决定】**被申请人不依法订立、不依法履行、未按照约定履行或者违法变更、解除行政协议的，行政复议机关决定被申请人承担依法订立、继续履行、采取补救措施或者赔偿损失等责任。

被申请人变更、解除行政协议合法，但是未依法给予补偿或者补偿不合理的，行政复议机关决定被申请人依法给予合理补偿。

第七十二条　**【行政赔偿决定】**申请人在申请行政复议时一并提出行政赔偿请求，行政复议机关对依照《中华人民共和国国家赔偿法》的有关规定应当不予赔偿的，在作出行政复议决定时，应当同时决定驳回行政赔偿请求；对符合《中华人民共和国国家赔偿法》的有关规定应当给予赔偿的，在决定撤销或者部分撤销、变更行政行为或者确认行政行为违法、无效时，应当同时决定被申请人依法给予赔偿；确认行政行为违法的，还可以同时责令被申请人采取补救措施。

申请人在申请行政复议时没有提出行政赔偿请求的，行政复议机关在依法决定撤销或者部分撤销、变更罚款，撤销或者部分撤销违法集资、没收财物、征收征用、摊派费用以及对财产的查封、扣押、冻结等行政行为时，应当同时责令被申请人返还财产，解除对财产的查封、扣押、冻结措施，或者赔偿相应的价款。

第七十三条　**【行政复议调解】**当事人经调解达成协议的，行政复议机关应当制作行政复议调解书，经各方当事人签字或者签章，并加盖行政复议机关印章，即具有法律效力。

调解未达成协议或者调解书生效前一方反悔的，行政复议机关应当依法审查或者及时作出行政复议决定。

第七十四条　**【行政复议和解与撤回申请】**当事人在行政复议决定作出前可以自愿达成和解，和解内容不得损害国家利益、社会公共利益和他人合法权益，不得违反法律、法规的强制性规定。

当事人达成和解后，由申请人向行政复议机构撤回行政复议申请。行政复议机构准予撤回行政复议申请、行政复议机关决定终止行政复议的，申请人不得再以同一事实和理由提出行政复议申请。但是，申请人能够证明撤回行政复议申请违背其真实意愿的除外。

第七十五条　**【行政复议决定书】**行政复议机关作出行政复议决定，应当制作行政复议决定书，并加盖行政复议机关印章。

行政复议决定书一经送达，即发生法律效力。

第七十六条　**【行政复议意见书】**行政复议机关在办理

行政复议案件过程中，发现被申请人或者其他下级行政机关的有关行政行为违法或者不当的，可以向其制发行政复议意见书。有关机关应当自收到行政复议意见书之日起六十日内，将纠正相关违法或者不当行政行为的情况报送行政复议机关。

第七十七条　【复议决定书、调解书、意见书的履行】被申请人应当履行行政复议决定书、调解书、意见书。

被申请人不履行或者无正当理由拖延履行行政复议决定书、调解书、意见书的，行政复议机关或者有关上级行政机关应当责令其限期履行，并可以约谈被申请人的有关负责人或者予以通报批评。

第七十八条　【不履行复议决定书、调解书的强制执行】申请人、第三人逾期不起诉又不履行行政复议决定书、调解书的，或者不履行最终裁决的行政复议决定的，按照下列规定分别处理：

（一）维持行政行为的行政复议决定书，由作出行政行为的行政机关依法强制执行，或者申请人民法院强制执行；

（二）变更行政行为的行政复议决定书，由行政复议机关依法强制执行，或者申请人民法院强制执行；

（三）行政复议调解书，由行政复议机关依法强制执行，或者申请人民法院强制执行。

第七十九条　【行政复议决定书公开与复议决定、意见书抄告】行政复议机关根据被申请行政复议的行政行为的公开情况，按照国家有关规定将行政复议决定书向社会公开。

县级以上地方各级人民政府办理以本级人民政府工作部门为被申请人的行政复议案件，应当将发生法律效力的行政复议决定书、意见书同时抄告被申请人的上一级主管部门。

第六章　法律责任

第八十条　【复议机关不依法履行职责的处分】行政复议机关不依照本法规定履行行政复议职责，对负有责任的领导人员和直接责任人员依法给予警告、记过、记大过的处分；经有权监督的机关督促仍不改正或者造成严重后果的，依法给予降级、撤职、开除的处分。

第八十一条　【渎职、失职行为的法律责任】行政复议机关工作人员在行政复议活动中，徇私舞弊或者有其他渎职、失职行为的，依法给予警告、记过、记大过的处分；情节严重的，依法给予降级、撤职、开除的处分；构成犯罪的，依法追究刑事责任。

第八十二条　【被申请人不提出书面答复、不提交有关材料、干扰破坏行政复议活动的法律责任】被申请人违反本法规定，不提出书面答复或者不提交作出行政行为的证据、依据和其他有关材料，或者阻挠、变相阻挠公民、法人或者其他组织依法申请行政复议的，对负有责任的领导人员和直接责任人员依法给予警告、记过、记大过的处分；进行报复陷害的，依法给予降级、撤职、开除的处分；构成犯罪的，依法追究刑事责任。

第八十三条　【被申请人不履行、拖延履行复议决定、调解书、意见书的法律责任】被申请人不履行或者无正当理由拖延履行行政复议决定书、调解书、意见书的，对负有责任的领导人员和直接责任人员依法给予警告、记过、记大过的处分；经责令履行仍拒不履行的，依法给予降级、撤职、开除的处分。

第八十四条　【拒绝、阻挠调查取证的法律责任】拒绝、阻挠行政复议人员调查取证，故意扰乱行政复议工作秩序的，依法给予处分、治安管理处罚；构成犯罪的，依法追究刑事责任。

第八十五条　【行政复议机关移送违法事实材料】行政机关及其工作人员违反本法规定的，行政复议机关可以向监察机关或者公职人员任免机关、单位移送有关人员违法的事实材料，接受移送的监察机关或者公职人员任免机关、单位应当依法处理。

第八十六条　【职务违法犯罪问题线索的移送】行政复议机关在办理行政复议案件过程中，发现公职人员涉嫌贪污贿赂、失职渎职等职务违法或者职务犯罪的问题线索，应当依照有关规定移送监察机关，由监察机关依法调查处置。

第七章　附　　则

第八十七条　【行政复议不收费原则】行政复议机关受理行政复议申请，不得向申请人收取任何费用。

第八十八条　【期间计算和文书送达】行政复议期间的计算和行政复议文书的送达，本法没有规定的，依照《中华人民共和国民事诉讼法》关于期间、送达的规定执行。

本法关于行政复议期间有关“三日”、“五日”、“七日”、“十日”的规定是指工作日，不含法定休假日。

第八十九条　【外国人、无国籍人、外国组织的法律适用】外国人、无国籍人、外国组织在中华人民共和国境内申请行政复议，适用本法。

第九十条　【施行时间】本法自 2024 年 1 月 1 日起施行。

中华人民共和国行政诉讼法

1. 1989年4月4日第七届全国人民代表大会第二次会议通过
2. 根据2014年11月1日第十二届全国人民代表大会常务委员会第十一次会议《关于修改〈中华人民共和国行政诉讼法〉的决定》第一次修正
3. 根据2017年6月27日第十二届全国人民代表大会常务委员会第二十八次会议《关于修改〈中华人民共和国民事诉讼法〉和〈中华人民共和国行政诉讼法〉的决定》第二次修正

目　　录

第一章　总　　则

第一条　【立法目的】为保证人民法院公正、及时审理行政案件,解决行政争议,保护公民、法人和其他组织的合法权益,监督行政机关依法行使职权,根据宪法,制定本法。

第二条　【诉权】公民、法人或者其他组织认为行政机关和行政机关工作人员的行政行为侵犯其合法权益,有权依照本法向人民法院提起诉讼。

前款所称行政行为,包括法律、法规、规章授权的组织作出的行政行为。

第三条　【行政机关负责人出庭应诉】人民法院应当保障公民、法人和其他组织的起诉权利,对应当受理的行政案件依法受理。

行政机关及其工作人员不得干预、阻碍人民法院受理行政案件。

被诉行政机关负责人应当出庭应诉。不能出庭的,应当委托行政机关相应的工作人员出庭。

第四条　【独立行使审判权】人民法院依法对行政案件独立行使审判权,不受行政机关、社会团体和个人的干涉。

人民法院设行政审判庭,审理行政案件。

第五条　【以事实为根据,以法律为准绳原则】人民法院审理行政案件,以事实为根据,以法律为准绳。

第六条　【合法性审查原则】人民法院审理行政案件,对行政行为是否合法进行审查。

第七条　【合议、回避、公开审判和两审终审原则】人民法院审理行政案件,依法实行合议、回避、公开审判和两审终审制度。

第八条　【法律地位平等原则】当事人在行政诉讼中的法律地位平等。

第九条　【本民族语言文字原则】各民族公民都有用本民族语言、文字进行行政诉讼的权利。

在少数民族聚居或者多民族共同居住的地区,人民法院应当用当地民族通用的语言、文字进行审理和发布法律文书。

人民法院应当对不通晓当地民族通用的语言、文字的诉讼参与人提供翻译。

第十条　【辩论原则】当事人在行政诉讼中有权进行辩论。

第十一条　【法律监督原则】人民检察院有权对行政诉讼实行法律监督。

第二章　受 案 范 围

第十二条　【行政诉讼受案范围】人民法院受理公民、法人或者其他组织提起的下列诉讼:

(一)对行政拘留、暂扣或者吊销许可证和执照、责令停产停业、没收违法所得、没收非法财物、罚款、警告等行政处罚不服的;

(二)对限制人身自由或者对财产的查封、扣押、冻结等行政强制措施和行政强制执行不服的;

(三)申请行政许可,行政机关拒绝或者在法定期限内不予答复,或者对行政机关作出的有关行政许可的其他决定不服的;

(四)对行政机关作出的关于确认土地、矿藏、水流、森林、山岭、草原、荒地、滩涂、海域等自然资源的所有权或者使用权的决定不服的;

(五)对征收、征用决定及其补偿决定不服的;

(六)申请行政机关履行保护人身权、财产权等合法权益的法定职责,行政机关拒绝履行或者不予答复的;

（七）认为行政机关侵犯其经营自主权或者农村土地承包经营权、农村土地经营权的；

（八）认为行政机关滥用行政权力排除或者限制竞争的；

（九）认为行政机关违法集资、摊派费用或者违法要求履行其他义务的；

（十）认为行政机关没有依法支付抚恤金、最低生活保障待遇或者社会保险待遇的；

（十一）认为行政机关不依法履行、未按照约定履行或者违法变更、解除政府特许经营协议、土地房屋征收补偿协议等协议的；

（十二）认为行政机关侵犯其他人身权、财产权等合法权益的。

除前款规定外，人民法院受理法律、法规规定可以提起诉讼的其他行政案件。

第十三条 【受案范围的排除】人民法院不受理公民、法人或者其他组织对下列事项提起的诉讼：

（一）国防、外交等国家行为；

（二）行政法规、规章或者行政机关制定、发布的具有普遍约束力的决定、命令；

（三）行政机关对行政机关工作人员的奖惩、任免等决定；

（四）法律规定由行政机关最终裁决的行政行为。

第三章 管 辖

第十四条 【基层人民法院管辖第一审行政案件】基层人民法院管辖第一审行政案件。

第十五条 【中级人民法院管辖的第一审行政案件】中级人民法院管辖下列第一审行政案件：

（一）对国务院部门或者县级以上地方人民政府所作的行政行为提起诉讼的案件；

（二）海关处理的案件；

（三）本辖区内重大、复杂的案件；

（四）其他法律规定由中级人民法院管辖的案件。

第十六条 【高级人民法院管辖的第一审行政案件】高级人民法院管辖本辖区内重大、复杂的第一审行政案件。

第十七条 【最高人民法院管辖的第一审行政案件】最高人民法院管辖全国范围内重大、复杂的第一审行政案件。

第十八条 【一般地域管辖和法院跨行政区域管辖】行政案件由最初作出行政行为的行政机关所在地人民法院管辖。经复议的案件，也可以由复议机关所在地人民法院管辖。

经最高人民法院批准，高级人民法院可以根据审判工作的实际情况，确定若干人民法院跨行政区域管辖行政案件。

第十九条 【限制人身自由行政案件的管辖】对限制人身自由的行政强制措施不服提起的诉讼，由被告所在地或者原告所在地人民法院管辖。

第二十条 【不动产行政案件的管辖】因不动产提起的行政诉讼，由不动产所在地人民法院管辖。

第二十一条 【选择管辖】两个以上人民法院都有管辖权的案件，原告可以选择其中一个人民法院提起诉讼。原告向两个以上有管辖权的人民法院提起诉讼的，由最先立案的人民法院管辖。

第二十二条 【移送管辖】人民法院发现受理的案件不属于本院管辖的，应当移送有管辖权的人民法院，受移送的人民法院应当受理。受移送的人民法院认为受移送的案件按照规定不属于本院管辖的，应当报请上级人民法院指定管辖，不得再自行移送。

第二十三条 【指定管辖】有管辖权的人民法院由于特殊原因不能行使管辖权的，由上级人民法院指定管辖。

人民法院对管辖权发生争议，由争议双方协商解决。协商不成的，报它们的共同上级人民法院指定管辖。

第二十四条 【管辖权转移】上级人民法院有权审理下级人民法院管辖的第一审行政案件。

下级人民法院对其管辖的第一审行政案件，认为需要由上级人民法院审理或者指定管辖的，可以报请上级人民法院决定。

第四章 诉讼参加人

第二十五条 【原告资格】行政行为的相对人以及其他与行政行为有利害关系的公民、法人或者其他组织，有权提起诉讼。

有权提起诉讼的公民死亡，其近亲属可以提起诉讼。

有权提起诉讼的法人或者其他组织终止，承受其权利的法人或者其他组织可以提起诉讼。

人民检察院在履行职责中发现生态环境和资源保护、食品药品安全、国有财产保护、国有土地使用权出让等领域负有监督管理职责的行政机关违法行使职权或者不作为，致使国家利益或者社会公共利益受到侵害的，应当向行政机关提出检察建议，督促其依法履行职责。行政机关不依法履行职责的，人民检察院依法向人民法院提起诉讼。

第二十六条 【被告资格】公民、法人或者其他组织直接向人民法院提起诉讼的，作出行政行为的行政机关是被告。

经复议的案件，复议机关决定维持原行政行为的，作出原行政行为的行政机关和复议机关是共同被告；复议机关改变原行政行为的，复议机关是被告。

复议机关在法定期限内未作出复议决定，公民、法人或者其他组织起诉原行政行为的，作出原行政行为的行政机关是被告；起诉复议机关不作为的，复议机关是被告。

两个以上行政机关作出同一行政行为的，共同作出行政行为的行政机关是共同被告。

行政机关委托的组织所作的行政行为，委托的行政机关是被告。

行政机关被撤销或者职权变更的，继续行使其职权的行政机关是被告。

第二十七条　【共同诉讼】当事人一方或者双方为二人以上，因同一行政行为发生的行政案件，或者因同类行政行为发生的行政案件、人民法院认为可以合并审理并经当事人同意的，为共同诉讼。

第二十八条　【代表人诉讼】当事人一方人数众多的共同诉讼，可以由当事人推选代表人进行诉讼。代表人的诉讼行为对其所代表的当事人发生效力，但代表人变更、放弃诉讼请求或者承认对方当事人的诉讼请求，应当经被代表的当事人同意。

第二十九条　【诉讼第三人】公民、法人或者其他组织同被诉行政行为有利害关系但没有提起诉讼，或者同案件处理结果有利害关系的，可以作为第三人申请参加诉讼，或者由人民法院通知参加诉讼。

人民法院判决第三人承担义务或者减损第三人权益的，第三人有权依法提起上诉。

第三十条　【法定代理人】没有诉讼行为能力的公民，由其法定代理人代为诉讼。法定代理人互相推诿代理责任的，由人民法院指定其中一人代为诉讼。

第三十一条　【委托代理人】当事人、法定代理人，可以委托一至二人作为诉讼代理人。

下列人员可以被委托为诉讼代理人：

（一）律师、基层法律服务工作者；

（二）当事人的近亲属或者工作人员；

（三）当事人所在社区、单位以及有关社会团体推荐的公民。

第三十二条　【当事人及诉讼代理人权利】代理诉讼的律师，有权按照规定查阅、复制本案有关材料，有权向有关组织和公民调查，收集与本案有关的证据。对涉及国家秘密、商业秘密和个人隐私的材料，应当依照法律规定保密。

当事人和其他诉讼代理人有权按照规定查阅、复制本案庭审材料，但涉及国家秘密、商业秘密和个人隐私的内容除外。

第五章　证　　据

第三十三条　【证据种类】证据包括：

（一）书证；

（二）物证；

（三）视听资料；

（四）电子数据；

（五）证人证言；

（六）当事人的陈述；

（七）鉴定意见；

（八）勘验笔录、现场笔录。

以上证据经法庭审查属实，才能作为认定案件事实的根据。

第三十四条　【被告举证责任】被告对作出的行政行为负有举证责任，应当提供作出该行政行为的证据和所依据的规范性文件。

被告不提供或者无正当理由逾期提供证据，视为没有相应证据。但是，被诉行政行为涉及第三人合法权益，第三人提供证据的除外。

第三十五条　【行政机关收集证据的限制】在诉讼过程中，被告及其诉讼代理人不得自行向原告、第三人和证人收集证据。

第三十六条　【被告延期提供证据和补充证据】被告在作出行政行为时已经收集了证据，但因不可抗力等正当事由不能提供的，经人民法院准许，可以延期提供。

原告或者第三人提出了其在行政处理程序中没有提出的理由或者证据的，经人民法院准许，被告可以补充证据。

第三十七条　【原告可以提供证据】原告可以提供证明行政行为违法的证据。原告提供的证据不成立的，不免除被告的举证责任。

第三十八条　【原告举证责任】在起诉被告不履行法定职责的案件中，原告应当提供其向被告提出申请的证据。但有下列情形之一的除外：

（一）被告应当依职权主动履行法定职责的；

（二）原告因正当理由不能提供证据的。

在行政赔偿、补偿的案件中，原告应当对行政行为造成的损害提供证据。因被告的原因导致原告无法举证的，由被告承担举证责任。

第三十九条　【法院要求当事人提供或者补充证据】人民法院有权要求当事人提供或者补充证据。

第四十条　【法院调取证据】人民法院有权向有关行政机关以及其他组织、公民调取证据。但是，不得为证明行政行为的合法性调取被告作出行政行为时未收集的证据。

第四十一条　【申请法院调取证据】与本案有关的下列证据，原告或者第三人不能自行收集的，可以申请人民法院调取：

（一）由国家机关保存而须由人民法院调取的证据；

（二）涉及国家秘密、商业秘密和个人隐私的证据；

（三）确因客观原因不能自行收集的其他证据。

第四十二条　【证据保全】在证据可能灭失或者以后难以取得的情况下，诉讼参加人可以向人民法院申请保全证据，人民法院也可以主动采取保全措施。

第四十三条　【证据适用规则】证据应当在法庭上出示，并由当事人互相质证。对涉及国家秘密、商业秘密和个人隐私的证据，不得在公开开庭时出示。

人民法院应当按照法定程序，全面、客观地审查核实证据。对未采纳的证据应当在裁判文书中说明理由。

以非法手段取得的证据，不得作为认定案件事实的根据。

第六章　起诉和受理

第四十四条　【行政复议与行政诉讼的关系】对属于人民法院受案范围的行政案件，公民、法人或者其他组织可以先向行政机关申请复议，对复议决定不服的，再向人民法院提起诉讼；也可以直接向人民法院提起诉讼。

法律、法规规定应当先向行政机关申请复议，对复议决定不服再向人民法院提起诉讼的，依照法律、法规的规定。

第四十五条　【经行政复议的起诉期限】公民、法人或者其他组织不服复议决定的，可以在收到复议决定书之日起十五日内向人民法院提起诉讼。复议机关逾期不作决定的，申请人可以在复议期满之日起十五日内向人民法院提起诉讼。法律另有规定的除外。

第四十六条　【起诉期限】公民、法人或者其他组织直接向人民法院提起诉讼的，应当自知道或者应当知道作出行政行为之日起六个月内提出。法律另有规定的除外。

因不动产提起诉讼的案件自行政行为作出之日起超过二十年，其他案件自行政行为作出之日起超过五年提起诉讼的，人民法院不予受理。

第四十七条　【行政机关不履行法定职责的起诉期限】公民、法人或者其他组织申请行政机关履行保护其人身权、财产权等合法权益的法定职责，行政机关在接到申请之日起两个月内不履行的，公民、法人或者其他组织可以向人民法院提起诉讼。法律、法规对行政机关履行职责的期限另有规定的，从其规定。

公民、法人或者其他组织在紧急情况下请求行政机关履行保护其人身权、财产权等合法权益的法定职责，行政机关不履行的，提起诉讼不受前款规定期限的限制。

第四十八条　【起诉期限的扣除和延长】公民、法人或者其他组织因不可抗力或者其他不属于其自身的原因耽误起诉期限的，被耽误的时间不计算在起诉期限内。

公民、法人或者其他组织因前款规定以外的其他特殊情况耽误起诉期限的，在障碍消除后十日内，可以申请延长期限，是否准许由人民法院决定。

第四十九条　【起诉条件】提起诉讼应当符合下列条件：

（一）原告是符合本法第二十五条规定的公民、法人或者其他组织；

（二）有明确的被告；

（三）有具体的诉讼请求和事实根据；

（四）属于人民法院受案范围和受诉人民法院管辖。

第五十条　【起诉方式】起诉应当向人民法院递交起诉状，并按照被告人数提出副本。

书写起诉状确有困难的，可以口头起诉，由人民法院记入笔录，出具注明日期的书面凭证，并告知对方当事人。

第五十一条　【登记立案】人民法院在接到起诉状时对符合本法规定的起诉条件的，应当登记立案。

对当场不能判定是否符合本法规定的起诉条件的，应当接收起诉状，出具注明收到日期的书面凭证，并在七日内决定是否立案。不符合起诉条件的，作出不予立案的裁定。裁定书应当载明不予立案的理由。原告对裁定不服的，可以提起上诉。

起诉状内容欠缺或者有其他错误的，应当给予指导和释明，并一次性告知当事人需要补正的内容。不得未经指导和释明即以起诉不符合条件为由不接收起诉状。

对于不接收起诉状、接收起诉状后不出具书面凭证，以及不一次性告知当事人需要补正的起诉状内容的,当事人可以向上级人民法院投诉,上级人民法院应当责令改正,并对直接负责的主管人员和其他直接责任人员依法给予处分。

第五十二条　【法院不立案的救济】人民法院既不立案,又不作出不予立案裁定的,当事人可以向上一级人民法院起诉。上一级人民法院认为符合起诉条件的,应当立案、审理,也可以指定其他下级人民法院立案、审理。

第五十三条　【规范性文件的附带审查】公民、法人或者其他组织认为行政行为所依据的国务院部门和地方人民政府及其部门制定的规范性文件不合法,在对行政行为提起诉讼时,可以一并请求对该规范性文件进行审查。

前款规定的规范性文件不含规章。

第七章　审理和判决

第一节　一般规定

第五十四条　【公开审理原则】人民法院公开审理行政案件,但涉及国家秘密、个人隐私和法律另有规定的除外。

涉及商业秘密的案件,当事人申请不公开审理的,可以不公开审理。

第五十五条　【回避】当事人认为审判人员与本案有利害关系或者有其他关系可能影响公正审判,有权申请审判人员回避。

审判人员认为自己与本案有利害关系或者有其他关系,应当申请回避。

前两款规定,适用于书记员、翻译人员、鉴定人、勘验人。

院长担任审判长时的回避,由审判委员会决定;审判人员的回避,由院长决定;其他人员的回避,由审判长决定。当事人对决定不服的,可以申请复议一次。

第五十六条　【诉讼不停止执行】诉讼期间,不停止行政行为的执行。但有下列情形之一的,裁定停止执行:

(一)被告认为需要停止执行的;

(二)原告或者利害关系人申请停止执行,人民法院认为该行政行为的执行会造成难以弥补的损失,并且停止执行不损害国家利益、社会公共利益的;

(三)人民法院认为该行政行为的执行会给国家利益、社会公共利益造成重大损害的;

(四)法律、法规规定停止执行的。

当事人对停止执行或者不停止执行的裁定不服的,可以申请复议一次。

第五十七条　【先予执行】人民法院对起诉行政机关没有依法支付抚恤金、最低生活保障金和工伤、医疗社会保险金的案件,权利义务关系明确、不先予执行将严重影响原告生活的,可以根据原告的申请,裁定先予执行。

当事人对先予执行裁定不服的,可以申请复议一次。复议期间不停止裁定的执行。

第五十八条　【拒不到庭或中途退庭的法律后果】经人民法院传票传唤,原告无正当理由拒不到庭,或者未经法庭许可中途退庭的,可以按照撤诉处理;被告无正当理由拒不到庭,或者未经法庭许可中途退庭的,可以缺席判决。

第五十九条　【妨害行政诉讼强制措施】诉讼参与人或者其他人有下列行为之一的,人民法院可以根据情节轻重,予以训诫、责令具结悔过或者处一万元以下的罚款、十五日以下的拘留;构成犯罪的,依法追究刑事责任:

(一)有义务协助调查、执行的人,对人民法院的协助调查决定、协助执行通知书,无故推拖、拒绝或者妨碍调查、执行的;

(二)伪造、隐藏、毁灭证据或者提供虚假证明材料,妨碍人民法院审理案件的;

(三)指使、贿买、胁迫他人作伪证或者威胁、阻止证人作证的;

(四)隐藏、转移、变卖、毁损已被查封、扣押、冻结的财产的;

(五)以欺骗、胁迫等非法手段使原告撤诉的;

(六)以暴力、威胁或者其他方法阻碍人民法院工作人员执行职务,或者以哄闹、冲击法庭等方法扰乱人民法院工作秩序的;

(七)对人民法院审判人员或者其他工作人员、诉讼参与人、协助调查和执行的人员恐吓、侮辱、诽谤、诬陷、殴打、围攻或者打击报复的。

人民法院对有前款规定的行为之一的单位,可以对其主要负责人或者直接责任人员依照前款规定予以罚款、拘留;构成犯罪的,依法追究刑事责任。

罚款、拘留须经人民法院院长批准。当事人不服的,可以向上一级人民法院申请复议一次。复议期间不停止执行。

第六十条　【调解】人民法院审理行政案件,不适用调解。但是,行政赔偿、补偿以及行政机关行使法律、法规规定的自由裁量权的案件可以调解。

调解应当遵循自愿、合法原则,不得损害国家利益、社会公共利益和他人合法权益。

第六十一条 【民事争议和行政争议交叉】在涉及行政许可、登记、征收、征用和行政机关对民事争议所作的裁决的行政诉讼中,当事人申请一并解决相关民事争议的,人民法院可以一并审理。

在行政诉讼中,人民法院认为行政案件的审理需以民事诉讼的裁判为依据的,可以裁定中止行政诉讼。

第六十二条 【撤诉】人民法院对行政案件宣告判决或者裁定前,原告申请撤诉的,或者被告改变其所作的行政行为,原告同意并申请撤诉的,是否准许,由人民法院裁定。

第六十三条 【审理依据】人民法院审理行政案件,以法律和行政法规、地方性法规为依据。地方性法规适用于本行政区域内发生的行政案件。

人民法院审理民族自治地方的行政案件,并以该民族自治地方的自治条例和单行条例为依据。

人民法院审理行政案件,参照规章。

第六十四条 【规范性文件审查和处理】人民法院在审理行政案件中,经审查认为本法第五十三条规定的规范性文件不合法的,不作为认定行政行为合法的依据,并向制定机关提出处理建议。

第六十五条 【裁判文书公开】人民法院应当公开发生法律效力的判决书、裁定书,供公众查阅,但涉及国家秘密、商业秘密和个人隐私的内容除外。

第六十六条 【有关行政机关工作人员和被告的处理】人民法院在审理行政案件中,认为行政机关的主管人员、直接责任人员违法违纪的,应当将有关材料移送监察机关、该行政机关或者其上一级行政机关;认为有犯罪行为的,应当将有关材料移送公安、检察机关。

人民法院对被告经传票传唤无正当理由拒不到庭,或者未经法庭许可中途退庭的,可以将被告拒不到庭或者中途退庭的情况予以公告,并可以向监察机关或者被告的上一级行政机关提出依法给予其主要负责人或者直接责任人员处分的司法建议。

第二节 第一审普通程序

第六十七条 【发送起诉状和提出答辩状】人民法院应当在立案之日起五日内,将起诉状副本发送被告。被告应当在收到起诉状副本之日起十五日内向人民法院提交作出行政行为的证据和所依据的规范性文件,并提出答辩状。人民法院应当在收到答辩状之日起五日内,将答辩状副本发送原告。

被告不提出答辩状的,不影响人民法院审理。

第六十八条 【审判组织形式】人民法院审理行政案件,由审判员组成合议庭,或者由审判员、陪审员组成合议庭。合议庭的成员,应当是三人以上的单数。

第六十九条 【驳回原告诉讼请求判决】行政行为证据确凿,适用法律、法规正确,符合法定程序的,或者原告申请被告履行法定职责或者给付义务理由不成立的,人民法院判决驳回原告的诉讼请求。

第七十条 【撤销判决和重作判决】行政行为有下列情形之一的,人民法院判决撤销或者部分撤销,并可以判决被告重新作出行政行为:

(一)主要证据不足的;

(二)适用法律、法规错误的;

(三)违反法定程序的;

(四)超越职权的;

(五)滥用职权的;

(六)明显不当的。

第七十一条 【重作判决对被告的限制】人民法院判决被告重新作出行政行为的,被告不得以同一的事实和理由作出与原行政行为基本相同的行政行为。

第七十二条 【履行判决】人民法院经过审理,查明被告不履行法定职责的,判决被告在一定期限内履行。

第七十三条 【给付判决】人民法院经过审理,查明被告依法负有给付义务的,判决被告履行给付义务。

第七十四条 【确认违法判决】行政行为有下列情形之一的,人民法院判决确认违法,但不撤销行政行为:

(一)行政行为依法应当撤销,但撤销会给国家利益、社会公共利益造成重大损害的;

(二)行政行为程序轻微违法,但对原告权利不产生实际影响的。

行政行为有下列情形之一,不需要撤销或者判决履行的,人民法院判决确认违法:

(一)行政行为违法,但不具有可撤销内容的;

(二)被告改变原违法行政行为,原告仍要求确认原行政行为违法的;

(三)被告不履行或者拖延履行法定职责,判决履行没有意义的。

第七十五条 【确认无效判决】行政行为有实施主体不具有行政主体资格或者没有依据等重大且明显违法情形,原告申请确认行政行为无效的,人民法院判决确认无效。

第七十六条 【确认违法和无效判决的补充规定】人民法院判决确认违法或者无效的,可以同时判决责令被告采取补救措施;给原告造成损失的,依法判决被告承担赔偿责任。

第七十七条 【变更判决】行政处罚明显不当,或者其他行政行为涉及对款额的确定、认定确有错误的,人民法院可以判决变更。

人民法院判决变更,不得加重原告的义务或者减损原告的权益。但利害关系人同为原告,且诉讼请求相反的除外。

第七十八条 【行政协议履行及补偿判决】被告不依法履行、未按照约定履行或者违法变更、解除本法第十二条第一款第十一项规定的协议的,人民法院判决被告承担继续履行、采取补救措施或者赔偿损失等责任。

被告变更、解除本法第十二条第一款第十一项规定的协议合法,但未依法给予补偿的,人民法院判决给予补偿。

第七十九条 【复议决定和原行政行为一并裁判】复议机关与作出原行政行为的行政机关为共同被告的案件,人民法院应当对复议决定和原行政行为一并作出裁判。

第八十条 【公开宣判】人民法院对公开审理和不公开审理的案件,一律公开宣告判决。

当庭宣判的,应当在十日内发送判决书;定期宣判的,宣判后立即发给判决书。

宣告判决时,必须告知当事人上诉权利、上诉期限和上诉的人民法院。

第八十一条 【第一审审限】人民法院应当在立案之日起六个月内作出第一审判决。有特殊情况需要延长的,由高级人民法院批准,高级人民法院审理第一审案件需要延长的,由最高人民法院批准。

第三节 简易程序

第八十二条 【简易程序适用情形】人民法院审理下列第一审行政案件,认为事实清楚、权利义务关系明确、争议不大的,可以适用简易程序:

(一)被诉行政行为是依法当场作出的;

(二)案件涉及款额二千元以下的;

(三)属于政府信息公开案件的。

除前款规定以外的第一审行政案件,当事人各方同意适用简易程序的,可以适用简易程序。

发回重审、按照审判监督程序再审的案件不适用简易程序。

第八十三条 【简易程序的审判组织形式和审限】适用简易程序审理的行政案件,由审判员一人独任审理,并应当在立案之日起四十五日内审结。

第八十四条 【简易程序与普通程序的转换】人民法院在审理过程中,发现案件不宜适用简易程序的,裁定转为普通程序。

第四节 第二审程序

第八十五条 【上诉】当事人不服人民法院第一审判决的,有权在判决书送达之日起十五日内向上一级人民法院提起上诉。当事人不服人民法院第一审裁定的,有权在裁定书送达之日起十日内向上一级人民法院提起上诉。逾期不提起上诉的,人民法院的第一审判决或者裁定发生法律效力。

第八十六条 【二审审理方式】人民法院对上诉案件,应当组成合议庭,开庭审理。经过阅卷、调查和询问当事人,对没有提出新的事实、证据或者理由,合议庭认为不需要开庭审理的,也可以不开庭审理。

第八十七条 【二审审查范围】人民法院审理上诉案件,应当对原审人民法院的判决、裁定和被诉行政行为进行全面审查。

第八十八条 【二审审限】人民法院审理上诉案件,应当在收到上诉状之日起三个月内作出终审判决。有特殊情况需要延长的,由高级人民法院批准,高级人民法院审理上诉案件需要延长的,由最高人民法院批准。

第八十九条 【二审裁判】人民法院审理上诉案件,按照下列情形,分别处理:

(一)原判决、裁定认定事实清楚,适用法律、法规正确的,判决或者裁定驳回上诉,维持原判决、裁定;

(二)原判决、裁定认定事实错误或者适用法律、法规错误的,依法改判、撤销或者变更;

(三)原判决认定基本事实不清、证据不足的,发回原审人民法院重审,或者查清事实后改判;

(四)原判决遗漏当事人或者违法缺席判决等严重违反法定程序的,裁定撤销原判决,发回原审人民法院重审。

原审人民法院对发回重审的案件作出判决后,当事人提起上诉的,第二审人民法院不得再次发回重审。

人民法院审理上诉案件,需要改变原审判决的,应当同时对被诉行政行为作出判决。

第五节 审判监督程序

第九十条 【当事人申请再审】当事人对已经发生法律效力的判决、裁定,认为确有错误的,可以向上一级人民法院申请再审,但判决、裁定不停止执行。

第九十一条 【再审事由】当事人的申请符合下列情形之一的,人民法院应当再审:

(一)不予立案或者驳回起诉确有错误的;

(二)有新的证据,足以推翻原判决、裁定的;

（三）原判决、裁定认定事实的主要证据不足、未经质证或者系伪造的；

（四）原判决、裁定适用法律、法规确有错误的；

（五）违反法律规定的诉讼程序，可能影响公正审判的；

（六）原判决、裁定遗漏诉讼请求的；

（七）据以作出原判决、裁定的法律文书被撤销或者变更的；

（八）审判人员在审理该案件时有贪污受贿、徇私舞弊、枉法裁判行为的。

第九十二条 **【人民法院依职权再审】**各级人民法院院长对本院已经发生法律效力的判决、裁定，发现有本法第九十一条规定情形之一，或者发现调解违反自愿原则或者调解书内容违法，认为需要再审的，应当提交审判委员会讨论决定。

最高人民法院对地方各级人民法院已经发生法律效力的判决、裁定，上级人民法院对下级人民法院已经发生法律效力的判决、裁定，发现有本法第九十一条规定情形之一，或者发现调解违反自愿原则或者调解书内容违法的，有权提审或者指令下级人民法院再审。

第九十三条 **【抗诉和检察建议】**最高人民检察院对各级人民法院已经发生法律效力的判决、裁定，上级人民检察院对下级人民法院已经发生法律效力的判决、裁定，发现有本法第九十一条规定情形之一，或者发现调解书损害国家利益、社会公共利益的，应当提出抗诉。

地方各级人民检察院对同级人民法院已经发生法律效力的判决、裁定，发现有本法第九十一条规定情形之一，或者发现调解书损害国家利益、社会公共利益的，可以向同级人民法院提出检察建议，并报上级人民检察院备案；也可以提请上级人民检察院向同级人民法院提出抗诉。

各级人民检察院对审判监督程序以外的其他审判程序中审判人员的违法行为，有权向同级人民法院提出检察建议。

第八章 执 行

第九十四条 **【生效裁判和调解书的执行】**当事人必须履行人民法院发生法律效力的判决、裁定、调解书。

第九十五条 **【申请强制执行和执行管辖】**公民、法人或者其他组织拒绝履行判决、裁定、调解书的，行政机关或者第三人可以向第一审人民法院申请强制执行，或者由行政机关依法强制执行。

第九十六条 **【对行政机关拒绝履行的执行措施】**行政机关拒绝履行判决、裁定、调解书的，第一审人民法院可以采取下列措施：

（一）对应当归还的罚款或者应当给付的款额，通知银行从该行政机关的账户内划拨；

（二）在规定期限内不履行的，从期满之日起，对该行政机关负责人按日处五十元至一百元的罚款；

（三）将行政机关拒绝履行的情况予以公告；

（四）向监察机关或者该行政机关的上一级行政机关提出司法建议。接受司法建议的机关，根据有关规定进行处理，并将处理情况告知人民法院；

（五）拒不履行判决、裁定、调解书，社会影响恶劣的，可以对该行政机关直接负责的主管人员和其他直接责任人员予以拘留；情节严重，构成犯罪的，依法追究刑事责任。

第九十七条 **【非诉执行】**公民、法人或者其他组织对行政行为在法定期限内不提起诉讼又不履行的，行政机关可以申请人民法院强制执行，或者依法强制执行。

第九章 涉外行政诉讼

第九十八条 **【涉外行政诉讼的法律适用原则】**外国人、无国籍人、外国组织在中华人民共和国进行行政诉讼，适用本法。法律另有规定的除外。

第九十九条 **【同等与对等原则】**外国人、无国籍人、外国组织在中华人民共和国进行行政诉讼，同中华人民共和国公民、组织有同等的诉讼权利和义务。

外国法院对中华人民共和国公民、组织的行政诉讼权利加以限制的，人民法院对该国公民、组织的行政诉讼权利，实行对等原则。

第一百条 **【中国律师代理】**外国人、无国籍人、外国组织在中华人民共和国进行行政诉讼，委托律师代理诉讼的，应当委托中华人民共和国律师机构的律师。

第十章 附 则

第一百零一条 **【适用民事诉讼法规定】**人民法院审理行政案件，关于期间、送达、财产保全、开庭审理、调解、中止诉讼、终结诉讼、简易程序、执行等，以及人民检察院对行政案件受理、审理、裁判、执行的监督，本法没有规定的，适用《中华人民共和国民事诉讼法》的相关规定。

第一百零二条 **【诉讼费用】**人民法院审理行政案件，应当收取诉讼费用。诉讼费用由败诉方承担，双方都有责任的由双方分担。收取诉讼费用的具体办法另行规定。

第一百零三条 **【施行日期】**本法自1990年10月1日起施行。

中华人民共和国国家赔偿法

1. 1994年5月12日第八届全国人民代表大会常务委员会第七次会议通过

2. 根据2010年4月29日第十一届全国人民代表大会常务委员会第十四次会议《关于修改〈中华人民共和国国家赔偿法〉的决定》第一次修正

3. 根据2012年10月26日第十一届全国人民代表大会常务委员会第二十九次会议《关于修改〈中华人民共和国国家赔偿法〉的决定》第二次修正

第一章　总　则

第一条　【立法宗旨和依据】为保障公民、法人和其他组织享有依法取得国家赔偿的权利，促进国家机关依法行使职权，根据宪法，制定本法。

第二条　【国家赔偿归责原则及赔偿义务机关】国家机关和国家机关工作人员行使职权，有本法规定的侵犯公民、法人和其他组织合法权益的情形，造成损害的，受害人有依照本法取得国家赔偿的权利。

本法规定的赔偿义务机关，应当依照本法及时履行赔偿义务。

第二章　行政赔偿

第一节　赔偿范围

第三条　【侵犯人身权的行政赔偿范围】行政机关及其工作人员在行使行政职权时有下列侵犯人身权情形之一的，受害人有取得赔偿的权利：

（一）违法拘留或者违法采取限制公民人身自由的行政强制措施的；

（二）非法拘禁或者以其他方法非法剥夺公民人身自由的；

（三）以殴打、虐待等行为或者唆使、放纵他人以殴打、虐待等行为造成公民身体伤害或者死亡的；

（四）违法使用武器、警械造成公民身体伤害或者死亡的；

（五）造成公民身体伤害或者死亡的其他违法行为。

第四条　【侵犯财产权的行政赔偿范围】行政机关及其工作人员在行使行政职权时有下列侵犯财产权情形之一的，受害人有取得赔偿的权利：

（一）违法实施罚款、吊销许可证和执照、责令停产停业、没收财物等行政处罚的；

（二）违法对财产采取查封、扣押、冻结等行政强制措施的；

（三）违法征收、征用财产的；

（四）造成财产损害的其他违法行为。

第五条　【行政侵权中的免责情形】属于下列情形之一的，国家不承担赔偿责任：

（一）行政机关工作人员与行使职权无关的个人行为；

（二）因公民、法人和其他组织自己的行为致使损害发生的；

（三）法律规定的其他情形。

第二节　赔偿请求人和赔偿义务机关

第六条　【行政赔偿请求人】受害的公民、法人和其他组织有权要求赔偿。

受害的公民死亡，其继承人和其他有扶养关系的亲属有权要求赔偿。

受害的法人或者其他组织终止的，其权利承受人有权要求赔偿。

第七条　【行政赔偿义务机关】行政机关及其工作人员行使行政职权侵犯公民、法人和其他组织的合法权益造成损害的，该行政机关为赔偿义务机关。

两个以上行政机关共同行使行政职权时侵犯公民、法人和其他组织的合法权益造成损害的，共同行使行政职权的行政机关为共同赔偿义务机关。

法律、法规授权的组织在行使授予的行政权力时侵犯公民、法人和其他组织的合法权益造成损害的，被授权的组织为赔偿义务机关。

受行政机关委托的组织或者个人在行使受委托的行政权力时侵犯公民、法人和其他组织的合法权益造成损害的，委托的行政机关为赔偿义务机关。

赔偿义务机关被撤销的，继续行使其职权的行政机关为赔偿义务机关；没有继续行使其职权的行政机关的，撤销该赔偿义务机关的行政机关为赔偿义务机关。

第八条　【经过行政复议的赔偿义务机关】经复议机关复议的，最初造成侵权行为的行政机关为赔偿义务机关，但复议机关的复议决定加重损害的，复议机关对加重的部分履行赔偿义务。

第三节　赔偿程序

第九条　【赔偿请求人要求行政赔偿的途径】赔偿义务机关有本法第三条、第四条规定情形之一的，应当给予赔偿。

赔偿请求人要求赔偿，应当先向赔偿义务机关提出，也可以在申请行政复议或者提起行政诉讼时一并提出。

第十条　【行政赔偿的共同赔偿义务机关】赔偿请求人可以向共同赔偿义务机关中的任何一个赔偿义务机关要求赔偿,该赔偿义务机关应当先予赔偿。

第十一条　【根据损害提出数项赔偿要求】赔偿请求人根据受到的不同损害,可以同时提出数项赔偿要求。

第十二条　【赔偿请求人递交赔偿申请书】要求赔偿应当递交申请书,申请书应当载明下列事项:

(一)受害人的姓名、性别、年龄、工作单位和住所,法人或者其他组织的名称、住所和法定代表人或者主要负责人的姓名、职务;

(二)具体的要求、事实根据和理由;

(三)申请的年、月、日。

赔偿请求人书写申请书确有困难的,可以委托他人代书;也可以口头申请,由赔偿义务机关记入笔录。

赔偿请求人不是受害人本人的,应当说明与受害人的关系,并提供相应证明。

赔偿请求人当面递交申请书的,赔偿义务机关应当当场出具加盖本行政机关专用印章并注明收讫日期的书面凭证。申请材料不齐全的,赔偿义务机关应当当场或者在五日内一次性告知赔偿请求人需要补正的全部内容。

第十三条　【行政赔偿义务机关作出赔偿决定】赔偿义务机关应当自收到申请之日起两个月内,作出是否赔偿的决定。赔偿义务机关作出赔偿决定,应当充分听取赔偿请求人的意见,并可以与赔偿请求人就赔偿方式、赔偿项目和赔偿数额依照本法第四章的规定进行协商。

赔偿义务机关决定赔偿的,应当制作赔偿决定书,并自作出决定之日起十日内送达赔偿请求人。

赔偿义务机关决定不予赔偿的,应当自作出决定之日起十日内书面通知赔偿请求人,并说明不予赔偿的理由。

第十四条　【赔偿请求人向法院提起诉讼】赔偿义务机关在规定期限内未作出是否赔偿的决定,赔偿请求人可以自期限届满之日起三个月内,向人民法院提起诉讼。

赔偿请求人对赔偿的方式、项目、数额有异议的,或者赔偿义务机关作出不予赔偿决定的,赔偿请求人可以自赔偿义务机关作出赔偿或者不予赔偿决定之日起三个月内,向人民法院提起诉讼。

第十五条　【举证责任】人民法院审理行政赔偿案件,赔偿请求人和赔偿义务机关对自己提出的主张,应当提供证据。

赔偿义务机关采取行政拘留或者限制人身自由的强制措施期间,被限制人身自由的人死亡或者丧失行为能力的,赔偿义务机关的行为与被限制人身自由的人的死亡或者丧失行为能力是否存在因果关系,赔偿义务机关应当提供证据。

第十六条　【行政追偿】赔偿义务机关赔偿损失后,应当责令有故意或者重大过失的工作人员或者受委托的组织或者个人承担部分或者全部赔偿费用。

对有故意或者重大过失的责任人员,有关机关应当依法给予处分;构成犯罪的,应当依法追究刑事责任。

第三章　刑事赔偿

第一节　赔偿范围

第十七条　【侵犯人身权的刑事赔偿范围】行使侦查、检察、审判职权的机关以及看守所、监狱管理机关及其工作人员在行使职权时有下列侵犯人身权情形之一的,受害人有取得赔偿的权利:

(一)违反刑事诉讼法的规定对公民采取拘留措施的,或者依照刑事诉讼法规定的条件和程序对公民采取拘留措施,但是拘留时间超过刑事诉讼法规定的时限,其后决定撤销案件、不起诉或者判决宣告无罪终止追究刑事责任的;

(二)对公民采取逮捕措施后,决定撤销案件、不起诉或者判决宣告无罪终止追究刑事责任的;

(三)依照审判监督程序再审改判无罪,原判刑罚已经执行的;

(四)刑讯逼供或者以殴打、虐待等行为或者唆使、放纵他人以殴打、虐待等行为造成公民身体伤害或者死亡的;

(五)违法使用武器、警械造成公民身体伤害或者死亡的。

第十八条　【侵犯财产权的刑事赔偿范围】行使侦查、检察、审判职权的机关以及看守所、监狱管理机关及其工作人员在行使职权时有下列侵犯财产权情形之一的,受害人有取得赔偿的权利:

(一)违法对财产采取查封、扣押、冻结、追缴等措施的;

(二)依照审判监督程序再审改判无罪,原判罚金、没收财产已经执行的。

第十九条　【刑事赔偿免责情形】属于下列情形之一的,国家不承担赔偿责任:

(一)因公民自己故意作虚伪供述,或者伪造其他有罪证据被羁押或者被判处刑罚的;

（二）依照刑法第十七条、第十八条规定不负刑事责任的人被羁押的；

（三）依照刑事诉讼法第十五条、第一百七十三条第二款、第二百七十三条第二款、第二百七十九条规定不追究刑事责任的人被羁押的；

（四）行使侦查、检察、审判职权的机关以及看守所、监狱管理机关的工作人员与行使职权无关的个人行为；

（五）因公民自伤、自残等故意行为致使损害发生的；

（六）法律规定的其他情形。

第二节 赔偿请求人和赔偿义务机关

第二十条 【刑事赔偿请求人】赔偿请求人的确定依照本法第六条的规定。

第二十一条 【刑事赔偿义务机关】行使侦查、检察、审判职权的机关以及看守所、监狱管理机关及其工作人员在行使职权时侵犯公民、法人和其他组织的合法权益造成损害的，该机关为赔偿义务机关。

对公民采取拘留措施，依照本法的规定应当给予国家赔偿的，作出拘留决定的机关为赔偿义务机关。

对公民采取逮捕措施后决定撤销案件、不起诉或者判决宣告无罪的，作出逮捕决定的机关为赔偿义务机关。

再审改判无罪的，作出原生效判决的人民法院为赔偿义务机关。二审改判无罪，以及二审发回重审后作无罪处理的，作出一审有罪判决的人民法院为赔偿义务机关。

第三节 赔偿程序

第二十二条 【刑事赔偿的提出和赔偿义务机关先行处理】赔偿义务机关有本法第十七条、第十八条规定情形之一的，应当给予赔偿。

赔偿请求人要求赔偿，应当先向赔偿义务机关提出。

赔偿请求人提出赔偿请求，适用本法第十一条、第十二条的规定。

第二十三条 【刑事赔偿义务机关赔偿决定的作出】赔偿义务机关应当自收到申请之日起两个月内，作出是否赔偿的决定。赔偿义务机关作出赔偿决定，应当充分听取赔偿请求人的意见，并可以与赔偿请求人就赔偿方式、赔偿项目和赔偿数额依照本法第四章的规定进行协商。

赔偿义务机关决定赔偿的，应当制作赔偿决定书，并自作出决定之日起十日内送达赔偿请求人。

赔偿义务机关决定不予赔偿的，应当自作出决定之日起十日内书面通知赔偿请求人，并说明不予赔偿的理由。

第二十四条 【刑事赔偿复议申请的提出】赔偿义务机关在规定期限内未作出是否赔偿的决定，赔偿请求人可以自期限届满之日起三十日内向赔偿义务机关的上一级机关申请复议。

赔偿请求人对赔偿的方式、项目、数额有异议的，或者赔偿义务机关作出不予赔偿决定的，赔偿请求人可以自赔偿义务机关作出赔偿或者不予赔偿决定之日起三十日内，向赔偿义务机关的上一级机关申请复议。

赔偿义务机关是人民法院的，赔偿请求人可以依照本条规定向其上一级人民法院赔偿委员会申请作出赔偿决定。

第二十五条 【刑事赔偿复议的处理和对复议决定的救济】复议机关应当自收到申请之日起两个月内作出决定。

赔偿请求人不服复议决定的，可以在收到复议决定之日起三十日内向复议机关所在地的同级人民法院赔偿委员会申请作出赔偿决定；复议机关逾期不作决定的，赔偿请求人可以自期限届满之日起三十日内向复议机关所在地的同级人民法院赔偿委员会申请作出赔偿决定。

第二十六条 【举证责任分配】人民法院赔偿委员会处理赔偿请求，赔偿请求人和赔偿义务机关对自己提出的主张，应当提供证据。

被羁押人在羁押期间死亡或者丧失行为能力的，赔偿义务机关的行为与被羁押人的死亡或者丧失行为能力是否存在因果关系，赔偿义务机关应当提供证据。

第二十七条 【赔偿委员会办理案件程序】人民法院赔偿委员会处理赔偿请求，采取书面审查的办法。必要时，可以向有关单位和人员调查情况、收集证据。赔偿请求人与赔偿义务机关对损害事实及因果关系有争议的，赔偿委员会可以听取赔偿请求人和赔偿义务机关的陈述和申辩，并可以进行质证。

第二十八条 【赔偿委员会办理案件期限】人民法院赔偿委员会应当自收到赔偿申请之日起三个月内作出决定；属于疑难、复杂、重大案件的，经本院院长批准，可以延长三个月。

第二十九条 【赔偿委员会的组成】中级以上的人民法院设立赔偿委员会，由人民法院三名以上审判员组成，组成人员的人数应当为单数。

赔偿委员会作赔偿决定，实行少数服从多数的原则。

赔偿委员会作出的赔偿决定，是发生法律效力的决定,必须执行。

第三十条　【赔偿委员会重新审查程序】赔偿请求人或者赔偿义务机关对赔偿委员会作出的决定,认为确有错误的,可以向上一级人民法院赔偿委员会提出申诉。

赔偿委员会作出的赔偿决定生效后,如发现赔偿决定违反本法规定的,经本院院长决定或者上级人民法院指令,赔偿委员会应当在两个月内重新审查并依法作出决定,上一级人民法院赔偿委员会也可以直接审查并作出决定。

最高人民检察院对各级人民法院赔偿委员会作出的决定,上级人民检察院对下级人民法院赔偿委员会作出的决定,发现违反本法规定的,应当向同级人民法院赔偿委员会提出意见,同级人民法院赔偿委员会应当在两个月内重新审查并依法作出决定。

第三十一条　【刑事赔偿的追偿】赔偿义务机关赔偿后,应当向有下列情形之一的工作人员追偿部分或者全部赔偿费用:

(一)有本法第十七条第四项、第五项规定情形的;

(二)在处理案件中有贪污受贿,徇私舞弊,枉法裁判行为的。

对有前款规定情形的责任人员,有关机关应当依法给予处分;构成犯罪的,应当依法追究刑事责任。

第四章　赔偿方式和计算标准

第三十二条　【赔偿方式】国家赔偿以支付赔偿金为主要方式。

能够返还财产或者恢复原状的,予以返还财产或者恢复原状。

第三十三条　【人身自由的国家赔偿标准】侵犯公民人身自由的,每日赔偿金按照国家上年度职工日平均工资计算。

第三十四条　【生命健康权的国家赔偿标准】侵犯公民生命健康权的,赔偿金按照下列规定计算:

(一)造成身体伤害的,应当支付医疗费、护理费,以及赔偿因误工减少的收入。减少的收入每日的赔偿金按照国家上年度职工日平均工资计算,最高额为国家上年度职工年平均工资的五倍;

(二)造成部分或者全部丧失劳动能力的,应当支付医疗费、护理费、残疾生活辅助具费、康复费等因残疾而增加的必要支出和继续治疗所必需的费用,以及残疾赔偿金。残疾赔偿金根据丧失劳动能力的程度,按照国家规定的伤残等级确定,最高不超过国家上年度职工年平均工资的二十倍。造成全部丧失劳动能力的,对其扶养的无劳动能力的人,还应当支付生活费;

(三)造成死亡的,应当支付死亡赔偿金、丧葬费,总额为国家上年度职工年平均工资的二十倍。对死者生前扶养的无劳动能力的人,还应当支付生活费。

前款第二项、第三项规定的生活费的发放标准,参照当地最低生活保障标准执行。被扶养的人是未成年人的,生活费给付至十八周岁止;其他无劳动能力的人,生活费给付至死亡时止。

第三十五条　【精神损害的国家赔偿标准】有本法第三条或者第十七条规定情形之一,致人精神损害的,应当在侵权行为影响的范围内,为受害人消除影响,恢复名誉,赔礼道歉;造成严重后果的,应当支付相应的精神损害抚慰金。

第三十六条　【财产权的国家赔偿标准】侵犯公民、法人和其他组织的财产权造成损害的,按照下列规定处理:

(一)处罚款、罚金、追缴、没收财产或者违法征收、征用财产的,返还财产;

(二)查封、扣押、冻结财产的,解除对财产的查封、扣押、冻结,造成财产损坏或者灭失的,依照本条第三项、第四项的规定赔偿;

(三)应当返还的财产损坏的,能够恢复原状的恢复原状,不能恢复原状的,按照损害程度给付相应的赔偿金;

(四)应当返还的财产灭失的,给付相应的赔偿金;

(五)财产已经拍卖或者变卖的,给付拍卖或者变卖所得的价款;变卖的价款明显低于财产价值的,应当支付相应的赔偿金;

(六)吊销许可证和执照、责令停产停业的,赔偿停产停业期间必要的经常性费用开支;

(七)返还执行的罚款或者罚金、追缴或者没收的金钱,解除冻结的存款或者汇款的,应当支付银行同期存款利息;

(八)对财产权造成其他损害的,按照直接损失给予赔偿。

第三十七条　【国家赔偿费用】赔偿费用列入各级财政预算。

赔偿请求人凭生效的判决书、复议决定书、赔偿决定书或者调解书,向赔偿义务机关申请支付赔偿金。

赔偿义务机关应当自收到支付赔偿金申请之日起七日内,依照预算管理权限向有关的财政部门提出支付申请。财政部门应当自收到支付申请之日起十五日内支付赔偿金。

赔偿费用预算与支付管理的具体办法由国务院规定。

第五章　其 他 规 定

第三十八条　【民事、行政诉讼中的司法赔偿】人民法院在民事诉讼、行政诉讼过程中，违法采取对妨害诉讼的强制措施、保全措施或者对判决、裁定及其他生效法律文书执行错误，造成损害的，赔偿请求人要求赔偿的程序，适用本法刑事赔偿程序的规定。

第三十九条　【国家赔偿请求时效】赔偿请求人请求国家赔偿的时效为两年，自其知道或者应当知道国家机关及其工作人员行使职权时的行为侵犯其人身权、财产权之日起计算，但被羁押等限制人身自由期间不计算在内。在申请行政复议或者提起行政诉讼时一并提出赔偿请求的，适用行政复议法、行政诉讼法有关时效的规定。

赔偿请求人在赔偿请求时效的最后六个月内，因不可抗力或者其他障碍不能行使请求权的，时效中止。从中止时效的原因消除之日起，赔偿请求时效期间继续计算。

第四十条　【对等原则】外国人、外国企业和组织在中华人民共和国领域内要求中华人民共和国国家赔偿的，适用本法。

外国人、外国企业和组织的所属国对中华人民共和国公民、法人和其他组织要求该国国家赔偿的权利不予保护或者限制的，中华人民共和国与该外国人、外国企业和组织的所属国实行对等原则。

第六章　附　　则

第四十一条　【不得收费和征税】赔偿请求人要求国家赔偿的，赔偿义务机关、复议机关和人民法院不得向赔偿请求人收取任何费用。

对赔偿请求人取得的赔偿金不予征税。

第四十二条　【施行日期】本法自 1995 年 1 月 1 日起施行。

中华人民共和国爱国主义教育法

1. 2023 年 10 月 24 日第十四届全国人民代表大会常务委员会第六次会议通过
2. 2023 年 10 月 24 日中华人民共和国主席令第十三号公布
3. 自 2024 年 1 月 1 日起施行

目　　录

第一章　总　　则

第一条　【立法目的】为了加强新时代爱国主义教育，传承和弘扬爱国主义精神，凝聚全面建设社会主义现代化国家、全面推进中华民族伟大复兴的磅礴力量，根据宪法，制定本法。

第二条　【内涵目标】中国是世界上历史最悠久的国家之一，中国各族人民共同创造了光辉灿烂的文化、共同缔造了统一的多民族国家。国家在全体人民中开展爱国主义教育，培育和增进对中华民族和伟大祖国的情感，传承民族精神、增强国家观念，壮大和团结一切爱国力量，使爱国主义成为全体人民的坚定信念、精神力量和自觉行动。

第三条　【指导思想和总体要求】爱国主义教育应当高举中国特色社会主义伟大旗帜，坚持以马克思列宁主义、毛泽东思想、邓小平理论、“三个代表”重要思想、科学发展观、习近平新时代中国特色社会主义思想为指导，坚持爱国和爱党、爱社会主义相统一，以维护国家统一和民族团结为着力点，把全面建成社会主义现代化强国、实现中华民族伟大复兴作为鲜明主题。

第四条　【领导体制】爱国主义教育坚持中国共产党的领导，健全统一领导、齐抓共管、各方参与、共同推进的工作格局。

第五条　【工作原则】爱国主义教育应当坚持思想引领、文化涵育，教育引导、实践养成，主题鲜明、融入日常，因地制宜、注重实效。

第六条　【主要内容】爱国主义教育的主要内容是：

（一）马克思列宁主义、毛泽东思想、邓小平理论、“三个代表”重要思想、科学发展观、习近平新时代中国特色社会主义思想；

（二）中国共产党史、新中国史、改革开放史、社会主义发展史、中华民族发展史；

（三）中国特色社会主义制度，中国共产党带领人民团结奋斗的重大成就、历史经验和生动实践；

（四）中华优秀传统文化、革命文化、社会主义先进文化；

（五）国旗、国歌、国徽等国家象征和标志；

（六）祖国的壮美河山和历史文化遗产；

（七）宪法和法律，国家统一和民族团结、国家安全和国防等方面的意识和观念；

（八）英雄烈士和先进模范人物的事迹及体现的

民族精神、时代精神；

（九）其他富有爱国主义精神的内容。

第七条 【铸牢中华民族共同体意识】国家开展铸牢中华民族共同体意识教育，促进各民族交往交流交融，增进对伟大祖国、中华民族、中华文化、中国共产党、中国特色社会主义的认同，构筑中华民族共有精神家园。

第八条 【建设中华民族现代文明】爱国主义教育应当坚持传承和发展中华优秀传统文化，弘扬社会主义核心价值观，推进中国特色社会主义文化建设，坚定文化自信，建设中华民族现代文明。

第九条 【弘扬爱国主义精神与扩大对外开放】爱国主义教育应当把弘扬爱国主义精神与扩大对外开放结合起来，坚持理性、包容、开放，尊重各国历史特点和文化传统，借鉴吸收人类一切优秀文明成果。

第十条 【集中开展爱国主义教育】在每年10月1日中华人民共和国国庆日，国家和社会各方面举行多种形式的庆祝活动，集中开展爱国主义教育。

第二章 职责任务

第十一条 【中央爱国主义教育主管部门的职责】中央爱国主义教育主管部门负责全国爱国主义教育工作的指导、监督和统筹协调。

中央和国家机关各部门在各自职责范围内，组织开展爱国主义教育工作。

第十二条 【地方爱国主义教育主管部门的职责】地方爱国主义教育主管部门负责本地区爱国主义教育工作的指导、监督和统筹协调。

县级以上地方人民政府教育行政部门应当加强对学校爱国主义教育的组织、协调、指导和监督。县级以上地方文化和旅游、新闻出版、广播电视、电影、网信、文物等部门和其他有关部门应当在各自职责范围内，开展爱国主义教育工作。

中国人民解放军、中国人民武装警察部队依照本法和中央军事委员会的有关规定开展爱国主义教育工作，并充分利用自身资源面向社会开展爱国主义教育。

第十三条 【群团组织的爱国主义教育】工会、共产主义青年团、妇女联合会、工商业联合会、文学艺术界联合会、作家协会、科学技术协会、归国华侨联合会、台湾同胞联谊会、残疾人联合会、青年联合会和其他群团组织，应当发挥各自优势，面向所联系的领域和群体开展爱国主义教育。

第十四条 【全民爱国主义教育】国家采取多种形式开展法治宣传教育、国家安全和国防教育，增强公民的法治意识、国家安全和国防观念，引导公民自觉履行维护国家统一和民族团结，维护国家安全、荣誉和利益的义务。

第十五条 【学校爱国主义教育】国家将爱国主义教育纳入国民教育体系。各级各类学校应当将爱国主义教育贯穿学校教育全过程，办好、讲好思想政治理论课，并将爱国主义教育内容融入各类学科和教材中。

各级各类学校和其他教育机构应当按照国家规定建立爱国主义教育相关课程联动机制，针对各年龄段学生特点，确定爱国主义教育的重点内容，采取丰富适宜的教学方式，增强爱国主义教育的针对性、系统性和亲和力、感染力。

第十六条 【爱国主义教育与课外实践结合】各级各类学校应当将课堂教学与课外实践和体验相结合，把爱国主义教育内容融入校园文化建设和学校各类主题活动，组织学生参观爱国主义教育基地等场馆设施，参加爱国主义教育校外实践活动。

第十七条 【家庭教育】未成年人的父母或者其他监护人应当把热爱祖国融入家庭教育，支持、配合学校开展爱国主义教育教学活动，引导、鼓励未成年人参加爱国主义教育社会活动。

第十八条 【公职人员爱国主义教育】国家机关应当加强对公职人员的爱国主义教育，发挥公职人员在忠于国家、为国奉献，维护国家统一、促进民族团结，维护国家安全、荣誉和利益方面的模范带头作用。

第十九条 【企事业单位的爱国主义教育】企业事业单位应当将爱国主义教育列入本单位教育计划，大力弘扬劳模精神、劳动精神、工匠精神，结合经营管理、业务培训、文化体育等活动，开展爱国主义教育。

教育、科技、文化、卫生、体育等事业单位应当大力弘扬科学家精神和专业精神，宣传和培育知识分子、专业技术人员、运动员等胸怀祖国、服务人民、为国争光的爱国情感和爱国行为。

第二十条 【基层组织的爱国主义教育】基层人民政府和基层群众性自治组织应当把爱国主义教育融入社会主义精神文明建设活动，在市民公约、村规民约中体现爱国主义精神，鼓励和支持开展以爱国主义为主题的群众性文化、体育等活动。

第二十一条 【社会团体的爱国主义教育】行业协会商会等社会团体应当把爱国主义精神体现在团体章程、行业规范中，根据本团体本行业特点开展爱国主义教育，培育会员的爱国热情和社会担当，发挥会员中公众人物和有社会影响力人士的示范作用。

第二十二条 【宗教团体等爱国主义教育】国家鼓励和

支持宗教团体、宗教院校、宗教活动场所开展爱国主义教育，增强宗教教职人员和信教群众的国家意识、公民意识、法治意识和爱国情感，引导宗教与社会主义社会相适应。

第二十三条　【维护国家统一】国家采取措施开展历史文化教育和"一国两制"实践教育，增强香港特别行政区同胞、澳门特别行政区同胞的爱国精神，自觉维护国家主权、统一和领土完整。

国家加强对推进祖国统一方针政策的宣传教育，增强包括台湾同胞在内的全中国人民对完成祖国统一大业神圣职责的认识，依法保护台湾同胞的权利和利益，坚决反对"台独"分裂行径，维护中华民族的根本利益。

国家加强与海外侨胞的交流，做好权益保障和服务工作，增进海外侨胞爱国情怀，弘扬爱国传统。

第三章　实 施 措 施

第二十四条　【中央和省级爱国主义教育主管部门的实施措施】中央和省级爱国主义教育主管部门应当加强对爱国主义教育工作的统筹，指导推动有关部门和单位创新爱国主义教育方式，充分利用各类爱国主义教育资源和平台载体，推进爱国主义教育有效实施。

第二十五条　【县级以上人民政府的实施措施】县级以上人民政府应当加强对红色资源的保护、管理和利用，发掘具有历史价值、纪念意义的红色资源，推动红色旅游融合发展示范区建设，发挥红色资源教育功能，传承爱国主义精神。

县级以上人民政府文化和旅游、住房城乡建设、文物等部门应当加强对文物古迹、传统村落、传统技艺等历史文化遗产的保护和利用，发掘所蕴含的爱国主义精神，推进文化和旅游深度融合发展，引导公民在游览观光中领略壮美河山，感受悠久历史和灿烂文化，激发爱国热情。

第二十六条　【爱国主义教育基地的实施措施】爱国主义教育基地应当加强内容建设，丰富展览展示方式，打造精品陈列，为国家机关、企业事业单位、社会组织、公民开展爱国主义教育活动和参观学习提供便利服务，发挥爱国主义教育功能。

各类博物馆、纪念馆、图书馆、科技馆、文化馆、美术馆、新时代文明实践中心等，应当充分利用自身资源和优势，通过宣传展示、体验实践等方式，开展爱国主义教育活动。

第二十七条　【功勋荣誉表彰】国家通过功勋荣誉表彰制度，褒奖在强国建设、民族复兴中做出突出贡献的人士，弘扬以爱国主义为核心的民族精神和以改革创新为核心的时代精神。

第二十八条　【重要纪念日开展纪念活动】在中国人民抗日战争胜利纪念日、烈士纪念日、南京大屠杀死难者国家公祭日和其他重要纪念日，县级以上人民政府应当组织开展纪念活动，举行敬献花篮、瞻仰纪念设施、祭扫烈士墓、公祭等纪念仪式。

第二十九条　【重要节日开展纪念活动】在春节、元宵节、清明节、端午节、中秋节和元旦、国际妇女节、国际劳动节、青年节、国际儿童节、中国农民丰收节及其他重要节日，组织开展各具特色的民俗文化活动、纪念庆祝活动，增进家国情怀。

第三十条　【重大活动举行仪式礼仪】组织举办重大庆祝、纪念活动和大型文化体育活动、展览会，应当依法举行庄严、隆重的升挂国旗、奏唱国歌仪式。

依法公开举行宪法宣誓、军人和预备役人员服役宣誓等仪式时，应当在宣誓场所悬挂国旗、奏唱国歌，誓词应当体现爱国主义精神。

第三十一条　【新闻媒体宣传报道】广播电台、电视台、报刊出版单位等应当创新宣传报道方式，通过制作、播放、刊登爱国主义题材的优秀作品，开设专题专栏，加强新闻报道，发布公益广告等方式，生动讲好爱国故事，弘扬爱国主义精神。

第三十二条　【网上爱国主义教育】网络信息服务提供者应当加强网络爱国主义教育内容建设，制作、传播体现爱国主义精神的网络信息和作品，开发、运用新平台新技术新产品，生动开展网上爱国主义教育活动。

第四章　支 持 保 障

第三十三条　【国家鼓励和支持】国家鼓励和支持企业事业单位、社会组织和公民依法开展爱国主义教育活动。

国家支持开展爱国主义教育理论研究，加强多层次专业人才的教育和培训。

对在爱国主义教育工作中做出突出贡献的单位和个人，按照国家有关规定给予表彰和奖励。

第三十四条　【爱国主义教育基地】中央爱国主义教育主管部门建立健全爱国主义教育基地的认定、保护、管理制度，制定爱国主义教育基地保护利用规划，加强对爱国主义教育基地保护、管理、利用的指导和监督。

各级人民政府应当加强对爱国主义教育基地的规划、建设和管理，完善免费开放制度和保障机制。

第三十五条　【支持爱国主义题材的文艺作品】国家鼓励和支持创作爱国主义题材的文学、影视、音乐、舞蹈、戏剧、美术、书法等文艺作品，在优秀文艺作品评选、表彰、展览、展演时突出爱国主义导向。

第三十六条　【支持爱国主义教育出版物】国家鼓励和支持出版体现爱国主义精神的优秀课外读物，鼓励和支持开发体现爱国主义精神的面向青少年和儿童的动漫、音视频产品等。

第三十七条　【禁止行为】任何公民和组织都应当弘扬爱国主义精神，自觉维护国家安全、荣誉和利益，不得有下列行为：

（一）侮辱国旗、国歌、国徽或者其他有损国旗、国歌、国徽尊严的行为；

（二）歪曲、丑化、亵渎、否定英雄烈士事迹和精神；

（三）宣扬、美化、否认侵略战争、侵略行为和屠杀惨案；

（四）侵占、破坏、污损爱国主义教育设施；

（五）法律、行政法规禁止的其他行为。

第三十八条　【法律责任】教育、文化和旅游、退役军人事务、新闻出版、广播电视、电影、网信、文物等部门应当按照法定职责，对违反本法第三十七条规定的行为及时予以制止，造成不良社会影响的，应当责令及时消除影响，并依照有关法律、行政法规的规定予以处罚。构成违反治安管理行为的，依法给予治安管理处罚；构成犯罪的，依法追究刑事责任。

第三十九条　【不依法履行爱国主义教育职责的处罚】负有爱国主义教育职责的部门、单位不依法履行爱国主义教育职责的，对负有责任的领导人员和直接责任人员，依法给予处分。

第五章　附　　则

第四十条　【施行日期】本法自 2024 年 1 月 1 日起施行。

教学成果奖励条例

1994 年 3 月 14 日国务院令第 151 号发布施行

第一条　为奖励取得教学成果的集体和个人，鼓励教育工作者从事教育教学研究，提高教学水平和教育质量，制定本条例。

第二条　本条例所称教学成果，是指反映教育教学规律，具有独创性、新颖性、实用性，对提高教学水平和教育质量、实现培养目标产生明显效果的教育教学方案。

第三条　各级各类学校、学术团体和其他社会组织、教师及其他个人，均可以依照本条例的规定申请教学成果奖。

第四条　教学成果奖，按其对提高教学水平和教育质量、实现培养目标产生的效果，分为国家级和省（部）级。

第五条　具备下列条件的，可以申请国家级教学成果奖：

（一）国内首创的；

（二）经过 2 年以上教育教学实践检验的；

（三）在全国产生一定影响的。

第六条　国家级教学成果奖分为特等奖、一等奖、二等奖三个等级，授予相应的证书、奖章和奖金。

第七条　国家级教学成果奖的评审、批准和授予工作，由国家教育委员会负责；其中授予特等奖的，应当报经国务院批准。

第八条　申请国家级教学成果奖，由成果的持有单位或者个人，按照其行政隶属关系，向省、自治区、直辖市人民政府教育行政部门或者国务院有关部门教育管理机构提出申请，由受理申请的教育行政部门或者教育管理机构向国家教育委员会推荐。

国务院有关部门所属单位或者个人也可以向所在地省、自治区、直辖市人民政府教育行政部门提出申请，由受理申请的教育行政部门向国家教育委员会推荐。

第九条　不属于同一省、自治区、直辖市或者国务院部门的两个以上单位或者个人共同完成的教学成果项目申请国家级教学成果奖的，由参加单位或者个人联合向主持单位或者主持人所在地省、自治区、直辖市人民政府教育行政部门或者国务院有关部门教育管理机构提出申请，由受理申请的教育行政部门或者教育管理机构向国家教育委员会推荐。

第十条　国家教育委员会对申请国家级教学成果奖的项目，应当自收到推荐之日起 90 日内予以公布；任何单位或者个人对该教学成果权属有异议的，可以自公布之日起 90 日内提出，报国家教育委员会裁定。

第十一条　国家级教学成果奖每 4 年评审一次。

第十二条　省（部）级教学成果奖的评奖条件、奖励等级、奖金数额、评审组织和办法，由省、自治区、直辖市人民政府、国务院有关部门参照本条例规定。其奖金来源，属于省、自治区、直辖市人民政府批准授予的，从地方预算安排的事业费中支付；属于国务院有关部门批准授予的，从其事业费中支付。

第十三条　教学成果奖的奖金，归项目获奖者所有，任何单位或者个人不得截留。

第十四条　获得教学成果奖，应当记入本人考绩档案，作为评定职称、晋级增薪的一项重要依据。

第十五条　弄虚作假或者剽窃他人教学成果获奖的，由授奖单位予以撤销，收回证书、奖章和奖金，并责成有关单位给予行政处分。

第十六条　本条例自发布之日起施行。

教育督导条例

1. 2012年9月9日国务院令第624号公布
2. 自2012年10月1日起施行

第一章　总　　则

第一条　为了保证教育法律、法规、规章和国家教育方针、政策的贯彻执行，实施素质教育，提高教育质量，促进教育公平，推动教育事业科学发展，制定本条例。

第二条　对法律、法规规定范围的各级各类教育实施教育督导，适用本条例。

教育督导包括以下内容：

（一）县级以上人民政府对下级人民政府落实教育法律、法规、规章和国家教育方针、政策的督导；

（二）县级以上地方人民政府对本行政区域内的学校和其他教育机构（以下统称学校）教育教学工作的督导。

第三条　实施教育督导应当坚持以下原则：

（一）以提高教育教学质量为中心；

（二）遵循教育规律；

（三）遵守教育法律、法规、规章和国家教育方针、政策的规定；

（四）对政府履行教育工作相关职责的督导与对学校教育教学工作的督导并重，监督与指导并重；

（五）实事求是、客观公正。

第四条　国务院教育督导机构承担全国的教育督导实施工作，制定教育督导的基本准则，指导地方教育督导工作。

县级以上地方人民政府负责教育督导的机构承担本行政区域的教育督导实施工作。

国务院教育督导机构和县级以上地方人民政府负责教育督导的机构（以下统称教育督导机构）在本级人民政府领导下独立行使督导职能。

第五条　县级以上人民政府应当将教育督导经费列入财政预算。

第二章　督　　学

第六条　国家实行督学制度。

县级以上人民政府根据教育督导工作需要，为教育督导机构配备专职督学。教育督导机构可以根据教育督导工作需要聘任兼职督学。

兼职督学的任期为3年，可以连续任职，连续任职不得超过3个任期。

第七条　督学应当符合下列条件：

（一）坚持党的基本路线，热爱社会主义教育事业；

（二）熟悉教育法律、法规、规章和国家教育方针、政策，具有相应的专业知识和业务能力；

（三）坚持原则，办事公道，品行端正，廉洁自律；

（四）具有大学本科以上学历，从事教育管理、教学或者教育研究工作10年以上，工作实绩突出；

（五）具有较强的组织协调能力和表达能力；

（六）身体健康，能胜任教育督导工作。

符合前款规定条件的人员经教育督导机构考核合格，可以由县级以上人民政府任命为督学，或者由教育督导机构聘任为督学。

第八条　督学受教育督导机构的指派实施教育督导。

教育督导机构应当加强对督学实施教育督导活动的管理，对其履行督学职责的情况进行考核。

第九条　督学实施教育督导，应当客观公正地反映实际情况，不得隐瞒或者虚构事实。

第十条　实施督导的督学是被督导单位主要负责人的近亲属或者有其他可能影响客观公正实施教育督导情形的，应当回避。

第三章　督导的实施

第十一条　教育督导机构对下列事项实施教育督导：

（一）学校实施素质教育的情况，教育教学水平、教育教学管理等教育教学工作情况；

（二）校长队伍建设情况，教师资格、职务、聘任等管理制度建设和执行情况，招生、学籍等管理情况和教育质量，学校的安全、卫生制度建设和执行情况，校舍的安全情况，教学和生活设施、设备的配备和使用等教育条件的保障情况，教育投入的管理和使用情况；

（三）义务教育普及水平和均衡发展情况，各级各类教育的规划布局、协调发展等情况；

（四）法律、法规、规章和国家教育政策规定的其他事项。

第十二条　教育督导机构实施教育督导，可以行使下列职权：

（一）查阅、复制财务账目和与督导事项有关的其他文件、资料；

（二）要求被督导单位就督导事项有关问题作出

说明；

（三）就督导事项有关问题开展调查；

（四）向有关人民政府或者主管部门提出对被督导单位或者其相关负责人给予奖惩的建议。

被督导单位及其工作人员对教育督导机构依法实施的教育督导应当积极配合，不得拒绝和阻挠。

第十三条 县级人民政府负责教育督导的机构应当根据本行政区域内的学校布局设立教育督导责任区，指派督学对责任区内学校的教育教学工作实施经常性督导。

教育督导机构根据教育发展需要或者本级人民政府的要求，可以就本条例第十一条规定的一项或者几项事项对被督导单位实施专项督导，也可以就本条例第十一条规定的所有事项对被督导单位实施综合督导。

第十四条 督学对责任区内学校实施经常性督导每学期不得少于2次。

县级以上人民政府对下一级人民政府应当每5年至少实施一次专项督导或者综合督导；县级人民政府负责教育督导的机构对本行政区域内的学校，应当每3至5年实施一次综合督导。

第十五条 经常性督导结束，督学应当向教育督导机构提交报告；发现违法违规办学行为或者危及师生生命安全的隐患，应当及时督促学校和相关部门处理。

第十六条 教育督导机构实施专项督导或者综合督导，应当事先确定督导事项，成立督导小组。督导小组由3名以上督学组成。

教育督导机构可以根据需要联合有关部门实施专项督导或者综合督导，也可以聘请相关专业人员参加专项督导或者综合督导活动。

第十七条 教育督导机构实施专项督导或者综合督导，应当事先向被督导单位发出书面督导通知。

第十八条 教育督导机构可以要求被督导单位组织自评。被督导单位应当按照要求进行自评，并将自评报告报送教育督导机构。督导小组应当审核被督导单位的自评报告。

督导小组应当对被督导单位进行现场考察。

第十九条 教育督导机构实施专项督导或者综合督导，应当征求公众对被督导单位的意见，并采取召开座谈会或者其他形式专门听取学生及其家长和教师的意见。

第二十条 督导小组应当对被督导单位的自评报告、现场考察情况和公众的意见进行评议，形成初步督导意见。

督导小组应当向被督导单位反馈初步督导意见；被督导单位可以进行申辩。

第二十一条 教育督导机构应当根据督导小组的初步督导意见，综合分析被督导单位的申辩意见，向被督导单位发出督导意见书。

督导意见书应当就督导事项对被督导单位作出客观公正的评价；对存在的问题，应当提出限期整改要求和建议。

第二十二条 被督导单位应当根据督导意见书进行整改，并将整改情况报告教育督导机构。

教育督导机构应当对被督导单位的整改情况进行核查。

第二十三条 专项督导或者综合督导结束，教育督导机构应当向本级人民政府提交督导报告；县级以上地方人民政府负责教育督导的机构还应当将督导报告报上一级人民政府教育督导机构备案。

督导报告应当向社会公布。

第二十四条 县级以上人民政府或者有关主管部门应当将督导报告作为对被督导单位及其主要负责人进行考核、奖惩的重要依据。

第四章 法律责任

第二十五条 被督导单位及其工作人员有下列情形之一的，由教育督导机构通报批评并责令其改正；拒不改正或者情节严重的，对直接负责的主管人员和其他责任人员，由教育督导机构向有关人民政府或者主管部门提出给予处分的建议：

（一）拒绝、阻挠教育督导机构或者督学依法实施教育督导的；

（二）隐瞒实情、弄虚作假，欺骗教育督导机构或者督学的；

（三）未根据督导意见书进行整改并将整改情况报告教育督导机构的；

（四）打击报复督学的；

（五）有其他严重妨碍教育督导机构或者督学依法履行职责情形的。

第二十六条 督学或者教育督导机构工作人员有下列情形之一的，由教育督导机构给予批评教育；情节严重的，依法给予处分，对督学还应当取消任命或者聘任；构成犯罪的，依法追究刑事责任：

（一）玩忽职守，贻误督导工作的；

（二）弄虚作假，徇私舞弊，影响督导结果公正的；

（三）滥用职权，干扰被督导单位正常工作的。

督学违反本条例第十条规定，应当回避而未回避的，由教育督导机构给予批评教育。

督学违反本条例第十五条规定，发现违法违规办学行为或者危及师生生命安全隐患而未及时督促学校和相关部门处理的，由教育督导机构给予批评教育；情节严重的，依法给予处分，取消任命或者聘任；构成犯罪的，依法追究刑事责任。

第五章　附　　则

第二十七条　本条例自2012年10月1日起施行。

教育督导问责办法

1. 2021年7月20日发布
2. 国教督〔2021〕2号
3. 自2021年9月1日起施行

第一章　总　　则

第一条　根据《中华人民共和国教育法》《教育督导条例》等法律法规和《中共中央办公厅 国务院办公厅关于深化新时代教育督导体制机制改革的意见》，结合教育督导工作特点，制定本办法。

第二条　教育督导问责以习近平新时代中国特色社会主义思想为指导，全面贯彻党的十九大和十九届二中、三中、四中、五中全会精神，深入贯彻落实习近平总书记关于教育的重要论述和全国教育大会精神，全面贯彻落实党的教育方针，弘扬社会主义核心价值观，推动提高教育治理能力，督促各地各校全面加强党的领导，坚持社会主义办学方向，切实履行立德树人职责，办好人民满意的教育。

第三条　本办法所称教育督导问责是指各级人民政府教育督导机构在教育督导工作中，发现地方政府及有关职能部门、各类学校和其他教育机构、有关工作人员等被督导对象，存在不履行、不完全履行或不正确履行教育职责的问题，由有关部门依照职能和管理权限进行内部监督和责任追究的一项工作制度。

第四条　教育督导问责遵循依法问责、分级实施、程序规范、公开透明的原则。

第五条　被督导单位、有关人员存在本办法规定的问责情形，需要进行问责的，适用本办法。

第二章　问 责 情 形

第六条　被督导的地方各级人民政府和相关职能部门及其相关责任人有下列情形之一的，应当予以问责：

（一）贯彻落实党的教育方针和党中央、国务院教育决策部署不力，对学校思想政治教育不重视，履行规划、建设、投入、人员编制、待遇保障、监督管理、语言文字工作等教育职责不到位，严重影响本地区教育发展。

（二）违反有关教育法律法规，学校办学行为不规范，整体教育教学质量持续下降、教育结构失衡、侵犯学校合法权益、群众满意度低。

（三）教育攻坚任务完成严重滞后，未按时保质保量完成规定目标任务。

（四）教育群体性事件多发高发、应对不力、群众反映强烈。

（五）因履行教育职责严重失职、安全风险防控体系建设保障或卫生防疫不力，导致发生重大安全事故或重大涉校案（事）件。

（六）对教育督导发现的问题整改不力、推诿扯皮、不作为等导致没有完成整改落实任务。

（七）下级人民政府、所辖（属）学校和行政区域内其他教育机构对发现的问题整改不力或整改后出现严重反弹。

（八）阻挠、干扰或不配合教育督导工作，提供虚假信息，威胁恐吓、打击报复教育督导人员。

（九）其他应当问责的情形。

第七条　被督导的各级各类学校、其他教育机构及其相关责任人有下列情形之一的，应当予以问责：

（一）贯彻落实党的教育方针和党中央、国务院教育决策部署不力，在各级教育督导机构组织的评估监测、督导检查工作中未达到合格（通过）标准。

（二）违反有关教育法律法规和政策要求，在招生入学、人才培养、科学研究、课程开设和教材使用等工作中存在办学行为不规范或出现严重违规；未按要求加强各类学校和其他教育机构管理，存在超标超前培训、虚假宣传、超期收费等违法违规行为，侵害师生合法权益，出现教师师德严重失范、学生欺凌等危害学生身心健康情况或重大负面舆情。

（三）教育群体性事件多发高发、应对不力、处置失当，群众反映强烈。

（四）落实安全主体责任、卫生防疫主体责任、食品安全校长负责制不力，安全风险防控体系建设不达标，导致发生重大安全事故、严重食品安全事件或重大涉校案（事）件。

（五）对教育督导发现的问题整改不力、推诿扯皮、不作为或没有完成整改落实任务。

（六）阻挠、干扰或不配合教育督导工作，提供虚假信息，威胁恐吓、打击报复教育督导人员。

（七）其他应当问责的情形。

第八条 督学、教育督导机构工作人员有下列情形之一的，应当予以问责：

（一）玩忽职守，不作为、慢作为，贻误督导工作。

（二）弄虚作假，徇私舞弊，影响督导结果公正。

（三）滥用职权、乱作为，干扰被督导单位正常工作。

（四）发现违法违规办学行为或者危及师生生命安全隐患而未提出整改意见并督促学校和相关部门处理。

（五）违反中央八项规定精神、违反党风廉政建设规定。

（六）其他没有履行法律法规规定的工作职责。

第三章 问 责 方 式

第九条 对被督导单位的问责方式为：

（一）公开批评。各级人民政府教育督导委员会办公室以适当方式向社会公开督导报告，对存在违法违规情形予以点名批评并视情况通过新闻媒体予以曝光。

（二）约谈。各级人民政府教育督导委员会办公室对被督导问责单位相关负责人进行约谈，作出书面记录并报送其所在地党委和政府以及上级相关部门备案。

（三）督导通报。各级人民政府教育督导委员会办公室将教育督导结果和整改情况等通报至其所在地党委和政府以及上级相关部门。

（四）资源调整。各级人民政府教育督导委员会办公室通报被督导问责单位所在地党委和政府及有关部门，要求对被督导问责单位在表彰奖励、政策支持、财政拨款、招生计划、学科专业设置等方面，依照职权进行限制或调减。

各类学校和其他教育机构（含民办学校和教育培训机构）如依据法律规定应予以行政处罚的，由各级人民政府教育督导委员会办公室提请县级以上人民政府教育行政部门、人力资源社会保障行政部门、市场监管部门或者其他有关部门依据职责分工责令限期改正，视违法情形依法予以警告、退还所收费用后没收违法所得、罚款、责令停止招生、撤销办学资格或吊销办学许可证。

上述问责方式，可以根据问题严重程度单独使用或合并使用。

第十条 对被督导单位相关责任人的问责方式为：

（一）责令检查。各级人民政府教育督导委员会办公室责令被督导问责单位相关负责人作出书面检查。

（二）约谈。各级人民政府教育督导委员会办公室对被督导问责单位相关负责人进行约谈，作出书面记录并报送被督导问责单位所在地党委和政府以及上级部门备案，作为个人考核的重要依据。

（三）通报批评。各级人民政府教育督导委员会办公室将教育督导结果、整改情况和被督导问责单位有关负责人的工作表现通报至其所在地党委和政府以及上级部门。

（四）组织处理。各级人民政府教育督导委员会办公室通知被督导问责单位所在地党委和政府以及上级部门，对被督导单位直接负责的主管人员和其他责任人员提出包括停职检查、调整职务、责令辞职、降职、免职等组织处理建议。对于民办学校或其他教育机构，责成教育行政主管部门依法督促学校撤换相关负责人。

（五）处分。需要采取处分方式问责的，各级人民政府教育督导委员会办公室可根据情况将问题线索移交相关机关，并提出相应处分建议。

公职人员涉嫌违法犯罪的，由各级人民政府教育督导委员会办公室将问题线索移交具有管辖权限的监察机关，提请监察机关处理。其他人员涉嫌违法犯罪的，由各级人民政府教育督导委员会办公室将问题线索移交被督导问责单位所在地相关公安机关或司法机关，提请其依法处理。

民办学校和教育培训机构举办者及其实际控制人、决策机构或者监督机构组成人员如违反《中华人民共和国民办教育促进法》《中华人民共和国民办教育促进法实施条例》等法律法规，由各级人民政府教育督导委员会办公室提请县级以上人民政府教育行政部门、人力资源社会保障行政部门、市场监管部门或者其他有关部门依据职责分工责令限期改正，退还所收费用后没收违法所得、罚款，依法对有关人员予以从业禁止处罚，并纳入其诚信记录。

上述问责方式，可以根据问题严重程度单独使用或合并使用。

第十一条 对督学、教育督导机构及其工作人员的问责方式为：

（一）批评教育。各级人民政府教育督导委员会办公室对其给予批评教育。

（二）责令检查。各级人民政府教育督导委员会办公室责令其作出书面检查。

（三）通报批评。各级人民政府教育督导委员会办公室将其表现通报至其所在地党委和政府以及上级部门。

（四）取消资格。各级人民政府教育督导委员会办公室按规定程序，取消其督学资格或将其调离督导工作岗位。

（五）组织处理。各级人民政府教育督导委员会办公室通知其所在地党委和政府以及上级部门，提出组织处理建议，包括停职检查、调整职务、责令辞职、降职、免职等。

（六）处分。需要采取处分方式问责的，各级人民政府教育督导委员会办公室可根据情况将问题线索移交相关机关，并提出相应处分建议。

公职人员涉嫌违法犯罪的，由各级人民政府教育督导委员会办公室将问题线索移交具有管辖权限的监察机关，提请监察机关处理。其他人员涉嫌违法犯罪的，由各级人民政府教育督导委员会办公室将问题线索移交被督导问责单位所在地相关公安机关或司法机关，提请其依法处理。

上述问责方式，可以根据问题严重程度单独使用或合并使用。

第十二条 有下列情形之一的，应当从重处理：

（一）隐瞒事实真相，阻挠、干扰或不配合教育督导工作。

（二）对举报人、控告人、检举人和督学、教育督导机构工作人员威胁恐吓、打击报复。

（三）被问责后，仍不纠正错误或不落实整改任务。

（四）一年内被教育督导问责两次及以上。

（五）其他依规、依纪、依法应当从重处理的情形。

第四章 问责程序

第十三条 教育督导工作完成后60天内，各级人民政府教育督导委员会办公室会同有关部门（单位）成立调查认定工作组，对各类教育督导工作中发现的问题（包括本级教育督导委员会成员单位反馈其在教育督导工作中发现的问题）进行调查认定，撰写事实材料，决定是否启动问责。

第十四条 各级人民政府教育督导委员会办公室就认定事实和问责意见告知被问责对象，应当以书面方式为主，听取被问责对象的陈述申辩。

第十五条 各级人民政府教育督导委员会办公室依据相关法律法规形成问责意见，征求本级教育督导委员会有关成员单位意见后，提交本级人民政府教育督导委员会主任或副主任审定。

第十六条 各级人民政府教育督导委员会办公室向被问责对象印发问责决定，应当明确问责的基本情况、问责事实、问责依据、问责方式、生效时间等。

第十七条 各级人民政府教育督导委员会办公室根据问责决定实施问责，对于组织处理、处分、追究法律责任等需要其他部门实施的问责，各级教育督导委员会办公室负责做好沟通工作，配合有关部门进行问责或者作出其他处理。

第十八条 问责决定一旦实施，根据问责情形严重程度在一定范围公开。情形严重或整改不力者，应通过政府门户网站、主流新闻媒体等载体，按照有关规定及时向社会公布，接受人民群众监督。

第十九条 被问责对象对问责决定不服，可自收到问责决定之日起30日内，向作出问责决定的人民政府教育督导委员会办公室申请复核。有关人民政府教育督导委员会办公室应当自收到复核申请之日起30日内，作出复核决定并反馈提出复核申请的单位或个人。

对复核决定不服，可以自收到复核决定之日起15日内向上一级人民政府教育督导委员会办公室提出书面申诉。也可以不经复核，自收到问责决定之日起15日内直接提出申诉。有关人民政府教育督导委员会办公室应当自收到申诉之日起60日内作出申诉处理决定，并将《申诉处理决定书》反馈提出申诉的单位或个人。认为原问责决定有误的，应当及时告知原问责部门，原问责部门应当自收到《申诉处理决定书》15日内予以纠正。

涉及组织处理和纪律处分的，被问责对象可向作出相应决定的组织人事部门、纪检监察机关提出复核或申诉。

复核、申诉期间，不停止问责决定的执行。

第二十条 各级人民政府教育督导委员会办公室在复核申诉期满30天内对有关问责情况进行归档，提请有关人事部门将问责情况归入人事档案。

第二十一条 各级人民政府教育督导委员会办公室应当监督问责决定的实施，对被问责对象进行回访、复查，监督、指导问题整改。问责情况应作为单位或个人在考核、晋升、评优、表彰等方面的重要依据。

第五章 组织实施

第二十二条 各级人民政府教育督导委员会负责本地区教育督导问责工作，依法追究存在违规行为的单位、个人的责任。各级人民政府教育督导委员会成员单位依照部门职责落实教育督导问责职责。

第二十三条 国务院教育督导委员会统一领导全国教育督导问责工作，负责对被督导的各省（区、市）人民政府及其相关职能部门、部属学校进行问责。地方各级人民政府教育督导委员会负责对本行政区域内下一级人民政府及其相关职能部门、辖（属）各级各类学校和其他教育机构进行问责。各级人民政府教育督导委员会办公室负责具体实施教育督导问责工作。

第二十四条 根据问责工作需要，各级人民政府教育督导委员会办公室应主动配合教育督导委员会成员单位或纪检监察机关、司法机关等做好问责工作。

第二十五条 各级人民政府教育督导委员会负责对下一级人民政府教育督导委员会教育督导问责工作的监督。

第二十六条 各级人民政府教育督导委员会办公室要定期将本行政区域内的问责情况报送给上一级人民政府教育督导委员会办公室备案。国务院教育督导委员会办公室建立全国教育督导问责信息工作平台，推动信息共享和实时监管。

第六章 附 则

第二十七条 地方各级人民政府教育督导委员会可依据本办法，结合本地区实际制定实施细则，并报上一级人民政府教育督导委员会备案。

第二十八条 本办法由国务院教育督导委员会办公室负责解释。

第二十九条 本办法自2021年9月1日起施行。

征收教育费附加的暂行规定

1. 1986年4月28日国务院发布
2. 根据1990年6月7日国务院令第60号《关于修改〈征收教育费附加的暂行规定〉的决定》第一次修订
3. 根据2005年8月20日国务院令第448号《关于修改〈征收教育费附加的暂行规定〉的决定》第二次修订
4. 根据2011年1月8日国务院令第588号《关于废止和修改部分行政法规的决定》第三次修订

第一条 为贯彻落实《中共中央关于教育体制改革的决定》，加快发展地方教育事业，扩大地方教育经费的资金来源，特制定本规定。

第二条 凡缴纳消费税、增值税、营业税的单位和个人，除按照《国务院关于筹措农村学校办学经费的通知》（国发〔1984〕174号文）的规定，缴纳农村教育事业费附加的单位外，都应当依照本规定缴纳教育费附加。

第三条 教育费附加，以各单位和个人实际缴纳的增值税、营业税、消费税的税额为计征依据，教育费附加率为3%，分别与增值税、营业税、消费税同时缴纳。

除国务院另有规定者外，任何地区、部门不得擅自提高或者降低教育费附加率。

第四条 依照现行有关规定，除铁道系统、中国人民银行总行、各专业银行总行、保险总公司的教育附加随同营业税上缴中央财政外，其余单位和个人的教育费附加，均就地上缴地方财政。

第五条 教育费附加由税务机关负责征收。

教育费附加纳入预算管理，作为教育专项资金，根据“先收后支、列收列支、收支平衡”的原则使用和管理。地方各级人民政府应当依照国家有关规定，使预算内教育事业费逐步增长，不得因教育费附加纳入预算专项资金管理而抵顶教育事业费拨款。

第六条 教育费附加的征收管理，按照消费税、增值税、营业税的有关规定办理。

第七条 企业缴纳的教育费附加，一律在销售收入（或营业收入）中支付。

第八条 地方征收的教育费附加，按专项资金管理，由教育部门统筹安排，提出分配方案，商同级财政部门同意后，用于改善中小学教学设施和办学条件，不得用于职工福利和发放奖金。

铁道系统、中国人民银行总行、各专业银行总行、保险总公司随同营业税上缴的教育费附加，由国家教育委员会按年度提出分配方案，商财政部同意后，用于基础教育的薄弱环节。

地方征收的教育费附加，主要留归当地安排使用。省、自治区、直辖市可根据各地征收教育费附加的实际情况，适当提取一部分数额，用于地区之间的调剂、平衡。

第九条 地方各级教育部门每年应定期向当地人民政府、上级主管部门和财政部门，报告教育费附加的收支情况。

第十条 凡办有职工子弟学校的单位，应当先按本规定缴纳教育费附加；教育部门可根据它们办学的情况酌情返还给办学单位，作为对所办学校经费的补贴。办学单位不得借口缴纳教育费附加而撤并学校，或者缩小办学规模。

第十一条 征收教育费附加以后，地方各级教育部门和学校，不准以任何名目向学生家长和单位集资，或者变相集资，不准以任何借口不让学生入学。

对违反前款规定者，其上级教育部门要予以制止，直接责任人员要给予行政处分。单位和个人有权拒缴。

第十二条　本规定由财政部负责解释。各省、自治区、直辖市人民政府可结合当地实际情况制定实施办法。

第十三条　本规定从1986年7月1日起施行。

中共中央办公厅、国务院办公厅关于构建优质均衡的基本公共教育服务体系的意见

2023年6月13日发布

为深入贯彻落实党的二十大精神，加快推进国家基本公共服务均等化，构建优质均衡的基本公共教育服务体系，现提出如下意见。

一、总体要求

以习近平新时代中国特色社会主义思想为指导，全面贯彻党的教育方针，坚持以人民为中心，服务国家战略需要，聚焦人民群众所急所需所盼，以公益普惠和优质均衡为基本方向，全面提高基本公共教育服务水平，加快建设教育强国，办好人民满意的教育。

坚持优先保障，在经济社会发展规划、财政资金投入、公共资源配置等方面优先保障基本公共教育服务。坚持政府主责，尽力而为、量力而行、循序渐进、动态调整，不断加大财政投入力度。坚持补齐短板，继续改善办学条件，更加注重内涵发展，推进基本公共教育服务覆盖全民、优质均衡。坚持改革创新，持续深化综合改革，破解体制机制障碍，优化资源配置方式，强化教师关键作用，加强基本公共教育服务标准化、专业化、法治化建设。

到2027年，优质均衡的基本公共教育服务体系初步建立，供给总量进一步扩大，供给结构进一步优化，均等化水平明显提高。到2035年，义务教育学校办学条件、师资队伍、经费投入、治理体系适应教育强国需要，市（地、州、盟）域义务教育均衡发展水平显著提升，绝大多数县（市、区、旗）域义务教育实现优质均衡，适龄学生享有公平优质的基本公共教育服务，总体水平步入世界前列。

二、全面保障义务教育优质均衡发展

1. 促进区域协调发展。以推进学校建设标准化为重点，加快缩小区域教育差距。继续加大对中西部困难地区支持力度，省级政府要聚焦促进省域内不同地市、县区之间缩小办学条件和水平差距，市级政府要充分发挥区域经济中心作用，资源配置重点向经济欠发达县区倾斜；国家和省级层面建立经济欠发达县区学校办学条件跟踪评估和定期调度机制，督促地方政府加强工作统筹，切实兜住办学条件底线。实施义务教育学校标准化建设工程，完善义务教育学校办学具体标准，建立学校标准化建设台账，加大力度并统筹实施义务教育薄弱环节改善与能力提升、教育强国推进工程等项目，推动义务教育学校校舍建设、安全防范建设、教学仪器装备、数字化基础环境、学校班额、教师配备等办学条件达到规定标准，切实改善学校教学生活和安全保障条件，加强校园文化环境建设。各地区在推进学校建设标准化的同时，可结合实际支持学校适当扩大教室学习活动空间和体育运动场地，为非寄宿制学校提供学生就餐和午休条件。大力推进国家教育数字化战略行动，促进校园有线、无线、物联网三网融合，建设高速校园网络，实现班班通。落实中央关于中小学教职工编制标准和统筹管理相关规定，确保以县为单位实现中小学教职工编制全面达到国家基本标准，依据国家课程方案配齐配足教师，特别是加强思政课、体育、美育、劳动教育和心理健康教育、特殊教育教师配备。各地区制定并实施教师发展提升规划，大力培养造就高素质专业化教师队伍，显著扩大优秀骨干教师总量；发达地区不得从中西部地区、东北地区抢挖优秀校长和教师。

2. 推动城乡整体发展。以推进城乡教育一体化为重点，加快缩小县域内城乡教育差距。适应国家人口发展战略和服务乡村振兴战略、新型城镇化战略，以城带乡、整体推进城乡义务教育发展，切实解决城镇挤、乡村弱问题。建立与常住人口变化相协调的基本公共教育服务供给机制，按实际服务人口规模配置教育资源。各省（自治区、直辖市）要制定城镇义务教育学位配置标准，市、县合理规划并保障足够建设用地，严格落实新建住宅小区配建学校规定，加快城镇学校扩容增位，切实解决人口集中流入地区教育资源供需矛盾。将学生上学路径和校园周边交通环境改造作为城市规划建设重要任务，抓紧改造到位。优先发展乡村教育，健全控辍保学长效机制，加强义务教育巩固情况年度监测，持续提升九年义务教育巩固水平；科学制定城乡学校布局规划，进一步加强寄宿制学校建设，办好必要的乡村小规模学校；全面推进城乡学校共同体建设，健全城乡学校帮扶激励机制，确保乡村学校都有城镇学校对口帮扶；加强国家中小学智慧教育平台建设，构建互联互通、共建共享的数字教育资源平台体系，提供系

列化精品化、覆盖德智体美劳全面育人的教育教学资源，创新数字教育资源呈现形式，有效扩大优质教育资源覆盖面，服务农村边远地区提高教育质量。

3. 加快校际均衡发展。以推进师资配置均衡化为重点，加快缩小校际办学质量差距。完善集团化办学和学区制管理办法及运行机制，促进校际间管理、教学、教研紧密融合，强化优质带动、优势互补、资源共享，加快实现集团内、学区内校际优质均衡，为县域义务教育优质均衡发展奠定基础。促进新优质学校成长，办好群众“家门口”的学校。实施校长教师有序交流轮岗行动计划，科学推进教师“县管校聘”管理改革，从城市、农村等不同地区的实际出发，完善交流轮岗保障与激励机制，将到乡村学校或办学条件薄弱学校任教1年以上作为申报高级职称的必要条件，3年以上作为选任中小学校长的优先条件，推动优秀校长和骨干教师向乡村学校、办学条件薄弱学校流动；原则上在同一学校连续任教达到一定年限的校长和优秀骨干教师应优先进行交流轮岗，各地区要以县（市、区、旗）为单位，制定校长和优秀骨干教师交流轮岗具体实施方案，加快实现县域内校际间师资均衡配置，对培养、输送优秀骨干教师的学校给予奖励支持，对作出突出贡献的校长教师在各级评优表彰工作中予以倾斜，按照国家有关规定予以表彰奖励。积极探索建立新招聘教师在办学水平较高的学校见习培养制度。聚焦新课程、新教材、新方法、新技术，加大“国培计划”实施力度，推动省、市、县、学校开展校长教师全员培训，优化师范生培养方案和课程体系，开展人工智能助推教师队伍建设行动，全面提高校长办学治校能力和教师教育教学水平。支持教师创新教学方式，深入开展精品课遴选工作，大力推广应用优秀教学成果，提高教师数字素养和信息技术应用能力。建设全国基础教育管理服务平台，提升数字化管理水平和管理效能。完善学校管理和义务教育质量评价制度，积极开展县域义务教育优质均衡创建和督导评估认定工作。

4. 保障群体公平发展。以推进教育关爱制度化为重点，加快缩小群体教育差距。全面推进义务教育免试就近入学和公办民办学校同步招生政策，确保不同群体适龄儿童平等接受义务教育。完善灵活就业人员和新就业形态劳动者居住证申领政策，健全以居住证为主要依据的农业转移人口随迁子女入学保障政策，以公办学校为主将随迁子女纳入流入地义务教育保障范围。完善孤儿、事实无人抚养儿童、农村留守儿童、困境儿童精准摸排机制，加强教育保障和关爱保护，优先保障寄宿、交通、营养需求，强化人文关怀和心理疏导；做好特困学生救助供养，保障基本学习、生活需求。加强义务教育阶段特殊教育学校建设和普通学校随班就读工作，健全面向视力、听力、言语、肢体、智力、精神、多重残疾以及其他有特殊需要的儿童的特殊教育服务机制。坚持精准分析学情，全面建立学校学习困难学生帮扶制度，健全面向全体学生的个性化培养机制，优化创新人才培养环境条件。加快学校心理辅导室建设，切实加强学生心理健康教育。完善专门教育保障机制，各省（自治区、直辖市）根据需要建设必要的义务教育阶段专门学校，加强对有严重不良行为未成年学生的教育矫治。

5. 加快民族地区教育发展。全面改善民族地区办学条件，整体提升办学水平。加强民族地区师资队伍建设，强化思想政治素质、国家通用语言文字、学科专业素养、教育教学能力等方面专门培训，加大“特岗计划”、“国培计划”等项目向民族地区倾斜力度，推进教育人才“组团式”支援工作，引导和支持优秀教师到民族地区学校帮扶任教。将中华民族共同体意识宣传教育纳入学校育人全过程，筑牢各族师生中华民族共同体思想基础。

6. 提高财政保障水平。始终坚持把义务教育作为教育投入的重中之重，切实落实政府责任，逐步提高经费保障水平。坚持义务教育学位主要由公办学校提供。优化教育经费使用结构，加大对教育教学和教师队伍建设投入力度，依法保障教师工资待遇，促进义务教育优质均衡发展。全面落实乡村教师生活补助政策，强化地方主体责任，完善乡村教师生活补助办法，依据困难程度实行差别化补助；加快实施艰苦边远地区乡村学校教师周转宿舍建设，将符合条件的乡村学校教师纳入当地政府住房保障体系。具备条件的地区可以通过政府购买服务方式为学校提供安保、食堂、宿管、医疗卫生保健等方面服务。加强劳动实践、校外活动、研学实践、科普教育基地和家庭教育指导服务中心、家长学校、服务站点建设，健全学校家庭社会协同育人机制。

三、大力提高家庭经济困难学生应助尽助水平

7. 确保家庭经济困难学生资助全覆盖。完善覆盖全学段学生资助体系。建立健全幼儿资助制度，通过减免保教费等方式，切实保障家庭经济困难幼儿接受普惠性学前教育。坚持和完善义务教育“两免一补”政策，为学生免除学杂费、提供免费教科书，为家庭经济困难学生提供生活补助；深入实施农村义务教育学

生营养改善计划，为实施地区学生提供营养膳食补助。对符合条件的普通高中家庭经济困难学生提供国家助学金、免除学杂费。对符合条件的中等职业教育在校生提供国家助学金、免除学费。优先将家庭经济困难的残疾儿童纳入资助范围，对残疾学生特殊学习用品、教育训练、交通费等予以补助。根据经济社会发展水平和国家财政状况，综合考虑物价水平和生活成本等变动情况，完善资助标准动态调整机制，帮助家庭经济困难学生顺利完成学业。

8. 提升学生资助精准化水平。依托政务数据共享交换平台，加强教育与民政、农业农村、残联等部门间数据共享交换，完善家庭经济困难学生认定依据和工作程序，提高家庭经济困难学生认定精准度和异地申请的便利性，不断完善资助资金发放机制，全面落实家庭经济困难学生资助政策，切实做到应助尽助。推动各地区根据所辖地区经济发展水平、财政状况及家庭经济困难学生分布状况，差别化确定资助比例和标准。进一步巩固拓展脱贫攻坚成果，保持学生资助政策总体稳定、有效衔接，对防止返贫动态监测对象子女给予重点关注。加强学生资助政策宣传，确保资助信息公开透明。

四、统筹做好面向学生的其他基本公共服务

9. 加强学生卫生健康服务。加强学校卫生体系和能力建设。建立学生健康档案，逐步实现与学龄前健康档案内容衔接。为学生提供健康教育、健康咨询、健康科普等服务，有针对性地传授适合学生特点和使用需求的健康知识和健康技能。建立学生体质健康状况监测平台，每年发布学生健康素养水平数据。做好学生预防接种、传染病防治和突发公共卫生事件防范知识宣传服务。定期对学校传染病防控开展巡访，指导学校设立卫生宣传栏，对校医、保健教师开展业务培训。定期为学校食堂和供餐、校园周边餐饮场所提供食品安全风险监测、跟踪评价等服务。建立健全学生心理健康问题定期筛查评估、早期识别与干预机制。

10. 丰富公共文化体育服务。充分发挥公共文化体育和科普资源重要育人作用，落实博物馆、纪念馆、公共图书馆、美术馆、文化馆（站）按规定向学生免费开放政策，有条件的公共体育设施、科技馆和各类科普教育基地免费或低收费向学生开放。国家法定节假日和学校寒暑假期间适当延长开放时间，并增设适合学生特点的文化体育和科普活动。创新开展优秀影片进校园活动，保障每名中小学生每学期至少观看2次优秀影片。

11. 做好毕业生就业创业服务。加强学校毕业生职业生涯教育和就业创业指导，建设高质量就业服务平台，提供就业创业和劳动用工政策法规咨询，发布人力资源供求、市场工资价位、见习岗位等就业信息，为有需求的应届毕业生提供实习实践和就业帮扶等服务，开展毕业去向登记。对未就业的高校毕业生和中专毕业生、自费出国（境）留学的高校毕业生和因私出国（境）人员提供流动人员人事档案管理服务。对参加职业技能培训并符合条件的毕业生给予职业培训补贴、职业技能鉴定补贴和生活费补贴。

五、认真做好组织实施

加强党的全面领导，各级党委和政府要把构建优质均衡的基本公共教育服务体系作为实现共同富裕的一项重大民生工程，列入党委和政府重要议事日程。强化省级统筹，充分发挥市级政府作用，落实以县为主的管理责任，制定工作实施方案，建立部门协同机制，压实部门责任，形成工作合力，确保各项政策措施落到实处。深化基础教育综合改革实验区建设，强化区域统筹和改革攻坚。同时，进一步加大对普惠性非基本公共教育服务支持力度，完善普惠性学前教育保障机制，提高县域普通高中办学水平，整体提升公共教育服务能力。采取财政补贴、服务性收费或代收费等方式筹措义务教育课后服务经费，丰富优质课后服务资源，强化课后育人功能。各地区各部门要加大政策宣传解读力度，及时总结、广泛宣传典型经验和实施成效，形成全社会关心支持教育的良好氛围。

新时代爱国主义教育实施纲要

2019年11月中共中央、国务院印发

爱国主义是中华民族的民族心、民族魂，是中华民族最重要的精神财富，是中国人民和中华民族维护民族独立和民族尊严的强大精神动力。爱国主义精神深深植根于中华民族心中，维系着中华大地上各个民族的团结统一，激励着一代又一代中华儿女为祖国发展繁荣而自强不息、不懈奋斗。中国共产党是爱国主义精神最坚定的弘扬者和实践者，90多年来，中国共产党团结带领全国各族人民进行的革命、建设、改革实践是爱国主义的伟大实践，写下了中华民族爱国主义精神的辉煌篇章。党的十八大以来，以习近平同志为核心的党中央高度重视爱国主义教育，固本培元、凝心铸魂，作出一系列重要部署，推动爱国主义教育取得显著成效。当前,中国特色社会主义进入新时代,中华民族伟大复兴正处于关键时期。新时代加强爱国主义教育,对于振奋民族精神、凝聚全民族力量,决胜全面建成小康社会,夺取新时代中国特色社会主义伟大胜利,实现中华民族伟大复兴的中国梦,具有重大而深远的意义。

一、总体要求

1. 指导思想。坚持以马克思列宁主义、毛泽东思想、邓小平理论、“三个代表”重要思想、科学发展观、习近平新时代中国特色社会主义思想为指导,增强“四个意识”,坚定“四个自信”,做到“两个维护”,着眼培养担当民族复兴大任的时代新人,始终高扬爱国主义旗帜,着力培养爱国之情、砥砺强国之志、实践报国之行,使爱国主义成为全体中国人民的坚定信念、精神力量和自觉行动。

2. 坚持把实现中华民族伟大复兴的中国梦作为鲜明主题。伟大事业需要伟大精神,伟大精神铸就伟大梦想。要把国家富强、民族振兴、人民幸福作为不懈追求,着力扎紧全国各族人民团结奋斗的精神纽带,厚植家国情怀,培育精神家园,引导人们坚持中国道路、弘扬中国精神、凝聚中国力量,为实现中华民族伟大复兴的中国梦提供强大精神动力。

3. 坚持爱党爱国爱社会主义相统一。新中国是中国共产党领导的社会主义国家,祖国的命运与党的命运、社会主义的命运密不可分。当代中国,爱国主义的本质就是坚持爱国和爱党、爱社会主义高度统一。要区分层次、区别对象,引导人们深刻认识党的领导是中国特色社会主义最本质特征和最大制度优势,坚持党的领导、坚持走中国特色社会主义道路是实现国家富强的根本保障和必由之路,以坚定的信念、真挚的情感把新时代中国特色社会主义一以贯之进行下去。

4. 坚持以维护祖国统一和民族团结为着力点。国家统一和民族团结是中华民族根本利益所在。要始终不渝坚持民族团结是各族人民的生命线,巩固和发展平等团结互助和谐的社会主义民族关系,引导全国各族人民像爱护自己的眼睛一样珍惜民族团结,维护全国各族人民大团结的政治局面,巩固和发展最广泛的爱国统一战线,不断增强对伟大祖国、中华民族、中华文化、中国共产党、中国特色社会主义的认同,坚决维护国家主权、安全、发展利益,旗帜鲜明反对分裂国家图谋、破坏民族团结的言行,筑牢国家统一、民族团结、社会稳定的铜墙铁壁。

5. 坚持以立为本、重在建设。爱国主义是中华儿女最自然、最朴素的情感。要坚持从娃娃抓起,着眼固本培元、凝心铸魂,突出思想内涵,强化思想引领,做到润物无声,把基本要求和具体实际结合起来,把全面覆盖和突出重点结合起来,遵循规律、创新发展,注重落细落小落实、日常经常平常,强化教育引导、实践养成、制度保障,推动爱国主义教育融入贯穿国民教育和精神文明建设全过程。

6. 坚持立足中国又面向世界。一个国家、一个民族,只有开放兼容,才能富强兴盛。要把弘扬爱国主义精神与扩大对外开放结合起来,尊重各国历史特点、文化传统,尊重各国人民选择的发展道路,善于从不同文明中寻求智慧、汲取营养,促进人类和平与发展的崇高事业,共同推动人类文明发展进步。

二、基本内容

7. 坚持用习近平新时代中国特色社会主义思想武装全党、教育人民。习近平新时代中国特色社会主义思想是马克思主义中国化最新成果,是党和人民实践经验和集体智慧的结晶,是中国特色社会主义理论体系的重要组成部分,是全党全国人民为实现中华民族伟大复兴而奋斗的行动指南,必须长期坚持并不断发展。要深刻理解习近平新时代中国特色社会主义思想的核心要义、精神实质、丰富内涵、实践要求,不断增强干部群众的政治意识、大局意识、核心意识、看齐意识,坚决维护习近平总书记党中央的核心、全党的核心地位,坚决维护党中央权威和集中统一领导。要紧密结合人们生产生活实际,推动习近平新时代中国特色社会主义思想进企业、进农村、进机关、进校园、进社区、进军营、进网络,真正使党的创新理论落地生根、开花结果。要在知行合一、学以致用上下功夫,引导干部群众坚持以习近平新时代中国特色社会主义思想为指导,展现新气象、激发新作为,把学习教育成果转化为爱国报国的实际行动。

8. 深入开展中国特色社会主义和中国梦教育。中国特色社会主义集中体现着国家、民族、人民根本利益。要高举中国特色社会主义伟大旗帜,广泛开展理想信念教育,用党领导人民进行伟大社会革命的成果说话,用改革开放以来社会主义现代化建设的伟大成就说话,用新时代坚持和发展中国特色社会主义的生动实践说话,用中国特色社会主义制度的优势说话,在历史与现实、国际与国内的对比中,引导人们深刻认识中国共产党为什么“能”、马克思主义为什么“行”、中国特色社会主义为什么“好”,牢记红色政权是从哪里来的、新中国是怎么建立起来的,倍加珍惜我们党开创的中国特色社会主义,不断增强道路自信、理论自信、制度自信、文化自信。要深入开展中国梦教育,引导人们深刻认识中国梦是国家的梦、民族的梦,也是每个中国人的梦,深刻认识中华民族伟大复兴绝不是轻轻松松、敲锣打鼓就能实现的,要付出更为艰巨、更为艰苦的努力,争做新时代的奋斗者、追梦人。

9. 深入开展国情教育和形势政策教育。要深入开展国情教育,帮助人们了解我国发展新的历史方位、社会主要矛盾的变化,引导人们深刻认识到,我国仍处于并将长期处于社会主义初级阶段的基本国情没有变,我国是世界上最大发展中国家的国际地位没有变,始终准确把握基本国情,既不落后于时代,也不脱离实际、超越阶段。要深入开展形势政策教育,帮助人们树立正确的历史观、大局观、角色观,了解世界正经历百年未有之大变局,我国仍处于发展的重要战略机遇期,引导人们清醒认识国际国内形势发展变化,做好我们自己的事情。要发扬斗争精神,增强斗争本领,引导人们充分认识伟大斗争的长期性、复杂性、艰巨性,敢于直面风险挑战,以坚忍不拔的意志和无私无畏的勇气战胜前进道路上的一切艰难险阻,在进行伟大斗争中更好弘扬爱国主义精神。

10. 大力弘扬民族精神和时代精神。以爱国主义为核心的民族精神和以改革创新为核心的时代精神,是凝心聚力的兴国之魂、强国之魂。要聚焦培养担当民族复兴大任的时代新人,培育和践行社会主义核心价值观,广泛开展爱国主义、集体主义、社会主义教育,提高人们的思想觉悟、道德水准和文明素养。要唱响人民赞歌、展现人民风貌,大力弘扬中国人民在长期奋斗中形成的伟大创造精神、伟大奋斗精神、伟大团结精神、伟大梦想精神,生动展示人民群众在新时代的新实践、新业绩、新作为。

11. 广泛开展党史、国史、改革开放史教育。历史是最好的教科书,也是最好的清醒剂。要结合中华民族从站起来、富起来到强起来的伟大飞跃,引导人们深刻认识历史和人民选择中国共产党、选择马克思主义、选择社会主义道路、选择改革开放的历史必然性,深刻认识我们国家和民族从哪里来、到哪里去,坚决反对历史虚无主义。要继承革命传统,弘扬革命精神,传承红色基因,结合新的时代特点赋予新的内涵,使之转化为激励人民群众进行伟大斗争的强大动力。要加强改革开放教育,引导人们深刻认识改革开放是党和人民大踏步赶上时代的重要法宝,是坚持和发展中国特色社会主义的必由之路,是决定当代中国命运的关键一招,也是决定实现"两个一百年"奋斗目标、实现中华民族伟大复兴的关键一招,凝聚起将改革开放进行到底的强大力量。

12. 传承和弘扬中华优秀传统文化。对祖国悠久历史、深厚文化的理解和接受,是爱国主义情感培育和发展的重要条件。要引导人们了解中华民族的悠久历史和灿烂文化,从历史中汲取营养和智慧,自觉延续文化基因,增强民族自尊心、自信心和自豪感。要坚持古为今用、推陈出新,不忘本来、辩证取舍,深入实施中华优秀传统文化传承发展工程,推动中华文化创造性转化、创新性发展。要坚守正道、弘扬大道,反对文化虚无主义,引导人们树立和坚持正确的历史观、民族观、国家观、文化观,不断增强中华民族的归属感、认同感、尊严感、荣誉感。

13. 强化祖国统一和民族团结进步教育。实现祖国统一、维护民族团结,是中华民族的不懈追求。要加强祖国统一教育,深刻揭示维护国家主权和领土完整、实现祖国完全统一是大势所趋、大义所在、民心所向,增进广大同胞心灵契合、互信认同,与分裂祖国的言行开展坚决斗争,引导全体中华儿女为实现民族伟大复兴、推进祖国和平统一而共同奋斗。深化民族团结进步教育,铸牢中华民族共同体意识,加强各民族交往交流交融,引导各族群众牢固树立"三个离不开"思想,不断增强"五个认同",使各民族同呼吸、共命运、心连心的光荣传统代代相传。

14. 加强国家安全教育和国防教育。国家安全是安邦定国的重要基石。要加强国家安全教育,深入学习宣传总体国家安全观,增强全党全国人民国家安全意识,自觉维护政治安全、国土安全、经济安全、社会安全、网络安全和外部安全。要加强国防教育,增强全民国防观念,使关心国防、热爱国防、建设国防、保卫国防成为全社会的思想共识和自觉行动。要深入开展增强忧患意识、防范化解重大风险的宣传教育,引导广大干部群众强化风险意识,科学辨识风险、有效应对风险,做到居安思危、防患未然。

三、新时代爱国主义教育要面向全体人民、聚焦青少年

15. 充分发挥课堂教学的主渠道作用。培养社会主义建设者和接班人,首先要培养学生的爱国情怀。要把青少年作为爱国主义教育的重中之重,将爱国主义精神贯穿于学校教育全过程,推动爱国主义教育进课堂、进教材、进头脑。在普通中小学、中职学校,将爱国主义教育内容融入语文、道德与法治、历史等学科教

材编写和教育教学中，在普通高校将爱国主义教育与哲学社会科学相关专业课程有机结合，加大爱国主义教育内容的比重。创新爱国主义教育的形式，丰富和优化课程资源，支持和鼓励多种形式开发微课、微视频等教育资源和在线课程，开发体现爱国主义教育要求的音乐、美术、书法、舞蹈、戏剧作品等，进一步增强吸引力感染力。

16. *办好学校思想政治理论课。* 思想政治理论课是爱国主义教育的主阵地。要紧紧抓住青少年阶段的“拔节孕穗期”，理直气壮开好思想政治理论课，引导学生把爱国情、强国志、报国行自觉融入坚持和发展中国特色社会主义事业、建设社会主义现代化强国、实现中华民族伟大复兴的奋斗之中。按照政治强、情怀深、思维新、视野广、自律严、人格正的要求，加强思想政治理论课教师队伍建设，让有信仰的人讲信仰，让有爱国情怀的人讲爱国。推动思想政治理论课改革创新，发挥学生主体作用，采取互动式、启发式、交流式教学，增强思想性理论性和亲和力针对性，在教育灌输和潜移默化中，引导学生树立国家意识、增进爱国情感。

17. *组织推出爱国主义精品出版物。* 针对不同年龄、不同成长阶段，坚持精品标准，加大创作力度，推出反映爱国主义内容的高质量儿童读物、教辅读物，让广大青少年自觉接受爱国主义熏陶。积极推荐爱国主义主题出版物，大力开展爱国主义教育读书活动。结合青少年兴趣点和接受习惯，大力开发并积极推介体现中华文化精髓、富有爱国主义气息的网络文学、动漫、有声读物、网络游戏、手机游戏、短视频等。

18. *广泛组织开展实践活动。* 大中小学的党组织、共青团、少先队、学生会、学生社团等，要把爱国主义内容融入党日团日、主题班会、班队会以及各类主题教育活动之中。广泛开展文明校园创建，强化校训校歌校史的爱国主义教育功能，组织开展丰富多彩的校园文化活动。组织大中小学生参观纪念馆、展览馆、博物馆、烈士纪念设施，参加军事训练、冬令营夏令营、文化科技卫生“三下乡”、学雷锋志愿服务、创新创业、公益活动等，更好地了解国情民情，强化责任担当。密切与城市社区、农村、企业、部队、社会机构等的联系，丰富拓展爱国主义教育校外实践领域。

19. *在广大知识分子中弘扬爱国奋斗精神。* 我国知识分子历来有浓厚的家国情怀和强烈的社会责任感。深入开展“弘扬爱国奋斗精神、建功立业新时代”活动，弘扬“两弹一星”精神、载人航天精神等，大力组织优秀知识分子学习宣传，引导新时代知识分子把自己的理想同祖国的前途、把自己的人生同民族的命运紧密联系在一起，立足本职、拼搏奋斗、创新创造，在新时代作出应有的贡献。广泛动员和组织知识分子深入改革开放前沿、经济发展一线和革命老区、民族地区、边疆地区、贫困地区，开展调研考察和咨询服务，深入了解国情，坚定爱国追求。

20. *激发社会各界人士的爱国热情。* 社会各界的代表性人士具有较强示范效应。要坚持信任尊重团结引导，增进和凝聚政治共识，夯实共同思想政治基础，不断扩大团结面，充分调动社会各界人士的爱国热情和社会担当。通过开展职业精神职业道德教育、建立健全相关制度规范、发挥行业和舆论监督作用等，引导社会各界人士增强道德自律、履行社会责任。坚持我国宗教的中国化方向，加强宗教界人士和信教群众的爱国主义教育，引导他们热爱祖国、拥护社会主义制度、拥护中国共产党的领导，遵守国家法律法规和方针政策。加强“一国两制”实践教育，引导人们包括香港特别行政区同胞、澳门特别行政区同胞、台湾同胞和海外侨胞增强对国家的认同，自觉维护国家统一和民族团结。

四、丰富新时代爱国主义教育的实践载体

21. *建好用好爱国主义教育基地和国防教育基地。* 各级各类爱国主义教育基地，是激发爱国热情、凝聚人民力量、培育民族精神的重要场所。要加强内容建设，改进展陈方式，着力打造主题突出、导向鲜明、内涵丰富的精品陈列，强化爱国主义教育和红色教育功能，为社会各界群众参观学习提供更好服务。健全全国爱国主义教育示范基地动态管理机制，进一步完善落实免费开放政策和保障机制，根据实际情况，对爱国主义教育基地免费开放财政补助进行重新核定。依托军地资源，优化结构布局，提升质量水平，建设一批国防特色鲜明、功能设施配套、作用发挥明显的国防教育基地。

22. *注重运用仪式礼仪。* 认真贯彻执行国旗法、国徽法、国歌法，学习宣传基本知识和国旗升挂、国徽使用、国歌奏唱礼仪。在全社会广泛开展“同升国旗、同唱国歌”活动，让人们充分表达爱国情感。各级广播电台、电视台每天定时在主频率、主频道播放国歌。国庆期间，各级党政机关、人民团体、大型企事业单位、全国城乡社区和爱国主义教育基地等，要组织升国旗仪式并悬挂国旗。鼓励居民家庭在家门前适当位置悬挂国旗。认真组织宪法宣誓仪式、入党入团入队仪式等，通过公开宣誓、重温誓词等形式，强化国家意识和集体观念。

23. 组织重大纪念活动。充分挖掘重大纪念日、重大历史事件蕴含的爱国主义教育资源,组织开展系列庆祝或纪念活动和群众性主题教育。抓住国庆节这一重要时间节点,广泛开展“我和我的祖国”系列主题活动,通过主题宣讲、大合唱、共和国故事汇、快闪、灯光秀、游园活动等形式,引导人们歌唱祖国、致敬祖国、祝福祖国,使国庆黄金周成为爱国活动周。充分运用“七一”党的生日、“八一”建军节等时间节点,广泛深入组织各种纪念活动,唱响共产党好、人民军队好的主旋律。在中国人民抗日战争胜利纪念日、烈士纪念日、南京大屠杀死难者国家公祭日期间,精心组织公祭、瞻仰纪念碑、祭扫烈士墓等,引导人们牢记历史、不忘过去,缅怀先烈、面向未来,激发爱国热情、凝聚奋进力量。

24. 发挥传统和现代节日的涵育功能。大力实施中国传统节日振兴工程,深化“我们的节日”主题活动,利用春节、元宵、清明、端午、七夕、中秋、重阳等重要传统节日,开展丰富多彩、积极健康、富有价值内涵的民俗文化活动,引导人们感悟中华文化、增进家国情怀。结合元旦、“三八”国际妇女节、“五一”国际劳动节、“五四”青年节、“六一”国际儿童节和中国农民丰收节等,开展各具特色的庆祝活动,激发人们的爱国主义和集体主义精神。

25. 依托自然人文景观和重大工程开展教育。寓爱国主义教育于游览观光之中,通过宣传展示、体验感受等多种方式,引导人们领略壮美河山,投身美丽中国建设。系统梳理传统文化资源,加强考古发掘和整理研究,保护好文物古迹、传统村落、民族村寨、传统建筑、农业遗迹、灌溉工程遗产、工业遗迹,推动遗产资源合理利用,健全非物质文化遗产保护制度,推进国家文化公园建设。推动文化和旅游融合发展,提升旅游质量水平和文化内涵,深入挖掘旅游资源中蕴含的爱国主义内容,防止过度商业行为和破坏性开发。推动红色旅游内涵式发展,完善全国红色旅游经典景区体系,凸显教育功能,加强对讲解员、导游等从业人员的管理培训,加强对解说词、旅游项目等的规范,坚持正确的历史观和历史标准。依托国家重大建设工程、科学工程等,建设一批展现新时代风采的主题教育基地。

五、营造新时代爱国主义教育的浓厚氛围

26. 用好报刊广播影视等大众传媒。各级各类媒体要聚焦爱国主义主题,创新方法手段,适应分众化、差异化传播趋势,使爱国主义宣传报道接地气、有生气、聚人气,有情感、有深度、有温度。把爱国主义主题融入贯穿媒体融合发展,打通网上网下、版面页面,推出系列专题专栏、新闻报道、言论评论以及融媒体产品,加强县级融媒体中心建设,生动讲好爱国故事、大力传播主流价值观。制作刊播爱国主义优秀公益广告作品,在街头户外张贴悬挂展示标语口号、宣传挂图,生动形象做好宣传。坚持正确舆论导向,对虚无历史、消解主流价值的错误思想言论,及时进行批驳和辨析引导。

27. 发挥先进典型的引领作用。大力宣传为中华民族和中国人民作出贡献的英雄,宣传革命、建设、改革时期涌现出的英雄烈士和模范人物,宣传时代楷模、道德模范、最美人物和身边好人,宣传具有爱国情怀的地方先贤、知名人物,以榜样的力量激励人、鼓舞人。广泛开展向先进典型学习活动,引导人们把敬仰和感动转化为干事创业、精忠报国的实际行动。做好先进模范人物的关心帮扶工作,落实相关待遇和礼遇,在全社会大力营造崇尚英雄、学习英雄、捍卫英雄、关爱英雄的浓厚氛围。

28. 创作生产优秀文艺作品。把爱国主义作为常写常新的主题,加大现实题材创作力度,为时代画像、为时代立传、为时代明德,不断推出讴歌党、讴歌祖国、讴歌人民、讴歌劳动、讴歌英雄的精品力作。深入实施中国当代文学艺术创作工程、重大历史题材创作工程等,加大对爱国主义题材文学创作、影视创作、词曲创作等的支持力度,加强对经典爱国歌曲、爱国影片的深入挖掘和创新传播,唱响爱国主义正气歌。文艺创作和评论评奖要具有鲜明爱国主义导向,倡导讲品位、讲格调、讲责任,抵制低俗、庸俗、媚俗,坚决反对亵渎祖先、亵渎经典、亵渎英雄,始终保持社会主义文艺的爱国底色。

29. 唱响互联网爱国主义主旋律。加强爱国主义网络内容建设,广泛开展网上主题教育活动,制作推介体现爱国主义内容、适合网络传播的音频、短视频、网络文章、纪录片、微电影等,让爱国主义充盈网络空间。实施爱国主义数字建设工程,推动爱国主义教育基地、红色旅游与网络传播有机结合。创新传播载体手段,积极运用微博微信、社交媒体、视频网站、手机客户端等传播平台,运用虚拟现实、增强现实、混合现实等新技术新产品,生动活泼开展网上爱国主义教育。充分发挥“学习强国”学习平台在爱国主义宣传教育中的作用。加强网上舆论引导,依法依规进行综合治理,引导网民自觉抵制损害国家荣誉、否定中华优秀传统文

化的错误言行,汇聚网上正能量。

30. *涵养积极进取开放包容理性平和的国民心态*。加强宣传教育,引导人们正确把握中国与世界的发展大势,正确认识中国与世界的关系,既不妄自尊大也不妄自菲薄,做到自尊自信、理性平和。爱国主义是世界各国人民共有的情感,实现世界和平与发展是各国人民共同的愿望。一方面要弘扬爱国主义精神,另一方面要培养海纳百川、开放包容的胸襟,大力宣传坚持和平发展合作共赢、构建人类命运共同体、共建"一带一路"等重要理念和倡议,激励广大人民同各国人民一道共同创造美好未来。对每一个中国人来说,爱国是本分,也是职责,是心之所系、情之所归。倡导知行合一,推动爱国之情转化为实际行动,使人们理性表达爱国情感,反对极端行为。

31. *强化制度和法治保障*。把爱国主义精神融入相关法律法规和政策制度,体现到市民公约、村规民约、学生守则、行业规范、团体章程等的制定完善中,发挥指引、约束和规范作用。在全社会深入学习宣传宪法、英雄烈士保护法、文物保护法等,广泛开展法治文化活动,使普法过程成为爱国主义教育过程。严格执法司法、推进依法治理,综合运用行政、法律等手段,对不尊重国歌国旗国徽等国家象征与标志,对侵害英雄烈士姓名、肖像、名誉、荣誉等行为,对破坏污损爱国主义教育场所设施,对宣扬、美化侵略战争和侵略行为等,依法依规进行严肃处理。依法严惩暴力恐怖、民族分裂等危害国家安全和社会稳定的犯罪行为。

六、加强对新时代爱国主义教育的组织领导

32. *各级党委和政府要承担起主体责任*。各级党委和政府要负起政治责任和领导责任,把爱国主义教育摆上重要日程,纳入意识形态工作责任制,加强阵地建设和管理,抓好各项任务落实。进一步健全党委统一领导、党政齐抓共管、宣传部门统筹协调、有关部门各负其责的工作格局,建立爱国主义教育联席会议制度,加强工作指导和沟通协调,及时研究解决工作中的重要事项和存在问题。广大党员干部要以身作则,牢记初心使命,勇于担当作为,发挥模范带头作用,做爱国主义的坚定弘扬者和实践者,同违背爱国主义的言行作坚决斗争。

33. *调动广大人民群众的积极性主动性*。爱国主义教育是全民教育,必须突出教育的群众性。各级工会、共青团、妇联和文联、作协、科协、侨联、残联以及关工委等人民团体和群众组织,要发挥各自优势,面向所联系的领域和群体广泛开展爱国主义教育。组织动员老干部、老战士、老专家、老教师、老模范等到广大群众特别是青少年中讲述亲身经历,弘扬爱国传统。坚持热在基层、热在群众,结合人们生产生活,把爱国主义教育融入到新时代文明实践中心建设、学雷锋志愿服务、精神文明创建之中,体现到百姓宣讲、广场舞、文艺演出、邻居节等群众性活动之中,引导人们自我宣传、自我教育、自我提高。

34. *求真务实注重实效*。爱国主义教育是思想的洗礼、精神的熏陶。要坚持目标导向、问题导向、效果导向,坚持虚功实做、久久为功,在深化、转化上下功夫,在具象化、细微处下功夫,更好地体现时代性、把握规律性、富于创造性。坚持从实际出发,务实节俭开展教育、组织活动,杜绝铺张浪费,不给基层和群众增加负担,坚决反对形式主义、官僚主义。

各地区各部门要根据本纲要制定贯彻落实的具体措施,确保爱国主义教育各项任务要求落到实处。

中国人民解放军和中国人民武装警察部队按照本纲要总的要求,结合部队实际制定具体规划、作出安排部署。

国家教育委员会行政法规、规章发布办法

1. 1989年3月17日国家教育委员会令第1号公布
2. 自1989年4月1日起施行

为改进行政法规、规章发布工作,提高行政法规、规章的权威性、严肃性和时效性,使行政法规、规章能够及时为社会和公众知晓,便于国家机关、社会团体、企业事业单位及全体公民执行和遵守,现就国家教育委员会依照授权和职权发布行政法规、规章的办法规定如下:

一、经国务院批准,授权国家教育委员会发布的行政法规,由委主任签署发布令。

二、国家教育委员会根据法律、行政法规的规定,在职权范围内发布的规章,由委主任签署发布令。

三、行政法规、规章发布令包括批准机关和发布机关、序号、行政法规或者规章的名称,通过或者批准日期、生效日期和签署人等项内容。

四、国家教育委员会发布行政法规、规章的具体工作,由委政策法规司负责。

行政法规经国务院批准后,由委政策法规司送交委主任签署发布令。

国家教育委员会制定的规章，由负责起草的单位送委政策法规司审核，并提交国家教育委员会全体会议或委办公会议审议通过后，由委主任签署发布令。

五、经国家教育委员会主任签署发布的行政法规、规章，《国家教育委员会政报》、《中国教育报》应全文刊登。国家教育委员会办公厅印发少量文本，供有关部门和单位存档备查。

六、本办法自一九八九年四月一日起施行。

附件：一、中华人民共和国国家教育委员会令（格式一）（略）

二、中华人民共和国国家教育委员会令（格式二）（略）

教学仪器优质产品评选办法

1990年12月10日国家教育委员会令第11号发布施行

第一章　总　　则

第一条　为鼓励教学仪器生产厂不断提高产品质量，努力生产优质教学仪器产品，以满足教学的需要，结合教学仪器行业的具体情况，制定本办法。

第二条　本办法适用于国家教委归口管理并组织进行的教学仪器设备国家级优质产品（以下简称国优产品）及委级优质产品（以下简称委优产品）的评选。

第三条　教学仪器优质产品的评审工作，由国家教委优质产品评审委员会负责。

第二章　条　　件

第四条　委优产品必须具备下列条件：

（一）已经批量生产并投入使用，产品在评选时的检验测试数据和近两年的出厂检验数据的月平均值均达到或高于现行行业（部、委）标准、国家标准或国际标准的规定，质量处于国内先进水平；全行业评比获前二名；

（二）生产厂质量保证体系健全，或已开展全面质量管理，检验机构、检测手段和规章制度齐全，取得计量合格证书，具备稳定生产优质产品的条件；

（三）创优的产品近两年质量监督检验中，产品质量符合要求，已实施生产许可证的产品，应获得生产许可证书，未发生过重大质量事故；

（四）产品深受用户好评，近两年实际生产量及产值已达到国家教委制定的申请委优产品的最低限额。

第五条　国优产品在符合委优产品条件的基础上，尚须达到《国家优质产品评选条例》规定的各项条件。

第三章　评　　审

第六条　优质产品主要在使用量大及用途广泛、对教学有重大影响并代表行业发展方向的教学仪器设备产品中评选。

第七条　新产品已经通过主管部门鉴定、执行行业[部、委]标准并已稳定生产两年以上的，可以参加优质产品的评选。

第八条　优质产品的评选按计划进行。各地教学仪器生产主管部门、委属高等学校和委属教学仪器厂，应在每年八月十日前将创委优规划及三年创国优规划报国家教委优质产品评审委员会。国家教委优质产品评审委员会汇总平衡后，制订出下年度的评委优、国优计划及创国优三年规划。评优计划在创优规划的基础上制订。每年主要根据评优计划组织评选。

第九条　各省、自治区、直辖市及计划单列市教学仪器主管部门根据国家教委优质产品评审委员会公布的评优计划，向国家教委优质产品评审委员会上报参加评选的生产厂名单。委属高等学校和委属教学仪器厂可直接向国家教委优质产品评审委员会报名。教委系统外的生产厂应通过其主管部门向国家教委优质产品评审委员会报名。

未列入计划的省市优质产品或在国际市场上享有一定声誉的产品，地方主管部门也可向国家教委优质产品评审委员会推荐。各地、各部委上报或推荐的参加委优、国优评选的生产厂名单及产品简介应于二月底以前寄达国家教委优质产品评审委员会。国家教委优质产品评审委员会将根据评优条件，确定参加评优的生产厂并通知有关生产厂及其主管部门。

第十条　评优过程中产品质量的检测工作，由评委会确定的检测单位承担。

检测单位要提出检测结果及检测数据汇总表、总体水平分析及需要改进的意见。检测结果由国家教委优质产品评审委员会通知有关生产厂及其主管部门。受检单位要按规定支付抽样、检测费用。

第十一条　申请委优产品的生产厂应在检测结果公布后填写委优产品申请表一式三份、产品简介表一式三十份，由各省、自治区、直辖市及计划单列市教学仪器主管部门审核同意后，于八月十日前报国家教委优质产品评审委员会；委属高等学校和委属教学仪器厂可直接报国家教委优质产品评审委员会。已荣获委优、省优，申请国优产品的生产厂，应按有关规定填写国家优质产品奖申请表一式六份、国家优质产品简介表一式四十份及计算机登记表一式五份，于六月二十五日前报国家教委优质产品评审委员会。

第十二条 委优产品由国家教委优质产品评审委员会审定。

申请国优的产品，由国家教委优质产品评审委员会按有关规定评比、审查，然后将本届评比检测结果及检测数据汇总表、总体水平分析及需要改进的意见，连同评比总结报告、国家优质产品奖申请表、产品简介表和计算机登记表等资料报送国家质量奖审定委员会；国务院其他主管部门生产的教学仪器产品申报国家优质产品，也可由其主管部门在征得国家教委优质产品评审委员会评审同意后，报送国家质量奖审定委员会。

第四章 奖 励

第十三条 对荣获国家质量奖的产品，依照《国家优质产品评选条例》的规定，由国家质量奖审定委员会颁发国优产品奖证书和标有"优"字标志的奖牌；国家教委发给一次性奖金。委优产品由国家教委颁发委优产品证书，并发给一次性奖金。

第十四条 获得委优、国优产品称号的生产单位，按照国家规定享受有关优惠待遇。

第五章 管 理

第十五条 委优产品的最长有效期为五年。满五年后未进行重评或未重新确认的产品，其称号自然失效，并不得沿用委优产品称号。

第十六条 委优产品称号在最长有效期内，按国家教委优质产品评审委员会制订的评优计划到下一届同种委优产品评选时终止。上届委优产品若未参加重评或在重评时未被评选上，则失去该产品的委优产品称号。

第十七条 国优产品奖证书和奖牌的有效期由国家质量奖审定委员会确定。

国优产品奖证书和奖牌的有效期满后，未经复查确认或重新评选未获奖，不得沿用国优产品奖的称号。

第十八条 荣获国优或委优的产品，生产厂可在该产品或产品说明书、产品检验合格证、包装容器等上面，分别标明国优奖章的荣誉标记或"优"字标志。

第十九条 对获优质产品奖的产品，其上级主管部门应定期或不定期地到获奖单位检查、监督产品质量，并将检查情况抄报国家教委优质产品评审委员会。如果发现质量下降，应责令生产厂立即停止使用优质标志，并及时向国家教委优质产品评审委员会提出报告，经采取措施达到原有质量后，才能恢复使用优质标志。

第六章 处 罚

第二十条 评委会、评审组和产品评比工作组成员应保持廉洁公正，不准以权谋私。违者，由国家教委视情节轻重给予通报批评、提前解聘，直至建议其所在单位或主管部门给予行政处分。

第二十一条 对评审产品的抽样时间、测试情况等，在正式公布之前不得向外泄露。违者，由国家教委视情节轻重给予批评、提前解聘或撤销检验资格。

第二十二条 申请委优、国优产品的街道厂，必须如实上报有关资料。如有弄虚做假，骗取优质产品称号的，由国家教委责令停止使用优质产品称号，并给予通报批评，直至建议给主要责任人员以行政处分。

第二十三条 逾期使用优质产品称号或标志的，由国家教委责令其停止使用优质产品称号或标志，并给予通报批评、罚款，直至建议给主要责任人员以行政处分。

第二十四条 对评审结果有异议的，评委会应查明情况，进行复审，并提出处理意见报国家教委裁决。

第七章 附 则

第二十五条 本办法由国家教育委员会负责解释。

第二十六条 本办法自发布之日起施行。一九八七年六月三十是国家教育委员会发布的《国家教委教学仪器优质产品评选试行办法》同时废止。

教育行政处罚暂行实施办法

1998年3月6日国家教育委员会发布

第一章 总 则

第一条 为了规范教育行政处罚行为，保障和监督教育行政部门有效实施教育行政管理，保护公民、法人和其他组织的合法权益，根据有关法律、行政法规制定本办法。

第二条 对违反教育行政管理秩序，按照《中华人民共和国教育法》和其他教育法律、法规、规章的规定，应当给予行政处罚的违法行为，依据《中华人民共和国行政处罚法》和本办法的规定实施处罚。

第三条 实施教育行政处罚必须以事实为依据，以法律为准绳，遵循公正、公开、及时的原则。

实施教育行政处罚，应当坚持教育与处罚相结合，纠正违法行为，教育公民、法人和其他组织自觉守法。

第二章 实施机关与管辖

第四条 实施教育行政处罚的机关，除法律、法规另有规定的外，必须是县级以上人民政府的教育行政部门。

教育行政部门可以委托符合《中华人民共和国行政处罚法》第十九条规定的组织实施处罚。

受委托组织应以委托教育行政部门的名义作出处罚决定；委托教育行政部门应对受委托组织实施处罚的行为进行监督，并对其处罚行为的后果承担法律责任。

教育行政部门委托实施处罚，应当与受委托组织签订《教育行政处罚委托书》，在《教育行政处罚委托书》中依法规定双方实施处罚的权利与义务。

第五条 教育行政处罚由违法行为发生地的教育行政部门管辖。

对给予撤销学校或者其他教育机构处罚的案件，由批准该学校或者其他教育机构设立的教育行政部门管辖。

国务院教育行政部门管辖以下处罚案件：应当由其撤销高等学校或者其他教育机构的案件；应当由其撤销教师资格的案件；全国重大、复杂的案件以及教育法律、法规规定由其管辖的处罚案件。

除国务院教育行政部门管辖的处罚案件外，对其他各级各类学校或者其他教育机构及其内部人员处罚案件的管辖为：

（一）对高等学校或者其他高等教育机构及其内部人员的处罚，为省级人民政府教育行政部门；

（二）对中等学校或者其他中等教育机构及其内部人员的处罚，为省级或地、设区的市级人民政府教育行政部门；

（三）对实施初级中等以下义务教育的学校或者其他教育机构、幼儿园及其内部人员的处罚，为县、区级人民政府教育行政部门。

第六条 上一级教育行政部门认为必要时，可以将下一级教育行政部门管辖的处罚案件提到本部门处理；下一级教育行政部门认为所管辖的处罚案件重大、复杂或超出本部门职权范围的，应当报请上一级教育行政部门处理。

第七条 两个以上教育行政部门对同一个违法行为都具有管辖权的，由最先立案的教育行政部门管辖；主要违法行为发生地的教育行政部门处理更为合适的，可以移送主要违法行为发生地的教育行政部门处理。

第八条 教育行政部门发现正在处理的行政处罚案件，还应由其他行政主管机关处罚的，应向有关行政机关通报情况、移送材料并协商意见；对构成犯罪的，应先移送司法机关依法追究刑事责任。

第三章 处罚种类与主要违法情形

第九条 教育行政处罚的种类包括：

（一）警告；

（二）罚款；

（三）没收违法所得，没收违法颁发、印制的学历证书、学位证书及其他学业证书；

（四）撤销违法举办的学校和其他教育机构；

（五）取消颁发学历、学位和其他学业证书的资格；

（六）撤销教师资格；

（七）停考，停止申请认定资格；

（八）责令停止招生；

（九）吊销办学许可证；

（十）法律、法规规定的其他教育行政处罚。

教育行政部门实施上述处罚时，应当责令当事人改正、限期改正违法行为。

第十条 幼儿园在实施保育教学活动中具有下列情形之一的，由教育行政部门责令限期整顿，并视情节轻重给予停止招生、停止办园的处罚：

（一）未经注册登记，擅自招收幼儿的；

（二）园舍、设施不符合国家卫生标准、安全标准，妨害幼儿身体健康或威胁幼儿生命安全的；

（三）教育内容和方法违背幼儿教育规律，损害幼儿身心健康的。

具有下列情形之一的单位或个人，由教育行政部门对直接责任人员给予警告、一千元以下的罚款，或者由教育行政部门建议有关部门对责任人员给予行政处分：

（一）体罚或变相体罚幼儿的；

（二）使用有毒、有害物质制作教具、玩具的；

（三）克扣、挪用幼儿园经费的；

（四）侵占、破坏幼儿园园舍、设备的；

（五）干扰幼儿园正常工作秩序的；

（六）在幼儿园周围设置有危险、有污染或者影响幼儿园采光的建筑和设施的。

前款所列情形，情节严重，构成犯罪的，由司法机关依法追究刑事责任。

第十一条 适龄儿童、少年的父母或监护人，未按法律规定送子女或被监护人就学接受义务教育的，城市由市、市辖区人民政府或其指定机构，农村由乡级人民政府，对经教育仍拒绝送子女或被监护人就学的，根据情节轻重，给予罚款的处罚。

第十二条 违反法律、法规和国家有关规定举办学校或其他教育机构的，由教育行政部门予以撤销；有违法所得的，没收违法所得。

社会力量举办的教育机构，举办者虚假出资或者在教育机构成立后抽逃出资的，由审批的教育行政部门责令改正；拒不改正的，处以应出资金额或者抽逃资金额两倍以下、最高不超过十万元的罚款；情节严重的，由审批的教育行政部门给予责令停止招生、吊销办学许可证的处罚。

第十三条 非法举办国家教育考试的，由主管教育行政部门宣布考试无效；有违法所得的，没收违法所得。

第十四条 参加国家教育考试的考生，有下列情形之一的，由主管教育行政部门宣布考试无效；已经被录取或取得学籍的，由教育行政部门责令学校退回招收的学员；参加高等教育自学考试的应试者，有下列情形之一，情节严重的，由各省、自治区、直辖市高等教育自学考试委员会同时给予警告或停考一至三年的处罚：

（一）以虚假或伪造、涂改有关材料及其他欺诈手段取得考试资格的；

（二）在考试中有夹带、传递、抄袭、换卷、代考等考场舞弊行为的；

（三）破坏报名点、考场、评卷地点秩序，使考试工作不能正常进行或以其他方法影响、妨碍考试工作人员使其不能正常履行责任以及其他严重违反考场规则的行为。

第十五条 社会力量举办的学校或者其他教育机构不确定各类人员的工资福利开支占经常办学费用的比例或者不按照确定的比例执行的，或者将积累用于分配或者校外投资的，由审批的教育行政部门责令改正，并可给予警告；情节严重或者拒不改正的，由审批的教育行政部门给予责令停止招生、吊销办学许可证的处罚。

第十六条 社会力量举办的学校或者其他教育机构管理混乱，教学质量低下，造成恶劣影响的，由审批的教育行政部门限期整顿，并可给予警告；情节严重或经整顿后仍达不到要求的，由审批的教育行政部门给予责令停止招生、吊销办学许可证的处罚。

第十七条 学校或其他教育机构违反法律、行政法规的规定，颁发学位、学历或者其他学业证书的，由教育行政部门宣布该证书无效，责令收回或者予以没收；有违法所得的，没收违法所得；情节严重的，取消其颁发证书的资格。

第十八条 教师有下列情形之一的，由教育行政部门给予撤销教师资格、自撤销之日起五年内不得重新申请认定教师资格的处罚：

（一）弄虚作假或以其他欺骗手段获得教师资格的；

（二）品行不良、侮辱学生，影响恶劣的。

受到剥夺政治权利或因故意犯罪受到有期徒刑以上刑事处罚的教师，永久丧失教师资格。

上述被剥夺教师资格教师的教师资格证书应由教育行政部门收缴。

第十九条 参加教师资格考试的人员有作弊行为的，其考试成绩作废，并由教育行政部门给予三年内不得参加教师资格考试的处罚。

第四章 处罚程序与执行

第二十条 实施教育行政处罚，应当根据法定的条件和案件的具体情况分别适用《中华人民共和国行政处罚法》和本办法规定的简易程序、一般程序和听证程序。

第二十一条 教育行政处罚执法人员持有能够证明违法事实的确凿证据和法定的依据，对公民处以五十元以下、对法人或者其他组织处以一千元以下罚款或给予警告处罚的，可以适用简易程序，当场作出处罚决定，但应报所属教育行政部门备案。

第二十二条 执法人员当场作出教育行政处罚决定的，应当向当事人出示执法身份证件，制作《教育行政处罚当场处罚笔录》，填写《教育行政处罚当场处罚决定书》，按规定格式载明当事人的违法行为、处罚依据、给予的处罚、时间、地点以及教育行政部门的名称，由教育行政执法人员签名或者盖章后，当场交付当事人。

第二十三条 除依法适用简易程序和听证程序以外，对其他教育违法行为的处罚应当适用一般程序。

教育行政部门发现公民、法人或者其他组织有应当给予教育行政处罚的违法行为的，应当作出立案决定，进行调查。教育行政部门在调查时，执法人员不得少于两人。

执法人员与当事人有直接利害关系的，应当主动回避，当事人有权以口头或者书面方式申请他们回避。执法人员的回避，由其所在教育行政部门的负责人决定。

第二十四条 教育行政部门必须按照法定程序和方法，全面、客观、公正地调查、收集有关证据；必要时，依照法律、行政法规的规定，可以进行检查。教育行政部门在进行检查时，执法人员不得少于两人。

教育行政部门在收集证据时，对可能灭失或者以后难以取得的证据，经教育行政部门负责人批准，可以将证据先行登记，就地封存。

第二十五条 在作出处罚决定前，教育行政部门应当发出《教育行政处罚告知书》，告知当事人作出处罚决定的事实、理由和依据，并告知当事人依法享有的陈述权、申辩权和其他权利。

当事人在收到《教育行政处罚告知书》后七日内，有权向教育行政部门以书面方式提出陈述、申辩意见以及相应的事实、理由和证据。教育行政部门必须充分听取当事人的意见，对当事人提出的事实、理由和证据应进行复核，当事人提出的事实、理由或者证据成立的，教育行政部门应当采纳。教育行政部门不得因当事人的申辩而加重处罚。

第二十六条　调查终结，案件承办人员应当向所在教育行政部门负责人提交《教育行政处罚调查处理意见书》，详细陈述所查明的事实、应当作出的处理意见及其理由和依据并应附上全部证据材料。教育行政部门负责人应当认真审查调查结果，按照《中华人民共和国行政处罚法》第三十八条的规定，根据不同情况作出决定。

教育行政部门决定给予行政处罚的，应当按照《中华人民共和国行政处罚法》第三十九条的规定，制作《教育行政处罚决定书》。

《教育行政处罚决定书》的送达，应当按照《中华人民共和国行政处罚法》第四十条和《中华人民共和国民事诉讼法》第七章第二节的规定执行。

第二十七条　教育行政部门在作出本办法第九条第（三）、（四）、（五）、（六）、（七）、（八）、（九）项之一以及较大数额罚款的处罚决定前，除应当告知作出处罚决定的事实、理由和依据外，还应当书面告知当事人有要求举行听证的权利。

前款所指的较大数额的罚款，标准为：由国务院教育行政部门作出罚款决定的，为五千元以上；由地方人民政府教育行政部门作出罚款决定的，具体标准由省一级人民政府决定。

当事人在教育行政部门告知后三日内提出举行听证要求的，教育行政部门应当按照《中华人民共和国行政处罚法》第四十二条的规定，组织听证。

第二十八条　听证结束后，听证主持人应当提出《教育行政处罚听证报告》，连同听证笔录和有关证据呈报教育行政部门负责人。教育行政部门负责人应当对《教育行政处罚听证报告》进行认真审查，并按照《中华人民共和国行政处罚法》第三十八条的规定作出处罚决定。

第二十九条　除依照《中华人民共和国行政处罚法》的规定可以当场收缴罚款外，作出罚款决定的教育行政部门应当与收缴罚款的机构分离，有关罚款的收取、缴纳及相关活动，适用国务院《罚款决定与罚款收缴分离实施办法》的规定。

第三十条　教育行政处罚决定作出后，当事人应当在行政处罚决定的期限内，予以履行。当事人逾期不履行的，教育行政部门可以申请人民法院强制执行。

第三十一条　当事人对行政处罚决定不服的，有权依据法律、法规的规定，申请行政复议或者提起行政诉讼。

行政复议、行政诉讼期间，行政处罚不停止执行。

第三十二条　教育行政部门的职能机构查处教育行政违法案件需要给予处罚的，应当以其所属的教育行政部门的名义作出处罚决定。

教育行政部门的法制工作机构，依法对教育行政执法工作进行监督检查，对教育行政部门的其他职能机构作出的行政处罚调查处理意见进行复核，并在其职责范围内具体负责组织听证及其他行政处罚工作。

第三十三条　教育行政部门及其工作人员在实施教育行政处罚中，有违反《中华人民共和国行政处罚法》和本办法行为的，应当按照《中华人民共和国行政处罚法》第七章的规定追究法律责任。

教育行政部门应当加强对行政处罚的监督检查，认真审查处理有关申诉和检举；发现教育行政处罚有错误的，应当主动改正；对当事人造成损害的，应当依法赔偿。

第三十四条　教育行政部门应当建立行政处罚统计制度，每年向上一级教育行政部门和本级人民政府提交一次行政处罚统计报告。

第五章　附　　则

第三十五条　本办法规定使用的各类教育行政处罚文本的格式，由国务院教育行政部门和各省、自治区、直辖市人民政府教育行政部门统一制定。

第三十六条　本办法自发布之日起施行。

中华人民共和国教育部“中国语言文化友谊奖”设置规定

1999年3月15日教育部令第2号公布

第一条　为了推动世界汉语教学的发展和中国语言文化的传播，增进中国人民和世界各国人民的相互了解和友谊，中华人民共和国教育部设立“中国语言文化友谊奖”。

第二条　“中国语言文化友谊奖”授予在汉语教学、汉学研究及中国语言文化传播方面做出突出贡献的外国友人。

第三条　“中国语言文化友谊奖”每三年评选颁发一次，由教育部颁发或委托中国驻外外交机构等颁发。

第四条　获奖者应符合下列条件之一：

（一）在汉语教学方面有突出成绩；

（二）在汉语和汉学研究方面有突出成就；

（三）在传播中国语言文化方面有突出贡献；

（四）在推广汉语和传播中国语言文化的组织、管理工作方面有突出作用。

第五条　国内省部级教育行政部门、从事对外汉语教学的大专院校和著名专家、从事中国语言文化研究的单位和著名专家、从事对外教育和文化交流的机构、中国驻外外交机构均可以推荐候选人。

第六条　本奖设评审委员会，负责评审并提出入选者名单，报教育部审定。

第七条　对获奖者予以以下奖励：

（一）授予中华人民共和国教育部颁发的荣誉证书和奖章；

（二）邀请获奖者来华出席颁奖仪式和进行短期学术访问，或进行为期三个月的学术研究，费用由教育部专项基金提供。

第八条　评奖和颁奖工作的具体事务由国家对外汉语教学领导小组办公室负责。

第九条　本规定自发布之日起生效。

实施教育行政许可若干规定

1．2005年4月21日教育部令第22号发布

2．自2005年6月1日起施行

第一条　为实施《中华人民共和国行政许可法》（以下简称行政许可法），规范教育行政部门行政许可行为，推进依法行政，制定本规定。

第二条　教育行政部门实施行政许可，应当遵守行政许可法及有关法律、法规和本规定。

第三条　国务院教育行政部门制定的规章和规范性文件、地方各级教育行政部门制定的规范性文件不得设定教育行政许可。

国务院教育行政部门制定的规章可以对法律、行政法规和国务院决定设定的教育行政许可规定具体实施的程序、条件等。

第四条　地方各级教育行政部门认为需要增设新的教育行政许可或者认为教育行政许可的设定、规定不合理、需要修改或者废止的，可以向国务院教育行政部门提出建议，由国务院教育行政部门向国务院提出立法建议；也可向省、自治区、直辖市人民政府提出立法建议。

第五条　教育行政部门依据法律、法规和规章委托其他行政机关实施行政许可的，应当签署实施行政许可委托书。

委托书应当载明委托机关和受委托机关的名称、地址、联系方式，委托的具体事项、委托期限及法律责任等。

第六条　教育行政部门应当在办公场所公示以下内容：

（一）行政许可的事项、依据、条件、数量、程序、期限；

（二）申请行政许可需要提交的全部资料目录；

（三）申请书示范文本；

（四）收取费用的法定项目和标准；

（五）法律、法规、规章规定需要公示的其他内容。

除涉及国家秘密、商业秘密和个人隐私以外，教育行政部门应当通过政府网站或者其他适当方式将前款内容向社会公开，便于申请人查询和办理。

申请人要求对公示内容予以说明、解释的，教育行政部门应当说明、解释，提供准确、可靠的信息。

第七条　申请教育行政许可应当以书面形式提出。申请书需要采用格式文本的，教育行政部门应当免费提供。

第八条　教育行政许可申请一般由申请人到教育行政部门办公场所提出，也可以通过信函、电报、电传、传真和电子邮件等方式提出。行政许可申请以电报、电传、传真和电子邮件等方式提出的，申请人应当提供能够证明其申请文件效力的材料。

教育行政部门应当公开行政许可的承办机构、联系电话、传真、电子邮箱等，为申请人通过信函、电报、电传和电子邮件等方式提出行政许可申请提供便利。

第九条　实施行政许可需要由教育行政部门多个内设机构办理的，教育行政部门应当明确一个机构为主承办，并转告其他机构分别提出意见后统一办理。

第十条　教育行政部门接到行政许可申请后，应当按照以下规定进行是否受理的审查：

（一）申请事项是否依法需要取得行政许可；

（二）申请事项是否属于本机关职权范围；

（三）申请人是否具有不得提出行政许可申请的情形；

（四）申请人是否提交了法律、法规、规章规定的申请材料；

（五）申请人提供的申请材料是否齐全和符合法定形式。

第十一条 教育行政部门受理或者不予受理行政许可申请，应当自收到符合法定形式的全部行政许可申请材料后5日内，出具加盖本行政机关专用印章和注明日期的书面凭证。

申请材料不齐全或者不符合法定形式的，自收到全部补正申请材料之日起计算；行政机关未告知申请人需要补正的，自收到申请材料之日起计算。

第十二条 教育行政部门受理行政许可申请后，应当对申请人提交的申请材料进行审查。

申请人对其申请材料实质内容的真实性负责。根据法律、法规、规章的规定需要对申请材料的实质内容进行核实的，教育行政部门应当指派两名以上工作人员共同进行。核查人员核查时应当出示证件，根据核查的情况制作核查记录，并由核查人员与被核查方共同签字确认。被核查方拒绝签字的，核查人员应予注明。

第十三条 依法应当先经下一级教育行政部门初审的行政许可，除法律、法规另有规定的外，下一级教育行政部门应当自受理申请之日起20日内审查完毕，并在审查完毕后7日内将初审意见和全部申请材料直接报送上一级教育行政部门。

上级教育行政部门不得要求申请人重复提供申请材料。

第十四条 审查教育行政许可申请，对依法需要专家评审、考试、听证的，应当制作《教育行政许可特别程序通知书》，告知申请人所需时间，所需时间不计算在许可期限内。

第十五条 对依法需要进行专家评审的，教育行政部门应当按照国家有关规定组织承担评审职责的机构和人员，明确评审的依据、标准、规程、期限和要求。

评审工作完成后，承担评审任务的机构或者人员应当出具书面评审报告，送交组织评审的教育行政部门。

第十六条 对依法需要举行国家考试取得资格的行政许可的，教育行政部门应当依据行政许可法的规定，事先公布资格考试的报名条件、报考办法、考试科目以及考试大纲。不得组织强制性的资格考试的考前培训，不得指定教材或者其他助考材料。

通过考试，符合条件的，教育行政部门应当授予相应的资格或者颁发证书。

第十七条 对于属于听证范围的行政许可事项，经告知后申请人或利害关系人提出听证申请的，教育行政部门应当指派审查该行政许可申请的工作人员以外的人员担任听证主持人组织听证。

听证应当制作笔录。听证笔录包括以下主要内容：听证事项；听证举行的时间、地点；听证主持人、记录人；听证参加人；行政许可申请内容；承办业务机构的审查意见及相关证据、理由；申请人、利害关系人发表的意见，提出的证据、理由；审查人与申请人、利害关系人辩论、质证的情况和听证申请人最后陈述的意见等。

听证笔录由听证主持人和记录人签名，并经听证参加人确认无误后当场签名或者盖章。听证参加人对笔录内容有异议的，听证主持人应当告知其他参加人，各方认为异议成立的，应当予以补充或者更正；对异议有不同意见或者听证参加人拒绝签名、盖章的，听证主持人应当在听证笔录中予以载明。

教育行政部门应当根据听证笔录，作出准予行政许可或者不予行政许可的决定。

对听证笔录中没有认证、记载的事实、证据，教育行政部门不予采信。

第十八条 除法律、法规授权组织外，实施行政许可，应当以教育行政部门名义作出。

有关行政许可的文书、证件，应当以实施行政许可的教育行政部门名义签发并对外发布。

第十九条 教育行政部门作出准予行政许可的决定，应当制作格式化的准予行政许可决定书，并予以公开，公众有权查阅。需要颁发行政许可证件的，应当向申请人颁发加盖本行政机关印章的许可证、资格证、批准文件或者法律、法规规定的其他行政许可证件。

教育行政部门依法作出不予行政许可的书面决定的，应当向申请人书面说明理由，并告知申请人依法申请行政复议或者提起行政诉讼的途径和期限。

第二十条 教育行政部门送达行政许可决定以及其他行政许可文书，一般应当由受送达人直接领取。受送达人直接领取行政许可决定以及其他行政许可文书时，应当在送达回证上注明收到日期，并签名或者盖章。

受送达人不直接领取行政许可决定以及其他行政许可文书的，教育行政部门可以采取邮寄送达、委托送达等方式。无法采取上述方式送达，或者同一送达事项的受送达人众多的，可以在公告栏、受送达人住所地张贴公告，也可以在报刊上刊登公告。

第二十一条 申请人认为教育行政部门不依法实施行政

许可的,可以依法向上级行政机关或者监察机关举报或者投诉,也可以依法申请行政复议或者提起行政诉讼。

第二十二条 上级教育行政部门发现下级教育行政部门有违反行政许可法规定设定或者实施行政许可的,应当责令其限期改正。

下级教育行政部门擅自改变上级教育行政部门作出的行政许可决定的,上级教育行政部门应当令其限期改正或者直接予以纠正;情节严重的,对直接负责的主管人员和其他直接责任人员依法给予行政处分。

第二十三条 教育行政部门应当按照行政许可法的规定,建立检查、备案、档案管理等制度。对被许可人从事行政许可事项的活动进行监督检查时,应当制作笔录,笔录归档后,公众有权查阅。

第二十四条 教育行政部门违法实施行政许可,给当事人的合法权益造成损害的,依照国家赔偿法的规定处理。

第二十五条 本规定自 2005 年 6 月 1 日起施行。

国家教育考试违规处理办法

1. *2004 年 5 月 19 日教育部令第 18 号发布*
2. *根据 2012 年 1 月 5 日教育部令第 33 号《关于修改〈国家教育考试违规处理办法〉的决定》修正*

第一章 总 则

第一条 为规范对国家教育考试违规行为的认定与处理,维护国家教育考试的公平、公正,保障参加国家教育考试的人员(以下简称考生)、从事和参与国家教育考试工作的人员(以下简称考试工作人员)的合法权益,根据《中华人民共和国教育法》及相关法律、行政法规,制定本办法。

第二条 本办法所称国家教育考试是指普通和成人高等学校招生考试、全国硕士研究生招生考试、高等教育自学考试等,由国务院教育行政部门确定实施,由经批准的实施教育考试的机构承办,面向社会公开、统一举行,其结果作为招收学历教育学生或者取得国家承认学历、学位证书依据的测试活动。

第三条 对参加国家教育考试的考生以及考试工作人员、其他相关人员,违反考试管理规定和考场纪律,影响考试公平、公正行为的认定与处理,适用本办法。

对国家教育考试违规行为的认定与处理应当公开公平、合法适当。

第四条 国务院教育行政部门及地方各级人民政府教育行政部门负责全国或者本地区国家教育考试组织工作的管理与监督。

承办国家教育考试的各级教育考试机构负责有关考试的具体实施,依据本办法,负责对考试违规行为的认定与处理。

第二章 违规行为的认定与处理

第五条 考生不遵守考场纪律,不服从考试工作人员的安排与要求,有下列行为之一的,应当认定为考试违纪:

(一)携带规定以外的物品进入考场或者未放在指定位置的;

(二)未在规定的座位参加考试的;

(三)考试开始信号发出前答题或者考试结束信号发出后继续答题的;

(四)在考试过程中旁窥、交头接耳、互打暗号或者手势的;

(五)在考场或者教育考试机构禁止的范围内,喧哗、吸烟或者实施其他影响考场秩序的行为的;

(六)未经考试工作人员同意在考试过程中擅自离开考场的;

(七)将试卷、答卷(含答题卡、答题纸等,下同)、草稿纸等考试用纸带出考场的;

(八)用规定以外的笔或者纸答题或者在试卷规定以外的地方书写姓名、考号或者以其他方式在答卷上标记信息的;

(九)其他违反考场规则但尚未构成作弊的行为。

第六条 考生违背考试公平、公正原则,在考试过程中有下列行为之一的,应当认定为考试作弊:

(一)携带与考试内容相关的材料或者存储有与考试内容相关资料的电子设备参加考试的;

(二)抄袭或者协助他人抄袭试题答案或者与考试内容相关的资料的;

(三)抢夺、窃取他人试卷、答卷或者胁迫他人为自己抄袭提供方便的;

(四)携带具有发送或者接收信息功能的设备的;

(五)由他人冒名代替参加考试的;

(六)故意销毁试卷、答卷或者考试材料的;

(七)在答卷上填写与本人身份不符的姓名、考号等信息的;

(八)传、接物品或者交换试卷、答卷、草稿纸的;

(九)其他以不正当手段获得或者试图获得试题答案、考试成绩的行为。

第七条　教育考试机构、考试工作人员在考试过程中或者在考试结束后发现下列行为之一的，应当认定相关的考生实施了考试作弊行为：

（一）通过伪造证件、证明、档案及其他材料获得考试资格、加分资格和考试成绩的；

（二）评卷过程中被认定为答案雷同的；

（三）考场纪律混乱、考试秩序失控，出现大面积考试作弊现象的；

（四）考试工作人员协助实施作弊行为，事后查实的；

（五）其他应认定为作弊的行为。

第八条　考生及其他人员应当自觉维护考试秩序，服从考试工作人员的管理，不得有下列扰乱考试秩序的行为：

（一）故意扰乱考点、考场、评卷场所等考试工作场所秩序；

（二）拒绝、妨碍考试工作人员履行管理职责；

（三）威胁、侮辱、诽谤、诬陷或者以其他方式侵害考试工作人员、其他考生合法权益的行为；

（四）故意损坏考场设施设备；

（五）其他扰乱考试管理秩序的行为。

第九条　考生有第五条所列考试违纪行为之一的，取消该科目的考试成绩。

考生有第六条、第七条所列考试作弊行为之一的，其所报名参加考试的各阶段、各科成绩无效；参加高等教育自学考试的，当次考试各科成绩无效。

有下列情形之一的，可以视情节轻重，同时给予暂停参加该项考试1至3年的处理；情节特别严重的，可以同时给予暂停参加各种国家教育考试1至3年的处理：

（一）组织团伙作弊的；

（二）向考场外发送、传递试题信息的；

（三）使用相关设备接收信息实施作弊的；

（四）伪造、变造身份证、准考证及其他证明材料，由他人代替或者代替考生参加考试的。

参加高等教育自学考试的考生有前款严重作弊行为的，也可以给予延迟毕业时间1至3年的处理，延迟期间考试成绩无效。

第十条　考生有第八条所列行为之一的，应当终止其继续参加本科目考试，其当次报名参加考试的各科成绩无效；考生及其他人员的行为违反《中华人民共和国治安管理处罚法》的，由公安机关进行处理；构成犯罪的，由司法机关依法追究刑事责任。

第十一条　考生以作弊行为获得的考试成绩并由此取得相应的学位证书、学历证书及其他学业证书、资格资质证书或者入学资格的，由证书颁发机关宣布证书无效，责令收回证书或者予以没收；已经被录取或者入学的，由录取学校取消录取资格或者其学籍。

第十二条　在校学生、在职教师有下列情形之一的，教育考试机构应当通报其所在学校，由学校根据有关规定严肃处理，直至开除学籍或者予以解聘：

（一）代替考生或者由他人代替参加考试的；

（二）组织团伙作弊的；

（三）为作弊组织者提供试题信息、答案及相应设备等参与团伙作弊行为的。

第十三条　考试工作人员应当认真履行工作职责，在考试管理、组织及评卷等工作过程中，有下列行为之一的，应当停止其参加当年及下一年度的国家教育考试工作，并由教育考试机构或者建议其所在单位视情节轻重分别给予相应的行政处分：

（一）应回避考试工作却隐瞒不报的；

（二）擅自变更考试时间、地点或者考试安排的；

（三）提示或暗示考生答题的；

（四）擅自将试题、答卷或者有关内容带出考场或者传递给他人的；

（五）未认真履行职责，造成所负责考场出现秩序混乱、作弊严重或者视频录像资料损毁、视频系统不能正常工作的；

（六）在评卷、统分中严重失职，造成明显的错评、漏评或者积分差错的；

（七）在评卷中擅自更改评分细则或者不按评分细则进行评卷的；

（八）因未认真履行职责，造成所负责考场出现雷同卷的；

（九）擅自泄露评卷、统分等应予保密的情况的；

（十）其他违反监考、评卷等管理规定的行为。

第十四条　考试工作人员有下列作弊行为之一的，应当停止其参加国家教育考试工作，由教育考试机构或者其所在单位视情节轻重分别给予相应的行政处分，并调离考试工作岗位；情节严重，构成犯罪的，由司法机关依法追究刑事责任：

（一）为不具备参加国家教育考试条件的人员提供假证明、证件、档案，使其取得考试资格或者考试工作人员资格的；

（二）因玩忽职守，致使考生未能如期参加考试的或者使考试工作遭受重大损失的；

（三）利用监考或者从事考试工作之便，为考生作弊提供条件的；

（四）伪造、变造考生档案（含电子档案）的；

（五）在场外组织答卷、为考生提供答案的；

（六）指使、纵容或者伙同他人作弊的；

（七）偷换、涂改考生答卷、考试成绩或者考场原始记录材料的；

（八）擅自更改或者编造、虚报考试数据、信息的；

（九）利用考试工作便利，索贿、受贿、以权徇私的；

（十）诬陷、打击报复考生的。

第十五条　因教育考试机构管理混乱、考试工作人员玩忽职守，造成考点或者考场纪律混乱，作弊现象严重；或者同一考点同一时间的考试有1/5以上考场存在雷同卷的，由教育行政部门取消该考点当年及下一年度承办国家教育考试的资格；高等教育自学考试考区内一个或者一个以上专业考试纪律混乱，作弊现象严重，由高等教育自学考试管理机构给予该考区警告或者停考该考区相应专业1至3年的处理。

对出现大规模作弊情况的考场、考点的相关责任人、负责人及所属考区的负责人，有关部门应当分别给予相应的行政处分；情节严重，构成犯罪的，由司法机关依法追究刑事责任。

第十六条　违反保密规定，造成国家教育考试的试题、答案及评分参考（包括副题及其答案及评分参考，下同）丢失、损毁、泄密，或者使考生答卷在保密期限内发生重大事故的，由有关部门视情节轻重，分别给予责任人和有关负责人行政处分；构成犯罪的，由司法机关依法追究刑事责任。

盗窃、损毁、传播在保密期限内的国家教育考试试题、答案及评分参考、考生答卷、考试成绩的，由有关部门依法追究有关人员的责任；构成犯罪的，由司法机关依法追究刑事责任。

第十七条　有下列行为之一的，由教育考试机构建议行为人所在单位给予行政处分；违反《中华人民共和国治安管理处罚法》的，由公安机关依法处理；构成犯罪的，由司法机关依法追究刑事责任：

（一）指使、纵容、授意考试工作人员放松考试纪律，致使考场秩序混乱、作弊严重的；

（二）代替考生或者由他人代替参加国家教育考试的；

（三）组织或者参与团伙作弊的；

（四）利用职权，包庇、掩盖作弊行为或者胁迫他人作弊的；

（五）以打击、报复、诬陷、威胁等手段侵犯考试工作人员、考生人身权利的；

（六）向考试工作人员行贿的；

（七）故意损坏考试设施的；

（八）扰乱、妨害考场、评卷点及有关考试工作场所秩序后果严重的。

国家工作人员有前款行为的，教育考试机构应当建议有关纪检、监察部门，根据有关规定从重处理。

第三章　违规行为认定与处理程序

第十八条　考试工作人员在考试过程中发现考生实施本办法第五条、第六条所列考试违纪、作弊行为的，应当及时予以纠正并如实记录；对考生用于作弊的材料、工具等，应予暂扣。

考生违规记录作为认定考生违规事实的依据，应当由2名以上监考员或者考场巡视员、督考员签字确认。

考试工作人员应当向违纪考生告知违规记录的内容，对暂扣的考生物品应填写收据。

第十九条　教育考试机构发现本办法第七条、第八条所列行为的，应当由2名以上工作人员进行事实调查，收集、保存相应的证据材料，并在调查事实和证据的基础上，对所涉及考生的违规行为进行认定。

考试工作人员通过视频发现考生有违纪、作弊行为的，应当立即通知在现场的考试工作人员，并应当将视频录像作为证据保存。教育考试机构可以通过视频录像回放，对所涉及考生违规行为进行认定。

第二十条　考点汇总考生违规记录，汇总情况经考点主考签字认定后，报送上级教育考试机构依据本办法的规定进行处理。

第二十一条　考生在普通和成人高等学校招生考试、高等教育自学考试中，出现第五条所列考试违纪行为的，由省级教育考试机构或者市级教育考试机构做出处理决定，由市级教育考试机构做出的处理决定应报省级教育考试机构备案；出现第六条、第七条所列考试作弊行为的，由市级教育考试机构签署意见，报省级教育考试机构处理，省级教育考试机构也可以要求市级教育考试机构报送材料及证据，直接进行处理；出现本办法第八条所列扰乱考试秩序行为的，由市级教育考试机构签署意见，报省级教育考试机构按照前款规定处理，对考生及其他人员违反治安管理法律法规的行为，由当地公安部门处理；评卷过程中发现考生有本办法第七条所列考试作弊行为的，由省级教育考试机构做出处理决定,并通知市级教育考试机构。

考生在参加全国硕士研究生招生考试中的违规行为,由组织考试的机构认定,由相关省级教育考试机构或者受其委托的组织考试的机构做出处理决定。

在国家教育考试考场视频录像回放审查中认定的违规行为,由省级教育考试机构认定并做出处理决定。

参加其他国家教育考试考生违规行为的处理由承办有关国家教育考试的考试机构参照前款规定具体确定。

第二十二条　教育行政部门和其他有关部门在考点、考场出现大面积作弊情况或者需要对教育考试机构实施监督的情况下,应当直接介入调查和处理。

发生第十四、十五、十六条所列案件,情节严重的,由省级教育行政部门会同有关部门共同处理,并及时报告国务院教育行政部门;必要时,国务院教育行政部门参与或者直接进行处理。

第二十三条　考试工作人员在考场、考点及评卷过程中有违反本办法的行为的,考点主考、评卷点负责人应当暂停其工作,并报相应的教育考试机构处理。

第二十四条　在其他与考试相关的场所违反有关规定的考生,由市级教育考试机构或者省级教育考试机构做出处理决定;市级教育考试机构做出的处理决定应报省级教育考试机构备案。

在其他与考试相关的场所违反有关规定的考试工作人员,由所在单位根据市级教育考试机构或者省级教育考试机构提出的处理意见,进行处理,处理结果应当向提出处理的教育考试机构通报。

第二十五条　教育考试机构在对考试违规的个人或者单位做出处理决定前,应当复核违规事实和相关证据,告知被处理人或者单位做出处理决定的理由和依据;被处理人或者单位对所认定的违规事实认定存在异议的,应当给予其陈述和申辩的机会。

给予考生停考处理的,经考生申请,省级教育考试机构应当举行听证,对作弊的事实、情节等进行审查、核实。

第二十六条　教育考试机构做出处理决定应当制作考试违规处理决定书,载明被处理人的姓名或者单位名称、处理事实根据和法律依据、处理决定的内容、救济途径以及做出处理决定的机构名称和做出处理决定的时间。

考试违规处理决定书应当及时送达被处理人。

第二十七条　考生或者考试工作人员对教育考试机构做出的违规处理决定不服的,可以在收到处理决定之日起15日内,向其上一级教育考试机构提出复核申请;对省级教育考试机构或者承办国家教育考试的机构做出的处理决定不服的,也可以向省级教育行政部门或者授权承担国家教育考试的主管部门提出复核申请。

第二十八条　受理复核申请的教育考试机构、教育行政部门应对处理决定所认定的违规事实和适用的依据等进行审查,并在受理后30日内,按照下列规定作出复核决定:

(一)处理决定认定事实清楚、证据确凿,适用依据正确,程序合法,内容适当的,决定维持;

(二)处理决定有下列情况之一的,决定撤销或者变更:

1. 违规事实认定不清、证据不足的;
2. 适用依据错误的;
3. 违反本办法规定的处理程序的。

做出决定的教育考试机构对因错误的处理决定给考生造成的损失,应当予以补救。

第二十九条　申请人对复核决定或者处理决定不服的,可以依法申请行政复议或者提起行政诉讼。

第三十条　教育考试机构应当建立国家教育考试考生诚信档案,记录、保留在国家教育考试中作弊人员的相关信息。国家教育考试考生诚信档案中记录的信息未经法定程序,任何组织、个人不得删除、变更。

国家教育考试考生诚信档案可以依申请接受社会有关方面的查询,并应当及时向招生学校或单位提供相关信息,作为招生参考条件。

第三十一条　省级教育考试机构应当及时汇总本地区违反规定的考生及考试工作人员的处理情况,并向国家教育考试机构报告。

第四章　附　　则

第三十二条　本办法所称考场是指实施考试的封闭空间;所称考点是指设置若干考场独立进行考务活动的特定场所;所称考区是指由省级教育考试机构设置,由若干考点组成,进行国家教育考试实施工作的特定地区。

第三十三条　非全日制攻读硕士学位全国考试、中国人民解放军高等教育自学考试及其他各级各类教育考试的违规处理可以参照本办法执行。

第三十四条　本办法自发布之日起施行。此前教育部颁布的各有关国家教育考试的违规处理规定同时废止。

教育统计管理规定

1. 2018年6月25日教育部令第44号公布
2. 自2018年8月1日起施行

第一章　总　　则

第一条　为了加强教育统计工作，保障统计资料的真实性、准确性、完整性和及时性，发挥统计在教育管理、科学决策和服务社会发展中的重要作用，根据《中华人民共和国统计法》《中华人民共和国教育法》《中华人民共和国统计法实施条例》等法律法规，制定本规定。

第二条　国务院教育行政部门依法部署并组织县级以上地方人民政府教育行政部门、各级各类学校和其他有关机构实施的教育统计活动，适用本规定。

第三条　教育统计的基本任务是对教育发展情况进行统计调查、统计分析，提供统计资料和统计咨询意见，实行统计监督。

第四条　国务院教育行政部门在国家统计局的业务指导下，依法领导、管理和组织协调教育领域的部门统计调查项目。

县级以上地方人民政府教育行政部门应当加强对教育统计工作的组织领导，落实相关职责，为实施教育统计活动提供必要的保障。

第五条　教育行政部门应当根据需要，将教育统计工作所需经费列入本单位的年度预算，按时拨付到位，保障教育统计工作正常、有效开展。

对在教育统计工作中做出突出贡献、取得显著成绩的单位和个人，按照国家有关规定给予表彰和奖励。

第六条　教育行政部门应当加强教育统计科学研究，健全科学的教育统计指标体系，不断改进统计调查方法，提高教育统计的科学性；应当加强教育统计信息化建设，积极利用互联网、大数据、云计算等现代信息技术，推进教育统计信息搜集、处理、传输、共享、存储技术和统计数据库体系的现代化。

第七条　接受教育统计调查的教育行政部门、学校和其他有关机构以及个人等教育统计调查对象，应当遵守统计法律法规，真实、准确、完整、及时地提供统计调查资料。

第八条　教育统计调查中获得的能够识别或者推断单个统计调查对象身份的资料应当依法严格管理，除作为统计执法依据外，不得直接作为对统计调查对象实施行政许可、行政处罚等具体行政行为的依据，不得用于完成统计任务以外的目的。

第二章　教育统计机构和人员

第九条　教育行政部门、各级各类学校和其他有关机构中负有教育统计职责的机构为教育统计机构，直接负责教育统计的专兼职工作人员为教育统计人员。

教育统计机构和统计人员依法独立行使统计调查、统计报告、统计监督的职权，不受侵犯。

第十条　国务院教育行政部门成立综合统计机构，统筹组织和协调管理全国教育统计工作，组织制定教育统计工作的规划、规章制度等，统一组织、管理和协调本部门各项统计调查活动。

第十一条　国务院教育行政部门综合统计机构，具体负责实施以下工作：

（一）依法拟定教育统计调查项目，组织制定统计调查制度、计划和方案、标准并部署实施；

（二）组织协调各有关内设机构和直属事业单位的统计工作；

（三）归口管理和公布教育统计资料，统一对外提供和发布数据，提供统计咨询，组织开展统计分析；

（四）对教育统计工作进行监督、检查，组织开展数据质量核查与评估工作；

（五）加强教育统计队伍建设，组织教育统计人员的业务培训；

（六）其他法定职责和工作事项。

第十二条　省级人民政府教育行政部门应当明确主管统计工作的职能部门或者统计负责人，执行本单位的综合统计职能，主要包括：

（一）按照教育统计调查制度，制定本地区教育统计管理制度、统计调查方案并组织实施；

（二）对本地区教育发展情况进行统计分析，提供统计报告和统计咨询意见；

（三）组织实施和指导本地区教育统计人员的专业学习、技能培训和职业道德教育，配合有关部门进行统计人员专业技术职务评定；

（四）监督、检查本地区教育行政部门、各级各类学校和其他有关机构统计工作实施情况；

（五）其他法定职责和工作事项。

第十三条　设区的市及县级人民政府教育行政部门、高等学校和其他有关机构应当在相关职能部门明确负责统计工作的机构或岗位，配备统计人员，明确统计负责人，依法实施统计调查、分析、资料管理和公布等职责范围内的统计工作。

第十四条　高等学校以外的各级各类学校根据统计任务的需要，设置统计工作岗位，配备专兼职统计人员，依法管理、开展统计工作，实施统计调查。

第十五条　教育统计人员应当加强学习，具备与其从事的教育统计工作相适应的专业知识和业务能力；应当恪守职业道德，如实整理、报送统计资料，对其负责搜集、审核、录入的统计资料与统计调查对象报送的统计资料的一致性负责。

第十六条　教育统计机构应当加强对教育统计人员的专业培训和职业道德教育，按照国家规定加强统计人员资质和信用建设，提高教育统计人员的专业素质，保障统计人员的稳定性。

第十七条　教育统计机构和统计人员不得伪造、篡改统计资料，不得以任何方式要求任何单位和个人提供不真实的统计资料。

第三章　教育统计调查和分析

第十八条　国务院教育行政部门依照统计相关法律法规和规章规定，制定教育统计调查项目。调查对象属于教育行政部门管辖系统的，依法报国家统计局备案；调查对象超出教育行政部门管辖系统的，依法报国家统计局审批。

制定教育统计调查项目，应当就项目的必要性、可行性、科学性进行论证，征求有关地方、部门、统计调查对象和专家的意见，并按照会议制度集体讨论决定。

教育统计调查项目和统计调查制度，应当根据教育改革发展的实践需要适时予以调整，并按规定重新申请审批或者备案。

第十九条　国务院教育行政部门综合统计机构依法按照教育统计调查项目，制定教育统计调查制度，组织编制教育统计调查计划和统计调查方案。

县级以上地方人民政府教育行政部门增加或者减少补充性教育统计调查内容，应当依法报本级人民政府统计机构审批，并报上级教育行政部门备案。

第二十条　教育统计调查制度应当对调查目的、调查内容、调查方法、调查对象、调查组织方式、调查表式、统计资料的报送和公布等作出规定。

第二十一条　统计调查表必须标明表号、制定机关、批准或者备案文号、有效期限等标志。对未标明标志或者超过有效期限的统计调查表，教育统计调查对象有权拒绝填报。

第二十二条　教育统计机构和统计人员应当执行国家统计标准和补充性的部门统计标准，统计调查指标涵义、计算方法、分类目录、调查表式和统计编码等不得与国家统计标准相抵触。

第二十三条　搜集、整理教育统计资料，应当以周期性普查为基础，综合运用全面调查、重点调查、抽样调查等方法，并充分利用行政记录、电子注册信息等资料。

第二十四条　教育统计机构应当根据统计资料，对本地区或者本单位的教育事业发展进行统计分析和监测，提供咨询意见和决策建议。建立教育统计数据解读、预测预警机制，加强数据分析，增强教育统计分析的时效性、针对性和实用性。

第二十五条　教育统计机构和统计人员应当运用现代信息技术手段，深入挖掘数据资源，综合运用多种统计分析方法，提高统计分析和应用能力。

教育统计机构可委托专门机构承担教育统计任务，通过向社会购买服务组织实施统计调查和资料开发，可以引入第三方机构对教育统计工作进行评估。

第四章　教育统计资料的管理和公布

第二十六条　教育统计机构和统计人员应当按照教育统计调查制度，及时报送其组织实施统计调查取得的资料。

第二十七条　各级各类学校和其他有关机构等教育统计调查对象应当按照国家有关规定设置原始记录、统计台账，建立健全统计资料的审核、签署、交接、归档等管理制度。上报的统计资料必须由统计人员、审核人、本单位负责人签名，并加盖单位印章。

统计资料的审核、签署人对其审核、签署的统计资料的真实性、准确性和完整性负责。

第二十八条　教育行政部门制定政策规划、督查工作进展、评价发展水平等，凡涉及统计数据的，应当优先使用教育统计资料，并以教育统计机构提供的统计资料为准。

第二十九条　教育统计资料实行分级管理。

教育行政部门应当按照国家有关规定建立健全教育统计资料的保存、管理制度和教育统计信息共享机制。

第三十条　教育统计调查取得的统计资料，除依法应当保密的外，应当及时公开，便于查询利用。

国务院教育行政部门通过门户网站、统计公报、统计年鉴、统计信息平台等途径按照国家有关规定公布统计资料；依法公开数据生产的过程和结果，提升数据共享和公开水平。

地方各级人民政府教育行政部门应当按照国家有关规定公布教育统计资料，供社会公众查询。

第三十一条　教育统计机构和统计人员应当按照国家保

密规定，建立健全教育统计保密制度，完善教育统计内控机制，做好有关统计资料的保密工作。

教育统计调查中获得的能够识别或者推断单个统计调查对象身份的资料，任何单位和个人不得对外提供、泄露。

第三十二条　教育行政部门、各级各类学校和其他有关机构及其负责人不得自行修改教育统计机构和统计人员依法搜集、整理的教育统计资料，不得以任何方式要求统计人员伪造、篡改教育统计资料，不得对依法履行职责或者拒绝、抵制统计违法行为的统计人员打击报复。

第五章　教育统计监管

第三十三条　教育统计应当接受社会公众的监督。教育统计资料应当真实、准确，任何单位和个人不得利用虚假教育统计资料骗取荣誉称号、物质利益或者职务晋升。

第三十四条　上级教育行政部门应当定期对下级教育行政部门及其所辖学校、其他有关机构进行统计工作检查。统计工作检查的内容主要包括：

（一）统计法律、法规、规章和有关文件的贯彻落实情况；

（二）统计规章制度的建设及其组织实施情况；

（三）单位内负责统计工作的机构和岗位的设置情况；

（四）统计经费和统计工作设备配置的保障情况；

（五）统计资料的管理情况；

（六）其他需要检查的内容。

第三十五条　国务院教育行政部门依法建立教育统计数据质量监控和评估制度，建立健全责任体系，对各省、自治区、直辖市重要教育统计数据进行监控和评估。

省级人民政府教育行政部门应当健全统计数据质量保障体系，建立专家参与的统计数据质量核查机制，通过自查、抽查、互查等方式，开展统计数据质量核查，保证统计数据质量。

县级以上教育行政部门可以建立教育统计数据抽查制度，制定抽查事项清单，合理确定抽查的比例和频次，随机对下级教育行政部门或其所辖学校、其他有关机构报送的教育统计数据进行核查。

第三十六条　教育行政部门、各级各类学校和其他有关机构的相关工作人员在教育统计工作中有统计违法行为的，移交县级以上人民政府统计机构依法查处；有违纪行为的，由上级教育行政部门依据有关规定，根据违法违纪行为的情节轻重，向有关责任人员的任免机关、纪检监察机关、组织（人事）部门提出处分处理建议。

第三十七条　教育行政部门、各级各类学校和其他有关机构的领导人员有下列行为之一的，按照有关规定，给予记过或者记大过处分；情节较重的，给予降级或者撤职处分；情节严重的，给予开除处分：

（一）自行修改教育统计资料、编造虚假数据的；

（二）强令、授意本部门、本单位统计机构、统计人员或者其他有关机构、人员拒报、虚报、瞒报或者篡改教育统计资料、编造虚假数据的；

（三）对拒绝、抵制篡改教育统计资料或者对拒绝、抵制编造虚假数据的人员进行打击报复的；

（四）对揭发、检举统计违法违纪行为的人员进行打击报复的。

有前款第（三）项、第（四）项规定行为的，应当从重处分。

第三十八条　教育统计机构及相关人员有下列行为之一的，应当按照《中华人民共和国统计法》等法律法规和相关规定，追究相应的法律或者行政等责任，并记入相关单位、相关责任人的诚信档案：

（一）未经批准擅自组织实施统计调查的；

（二）自行修改、篡改、伪造、编造统计资料的；

（三）不按时提供、拒绝提供或提供不真实、不完整的统计资料或者要求统计调查对象提供不真实统计资料的；

（四）违法公布统计资料的；

（五）泄漏统计资料导致单个统计调查对象身份被识别的；

（六）违反规定导致统计资料毁损、灭失的；

（七）其他统计违法行为。

第三十九条　违反统计法及其他相关规定，利用虚假统计资料骗取荣誉称号、物质利益或者职务晋升的，除对其编造虚假统计资料或者要求他人编造虚假统计资料的行为依法追究法律责任外，由作出有关决定的单位或者其上级单位、监察机关取消其荣誉称号，追缴获得的物质利益，撤销晋升的职务。

第六章　附　　则

第四十条　省级人民政府教育行政部门可以根据本规定制定相应的实施细则，并报国务院教育行政部门备案。

第四十一条　本规定自 2018 年 8 月 1 日起施行。1986 年国家教委发布的《教育统计工作暂行规定》（〔86〕教计字 034 号）同时废止。

教育系统内部审计工作规定

1. 2020年3月20日教育部令第47号公布
2. 自2020年5月1日起施行

第一章　总　　则

第一条　为加强教育系统内部审计工作，提升内部审计工作质量，充分发挥内部审计作用，推动教育事业科学发展，根据《中华人民共和国教育法》《中华人民共和国审计法》《中华人民共和国审计法实施条例》《审计署关于内部审计工作的规定》及其他有关法律法规，制定本规定。

第二条　依法属于审计机关审计监督对象的各级教育行政部门、学校和其他教育事业单位、企业等（以下简称单位）内部审计工作适用本规定。

第三条　本规定所称内部审计，是指对本单位及所属单位财政财务收支、经济活动、内部控制、风险管理等实施独立、客观的监督、评价和建议，以促进单位完善治理、实现目标的活动。

第四条　单位应当依照有关法律法规、本规定和内部审计职业规范，结合本单位实际情况，建立健全内部审计制度，明确内部审计工作的领导体制、职责权限、工作机构、人员配备、经费保障、审计结果运用和责任追究等。

单位应当加强本单位党组织对内部审计工作的领导，健全党领导相关工作的体制机制。

第五条　教育系统内部审计工作应当接受国家审计机关的业务指导和监督。

第二章　内部审计机构和人员

第六条　单位应当根据国家编制管理相关规定和管理需要，设置独立的机构或明确相关内设机构作为内部审计机构，履行内部审计职责。

第七条　内部审计机构应当在本单位主要负责人的直接领导下开展内部审计工作，向其负责并报告工作。

第八条　单位可以根据工作需要成立审计委员会，加强党对审计工作的领导，负责部署内部审计工作，审议年度审计工作报告，研究制定内部审计改革方案、重大政策和发展战略，审议决策内部审计重大事项等。

第九条　单位可以根据工作需要建立总审计师制度。总审计师协助主要负责人管理内部审计工作。

第十条　单位应当保证内部审计工作所需人员编制，严格内部审计人员录用标准，合理配备具有审计、财务、经济、法律、管理、工程、信息技术等专业知识的内部审计人员。总审计师、内部审计机构负责人应当具备审计、财务、经济、法律、管理等专业背景或工作经历。

第十一条　单位应当根据内部审计工作特点，完善内部审计人员考核评价制度和专业技术岗位评聘制度，保障内部审计人员享有相应的晋升、交流、任职、薪酬及相关待遇。

第十二条　单位应当支持和保障内部审计人员通过参加业务培训、考取职业资格、以审代训等多种途径接受继续教育，提高专业胜任能力。

第十三条　内部审计机构的变动和总审计师、内部审计机构负责人的任免或调动，应当向上一级内部审计机构备案。

第十四条　内部审计机构和内部审计人员依法独立履行职责，任何单位和个人不得干涉和打击报复。

第十五条　内部审计机构履行内部审计职责所需经费，应当列入本单位预算。

第十六条　内部审计人员应当严格遵守有关法律法规和内部审计职业规范，独立、客观、公正地履行职责，保守工作秘密。

第十七条　内部审计机构和内部审计人员不得参与可能影响独立、客观履行审计职责的工作，不得参与被审计单位业务活动的决策和执行。

第十八条　在不违反国家保密规定的情况下，内部审计机构可以根据工作需要向社会中介机构购买审计服务。内部审计机构应当对中介机构开展的受托业务进行指导、监督、检查和评价，并对采用的审计结果负责。

第十九条　单位应当对认真履职、成绩显著的内部审计人员予以表彰。

第三章　内部审计职责权限

第二十条　内部审计机构应当按照国家有关规定和本单位的要求，对本单位及所属单位以下事项进行审计：

（一）贯彻落实国家重大政策措施情况；

（二）发展规划、战略决策、重大措施和年度业务计划执行情况；

（三）财政财务收支和预算管理情况；

（四）固定资产投资项目情况；

（五）内部控制及风险管理情况；

（六）资金、资产、资源的管理和效益情况；

（七）办学、科研、后勤保障等主要业务活动的管理和效益情况；

（八）本单位管理的领导人员履行经济责任情况；

（九）自然资源资产管理和生态环境保护责任的履行情况；

（十）境外机构、境外资产和境外经济活动情况；

（十一）国家有关规定和本单位要求办理的其他事项。

第二十一条　内部审计机构应当协助本单位主要负责人督促落实审计发现问题的整改工作。

第二十二条　教育部负责指导和监督全国教育系统内部审计工作。地方各级教育行政部门负责指导和监督本行政区域内教育系统内部审计工作。

教育行政部门指导和监督内部审计工作的主要职责是：

（一）制定内部审计规章制度；

（二）督促建立健全内部审计制度；

（三）指导开展内部审计工作，突出审计重点；

（四）监督内部审计职责履行情况，检查内部审计业务质量；

（五）开展业务培训、组织内部审计工作交流研讨；

（六）指导教育系统内部审计自律组织开展工作；

（七）维护内部审计机构和内部审计人员的合法权益；

（八）法律、法规规定的其他职责。

第二十三条　内部审计机构应当对所属单位内部审计工作进行管理、指导和监督。

第二十四条　内部审计机构具有下列权限：

（一）要求被审计单位按时报送审计所需的有关资料、相关电子数据，以及必要的计算机技术文档；

（二）参加或列席有关会议，召开与审计事项有关的会议；

（三）参与研究有关规章制度，提出制定内部审计规章制度的建议；

（四）检查有关财政财务收支、经济活动、内部控制、风险管理的资料、文件和现场勘察实物；

（五）检查有关计算机系统及其电子数据和资料；

（六）就审计事项中的有关问题，向有关单位和个人开展调查和询问，取得相关证明材料；

（七）对正在进行的严重违法违规、严重损失浪费行为及时向单位主要负责人报告，经同意作出临时制止决定；

（八）对可能被转移、隐匿、篡改、毁弃的会计凭证、会计账簿、会计报表以及与经济活动有关的资料，经本单位主要负责人批准，有权予以暂时封存；

（九）提出纠正、处理违法违规行为的意见和改进管理、提高绩效的建议；

（十）对违法违规和造成损失浪费的被审计单位和人员，给予通报批评或者提出追究责任的建议；

（十一）对严格遵守财经法规、管理规范有效、贡献突出的被审计单位和个人，可以向单位党组织、主要负责人提出表彰建议。

第四章　内部审计管理

第二十五条　单位主要负责人应当定期听取内部审计工作汇报，加强对内部审计发展战略、年度审计计划、审计质量控制、审计发现问题整改和审计队伍建设等重要事项的管理。总审计师、内部审计机构负责人应当及时向本单位主要负责人报告内部审计结果和重大事项。

第二十六条　内部审计机构应当依照审计法律法规、行业准则和实务指南等建立健全内部审计工作规范，并按规范实施审计。

第二十七条　内部审计机构应当根据单位发展目标、治理结构、管理体制、风险状况等，科学合理地确定内部审计发展战略、制定内部审计计划。

第二十八条　内部审计机构应当运用现代审计理念和方法，坚持风险和问题导向，优化审计业务组织方式，加强审计信息化建设，全面提高审计效率。

第二十九条　内部审计机构应当着眼于促进问题解决，立足于促进机制建设，对审计发现问题做到事实清楚、定性准确，并在分析根本原因的基础上提出审计建议，通过与相关单位合作促进单位事业发展。

第三十条　内部审计机构应当加强自身内部控制建设，合理设置审计岗位和职责分工、优化审计业务流程，完善审计全面质量控制。

第三十一条　内部审计机构应当建立健全本单位及所属单位内部审计工作评价制度，促进提升审计业务与审计管理的专业化水平。

第三十二条　内部审计机构实施领导人员经济责任审计时，应当参照执行国家有关经济责任审计的规定。

第五章　内部审计结果运用

第三十三条　单位应当建立健全审计发现问题整改机制，明确被审计单位主要负责人为整改第一责任人，完善审计整改结果报告制度、审计整改情况跟踪检查制度、审计整改约谈制度，推动审计发现问题的整改落实。

第三十四条　单位应当建立健全审计结果及整改情况在

一定范围内公开制度。

第三十五条　单位应当对审计发现的典型性、普遍性问题，及时分析研究，制定和完善相关管理制度，建立健全内部控制措施；对审计发现的倾向性问题，开展审计调查，出具审计管理建议书，为科学决策提供建议。

第三十六条　单位应当加强内部审计机构、纪检监察、巡视巡察、组织人事等内部监督力量的协作配合，建立信息共享、结果共用、重要事项共同实施、整改问责共同落实等工作机制。

第三十七条　单位应当将内部审计结果及整改情况作为相关决策、预算安排、干部考核、人事任免和奖惩的重要依据。

第三十八条　单位在对所属单位开展审计时，应当有效利用所属单位内部审计力量和成果。对所属单位内部审计发现且已经纠正的问题不再在审计报告中反映。

第三十九条　对内部审计发现的重大违纪违法问题线索，在向本单位党组织、主要负责人报告的同时，应当及时向上一级内部审计机构报告，并按照管辖权限依法依规及时移送纪检监察机关、司法机关。

第六章　法律责任

第四十条　被审计单位有下列情形之一的，由单位党组织、主要负责人责令改正，并对直接负责的主管人员和其他直接责任人员进行处理：

（一）拒绝接受或者不配合内部审计工作的；

（二）拒绝、拖延提供与内部审计事项有关的资料，或者提供资料不真实、不完整的；

（三）拒不纠正审计发现问题的；

（四）整改不力、屡审屡犯的；

（五）违反国家规定或者本单位内部规定的其他情形。

第四十一条　内部审计机构和内部审计人员有下列情形之一的，由单位对直接负责的主管人员和其他直接责任人员进行处理；涉嫌犯罪的，依法追究刑事责任：

（一）玩忽职守、不认真履行审计职责造成严重后果的；

（二）隐瞒审计查出的问题或者提供虚假审计报告的；

（三）泄露国家秘密或者商业秘密的；

（四）利用职权谋取私利的；

（五）违反国家规定或者本单位内部规定的其他情形。

第四十二条　内部审计人员因履行职责受到打击、报复、陷害的，主要负责人应当及时采取保护措施，并对相关责任人员进行处理；涉嫌犯罪的，移送司法机关依法追究刑事责任。

第七章　附　　则

第四十三条　单位可以根据本规定，制定本地方、本单位内部审计管理规定。民办学校可以根据实际情况参照本规定执行。

第四十四条　本规定所称企业是指教育行政部门、学校及其他教育事业单位管理的国有和国有资本占控股地位或主导地位的企业。

第四十五条　本规定由教育部负责解释。

第四十六条　本规定自 2020 年 5 月 1 日起施行。教育部于 2004 年 4 月 13 日发布的《教育系统内部审计工作规定》（教育部令第 17 号）同时废止。

信息技术产品国家通用语言文字使用管理规定

1. 2023 年 1 月 3 日教育部令第 54 号公布
2. 自 2023 年 3 月 1 日起施行

第一条　为规范信息技术产品国家通用语言文字使用，保障信息化条件下语言生活和谐健康发展，根据《中华人民共和国国家通用语言文字法》《中华人民共和国标准化法》《中华人民共和国产品质量法》《出版管理条例》《互联网信息服务管理办法》等法律、行政法规，制定本规定。

第二条　在中华人民共和国境内生产、销售、出版、发布、推广对国家通用语言文字进行信息化处理和使用国家通用语言文字进行内容编辑的信息技术产品，适用本规定。

本规定所称的信息技术产品主要有：

（一）基础软件，包括字库、输入系统、操作系统、数据库系统、办公套件等；

（二）语言文字智能处理软件，包括语音合成、语音转写、机器翻译、智能写作、智能校对、自动问答等功能软件；

（三）数字和网络出版物。

第三条　信息技术产品使用国家通用语言文字，应当有利于维护国家主权和民族尊严、有利于铸牢中华民族共同体意识，应当弘扬社会主义核心价值观、遵守公序良俗。

信息技术产品使用国家通用语言文字，应当符合国家颁布的语言文字规范标准。

第四条　国务院语言文字工作部门负责统筹协调并会同有关主管部门对全国信息技术产品的国家通用语言文字使用进行监督管理和指导服务。

地方语言文字工作部门负责统筹协调并会同地方有关主管部门对本行政区域内信息技术产品的国家通用语言文字使用进行监督管理和指导服务。

第五条　基础软件应当符合信息技术编码字符集等标准。汉字字库应当符合汉字字形规范。汉字输入系统应当依据汉语拼音方案、普通话语音、汉字笔画和部件等语言文字规范标准设计，并具备一定的规范用法提示功能。

第六条　数字和网络出版物使用国家通用语言文字，应当符合汉语拼音、普通话语音、规范汉字、现代汉语词形、标点符号和数字用法等语言文字规范标准。需要使用汉语方言、繁体字、异体字的，应当符合《中华人民共和国国家通用语言文字法》相关规定。

教材、现代汉语语文工具书类数字和网络出版物使用国家通用语言文字，还应当在语言文字的排序、检索、注音、释义、用例及相关知识阐释等方面执行本条第一款规定的语言文字规范标准。需要变通的，应当以适当方式体现相关规范标准的规定。

第七条　语言文字智能处理软件及其系统集成产品应当遵照汉语拼音、普通话语音、规范汉字、现代汉语词形、标点符号和数字用法等语言文字规范标准和现代汉语语法规律，持续优化语言文字处理功能，不断提升输出结果的规范化水平。

第八条　办公套件、智能校对软件等应当视需要为用户提供以下提示功能：

（一）规范汉字文本中夹用的繁体字、异体字；

（二）错别字、错符；

（三）现代汉语异形词非推荐词形；

（四）其他可能影响语言文字规范使用的情况。

第九条　嵌有语音合成、语音转写、机器翻译、智能写作、自动问答等语言文字智能处理功能的互联网信息服务平台应当设置信息反馈功能，及时受理用户关于语言文字不规范情况的反馈，并根据反馈信息进一步优化功能，不断提升语言文字智能处理结果的规范化水平。

第十条　面向残疾人、老年人的信息技术产品，应当具备语言文字信息无障碍功能。面向少年儿童的信息技术产品，应当符合其身心特点和语言文字学习规律。

第十一条　国务院语言文字工作部门和有关主管部门在信息技术产品国家通用语言文字使用监督管理和质量检查工作中，可以授权第三方机构对相关产品进行语言文字规范标准符合性检测。

鼓励有关检测认证机构为社会提供面向信息技术产品的语言文字规范标准符合性检测服务。

第十二条　国务院语言文字工作部门会同有关主管部门，负责对现代汉语语文工具书类数字和网络出版物进行监督检查。

第十三条　地方各级语言文字工作部门负责对本行政区域内除教材和现代汉语语文工具书之外的其他数字和网络出版物进行监督检查。检查结果通报同级主管部门，同时向上级语言文字工作部门报告。

第十四条　国务院语言文字工作部门通过适当方式，为促进语言文字智能处理软件的研发和功能完善、提升现代汉语语文工具书类数字和网络出版物编纂质量提供指导与服务。

第十五条　国务院语言文字工作部门依法制定、修订并主动公开语言文字规范标准，会同有关主管部门做好行业领域有关规范标准的研究、制定、修订及信息公开工作。

第十六条　国务院语言文字工作部门对在信息技术产品国家通用语言文字使用的管理、服务及相关技术研发中作出突出贡献的组织和个人，依据《中华人民共和国国家通用语言文字法》的有关规定，予以表彰和奖励。

第十七条　基础软件处理国家通用语言文字违反本规定第五条的，由国务院语言文字工作部门会同有关主管部门督促软件生产方限期改正。拒不改正的，由主管部门依据《中华人民共和国标准化法》《中华人民共和国产品质量法》等法律法规予以处理。

第十八条　现代汉语语文工具书类数字和网络出版物使用国家通用语言文字违反本规定第六条的，由国务院语言文字工作部门会同有关主管部门督促出版方限期改正。拒不改正的，由主管部门依据《出版管理条例》等法律法规予以处理。

第十九条　其他数字和网络出版物使用国家通用语言文字违反本规定第六条的，由县级以上地方语言文字工作部门会同同级主管部门督促出版方限期改正。拒不改正的，由主管部门依据《出版管理条例》等法律法规予以处理。

第二十条　国务院语言文字工作部门应当加强信息技术产品国家通用语言文字使用情况的监测和研究，并会同有关部门组织开展宣传教育和业务指导。

第二十一条　国务院和地方各级语言文字工作部门应当建立工作协同机制，为同级有关主管部门依法管理信息技术产品中使用国家通用语言文字提供咨询服务、执法协助等支持。

第二十二条　本规定自2023年3月1日起施行。

教育网站和网校暂行管理办法

2000年7月5日教育部发布

第一条　为了促进互联网上教育信息服务和现代远程教育健康、有序的发展，规范从事现代远程教育和通过互联网进行教育信息服务的行为，根据国家有关法律法规，制定本暂行管理办法。

第二条　现代远程教育和教育信息服务是我国社会主义教育事业的重要组成部分，开展现代远程教育和教育信息服务必须遵循国家的教育方针。

第三条　教育网站是指通过收集、加工、存储教育信息等方式建立信息库或者同时建立网上教育用平台与信息获取及搜索等工具，通过互联网服务提供单位（ISP）接入互联网或者教育电视台，向上网用户提供教学和其他有关教育公共信息服务的机构。

第四条　教育网校是指进行各级各类学历学位教育或者通过培训颁发各种证书的教育网站。

第五条　教育网站和网校凡利用卫星网络进行教育教学活动的，必须经由中国教育电视台上星。

第六条　教育网站和网校可涉及高等教育、基础教育、幼儿教育、师范教育、职业教育、成人教育、继续教育及其他种类教育和教育公共信息服务。

第七条　主管的教育行政部门按与面授教育管理对口的原则负责对教育网站和网校进行审批和管理，并报教育部信息化工作领导小组备案。

第八条　凡在中华人民共和国境内申报开办教育网站和网校，必须向主管教育行政部门申请，经审查批准后方可开办。已开办的教育网站和网校，如未经主管教育行政部门批准的，应及时补办申请、批准手续。未经主管教育行政部门批准，不得擅自开办教育网站和网校。

第九条　开办各类教育网站，必须具备下列基本条件：

（一）具有必要的资金及资金来源的有效证明。

（二）符合国家法律、法规及国家主管教育行政部门规定的其他条件。

第十条　开办教育网校，除符合本办法第九条规定的条件外，还必须是主管教育行政部门认可的、具有在中华人民共和国境内从事与所办网校相同类型教育活动资格的事业法人，或者是与该机构合作并由其提供质量保证的事业法人或者企业法人组织。

第十一条　申请开办教育网站和网校的机构（以下简称申办机构）应向主管教育行政部门提供下列材料：

（一）开办（或确认）教育网站和网校的书面申请。包括：教育网站和网校的类别、网站和网校设置地点、辅导站设置地点（如果设置）、预定开始提供服务日期和申办机构性质、通信地址、邮政编码、负责人及其身份证号码、联系人、联系电话等；

（二）本办法第十条所述基本条件证明；

（三）申办机构概况；

（四）由学校与企业合资开办教育网站和网校的，应该提供会计师事务所或者审计师事务所出具的资信证明或者验资报告；

（五）由学校与企业合资开办教育网站和网校的，应提供申办机构的公司章程、股东协议书等文件；

（六）信息安全保障措施。

第十二条　申请开办教育网校，还应提供开办教育网校的办学条件，包括教学大纲、教学管理手段、师资力量、招生对象和资信担保证明等资料。

第十三条　主管教育行政部门每年两次受理申办机构的申请材料。如发现申请材料不符合要求，应在10个工作日内文字通知申办机构限期补齐，逾期不补齐或者所补材料仍不符合要求者，视为放弃申请。主管教育行政部门经初步审查合格后正式受理申请，在正式受理之日起20个工作日内，做出是否批准的决定，并书面通知申办机构。

第十四条　已获准开办的教育网站和网校，如果开办者主体或者名称、地点等需要变更的，应在变更前20个工作日内向负责批准的原主管教育行政部门提出申请，由主管教育行政部门对新的承办主体进行资格审查，审查合格后方可办理变更报批手续。

第十五条　已获准开办的教育网站和网校应在其网络主页上标明已获主管教育行政部门批准的信息，包括批准的日期、文号等。

第十六条　凡获得批准开办的教育网站以企业形式申请境内外上市的，应事先征得教育部同意。

第十七条　已获准开办的教育网站和网校，由教育部信息化工作领导小组负责定期向社会公布。

第十八条　教育网站和网校应遵循国家有关法律、法规，不得在网络上制作、发布、传播下列信息内容：

（一）泄露国家秘密危害国家安全的；

（二）违反国家民族、宗教与教育政策的；

（三）宣扬封建迷信、邪教、黄色淫秽制品、违反社会公德以及赌博和教唆犯罪等；

（四）煽动暴力；

（五）散布谣言、扰乱社会秩序、鼓动聚众滋事；

（六）暴露个人隐私和攻击他人与损害他人合法权益；

（七）损害社会公共利益；

（八）计算机病毒；

（九）法律和法规禁止的其他有害信息。

如发现上述有害信息内容，应及时向有关主管部门报告，并采取有效措施制止其扩散。

第十九条 凡国家法律、法规规定面向社会公开的公益信息，任何教育网站和网校不得进行有偿服务。

第二十条 未经教育部批准，教育网站和网校不得冠以"中国"字样。凡冠以政府职能部门名称的教育网站，均不得从事经营活动。

第二十一条 违反本办法第八条、第十八条、第十九条、第二十条，主管教育行政部门应根据有关行政法规的规定，视情节轻重予以警告、通报批评、取消教育网站和网校开办资格等处罚，情节严重的，依法追究法律责任。

第二十二条 境外机构在中华人民共和国境内参与教育网校建设的，根据中外合作办学的有关规定并参照本办法执行。

第二十三条 有关教育网站和网校收费标准与办法，由开办机构提出申请，所在地的教育行政部门商物价管理部门确定；对跨省区办学单位的收费，由开办机构商所服务区域的物价主管部门确定。

第二十四条 凡现有规定与本办法不符的，以本办法为准。

第二十五条 本办法由教育部负责解释。

第二十六条 本办法自发布之日起执行。

普通高级中学收费管理暂行办法

1996年12月16日国家教育委员会、国家计划委员会、财政部发布

第一条 为了加强普通高级中学收费管理工作，理顺管理体制，规范学校收费行为，保障学校和受教育者的合法权益，根据《中华人民共和国教育法》第二十九条的规定和国家有关行政事业性收费管理的规定，制定本暂行办法。

第二条 本暂行办法适用于中华人民共和国境内由国家和企事业单位举办的全日制普通高中学校、完全中学的高中部、初中学校附设的高中班。

第三条 高中教育属于非义务教育阶段，学校依据国家有关规定，向学生收取学费。

第四条 学费标准根据年生均教育培养成本的一定比例确定。不同地区学校的学费收费标准可以有所区别。

教育培养成本包括以下项目：公务费、业务费、设备购置费、修缮费、教职工人员经费等正常办学费用支出。不包括灾害损失、事故、校办产业支出等非正常办学费用支出。

第五条 学费占年生均教育培养成本的比例和标准的审批权限在省级人民政府。由省级教育部门提出意见，物价部门会同财政部门根据当地经济发展水平、办学条件和居民经济承受能力进行审核，三部门共同报省级人民政府批准后，由教育部门执行。

第六条 学费标准的调整，由省级教育、物价、财政部门按照第五条规定的程序，根据本行政区域内的物价上涨水平和居民收入平均增长水平，提出方案，报省级人民政府批准后执行。

第七条 对家庭经济困难的学生应酌情减免收取学费，具体减免办法，由省、自治区、直辖市人民政府制定。

第八条 学费收费按学期进行，不得跨学期预收。

第九条 学费由学校财务部门统一收取，到指定的物价部门申领收费许可证，并使用省级财政部门统一印制的行政事业性收费专用票据。

第十条 学费是学校经费的必要来源之一，纳入单位财务统一核算，统筹用于办学支出。任何部门、单位和个人不得截留、挤占和挪用。学费的收支情况应按级次向教育主管部门和财政、物价部门报告，并接受社会和群众监督。

第十一条 学校为学生提供的住宿收费，应严格加以控制，住宿费收费标准必须严格按照实际成本确定，不得以营利为目的。具体收费标准，由学校主管部门提出意见，报当地物价部门会同财政部门审批。

第十二条 普通高中除收取学费和住宿费以外，未经财政部、国家计委、国家教委联合批准或省级人民政府批准，不得再向学生收取任何费用。

第十三条 各省、自治区、直辖市人民政府必须高度重视并加强对学校收费工作的统一领导和集中管理，根据国家有关规定研究制定必要的收费管理办法，规范审批程序，制定学生年生均教育培养成本等确定学费标准的依据文件，定期向社会公布，接受群众监督。

第十四条　教育收费管理由各级教育、物价、财政部门共同负责。各级教育、物价、财政部门要加强对学校收费的管理和监督，督促学校严格执行国家有关教育收费管理的政策和规定，建立健全收费管理的规章和制度，对巧立名目擅自增设收费项目，扩大收费范围和提高收费标准的，对挤占挪用学费收入的，要按国家有关规定予以严肃查处；对乱收费屡禁不止、屡查屡犯，情节严重的，要按国家有关规定对学校负责人给予行政处分。

第十五条　各省、自治区、直辖市教育、物价、财政部门，应根据本办法，制定具体实施办法，并报国家教委、国家计委、财政部备案。

第十六条　本办法由国家教委、国家计委、财政部负责解释。

第十七条　本办法自颁布之日起执行。

教育部经济责任审计规定

1. 2016年3月24日教育部发布
2. 教财〔2016〕2号

第一章　总　　则

第一条　为健全完善教育部经济责任审计制度，加强对直属高校、直属单位主要领导干部和驻外教育机构参赞的管理监督，根据《中华人民共和国教育法》《党政主要领导干部和国有企业领导人员经济责任审计规定》及其实施细则以及其他有关法律法规和干部管理监督的有关规定，制定本规定。

第二条　本规定所称经济责任审计，是指教育部对有干部管理权限的直属高校、直属单位主要领导干部和驻外教育机构参赞经济责任履行情况进行监督、评价和鉴证的行为。

第三条　经济责任审计以促进领导干部推动本单位科学发展为目标，以领导干部任职期间本单位财务收支以及有关经济活动的真实、合法和绩效为基础，重点检查领导干部守法、守纪、守规、尽责情况，加强对领导干部行使权力的制约和监督，推进领导干部经济责任履行和党风廉政建设主体责任，推进教育治理体系和治理能力现代化。

第四条　经济责任审计坚持任中审计与离任审计相结合，对重点单位的领导干部任期内至少审计一次。对党委和行政主要领导干部可以同步组织实施，分别认定责任，分别出具审计报告和审计结果报告。

第二章　组 织 领 导

第五条　教育部设立经济责任审计工作领导小组（以下简称领导小组），统一领导经济责任审计工作。组长由主管内部审计工作的部领导担任，人事组织部门、纪检部门、巡视部门和内部审计部门的负责人为小组成员。

第六条　领导小组的主要职责是贯彻落实中央经济责任审计工作政策和要求，领导和部署经济责任审计工作，审议、研究和制定经济责任审计规章制度，审定年度经济责任审计计划，听取和审议经济责任审计工作开展情况、审计结果运用情况和审计发现问题查处情况报告，专题研究经济责任审计工作中出现的重大问题并提出处理意见。

第七条　领导小组下设办公室，负责研究提出年度经济责任审计计划建议，督促落实领导小组决定事项，研究起草经济责任审计规章制度，向领导小组报告经济责任审计工作中出现的重大问题，提出建议方案等日常工作。

第八条　各成员单位应当按照领导小组工作制度规定，各负其责、协作配合，形成制度健全、管理规范、运转有序、工作高效的运行机制。

第三章　审 计 对 象

第九条　经济责任审计对象包括教育部管理的直属高校、直属单位主要领导干部和驻外教育机构参赞。由中央组织部门管理的部分直属高校主要领导干部的经济责任审计按照有关规定执行。

第十条　教育部管理的直属高校主要领导干部，是指依据干部管理权限，由教育部负责任免的直属高校党委正职领导干部和行政正职领导干部，包括主持工作1年以上的副职领导干部。

第十一条　直属单位主要领导干部，包括：

（一）教育部管理的事业单位、社会团体秘书处党组织正职领导干部和行政正职领导干部，包括主持工作1年以上的副职领导干部。

（二）教育部管理的国有、国有资本占控股地位或者主导地位的企业法定代表人，以及虽不担任法定代表人但实际行使相应职权的董事长、总经理、党委书记等。

第十二条　驻外教育机构参赞，是指在经费独立核算的教育部驻外教育机构中担任参赞（常驻团代表）职务的负责人。

第四章 审计内容

第十三条 教育部管理的直属高校党委和直属事业单位、社会团体秘书处党组织主要领导干部经济责任审计的主要内容：

（一）贯彻执行党和国家、教育部门重大财经政策和决策部署，履行有关职责，推动单位科学发展情况；

（二）遵守有关法律法规和财经纪律情况；

（三）重大经济决策情况；

（四）单位预算安排和重大调整的研究决策情况；

（五）重要项目的研究决策情况；

（六）单位重大管理制度的审议、督查情况；

（七）机构设置、编制使用事项的决策情况；

（八）对党委有关工作部门管理和使用的重大专项资金的监管情况，以及厉行节约反对浪费情况；

（九）履行有关党风廉政建设第一责任人职责情况，以及本人遵守有关廉洁自律规定情况；

（十）对以往审计中发现问题的督促整改情况；

（十一）其他需要审计的内容。

第十四条 教育部管理的直属高校、直属事业单位和社会团体秘书处行政主要领导干部经济责任审计的主要内容：

（一）贯彻执行党和国家、教育部门重大财经政策和决策部署，履行有关职责，推动单位科学发展情况；

（二）遵守有关法律法规和财经纪律情况；

（三）有关目标责任制完成情况；

（四）重大经济决策情况；

（五）单位预算执行和财务收支的真实、合法和绩效情况；

（六）单位债务的举借、管理、使用、偿还和风险管控等情况；

（七）政府采购和国有资产管理情况；

（八）重要项目的投资、建设和管理及效益情况；

（九）单位管理制度的健全和完善，特别是内部控制制度的制定和执行情况，厉行节约反对浪费情况，以及依照教育部有关规定分管内部审计工作的情况；

（十）机构设置、编制使用以及有关规定的执行情况；

（十一）对下属单位有关经济活动的管理和监督情况；

（十二）履行有关党风廉政建设第一责任人职责情况，以及本人遵守有关廉洁从政规定情况；

（十三）对以往审计中发现问题的整改情况；

（十四）其他需要审计的内容。

第十五条 教育部管理的国有企业领导人员经济责任审计的主要内容：

（一）贯彻执行党和国家、教育部门重大财经政策和决策部署，履行有关职责，推动企业可持续发展情况；

（二）遵守有关法律法规和财经纪律情况；

（三）企业发展战略的制定和执行情况及其效果；

（四）有关目标责任制完成情况；

（五）重大经济决策情况；

（六）企业财务收支的真实、合法和效益情况，以及资产负债损益情况；

（七）国有资本保值增值和收益上缴情况；

（八）重要项目的投资、建设、管理及效益情况；

（九）企业法人治理结构的健全和运转情况，以及财务管理、业务管理、风险管理、内部审计等内部管理制度的制定和执行情况，厉行节约反对浪费和职务消费情况，对所属单位的监管情况；

（十）履行有关党风廉政建设第一责任人职责情况，以及本人遵守有关廉洁从业规定情况；

（十一）对以往审计中发现问题的整改情况；

（十二）其他需要审计的内容。

第十六条 驻外教育机构参赞经济责任审计的主要内容：

（一）贯彻执行党和国家、教育部门重大财经政策和决策部署，履行有关职责，推动本机构事业科学发展情况；

（二）遵守有关法律法规和财经纪律情况；

（三）有关目标责任制完成情况；

（四）本机构预算执行和财务收支的真实、合法和效益情况；

（五）政府采购和国有资产管理情况；

（六）有关财务管理、业务管理等内部管理制度的制定和执行情况，以及厉行节约反对浪费情况；

（七）履行有关党风廉政建设第一责任人职责情况，以及本人遵守有关廉洁从政规定情况；

（八）对以往审计中发现问题的整改情况；

（九）其他需要审计的内容。

第五章 审计实施

第十七条 教育部内部审计部门根据领导小组审定的年度经济责任审计计划，成立审计组，组织实施审计。

第十八条 审计组应当在实施审计 3 日前，向被审计领导干部及其所在或原任职单位（以下简称所在单位）

送达审计通知书。

第十九条　审计组在实施审计时，应当召开由审计组主要成员、被审计领导干部及其所在单位有关人员参加的审计进点会，安排审计工作有关事项。领导小组成员单位根据工作需要可以派人参加。

实施审计时，应当进行审计公示。

第二十条　审计时，被审计领导干部及其所在单位以及其他有关单位应当提供被审计领导干部履行经济责任有关的下列资料：

（一）财务收支相关资料；

（二）内部制度、工作计划、工作总结、会议记录、会议纪要、经济合同、考核检查结果、业务档案等资料；

（三）被审计领导干部履行经济责任情况的述职报告；

（四）其他有关资料。

第二十一条　被审计领导干部及其所在单位应当对所提供资料的真实性、完整性负责，并作出书面承诺。

第二十二条　审计组履行经济责任审计职责时，可以通过教育部内部审计部门提请有关部门和单位予以协助，有关部门和单位应当予以配合。

第二十三条　在审计实施过程中，遇有被审计领导干部被有关部门依法依规采取强制措施、立案调查或者死亡等特殊情况，以及不宜再继续进行审计的其他情形的，经领导小组批准，可以中止或者终止审计项目。

第六章　审 计 评 价

第二十四条　审计评价应当有充分的审计证据支持，应当与审计内容相统一。一般包括领导干部任职期间履行经济责任的业绩、主要问题以及应当承担的责任。

第二十五条　审计评价重点关注单位事业发展的质量、效益和可持续性，关注与领导干部履行经济责任有关的管理和决策的情况和效益，关注任期内财务管理、举借债务、资金资产（资源）管理等重要事项，关注领导干部应承担直接责任的问题。

第二十六条　审计评价的依据一般包括：

（一）法律、法规、规章和规范性文件，中国共产党党内法规和规范性文件；

（二）国家统一的财政财务管理制度；

（三）国家和教育行业的有关标准；

（四）国家有关部委发布或者认可的统计数据、考核结果和评价意见；

（五）学校章程、单位三重一大决策制度、发展规划、年度计划和责任制考核目标；

（六）单位的“三定”规定和有关领导的职责分工文件，有关会议记录、纪要、决议和决定，有关预算、决算和合同，有关内部管理制度和绩效目标；

（七）其他依据。

第二十七条　对领导干部履行经济责任过程中存在的问题，按照权责一致原则，根据领导干部的职责分工，充分考虑相关事项的历史背景、决策程序等要求和实际决策过程，以及是否签批文件、是否分管、是否参与特定事项的管理等情况，依法依规认定其应当承担的直接责任、主管责任和领导责任。

对领导干部应当承担责任的问题或者事项，可以提出责任追究建议。

第二十八条　被审计领导干部对审计发现的问题应当承担直接责任的，具体包括以下情形：

（一）本人或者与他人共同违反有关法律法规、国家有关规定、单位内部管理规定的；

（二）授意、指使、强令、纵容、包庇下属人员违反有关法律法规、国家有关规定和单位内部管理规定的；

（三）未经民主决策、相关会议讨论或者文件传签等规定的程序，直接决定、批准、组织实施重大经济事项，并造成重大经济损失、公共资金或国有资产（资源）严重浪费等后果的；

（四）主持相关会议讨论或者以文件传签等其他方式研究，在多数人不同意的情况下，直接决定、批准、组织实施重大经济事项，由于决策不当或者决策失误造成重大经济损失、公共资金或国有资产（资源）严重浪费等后果的；

（五）对有关法律法规和文件制度规定的被审计领导干部作为第一责任人（负总责）的事项、签订的有关目标责任事项或者应当履行的其他重要职责，由于授权（委托）其他领导干部决策且决策不当或者决策失误造成重大经济损失、公共资金或国有资产（资源）严重浪费等后果的；

（六）其他失职、渎职或者应当承担直接责任的。

第二十九条　被审计领导干部对审计发现的问题应当承担主管责任的，具体包括以下情形：

（一）除直接责任外，领导干部对其直接分管或者主管的工作，不履行或者不正确履行经济责任的；

（二）除直接责任外，主持相关会议讨论或者以文件传签等其他方式研究，并且在多数人同意的情况下，决定、批准、组织实施重大经济事项，由于决策不当或者决策失误造成重大经济损失、公共资金或国有资产（资源）严重浪费等后果的；

（三）疏于监管，致使分管单位和部门发生重大违纪违法问题或者造成重大损失浪费等后果的；

（四）其他应当承担主管责任的情形。

第三十条　领导责任，是指除直接责任和主管责任外，被审计领导干部对其职责范围内不履行或者不正确履行经济责任的其他行为应当承担的责任。

第三十一条　被审计领导干部以外的其他人员对有关问题应当承担的责任，可以以适当方式向部党组、领导小组等提供相关情况。

第七章　审 计 报 告

第三十二条　教育部内部审计部门收到审计组的审计报告后，整理形成审计报告征求意见稿并书面征求被审计领导干部及其所在单位的意见。

被审计领导干部及其所在单位应当自接到审计报告征求意见稿之日起10日内提出书面意见；10日内未提出书面意见的，视同无异议。

审计报告中涉及的重大经济案件调查等特殊事项，经领导小组办公室批准，可以不征求被审计领导干部及其所在单位的意见。

第三十三条　审计组应当针对被审计领导干部及其所在单位提出的书面意见，进一步核实情况，对审计报告作出必要的修改，报送教育部内部审计部门。

第三十四条　教育部内部审计部门按照规定程序将审计报告报领导小组组长和有关部领导审定，经签发后，向被审计领导干部及其所在单位出具正式的经济责任审计报告。

第三十五条　经济责任审计报告的内容主要包括：

（一）基本情况，包括审计依据、实施审计的基本情况、被审计领导干部所任职学校、单位和机构的基本情况、被审计领导干部的任职及分工情况等；

（二）被审计领导干部履行经济责任的主要情况，其中包括以往审计决定执行情况和审计建议采纳情况等；

（三）审计发现的主要问题和责任认定，其中包括审计发现问题的事实、定性、被审计领导干部应当承担的责任以及有关依据，审计期间被审计领导干部、被审计单位对审计发现问题已经整改的，可以包括有关整改情况；

（四）审计处理意见和建议；

（五）其他必要的内容。

审计发现的有关重大事项，可以直接形成专题报告报送教育部党组或领导小组，不在审计报告中反映。

第三十六条　教育部内部审计部门应当将经济责任审计报告精简提炼，形成审计结果报告。审计结果报告重点反映被审计领导干部履行经济责任的主要情况、审计发现的主要问题和责任认定、审计处理意见和建议。

第三十七条　审计结果报告报送教育部主要负责同志，抄送领导小组有关成员单位，必要时，可以将涉及其他有关部门的情况抄送该部门。

第三十八条　被审计领导干部对经济责任审计报告有异议的，可以自收到审计报告之日起30日内向领导小组办公室申诉。

领导小组办公室应自收到申诉之日起30日内，作出复查决定。

第八章　审计结果运用

第三十九条　经济责任审计结果应当作为干部考核、任免和奖惩的重要依据。

第四十条　领导小组各成员单位应当依据领导小组工作制度，充分运用经济责任审计结果。包括在一定范围内通报审计结果，依纪依法依规受理问题线索、查处违纪违法行为，及时研究审计结果反映的典型性、普遍性、倾向性问题等。

第四十一条　被审计领导干部所在单位应当充分利用审计结果，根据审计意见和建议采取以下措施实施整改：

（一）明确单位主要负责人的整改第一责任人职责，在党政领导班子或者董事会通报审计结果和整改要求；

（二）及时制订整改方案，认真进行整改，及时将整改结果书面报告教育部内部审计部门；

（三）根据审计结果反映出的问题，追究有关责任人员的责任；

（四）根据审计建议，采取措施，健全制度，加强管理。

第九章　附　　则

第四十二条　对本规定未涉及的审计人员、被审计领导干部及其所在单位，以及其他有关单位和个人在经济责任审计中的职责、权限、法律责任等，依照《中华人民共和国审计法》《中华人民共和国审计法实施条例》《党政主要领导干部和国有企业领导人员经济责任审计规定》及其实施细则和其他法律法规的有关规定执行。

第四十三条　直属高校和直属单位可以根据本规定，制定本学校和本单位内部管理的领导干部经济责任审计规定。

地方教育行政部门可以参照本规定，制定本部门内部管理的领导干部经济责任审计规定。

第四十四条　本规定由教育部经济责任审计工作领导小组负责解释。

第四十五条　本规定自印发之日起施行。

教育信访工作办法

1. 2020年9月28日教育部发布
2. 教办〔2020〕3号

第一章　总　　则

第一条　为了保持同人民群众的密切联系，接受人民群众监督，保护信访人的合法权益，规范教育信访工作和维护信访秩序，根据《信访条例》和国家有关规定，结合教育信访工作实际，制定本办法。

第二条　本办法所称信访，是指公民、法人或者其他组织采用书信、电子邮件、传真、电话、走访等形式，向教育部门反映情况，提出建议、意见或者投诉请求，依法由教育部门处理的活动。

采用前款规定的形式进行信访活动的公民、法人或者其他组织，称信访人；采用前款规定形式向教育部门反映的情况，提出的建议、意见或者投诉请求，依法由教育部门处理的事项，称教育信访事项。

第三条　教育信访工作遵循下列原则：

（一）属地管理、分级负责，谁主管、谁负责；

（二）依法、及时、就地解决问题与疏导教育、帮扶救助相结合；

（三）诉讼、仲裁、行政复议等与信访分离，依法分类处理；

（四）以人民为中心，把开展工作的过程作为践行党的群众路线、做好群众工作的过程，着力从源头上预防和减少信访问题发生。

第四条　教育部门应当建立协调有序、运转顺畅、高效为民的信访工作领导机制，将信访工作列入议事日程，定期听取工作汇报、分析信访形势、研究解决工作中的重要问题，形成统一领导、分工协作，各负其责、齐抓共管的信访工作格局，及时化解矛盾和纠纷。

教育部门主要负责人是本部门信访工作的第一责任人，对信访工作负总责；分管负责人具体负责；其他负责人根据工作分工，对职权范围内的信访工作负主要领导责任。

第五条　教育部门应当把信访工作作为党的群众工作的重要平台，建立健全联系群众的制度，听取群众意愿，了解社情民意。部门负责人应当阅批群众来信，定期接待群众来访，协调处理疑难复杂信访问题。

第六条　教育部门应当科学、民主决策，依法履行职责，建立健全矛盾纠纷源头预防、排查和化解机制，开展重大决策社会稳定风险评估，定期排查化解矛盾纠纷，坚持和发展新时代"枫桥经验"，努力将矛盾纠纷化解在基层、化解在萌芽状态。

第七条　教育部门应当综合运用法律、政策、经济、行政等手段和教育、调解、疏导等办法，把群众合理合法的利益诉求解决好。可以通过政府购买服务、提供办公场所等形式，发挥好律师、心理咨询师、专家、学者和社会组织的积极作用，促进疑难复杂信访事项办理；可以组织党代表、人大代表、政协委员、有声望的社会人士等共同参与解决和化解信访突出问题。

第八条　教育部门应当建立健全信访工作责任制，对信访工作中的失职、渎职行为，依法依规追究有关人员的责任。应当将信访工作纳入本部门考核体系，制定科学合理的考核评价标准和指标体系，将信访工作考核结果作为领导班子和领导干部综合考评的重要参考和干部选拔任用、集体及个人评比表彰奖惩的重要依据，对做出优异成绩的单位或者个人给予奖励。

第二章　信访工作机构和人员

第九条　教育部门应当按照有利工作、方便信访人的原则，明确负责信访工作的机构（以下简称信访工作机构）或者人员，配备足够工作力量，以适应完成信访工作任务的需要。

第十条　教育部门信访工作机构履行下列职责：

（一）登记信访事项，向本部门有关内设机构或者所属单位、下级教育部门转送、交办信访事项；

（二）指导、督促、检查本部门有关内设机构或者所属单位，受理属于本部门职责范围的信访事项；

（三）处理上级教育部门和本级人民政府转送、交办的信访事项；

（四）向信访人宣传有关法律法规和教育政策，接受信访咨询；

（五）协调处理重大、疑难、复杂信访事项；

（六）研究、分析教育信访情况，开展调查研究和信访风险研判，及时向本部门提出完善政策或者改进工作的建议；

（七）督促检查信访事项的处理，总结交流信访工作经验，指导下级教育部门信访工作；

（八）按要求报送信访工作情况和分析统计报告。

第十一条 教育部门应当选用政治坚定、业务精通、作风优良，具有相应法律知识、政策水平和群众工作经验的人员从事信访工作；建立和完善新入职干部、优秀青年干部、新提拔干部等到信访岗位挂职锻炼制度，把信访工作机构作为发现培养锻炼干部的重要基地。

教育部门应当重视信访干部的使用，建立和完善信访工作人员培训、交流和选拔使用等机制，增强信访干部队伍活力，提高信访干部做好群众工作、解决信访突出问题的能力。

第十二条 教育部门应当保障信访工作机构必要的办公经费和处理信访事项的业务经费，改善办公条件，严格落实信访工作人员岗位津贴，重视对信访工作人员的心理疏导和关爱，为信访工作人员履行职责提供有力支持。按照布局合理、设备齐全、环境友好、安全有序的要求，进一步建设和改善群众来访接待场所。

第三章 信访渠道

第十三条 教育部门应当向社会公开信访工作机构的通信地址、电子信箱、投诉电话、信访接待的时间和地点、查询信访事项处理进展和结果的方式等相关信息。

第十四条 教育部门应当设立或者指定可单独接待信访人的场所。接待场所应具备便于信访人反映问题、了解信访法律法规和信访事项办理程序，以及其他方便信访人反映问题的条件。

第十五条 县级以上教育部门应当建立或者接入信访信息系统，实现上下级教育部门信访信息互联互通，为信访人在当地提出信访事项、查询办理情况提供便利，提高信访工作信息化水平。

第十六条 教育部门应当把领导干部接访下访作为党员干部直接联系群众的一项重要制度，安排领导干部定期接待群众来访，及时收集社情民意、协调化解各类信访问题。

教育部门负责人或者其指定的人员，可以就信访人反映突出的问题到信访人居住地与信访人面谈沟通。

第四章 信访事项的提出和受理

第十七条 信访人向教育部门提出信访事项，一般应当采用书信、网络、传真等书面形式。信访人提出投诉请求的，还应当写明信访人的姓名（名称）、联系方式、住址和请求、事实、理由。

对采用口头形式提出的投诉请求，教育部门应当如实记录信访人的姓名（名称）、联系方式、住址和请求、事实、理由。

第十八条 信访人采用走访形式提出信访事项，应当根据信访事项的性质和管辖层级，到依法有权处理的本级或者上一级教育部门设立或者指定的接待场所提出。

多人采用走访形式提出共同信访事项的，应当推选代表，代表人数不得超过5人。代表应当如实向其所代表的信访人转达教育部门的处理或者答复意见。

第十九条 信访人提出信访事项，应当客观真实，对其所提供材料内容的真实性负责，不得捏造、歪曲事实，不得诬告、陷害他人。

对依法应当通过诉讼、仲裁、行政复议等法定途径解决的投诉请求，信访人应当依照法定程序向有关机关提出。

第二十条 信访人在信访过程中应当遵守法律、法规，不得损害国家、社会、集体的利益和其他公民的合法权利，自觉维护社会公共秩序和信访秩序。

第二十一条 教育信访工作机构应当客观真实、准确规范登记信访事项，包括信访人基本情况、反映事项概况、受理办理过程等相关要素，并及时录入信访信息系统，方便信访人查询、评价和监督。

第二十二条 教育信访工作机构收到信访事项后，应当在15日内分别按照下列方式处理：

（一）属于本级教育部门职责范围的，应当受理并根据所反映问题的性质和内容确定有权处理机构。

（二）属于本级教育部门所属单位职责范围的，应当转送或者交办所属单位办理，并告知信访人转送、交办去向。

（三）属于下级教育部门职责范围的，应当转送下级教育部门办理。对重要信访事项，可以向下级教育部门进行交办，要求其在规定的期限内反馈结果，并提交办理报告。

（四）有以下情形之一的，不予（再）受理：

1. 不属于教育部门职责范围的；

2. 已经或者依法应当通过诉讼、仲裁、行政复议等法定途径解决的；

3. 采取走访形式，但跨越有权处理的本级和上一级教育部门走访的；

4. 同一信访事项已经受理或者正在办理，在办理时限内再次提出的；

5. 无正当理由超过规定期限未申请复查（复核）的；

6. 已经省级人民政府复查复核机构审核认定办结，或已经复核终结备案并录入国家信访信息系统的；

7. 其他不予（再）受理的情形。

第二十三条　教育部门收到信访事项后，能够当场答复是否受理的，应当当场答复并出具告知书；不能当场答复的，应当自收到信访事项之日起 15 日内书面告知信访人。但信访人的姓名（名称）、住址、电话、电子邮箱等联系信息不清的除外。

同一信访事项不予（再）受理告知书只出具一次。对不属于教育部门职权范围内的信访事项，应当告知信访人向有权处理的机关提出。

第二十四条　教育信访工作机构收到上级教育部门转送、交办的信访事项，不属于本级以及所属下级教育部门职责范围的，应当自收到信访事项之日起 5 个工作日内向转送、交办单位提出异议，并详细说明理由，经核实同意后，退还相关材料。

第二十五条　信访人就同一信访事项向两个或两个以上有权受理部门提出的，由最先收到的部门受理；同时收到的，由收到部门在 10 日内协商确定；协商不成的，由其共同上一级教育部门在 5 日内指定受理部门。

依法应当受理信访事项的部门分立、合并、撤销的，由继续履行其职权的部门受理。

第五章　信访事项的办理和督办

第二十六条　教育部门及其工作人员办理信访事项，应当恪尽职守、秉公办事，查明事实、分清责任，宣传法治、教育疏导，及时妥善处理，维护好群众合法权益，不得推诿、敷衍、拖延。

第二十七条　对信访人提出的有利于改进工作的建议、意见，应当认真研究论证并积极采纳，必要时可组织调查研究和约见信访人听取情况。

第二十八条　对信访人提出的检举、揭发事项，应当按照纪检监察工作相关规定和干部管理权限处理。不得将信访人的检举、揭发材料以及有关情况透露或者转给被检举、揭发的人员或者单位。

第二十九条　对信访人提出的属于教育部门职责范围的投诉请求事项，应当根据诉求的具体情况分别采用以下相应程序处理：

（一）属于《信访条例》以外的其他法律、法规或者规章调整范围，能够适用其他法律、法规、规章或者合法有效的规范性文件设定程序处理的，应当适用相应规定和程序处理；

（二）属于申请查处违法行为、履行保护人身权或者财产权等合法权益法定职责的，应当依法履行或者答复；

（三）不属于以上情形的，适用《信访条例》规定的程序处理。

对前款规定中信访人提出的诉求，同时可以通过诉讼解决的，在受理前可以告知诉讼权利及法定时效，引导其向人民法院提起诉讼，但不得以信访人享有诉讼权利为由免除履行自身法定职责的义务。

第三十条　有权处理机构经调查核实，应当依法依规对投诉请求类事项分别作出以下处理，并书面答复信访人：

（一）请求事实清楚，符合或者部分符合法律、法规、规章及其他有关规定的，予以支持或者部分支持；

（二）请求合理但缺乏法律、法规、规章及其他有关规定依据的，向信访人做好解释工作；

（三）请求缺乏事实根据或者不符合法律、法规、规章及其他有关规定的，不予支持。书面答复意见应当写明具体请求、事实认定情况、处理意见及依据和不服处理意见的救济途径、期限，盖本级教育部门公章或者信访专用章。对疑难、复杂等信访事项的答复意见，应当进行合法性审查。

作出支持信访请求意见的，教育部门应当督促有关方面执行。

第三十一条　信访事项应当自受理之日起 60 日内办结；情况复杂的，经本级教育部门负责人批准，可以适当延长办理期限，但延长期限不得超过 30 日，并告知信访人延期理由。

第三十二条　信访人对信访事项处理意见不服的，可以自收到书面答复之日起 30 日内向原办理部门的本级人民政府或者上一级教育部门申请复查。

负责复查的部门应当自收到复查申请之日起 30 日内提出复查意见，书面答复信访人。

信访人对省级教育部门处理意见不服的，应当向省级人民政府提出复查申请。

第三十三条　信访人对复查意见不服的，可以自收到书面答复之日起 30 日内向复查部门的本级人民政府或者上一级教育部门申请复核。

负责复核的部门应当自收到复核申请之日起 30 日内提出复核意见，书面答复信访人。复核部门举行听证的，听证所需时间不计算在 30 日的期限内。

信访人对省级教育部门复查意见不服的，应当向省级人民政府提出复核申请。

第三十四条　原处理（复查）意见认定事实清楚、证据确凿、适用依据正确、程序合法、结论适当的，负责复查（复核）的部门应当予以维持，并书面答复信访人。

原处理（复查）意见有下列情形之一的，负责复查（复核）的部门应当予以撤销或者变更：

（一）主要事实不清、证据不足的；

（二）适用依据错误的；

（三）违反法定程序或以信访程序代替其他行政法定程序的；

（四）超越或者滥用职权的；

（五）结论明显不当的。

原意见被撤销的，作出处理（复查）意见的部门应当在指定期限内重新作出处理（复查）意见。

第三十五条 信访人对信访事项处理（复查）意见不服，但无正当理由超过规定期限未提出复查（复核）申请的，或者信访人对复核意见不服，仍以同一事实和理由提出投诉请求的，教育部门不再受理，并告知信访人。

信访人就同一信访事项提出新的事实和理由的，教育部门应当受理。

第三十六条 信访人反映的问题已经按信访程序办理完毕并书面答复，或者其未逐级提出信访复查、复核请求，且无正当理由已超过规定时限的，教育部门不再受理、交办、统计、通报，但有权处理机构应当做好信访人的教育疏导、矛盾化解、帮扶救助等工作。

第三十七条 对初次信访事项有下列情形之一的，有权处理机构可以适用简易办理程序，按照工作职责，简化程序，缩短时间，更加方便快捷的受理、办理。

（一）事实清楚、责任明确、争议不大、易于解决的；

（二）提出咨询或意见建议、表达感谢，可以即时反馈的；

（三）涉及群众日常生产生活、时效性强，应当即时处理的；

（四）教育部门已有明确承诺或结论的；

（五）其他适用简易办理的情形。

第三十八条 对适用简易办理程序的信访事项，有权处理机构应自收到之日起3个工作日内决定是否受理。可当场作出决定的，应当当场告知信访人。

对决定受理的信访事项，有权处理机构应当在受理之日起10个工作日内作出处理意见。可当场答复的，应当当场出具处理意见。

对适用简易办理程序的信访事项，一般情形可以当面口头或通过网络、电话、手机短信等快捷方式告知或答复信访人。告知或答复情况应当录入信访信息系统。

有权处理机构在办理过程中，发现不宜简易办理或简易办理未妥善解决的，应当经本机构负责人批准，按《信访条例》规定的普通程序继续办理，办理时限从按照简易办理程序受理之日起计算。

第三十九条 对交办、转送的信访事项，信访工作机构或人员发现受理、办理情况有下列情形之一的，应当予以督办，提出改进建议：

（一）应当受理而未受理信访事项的；

（二）无正当理由未按规定期限受理或办结信访事项的；

（三）未按规定程序办理信访事项的；

（四）办理信访事项推诿、敷衍、拖延或弄虚作假的；

（五）不执行信访处理意见的；

（六）未按规定反馈信访事项办理结果的；

（七）其他需要督办的情形。

收到改进建议的单位应当在30日内书面反馈情况；未采纳改进建议的，应当说明理由。

督办可以采用网络督办、电话督办、发函督办、约谈督办、实地督办等形式。

第六章 责任追究

第四十条 因下列情形之一导致信访事项发生，造成严重后果的，对直接负责的主管人员和其他直接责任人员依法依规给予处理或处分；构成犯罪的，依法追究刑事责任：

（一）应当作为而不作为，侵害信访人合法权益的；

（二）超越或者滥用职权，侵害信访人合法权益的；

（三）适用法律、法规错误或者违反法定程序，侵害信访人合法权益的；

（四）拒不执行有权处理部门作出的支持信访请求意见的。

第四十一条 在受理办理信访事项过程中，有下列行为之一的，由其上级主管部门责令改正；造成严重后果的，对直接负责的主管人员和其他直接责任人员依法依规给予处理或处分；构成犯罪的，依法追究刑事责任：

（一）对收到的信访事项不按规定登记的；

（二）对属于其法定职权范围的信访事项不予受理的；

（三）未在规定期限内书面告知信访人是否受理信访事项的；

（四）推诿、敷衍、拖延信访事项办理或者未在法定期限内办结信访事项的；

（五）对事实清楚，符合法律、法规、规章或者其他有关规定的投诉请求未予支持的；

（六）将信访人的检举、揭发材料或者有关情况透露、转给被检举、揭发的人员或者单位的；

（七）对可能造成社会影响的重大、紧急信访事项和信访信息，隐瞒、谎报、缓报，或者授意他人隐瞒、谎报、缓报的；

（八）作风粗暴，激化矛盾，或者打击报复信访人的。

第四十二条　信访人在信访过程中实施下列行为之一，经劝阻、批评和教育无效的，教育部门应当报公安机关依法处置。

（一）在信访接待场所滞留、滋事，或者将生活不能自理的人弃留在信访接待场所的；

（二）携带危险物品、管制器具，或者以自伤、自残、自杀、传播传染病相要挟，或者扬言实施杀人、放火、爆炸、投放危险物质的；

（三）在教育部门办公场所周围、公共场所非法聚集、打横幅、举标语、喊口号、穿状衣，围堵、冲击教育部门，拦截公务车辆，或者堵塞、阻断交通、扰乱教育教学公共秩序的；

（四）侮辱、殴打、威胁教育部门工作人员，或者非法限制他人人身自由的；

（五）捏造歪曲事实、诬告陷害他人，或者煽动、串联、胁迫、以财物诱使、幕后操纵他人信访，或者以信访为名借机敛财的；

（六）其他扰乱信访秩序的行为。

第七章　附　　则

第四十三条　各级各类学校信访工作适用本办法。对外国人、无国籍人、外国组织向教育部门提出的信访事项，参照本办法执行。

第四十四条　本办法由教育部负责解释。

第四十五条　本办法自印发之日起施行。2007 年 7 月 3 日教育部印发的《教育信访工作规定（2007 年修订）》（教办〔2007〕6 号）同时废止。

教育部信访工作责任制实施细则

1. 2017 年 9 月 22 日教育部发布
2. 教办〔2017〕7 号

第一章　总　　则

第一条　为进一步落实教育部内司局、直属事业单位、部属高等学校及其领导干部、工作人员信访工作责任，从源头上预防和减少信访问题发生，推动信访问题及时就地解决，依法维护群众合法权益，促进社会和谐稳定和教育事业健康发展，根据中共中央办公厅、国务院办公厅印发的《信访工作责任制实施办法》，结合教育信访工作实际，制定本实施细则。

第二条　本细则适用于教育部内司局、直属事业单位、部属高等学校。各省（区、市）教育厅（教委）、各计划单列市教育局、新疆生产建设兵团教育局参照执行。

第三条　落实教育部信访工作责任制，以邓小平理论、“三个代表”重要思想、科学发展观为指导，深入贯彻习近平总书记系列重要讲话精神，按照“属地管理、分级负责，谁主管、谁负责，依法、及时、就地解决问题与疏导教育相结合”的工作原则，综合运用督查、考核、惩戒等措施，依法规范信访工作职责，依法分类处理信访诉求，把信访突出问题处理好，把群众合理合法利益诉求解决好，确保中央关于信访工作决策部署贯彻落实。

第二章　责任内容

第四条　各单位领导班子要高度重视信访工作，将信访工作列入重要议事日程，纳入工作全局进行重点部署，结合实际情况每年至少一次专题研究信访工作，听取信访工作汇报，研判信访形势；应当科学、民主决策，依法履行职责，从源头上预防和减少导致信访问题的矛盾和纠纷。

各单位领导班子主要负责人是信访工作的第一责任人，领导班子其他成员根据分工实行“一岗双责”，对职权范围内的信访工作负主要领导责任，形成协调有序、运转顺畅、高效为民的信访工作领导体制。

各单位领导干部应当阅批群众来信，接待群众来访，继续坚持和完善领导接待日制度；在坚持定点接访的同时，可以带案下访、专题接访、主动约访，包案化解信访积案，直接处理重大疑难信访问题；对职权范围内发生的大规模集体访和突发性群体事件，应当第一时间赶赴现场，亲自指挥处理，及时化解矛盾、平息事态。

第五条　各单位要从人力物力财力上保证信访工作顺利开展。信访工作任务较重的单位应当按照有利工作、方便信访人的原则，设立信访工作机构或确定专人负责信访工作；工作力量与信访任务不相适应的，要予以保障，配齐配强工作力量。要完善激励机制，从政治上、工作上、生活上、心理上关心爱护信访干部，按规定给予必要的信访岗位补贴，支持信访干部参加学习培训，采取有效措施帮助解决实际困难和问题；对长期在信访岗位上工作的，要以适当的方式进行岗位交流，使信访干部流动起来，增强信访工作的生机活力。信访工作任务较重的直属事业单位和部属高等学校应当加大工作投入，进一步改善办公条件、设施设备和群众来访接待场所，努力营造整洁、有序、安全的工作环境。

第六条　各单位要切实采取措施，开展重大决策事项社会稳定风险评估，把社会稳定风险评估作为重大决策出台的前置程序和刚性门槛，对决策可能引发的各种风险进行科学预测、综合研判，在评估中要充分听取信访部门的意见。建立健全矛盾纠纷源头预防和化解机制，坚持经常排查和集中排查相结合，尤其是对群众反映强烈的教育热点难点问题，要进行重点排查并落实化解责任。

要充分利用网络新媒体，及时关注教育舆论导向。各单位要按照《教育部办公厅关于全面推进政务公开工作的实施意见》，推进教育政务阳光透明，扩大教育政务开放参与，规范办事行为，接受监督。

第七条　各单位要建立协调联动、深度融合的信访工作机制，针对具体问题明确责任归属，诉求合理的解决到位、诉求无理的思想教育到位、生活困难的帮扶救助到位、行为违法的依法处理，推动信访事项依法、及时、就地解决。

对于涉及两个或者两个以上单位的信访事项，由最先收到该信访事项的单位会同其他涉及的单位协商受理。

依法应当受理信访事项的单位分立、合并、撤销或者职权转移的，由继续履行其职权的单位受理。

第八条　各单位信访部门在党委和行政的统一领导下，协调、指导和监督本单位的信访工作，依照法定程序和诉讼与信访分离制度受理、交办、转送和督办信访事项，协调处理重要信访问题，分析研究信访情况，提出改进工作、完善政策和给予处分的建议。

坚持落实首问负责制，规范信访事项办理流程，明确工作职责，及时就地解决群众合理合法诉求，切实做好初信、初访工作，避免初信、初访转为重复信、重复访。应当按照《信访条例》规定的时间节点，完成信访事项的登记、受理、交办、转送、督办工作；应当按照教育部办公厅《重大、疑难来访接访规程》，做好通知、协调、记录、汇报工作，保障重大、疑难来访事项的及时、有效处理。严格执行教育领域通过法定途径分类处理信访投诉请求工作的相关规定，引导群众按照法定途径和程序，理性反映诉求。应当全程记录信访事项的处理情况，方便信访人查询和监督。

第九条　各单位工作人员在处理信访事项过程中，要进一步转变工作作风，遵守群众纪律，秉公办事、清正廉洁、保守秘密、热情周到，认真履行以下工作职责：

（一）依法按程序登记、受理、办理群众反映的信访事项，并做好疏导解释工作；

（二）认真办理领导批办、交办的信访工作事项，按规定上报办理情况；

（三）发生集体访、信访负面舆情或者因信访问题引发的个人极端事件时，及时处理并报告；

（四）向有关领导汇报重要信访事项和信访突出问题，提出加强和改进信访工作的意见建议。

工作人员与信访人或者信访事项有利害关系的，应当回避。

第三章　督查考核

第十条　各单位要将信访工作纳入督查范围，进一步加大督查工作力度，结合工作实际每年至少组织开展一次集中专项督查，并坚持专项督查与常态化督查相结合、信访部门督查与多部门联合督查相结合，创新方式方法，增强督查实效。各单位负责职能范围内信访事项的督查督办工作，重点督查政策落实、信访积案化解、重要信访事项处理等情况。

第十一条　各单位信访部门要建立“谁首次办理、谁跟踪督办”的督办工作责任制，及时检查承办部门办理情况，对下列情形予以督办：

（一）未按规定受理信访事项，或未出具受理告知书；

（二）未按规定办理信访事项，包括转送或交办不及时不准确，办理主体不适格，延期办理但未出具延期办理告知书等；

（三）未按规定反馈信访事项办理结果，包括未按期出具处理意见书，处理意见书格式不规范，处理意见未正面回应信访人诉求或避重就轻等；

（四）未履行送达职责；

（五）不执行信访处理意见；

（六）办理信访事项过程中存在推诿、敷衍、拖延或弄虚作假；

（七）其他需要督办的情形。

督办可以通过网络督办、电话督办、发函督办、约谈督办、实地督办等形式，提出改进建议，推动信访事项依法及时就地解决。

网络督办适用于未按规定受理、办理或办理不及时不规范的信访事项；电话督办适用于情况紧急需尽快办理、事项简单可简易办理的信访事项；发函督办适用于通过网络督办、电话督办仍未按期办结，或交办信访事项处理不到位的，以及重大信访事项确需发函的信访事项；约谈督办适用于通过网络督办、电话督办和发函督办仍未按期办结且需要当面沟通的信访事项；实地督办适用于交办、转送后相关单位长期没有结果，办结后群众仍继续信访或评价不满意、办理工作明显存在不落实、不到位的信访事项。

第十二条　教育部办公厅（教育部信访办公室）具体负责督查督办教育部领导和上级有关单位交办的信访事项，督查督办越级上访量大、重复信访多、热点难点信访问题突出的单位，协调指导省级教育部门信访督查督办工作。

第十三条　各单位应制定科学合理的考核评价标准和指标体系，将信访工作考核结果作为领导班子和领导干部综合考评的重要参考和干部选拔任用、集体及个人评比表彰奖惩的重要依据。

各单位组织人事部门在干部考察工作中，可根据需要听取信访部门意见，了解掌握领导干部履行信访工作职责情况。

第四章　责任追究

第十四条　各单位及其领导干部、工作人员不履行或者未能正确履行本细则所列责任内容，尚未造成不良影响的，责令改正；有下列情形之一的，应当追究责任：

（一）因决策失误、工作失职，损害群众利益，导致信访问题发生，造成严重后果的；

（二）未按照规定受理、交办、转送和督办信访事项，或者不执行信访事项处理意见，严重损害信访群众合法权益的；

（三）违反群众纪律，对应当解决的群众合理合法诉求消极应付、推诿扯皮，或者对待信访群众态度恶劣、简单粗暴，损害党群干群关系，造成严重后果的；

（四）对发生的集体访或者信访负面舆情处置不力，导致事态扩大，造成不良影响的；

（五）对信访部门提出的改进工作、完善政策和给予处分等建议重视不够、落实不力，导致问题长期得不到解决的；

（六）处理信访事项适用法律、法规错误或者违反法定程序的，处理决定违反法律、法规或者政策的；

（七）对可能造成社会影响的重大、紧急信访事项和信访信息，隐瞒、谎报、缓报，或者授意他人隐瞒、谎报、缓报的；

（八）违反规定将信访群众揭发控告材料或者有关情况透露、转给被揭发控告人或单位，造成信访群众被打击、报复、陷害尚不构成犯罪的；

（九）其他应当追究责任的失职失责情形。

对前款规定中涉及的集体责任，领导班子主要负责人和直接主管的负责人承担主要领导责任，参与决策和工作的班子其他成员承担重要领导责任，对错误决策或者行为提出明确反对意见而没有被采纳的，不承担领导责任；涉及的个人责任，具体负责的工作人员承担直接责任，领导班子主要负责人和直接主管的负责人承担领导责任。

第十五条　根据情节轻重，对各单位领导干部、工作人员进行责任追究采取通报、诫勉、组织调整或者组织处理、纪律处分的方式进行。上述追责方式，可以单独使用，也可以合并使用。

涉嫌违法犯罪的，按照国家有关法律规定处理。

第十六条　对具有本细则第十四条所列情形、情节较轻的，由有管理权限的单位或部门对相关责任人进行通报，责令作出书面检查，限期整改；必要时，可以约请相关责任人说明情况。

第十七条　对受到通报后仍未按期完成整改目标，或者具有本细则第十四条所列情形且危害严重以及影响重大的，由有管理权限的单位或部门对相关责任人进行诫勉，督促限期整改。同时，取消所在单位本年度评选综合性荣誉称号的资格。

第十八条　对受到诫勉后仍未按期完成整改目标，或者具有本细则第十四条所列情形且危害特别严重以及影响特别重大的，按照干部管理权限由纪检监察机关或组织人事部门对相关责任人采取停职检查、调整职务、责令辞职、降职、免职等组织调整或者组织处理措施。纪检监察机关、组织人事部门和信访部门在信访工作责任追究工作中，应当各司其职、密切配合，不定期召开会议通报情况。

第十九条　对在信访工作中失职失责的相关责任人，应当给予党纪政纪处分的，依法依纪追究责任。

第五章　附　　则

第二十条　本细则由教育部办公厅负责解释。

第二十一条　本细则自印发之日起施行。此前发布的有关信访工作责任制的规定，凡与本细则不一致的，按照本细则执行。

国家语言文字工作委员会语言文字规范标准管理办法（2018年修订）

1. 2018年10月24日教育部、国家语言文字工作委员会发布

2. 教语信〔2018〕1号

第一章　总　　则

第一条　为加强语言文字规范标准管理，根据《中华人民共和国国家通用语言文字法》和《中华人民共和国标准化法》的有关规定,制定本办法。

第二条　本办法所指语言文字规范标准主要是由教育部、国家语言文字工作委员会(以下简称国家语委)发布的语言文字规范(GF)和教育部、国家语委组织起草并由国家标准主管部门发布的语言文字方面的国家标准(GB)。

第三条　教育部、国家语委为语言文字规范标准主管部门,负责语言文字规范标准管理工作。

第四条　教育部语言文字信息管理司(以下简称语信司)或由语信司委托的专业机构具体承担语言文字规范标准的立项、研制、审定、实施等的组织协调工作。

第二章　规范标准的规划

第五条　国家语委制定发布语言文字规范标准建设中长期规划,编制语言文字规范标准的研制计划。此项工作应以国家语言文字工作方针政策为指导,面向国家和社会需要,以语言文字规范标准体系要求等为依据。

第六条　国家语委根据需要可委托全国语言文字标准化技术委员会(以下简称语标委)和具有相关资质的专业机构承担语言文字规范标准的立项建议、征求意见和组织鉴定等工作。

第七条　公民或相关组织均可提出语言文字规范标准制定或修订的立项建议,提交受托专业机构。受托专业机构在汇总整理和调查研究基础上,提出规范标准研制计划报国家语委。其中拟作为国家标准的,经国家语委审核后报国家标准主管部门。

第三章　规范标准的研制

第八条　语言文字规范标准的起草工作可由相关职能部门或单位组织研制组开展,报国家语委纳入规范标准研制计划,或由国家语委择优选择相应单位承担。规范标准研制项目可纳入国家语委科研项目管理。鼓励个人、社会团体和企业等根据国家语委语言文字规范标准相关规划开展或参与规范标准的研制。

第九条　组织研制单位和研制组对所研制规范标准的质量负责。组织研制单位和研制组应当在深入研究的基础上,按照GB/T 1.1-2009《标准化工作导则　第1部分:标准的结构和编写》的要求起草规范标准征求意见稿,并编写研制报告及有关文件。

第十条　研制组形成的规范标准征求意见稿、研制报告及有关文件,由组织研制单位或语标委等受托专业机构发送相关部门和有关专家征求意见。征求意见期限不少于30天。研制组对征集的意见进行归纳整理、分析研究并妥善处理后形成规范标准鉴定稿、研制报告、意见汇总处理表等有关文件。

第十一条　规范标准研制项目的科研鉴定通常采用会议形式。专家鉴定会由组织研制单位或语标委等受托专业机构负责组织进行,鉴定会组成员应是项目涉及领域代表性、权威性专家,且与研制单位无直接利害关系。

第十二条　规范标准经专家鉴定会鉴定通过后,组织研制单位及研制组根据鉴定会意见修改完善形成规范标准送审稿,提交国家语委审定。鉴定未通过的,退回研制组修改完善。

第四章　规范标准的审定

第十三条　语言文字规范标准审定委员会(以下简称审委会)由国家语委负责组建,负责语言文字规范标准的审定和维护性复审工作。审委会委员由专家和语言文字工作行政管理人员组成,主任委员由国家语委主任担任。审委会下设办公室,负责审委会的日常工作。

第十四条　审委会办公室对送审材料初审并报审委会主任委员同意后,提交审委会进行审定。组织研制单位及研制组应向审委会提交下列送审材料:对规范标准进行审定的申请报告、规范标准送审稿、研制报告、意见汇总处理表、专家鉴定意见及鉴定专家签名表等。申请报告应包括对文本编写质量、试用情况、发布后推进实施计划等的说明。

第十五条　语言文字规范标准审定原则上采用会议形式。内容相对单一、分歧意见较小的规范标准也可采用函审形式。

第十六条　采用会议形式审定时,审委会到会委员须超过全体委员的1/2。如有特殊需要,审委会可聘请若干名相关领域的专家作为临时委员参加。审定会采用无记名投票方式表决,须有超过出席会议委员(含临时委员)的2/3同意方为通过。投票情况应书面记录在案,作为审定意见的附件。

采用函审形式审定时,回函数须占发函总数的1/2以上,且同意者须超过回函总数的2/3方为通过。审委会办公室对函审意见进行汇总整理,填写函审结论表,报审委会主任委员审签。

第十七条　采用会议形式审定时,审委会办公室至少于会前10天将会议通知和送审材料送达审委会委员。

采用函审形式审定时,寄送材料与会议审定方式相同,并附函审单,函审期限为20天。

第十八条　规范标准送审稿审定通过后,组织研制单位和研制组根据审委会专家意见修改完善并形成规范标准报批稿提交国家语委审核发布或推荐试行。审定未通过的,退回组织研制单位和研制组修改完善,或另择研制组重新研制。

第十九条 未在国家语委立项的语言文字规范标准研究成果,经组织研制单位或语标委组织专家鉴定通过,也可按相关程序向国家语委申请审定发布。

第五章 规范标准的审批、发布

第二十条 语言文字规范由国家语委主任签发,由教育部、国家语委发布。国家语委与其他部门共同参与研制的规范标准可采用联合发布方式。

第二十一条 国家语委组织起草的国家标准,经国家语委主任批准后按相关规定报国家标准主管部门审批,提出作为强制性国家标准或推荐性国家标准发布的建议。

第二十二条 语言文字规范的发布时间为国家语委主任签发时间,实施时间至少要晚于发布时间 3 个月。语言文字规范的实施根据实际情况可采用试行方式。

国家标准由国家标准主管部门发布并决定发布和实施时间。语言文字规范标准发布后,应在媒体上予以公告。

第二十三条 对于有社会需求,但是暂不适合以国家标准或语言文字规范形式发布的规范标准研究成果,可推荐在一定范围内试行,或以国家语委《中国语言生活绿皮书》A 系列等形式发布供社会参考使用。

第六章 规范标准的复审

第二十四条 语言文字规范标准实施后,应根据语言文字法律政策调整、社会发展和语言生活需要适时进行维护性复审。审委会可委托原组织研制单位,或语标委和其他有资质的专业机构,根据需要对已发布的语言文字规范标准实施状况进行调研,并向国家语委提出是否需要复审的意见,以及进行修订、替代或废止的建议。复审参照规范标准审定的形式和程序进行。

第二十五条 复审结束后,审委会应出具复审报告并报送国家语委。复审报告包括复审简况、处理意见、复审结论。属于国家标准的,需再报国家标准主管部门。

第二十六条 复审结束后,不需要修改的规范标准继续有效,需作修改的规范标准作为修订项目列入研制计划,已无存在必要的规范标准予以废止并在相关媒体上公告。

第七章 规范标准的实施

第二十七条 语言文字应用的各领域及相关人员应依法自觉遵循和使用语言文字规范标准。

第二十八条 国家语委负责对语言文字规范标准的实施情况进行监督检查。

第二十九条 国家语委可委托具备相关资质的机构进行语言文字产品的语言文字规范标准符合性测查认证。其他部门或个人不得以国家语委名义从事语言文字规范标准认证活动。

第三十条 国家语委委托语标委和其他有资质的专业机构开展语言文字规范标准的宣传培训、咨询服务、推广实施等工作,同时也鼓励其他机构开展相关工作。

第八章 附 则

第三十一条 本办法由国家语委负责解释。

第三十二条 国家语委参与制定或修订语言文字国际标准,依照国际标准研制工作规则进行。

第三十三条 本办法自发布之日起施行,2015 年发布的管理办法同时废止。

教育移动互联网应用程序备案管理办法

1. 2019 年 11 月 11 日发布
2. 教技厅〔2019〕3 号

第一章 总 则

第一条 为做好教育移动互联网应用程序(以下简称教育移动应用)备案管理工作,加强教育移动应用事中事后监管,根据国家“放管服”改革精神和《教育部等八部门关于引导规范教育移动互联网应用有序健康发展的意见》(以下简称《意见》)的要求,制定本办法。

第二条 本办法所指的教育移动应用是以教职工、学生、家长为主要用户,以教育、学习为主要应用场景,服务于学校教学与管理、学生学习与生活以及家校互动等方面的互联网移动应用程序。

第三条 教育移动应用的备案分为提供者备案和使用者备案。提供者备案按照“全国统一标准、各省分头实施、单位属地备案”的原则开展,使用者备案根据隶属关系向主管教育行政部门备案。

第四条 教育移动应用备案依托国家数字教育资源公共服务体系(以下简称公共服务体系)为教育移动应用提供信息化支撑,实现备案全程网上办理,一省备案全国有效,切实减轻企业和学校的负担。备案结果网上公示,接受社会公众查询。

第二章 工 作 职 责

第五条 教育部负责统筹教育移动应用备案管理工作,

制定教育移动应用备案管理办法，明确备案条件。组织直属单位和部属高校开展教育移动应用使用者备案。指导省级教育行政部门做好本地区备案工作。

第六条 省级教育行政部门负责统筹本地区教育移动应用备案管理工作。组织本地区的教育移动应用提供者开展提供者备案，组织所属单位并指导本地区的教育行政部门和学校做好使用者备案。

第七条 教育移动应用提供者（以下简称提供者）应按照本办法的要求通过公共服务体系进行提供者备案，并配合注册地省级教育行政部门做好备案审核工作。

第八条 教育行政部门及其所属单位、各级各类学校是教育移动应用的机构使用者（以下简称使用者），应建立教育移动应用的选用制度，选用已完成提供者备案的教育移动应用，并通过公共服务体系进行使用者备案。

第三章 提供者备案

第九条 提供者应在完成互联网信息服务（ICP）备案和网络安全等级保护定级备案后，进行提供者备案。

第十条 教育行政部门、学校、企业和社会组织均向其住所地或注册地省级教育行政部门进行提供者备案。省级教育行政部门开发的教育移动应用向教育部进行备案。小程序、企业号等平台第三方应用统一到平台方提交备案信息，并由平台方向教育部共享备案信息。

第十一条 提供者备案实行“一省备案，全国有效”。提供者在注册地备案后，在其他地区开展业务无需重复备案。各子公司（分公司）或分支机构开发的教育移动应用，由总公司统筹汇总并向总公司注册地的省级教育行政部门进行备案。

第十二条 提供者应登录公共服务体系，准确填写《教育移动应用提供者备案信息表》（附件1），包括企业信息、业务系统信息和教育移动应用信息。

第十三条 省级教育行政部门对其填报的备案信息进行核验，信息有误的应在10个工作日内通过公共服务体系反馈提供者。提供者应在收到反馈后的10个工作日内补充提交材料，逾期未反馈视同放弃备案。公共服务体系与国家数据共享交换平台建立信息共享，为备案信息审核提供数据支撑和决策参考。

第十四条 省级教育行政部门对备案材料齐全、信息准确且符合要求的提供者，应在备案信息提交10个工作日内完成备案并编号，备案信息将通过公共服务体系向社会公布。提供者应在教育移动应用中公示备案信息以便用户查询。

第十五条 提供者已有备案信息发生变化的，应在10个工作日内登录公共服务体系更新备案信息，并重新进行备案核验。

第十六条 教育部将建立完善与网信、电信、公安等职能部门的协助机制，共同指导应用商店等移动应用分发平台落实监督责任，规范教育移动应用的管理，并推动将提供者备案作为教育移动应用上架应用商店的重要条件。

第四章 机构使用者备案

第十七条 自主开发、自主选用和上级部门要求使用的教育移动应用均应进行使用者备案。

第十八条 使用者应登录公共服务体系，在已完成提供者备案的教育移动应用中进行勾选，并填写《教育移动应用使用者备案信息表》（附件2），完成使用者备案。

第十九条 根据“逐级管理、分级负责”的原则，学校和所属单位的使用者备案信息由其主管教育行政部门进行确认，教育行政部门的使用者备案信息由上级教育行政部门进行确认。

第二十条 使用者已有备案信息发生变化的，应在10个工作日内及时登录公共服务体系更新备案信息，并提请重新确认。

第二十一条 使用者自主开发，服务于本单位内部管理且不对外单位提供服务的教育移动应用，应在使用者备案时勾选“自研自用”的选项，并提交提供者备案信息。自研自用的教育移动应用按行政隶属关系进行备案。

第五章 监 督 管 理

第二十二条 通过公共服务体系公布提供者和使用者备案信息供社会公众查询。同时，在公共服务体系建立投诉举报通道，接受社会公众的投诉举报。

第二十三条 教育部对各地教育移动应用备案情况进行检查，定期通报教育移动应用备案工作进展。同时，将教育移动应用备案情况纳入网络安全责任制等相关考核评价。对备案工作落实不到位的教育行政部门和学校予以约谈、通报。

第二十四条 教育移动应用存在违法违规或违反《意见》要求且整改不及时的，将列入教育移动应用提供者黑名单，向教育系统通报，并撤销涉事教育移动应用备案。涉事单位六个月内不得再提交备案申请。

第六章 附 则

第二十五条 本办法解释权归教育部。

第二十六条 各省级教育行政部门可根据本办法制定本地区教育移动应用备案的实施细则。

第二十七条 本办法自发布之日起实施。

附件:1. 教育移动应用提供者备案信息表(略)
2. 教育移动应用使用者备案信息表(略)

国家教材建设重点研究基地管理办法

1. 2020年1月13日发布
2. 教材〔2020〕1号

第一章 总 则

第一条 国家教材建设重点研究基地,简称“国家教材基地”,是国家级教材研究专业机构,服务国家教育发展和教材建设重大战略,推动提高教材建设科学化水平,为教材建设、管理和政策制定提供理论支持智力支撑,发挥筑牢思想防线的重要作用。

第二条 国家教材基地建设以习近平新时代中国特色社会主义思想为指导,全面贯彻党的教育方针,落实立德树人根本任务,坚持正确政治方向,充分体现马克思主义中国化要求,充分体现中国和中华民族风格,充分体现党和国家对教育的基本要求,充分体现国家和民族基本价值观,充分体现人类文化知识积累和创新成果,为培养德智体美劳全面发展的社会主义建设者和接班人提供有力支撑。

第三条 国家教材基地建设坚持党的领导,立足国家重大需求,汇集优秀专业人才,建立灵活、开放、高效的运行机制,坚持基础理论研究与实践应用研究相结合,定性研究与定量研究相结合,以中国教材建设研究为主,兼顾国际比较研究,以现实问题研究为主,兼顾历史研究与前瞻研究。

第二章 管理体制

第四条 在国家教材委员会领导下,教育部负责国家教材基地统筹规划、遴选认定、建设管理等,国家教材委员会办公室(教育部教材局)负责组织实施。

第五条 受国家教材委员会办公室委托,教育部课程教材研究所承担相关具体工作。

第六条 国家教材基地所在单位要把基地建设纳入本单位发展规划,所在高等学校同时要纳入国家设立的有关高等学校建设项目或计划。国家教材基地所在单位负责研究项目与研究人员政治把关,选优配强工作力量,落实招生计划、办公场所、经费保障,组织开展绩效考核等。

第三章 机构设置

第七条 国家教材基地可依托所在单位有关机构专业力量设置,加强管理,不设分中心或分支机构。所在单位任命国家教材基地负责人并报国家教材委员会办公室备案。

第八条 国家教材基地应设立学术委员会,负责学术指导。学术委员会委员经所在单位审核批准后由国家教材基地聘任。

第九条 国家教材基地应配备一定数量的专门人员,其中二分之一以上应具有高级专业技术职称。根据需要,可以聘请本领域价值立场正确、学术造诣深、学风优良的专家学者作为兼职人员,应与兼职人员签订聘任协议。国家教材基地所在单位党组织要对所有成员进行综合审核,把好思想政治关。

第十条 国家教材基地须悬挂统一标识牌,规范使用名称、标识。国家教材基地英文全称为:The National Research Institute for Teaching Materials,缩写为:NRITM。

第四章 工作任务

第十一条 开展教材建设研究。围绕教材建设的基础理论、实践应用、发展战略等开展深入研究,探索教材建设规律,重点研究习近平新时代中国特色社会主义思想进课程教材、教材内容价值导向与知识教育有机融合、信息时代新形态教材等。

第十二条 提供咨询指导服务。根据国家、省级及校级教材工作部门部署,参与国家、地方及学校教材编写、审查、培训、评估等工作,提供专业咨询意见,发挥智库作用。开展教材建设相关人员培训,提升地方和学校教材建设队伍专业化水平。

第十三条 交流传播研究成果。加强课程教材专业期刊、专业网站、专业组织等建设,单独或联合组织学术交流活动。开展中外合作交流,共同研究教材建设规律和发展趋势,推介中国优秀教材及重要研究成果,遴选国外优秀教材,学习借鉴先进经验。

第十四条 建设教材研究队伍。发挥高端平台的聚集效应,团结一大批国内教材研究的中坚力量。明确队伍建设发展规划,完善激励机制,建设老中青相结合、理论研究专家与实践专家相结合、专职与兼职相结合的专家队伍。

第十五条 培养专业人才。有计划招收相关研究方向硕博士研究生、博士后研究人员、访问学者等,培养课程教材建设专业人才。

第十六条 汇集教材建设数据。收集整理本领域国内外教材建设政策文件、相关课程设置(课程方案)及课程标准(教学大纲)、相关教材及研究成果、教材编写选材和案例、教材使用情况等,了解教材编写人员、任课教师等相关情况，形成教材建设数据中心，为教材研究、开发和管理提供资源支撑。

第五章　运行机制

第十七条　教材研究设立规划项目和委托项目。项目级别分为教育部重点和教育部一般。规划项目由国家教材委员会办公室和国家教材基地提出，按程序组织专家对立项、定级和结项进行评审。委托项目一般由国家教材委员会办公室下达，根据实际需要，也可由教育部相关司局商国家教材委员会办公室下达，按程序组织专家对定级和结项进行评审。此外，国家教材基地也可确定自主研究项目。

第十八条　实行年度报告制度。国家教材基地应每年向国家教材委员会办公室提交规划项目、委托项目成果以及工作报告。成果包括咨询报告、学术论文与著作、教材样章样例及与教材研究相关的数字化材料等。提交的成果须与国家教材基地工作紧密相关，并注明“国家教材基地项目成果”或“作者系国家教材基地人员”。项目成果著作权归国家教材委员会所有，未经国家教材委员会办公室许可，不得擅自出版或公开发布。工作报告包括各项工作任务进展情况、资金使用情况、下一年度工作重点等。

第十九条　国家教材委员会办公室定期组织国家教材基地工作交流。鼓励国家教材基地之间开展多学科、多学段合作研究，实现优势互补。教育部课程教材研究所负责收集国家教材基地研究动态等相关信息供参考交流。

第二十条　国家教材基地所在单位应基于本单位实际，制定对国家教材基地主任及成员工作量的考核方案，将国家教材基地研究工作任务及成果纳入年度工作量及科研成果核算，计入单位绩效考核。

第六章　条件保障

第二十一条　国家教材基地经费由国家教材委员会办公室拨款、所在单位配套经费等构成。国家教材委员会办公室每年给予固定经费支持，保证规划项目研究，根据需要，另行拨付委托项目经费。国家教材基地所在单位应根据建设需要配套专项经费。国家教材基地应设立专门财务账号，经费使用符合国家有关财务规定，确保专款专用。

第二十二条　国家教材基地须具备独立的办公场所。国家教材基地所在单位应提供面积不少于200平米的办公场地及必要办公设备。

第七章　考核监督

第二十三条　国家教材委员会办公室以五年为一个周期，组织专家对国家教材基地进行全面考核评估。周期内实行年度考核，将国家教材基地年度工作报告和成果报告作为考核的主要依据，重点对工作任务完成情况和质量进行考核。考核结果分为合格、不合格。连续三年考核不合格的，撤销国家教材基地资格。

第二十四条　国家教材基地应对出现价值立场错误、学术不端、制造负面舆论、泄密、擅自公开发布或出版项目成果等情况的成员进行及时处理，取消其成员资格，依规追究相关责任。所在单位应责令国家教材基地限期整改，造成严重影响的，应追究国家教材基地负责人责任。对于因上述情况造成恶劣影响的，教育部依程序撤销国家教材基地资格，对于故意隐瞒事实不报的，追究国家教材基地所在单位负责人的责任。

本办法从印发之日起施行。国家教材基地所在单位应根据本办法制订实施细则，并报国家教材委员会办公室备案。国家教材委员会办公室对本办法具有最终解释权。

绿色低碳发展国民教育体系建设实施方案

1. 2022年10月26日发布
2. 教发〔2022〕2号

为深入贯彻落实习近平总书记关于碳达峰碳中和工作的重要讲话和指示批示精神，认真落实党中央、国务院决策部署，落实《中共中央　国务院关于完整准确全面贯彻新发展理念做好碳达峰碳中和工作的意见》、国务院《2030年前碳达峰行动方案》要求，把绿色低碳发展理念全面融入国民教育体系各个层次和各个领域，培养践行绿色低碳理念、适应绿色低碳社会、引领绿色低碳发展的新一代青少年，发挥好教育系统人才培养、科学研究、社会服务、文化传承的功能，为实现碳达峰碳中和目标作出教育行业的特有贡献，制定本实施方案。

一、总体要求

（一）指导思想。

以习近平新时代中国特色社会主义思想为指导，全面贯彻党的二十大精神，深入贯彻习近平生态文明思想，立足新发展阶段，完整、准确、全面贯彻新发展理念，构建新发展格局，聚焦绿色低碳发展融入国民教育体系各个层次的切入点和关键环节，采取有针对性的举措，构建特色鲜明、上下衔接、内容丰富的绿色低碳发展国民教育体系，引导青少年牢固树立绿色低碳发展理念，为实现碳达峰碳中和目标奠定坚实思想和行动基础。

（二）工作原则。

——坚持全国统筹。强化总体设计和工作指导，发挥制度优势，压实各方责任。根据各地实际分类施策，鼓励主动作为，示范引领。以理念建构和习惯养成为重点，将绿色低碳导向融入国民教育体系各领域各环节，加快构建绿色低碳国民教育体系。

——坚持节约优先。把节约能源资源放在首位，积极建设绿色学校，持续降低大中小学能源资源消耗和碳排放，重视校园节能降耗技术改造和校园绿化工作，倡导简约适度、绿色低碳生活方式，从源头上减少碳排放。

——坚持全程育人。在注重绿色低碳纳入大中小学教育教学活动的同时，在教师培养培训环节增加生态文明建设的最新成果、碳达峰碳中和的目标任务要求等内容。既要注重学校节能技术改造、能源管理，也要注重校园软环境的创设，达到润物细无声的效果。

——坚持开放融合。绿色低碳理念和技术进步成果优先在学校传播，行业领军企业要免费向大中小学开设社会实践课堂。高等院校要加大对绿色低碳科学研究和技术的投入，为碳达峰碳中和贡献教育力量。

二、主要目标

到 2025 年，绿色低碳生活理念与绿色低碳发展规范在大中小学普及传播，绿色低碳理念进入大中小学教育体系；有关高校初步构建起碳达峰碳中和相关学科专业体系，科技创新能力和创新人才培养水平明显提升。

到 2030 年，实现学生绿色低碳生活方式及行为习惯的系统养成与发展，形成较为完善的多层次绿色低碳理念育人体系并贯通青少年成长全过程，形成一批具有国际影响力和权威性的碳达峰碳中和一流学科专业和研究机构。

三、将绿色低碳发展融入教育教学

（一）把绿色低碳要求融入国民教育各学段课程教材。将习近平生态文明思想、习近平总书记关于碳达峰碳中和重要论述精神充分融入国民教育中，开展形式多样的资源环境国情教育和碳达峰碳中和知识普及工作。针对不同年龄阶段青少年心理特点和接受能力，系统规划、科学设计教学内容，改进教育方式，鼓励开发地方和校本课程教材。学前教育阶段着重通过绘本、动画启蒙幼儿的生态保护意识和绿色低碳生活的习惯养成。基础教育阶段在政治、生物、地理、物理、化学等学科课程教材教学中普及碳达峰碳中和的基本理念和知识。高等教育阶段加强理学、工学、农学、经济学、管理学、法学等学科融合贯通，建立覆盖气候系统、能源转型、产业升级、城乡建设、国际政治经济、外交等领域的碳达峰碳中和核心知识体系，加快编制跨领域综合性知识图谱，编写一批碳达峰碳中和领域精品教材，形成优质资源库。职业教育阶段逐步设立碳排放统计核算、碳排放与碳汇计量监测等新兴专业或课程。

（二）加强教师绿色低碳发展教育培训。各级教育行政部门和师范院校、教师继续教育学院要结合实际在师范生课程体系、校长培训和教师培训课程体系中加入碳达峰碳中和最新知识、绿色低碳发展最新要求、教育领域职责与使命等内容，推动教师队伍率先树立绿色低碳理念，提升传播绿色低碳知识能力。

（三）把党中央关于碳达峰碳中和的决策部署纳入高等学校思政工作体系。发挥课堂主渠道作用，将绿色低碳发展有关内容有机融入高校思想政治理论课。通过高校形势与政策教育宣讲、专家报告会、专题座谈会等，引导大学生围绕绿色低碳发展进行学习研讨，提升大学生对实现碳达峰碳中和战略目标重要性的认识，推动绿色低碳发展理念进思政、进课堂、进头脑。统筹线上线下教育资源，充分发挥高校思政类公众号的示范引领作用，广泛开展碳达峰碳中和宣传教育。

（四）加强绿色低碳相关专业学科建设。根据国家碳达峰碳中和工作需要，鼓励有条件、有基础的高等学校、职业院校加强相关领域的学科、专业建设，创新人才培养模式，支持具备条件和实力的高等学校加快储能、氢能、碳捕集利用与封存、碳排放权交易、碳汇、绿色金融等学科专业建设。鼓励高校开设碳达峰碳中和导论课程。建设一批绿色低碳领域未来技术学院、现代产业学院和示范性能源学院，开展国际合作与交流，加大绿色低碳发展领域的高层次专业化人才培养力度。深化产教融合，鼓励校企联合开展产学合作协同育人项目，组建碳达峰碳中和产教融合发展联盟。引导职业院校增设相关专业，到 2025 年，全国绿色低碳领域相关专业布点数不少于 600 个，发布专业教学标准，支持职业院校根据需要在低碳建筑、光伏、水电、风电、环保、碳排放统计核算、计量监测等相关专业领域加大投入，充实师资力量，推动生态文明与职业规范相结合，职业资格与职业认证绿色标准相结合，完善课程体系和实践实训条件，规划建设 100 种左右有关课程教材，适度扩大技术技能人才培养规模。

（五）将践行绿色低碳作为教育活动重要内容。创新绿色低碳教育形式，充分利用智慧教育平台开发优质教育资源、普及有关知识、开展线上活动。以全国节能宣传周、全国城市节水宣传周、全国低碳日、世界环境日、世界地球日等主题宣传节点为契机，组织主题班会、专题讲座、知识竞赛、征文比赛等多种形式教育活动，持续开展节水、节电、节粮、垃圾分类、校园绿化等生活实践活动，引导中小学生从小树立人与自然和谐共生观念，自觉践行节约能源资源、保护生态环境各项要求。强化社会实践，组织大学生通过实地参观、社会调研、志愿服务、撰写调研报告等形式，走进厂矿企业、乡村社区了解碳达峰碳中和工作进展。

四、以绿色低碳发展引领提升教育服务贡献力

（六）支持高等学校开展碳达峰碳中和科研攻关。加强碳达峰碳中和相关领域全国重点实验室、国家技术创新中心、国家工程研究中心等国家级创新平台的培育，组建一批攻关团队，加快绿色低碳相关领域基础理论研究和关键共性技术新突破。优化高校相关领域创新平台布局，推进前沿科学中心、关键核心技术集成攻关大平台建设，构建从基础研究、技术创新到产业化的全链条攻关体系。支持高校联合科技企业建立技术研发中心、产业研究院、中试基地、协同创新中心等，构建碳达峰碳中和相关技术发展产学研全链条创新网络，围绕绿色低碳领域共性需求和难点问题，开展绿色低碳技术联合攻关，并促进科技成果转移转化，服务经济社会高质量发展。

（七）支持高等学校开展碳达峰碳中和领域政策研究和社会服务。引导高校发挥人才优势，组织专业力量，围绕碳达峰碳中和开展前沿理论和政策研究，为碳达峰碳中和工作提供政策咨询服务。协助有关行政管理部门做好重要政策调研、决策评估、政策解读相关工作，积极参与碳达峰碳中和有关各类规划和标准研制、项目评审论证等，支持和保障重点工作、重点项目推进实施。

五、将绿色低碳发展融入校园建设

（八）完善校园能源管理工作体系。鼓励各地各校开展校园能耗调研，建立校园能耗监测体系，对校园能耗数据进行实时跟踪和精准分析，针对校园能源消耗和师生学习工作需求，建立涵盖节约用电、用水、用气，以及倡导绿色出行等全方位的校园能源管理工作体系。加快推进移动互联网、云计算、物联网、大数据等现代信息技术在校园教学、科研、基建、后勤、社会服务等方面的应用，实现高校后勤领域能源管理的智能化与动态化，助推学校绿色发展提质增效、转型升级。

（九）在新校区建设和既有校区改造中优先采用节能减排新技术产品和服务。在校园建设与管理领域广泛运用先进的节能新能源技术产品和服务。有序逐步降低传统化石能源应用比例，提高绿色清洁能源的应用比例，从源头上减少碳排放。加快推进超低能耗、近零能耗、低碳建筑规模化发展，提升学校新建建筑节能水平。大力推进学校既有建筑、老旧供热管网等节能改造，全面推广节能门窗、绿色建材等节能产品，降低建筑本体用能需求。鼓励采用自然通风、自然采光等被动式技术；因地制宜采用高效制冷机房技术，智慧供热技术，智慧能源管控平台等新技术手段降低能源消耗。优化学校建筑用能结构。加快推动学校建筑用能电气化和低碳化，深入推进可再生能源在学校建设领域的规模化应用。在有条件的地区开展学校建筑屋顶光伏行动，推动光伏与建筑一体化发展。大力提高学校生活热水、炊事等电气化普及率。重视校园绿化工作，鼓励采用屋顶绿化、垂直绿化、增加自然景观水体等绿化手段，增加校园自然碳汇面积。

六、保障措施

（十）加强组织领导。各级教育行政部门要高度重视绿色低碳发展国民教育体系建设，以服务碳达峰碳中和重大战略决策为目标，统筹各类资源、加大探索力度，结合本地实际和绿色学校创建工作，制定工作方案。充分发挥教育系统人才智力优势，加快绿色低碳发展国民教育体系建设工作。

（十一）推动协同保障。加大绿色低碳发展国民教育体系建设工作领导，加大各部门协作力度，形成协同推进绿色低碳发展国民教育体系建设工作机制。对绿色低碳发展国民教育体系建设工作重大科技任务、重大课题、重点学科、重点实验室予以资金和政策保障，稳步推进绿色低碳进校园工作。

（十二）强化宣传引导。各地要多措并举、积极倡导绿色低碳发展理念，及时宣传绿色低碳发展国民教育体系建设工作进展，总结推广各级各类学校的经验做法，加强先进典型的正面宣传，发挥榜样示范作用，达到良好宣传实效，引导教育系统师生形成简约适度生活方式，营造绿色低碳良好社会氛围。

二、学前教育

资料补充栏

1. 综　合

中共中央、国务院关于学前教育深化改革规范发展的若干意见

2018 年 11 月 7 日

学前教育是终身学习的开端，是国民教育体系的重要组成部分，是重要的社会公益事业。办好学前教育、实现幼有所育，是党的十九大作出的重大决策部署，是党和政府为老百姓办实事的重大民生工程，关系亿万儿童健康成长，关系社会和谐稳定，关系党和国家事业未来。

党的十八大以来，我国学前教育事业快速发展，资源迅速扩大、普及水平大幅提高、管理制度不断完善，“入园难”问题得到有效缓解。同时也要看到，由于底子薄、欠账多，目前学前教育仍是整个教育体系的短板，发展不平衡不充分问题十分突出，“入园难”、“入园贵”依然是困扰老百姓的烦心事之一。主要表现为：学前教育资源尤其是普惠性资源不足，政策保障体系不完善，教师队伍建设滞后，监管体制机制不健全，保教质量有待提高，存在“小学化”倾向，部分民办园过度逐利、幼儿安全问题时有发生。为进一步完善学前教育公共服务体系，切实办好新时代学前教育，更好实现幼有所育，现就学前教育深化改革规范发展提出如下意见。

一、总体要求

（一）指导思想。以习近平新时代中国特色社会主义思想为指导，全面贯彻党的十九大精神和党的教育方针，认真落实立德树人根本任务，遵循学前教育规律，牢牢把握学前教育正确发展方向，完善学前教育体制机制，健全学前教育政策保障体系，推进学前教育普及普惠安全优质发展，满足人民群众对幼有所育的美好期盼，为培养德智体美劳全面发展的社会主义建设者和接班人奠定坚实基础。

（二）基本原则

——坚持党的领导。加强党对学前教育工作的领导，确保党的教育方针在学前教育领域深入贯彻，确保立德树人根本任务落实到位，确保学前教育始终沿着正确方向发展。

——坚持政府主导。落实各级政府在学前教育规划、投入、教师队伍建设、监管等方面的责任，完善各有关部门分工负责、齐抓共管的工作机制。牢牢把握公益普惠基本方向，坚持公办民办并举，加大公共财政投入，着力扩大普惠性学前教育资源供给。

——坚持改革创新。突出问题导向，统筹兼顾、综合施策，破解制约学前教育发展的体制机制障碍，补齐制度短板，激发办园活力，鼓励引导规范社会力量办园，充分调动各方面积极性。

——坚持规范管理。遵循幼儿身心发展规律，实施科学保教，健全治理体系，堵住监管漏洞，完善学前教育法律法规，实现依法依规办园治园，促进幼儿健康快乐成长。

（三）主要目标

到 2020 年，全国学前三年毛入园率达到 85%，普惠性幼儿园覆盖率（公办园和普惠性民办园在园幼儿占比）达到 80%。广覆盖、保基本、有质量的学前教育公共服务体系基本建成，学前教育管理体制、办园体制和政策保障体系基本完善。投入水平显著提高，成本分担机制普遍建立。幼儿园办园行为普遍规范，保教质量明显提升。不同区域、不同类型城市分类解决学前教育发展问题，大型、特大型城市率先实现发展目标。

到 2020 年，基本形成以本专科为主体的幼儿园教师培养体系，本专科学前教育专业毕业生规模达到 20 万人以上；建立幼儿园教师专业成长机制，健全培训课程标准，分层分类培训 150 万名左右幼儿园园长、教师；建立普通高等学校学前教育专业质量认证和保障体系，幼儿园教师队伍综合素质和科学保教能力得到整体提升，幼儿园教师社会地位、待遇保障进一步提高，职业吸引力明显增强。

到 2035 年，全面普及学前三年教育，建成覆盖城乡、布局合理的学前教育公共服务体系，形成完善的学前教育管理体制、办园体制和政策保障体系，为幼儿提供更加充裕、更加普惠、更加优质的学前教育。

二、优化布局与办园结构

（四）科学规划布局。各地要充分考虑人口变化和城镇化发展趋势，结合实施乡村振兴战略，制定应对学前教育需求高峰方案。以县为单位制定幼儿园布局规划，切实把普惠性幼儿园建设纳入城乡公共管理和公共服务设施统一规划，列入本地区控制性详细规划和土地招拍挂建设项目成本，选定具体位置，明确服务范围，确定建设规模，确保优先建设。公办园资源不足的城镇地区，新建改扩建一批公办园。大力发展农村

学前教育，每个乡镇原则上至少办好一所公办中心园，大村独立建园或设分园，小村联合办园，人口分散地区根据实际情况可举办流动幼儿园、季节班等，配备专职巡回指导教师，完善县乡村三级学前教育公共服务网络。

（五）调整办园结构。各地要把发展普惠性学前教育作为重点任务，结合本地实际，着力构建以普惠性资源为主体的办园体系，坚决扭转高收费民办园占比偏高的局面。大力发展公办园，充分发挥公办园保基本、兜底线、引领方向、平抑收费的主渠道作用。按照实现普惠目标的要求，公办园在园幼儿占比偏低的省份，逐步提高公办园在园幼儿占比，到 2020 年全国原则上达到 50%，各地可从实际出发确定具体发展目标。积极扶持民办园提供普惠性服务，规范营利性民办园发展，满足家长不同选择性需求。

三、拓宽途径扩大资源供给

（六）实施学前教育专项。国家继续实施学前教育行动计划，逐年安排建设一批普惠性幼儿园，重点扩大农村地区、脱贫攻坚地区、新增人口集中地区普惠性资源。

（七）积极挖潜扩大增量。充分利用腾退搬迁的空置厂房、乡村公共服务设施、农村中小学闲置校舍等资源，以租赁、租借、划转等形式举办公办园。鼓励支持街道、村集体、有实力的国有企事业单位，特别是普通高等学校举办公办园，在为本单位职工子女入园提供便利的同时，也为社会提供普惠性服务。对于军队停办的幼儿园，要移交地方政府接收，实行属地化管理，确保学前教育资源不流失。

（八）规范小区配套幼儿园建设使用。2019 年 6 月底前，各省（自治区、直辖市）要制定小区配套幼儿园建设管理办法，健全发展改革、自然资源、住房城乡建设、教育等部门联动管理机制，做好配套幼儿园规划、土地出让、园舍设计建设、验收、移交、办园等环节的监督管理。各省（自治区、直辖市）要对小区配套幼儿园规划、建设、移交、办园等情况进行专项治理，2019 年年底前整改到位。老城（棚户区）改造、新城开发和居住区建设、易地扶贫搬迁应将配套建设幼儿园纳入公共管理和公共服务设施建设规划，并按照相关标准和规范予以建设，确保配套幼儿园与首期建设的居民住宅区同步规划、同步设计、同步建设、同步验收、同步交付使用。配套幼儿园由当地政府统筹安排，办成公办园或委托办成普惠性民办园，不得办成营利性幼儿园。对存在配套幼儿园缓建、缩建、停建、不建和建而不交等问题的，在整改到位之前，不得办理竣工验收。

（九）鼓励社会力量办园。政府加大扶持力度，引导社会力量更多举办普惠性幼儿园。2019 年 6 月底前，各省（自治区、直辖市）要进一步完善普惠性民办园认定标准、补助标准及扶持政策。通过购买服务、综合奖补、减免租金、派驻公办教师、培训教师、教研指导等方式，支持普惠性民办园发展，并将提供普惠性学位数量和办园质量作为奖补和支持的重要依据。

四、健全经费投入长效机制

（十）优化经费投入结构。国家进一步加大学前教育投入力度，逐步提高学前教育财政投入和支持水平，主要用于扩大普惠性资源、补充配备教师、提高教师待遇、改善办园条件。中央财政继续安排支持学前教育发展资金，支持地方多种形式扩大普惠性资源，深化体制机制改革，健全幼儿资助制度，重点向中西部农村地区和贫困地区倾斜。研究中央专项彩票公益金等支持学前教育发展的政策。地方各级政府要健全学前教育经费投入机制，规范使用管理，强化绩效评价，提高使用效益。

（十一）健全学前教育成本分担机制。各地要从实际出发，科学核定办园成本，以提供普惠性服务为衡量标准，统筹制定财政补助和收费政策，合理确定分担比例。到 2020 年，各省（自治区、直辖市）制定并落实公办园生均财政拨款标准或生均公用经费标准，合理确定并动态调整拨款水平；因地制宜制定企事业单位、部队、街道、村集体办幼儿园财政补助政策；根据办园成本、经济发展水平和群众承受能力等因素，合理确定公办园收费标准并建立定期动态调整机制。民办园收费项目和标准根据办园成本、市场需求等因素合理确定，向社会公示，并接受有关主管部门的监督。非营利性民办园（包括普惠性民办园）收费具体办法由省级政府制定。营利性民办园收费标准实行市场调节，由幼儿园自主决定。地方政府依法加强对民办园收费的价格监管，坚决抑制过高收费。

（十二）完善学前教育资助制度。各地要认真落实幼儿资助政策，确保接受普惠性学前教育的家庭经济困难儿童（含建档立卡家庭儿童、低保家庭儿童、特困救助供养儿童等）、孤儿和残疾儿童得到资助。

五、大力加强幼儿园教师队伍建设

（十三）严格依标配备教职工。各地要及时补充公办园教职工，严禁“有编不补”、长期使用代课教师。民办园按照配备标准配足配齐教职工。各类幼儿园按照国家相关规定配备卫生保健人员。

（十四）依法保障幼儿园教师地位和待遇。各地要认真落实公办园教师工资待遇保障政策，统筹工资收入政策、经费支出渠道，确保教师工资及时足额发放、同工同酬。有条件的地方可试点实施乡村公办园教师生活补助政策。按照政府购买服务范围的规定，可将公办园中保育员、安保、厨师等服务纳入政府购买服务范围，所需资金从地方财政预算中统筹安排。民办园要参照当地公办园教师工资收入水平，合理确定相应教师的工资收入。各类幼儿园依法依规足额足项为教职工缴纳社会保险和住房公积金。各地要根据学前教育特点和幼儿园教师专业标准，完善幼儿园教师职称评聘标准，畅通职称评聘通道，提高高级职称比例。对作出突出贡献的幼儿园园长、教师，按照国家有关规定予以表彰和奖励。

（十五）完善教师培养体系。办好一批幼儿师范专科学校和若干所幼儿师范学院，支持师范院校设立并办好学前教育专业。中等职业学校相关专业重点培养保育员。根据基本普及学前教育目标，制定学前教育专业培养规划，扩大本专科层次培养规模及学前教育专业公费师范生招生规模。前移培养起点，大力培养初中毕业起点的五年制专科学历的幼儿园教师。引导学前教育专业毕业生从事幼教工作，鼓励师范院校在校生辅修或转入学前教育专业，扩大有质量教师供给。创新培养模式，优化培养课程体系，突出保教融合，健全学前教育法规及规章制度，加强儿童发展、幼儿园保育教育实践类课程建设，提高培养专业化水平。2018年启动师范院校学前教育专业国家认证工作，建立培养质量保障制度。

（十六）健全教师培训制度。出台幼儿园教师培训课程指导标准，实行幼儿园园长、教师定期培训和全员轮训制度。研究制定全国幼儿园教师培训工作方案，用两年半左右时间，通过国家、省、县三级培训网络，大规模培训幼儿园园长、教师，重点加强师德师风全员培训、非学前教育专业教师全员补偿培训和未成年人保护方面的法律培训等。创新培训模式，支持师范院校与优质幼儿园协同建立培训基地，强化专业学习与跟岗实践相结合，增强培训针对性和实效性，切实提高教师专业水平和科学保教能力。

（十七）严格教师队伍管理。认真落实教师资格准入与定期注册制度，严格执行幼儿园园长、教师专业标准，坚持公开招聘制度，全面落实幼儿园教师持证上岗，切实把好幼儿园园长、教师入口关。非学前教育专业毕业生到幼儿园从教须经专业培训并取得相应教师资格。强化师德师风建设，通过加强师德教育、完善考评制度、加大监察监督、建立信用记录、完善诚信承诺和失信惩戒机制等措施，提高教师职业素养，培养热爱幼教、热爱幼儿的职业情怀。对违反职业行为规范、影响恶劣的实行"一票否决"，终身不得从教。

六、完善监管体系

（十八）落实监管责任。强化各级党委和政府及各有关部门的监管责任，建立健全教育部门主管、各有关部门分工负责的监管机制。健全各级教育部门学前教育管理机构，充实管理力量，建设一支与学前教育事业发展规模和监管任务相适应的专业化管理队伍。

（十九）加强源头监管。严格幼儿园准入管理，各地依据国家基本标准调整完善幼儿园设置标准，严格掌握审批条件，加强对教职工资质与配备标准、办园条件等方面的审核。幼儿园审批严格执行"先证后照"制度，由县级教育部门依法进行前置审批，取得办园许可证后，到相关部门办理法人登记。对符合条件的幼儿园，按照国家相关规定进行事业单位登记。

（二十）完善过程监管。强化对幼儿园教职工资质和配备、收费行为、安全防护、卫生保健、保教质量、经费使用以及财务管理等方面的动态监管，完善年检制度。各地建立幼儿园基本信息备案及公示制度，充分利用互联网等信息化手段，向社会及时公布并更新幼儿园教职工配备、收费标准、质量评估等方面信息，主动接受社会监督。教育、民政、市场监管等部门要健全家长投诉渠道，及时回应和解决家长反映的问题。健全家长志愿者驻园值守制度，充分发挥幼儿园家长委员会作用，推动家长有效参与幼儿园重大事项决策和日常管理。建设全国学前教育管理信息系统，提高学前教育信息化管理水平。

（二十一）强化安全监管。落实相关部门对幼儿园安全保卫和监管责任，提升人防、物防、技防能力，建立全覆盖的幼儿园安全风险防控体系。幼儿园所在街道（乡镇）、城乡社区居民委员会（村民委员会）共同做好幼儿园安全监管工作。幼儿园必须把保护幼儿生命安全和健康放在首位，落实园长安全主体责任，健全各项安全管理制度和安全责任制，强化法治教育和安全教育，提高家长安全防范意识和能力，并通过符合幼儿身心特点的方式提高幼儿感知、体悟、躲避危险和伤害的能力。

（二十二）严格依法监管。加强办园行为督导，实行幼儿园责任督学挂牌督导制度。幼儿园提供虚假或误导家长信息的，纳入诚信记录。对存在伤害儿童、违规收费等行为的幼儿园，及时进行整改、追究责任；造成恶劣影响的，依法吊销办园许可证，有关责任人终身不得办学和执教；构成犯罪的，依法追究其刑事责任。

七、规范发展民办园

（二十三）稳妥实施分类管理。2019年6月底前，各省（自治区、直辖市）要制定民办园分类管理实施办法，明确分类管理政策。现有民办园根据举办者申请，限期归口进行非营利性民办园或营利性民办园分类登记。在此期间，县级以上教育、民政、市场监管部门做好衔接等工作，确保分类登记平稳实施、有序进行。

（二十四）遏制过度逐利行为。民办园应依法建立财务、会计和资产管理制度，按照国家有关规定设置会计账簿，收取的费用应主要用于幼儿保教活动、改善办园条件和保障教职工待遇，每年依规向当地教育、民政或市场监管部门提交经审计的财务报告。社会资本不得通过兼并收购、受托经营、加盟连锁、利用可变利益实体、协议控制等方式控制国有资产或集体资产举办的幼儿园、非营利性幼儿园；已违规的，由教育部门会同有关部门进行清理整治，清理整治完成前不得进行增资扩股。参与并购、加盟、连锁经营的营利性幼儿园，应将与相关利益企业签订的协议报县级以上教育部门备案并向社会公布；当地教育部门应对相关利益企业和幼儿园的资质、办园方向、课程资源、数量规模及管理能力等进行严格审核，实施加盟、连锁行为的营利性幼儿园原则上应取得省级示范园资质。幼儿园控制主体或品牌加盟主体变更，须经所在区县教育部门审批，举办者变更须按规定办理核准登记手续，按法定程序履行资产交割。所属幼儿园出现安全、经营、管理、质量、财务、资产等方面问题时，举办者、实际控制人、负责幼儿园经营的管理机构应承担相应责任。民办园一律不准单独或作为一部分资产打包上市。上市公司不得通过股票市场融资投资营利性幼儿园，不得通过发行股份或支付现金等方式购买营利性幼儿园资产。

（二十五）分类治理无证办园。各地要将无证园全部纳入监管范围，建立工作台账，稳妥做好排查、分类、扶持和治理工作。加大整改扶持力度，通过整改扶持规范一批无证园，达到基本标准的，颁发办园许可证。整改后仍达不到安全卫生等办园基本要求的，地方政府要坚决予以取缔，并妥善分流和安置幼儿。2020年年底前，各地要稳妥完成无证园治理工作。

八、提高幼儿园保教质量

（二十六）全面改善办园条件。幼儿园园舍条件、玩教具和幼儿图书配备应达到规定要求。国家制定幼儿园玩教具和图书配备指南，广泛征集遴选符合幼儿身心特点的优质游戏活动资源和体现中国优秀传统文化、现代生活特色的绘本。各地要加强对玩教具和图书配备的指导，支持引导幼儿园充分利用当地自然和文化资源，合理布局空间、设施，为幼儿提供有利于激发学习探索、安全、丰富、适宜的游戏材料和玩教具，防止盲目攀比、不切实际。

（二十七）注重保教结合。幼儿园要遵循幼儿身心发展规律，树立科学保教理念，建立良好师幼关系。合理安排幼儿一日生活，为幼儿提供均衡的营养，保证充足的睡眠和适宜的锻炼，传授基本的文明礼仪，培育幼儿良好的卫生、生活、行为习惯和自我保护能力。坚持以游戏为基本活动，珍视幼儿游戏活动的独特价值，保护幼儿的好奇心和学习兴趣，尊重个体差异，鼓励支持幼儿通过亲近自然、直接感知、实际操作、亲身体验等方式学习探索，促进幼儿快乐健康成长。开展幼儿园“小学化”专项治理行动，坚决克服和纠正“小学化”倾向，小学起始年级必须按国家课程标准坚持零起点教学。

（二十八）完善学前教育教研体系。健全各级学前教育教研机构，充实教研队伍，落实教研指导责任区制度，加强园本教研、区域教研，及时解决幼儿园教师在教育实践过程中的困惑和问题。充分发挥城镇优质幼儿园和农村乡镇中心园的辐射带动作用，加强对薄弱园的专业引领和实践指导。

（二十九）健全质量评估监测体系。国家制定幼儿园保教质量评估指南，各省（自治区、直辖市）完善幼儿园质量评估标准，健全分级分类评估体系，建立一支立足实践、熟悉业务的专业化质量评估队伍，将各类幼儿园全部纳入质量评估范畴，定期向社会公布评估结果。加强幼儿园保育教育资源监管，在幼儿园推行使用的课程教学类资源须经省级学前教育专家指导委员会审核。

九、加强组织领导

（三十）加强党的领导。全面加强党对学前教育事业的领导，按照管党建与管业务相结合的原则，市、县级党委教育工作部门或教育行政部门党组织统一领导和指导幼儿园党建工作。认真落实全面从严治党要求，实现幼儿园党的组织和党的工作全覆盖。充分发挥幼儿园党组织作用,保障正确办园方向,认真做好教职工思想政治工作,厚植立德树人基础。

（三十一）健全管理体制。认真落实国务院领导、省市统筹、以县为主的学前教育管理体制。积极推动各地理顺机关、企事业单位办幼儿园的办园体制,实行属地化管理。国家完善相关法规制度,制定学前教育发展规划,推进普及学前教育,构建覆盖城乡的学前教育公共服务体系。地方政府是发展学前教育的责任主体,省级和市级政府负责统筹加强学前教育工作,推动出台地方性学前教育法规,制定相关规章和本地学前教育发展规划,健全投入机制,明确分担责任,完善相关政策措施并组织实施;县级政府对本县域学前教育发展负主体责任,负责制定学前教育发展规划和幼儿园布局、公办园的建设、教师配备补充、工资待遇及幼儿园运转,面向各类幼儿园进行监督管理,指导幼儿园做好保教工作,在土地划拨等方面对幼儿园予以优惠和支持,确保县域内学前教育规范有序健康发展。城市街道办事处、乡（镇）政府要积极支持办好本行政区域内各类幼儿园。

（三十二）完善部门协调机制。教育部门要完善政策,制定标准,充实管理、教研力量,加强学前教育的科学指导和监督管理。编制部门要结合实际合理核定公办园教职工编制。发展改革部门要把学前教育纳入当地经济社会发展规划,支持幼儿园建设发展。财政部门要完善财政支持政策,支持扩大普惠性学前教育资源。自然资源、住房城乡建设部门要将城镇小区和新农村配套幼儿园必要建设用地及时纳入相关规划,会同教育部门加强对配套幼儿园的建设、验收、移交等环节的监管落实。人力资源社会保障部门要制定完善幼儿园教职工人事（劳动）、工资待遇、社会保障和职称评聘政策。价格、财政、教育部门要根据职责分工,加强幼儿园收费管理。卫生健康部门要监督指导幼儿园卫生保健工作。民政、市场监管部门要分别对取得办学许可证的非营利性幼儿园和营利性幼儿园依法办理法人登记手续。金融监管部门要对民办园并购、融资上市等行为进行规范监管。党委政法委组织协调公安、司法等政法机关和有关部门进一步加强幼儿园安全保卫工作的指导,依法严厉打击侵害幼儿人身安全的违法犯罪行为,推动幼儿园及周边社会治安综合治理。

（三十三）建立督导问责机制。将学前教育普及普惠目标和相关政策措施落实情况作为对省级政府履行教育职责督导评估的重要内容,作为地方各级党委和政府督查工作的重点任务,纳入督导评估和目标考核体系。国务院教育督导委员会制定普及学前教育督导评估办法,以县为单位对普及学前教育情况进行评估,省级为主推动实施,国家审核认定。省一级建立专项督查机制,加强对普惠性资源配置、教师队伍建设、经费投入与成本分担机制等政府责任落实情况的督导检查,并将结果向社会公示。对发展学前教育成绩突出的地区予以表彰奖励,对履行职责不力、没有如期完成发展目标地区的责任人予以问责。

（三十四）研究制定学前教育法。加快推进学前教育立法,进一步明确学前教育在国民教育体系中的地位和公益普惠属性,强化政府和各有关部门在学前教育规划、投入、资源配置、师资队伍建设和监管等方面的责任,明确举办者对幼儿园办园条件、师资聘任、工资待遇、运转保障、经费使用与财务管理等方面的责任,促进学前教育事业健康可持续发展。加大对违法违规办园行为的惩治力度,推进学前教育走上依法办园、依法治教的轨道,保障幼儿身心健康成长。

（三十五）营造良好氛围。教育部门会同宣传、广电部门及新闻媒体认真遴选并广泛宣传各地学前教育工作的典型经验,以及为发展学前教育事业作出突出贡献的先进个人事迹,积极开展“全国学前教育宣传月”等宣传教育活动,传播科学育儿理念和知识,集中宣传展示先进典型经验,大力营造全社会关心支持学前教育改革发展的良好氛围。

幼儿园管理条例

1. 1989年8月20日国务院批准
2. 1989年9月11日国家教委发布
3. 自1990年2月1日起施行

第一章　总　　则

第一条　为了加强幼儿园的管理,促进幼儿教育事业的发展,制定本条例。

第二条　本条例适用于招收三周岁以上学龄前幼儿,对其进行保育和教育的幼儿园。

第三条　幼儿园的保育和教育工作应当促进幼儿在体、智、德、美诸方面和谐发展。

第四条　地方各级人民政府应当根据本地区社会经济发展状况,制订幼儿园的发展规划。

幼儿园的设置应当与当地居民人口相适应。

乡、镇、市辖区和不设区的市的幼儿园的发展规划，应当包括幼儿园设置的布局方案。

第五条　地方各级人民政府可以依据本条例举办幼儿园，并鼓励和支持企业事业单位、社会团体、居民委员会、村民委员会和公民举办幼儿园或捐资助园。

第六条　幼儿园的管理实行地方负责，分级管理和各有关部门分工负责的原则。

国家教育委员会主管全国的幼儿园管理工作；地方各级人民政府的教育行政部门，主管本行政辖区内的幼儿园管理工作。

第二章　举办幼儿园的基本条件和审批程序

第七条　举办幼儿园必须将幼儿园设置在安全区域内。

严禁在污染区和危险区内设置幼儿园。

第八条　举办幼儿园必须具有与保育、教育的要求相适应的园舍和设施。

幼儿园的园舍和设施必须符合国家的卫生标准和安全标准。

第九条　举办幼儿园应当具有符合下列条件的保育、幼儿教育、医务和其他工作人员：

（一）幼儿园园长、教师应当具有幼儿师范学校（包括职业学校幼儿教育专业）毕业程度，或者经教育行政部门考核合格。

（二）医师应当具有医学院校毕业程度，医士和护士应当具有中等卫生学校毕业程度，或者取得卫生行政部门的资格认可。

（三）保健员应当具有高中毕业程度，并受过幼儿保健培训。

（四）保育员应当具有初中毕业程度，并受过幼儿保育职业培训。

慢性传染病、精神病患者，不得在幼儿园工作。

第十条　举办幼儿园的单位或者个人必须具有进行保育、教育以及维修或扩建、改建幼儿园的园舍与设施的经费来源。

第十一条　国家实行幼儿园登记注册制度，未经登记注册，任何单位和个人不得举办幼儿园。

第十二条　城市幼儿园的举办、停办，由所在区、不设区的市的人民政府教育行政部门登记注册。

农村幼儿园的举办、停办，由所在乡、镇人民政府登记注册，并报县人民政府教育行政部门备案。

第三章　幼儿园的保育和教育工作

第十三条　幼儿园应当贯彻保育与教育相结合的原则，创设与幼儿的教育和发展相适应的和谐环境，引导幼儿个性的健康发展。

幼儿园应当保障幼儿的身体健康，培养幼儿的良好生活、卫生习惯；促进幼儿的智力发展；培养幼儿热爱祖国的情感以及良好的品德行为。

第十四条　幼儿园的招生、编班应当符合教育行政部门的规定。

第十五条　幼儿园应当使用全国通用的普通话。招收少数民族为主的幼儿园，可以使用本民族通用的语言。

第十六条　幼儿园应当以游戏为基本活动形式。

幼儿园可以根据本园的实际，安排和选择教育内容与方法，但不得进行违背幼儿教育规律，有损于幼儿身心健康的活动。

第十七条　严禁体罚和变相体罚幼儿。

第十八条　幼儿园应当建立卫生保健制度，防止发生食物中毒和传染病的流行。

第十九条　幼儿园应当建立安全防护制度，严禁在幼儿园内设置威胁幼儿安全的危险建筑物和设施，严禁使用有毒、有害物质制作教具、玩具。

第二十条　幼儿园发生食物中毒、传染病流行时，举办幼儿园的单位或者个人应当立即采取紧急救护措施，并及时报告当地教育行政部门或卫生行政部门。

第二十一条　幼儿园的园舍和设施有可能发生危险时，举办幼儿园的单位或个人应当采取措施，排除险情，防止事故发生。

第四章　幼儿园的行政事务

第二十二条　各级教育行政部门应当负责监督、评估和指导幼儿园的保育、教育工作，组织培训幼儿园的师资，审定、考核幼儿园教师的资格，并协助卫生行政部门检查和指导幼儿园的卫生保健工作，会同建设行政部门制定幼儿园园舍、设施的标准。

第二十三条　幼儿园园长负责幼儿园的工作。

幼儿园园长由举办幼儿园的单位或个人聘任，并向幼儿园的登记注册机关备案。

幼儿园的教师、医师、保健员、保育员和其他工作人员，由幼儿园园长聘任，也可由举办幼儿园的单位或个人聘任。

第二十四条　幼儿园可以依据本省、自治区、直辖市人民政府制定的收费标准，向幼儿家长收取保育费、教育费。

幼儿园应当加强财务管理，合理使用各项经费，任何单位和个人不得克扣、挪用幼儿园经费。

第二十五条　任何单位和个人，不得侵占和破坏幼儿园园舍和设施，不得在幼儿园周围设置有危险、有污染或影响幼儿园采光的建筑和设施，不得干扰幼儿园正常的工作秩序。

第五章　奖励与处罚

第二十六条　凡具备下列条件之一的单位或者个人，由教育行政部门和有关部门予以奖励：

（一）改善幼儿园的办园条件成绩显著的；

（二）保育、教育工作成绩显著的；

（三）幼儿园管理工作成绩显著的。

第二十七条　违反本条例，具有下列情形之一的幼儿园，由教育行政部门视情节轻重，给予限期整顿、停止招生、停止办园的行政处罚：

（一）未经登记注册，擅自招收幼儿的；

（二）园舍、设施不符合国家卫生标准、安全标准，妨害幼儿身体健康或者威胁幼儿生命安全的；

（三）教育内容和方法违背幼儿教育规律，损害幼儿身心健康的。

第二十八条　违反本条例，具有下列情形之一的单位或者个人，由教育行政部门对直接责任人员给予警告、罚款的行政处罚，或者由教育行政部门建议有关部门对责任人员给予行政处分：

（一）体罚或变相体罚幼儿的；

（二）使用有毒、有害物质制作教具、玩具的；

（三）克扣、挪用幼儿园经费的；

（四）侵占、破坏幼儿园园舍、设备的；

（五）干扰幼儿园正常工作秩序的；

（六）在幼儿园周围设置有危险、有污染或者影响幼儿园采光的建筑和设施的。

前款所列情形，情节严重，构成犯罪的，由司法机关依法追究刑事责任。

第二十九条　当事人对行政处罚不服的，可以在接到处罚通知之日起十五日内，向作出处罚决定的机关的上一级机关申请复议，对复议决定不服的，可在接到复议决定之日起十五日内，向人民法院提起诉讼。当事人逾期不申请复议或者不向人民法院提起诉讼又不履行处罚决定的，由作出处罚决定的机关申请人民法院强制执行。

第六章　附　　则

第三十条　省、自治区、直辖市人民政府可根据本条例制定实施办法。

第三十一条　本条例由国家教育委员会解释。

第三十二条　本条例自1990年2月1日起施行。

幼儿园工作规程

1. 2016年1月5日教育部令第39号公布

2. 自2016年3月1日起施行

第一章　总　　则

第一条　为了加强幼儿园的科学管理，规范办园行为，提高保育和教育质量，促进幼儿身心健康，依据《中华人民共和国教育法》等法律法规，制定本规程。

第二条　幼儿园是对3周岁以上学龄前幼儿实施保育和教育的机构。幼儿园教育是基础教育的重要组成部分，是学校教育制度的基础阶段。

第三条　幼儿园的任务是：贯彻国家的教育方针，按照保育与教育相结合的原则，遵循幼儿身心发展特点和规律，实施德、智、体、美等方面全面发展的教育，促进幼儿身心和谐发展。

幼儿园同时面向幼儿家长提供科学育儿指导。

第四条　幼儿园适龄幼儿一般为3周岁至6周岁。

幼儿园一般为三年制。

第五条　幼儿园保育和教育的主要目标是：

（一）促进幼儿身体正常发育和机能的协调发展，增强体质，促进心理健康，培养良好的生活习惯、卫生习惯和参加体育活动的兴趣。

（二）发展幼儿智力，培养正确运用感官和运用语言交往的基本能力，增进对环境的认识，培养有益的兴趣和求知欲望，培养初步的动手探究能力。

（三）萌发幼儿爱祖国、爱家乡、爱集体、爱劳动、爱科学的情感，培养诚实、自信、友爱、勇敢、勤学、好问、爱护公物、克服困难、讲礼貌、守纪律等良好的品德行为和习惯，以及活泼开朗的性格。

（四）培养幼儿初步感受美和表现美的情趣和能力。

第六条　幼儿园教职工应当尊重、爱护幼儿，严禁虐待、歧视、体罚和变相体罚、侮辱幼儿人格等损害幼儿身心健康的行为。

第七条　幼儿园可分为全日制、半日制、定时制、季节制和寄宿制等。上述形式可分别设置，也可混合设置。

第二章　幼儿入园和编班

第八条　幼儿园每年秋季招生。平时如有缺额，可随时补招。

幼儿园对烈士子女、家中无人照顾的残疾人子女、孤儿、家庭经济困难幼儿、具有接受普通教育能力的残疾儿童等入园，按照国家和地方的有关规定予以照顾。

第九条 企业、事业单位和机关、团体、部队设置的幼儿园，除招收本单位工作人员的子女外，应当积极创造条件向社会开放，招收附近居民子女入园。

第十条 幼儿入园前，应当按照卫生部门制定的卫生保健制度进行健康检查，合格者方可入园。

幼儿入园除进行健康检查外，禁止任何形式的考试或测查。

第十一条 幼儿园规模应当有利于幼儿身心健康，便于管理，一般不超过360人。

幼儿园每班幼儿人数一般为：小班（3周岁至4周岁）25人，中班（4周岁至5周岁）30人，大班（5周岁至6周岁）35人，混合班30人。寄宿制幼儿园每班幼儿人数酌减。

幼儿园可以按年龄分别编班，也可以混合编班。

第三章 幼儿园的安全

第十二条 幼儿园应当严格执行国家和地方幼儿园安全管理的相关规定，建立健全门卫、房屋、设备、消防、交通、食品、药物、幼儿接送交接、活动组织和幼儿就寝值守等安全防护和检查制度，建立安全责任制和应急预案。

第十三条 幼儿园的园舍应当符合国家和地方的建设标准，以及相关安全、卫生等方面的规范，定期检查维护，保障安全。幼儿园不得设置在污染区和危险区，不得使用危房。

幼儿园的设备设施、装修装饰材料、用品用具和玩教具材料等，应当符合国家相关的安全质量标准和环保要求。

入园幼儿应当由监护人或者其委托的成年人接送。

第十四条 幼儿园应当严格执行国家有关食品药品安全的法律法规，保障饮食饮水卫生安全。

第十五条 幼儿园教职工必须具有安全意识，掌握基本急救常识和防范、避险、逃生、自救的基本方法，在紧急情况下应当优先保护幼儿的人身安全。

幼儿园应当把安全教育融入一日生活，并定期组织开展多种形式的安全教育和事故预防演练。

幼儿园应当结合幼儿年龄特点和接受能力开展反家庭暴力教育，发现幼儿遭受或者疑似遭受家庭暴力的，应当依法及时向公安机关报案。

第十六条 幼儿园应当投保校方责任险。

第四章 幼儿园的卫生保健

第十七条 幼儿园必须切实做好幼儿生理和心理卫生保健工作。

幼儿园应当严格执行《托儿所幼儿园卫生保健管理办法》以及其他有关卫生保健的法规、规章和制度。

第十八条 幼儿园应当制定合理的幼儿一日生活作息制度。正餐间隔时间为3.5-4小时。在正常情况下，幼儿户外活动时间（包括户外体育活动时间）每天不得少于2小时，寄宿制幼儿园不得少于3小时；高寒、高温地区可酌情增减。

第十九条 幼儿园应当建立幼儿健康检查制度和幼儿健康卡或档案。每年体检一次，每半年测身高、视力一次，每季度量体重一次；注意幼儿口腔卫生，保护幼儿视力。

幼儿园对幼儿健康发展状况定期进行分析、评价，及时向家长反馈结果。

幼儿园应当关注幼儿心理健康，注重满足幼儿的发展需要，保持幼儿积极的情绪状态，让幼儿感受到尊重和接纳。

第二十条 幼儿园应当建立卫生消毒、晨检、午检制度和病儿隔离制度，配合卫生部门做好计划免疫工作。

幼儿园应当建立传染病预防和管理制度，制定突发传染病应急预案，认真做好疾病防控工作。

幼儿园应当建立患病幼儿用药的委托交接制度，未经监护人委托或者同意，幼儿园不得给幼儿用药。幼儿园应当妥善管理药品，保证幼儿用药安全。

幼儿园内禁止吸烟、饮酒。

第二十一条 供给膳食的幼儿园应当为幼儿提供安全卫生的食品，编制营养平衡的幼儿食谱，定期计算和分析幼儿的进食量和营养素摄取量，保证幼儿合理膳食。

幼儿园应当每周向家长公示幼儿食谱，并按照相关规定进行食品留样。

第二十二条 幼儿园应当配备必要的设备设施，及时为幼儿提供安全卫生的饮用水。

幼儿园应当培养幼儿良好的大小便习惯，不得限制幼儿便溺的次数、时间等。

第二十三条 幼儿园应当积极开展适合幼儿的体育活动，充分利用日光、空气、水等自然因素以及本地自然环境，有计划地锻炼幼儿肌体，增强身体的适应和抵抗能力。正常情况下，每日户外体育活动不得少于1小时。

幼儿园在开展体育活动时，应当对体弱或有残疾的幼儿予以特殊照顾。

第二十四条 幼儿园夏季要做好防暑降温工作，冬季要做好防寒保暖工作，防止中暑和冻伤。

第五章　幼儿园的教育

第二十五条　幼儿园教育应当贯彻以下原则和要求：

（一）德、智、体、美等方面的教育应当互相渗透，有机结合。

（二）遵循幼儿身心发展规律，符合幼儿年龄特点，注重个体差异，因人施教，引导幼儿个性健康发展。

（三）面向全体幼儿，热爱幼儿，坚持积极鼓励、启发引导的正面教育。

（四）综合组织健康、语言、社会、科学、艺术各领域的教育内容，渗透于幼儿一日生活的各项活动中，充分发挥各种教育手段的交互作用。

（五）以游戏为基本活动，寓教育于各项活动之中。

（六）创设与教育相适应的良好环境，为幼儿提供活动和表现能力的机会与条件。

第二十六条　幼儿一日活动的组织应当动静交替，注重幼儿的直接感知、实际操作和亲身体验，保证幼儿愉快的、有益的自由活动。

第二十七条　幼儿园日常生活组织，应当从实际出发，建立必要、合理的常规，坚持一贯性和灵活性相结合，培养幼儿的良好习惯和初步的生活自理能力。

第二十八条　幼儿园应当为幼儿提供丰富多样的教育活动。

教育活动内容应当根据教育目标、幼儿的实际水平和兴趣确定，以循序渐进为原则，有计划地选择和组织。

教育活动的组织应当灵活地运用集体、小组和个别活动等形式，为每个幼儿提供充分参与的机会，满足幼儿多方面发展的需要，促进每个幼儿在不同水平上得到发展。

教育活动的过程应注重支持幼儿的主动探索、操作实践、合作交流和表达表现，不应片面追求活动结果。

第二十九条　幼儿园应当将游戏作为对幼儿进行全面发展教育的重要形式。

幼儿园应当因地制宜创设游戏条件，提供丰富、适宜的游戏材料，保证充足的游戏时间，开展多种游戏。

幼儿园应当根据幼儿的年龄特点指导游戏，鼓励和支持幼儿根据自身兴趣、需要和经验水平，自主选择游戏内容、游戏材料和伙伴，使幼儿在游戏过程中获得积极的情绪情感，促进幼儿能力和个性的全面发展。

第三十条　幼儿园应当将环境作为重要的教育资源，合理利用室内外环境，创设开放的、多样的区域活动空间，提供适合幼儿年龄特点的丰富的玩具、操作材料和幼儿读物，支持幼儿自主选择和主动学习，激发幼儿学习的兴趣与探究的愿望。

幼儿园应当营造尊重、接纳和关爱的氛围，建立良好的同伴和师生关系。

幼儿园应当充分利用家庭和社区的有利条件，丰富和拓展幼儿园的教育资源。

第三十一条　幼儿园的品德教育应当以情感教育和培养良好行为习惯为主，注重潜移默化的影响，并贯穿于幼儿生活以及各项活动之中。

第三十二条　幼儿园应当充分尊重幼儿的个体差异，根据幼儿不同的心理发展水平，研究有效的活动形式和方法，注重培养幼儿良好的个性心理品质。

幼儿园应当为在园残疾儿童提供更多的帮助和指导。

第三十三条　幼儿园和小学应当密切联系，互相配合，注意两个阶段教育的相互衔接。

幼儿园不得提前教授小学教育内容，不得开展任何违背幼儿身心发展规律的活动。

第六章　幼儿园的园舍、设备

第三十四条　幼儿园应当按照国家的相关规定设活动室、寝室、卫生间、保健室、综合活动室、厨房和办公用房等，并达到相应的建设标准。有条件的幼儿园应当优先扩大幼儿游戏和活动空间。

寄宿制幼儿园应当增设隔离室、浴室和教职工值班室等。

第三十五条　幼儿园应当有与其规模相适应的户外活动场地，配备必要的游戏和体育活动设施，创造条件开辟沙地、水池、种植园地等，并根据幼儿活动的需要绿化、美化园地。

第三十六条　幼儿园应当配备适合幼儿特点的桌椅、玩具架、盥洗卫生用具，以及必要的玩教具、图书和乐器等。

玩教具应当具有教育意义并符合安全、卫生要求。幼儿园应当因地制宜，就地取材，自制玩教具。

第三十七条　幼儿园的建筑规划面积、建筑设计和功能要求，以及设施设备、玩教具配备，按照国家和地方的相关规定执行。

第七章　幼儿园的教职工

第三十八条　幼儿园按照国家相关规定设园长、副园长、教师、保育员、卫生保健人员、炊事员和其他工作人员等岗位，配足配齐教职工。

第三十九条　幼儿园教职工应当贯彻国家教育方针，具有良好品德，热爱教育事业，尊重和爱护幼儿，具有专业知识和技能以及相应的文化和专业素养，为人师表，忠于职责，身心健康。

幼儿园教职工患传染病期间暂停在幼儿园的工作。有犯罪、吸毒记录和精神病史者不得在幼儿园工作。

第四十条　幼儿园园长应当符合本规程第三十九条规定，并应当具有《教师资格条例》规定的教师资格、具备大专以上学历、有三年以上幼儿园工作经历和一定的组织管理能力，并取得幼儿园园长岗位培训合格证书。

幼儿园园长由举办者任命或者聘任，并报当地主管的教育行政部门备案。

幼儿园园长负责幼儿园的全面工作，主要职责如下：

（一）贯彻执行国家的有关法律、法规、方针、政策和地方的相关规定，负责建立并组织执行幼儿园的各项规章制度；

（二）负责保育教育、卫生保健、安全保卫工作；

（三）负责按照有关规定聘任、调配教职工，指导、检查和评估教师以及其他工作人员的工作，并给予奖惩；

（四）负责教职工的思想工作，组织业务学习，并为他们的学习、进修、教育研究创造必要的条件；

（五）关心教职工的身心健康，维护他们的合法权益，改善他们的工作条件；

（六）组织管理园舍、设备和经费；

（七）组织和指导家长工作；

（八）负责与社区的联系和合作。

第四十一条　幼儿园教师必须具有《教师资格条例》规定的幼儿园教师资格，并符合本规程第三十九条规定。

幼儿园教师实行聘任制。

幼儿园教师对本班工作全面负责，其主要职责如下：

（一）观察了解幼儿，依据国家有关规定，结合本班幼儿的发展水平和兴趣需要，制订和执行教育工作计划，合理安排幼儿一日生活；

（二）创设良好的教育环境，合理组织教育内容，提供丰富的玩具和游戏材料，开展适宜的教育活动；

（三）严格执行幼儿园安全、卫生保健制度，指导并配合保育员管理本班幼儿生活，做好卫生保健工作；

（四）与家长保持经常联系，了解幼儿家庭的教育环境，商讨符合幼儿特点的教育措施，相互配合共同完成教育任务；

（五）参加业务学习和保育教育研究活动；

（六）定期总结评估保教工作实效，接受园长的指导和检查。

第四十二条　幼儿园保育员应当符合本规程第三十九条规定，并应当具备高中毕业以上学历，受过幼儿保育职业培训。

幼儿园保育员的主要职责如下：

（一）负责本班房舍、设备、环境的清洁卫生和消毒工作；

（二）在教师指导下，科学照料和管理幼儿生活，并配合本班教师组织教育活动；

（三）在卫生保健人员和本班教师指导下，严格执行幼儿园安全、卫生保健制度；

（四）妥善保管幼儿衣物和本班的设备、用具。

第四十三条　幼儿园卫生保健人员除符合本规程第三十九条规定外，医师应当取得卫生行政部门颁发的《医师执业证书》；护士应当取得《护士执业证书》；保健员应当具有高中毕业以上学历，并经过当地妇幼保健机构组织的卫生保健专业知识培训。

幼儿园卫生保健人员对全园幼儿身体健康负责，其主要职责如下：

（一）协助园长组织实施有关卫生保健方面的法规、规章和制度，并监督执行；

（二）负责指导调配幼儿膳食，检查食品、饮水和环境卫生；

（三）负责晨检、午检和健康观察，做好幼儿营养、生长发育的监测和评价；定期组织幼儿健康体检，做好幼儿健康档案管理；

（四）密切与当地卫生保健机构的联系，协助做好疾病防控和计划免疫工作；

（五）向幼儿园教职工和家长进行卫生保健宣传和指导；

（六）妥善管理医疗器械、消毒用具和药品。

第四十四条　幼儿园其他工作人员的资格和职责，按照国家和地方的有关规定执行。

第四十五条　对认真履行职责、成绩优良的幼儿园教职工，应当按照有关规定给予奖励。

对不履行职责的幼儿园教职工，应当视情节轻重，依法依规给予相应处分。

第八章　幼儿园的经费

第四十六条　幼儿园的经费由举办者依法筹措，保障有必备的办园资金和稳定的经费来源。

按照国家和地方相关规定接受财政扶持的提供普惠性服务的国有企事业单位办园、集体办园和民办园等幼儿园，应当接受财务、审计等有关部门的监督检查。

第四十七条　幼儿园收费按照国家和地方的有关规定执行。

幼儿园实行收费公示制度，收费项目和标准向家长公示，接受社会监督，不得以任何名义收取与新生入园相挂钩的赞助费。

幼儿园不得以培养幼儿某种专项技能、组织或参与竞赛等为由，另外收取费用；不得以营利为目的组织幼儿表演、竞赛等活动。

第四十八条　幼儿园的经费应当按照规定的使用范围合理开支，坚持专款专用，不得挪作他用。

第四十九条　幼儿园举办者筹措的经费，应当保证保育和教育的需要，有一定比例用于改善办园条件和开展教职工培训。

第五十条　幼儿膳食费应当实行民主管理制度，保证全部用于幼儿膳食，每月向家长公布账目。

第五十一条　幼儿园应当建立经费预算和决算审核制度，经费预算和决算应当提交园务委员会审议，并接受财务和审计部门的监督检查。

幼儿园应当依法建立资产配置、使用、处置、产权登记、信息管理等管理制度，严格执行有关财务制度。

第九章　幼儿园、家庭和社区

第五十二条　幼儿园应当主动与幼儿家庭沟通合作，为家长提供科学育儿宣传指导，帮助家长创设良好的家庭教育环境，共同担负教育幼儿的任务。

第五十三条　幼儿园应当建立幼儿园与家长联系的制度。幼儿园可采取多种形式，指导家长正确了解幼儿园保育和教育的内容、方法，定期召开家长会议，并接待家长的来访和咨询。

幼儿园应当认真分析、吸收家长对幼儿园教育与管理工作的意见与建议。

幼儿园应当建立家长开放日制度。

第五十四条　幼儿园应当成立家长委员会。

家长委员会的主要任务是：对幼儿园重要决策和事关幼儿切身利益的事项提出意见和建议；发挥家长的专业和资源优势，支持幼儿园保育教育工作；帮助家长了解幼儿园工作计划和要求，协助幼儿园开展家庭教育指导和交流。

家长委员会在幼儿园园长指导下工作。

第五十五条　幼儿园应当加强与社区的联系与合作，面向社区宣传科学育儿知识，开展灵活多样的公益性早期教育服务，争取社区对幼儿园的多方面支持。

第十章　幼儿园的管理

第五十六条　幼儿园实行园长负责制。

幼儿园应当建立园务委员会。园务委员会由园长、副园长、党组织负责人和保教、卫生保健、财会等方面工作人员的代表以及幼儿家长代表组成。园长任园务委员会主任。

园长定期召开园务委员会会议，遇重大问题可临时召集，对规章制度的建立、修改、废除，全园工作计划，工作总结，人员奖惩，财务预算和决算方案，以及其他涉及全园工作的重要问题进行审议。

第五十七条　幼儿园应当加强党组织建设，充分发挥党组织政治核心作用、战斗堡垒作用。幼儿园应当为工会、共青团等其他组织开展工作创造有利条件，充分发挥其在幼儿园工作中的作用。

第五十八条　幼儿园应当建立教职工大会制度或者教职工代表大会制度，依法加强民主管理和监督。

第五十九条　幼儿园应当建立教研制度，研究解决保教工作中的实际问题。

第六十条　幼儿园应当制订年度工作计划，定期部署、总结和报告工作。每学年年末应当向教育等行政主管部门报告工作，必要时随时报告。

第六十一条　幼儿园应当接受上级教育、卫生、公安、消防等部门的检查、监督和指导，如实报告工作和反映情况。

幼儿园应当依法接受教育督导部门的督导。

第六十二条　幼儿园应当建立业务档案、财务管理、园务会议、人员奖惩、安全管理以及与家庭、小学联系等制度。

幼儿园应当建立信息管理制度，按照规定采集、更新、报送幼儿园管理信息系统的相关信息，每年向主管教育行政部门报送统计信息。

第六十三条　幼儿园教师依法享受寒暑假期的带薪休假。幼儿园应当创造条件，在寒暑假期间，安排工作人员轮流休假。具体办法由举办者制定。

第十一章　附　　则

第六十四条　本规程适用于城乡各类幼儿园。

第六十五条　省、自治区、直辖市教育行政部门可根据本规程，制订具体实施办法。

第六十六条　本规程自 2016 年 3 月 1 日起施行。1996

年3月9日由原国家教育委员会令第25号发布的《幼儿园工作规程》同时废止。

托儿所幼儿园卫生保健管理办法

1. 2010年9月6日卫生部、教育部令第76号公布
2. 自2010年11月1日起施行

第一条　为提高托儿所、幼儿园卫生保健工作水平，预防和减少疾病发生，保障儿童身心健康，制定本办法。

第二条　本办法适用于招收0~6岁儿童的各级各类托儿所、幼儿园（以下简称托幼机构）。

第三条　托幼机构应当贯彻保教结合、预防为主的方针，认真做好卫生保健工作。

第四条　县级以上各级人民政府卫生行政部门应当将托幼机构的卫生保健工作作为公共卫生服务的重要内容，加强监督和指导。

县级以上各级人民政府教育行政部门协助卫生行政部门检查指导托幼机构的卫生保健工作。

第五条　县级以上妇幼保健机构负责对辖区内托幼机构卫生保健工作进行业务指导。业务指导的内容包括：膳食营养、体格锻炼、健康检查、卫生消毒、疾病预防等。

疾病预防控制机构应当定期为托幼机构提供疾病预防控制咨询服务和指导。

卫生监督执法机构应当依法对托幼机构的饮用水卫生、传染病预防和控制等工作进行监督检查。

第六条　托幼机构设有食堂提供餐饮服务的，应当按照《食品安全法》、《食品安全法实施条例》以及有关规章的要求，认真落实各项食品安全要求。

食品药品监督管理部门等负责餐饮服务监督管理的部门应当依法加强对托幼机构食品安全的指导与监督检查。

第七条　托幼机构的建筑、设施、设备、环境及提供的食品、饮用水等应当符合国家有关卫生标准、规范的要求。

第八条　新设立的托幼机构，招生前应当取得县级以上地方人民政府卫生行政部门指定的医疗卫生机构出具的符合《托儿所幼儿园卫生保健工作规范》的卫生评价报告。

各级教育行政部门应当将卫生保健工作质量纳入托幼机构的分级定类管理。

第九条　托幼机构的法定代表人或者负责人是本机构卫生保健工作的第一责任人。

第十条　托幼机构应当根据规模、接收儿童数量等设立相应的卫生室或者保健室，具体负责卫生保健工作。

卫生室应当符合医疗机构基本标准，取得卫生行政部门颁发的《医疗机构执业许可证》。

保健室不得开展诊疗活动，其配置应当符合保健室设置基本要求。

第十一条　托幼机构应当聘用符合国家规定的卫生保健人员。卫生保健人员包括医师、护士和保健员。

在卫生室工作的医师应当取得卫生行政部门颁发的《医师执业证书》，护士应当取得《护士执业证书》。

在保健室工作的保健员应当具有高中以上学历，经过卫生保健专业知识培训，具有托幼机构卫生保健基础知识，掌握卫生消毒、传染病管理和营养膳食管理等技能。

第十二条　托幼机构聘用卫生保健人员应当按照收托150名儿童至少设1名专职卫生保健人员的比例配备卫生保健人员。收托150名以下儿童的，应当配备专职或者兼职卫生保健人员。

第十三条　托幼机构卫生保健人员应当定期接受当地妇幼保健机构组织的卫生保健专业知识培训。

托幼机构卫生保健人员应当对机构内的工作人员进行卫生知识宣传教育、疾病预防、卫生消毒、膳食营养、食品卫生、饮用水卫生等方面的具体指导。

第十四条　托幼机构工作人员上岗前必须经县级以上人民政府卫生行政部门指定的医疗卫生机构进行健康检查，取得《托幼机构工作人员健康合格证》后方可上岗。

托幼机构应当组织在岗工作人员每年进行1次健康检查；在岗人员患有传染性疾病的，应当立即离岗治疗，治愈后方可上岗工作。

精神病患者、有精神病史者不得在托幼机构工作。

第十五条　托幼机构应当严格按照《托儿所幼儿园卫生保健工作规范》开展卫生保健工作。

托幼机构卫生保健工作包括以下内容：

（一）根据儿童不同年龄特点，建立科学、合理的一日生活制度，培养儿童良好的卫生习惯；

（二）为儿童提供合理的营养膳食，科学制订食谱，保证膳食平衡；

（三）制订与儿童生理特点相适应的体格锻炼计划，根据儿童年龄特点开展游戏及体育活动，并保证儿童户外活动时间，增进儿童身心健康；

（四）建立健康检查制度，开展儿童定期健康检查

工作,建立健康档案。坚持晨检及全日健康观察,做好常见病的预防,发现问题及时处理;

(五)严格执行卫生消毒制度,做好室内外环境及个人卫生。加强饮食卫生管理,保证食品安全;

(六)协助落实国家免疫规划,在儿童入托时应当查验其预防接种证,未按规定接种的儿童要告知其监护人,督促监护人带儿童到当地规定的接种单位补种;

(七)加强日常保育护理工作,对体弱儿进行专案管理。配合妇幼保健机构定期开展儿童眼、耳、口腔保健,开展儿童心理卫生保健;

(八)建立卫生安全管理制度,落实各项卫生安全防护工作,预防伤害事故的发生;

(九)制订健康教育计划,对儿童及其家长开展多种形式的健康教育活动;

(十)做好各项卫生保健工作信息的收集、汇总和报告工作。

第十六条　托幼机构应当在疾病预防控制机构指导下,做好传染病预防和控制管理工作。

托幼机构发现传染病患儿应当及时按照法律、法规和卫生部的规定进行报告,在疾病预防控制机构的指导下,对环境进行严格消毒处理。

在传染病流行期间,托幼机构应当加强预防控制措施。

第十七条　疾病预防控制机构应当收集、分析、调查、核实托幼机构的传染病疫情,发现问题及时通报托幼机构,并向卫生行政部门和教育行政部门报告。

第十八条　儿童入托幼机构前应当经医疗卫生机构进行健康检查,合格后方可进入托幼机构。

托幼机构发现在园(所)的儿童患疑似传染病时应当及时通知其监护人离园(所)诊治。患传染病的患儿治愈后,凭医疗卫生机构出具的健康证明方可入园(所)。

儿童离开托幼机构3个月以上应当进行健康检查后方可再次入托幼机构。

医疗卫生机构应当按照规定的体检项目开展健康检查,不得违反规定擅自改变。

第十九条　托幼机构有下列情形之一的,由卫生行政部门责令限期改正,通报批评;逾期不改的,给予警告;情节严重的,由教育行政部门依法给予行政处罚:

(一)未按要求设立保健室、卫生室或者配备卫生保健人员的;

(二)聘用未进行健康检查或者健康检查不合格的工作人员的;

(三)未定期组织工作人员健康检查的;

(四)招收未经健康检查或健康检查不合格的儿童入托幼机构的;

(五)未严格按照《托儿所幼儿园卫生保健工作规范》开展卫生保健工作的。

卫生行政部门应当及时将处理结果通报教育行政部门,教育行政部门将其作为托幼机构分级定类管理和质量评估的依据。

第二十条　托幼机构未取得《医疗机构执业许可证》擅自设立卫生室,进行诊疗活动的,按照《医疗机构管理条例》的有关规定进行处罚。

第二十一条　托幼机构未按照规定履行卫生保健工作职责,造成传染病流行、食物中毒等突发公共卫生事件的,卫生行政部门、教育行政部门依据相关法律法规给予处罚。

县级以上医疗卫生机构未按照本办法规定履行职责,导致托幼机构发生突发公共卫生事件的,卫生行政部门依据相关法律法规给予处罚。

第二十二条　小学附设学前班、单独设立的学前班参照本办法执行。

第二十三条　各省、自治区、直辖市可以结合当地实际,根据本办法制定实施细则。

第二十四条　对认真执行本办法,在托幼机构卫生保健工作中做出显著成绩的单位和个人,由各级人民政府卫生行政部门和教育行政部门给予表彰和奖励。

第二十五条　《托儿所幼儿园卫生保健工作规范》由卫生部负责制定。

第二十六条　本办法自2010年11月1日起施行。1994年12月1日由卫生部、原国家教委联合发布的《托儿所、幼儿园卫生保健管理办法》同时废止。

附件:1. 儿童入园(所)健康检查表(略)
　　2. 儿童转园(所)健康证明(略)
　　3. 托幼机构工作人员健康检查表(略)
　　4. 托幼机构工作人员健康合格证(略)

幼儿园责任督学挂牌督导办法

1. 2019年6月10日发布
2. 教督〔2019〕3号

第一条　为督促幼儿园规范办园行为,促进幼儿身心健康发展,根据《教育督导条例》和《幼儿园工作规程》,制定本办法。

第二条 幼儿园责任督学挂牌督导是指县(市、区)人民政府教育督导部门(以下简称教育督导部门)为行政区域内每一所经审批注册的幼儿园(含民办)配备责任督学,实施经常性督导。

教育督导部门根据行政区域内幼儿园布局和规模等情况,原则上按1人负责5所左右幼儿园的标准配备责任督学。

教育督导部门按统一规格制作标牌,标明责任督学的姓名、照片、联系方式和职责,在幼儿园大门显著位置予以公布。

第三条 教育督导部门按照《督学管理暂行办法》规定的条件和程序,聘任熟悉学前教育法律法规和方针政策、具有相应专业知识和业务能力的人员为责任督学。

第四条 教育督导部门对责任督学进行日常管理:

(一)对责任督学颁发督学证,实行登记管理。

(二)对新任责任督学进行入职培训,对入职后的责任督学进行定期集中培训。

(三)对责任督学实行定期交流。

(四)建立责任督学考核制度,对责任督学履行职责、开展工作和完成任务情况进行考核,对优秀责任督学给予表彰奖励。

第五条 责任督学履行下列职责:

(一)监督指导幼儿园安全管理情况。

(二)监督指导幼儿园规范办园情况。

(三)监督指导幼儿园师德师风建设情况。

(四)完成教育督导部门交办的其他工作任务。

第六条 责任督学参照《中小学校责任督学挂牌督导规程》对幼儿园实施督导,每月不得少于1次。

第七条 发生危及幼儿园安全的重大突发事件或重大事故,责任督学必须第一时间赶赴现场,及时督促处理并报告上级督导部门。

第八条 幼儿园必须接受责任督学的监督,积极配合责任督学入园督导,对反馈问题进行认真整改。对拒绝、阻挠责任督学督导和不按要求整改的幼儿园,教育督导部门予以通报批评并责令改正,向有关人民政府或主管部门提出对幼儿园主要负责人、举办者和其他责任人员的处理建议。幼儿园对督导结果有异议,可向教育督导部门反映。

第九条 教育督导部门每月听取责任督学工作汇报,研究处理相关问题。教育行政、教育督导等有关部门要重视督导结果和责任督学建议,将其作为对幼儿园综合评价、主要负责人考评问责的重要依据。在幼儿园评优评先方面,应当充分听取责任督学意见。

第十条 教育行政或教育督导部门要协调有关部门将责任督学督导工作经费列入预算,为责任督学开展经常性督导工作提供经费、办公场所和设备等保障,为责任督学兼职开展督导工作产生的交通、通讯、误餐费用和承担的督导任务提供工作补助(发放对象不含责任督学中的在职公务员),发放标准结合当地经济社会发展状况和生活水平确定。

第十一条 本办法自发布之日起施行。

县域学前教育普及普惠督导评估办法

1. 2020年2月18日教育部公布

2. 教督〔2020〕1号

第一章 总 则

第一条 为推动县级人民政府履行发展学前教育职责,不断提高学前教育普及普惠水平,更好实现幼有所育,根据《中共中央 国务院关于学前教育深化改革规范发展的若干意见》"制定普及学前教育督导评估办法"的要求,制定本办法。

第二条 督导评估的对象为县级人民政府(含不设区的市、市辖区和功能区等国家划定的其他县级行政区划单位人民政府)。

第三条 督导评估工作由国务院教育督导委员会统筹领导、审核认定,省级教育督导机构为主组织实施。

第四条 督导评估坚持以下原则:

(一)科学规划。各地按照国家学前教育发展的总体目标,结合本行政区域经济社会发展水平,制定县域学前教育普及普惠督导评估总体规划和年度计划,统筹推进督导评估认定工作。

(二)坚持标准。国家制定统一的督导评估指标、认定标准和工作程序,严格执行,确保督导评估内容真实、程序规范、结果可靠。

(三)公开透明。加强督导评估过程和结果的公开公示,接受社会监督,提高督导评估工作的权威性和可信度。

(四)注重实效。通过客观评估各地学前教育普及普惠工作的实际成效,督促引导地方政府积极发展学前教育。优化督导评估指标、简化工作流程,减轻基层负担。防止形式主义,杜绝虚假普及。

第二章 督导评估内容

第五条 督导评估的主要内容包括普及普惠水平、政府保障情况、幼儿园保教质量保障情况三个方面。

第六条　普及普惠水平主要包括以下指标和标准：

（一）学前三年毛入园率达到85%。

（二）普惠性幼儿园覆盖率，即公办园和普惠性民办园在园幼儿占比达到80%。（公办园是指由国家机构举办，或者国有企业事业单位、街道、村集体利用财政性经费或者国有资产、集体资产举办的幼儿园；普惠性民办园是指通过教育部门认定、面向大众、质量合格、接受财政经费补助或政府其他方式的扶持、收费执行政府限价的非营利性民办幼儿园。当地确认的公办园和普惠性民办园名单已在当地政府门户网站公开。）

（三）公办园在园幼儿占比达到50%。

第七条　政府保障情况主要包括以下指标和标准：

（一）党的领导坚强有力。县委县政府加强对学前教育事业的领导，幼儿园党的组织和党的工作实现全覆盖。

（二）发展规划科学合理。制定幼儿园布局规划；把普惠性幼儿园建设纳入城乡公共管理和公共服务设施统一规划，列入本地区控制性详细规划。

（三）学前教育公共服务网络基本完善。农村地区每个乡镇原则上至少有一所公办中心园，大村独立建园或设分园，小村联合办园，人口分散地区根据实际情况举办流动幼儿园、季节班等。

（四）小区配套幼儿园管理规范。落实省定小区配套幼儿园建设管理办法，小区配套幼儿园与首期建设的居民住宅区同步规划、同步设计、同步建设、同步验收、同步交付使用；现有小区配套幼儿园由当地政府统筹安排办成公办园或委托办成普惠性民办园，且运转良好。

（五）财政投入到位。落实省定公办园生均财政拨款标准或生均公用经费标准；落实企事业单位、部队、高校、街道、村集体办幼儿园财政补助政策；落实省定普惠性民办园认定标准、补助标准及扶持政策。

（六）收费合理。落实公办幼儿园收费标准和普惠性民办园收费办法；幼儿园收费标准根据社会经济发展水平动态调整；各类幼儿园无不合理收费。

（七）教师工资待遇有保障。落实公办园教师工资待遇保障政策，确保教师工资及时足额发放、同工同酬；参照公办园教师工资收入水平，合理确定民办园相应教师工资收入。

（八）安全风险防控机制健全。落实教育、公安、生态环境、交通、住房城乡建设、卫生健康、市场监管、应急等部门对幼儿园园所、食品、卫生、校车、消防等各方面的安全监管责任；督导评估认定前2年内无较大社会影响的安全责任事故。

（九）监管制度比较完善。对民办幼儿园审批严格执行“先证后照”制度，完善年检制度；落实幼儿园基本信息备案及公示制度；建立3—5年一轮覆盖所有幼儿园的办园行为督导评估制度；幼儿园责任督学挂牌督导制度落实到位；全面完成无证园治理工作。民办园没有上市、过度逐利等行为。

第八条　幼儿园保教质量保障情况主要包括以下指标和标准：

（一）办园条件合格。幼儿园园舍条件、玩教具和幼儿图书配备普遍达到规定要求；2017年后规划设计的幼儿园符合《幼儿园建设标准》。

（二）班额普遍达标。县域内85%以上的班额符合《幼儿园工作规程》有关规定。

（三）教师配足配齐。按《幼儿园教职工配备标准（暂行）》配足配齐各类幼儿园教职工；公办园没有“有编不补”的情况；县域内幼儿园专任教师总数与在园幼儿总数之比不低于1∶15。

（四）教师管理制度严格。建立健全幼儿园教师资格准入制度和定期注册制度，全面落实幼儿园教师持教师资格证上岗制度；落实幼儿园（含民办）园长、教师定期培训和全员轮训制度；加强师德师风建设，幼儿园普遍建立师德教育、考评、奖惩机制；督导评估认定前2年内没有发生严重的师德师风事件。

（五）落实科学保教要求。县域内幼儿园落实《幼儿园工作规程》《幼儿园教育指导纲要》和《3—6岁儿童学习与发展指南》的规定，以游戏为基本活动，无“小学化”现象。

第三章　督导评估程序

第九条　县级自评。在规划开展督导评估的年份，县级人民政府对本县学前教育普及普惠情况进行自评。自评达到要求的，当年4月底前报市级初核。

第十条　市级初核。市级教育督导机构和学前教育管理机构综合已有数据、日常工作掌握情况和县级自评情况进行初核。初核达到要求的，当年5月底前提请省级督导评估。

第十一条　省级评估。省级教育督导机构对指标审核全部合格的申报县进行实地督导评估。实地督导评估前，向社会发布公告；实地督导评估后，督导评估结果向本级人民政府报告，并公示至少5个工作日。公告、公示中均需包括国务院教育督导委员会办公室和省级教育督导机构监督举报电话。

对通过省级督导评估的申报县,各省(区、市)于当年9月底前将有关材料报送国务院教育督导委员会办公室。

第十二条　国家认定。国务院教育督导委员会办公室对各省(区、市)督导评估工作进行审核认定。程序如下:

(一)指标审核。组织专家组对省级督导评估工作进行审核,审核申报县是否达标,审核省级督导评估工作标准是否明确、方式是否科学、程序是否规范、结果是否客观等。

(二)社会认可度调查。通过统一调查平台,抽取一定比例的申报县开展学前教育社会认可度调查,调查对象包括家长、教职工、园长、人大代表、政协委员及其他群众等。抽查县社会认可度须高于85%。

(三)实地核查。组织督导组随机抽取一定比例的申报县开展实地核查,明察与暗访相结合,通过听取汇报、座谈、查阅资料、随机抽查幼儿园、听取当地群众意见等方式,全面考察了解当地学前教育发展情况。督导组对申报县"是否通过实地核查"形成意见,并向国务院教育督导委员会办公室提交书面报告。

(四)结果认定。国务院教育督导委员会办公室根据掌握的数据、资料、举报情况、实地核查情况对申报县形成最终评估认定结论,提请国务院教育督导委员会审核后,确定国家学前教育普及普惠县名单。

在国家认定过程中,各抽查县达到所有指标和标准要求且通过所有环节认定,则该省(区、市)当年所有申报县均通过认定;凡存在任一抽查县明显不达标、群众对学前教育投诉举报多、负面反映强烈、数据弄虚作假等严重问题的,则终止对该省(区、市)当年的评估认定工作。

第十三条　国务院教育督导委员会办公室和省、市教育督导机构建立普及学前教育监测和复查机制,对全国学前教育普及普惠情况进行监测。对学前教育普及普惠水平下降、体制机制保障程度降低、幼儿园保教质量下滑的县取消国家学前教育普及普惠县称号。

第四章　督导评估结果运用

第十四条　国务院教育督导委员会办公室每年向社会公布当年度学前教育普及普惠县名单和各省(区、市)所有学前教育普及普惠县名单及占比。

第十五条　学前教育普及普惠督导评估结果是对县级人民政府及其主要负责人履行教育职责评价和教育发展水平综合评估的重要依据。国家将省(区、市)学前教育普及普惠情况纳入对省级人民政府履行教育职责评价的重要内容。

第十六条　国务院教育督导委员会办公室将对如期完成学前教育普及普惠督导评估目标的地区,遴选典型经验宣传推广;对履行学前教育普及普惠工作职责不力、未如期完成督导评估目标的地区,采取约谈有关负责人、通报批评等方式予以问责。

第五章　附　　则

第十七条　各省(区、市)人民政府根据本办法制定督导评估工作方案和所辖各县接受督导评估的年度计划,并开展督导评估工作。

第十八条　本办法自公布之日起施行。

支持学前教育发展资金管理办法

1. 2021年4月10日财政部、教育部发布
2. 财教〔2021〕73号

第一条　为规范和加强支持学前教育发展资金管理,提高资金使用效益,根据国家预算管理有关规定,制定本办法。

第二条　本办法所称支持学前教育发展资金,是指中央财政用于支持学前教育发展的转移支付资金。实施期限根据教育领域中央与地方财政事权和支出责任划分、学前教育改革发展政策等确定。

第三条　支持学前教育发展资金管理遵循"中央引导、省级统筹、突出重点、讲求绩效,规范透明、强化监督"的原则。

第四条　现阶段,支持学前教育发展资金主要用于以下方面:

(一)支持地方补足普惠性资源短板。坚持公益普惠基本方向,扩大普惠性资源供给,新建改扩建公办幼儿园,理顺机关、企事业单位、街道集体办幼儿园办园体制并向社会提供普惠性服务,扶持普惠性民办园发展等。

(二)支持地方健全普惠性学前教育经费投入机制。落实公办园生均财政拨款标准或生均公用经费标准、普惠性民办园补助标准,建立动态调整机制。

(三)支持地方巩固幼儿资助制度。资助普惠性幼儿园家庭经济困难幼儿、孤儿和残疾儿童接受学前教育。

(四)支持地方提高保教质量。改善普惠性幼儿园办园条件,配备适宜的玩教具和图画书。对能够辐射带动薄弱园开展科学保教的城市优质园和乡镇公办中心园给予支持。

第五条　支持学前教育发展资金由财政部会同教育部共同管理。教育部负责审核地方提出的区域绩效目标等相关材料和数据，提供资金测算需要的基础数据，并对提供的基础数据的准确性、及时性负责。财政部根据预算管理相关规定，会同教育部研究确定有关省份资金预算金额、资金的整体绩效目标。

省级财政、教育部门负责明确省级及省以下各级财政、教育部门在基础数据审核、资金安排、使用管理等方面的责任，切实加强资金管理。

第六条　支持学前教育发展资金采取因素法分配。首先按照中西部地区 90%、东部地区 10%（适当向困难省份倾斜）的区域因素确定分地区资金规模，在此基础上再按基础因素、投入因素分配到有关省份。其中：

基础因素（权重 80%）主要考虑学前教育普及普惠、公办园发展、教师队伍建设、巩固脱贫攻坚成果与乡村振兴有效衔接等因素。各因素数据通过相关统计资料获得。

投入因素（权重 20%）主要考虑地方财政努力程度、社会力量投入等因素。各因素数据通过相关统计资料获得。

财政部会同教育部综合考虑各地工作进展等情况，研究确定绩效调节系数，对资金分配情况进行适当调节。

计算公式为：

某省份支持学前教育发展资金 =（该省份基础因素/∑有关省份基础因素×权重+该省份投入因素/∑有关省份投入因素×权重）×支持学前教育发展资金年度预算地区资金总额×绩效调节系数

财政部、教育部根据党中央、国务院有关决策部署和学前教育改革发展新形势等情况，适时调整完善相关分配因素、权重、计算公式等。

第七条　省级财政、教育部门应当于每年 2 月底前向财政部、教育部报送当年支持学前教育发展资金申报材料，并抄送财政部当地监管局。申报材料主要包括：

（一）上年度工作总结，包括上年度支持学前教育发展资金使用情况、年度绩效目标完成情况、绩效评价结果、地方财政投入情况、主要管理措施、问题分析及对策等。

（二）当年工作计划，主要包括当年全省工作目标和支持学前教育发展资金区域绩效目标、重点任务和资金安排计划，绩效指标要指向明确、细化量化、合理可行、相应匹配。

第八条　财政部于每年全国人民代表大会批准中央预算后三十日内，会同教育部正式下达预算，并抄送财政部当地监管局。每年 10 月 31 日前，提前下达下一年度资金预计数。省级财政在收到资金预算后，应当会同省级教育部门在三十日内按照预算级次合理分配、及时下达本行政区域县级以上各级政府部门，并抄送财政部当地监管局。

第九条　支持学前教育发展资金支付执行国库集中支付制度。涉及政府采购的，按照政府采购有关法律法规和有关制度执行。属于基本建设的项目，应当严格履行基本建设程序，执行相关建设标准和要求，确保工程质量。

第十条　省级财政、教育部门在分配支持学前教育发展资金时，应当结合本地区年度重点工作和省级财政安排相关资金，加大省级统筹力度，重点向农村地区、革命老区、边疆地区、民族地区和脱贫地区倾斜。要做好与发展改革部门安排基本建设项目等各渠道资金的统筹和对接，防止资金、项目安排重复交叉或缺位。

县（区）级财政、教育部门应当落实资金管理主体责任，加强区域内相关教育经费的统筹安排和使用，指导和督促本地区幼儿园健全财务、会计、资产管理制度。加强幼儿园预算管理，细化预算编制，硬化预算执行，强化预算监督；规范幼儿园财务管理，确保资金使用安全、规范和高效。

各级财政、教育部门要加强财政风险控制，强化流程控制、依法合规分配和使用资金，实行不相容岗位（职责）分离控制。

第十一条　支持学前教育发展资金原则上应在当年执行完毕，年度未支出的资金按财政部结转结余资金管理有关规定处理。

第十二条　各级财政、教育部门要按照全面实施预算绩效管理的要求，建立健全全过程预算绩效管理机制，按规定科学合理设定绩效目标，对照绩效目标做好绩效监控，认真组织开展绩效评价，强化评价结果应用，做好绩效信息公开，提高资金配置效率和使用效益。财政部、教育部根据工作需要适时组织开展重点绩效评价。

第十三条　财政部各地监管局应当按照工作职责和财政部要求，对资金实施监管。地方各级财政部门应当会同同级教育部门，按照各自职责加强项目审核申报、经费使用管理等工作，建立"谁使用、谁负责"的责任机制。严禁将资金用于平衡预算、偿还债务、支付利息、对外投资等支出，不得从资金中提取工作经费或管理经费。

第十四条 各级财政、教育部门及其工作人员、申报使用补助资金的部门、单位及个人存在违法违规行为的，依法责令改正；对负有责任的领导人员和直接责任人员依法给予处分；涉嫌犯罪的，依法移送有关机关处理。

第十五条 本办法由财政部、教育部负责解释。各省级财政、教育部门可以根据本办法，结合各地实际，制定具体管理办法，报财政部、教育部备案，并抄送财政部当地监管局。

第十六条 本办法自印发之日起施行。《财政部 教育部关于印发〈中央财政支持学前教育发展资金管理办法〉的通知》（财教〔2019〕256号）同时废止。

2. 幼儿园教师

幼儿园教师违反职业道德行为处理办法

1. 2018年11月8日教育部印发
2. 教师〔2018〕19号

第一条 为规范幼儿园教师职业行为，保障教师、幼儿的合法权益，根据《中华人民共和国教育法》《中华人民共和国未成年人保护法》《中华人民共和国教师法》《教师资格条例》和《新时代幼儿园教师职业行为十项准则》等法律法规和制度规范，制定本办法。

第二条 本办法所称幼儿园教师包括公办幼儿园、民办幼儿园的教师。

第三条 本办法所称处理包括处分和其他处理。处分包括警告、记过、降低岗位等级或撤职、开除。警告期限为6个月，记过期限为12个月，降低岗位等级或撤职期限为24个月。是中共党员的，同时给予党纪处分。

其他处理包括给予批评教育、诫勉谈话、责令检查、通报批评，以及取消在评奖评优、职务晋升、职称评定、岗位聘用、工资晋级、申报人才计划等方面的资格。取消相关资格的处理执行期限不得少于24个月。

教师涉嫌违法犯罪的，及时移送司法机关依法处理。

第四条 应予处理的教师违反职业道德行为如下：

（一）在保教活动中及其他场合有损害党中央权威和违背党的路线方针政策的言行。

（二）损害国家利益、社会公共利益，或违背社会公序良俗。

（三）通过保教活动、论坛、讲座、信息网络及其他渠道发表、转发错误观点，或编造散布虚假信息、不良信息。

（四）在工作期间玩忽职守、消极怠工，或空岗、未经批准找人替班，利用职务之便兼职兼薪。

（五）在保教活动中遇突发事件、面临危险时，不顾幼儿安危，擅离职守，自行逃离。

（六）体罚和变相体罚幼儿，歧视、侮辱幼儿，猥亵、虐待、伤害幼儿。

（七）采用学校教育方式提前教授小学内容，组织有碍幼儿身心健康的活动。

（八）在入园招生、绩效考核、岗位聘用、职称评聘、评优评奖等工作中徇私舞弊、弄虚作假。

（九）索要、收受幼儿家长财物或参加由家长付费的宴请、旅游、娱乐休闲等活动，推销幼儿读物、社会保险或利用家长资源谋取私利。

（十）组织幼儿参加以营利为目的的表演、竞赛活动，或泄露幼儿与家长的信息。

（十一）其他违反职业道德的行为。

第五条 幼儿园及幼儿园主管部门发现教师存在第四条列举行为的，应当及时组织调查核实，视情节轻重给予相应处理。作出处理决定前，应当听取教师的陈述和申辩，调查了解幼儿情况，听取其他教师、家长委员会或者家长代表意见，并告知教师有要求举行听证的权利。对于拟给予降低岗位等级以上的处分，教师要求听证的，拟作出处理决定的部门应当组织听证。

第六条 给予教师处理，应当坚持公平公正、教育与惩处相结合的原则；应当与其违反职业道德行为的性质、情节、危害程度相适应；应当事实清楚、证据确凿、定性准确、处理恰当、程序合法、手续完备。

第七条 给予教师处理按照以下权限决定：

（一）警告和记过处分，公办幼儿园教师由所在幼儿园提出建议，幼儿园主管部门决定。民办幼儿园教师由所在幼儿园提出建议，幼儿园举办者做出决定，并报主管部门备案。

（二）降低岗位等级或撤职处分，公办幼儿园由教师所在幼儿园提出建议，幼儿园主管部门决定并报同级人事部门备案。民办幼儿园教师由所在幼儿园提出建议，幼儿园举办者做出决定，并报主管部门备案。

（三）开除处分，公办幼儿园在编教师由所在幼儿园提出建议，幼儿园主管部门决定并报同级人事部门备案。未纳入编制管理的教师由所在幼儿园决定并解除其聘任合同，报主管部门备案。民办幼儿园教师由所在幼儿园提出建议，幼儿园举办者做出决定并解除其聘任合同，报主管部门备案。

（四）给予批评教育、诫勉谈话、责令检查、通报批评，以及取消在评奖评优、职务晋升、职称评定、岗位聘用、工资晋级、申报人才计划等方面资格的其他处理，按照管理权限，由教师所在幼儿园或主管部门视其情节轻重作出决定。

第八条 处理决定应当书面通知教师本人并载明认定的事实、理由、依据、期限及申诉途径等内容。

第九条 教师不服处理决定的，可以向幼儿园主管部门申请复核。对复核结果不服的，可以向幼儿园主管部门的上一级行政部门提出申诉。

对教师的处理,在期满后根据悔改表现予以延期或解除,处理决定和处理解除决定都应完整存入人事档案及教师管理信息系统。

第十条　教师受到处分的,符合《教师资格条例》第十九条规定的,由县级以上教育行政部门依法撤销其教师资格。

教师受处分期间暂缓教师资格定期注册。依据《中华人民共和国教师法》第十四条规定丧失教师资格的,不能重新取得教师资格。

教师受记过以上处分期间不能参加专业技术职务任职资格评审。

第十一条　教师被依法判处刑罚的,依据《事业单位工作人员处分暂行规定》给予降低岗位等级或者撤职以上处分。其中,被依法判处有期徒刑以上刑罚的,给予开除处分。教师受到剥夺政治权利或者故意犯罪受到有期徒刑以上刑事处罚的,丧失教师资格。

第十二条　公办幼儿园、民办幼儿园举办者及主管部门不履行或不正确履行师德师风建设管理职责,有下列情形的,上一级行政部门应当视情节轻重采取约谈、诫勉谈话、通报批评、纪律处分和组织处理等方式严肃追究主要负责人、分管负责人和直接责任人的责任:

(一)师德师风长效机制建设、日常教育督导不到位;

(二)师德失范问题排查发现不及时;

(三)对已发现的师德失范行为处置不力、方式不当或拒不处分、拖延处分、推诿隐瞒的;

(四)已作出的师德失范行为处理决定落实不到位,师德失范行为整改不彻底;

(五)多次出现师德失范问题或因师德失范行为引起不良社会影响;

(六)其他应当问责的失职失责情形。

第十三条　省级教育行政部门应当结合当地实际情况制定实施细则,并报国务院教育行政部门备案。

第十四条　本办法自发布之日起施行。

新时代幼儿园教师职业行为十项准则

1. 2018年11月8日发布
2. 教师〔2018〕16号

教师是人类灵魂的工程师,是人类文明的传承者。长期以来,广大教师贯彻党的教育方针,教书育人,呕心沥血,默默奉献,为国家发展和民族振兴作出了重大贡献。新时代对广大教师落实立德树人根本任务提出新的更高要求,为进一步增强教师的责任感、使命感、荣誉感,规范职业行为,明确师德底线,引导广大教师努力成为有理想信念、有道德情操、有扎实学识、有仁爱之心的好老师,着力培养德智体美劳全面发展的社会主义建设者和接班人,特制定以下准则。

一、坚定政治方向。坚持以习近平新时代中国特色社会主义思想为指导,拥护中国共产党的领导,贯彻党的教育方针;不得在保教活动中及其他场合有损害党中央权威和违背党的路线方针政策的言行。

二、自觉爱国守法。忠于祖国,忠于人民,恪守宪法原则,遵守法律法规,依法履行教师职责;不得损害国家利益、社会公共利益,或违背社会公序良俗。

三、传播优秀文化。带头践行社会主义核心价值观,弘扬真善美,传递正能量;不得通过保教活动、论坛、讲座、信息网络及其他渠道发表、转发错误观点,或编造散布虚假信息、不良信息。

四、潜心培幼育人。落实立德树人根本任务,爱岗敬业,细致耐心;不得在工作期间玩忽职守、消极怠工,或空岗、未经批准找人替班,不得利用职务之便兼职兼薪。

五、加强安全防范。增强安全意识,加强安全教育,保护幼儿安全,防范事故风险;不得在保教活动中遇突发事件、面临危险时,不顾幼儿安危,擅离职守,自行逃离。

六、关心爱护幼儿。呵护幼儿健康,保障快乐成长;不得体罚和变相体罚幼儿,不得歧视、侮辱幼儿,严禁猥亵、虐待、伤害幼儿。

七、遵循幼教规律。循序渐进,寓教于乐;不得采用学校教育方式提前教授小学内容,不得组织有碍幼儿身心健康的活动。

八、秉持公平诚信。坚持原则,处事公道,光明磊落,为人正直;不得在入园招生、绩效考核、岗位聘用、职称评聘、评优评奖等工作中徇私舞弊、弄虚作假。

九、坚守廉洁自律。严于律己,清廉从教;不得索要、收受幼儿家长财物或参加由家长付费的宴请、旅游、娱乐休闲等活动,不得推销幼儿读物、社会保险或利用家长资源谋取私利。

十、规范保教行为。尊重幼儿权益,抵制不良风气;不得组织幼儿参加以营利为目的的表演、竞赛等活动,或泄露幼儿与家长的信息。

学前教育专业师范生
教师职业能力标准（试行）

1. 2021年4月2日发布
2. 教师厅〔2021〕2号

一、师德践行能力

1.1 遵守师德规范

1.1.1【理想信念】

• 学习贯彻习近平新时代中国特色社会主义思想，深入学习习近平总书记关于教育的重要论述，以及党史、新中国史、改革开放史和社会主义发展史内容，形成对中国特色社会主义的思想认同、政治认同、理论认同和情感认同，能够在教书育人实践中自觉践行社会主义核心价值观。

• 树立职业理想，立志成为有理想信念、有道德情操、有扎实学识、有仁爱之心的好老师。

1.1.2【立德树人】

• 理解立德树人的内涵，形成立德树人的理念，掌握立德树人途径与方法，能够在教育实践中实施素质教育，依据德智体美劳全面发展的教育方针开展教育教学。

1.1.3【师德准则】

• 具有依法执教意识，遵守宪法、民法典、教育法、教师法、未成年人保护法等法律法规，在教育实践中能履行应尽义务，自觉维护幼儿与自身的合法权益。

• 理解教师职业道德规范内涵与要求，在教育实践中遵守《新时代幼儿园教师职业行为十项准则》，能分析解决教育教学实践中的相关道德规范问题。

1.2 涵养教育情怀

1.2.1【职业认同】

• 具有家国情怀，乐于从教，热爱教育事业。认同教师工作的价值在于传播知识、传播思想、传播真理，塑造灵魂、塑造生命、塑造新人；了解幼儿教师的职业特征，理解教师是幼儿学习与发展的支持者、合作者、引导者，创造条件激发幼儿好奇心、求知欲，积极引领幼儿行为，帮助幼儿自主发展。

• 领会学前教育对幼儿发展的价值和意义，认同促进幼儿全面而有个性地发展的理念。

1.2.2【关爱幼儿】

• 做幼儿健康成长的启蒙者和引路人，公正平等地对待每一名幼儿，关注幼儿成长，保护幼儿安全，促进幼儿身心健康发展。

• 尊重幼儿的人格和权利，保护幼儿游戏的自主性、独立性和选择性，关注个体差异，相信每名幼儿都有发展的潜力，乐于为幼儿创造发展的条件和机会。

1.2.3【用心从教】

• 树立爱岗敬业精神，在教育实践中能够认真履行工作职责，积极钻研，富有爱心、责任心，工作细心、耐心。

1.2.4【自身修养】

• 具有健全的人格和积极向上的精神，有较强的情绪调节与自控能力，能积极应变，比较合理地处理问题。

• 掌握一定的自然和人文社会科学知识，传承中华优秀传统文化，具有人文底蕴、科学精神和审美能力。

• 仪表整洁，语言规范健康，举止文明礼貌，符合教师礼仪要求和教育教学场景要求。

二、保育和教育实践能力

2.1 掌握专业知识与技能

2.1.1【保育教育基础】

• 掌握科学照料幼儿日常生活的基本方法，了解幼儿日常卫生保健、传染病预防和意外伤害事故处理的相关知识，掌握面临特殊事件发生时保护幼儿的基本方法。

• 掌握教育理论的基本知识和3—6岁幼儿身心发展特点、规律，具备观察、分析与评价幼儿行为的能力。熟悉幼儿园教育的目标、任务、内容、要求和基本原则。

• 认识融合教育的意义和作用，了解有特殊需要幼儿的身心发展特点及教育策略，掌握随班就读的基本知识及相关政策，基本具备指导随班就读的教育教学能力。

2.1.2【领域素养】

• 掌握幼儿健康、语言、社会、科学、艺术等领域教育的基本知识和方法，理解幼儿园各领域教育之间的联系，能在教育实践中综合运用各领域知识，实现各领域教育活动内容相互渗透。

2.1.3【信息素养】

• 了解信息时代对人才培养的新要求，掌握一定的现代信息技术知识，具有安全、合法与负责任地使用信息与技术的意识。

2.2 开展环境创设

2.2.1【创设物质环境】

• 能够创设安全、适宜、全面，有助于促进幼儿成长、学习、游戏的物质环境，合理利用资源，为幼儿提供和制作适合的玩教具和学习材料。

2.2.2【营造心理环境】

•理解教师的态度、情绪、言行在幼儿园及班级心理环境形成中的重要性。能够构建和谐的师幼关系，帮助幼儿建立良好的同伴关系，营造良好的班级氛围，让幼儿感受到安全、舒适。

2.3　组织一日生活

•能够安排和组织幼儿园一日生活的主要环节，具有将教育渗透一日生活的意识，能够与保育员协同开展班级常规保育和卫生工作。

2.4　开展游戏活动

2.4.1【满足游戏需要】

•了解幼儿游戏的类型和主要功能，根据各年龄阶段幼儿的游戏特点，满足幼儿游戏的需要。

2.4.2【创设游戏环境】

•能够合理、有效地规划和利用户内外游戏活动空间，能够根据幼儿的发展和需要创设相应的活动区，提供丰富、适宜的游戏材料，引发和促进幼儿的游戏。

2.4.3【支持幼儿游戏】

•能够提供充足的游戏时间，鼓励幼儿自主选择游戏内容、伙伴和材料，支持幼儿主动地、创造性地开展游戏，充分体验游戏的快乐和满足。

•学会观察分析幼儿的游戏，支持幼儿在游戏活动中获得身体、认知、语言和社会性等多方面的发展。

2.5　实施教育活动

2.5.1【设计教育活动方案】

•能够根据《幼儿园教育指导纲要（试行）》《3—6岁儿童学习与发展指南》的要求，以及幼儿的兴趣需要和年龄特点，选择教育内容，确定活动目标，设计教育活动方案。

2.5.2【组织教育活动】

•学会运用各种适宜的方式实施教育活动，鼓励幼儿在活动中主动探索、交流合作、积极表达，能够有效观察幼儿在活动中的表现，并根据幼儿的需要给予适宜的指导。

2.5.3【实施教育评价】

•了解幼儿园教育评价的目的与方法，运用观察、谈话、家园联系、作品分析等多种方法，了解和评价幼儿。能够基于幼儿身心特点，利用技术工具分析幼儿学习过程、收集幼儿学习反馈。

•能够运用评价结果，分析、改进教育活动开展，促进幼儿发展。

三、综合育人能力

3.1　育德意识

•树立幼儿为本、德育为先理念，了解幼儿社会性-情感发展的规律和个性特征，能有针对性地开展育人工作。

•具有教书育人意识。理解活动育人的功能，能够在保教活动中有机融入社会主义核心价值观、中华优秀传统文化、革命文化和社会主义先进文化教育，为培养幼儿适应终身发展和社会发展所需的正确价值观、必备品格和关键能力奠定基础。

3.2　育人实践

•掌握活动育人的方法和策略，基于幼儿的身心特点合理设计育人目标、活动主题与内容，能够抓住一日生活中的教育契机，开展随机教育，培养幼儿良好的生活习惯和亲社会行为。

3.3　班级管理

•熟悉校园安全、应急管理相关规定，基本掌握班级空间规划、班级常规管理等工作要点。熟悉幼儿教育及幼儿成长生活等相关法律制度规定，能够合理分析解决幼儿教育与管理实践相关问题。

3.4　心理健康

•关注幼儿心理健康，了解幼儿身体、情感发展的特性和差异性，掌握幼儿心理健康教育的基本知识，及时发现和赏识每个幼儿的点滴进步，注重激发和保护幼儿的积极性、自信心，能够参与心理健康教育等活动。

3.5　家园协同

•掌握人际沟通的基本方法，能够运用信息技术拓宽家园沟通交流的渠道和途径，积极主动与家长进行有效交流。

•掌握开展幼儿园、家庭和社区各种协同活动的方式方法，能够开展幼儿园与小学教育的衔接工作。

四、自主发展能力

4.1　注重专业成长

4.1.1【发展规划】

•了解教师专业发展的要求，具有终身学习与自主发展的意识。根据学前教育课程改革的动态和发展情况，制定教师职业生涯发展规划。

4.1.2【反思改进】

•具有反思意识和批判性思维素养，初步掌握教育教学反思的基本方法和策略，能够对教育教学实践活动进行有效的自我诊断，提出改进思路。

4.1.3【学会研究】

•初步掌握教育研究的基本方法，能用以分析、研究幼儿教育实践问题，并尝试提出解决问题的思路与方法，具有总结和提升实践经验的能力。

• 掌握专业发展所需的信息技术手段和方法，能在信息技术环境下开展自主学习。

4.2 主动交流合作

4.2.1【沟通技能】

• 具有阅读理解能力、语言与文字表达能力、交流沟通能力、信息获取和处理能力。

• 掌握基本沟通合作技能与方法，能够在教育实践、社会实践中与同事、同行、专家等进行有效沟通交流。

4.2.2【共同学习】

• 理解学习共同体的作用，掌握团队协作的基本策略，了解学前教育的团队协作类型和方法，具有小组互助、合作学习能力。

· 指导案例 ·

检例第143号——福建省福清市人民检察院督促消除幼儿园安全隐患行政公益诉讼案

【关键词】

行政公益诉讼　无证办学　公益诉讼检察建议　社会治理检察建议

【要旨】

教育服务场所存在安全隐患，但行政监管不到位，侵犯未成年人合法权益的，检察机关可以开展行政公益诉讼，督促行政机关依法充分履职。检察机关在办理未成年人保护公益诉讼案件中，可以综合运用不同类型检察建议，推动未成年人权益保护的源头治理和综合治理。检察机关在督促行政机关依法全面履职过程中，应当推动行政机关选择最有利于保护未成年人合法权益的履职方式。

【基本案情】

2018年3月以来，福建省福清市音西街道等7个街道(镇)共有无证幼儿园16所，在园幼儿约1500人。16所幼儿园均未按规定配备消防设施，未经消防审批验收合格。其中部分幼儿园建在加油站、综合汽车站出入口、高压输变线电力走廊等危险路段，部分幼儿园直接租用普通民宅且在高层建筑内办学，部分幼儿园未经教育局审批擅自改变园址，部分幼儿园使用无资质车辆集中接送幼儿并超载，部分幼儿园玩教具配备、室内外设施设备、保健室设施、卫生设施及其他附属设施配置不达标。

【检察机关履职过程】

2018年3月，福建省福清市人民检察院在办理三起"黑校车"危险驾驶案过程中，发现部分涉案幼儿园系无证办学，存在安全隐患。经调查核实，前述16所幼儿园无证办学违反了《中华人民共和国未成年人保护法》《中华人民共和国民办教育促进法》和住房和城乡建设部、国家发改委批准发布的《幼儿园建设标准》等法律法规、部门规章中关于保障幼儿园场所安全、办学许可证及幼儿园选址、消防等方面的规定要求。福清市教育局作为教育主管部门虽多次发出《责令停止办学行为通知书》，并向相关街道(镇)发函要求取缔，但监管手段有限、处罚措施未落到实处，也未能有效推动相关部门解决问题。无证幼儿园所在街道办事处及镇政府未严格执行《福州市学前教育管理办法》关于依法取缔无证幼儿园的规定，使部分无证幼儿园被检查时停办，检查后又复开。相关人民政府、行政机关履职不到位，使无证幼儿园长期存在，影响幼儿的生命权、健康权、受教育权。

2018年4月，福清市人民检察院向福清市教育局、相关街道办事处和镇政府发出行政公益诉讼诉前检察建议：一是疏堵结合，妥善处理无证幼儿园。对缺乏基本办园条件，存在严重安全隐患的无证幼儿园，依法关停、取缔，并妥善分流在园幼儿和从业人员。对经整改后有条件取得办园许可证的无证幼儿园，主动引导，给予支持，积极促进整改以达到获取办学许可证条件，确保在园幼儿安全、健康。二是科学规划，形成合理布局。科学测算辖区内学龄前儿童数量分布，做好统筹规划工作，引导民办幼儿园合理布局，与公办幼儿园互补互惠。三是齐抓共管，落实主体责任。街道办事处、镇政府应当组织专门力量负责对无证幼儿园实施动态监管、指导整改、依法取缔工作，并协调教育、卫健、消防、物价、食药监局等部门齐抓共管，形成治理合力。福清市教育局、相关街道办事处和镇政府表示曾多次对无证幼儿园作出行政处罚并采取取缔措施，但始终无法根治，这与当地学前教育发展不平衡不充分密切相关，需要多个职能部门协同治理，建议由市政府统筹协调。

为提高监督效果，福清市人民检察院向福清市人民政府发出社会治理检察建议，建议市政府牵头，各部门各司其职，齐抓共管，通过落实责任主体和设定绩效考核指标等方式将无证幼儿园治理工作落到实处。检察建议发出后，福清市人民政府会同福清市人民检察院，召集相关街道(镇)、教育、公安、消防、安监等部门举行圆桌会议，制定联合执法方案，针对无证幼儿园选址布局、消防设施、校车营运、设施配备不达标等方面存在的隐患与问题，进行整改落实，同时明确各部门具体分工，全程监督联合执法进展。经整改，福清市教育局及相关街道（镇）回复检察建议落实情况：3 家经整改后符合办学条件的幼儿园已申请并取得办学许可，13 家整改后不符合办学条件的均已取缔关停，原在园幼儿已妥善分流至附近公办幼儿园或有资质的民办幼儿园就读。福清市人民检察院持续跟进检察建议的落实情况，定期走访、了解、调查无证幼儿园取缔后是否有反弹现象，并建议福清市人民政府定期组织开展"回头看"工作。

检察机关通过案件办理，既推动消除了幼儿园安全隐患，又妥善解决了幼儿就读问题，取得了良好的社会治理效果。此后，福清市未再发现无证民办幼儿园，政府部门持续推动普惠性幼儿园建设，公办幼儿园学额比为 66%，较 2017 年上升 6 个百分点，全市普惠学额覆盖率达 92.62%。

【指导意义】

（一）教育服务场所存在安全隐患，行政机关没有充分履职的，检察机关可以开展行政公益诉讼。对未成年人负有教育、照顾、看护等职责的教育服务场所，明知不符合办学条件，存在安全隐患，仍向未成年人开放，使未成年人合法权益面临风险，行政主管部门未依法充分履职，致使公共利益受到侵犯的，检察机关可以依法开展行政公益诉讼。

（二）不同层级人民政府和多个职能部门均具有与涉案事项相关的法定职责的，检察机关可以向能够发挥统筹作用的人民政府发出检察建议。相关人民政府、行政部门未依法完全充分履职导致公益损害的，检察机关可以通过公益诉讼检察建议督促履职。为提升监督效果，可以向能够发挥统筹作用的人民政府发出社会治理检察建议，推动人民政府对下级政府及相关职能部门进行协调调度，形成治理合力。

（三）检察机关应当建议行政机关采用有效履职方式，推动涉及未成年人合法权益问题实质性解决。行政机关对安全隐患无法消除的教育服务场所依法取缔关停时，检察机关应当建议行政机关疏堵结合、分类治理，根据未成年人及家长实际需要妥善安置受教育的未成年人，保障未成年人继续享有接受教育、照顾、看护、健康发展等权利，落实检察公益诉讼双赢多赢共赢理念。

【相关规定】

《中华人民共和国未成年人保护法》（2020 年修订）第一百零六条

《中华人民共和国未成年人保护法》（2012 年修正）第二十二条（现为 2020 年修订后的第三十五条、第三十六条）

《中华人民共和国行政诉讼法》（2017 年修订）第二十五条

《中华人民共和国民办教育促进法》（2018 年修正）第三条、第十二条、第十八条、第六十四条

《最高人民法院、最高人民检察院关于检察公益诉讼案件适用法律若干问题的解释》（法释〔2018〕6 号）第二十一条（现为 2020 年修订后的第二十一条）

·典型案例·

马某虐待被看护人案

——对幼儿园虐童行为"零容忍"

【基本案情】

2016 年 9 月，被告人马某（不具备教师资格）通过应聘到河南省某县幼儿园任小班教师。2017 年 4 月 18 日下午上课期间，马某在该幼儿园小班教室内，以学生上课期间不听话、不认真读书为由，用针分别扎本班多名幼儿的手心、手背等部位。经鉴定，多名幼儿的损伤程度虽均不构成轻微伤，但体表皮肤损伤存在，损伤特点符合具有尖端物体扎刺所致。2017 年 4 月 18 日，被害幼儿家长报警，当晚马某被公安人员带走，同年 4 月 19 日被刑事拘留。在案件审理过程中，被告人马某及其亲属与多名被害幼儿的法定代理人均达成谅解。

【裁判结果】

法院经审理认为，被告人马某身为幼儿教师，采用针刺手段对多名被看护幼儿进行虐待，情节恶劣，其行为已构成虐待被看护人罪。据此，以虐待被看护人罪依法判处被告人马某有期徒刑二年；禁止其五年内从事未成年人教育工作。同时，人民法院对该县教育局发出司法建议。

【典型意义】

近年来，保姆、幼儿园教师、养老院工作人员等具有监护或者看护职责的人员虐待被监护、看护人的案件时有发生，严重侵害了弱势群体的合法权益，引发社会高度关注。本案中，被告人马某用针对多名幼儿进行扎刺，虽未造成轻微伤，不符合故意伤害罪的法定标准，但其行为对受害幼儿的身心造成了严重伤害。对这种恶劣的虐童行为，人民法院采取"零容忍"态度，依法进行严厉打击，

对其判处二年有期徒刑(本罪法定最高刑为三年有期徒刑),对被告人判处从业禁止最高年限五年。

本案的判决,警示那些具有监护、看护职责的单位和人员,应当依法履职,一切针对被监护、被看护人的不法侵害行为,都将受到法律的惩处;本案也警示幼儿园等具有监护、看护职责的单位应严格加强管理,切实保障被监护、看护人的合法权益免受不法侵害。

被告人王璐、孙艳华虐待被看护人案

【基本案情】

被告人王璐、孙艳华原系吉林省四平市铁西区某幼儿园教师。2015年11月至12月间,王璐、孙艳华因幼儿穿衣慢或不听话等原因,在幼儿园教室内、卫生间等地点,多次恐吓所看护的幼儿,并用针状物等尖锐工具将肖某某等10余名幼儿的头部、面部、四肢、臀部、背部等处刺、扎致伤。

【裁判结果】

吉林省四平市铁西区人民院经审理认为,被告人王璐、孙艳华身为幼儿教师,多次采用针刺、恐吓等手段虐待被看护幼儿,情节恶劣,其行为均已构成虐待被看护人罪。依照刑法有关规定,以虐待被看护人罪分别判处被告人王璐、孙艳华有期徒刑二年六个月。宣判后,王璐、孙艳华提出上诉。吉林省四平市中级人民法院经依法审理,裁定驳回上诉,维持原判,判决已发生法律效力。

【典型意义】

本案是一起虐待被看护幼儿构成犯罪的典型案例。近年来,保姆、幼儿园教师、养老院工作人员等具有监护或者看护职责的人员虐待被监护、看护人的现象时有发生,严重侵害了此类弱势群体的合法权益,引起社会普遍关注。为此,《刑法修正案(九)》增设了虐待被监护、看护人罪,作为刑法第二百六十条之一:“对未成年人、老年人、患病的人、残疾人等负有监护、看护职责的人虐待被监护、看护的人,情节恶劣的,处三年以下有期徒刑或者拘役。单位犯前款罪的,对单位判处罚金,并对其直接负责的主管人员和其他直接责任人员,依照前款的规定处罚。有第一款行为,同时构成其他犯罪的,依照处罚较重的规定定罪处罚。”该罪名的增设,改变了刑法之前的虐待罪主体只能由家庭成员构成的状况,将保姆及幼儿园、托儿所、中小学校、养老院、社会福利院等场所内具有监护、看护职责的人也纳入本罪主体。凡是上述主体对其所监护、看护的对象实施虐待行为,情节恶劣的,均可以本罪追究刑事责任。如果虐待行为造成被害人轻伤以上伤害后果或者死亡的,则应以故意伤害罪或者故意杀人罪等处罚较重的罪名定罪处罚。

对待弱势群体的态度,体现了一个国家的文明程度。我国刑法新增设的虐待被监护、看护人罪,彰显了我国法律对老年人、未成年人、患病的人、残疾人等弱势群体的合法权益加大保护力度的精神。本案的判决,警示那些具有监护、看护职责的单位和人员,应当依法履职,一切针对被监护、被看护人的不法侵害行为,都将受到法律的惩处;本案的发生,也警示幼儿园等具有监护、看护职责的单位应严格加强管理,切实保障被监护、看护人的合法权益免受不法侵害。

三、义务教育

资料补充栏

1. 综　合

中华人民共和国义务教育法

1. 1986年4月12日第六届全国人民代表大会第四次会议通过
2. 2006年6月29日第十届全国人民代表大会常务委员会第二十二次会议修订
3. 根据2015年4月24日第十二届全国人民代表大会常务委员会第十四次会议《关于修改〈中华人民共和国义务教育法〉等五部法律的决定》第一次修正
4. 根据2018年12月29日第十三届全国人民代表大会常务委员会第七次会议《关于修改〈中华人民共和国产品质量法〉等五部法律的决定》第二次修正

目　　录

第一章　总　　则

第一条　【立法目的】为了保障适龄儿童、少年接受义务教育的权利，保证义务教育的实施，提高全民族素质，根据宪法和教育法，制定本法。

第二条　【义务教育】国家实行九年义务教育制度。

义务教育是国家统一实施的所有适龄儿童、少年必须接受的教育，是国家必须予以保障的公益性事业。

实施义务教育，不收学费、杂费。

国家建立义务教育经费保障机制，保证义务教育制度实施。

第三条　【素质教育】义务教育必须贯彻国家的教育方针，实施素质教育，提高教育质量，使适龄儿童、少年在品德、智力、体质等方面全面发展，为培养有理想、有道德、有文化、有纪律的社会主义建设者和接班人奠定基础。

第四条　【平等的受教育权】凡具有中华人民共和国国籍的适龄儿童、少年，不分性别、民族、种族、家庭财产状况、宗教信仰等，依法享有平等接受义务教育的权利，并履行接受义务教育的义务。

第五条　【受教育权的保障】各级人民政府及其有关部门应当履行本法规定的各项职责，保障适龄儿童、少年接受义务教育的权利。

适龄儿童、少年的父母或者其他法定监护人应当依法保证其按时入学接受并完成义务教育。

依法实施义务教育的学校应当按照规定标准完成教育教学任务，保证教育教学质量。

社会组织和个人应当为适龄儿童、少年接受义务教育创造良好的环境。

第六条　【促进义务教育均衡发展】国务院和县级以上地方人民政府应当合理配置教育资源，促进义务教育均衡发展，改善薄弱学校的办学条件，并采取措施，保障农村地区、民族地区实施义务教育，保障家庭经济困难的和残疾的适龄儿童、少年接受义务教育。

国家组织和鼓励经济发达地区支援经济欠发达地区实施义务教育。

第七条　【义务教育体制】义务教育实行国务院领导，省、自治区、直辖市人民政府统筹规划实施，县级人民政府为主管理的体制。

县级以上人民政府教育行政部门具体负责义务教育实施工作；县级以上人民政府其他有关部门在各自的职责范围内负责义务教育实施工作。

第八条　【教育督导】人民政府教育督导机构对义务教育工作执行法律法规情况、教育教学质量以及义务教育均衡发展状况等进行督导，督导报告向社会公布。

第九条　【检举和控告】任何社会组织或者个人有权对违反本法的行为向有关国家机关提出检举或者控告。

发生违反本法的重大事件，妨碍义务教育实施，造成重大社会影响的，负有领导责任的人民政府或者人民政府教育行政部门负责人应当引咎辞职。

第十条　【表彰和奖励】对在义务教育实施工作中做出突出贡献的社会组织和个人，各级人民政府及其有关部门按照有关规定给予表彰、奖励。

第二章　学　　生

第十一条　【法定学龄】凡年满六周岁的儿童，其父母或者其他法定监护人应当送其入学接受并完成义务教育；条件不具备的地区的儿童，可以推迟到七周岁。

适龄儿童、少年因身体状况需要延缓入学或者休学的，其父母或者其他法定监护人应当提出申请，由当地乡镇人民政府或者县级人民政府教育行政部门批准。

第十二条　【适龄儿童的入学保障】适龄儿童、少年免试入学。地方各级人民政府应当保障适龄儿童、少年在户籍所在地学校就近入学。

父母或者其他法定监护人在非户籍所在地工作或者居住的适龄儿童、少年，在其父母或者其他法定监护人工作或者居住地接受义务教育的，当地人民政府应当为其提供平等接受义务教育的条件。具体办法由省、自治区、直辖市规定。

县级人民政府教育行政部门对本行政区域内的军人子女接受义务教育予以保障。

第十三条　【督促入学、防止辍学】县级人民政府教育行政部门和乡镇人民政府组织和督促适龄儿童、少年入学，帮助解决适龄儿童、少年接受义务教育的困难，采取措施防止适龄儿童、少年辍学。

居民委员会和村民委员会协助政府做好工作，督促适龄儿童、少年入学。

第十四条　【禁止招用应接受义务教育的儿童、少年】禁止用人单位招用应当接受义务教育的适龄儿童、少年。

根据国家有关规定经批准招收适龄儿童、少年进行文艺、体育等专业训练的社会组织，应当保证所招收的适龄儿童、少年接受义务教育；自行实施义务教育的，应当经县级人民政府教育行政部门批准。

第三章　学　　校

第十五条　【学校设置】县级以上地方人民政府根据本行政区域内居住的适龄儿童、少年的数量和分布状况等因素，按照国家有关规定，制定、调整学校设置规划。新建居民区需要设置学校的，应当与居民区的建设同步进行。

第十六条　【学校建设要求和标准】学校建设，应当符合国家规定的办学标准，适应教育教学需要；应当符合国家规定的选址要求和建设标准，确保学生和教职工安全。

第十七条　【宿制学校】县级人民政府根据需要设置寄宿制学校，保障居住分散的适龄儿童、少年入学接受义务教育。

第十八条　【接收少数民族适龄儿童、少年的学校】国务院教育行政部门和省、自治区、直辖市人民政府根据需要，在经济发达地区设置接收少数民族适龄儿童、少年的学校（班）。

第十九条　【特殊教育学校（班）】县级以上地方人民政府根据需要设置相应的实施特殊教育的学校（班），对视力残疾、听力语言残疾和智力残疾的适龄儿童、少年实施义务教育。特殊教育学校（班）应当具备适应残疾儿童、少年学习、康复、生活特点的场所和设施。

普通学校应当接收具有接受普通教育能力的残疾适龄儿童、少年随班就读，并为其学习、康复提供帮助。

第二十条　【专门学校】县级以上地方人民政府根据需要，为具有预防未成年人犯罪法规定的严重不良行为的适龄少年设置专门的学校实施义务教育。

第二十一条　【对特殊未成年人的义务教育保障】对未完成义务教育的未成年犯和被采取强制性教育措施的未成年人应当进行义务教育，所需经费由人民政府予以保障。

第二十二条　【促进学校均衡发展】县级以上人民政府及其教育行政部门应当促进学校均衡发展，缩小学校之间办学条件的差距，不得将学校分为重点学校和非重点学校。学校不得分设重点班和非重点班。

县级以上人民政府及其教育行政部门不得以任何名义改变或者变相改变公办学校的性质。

第二十三条　【安全保障】各级人民政府及其有关部门依法维护学校周边秩序，保护学生、教师、学校的合法权益，为学校提供安全保障。

第二十四条　【建立、健全安全制度和应急机制】学校应当建立、健全安全制度和应急机制，对学生进行安全教育，加强管理，及时消除隐患，预防发生事故。

县级以上地方人民政府定期对学校校舍安全进行检查；对需要维修、改造的，及时予以维修、改造。

学校不得聘用曾经因故意犯罪被依法剥夺政治权利或者其他不适合从事义务教育工作的人担任工作人员。

第二十五条　【禁止乱收费】学校不得违反国家规定收取费用，不得以向学生推销或者变相推销商品、服务等方式谋取利益。

第二十六条　【校长负责制】学校实行校长负责制。校长应当符合国家规定的任职条件。校长由县级人民政府教育行政部门依法聘任。

第二十七条　【禁止开除】对违反学校管理制度的学生，学校应当予以批评教育，不得开除。

第四章　教　　师

第二十八条　【教师的职责】教师享有法律规定的权利，履行法律规定的义务，应当为人师表，忠诚于人民的教育事业。

全社会应当尊重教师。

第二十九条　【平等对待学生】教师在教育教学中应当平等对待学生，关注学生的个体差异，因材施教，促进学生的充分发展。

教师应当尊重学生的人格，不得歧视学生，不得对学生实施体罚、变相体罚或者其他侮辱人格尊严的行为,不得侵犯学生合法权益。

第三十条 **【教师职务制度】**教师应当取得国家规定的教师资格。

国家建立统一的义务教育教师职务制度。教师职务分为初级职务、中级职务和高级职务。

第三十一条 **【经费保障机制】**各级人民政府保障教师工资福利和社会保险待遇,改善教师工作和生活条件;完善农村教师工资经费保障机制。

教师的平均工资水平应当不低于当地公务员的平均工资水平。

特殊教育教师享有特殊岗位补助津贴。在民族地区和边远贫困地区工作的教师享有艰苦贫困地区补助津贴。

第三十二条 **【教师培养和流动】**县级以上人民政府应当加强教师培养工作,采取措施发展教师教育。

县级人民政府教育行政部门应当均衡配置本行政区域内学校师资力量,组织校长、教师的培训和流动,加强对薄弱学校的建设。

第三十三条 **【鼓励到农村地区、民族地区从事义务教育工作】**国务院和地方各级人民政府鼓励和支持城市学校教师和高等学校毕业生到农村地区、民族地区从事义务教育工作。

国家鼓励高等学校毕业生以志愿者的方式到农村地区、民族地区缺乏教师的学校任教。县级人民政府教育行政部门依法认定其教师资格,其任教时间计入工龄。

第五章 教育教学

第三十四条 **【教育教学工作的职责】**教育教学工作应当符合教育规律和学生身心发展特点,面向全体学生,教书育人,将德育、智育、体育、美育等有机统一在教育教学活动中,注重培养学生独立思考能力、创新能力和实践能力,促进学生全面发展。

第三十五条 **【推进素质教育、提高教学质量】**国务院教育行政部门根据适龄儿童、少年身心发展的状况和实际情况,确定教学制度、教育教学内容和课程设置,改革考试制度,并改进高级中等学校招生办法,推进实施素质教育。

学校和教师按照确定的教育教学内容和课程设置开展教育教学活动,保证达到国家规定的基本质量要求。

国家鼓励学校和教师采用启发式教育等教育教学方法,提高教育教学质量。

第三十六条 **【重视德育】**学校应当把德育放在首位,寓德育于教育教学之中,开展与学生年龄相适应的社会实践活动,形成学校、家庭、社会相互配合的思想道德教育体系,促进学生养成良好的思想品德和行为习惯。

第三十七条 **【保证学生课外活动】**学校应当保证学生的课外活动时间,组织开展文化娱乐等课外活动。社会公共文化体育设施应当为学校开展课外活动提供便利。

第三十八条 **【教科书】**教科书根据国家教育方针和课程标准编写,内容力求精简,精选必备的基础知识、基本技能,经济实用,保证质量。

国家机关工作人员和教科书审查人员,不得参与或者变相参与教科书的编写工作。

第三十九条 **【教科书审定制度】**国家实行教科书审定制度。教科书的审定办法由国务院教育行政部门规定。

未经审定的教科书,不得出版、选用。

第四十条 **【教科书的定价】**教科书价格由省、自治区、直辖市人民政府价格行政部门会同同级出版主管部门按照微利原则确定。

第四十一条 **【教科书循环使用】**国家鼓励教科书循环使用。

第六章 经费保障

第四十二条 **【财政保障】**国家将义务教育全面纳入财政保障范围,义务教育经费由国务院和地方各级人民政府依照本法规定予以保障。

国务院和地方各级人民政府将义务教育经费纳入财政预算,按照教职工编制标准、工资标准和学校建设标准、学生人均公用经费标准等,及时足额拨付义务教育经费,确保学校的正常运转和校舍安全,确保教职工工资按照规定发放。

国务院和地方各级人民政府用于实施义务教育财政拨款的增长比例应当高于财政经常性收入的增长比例,保证按照在校学生人数平均的义务教育费用逐步增长,保证教职工工资和学生人均公用经费逐步增长。

第四十三条 **【学生人均公用经费基本标准】**学校的学生人均公用经费基本标准由国务院财政部门会同教育行政部门制定,并根据经济和社会发展状况适时调整。制定、调整学生人均公用经费基本标准,应当满足教育教学基本需要。

省、自治区、直辖市人民政府可以根据本行政区域的实际情况,制定不低于国家标准的学校学生人均公用经费标准。

特殊教育学校(班)学生人均公用经费标准应当高于普通学校学生人均公用经费标准。

第四十四条 【经费分担制度】义务教育经费投入实行国务院和地方各级人民政府根据职责共同负担,省、自治区、直辖市人民政府负责统筹落实的体制。农村义务教育所需经费,由各级人民政府根据国务院的规定分项目、按比例分担。

各级人民政府对家庭经济困难的适龄儿童、少年免费提供教科书并补助寄宿生生活费。

义务教育经费保障的具体办法由国务院规定。

第四十五条 【义务教育经费安排】地方各级人民政府在财政预算中将义务教育经费单列。

县级人民政府编制预算,除向农村地区学校和薄弱学校倾斜外,应当均衡安排义务教育经费。

第四十六条 【财政转移支付的支持】国务院和省、自治区、直辖市人民政府规范财政转移支付制度,加大一般性转移支付规模和规范义务教育专项转移支付,支持和引导地方各级人民政府增加对义务教育的投入。地方各级人民政府确保将上级人民政府的义务教育转移支付资金按照规定用于义务教育。

第四十七条 【专项扶持资金】国务院和县级以上地方人民政府根据实际需要,设立专项资金,扶持农村地区、民族地区实施义务教育。

第四十八条 【鼓励教育捐赠】国家鼓励社会组织和个人向义务教育捐赠,鼓励按照国家有关基金会管理的规定设立义务教育基金。

第四十九条 【义务教育经费的专款专用】义务教育经费严格按照预算规定用于义务教育;任何组织和个人不得侵占、挪用义务教育经费,不得向学校非法收取或者摊派费用。

第五十条 【审计监督和统计公告制度】县级以上人民政府建立健全义务教育经费的审计监督和统计公告制度。

第七章 法律责任

第五十一条 【未履行经费保障职责的责任】国务院有关部门和地方各级人民政府违反本法第六章的规定,未履行对义务教育经费保障职责的,由国务院或者上级地方人民政府责令限期改正;情节严重的,对直接负责的主管人员和其他直接责任人员依法给予行政处分。

第五十二条 【政府的违法责任】县级以上地方人民政府有下列情形之一的,由上级人民政府责令限期改正;情节严重的,对直接负责的主管人员和其他直接责任人员依法给予行政处分:

(一)未按照国家有关规定制定、调整学校的设置规划的;

(二)学校建设不符合国家规定的办学标准、选址要求和建设标准的;

(三)未定期对学校校舍安全进行检查,并及时维修、改造的;

(四)未依照本法规定均衡安排义务教育经费的。

第五十三条 【政府和教育行政部门的失职责任】县级以上人民政府或者其教育行政部门有下列情形之一的,由上级人民政府或者其教育行政部门责令限期改正、通报批评;情节严重的,对直接负责的主管人员和其他直接责任人员依法给予行政处分:

(一)将学校分为重点学校和非重点学校的;

(二)改变或者变相改变公办学校性质的。

县级人民政府教育行政部门或者乡镇人民政府未采取措施组织适龄儿童、少年入学或者防止辍学的,依照前款规定追究法律责任。

第五十四条 【侵占、挪用和摊派的处罚】有下列情形之一的,由上级人民政府或者上级人民政府教育行政部门、财政部门、价格行政部门和审计机关根据职责分工责令限期改正;情节严重的,对直接负责的主管人员和其他直接责任人员依法给予处分:

(一)侵占、挪用义务教育经费的;

(二)向学校非法收取或者摊派费用的。

第五十五条 【学校或者教师的违法责任】学校或者教师在义务教育工作中违反教育法、教师法规定的,依照教育法、教师法的有关规定处罚。

第五十六条 【乱收费和违规编写教科书的责任】学校违反国家规定收取费用的,由县级人民政府教育行政部门责令退还所收费用;对直接负责的主管人员和其他直接责任人员依法给予处分。

学校以向学生推销或者变相推销商品、服务等方式谋取利益的,由县级人民政府教育行政部门给予通报批评;有违法所得的,没收违法所得;对直接负责的主管人员和其他直接责任人员依法给予处分。

国家机关工作人员和教科书审查人员参与或者变相参与教科书编写的,由县级以上人民政府或者其教育行政部门根据职责权限责令限期改正,依法给予行政处分;有违法所得的,没收违法所得。

第五十七条 【学校的违法责任】学校有下列情形之一的,由县级人民政府教育行政部门责令限期改正;情节严重的,对直接负责的主管人员和其他直接责任人员依法给予处分：

（一）拒绝接收具有接受普通教育能力的残疾适龄儿童、少年随班就读的；

（二）分设重点班和非重点班的；

（三）违反本法规定开除学生的；

（四）选用未经审定的教科书的。

第五十八条　【监护人责任】适龄儿童、少年的父母或者其他法定监护人无正当理由未依照本法规定送适龄儿童、少年入学接受义务教育的，由当地乡镇人民政府或者县级人民政府教育行政部门给予批评教育，责令限期改正。

第五十九条　【相关违法行为的处罚】有下列情形之一的，依照有关法律、行政法规的规定予以处罚：

（一）胁迫或者诱骗应当接受义务教育的适龄儿童、少年失学、辍学的；

（二）非法招用应当接受义务教育的适龄儿童、少年的；

（三）出版未经依法审定的教科书的。

第六十条　【刑事责任】违反本法规定，构成犯罪的，依法追究刑事责任。

第八章　附　　则

第六十一条　【不收杂费的实施步骤】对接受义务教育的适龄儿童、少年不收杂费的实施步骤，由国务院规定。

第六十二条　【适用范围】社会组织或者个人依法举办的民办学校实施义务教育的，依照民办教育促进法有关规定执行；民办教育促进法未作规定的，适用本法。

第六十三条　【施行日期】本法自2006年9月1日起施行。

全国中小学勤工俭学暂行工作条例

1. 1983年2月20日国务院批准
2. 国发〔1983〕25号

第一章　总　　则

第一条　开展勤工俭学活动，实行教育与生产劳动相结合，是坚持马克思主义教育思想，全面贯彻党的教育方针，培养德、智、体全面发展的有社会主义觉悟的有文化的劳动者的有效途径之一；是学校教育工作的组成部分. 勤工俭学的开展，对提高教育质量，发展我国社会主义教育事业具有一定的作用。

第二条　勤工俭学的主要任务是：

1. 通过劳动实践对学生进行思想政治教育，培养学生热爱劳动、热爱劳动人民、热爱科学、爱护公共财物、有理想、讲文明、懂礼貌、守纪律、艰苦奋斗的道德品质。

2. 理论联系实际，结合教学开展一些科学实验、科学种田活动，培养学生运用理论知识解决实际问题的能力，并使学生学到一定的生产知识和劳动技能。

3. 搞好生产，创造物质财富，为改善办学条件和师生福利提供一定的条件。

第三条　要从实际出发，因地制宜地积极开展多种形式的勤工俭学活动，要坚持社会主义方向和自力更生、艰苦创业的精神，根据当地的自然条件和学校的可能，宜工则工、宜农则农（含林、牧、副、渔），为教学和科研服务，为生产服务，为人民生活服务，有条件的也要为外贸出口服务。

第四条　各级人民政府要加强对勤工俭学工作的领导。各级政府的计划、经济、财政及其它有关部门，要把校办工业、农业做为经济工作的一个组成部分，积极予以扶持和指导，把勤工俭学的事业筹划好、安排好。县以上教育行政部门要切实加强管理。

第五条　校办工厂、农场实行经济核算，独立经营，自负盈亏。要加强经营管理，有计划地组织生产，建立健全各项管理制度，积极提高经济效益。

各级教育部门和财政部门，要根据教育部、财政部1982年7月3日发布的《全国中小学勤工俭学财务管理暂行办法》，加强对勤工俭学财务工作的领导和监督。

第二章　生 产 劳 动

第六条　要按照中、小学教学计划的规定，组织学生参加生产劳动或公益劳动。要正确处理教育与生产劳动的关系，使生产劳动与政治思想教育、生产劳动与教学结合起来。不得随意增减教学和劳动时间，防止学生不参加劳动或参加劳动过多的偏向。

第七条　组织学生参加生产劳动，必须注意学生的年龄、性别、健康状况和知识水平。要加强领导和管理，做好防护工作，保证学生安全。要教育学生严格遵守劳动纪律，服从指导，按操作规程进行操作。严禁组织学生参加有毒、有害和危险的生产作业，以及过重的劳动。

第三章　校 办 工 业

第八条　学校举办工厂，一般规模不宜过大，以便于经营管理。根据需要和可能，可一个学校单独办厂或几个学校联合办厂。校办工厂应利用当地有利条件，生产有原料来源、适销对路的各种产品。有条件的学校可以承接外贸部门同意的外商来料加工、来件装配任务。教育战线所需的产品，尽量安排在校办工厂生产。严格禁止生产迷信产品和易燃易爆等危险品。

学校开展勤工俭学，不要搞纯商业经营。商业性的职业班和职业学校，可结合专业试办商业、饮食业、服务业和各项修理等行业，为国家培养劳动技术后备力量提供生产实习场地。

第九条　校办工业的生产，产品属国家、部门或地区管理的，其产、供、销计划，由校办工厂的主管部门汇总，报送有关部门。各有关部门要按照不同情况，采取不同形式，列入本系统计划，由计划部门进行综合平衡。对纳入计划的产品，要按计划执行。原有协作关系，不要轻易中断。不属于国家、部门或地区管理的小商品，由生产单位在国家政策法令许可的范围内，自行组织生产和销售。对于需要调整、转产的，有关部门要及时通报情况，帮助转产适合社会需要的产品。

第十条　校办工厂生产所需的原材料、设备、燃料等国家统配物资，有关地方和部门要统筹供应。属于有关单位带料加工的，材料仍由有关单位供应。

校办工厂的产品，凡不属国家统一调拨又为市场需要的，商业、外贸部门应按国家规定的价格收购或按有关规定自销，或举办联合展销门市部。对适合学校组织的出口项目和有出口价值的产品，外贸部门要积极扶持、指导。

第十一条　校办工厂的固定资产及一切财物属学校所有，由学校隶属部门归口管理，其它部门不得借口“调整”“归口”或其他理由平调、收缴和占用，已经发生上述现象的，要在当地政府领导下，妥善解决。

学校内部不准私分或变相私分勤工俭学的财物。

第十二条　有关部门要积极支持校办工厂开展新产品的研制，并在技术、设备、材料、科研费等方面给予帮助和支持，对研究成果要给予奖励，其他单位采用时要给予适当代价。

各地区各部门在工业调整、产品归口、规划定点时，对校办工厂要给予扶植和支持。召开有关订货会、展销会、经营管理经验交流会以及有关方针、政策的传达等，都应通知同级教育行政部门参加。

第十三条　学校为开展勤工俭学举办工厂或经营其它项目，要按国家有关规定办理，报经教育行政部门批准，按规定向当地工商行政管理部门申请登记，核发营业执照。有关部门要积极予以支持和指导。

第四章　校办农业

第十四条　农村学校开展勤工俭学，应根据本地的自然条件和特点发展多种经营，积极开展种植业、养殖业、畜牧业、农副产品加工和采、拣、编织、修理等多种类型的勤工俭学活动。

第十五条　地方政府要根据当地的实际情况，就近划给一定数量的土地（包括山林、水塘、牧场等，下同），作为学校勤工俭学的生产劳动基地。并允许学校师生按国家规定开荒、拣种撂荒地。凡已经拨给学校的土地，或由学校师生开垦或垦复的土地，拣种的撂荒地，以及征购的土地均归学校使用，有关部门应发给土地、林权执照，保证学校的使用权。任何人、任何部门不得随意占用或串换，已经占用的应尽量退还给学校；需要串换的，要经双方同意，并报县级人民政府批准。

第十六条　校办农场（含林、牧、副、渔）要结合教学开展科学实验和科学种田，采用先进技术，搞好实验园地，培育优良品种，改进耕作方法，培养学生掌握初步的农业（包括林、牧、副、渔）知识和技能。

校办农场要为发展当地农业生产、普及农业科学技术知识、提高农民的农业生产技术服务。

第十七条　校办农场要有计划地安排生产。需要的物资、设备等生产资料，要详加核算，各地计划、农林、物资、供销等有关部门，要积极支持，协助解决。农村商业部门收购学校的农、林、牧、副、渔产品时，应评等计价。

适于出口的农副土特产品，除外贸、商业部门要积极收购外，教育部门还可组织生产加工，并与外贸部门签订合同，直接交付出口。

第五章　劳动工资

第十八条　校办工厂、农场，要按照精简的原则，配备一定数量的政治思想好、有一定文化、技术水平、懂教学的管理干部、技术人员和必需的固定工人，以加强生产的组织领导，保证生产的有效进行和指导学生的生产劳动。各级劳动人事部门和教育行政部门，在核定学校编制时，要给校办工厂、农场适当的编制。新增人员要首先从现有教职工中调配。

校办工厂、农场根据需要可按有关规定聘请少量政治思想好、生产技术水平高、能坚持正常工作的退休职工，以指导学生的生产劳动和产品质量的把关。

第十九条　校办工厂、农场的劳动工资和职工调配由教育行政部门按国家规定管理。

校办工厂、农场中的职工，原属全民所有制的，按当地全民所有制劳动工资管理体制管理；原属集体所有制的，按集体所有制劳动工资管理体制管理；今后需新增加的人员，以集体所有制职工为主；农村校办厂

（场）的职工参照社队企业劳动工资管理体制管理。

第二十条　校办工厂、农场的职工，其工资、劳保福利待遇及粮食标准等，根据厂（场）生产经营情况并参照当地同行业、同工种的标准执行。所需劳保用品和粮食补助，按当地规定，由有关部门供应。

第二十一条　学校派到校办工厂、农场的教职工，仍属学校事业编制。长期从事校办厂（场）工作，具有一定技术专长的教职工，可按技术人员评定职称标准，按规定经过考核，授予技术职称。

第二十二条　学校要加强厂（场）的职工队伍建设，加强政治思想工作。各地教育部门应根据所属地区校办厂（场）的情况，按照中共中央、国务院一九八一年的《关于加强职工教育工作的决定》，利用本地区的学校条件，举办各种形式的学习班，分期分批地有计划地培训工人、技术人员、财会人员和管理人员，各级计划、经济、财政部门要尽力帮助与支持。要建立考核制度，奖惩制度，充分调动职工的积极性，建设一支又红又专的职工队伍。

第六章　组织领导

第二十三条　各级教育行政部门可根据本地区的实际情况，建立健全勤工俭学的管理机构。根据需要还可设立专业公司。

农村中心校应有专人负责勤工俭学的管理工作。

第二十四条　各级教育行政部门的勤工俭学管理机构，是校办工厂、农场的主管部门，其主要职责是：

（1）贯彻执行党的教育方针和国家的有关政策，拟定有关的规章、制度和实施细则，组织、指导勤工俭学工作的开展。

（2）制定和实施勤工俭学的长远规划和年度计划，组织和指导学校的勤工俭学管理工作，安排学生的生产劳动，进行财务监督检查，汇总统计报表和处理日常工作。

（3）代表所属校办工厂、农场与当地有关部门进行业务联系，参加同级部门召开的有关会议，疏通或解决校办工厂、农场的供、产、销渠道及其他有关问题。

（4）按照有关部门的政策规定，组织开设校办工厂、农场产品的展销门市部，帮助学校推销产品。

（5）组织研制新产品，掌握经济技术情报，引进新技术，开展技术革新活动，组织学校之间、地区或部门之间的经济技术合作和产品交流。

（6）管理所属校办工厂、农场的职工，组织职工的培训。

（7）调查研究，总结、交流经验，推动勤工俭学的不断巩固和发展。

第二十五条　学校要切实抓好勤工俭学工作，及时研究解决有关问题。

校办工厂、农场在校长领导下进行工作，根据其规模和实际情况，配备专职或兼职厂（场）长和必要的管理干部。全面负责校办厂（场）的日常生产和行政业务工作。

第七章　附　　则

第二十六条　本条例适用于所有中学、小学、职业中学、农业中学、中等师范学校、职业学校。

各省、自治区、直辖市人民政府和有关部委可根据本条例结合当地或本系统的实际情况，制订具体实施办法。

第二十七条　本条例自发布之日起施行。

中小学校电化教育规程

1. 1997年7月14日教育部发布
2. 教电〔1997〕3号

第一章　总　　则

第一条　为促进中小学电化教育工作并加强管理，根据《中华人民共和国教育法》及有关规定，制定本规程。

第二条　中小学校电化教育是在教育教学过程中，运用投影、幻灯、录音、录像、广播、电影、电视、计算机等现代教育技术，传递教育信息，并对这一过程进行设计、研究和管理的一种教育形式。是促进学校教育教学改革、提高教育教学质量的有效途径和方法。是实现教育现代化的重要内容。

第三条　中小学校开展电化教育应从实际出发，坚持因地制宜、讲求实效、逐步提高的原则。要充分发挥各种电教媒体在教育教学中的作用，注重教学应用与研究。

第四条　各级政府和教育行政部门应积极创造条件，扶持中小学校开展电化教育，将中小学电化教育工作列入当地教育事业的发展规划。

第二章　机构与职能

第五条　中小学校应建立专门机构或指定有关部门负责电化教育。其名称可根据学校的规模称为电化教育室（中心）或电化教育组，规模较小的中小学校也可在教学管理部门设专人或兼职人员负责此项工作。

第六条　中小学校电化教育机构要在学校的统一管理下，与校内各相关部门相互配合，完成电化教育工作，其主要职责：拟定学校电化教育工作计划，协调学校各部门开展电化教育工作，并承担其中一部分教学任务。收集、购置、编制、管理电化教育教材和资料。维护、管理电化教育器材、设备、设施。组织教师参加电化教育的基本知识和技能培训。组织并参与电化教育的实验研究。

第七条　中小学从事电化教育的人员编制，由学校主管部门根据实际情况，在学校教职工总编制内确定，按学校规模和电化教育开展的实际配备专职或兼职电教人员。

第八条　中小学校电化教育机构的负责人应有较高的政治素质，熟悉电教业务，有较强的教学和管理能力，一般应具有中级以上专业技术职务。电化教育机构的负责人应保持相对稳定。

第三章　电教专职人员与学科教师

第九条　中小学校电化教育机构的专职人员是教学人员，必须具备教师资格，熟悉教学业务，掌握电化教育的知识、技能和技巧。中小学校电教专职人员应通过教育行政部门组织的业务培训与考核，不断提高电化教育水平。

第十条　中小学校电化教育专职人员的专业技术职务按国家规定评聘。在评审与聘任时，要充分考虑电化教育工作的性质与特点。

第十一条　电化教育专职人员要组织、指导学科教师开展电化教学。

中小学校应聘请优秀教师作为电化教育机构的兼职人员开展工作。教师担任电教机构的工作或编制教材、资料应计算教学工作量。优秀的电教教材、电教研究成果，应与相应的科研、教学研究成果同等对待。教师开展电化教学的实绩，应作为考核教师的内容。

第十二条　学科教师要增强现代教育意识，学习并掌握电化教育的基本知识和技能；积极采用现代教学手段，开展电化教学；研究电教教材教法；总结电化教学经验，提高教学质量和效率。

第四章　经费与设备

第十三条　中小学校开展电化教育要有必要的经费保证，各级政府和教育行政部门要逐年增加对中小学电化教育经费的投入。学校应确定一定的经费比例开展电化教育。

第十四条　电化教育的设备是开展电化教育的基础。学校要按照地方教育行政部门制定的有关中小学校电化教育教学仪器设备配备目录，根据教学的实际需要，统筹配备电化教育设备。要加强电化教育设备、设施的维护和管理，提高利用率。

第十五条　学校电化教育设备、设施是为教育教学服务的，不得挪作它用。

第五章　电教教材与资料

第十六条　开展电化教育的中小学校要加强电教教材（音像、多媒体）、资料建设，保证有足够的经费用于配备电教教材、资料，做到与电教设备、设施建设同步发展。

第十七条　中上学校应根据教学的需要，合理选择和配备由中央和省级教育行政部门印发的中小学教学用书目录所列入的全国或地方通用的电教教材，有条件的学校可根据实际需要自行编制补充性电教教材供学校教学使用，要做好学校电教教材的管理和应用工作。

第十八条　中小学校电教教材、资料的编辑、出版不得违反《著作权法》；中小学校不得使用有害青少年身心健康的、非法的音像制品。

第六章　管理与领导

第十九条　地方各级教育行政部门主管本地区的中小学校电化教育工作，制定本地区电化教育发展规划及工作计划，并检查、评估和督导中小学校电化教育工作，协调电教、教研、装备、师训部门保障学校电化教育工作的健康发展。

第二十条　地方各级电化教育馆（中心）是当地中小学电化教育的教材（资料）中心、研究中心、人员培训和技术服务中心，教育行政部门应加强对中小学校电化教育工作的管理与指导。

第二十一条　中小学校要贯彻上级关于电化教育的各项方针、政策，加强对电化教育工作的领导，将其纳入学校整体工作之中，并要有一名校级领导主管电化教育工作。

第二十二条　中小学校要重视对学科教师开展电化教育的基本知识和技能的培训，有计划地组织不同层次、不同形式、不同内容的教师培训活动，推动学校电化教育工作广泛深入的开展。

第七章　附　　则

第二十三条　本规程适用于普通中小学校。中等专业学校、中等技术学校、技工学校、职业中学、特殊教育学校、幼儿园，可参照执行。

第二十四条　各省、自治区、直辖市教育行政部门可根据本规程，结合本地区实际，制订实施细则。

第二十五条　本规程自公布之日起施行。以前有关规定凡与本规程有不符的，以本规程为准。

禁止妨碍义务教育实施的若干规定

1. 2019年4月1日教育部印发
2. 教基厅〔2019〕2号

一、校外培训机构必须按照教育行政部门审批、市场监管部门登记的业务范围从事培训业务，不得违法招收义务教育阶段适龄儿童、少年开展全日制培训，替代实施义务教育。

二、校外培训机构不得发布虚假招生简章或广告，不得诱导家长将适龄儿童、少年送入培训机构，替代接受义务教育。

三、校外培训机构不得有违反党的教育方针和社会主义核心价值观的培训内容，不得以"国学"为名，传授"三从四德"、占卜、风水、算命等封建糟粕，不得利用宗教进行妨碍国家教育制度的活动。

四、适龄儿童、少年的父母或者其他法定监护人要切实履行监护人职责，除送入依法实施义务教育的学校或经县级教育行政部门批准可自行实施义务教育的相关社会组织外，不得以其他方式组织学习替代接受义务教育。

五、适龄残疾儿童、少年因身体原因无法到校接受义务教育的，家长或其他法定监护人不得擅自决定是否接受义务教育及具体方式，应当向当地教育行政部门提出申请，教育行政部门可委托残疾人教育专家委员会对其身体状况、接受教育和适应学校学习生活的能力进行评估，确定适合其身心特点的教育安置方式。

中小学综合实践活动课程指导纲要

1. 2017年9月25日教育部发布
2. 教材〔2017〕4号

为全面贯彻党的教育方针，坚持教育与生产劳动、社会实践相结合，引导学生深入理解和践行社会主义核心价值观，充分发挥中小学综合实践活动课程在立德树人中的重要作用，特制定本纲要。

一、课程性质与基本理念

（一）课程性质

综合实践活动是从学生的真实生活和发展需要出发，从生活情境中发现问题，转化为活动主题，通过探究、服务、制作、体验等方式，培养学生综合素质的跨学科实践性课程。

综合实践活动是国家义务教育和普通高中课程方案规定的必修课程，与学科课程并列设置，是基础教育课程体系的重要组成部分。该课程由地方统筹管理和指导，具体内容以学校开发为主，自小学一年级至高中三年级全面实施。

（二）基本理念

1. 课程目标以培养学生综合素质为导向

本课程强调学生综合运用各学科知识，认识、分析和解决现实问题，提升综合素质，着力发展核心素养，特别是社会责任感、创新精神和实践能力，以适应快速变化的社会生活、职业世界和个人自主发展的需要，迎接信息时代和知识社会的挑战。

2. 课程开发面向学生的个体生活和社会生活

本课程面向学生完整的生活世界，引导学生从日常学习生活、社会生活或与大自然的接触中提出具有教育意义的活动主题，使学生获得关于自我、社会、自然的真实体验，建立学习与生活的有机联系。要避免仅从学科知识体系出发进行活动设计。

3. 课程实施注重学生主动实践和开放生成

本课程鼓励学生从自身成长需要出发，选择活动主题，主动参与并亲身经历实践过程，体验并践行价值信念。在实施过程中，随着活动的不断展开，在教师指导下，学生可根据实际需要，对活动的目标与内容、组织与方法、过程与步骤等做出动态调整，使活动不断深化。

4. 课程评价主张多元评价和综合考察

本课程要求突出评价对学生的发展价值，充分肯定学生活动方式和问题解决策略的多样性，鼓励学生自我评价与同伴间的合作交流和经验分享。提倡多采用质性评价方式，避免将评价简化为分数或等级。要将学生在综合实践活动中的各种表现和活动成果作为分析考察课程实施状况与学生发展状况的重要依据，对学生的活动过程和结果进行综合评价。

二、课程目标

（一）总目标

学生能从个体生活、社会生活及与大自然的接触中获得丰富的实践经验，形成并逐步提升对自然、社会和自我之内在联系的整体认识，具有价值体认、责任担当、问题解决、创意物化等方面的意识和能力。

（二）学段目标

1. 小学阶段具体目标

（1）价值体认：通过亲历、参与少先队活动、场馆活动和主题教育活动，参观爱国主义教育基地等，获得有积极意义的价值体验。理解并遵守公共空间的基本行为规范，初步形成集体思想、组织观念，培养对中国共产党的朴素感情，为自己是中国人感到自豪。

（2）责任担当：围绕日常生活开展服务活动，能处理生活中的基本事务，初步养成自理能力、自立精神、热爱生活的态度，具有积极参与学校和社区生活的意愿。

（3）问题解决：能在教师的引导下，结合学校、家庭生活中的现象，发现并提出自己感兴趣的问题。能将问题转化为研究小课题，体验课题研究的过程与方法，提出自己的想法，形成对问题的初步解释。

（4）创意物化：通过动手操作实践，初步掌握手工设计与制作的基本技能；学会运用信息技术，设计并制作有一定创意的数字作品。运用常见、简单的信息技术解决实际问题，服务于学习和生活。

2. 初中阶段具体目标

（1）价值体认：积极参加班团队活动、场馆体验、红色之旅等，亲历社会实践，加深有积极意义的价值体验。能主动分享体验和感受，与老师、同伴交流思想认识，形成国家认同，热爱中国共产党。通过职业体验活动，发展兴趣专长，形成积极的劳动观念和态度，具有初步的生涯规划意识和能力。

（2）责任担当：观察周围的生活环境，围绕家庭、学校、社区的需要开展服务活动，增强服务意识，养成独立的生活习惯；愿意参与学校服务活动，增强服务学校的行动能力；初步形成探究社区问题的意识，愿意参与社区服务，初步形成对自我、学校、社区负责任的态度和社会公德意识，初步具备法治观念。

（3）问题解决：能关注自然、社会、生活中的现象，深入思考并提出有价值的问题，将问题转化为有价值的研究课题，学会运用科学方法开展研究。能主动运用所学知识理解与解决问题，并做出基于证据的解释，形成基本符合规范的研究报告或其他形式的研究成果。

（4）创意物化：运用一定的操作技能解决生活中的问题，将一定的想法或创意付诸实践，通过设计、制作或装配等，制作和不断改进较为复杂的制品或用品，发展实践创新意识和审美意识，提高创意实现能力。通过信息技术的学习实践，提高利用信息技术进行分析和解决问题的能力以及数字化产品的设计与制作能力。

3. 高中阶段具体目标

（1）价值体认：通过自觉参加班团活动、走访模范人物、研学旅行、职业体验活动，组织社团活动，深化社会规则体验、国家认同、文化自信，初步体悟个人成长与职业世界、社会进步、国家发展和人类命运共同体的关系，增强根据自身兴趣专长进行生涯规划和职业选择的能力，强化对中国共产党的认识和感情，具有中国特色社会主义共同理想和国际视野。

（2）责任担当：关心他人、社区和社会发展，能持续地参与社区服务与社会实践活动，关注社区及社会存在的主要问题，热心参与志愿者活动和公益活动，增强社会责任意识和法治观念，形成主动服务他人、服务社会的情怀，理解并践行社会公德，提高社会服务能力。

（3）问题解决：能对个人感兴趣的领域开展广泛的实践探索，提出具有一定新意和深度的问题，综合运用知识分析问题，用科学方法开展研究，增强解决实际问题的能力。能及时对研究过程及研究结果进行审视、反思并优化调整，建构基于证据的、具有说服力的解释，形成比较规范的研究报告或其他形式的研究成果。

（4）创意物化：积极参与动手操作实践，熟练掌握多种操作技能，综合运用技能解决生活中的复杂问题。增强创意设计、动手操作、技术应用和物化能力。形成在实践操作中学习的意识，提高综合解决问题的能力。

三、课程内容与活动方式

学校和教师要根据综合实践活动课程的目标，并基于学生发展的实际需求，设计活动主题和具体内容，并选择相应的活动方式。

（一）内容选择与组织原则

综合实践活动课程的内容选择与组织应遵循如下原则：

1. 自主性

在主题开发与活动内容选择时，要重视学生自身发展需求，尊重学生的自主选择。教师要善于引导学生围绕活动主题，从特定的角度切入，选择具体的活动内容，并自定活动目标任务，提升自主规划和管理能力。同时，要善于捕捉和利用课程实施过程中生成的有价值的问题，指导学生深化活动主题，不断完善活动内容。

2. 实践性

综合实践活动课程强调学生亲身经历各项活动，在“动手做”“实验”“探究”“设计”“创作”“反思”的过程中进行“体验”“体悟”“体认”，在全身心参与的活动中，发现、分析和解决问题，体验和感受生活，发展实践创新能力。

3. 开放性

综合实践活动课程面向学生的整个生活世界，具体活动内容具有开放性。教师要基于学生已有经验和兴趣专长，打破学科界限，选择综合性活动内容，鼓励学生跨领域、跨学科学习，为学生自主活动留出余地。要引导学生把自己成长的环境作为学习场所，在与家庭、学校、社区的持续互动中，不断拓展活动时空和活动内容，使自己的个性特长、实践能力、服务精神和社会责任感不断获得发展。

4. 整合性

综合实践活动课程的内容组织，要结合学生发展的年龄特点和个性特征，以促进学生的综合素质发展为核心，均衡考虑学生与自然的关系、学生与他人和社会的关系、学生与自我的关系这三个方面的内容。对活动主题的探究和体验，要体现个人、社会、自然的内在联系，强化科技、艺术、道德等方面的内在整合。

5. 连续性

综合实践活动课程的内容设计应基于学生可持续发展的要求，设计长短期相结合的主题活动，使活动内容具有递进性。要促使活动内容由简单走向复杂，使活动主题向纵深发展，不断丰富活动内容、拓展活动范围，促进学生综合素质的持续发展。要处理好学期之间、学年之间、学段之间活动内容的有机衔接与联系，构建科学合理的活动主题序列。

（二）*活动方式*

综合实践活动的主要方式及其关键要素为：

1. 考察探究

考察探究是学生基于自身兴趣，在教师的指导下，从自然、社会和学生自身生活中选择和确定研究主题，开展研究性学习，在观察、记录和思考中，主动获取知识，分析并解决问题的过程，如野外考察、社会调查、研学旅行等，它注重运用实地观察、访谈、实验等方法，获取材料，形成理性思维、批判质疑和勇于探究的精神。考察探究的关键要素包括：发现并提出问题；提出假设，选择方法，研制工具；获取证据；提出解释或观念；交流、评价探究成果；反思和改进。

2. 社会服务

社会服务指学生在教师的指导下，走出教室，参与社会活动，以自己的劳动满足社会组织或他人的需要，如公益活动、志愿服务、勤工俭学等，它强调学生在满足被服务者需要的过程中，获得自身发展，促进相关知识技能的学习，提升实践能力，成为履职尽责、敢于担当的人。社会服务的关键要素包括：明确服务对象与需要；制订服务活动计划；开展服务行动；反思服务经历，分享活动经验。

3. 设计制作

设计制作指学生运用各种工具、工艺（包括信息技术）进行设计，并动手操作，将自己的创意、方案付诸现实，转化为物品或作品的过程，如动漫制作、编程、陶艺创作等，它注重提高学生的技术意识、工程思维、动手操作能力等。在活动过程中，鼓励学生手脑并用，灵活掌握、融会贯通各类知识和技巧，提高学生的技术操作水平、知识迁移水平，体验工匠精神等。设计制作的关键要素包括：创意设计；选择活动材料或工具；动手制作；交流展示物品或作品，反思与改进。

4. 职业体验

职业体验指学生在实际工作岗位上或模拟情境中见习、实习，体认职业角色的过程，如军训、学工、学农等，它注重让学生获得对职业生活的真切理解，发现自己的专长，培养职业兴趣，形成正确的劳动观念和人生志向，提升生涯规划能力。职业体验的关键要素包括：选择或设计职业情境；实际岗位演练；总结、反思和交流经历过程；概括提炼经验，行动应用。

综合实践活动除了以上活动方式外，还有党团队教育活动、博物馆参观等。综合实践活动方式的划分是相对的。在活动设计时可以有所侧重，以某种方式为主，兼顾其他方式；也可以整合方式实施，使不同活动要素彼此渗透、融合贯通。要充分发挥信息技术对于各类活动的支持作用，有效促进问题解决、交流协作、成果展示与分享等。

四、学校对综合实践活动课程的规划与实施

（一）*课程规划*

中小学校是综合实践活动课程规划的主体，应在地方指导下，对综合实践活动课程进行整体设计，将办学理念、办学特色、培养目标、教育内容等融入其中。要依据学生发展状况、学校特色、可利用的社区资源（如各级各类青少年校外活动场所、综合实践基地和研学旅行基地等）对综合实践活动课程进行统筹考虑，形成综合实践活动课程总体实施方案；还要基于学生的年段特征、阶段性发展要求，制定具体的“学校学年（或学期）活动计划与实施方案”，对学年、学期活动做出规划。要使总体实施方案和学年（或学期）活动计划相互配套、衔接，形成促进学生持续发展的课程实施方案。

学校在课程规划时要注意处理好以下关系：

1. 综合实践活动课程的预设与生成

学校要统筹安排各年级、各班级学生的综合实践活动课时、主题、指导教师、场地设施等，加强与校外活动场所的沟通协调，为每一个学生参与活动创造必要条件，提供发展机遇，但不得以单一、僵化、固定的模式去约束所有班级、社团的具体活动过程，剥夺学生自主选择的空间。要允许和鼓励师生从生活中选择有价值的活动主题，选择适当的活动方式创造性地开展活动。要关注学生活动的生成性目标与生成性主题并引导其发展，为学生创造性的发展开辟广阔空间。

2. 综合实践活动课程与学科课程

在设计与实施综合实践活动课程中，要引导学生主动运用各门学科知识分析解决实际问题，使学科知识在综合实践活动中得到延伸、综合、重组与提升。学生在综合实践活动中所发现的问题要在相关学科教学中分析解决，所获得的知识要在相关学科教学中拓展加深。防止用学科实践活动取代综合实践活动。

3. 综合实践活动课程与专题教育

可将有关专题教育，如优秀传统文化教育、革命传统教育、国家安全教育、心理健康教育、环境教育、法治教育、知识产权教育等，转化为学生感兴趣的综合实践活动主题，让学生通过亲历感悟、实践体验、行动反思等方式实现专题教育的目标，防止将专题教育简单等同于综合实践活动课程。要在国家宪法日、国家安全教育日、全民国防教育日等重要时间节点，组织学生开展相关主题教育活动。

（二）课程实施

作为综合实践活动课程实施的主体，学校要明确实施机构及人员、组织方式等，加强过程指导和管理，确保课程实施到位。

1. 课时安排

小学 1-2 年级，平均每周不少于 1 课时；小学 3-6 年级和初中，平均每周不少于 2 课时；高中执行课程方案相关要求，完成规定学分。各学校要切实保证综合实践活动时间，在开足规定课时总数的前提下，根据具体活动需要，把课时的集中使用与分散使用有机结合起来。要根据学生活动主题的特点和需要，灵活安排、有效使用综合实践活动时间。学校要给予学生广阔的探究时空环境，保证学生活动的连续性和长期性。要处理好课内与课外的关系，合理安排时间并拓展学生的活动空间与学习场域。

2. 实施机构与人员

学校要成立综合实践活动课程领导小组，结合实际情况设置专门的综合实践活动课程中心或教研组，或由教科室、教务处、学生处等职能部门，承担起学校课程实施规划、组织、协调与管理等方面的责任，负责制定并落实学校综合实践活动课程实施方案，整合校内外教育资源，统筹协调校内外相关部门的关系，联合各方面的力量，特别是加强与校外活动场所的沟通协调，保证综合实践活动课程的有效实施。要充分发挥少先队、共青团以及学生社团组织的作用。

要建立专兼职相结合、相对稳定的指导教师队伍。学校教职工要全员参与，分工合作。原则上每所学校至少配备 1 名专任教师，主要负责指导学生开展综合实践活动，组织其他学科教师开展校本教研活动。各学科教师要发挥专业优势，主动承担指导任务。积极争取家长、校外活动场所指导教师、社区人才资源等有关社会力量成为综合实践活动课程的兼职指导教师，协同指导学生综合实践活动的开展。

3. 组织方式

综合实践活动以小组合作方式为主，也可以个人单独进行。小组合作范围可以从班级内部，逐步走向跨班级、跨年级、跨学校和跨区域等。要根据实际情况灵活运用各种组织方式。要引导学生根据兴趣、能力、特长、活动需要，明确分工，做到人尽其责，合理高效。既要让学生有独立思考的时间和空间，又要充分发挥合作学习的优势，重视培养学生的自主参与意识与合作沟通能力。鼓励学生利用信息技术手段突破时空界限，进行广泛的交流与密切合作。

4. 教师指导

在综合实践活动实施过程中，要处理好学生自主实践与教师有效指导的关系。教师既不能“教”综合实践活动，也不能推卸指导的责任，而应当成为学生活动的组织者、参与者和促进者。教师的指导应贯穿于综合实践活动实施的全过程。

在活动准备阶段，教师要充分结合学生经验，为学生提供活动主题选择以及提出问题的机会，引导学生构思选题，鼓励学生提出感兴趣的问题，并及时捕捉活动中学生动态生成的问题，组织学生就问题展开讨论，确立活动目标内容。要让学生积极参与活动方案的制定过程，通过合理的时间安排、责任分工、实施方法和路径选择，对活动可利用的资源及活动的可行性进行评估等，增强活动的计划性，提高学生的活动规划能力。同时，引导学生对活动方案进行组内及组间讨论，吸纳合理化建议，不断优化完善方案。

在活动实施阶段，教师要创设真实的情境，为学生提供亲身经历与现场体验的机会，让学生经历多样化的活动方式，促进学生积极参与活动过程，在现场考察、设计制作、实验探究、社会服务等活动中发现和解决问题，体验和感受学习与生活之间的联系。要加强对学生活动方式与方法的指导，帮助学生找到适合自己的学习方式和实践方式。教师指导重在激励、启迪、点拨、引导，不能对学生的活动过程包办代替。还要指导学生做好活动过程的记录和活动资料的整理。

在活动总结阶段，教师要指导学生选择合适的结果呈现方式，鼓励多种形式的结果呈现与交流，如绘画、摄影、戏剧与表演等，对活动过程和活动结果进行系统梳理和总结，促进学生自我反思与表达、同伴交流与对话。要指导学生学会通过撰写活动报告、反思日志、心得笔记等方式，反思成败得失，提升个体经验，促进知识建构，并根据同伴及教师提出的反馈意见和建议查漏补缺，明确进一步的探究方向，深化主题探究和体验。

5. 活动评价

综合实践活动情况是学生综合素质评价的重要内容。各学校和教师要以促进学生综合素质持续发展为目的设计与实施综合实践活动评价。要坚持评价的方向性、指导性、客观性、公正性等原则。

突出发展导向。坚持学生成长导向，通过对学生成长过程的观察、记录、分析，促进学校及教师把握学生的成长规律，了解学生的个性与特长，不断激发学生的潜能，为更好地促进学生成长提供依据。评价的首要功能是让学生及时获得关于学习过程的反馈，改进后续活动。要避免评价过程中只重结果、不重过程的现象。要对学生作品进行深入分析和研究，挖掘其背后蕴藏的学生的思想、创意和体验，杜绝对学生的作品随意打分和简单排名等功利主义做法。

做好写实记录。教师要指导学生客观记录参与活动的具体情况，包括活动主题、持续时间、所承担的角色、任务分工及完成情况等，及时填写活动记录单，并收集相关事实材料，如活动现场照片、作品、研究报告、实践单位证明等。活动记录、事实材料要真实、有据可查，为综合实践活动评价提供必要基础。

建立档案袋。在活动过程中，教师要指导学生分类整理、遴选具有代表性的重要活动记录、典型事实材料以及其他有关资料，编排、汇总、归档，形成每一个学生的综合实践活动档案袋，并纳入学生综合素质档案。档案袋是学生自我评价、同伴互评、教师评价学生的重要依据，也是招生录取中综合评价的重要参考。

开展科学评价。原则上每学期末，教师要依据课程目标和档案袋，结合平时对学生活动情况的观察，对学生综合素质发展水平进行科学分析，写出有关综合实践活动情况的评语，引导学生扬长避短，明确努力方向。高中学校要结合实际情况，研究制定学生综合实践活动评价标准和学分认定办法，对学生综合实践活动课程学分进行认定。

五、课程管理与保障

（一）教师培训与教研指导

地方教育行政部门和学校要加强调研，了解综合实践活动指导教师专业发展的需求，搭建多样化的交流平台，强化培训和教研，推动教师的持续发展。

1. 建立指导教师培训制度

要开展对综合实践活动课程专兼职教师的全员培训，明确培训目标，努力提升教师的跨学科知识整合能力，观察、研究学生的能力，指导学生规划、设计与实施活动的能力，课程资源的开发和利用能力等。要根据教师的实际需求，开发相应的培训课程，组织教师按照课程要求进行系统学习。要不断探索和改进培训方式方法，倡导参与式培训、案例培训和项目研究等，不断激发教师内在的学习动力。

2. 建立健全日常教研制度

各学校要通过专业引领、同伴互助、合作研究，积极开展以校为本的教研活动，及时分析、解决课程实施中遇到的问题，提高课程实施的有效性。各级教研机构要配备综合实践活动专职教研员，加强对校本教研的指导，并组织开展专题教研、区域教研、网络教研等，通过协同创新、校际联动、区域推进，提高中小学综合实践活动整体实施水平。

（二）支持体系建设与保障

1. 网络资源开发

地方教育行政部门、教研机构和学校要开发优质网络资源，遴选相关影视作品等充实资源内容，为课程实施提供资源保障。要充分发挥师生在课程资源开发中的主体性与创造性，及时总结、梳理来自教学一线的典型案例和鲜活经验，动态生成分年级、分专题的综合实践活动课程资源包。各地要探索和建立优质资源的共享与利用机制，打造省、市、县、校多级联动的共建共享平台，为课程实施提供高质量、常态化的资源支撑。

2. 硬件配套与利用

学校要为综合实践活动的实施提供配套硬件资源与耗材，并积极争取校外活动场所支持，建立课程资源的协调与共享机制，充分发挥实验室、专用教室及各类教学设施在综合实践活动课程实施过程中的作用，提高使用效益，避免资源闲置与浪费。有条件的学校可以建设专用活动室或实践基地，如创客空间等。

地方教育行政部门要加强实践基地建设，强化资源统筹管理，建立健全校内外综合实践活动课程资源的利用与相互转换机制，强化公共资源间的相互联系和硬件资源的共享，为学校利用校外图书馆、博物馆、展览馆、科技馆、实践基地等各种社会资源及丰富的自然资源提供政策支持。

3. 经费保障

地方和学校要确保开展综合实践活动所需经费，支持综合实践活动课程资源和实践基地建设、专题研究等。

4. 安全保障

地方教育行政部门要与有关部门统筹协调，建立安全管控机制，分级落实安全责任。学校要设立安全风险预警机制，建立规范化的安全管理制度及管理措施。教师要增强安全意识，加强对学生的安全教育，提升学生安全防范能力，制定安全守则，落实安全措施。

（三）考核与激励机制

1. 建立健全指导教师考核激励机制

各地和学校明确综合实践活动课程教师考核要求和办法，科学合理地计算教师工作量，将指导学生综合实践活动的工作业绩作为教师职称晋升和岗位聘任的重要依据，对取得显著成效的指导教师给予表彰奖励。

2. 加强对课程实施情况的督查

将综合实践活动课程实施情况，包括课程开设情况及实施效果，纳入中小学课程实施监测，建立关于中小学综合实践活动课程的反馈改进机制。地方教育行政部门和教育督导部门要将综合实践活动实施情况作为检查督导的重要内容。

3. 开展优秀成果交流评选

依托有关专业组织、教科研机构、基础教育课程中心等，开展中小学生综合实践活动课程展示交流活动，激发广大中小学生实践创新的潜能和动力。将中小学综合实践活动课程探索成果纳入基础教育教学成果评选范围，对优秀成果予以奖励，发挥优秀成果的示范引领作用，激励广大中小学教师和专职研究人员持续性从事中小学综合实践活动课程研究和实践探索。

附件：1. 中小学综合实践活动推荐主题汇总（略）
2. 考察探究活动推荐主题及其说明（略）
3. 社会服务活动推荐主题及其说明（略）
4. 设计制作活动（信息技术）推荐主题及其说明（略）
5. 设计制作活动（劳动技术）推荐主题及其说明（略）
6. 职业体验及其他活动推荐主题及其说明（略）

关于进一步减轻义务教育阶段学生作业负担和校外培训负担的意见

2021年7月中共中央办公厅、国务院办公厅印发

为深入贯彻党的十九大和十九届五中全会精神，切实提升学校育人水平，持续规范校外培训（包括线上培训和线下培训），有效减轻义务教育阶段学生过重作业负担和校外培训负担（以下简称“双减”），现提出如下意见。

一、总体要求

1. 指导思想。坚持以习近平新时代中国特色社会主义思想为指导，全面贯彻党的教育方针，落实立德树人根本任务，着眼建设高质量教育体系，强化学校教育主阵地作用，深化校外培训机构治理，坚决防止侵害群众利益行为，构建教育良好生态，有效缓解家长焦虑情绪，促进学生全面发展、健康成长。

2. 工作原则。坚持学生为本、回应关切，遵循教育规律，着眼学生身心健康成长，保障学生休息权利，整体提升学校教育教学质量，积极回应社会关切与期盼，减轻家长负担；坚持依法治理、标本兼治，严格执行义务教育法、未成年人保护法等法律规定，加强源头治理、系统治理、综合治理；坚持政府主导、多方联动，强化政府统筹，落实部门职责，发挥学校主体作用，健全保障政策，明确家校社协同责任；坚持统筹推进、稳步实施，全面落实国家关于减轻学生过重学业负担有关规定，对重点难点问题先行试点，积极推广典型经验，确保“双减”工作平稳有序。

3. 工作目标。学校教育教学质量和服务水平进一步提升，作业布置更加科学合理，学校课后服务基本满足学生需要，学生学习更好回归校园，校外培训机构培训行为全面规范。学生过重作业负担和校外培训负担、家庭教育支出和家长相应精力负担1年内有效减轻、3年内成效显著，人民群众教育满意度明显提升。

二、全面压减作业总量和时长，减轻学生过重作业负担

4. 健全作业管理机制。学校要完善作业管理办法，加强学科组、年级组作业统筹，合理调控作业结构，

确保难度不超国家课标。建立作业校内公示制度,加强质量监督。严禁给家长布置或变相布置作业,严禁要求家长检查、批改作业。

5. 分类明确作业总量。学校要确保小学一、二年级不布置家庭书面作业,可在校内适当安排巩固练习;小学三至六年级书面作业平均完成时间不超过 60 分钟,初中书面作业平均完成时间不超过 90 分钟。

6. 提高作业设计质量。发挥作业诊断、巩固、学情分析等功能,将作业设计纳入教研体系,系统设计符合年龄特点和学习规律、体现素质教育导向的基础性作业。鼓励布置分层、弹性和个性化作业,坚决克服机械、无效作业,杜绝重复性、惩罚性作业。

7. 加强作业完成指导。教师要指导小学生在校内基本完成书面作业,初中生在校内完成大部分书面作业。教师要认真批改作业,及时做好反馈,加强面批讲解,认真分析学情,做好答疑辅导。不得要求学生自批自改作业。

8. 科学利用课余时间。学校和家长要引导学生放学回家后完成剩余书面作业,进行必要的课业学习,从事力所能及的家务劳动,开展适宜的体育锻炼,开展阅读和文艺活动。个别学生经努力仍完不成书面作业的,也应按时就寝。引导学生合理使用电子产品,控制使用时长,保护视力健康,防止网络沉迷。家长要积极与孩子沟通,关注孩子心理情绪,帮助其养成良好学习生活习惯。寄宿制学校要统筹安排好课余学习生活。

三、提升学校课后服务水平,满足学生多样化需求

9. 保证课后服务时间。学校要充分利用资源优势,有效实施各种课后育人活动,在校内满足学生多样化学习需求。引导学生自愿参加课后服务。课后服务结束时间原则上不早于当地正常下班时间;对有特殊需要的学生,学校应提供延时托管服务;初中学校工作日晚上可开设自习班。学校可统筹安排教师实行“弹性上下班制”。

10. 提高课后服务质量。学校要制定课后服务实施方案,增强课后服务的吸引力。充分用好课后服务时间,指导学生认真完成作业,对学习有困难的学生进行补习辅导与答疑,为学有余力的学生拓展学习空间,开展丰富多彩的科普、文体、艺术、劳动、阅读、兴趣小组及社团活动。不得利用课后服务时间讲新课。

11. 拓展课后服务渠道。课后服务一般由本校教师承担,也可聘请退休教师、具备资质的社会专业人员或志愿者提供。教育部门可组织区域内优秀教师到师资力量薄弱的学校开展课后服务。依法依规严肃查处教师校外有偿补课行为,直至撤销教师资格。充分利用社会资源,发挥好少年宫、青少年活动中心等校外活动场所在课后服务中的作用。

12. 做强做优免费线上学习服务。教育部门要征集、开发丰富优质的线上教育教学资源,利用国家和各地教育教学资源平台以及优质学校网络平台,免费向学生提供高质量专题教育资源和覆盖各年级各学科的学习资源,推动教育资源均衡发展,促进教育公平。各地要积极创造条件,组织优秀教师开展免费在线互动交流答疑。各地各校要加大宣传推广使用力度,引导学生用好免费线上优质教育资源。

四、坚持从严治理,全面规范校外培训行为

13. 坚持从严审批机构。各地不再审批新的面向义务教育阶段学生的学科类校外培训机构,现有学科类培训机构统一登记为非营利性机构。对原备案的线上学科类培训机构,改为审批制。各省(自治区、直辖市)要对已备案的线上学科类培训机构全面排查,并按标准重新办理审批手续。未通过审批的,取消原有备案登记和互联网信息服务业务经营许可证(ICP)。对非学科类培训机构,各地要区分体育、文化艺术、科技等类别,明确相应主管部门,分类制定标准、严格审批。依法依规严肃查处不具备相应资质条件、未经审批多址开展培训的校外培训机构。学科类培训机构一律不得上市融资,严禁资本化运作;上市公司不得通过股票市场融资投资学科类培训机构,不得通过发行股份或支付现金等方式购买学科类培训机构资产;外资不得通过兼并收购、受托经营、加盟连锁、利用可变利益实体等方式控股或参股学科类培训机构。已违规的,要进行清理整治。

14. 规范培训服务行为。建立培训内容备案与监督制度,制定出台校外培训机构培训材料管理办法。严禁超标超前培训,严禁非学科类培训机构从事学科类培训,严禁提供境外教育课程。依法依规坚决查处超范围培训、培训质量良莠不齐、内容低俗违法、盗版侵权等突出问题。严格执行未成年人保护法有关规定,校外培训机构不得占用国家法定节假日、休息日及寒暑假期组织学科类培训。培训机构不得高薪挖抢学校教师;从事学科类培训的人员必须具备相应教师资格,并将教师资格信息在培训机构场所及网站显著位置公布;不得泄露家长和学生个人信息。根据市场需求、培训成本等因素确定培训机构收费项目和标准,向社会公示、接受监督。全面使用《中小学生校外培训服务合同(示范文本)》。进一步健全常态化排查机制，及时掌握校外培训机构情况及信息，完善“黑白名单”制度。

15. 强化常态运营监管。严格控制资本过度涌入培训机构，培训机构融资及收费应主要用于培训业务经营，坚决禁止为推销业务以虚构原价、虚假折扣、虚假宣传等方式进行不正当竞争，依法依规坚决查处行业垄断行为。线上培训要注重保护学生视力，每课时不超过30分钟，课程间隔不少于10分钟，培训结束时间不晚于21点。积极探索利用人工智能技术合理控制学生连续线上培训时间。线上培训机构不得提供和传播“拍照搜题”等惰化学生思维能力、影响学生独立思考、违背教育教学规律的不良学习方法。聘请在境内的外籍人员要符合国家有关规定，严禁聘请在境外的外籍人员开展培训活动。

五、大力提升教育教学质量，确保学生在校内学足学好

16. 促进义务教育优质均衡发展。各地要巩固义务教育基本均衡成果，积极开展义务教育优质均衡创建工作，促进新优质学校成长，扩大优质教育资源。积极推进集团化办学、学区化治理和城乡学校共同体建设，充分激发办学活力，整体提升学校办学水平，加快缩小城乡、区域、学校间教育水平差距。

17. 提升课堂教学质量。教育部门要指导学校健全教学管理规程，优化教学方式，强化教学管理，提升学生在校学习效率。学校要开齐开足开好国家规定课程，积极推进幼小科学衔接，帮助学生做好入学准备，严格按课程标准零起点教学，做到应教尽教，确保学生达到国家规定的学业质量标准。学校不得随意增减课时、提高难度、加快进度；降低考试压力，改进考试方法，不得有提前结课备考、违规统考、考题超标、考试排名等行为；考试成绩呈现实行等级制，坚决克服唯分数的倾向。

18. 深化高中招生改革。各地要积极完善基于初中学业水平考试成绩、结合综合素质评价的高中阶段学校招生录取模式，依据不同科目特点，完善考试方式和成绩呈现方式。坚持以学定考，进一步提升中考命题质量，防止偏题、怪题、超过课程标准的难题。逐步提高优质普通高中招生指标分配到区域内初中的比例，规范普通高中招生秩序，杜绝违规招生、恶性竞争。

19. 纳入质量评价体系。地方各级党委和政府要树立正确政绩观，严禁下达升学指标或片面以升学率评价学校和教师。认真落实义务教育质量评价指南，将“双减”工作成效纳入县域和学校义务教育质量评价，把学生参加课后服务、校外培训及培训费用支出减少等情况作为重要评价内容。

六、强化配套治理，提升支撑保障能力

20. 保障学校课后服务条件。各地要根据学生规模和中小学教职工编制标准，统筹核定编制，配足配齐教师。省级政府要制定学校课后服务经费保障办法，明确相关标准，采取财政补贴、服务性收费或代收费等方式，确保经费筹措到位。课后服务经费主要用于参与课后服务教师和相关人员的补助，有关部门在核定绩效工资总量时，应考虑教师参与课后服务的因素，把用于教师课后服务补助的经费额度，作为增量纳入绩效工资并设立相应项目，不作为次年正常核定绩效工资总量的基数；对聘请校外人员提供课后服务的，课后服务补助可按劳务费管理。教师参加课后服务的表现应作为职称评聘、表彰奖励和绩效工资分配的重要参考。

21. 完善家校社协同机制。进一步明晰家校育人责任，密切家校沟通，创新协同方式，推进协同育人共同体建设。教育部门要会同妇联等部门，办好家长学校或网上家庭教育指导平台，推动社区家庭教育指导中心、服务站点建设，引导家长树立科学育儿观念，理性确定孩子成长预期，努力形成减负共识。

22. 做好培训广告管控。中央有关部门、地方各级党委和政府要加强校外培训广告管理，确保主流媒体、新媒体、公共场所、居民区各类广告牌和网络平台等不刊登、不播发校外培训广告。不得在中小学校、幼儿园内开展商业广告活动，不得利用中小学和幼儿园的教材、教辅材料、练习册、文具、教具、校服、校车等发布或变相发布广告。依法依规严肃查处各种夸大培训效果、误导公众教育观念、制造家长焦虑的校外培训违法违规广告行为。

七、扎实做好试点探索，确保治理工作稳妥推进

23. 明确试点工作要求。在全面开展治理工作的同时，确定北京市、上海市、沈阳市、广州市、成都市、郑州市、长治市、威海市、南通市为全国试点，其他省份至少选择1个地市开展试点，试点内容为第24、25、26条所列内容。

24. 坚决压减学科类校外培训。对现有学科类培训机构重新审核登记，逐步大大压减，解决过多过滥问题；依法依规严肃查处存在不符合资质、管理混乱、借机敛财、虚假宣传、与学校勾连牟利等严重问题的机构。

25. 合理利用校内外资源。鼓励有条件的学校在课余时间向学生提供兴趣类课后服务活动，供学生自

主选择参加。课后服务不能满足部分学生发展兴趣特长等特殊需要的,可适当引进非学科类校外培训机构参与课后服务,由教育部门负责组织遴选,供学校选择使用,并建立评估退出机制,对出现服务水平低下、恶意在校招揽生源、不按规定提供服务、扰乱学校教育教学和招生秩序等问题的培训机构,坚决取消培训资质。

26. 强化培训收费监管。坚持校外培训公益属性,充分考虑其涉及重大民生的特点,将义务教育阶段学科类校外培训收费纳入政府指导价管理,科学合理确定计价办法,明确收费标准,坚决遏制过高收费和过度逐利行为。通过第三方托管、风险储备金等方式,对校外培训机构预收费进行风险管控,加强对培训领域贷款的监管,有效预防"退费难"、"卷钱跑路"等问题发生。

八、精心组织实施,务求取得实效

27. 全面系统做好部署。加强党对"双减"工作的领导,各省(自治区、直辖市)党委和政府要把"双减"工作作为重大民生工程,列入重要议事日程,纳入省(自治区、直辖市)党委教育工作领导小组重点任务,结合本地实际细化完善措施,确保"双减"工作落实落地。学校党组织要认真做好教师思想工作,充分调动广大教师积极性、创造性。校外培训机构要加强自身党建工作,发挥党组织战斗堡垒作用。

28. 明确部门工作责任。教育部门要抓好统筹协调,会同有关部门加强对校外培训机构日常监管,指导学校做好"双减"有关工作;宣传、网信部门要加强舆论宣传引导,网信部门要配合教育、工业和信息化部门做好线上校外培训监管工作;机构编制部门要及时为中小学校补齐补足教师编制;发展改革部门要会同财政、教育等部门制定学校课后服务性或代收费标准,会同教育等部门制定试点地区校外培训机构收费指导政策;财政部门要加强学校课后服务经费保障;人力资源社会保障部门要做好教师绩效工资核定有关工作;民政部门要做好学科类培训机构登记工作;市场监管部门要做好非学科类培训机构登记工作和校外培训机构收费、广告、反垄断等方面监管工作,加大执法检查力度,会同教育部门依法依规严肃查处违法违规培训行为;政法部门要做好相关维护和谐稳定工作;公安部门要依法加强治安管理,联动开展情报信息搜集研判和预警预防,做好相关涉稳事件应急处置工作;人民银行、银保监、证监部门负责指导银行等机构做好校外培训机构预收费风险管控工作,清理整顿培训机构融资、上市等行为;其他相关部门按照各自职责负起责任、抓好落实。

29. 联合开展专项治理行动。建立"双减"工作专门协调机制,集中组织开展专项治理行动。在教育部设立协调机制专门工作机构,做好统筹协调,加强对各地工作指导。各省(自治区、直辖市)要完善工作机制,建立专门工作机构,按照"双减"工作目标任务,明确专项治理行动的路线图、时间表和责任人。突出工作重点、关键环节、薄弱地区、重点对象等,开展全面排查整治。对违法违规行为要依法依规严惩重罚,形成警示震慑。

30. 强化督促检查和宣传引导。将落实"双减"工作情况及实际成效,作为督查督办、漠视群众利益专项整治和政府履行教育职责督导评价的重要内容。建立责任追究机制,对责任不落实、措施不到位的地方、部门、学校及相关责任人要依法依规严肃追究责任。各地要设立监管平台和专门举报电话,畅通群众监督举报途径。各省(自治区、直辖市)要及时总结"双减"工作中的好经验好做法,并做好宣传推广。新闻媒体要坚持正确舆论导向,营造良好社会氛围。

各地在做好义务教育阶段学生"双减"工作的同时,还要统筹做好面向3至6岁学龄前儿童和普通高中学生的校外培训治理工作,不得开展面向学龄前儿童的线上培训,严禁以学前班、幼小衔接班、思维训练班等名义面向学龄前儿童开展线下学科类(含外语)培训。不再审批新的面向学龄前儿童的校外培训机构和面向普通高中学生的学科类校外培训机构。对面向普通高中学生的学科类培训机构的管理,参照本意见有关规定执行。

中小学生守则

1. 2004年3月25日教育部发布
2. 教基〔2004〕6号
3. 自2004年9月1日起执行

1. 热爱祖国,热爱人民,热爱中国共产党。

2. 遵守法律法规,增强法律意识。遵守校规校纪,遵守社会公德。

3. 热爱科学,努力学习,勤思好问,乐于探究,积极参加社会实践和有益的活动。

4. 珍爱生命,注意安全,锻炼身体,讲究卫生。

5. 自尊自爱,自信自强,生活习惯文明健康。

6. 积极参加劳动,勤俭朴素,自己能做的事自己做。

7. 孝敬父母，尊敬师长，礼貌待人。

8. 热爱集体，团结同学，互相帮助，关心他人。

9. 诚实守信，言行一致，知错就改，有责任心。

10. 热爱大自然，爱护生活环境。

小学生日常行为规范

1. 2004年3月25日教育部修订发布
2. 教基〔2004〕6号
3. 自2004年9月1日起执行

1. 尊敬国旗、国徽，会唱国歌，升降国旗、奏唱国歌时肃立、脱帽、行注目礼，少先队员行队礼。

2. 尊敬父母，关心父母身体健康，主动为家庭做力所能及的事。听从父母和长辈的教导，外出或回到家要主动打招呼。

3. 尊敬老师，见面行礼，主动问好，接受老师的教导，与老师交流。

4. 尊老爱幼，平等待人。同学之间友好相处，互相关心，互相帮助。不欺负弱小，不讥笑、戏弄他人。尊重残疾人。尊重他人的民族习惯。

5. 待人有礼貌，说话文明，讲普通话，会用礼貌用语。不骂人，不打架。到他人房间先敲门，经允许再进入，不随意翻动别人的物品，不打扰别人的工作、学习和休息。

6. 诚实守信，不说谎话，知错就改，不随意拿别人的东西，借东西及时归还，答应别人的事努力做到，做不到时表示歉意。考试不作弊。

7. 虚心学习别人的长处和优点，不嫉妒别人。遇到挫折和失败不灰心，不气馁，遇到困难努力克服。

8. 爱惜粮食和学习、生活用品。节约水电，不比吃穿，不乱花钱。

9. 衣着整洁，经常洗澡，勤剪指甲，勤洗头，早晚刷牙，饭前便后要洗手。自己能做的事自己做，衣物用品摆放整齐，学会收拾房间、洗衣服、洗餐具等家务劳动。

10. 按时上学，不迟到，不早退，不逃学，有病有事要请假，放学后按时回家。参加活动守时，不能参加事先请假。

11. 课前准备好学习用品，上课专心听讲，积极思考，大胆提问，回答问题声音清楚，不随意打断他人发言。课间活动有秩序。

12. 课前预习，课后认真复习，按时完成作业，书写工整，卷面整洁。

13. 坚持锻炼身体，认真做广播体操和眼保健操，坐、立、行、读书、写字姿势正确。积极参加有益的文体活动。

14. 认真做值日，保持教室、校园整洁。保护环境，爱护花草树木、庄稼和有益动物，不随地吐痰，不乱扔果皮纸屑等废弃物。

15. 爱护公物，不在课桌椅、建筑物和文物古迹上涂抹刻画。损坏公物要赔偿。拾到东西归还失主或交公。

16. 积极参加集体活动，认真完成集体交给的任务，少先队员服从队的决议，不做有损集体荣誉的事，集体成员之间相互尊重，学会合作。积极参加学校组织的各种劳动和社会实践活动，多观察，勤动手。

17. 遵守交通法规，过马路走人行横道，不乱穿马路，不在公路、铁路、码头玩耍和追逐打闹。

18. 遵守公共秩序，在公共场所不拥挤，不喧哗，礼让他人。乘公共车、船等主动购票，主动给老幼病残孕让座。不做法律禁止的事。

19. 珍爱生命，注意安全，防火、防溺水、防触电、防盗、防中毒，不做有危险的游戏。

20. 阅读、观看健康有益的图书、报刊、音像和网上信息，收听、收看内容健康的广播电视节目。不吸烟、不喝酒、不赌博，远离毒品，不参加封建迷信活动，不进入网吧等未成年人不宜入内的场所。敢于斗争，遇到坏人坏事主动报告。

中学生日常行为规范

1. 2004年3月25日教育部修订发布
2. 教基〔2004〕6号
3. 自2004年9月1日起执行

一、自尊自爱，注重仪表

1. 维护国家荣誉，尊敬国旗、国徽，会唱国歌，升降国旗、奏唱国歌时要肃立、脱帽、行注目礼，少先队员行队礼。

2. 穿戴整洁、朴素大方，不烫发，不染发，不化妆，不佩戴首饰，男生不留长发，女生不穿高跟鞋。

3. 讲究卫生，养成良好的卫生习惯。不随地吐痰，不乱扔废弃物。

4. 举止文明，不说脏话，不骂人，不打架，不赌博。不涉足未成年人不宜的活动和场所。

5. 情趣健康，不看色情、凶杀、暴力、封建迷信的书刊、音像制品，不听不唱不健康歌曲，不参加迷信活动。

6. 爱惜名誉，拾金不昧，抵制不良诱惑，不做有损人格的事。

7. 注意安全,防火灾、防溺水、防触电、防盗、防中毒等。

二、诚实守信,礼貌待人

8. 平等待人,与人为善。尊重他人的人格、宗教信仰、民族风俗习惯。谦恭礼让,尊老爱幼,帮助残疾人。

9. 尊重教职工,见面行礼或主动问好,回答师长问话要起立,给老师提意见态度要诚恳。

10. 同学之间互相尊重、团结互助、理解宽容、真诚相待、正常交往,不以大欺小,不欺侮同学,不戏弄他人,发生矛盾多做自我批评。

11. 使用礼貌用语,讲话注意场合,态度友善,要讲普通话。接受或递送物品时要起立并用双手。

12. 未经允许不进入他人房间、不动用他人物品、不看他人信件和日记。

13. 不随意打断他人的讲话,不打扰他人学习工作和休息,妨碍他人要道歉。

14. 诚实守信,言行一致,答应他人的事要做到,做不到时表示歉意,借他人钱物要及时归还。不说谎,不骗人,不弄虚作假,知错就改。

15. 上、下课时起立向老师致敬,下课时,请老师先行。

三、遵规守纪,勤奋学习

16. 按时到校,不迟到,不早退,不旷课。

17. 上课专心听讲,勤于思考,积极参加讨论,勇于发表见解。

18. 认真预习、复习,主动学习,按时完成作业,考试不作弊。

19. 积极参加生产劳动和社会实践,积极参加学校组织的其他活动,遵守活动的要求和规定。

20. 认真值日,保持教室、校园整洁优美。不在教室和校园内追逐打闹喧哗,维护学校良好秩序。

21. 爱护校舍和公物,不在黑板、墙壁、课桌、布告栏等处乱涂改刻画。借用公物要按时归还,损坏东西要赔偿。

22. 遵守宿舍和食堂的制度,爱惜粮食,节约水电,服从管理。

23. 正确对待困难和挫折,不自卑,不嫉妒,不偏激,保持心理健康。

四、勤劳俭朴,孝敬父母

24. 生活节俭,不互相攀比,不乱花钱。

25. 学会料理个人生活,自己的衣物用品收放整齐。

26. 生活有规律,按时作息,珍惜时间,合理安排课余生活,坚持锻炼身体。

27. 经常与父母交流生活、学习、思想等情况,尊重父母意见和教导。

28. 外出和到家时,向父母打招呼,未经家长同意,不得在外住宿或留宿他人。

29. 体贴帮助父母长辈,主动承担力所能及的家务劳动,关心照顾兄弟姐妹。

30. 对家长有意见要有礼貌地提出,讲道理,不任性,不耍脾气,不顶撞。

31. 待客热情,起立迎送。不影响邻里正常生活,邻里有困难时主动关心帮助。

五、严于律己,遵守公德

32. 遵守国家法律,不做法律禁止的事。

33. 遵守交通法规,不闯红灯,不违章骑车,过马路走人行横道,不跨越隔离栏。

34. 遵守公共秩序,乘公共交通工具主动购票,给老、幼、病、残、孕及师长让座,不争抢座位。

35. 爱护公用设施、文物古迹,爱护庄稼、花草、树木,爱护有益动物和生态环境。

36. 遵守网络道德和安全规定,不浏览、不制作、不传播不良信息,慎交网友,不进入营业性网吧。

37. 珍爱生命,不吸烟,不喝酒,不滥用药物,拒绝毒品。不参加各种名目的非法组织,不参加非法活动。

38. 公共场所不喧哗,瞻仰烈士陵园等相关场所保持肃穆。

39. 观看演出和比赛,不起哄滋扰,做文明观众。

40. 见义勇为,敢于斗争,对违反社会公德的行为要进行劝阻,发现违法犯罪行为及时报告。

加强中小学生欺凌综合治理方案

1. 2017年11月22日教育部、中央综治办、最高人民法院、最高人民检察院、公安部、民政部、司法部、人力资源和社会保障部、共青团中央、全国妇联、中国残联印发

2. 教督〔2017〕10号

加强中小学生欺凌综合治理是中小学校安全工作的重点和难点,事关亿万中小学生的身心健康和全面发展,事关千家万户的幸福和社会和谐稳定,事关中华民族的未来和伟大复兴。为深入贯彻党的十九大精神,有效防治中小学生欺凌,依据相关法律法规,制定本方案。

一、指导思想

以习近平新时代中国特色社会主义思想为指导,

全面贯彻党的教育方针,落实立德树人根本任务,大力培育和弘扬社会主义核心价值观,不断提高中小学生思想道德素质,健全预防、处置学生欺凌的工作体制和规章制度,以形成防治中小学生欺凌长效机制为目标,以促进部门协作、上下联动、形成合力为保障,确保中小学生欺凌防治工作落到实处,把校园建设成最安全、最阳光的地方,办好人民满意的教育,为培养德智体美全面发展的社会主义建设者和接班人创造良好条件。

二、基本原则

(一)坚持教育为先。深入开展中小学生思想道德教育、法治教育、心理健康教育,促进提高人民群众的思想觉悟、道德水准、文明素养,提高全社会文明程度,特别要加强防治学生欺凌专题教育,培养校长、教师、学生及家长等不同群体积极预防和自觉反对学生欺凌的意识。

(二)坚持预防为主。完善有关规章制度,及时排查可能导致学生欺凌事件发生的苗头隐患,强化学校及周边日常安全管理,加强欺凌事件易发现场监管,完善学生寻求帮助的维权渠道。

(三)坚持保护为要。切实保障学生的合法权益,严格保护学生隐私,尊重学生的人格尊严。切实保护被欺凌学生的身心建康,防止二次伤害发生,帮助被欺凌学生尽早恢复正常的学习生活。

(四)坚持法治为基。按照全面依法治国的要求,依法依规处置学生欺凌事件,按照“宽容不纵容、关爱又严管”的原则,对实施欺凌的学生予以必要的处置及惩戒,及时纠正不当行为。

三、治理内容及措施

(一)明确学生欺凌的界定

中小学生欺凌是发生在校园(包括中小学校和中等职业学校)内外、学生之间,一方(个体或群体)单次或多次蓄意或恶意通过肢体、语言及网络等手段实施欺负、侮辱,造成另一方(个体或群体)身体伤害、财产损失或精神损害等的事件。

在实际工作中,要严格区分学生欺凌与学生间打闹嬉戏的界定,正确合理处理。

(二)建立健全防治学生欺凌工作协调机制

各地要组织协调有关部门、群团组织,建立健全防治学生欺凌工作协调机制,统筹推进学生欺凌治理工作,妥善处理学生欺凌重大事件,正确引导媒体和网络舆情。教育行政(主管)部门和学校要重点抓好校园内欺凌事件的预防和处置;各部门要加强协作,综合治理,做好校园外欺凌事件的预防和处置。

(三)积极有效预防

1. 指导学校切实加强教育。中小学校要通过每学期开学时集中开展教育、学期中在道德与法治等课程中专门设置教学模块等方式,定期对中小学生进行学生欺凌防治专题教育。学校共青团、少先队组织要配合学校开展好法治宣传教育、安全自护教育。

2. 组织开展家长培训。通过组织学校或社区定期开展专题培训课等方式,加强家长培训,引导广大家长增强法治意识,落实监护责任,帮助家长了解防治学生欺凌知识。

3. 严格学校日常管理。学校根据实际成立由校长负责,教师、少先队大中队辅导员、教职工、社区工作者和家长代表、校外专家等人员组成的学生欺凌治理委员会(高中阶段学校还应吸纳学生代表)。加快推进将校园视频监控系统、紧急报警装置等接入公安机关、教育部门监控和报警平台,逐步建立校园安全网上巡查机制。学校要制定防治学生欺凌工作各项规章制度的工作要求,主要包括:相关岗位教职工防治学生欺凌的职责、学生欺凌事件应急处置预案、学生欺凌的早期预警和事中处理及事后干预的具体流程、校规校纪中对实施欺凌学生的处罚规定等。

4. 定期开展排查。教育行政部门要通过委托专业第三方机构或组织学校开展等方式,定期开展针对全体学生的防治学生欺凌专项调查,及时查找可能发生欺凌事件的苗头迹象或已经发生、正在发生的欺凌事件。

(四)依法依规处置

1. 严格规范调查处理。学生欺凌事件的处置以学校为主。教职工发现、学生或者家长向学校举报的,应当按照学校的学生欺凌事件应急处置预案和处理流程对事件及时进行调查处理,由学校学生欺凌治理委员会对事件是否属于学生欺凌行为进行认定。原则上学校应在启动调查处理程序 10 日内完成调查,根据有关规定处置。

2. 妥善处理申诉请求。各地教育行政部门要明确具体负责防治学生欺凌工作的处(科)室并向社会公布。县级防治学生欺凌工作部门负责处理学生欺凌事件的申诉请求。学校学生欺凌治理委员会处理程序妥当、事件比较清晰的,应以学校学生欺凌治理委员会的处理结果为准;确需复查的,由县级防治学生欺凌工作部门组织学校代表、家长代表和校外专家等组成调查小组启动复查。复查工作应在 15 日内完成,对事件是否属于学生欺凌进行认定,提出处置意见并通知学校和家长、学生。

县级防治学生欺凌工作部门接受申诉请求并启动复查程序的，应在复查工作结束后，及时将有关情况报上级防治学生欺凌工作部门备案。涉法涉诉案件等不宜由防治学生欺凌工作部门受理的，应明确告知当事人，引导其及时纳入相应法律程序办理。

3. 强化教育惩戒作用。对经调查认定实施欺凌的学生，学校学生欺凌治理委员会要根据实际情况，制定一定学时的专门教育方案并监督实施欺凌学生按要求接受教育，同时针对欺凌事件的不同情形予以相应惩戒。

情节轻微的一般欺凌事件，由学校对实施欺凌学生开展批评、教育。实施欺凌学生应向被欺凌学生当面或书面道歉，取得谅解。对于反复发生的一般欺凌事件，学校在对实施欺凌学生开展批评、教育的同时，可视具体情节和危害程度给予纪律处分。

情节比较恶劣、对被欺凌学生身体和心理造成明显伤害的严重欺凌事件，学校对实施欺凌学生开展批评、教育的同时，可邀请公安机关参与警示教育或对实施欺凌学生予以训诫，公安机关根据学校邀请及时安排人员，保证警示教育工作有效开展。学校可视具体情节和危害程度给予实施欺凌学生纪律处分，将其表现记入学生综合素质评价。

屡教不改或者情节恶劣的严重欺凌事件，必要时可将实施欺凌学生转送专门（工读）学校进行教育。未成年人送专门（工读）学校进行矫治和接受教育，应当按照《中华人民共和国预防未成年人犯罪法》有关规定，对构成有严重不良行为的，按专门（工读）学校招生入学程序报有关部门批准。

涉及违反治安管理或者涉嫌犯罪的学生欺凌事件，处置以公安机关、人民法院、人民检察院为主。教育行政部门和学校要及时联络公安机关依法处置。各级公安、人民法院、人民检察院依法办理学生欺凌犯罪案件，做好相关侦查、审查逮捕、审查起诉、诉讼监督和审判等工作。对有违法犯罪行为的学生，要区别不同情况，责令其父母或者其他监护人严加管教。对依法应承担行政、刑事责任的，要做好个别矫治和分类教育，依法利用拘留所、看守所、未成年犯管教所、社区矫正机构等场所开展必要的教育矫治；对依法不予行政、刑事处罚的学生，学校要给予纪律处分，非义务教育阶段学校可视具体情节和危害程度给予留校察看、勒令退学、开除等处分，必要时可按照有关规定将其送专门（工读）学校。对校外成年人采取教唆、胁迫、诱骗等方式利用在校学生实施欺凌进行违法犯罪行为的，要根据《中华人民共和国刑法》及有关法律规定，对教唆未成年人犯罪的依法从重处罚。

（五）建立长效机制

各地各有关部门要加强制度建设，积极探索创新，逐步建立具有长效性、稳定性和约束力的防治学生欺凌工作机制。

1. 完善培训机制。明确将防治学生欺凌专题培训纳入教育行政干部和校长、教师在职培训内容。市级、县级教育行政部门分管负责同志和具体工作人员每年应当接受必要的学生欺凌预防与处置专题面授培训。中小学校长、学校行政管理人员、班主任和教师等培训中应当增加学生欺凌预防与处置专题面授的内容。培训纳入相关人员继续教育学分。

2. 建立考评机制。将本区域学生欺凌综合治理工作情况作为考评内容，纳入文明校园创建标准，纳入相关部门负责同志年度考评，纳入校长学期和学年考评，纳入学校行政管理人员、教师、班主任及相关岗位教职工学期和学年考评。

3. 建立问责处理机制。把防治学生欺凌工作专项督导结果作为评价政府教育工作成效的重要内容。对职责落实不到位、学生欺凌问题突出的地区和单位通过通报、约谈、挂牌督办、实施一票否决权制等方式进行综治领导责任追究。学生欺凌事件中存在失职渎职行为，因违纪违法应当承担责任的，给予党纪政纪处分；构成犯罪的，依法追究刑事责任。

4. 健全依法治理机制。建立健全中小学校法制副校长或法制辅导员制度，明确法制副校长或法制辅导员防治学生欺凌的具体职责和工作流程，把防治学生欺凌作为依法治校工作的重要内容，积极主动开展以防治学生欺凌为主题的法治教育，推进学校在规章制度中补充完善防治学生欺凌内容，落实各项预防和处置学生欺凌措施，配合有关部门妥善处理学生欺凌事件及对实施欺凌学生进行教育。

四、职责分工

（一）教育行政部门负责对学生欺凌治理进行组织、指导、协调和监督，牵头做好专门（工读）学校的建设工作，是学生欺凌综合治理的牵头单位。

（二）综治部门负责推动将学生欺凌专项治理纳入社会治安综合治理工作，强化学校周边综合治理，落实社会治安综合治理领导责任制。

（三）人民法院负责依法妥善审理学生欺凌相关案件，通过庭审厘清学生欺凌案件的民事责任，促进矛盾化解工作;以开展模拟法庭等形式配合学校做好法治宣传工作。

(四)人民检察院负责依法对学生欺凌案件进行审查逮捕、审查起诉,开展法律监督,并以案释法,积极参与学校法治宣传教育。

(五)公安机关负责依法办理学生欺凌违反治安管理和涉嫌犯罪案件,依法处理实施学生欺凌侵害学生权益和身心健康的相关违法犯罪嫌疑人,强化警校联动,指导监督学校全面排查整治校园安全隐患,协助学校开展法治教育,做好法治宣传工作。

(六)民政部门负责引导社会力量加强对被欺凌学生及其家庭的帮扶救助,协助教育部门组织社会工作者等专业人员为中小学校提供专业辅导,配合有关部门鼓励社会组织参与学生欺凌防治和帮扶工作。

(七)司法行政部门负责落实未成年人司法保护制度,建立未成年人司法支持体系,指导协调开展以未成年人相关法律法规为重点的法治宣传教育,做好未成年人法律援助和法律服务工作,有效保护未成年人的合法权益。

(八)人力资源社会保障部门负责指导技工学校做好学生欺凌事件的预防和处置工作。

(九)共青团组织负责切实履行综治委预防青少年违法犯罪专项组组长单位职责,配合教育行政部门并协调推动相关部门,建立预防遏制学生欺凌工作协调机制,积极参与学生欺凌防治工作。

(十)妇联组织负责配合有关部门开展预防学生欺凌相关知识的宣传教育,引导家长正确履行监护职责。

(十一)残联组织负责积极维护残疾儿童、少年合法权益,配合有关部门做好残疾学生权益保护相关法律法规的宣传教育,切实加强残疾学生遭受欺凌的风险防控,协助提供有关法律服务。

(十二)学校负责具体实施和落实学生欺凌防治工作,扎实开展相关教育,制定完善预防和处置学生欺凌的各项措施、预案、制度规范和处置流程,及时妥善处理学生欺凌事件。指导、教育家长依法落实法定监护职责,增强法治意识,科学实施家庭教育,切实加强对孩子的看护和管教工作。

五、工作要求

(一)深入细致部署。各地各有关部门要按照属地管理、分级负责的原则,加强学生欺凌综合治理。根据治理内容、措施及分工要求,明确负责人和具体联系人,结合本地区、本部门实际制订具体实施方案,落实工作责任。请于 2017 年 12 月 31 日前将省级防治学生欺凌工作负责人和联系人名单、2018 年 1 月 31 日前将实施方案分别报送国务院教育督导委员会办公室。

(二)加强督导检查。省、市级教育督导部门要联合其他有关部门,定期对行政区域内防治学生欺凌工作情况进行督导检查。县级教育督导部门要对县域内学校按要求开展欺凌防治教育活动、制定应急预案和处置流程等办法措施、在校规校纪中完善防治学生欺凌内容、开展培训、及时处置学生欺凌事件等重点工作开展情况进行专项督导检查。

国务院教育督导委员会办公室适时组织联合督查组对全国防治学生欺凌工作进行专项督导,督导结果向社会公开。

(三)及时全面总结。认真及时做好防治学生欺凌工作总结,一方面围绕取得的成绩和经验,认真总结防治学生欺凌工作中带有启示性、经验性的做法;另一方面围绕面临的困难和不足,认真查找防治学生欺凌工作与社会、家长和学生需求的差距、不足和薄弱环节,查找问题真正的根源,汲取教训,研究改进,推动防治学生欺凌工作进一步取得实效。

(四)强化宣传引导。结合普法工作,开展法治宣传进校园活动,加强对防治学生欺凌工作的正面宣传引导,推广防治学生欺凌的先进典型、先进经验,普及防治学生欺凌知识和方法。对已发生的学生欺凌事件要及时回应社会关切,充分满足群众信息需求。教育行政部门要联系当地主要新闻媒体共同发布反学生欺凌绿色报道倡议书,营造反学生欺凌报道宣传的良好氛围。

中小学教育惩戒规则(试行)

1. 2020 年 12 月 23 日教育部令第 49 号公布
2. 自 2021 年 3 月 1 日起施行

第一条 为落实立德树人根本任务,保障和规范学校、教师依法履行教育教学和管理职责,保护学生合法权益,促进学生健康成长、全面发展,根据教育法、教师法、未成年人保护法、预防未成年人犯罪法等法律法规和国家有关规定,制定本规则。

第二条 普通中小学校、中等职业学校(以下称学校)及其教师在教育教学和管理过程中对学生实施教育惩戒,适用本规则。

本规则所称教育惩戒，是指学校、教师基于教育目的，对违规违纪学生进行管理、训导或者以规定方式予以矫治，促使学生引以为戒、认识和改正错误的教育行为。

第三条　学校、教师应当遵循教育规律，依法履行职责，通过积极管教和教育惩戒的实施，及时纠正学生错误言行，培养学生的规则意识、责任意识。

教育行政部门应当支持、指导、监督学校及其教师依法依规实施教育惩戒。

第四条　实施教育惩戒应当符合教育规律，注重育人效果；遵循法治原则，做到客观公正；选择适当措施，与学生过错程度相适应。

第五条　学校应当结合本校学生特点，依法制定、完善校规校纪，明确学生行为规范，健全实施教育惩戒的具体情形和规则。

学校制定校规校纪，应当广泛征求教职工、学生和学生父母或者其他监护人（以下称家长）的意见；有条件的，可以组织有学生、家长及有关方面代表参加的听证。校规校纪应当提交家长委员会、教职工代表大会讨论，经校长办公会议审议通过后施行，并报主管教育部门备案。

教师可以组织学生、家长以民主讨论形式共同制定班规或者班级公约，报学校备案后施行。

第六条　学校应当利用入学教育、班会以及其他适当方式，向学生和家长宣传讲解校规校纪。未经公布的校规校纪不得施行。

学校可以根据情况建立校规校纪执行委员会等组织机构，吸收教师、学生及家长、社会有关方面代表参加，负责确定可适用的教育惩戒措施，监督教育惩戒的实施，开展相关宣传教育等。

第七条　学生有下列情形之一，学校及其教师应当予以制止并进行批评教育，确有必要的，可以实施教育惩戒：

（一）故意不完成教学任务要求或者不服从教育、管理的；

（二）扰乱课堂秩序、学校教育教学秩序的；

（三）吸烟、饮酒，或者言行失范违反学生守则的；

（四）实施有害自己或者他人身心健康的危险行为的；

（五）打骂同学、老师，欺凌同学或者侵害他人合法权益的；

（六）其他违反校规校纪的行为。

学生实施属于预防未成年人犯罪法规定的不良行为或者严重不良行为的，学校、教师应当予以制止并实施教育惩戒，加强管教；构成违法犯罪的，依法移送公安机关处理。

第八条　教师在课堂教学、日常管理中，对违规违纪情节较为轻微的学生，可以当场实施以下教育惩戒：

（一）点名批评；

（二）责令赔礼道歉、做口头或者书面检讨；

（三）适当增加额外的教学或者班级公益服务任务；

（四）一节课堂教学时间内的教室内站立；

（五）课后教导；

（六）学校校规校纪或者班规、班级公约规定的其他适当措施。

教师对学生实施前款措施后，可以以适当方式告知学生家长。

第九条　学生违反校规校纪，情节较重或者经当场教育惩戒拒不改正的，学校可以实施以下教育惩戒，并应当及时告知家长：

（一）由学校德育工作负责人予以训导；

（二）承担校内公益服务任务；

（三）安排接受专门的校规校纪、行为规则教育；

（四）暂停或者限制学生参加游览、校外集体活动以及其他外出集体活动；

（五）学校校规校纪规定的其他适当措施。

第十条　小学高年级、初中和高中阶段的学生违规违纪情节严重或者影响恶劣的，学校可以实施以下教育惩戒，并应当事先告知家长：

（一）给予不超过一周的停课或者停学，要求家长在家进行教育、管教；

（二）由法治副校长或者法治辅导员予以训诫；

（三）安排专门的课程或者教育场所，由社会工作者或者其他专业人员进行心理辅导、行为干预。

对违规违纪情节严重，或者经多次教育惩戒仍不改正的学生，学校可以给予警告、严重警告、记过或者留校察看的纪律处分。对高中阶段学生，还可以给予开除学籍的纪律处分。

对有严重不良行为的学生，学校可以按照法定程序，配合家长、有关部门将其转入专门学校教育矫治。

第十一条　学生扰乱课堂或者教育教学秩序，影响他人或者可能对自己及他人造成伤害的，教师可以采取必要措施，将学生带离教室或者教学现场，并予以教育管理。

教师、学校发现学生携带、使用违规物品或者行为具有危险性的,应当采取必要措施予以制止;发现学生藏匿违法、危险物品的,应当责令学生交出并可以对可能藏匿物品的课桌、储物柜等进行检查。

教师、学校对学生的违规物品可以予以暂扣并妥善保管,在适当时候交还学生家长;属于违法、危险物品的,应当及时报告公安机关、应急管理部门等有关部门依法处理。

第十二条 教师在教育教学管理、实施教育惩戒过程中,不得有下列行为:

(一)以击打、刺扎等方式直接造成身体痛苦的体罚;

(二)超过正常限度的罚站、反复抄写,强制做不适的动作或者姿势,以及刻意孤立等间接伤害身体、心理的变相体罚;

(三)辱骂或者以歧视性、侮辱性的言行侵犯学生人格尊严;

(四)因个人或者少数人违规违纪行为而惩罚全体学生;

(五)因学业成绩而教育惩戒学生;

(六)因个人情绪、好恶实施或者选择性实施教育惩戒;

(七)指派学生对其他学生实施教育惩戒;

(八)其他侵害学生权利的。

第十三条 教师对学生实施教育惩戒后,应当注重与学生的沟通和帮扶,对改正错误的学生及时予以表扬、鼓励。

学校可以根据实际和需要,建立学生教育保护辅导工作机制,由学校分管负责人、德育工作机构负责人、教师以及法治副校长(辅导员)、法律以及心理、社会工作等方面的专业人员组成辅导小组,对有需要的学生进行专门的心理辅导、行为矫治。

第十四条 学校拟对学生实施本规则第十条所列教育惩戒和纪律处分的,应当听取学生的陈述和申辩。学生或者家长申请听证的,学校应当组织听证。

学生受到教育惩戒或者纪律处分后,能够诚恳认错、积极改正的,可以提前解除教育惩戒或者纪律处分。

第十五条 学校应当支持、监督教师正当履行职务。教师因实施教育惩戒与学生及其家长发生纠纷,学校应当及时进行处理,教师无过错的,不得因教师实施教育惩戒而给予其处分或者其他不利处理。

教师违反本规则第十二条,情节轻微的,学校应当予以批评教育;情节严重的,应当暂停履行职责或者依法依规给予处分;给学生身心造成伤害,构成违法犯罪的,由公安机关依法处理。

第十六条 学校、教师应当重视家校协作,积极与家长沟通,使家长理解、支持和配合实施教育惩戒,形成合力。家长应当履行对子女的教育职责,尊重教师的教育权利,配合教师、学校对违规违纪学生进行管教。

家长对教师实施的教育惩戒有异议或者认为教师行为违反本规则第十二条规定的,可以向学校或者主管教育行政部门投诉、举报。学校、教育行政部门应当按照师德师风建设管理的有关要求,及时予以调查、处理。家长威胁、侮辱、伤害教师的,学校、教育行政部门应当依法保护教师人身安全、维护教师合法权益;情形严重的,应当及时向公安机关报告并配合公安机关、司法机关追究责任。

第十七条 学生及其家长对学校依据本规则第十条实施的教育惩戒或者给予的纪律处分不服的,可以在教育惩戒或者纪律处分作出后15个工作日内向学校提起申诉。

学校应当成立由学校相关负责人、教师、学生以及家长、法治副校长等校外有关方面代表组成的学生申诉委员会,受理申诉申请,组织复查。学校应当明确学生申诉委员会的人员构成、受理范围及处理程序等并向学生及家长公布。

学生申诉委员会应当对学生申诉的事实、理由等进行全面审查,作出维持、变更或者撤销原教育惩戒或者纪律处分的决定。

第十八条 学生或者家长对学生申诉处理决定不服的,可以向学校主管教育部门申请复核;对复核决定不服的,可以依法提起行政复议或者行政诉讼。

第十九条 学校应当有针对性地加强对教师的培训,促进教师更新教育理念、改进教育方式方法,提高教师正确履行职责的意识与能力。

每学期末,学校应当将学生受到本规则第十条所列教育惩戒和纪律处分的信息报主管教育行政部门备案。

第二十条 本规则自2021年3月1日起施行。

各地可以结合本地实际,制定本地方实施细则或者指导学校制定实施细则。

2. 学校、教师

师范学校附属小学条例

1956 年 5 月 29 日教育部发布

第一条　按照师范学校规程第五条的规定，师范学校必须附设小学，称作××师范学校附属小学。

第二条　附属小学是师范学校进行小学教育研究、实验新的教育方法并且供应师范学校进行教育实习的场所，除完成小学一般的任务以外，还应该着重总结和推广优良的教学经验。附属小学应该设立在师范学校附近，并且配备有教学经验的校长、教师和比较完备的教学设备。

第三条　附属小学的设立，须由师范学校校长提出，报经省、自治区、市教育厅、局批准。当地(包括市辖区、县、省辖市——下同)教育行政部门应给以具体协助。

第四条　附属小学在师范学校校长的领导下进行工作，并接受当地教育行政部门的指导。师范学校主要负责教学业务和日常行政工作的管理、领导；当地教育行政部门着重监督、检查小学教育政策法令在学校的贯彻执行，其相互间的关系如下：

(一)师范学校校长负责批准附属小学学年和学期的工作计划，审查附属小学经费预决算和人事调配方案，指导附属小学重要的会议并帮助解决较为重大的问题；师范学校教师在师范学校校长领导下，从教学业务方面具体指导附属小学的教师。附属小学校长应定期向师范学校校长汇报工作，出席师范学校校务会议和其他研究教育实习工作的会议，领导附属小学教师指导师范学校学生的教育实习，协助师范学校教师研究、实验新的教育方法，改进师范学校各科教学法的教学工作。

(二)当地教育行政部门对附属小学应采取积极支持、监督的方针，统一传达、贯彻有关初等教育的方针、政策、法令、指示，布置、检查有关小学的政治、业务学习和社会活动，协助解决附属小学的人事调配和其他需要地方帮助解决的问题。附属小学应在当地小学中起示范作用，积极总结、推广学校的优良经验，推动当地小学教育质量的逐步提高。

(三)师范学校和当地教育行政部门对附属小学布置工作和处理双方都有关系的问题时，必须事前充分协商，求得步调的一致，以免造成附属小学负担过重的忙乱现象。附属小学报送一方的文件，要抄报另一方。

第五条　附属小学为了便于进行小学教育的研究、实验工作，并适应师范学校平时教育实习的需要，各个年级应设双班，并设有复式班。每班学生以 30 人为宜。附属小学校历，须适应师范学校教育实习的时间，另由各省、自治区、市教育厅、局具体规定。

第六条　附属小学校长，由师范学校校长提名，报请省、自治区、市教育厅、局任命。附属小学校长应具备下列条件之一：

(一)师范学校毕业、从事小学教育工作满三年有优良成绩的，或高等师范学校毕业、从事小学教育工作满一年有优良成绩的。

(二)高级中学毕业程度以上、从事小学教育工作满五年有优良成绩的。

(三)在省、自治区、市范围内，被评为优秀教师的。

第七条　附属小学教师的任命，由师范学校校长根据附属小学校长的初步意见，商请当地教育行政部门统一调配。附属小学教师应具备下列条件之一：

(一)师范学校毕业。

(二)高级中学毕业程度以上、担任小学教师满二年工作有成绩的。

(三)初师、初中毕业程度确有优秀成绩的小学教师。

师范学校校长应注意推荐优秀的师范毕业生充任附属小学教师。

第八条　附属小学经费，由省、自治区、市教育厅、局在初等教育经费项下会同师范学校的经费统一拨发，但不得和师范学校经费混合使用。附属小学经费预决算，须报经省、自治区、市教育厅、局批准。

第九条　附属小学的工作计划、工作总结都应经过师范学校校长核定，转报省、自治区、市教育厅、局备案。例报的统计表册依照当地教育行政部门的规定报送。

第十条　附属小学的校舍、设备、经费开支、人员编制等标准，应该比照一般小学标准适当提高或放宽，由省、自治区、市教育厅、局另行具体规定，报中华人民共和国教育部备案。

第十一条　除本条例所规定各项以外，有关附属小学的其他事项，都按照小学规程执行。

小学管理规程

1. 1996年3月9日国家教育委员会令第26号发布
2. 根据2010年12月13日教育部令第30号《关于修改和废止部分规章的决定》修正

第一章 总 则

第一条 为加强小学内部的规范化管理,全面贯彻教育方针,全面提高教育质量,依据《中华人民共和国教育法》和其他有关教育法律、法规制定本规程。

第二条 本规程所指小学是由政府、企业事业组织、社会团体、其他社会组织及公民个人依法举办的对儿童实施普通初等教育的机构。

第三条 小学实施初等义务教育。

小学的修业年限为6年或5年。省、自治区、直辖市可根据实际情况确定本行政区域内的小学修业年限。

第四条 小学要贯彻教育必须为社会主义现代化建设服务,必须与生产劳动相结合,培养德、智、体等方面全面发展的社会主义事业的建设者和接班人的方针。

第五条 小学教育要同学前教育和初中阶段教育相互衔接,应在学前教育的基础上,通过实施教育教学活动,使受教育者生动活泼、主动地发展,为初中阶段教育奠定基础。

第六条 小学的培养目标是:

初步具有爱祖国、爱人民、爱劳动、爱科学、爱社会主义的思想感情;遵守社会公德的意识、集体意识和文明行为习惯;良好的意志、品格和活泼开朗的性格;自我管理、分辨是非的能力。

具有阅读、书写、表达、计算的基本知识和基本技能,了解一些生活、自然和社会常识,具有初步的观察、思维、动手操作和学习的能力,养成良好的学习习惯。学习合理锻炼、养护身体的方法,养成讲究卫生的习惯,具有健康的身体和初步的环境适应能力。具有较广泛的兴趣和健康的爱美情趣。

第七条 小学的基本教学语言文字为汉语言文字。学校应推广使用普通话和规范字。

招收少数民族学生为主的学校,可使用本民族或当地民族通用的语言文字进行教学,并应根据实际情况,在适当年级开设汉语文课程。

第八条 小学实行校长负责制,校长全面负责学校行政工作。

农村地区可视情况实行中心小学校长负责制。

第九条 小学按照"分级管理,分工负责"的原则,在当地人民政府领导下实施教育工作。

第二章 入学及学籍管理

第十条 小学招收年满6周岁的儿童入学,条件不具备的地区,可以推迟到7周岁。小学实行秋季始业。

小学应按照《义务教育法》的规定,在当地政府领导下,组织服务区内的适龄儿童按时就近免试入学。小学的服务区由主管教育行政部门确定。

第十一条 小学采用班级授课制,班级的组织形式应为单式,不具备条件的也可以采用复式。教学班级学额以不超过45人为宜。

学校规模应有利于教育教学,有利于学生身心健康,便于管理,提高办学效益。

第十二条 小学对因病无法继续学习的学生(须具备指定医疗单位的证明)在报经有关部门批准后,可准其休学。学生休学时间超过三个月,复学时学校可据其实际学力程度并征求其本人及父母或其他监护人意见后编入相应年级。

小学对因户籍变更申请转学,并经有关教育行政部门核准符合条件者,应予及时妥善安置,不得无故拒收。

小学对因故在非户籍所在地申请就学的学生,经有关部门审核符合条件的,可准其借读。

第十三条 小学应从德、智、体等方面全面评价学生。要做好学习困难学生的辅导工作,积极创造条件逐步取消留级制度。现阶段仍实行留级制度的地方,要创造条件,逐步降低学生留级比例和减少留级次数。

小学对修完规定课程且成绩合格者,发给毕业证书;不合格者发给结业证书,毕业年级不再留级。对虽未修完小学课程,但修业年限已满当地政府规定的义务教育年限者,发给肄业证书。

第十四条 小学对学业成绩优异,提前达到更高年级学力程度的学生,可准其提前升入相应年级学习,同时报教育主管部门备案。

第十五条 小学对品学兼优的学生应予表彰,对犯有错误的学生应予批评教育,对极少数错误较严重的学生可分别给予警告、严重警告和记过处分。

小学不得开除学生。

第十六条 小学应防止未受完规定年限义务教育的学生辍学,发现学生辍学,应立即向主管部门报告,配合有关部门,依法使其复学并做好有关工作。

第十七条 小学学籍管理的具体办法由省级教育行政部门制定。

第三章　教育教学工作

第十八条　小学的主要任务是教育教学工作。其他各项工作均应以有利于教育教学工作的开展为原则。

第十九条　小学应按照国家或省级教育行政部门发布的课程计划、教学大纲进行教育教学工作。

小学在教育教学工作中,要充分发挥学科课和活动课的整体功能,对学生进行德育、智育、体育、美育和劳动教育,为学生全面发展奠定基础。

第二十条　小学要积极开展教育教学研究,运用教育理论指导教育教学活动,积极推广科研成果及成功经验。

第二十一条　小学要将德育工作摆在重要位置,校长负责,教职工参与,教书育人、管理育人、服务育人。

学校教育要同家庭教育、社会教育相结合。

第二十二条　小学应在每个教学班设置班主任教师,负责管理、指导班级工作。班主任教师要同各科任课教师、学生家长密切联系,了解掌握学生思想、品德、行为、学业等方面的情况,协调配合对学生实施教育。

班主任教师每学期要根据学生的操行表现写出评语。

第二十三条　小学对学生应以正面教育为主,肯定成绩和进步,指出缺点和不足,不得讽刺挖苦、粗暴压服,严禁体罚和变相体罚。

第二十四条　小学教学要面向全体学生,坚持因材施教的原则,充分发挥学生的主体作用;要重视基础知识教学和基本技能训练,激发学习兴趣,培养正确的学习方法、学习习惯。

第二十五条　小学应当按照教育行政部门颁布的校历安排学校工作。小学不得随意停课,若遇特殊情况必须停课的,一天以内的由校长决定,并报县教育行政部门备案;一天以上三天以内的,应经县级人民政府批准。

小学不得组织学生参加商业性的庆典、演出等活动,参加其他社会活动亦不应影响教学秩序和学校正常工作。

第二十六条　小学要合理安排作息时间。学生每日在校用于教育教学活动的时间五、六年级至多不超过 6 小时,其他年级还应适当减少。课余、晚上和节假日不得安排学生集体补课或上新课。

课后作业内容要精选,难易要适度,数量要适当,要严格执行有关规定,保证学生学业负担适量。

第二十七条　小学使用的教材,须经国家或国家授权的省级教材审定部门审定。实验教材、乡土教材须经有关的教育行政部门批准后方可使用。

小学不得要求或统一组织学生购买各类学习辅导资料。对学生使用学具等要加强引导。

第二十八条　小学应按照课程计划和教学大纲的要求通过多种形式,评测教学质量。学期末的考试科目为语文和数学,其他学科通过平时考查评定成绩。

小学毕业考试由学校命题(农村地区在县级教育行政部门指导下由乡中心小学命题),考试科目为语文和数学。

学校要建立德、智、体全面评估教育质量的科学标准,不得以考试成绩排列班级、学生的名次,和作为衡量教学质量、评定教师教学工作的惟一标准。

第二十九条　小学应重视体育和美育工作。

学校应严格执行国家颁布的有关学校体育工作的法规,通过体育课及其他形式的体育活动增强学生体质。学校应保证学生每天有 1 小时的体育活动时间。

小学应上好音乐、美术课,其他学科也要从本学科特点出发,发挥美育功能。美育要结合学生日常生活,提出服饰、仪表、语言、行为等审美要求,培养健康的审美情趣。

第三十条　小学应加强对学生的劳动教育,培养学生爱劳动、爱劳动人民、珍惜劳动成果的思想,培养从事自我服务、家务劳动、公益劳动和简单生产劳动的能力,养成劳动习惯。

第三十一条　小学应加强学生课外、校外活动指导,注意与学生家庭、少年宫(家、站)和青少年科技馆(站)等校外活动机构联系,开展有益的活动,安排好学生的课余生活。

学校组织学生参加竞赛、评奖活动,要遵照教育行政部门的有关规定执行。

第四章　人 事 工 作

第三十二条　小学可按编制设置校长、副校长、主任、教师和其他人员。

第三十三条　小学校长是学校行政负责人。校长应具备国家规定的任职资格,由学校设置者或设置者的上级主管部门任命或聘任,副校长及教导(总务)主任等人员由校长提名,按有关规定权限和程序任命或聘任。非政府设置的小学校长,应报主管教育行政部门备案。

校长要加强教育政策法规、教育理论的学习,加强自身修养,提高管理水平,依法对学校实施管理。其主要职责是:

(一)贯彻执行国家的教育方针,执行教育法令法规和教育行政部门的指示、规定,遵循教育规律,提高教育质量;

（二）制定学校的发展规划和学年学期工作计划，并认真组织实施；

（三）遵循国家有关法律和政策，注重教职工队伍建设。依靠教职工办好学校，并维护其合法权益；

（四）发挥学校教育的主导作用，努力促进学校教育、家庭教育、社会教育的协调一致，互相配合，形成良好的育人环境。

第三十四条 小学校长应充分尊重教职工的民主权利，听取他们对于学校工作的意见、建议；教职工应服从校长的领导，认真完成本职工作。

教职工对学校工作的意见、建议，必要时可直接向主管部门反映，任何组织和个人不得阻挠。

第三十五条 小学教师应具备国家规定的任职资格，享受和履行法律规定的权利和义务，遵守职业道德，完成教育教学工作。

第三十六条 小学要加强教师队伍管理，按国家有关规定实行教师资格、职务、聘任制度，建立、健全业务考核档案。要加强教师思想政治教育、职业道德教育，树立敬业精神。对认真履行职责的优秀教师应予奖励。

第三十七条 小学应重视教师的继续教育，制订教师进修计划，积极为教师进修创造条件。教师进修应根据学校工作的需要，以在职为主，自学为主，所教学科为主。

第三十八条 小学其他人员应具备相应的政治、业务素质，其具体任职资格及职责由教育行政部门或学校按照国家有关规定制定。

第五章 行政工作

第三十九条 小学可依规模内设分管教务、总务等工作的机构或人员，协助校长做好有关工作（规模较大的学校还可设年级组），其具体职责由学校制定。

第四十条 小学若规模较大，可成立由校长召集，各部门负责人参加的校务委员会，研究决定学校重大事项。

第四十一条 小学应建立教职工（代表）大会制度，加强民主管理和民主监督。大会可定期召开，不设常设机构。

第四十二条 中国共产党在小学的组织发挥政治核心作用。校长要依靠党的学校（地方）基层组织，充分发挥工会、共青团、少先队及其他组织在学校工作中的作用。

第四十三条 小学应建立、健全教育研究、业务档案、财务管理、安全工作、学习、会议等制度。

学校应建立工作人员名册、学生名册和其他统计表册，定期向主管教育行政部门上报。

第四十四条 小学应接受教育行政部门或上级主管部门的检查、监督和指导，要如实报告工作，反映情况。

学年末，学校应向教育行政部门或上级主管部门报告工作，重大问题应随时报告。

第六章 校舍、设备及经费

第四十五条 小学的办学条件及经费由学校举办者负责提供。其标准由省级人民政府制定。

小学应具备符合规定标准的校舍、场地、设施、教学仪器、图书资料。

第四十六条 小学应遵照有关规定管理使用校舍、场地等，未经主管部门批准，不得改变其用途。

要定期对校舍进行维修和维护，发现危房立即停止使用，并报上级主管部门。对侵占校舍、场地的行为，学校可依法向侵权行为者的上级主管部门反映，直至向人民法院提起诉讼。

小学要搞好校园建设规划，净化、绿化、美化校园，搞好校园文化建设，形成良好的育人环境。

第四十七条 小学应加强对教学仪器、设备、图书资料、文娱体育器材和卫生设施的管理，建立、健全制度，提高使用效率。

第四十八条 公办小学免收学费，可适当收取杂费。小学收费应严格按照省级人民政府制定的收费项目和县级以上人民政府制定的标准和办法执行。

第四十九条 小学可按有关规定举办校办产业，从学校实际出发组织师生勤工俭学。严禁采取向学生摊派钱、物的做法代替勤工俭学。

小学可按国家有关规定接受社会捐助。

第五十条 小学应科学管理、合理使用学校经费，提高使用效益。要建立健全经费管理制度，经费预算和决算应提交校务委员会或教职工代表大会审议，并接受上级财务和审计部门的监督。

第七章 卫生保健及安全

第五十一条 小学应认真执行国家有关学校卫生工作的法规、政策，建立、健全学校卫生工作制度。应有专人负责此项工作（有条件的学校应设校医室），要建立学生健康卡片，根据条件定期或不定期体检。

第五十二条 小学的环境、校舍、设施、图书、设备等应有利于学生身心健康，教育、教学活动安排要符合学生的生理、心理特点。

要不断改善学校环境卫生和教学卫生条件，开展健康教育，培养学生良好的卫生习惯，预防传染病、常见病及食物中毒。

第五十三条 小学应加强学校安全工作，因地制宜地开展安全教育,培养师生自救自护能力。凡组织学生参加的文体活动、社会实践、郊游、劳动等均应采取妥善预防措施,保障师生安全。

第八章 学校、家庭与社会

第五十四条 小学应同街道、村民委员会及附近的机关、团体、部队、企业事业单位建立社区教育组织,动员社会各界支持学校工作,优化育人环境。小学亦应发挥自身优势,为社区的精神文明建设服务。

第五十五条 小学应主动与学生家庭建立联系,运用家长学校等形式指导、帮助学生家长创设良好的家庭教育环境。

小学可成立家长委员会,使其了解学校工作,帮助学校解决办学中遇到的困难,集中反映学生家长的意见、建议。

家长委员会在校长指导下工作。

第九章 其 他

第五十六条 农村乡中心小学应在县教育部门指导下,起到办学示范、教研中心、进修基地的作用,带动当地小学教育质量的整体提高。

第五十七条 承担教育教学改革任务的小学,可在报经有关部门批准后,根据实际需要,调整本规程中的某些要求。

第十章 附 则

第五十八条 小学应根据《中华人民共和国教育法》和本规程的规定,结合本校实际情况制定本校章程。

第五十九条 本规程主要适用于城市小学、农村完全小学以上小学,其他各类小学及实施初等教育的机构可参照执行。

各省、自治区、直辖市教育行政部门可根据本规程制定实施办法。

第六十条 本规程自颁布之日起施行。

中小学校长培训规定

1. *1999 年 12 月 30 日教育部令第 8 号公布*
2. *根据 2010 年 12 月 13 日教育部令第 30 号《修改和废止部分规章的决定》修正*

第一章 总 则

第一条 为了提高中小学校长队伍的整体素质,全面推进素质教育,促进基础教育的改革和发展,根据《中华人民共和国教育法》和国家有关规定,特定本规定。

第二条 本规定适用于国家和社会力量举办的全日制普通中小学校长培训工作。

第三条 各级人民政府教育行政部门根据教育事业发展的需要,按照校长任职要求,有计划地对校长进行培训。

第四条 中小学校长培训要坚持为全面实施素质教育服务的宗旨,坚持因地制宜,分类指导和理论联系实际,学用一致,按需施教,讲求实效的原则。

第五条 参加培训是中小学校长的权利和义务,新任校长必须取得“任职资格培训合格证书”,持证上岗。在职校长每五年必须接受国家规定时数的提高培训,并取得“提高培训合格证书”,作为继续任职的必备条件。

第二章 内容与形式

第六条 中小学校长培训要以提高校长组织实施素质教育的能力和水平为重点。其内容主要包括政治理论、思想品德修养、教育政策法规、现代教育理论和实践、学校管理理论和实践、现代教育技术、现代科技和人文社会科学知识等方面。培训具体内容要视不同对象的实际需求有所侧重。

第七条 中小学校长培训以在职或短期离岗的非学历培训为主,主要包括:

任职资格培训:按照中小学校长岗位规范要求,对新任校长或拟任校长进行以掌握履行岗位职责必备的知识和技能为主要内容的培训。培训时间累计不少于 300 学时。

在职校长提高培训:面向在职校长进行的以学习新知识、掌握新技能、提高管理能力、研究和交流办学经验为主要内容的培训。培训时间每五年累计不少于 240 学时。

骨干校长高级研修:对富有办学经验并且具有一定理论修养和研究能力的校长进行的,旨在培养学校教育、教学和管理专家的培训。

第八条 中小学校长培训实施学时制,也可采用集中专题、分段教学、累计学分的办法。

第九条 各级人民政府教育行政部门和有关培训机构,要充分利用国家提供的现代远程教育资源,并积极创造条件,运用现代教育技术手段开展中小学校长培训工作。

第三章 组织和管理

第十条 国务院教育行政部门宏观管理全国中小学校长培训工作。主要职责是:制定保障、规范中小学校长培训工作的有关规章、政策;制订并组织实施培训工作总体规划;制定培训教学基本文件,组织推荐、审定培训教材;建立培训质量评估体系;指导各省、自治区、直辖市中小学校长培训工作。

第十一条 省、自治区、直辖市政府教育行政部门主管本地区中小学校长培训工作;制定本地区中小学校长培训规划和配套政策;全面负责本地区中小学校长培训的实施、检查和评估工作。

第十二条 省、自治区、直辖市人民政府教育行政部门对承担中小学校长培训任务的机构的资质条件予以规范,加强对中小学校长培训机构的监督检查和质量评估。鼓励有条件的综合大学、普通师范院校、教育学院、教师进修学校等机构发挥各自优势,以不同形式承担中小学校长培训任务。

第十三条 中小学校长培训施教机构的教师实行专兼结合。培训机构应当配备素质较高、适应培训工作需要的专职教师队伍,并聘请一定数量的校外专家学者、教育行政部门领导和优秀中小学校长作为兼职教师。

第十四条 对参加培训并经考核合格的中小学校长,发给相应的培训证书。省、自治区、直辖市人民政府教育行政部门要加强对证书的管理。

第十五条 经教育行政部门批准参加培训的中小学校长,培训期间享受国家规定的工资福利待遇,培训费、差旅费按财务制度规定执行。

第十六条 中小学校长培训经费以政府财政拨款为主,多渠道筹措,地方教育费附加应有一定比例用于培训中小学校长工作。省、自治区、直辖市人民政府教育行政部门要制定中小学校长培训人均基本费用标准。

第十七条 各级人民政府教育行政部门应当把中小学校长参加培训的情况纳入教育督导的重要内容。对培训工作成绩突出的单位和个人,予以表彰和奖励。

第四章 培训责任

第十八条 各级人民政府教育行政部门和学校要保障中小学校长接受培训的权利。中小学校长对有关组织或者个人侵犯其接受培训权利的,有权按有关程序向主管教育行政机关提出申诉。

第十九条 违反本规定,无正当理由拒不按计划参加培训的中小学校长,学校主管行政机关应督促其改正,并视情节给予批评教育、行政处分、直至撤销其职务。

第二十条 担任中小学校长者,应取得《任职资格培训合格证书》,或应在任职之日起六个月内,由校长任免机关(或聘任机构)安排,接受任职资格培训,并取得《任职资格培训合格证书》。在职中小学校长没有按计划接受或者没有达到国家规定时数的提高培训,或者考核不合格者,中小学校长任免机关(或聘任机构),应令其在一年内补正。期满仍未能取得《提高培训合格证书》者,不能继续担任校长职务。

第二十一条 经评估达不到培训要求的培训机构,主管教育行政机关要令其限期改正,逾期不改者,应责令其停止中小学校长培训工作。

第二十二条 对未经批准自行设立、举办中小学校长培训机构或中小学校长培训班的,主管教育行政机关应根据有关法律法规的规定,给予相应的行政处罚。

第五章 附 则

第二十三条 幼儿园园长、特殊教育学校校长培训参照本规定执行。中等职业学校及其他各类成人初、中等教育学校校长培训另行安排。

第二十四条 各省、自治区、直辖市教育行政部门可以依据本规定制定具体的实施办法。

中小学法治副校长聘任与管理办法

1. 2021 年 12 月 27 日教育部令第 52 号公布
2. 自 2022 年 5 月 1 日起施行

第一条 为了完善中小学治理体系,健全学生权益保护机制,进一步规范中小学法治副校长聘任与管理,促进未成年人健康成长,根据教育法、未成年人保护法、预防未成年人犯罪法等法律法规,制定本办法。

第二条 普通中小学、中等职业学校、特殊教育学校、专门学校(以下统称学校)法治副校长的聘任与管理,适用本办法。

第三条 本办法所称法治副校长,是指由人民法院、人民检察院、公安机关、司法行政部门推荐或者委派,经教育行政部门或者学校聘任,在学校兼任副校长职务,协助开展法治教育、学生保护、安全管理、预防犯罪、依法治理等工作的人员。

第四条 国务院教育行政部门会同最高人民法院、最高人民检察院、公安部、司法部制定学校法治副校长聘任与管理的宏观政策,统筹指导地方开展法治副校长的推荐、聘任、培训、考核、评价、奖励等工作。

县级以上地方人民政府教育行政部门会同人民法院、人民检察院、公安机关、司法行政部门负责本地区学校法治副校长聘任与管理工作。

有条件的地方,可以建立由教育行政部门、人民法院、人民检察院、公安机关、司法行政部门参加的学校法治副校长工作联席会议制度，统筹推进本地区学校法治副校长聘任与管理工作。

第五条　法治副校长履职期间协助开展以下工作：

（一）开展法治教育。推动习近平法治思想的学习宣传，参与制订学校法治教育工作计划，协助学校创新法治教育内容和形式，每年在任职学校承担或者组织落实不少于4课时的、以法治实践教育为主的法治教育任务，提高法治教育的针对性和实效性。面向教职工开展法治宣传，指导、帮助道德与法治等课程教师开展法治教育。

（二）保护学生权益。参与学校学生权益保护制度的制定、执行，参加学生保护委员会、学生欺凌治理等组织，指导、监督学校落实未成年人保护职责，依法保护学生权益。

（三）预防未成年人犯罪。指导学校对未成年学生进行有针对性的预防犯罪教育，对有不良行为的学生加强管理和教育。

（四）参与安全管理。指导学校完善安全管理制度，协调推动建立学校安全区域制度，协助学校健全安全事故预防与处置机制，主持或者参与学校安全事故的调解协商，指导学校依法处理安全事故纠纷，制止侵害学校和师生合法权益的行为。

（五）实施或者指导实施教育惩戒。协助学校、公安机关、司法行政部门按照法律和相关规定对有不良行为、严重不良行为的学生予以训诫或者矫治教育。根据学校实际和需要，参与建立学生教育保护辅导工作机制，对有需要的学生进行专门的辅导、矫治。

（六）指导依法治理。协助学校建立健全校规校纪、完善各类规章制度，参与校规校纪的审核，协助处理学校涉法涉诉案件，进入申诉委员会，参与处理师生申诉，协助加强与社区、家庭及社会有关方面的沟通联系。

（七）指导、协助学校履行法律法规规章规定的其他职责。

第六条　人民法院、人民检察院、公安机关和司法行政部门（以下称派出机关）应当遴选、推荐符合以下条件的在职工作人员担任法治副校长：

（一）政治素质好，品德优秀，作风正派，责任心强；

（二）有较丰富的法律专业知识与法治实践经历，从事法治工作三年以上；

（三）身心健康，热心教育工作，了解教育教学规律和学生的身心特点，关心学生健康成长；

（四）具有较强的语言表达能力、沟通交流能力和组织协调能力。

符合上述条件，年龄不超过65周岁的退休人员也可以经推荐担任一个任期的法治副校长。

第七条　教育行政部门应当商有关部门制定法治副校长聘任计划，会同派出机关综合考虑学校需求和工作便利，协商确定、统筹安排法治副校长人选，优先为偏远地区、农村地区学校和城市薄弱学校配备法治副校长。

第八条　每所学校应当配备至少1名法治副校长，师生人数多、有需求的学校，可以聘任2名以上5名以下法治副校长。

根据工作需要，1人可以同时担任2所学校的法治副校长。

第九条　县级或者设区的市级人民政府教育行政部门可以商有关部门组建由不同派出机关人员组成的法治副校长工作团队，服务区域内学校。

第十条　教育行政部门会同派出机关建立法治副校长人员库，推荐符合条件的人员入库并动态调整。

教育行政部门组织学校根据工作需要，参照就近就便的原则，从人员库中自主或者根据统一安排选聘法治副校长，经各方协商一致，确定聘任人选。

第十一条　法治副校长由所聘学校颁发聘书。聘期一般为三年，期满后可以续聘。

学校已聘任的法治副校长因派出机关工作变动或其他原因不宜或者不能继续履职的，应当及时报告，由教育主管部门会同派出机关在30日内重新推荐或者委派。

第十二条　教育行政部门应当会同派出机关制定法治副校长培训方案和规划，并纳入教师、校长培训规划，安排经费对法治副校长开展培训。培训应当包括政治理论、未成年人保护、教育法律政策、心理健康教育、学校安全管理等方面的内容。

法治副校长任职前，应当接受不少于8学时的培训。任职期间，根据实际安排参加相应的培训。

第十三条　派出机关应当采取必要措施，保障所派出的法治副校长在任职学校有必要的工作时间和条件，鼓励、支持其履职尽责。

法治副校长应当按照本办法主动参与学校工作，积极参加培训，定期到校开展工作。鼓励法治副校长利用信息化手段，参与学校工作。

第十四条　学校应当将支持法治副校长履职纳入整体工作规划，主动向法治副校长介绍学校有关情况，定期收集教职工、学生及学生家长的法律服务需求并及时向法治副校长反馈，配合法治副校长做好相关工作。涉及到法治副校长履职的会议、活动，应当事先与法治副校长沟通，并通知其参加。

学校应当结合实际为法治副校长履职提供必要的便利条件。

法治副校长的基本情况和工作职责等应当以适当方式在学校公示。

第十五条 派出机关、教育行政部门可以根据有关规定，为在偏远农村地区、交通不便地区学校任职的法治副校长给予食宿、交通等补助。

第十六条 学校应当建立法治副校长工作评价制度，按年度对法治副校长工作情况作出评价。

学校对法治副校长进行评价时，应当听取教职工、学生及学生家长意见，形成客观、公正的评价结果，并将结果报送教育主管部门，由教育主管部门反馈派出机关。

第十七条 派出机关应当将担任法治副校长工作纳入相关工作人员的工作量，明确为考核内容，学校作出的工作评价以及法治副校长的述职报告等应当一并作为考核其工作、晋职、晋级和立功受奖的重要依据。

第十八条 地方教育行政部门应当定期对本区域内法治副校长的履职情况进行考评，对工作成绩突出的法治副校长，应当予以表彰、奖励或者会同派出机关联合予以表彰、奖励。

司法行政部门应当将派出机关法治副校长履职情况作为落实"谁执法谁普法"普法责任制的重要方面，纳入普法工作考核内容。对推荐、聘任法治副校长工作成绩突出的派出机关、学校，应当作为普法工作评先评优的重要参考。

各级教育行政部门应当会同派出机关对组织开展中小学法治副校长工作有显著成绩的组织和个人，按照有关规定给予表彰、奖励。

第十九条 学校从其他执法机关、法学教育和法律服务机构等单位聘任校外法治辅导员的，参照本办法执行。

幼儿园聘任法治副园长的，聘任与管理参照本办法执行。

第二十条 本办法自2022年5月1日起施行。

义务教育学校管理标准

1. 2017年12月4日发布
2. 教基〔2017〕9号

为全面贯彻党的教育方针，促进义务教育学校（以下简称学校）不断提升治理能力和治理水平，逐步形成"标准引领、管理规范、内涵发展、富有特色"的良好局面，全面提高义务教育质量，促进教育公平，加快教育现代化，着力解决人民日益增长的美好生活需要和学校发展不平衡不充分问题，根据《教育法》《义务教育法》等有关法律法规，制定本标准。

一、基本理念

（一）育人为本　全面发展

全面贯彻党的教育方针，坚持教育为人民服务、为中国共产党治国理政服务、为巩固和发展新时代中国特色社会主义制度服务、为改革开放和社会主义现代化建设服务，落实立德树人根本任务，发展素质教育，培育和践行社会主义核心价值观，全面改进德育、智育、体育、美育，培养德智体美全面发展的社会主义建设者和接班人。

（二）促进公平　提高质量

树立公平的教育观和正确的质量观，提高办学水平，强化学生认知、合作、创新等关键能力和职业意识培养，面向每一名学生，教好每一名学生，切实保障学生平等的受教育权利。建设适合学生发展的课程，实施以学生发展为本的教学；加强教师队伍建设，提高教师整体素质；建立科学合理的评价体系，提高教育教学质量。

（三）和谐美丽　充满活力

建设安全卫生的学校基础设施，完善切实可行的安全、健康管理制度，开展以生活技能和自护、自救技能为基础的安全与健康教育。加强校园文化建设，创建平安校园、文明校园、和谐校园、美丽校园，为师生创造安定有序、和谐融洽、充满活力的工作、学习和生活环境。

（四）依法办学　科学治理

建设依法办学、自主管理、民主监督、社会参与的现代学校制度。落实学校办学自主权，提升校长依法科学治理能力，发挥中小学校党组织的政治核心和战斗堡垒作用，拓宽师生、家长和社会参与学校治理的渠道，建立健全学校民主管理制度，构建和谐的学校、家庭、社区合作关系，推动学校可持续发展。

二、基本内容

（包括：保障学生平等权益、促进学生全面发展、引领教师专业进步、提升教育教学水平、营造和谐美丽环境、建设现代学校制度等6大管理职责、22项管理任务、88条具体内容，详见列表）

管理职责	管理任务	管理内容
一、保障学生平等权益	1.1 维护学生平等入学权利	1. 根据国家法律法规和教育行政部门相关规定,落实招生入学方案,公开范围、程序、时间、结果,保障适龄儿童少年平等接受义务教育的权利。按照教育行政部门统一安排,做好进城务工人员随迁子女就学工作。 2. 坚持免试就近入学原则,不举办任何形式的入学或升学考试,不以各类竞赛、考级、奖励证书作为学生入学或升学的依据。不得提前招生、提前录取。 3. 实行均衡编班,不分重点班与非重点班。编班过程邀请相关人员参加,接受各方监督。 4. 实行收费公示制度,严格执行国家关于义务教育免费的规定。
	1.2 建立控辍保学工作机制	5. 执行国家学籍管理相关规定,利用中小学生学籍信息管理系统做好辍学学生标注登记工作,并确保学籍系统信息与实际一致。防止空挂学籍和中途辍学。 6. 严格执行学生考勤制度,建立和完善辍学学生劝返复学、登记与书面报告制度,加强家校联系,配合政府部门做好辍学学生劝返复学工作。 7. 把对学习困难学生的帮扶作为控辍保学的重点任务,建立健全学习帮扶制度。
	1.3 满足需要关注学生需求	8. 制定保障教育公平的制度,通过各种途径广泛宣传,不让一名学生受到歧视或欺凌。 9. 坚持合理便利原则满足适龄残疾儿童随班就读需要,并为其学习、生活提供帮助。创造条件为有特殊学习需要的学生建立资源教室,配备专兼职教师。 10. 为需要帮助的儿童提供情感关怀,优先满足留守儿童寄宿、乘坐校车、营养改善需求,寄宿制学校应按政府购买服务的有关规定配备服务人员。
二、促进学生全面发展	2.1 提升学生道德品质	11. 推动习近平新时代中国特色社会主义思想进校园、进课堂、进头脑,落实《中小学德育工作指南》《中小学生守则》,坚持立德树人,引导学生养成良好思想素质、道德品质和行为习惯,形成积极健康的人格和良好的心理品质,促进学生核心素养提升和全面发展。 12. 教育学生爱党爱国爱人民,让学生熟记并践行社会主义核心价值观,积极开展理想信念教育、社会主义核心价值观教育、中华优秀传统文化教育、生态文明教育和心理健康教育。 13. 统筹德育资源,创新德育形式,探索课程育人、文化育人、活动育人、实践育人、管理育人、协同育人等多种途径,努力形成全员育人、全程育人、全方位育人的德育工作格局。 14. 把学生思想品德发展状况纳入综合素质评价体系,认真组织开展评价工作。 15. 建立党组织主导、校长负责、群团组织参与、家庭社会联动的德育工作机制。将德育工作经费纳入经费年度预算,优化德育队伍结构,提供德育工作必须的场所、设施。 16. 根据《青少年法治教育大纲》,依据相关学科课程标准,落实多学科协同开展法治教育,培养法治精神,树立法治信仰。
	2.2 帮助学生学会学习	17. 营造良好的学习环境与氛围,激发和保护学生的学习兴趣,培养学生的学习自信心。 18. 遵循教育规律和学生身心发展规律,帮助学生掌握科学的学习方法,养成良好的学习习惯。 19. 落实学生主体地位,引导学生独立思考和主动探究,培养学生良好思维品质。 20. 尊重学生个体差异,采用灵活多样的教学方法,因材施教,培养学生自主学习和终身学习能力。

续表

管理职责	管理任务	管理内容
	2.3 增进学生身心健康	21. 落实《中小学心理健康教育指导纲要》,将心理健康教育贯穿于教育教学全过程。按照建设指南建立心理辅导室,配备专兼职心理健康教育教师,科学开展心理辅导。 22. 确保学生每天锻炼 1 小时,开足并上好体育课,开展大课间体育活动,使每个学生掌握至少两项体育运动技能,养成体育锻炼习惯。配齐体育教师,加强科学锻炼指导和体育安全管理。保障并有效利用体育场地和设施器材,满足学生体育锻炼需要。 23. 建立常态化的校园体育竞赛机制,经常开展班级、年级体育比赛,每年举办全员参与的运动会。 24. 落实《国家学生体质健康标准》,定期开展学生体检和体质健康监测,重点监测学生的视力、营养状况和体质健康达标状况,及时向家长反馈。建立学生健康档案,将学生参加体育活动及体质体能健康状况等纳入学生综合素质评价。 25. 科学合理安排学校作息时间,确保学生课间和必要的课后自由活动时间,整体规划并控制各学科课后作业量。家校配合保证每天小学生 10 小时、初中生 9 小时睡眠时间。 26. 保障室内采光、照明、通风、课桌椅、黑板等设施达到规定标准,端正学生坐姿,做好眼保健操,降低学生近视新发率。
	2.4 提高学生艺术素养	27. 按照国家要求开齐开足音乐、美术课,开设书法课。利用当地教育资源,开发具有民族、地域特色的艺术教育选修课程,培养学生艺术爱好,让每个学生至少学习掌握一项艺术特长。 28. 按照国家课程方案规定的课时数和学校班级数配备艺术教师,设置艺术教室和艺术活动室,并按照国家标准配备艺术课程教学和艺术活动器材,满足艺术教育基本需求。 29. 面向全体学生组织开展艺术活动,因地制宜建立学生艺术社团或兴趣小组。 30. 充分利用社会艺术教育资源,利用当地文化艺术场地资源开展艺术教学和实践活动,有条件的学校可与社会艺术团体及社区建立合作关系。
	2.5 培养学生生活本领	31. 贯彻《关于加强中小学劳动教育的意见》,为学生提供劳动机会,家校合作使学生养成家务劳动习惯,掌握基本生活技能,培养学生吃苦耐劳精神。 32. 开齐开足综合实践活动课程,充分利用各类综合实践基地,多渠道、多种形式开展综合实践活动。寒暑假布置与劳动或社会实践相关的作业。 33. 指导学生利用学校资源、社区和地方资源完成个性化作业和实践性作业。
三、引领教师专业进步	3.1 加强教师管理和职业道德建设	34. 坚持用习近平新时代中国特色社会主义思想武装教师头脑,加强教师思想政治教育和师德建设,建立健全师德建设长效机制,促进教师牢固树立和自觉践行社会主义核心价值观,严格遵守《中小学教师职业道德规范》,增强教师立德树人的荣誉感和责任感,做有理想信念、道德情操、扎实学识、仁爱之心的好老师和学生锤炼品格、学习知识、创新思维、奉献祖国的引路人。 35. 教师语言规范健康,举止文明礼貌,衣着整洁得体。 36. 严格要求教师尊重学生人格,不讽刺、挖苦、歧视学生,不体罚或变相体罚学生,不收受学生或家长礼品,不从事有偿补课。 37. 健全教师管理制度,完善教师岗位设置、职称评聘、考核评价和待遇保障机制。落实班主任工作量计算、津贴等待遇。保障教师合法权益,激发教师的积极性和创造性。 38. 关心教师生活状况和身心健康,做好教师后勤服务,丰富教师精神文化生活,减缓教师工作压力,定期安排教师体检。

续表

管理职责	管理任务	管理内容
	3.2 提高教师教育教学能力	39. 组织教师认真学习课程标准，熟练掌握学科教学的基本要求。 40. 针对教学过程中的实际问题开展校本教研，定期开展集体备课、听课、说课、评课等活动，提高教师专业水平和教学能力。 41. 落实《中小学班主任工作规定》，制订班主任队伍培训计划，定期组织班主任学习、交流、培训和基本功比赛，提高班主任组织管理和教育能力。 42. 推动教师阅读工作，引导教师学习经典，加强教师教育技能和教学基本功训练，提升教师普通话水平，规范汉字书写，增强学科教学能力。 43. 提高教师信息技术和现代教育装备应用能力，强化实验教学，促进现代科技与教育教学的深度融合。
	3.3 建立教师专业发展支持体系	44. 完善教师培训制度，制订教师培训规划，指导教师制订专业发展计划，建立教师专业发展档案。 45. 按规定将培训经费列入学校预算，支持教师参加必要的培训，落实每位教师五年不少于 360 学时的培训要求。 46. 引进优质培训资源，定期开展专题培训，促进教研、科研与培训有机结合，发挥校本研修基础作用。 47. 鼓励教师利用网络学习平台开展教研活动，建设教师学习共同体。
四、提升教育教学水平	4.1 建设适合学生发展的课程	48. 落实国家义务教育课程方案和课程标准，严格遵守国家关于教材、教辅管理的相关规定，确保国家课程全面实施。不拔高教学要求，不加快教学进度。 49. 根据学生发展需要和地方、学校、社区资源条件，科学规范开设地方课程和校本课程，编制课程纲要，加强课程实施和管理。 50. 落实综合实践活动课程要求，通过考察探究、社会服务、设计制作、职业体验等方式培养学生创新精神和实践能力。每学期组织一次综合实践交流活动。 51. 创新各学科课程实施方式，强化实践育人环节，引导学生动手解决实际问题。 52. 定期开展学生学习心理研究，研究学生的学习兴趣、动机和个别化学习需要，采取有针对性的措施，改进课程实施和教学效果。
	4.2 实施以学生发展为本的教学	53. 定期开展教学质量分析，建立基于过程的学校教学质量保障机制，统筹课程、教材、教学、评价等环节，主动收集学生反馈意见，及时改进教学。 54. 采取启发式、讨论式、合作式、探究式等多种教学方式，提高学生参与课堂学习的主动性和积极性。 55. 创新作业方式，避免布置重复机械的练习，多布置科学探究式作业。可根据学生掌握情况布置分层作业。不得布置超越学生能力的作业，不得以增加作业量的方式惩罚学生。
	4.3 建立促进学生发展的评价体系	56. 对照中小学教育质量综合评价改革指标体系，进行监测，改进教育教学。 57. 实施综合素质评价，重点考察学生的思想品德、学业水平、身心健康、艺术素养、社会实践等方面的发展情况。建立学生综合素质档案，做好学生成长记录，真实反映学生发展状况。 58. 控制考试次数，探索实施等级加评语的评价方式。依据课程标准的规定和要求确定考试内容，对相关科目的实验操作考试提出要求。命题应紧密联系社会实际和学生生活经验，注重加强对能力的考察。考试成绩不进行公开排名，不以分数作为评价学生的唯一标准。

续表

管理职责	管理任务	管理内容
	4.4 提供便利实用的教学资源	59. 按照规定配置教学资源和设施设备，指定专人负责，建立资产台账，定期维护保养。 60. 落实《中小学图书馆(室)规程》，加强图书馆建设与应用，提升服务教育教学能力。建立实验室、功能教室等的使用管理制度，面向学生充分开放，提高使用效益。
五、营造和谐美丽环境	5.1 建立切实可行的安全与健康管理制度	61. 积极借助政府部门、社会力量、专业组织，构建学校安全风险管理体系，形成以校方责任险为核心的校园保险体系。组织教职工学习有关安全工作的法律法规，落实《中小学校岗位安全工作指南》。 62. 落实《国务院办公厅关于加强中小学幼儿园安全风险防控体系建设的意见》《中小学幼儿园安全管理办法》，建立健全学校安全卫生管理制度和工作机制，采取切实措施，确保学校师生人身安全、食品饮水安全、设施安全和活动安全。使用校车的学校严格执行国家校车安全管理制度。 63. 制订突发事件应急预案，预防和应对不法分子入侵、自然灾害和公共卫生事件，落实防治校园欺凌和暴力的有关要求。
	5.2 建设安全卫生的学校基础设施	64. 配备保障学生安全与健康的基本设施和设备，落实人防、物防和技防等相关要求。学校教育、教学及生活所用的设施、设备、场所要经权威部门检测、符合国家环保、安全等标准后方可使用。 65. 定期开展校舍及其他基础设施安全隐患排查和整治工作。校舍安全隐患要及时向主管部门书面报告。 66. 设立卫生室或保健室，按要求配备专兼职卫生技术人员，落实日常卫生保健制度。 67. 设置安全警示标识和安全、卫生教育宣传橱窗，定期更换宣传内容。
	5.3 开展以生活技能为基础的安全健康教育	68. 落实《中小学公共安全教育指导纲要》，突出强化预防溺水和交通安全教育，有计划地开展国家安全、社会安全、公共卫生、意外伤害、网络、信息安全、自然灾害以及影响学生安全的其他事故或事件教育，了解保障安全的方法并掌握一定技能。 69. 落实《中小学健康教育指导纲要》，普及疾病预防、营养与食品安全以及生长发育、青春期保健知识和技能，提升师生健康素养。 70. 落实《中小学幼儿园应急疏散演练指南》，定期开展应急演练，提高师生应对突发事件和自救自护能力。
	5.4 营造健康向上的学校文化	71. 立足学校实际和文化积淀，结合区域特点，建设体现学校办学理念和思想的学校文化，发展办学特色，引领学校内涵发展。 72. 做好校园净化、绿化、美化工作，合理设计和布置校园，有效利用空间和墙面，建设生态校园、文化校园、书香校园，发挥环境育人功能。 73. 每年通过科技节、艺术节、体育节、读书节等形式，因地制宜组织丰富多彩的学校活动。

续表

管理职责	管理任务	管理内容
六、建设现代学校制度	6.1 提升依法科学管理能力	74. 每年组织教职员工学习《宪法》《教育法》《义务教育法》《教师法》和《未成年人保护法》等法律，增强法治观念，提升依法治教、依法治校能力。 75. 依法制定和修订学校章程，健全完善章程执行和监督机制，规范学校办学行为，提升学校治理水平。 76. 制定学校发展规划，确定年度实施方案，客观评估办学绩效。 77. 健全管理制度，建立便捷规范的办事程序，完善内部机构组织规则、议事规则等。 78. 认真落实《中小学校财务制度》，做好财务管理和内审工作。 79. 指定专人负责学校法制事务，建立学校法律顾问制度，充分运用法律手段维护学校合法权益。
	6.2 建立健全民主管理制度	80. 贯彻《关于加强中小学校党的建设工作的意见》，以提升组织力为重点，突出政治功能，把学校党组织建设成领导改革发展的坚强战斗堡垒，充分发挥党员教师的先锋模范作用。 81. 坚持民主集中制，定期召开校务会议，健全学校教职工(代表)大会制度，将涉及教职工切身利益及学校发展的重要事项，提交教职工(代表)大会讨论通过。 82. 设置信息公告栏，公开校务信息，公示收费项目、标准、依据等，保证教职工、学生、相关社会公众对学校重大事项、重要制度的知情权。 83. 建立问题协商机制，听取学生、教职工和家长的意见和建议，有效化解相关矛盾。 84. 发挥少先队、共青团、学生会、学生社团的作用，引导学生自我管理或参与学校治理。
	6.3 构建和谐的家庭、学校、社区合作关系	85. 健全和完善家长委员会制度，建立家长学校，设立学校开放日，提高家长在学校治理中的参与度，形成育人合力。 86. 引入社会和利益相关者的监督，密切学校与社区联系，促进社区代表参与学校治理。 87. 主动争取社会资源和社会力量支持学校改革发展。 88. 有条件的学校可将体育文化设施在课后和节假日对本校师生和所在社区居民有序开放。

三、实施要求

(一)本标准是对学校管理的基本要求，适用于全国所有义务教育学校。鉴于全国各地区的差异，各省、自治区、直辖市教育行政部门可以依据本标准和本地实际提出具体实施意见，细化标准要求。在实施过程中要因地制宜、分类指导，分步实施、逐步完善，促进当地学校提升治理水平。

(二)本标准是义务教育学校工作的重要依据。各级教育行政部门和教师培训机构要将本标准作为校长和教师培训的重要内容，结合当地情况，开展有针对性的培训，使广大校长和教师充分了解基本要求，掌握精神实质，指导具体工作。

(三)义务教育学校要将本标准作为学校治理的基本依据，强化对标研判，整改提高，树立先进的治理理念，建立健全各项管理制度，完善工作机制。校长和教师要按照本标准规范管理和教育教学行为，把标准的各项要求落到实处。

(四)教育督导部门应按照本标准修订完善义务教育学校督导评估指标体系和标准，一校一案，对标研判、依标整改，开展督导评估工作，促进学校规范办学、科学管理，提高教育质量和办学水平。

中小学教师继续教育规定

1999年9月13日教育部令第7号发布施行

第一章　总　　则

第一条　为了提高中小学教师队伍整体素质，适应基础教育改革发展和全面推进素质教育的需要，根据《中华人民共和国教育法》和《中华人民共和国教师法》，制定本规定。

第二条　本规定适用于国家和社会力量举办的中小学在职教师的继续教育工作。

第三条　中小学教师继续教育，是指对取得教师资格的中小学在职教师为提高思想政治和业务素质进行的培训。

第四条　参加继续教育是中小学教师的权利和义务。

第五条　各级人民政府教育行政部门管理中小学教师继续教育工作，应当采取措施，依法保障中小学教师继续教育工作的实施。

第六条　中小学教师继续教育应坚持因地制宜、分类指导、按需施教、学用结合的原则，采取多种形式，注重质量和实效。

第七条　中小学教师继续教育原则上每五年为一个培训周期。

第二章　内容与类别

第八条　中小学教师继续教育要以提高教师实施素质教育的能力和水平为重点。中小 学教师继续教育的内容主要包括：思想政治教育和师德修养；专业知识及更新与扩展；现代教育理论与实践；教育科学研究；教育教学技能训练和现代教育技术；现代科技与人文社会科学知识等。

第九条　中小学教师继续教育分为非学历教育和学历教育。

（一）非学历教育包括：

新任教师培训：为新任教师在试用期内适应教育教学工作需要而设置的培训。培训时间应不少于120学时。

教师岗位培训：为教师适应岗位要求而设置的培训。培训时间每五年累计不少于240学时。

骨干教师培训：对有培养前途的中青年教师按教育教学骨干的要求和对现有骨干教师按更高标准进行的培训。

（二）学历教育：对具备合格学历的教师进行的提高学历层次的培训。

第三章　组 织 管 理

第十条　国务院教育行政部门宏观管理全国中小学教师继续教育工作；制定有关方针、政策；制定中小学教师继续教育教学基本文件，组织审定统编教材；建立中小学教师继续教育评估体系；指导各省、自治区、直辖市中小学教师继续教育工作。

第十一条　省、自治区、直辖市人民政府教育行政部门主管本地区中小学教师继续教育工作；制定本地区中小学教师继续教育配套政策和规划；全面负责本地区中小学教师继续教育的实施、检查和评估工作。

市（地、州、盟）、县（区、市、旗）人民政府教育行政部门在省级人民政府教育行政部门指导下，负责管理本地区中小学教师继续教育工作。

第十二条　各级教师进修院校和普通师范院校在主管教育行政部门领导下，具体实施中小学教师继续教育的教育教学工作。中小学校应有计划地安排教师参加继续教育，并组织开展校内多种形式的培训。

综合性高等学校、非师范类高等学校和其他教育机构，经教育行政部门批准，可参与中小学教师继续教育工作。

经主管教育行政部门批准，社会力量可以举办中小学教师继续教育机构，但要符合国家规定的办学标准，保证中小学教师继续教育质量。

第四章　条 件 保 障

第十三条　中小学教师继续教育经费以政府财政拨款为主，多渠道筹措，在地方教育事业费中专项列支。地方教育费附加应有一定比例用于义务教育阶段的教师培训。省、自治区、直辖市人民政府教育行政部门要制定中小学教师继续教育人均基本费用标准。

中小学教师继续教育经费由县级及以上教育行政部门统一管理，不得截留或挪用。

社会力量举办的中小学和其他教育机构教师的继续教育经费，由举办者自筹。

第十四条　地方各级人民政府教育行政部门要按照国家规定的办学标准，保证对中小学教师培训机构的投入。

第十五条　地方各级人民政府教育行政部门要加强中小学教师培训机构的教师队伍建设。

第十六条　经教育行政部门和学校批准参加继续教育的中小学教师，学习期间享受国家规定的工资福利待遇。学费、差旅费按各地有关规定支付。

第十七条　各级人民政府教育行政部门应当采取措施，大力扶持少数民族地区和边远贫困地区的中小学教师继续教育工作。

第五章　考核与奖惩

第十八条　地方各级人民政府教育行政部门要建立中小学教师继续教育考核和成绩登记制度。考核成绩作为教师职务聘任、晋级的依据之一。

第十九条　各级人民政府教育行政部门要对中小学教师

继续教育工作成绩优异的单位和个人，予以表彰和奖励。

第二十条　违反本规定，无正当理由拒不参加继续教育的中小学教师，所在学校应督促其改正，并视情节给予批评教育。

第二十一条　对中小学教师继续教育质量达不到规定要求的，教育行政主管部门应责令其限期改正。

对未按规定办理审批手续而举办中小学教师继续教育活动的，教育行政主管部门应责令其补办手续或停止其举办中小学教师继续教育活动。

第六章　附　　则

第二十二条　本规定所称中小学教师，是指幼儿园，特殊教育机构，普通中小学，成人初等、中等教育机构，职业中学以及其他教育机构的教师。

第二十三条　各省、自治区、直辖市可根据本地区的实际情况，制定具体实施办法。

第二十四条　本规定自发布之日起施行。

中小学教师违反职业道德行为处理办法

1. 2018年11月8日教育部印发
2. 教师〔2018〕18号

第一条　为规范教师职业行为，保障教师、学生的合法权益，根据《中华人民共和国教育法》《中华人民共和国未成年人保护法》《中华人民共和国教师法》《教师资格条例》和《新时代中小学教师职业行为十项准则》等法律法规和制度规范，制定本办法。

第二条　本办法所称中小学教师是指普通中小学、中等职业学校（含技工学校）、特殊教育机构、少年宫以及地方教研室、电化教育等机构的教师。

前款所称中小学教师包括民办学校教师。

第三条　本办法所称处理包括处分和其他处理。处分包括警告、记过、降低岗位等级或撤职、开除。警告期限为6个月，记过期限为12个月，降低岗位等级或撤职期限为24个月。是中共党员的，同时给予党纪处分。

其他处理包括给予批评教育、诫勉谈话、责令检查、通报批评，以及取消在评奖评优、职务晋升、职称评定、岗位聘用、工资晋级、申报人才计划等方面的资格。取消相关资格的处理执行期限不得少于24个月。

教师涉嫌违法犯罪的，及时移送司法机关依法处理。

第四条　应予处理的教师违反职业道德行为如下：

（一）在教育教学活动中及其他场合有损害党中央权威、违背党的路线方针政策的言行。

（二）损害国家利益、社会公共利益，或违背社会公序良俗。

（三）通过课堂、论坛、讲座、信息网络及其他渠道发表、转发错误观点，或编造散布虚假信息、不良信息。

（四）违反教学纪律，敷衍教学，或擅自从事影响教育教学本职工作的兼职兼薪行为。

（五）歧视、侮辱学生，虐待、伤害学生。

（六）在教育教学活动中遇突发事件、面临危险时，不顾学生安危，擅离职守，自行逃离。

（七）与学生发生不正当关系，有任何形式的猥亵、性骚扰行为。

（八）在招生、考试、推优、保送及绩效考核、岗位聘用、职称评聘、评优评奖等工作中徇私舞弊、弄虚作假。

（九）索要、收受学生及家长财物或参加由学生及家长付费的宴请、旅游、娱乐休闲等活动，向学生推销图书报刊、教辅材料、社会保险或利用家长资源谋取私利。

（十）组织、参与有偿补课，或为校外培训机构和他人介绍生源、提供相关信息。

（十一）其他违反职业道德的行为。

第五条　学校及学校主管教育部门发现教师存在违反第四条列举行为的，应当及时组织调查核实，视情节轻重给予相应处理。作出处理决定前，应当听取教师的陈述和申辩，听取学生、其他教师、家长委员会或者家长代表意见，并告知教师有要求举行听证的权利。对于拟给予降低岗位等级以上的处分，教师要求听证的，拟作出处理决定的部门应当组织听证。

第六条　给予教师处理，应当坚持公平公正、教育与惩处相结合的原则；应当与其违反职业道德行为的性质、情节、危害程度相适应；应当事实清楚、证据确凿、定性准确、处理恰当、程序合法、手续完备。

第七条　给予教师处理按照以下权限决定：

（一）警告和记过处分，公办学校教师由所在学校提出建议，学校主管教育部门决定。民办学校教师由所在学校决定，报主管教育部门备案。

（二）降低岗位等级或撤职处分，由教师所在学校提出建议,学校主管教育部门决定并报同级人事部门备案。

(三)开除处分,公办学校教师由所在学校提出建议,学校主管教育部门决定并报同级人事部门备案。民办学校教师或者未纳入人事编制管理的教师由所在学校决定并解除其聘任合同,报主管教育部门备案。

(四)给予批评教育、诫勉谈话、责令检查、通报批评,以及取消在评奖评优、职务晋升、职称评定、岗位聘用、工资晋级、申报人才计划等方面资格的其他处理,按照管理权限,由教师所在学校或主管部门视其情节轻重作出决定。

第八条 处理决定应当书面通知教师本人并载明认定的事实、理由、依据、期限及申诉途径等内容。

第九条 教师不服处理决定的,可以向学校主管教育部门申请复核。对复核结果不服的,可以向学校主管教育部门的上一级行政部门提出申诉。

对教师的处理,在期满后根据悔改表现予以延期或解除,处理决定和处理解除决定都应完整存入人事档案及教师管理信息系统。

第十条 教师受到处分的,符合《教师资格条例》第十九条规定的,由县级以上教育行政部门依法撤销其教师资格。

教师受处分期间暂缓教师资格定期注册。依据《中华人民共和国教师法》第十四条规定丧失教师资格的,不能重新取得教师资格。

教师受记过以上处分期间不能参加专业技术职务任职资格评审。

第十一条 教师被依法判处刑罚的,依据《事业单位工作人员处分暂行规定》给予降低岗位等级或者撤职以上处分。其中,被依法判处有期徒刑以上刑罚的,给予开除处分。教师受到剥夺政治权利或者故意犯罪受到有期徒刑以上刑事处罚的,丧失教师资格。

第十二条 学校及主管教育部门不履行或不正确履行师德师风建设管理职责,有下列情形的,上一级行政部门应当视情节轻重采取约谈、诫勉谈话、通报批评、纪律处分和组织处理等方式严肃追究主要负责人、分管负责人和直接责任人的责任:

(一)师德师风长效机制建设、日常教育督导不到位;

(二)师德失范问题排查发现不及时;

(三)对已发现的师德失范行为处置不力、方式不当或拒不处分、拖延处分、推诿隐瞒的;

(四)已作出的师德失范行为处理决定落实不到位,师德失范行为整改不彻底;

(五)多次出现师德失范问题或因师德失范行为引起不良社会影响;

(六)其他应当问责的失职失责情形。

第十三条 省级教育行政部门应当结合当地实际情况制定实施细则,并报国务院教育行政部门备案。

第十四条 本办法自发布之日起施行。

新时代中小学教师职业行为十项准则

1. 2018年11月8日发布
2. 教师〔2018〕16号

教师是人类灵魂的工程师,是人类文明的传承者。长期以来,广大教师贯彻党的教育方针,教书育人,呕心沥血,默默奉献,为国家发展和民族振兴作出了重大贡献。新时代对广大教师落实立德树人根本任务提出新的更高要求,为进一步增强教师的责任感、使命感、荣誉感,规范职业行为,明确师德底线,引导广大教师努力成为有理想信念、有道德情操、有扎实学识、有仁爱之心的好老师,着力培养德智体美劳全面发展的社会主义建设者和接班人,特制定以下准则。

一、坚定政治方向。坚持以习近平新时代中国特色社会主义思想为指导,拥护中国共产党的领导,贯彻党的教育方针;不得在教育教学活动中及其他场合有损害党中央权威、违背党的路线方针政策的言行。

二、自觉爱国守法。忠于祖国,忠于人民,恪守宪法原则,遵守法律法规,依法履行教师职责;不得损害国家利益、社会公共利益,或违背社会公序良俗。

三、传播优秀文化。带头践行社会主义核心价值观,弘扬真善美,传递正能量;不得通过课堂、论坛、讲座、信息网络及其他渠道发表、转发错误观点,或编造散布虚假信息、不良信息。

四、潜心教书育人。落实立德树人根本任务,遵循教育规律和学生成长规律,因材施教,教学相长;不得违反教学纪律,敷衍教学,或擅自从事影响教育教学本职工作的兼职兼薪行为。

五、关心爱护学生。严慈相济,诲人不倦,真心关爱学生,严格要求学生,做学生良师益友;不得歧视、侮辱学生,严禁虐待、伤害学生。

六、加强安全防范。增强安全意识,加强安全教育,保护学生安全,防范事故风险;不得在教育教学活动中遇突发事件、面临危险时，不顾学生安危，擅离职守，自行逃离。

七、坚持言行雅正。为人师表，以身作则，举止文明，作风正派，自重自爱；不得与学生发生任何不正当关系，严禁任何形式的猥亵、性骚扰行为。

八、秉持公平诚信。坚持原则，处事公道，光明磊落，为人正直；不得在招生、考试、推优、保送及绩效考核、岗位聘用、职称评聘、评优评奖等工作中徇私舞弊、弄虚作假。

九、坚守廉洁自律。严于律己，清廉从教；不得索要、收受学生及家长财物或参加由学生及家长付费的宴请、旅游、娱乐休闲等活动，不得向学生推销图书报刊、教辅材料、社会保险或利用家长资源谋取私利。

十、规范从教行为。勤勉敬业，乐于奉献，自觉抵制不良风气；不得组织、参与有偿补课，或为校外培训机构和他人介绍生源、提供相关信息。

中学教育专业师范生教师职业能力标准（试行）

1. 2021 年 4 月 2 日发布
2. 教师厅〔2021〕2 号

一、师德践行能力

1.1 遵守师德规范

1.1.1【理想信念】

●学习贯彻习近平新时代中国特色社会主义思想，深入学习习近平总书记关于教育的重要论述，以及党史、新中国史、改革开放史和社会主义发展史内容，形成对中国特色社会主义的思想认同、政治认同、理论认同和情感认同，能够在教书育人实践中自觉践行社会主义核心价值观。

●树立职业理想，立志成为有理想信念、有道德情操、有扎实学识、有仁爱之心的好老师。

1.1.2【立德树人】

●理解立德树人的内涵，形成立德树人的理念，掌握立德树人途径与方法，能够在教育实践中实施素质教育，依据德智体美劳全面发展的教育方针开展教育教学，培育发展学生的核心素养。

1.1.3【师德准则】

●具有依法执教意识，遵守宪法、民法典、教育法、教师法、未成年人保护法等法律法规，在教育实践中能履行应尽义务，自觉维护学生与自身的合法权益。

●理解教师职业道德规范内涵与要求，在教育实践中遵守《新时代中小学教师职业行为十项准则》，能分析解决教育教学实践中的相关道德规范问题。

1.2 涵养教育情怀

1.2.1【职业认同】

●具有家国情怀，乐于从教，热爱教育事业。认同教师工作的价值在于传播知识、传播思想、传播真理，塑造灵魂、塑造生命、塑造新人；了解中学教师的职业特征，理解教师是学生学习的促进者与学生成长的引路人，创造条件帮助学生自主发展。

●领会中学教育对学生发展的价值和意义，认同促进学生全面而有个性地发展的理念。

1.2.2【关爱学生】

●做学生锤炼品格、学习知识、创新思维、奉献祖国的引路人，公正平等地对待每一名学生，关注学生成长，保护学生安全，促进学生身心健康发展。

●尊重学生的人格和学习发展的权利，保护学生的学习自主性、独立性和选择性，关注个体差异，相信每名学生都有发展的潜力，乐于为学生创造发展的条件和机会。

1.2.3【用心从教】

●树立爱岗敬业精神，在教育实践中能够认真履行教育教学职责与班主任工作职责，积极钻研，富有爱心、责任心，工作细心、耐心。

1.2.4【自身修养】

●具有健全的人格和积极向上的精神，有较强的情绪调节与自控能力，能积极应变，比较合理地处理问题。

●掌握一定的自然和人文社会科学知识，传承中华优秀传统文化，具有人文底蕴、科学精神和审美能力。

●仪表整洁，语言规范健康，举止文明礼貌，符合教师礼仪要求和教育教学场景要求。

二、教学实践能力

2.1 掌握专业知识

2.1.1【教育基础】

●掌握教育理论的基本知识，能够遵循中学教育规律，结合中学生认知发展特点，运用教育原理和方法，分析和解决教育教学实践中的问题。

2.1.2【学科素养】

●了解拟任教学科发展的历史、现状和趋势，掌握学科的基础知识、基本理论、体系结构与思想方法，能分析其对学生素养发展的重要价值，理解拟任教学科的核心素养的内涵。

2.1.3【信息素养】

• 了解信息时代对人才培养的新要求。掌握信息化教学设备、软件、平台及其他新技术的常用操作，了解其对教育教学的支持作用。具有安全、合法与负责任地使用信息与技术，主动适应信息化、人工智能等新技术变革积极有效开展教育教学的意识。

2.1.4【知识整合】

• 了解拟任教学科与其他学科的联系，了解学习科学相关知识，掌握学科教学知识与策略，能够结合社会生活实践，有效开展学科教学活动。

• 了解融合教育的意义和作用，掌握随班就读的基本知识及相关政策，基本具备指导随班就读的教育教学能力。

2.2　学会教学设计

2.2.1【熟悉课标】

• 熟悉拟任教学科的课程标准和教材，理解教材的编写逻辑和体系结构，能够正确处理课标与教材的关系，具有依据课标进行教学的意识和习惯。

2.2.2【掌握技能】

• 具备钢笔字、毛笔字、粉笔字、普通话与相关学科实验操作等教学基本功，通过微格训练学习，系统掌握导入、讲解、提问、演示、板书、结束等课堂教学基本技能操作要领与应用策略。能依据单元内容进行整体设计，科学合理地依据教学目标及内容设计作业，并实施教学。

2.2.3【分析学情】

• 了解分析中学生学习需求的基本方法，能根据学生已有的知识水平、学习经验和兴趣特点，分析教学内容与学生已有知识经验的联系，预判学生学习的疑难处。

2.2.4【设计教案】

• 准确把握教学内容，理解本课(单元)在教材中的地位以及与其他课(单元)的关系，能根据课程标准要求和学情分析确定恰当的学习目标和学习重点，设计学习活动，选择适当的学习资源和教学方法，合理安排教学过程和环节，科学设计评价内容与方式，形成教案与学案。

2.3　实施课程教学

2.3.1【情境创设】

• 能够创设教学情境，建立学习内容与生活经验之间的联系，激发学习兴趣，引导学生积极参与学习活动。

2.3.2【教学组织】

• 基本掌握教学组织与课堂管理的形式和策略，能够科学准确地呈现和表达教学内容，控制教学时间和教学节奏，合理设置提问与讨论，引导学生的主动学习和探究学习，达成学习目标。

2.3.3【学习指导】

• 能够依据学科特点、中学生认知特征和个体差异，指导学生开展自主、合作、探究性学习，注重差异化教学和个别化指导，帮助学生针对学习重点与难点进行有效学习。

• 知道不同类型的信息技术资源在为学生提供学习机会和学习体验方面的作用，合理选择与整合信息技术资源，为学生提供丰富的学习机会和个性化学习体验。

• 能够运用课堂结束技能，引导学生对学习内容进行归纳、总结，合理布置作业。

2.3.4【教学评价】

• 树立促进学生学习的评价理念，理解教育评价原理，掌握试题命制的方法与技术。能够在教学实践中结合作业反馈等实施过程评价，初步运用增值评价，合理选取和运用评价工具，评价学习活动和学习成果。

• 能够利用技术工具收集学生学习反馈，跟踪、分析教学与学生学习过程中存在的问题与不足，形成基于学生学习情况诊断和改进教学的意识。

三、综合育人能力

3.1　开展班级指导

3.1.1【育德意识】

• 树立德育为先理念，了解中学德育原理与方法，以及中学生思想品德发展的规律和个性特征，能有意识、有针对性地开展德育工作。

3.1.2【班级管理】

• 基本掌握班集体建设、班级教育活动组织的方法。熟悉教育教学、中学生成长生活等相关法律制度规定，能够合理分析解决教学与管理实践相关问题。

• 基本掌握学生发展指导、综合素质评价的方法。能够利用技术手段收集学生成长过程的关键信息，建立学生成长电子档案。能够初步运用信息技术辅助开展班级指导活动。

• 熟悉校园安全、应急管理相关规定，了解中学生日常卫生保健、传染病预防、意外伤害事故处理等相关知识，掌握面临特殊事件发生时保护学生的基本方法。

3.1.3【心理辅导】

• 关注学生心理健康，了解中学生身体、情感发展的特性和差异性，基本掌握心理辅导方法，能够参与心理健康教育等活动。

3.1.4【家校沟通】

●掌握人际沟通的基本方法，能够运用信息技术拓宽师生、家校沟通交流的渠道和途径，积极主动与学生、家长、社区等进行有效交流。

3.2　实施课程育人

3.2.1【育人理念】

●具有教书育人意识。理解拟任教学科课程独特的育人功能，注重课程教学的思想性，有机融入社会主义核心价值观、中华优秀传统文化、革命文化和社会主义先进文化教育，培养学生适应终身发展和社会发展所需的正确价值观、必备品格和关键能力。

3.2.2【育人实践】

●理解学科核心素养，掌握课程育人方法和策略。能够在教育实践中，结合课程特点，挖掘课程思想政治教育资源，将知识学习、能力发展与品德养成相结合，合理设计育人目标、主题和内容，有机开展养成教育，进行综合素质评价，体现教书与育人的统一。

3.3　组织活动育人

3.3.1【课外活动】

●了解课外活动的组织和管理知识，掌握相关技能与方法，能组织中学生开展丰富多彩的课外活动。

3.3.2【主题教育】

●了解学校文化和教育活动的育人内涵和方法，学会组织主题教育和社团活动，对中学生进行教育和引导。

四、自主发展能力

4.1　注重专业成长

4.1.1【发展规划】

●了解教师专业发展的要求，具有终身学习与自主发展的意识。根据基础教育课程改革的动态和发展情况，制定教师职业生涯发展规划。

4.1.2【反思改进】

●具有反思意识和批判性思维素养，初步掌握教育教学反思的基本方法和策略，能够对教育教学实践活动进行有效的自我诊断，提出改进思路。

4.1.3【学会研究】

●初步掌握学科研究与教育科学研究的基本方法，能用以分析、研究教育教学实践问题，并尝试提出解决问题的思路与方法，具有撰写教育教学研究论文的基本能力。

●掌握专业发展所需的信息技术手段和方法，能在信息技术环境下开展自主学习。

4.2　主动交流合作

4.2.1【沟通技能】

●具有阅读理解能力、语言与文字表达能力、交流沟通能力、信息获取和处理能力。

●掌握基本沟通合作技能与方法，能够在教育实践、社会实践中与同事、同行、专家等进行有效沟通交流。

4.2.2【共同学习】

●理解学习共同体的作用，掌握团队协作的基本策略，了解中学教育的团队协作类型和方法，具有小组互助、合作学习能力。

小学教育专业师范生教师职业能力标准（试行）

1. 2021年4月2日发布

2. 教师厅〔2021〕2号

一、师德践行能力

1.1　遵守师德规范

1.1.1【理想信念】

●学习贯彻习近平新时代中国特色社会主义思想，深入学习习近平总书记关于教育的重要论述，以及党史、新中国史、改革开放史和社会主义发展史内容，形成对中国特色社会主义的思想认同、政治认同、理论认同和情感认同，能够在教书育人实践中自觉践行社会主义核心价值观。

●树立职业理想，立志成为有理想信念、有道德情操、有扎实学识、有仁爱之心的好老师。

1.1.2【立德树人】

●理解立德树人的内涵，形成立德树人的理念，掌握立德树人途径与方法，能够在教育实践中实施素质教育，依据德智体美劳全面发展的教育方针开展教育教学，培育发展学生的核心素养。

1.1.3【师德准则】

●具有依法执教意识，遵守宪法、民法典、教育法、教师法、未成年人保护法等法律法规，在教育实践中能履行应尽义务，自觉维护学生与自身的合法权益。

●理解教师职业道德规范内涵与要求，在教育实践中遵守《新时代中小学教师职业行为十项准则》，能分析解决教育教学实践中的相关道德规范问题。

1.2　涵养教育情怀

1.2.1【职业认同】

●具有家国情怀，乐于从教，热爱教育事业。认同教师工作的价值在于传播知识、传播思想、传播真理，塑造灵魂、塑造生命、塑造新人；了解小学教师的职业特征，理解教师是学生学习的促进者与学生成长的引路人，创造条件帮助学生自主发展。

●领会小学教育对学生发展的价值和意义，认同促进学生全面而有个性地发展的理念。

1.2.2【关爱学生】

●做学生锤炼品格、学习知识、创新思维、奉献祖国的引路人，公正平等地对待每一名学生，关注学生成长，保护学生安全，促进学生身心健康发展。

●尊重学生的人格和学习发展的权利，保护学生的学习自主性、独立性和选择性，关注个体差异，相信每名学生都有发展的潜力，乐于为学生创造发展的条件和机会。

1.2.3【用心从教】

●树立爱岗敬业精神，在教育实践中能够认真履行教育教学职责与班主任工作职责，积极钻研，富有爱心、责任心，工作细心、耐心。

1.2.4【自身修养】

●具有健全的人格和积极向上的精神，有较强的情绪调节与自控能力，能积极应变，比较合理地处理问题。

●掌握一定的自然和人文社会科学知识，传承中华优秀传统文化，具有人文底蕴、科学精神和审美能力。

●仪表整洁，语言规范健康，举止文明礼貌，符合教师礼仪要求和教育教学场景要求。

二、教学实践能力

2.1　掌握专业知识

2.1.1【教育基础】

●掌握教育理论的基本知识，能够遵循小学教育规律，结合小学生认知发展特点，运用教育原理和方法，分析和解决教育教学实践中的问题。

2.1.2【学科素养】

●掌握主教学科的基本知识、基本原理和基本技能，理解学科知识体系的基本思想和方法。了解兼教学科的基本知识、基本原理和基本技能，并具有一定的综合运用学科知识的能力。

●熟悉常见的儿童科普读物和文学作品，具有一定的阅读理解能力、语言和肢体语言表达能力。

2.1.3【信息素养】

●了解信息时代对人才培养的新要求。掌握信息化教学设备、软件、平台及其他新技术的常用操作，了解其对教育教学的支持作用。具有安全、合法与负责任地使用信息与技术，主动适应信息化、人工智能等新技术变革积极有效开展教育教学的意识。

2.1.4【知识整合】

●了解学科整合在小学教育中的价值，了解学习科学相关知识，以及所教学科与其他学科、与小学生生活实践的联系。具有一定的跨学科知识，能指导综合性学科教学活动。

●了解融合教育的意义和作用，掌握随班就读的基本知识及相关政策，基本具备指导随班就读的教育教学能力。

2.2　学会教学设计

2.2.1【熟悉课标】

●熟悉拟任教学科的课程标准和教材，理解教材的编写逻辑和体系结构，合理掌握不同学段目标与内容的递进关系，具有依据课标进行教学的意识和习惯。

2.2.2【掌握技能】

●具备钢笔字、毛笔字、粉笔字、简笔画、普通话与相关学科实验操作等教学基本功，通过微格训练学习，系统掌握导入、讲解、提问、演示、板书、结束等课堂教学基本技能操作要领与应用策略。能依据单元内容进行整体设计，科学合理地依据教学目标及内容设计作业，并实施教学。

2.2.3【分析学情】

●了解分析小学生学习需求的基本方法，能根据小学生已有的知识水平、学习经验和兴趣特点，分析教学内容与学生已学知识的联系，预判学生学习的疑难处。

2.2.4【设计教案】

●准确把握教学内容，理解本课（单元）在教材中的地位以及与其他课（单元）的关系，能根据课程标准要求和学情分析确定恰当的学习目标和学习重点，设计学习活动，选择适当的学习资源和教学方法，合理安排教学过程和环节，科学设计评价内容与方式，形成教案与学案。

●了解小学综合课程和综合实践活动的基本知识，能根据教学要求和学生兴趣进行教学设计。

2.3　实施课程教学

2.3.1【情境创设】

●能够创设教学情境，建立学习内容与生活经验之间的联系,激发学习兴趣,引导学生积极参与学习活动。

2.3.2【教学组织】

• 基本掌握教学组织与课堂管理的形式和策略,能够科学准确地呈现和表达教学内容,根据小学生课堂反应及时调整教学活动,控制教学时间和教学节奏,合理设置提问与讨论,引发小学生的主动学习和探究学习,达成学习目标。

2.3.3【学习指导】

• 依据小学生认知特点、学习心理发展规律和个体差异,指导学生开展自主、合作、探究性学习,注重差异化教学和个别化指导,引导小学生体验学习的乐趣,保护小学生的求知欲和好奇心,培养小学生的广泛兴趣、动手能力和探究精神。

• 知道不同类型的信息技术资源在为学生提供学习机会和学习体验方面的作用,合理选择与整合信息技术资源,为学生提供丰富的学习机会和个性化学习体验。

• 能够运用课堂结束技能,引导学生对学习内容进行归纳、总结,合理布置作业。

2.3.4【教学评价】

• 树立促进学生学习的评价理念,理解教育评价原理,掌握试题命制的方法与技术。能够在教学实践中结合作业反馈等实施过程评价,初步运用增值评价,合理选取和运用评价工具,评价学习活动和学习成果。

• 能够利用技术工具收集学生学习反馈,跟踪、分析教学与学生学习过程中存在的问题与不足,形成基于学生学习情况诊断和改进教学的意识。

三、综合育人能力

3.1 开展班级指导

3.1.1【育德意识】

• 树立德育为先理念,了解小学德育原理与方法,掌握小学生品行养成的特点和规律,能有意识、有针对性地开展德育工作,帮助学生养成良好行为习惯。

3.1.2【班级管理】

• 基本掌握班集体建设、班级教育活动组织的方法。熟悉教育教学、小学生成长生活等相关法律制度规定,能够合理分析解决教学与管理实践相关问题。

• 基本掌握学生发展指导、综合素质评价的方法。能够利用技术手段收集学生成长过程的关键信息,建立学生成长电子档案。能够初步运用信息技术辅助开展班级指导活动。

• 熟悉校园安全、应急管理相关规定,了解小学生日常卫生保健、传染病预防、意外伤害事故处理等相关知识,掌握面临特殊事件发生时保护学生的基本方法。

3.1.3【心理辅导】

• 关注学生心理健康,了解小学生身体、情感发展的特性和差异性,基本掌握心理辅导方法,能够参与心理健康教育等活动。

3.1.4【家校沟通】

• 掌握人际沟通的基本方法,能够运用信息技术拓宽师生、家校沟通交流的渠道和途径,积极主动与学生、家长、社区等进行有效交流。

3.2 实施课程育人

3.2.1【育人理念】

• 具有教书育人意识。理解拟任教学科课程独特的育人功能,注重课程教学的思想性,有机融入社会主义核心价值观、中华优秀传统文化、革命文化和社会主义先进文化教育,培养学生适应终身发展和社会发展所需的正确价值观、必备品格和关键能力。

3.2.2【育人实践】

• 理解学科核心素养,掌握课程育人方法和策略。能够在教育实践中,结合课程特点,挖掘课程思想政治教育资源,将知识学习、能力发展与品德养成相结合,合理设计育人目标、主题和内容,有机开展养成教育,进行综合素质评价,体现教书与育人的统一。

3.3 组织活动育人

3.3.1【课外活动】

• 了解课外活动的组织和管理知识,掌握相关技能与方法,能组织小学生开展丰富多彩的课外活动。

3.3.2【主题教育】

• 了解学校文化和教育活动的育人内涵和方法,学会组织主题教育、少先队、社团活动,对小学生进行教育和引导。

四、自主发展能力

4.1 注重专业成长

4.1.1【发展规划】

• 了解教师专业发展的要求,具有终身学习与自主发展的意识。根据基础教育课程改革的动态和发展情况,制定教师职业生涯发展规划。

4.1.2【反思改进】

• 具有反思意识和批判性思维素养,初步掌握教育教学反思的基本方法和策略,能够对教育教学实践活动进行有效的自我诊断,提出改进思路。

4.1.3【学会研究】

• 初步掌握教育教学科研的基本方法,能用以分析、研究小学教育教学实践问题,并尝试提出解决问题的思路与方法,具有撰写教育教学研究论文的基本能力。

• 掌握专业发展所需的信息技术手段和方法,能在信息技术环境下开展自主学习。

4.2　主动交流合作

4.2.1【沟通技能】

• 具有阅读理解能力、语言与文字表达能力、交流沟通能力、信息获取和处理能力。

• 掌握基本沟通合作技能与方法,能够在教育实践、社会实践中与同事、同行、专家等进行有效沟通交流。

4.2.2【共同学习】

• 理解学习共同体的作用,掌握团队协作的基本策略,了解小学教育的团队协作类型和方法,具有小组互助、合作学习能力。

3. 教材、读物

中小学教材管理办法

1. 2019年12月16日教育部发布
2. 教材〔2019〕3号

第一章　总　　则

第一条　为贯彻党中央、国务院关于加强和改进新形势下大中小学教材建设的意见,全面加强党的领导,落实国家事权,加强中小学教材管理,打造精品教材,切实提高教材建设水平,根据《中华人民共和国教育法》《中华人民共和国义务教育法》等法律法规,制定本办法。

第二条　本办法所称中小学教材是指根据国家课程方案编写的、供义务教育学校和普通高中学校使用的教学用书,以及作为教材内容组成部分的教学材料(主要包括教材配套的音视频、图册和活动手册等)。

第三条　中小学教材必须体现党和国家意志。坚持马克思主义指导地位,体现马克思主义中国化要求,体现中国和中华民族风格,体现党和国家对教育的基本要求,体现国家和民族基本价值观,体现人类文化知识积累和创新成果。

全面贯彻党的教育方针,落实立德树人根本任务,扎根中国大地,站稳中国立场,充分体现社会主义核心价值观,加强爱国主义、集体主义、社会主义教育,引导学生坚定道路自信、理论自信、制度自信、文化自信,成为担当中华民族复兴大任的时代新人。

第四条　国务院和省级教育行政部门根据国家课程方案合理规划教材,重视教材质量,突出教材特色。思想政治(道德与法治)、语文、历史课程教材,以及其他意识形态属性较强的教材和涉及国家主权、安全、民族、宗教等内容的教材,实行国家统一编写、统一审核、统一使用。

第五条　国家实行中小学教材审定制度,未经审定的教材,不得出版、选用。

第二章　管理职责

第六条　在国家教材委员会指导和统筹下,中小学教材实行国家、地方和学校分级管理。

第七条　国务院教育行政部门牵头负责全国中小学教材建设的整体规划和统筹管理,制定基本制度规范,组织制定国家课程方案和课程标准,组织开展国家课程教材的编写指导和审核,组织编写国家统编教材,指导监督各省(区、市)教材管理工作。

第八条　省级教育行政部门牵头负责本地区中小学教材管理,指导监督市、县和学校课程教材工作。组织好国家课程教材的选用、使用工作,确保全面有效实施。负责地方课程教材规划、开发、审核和管理。组织开展教学指导、骨干培训、监测反馈等工作,加强教材编写、审核、出版、管理、研究队伍建设,并建立相应的工作机制。

学校要严格执行国家和地方关于教材管理的政策规定,健全内部管理制度,选好用好教材。校本课程由学校开发,要立足学校特色教学资源,以多种呈现方式服务学生个性化学习需求,原则上不编写出版教材,确需编写出版的应报主管部门备案,按照国家和地方有关规定进行严格审核。

第三章　编写修订

第九条　国家课程教材依据国家课程教材建设规划、中小学课程方案和课程标准编写修订。地方课程教材要依据相应的课程教材建设规划或编写方案,立足区域人才培养需要,充分利用好地方特有经济社会资源编写修订。教材编写修订应符合以下要求:

(一)以马克思列宁主义、毛泽东思想、邓小平理论、"三个代表"重要思想、科学发展观、习近平新时代中国特色社会主义思想为指导,有机融入中华优秀传统文化、革命传统、法治意识和国家安全、民族团结以及生态文明教育,努力构建中国特色、融通中外的概念范畴、理论范式和话语体系,防范错误政治观点和思潮的影响,引导学生树立正确的世界观、人生观和价值观,努力成为德智体美劳全面发展的社会主义建设者和接班人。

(二)体现科学性和先进性,既相对稳定,又与时俱进,准确阐述本学科基本概念、基本知识和基本方法,内容选择科学适当,符合课程标准规定的知识类别、覆盖广度、难易程度等,及时反映经济社会发展新变化、科学技术进步新成果。

(三)着眼于学生全面发展,围绕核心素养,遵循学生成长规律,适应不同年龄阶段学生的认知特征,紧密联系学生思想、学习、生活实际,将知识、能力、情感、价值观的培养有机结合,充分体现教育教学改革的先进理念。

(四)注重教材的系统性,结构设计合理,不同学段内容衔接贯通,各学科内容协调配合。选文篇目内容积极向上、导向正确，选文作者历史评价正面，有良好的社会形象。语言文字规范，插图质量高，图文配合得当，可读性强。

（五）符合知识产权保护等国家法律、行政法规，不得有民族、地域、性别、职业、年龄歧视等内容，不得有商业广告或变相商业广告。

第十条　国家统编教材由国务院教育行政部门组织编写。其他教材须由具备相应条件和资质的单位组织编写。编写单位负责组建编写团队，审核编写人员条件并进行社会公示，对教材编写修订工作给予协调和保障。编写单位应当具备以下条件：

（一）在中华人民共和国境内登记注册、具有独立法人资格、与教育相关的单位或组织。单位法定代表人须具有中华人民共和国国籍。

（二）有熟悉相关学科教材编写工作的专业团队。国家课程教材编写单位应具有中小学教材编写经验。

（三）有课程、教材、教学等方面的研究基础，原则上应承担、组织或参与过国家级或省部级教育科学研究课题，研究成果有较大社会影响。

（四）有对教材持续进行使用培训、指导、回访等跟踪服务和研究的专业团队，有常态化质量监控机制，能够为修订完善教材提供持续、有力支持。

（五）有保证正常编写工作的经费及其他保障条件。

第十一条　教材编写人员应经所在单位党组织审核同意，并由编写单位集中向社会公示。编写人员应符合以下条件：

（一）政治立场坚定，拥护中国共产党的领导，认同中国特色社会主义，坚定“四个自信”，自觉践行社会主义核心价值观，具有正确的世界观、人生观、价值观，坚持正确的国家观、民族观、历史观、文化观、宗教观，没有违背党的理论和路线方针政策的言行。

（二）准确理解和把握课程方案、学科课程标准，熟悉中小学教育教学规律和学生身心发展特点，对本学科有比较深入的研究，熟悉教材编写的一般规律和编写业务，文字表达能力强。有丰富的教学或教科研经验。一般应具有高级专业技术职务。

（三）遵纪守法，有良好的思想品德、社会形象和师德师风。

（四）有足够时间和精力从事教材编写修订工作。

编写人员不能同时参与同一学科不同版本教材编写。

第十二条　教材编写实行主编负责制。一套教材原则上设一位主编，特殊情况可设两位主编。主编主要负责组织编制教材编写大纲、统稿和定稿，对教材编写质量负总责。主编须符合本办法第十一条规定外，还需符合以下条件：

（一）坚持正确的学术导向，政治敏锐性强，能够辨别并抵制各种错误政治观点和思潮，自觉运用中国特色话语体系。

（二）具有高级专业技术职务，在本学科领域有深入研究、较高造诣和学术威望，或是全国知名专家、学术领军人物，在课程教材或相关学科教学方面取得有影响的研究成果，有丰富的教材编写经验。

审定后的教材原则上不更换主编，如有特殊情况，须报负责组织教材审核的教育行政部门批准。

第十三条　教材编写团队由本学科和相关学科专家、教研人员、中小学一线教师等组成，各类编写人员应保持合理结构和相对稳定，每册核心编写人员原则上不超过8人。

意识形态属性较强的教材编写团队中，应有在马克思主义理论、中华优秀传统文化、革命文化、社会主义先进文化等方面有较高造诣的专家。

鼓励国内高校和科研机构的知名专家、学术领军人物与中小学优秀教师共同编写教材。

第十四条　教材实行周期修订制度，一般按学制周期修订。出现以下情形，应及时修订。

（一）课程标准发生变化。

（二）中央明确提出重要思想理论、重大战略部署进教材的要求。

（三）经济、社会、科技等领域发生重大变化、取得重要成果，经国家权威部门认可的、改变现有认知的重要学术成果发布。

（四）发现教材内容有错误、不适宜或出现较大争议。

鼓励编写单位在教材使用过程中不断完善教材。修订后的教材须按相应程序送审。未按有关要求修订和送审的，不得使用。

第四章　教材审核

第十五条　教材完成编写修订后，须按规定提交相应机构进行审核。

国家教材委员会专家委员会负责审核国家课程教材和其他按规定纳入审核范围的教材，其中意识形态属性较强的教材还须报国家教材委员会审核。

各省（区、市）成立省级教材审核机构，负责审核地方课程教材，其中意识形态属性较强的教材还应送省级党委宣传部门牵头进行政治把关。

教材出版部门成立专门政治把关机构，建强工作队伍和专家队伍，在所编修教材正式送审前，以外聘专家为主，进行专题自查，把好政治关。

第十六条 教材审核机构应由相关学科专家、课程专家、教研专家、一线教师等组成。审核人员须符合本办法第十一条（一）（二）（三），第十二条（一）规定的条件，具有较高的政策理论水平，客观公正，作风严谨，并经所在单位党组织审核同意。

实行教材编审分离制度，遵循回避原则。

第十七条 教育行政部门应根据教材建设规划等，有计划地部署教材送审工作。

国家课程教材送审工作采取集中受理的方式进行，具体受理时间和要求，由国务院教育行政部门按照国家教材委员会的要求和实际教育教学需要确定并发布公告，教材编写单位根据公告送审教材。

地方单位组织编写的国家课程教材送审前，由省级党委宣传部门进行初步审核把关。

对编写单位和人员不符合本办法规定条件或存在其他不符合送审要求情形的教材，不予受理。

第十八条 教材审核应依据教材规划、课程方案和课程标准，对照本办法第三条、第九条的具体要求进行全面审核，严把政治关、科学关、适宜关。

实行政治审核，重点审核教材的政治方向和价值导向，政治立场、政治方向、政治标准要有机融入教材内容，不能简单化、“两张皮”；政治上有错误的教材不能通过。选文篇目内容消极、导向不正确的，选文作者历史评价或社会形象负面的、有重大争议的，必须更换。实行专业审核，重点审核教材的学科知识内容及其对学生的适宜度。实行综合审核，重点审核教材的内部结构、跨学段衔接和相关学科横向配合。实行专题审核，由党委和政府相关职能部门按照职责审核教材涉及的专门领域的内容。实行对比审核，审核修订教材的新增和删减内容。

严格执行重大选题备案制度。

除统编教材外，教材审核实行盲审制度。

第十九条 新编教材和根据课程标准变化修订的教材，审核一般分初审和复审两个阶段。每个阶段均按照个人审读、集体审核的方式开展。初审重点审核全套教材的编写思路、框架结构及章节内容。复审重点审核教材根据初审意见、试教试用以及一线教师审读反馈意见进行修改的情况。

第二十条 新编教材和根据课程标准变化修订的教材，在初审通过后，须进行试教试用，并选聘一线优秀教师进行审读，在教学环节对教材进行全面检验。试教试用的范围、方式等要求由负责组织教材审核的教育行政部门具体规定，原则上应覆盖不同教育发展水平的地区和学校。编写单位应根据试教试用情况和一线教师审读意见对教材进行修改完善。

第二十一条 对新编教材和根据课程标准变化修订教材的审核，应在个人认真审读的基础上，召开审核会议，集体充分讨论形成审核意见。审核结论分“通过”“重新送审”和“不予通过”三种。

具体审核程序和形式由负责组织审核的机构制定。

第二十二条 审核通过的国家课程教材，由国务院教育行政部门履行行政审定程序。审定通过的教材列入全国中小学教学用书目录。审核通过的地方课程教材，由省级教育行政部门审定后列入本省（区、市）中小学教学用书目录。审定后的教材不得擅自修改。

第五章 出版发行

第二十三条 教材经审定后方可出版、发行。教材出版、发行单位必须取得国家出版主管部门批准的教材出版、发行资质。教材出版单位要严格按照审定通过的出版稿印刷，并向相关教育行政部门备案。

第二十四条 教材出版单位要严格规范编辑、审稿、校对制度，保证教材编校质量。教材出版和印制应执行国家标准，实施“绿色印刷”，确保印制质量。教材定价应严格遵守“保本微利”原则。教材发行应确保“课前到书、人手一册”。

第二十五条 教材出版发行不得夹带任何商业广告或变相商业广告，不得搭售教辅材料或其他商品。

第六章 选用使用

第二十六条 省级教育行政部门负责本地区中小学教材选用使用工作的统筹管理，领导和监督中小学教材选用工作。教材选用应遵循公开、公平、公正的原则，保证选用过程规范、有序，确保选出适合本地区中小学使用的优质教材。

第二十七条 中小学教材选用单位由省级教育行政部门根据当地实际情况确定。教材选用单位应当组建由多方代表参与的教材选用委员会，具体负责教材的选用工作。

教材出版、发行人员以及与所选教材有利益关系的教材编写人员，不得担任教材选用委员会成员。

第二十八条 教材选用委员会分学科组提出初选意见，

提交选用委员会进行充分讨论,决定选用结果,会议讨论情况和选用结果要记录在案。

国家课程教材必须在国务院教育行政部门公布的中小学教学用书目录中选用,地方课程教材必须在省级教育行政部门公布的中小学教学用书目录中选用。教材选用结果须在本级教育行政部门网站上公示。省级教育行政部门应在选用工作完成后30个工作日内,将本地区教材选用结果报国务院教育行政部门备案。

选用的教材必须是经教育行政部门审定的版本,擅自更改内容的教材不得选用。

教材使用应严格遵照选用结果。不得以地方课程教材、校本课程教材等替代国家课程教材。义务教育学校不得使用境外教材。普通高中选用境外教材,按照国家有关政策执行。

第二十九条　教材一经选用应当保持相对稳定。如需更换教材版本,应由教材选用单位委托专业机构征求使用地区学校教师、学生及家长意见,形成评估报告,并向省级教育行政部门提出书面申请。省级教育行政部门同意后,教材选用单位组织教材选用委员会按程序选用其他版本教材。原则上从起始年级开始更换使用新版本教材。

教材选用(包括重新选用)不得影响教学秩序,应确保课前到书。

第三十条　教育行政部门应建立教材选用、使用监测机制,对教材选用使用进行跟踪调查,定期对教材的使用情况进行评价并通报结果。

教材编写、出版单位须建立教材使用跟踪机制,通过多种途径和方式收集教材使用意见,形成教材使用跟踪报告,在教材进行修订审核时作为必备的送审材料。

教材编写、出版单位应加大教材使用培训力度。

第三十一条　加强各类专题教育教材和读本进校园的管理。中央明确部署单独编写教材或读本的,由国务院教育行政部门统一组织安排落实,按教材选用使用政策执行。其他部门或地方提出的专题教育,以融入国家、地方课程教材为主,原则上不另设课程,不统一组织编写和选用专题教育教材或读本。确需编写和选用,面向本省部分地区的,由省级教育行政部门审核备案;面向全省的,由省级教育行政部门组织审核,报教育部备案。审核备案通过后列入本省中小学教学用书目录。

严格控制地方课程教材、校本课程教材和各级各类读本数量,对数量过多、质量不高的及时进行清理。原则上地方课程教材不得跨省使用、校本课程教材不得跨校使用。

第七章　保障机制

第三十二条　统筹利用现有政策和资金渠道支持教材编写、审核、选用使用及跟踪评价等工作。对特殊教育教材、少数民族文字教材等薄弱领域加大政策和财政经费支持力度。教材编写、出版单位应加大投入,提升教材质量,打造精品教材。鼓励社会资金支持教材建设。

第三十三条　承担国家统编教材编写修订任务,主编和核心编者视同承担国家级科研课题;承担国家课程非统编教材编写修订任务,主编和核心编者视同承担省部级科研课题,享受相应政策待遇。审核专家根据工作实际贡献和发挥的作用参照以上标准执行。编审人员所在单位应充分保证其工作时间,将编审任务纳入工作量计算,作为业绩考核、职务评聘的依据。落实国家和省级教材奖励制度,加大对优秀教材的支持。

第三十四条　教育行政部门应加强教材管理信息化建设,建立教材信息管理平台和数据库,提高教材管理和服务效率。

第八章　检查监督

第三十五条　在教材审核、选用过程中,相关单位和个人应履职尽责,严格执行相关规定。任何单位和个人不得违反规定干预教材审核和选用。

第三十六条　教材管理工作接受相关部门、教师、学生、家长及社会监督。国务院教育行政部门对各地教材管理工作进行检查和督导。各级教育行政管理部门对本区域内的教材使用进行检查和监督。

第三十七条　存在下列情形之一的,教材应退出使用,不再列入教学用书目录。

(一)教材内容的政治方向和价值导向存在问题。

(二)教材内容出现严重的科学性错误。

(三)教材内容植入商业广告或变相商业广告。

(四)用不正当手段影响教材审核、选用等工作。

(五)发生教材应退出使用的其他情况。

第三十八条　违反本办法,出现以下行为之一的,视情节轻重和所造成的影响,由上级或同级教育行政部门给予通报批评、责令停止违规行为,并由主管部门或所在单位按规定对相关责任人给予相应处分。对情节严重的单位和个人列入负面清单;涉嫌犯罪的,依法追究刑事责任。

(一)存在第三十七条情形。

(二)使用未经审定通过的教材。

（三）违反教材编写修订有关规定，擅自改动审定后的教材内容。不按要求聘请主编、组建编写队伍，存在挂名主编、不符合条件人员参与教材编写等现象。

（四）编写单位违反教材审核有关规定，不按要求、程序和标准送审。

（五）用地方课程教材或其他教材代替国家课程教材，以及其他严重影响教学秩序的情形。

（六）违规编写使用专题教育教材、读本。

（七）侵犯知识产权。

（八）其他违法违规行为。

违反本办法第十一条、第十二条有关规定的教材编写人员，取消编写资格。

第九章 附 则

第三十九条 省级教育行政部门应根据本办法制定实施细则。数字教材、教参可参照本办法管理。

少数民族文字教材管理，由国务院教育行政部门根据有关法律法规和本办法另行规定。

第四十条 本办法自印发之日起施行。其他现行中小学教材管理制度，凡与本办法有关规定不一致的，以本办法为准。与本办法规定不一致且难以立刻终止的，应在本办法印发之日起6个月内纠正。

本办法由国务院教育行政部门负责解释。

中小学教辅材料管理办法

1. 2015年8月3日国家新闻出版广电总局、教育部、国家发展改革委发布
2. 新广出发〔2015〕45号

一、为规范中小学教辅材料管理，切实减轻中小学生过重课业负担和学生家长的经济负担，根据《中华人民共和国著作权法》《中华人民共和国教育法》《中华人民共和国义务教育法》《中华人民共和国价格法》《出版管理条例》等法律法规及国务院有关规定，制定本办法。

二、本办法所称中小学教辅材料是指与教科书配套，供中小学生使用的各种学习辅导、考试辅导等出版物，包括：教科书同步练习类出版物，寒暑假作业类出版物，中小学习题、试卷类出版物，省级以上新闻出版行政主管部门认定的其他供中小学生使用的学习、考试辅导类出版物。其产品形态包括图书、报纸、期刊、音像制品、电子出版物等。

三、中小学教辅材料编写出版管理

（一）出版单位出版中小学教辅材料必须符合依法批准的出版业务范围。

（二）中小学教辅材料出版单位要严格规范对外合作行为，严禁任何形式的买卖书号、刊号、版号和一号多用等违法违规行为。

（三）教辅材料主要编写者应当具有相关学科教学经验且熟悉相关教材；各级行政主管部门和负责实施考试命题、监测评价的单位不得组织编写有偿使用的同步练习册、寒暑假作业、初中和高中毕业年级考试辅导类中小学教辅材料。

（四）鼓励有条件的单位组织开发供学生免费使用的教学辅助资源。

四、中小学教辅材料印刷复制管理

（一）出版单位应优先选择通过绿色印刷合格评定的印刷企业印制中小学教辅材料。

（二）出版物印刷复制单位在承接中小学教辅材料印制业务时，必须事先核验出版单位的委托印制手续，手续不齐或无效的一律不得承接。

五、中小学教辅材料发行管理

（一）中小学教辅材料须由新闻出版行政主管部门依法批准、取得《出版物经营许可证》的发行单位发行。未经批准，任何部门、单位和个人一律不得从事中小学教辅材料的发行。

（二）中小学教辅材料出版发行单位不得委托不具备发行资质的部门、单位和个人发行中小学教辅材料。

（三）在中小学教科书发行中，不得搭售中小学教辅材料。

六、中小学教辅材料质量管理

（一）中小学教辅材料出版、印制质量必须符合《中华人民共和国产品质量法》《图书质量管理规定》等有关法律规定，符合国家标准、行业标准及其他规范要求。

（二）中小学教辅材料出版、印制单位应当建立内部质量管理制度，完善中小学教辅材料质量管理机制。

（三）各省、自治区、直辖市新闻出版行政主管部门负责对本行政区域内出版发行的中小学教辅材料质量进行监督检查。

七、中小学教辅材料评议管理

（一）各省、自治区、直辖市教育行政主管部门会同新闻出版行政主管部门、价格主管部门加强对中小学教辅材料使用的指导，组织成立中小学教辅材料评议委员会，下设学科组。学科组负责按照教科书选用程序对进入本地区中小学校的教辅材料进行初评排序，并提出初选意见，提交中小学教辅材料评议委员会审议后进行公告。

（二）中小学教辅材料评议推荐的种类主要是与本地区使用的教科书配套的同步练习册，也可根据教学需要评议推荐寒暑假作业、初中和高中毕业年级考试辅导类教辅材料。凡评议推荐的教辅材料应控制内容容量，避免增加学生负担。中小学教辅材料评议推荐的学科、年级由省级教育行政主管部门确定。一个学科每个版本教科书配套同步练习册送评数少于3种的，该版本该学科不予评议。

提供学生免费使用教辅材料的地方可自行确定使用教辅材料的种类和范围，但应符合《中华人民共和国政府采购法》有关规定。

（三）教辅材料评议委员会要确保专业性和代表性。教辅材料的评议推荐要做到机会均等、过程透明、程序公正。教辅材料编写人员和被评议的教辅材料出版人员不得参加教辅材料评议推荐工作。

（四）省级教辅材料评议公告结果报教育部备案，抄送国家新闻出版广电总局、国家发展改革委、国务院纠风办。

八、中小学教辅材料选用管理

（一）中小学教辅材料的购买与使用实行自愿原则。任何部门和单位不得以任何形式强迫中小学校或学生订购教辅材料。

（二）各地市教材选用委员会根据当地教育实际和教科书使用情况，按照教科书选用的程序，从本省中小学教辅材料评议公告目录中，一个学科每个版本直接为各县（区）或学校推荐1套教辅材料供学生选用。地市教辅材料推荐结果报省级教育行政主管部门备案。

（三）学生自愿购买本地区评议公告目录内的中小学教辅材料并申请学校代购的，学校可以统一代购，但不得从中牟利。其他教辅材料由学生和家长自行在市场购买，学校不得统一征订或提供代购服务。

（四）任何单位和个人不得进入学校宣传、推荐和推销任何教辅材料。

九、中小学教辅材料价格管理

（一）各省、自治区、直辖市评议公告目录内的教辅材料价格管理按国家有关规定执行。

各省、自治区、直辖市物价主管部门要会同新闻出版行政主管部门，加强对列入本地区评议公告目录的教辅材料价格监管。

（二）对各省、自治区、直辖市评议公告目录以外的教辅材料，由出版单位自主定价。在每学期开学前，出版单位要在本单位互联网页显著位置，向社会公开所出版的所有中小学教辅材料价格情况，包括开本、印张数、印张单价、零售价格等情况，主动接受社会监督。

十、从事中小学教辅材料编写、出版、印制、发行活动的单位或个人须严格遵守《中华人民共和国著作权法》等有关法律法规，不得侵害著作权人的合法权益。

使用他人享有著作权的教科书等作品编写出版同步练习册等教辅材料，应依法取得著作权人的授权。

十一、中小学教辅材料监督管理

国家新闻出版广电总局、教育部、国家发展改革委及各省、自治区、直辖市新闻出版行政主管部门、教育行政主管部门、价格主管部门建立健全监督管理制度，接受社会监督。对群众举报和反映的有关教辅材料出版、印制、发行、使用和价格中的违规情况，由各级新闻出版行政主管部门、教育行政主管部门、价格主管部门根据本办法并按各自的管理职责调查处理。

（一）对违反本办法从事中小学教辅材料出版、印刷复制、发行活动的单位或个人，由新闻出版行政主管部门责令其纠正违法行为，依法给予行政处罚，按照相关规定追究有关单位和人员的行政责任。

（二）对违反本办法，强制或变相强制学校或学生购买教辅材料、不按规定代购、从代购教辅材料中收取回扣的单位和个人，由上级教育行政主管部门责令其纠正违规行为，按照相关规定追究有关单位和人员的行政责任。

（三）对违反本办法，擅自或变相提高进入评议公告目录的教辅材料定价标准的，由价格主管部门依照《价格法》、《价格违法行为行政处罚规定》有关法律法规给予处罚，追究有关人员和单位的行政责任。

（四）违反本办法构成犯罪的，由司法机关依法追究刑事责任。

十二、各地要建立工作经费保障机制，确保有关工作顺利开展。

十三、本办法由国家新闻出版广电总局、教育部、国家发展改革委按照行政管理职责负责解释。

十四、本办法自2015年10月1日起施行，2001年印发的《中小学教辅材料管理办法》（新出联〔2001〕8号）、《新闻出版总署 教育部关于〈中小学教辅材料管理办法〉的实施意见》（新出联〔2001〕26号）同时废止。此前与本办法规定不一致的以本办法为准。

中小学少数民族文字教材管理办法

1. 2021年8月30日教育部发布
2. 教材〔2021〕4号

第一章　总　　则

第一条　为全面贯彻党的教育方针，落实立德树人根本任务，深入贯彻党中央、国务院关于加强和改进新形势下大中小学教材建设的意见，进一步加强民族地区中小学少数民族文字教材管理，切实提高教材建设水平，确保教材坚持正确的政治方向，体现社会主义核心价值观，铸牢中华民族共同体意识，培养德智体美劳全面发展的社会主义建设者和接班人，根据《全国大中小学教材建设规划（2019—2022年）》（以下简称《规划》）和《中小学教材管理办法》，结合实际制定本办法。

第二条　本办法所称中小学少数民族文字教材（以下简称民族文字教材）是指根据国家课程教材建设规划及有关管理规定要求编写修订、翻译（编译），供义务教育学校和普通高中学校使用的少数民族语言文字教学用书，以及作为教材内容组成部分的教学材料（配套视频、图册和活动手册等）。

第三条　民族文字教材必须体现党和国家意志，坚持马克思主义指导地位，体现马克思主义中国化时代化大众化要求，体现中国和中华民族风格，体现党和国家对教育的基本要求，体现国家和民族基本价值观，体现人类文化知识积累和创新成果。

第四条　民族文字教材应按照国家和地方教材管理规定审核，未经审定的教材不得出版、选用使用。

第二章　管理职责

第五条　在国家教材委员会指导和统筹下，民族文字教材实行国家、地方和学校分级管理。

第六条　国务院教育行政部门统筹、指导、管理、监督民族文字教材建设，负责统一规划民族文字教材建设，负责统一组织少数民族语文教材及其他学科翻译（编译）版教材的审核。

第七条　省级教育行政部门负责本地区民族文字教材管理，纳入本地区中小学教材管理体系，并建立相应的工作机制，进行严格管理。组织编写少数民族语文教材并进行初审。负责对国家课程教材民族文字翻译（编译）进行初审。

第八条　使用民族文字教材的学校要严格执行国家和地方关于教材管理的规定，健全内部管理制度，用好民族文字教材。

第三章　编写修订、翻译（编译）

第九条　民族文字教材依据《规划》和有关规定要求编写修订、翻译（编译）。民族文字教材编写修订、翻译（编译）应符合以下要求：

（一）坚持正确政治方向。坚持以马克思列宁主义、毛泽东思想、邓小平理论、“三个代表”重要思想、科学发展观、习近平新时代中国特色社会主义思想为指导，坚持爱国主义、集体主义、社会主义，有机融入中华优秀传统文化、革命文化、社会主义先进文化，加强国家主权、国家安全教育，注重培养国家意识、公民意识、法治意识，深化民族团结进步教育。

（二）铸牢中华民族共同体意识。全面贯彻党的教育方针和民族理论与政策，落实立德树人根本任务，坚持以社会主义核心价值观为引领，注重把铸牢中华民族共同体意识融入教材，挖掘体现中华民族共同历史的典型人物和鲜活故事，教育引导各族师生牢固树立正确的国家观、历史观、民族观、文化观、宗教观，不断增进对伟大祖国、中华民族、中华文化、中国共产党、中国特色社会主义的认同。

（三）充分体现时代精神。教材内容既要保持相对稳定，又要坚持与时俱进，聚焦培养担当民族复兴大任的时代新人，生动展示人民群众在新时代的新实践、新业绩、新作为，及时反映新时代思想道德建设、经济社会发展和科学技术进步的新变化新成果新趋势，大力弘扬以改革创新为核心的时代精神。

（四）遵循教育教学规律。着眼于学生全面发展，依据核心素养，遵循学生成长规律、认知规律和语言习得规律等，注重联系学生思想、学习、生活实际，将知识、能力、情感、价值观培养有机结合，体现中小学教育教学改革的先进理念和优秀成果，体现全员、全程、全方位育人要求。

（五）注重教材编写的系统性。要确保教材体系完整，逻辑完备，章节安排和结构设计科学，各学段内容衔接贯通，各学科之间协调配合；选文篇目内容要导向正确、积极向上，选文作者（译者）历史评价正面、有良好社会形象；语言文字规范，插图设计合理、数量适当，图文配合得当，可读性强。

第十条　民族文字教材编写单位除应符合《中小学教材管理办法》规定的条件和资质外，要有熟悉语言文字政策和民族文字教材编写工作的专业团队。

第十一条　省级教育行政部门负责遴选政治立场坚定、

思想端正、作风正派、熟悉学科的专家、教研人员和一线优秀教师组建民族文字教材编写修订、翻译（编译）队伍，落实《中小学教材管理办法》中规定的意识形态属性较强的教材相关编写要求。教材编写修订、翻译（编译）队伍应保持结构合理和相对稳定，每册核心编写人员原则上不应超过8人。编写单位遴选的编写人员，须经人员所在单位党组织审核同意，并由编写单位集中向社会公示。

第十二条　省级教育行政部门依据国家语文课程标准和国家统编语文教材选篇的主题和方法，结合少数民族语言文字学习需要和习得规律，组织编写少数民族语文教材。少数民族语文教材要根据中央关于教育工作、关于民族工作的最新决策部署和统编语文教材修订周期及时进行修订。

第十三条　除少数民族语文外，其他学科确需使用少数民族语言文字教学的，由省级教育行政部门从国家课程教材目录中选择版本作为母版进行少数民族语言文字翻译（编译）。国家课程教材民族文字翻译（编译）要向国务院教育行政部门和教材母版编写、出版单位备案。母版编写、出版单位应对翻译（编译）版本教材内容进行监督，每次母版修订后，应及时修订相应翻译（编译）版教材。

第四章　教材审核

第十四条　少数民族语文教材编写修订完成后，由省级教育行政部门按照地方课程教材的程序进行初审，审核通过后报国务院教育行政部门，提交国家教材委员会终审。

其他学科民族文字翻译（编译）版教材完成后，由省级教育行政部门组织初审，审核通过后报国务院教育行政部门，提交国家教材委员会专家委员会审核。

少数民族语文教材提交终审时，应按要求提供全套送审材料，同时提供少数民族文字和国家通用语言文字版本。

第十五条　省级教材审核机构应建立民族文字教材审核工作机制，负责民族文字教材的审核工作。跨省（区）编写修订的民族文字教材，由牵头省（区）省级教材审核机构负责相关工作。

第十六条　民族文字教材审核队伍应由思政专家、学科专家、课程专家、教研专家、一线优秀教师等组成，其中部分专家应兼通国家通用语言文字和少数民族语言文字。审核中根据教材涉及的专门领域内容送宣传、统战、党史研究、公安、司法、安全、科技、教育、文化和旅游、民族、宗教等部门进行专题审核。教材审核人员应依据教材审核程序、方式、标准，公正客观地进行审核，遵守政治纪律、政治规矩和有关规定。

第十七条　省级教材审核机构严格根据《中小学教材管理办法》和本办法开展审核工作。民族文字教材审核实行编审分离制度，遵循回避原则，执行重大选题备案制度。应加强政治审核，重点审核教材的政治方向和价值导向，政治上有错误的教材不予通过。

第十八条　民族文字教材审核应建立完善教材审核档案制度，对审核记录、审核报告等做好存档，审核报告须报相应教育行政部门备案。

第十九条　经国家教材委员会审核通过的民族文字教材，由国务院教育行政部门通知有关省（区）将其列入地方中小学教学用书目录。

第五章　出版发行

第二十条　民族文字教材出版发行严格执行《中小学教材管理办法》有关规定。

第二十一条　民族文字教材出版、发行单位除具备国家出版主管部门批准的教材出版、发行资质外，还应具备国家关于少数民族文字出版物公开出版、发行管理有关规定的资质。

第六章　选用使用

第二十二条　民族文字教材选用严格执行《中小学教材管理办法》有关规定。

第二十三条　教育行政部门建立民族文字教材选用、使用监测机制，对教材选用使用进行跟踪调查，定期对教材的使用情况进行评价并通报结果。民族文字教材编写、出版单位须建立教材使用跟踪机制，通过多种途径和方式收集教材使用意见，形成教材使用跟踪报告，在教材修订审核时作为必备送审材料。

第二十四条　国务院教育行政部门定期开展少数民族语文教材编写人员培训工作，提升编写人员专业素质。省级教育行政部门要组织民族文字教材编写修订、翻译（编译）人员、有关专家对一线教师开展教材使用培训，增强教师理解和应用教材的能力。

第七章　检查监督

第二十五条　国务院教育行政部门依据《中小学教材管理办法》和本办法，负责对各地民族文字教材管理工作的检查和督导。省级教育行政部门应完善民族文字教材质量监控和评价机制，加强对本区域内使用的民族文字教材的检查和监督。

第二十六条　民族文字教材出现《中小学教材管理办法》规定的退出情形的，应立即停止使用，不再列入教学用书目录。

第八章 保障机制

第二十七条 省级教育行政部门要按照实现省域内国家通用语言文字教育教学全覆盖，确保少数民族初中毕业生基本掌握和使用国家通用语言文字、高中毕业生熟练掌握和使用国家通用语言文字的目标要求，切实履行本地区中小学教材管理职能。

第二十八条 有关省（区）教育行政部门根据本地区实际和国家关于教材建设的总体要求，安排民族文字教材相关经费，纳入省（区）年度财政预算，为民族文字教材建设提供经费保障。中央财政对有关民族文字教材建设工作予以支持。

第九章 附 则

第二十九条 其他事宜按照《中小学教材管理办法》执行。

第三十条 与本办法规定不一致且难以立刻终止的，应在本办法印发之日起6个月内纠正。

第三十一条 本办法自印发之日起施行。《中小学少数民族文字教材编写审定管理暂行办法》（教民厅〔2004〕5号）、《全日制民族中小学汉语课程标准（试行）》（教民〔2006〕5号）和《民族中小学汉语课程标准（义务教育）》（教民〔2013〕4号）废止。

中小学生课外读物进校园管理办法

1. 2021年3月31日发布
2. 教材〔2021〕2号

第一条 为丰富学生阅读内容，拓展阅读活动，规范课外读物进校园管理，防止问题读物进入校园（含幼儿园），充分发挥课外读物育人功能，制定本办法。

第二条 本办法所称的课外读物是指教材和教辅之外的、进入校园供中小学生阅读的正式出版物（含数字出版产品）。

第三条 国家教育行政部门负责制定全国中小学生课外读物进校园有关政策，明确推荐标准与要求。省级教育行政部门负责课外读物进校园工作的全面指导与管理。地市、县级教育行政部门要全面把握课外读物进校园情况，负责进校园课外读物的监督检查。中小学校根据实际需要做好课外读物推荐和管理工作。

第四条 中小学校课外读物推荐工作须遵守国家相关法律法规要求，坚持以下原则：

方向性。坚持育人为本，严把政治关，严格审视课外读物价值取向，助力学生成为有理想、有本领、有担当的时代新人。

全面性。坚持“五育”并举，着眼于学生全面发展，围绕核心素养，紧密联系学生思想、学习、生活实际，满足中小学生德育、智育、体育、美育和劳动教育等方面的阅读需要，全面发展素质教育。

适宜性。符合中小学生认知发展水平，满足不同学段学生学习需求和阅读兴趣。课外读物应使用绿色印刷，适应青少年儿童视力保护需求。

多样性。兼顾课外读物的学科、体裁、题材、国别、风格、表现形式，贯通古今中外。

适度性。中小学校和教师根据教育教学需要推荐的课外读物，要严格把关、控制数量。

第五条 进校园课外读物要符合以下基本标准：

主题鲜明。体现主旋律，引领新风尚，重点宣传习近平新时代中国特色社会主义思想，传承红色基因，弘扬民族精神、时代精神、科学精神，彰显家国情怀、社会关爱、人格修养，开拓国际视野，涵养法治意识。

内容积极。选材积极向上，反映经济社会发展新成就、科学技术新进展，以及人类文明优秀成果，具有较高人文、社会、科学、艺术等方面价值。选文作者历史评价正面，有良好的社会形象。

可读性强。文字优美，表达流畅，深入浅出，具有一定的启发性、趣味性。

启智增慧。能够激发学生的好奇心、想象力、创造力，增长知识见识，提升发现问题和解决问题能力，增强综合素质。

第六条 违反《出版管理条例》有关规定，或存在下列情形之一的，不得推荐或选用为中小学生课外读物：

（一）违背党的路线方针政策，污蔑、丑化党和国家领导人、英模人物，戏说党史、国史、军史的；

（二）损害国家荣誉和利益的，有反华、辱华、丑华内容的；

（三）泄露国家秘密、危害国家安全的；

（四）危害国家统一、主权和领土完整的；

（五）存在违反宗教政策的内容，宣扬宗教教理、教义和教规的；

（六）存在违反民族政策的内容，煽动民族仇恨、民族歧视，破坏民族团结，或者不尊重民族风俗、习惯的；

（七）宣扬个人主义、新自由主义、历史虚无主义等错误观点，存在崇洋媚外思想倾向的；

（八）存在低俗媚俗庸俗等不良倾向，格调低下、思想不健康，宣扬超自然力、神秘主义和鬼神迷信，存在淫秽、色情、暴力、邪教、赌博、毒品、引诱自杀、教唆犯罪等价值导向问题的；

（九）侮辱或者诽谤他人，侵害他人合法权益的；

（十）存在科学性错误的；

（十一）存在违规植入商业广告或变相商业广告及不当链接，违规使用"教育部推荐""新课标指定"等字样的；

（十二）其他有违公序良俗、道德标准、法律法规等，造成社会不良影响的。

第七条 学校是进校园课外读物推荐责任主体，负责组织本校课外读物的遴选、审核工作。

第八条 进校园课外读物原则上每学年推荐一次。推荐程序应包括初选、评议、确认、备案等环节。学校组织管理人员、任课教师和图书馆管理人员提出初选目录；学科组负责审读，对选自国家批准的推荐目录中的读物，重点评议适宜性，对其他读物要按推荐原则、标准、要求全面把关，提出评议意见；学校组织专门小组负责审核把关，统筹数量种类，确认推荐结果，公示并报教育行政主管部门备案。

欠发达地区规模较小的学校，可由上级教育行政部门负责推荐。

第九条 进校园课外读物推荐目录要向学生家长公开，坚持自愿购买原则，禁止强制或变相强制学生购买课外读物，学校不得组织统一购买。

对家长自主购买推荐目录之外的课外读物，学校要做好指导工作。

学校图书馆购买课外读物按照《中小学图书馆（室）规程》有关规定执行。

第十条 加强其他渠道进校园课外读物的管理。

任何单位和个人不得在校园内通过举办讲座、培训等活动销售课外读物。

学校要明确校园书店经营管理要求。校园书店要建立进校园读物的审核机制，严格落实本办法的原则、标准和要求。

学校要明确受捐赠课外读物来源，由学校或上级教育行政主管部门进行审核把关，明确价值取向和适宜性把关要求。

第十一条 中小学校要大力倡导学生爱读书、读好书、善读书，可设立读书节、读书角等，优化校园阅读环境，推动书香校园建设。注重开展形式多样的阅读活动，提高学生阅读兴趣，培养良好阅读习惯。发挥家长在学生课外阅读中的积极作用，营造家校协同育人的良好氛围。建立阅读激励机制，鼓励各地教育行政部门将书香校园建设表现突出的单位和个人纳入相关表彰奖励中，学校要采用适当的形式表彰阅读活动表现突出的师生。

第十二条 建立监督检查机制。学校要加强对学生携带进入校园读物的管理，发现问题读物应及时予以有效处置，消除不良影响。县级教育行政部门建立进校园课外读物推荐报备制度，畅通社会和群众监督渠道。地市级教育行政部门定期对进校园课外读物的推荐情况开展抽查。省级教育行政部门要全面了解和把握课外读物进校园情况，根据需要开展专项督查。各级教育督导部门要将课外读物进校园有关情况纳入督导范围。

第十三条 存在下列情形之一的，由教育行政部门责令限期改正，视情节轻重依法依规予以处理；需要追究其他纪律或法律责任的，依纪依法移交相应主管部门处理。

（一）进校园课外读物未按规定程序组织推荐的；

（二）进校园课外读物不符合本办法原则、标准、要求的；

（三）强制或变相强制学生购买课外读物的；

（四）接受请托、牟取不正当利益的；

（五）有关行政部门及其工作人员违规干预课外读物推荐的。

·典型案例·

江某诉钟某变更抚养关系案

——依法保障未成年人的受教育权

【基本案情】

原告人江某与被告人钟某于2009年3月10日登记结婚，婚后育有一子，取名江某俊。2011年9月20日，双方因感情不和，经法院调解协议离婚，约定儿子江某俊由母亲钟某抚养，江某每月支付抚养费600元，直到孩子独立生活为止。

离婚后，钟某将婚姻的不幸转嫁到孩子身上，以种种理由拒绝让父子相见。更为严重的是，钟某无工作，租住在廉租房内靠亲人接济为生，常年闭门不出，也不让江某俊上学读书。江某曾于2015年6月8日向法院起诉要求变更抚养权，后撤回起诉。为了孩子的成长，2016年

10月11日江某再次向法院提起诉讼要求变更江某俊抚养关系，后经法院主持调解，江某与钟某达成和解协议，江某俊抚养权依然归钟某，江某俊的生活、教育所需费用均由江某承担。江某按约履行了调解书约定的义务，但是钟某拒不履行调解书约定义务。江某俊年满8周岁，已达到适学年龄，经法院多次执行，钟某仍拒绝送孩子上学，严重影响了孩子的健康成长，而江某俊爷爷奶奶为了孩子上学，频繁越级上访，导致矛盾激化。

2018年3月，原告江某再次向法院起诉，要求变更儿子抚养关系。为了化解矛盾，法院联合该市未成年保护办公室，妇联、团委、家调委、社区、教育等部门工作人员积极配合，多次上门调解，钟某仍拒绝送孩子上学。经与孩子沟通，孩子表示愿意上学读书上，未成年保护办公室和市妇联联合取证，并作为未成年保护组织出庭支持诉讼。

【裁判结果】

法院经审理认为，适龄儿童接受义务教育是家长的义务，根据市团委、妇联作为未成年人保护组织为江某俊调取的大量证据材料，证明钟某作为法定监护人，剥夺江某俊的受教育权，严重影响了孩子的身心健康发展，侵犯了未成年人的合法权益。为保护江某俊的受教育权，保障其健康成长，法院在事实证据充分的情况下，依法变更江某俊的抚养关系。

【典型意义】

父母或者其他监护人应当尊重未成年人受教育的权利，必须使适龄未成年人依法入学接受并完成义务教育，不得使接受义务教育的未成年人辍学。与子女共同生活的一方不尽抚养义务，另一方要求变更子女抚养关系的，人民法院应予支持。本案中，江某俊随钟某生活期间，钟某不履行监护义务，拒绝送江某俊上学，不让孩子接受义务教育，严重侵犯了孩子受教育权利。钟某无工作，无住房，无经济来源，无法保障孩子生活、学习所需，且侵犯孩子受教育权，本着儿童利益最大化原则，法官判决支持江某变更抚养关系的诉求。

子女的成长是一个长期的动态过程，随着时间的推移，离婚时协商或判决所依据的父母双方的抚养能力和抚养条件可能会在子女成长过程中产生很大的变化，所以法律出于保证子女的健康成长考虑，允许离婚夫妇以协议或诉讼的方式变更与子女的抚养关系。在抚养的过程中，不光要给予生活保障，学习教育权利更应当保障，如果一方怠于履行义务，人民法院将依法进行抚养关系变更。

镇人民政府申请执行义务教育行政处罚决定书案

【基本案情】

马某为适龄入学儿童，其监护人马某哈、马某格牙无正当理由，未将马某按时送入学校接受九年义务教育。经青海省化隆回族自治县扎巴镇人民政府认定，马某哈、马某格牙的行为违反了《中华人民共和国义务教育法》的规定，于2018年9月做出行政处罚决定书，对马某哈、马某格牙处以罚款，并责令将马某送入学校就读。被执行人马某哈、马某格牙收到行政处罚决定书后，在法定期限内未申请复议，也未提起诉讼，且拒不履行行政处罚决定。镇人民政府于2019年3月向人民法院申请强制执行。

【裁判结果】

人民法院依法裁定，准予强制执行青海省化隆回族自治县扎巴镇人民政府作出的行政处罚决定书。裁定作出后，经法院多次执行，两名被执行人拒不履行义务。法院对被执行人马某哈依法作出了行政拘留十五日的决定书。在拘留期间，被执行人马某哈、马某格牙履行了行政处罚决定书所确定的义务，马某现已入学就读。

【典型意义】

青海省化隆回族自治县属特困区，当地农民有的不重视教育，不让适龄子女接受义务教育的现象较为普遍，严重违反义务教育法规定，严重背离法定监护职责。近年来，化隆回族自治县针对这一情况，采取了多项举措开展“控辍保学”集中行动。一年多来，化隆回族自治县人民法院受理了几十起控辍保学的行政非诉案件，本案就是其中一起。在审理此类案件时，法院采取了巡回就地开庭的方式，以案释法，对旁听群众深入细致讲解义务教育法、未成年人保护法等有关法律政策，让群众明白了作为监护人不送适龄子女上学是一种违法行为，要依法承担法律责任。法院通过此类案件的审理和执行，有力保护了未成年人合法权益，使100多名留守儿童重返校园，受教育权得到法律保障。

四、高等教育

资料补充栏

1. 综　合

中华人民共和国高等教育法

1. 1998年8月29日第九届全国人民代表大会常务委员会第四次会议通过

2. 根据2015年12月27日第十二届全国人民代表大会常务委员会第十八次会议《关于修改〈中华人民共和国高等教育法〉的决定》第一次修正

3. 根据2018年12月29日第十三届全国人民代表大会常务委员会第七次会议《关于修改〈中华人民共和国电力法〉等四部法律的决定》第二次修正

目　录

第一章　总　则

第一条　【立法目的】为了发展高等教育事业，实施科教兴国战略，促进社会主义物质文明和精神文明建设，根据宪法和教育法，制定本法。

第二条　【适用范围】在中华人民共和国境内从事高等教育活动，适用本法。

本法所称高等教育，是指在完成高级中等教育基础上实施的教育。

第三条　【指导原则】国家坚持以马克思列宁主义、毛泽东思想、邓小平理论为指导，遵循宪法确定的基本原则，发展社会主义的高等教育事业。

第四条　【教育目的】高等教育必须贯彻国家的教育方针，为社会主义现代化建设服务、为人民服务，与生产劳动和社会实践相结合，使受教育者成为德、智、体、美等方面全面发展的社会主义建设者和接班人。

第五条　【高教任务】高等教育的任务是培养具有社会责任感、创新精神和实践能力的高级专门人才，发展科学技术文化，促进社会主义现代化建设。

第六条　【办学形式】国家根据经济建设和社会发展的需要，制定高等教育发展规划，举办高等学校，并采取多种形式积极发展高等教育事业。

国家鼓励企业事业组织、社会团体及其他社会组织和公民等社会力量依法举办高等学校，参与和支持高等教育事业的改革和发展。

第七条　【高教改革】国家按照社会主义现代化建设和发展社会主义市场经济的需要，根据不同类型、不同层次高等学校的实际，推进高等教育体制改革和高等教育教学改革，优化高等教育结构和资源配置，提高高等教育的质量和效益。

第八条　【少数民族高教】国家根据少数民族的特点和需要，帮助和支持少数民族地区发展高等教育事业，为少数民族培养高级专门人才。

第九条　【公民受高等教育权利】公民依法享有接受高等教育的权利。

国家采取措施，帮助少数民族学生和经济困难的学生接受高等教育。

高等学校必须招收符合国家规定的录取标准的残疾学生入学，不得因其残疾而拒绝招收。

第十条　【高校自由保障】国家依法保障高等学校中的科学研究、文学艺术创作和其他文化活动的自由。

在高等学校中从事科学研究、文学艺术创作和其他文化活动，应当遵守法律。

第十一条　【高校管理】高等学校应当面向社会，依法自主办学，实行民主管理。

第十二条　【高校交流与合作】国家鼓励高等学校之间、高等学校与科学研究机构以及企业事业组织之间开展协作，实行优势互补，提高教育资源的使用效益。

国家鼓励和支持高等教育事业的国际交流与合作。

第十三条　【管理体制】国务院统一领导和管理全国高等教育事业。

省、自治区、直辖市人民政府统筹协调本行政区域内的高等教育事业，管理主要为地方培养人才和国务院授权管理的高等学校。

第十四条　【管理部门分工】国务院教育行政部门主管全国高等教育工作，管理由国务院确定的主要为全国培养人才的高等学校。国务院其他有关部门在国务院规定的职责范围内，负责有关的高等教育工作。

第二章　高等教育基本制度

第十五条　【教育方式】高等教育包括学历教育和非学历教育。

高等教育采用全日制和非全日制教育形式。

国家支持采用广播、电视、函授及其他远程教育方式实施高等教育。

第十六条　【学历教育】高等学历教育分为专科教育、本科教育和研究生教育。

高等学历教育应当符合下列学业标准：

（一）专科教育应当使学生掌握本专业必备的基础理论、专门知识，具有从事本专业实际工作的基本技能和初步能力；

（二）本科教育应当使学生比较系统地掌握本学科、专业必需的基础理论、基本知识，掌握本专业必要的基本技能、方法和相关知识，具有从事本专业实际工作和研究工作的初步能力；

（三）硕士研究生教育应当使学生掌握本学科坚实的基础理论、系统的专业知识，掌握相应的技能、方法和相关知识，具有从事本专业实际工作和科学研究工作的能力。博士研究生教育应当使学生掌握本学科坚实宽广的基础理论、系统深入的专业知识、相应的技能和方法，具有独立从事本学科创造性科学研究工作和实际工作的能力。

第十七条　【专科教育】专科教育的基本修业年限为二至三年，本科教育的基本修业年限为四至五年，硕士研究生教育的基本修业年限为二至三年，博士研究生教育的基本修业年限为三至四年。非全日制高等学历教育的修业年限应当适当延长。高等学校根据实际需要，可以对本学校的修业年限作出调整。

第十八条　【教育实施机构】高等教育由高等学校和其他高等教育机构实施。

大学、独立设置的学院主要实施本科及本科以上教育。高等专科学校实施专科教育。经国务院教育行政部门批准，科学研究机构可以承担研究生教育的任务。

其他高等教育机构实施非学历高等教育。

第十九条　【入学方式】高级中等教育毕业或者具有同等学力的，经考试合格，由实施相应学历教育的高等学校录取，取得专科生或者本科生入学资格。

本科毕业或者具有同等学力的，经考试合格，由实施相应学历教育的高等学校或者经批准承担研究生教育任务的科学研究机构录取，取得硕士研究生入学资格。

硕士研究生毕业或者具有同等学力的，经考试合格，由实施相应学历教育的高等学校或者经批准承担研究生教育任务的科学研究机构录取，取得博士研究生入学资格。

允许特定学科和专业的本科毕业生直接取得博士研究生入学资格，具体办法由国务院教育行政部门规定。

第二十条　【学生毕业】接受高等学历教育的学生，由所在高等学校或者经批准承担研究生教育任务的科学研究机构根据其修业年限、学业成绩等，按照国家有关规定，发给相应的学历证书或者其他学业证书。

接受非学历高等教育的学生，由所在高等学校或者其他高等教育机构发给相应的结业证书。结业证书应当载明修业年限和学业内容。

第二十一条　【自考生毕业】国家实行高等教育自学考试制度，经考试合格的，发给相应的学历证书或者其他学业证书。

第二十二条　【学位制度】国家实行学位制度。学位分为学士、硕士和博士。

公民通过接受高等教育或者自学，其学业水平达到国家规定的学位标准，可以向学位授予单位申请授予相应的学位。

第二十三条　【继续教育】高等学校和其他高等教育机构应当根据社会需要和自身办学条件，承担实施继续教育的工作。

第三章　高等学校的设立

第二十四条　【办学基本要求】设立高等学校，应当符合国家高等教育发展规划，符合国家利益和社会公共利益。

第二十五条　【设立高校基本条件】设立高等学校，应当具备教育法规定的基本条件。

大学或者独立设置的学院还应当具有较强的教学、科学研究力量，较高的教学、科学研究水平和相应规模，能够实施本科及本科以上教育。大学还必须设有三个以上国家规定的学科门类为主要学科。设立高等学校的具体标准由国务院制定。

设立其他高等教育机构的具体标准，由国务院授权的有关部门或者省、自治区、直辖市人民政府根据国务院规定的原则制定。

第二十六条　【名称】设立高等学校，应当根据其层次、类型、所设学科类别、规模、教学和科学研究水平，使用相应的名称。

第二十七条　【申报材料】申请设立高等学校的，应当向审批机关提交下列材料：

（一）申办报告；

（二）可行性论证材料；

（三）章程；

（四）审批机关依照本法规定要求提供的其他材料。

第二十八条　【章程内容】高等学校的章程应当规定以下事项：

（一）学校名称、校址；

（二）办学宗旨；

（三）办学规模；

（四）学科门类的设置；

（五）教育形式；

（六）内部管理体制；

（七）经费来源、财产和财务制度；

（八）举办者与学校之间的权利、义务；

（九）章程修改程序；

（十）其他必须由章程规定的事项。

第二十九条　【审批权限】设立实施本科及以上教育的高等学校，由国务院教育行政部门审批；设立实施专科教育的高等学校，由省、自治区、直辖市人民政府审批，报国务院教育行政部门备案；设立其他高等教育机构，由省、自治区、直辖市人民政府教育行政部门审批。审批设立高等学校和其他高等教育机构应当遵守国家有关规定。

审批设立高等学校，应当委托由专家组成的评议机构评议。

高等学校和其他高等教育机构分立、合并、终止，变更名称、类别和其他重要事项，由本条第一款规定的审批机关审批；修改章程，应当根据管理权限，报国务院教育行政部门或者省、自治区、直辖市人民政府教育行政部门核准。

第四章　高等学校的组织和活动

第三十条　【法律地位】高等学校自批准设立之日起取得法人资格。高等学校的校长为高等学校的法定代表人。

高等学校在民事活动中依法享有民事权利，承担民事责任。

第三十一条　【高校职能】高等学校应当以培养人才为中心，开展教学、科学研究和社会服务，保证教育教学质量达到国家规定的标准。

第三十二条　【招收方案制定】高等学校根据社会需求、办学条件和国家核定的办学规模，制定招生方案，自主调节系科招生比例。

第三十三条　【学科、专业设置调整】高等学校依法自主设置和调整学科、专业。

第三十四条　【教学活动】高等学校根据教学需要，自主制定教学计划、选编教材、组织实施教学活动。

第三十五条　【科技和社会服务】高等学校根据自身条件，自主开展科学研究、技术开发和社会服务。

国家鼓励高等学校同企业事业组织、社会团体及其他社会组织在科学研究、技术开发和推广等方面进行多种形式的合作。

国家支持具备条件的高等学校成为国家科学研究基地。

第三十六条　【对外交流合作】高等学校按照国家有关规定，自主开展与境外高等学校之间的科学技术文化交流与合作。

第三十七条　【内部机构设置与教师评聘】高等学校根据实际需要和精简、效能的原则，自主确定教学、科学研究、行政职能部门等内部组织机构的设置和人员配备；按照国家有关规定，评聘教师和其他专业技术人员的职务，调整津贴及工资分配。

第三十八条　【财产管理】高等学校对举办者提供的财产、国家财政性资助、受捐赠财产依法自主管理和使用。

高等学校不得将用于教学和科学研究活动的财产挪作他用。

第三十九条　【中共党委】国家举办的高等学校实行中国共产党高等学校基层委员会领导下的校长负责制。中国共产党高等学校基层委员会按照中国共产党章程和有关规定，统一领导学校工作，支持校长独立负责地行使职权，其领导职责主要是：执行中国共产党的路线、方针、政策，坚持社会主义办学方向，领导学校的思想政治工作和德育工作，讨论决定学校内部组织机构的设置和内部组织机构负责人的人选，讨论决定学校的改革、发展和基本管理制度等重大事项，保证以培养人才为中心的各项任务的完成。

社会力量举办的高等学校的内部管理体制按照国家有关社会力量办学的规定确定。

第四十条　【校长任职】高等学校的校长，由符合教育法规定的任职条件的公民担任。高等学校的校长、副校长按照国家有关规定任免。

第四十一条　【校长职权】高等学校的校长全面负责本学校的教学、科学研究和其他行政管理工作，行使下列职权：

（一）拟订发展规划，制定具体规章制度和年度工作计划并组织实施；

（二）组织教学活动、科学研究和思想品德教育；

（三）拟订内部组织机构的设置方案，推荐副校长人选，任免内部组织机构的负责人；

（四）聘任与解聘教师以及内部其他工作人员，对学生进行学籍管理并实施奖励或者处分；

（五）拟订和执行年度经费预算方案，保护和管理校产，维护学校的合法权益；

（六）章程规定的其他职权。

高等学校的校长主持校长办公会议或者校务会议，处理前款规定的有关事项。

第四十二条　【学术委员会】高等学校设立学术委员会，履行下列职责：

（一）审议学科建设、专业设置，教学、科学研究计划方案；

（二）评定教学、科学研究成果；

（三）调查、处理学术纠纷；

（四）调查、认定学术不端行为；

（五）按照章程审议、决定有关学术发展、学术评价、学术规范的其他事项。

第四十三条　【教职工代表大会】高等学校通过以教师为主体的教职工代表大会等组织形式，依法保障教职工参与民主管理和监督，维护教职工合法权益。

第四十四条　【教学评估】高等学校应当建立本学校办学水平、教育质量的评价制度，及时公开相关信息，接受社会监督。

教育行政部门负责组织专家或者委托第三方专业机构对高等学校的办学水平、效益和教育质量进行评估。评估结果应当向社会公开。

第五章　高等学校教师和其他教育工作者

第四十五条　【教师权利义务】高等学校的教师及其他教育工作者享有法律规定的权利，履行法律规定的义务，忠诚于人民的教育事业。

第四十六条　【教师资格】高等学校实行教师资格制度。中国公民凡遵守宪法和法律，热爱教育事业，具有良好的思想品德，具备研究生或者大学本科毕业学历，有相应的教育教学能力，经认定合格，可以取得高等学校教师资格。不具备研究生或者大学本科毕业学历的公民，学有所长，通过国家教师资格考试，经认定合格，也可以取得高等学校教师资格。

第四十七条　【教师职务】高等学校实行教师职务制度。高等学校教师职务根据学校所承担的教学、科学研究等任务的需要设置。教师职务设助教、讲师、副教授、教授。

高等学校的教师取得前款规定的职务应当具备下列基本条件：

（一）取得高等学校教师资格；

（二）系统地掌握本学科的基础理论；

（三）具备相应职务的教育教学能力和科学研究能力；

（四）承担相应职务的课程和规定课时的教学任务。

教授、副教授除应当具备以上基本任职条件外，还应当对本学科具有系统而坚实的基础理论和比较丰富的教学、科学研究经验，教学成绩显著，论文或者著作达到较高水平或者有突出的教学、科学研究成果。

高等学校教师职务的具体任职条件由国务院规定。

第四十八条　【教师聘任】高等学校实行教师聘任制。教师经评定具备任职条件的，由高等学校按照教师职务的职责、条件和任期聘任。

高等学校的教师的聘任，应当遵循双方平等自愿的原则，由高等学校校长与受聘教师签订聘任合同。

第四十九条　【管理与教辅人员】高等学校的管理人员，实行教育职员制度。高等学校的教学辅助人员及其他专业技术人员，实行专业技术职务聘任制度。

第五十条　【保护教师权益】国家保护高等学校教师及其他教育工作者的合法权益，采取措施改善高等学校教师及其他教育工作者的工作条件和生活条件。

第五十一条　【人员考核】高等学校应当为教师参加培训、开展科学研究和进行学术交流提供便利条件。

高等学校应当对教师、管理人员和教学辅助人员及其他专业技术人员的思想政治表现、职业道德、业务水平和工作实绩进行考核，考核结果作为聘任或者解聘、晋升、奖励或者处分的依据。

第五十二条　【本职工作】高等学校的教师、管理人员和教学辅助人员及其他专业技术人员，应当以教学和培养人才为中心做好本职工作。

第六章　高等学校的学生

第五十三条　【学生义务与权利】高等学校的学生应当遵守法律、法规，遵守学生行为规范和学校的各项管理制度，尊敬师长，刻苦学习，增强体质，树立爱国主义、集体主义和社会主义思想，努力学习马克思列宁主义、毛泽东思想、邓小平理论，具有良好的思想品德，掌握较高的科学文化知识和专业技能。

高等学校学生的合法权益，受法律保护。

第五十四条　【学费】高等学校的学生应当按照国家规定缴纳学费。

家庭经济困难的学生，可以申请补助或者减免学费。

第五十五条　【奖学金、助学金和贷学金】国家设立奖学金，并鼓励高等学校、企业事业组织、社会团体以及其他社会组织和个人按照国家有关规定设立各种形式的奖学金，对品学兼优的学生、国家规定的专业的学生以及到国家规定的地区工作的学生给予奖励。

国家设立高等学校学生勤工助学基金和贷学金，并鼓励高等学校、企业事业组织、社会团体以及其他社会组织和个人设立各种形式的助学金，对家庭经济困难的学生提供帮助。

获得贷学金及助学金的学生，应当履行相应的义务。

第五十六条　【勤工俭学】高等学校的学生在课余时间可以参加社会服务和勤工助学活动，但不得影响学业任务的完成。

高等学校应当对学生的社会服务和勤工助学活动给予鼓励和支持，并进行引导和管理。

第五十七条　【学生社团】高等学校的学生，可以在校内组织学生团体。学生团体在法律、法规规定的范围内活动，服从学校的领导和管理。

第五十八条　【学生毕业】高等学校的学生思想品德合格，在规定的修业年限内学完规定的课程，成绩合格或者修满相应的学分，准予毕业。

第五十九条　【就业】高等学校应当为毕业生、结业生提供就业指导和服务。

国家鼓励高等学校毕业生到边远、艰苦地区工作。

第七章　高等教育投入和条件保障

第六十条　【投入方式】高等教育实行以举办者投入为主、受教育者合理分担培养成本、高等学校多种渠道筹措经费的机制。

国务院和省、自治区、直辖市人民政府依照教育法第五十六条的规定，保证国家举办的高等教育的经费逐步增长。

国家鼓励企业事业组织、社会团体及其他社会组织和个人向高等教育投入。

第六十一条　【举办者投入义务】高等学校的举办者应当保证稳定的办学经费来源，不得抽回其投入的办学资金。

第六十二条　【经费开支与筹措标准】国务院教育行政部门会同国务院其他有关部门根据在校学生年人均教育成本，规定高等学校年经费开支标准和筹措的基本原则；省、自治区、直辖市人民政府教育行政部门会同有关部门制订本行政区域内高等学校年经费开支标准和筹措办法，作为举办者和高等学校筹措办学经费的基本依据。

第六十三条　【优惠政策】国家对高等学校进口图书资料、教学科研设备以及校办产业实行优惠政策。高等学校所办产业或者转让知识产权以及其他科学技术成果获得的收益，用于高等学校办学。

第六十四条　【学费管理使用】高等学校收取的学费应当按照国家有关规定管理和使用，其他任何组织和个人不得挪用。

第六十五条　【财务管理】高等学校应当依法建立、健全财务管理制度，合理使用、严格管理教育经费，提高教育投资效益。

高等学校的财务活动应当依法接受监督。

第八章　附　　则

第六十六条　【处罚】对高等教育活动中违反教育法规定的，依照教育法的有关规定给予处罚。

第六十七条　【外籍教师】中国境外个人符合国家规定的条件并办理有关手续后，可以进入中国境内高等学校学习、研究、进行学术交流或者任教，其合法权益受国家保护。

第六十八条　【高校范围】本法所称高等学校是指大学、独立设置的学院和高等专科学校，其中包括高等职业学校和成人高等学校。

本法所称其他高等教育机构是指除高等学校和经批准承担研究生教育任务的科学研究机构以外的从事高等教育活动的组织。

本法有关高等学校的规定适用于其他高等教育机构和经批准承担研究生教育任务的科学研究机构，但是对高等学校专门适用的规定除外。

第六十九条　【施行日期】本法自1999年1月1日起施行。

高等学校招生全国统一考试管理处罚暂行规定

1992年2月2日国家教育委员会令第18号发布施行

第一章　总　　则

第一条　为维护高等学校招生全国统一考试管理秩序，

保证有关考试的顺利进行,保障考生和有关人员的合法权益,制定本规定。

第二条 本规定适用于普通、成人高等学校本、专科招生的全国统一考试(以下简称"全国统一考试")。

第三条 参加全国统一考试的考生(以下简称"考生")、从事和参与全国统一考试工作的人员(以下简称"考试工作人员")及其他人员,必须遵守国家教育委员会颁发的《普通、成人高等学校本、专科招生全国统一考试工作规则》及其他有关全国统一考试工作管理的法规、规章。

第四条 考生和考试工作人员违反全国统一考试管理的,根据情节轻重,依照本规定给予处罚。

第五条 国家教育委员会在职权范围内主管全国统一考试管理处罚工作。国家教育委员会考试中心办理全国统一考试管理处罚的日常具体工作。地方的考试管理处罚,由地方各级招生考试机构负责。

第六条 在职人员违反全国统一考试管理,需要给予行政处分的,由招生考试机构建议其所在单位给予相应的行政处分,或由行政监察机关依法查处;需要给予党纪处分的,移送党的有关纪检组织处理。

第二章 违反考试管理的行为和处罚

第七条 考生有下列情形之一的,扣除该科所得分的30%-50%。

(一)携带规定以外的物品进入考场的;

(二)开考信号发出前答题的;

(三)考试终了信号发出后继续答卷的;

(四)在考场内吸烟、喧哗或有其他影响考场秩序的行为,经劝阻仍不改正的;

(五)在试卷规定以外的地方写姓名、考号的;

(六)用规定以外的笔答题的。

第八条 考生在两科以上考试中有第七条所列情形之一的,所考科目的考试成绩无效。

第九条 考生有下列情形之一的,取消当年考试资格,情节严重的,不准参加下一年度的全国统一考试:

(一)交头接耳,互打暗号、手势的;

(二)夹带的;

(三)接传答卷的;

(四)交换答卷的;

(五)抄袭他人答卷的;

(六)有意将自己的答卷让他人抄袭的;

(七)考试期间撕毁试卷或答卷的;

(八)将试卷或答卷带出考场的;

(九)在评卷中被认定为雷同卷的;

(十)有意在答卷中做其他标记的;

(十一)有其他舞弊行为的。

第十条 考生有下列情形之一的,取消当年考试资格,并从下一年起两年内不准参加全国统一考试:

(一)扰乱报名站(点)、考场、评卷场及考试有关工作场所秩序的;

(二)拒绝、阻碍考试工作人员执行公务的;

(三)威胁考试工作人员安全或公然侮辱、诽谤、诬陷考试工作人员的;

(四)伪造证件、证明、档案以取得考试资格的。

第十一条 考生由他人代考的,或偷换答卷、涂改成绩的,取消当年考试资格,并从下一年起三年内不准参加全国统一考试;其中是在职人员的,依照本规定第六条处理。

第十二条 高等学校在校生代他人参加全国统一考试的,由其所在学校勒令退学或开除学籍;在校高中生代他人参加全国统一考试的,从该生毕业当年起两年内不准参加全国统一考试;在职人员代他人参加全国统一考试的,依照本规定第六条处理。

第十三条 考试工作人员有下列情形之一的,取消当年考试工作人员资格,并给予通报批评:

(一)监考中不履行职责,吸烟、看书、看报、打瞌睡、聊天、擅自离开岗位,经指出仍不改正的;

(二)在评卷、统分中错评、漏评、积分差误较多,经指出仍不改正的;

(三)泄露评卷、统分工作情况的。

第十四条 考试工作人员有下列情形之一的,取消当年及下一年考试工作人员资格,并视情节轻重给予行政处分:

(一)利用监考或从事考试工作之便,为考生舞弊提供条件的;

(二)考试期间,擅自将试卷带出或传出考场外的;

(三)擅自变动考生答卷时间的;

(四)提示或暗示考生答卷的;

(五)在监考、评卷、统分中,丢失、损坏考生答卷或有违反监考、评卷、统分工作规定,造成严重后果的。

第十五条 考试工作人员有下列情形之一的,给予行政处分,并调离考试工作岗位,以后不准再从事全国统一考试工作:

(一)伪造、涂改考生档案的;

(二)为不具备参加全国统一考试条件的人员提供假证明、证件、档案,使其取得报考资格的;

（三）在评卷中擅自更改评分标准的；

（四）指使、纵容、创造条件或伙同他人舞弊的；

（五）利用考试工作便利，索贿、受贿、以权徇私的；

（六）应回避考试工作却隐瞒不报，利用工作之便以权营私的；

（七）诬陷、打击报复考生的；

（八）场外组织答卷、为考生提供答案的；

（九）偷换、涂改考生答卷、考试成绩的。

在职人员有上列情形之一的，依照本规定第六条处理。

第十六条　各级国家机关、企事业单位负责干部或其他在职人员有下列情形之一的，依照本规定第六条处理：

（一）指使、纵容、授意考试工作人员放松考试纪律，致使考场混乱、舞弊严重的；

（二）打击、报复、诬陷考试工作人员的；

（三）利用职务之便，胁迫他人舞弊的；

（四）利用职权，包庇、掩盖舞弊行为情节严重的。

第十七条　因考试工作人员玩忽职守，造成考点或部分考场纪律混乱，舞弊、抄袭严重，或一科三分之一以上答卷雷同，取消此考点下一年度兴办全国统一考试的资格；撤销有关责任人员的考试工作人员资格，并给予行政处分；同时追究考区负责人的领导责任。

第十八条　有下列情形之一的，由公安机关依照《治安管理处罚条例》予以处罚；构成犯罪的，依法追究刑事责任：

（一）扰乱、妨害考场、评卷场及考试有关工作场所秩序的；

（二）侵犯考试工作人员、考生人身权利的；

（三）故意损坏考试设施的。

第十九条　有下列情形之一，构成犯罪的，依照《刑法》追究刑事责任：

（一）考试工作人员利用职务之便，收受贿赂的；

（二）向考试工作人员行贿的；

（三）以升学考试为名，进行诈骗的；

（四）考试工作人员由于玩忽职守，致使考试工作遭受重大损失的。

第二十条　盗窃未经启用的全国统一考试试题、参考答案及评分标准（包括"副题"）和盗窃、损毁在保密期限内的考生答卷、考试成绩的，依照《刑法》第一百六十七条，追究其刑事责任。

第二十一条　国家工作人员违反保密规定，造成全国统一考试的试题、参考答案及评分标准（包括"副题"）泄密，或使考生答卷在保密期限内发生重大事故，依照《刑法》第一百八十六条的规定追究刑事责任；不够刑事处罚的，依《中华人民共和国保守国家秘密法》第三十一条规定，给予行政处分；对当地招生考试机构负责人，视具体情况，追究其领导责任。非国家工作人员，有前款行为的，依照《刑法》第一百八十六条的规定，酌情处理。

第二十二条　任何组织或个人，擅自编写、出版、印刷、销售为参加普通高等学校招生全国统一考试使用的复习资料、辅导材料、习题集、模拟题等，按国家教委、国家出版署、国家工商行政管理局（86）教中小材字001号文件规定处理。未经国家教委考试中心批准，翻印、出版、销售全国统一考试的试题、参考答案及评分标准（包括"副题"）的，依照前款规定处理。

第三章　处 罚 程 序

第二十三条　违反全国统一考试管理的行为，除其他法律、法规和本《规定》另有规定外，由招生考试机构给予处罚。

第二十四条　违反全国统一考试管理的行为，由当地招生考试机构作出考试处罚管理决定，并报省级招生考试机构备案；发生第十七、二十、二十一条所列重大案件由省级招生考试机构会同有关部门共同处理，并报国家教育委员会备案；必要时，可由国家教育委员会参与查处。

第二十五条　国家教育委员会和作出处罚决定机构的上一级招生考试机构可以撤销或变更下一级招生考试机构所作的处罚决定。

第二十六条　有关单位对违反考试管理的在职人员作出的处理结果，应抄送提出处分建议的招生考试机构。

第二十七条　对违反考试管理行为的人给予的处罚，处理机关应通知被处罚人。

第二十八条　被处罚人对处罚决定不服的，在接到处罚决定的15天内，可以向上一级招生考试主管部门提出申诉。

第四章　附　　则

第二十九条　（88）教学字006号《普通高等学校招生管理处罚暂行规定》中有关考试管理处罚的规定同时失效。

第三十条　本规定自发布之日起施行。

附：有关法律条款（略）

高等学校实验室工作规程

1992年6月27日国家教育委员会令第20号发布

第一章　总　　则

第一条　为了加强高等学校实验室的建设和管理，保障学校的教育质量和科学研究水平，提高办学效益，特制定本规程。

第二条　高等学校实验室（包括各种操作、训练室），是隶属学校或依托学校管理，从事实验教学或科学研究、生产试验、技术开发的教学或科研实体。

第三条　高等学校实验室，必须努力贯彻国家的教育方针，保证完成实验教学任务，不断提高实验教学水平；根据需要与可能，积极开展科学研究、生产试验和技术开发工作，为经济建设与社会发展服务。

第四条　实验室的建设，要从实际出发，统筹规划，合理设置。要做到建筑设施、仪器设备、技术队伍与科学管理协调发展，提高投资效益。

第二章　任　　务

第五条　根据学校教学计划承担实验教学任务。实验室完善实验指导书、实验教材教学资料，安排实验指导人员，保证完成实验教学任务。

第六条　努力提高实验教学质量。实验室应当吸收科学和教学的新成果，更新实验内容，改革教学方法，通过实验培养学生理论联系实际的学风，严谨的科学态度和分析问题、解决问题的能力。

第七条　根据承担的科研任务，积极开展科学实验工作。努力提高实验技术，完善技术条件和工作环境，以保障高效率、高水平地完成科学实验任务。

第八条　实验室在保证完成教学科研任务的前提下，积极开展社会服务和技术开发，开展学术、技术交流活动。

第九条　完成仪器设备的管理、维修、计量及标定工作，使仪器设备经常处于完好状态。开展实验装置的研究和自制工作。

第十条　严格执行实验室工作的各项规范，加强对工作人员的培训和管理。

第三章　建　　设

第十一条　高等学校实验室的设置，应当具备以下基本条件：

（一）有稳定的学科发展方向和饱满的实验教学或科研、技术开发等项任务；

（二）有符合实验技术工作要求的房舍、设施及环境；

（三）有足够数量、配套的仪器设备；

（四）有合格的实验室主任和一定数量的专职工作人员；

（五）有科学的工作规范和完善的管理制度。

第十二条　实验室建设、调整与撤销，必须经学校正式批准。依托在高等学校中的部门开放实验室、国家重点实验室的建设、调整与撤销，要经过的上级主管部门批准。

第十三条　实验室的建设与发展规划，要纳入学校及事业总体发展规划，要考虑环境、设施、仪器设备、人员结构、经费投入等综合配套因素，按照立项、论证、实施、监督、竣工、验收、效益考核等“项目管理”办法的程序，由学校或上级主管部门统一归口，全面规划。

第十四条　实验室的建设要按计划进行。其中，房舍、设施及大型设备要依据规划的方案纳入学校基本建设计划；一般仪器设备和运行、维修费要纳入学校财务计划；工作人员的配备与结构调整要纳入学校人事计划。

第十五条　实验室建设经费、要采取多渠道集资的办法。要从教育事业费、基建费、科研费、计划外收入、各种基金中划出一定比例用于实验室建设。凡利用实验室进行有偿服务的，都要将收入的一部分用于实验室建设。

第十六条　有条件的高等学校要积极申请筹建开放型的国家重点实验室、重点学科实验室或工程研究中心等实验室，以适应高科技发展和高层次人才培养的需要。

第十七条　高等学校应通过校际间联合，共同筹建专业实验室或中心实验室。也可以同厂企业、科研单位联合，或引进外资，利用国外先进技术设备，建立对外开放的实验室。

第十八条　凡具备法人条件的高等学校实验室，经有关部门的批准，可取得法人资格。

第四章　体　　制

第十九条　高等学校实验室工作，由国家教育委员会归口管理。省、自治区、直辖市、国务院有关部委的教育主管部门负责本地区或本系统高等学校实验室工作。

第二十条　高等学校应有一名（院）长主管全校实验室工作并建立或确定主管实验室工作的行政机构（处、科）。该机构的主要职责是：

（一）贯彻执行国家有关的方针、政策和法令，结合实验室工作的实际，拟定本规程的实施办法；

（二）检查督促各实验室完成各项工作任务；

（三）组织制定和实施实验室建设规划和年度计划，归口拟定并审查仪器设备配备方案，负责分配实验室建设的仪器设备运行经费，并进行投资效益评估；

（四）完善实验室管理制度。包括：实验教学、科研、社会服务情况的审核评估制度；实验室工作人员的任用、管理制度；实验室在用物资的管理制度；经费使用制度等；

（五）主管实验室仪器设备、材料等物资，提高其使用效益；

（六）主管实验室队伍建设。与人事部门一起做好实验室人员定编、岗位培训、考核、奖惩、晋级职务评聘工作。

规模较大的高校，系一级也可设立相应的实验室管理岗位或机构。

第二十一条　高等学校实验室逐步实行以校、系管理为主的二级管理。规模较大、师资与技术力量较强的高校、也可实行校、系、教研室三级管理。

第二十二条　实验室实行主任负责制。高等学校实验室主任负责实验室的全面工作。

第二十三条　高等学校可根据需要设立实验室工作委员会，由主管校长、有关部门行政负责人和学术、技术、管理等方面的专家组成。对实验室建设、高档仪器设备布局科学管理、人员培训等重大问题进行研究、咨询，提出建议。

第五章　管　　理

第二十四条　实验室要做好工作环境管理和劳动保护工作。要针对高温、低温、辐射、病菌、毒性、激光、粉尘、超净等对人体有害的环境，切实加强实验室环境的监督和劳动保护工作。凡经技术安全的环境保护部门检查认定不合格的实验室，要停止使用，限期进行技术改造，落实管理工作。待重新通过检查合格后，才能投入使用。

第二十五条　实验室要严格遵守国务院颁发的《化学危险品安全管理条例》及《中华人民共和国保守国家秘密法》等有关安全保密的法规的制度，定期检查防火、防爆、防盗、防事故等方面安全措施的落实情况。要经常对师生开展安全保密教育，切实保障人身和财产安全。

第二十六条　实验室要严格遵守国家环境保护工作的有关规定，不随意排放废气、废水、废物、不得污染环境。

第二十七条　实验室仪器设备的材料、低值易耗品等物资的管理，按照《高等学校仪器设备管理办法》、《高等学校材料、低值易耗品管理办法》、《高等学校物资工作的若干规定》等有关法规、规章执行。

第二十八条　实验室所需要的实验动物，要按照国家科委发布的《实验动物管理条例》，以及各地实验动物管理委员会的具体规定，进行饲育、管理、检疫和使用。

第二十九条　计量认证工作先按高校隶属关系由上级主管部门组织对实验室验收合格后部委所属院校的实验室，由国家教委与国家技术监督局组织进行计量认证；地方院校的实验室，由各地省政府高校主管部门与计量行政部门负责计量认证。

第三十条　实验室要建立和健全岗位责任制。要定期对实验室工作人员的工作量和水平考核。

第三十一条　实验室要实行科学管理，完善各项管理规章制度。要采用计算机等现代化手段，对实验室的工作、人员、物资、经费、环境状态信息进行记录、统计和分析，及时为学校或上级主管部门提供实验室情况的准确数据。

第三十二条　要逐步建立高等学校实验室的评估制度。高等学校的各主管部门，可以按照实验室基本条件、实验室管理水平、实验室效益、实验室特色等方面的要求制定评估指标体系细则，对高等学校的实验室开展评估工作。评估结果作为确定各高等学校办学条件和水平的重要因素。

第六章　人　　员

第三十三条　实验室主任要由具有较高的思想政党觉悟，有一定的专业理论修养，有实验教学或科研工作经验，组织管理能力较强的相应专业的讲师（或工程师）以上人员担任。学校系一级以及基础课的实验室，要由相应专业的副教授（或高级工程师）以上的人员担任。

第三十四条　高等学校的实验室主任、副主任均由学校聘任或任命；国家、部门或地区的实验室、实验中心的主任，副主任，由上级主管部门聘任或任命。

第三十五条　实验室主任的主要职责是：

（一）负责编制实验室建设规划和计划，并组织实施和检查执行情况；

（二）领导并组织完成本地规程第二章规定的实验室工作任务；

（三）搞好实验室的科学管理，贯彻、实施有关规章制度；

（四）领导本室各类人员的工作，制定岗位责任制，负责对本室专职工作人员的培训及考核；

（五）负责本室精神文明建设，抓好工作人员和学生思想政治教育；

（六）定期检查、总结实验室工作，开展评比活动等。

第三十六条　高等学校实验室工作人员包括：从事实验室工作的教师、研究人员、工程技术人员、实验技术人员、管理人员和工作。各类人员要有明确的职责分工。要各司其职，同时要做到团结协作，积极完成各项任务。

第三十七条　实验室工程技术人员与实验技术人员的编制，要参照在校学生数，不同类型学校实验教学、科研工作量及实验室仪器设备状况，合理折算后确定。有条件的学校可以进行流动编制。

第三十八条　对于在实验室中从事有害健康工种的工作人员，可参照国家教委（1988）教备局字008号文件《高等学校从事有害健康工种人员营养保健等级和标准的暂行规定》，在严格考勤记录制度的基础上享受保健待遇。

第三十九条　实验室工作人员的岗位职责，由实验室主任根据学校的工作目标，按照国家对不同专业技术干部和工作职责的有关条例定及实施细则具体确定。

第四十条　实验室各类人员的职务聘任、级别晋升工作。根据实验室的工作特点和本人的工作实绩，按照国家和学校的有关规定执行。

第四十一条　高等学校要定期开展实验室工作的检查、评比活动。对成绩显著的集体和个人要进行表彰和鼓励，对违章失职或因工作不负责任造成损失者，提行批评教育或行政处分，直至追究法律责任。

第七章　附　　则

第四十二条　各高等学校要根据本规程，结合本校实际情况，制定各项具体实施办法。

第四十三条　本规程自发布之日起执行。教育部一九八三年十二月十五日印发的《高等学校实验室工作暂行条例》即行失效。

普通高等学校招生违规行为处理暂行办法

2014年7月8日教育部令第36号公布施行

第一章　总　　则

第一条　为规范对普通高等学校招生违规行为的处理，保证招生公开、公平、公正，根据《中华人民共和国教育法》《中华人民共和国高等教育法》等法律法规，制定本办法。

第二条　本办法所称普通高等学校（以下简称高校）招生，是指高校通过国家教育考试或者国家认可的入学方式选拔录取本科、专科学生的活动。

高校、高级中等学校（含中等职业学校，以下简称高中）、招生考试机构、主管教育行政部门及其招生工作人员、考生等，在高校招生工作过程中，违反国家有关教育法律法规和国家高等教育招生管理规定的行为认定及处理，适用本办法。

第三条　国务院教育行政部门主管全国高校招生工作。

县级以上各级人民政府教育行政部门按照职责分工，依法处理各类违反国家高等教育招生管理制度的行为。

国务院有关主管部门在职责范围内加强对所属高校招生的监督管理。

第四条　高校招生应当遵循公开、公平、公正原则，接受考生、社会的监督。

高校招生接受监察部门的监督。

第五条　对高校招生违规行为的处理，应当事实清楚、证据确凿、依据明确、程序合法、处理适当。

第二章　违规行为认定及处理

第六条　高校违反国家招生管理规定，有下列情形之一的，由主管教育行政部门责令限期改正，给予警告或者通报批评；情节严重的，给予减少招生计划、暂停特殊类型招生试点项目或者依法给予停止招生的处理。对直接负责的主管人员和其他直接责任人员，视情节轻重依法给予相应处分；涉嫌犯罪的，依法移送司法机关处理。

（一）发布违反国家规定的招生简章，或者进行虚假宣传、骗取钱财的；

（二）未按照信息公开的规定公开招生信息的；

（三）超出核定办学规模招生或者擅自调整招生计划的；

（四）违反规定降低标准录取考生或者拒绝录取符合条件的考生的；

（五）在特殊类型招生中出台违反国家规定的报考条件，或者弄虚作假、徇私舞弊，录取不符合条件的考生的；

（六）违规委托中介机构进行招生录取，或者以承诺录取为名向考生收取费用的；

（七）其他违反国家招生管理规定的行为。

第七条　高中有下列情形之一的，由主管教育行政部门责令限期改正，给予警告或者通报批评。对直接负责的主管人员和其他直接责任人员，视情节轻重依法给予相应处分；涉嫌犯罪的，依法移送司法机关处理。

（一）未按照规定的标准和程序，以照顾特定考生为目的，滥用推荐评价权力的；

（二）未按规定公示享受优惠政策的考生名单、各类推荐考生的名额、名单及相关证明材料的；

（三）在考生报名、推荐等工作过程中出具与事实不符的成绩单、推荐材料、证明材料等虚假材料，在学生综合素质档案中虚构事实或者故意隐瞒事实的；

（四）违规办理学籍档案、违背考生意愿为考生填报志愿或者有偿推荐、组织生源的；

（五）其他违反国家招生管理规定的行为。

第八条　招生考试机构违反国家招生管理规定，有下列情形之一的，由主管教育行政部门责令限期改正，给予警告或者通报批评。对直接负责的主管人员和其他直接责任人员，视情节轻重依法给予相应处分；涉嫌犯罪的，依法移送司法机关处理。

（一）为高校擅自超计划招生办理录取手续的；

（二）对降低标准违规录取考生进行投档的；

（三）违反录取程序投档操作的；

（四）在招生结束后违规补录的；

（五）未按照信息公开的规定公开招生工作信息的；

（六）对高校录取工作监督不力、造成严重不良后果的；

（七）其他违反国家招生管理规定的行为。

第九条　省级教育行政部门违反有关管理职责，有下列情形之一的，由国务院教育行政部门责令限期改正，并可给予通报批评。对直接负责的主管人员和其他直接责任人员，由有关主管部门依法给予处分；涉嫌犯罪的，依法移送司法机关处理。

（一）出台与国家招生政策相抵触的招生规定或者超越职权制定招生优惠政策的；

（二）擅自扩大国家核定的招生规模和追加招生计划，擅自改变招生计划类型的；

（三）要求招生考试机构和高校违规录取考生的；

（四）对高校和招生考试机构招生工作监管不力、造成严重不良后果的；

（五）其他违反国家招生管理规定的行为。

第十条　招生工作人员有下列情形之一的，其所在单位应当立即责令暂停其负责的招生工作，由有关部门视情节轻重依法给予相应处分或者其他处理；涉嫌犯罪的，依法移送司法机关处理。

（一）违规更改考生报名、志愿、资格、分数、录取等信息的；

（二）对已录取考生违规变更录取学校或者专业的；

（三）在特殊类型招生中泄露面试考核考官名单或者利用职务便利请托考核评价的教师，照顾特定考生的；

（四）泄露尚未公布的考生成绩、考生志愿、录取分数线等可能影响录取公正信息的，或者对外泄露、倒卖考生个人信息的；

（五）为考生获得相关招生资格弄虚作假、徇私舞弊的；

（六）违反回避制度，应当回避而没有回避的；

（七）索取或收受考生及家长财物，接受宴请等可能影响公正履职活动安排的；

（八）参与社会中介机构或者个人非法招生活动的；

（九）其他影响高校招生公平、公正的行为。

第十一条　考生有下列情形之一的，应当如实记入其考试诚信档案。下列行为在报名阶段发现的，取消报考资格；在入学前发现的，取消入学资格；入学后发现的，取消录取资格或者学籍；毕业后发现的，由教育行政部门宣布学历、学位证书无效，责令收回或者予以没收；涉嫌犯罪的，依法移送司法机关处理。

（一）提供虚假姓名、年龄、民族、户籍等个人信息，伪造、非法获得证件、成绩证明、荣誉证书等，骗取报名资格、享受优惠政策的；

（二）在综合素质评价、相关申请材料中提供虚假材料、影响录取结果的；

（三）冒名顶替入学，由他人替考入学或者取得优惠资格的；

（四）其他严重违反高校招生规定的弄虚作假行为。

违反国家教育考试规定、情节严重受到停考处罚，在处罚结束后继续报名参加国家教育考试的，由学校决定是否予以录取。

第三章　招生责任制及责任追究

第十二条　实行高校招生工作问责制。高校校长、招生考试机构主要负责人、教育行政部门主要负责人是招生工作的第一责任人，对本校、本部门、本地区的招生工作负全面领导责任。

在招生工作中，因违规行为造成严重后果和恶劣影响的，除追究直接负责人的责任外，还应当根据领导干部问责的相关规定，对有关责任人实行问责。

第十三条　对在高校招生工作中违规人员的处理，由有权查处的部门按照管理权限，依据《中华人民共和国行政监察法》《行政机关公务员处分条例》《事业单位工作人员处分暂行规定》等相关规定，依法予以监察处理、作出处分决定或者给予其他处理。

第十四条　高校招生工作以外的其他人员违规插手、干预招生工作，影响公平公正、造成严重影响和后果的，相关案件线索移送纪检监察机关或者司法机关查处。

第十五条　出现本办法第二章规定的违规情形的，有关主管部门应当立即启动相关程序，进行调查处理。情节严重、影响恶劣或者案情复杂、社会影响大的，应当及时上报，必要时由国务院教育行政部门参与或者直接进行处理。

第十六条　对有关责任人员违规行为的处理，应当按照国家规定的程序进行。对有关责任人员和考生的违规行为调查和收集证据，应当有2名以上工作人员。作出处理决定之前，应当听取当事人的陈述和申辩。

第十七条　对处理决定不服的有关责任人员和考生，可以按照国家有关规定提出复核或者申诉；符合法律规定受案范围的，可以依法提起行政复议或者诉讼。

第四章　附　　则

第十八条　本办法所称特殊类型招生，是指自主选拔录取、艺术类专业、体育类专业、保送生等类型的高校招生。

第十九条　研究生招生、成人高校招生有关违规行为的处理，参照本办法执行。

第二十条　本办法自发布之日起施行。

高等学校预防与处理学术不端行为办法

1. 2016年6月16日教育部令第40号公布
2. 自2016年9月1日起施行

第一章　总　　则

第一条　为有效预防和严肃查处高等学校发生的学术不端行为，维护学术诚信，促进学术创新和发展，根据《中华人民共和国高等教育法》《中华人民共和国科学技术进步法》《中华人民共和国学位条例》等法律法规，制定本办法。

第二条　本办法所称学术不端行为是指高等学校及其教学科研人员、管理人员和学生，在科学研究及相关活动中发生的违反公认的学术准则、违背学术诚信的行为。

第三条　高等学校预防与处理学术不端行为应坚持预防为主、教育与惩戒结合的原则。

第四条　教育部、国务院有关部门和省级教育部门负责制定高等学校学风建设的宏观政策，指导和监督高等学校学风建设工作，建立健全对所主管高等学校重大学术不端行为的处理机制，建立高校学术不端行为的通报与相关信息公开制度。

第五条　高等学校是学术不端行为预防与处理的主体。高等学校应当建设集教育、预防、监督、惩治于一体的学术诚信体系，建立由主要负责人领导的学风建设工作机制，明确职责分工；依据本办法完善本校学术不端行为预防与处理的规则与程序。

高等学校应当充分发挥学术委员会在学风建设方面的作用，支持和保障学术委员会依法履行职责，调查、认定学术不端行为。

第二章　教育与预防

第六条　高等学校应当完善学术治理体系，建立科学公正的学术评价和学术发展制度，营造鼓励创新、宽容失败、不骄不躁、风清气正的学术环境。

高等学校教学科研人员、管理人员、学生在科研活动中应当遵循实事求是的科学精神和严谨认真的治学态度，恪守学术诚信，遵循学术准则，尊重和保护他人知识产权等合法权益。

第七条　高等学校应当将学术规范和学术诚信教育，作为教师培训和学生教育的必要内容，以多种形式开展教育、培训。

教师对其指导的学生应当进行学术规范、学术诚信教育和指导，对学生公开发表论文、研究和撰写学位论文是否符合学术规范、学术诚信要求，进行必要的检查与审核。

第八条　高等学校应当利用信息技术等手段，建立对学术成果、学位论文所涉及内容的知识产权查询制度，健全学术规范监督机制。

第九条　高等学校应当建立健全科研管理制度，在合理期限内保存研究的原始数据和资料，保证科研档案和数据的真实性、完整性。

高等学校应当完善科研项目评审、学术成果鉴定程序，结合学科特点，对非涉密的科研项目申报材料、学术成果的基本信息以适当方式进行公开。

第十条　高等学校应当遵循学术研究规律，建立科学的学术水平考核评价标准、办法，引导教学科研人员和学生潜心研究，形成具有创新性、独创性的研究成果。

第十一条　高等学校应当建立教学科研人员学术诚信记录，在年度考核、职称评定、岗位聘用、课题立项、人才计划、评优奖励中强化学术诚信考核。

第三章　受理与调查

第十二条　高等学校应当明确具体部门，负责受理社会组织、个人对本校教学科研人员、管理人员及学生学术不端行为的举报；有条件的，可以设立专门岗位或者指定专人，负责学术诚信和不端行为举报相关事宜的咨询、受理、调查等工作。

第十三条　对学术不端行为的举报，一般应当以书面方式实名提出，并符合下列条件：

（一）有明确的举报对象；

（二）有实施学术不端行为的事实；

（三）有客观的证据材料或者查证线索。

以匿名方式举报，但事实清楚、证据充分或者线索明确的，高等学校应当视情况予以受理。

第十四条　高等学校对媒体公开报道、其他学术机构或者社会组织主动披露的涉及本校人员的学术不端行为，应当依据职权，主动进行调查处理。

第十五条　高等学校受理机构认为举报材料符合条件的，应当及时作出受理决定，并通知举报人。不予受理的，应当书面说明理由。

第十六条　学术不端行为举报受理后，应当交由学校学术委员会按照相关程序组织开展调查。

学术委员会可委托有关专家就举报内容的合理性、调查的可能性等进行初步审查，并作出是否进入正式调查的决定。

决定不进入正式调查的，应当告知举报人。举报人如有新的证据，可以提出异议。异议成立的，应当进入正式调查。

第十七条　高等学校学术委员会决定进入正式调查的，应当通知被举报人。

被调查行为涉及资助项目的，可以同时通知项目资助方。

第十八条　高等学校学术委员会应当组成调查组，负责对被举报行为进行调查；但对事实清楚、证据确凿、情节简单的被举报行为，也可以采用简易调查程序，具体办法由学术委员会确定。

调查组应当不少于3人，必要时应当包括学校纪检、监察机构指派的工作人员，可以邀请同行专家参与调查或者以咨询等方式提供学术判断。

被调查行为涉及资助项目的，可以邀请项目资助方委派相关专业人员参与调查组。

第十九条　调查组的组成人员与举报人或者被举报人有合作研究、亲属或者导师学生等直接利害关系的，应当回避。

第二十条　调查可通过查询资料、现场查看、实验检验、询问证人、询问举报人和被举报人等方式进行。调查组认为有必要的，可以委托无利害关系的专家或者第三方专业机构就有关事项进行独立调查或者验证。

第二十一条　调查组在调查过程中，应当认真听取被举报人的陈述、申辩，对有关事实、理由和证据进行核实；认为必要的，可以采取听证方式。

第二十二条　有关单位和个人应当为调查组开展工作提供必要的便利和协助。

举报人、被举报人、证人及其他有关人员应当如实回答询问，配合调查，提供相关证据材料，不得隐瞒或者提供虚假信息。

第二十三条　调查过程中，出现知识产权等争议引发的法律纠纷的，且该争议可能影响行为定性的，应当中止调查，待争议解决后重启调查。

第二十四条　调查组应当在查清事实的基础上形成调查报告。调查报告应当包括学术不端行为责任人的确认、调查过程、事实认定及理由、调查结论等。

学术不端行为由多人集体做出的，调查报告中应当区别各责任人在行为中所发挥的作用。

第二十五条　接触举报材料和参与调查处理的人员，不得向无关人员透露举报人、被举报人个人信息及调查情况。

第四章　认　　定

第二十六条　高等学校学术委员会应当对调查组提交的调查报告进行审查；必要的，应当听取调查组的汇报。

学术委员会可以召开全体会议或者授权专门委员会对被调查行为是否构成学术不端行为以及行为的性质、情节等作出认定结论，并依职权作出处理或建议学校作出相应处理。

第二十七条　经调查，确认被举报人在科学研究及相关活动中有下列行为之一的，应当认定为构成学术不端行为：

（一）剽窃、抄袭、侵占他人学术成果；

（二）篡改他人研究成果；

（三）伪造科研数据、资料、文献、注释，或者捏造事实、编造虚假研究成果；

（四）未参加研究或创作而在研究成果、学术论文上署名，未经他人许可而不当使用他人署名，虚构合作者共同署名，或者多人共同完成研究而在成果中未注明他人工作、贡献；

（五）在申报课题、成果、奖励和职务评审评定、申请学位等过程中提供虚假学术信息；

（六）买卖论文、由他人代写或者为他人代写论文；

（七）其他根据高等学校或者有关学术组织、相关科研管理机构制定的规则，属于学术不端的行为。

第二十八条　有学术不端行为且有下列情形之一的，应当认定为情节严重：

（一）造成恶劣影响的；

（二）存在利益输送或者利益交换的；

（三）对举报人进行打击报复的；

（四）有组织实施学术不端行为的；

（五）多次实施学术不端行为的；

（六）其他造成严重后果或者恶劣影响的。

第五章　处　　理

第二十九条　高等学校应当根据学术委员会的认定结论和处理建议，结合行为性质和情节轻重，依职权和规定程序对学术不端行为责任人作出如下处理：

（一）通报批评；

（二）终止或者撤销相关的科研项目，并在一定期限内取消申请资格；

（三）撤销学术奖励或者荣誉称号；

（四）辞退或解聘；

（五）法律、法规及规章规定的其他处理措施。

同时，可以依照有关规定，给予警告、记过、降低岗位等级或者撤职、开除等处分。

学术不端行为责任人获得有关部门、机构设立的科研项目、学术奖励或者荣誉称号等利益的，学校应当同时向有关主管部门提出处理建议。

学生有学术不端行为的，还应当按照学生管理的相关规定，给予相应的学籍处分。

学术不端行为与获得学位有直接关联的，由学位授予单位作暂缓授予学位、不授予学位或者依法撤销学位等处理。

第三十条　高等学校对学术不端行为作出处理决定，应当制作处理决定书，载明以下内容：

（一）责任人的基本情况；

（二）经查证的学术不端行为事实；

（三）处理意见和依据；

（四）救济途径和期限；

（五）其他必要内容。

第三十一条　经调查认定，不构成学术不端行为的，根据被举报人申请，高等学校应当通过一定方式为其消除影响、恢复名誉等。

调查处理过程中，发现举报人存在捏造事实、诬告陷害等行为的，应当认定为举报不实或者虚假举报，举报人应当承担相应责任。属于本单位人员的，高等学校应当按照有关规定给予处理；不属于本单位人员的，应通报其所在单位，并提出处理建议。

第三十二条　参与举报受理、调查和处理的人员违反保密等规定，造成不良影响的，按照有关规定给予处分或其他处理。

第六章　复　　核

第三十三条　举报人或者学术不端行为责任人对处理决定不服的，可以在收到处理决定之日起30日内，以书面形式向高等学校提出异议或者复核申请。

异议和复核不影响处理决定的执行。

第三十四条　高等学校收到异议或者复核申请后，应当交由学术委员会组织讨论，并于15日内作出是否受理的决定。

决定受理的，学校或者学术委员会可以另行组织调查组或者委托第三方机构进行调查；决定不予受理的，应当书面通知当事人。

第三十五条　当事人对复核决定不服，仍以同一事实和理由提出异议或者申请复核的，不予受理；向有关主管部门提出申诉的，按照相关规定执行。

第七章　监　　督

第三十六条　高等学校应当按年度发布学风建设工作报告，并向社会公开，接受社会监督。

第三十七条　高等学校处理学术不端行为推诿塞责、隐瞒包庇、查处不力的，主管部门可以直接组织或者委托相关机构查处。

第三十八条　高等学校对本校发生的学术不端行为，未能及时查处并做出公正结论，造成恶劣影响的，主管部门应当追究相关领导的责任，并进行通报。

高等学校为获得相关利益，有组织实施学术不端行为的，主管部门调查确认后，应当撤销高等学校由此获得的相关权利、项目以及其他利益，并追究学校主要负责人、直接负责人的责任。

第八章　附　　则

第三十九条　高等学校应当根据本办法，结合学校实际和学科特点，制定本校学术不端行为查处规则及处理办法，明确各类学术不端行为的惩处标准。有关规则应当经学校学术委员会和教职工代表大会讨论通过。

第四十条 高等学校主管部门对直接受理的学术不端案件，可自行组织调查组或者指定、委托高等学校、有关机构组织调查、认定。对学术不端行为责任人的处理，根据本办法及国家有关规定执行。

教育系统所属科研机构及其他单位有关人员学术不端行为的调查与处理，可参照本办法执行。

第四十一条 本办法自2016年9月1日起施行。

教育部此前发布的有关规章、文件中的相关规定与本办法不一致的，以本办法为准。

普通高等学校学生管理规定

1. 2017年2月4日教育部令第41号公布
2. 自2017年9月1日起施行

第一章 总 则

第一条 为规范普通高等学校学生管理行为，维护普通高等学校正常的教育教学秩序和生活秩序，保障学生合法权益，培养德、智、体、美等方面全面发展的社会主义建设者和接班人，依据教育法、高等教育法以及有关法律、法规，制定本规定。

第二条 本规定适用于普通高等学校、承担研究生教育任务的科学研究机构（以下称学校）对接受普通高等学历教育的研究生和本科、专科（高职）学生（以下称学生）的管理。

第三条 学校要坚持社会主义办学方向，坚持马克思主义的指导地位，全面贯彻国家教育方针；要坚持以立德树人为根本，以理想信念教育为核心，培育和践行社会主义核心价值观，弘扬中华优秀传统文化和革命文化、社会主义先进文化，培养学生的社会责任感、创新精神和实践能力；要坚持依法治校，科学管理，健全和完善管理制度，规范管理行为，将管理与育人相结合，不断提高管理和服务水平。

第四条 学生应当拥护中国共产党领导，努力学习马克思列宁主义、毛泽东思想、中国特色社会主义理论体系，深入学习习近平总书记系列重要讲话精神和治国理政新理念新思想新战略，坚定中国特色社会主义道路自信、理论自信、制度自信、文化自信，树立中国特色社会主义共同理想；应当树立爱国主义思想，具有团结统一、爱好和平、勤劳勇敢、自强不息的精神；应当增强法治观念，遵守宪法、法律、法规，遵守公民道德规范，遵守学校管理制度，具有良好的道德品质和行为习惯；应当刻苦学习，勇于探索，积极实践，努力掌握现代科学文化知识和专业技能；应当积极锻炼身体，增进身心健康，提高个人修养，培养审美情趣。

第五条 实施学生管理，应当尊重和保护学生的合法权利，教育和引导学生承担应尽的义务与责任，鼓励和支持学生实行自我管理、自我服务、自我教育、自我监督。

第二章 学生的权利与义务

第六条 学生在校期间依法享有下列权利：

（一）参加学校教育教学计划安排的各项活动，使用学校提供的教育教学资源；

（二）参加社会实践、志愿服务、勤工助学、文娱体育及科技文化创新等活动，获得就业创业指导和服务；

（三）申请奖学金、助学金及助学贷款；

（四）在思想品德、学业成绩等方面获得科学、公正评价，完成学校规定学业后获得相应的学历证书、学位证书；

（五）在校内组织、参加学生团体，以适当方式参与学校管理，对学校与学生权益相关事务享有知情权、参与权、表达权和监督权；

（六）对学校给予的处理或者处分有异议，向学校、教育行政部门提出申诉，对学校、教职员工侵犯其人身权、财产权等合法权益的行为，提出申诉或者依法提起诉讼；

（七）法律、法规及学校章程规定的其他权利。

第七条 学生在校期间依法履行下列义务：

（一）遵守宪法和法律、法规；

（二）遵守学校章程和规章制度；

（三）恪守学术道德，完成规定学业；

（四）按规定缴纳学费及有关费用，履行获得贷学金及助学金的相应义务；

（五）遵守学生行为规范，尊敬师长，养成良好的思想品德和行为习惯；

（六）法律、法规及学校章程规定的其他义务。

第三章 学籍管理

第一节 入学与注册

第八条 按国家招生规定录取的新生，持录取通知书，按学校有关要求和规定的期限到校办理入学手续。因故不能按期入学的，应当向学校请假。未请假或者请假逾期的，除因不可抗力等正当事由以外，视为放弃入学资格。

第九条 学校应当在报到时对新生入学资格进行初步审查，审查合格的办理入学手续，予以注册学籍；审查发现新生的录取通知、考生信息等证明材料，与本人实际情况不符,或者有其他违反国家招生考试规定情形的,取消入学资格。

第十条 新生可以申请保留入学资格。保留入学资格期间不具有学籍。保留入学资格的条件、期限等由学校规定。

新生保留入学资格期满前应向学校申请入学,经学校审查合格后,办理入学手续。审查不合格的,取消入学资格;逾期不办理入学手续且未有因不可抗力延迟等正当理由的,视为放弃入学资格。

第十一条 学生入学后,学校应当在3个月内按照国家招生规定进行复查。复查内容主要包括以下方面:

(一)录取手续及程序等是否合乎国家招生规定;

(二)所获得的录取资格是否真实、合乎相关规定;

(三)本人及身份证明与录取通知、考生档案等是否一致;

(四)身心健康状况是否符合报考专业或者专业类别体检要求,能否保证在校正常学习、生活;

(五)艺术、体育等特殊类型录取学生的专业水平是否符合录取要求。

复查中发现学生存在弄虚作假、徇私舞弊等情形的,确定为复查不合格,应当取消学籍;情节严重的,学校应当移交有关部门调查处理。

复查中发现学生身心状况不适宜在校学习,经学校指定的二级甲等以上医院诊断,需要在家休养的,可以按照第十条的规定保留入学资格。

复查的程序和办法,由学校规定。

第十二条 每学期开学时,学生应当按学校规定办理注册手续。不能如期注册的,应当履行暂缓注册手续。未按学校规定缴纳学费或者有其他不符合注册条件的,不予注册。

家庭经济困难的学生可以申请助学贷款或者其他形式资助,办理有关手续后注册。

学校应当按照国家有关规定为家庭经济困难学生提供教育救助,完善学生资助体系,保证学生不因家庭经济困难而放弃学业。

第二节 考核与成绩记载

第十三条 学生应当参加学校教育教学计划规定的课程和各种教育教学环节(以下统称课程)的考核,考核成绩记入成绩册,并归入学籍档案。

考核分为考试和考查两种。考核和成绩评定方式,以及考核不合格的课程是否重修或者补考,由学校规定。

第十四条 学生思想品德的考核、鉴定,以本规定第四条为主要依据,采取个人小结、师生民主评议等形式进行。

学生体育成绩评定要突出过程管理,可以根据考勤、课内教学、课外锻炼活动和体质健康等情况综合评定。

第十五条 学生每学期或者每学年所修课程或者应修学分数以及升级、跳级、留级、降级等要求,由学校规定。

第十六条 学生根据学校有关规定,可以申请辅修校内其他专业或者选修其他专业课程;可以申请跨校辅修专业或者修读课程,参加学校认可的开放式网络课程学习。学生修读的课程成绩(学分),学校审核同意后,予以承认。

第十七条 学生参加创新创业、社会实践等活动以及发表论文、获得专利授权等与专业学习、学业要求相关的经历、成果,可以折算为学分,计入学业成绩。具体办法由学校规定。

学校应当鼓励、支持和指导学生参加社会实践、创新创业活动,可以建立创新创业档案、设置创新创业学分。

第十八条 学校应当健全学生学业成绩和学籍档案管理制度,真实、完整地记载、出具学生学业成绩,对通过补考、重修获得的成绩,应当予以标注。

学生严重违反考核纪律或者作弊的,该课程考核成绩记为无效,并应视其违纪或者作弊情节,给予相应的纪律处分。给予警告、严重警告、记过及留校察看处分的,经教育表现较好,可以对该课程给予补考或者重修机会。

学生因退学等情况中止学业,其在校学习期间所修课程及已获得学分,应当予以记录。学生重新参加入学考试、符合录取条件,再次入学的,其已获得学分,经录取学校认定,可以予以承认。具体办法由学校规定。

第十九条 学生应当按时参加教育教学计划规定的活动。不能按时参加的,应当事先请假并获得批准。无故缺席的,根据学校有关规定给予批评教育,情节严重的,给予相应的纪律处分。

第二十条 学校应当开展学生诚信教育,以适当方式记录学生学业、学术、品行等方面的诚信信息,建立对失信行为的约束和惩戒机制;对有严重失信行为的,可以规定给予相应的纪律处分,对违背学术诚信的,可以对其获得学位及学术称号、荣誉等作出限制。

第三节 转专业与转学

第二十一条 学生在学习期间对其他专业有兴趣和专长

的，可以申请转专业；以特殊招生形式录取的学生，国家有相关规定或者录取前与学校有明确约定的，不得转专业。

学校应当制定学生转专业的具体办法，建立公平、公正的标准和程序，健全公示制度。学校根据社会对人才需求情况的发展变化，需要适当调整专业的，应当允许在读学生转到其他相关专业就读。

休学创业或退役后复学的学生，因自身情况需要转专业的，学校应当优先考虑。

第二十二条　学生一般应当在被录取学校完成学业。因患病或者有特殊困难、特别需要，无法继续在本校学习或者不适应本校学习要求的，可以申请转学。有下列情形之一，不得转学：

（一）入学未满一学期或者毕业前一年的；

（二）高考成绩低于拟转入学校相关专业同一生源地相应年份录取成绩的；

（三）由低学历层次转为高学历层次的；

（四）以定向就业招生录取的；

（五）研究生拟转入学校、专业的录取控制标准高于其所在学校、专业的；

（六）无正当转学理由的。

学生因学校培养条件改变等非本人原因需要转学的，学校应当出具证明，由所在地省级教育行政部门协调转学到同层次学校。

第二十三条　学生转学由学生本人提出申请，说明理由，经所在学校和拟转入学校同意，由转入学校负责审核转学条件及相关证明，认为符合本校培养要求且学校有培养能力的，经学校校长办公会或者专题会议研究决定，可以转入。研究生转学还应当经拟转入专业导师同意。

跨省转学的，由转出地省级教育行政部门商转入地省级教育行政部门，按转学条件确认后办理转学手续。须转户口的由转入地省级教育行政部门将有关文件抄送转入学校所在地的公安机关。

第二十四条　学校应当按照国家有关规定，建立健全学生转学的具体办法；对转学情况应当及时进行公示，并在转学完成后3个月内，由转入学校报所在地省级教育行政部门备案。

省级教育行政部门应当加强对区域内学校转学行为的监督和管理，及时纠正违规转学行为。

第四节　休学与复学

第二十五条　学生可以分阶段完成学业，除另有规定外，应当在学校规定的最长学习年限（含休学和保留学籍）内完成学业。

学生申请休学或者学校认为应当休学的，经学校批准，可以休学。休学次数和期限由学校规定。

第二十六条　学校可以根据情况建立并实行灵活的学习制度。对休学创业的学生，可以单独规定最长学习年限，并简化休学批准程序。

第二十七条　新生和在校学生应征参加中国人民解放军（含中国人民武装警察部队），学校应当保留其入学资格或者学籍至退役后2年。

学生参加学校组织的跨校联合培养项目，在联合培养学校学习期间，学校同时为其保留学籍。

学生保留学籍期间，与其实际所在的部队、学校等组织建立管理关系。

第二十八条　休学学生应当办理手续离校。学生休学期间，学校应为其保留学籍，但不享受在校学习学生待遇。因病休学学生的医疗费按国家及当地的有关规定处理。

第二十九条　学生休学期满前应当在学校规定的期限内提出复学申请，经学校复查合格，方可复学。

第五节　退　　学

第三十条　学生有下列情形之一，学校可予退学处理：

（一）学业成绩未达到学校要求或者在学校规定的学习年限内未完成学业的；

（二）休学、保留学籍期满，在学校规定期限内未提出复学申请或者申请复学经复查不合格的；

（三）根据学校指定医院诊断，患有疾病或者意外伤残不能继续在校学习的；

（四）未经批准连续两周未参加学校规定的教学活动的；

（五）超过学校规定期限未注册而又未履行暂缓注册手续的；

（六）学校规定的不能完成学业、应予退学的其他情形。

学生本人申请退学的，经学校审核同意后，办理退学手续。

第三十一条　退学学生，应当按学校规定期限办理退学手续离校。退学的研究生，按已有毕业学历和就业政策可以就业的，由学校报所在地省级毕业生就业部门办理相关手续；在学校规定期限内没有聘用单位的，应当办理退学手续离校。

退学学生的档案由学校退回其家庭所在地，户口应当按照国家相关规定迁回原户籍地或者家庭户籍所在地。

第六节　毕业与结业

第三十二条　学生在学校规定学习年限内，修完教育教学计划规定内容，成绩合格，达到学校毕业要求的，学校应当准予毕业，并在学生离校前发给毕业证书。

符合学位授予条件的，学位授予单位应当颁发学位证书。

学生提前完成教育教学计划规定内容，获得毕业所要求的学分，可以申请提前毕业。学生提前毕业的条件，由学校规定。

第三十三条　学生在学校规定学习年限内，修完教育教学计划规定内容，但未达到学校毕业要求的，学校可以准予结业，发给结业证书。

结业后是否可以补考、重修或者补作毕业设计、论文、答辩，以及是否颁发毕业证书、学位证书，由学校规定。合格后颁发的毕业证书、学位证书，毕业时间、获得学位时间按发证日期填写。

对退学学生，学校应当发给肄业证书或者写实性学习证明。

第七节　学业证书管理

第三十四条　学校应当严格按照招生时确定的办学类型和学习形式，以及学生招生录取时填报的个人信息，填写、颁发学历证书、学位证书及其他学业证书。

学生在校期间变更姓名、出生日期等证书需填写的个人信息的，应当有合理、充分的理由，并提供有法定效力的相应证明文件。学校进行审查，需要学生生源地省级教育行政部门及有关部门协助核查的，有关部门应当予以配合。

第三十五条　学校应当执行高等教育学籍学历电子注册管理制度，完善学籍学历信息管理办法，按相关规定及时完成学生学籍学历电子注册。

第三十六条　对完成本专业学业同时辅修其他专业并达到该专业辅修要求的学生，由学校发给辅修专业证书。

第三十七条　对违反国家招生规定取得入学资格或者学籍的，学校应当取消其学籍，不得发给学历证书、学位证书；已发的学历证书、学位证书，学校应当依法予以撤销。对以作弊、剽窃、抄袭等学术不端行为或者其他不正当手段获得学历证书、学位证书的，学校应当依法予以撤销。

被撤销的学历证书、学位证书已注册的，学校应当予以注销并报教育行政部门宣布无效。

第三十八条　学历证书和学位证书遗失或者损坏，经本人申请，学校核实后应当出具相应的证明书。证明书与原证书具有同等效力。

第四章　校园秩序与课外活动

第三十九条　学校、学生应当共同维护校园正常秩序，保障学校环境安全、稳定，保障学生的正常学习和生活。

第四十条　学校应当建立和完善学生参与管理的组织形式，支持和保障学生依法、依章程参与学校管理。

第四十一条　学生应当自觉遵守公民道德规范，自觉遵守学校管理制度，创造和维护文明、整洁、优美、安全的学习和生活环境，树立安全风险防范和自我保护意识，保障自身合法权益。

第四十二条　学生不得有酗酒、打架斗殴、赌博、吸毒，传播、复制、贩卖非法书刊和音像制品等违法行为；不得参与非法传销和进行邪教、封建迷信活动；不得从事或者参与有损大学生形象、有悖社会公序良俗的活动。

学校发现学生在校内有违法行为或者严重精神疾病可能对他人造成伤害的，可以依法采取或者协助有关部门采取必要措施。

第四十三条　学校应当坚持教育与宗教相分离原则。任何组织和个人不得在学校进行宗教活动。

第四十四条　学校应当建立健全学生代表大会制度，为学生会、研究生会等开展活动提供必要条件，支持其在学生管理中发挥作用。

学生可以在校内成立、参加学生团体。学生成立团体，应当按学校有关规定提出书面申请，报学校批准并施行登记和年检制度。

学生团体应当在宪法、法律、法规和学校管理制度范围内活动，接受学校的领导和管理。学生团体邀请校外组织、人员到校举办讲座等活动，需经学校批准。

第四十五条　学校提倡并支持学生及学生团体开展有益于身心健康、成长成才的学术、科技、艺术、文娱、体育等活动。

学生进行课外活动不得影响学校正常的教育教学秩序和生活秩序。

学生参加勤工助学活动应当遵守法律、法规以及学校、用工单位的管理制度，履行勤工助学活动的有关协议。

第四十六条　学生举行大型集会、游行、示威等活动，应当按法律程序和有关规定获得批准。对未获批准的，学校应当依法劝阻或者制止。

第四十七条　学生应当遵守国家和学校关于网络使用的有关规定，不得登录非法网站和传播非法文字、音频、视频资料等，不得编造或者传播虚假、有害信息；不得攻击、侵入他人计算机和移动通讯网络系统。

第四十八条 学校应当建立健全学生住宿管理制度。学生应当遵守学校关于学生住宿管理的规定。鼓励和支持学生通过制定公约，实施自我管理。

第五章 奖励与处分

第四十九条 学校、省（区、市）和国家有关部门应当对在德、智、体、美等方面全面发展或者在思想品德、学业成绩、科技创造、体育竞赛、文艺活动、志愿服务及社会实践等方面表现突出的学生，给予表彰和奖励。

第五十条 对学生的表彰和奖励可以采取授予“三好学生”称号或者其他荣誉称号、颁发奖学金等多种形式，给予相应的精神鼓励或者物质奖励。

学校对学生予以表彰和奖励，以及确定推荐免试研究生、国家奖学金、公派出国留学人选等赋予学生利益的行为，应当建立公开、公平、公正的程序和规定，建立和完善相应的选拔、公示等制度。

第五十一条 对有违反法律法规、本规定以及学校纪律行为的学生，学校应当给予批评教育，并可视情节轻重，给予如下纪律处分：

（一）警告；

（二）严重警告；

（三）记过；

（四）留校察看；

（五）开除学籍。

第五十二条 学生有下列情形之一，学校可以给予开除学籍处分：

（一）违反宪法，反对四项基本原则、破坏安定团结、扰乱社会秩序的；

（二）触犯国家法律，构成刑事犯罪的；

（三）受到治安管理处罚，情节严重、性质恶劣的；

（四）代替他人或者让他人代替自己参加考试、组织作弊、使用通讯设备或其他器材作弊、向他人出售考试试题或答案牟取利益，以及其他严重作弊或扰乱考试秩序行为的；

（五）学位论文、公开发表的研究成果存在抄袭、篡改、伪造等学术不端行为，情节严重的，或者代写论文、买卖论文的；

（六）违反本规定和学校规定，严重影响学校教育教学秩序、生活秩序以及公共场所管理秩序的；

（七）侵害其他个人、组织合法权益，造成严重后果的；

（八）屡次违反学校规定受到纪律处分，经教育不改的。

第五十三条 学校对学生作出处分，应当出具处分决定书。处分决定书应当包括下列内容：

（一）学生的基本信息；

（二）作出处分的事实和证据；

（三）处分的种类、依据、期限；

（四）申诉的途径和期限；

（五）其他必要内容。

第五十四条 学校给予学生处分，应当坚持教育与惩戒相结合，与学生违法、违纪行为的性质和过错的严重程度相适应。学校对学生的处分，应当做到证据充分、依据明确、定性准确、程序正当、处分适当。

第五十五条 在对学生作出处分或者其他不利决定之前，学校应当告知学生作出决定的事实、理由及依据，并告知学生享有陈述和申辩的权利，听取学生的陈述和申辩。

处理、处分决定以及处分告知书等，应当直接送达学生本人，学生拒绝签收的，可以以留置方式送达；已离校的，可以采取邮寄方式送达；难于联系的，可以利用学校网站、新闻媒体等以公告方式送达。

第五十六条 对学生作出取消入学资格、取消学籍、退学、开除学籍或者其他涉及学生重大利益的处理或者处分决定的，应当提交校长办公会或者校长授权的专门会议研究决定，并应当事先进行合法性审查。

第五十七条 除开除学籍处分以外，给予学生处分一般应当设置6到12个月期限，到期按学校规定程序予以解除。解除处分后，学生获得表彰、奖励及其他权益，不再受原处分的影响。

第五十八条 对学生的奖励、处理、处分及解除处分材料，学校应当真实完整地归入学校文书档案和本人档案。

被开除学籍的学生，由学校发给学习证明。学生按学校规定期限离校，档案由学校退回其家庭所在地，户口应当按照国家相关规定迁回原户籍地或者家庭户籍所在地。

第六章 学生申诉

第五十九条 学校应当成立学生申诉处理委员会，负责受理学生对处理或者处分决定不服提起的申诉。

学生申诉处理委员会应当由学校相关负责人、职能部门负责人、教师代表、学生代表、负责法律事务的相关机构负责人等组成，可以聘请校外法律、教育等方面专家参加。

学校应当制定学生申诉的具体办法，健全学生申诉处理委员会的组成与工作规则，提供必要条件，保证其能够客观、公正地履行职责。

第六十条　学生对学校的处理或者处分决定有异议的，可以在接到学校处理或者处分决定书之日起10日内，向学校学生申诉处理委员会提出书面申诉。

第六十一条　学生申诉处理委员会对学生提出的申诉进行复查，并在接到书面申诉之日起15日内作出复查结论并告知申诉人。情况复杂不能在规定限期内作出结论的，经学校负责人批准，可延长15日。学生申诉处理委员会认为必要的，可以建议学校暂缓执行有关决定。

学生申诉处理委员会经复查，认为做出处理或者处分的事实、依据、程序等存在不当，可以作出建议撤销或变更的复查意见，要求相关职能部门予以研究，重新提交校长办公会或者专门会议作出决定。

第六十二条　学生对复查决定有异议的，在接到学校复查决定书之日起15日内，可以向学校所在地省级教育行政部门提出书面申诉。

省级教育行政部门应当在接到学生书面申诉之日起30个工作日内，对申诉人的问题给予处理并作出决定。

第六十三条　省级教育行政部门在处理因对学校处理或者处分决定不服提起的学生申诉时，应当听取学生和学校的意见，并可根据需要进行必要的调查。根据审查结论，区别不同情况，分别作出下列处理：

（一）事实清楚、依据明确、定性准确、程序正当、处分适当的，予以维持；

（二）认定事实不存在，或者学校超越职权、违反上位法规定作出决定的，责令学校予以撤销；

（三）认定事实清楚，但认定情节有误、定性不准确，或者适用依据有错误的，责令学校变更或者重新作出决定；

（四）认定事实不清、证据不足，或者违反本规定以及学校规定的程序和权限的，责令学校重新作出决定。

第六十四条　自处理、处分或者复查决定书送达之日起，学生在申诉期内未提出申诉的视为放弃申诉，学校或者省级教育行政部门不再受理其提出的申诉。

处理、处分或者复查决定书未告知学生申诉期限的，申诉期限自学生知道或者应当知道处理或者处分决定之日起计算，但最长不得超过6个月。

第六十五条　学生认为学校及其工作人员违反本规定，侵害其合法权益的；或者学校制定的规章制度与法律法规和本规定抵触的，可以向学校所在地省级教育行政部门投诉。

教育主管部门在实施监督或者处理申诉、投诉过程中，发现学校及其工作人员有违反法律、法规及本规定的行为或者未按照本规定履行相应义务的，或者学校自行制定的相关管理制度、规定，侵害学生合法权益的，应当责令改正；发现存在违法违纪的，应当及时进行调查处理或者移送有关部门，依据有关法律和相关规定，追究有关责任人的责任。

第七章　附　　则

第六十六条　学校对接受高等学历继续教育的学生、港澳台侨学生、留学生的管理，参照本规定执行。

第六十七条　学校应当根据本规定制定或修改学校的学生管理规定或者纪律处分规定，报主管教育行政部门备案（中央部委属校同时抄报所在地省级教育行政部门），并及时向学生公布。

省级教育行政部门根据本规定，指导、检查和监督本地区高等学校的学生管理工作。

第六十八条　本规定自2017年9月1日起施行。原《普通高等学校学生管理规定》（教育部令第21号）同时废止。其他有关文件规定与本规定不一致的，以本规定为准。

高等学校本科教学质量与教学改革工程项目管理暂行办法

1. 2007年7月13日教育部、财政部发布
2. 教高〔2007〕14号

一、总　　则

第一条　为了加强“高等学校本科教学质量与教学改革工程”（以下简称“质量工程”）项目管理，确保项目建设取得实效，根据《教育部、财政部关于实施高等学校本科教学质量与教学改革工程的意见》（教高〔2007〕1号）和国家有关法律法规，制定本办法。

第二条　“质量工程”以提高高等学校本科教学质量为目标，以推进改革和实现优质资源共享为手段，按照“分类指导、鼓励特色、重在改革”的原则，加强内涵建设，提升我国高等教育的质量和整体实力。

第三条　“质量工程”包括专业结构调整与专业认证、课程教材建设与资源共享、实践教学与人才培养模式改革创新、教学团队和高水平教师队伍建设、教学评估与教学状态基本数据公布和对口支援西部地区高等学校六个方面建设内容。本办法所称“质量工程”项目为以上六个方面规划建设项目。

第四条　“质量工程”资金由中央财政专项安排。资金管理按财政部、教育部联合制定的《高等学校本科教学质量与教学改革工程专项资金管理暂行办法》执行。

二、管理职责

第五条　教育部、财政部共同成立“质量工程”领导小组，制订实施方案，对项目建设过程中的重大问题进行决策，全面领导“质量工程”工作。领导小组下设办公室（以下简称领导小组办公室），负责“质量工程”具体组织管理和日常事务，主要履行以下职责：

（一）负责统筹指导建设计划的相关工作；

（二）制订和发布“质量工程”项目指南；

（三）组织项目评审，提出立项方案；

（四）组织对项目的检查、验收和评价；

（五）编制“质量工程”年度进展报告，推广宣传项目建设成果。

第六条　各地教育行政部门和中央有关部门（单位）主要履行以下职责：

（一）负责指导、检查、监督本地区本部门“质量工程”项目建设进展情况，及时协调、解决建设过程中的问题。

（二）负责统筹落实项目院校的建设资金，对建设资金的使用进行绩效监督，确保专项资金使用效益。

（三）向教育部、财政部报送本地区本部门项目阶段进展报告和项目完成总结性报告。

第七条　“质量工程”项目承担学校或单位（以下简称项目单位）应有专门机构具体负责本单位项目建设的规划、实施、管理和检查等工作。项目单位主要履行以下职责：

（一）按照教育部、财政部及本办法的要求，编制、报送项目申报材料，并对其真实性负责。

（二）按照批复的项目建设内容，统筹规划，组织项目实施，确保项目建设进度、建设投资和预期目标。

（三）统筹安排各渠道建设资金，按照有关财务制度及本办法规定，科学、合理使用建设资金，确保资金使用效益。

（四）接受教育、财政、审计、监察等部门对项目实施过程和结果进行监控、检查和审计。

（五）每年12月底前，向领导小组办公室书面报告项目进展情况。

第八条　“质量工程”项目实行项目负责人负责制。项目负责人的职责是：

（一）依照项目的有关要求和规定，制订项目建设计划；

（二）组织项目建设工作，把握项目的总体水平和项目计划实施进度；

（三）按规定合理安排项目经费；

（四）自我评价项目建设效果；

（五）宣传、展示项目建设成果，推进项目建设成果应用。

第九条　“质量工程”项目建设内容、进度安排以及项目负责人不得随意调整。如确需调整的，项目单位须提交书面申请报领导小组办公室批准。

三、申报立项

第十条　“质量工程”项目分公共系统建设项目和学校建设项目两类。公共系统建设项目是指为高等学校服务的资源共享平台和管理平台的项目，一般由一个单位承担，或者由一个单位牵头、若干单位共同承担。学校建设项目指学校有较好的建设基础，自行完成建设任务、达到建设目标的项目。

第十一条　公共系统建设项目和学校建设项目的申报，依据年度“质量工程”项目指南，采用学校或单位直接申报的方式，适当考虑各地教育行政部门和中央有关部门（单位）的意见。具体项目申报立项程序如下：

（一）教育部高等教育司代领导小组办公室发布项目指南；

（二）高等学校或者单位根据项目指南的要求申报项目；

（三）教育部高等教育司代领导小组办公室受理项目申报工作，组织项目评审并提出立项建议方案；

（四）教育部、财政部审定立项建议方案，批准立项实施。

四、检查验收

第十二条　领导小组办公室根据项目建设计划对“质量工程”项目建设情况进行检查和验收。

第十三条　项目建设情况检查指在建设过程中进行不定期随机检查。检查的主要内容是：

（一）项目进展情况；

（二）资金的使用情况；

（二）项目建设中的主要问题和改进措施。

第十四条　有下列情形之一的，领导小组办公室将视其情节轻重给予警告、中止或撤消项目等处理。

（一）申报、建设材料弄虚作假、违背学术道德；

（二）项目执行不力，未开展实质性建设工作；

（三）未按要求上报项目有关情况，无故不接受有关部门对项目实施情况的检查、监督与审计；

（四）项目经费的使用不符合有关财经法规和制度的规定，或者有其他违反项目规定与管理办法的行为。

第十五条　项目建设周期根据各类项目要求确定，建设期满需要接受验收。验收采用项目单位报送项目建设总结报告，或进入项目单位实地验收两种形式进行。验收的主要内容是：

（一）建设目标和任务的实现情况；

（二）取得的标志性成果以及经验分析；

（三）项目管理情况；

（四）资金使用情况。

第十六条　验收结束后，由领导小组办公室出具验收结论性意见。对未达到验收要求的项目，取消其“质量工程”项目的资格并按有关规定严肃处理。

第十七条　领导小组办公室适时对“质量工程”项目进行整体评价。通过整体评价“质量工程”项目建设成果，总结经验，指导高等教育教学改革工作。

五、附　　则

第十八条　本办法自发布之日起实施。本办法发布前已经启动实施的项目继续执行，项目管理按本办法执行。各地教育行政部门、中央有关部门（单位）和高等学校可根据本办法制定本地区、部门（单位）和学校的项目管理办法。各“质量工程”项目可根据本办法制定实施细则。

第十九条　本办法由教育部、财政部负责解释和修订。

高等学校学生勤工助学管理办法（2018年修订）

1. 2018年8月20日教育部、财政部公布

2. 教财〔2018〕12号

第一章　总　　则

第一条　为规范管理高等学校学生勤工助学工作，促进勤工助学活动健康、有序开展，保障学生合法权益，帮助学生顺利完成学业，发挥勤工助学育人功能，培养学生自立自强、创新创业精神，增强学生社会实践能力，特制定本办法。

第二条　本办法所称高等学校是指根据国家有关规定批准设立、实施高等学历教育的全日制普通本科高等学校、高等职业学校和高等专科学校（以下简称学校）。

第三条　本办法所称学生是指学校招收的本专科生和研究生。

第四条　本办法所称勤工助学活动是指学生在学校的组织下利用课余时间，通过劳动取得合法报酬，用于改善学习和生活条件的实践活动。

第五条　勤工助学是学校学生资助工作的重要组成部分，是提高学生综合素质和资助家庭经济困难学生的有效途径，是实现全程育人、全方位育人的有效平台。勤工助学活动应坚持“立足校园、服务社会”的宗旨，按照学有余力、自愿申请、信息公开、扶困优先、竞争上岗、遵纪守法的原则，由学校在不影响正常教学秩序和学生正常学习的前提下有组织地开展。

第六条　勤工助学活动由学校统一组织和管理。学生私自在校外兼职的行为，不在本办法规定之列。

第二章　组 织 机 构

第七条　学校学生资助工作领导小组全面领导勤工助学工作，负责协调学校的宣传、学工、研工、财务、人事、教务、科研、后勤、团委等部门配合学生资助管理机构开展相关工作。

第八条　学校学生资助管理机构下设专门的勤工助学管理服务组织，具体负责勤工助学的日常管理工作。

第三章　学 校 职 责

第九条　组织开展勤工助学活动是学校学生工作的重要内容。学校要加强领导，认真组织，积极宣传，校内有关职能部门要充分发挥作用，在工作安排、人员配备、资金落实、办公场地、活动场所及助学岗位设置等方面给予大力支持，为学生勤工助学活动提供指导、服务和保障。

第十条　加强对勤工助学学生的思想教育，培养学生热爱劳动、自强不息、创新创业的奋斗精神，增强学生综合素质，充分发挥勤工助学育人功能。

第十一条　对在勤工助学活动中表现突出的学生予以表彰和奖励；对违反勤工助学相关规定的学生，可按照规定停止其勤工助学活动。对在勤工助学活动中违反校纪校规的，按照校纪校规进行教育和处理。

第十二条　根据本办法规定，结合学校实际情况，制定完善本校学生勤工助学活动的实施办法。

第十三条　根据国家有关规定，筹措经费，设立勤工助学专项资金，并制定资金使用与管理办法。

第四章　勤工助学管理服务组织职责

第十四条　确定校内勤工助学岗位。引导和组织学生积极参加勤工助学活动,指导和监督学生的勤工助学活动。

第十五条　开发校外勤工助学资源。积极收集校外勤工助学信息,开拓校外勤工助学渠道,并纳入学校管理。

第十六条　接受学生参加勤工助学活动的申请,安排学生勤工助学岗位,为学生和用人单位提供及时有效的服务。

第十七条　在学校学生资助管理机构的领导下,配合学校财务部门共同管理和使用学校勤工助学专项资金,制定校内勤工助学岗位的报酬标准,并负责酬金的发放和管理工作。

第十八条　组织学生开展必要的勤工助学岗前培训和安全教育,维护勤工助学学生的合法权益。

第十九条　安排勤工助学岗位,应优先考虑家庭经济困难的学生。对少数民族学生从事勤工助学活动,应尊重其风俗习惯。

第二十条　不得组织学生参加有毒、有害和危险的生产作业以及超过学生身体承受能力、有碍学生身心健康的劳动。

第五章　校内勤工助学岗位设置

第二十一条　设岗原则:

(一)学校应积极开发校内资源,保证学生参与勤工助学的需要。校内勤工助学岗位设置应以校内教学助理、科研助理、行政管理助理和学校公共服务等为主。按照每个家庭经济困难学生月平均上岗工时原则上不低于20小时为标准,测算出学期内全校每月需要的勤工助学总工时数(20工时×家庭经济困难学生总数),统筹安排、设置校内勤工助学岗位。

(二)勤工助学岗位既要满足学生需求,又要保证学生不因参加勤工助学而影响学习。学生参加勤工助学的时间原则上每周不超过8小时,每月不超过40小时。寒暑假勤工助学时间可根据学校的具体情况适当延长。

第二十二条　岗位类型:

勤工助学岗位分固定岗位和临时岗位。

(一)固定岗位是指持续一个学期以上的长期性岗位和寒暑假期间的连续性岗位;

(二)临时岗位是指不具有长期性,通过一次或几次勤工助学活动即完成任务的工作岗位。

第六章　校外勤工助学活动管理

第二十三条　学校勤工助学管理服务组织统筹管理校外勤工助学活动,并注重与学生学业的有机结合。

第二十四条　校外用人单位聘用学生勤工助学,须向学校勤工助学管理服务组织提出申请,提供法人资格证书副本和相关的证明文件。经审核同意,学校勤工助学管理服务组织推荐适合工作要求的学生参加勤工助学活动。

第七章　勤工助学酬金标准及支付

第二十五条　校内固定岗位按月计酬。以每月40个工时的酬金原则上不低于当地政府或有关部门制定的最低工资标准或居民最低生活保障标准为计酬基准,可适当上下浮动。

第二十六条　校内临时岗位按小时计酬。每小时酬金可参照学校当地政府或有关部门规定的最低小时工资标准合理确定,原则上不低于每小时12元人民币。

第二十七条　校外勤工助学酬金标准不应低于学校当地政府或有关部门规定的最低工资标准,由用人单位、学校与学生协商确定,并写入聘用协议。

第二十八条　学生参与校内非营利性单位的勤工助学活动,其劳动报酬由勤工助学管理服务组织从勤工助学专项资金中支付;学生参与校内营利性单位或有专门经费项目的勤工助学活动,其劳动报酬原则上由用人单位支付或从项目经费中开支;学生参加校外勤工助学,其劳动报酬由校外用人单位按协议支付。

第八章　法律责任

第二十九条　在校内开展勤工助学活动的,学生及用人单位须遵守国家及学校勤工助学相关管理规定。学生在校外开展勤工助学活动的,勤工助学管理服务组织必须经学校授权,代表学校与用人单位和学生三方签订具有法律效力的协议书。签订协议书并办理相关聘用手续后,学生方可开展勤工助学活动。协议书必须明确学校、用人单位和学生等各方的权利和义务,开展勤工助学活动的学生如发生意外伤害事故的处理办法以及争议解决方法。

第三十条　在勤工助学活动中,若出现协议纠纷或学生意外伤害事故,协议各方应按照签订的协议协商解决。如不能达成一致意见,按照有关法律法规规定的程序办理。

第九章　附　则

第三十一条　科研院所、党校、行政学院、会计学院等研究生培养单位根据本办法规定,制定完善本单位学生勤工助学活动的实施办法。

第三十二条　本办法由教育部、财政部负责解释。

第三十三条　本办法自公布之日起施行。教育部财政部印发的《高等学校勤工助学管理办法》(教财〔2007〕7号)同时废止。

应征入伍普通高等学校录取新生保留入学资格及退役后入学办法(试行)

1. 2013年7月13日教育部、总参谋部发布
2. 教学〔2013〕8号

第一条 为了做好应征入伍普通高等学校录取新生保留入学资格及退役后入学工作,根据《中华人民共和国兵役法》和其他有关规定,制定本办法。

第二条 应征入伍普通高等学校录取新生,是指通过全国普通高等学校统一考试或研究生招生考试、已被普通高等学校或研究生招生单位(以下简称高校)录取但因同时依法应征入伍未到录取高校报到入学的学生(以下简称入伍高校新生)。

第三条 入伍高校新生申请保留入学资格,应当由入伍高校新生本人持高校录取通知书和身份证(户口薄)、高中阶段教育毕业证,到入伍地县(市、区)人民政府征兵办公室(以下简称县级征兵办)领取并填写《应征入伍普通高等学校录取新生保留入学资格申请表》(以下简称《保留入学资格申请表》,一式两份,式样附后)。入伍高校新生本人因故不能前往办理的,可以委托其他人持上述证明材料及受委托人身份证代为办理。县级征兵办应当认真查验入伍高校新生及受委托人有关证件,核实身份。

第四条 县级征兵办应当逐一告知入伍高校新生有关保留入学资格相关政策,协助入伍高校新生本人或受委托人填写《保留入学资格申请表》。

第五条 县级征兵办原则上应当在完成本辖区所有新兵交接手续之后5日内,汇总入伍高校新生《保留入学资格申请表》,加盖县级征兵办公章,连同入伍通知书复印件以公函形式发送至相关高校招生部门。对之后申请办理保留入学资格手续的,县级征兵办应当在录取高校规定新生报到日期前将《保留入学资格申请表》寄送高校招生部门。

第六条 高校接到入伍高校新生申请保留入学资格的有关材料后,依法依规审核录取资格,办理保留入学资格手续,在中国高等教育学生信息网学生个人信息中标注"参军入伍",出具《保留入学资格通知书》。《保留入学资格申请表》审核加盖学校公章后,一份高校备案,另一份连同《保留入学资格通知书》寄送相关县级征兵办。县级征兵办收到上述材料后,将《保留入学资格申请表》留存备案,并在1周内将《保留入学资格通知书》送交入伍高校新生或受委托人保管。

第七条 入伍高校新生在退役后2年内,可以在退役当年或者第2年高校新生入学期间,持《保留入学资格通知书》和高校录取通知书,到录取高校办理入学手续。入伍高校新生重新报名参加高考或研究生招生考试的,视为自动放弃原入学机会,入学资格不再保留。

第八条 入伍高校新生退役入学时,原录取高校合并、撤销的,由省(区、市)教育行政部门安排转入同批次且与高考当年录取分数线相近的高校入学;原报考专业撤销的,由录取高校安排转入其他相近专业学习。

第九条 入伍高校新生在新兵检疫复查期间因身体原因被退回,可以持县级征兵办证明和高校录取通知书到录取高校办理入学手续;因身体原因不宜继续在部队服役而中途退役,可以在退役当年,如错过当年入学期间,可以顺延1年到录取高校办理入学。高校对申请入学的入伍高校新生(被退回及中途退役的)按照有关规定,进行新生入学资格复查,复查合格的办理入学手续,复查不合格的取消其入学资格。入伍后因政治原因或拒绝服兵役被部队退回、服役期间受到除名或开除军籍处分的,或者被依法追究刑事责任的,所在部队有关部门负责通报其入伍地县级征兵办,并由县级征兵办告知录取高校。高校应取消其入学资格。

第十条 各级征兵办公室应当建立入伍高校新生登记统计制度,并逐级汇总上报。省级征兵办公室应当将本省(区、市)入伍高校新生情况通报同级教育行政部门备案。省级教育行政部门应当依据高校反馈的自行放弃入学资格考生名单,比对入伍高校录取新生信息,核查其中是否有已入伍尚未办理保留入学资格手续的学生;对未办理保留入学资格手续的,要督促协调有关部门做好手续补办工作。

第十一条 在办理入伍高校新生保留入学资格和退役后入学手续过程中,对故意拖延或不予办理的,上级主管部门应当督促办理并予以通报批评;造成不良影响或者严重后果的,依据有关规定追究相关人员责任。对在办理入伍高校新生保留入学资格和退役后入学工作中,弄虚作假、谋取私利的,依照有关法律法规严肃处理。

高等学校学生学籍学历电子注册办法

1. 2014年8月24日教育部发布
2. 教学〔2014〕11号
3. 自2014年9月1日起施行

第一章　总　则

第一条　为规范高等学校学生学籍学历电子注册，向高等学校、学生和社会提供便捷、客观、权威的学籍、学历信息查询、验证及认证服务，保护高等教育受教育者的合法权益，根据《中华人民共和国高等教育法》和《普通高等学校学生管理规定》制定本办法。

第二条　高等学校学生学籍学历电子注册是运用现代信息技术，对高等学校（含具有颁发国家承认学历文凭资格的公办、民办普通高等学校、成人高等学校，开放大学）和经批准承担培养研究生任务的科学研究机构（以下合并简称高等学校或学校）按国家规定录取的高等学历教育学生取得的学籍、获得的学历证书（含通过高等教育自学考试获得的毕业证书）进行在线审核、电子标注、数据备案和网上查询的管理方式。

第三条　高等学校学历教育学生（含预科、专科、本科学生，少数民族骨干计划基础培训阶段研究生，硕士、博士研究生；华侨学生，来自香港、澳门、台湾地区学生以及国际学生）均须进行新生学籍电子注册、在校生学年电子注册、毕（结）业生学历证书电子注册。

第四条　高等学校学生学籍学历电子注册以高等学校为主体，由高等学校对符合国家规定、依法录取的学生学籍、毕（结）业生学历证书进行电子注册。省级教育行政部门依法对高等学校学生学籍学历电子注册工作进行监督和指导。

高等教育自学考试毕业证书电子注册工作由教育部高等教育自学考试办公室进行管理和监督检查，省级高等教育自学考试委员会办公室组织实施。

第五条　中国高等教育学生信息网（以下简称学信网，网址 http://www.chsi.com.cn）是高等学校学生学籍学历电子注册信息查询的唯一网站。

第六条　全国高等学校学生信息咨询与就业指导中心（以下简称就业指导中心）负责学信网的运行与管理，承担高等学校学生学籍学历电子注册的技术保障、日常维护和网上查询、验证、认证等服务工作，独立承担因查询、验证及认证工作而产生的法律后果，接受教育部相关部门的监管。

第二章　学籍电子注册

第七条　省级教育行政部门组织相关机构按照国家招生规定审核考生录取数据，将审核通过的数据报送教育部汇总复核后作为高等学校新生入学资格复查和学籍电子注册（以下简称学籍注册）的依据。

第八条　高等学校对报到新生进行录取、入学资格复查，对复查合格的学生予以学籍注册，复查不合格者取消入学资格；对放弃入学资格、保留入学资格、取消入学资格的学生予以标注。

少数民族预科生和少数民族骨干计划基础培训阶段研究生的资格复查由招生学校负责。预科培养和骨干计划基础培训的预科学籍标注由培养培训学校负责。预科培养培训结业后转入招生学校，由招生学校进行新生资格复查和学籍注册。其他预科生由招生学校负责。

普通高校学生（含专科、本科、硕士、博士、专科起点本科、第二学士学位等）在同一学习时段，只注册一个普通全日制学籍。跨校联合培养学生，在录取学校进行学籍注册。

第九条　按照特殊政策录取的学生应标注其录取类型。如定向招生专项计划（含免费医学、免费师范、非西藏生源定向西藏就业计划、扶贫计划等本科生，强军计划、援藏计划、少数民族骨干计划等研究生）、定向生、国防生、政法干警招录培养体制改革试点生等。

第十条　学校在学籍注册中发现录取数据有误或缺失的，由学校向省级招生部门提出申请，省级招生部门核实后将修改意见或补充录取数据报教育部，并将相关结果及时反馈学校。

第十一条　学籍注册后，学校应告知学生及时查询。学生可登录学信网实名注册后查询、核实本人身份信息和学籍注册信息。

第十二条　高等学校从学生入学次年起至毕业，应在每学年第一学期进行学年电子注册（以下简称学年注册）。学年注册包括在校生新学年注册（含注册学籍、暂缓注册等）和上学年学籍变动（含留级、降级、跳级、休学、复学、转学、转专业、保留学籍等）、学籍记载（含学业考试情况、社会实践情况、奖惩情况等）、学籍注销（含退学、取消学籍、开除学籍、死亡等）以及学生取得的其他证书（含肄业证书、学习证明等）的标注。实行学分制的学校无需标注留级、降级、跳级情况。

第十三条　学年注册在每学年第一学期开学后1个月内完成。学籍注销应在学籍处理后15个工作日内完成。

第十四条　学生离校后学信网将学生的身份信息、学籍注册信息、学年注册信息作为学籍档案保存。

第三章 学历电子注册

第十五条 高等学校颁发的学历证书(含高等教育自学考试毕业证书),应进行学历证书电子注册(以下简称学历注册)。学历注册证书分毕业证书和结业证书两种。

第十六条 高等学校只能为取得本校学籍并进行学籍注册的学生颁发并注册一份学历证书。学生毕(结)业离校时,学校应颁发毕(结)业证书并完成学历注册。学生获得的辅修专业证书,应标注在主修学历证书注册信息中。

第十七条 学历注册信息应与学历证书内容保持一致。学历注册信息包括:姓名、性别、出生日期、照片;学习起止年月;专业、层次、学制、毕(结)业、学习形式;学校名称、校(院)长姓名及证书编号。

学校应完整填报学历注册信息,信息不完整的不提供网上查询。

第十八条 学历证书发证日期应与学生毕业日期一致,发证日期即是学历注册提供网上查询的有效日期。

第十九条 学生在校期间修改或变更身份信息的,由学生本人提供合法性证明,学校或省级教育行政部门审核确认后更改,学信网保留更改前的信息。学生要求修改、变更的信息或证明材料涉嫌弄虚作假的不予受理。

学历注册并提供网上查询后,学校不得变更证书内容及注册信息,不再受理学生信息变更事宜。注册信息确有错误的,须经省级教育行政部门审核确认后方可修改。

学历证书遗失的由学校出具相应的证明书并在学历注册信息中标注。

第四章 查询及认证

第二十条 就业指导中心依据复核备案的学籍学历电子注册信息,建立全国高等教育学生学籍学历电子注册数据库,为学生和社会提供查询、验证和认证服务。

第二十一条 学生可免费查询本人身份信息、学籍注册信息、学年注册信息和学历注册信息,也可查询本人学籍档案。社会其他部门及个人可依据学生提供的相关信息对学生身份信息、学籍注册信息、学年注册信息、学历注册信息和学生学籍档案进行查询、验证。

第二十二条 依据全国高等教育学生学籍学历电子注册数据库及相关证明材料,就业指导中心可提供认证服务,对申请人申请认证的学历证书或学籍材料的真实性、合法性、有效性进行认定。认证服务以申请人自愿原则进行。

第五章 监管与责任

第二十三条 各省、自治区、直辖市教育行政部门,各高等学校及其他教育机构、高等教育自学考试机构,应重视学生学籍学历电子注册工作,加强制度建设,规范工作流程,保障信息安全,强化管理与服务。

第二十四条 高等学校、教育行政部门、就业指导中心的采集、录入及管理服务人员应严格按照工作权限规范管理和服务,数据注册、标注、修改等应专人操作,严格遵守岗位制度、认真履行工作程序,确保数据注册及时准确。

第二十五条 各级管理部门及工作人员应依法正确采集、管理和使用学生信息。不得以任何非法形式展示、公布或分发学生身份信息。

第二十六条 对违反国家规定入学的学生,学校不得为其注册学籍和学历,已经注册的应予以注销。

第二十七条 有以下情形的,一经查实,追究有关人员和单位负责人的责任:

(一)以虚假信息注册学籍学历的;

(二)因密钥、密码管理不善造成学生信息违规变更的;

(三)泄漏或将学生信息用于非法目的的;

(四)违反本办法的其他行为。

第六章 附 则

第二十八条 本办法自 2014 年 9 月 1 日起施行。其他有关文件规定与本办法不一致的,以本办法为准。

普通高等学校师范类专业认证实施办法(暂行)

1. 2017 年 10 月 26 日发布
2. 教师〔2017〕13 号

为规范引导师范类专业建设,建立健全教师教育质量保障体系,不断提高教师培养质量,制定本办法。

一、指导思想

全面贯彻党的教育方针,落实立德树人根本任务,构建中国特色、世界水平的教师教育质量监测认证体系,分级分类开展师范类专业认证,以评促建,以评促改,以评促强,全面保障和提升师范类专业人才培养质量,为培养造就党和人民满意的高素质专业化创新型教师队伍提供有力支撑。

二、认证理念

认证以“学生中心、产出导向、持续改进”为基本理念。学生中心，强调遵循师范生成长成才规律，以师范生为中心配置教育资源、组织课程和实施教学；产出导向，强调以师范生的学习效果为导向，对照师范毕业生核心能力素质要求，评价师范类专业人才培养质量；持续改进，强调对师范类专业教学进行全方位、全过程评价，并将评价结果应用于教学改进，推动师范类专业人才培养质量的持续提升。

三、认证原则

1. 建立统一认证体系。发布国家认证标准，做好认证整体规划，实行机构资质认定，规范认证程序要求，开展认证结论审议，构建科学有效的统一认证体系，确保认证过程的规范性及认证结论的一致性。

2. 注重省部协同推进。教育部和省级教育行政部门加强统筹协调，充分发挥专业化教育评估机构作用，形成整体设计、有效衔接、分工明确、分批实施的协同机制，确保师范类专业认证工作有序开展。

3. 强化高校主体责任。明确高校在专业质量建设方面的主体责任，引导开展师范类专业自我评估，推动建立专业质量持续改进机制，提升专业质量保障能力。

4. 运用多种认证方法。采取常态监测与周期性认证相结合、在线监测与进校考查相结合、定量分析与定性判断相结合、学校举证与专家查证相结合等多种认证方法，多维度、多视角监测评价师范类专业教学质量状况。

四、认证体系

师范类专业实行三级监测认证：

第一级定位于师范类专业办学基本要求监测。依托教师教育质量监测平台，建立基于大数据的师范类专业办学监测机制，对各地各校师范类专业办学基本状况实施动态监测，为学校出具年度监测诊断报告，为教育行政主管部门提供监管依据，为社会提供质量信息服务。

第二级定位于师范类专业教学质量合格标准认证。以教师专业标准和教师教育课程标准为引领，推动教师教育内涵式发展，强化教师教学责任和课程目标达成，建立持续改进机制，保证师范类专业教学质量达到国家合格标准要求。

第三级定位于师范类专业教学质量卓越标准认证。建立健全基于产出的人才培养体系和运行有效的质量持续改进机制，以赶超教师教育国际先进水平为目标，以评促强，追求卓越，打造一流质量标杆，提升教师教育的国际影响力和竞争力。

五、认证标准

结合我国教师教育实际，分类制定中学教育、小学教育、学前教育、职业教育、特殊教育等专业认证标准，作为开展师范类专业认证工作的基本依据。中学教育、小学教育、学前教育专业认证标准详见附件，职业教育、特殊教育专业认证标准另行发布。

六、认证对象及条件

1. 第一级

经教育部正式备案的普通高等学校师范类本科专业和经教育部审批的普通高等学校国控教育类专科专业。

2. 第二、三级

第二、三级认证实行自愿申请。有三届以上毕业生的普通高等学校师范类专业申请参加第二级认证；有六届以上毕业生并通过第二级认证的普通高等学校师范类专业，申请参加第三级认证。个别办学历史长、社会认可度高的师范类专业可直接申请参加第三级认证。

七、认证组织实施

1. 教育部发布师范类专业认证实施办法与标准，统筹协调、指导监督认证工作，负责中央部门所属高校相关认证工作；省级教育行政部门负责本地区师范类专业认证工作，结合地方实际情况制订本地区师范类专业认证实施方案，报教育部教师工作司备案后实施。

2. 教育部高等教育教学评估中心（以下简称“评估中心”）具体组织实施师范类专业认证工作，包括组织实施第一级监测、第三级认证和中央部门所属高校的第二级认证，建设教师教育质量监测系统，建立国家师范类专业认证专家库，提供业务指导等；教育评估机构接受省级教育行政部门委托，具体组织实施该省份的第二级认证工作。

3. 教育部成立认证专家委员会，负责认证工作的规划与咨询，对拟承担师范类专业认证的各地教育评估机构进行资质认定，负责认证结论的审定，受理认证结论异议的申诉，负责对认证工作的指导和检查等。认证专家委员会秘书处设在评估中心。

各省份依据实际建立相应的专家组织和认证结论审议机制。

八、认证程序

第一级采取网络平台数据采集方式，对师范类专业办学基本信息进行常态化监测。第二、三级采取专家进校现场考查方式，对师范类专业教学质量状况进行周期性认证，认证程序包括申请与受理、专业自评、材料审核、现场考查、结论审议、结论审定、整改提高等7个阶段。

1. 第一级

高校按要求填报师范类专业有关数据信息。评估中心依托教师教育质量监测系统，对专业办学的核心数据进行监测、挖掘和分析，并与全国教师管理信息系统、中国高等教育学生信息网（学信网）数据进行比对，建立各级监测指标常模，形成各类监测报告。

2. 第二级

申请与受理。地方所属院校向省级教育行政部门委托的教育评估机构提交认证申请。中央部门所属高校向评估中心提交认证申请。教育评估机构依据受理条件进行审核，审核通过的专业，进入自评阶段。

专业自评。高校依据认证标准开展专业自评工作，按要求填报有关数据信息，撰写并提交自评报告。

材料审核。教育评估机构组织专家对专业自评报告和数据分析报告等相关材料进行审核。审核通过的专业，进入现场考查阶段。

现场考查。教育评估机构组建现场考查专家组。专家组在审阅专业自评报告和数据分析报告基础上，通过深度访谈、听课看课、考查走访、查阅文卷、集体评议等方式，特别注重了解毕业生教书育人情况，对专业达成认证标准情况做出评判，向高校反馈考查意见。

结论审议。教育评估机构对现场考查专家组认证结论建议进行审议。

结论审定。教育评估机构将审议结果报教育主管部门同意后，提交教育部认证专家委员会审定。认证结论分为“通过，有效期6年”“有条件通过，有效期6年”“不通过”三种。认证结论适时公布。

整改提高。高校依据认证报告进行整改，按要求提交整改报告。教育评估机构组织专家对整改报告进行审查，逾期不提交或整改报告审查不合格，终止认证有效期。

3. 第三级

申请与受理。符合条件的专业所在高校经教育主管部门同意后，可向评估中心提交认证申请。评估中心依据受理条件进行审核，审核通过的专业，进入自评阶段。

专业自评。高校依据认证标准开展专业自评工作，按要求填报有关数据信息，撰写并提交自评报告。

材料审核。评估中心组织专家对专业自评报告和数据分析报告等相关材料进行审核。审核通过的专业，进入现场考查阶段。

现场考查。评估中心组建现场考查专家组。专家组在审阅专业自评报告和数据分析报告基础上，通过深度访谈、听课看课、考查走访、查阅文卷、集体评议等方式，特别注重了解毕业生教书育人情况，对专业达成认证标准情况做出评判，向高校反馈考查意见。

结论审议。评估中心对现场考查专家组认证结论建议进行审议。

结论审定。评估中心将审议结果报教育部教师工作司同意后，提交教育部认证专家委员会审定。认证结论分为“通过，有效期6年”“有条件通过，有效期6年”“不通过”三种。认证结论适时公布。

整改提高。高校依据认证报告进行整改，按要求提交整改报告。评估中心组织专家对整改报告进行审查，逾期不提交或整改报告审查不合格，终止认证有效期。

九、认证结果使用

认证结果为政策制定、资源配置、经费投入、用人单位招聘、高考志愿填报等提供服务和决策参考。

通过第二级认证专业的师范毕业生，可由高校自行组织中小学教师资格考试面试工作。所在高校根据教育部关于加强师范生教育实践的意见要求，建立以实习计划、实习教案、听课评课记录、实习总结与考核等为主要内容的师范毕业生教育实习档案袋，通过严格程序组织认定师范毕业生的教育教学实践能力，视同面试合格。

通过第三级认证专业的师范毕业生，可由高校自行组织中小学教师资格考试笔试和面试工作。所在高校按照国家有关要求开设通识课程、学科专业课程（幼儿园分领域教育基础课程）和教师教育课程等，师范毕业生按照学校师范类专业人才培养方案修学规定课程并成绩合格、达到毕业要求，视同笔试合格。所在高校根据教育部关于加强师范生教育实践的意见要求，建立以实习计划、实习教案、听课评课记录、实习总结与考核等为主要内容的师范生教育实习档案袋，通过严格程序组织认定师范毕业生的教育教学实践能力，视同面试合格。

十、认证工作保障

开展师范类专业认证工作不收取申请认证学校任何费用。教育部为师范类专业第一级监测和第三级认证工作的开展提供经费保障，省级教育行政部门为本地区师范类专业第二级认证工作的开展提供经费保障。

十一、争议处理

高校如对认证结论有异议,可在收到认证结论后30个工作日内向认证专家委员会提出申诉,申诉应以书面形式提出,详细陈述理由,并提供相关支持材料。逾期未提出异议,视为同意认证结论。

认证专家委员会受理申诉后,应及时开展调查,并在收到申诉的60个工作日内提出处理意见。

十二、认证纪律与监督

认证工作坚持公平、公正、公开的原则,实施“阳光认证”,认证工作接受教师、学生和社会的监督。

教育部教师工作司和评估中心设立监督平台,接受对师范类专业认证工作的问题反映和举报。

附件:1. 中学教育专业认证标准(略)

2. 小学教育专业认证标准(略)

3. 学前教育专业认证标准(略)

国家级大学生创新创业训练计划管理办法

1. 2019年7月10日发布

2. 教高函〔2019〕13号

第一章　总　　则

第一条　为贯彻落实全国教育大会和新时代全国高等学校本科教育工作会议精神,根据《国务院办公厅关于深化高等学校创新创业教育改革的实施意见》(国办发〔2015〕36号)要求,深入推进国家级大学生创新创业训练计划(以下简称国创计划)工作,深化高校创新创业教育改革,提高大学生创新创业能力,培养造就创新创业生力军,加强国创计划的实施管理,特制定本办法。

第二条　国创计划是大学生创新创业训练计划中的优秀项目,是培养大学生创新创业能力的重要举措,是高校创新创业教育体系的重要组成部分,是深化创新创业教育改革的重要载体。

第三条　国创计划坚持以学生为中心的理念,遵循“兴趣驱动、自主实践、重在过程”原则,旨在通过资助大学生参加项目式训练,推动高校创新创业教育教学改革,促进高校转变教育思想观念、改革人才培养模式、强化学生创新创业实践,培养大学生独立思考、善于质疑、勇于创新的探索精神和敢闯会创的意志品格,提升大学生创新创业能力,培养适应创新型国家建设需要的高水平创新创业人才。

第四条　国创计划围绕经济社会发展和国家战略需求,重点支持直接面向大学生的内容新颖、目标明确、具有一定创造性和探索性、技术或商业模式有所创新的训练和实践项目。国创计划实行项目式管理,分为创新训练项目、创业训练项目和创业实践项目三类。

(一)创新训练项目是本科生个人或团队,在导师指导下,自主完成创新性研究项目设计、研究条件准备和项目实施、研究报告撰写、成果(学术)交流等工作。

(二)创业训练项目是本科生团队,在导师指导下,团队中每个学生在项目实施过程中扮演一个或多个具体角色,完成商业计划书编制、可行性研究、企业模拟运行、撰写创业报告等工作。

(三)创业实践项目是学生团队,在学校导师和企业导师共同指导下,采用创新训练项目或创新性实验等成果,提出具有市场前景的创新性产品或服务,以此为基础开展创业实践活动。

第二章　管理职责

第五条　教育部是国创计划的宏观管理部门,主要职责是:

(一)制定国创计划实施的有关政策,编制发展规划,发布相关信息。

(二)制定国创计划管理办法,组织开展项目立项、结题验收等工作,加强项目的规范化管理。

(三)制定国创计划成效评价指标体系,定期组织开展实施情况评价。

(四)组建国创计划专家组织,加强大学生创新创业工作研究,推进高校创新创业教育经验交流。

(五)组织举办全国大学生创新创业年会,推进大学生创新创业学术交流和成果推介。

第六条　省级教育行政部门主要职责是:

(一)根据本区域经济社会发展特点,指导、规范本区域大学生创新创业训练计划运行和管理,推动本区域高校加强大学生创新创业教育工作。

(二)负责组织区域内高校国创计划立项申报、过程管理、结题验收等工作,按照工作要求向教育部报送相关材料。

(三)负责区域内参与国创计划高校交流合作、评估监管等工作。

第七条　高校是国创计划实施和管理的主体,主要职责是:

(一)制定本校大学生创新创业教育管理办法,开展创新创业教育教学研究与改革。

（二）负责国创计划项目的组织管理，开展项目遴选推荐、过程管理、结题验收等工作。

（三）制定相关激励措施，引导教师和学生参与国创计划。

（四）为参与项目的学生提供技术、场地、实验设备等条件支持和创业孵化服务。

（五）搭建项目交流平台，定期开展交流活动，支持学生参加相关学术会议，为学生创新创业提供交流经验、展示成果、共享资源的机会。

（六）做好本校国创计划年度总结和上报工作。

第三章　项目发布与立项

第八条　教育部根据国家经济社会发展和国家战略需求，结合创新创业教育发展趋势，确定重点资助领域，制定重点资助领域项目指南，引导国创计划项目申请。

第九条　国创计划项目申报基本条件：

（一）项目选题具有一定的学术价值、理论意义或现实意义。鼓励面向国家经济社会发展、具有一定理论和现实意义的选题，鼓励直接来源于产业一线、科技前沿的选题。

（二）选题具有创新性或明显创业教育效果。鼓励开展具有一定创新性的基础理论研究和有针对性的应用研究课题，鼓励新兴边缘学科研究和跨学科的交叉综合研究选题。

（三）选题方向正确，内容充实，论证充分，难度适中，拟突破的重点难点明确，研究思路清晰，研究方法科学、可行。鼓励支持学生大胆创新，包容失败，营造良好创新创业教育文化。

（四）项目团队成员原则上为全日制普通本科在读学生，成员基本稳定，专业、能力结构较为合理。每位学生同一学年原则上只能参与一个项目。鼓励跨学科、跨院系、跨专业的学生组成团队。

（五）项目申请团队应选择具有较高学术造诣、较好创新性成果、热心教书育人、关爱学生成长的教师作为导师，鼓励企业人员参与指导或共同担任导师。

（六）创新训练项目和创业训练项目获得经费支持平均不低于2万元/项，创业实践项目获得经费支持平均不低于10万元/项。高校根据学科专业特点，确定项目资助额度标准。

第十条　根据教育部发布的国创计划申报要求，符合立项申请基本条件的项目向所在高校提出申请，高校评审遴选后报省级教育行政部门和教育部审核备案。

第十一条　教育部组织专家对申报项目进行审核后发布立项通知。

第四章　项目过程管理

第十二条　高校应加强对国创计划的管理，成立由校领导牵头、相关职能部门组成的国创计划管理机构，确定主管部门。管理机构负责协调落实条件保障，主管部门负责国创计划日常管理。

第十三条　项目负责人要负责项目的整体推进，按照计划开展工作，加强团队建设和管理，加强与导师和管理人员的沟通联系，并组织好相关报告撰写工作。项目负责人和项目内容原则上不得变更，特殊情况经学校有关部门审批后执行。

第十四条　国创计划经费应专款专用。学生要在相关教师指导下，严格执行学校相关财务管理规定。

第十五条　国创计划项目所在高校应建立国创计划师生培养培训机制，加强对国创计划项目团队成员和导师的培训和管理。

第十六条　鼓励项目团队积极参加中国“互联网+”大学生创新创业大赛等创新创业赛事和“青年红色筑梦之旅”等活动。

第十七条　推动国创项目不断提高整体水平和发挥示范带动作用。高校应充分发挥国创计划引领示范作用，及时总结学生在项目中取得的成绩，协调解决存在的问题。支持高校通过举办大学生创新创业年会等方式加强国创计划成员之间的学习交流。

第五章　项目结题与公布

第十八条　国创计划项目完成后，均需进行结题验收，履行必要的结项手续。

（一）国创计划项目结题验收工作由所在学校组织。学校应组织校内外专家对国创计划项目进行结题验收，并将验收结果报省级教育行政部门审核备案。

（二）省级教育行政部门按年度向教育部报送本区域高校国创计划项目验收结果，并组织开展项目抽查。

（三）教育部对省级教育行政部门报送的验收结果进行审核，并将审核结果公布。

第十九条　国创计划项目结题验收结论的申诉。国创计划项目团队成员、导师，如对结题验收结论有异议，可向高校有关部门提出。

第二十条　国创计划项目结题信息公开对外服务。相关网站向公众提供结题信息服务，助推高校创新创业教育深入发展。

第六章　项目后期管理

第二十一条　高校对通过结题验收的项目团队成员可根

据实际贡献给予学分认定，对导师给予相应工作量认定。

第二十二条　建立国创计划年度进展报告制度。高校要按年度编制国创计划项目进展报告，内容应包括项目整体概况、教育教学改革探索、项目组织实施与管理、支持措施和实施成效等。年度报告报省级教育行政部门和教育部备案。

第二十三条　国创计划项目执行较好的高校可向教育部申请承办全国大学生创新创业年会。

第七章　附　　则

第二十四条　在国创计划实施中，凡是属于国家涉密范围的，均按照相关保密法规执行。

第二十五条　各省级教育行政部门、各高校根据本办法制定实施细则。

第二十六条　本办法自公布之日起施行。

前沿科学中心建设管理办法

1. 2019年8月19日发布
2. 教技函〔2019〕57号

第一章　总　　则

第一条　为规范前沿科学中心（以下简称中心）的建设和管理，根据《高等学校基础研究珠峰计划》和《前沿科学中心建设方案（试行）》，特制定本办法。

第二条　中心是探索现代大学制度的试验区，要充分发挥在人才培养、科学研究、学科建设中的枢纽作用，深化体制机制改革，面向世界汇聚一流人才，促进学科深度交叉融合、科教深度融合，建设成为我国在相关基础前沿领域最具代表性的创新中心和人才摇篮，成为具有国际“领跑者”地位的学术高地。

第三条　中心以前沿科学问题为牵引，集聚形成高水平国际化的大团队，积极建设重大科技基础设施和具有极限研究手段的大平台，主动培育前瞻引领的基础研究大项目，持续产出高影响力的原创大成果。

第四条　中心是依托高校组建的实体机构，实行新的管理运行机制。按照物理空间实、研究队伍实、目标任务实、投入保障实的要求独立运行。以研究团队为基本单元，聚焦重要前沿领域方向长期持续攻关。

第二章　管理职责

第五条　教育部是前沿科学中心的主管部门，主要职责是：

（一）顶层设计。对中心的领域布局和建设分布进行统筹规划，明确立项建设、运行管理、验收考核要求。

（二）建设支持。将中心建设纳入有关中央财政经费预算拨款因素；在研究生招生指标、重大科技基础设施建设、重大项目培育等方面给予倾斜支持，指导中心的建设和发展。

（三）绩效评价。根据检查、评估结果动态调整对中心的支持力度。把中心建设成效作为“双一流”建设成效评价的重要内容。

第六条　高校是前沿科学中心的建设主体，主要职责是：

（一）制定方案。根据科学发展前沿和国家战略需求，结合“双一流”建设规划布局，发挥学科群优势，按照要求制定中心的建设方案。

（二）条件保障。制定有利于中心建设发展的政策，并在各方面给予倾斜支持。统筹“双一流”建设经费、中央高校基本科研业务费、物理空间、研究生招生指标等资源，为中心提供条件保障，确保落实建设方案中承诺的各项政策、机制和条件。

（三）管理运行。制定中心发展规划；组建管理委员会、学术委员会并有效开展工作；制定中心管理和运行机制；配合教育部做好验收评估、绩效考核、进展报送等工作。

第三章　立项建设

第七条　中心按照“成熟一个，启动一个”开展建设。在具备《前沿科学中心建设方案（试行）》中要求的申请条件基础上，应达到以下要求：

（一）领域方向。应是国际前沿和新兴交叉方向、具有变革性的方向，或是关键领域的战略必争点。能凝练形成该领域内的重大科学问题，确定研究的主要方向和任务。

（二）研究水平。中心在该领域的研究水平已经达到国内一流，居于国际第一方阵或有望进入世界领先行列，已取得国际国内同行认可并具有重要影响的标志性成果。

（三）人才队伍。在主要研究方向上拥有具有国际影响力的领军人才和学术带头人；拥有创新思想活跃、创新能力强、创新潜力大的PI（团队负责人），一般不少于30人，每个PI组建3—5人团队；拥有体量规模较大、学科交叉融合，优秀青年人才聚集的国际化研究队伍。

（四）发展前景。在相关领域有望取得新的重大突破，包括：提出和解决“从0到1”的科学问题，取得原创性成果；开辟新方向，提出新理论；突破产业和国防重大关键核心技术，产生变革性技术等。

（五）建设条件。中心有独立的物理空间（不低于10000平米）并相对集中；有稳定的运行经费（不低于5000万元/年）并有独立的校内财务编码；在人事聘用、科研组织、评价考核、人才培养等方面获得特殊政策支持；有充足的科研资源，并具有或者已规划布局重大科技基础设施和重大科研装置。

第八条　中心的设立程序是：

（一）提出组建建议

具备申报条件的高校根据已有基础和发展需求，选择前沿方向，组建研究团队，创新体制机制，明确支持政策，形成建设方案，并向教育部提出建设申请。

建设方案是中心年度考核、验收和定期评估的依据。主要内容包括：建设意义、基础和条件、研究方向与重点任务、预期成果、建设任务和进度安排、人才队伍建设、管理与运行机制、条件与平台建设、政策资源保障等。

（二）开展方案咨询

经教育部同意后，建设高校组织校外专家对建设方案进行咨询评议。咨询评议专家组人数不少于9人，其中高校系统外的专家不少于二分之一。

咨询重点包括：领域方向是否重大前沿，重大科学问题是否明确，建设基础是否扎实，建设思路是否可行，发展前景和产出目标是否清晰等。

（三）组织专家论证

教育部组织专家对中心进行论证，包括审阅资料、听取汇报、专家质询和评议等环节。专家组由不少于11位的国内外知名专家组成，论证结果作为立项的重要依据。

论证重点包括：建设方案总体是否可行，建设任务和进度安排是否合理，中心体制机制和运行管理是否体现高校科技体制改革要求，政策保障和资源投入能否满足建设需要等。

（四）批准立项建设

学校根据专家论证意见修改完善建设方案，提请校常委会讨论通过，并形成会议纪要。建设高校以正式公函形式将建设方案、会议纪要、专家论证意见记录及采纳情况提交教育部。教育部对中心进行立项批复。

第九条　中心建设期5年，在建设期内：

教育部不定期组织开展建设工作推进会，了解中心建设进展、组织现场交流、考核建设进度等，指导和推动建设高校保障中心高质量、高效率建设。

教育部组织开展年度绩效考核，建设高校每年12月31日前提交建设进展报告，重点报告建设进度、政策落实、经费投入等。对于年度目标未完成，建设进展不力的，教育部视情况对中心采取约谈、警告、调整支持力度或不再支持。

第四章　验收考核

第十条　建设期满后，建设高校编制前沿科学中心验收总结报告，并向教育部提出验收申请。

第十一条　教育部组织专家或委托第三方机构进行验收。验收方式包括查阅资料、听取汇报、现场考察、提出质询、综合评议等。根据前沿科学中心验收标准和中心建设方案，形成书面验收意见。

第十二条　通过验收的中心，持续开放运行。未通过验收的中心进行为期一年的整改。整改后再次申请验收，仍不能通过的不再支持。

第十三条　验收基本要求：

（一）中心建设成为独立运行的实体机构，物理空间相对集中，达到20000平方米以上，并形成有特色的创新环境和文化氛围。具备开展前沿科学实验的先进仪器设备或特殊研究手段，形成开放共享良好的基础实验平台，建设有高水平的实验技术队伍。

（二）中心以全职人员为主，高水平PI一般不少于60人，40岁以下青年科研人员占比在60%以上。建立了与国际接轨的访问学者和博士后制度，引进和培养了一批优秀青年人才，培养出高水平研究生等。

（三）中心持续产出有重要影响力的原创成果、取得“从0到1”的创新突破。国际学术影响力大幅提升，在相关学科领域引领能力明显加强，对国家重大战略需求的贡献更加显著。

（四）中心管理制度健全，管理委员会、学术委员会运行有效，形成制度先进、简捷高效、国际一流的组织管理体系，具有较完善的内部机制，体制机制改革创新取得显著成效。

第十四条　中心进入开放运行后，教育部每年组织一次集中汇报交流，各中心汇报年度研究工作进展、中心运行状态、创新能力提升情况等。中心每年12月31日前向教育部提交年度工作报告。

第十五条　教育部组织对中心进行定期评估。评估周期为五年，委托独立第三方组织国内外专家开展。评估要点包括：成果产出质量、人才队伍水平、人才培养质量，运行管理情况等，重在判断是否形成创新高地，是否达到国内不可替代、国际领先并进入世界第一梯队。

教育部根据评估结果，对评估合格的中心予以滚动支持；对评估不合格的中心限期整改，整改期内暂停经费支持，整改后仍不能达到要求的不再支持。

第五章　运 行 管 理

第十六条　中心自立项建设起正式运行，实行管理委员会领导下的首席科学家负责制，并成立学术委员会。可设置中心行政主任协助首席科学家对中心进行管理，可根据需要内设研究和管理机构。

管理委员会是中心决策机构，主任由建设高校主要领导担任，分管校领导担任副主任，成员由科技、规划、人事、研究生、财务、资产等部门和相关学院主要负责人共同组成，确定中心建设发展的中长期规划，审定中心重大事项，协调中心建设运行中的问题，审定学术委员会人选。

学术委员会是中心的专家咨询组织，由相关领域中外国际知名学者组成（其中国外专家不少于三分之一），由中心负责遴选和聘任。学术委员会对中心发展方向和重大项目选题进行指导，为中心的发展提供战略咨询，推动中心开展学术交流，帮助中心引进国际一流人才。

首席科学家负责中心建设运行发展的全面工作，包括方向选择、团队建设、经费使用、绩效考核等各类事项。首席科学家由建设高校择优遴选后聘任，并报教育部备案。实行任期制，每届任期 5 年，一般不超过 2 届。原则上，首聘年龄不超过 55 周岁，院士不超过 65 周岁。

中心行政主任协助首席科学家负责中心行政事务和日常管理。行政主任是有一定学术背景的专业管理人员，具有丰富的行政管理经验，较强的组织、管理和协调能力，由学校任命。

第十七条　中心是学校体制机制改革的政策特区，包括：

组织模式要加强有组织科研。在首席科学家领导下围绕中心主要研究方向开展体系化持续研究；积极开展本领域科技发展的战略规划研究，主动提出国家重大项目建议。

人才培养强化科研育人。中心以研究生培养为主，在研究生招生、推免等方面给予倾斜，在科研实践中提高研究生培养质量和创新培养方式；鼓励中心高级研究人员积极承担本科生教学任务，创新人才培养模式，选拔优秀本科生跟随教授开展科研训练。

人事聘用赋予中心自主权。中心根据发展需要选聘和引进人员，以全职人员为主，人事管理归中心负责；制定有利于面向世界吸引人才、特别是青年人才的倾斜政策；对青年人才主要采取预聘制，并营造有利于青年人才集聚、发展的良好环境。

评价考核按照克服“五唯”的改革要求先行先试。实行分类评价、淡化年度考核、强化聘期考核、注重团队考核；简化考核程序，对中心进行整体绩效考核，中心内部采用逐级考核，首席科学家和 PI 具有考核评价自主权；允许中心独立自主的开展职称评定。

创新文化应营造克服浮躁、潜心研究的氛围，加强学风和诚信建设；强化鼓励开展“从 0 到 1”研究的导向，支持非共识和交叉融合创新；鼓励担当意识、奉献精神和家国情怀。

开放创新应加快吸引和集聚国际一流人才，建立高效的访问学者机制，与国际高水平机构长期深入合作，并建立中心创新资源开放共享的管理机制。

第十八条　中心可以结合相关领域科技发展趋势，以及重大科技任务的组织实施，在建设任务书确定的主要领域范围内，动态优化具体研究方向，以保持其前沿性和领先性。研究方向的重大调整，须经学术委员会审议通过后报教育部备案。

第六章　附　　则

第十九条　中心统一命名为：“XXX 前沿科学中心”，英文名称为：“Frontiers Science Center for XXX”。

第二十条　本办法由教育部负责解释，自发布之日起施行。

高等学校国家重大科技基础设施建设管理办法（暂行）

1. 2019 年 10 月 25 日发布

2. 教技函〔2019〕76 号

第一章　总　　则

第一条　为全面落实创新驱动发展战略，规范和加强高等学校（以下简称高校）重大科技基础设施的建设和管理，进一步提高建设质量和水平，根据《国家重大科技基础设施管理办法》和有关法律法规，特制定本办法。

第二条　高校重大科技基础设施，是指为提升探索未知世界、发现自然规律、实现科技变革的能力，引领和支撑“双一流”建设和人才培养，高校牵头建设，经费投入大、工程建设难度高并提供开放共享服务的大型复杂科学研究装置或系统。

第三条　本办法适用于高校作为项目法人或共建单位、教育部作为主管部门建设的国家重大科技基础设施(以下简称大设施)。

第四条　大设施建设坚持学校主体、精心设计、协同组织、严格管理的原则。建设管理流程包括开展项目预研、提出项目建议、可行性研究、初步设计和概算编制、开工准备、工程建设、竣工验收、运行管理等阶段。

第五条　大设施应严格按照国家相关部门批复的可行性研究报告、初步设计、投资概算中所确定的建设内容、性能指标、建设投资和建设周期等进行建设。

第六条　大设施建设管理与协调工作由教育部负责。

第二章　管 理 体 制

第七条　教育部作为大设施建设的主管部门,审议和批准大设施建设管理中的重大事项,协调大设施建设中的相关问题,主要职责有:

(一)负责大设施的顶层设计、前期培育和申报组织等工作;

(二)负责大设施的基本建设规划,审核大设施年度建设经费预算,审核中央预算内投资计划进展与完成情况;

(三)与国家有关部委协商大设施规划、建设和运行事宜,与地方政府协同推进大设施共建事宜;

(四)争取国家有关部门和地方的经费支持;

(五)根据建设单位提名,批准大设施建设领导机构、建设管理机构、运行管理机构、科技委员会和用户委员会的设立及相关负责人的聘任;

(六)审核大设施项目建议书、可行性研究报告、初步设计和投资概算,审查开工报告;

(七)监督大设施的建设进度、工程质量、资金使用、管理运行等;

(八)组织部门验收;

(九)与大设施建设管理相关的其他事项。

第八条　高校作为大设施建设的主体责任单位,负责大设施的申报、建设和运行管理,并落实相应保障条件,主要职责有:

(一)成立大设施建设领导机构,由学校主要负责人担任组长,分管校领导担任副组长,科技、基建、学科、规划、人事、财务、资产等职能部门负责人作为小组成员,建立领导小组指导下的多部门联合协同工作机制;大设施建设领导机构在学校党委统一领导下,承担建设管理领导职责;

(二)成立大设施建设指挥部,作为独立机构,纳入行政序列,负责日常建设管理与组织协调工作;总指挥由校领导兼任,设常务副总指挥和若干副总指挥;并确定首席科学家、总工艺师、总工程师、总经济师和总质量师等;

(三)制定“特区”政策,为参与大设施建设的科学与工程技术、行政管理、实验技术人员提供物理空间、科研条件、职称评聘、考核晋升、绩效激励等方面的保障,在人员薪酬、人才引进、研究生招生等方面给予倾斜支持;

(四)制定大设施建设工作计划和管理规章制度,合理配置建设经费、物理空间、科研条件、工程资源,保障自筹资金的有序到位;

(五)其它保障大设施建设顺利开展的相关工作。

第三章　开展项目预研

第九条　项目预研是指为提出大设施项目建议所开展的预先研究,主要包括初步确定大设施的科学目标、工程目标、建设内容和总体技术方案,同时开展原理探索、技术攻关、流程优化、工程验证等前期研究,并验证建设方案基本技术路线的可行性。

第十条　高校应围绕世界科技前沿、国家战略需求和经济社会发展重大需求,依托一流学科和重大科技平台,组建研究团队,筹措预研经费,调研用户需求,开展项目预研,形成建议方案,为大设施建设提供人才、技术和工程储备。

第十一条　教育部建立大设施培育项目库,并根据建设进展动态调整;择优推荐和支持培育项目纳入国家建设规划。

第四章　提出项目建议

第十二条　高校参照《国家重大科技基础设施管理办法》要求,启动项目建议书编制工作。

第十三条　项目建议阶段,高校应依托科研管理部门,或建立相对独立的机构,负责建设方案组织协调工作;制定前期工作计划,明确工作进度安排、研究试验方案、专项设计计划、用户需求评估等。

第十四条　项目建议阶段,高校应召开用户会议,就科学目标、用户需求、主要功能和性能指标等进行研讨,形成用户意见。

第十五条　前期准备工作扎实,已具备相关条件的,可以直接编报可行性研究报告。

第十六条　项目建议书由高校自审通过后,提请教育部审核,报国家发展改革委审批。

第十七条　项目建议书获批复后,高校应尽快成立大设施建设领导机构和建设指挥部,建设指挥部可下设综合协调办公室、工艺办公室、工程办公室等。

第五章　可行性研究

第十八条　高校依据项目建议书批复文件，参照《国家重大科技基础设施管理办法》要求，启动可行性研究报告编制工作。

第十九条　可行性研究阶段，高校应全面分析实现科学目标的可行性和建设方案的合理性，论证设计指标和验收指标，全面征求用户意见，落实土地、节能、开放共享、社会效益、资源综合利用、社会稳定风险等各项条件，对较为复杂的技术或工艺应进行专题论证。其他与建设实施条件相关的专项工作应提前布局开展。

第二十条　可行性研究阶段，高校应进一步完善大设施建设管理机构和管理体制。

第二十一条　可行性研究报告由高校自审通过后，提请教育部审核，报国家发展改革委审批。

第六章　初步设计和投资概算

第二十二条　高校依据可行性研究报告批复文件，参照《国家重大科技基础设施管理办法》要求和专项资金管理相关规范，启动初步设计报告和投资概算编制工作。

第二十三条　初步设计应对可行性研究报告批复确定的建设目标、建设内容、验收指标，做出全面、系统的工程设计方案和建设实施方案，落实技术工艺、设备选型、环保安全等方面的设计要求。投资概算应与初步设计范围和内容相一致，且依据合理、标准清晰。

第二十四条　初步设计由教育部审批的项目，其评审由现场踏勘和会议评审组成，审查范围包括工艺、设备、基本建设和概算等。

第二十五条　投资概算由国家发展改革委核定的项目，高校自审通过后，提请教育部审核，报国家发展改革委核定。

第二十六条　经批准的初步设计和投资概算作为项目建设实施和投资控制的依据。

第七章　开 工 准 备

第二十七条　根据国家发展改革委工作要求，需要审批开工报告的项目，高校应按照可行性研究报告、初步设计批复要求，做好施工图设计和审查，办理建设施工许可证，编制开工报告，按国家相关规定进行审批备案。不需要审批开工报告的项目，建设起始时间自初步设计批复之日起计算。

第八章　工 程 建 设

第二十八条　高校应根据大设施特点，加强质量、经费、进度、风险、变更、安全、采购、合同和信息等管理，并按照国家档案管理要求，形成规范的档案文件。

第二十九条　大设施建设领导机构应定期审查大设施建设的进度、质量和投资情况，研究大设施建设过程中的重大事项，审核建设过程中的调整和变更。

第三十条　大设施建设管理实行月报和年报制，高校每月底前向教育部提交月度进展报告，每年底前向教育部提交本年度建设进展报告和下一年度建设计划。

第三十一条　教育部适时成立督查小组或委托第三方机构，对大设施建设进度、工程和工艺质量、投资完成、建设管理情况等进行检查，形成督查报告。

第三十二条　进展报告和督查报告是后续投资计划申请的重要依据。

第三十三条　大设施建设中出现重大问题、与实施计划发生重大偏离、投资概算发生重大调整时，高校应妥善采取措施并及时上报。

第三十四条　大设施建设过程中，高校应筹备组建运行管理机构、科技委员会和用户委员会，委员中依托高校以外的专家人数应不低于二分之一。

第三十五条　在项目建设过程中，高校应围绕大设施，同步组建科学研究中心，支撑大设施建设；项目验收后，由中心负责大设施的管理运行，并依托大设施功能，组织开展科学研究，培养和汇聚技术创新和前沿研究队伍，提高大设施使用效能，产出重大创新成果。

第九章　竣工验收和运行管理

第三十六条　大设施验收分为专项自验收、主管部门验收和国家验收。

第三十七条　专项自验收由高校自行组织，验收内容包括工程、工艺、设备、财务、档案、审计等专项自验收，其中工艺验收应组织工艺测试，形成工艺测试报告。专项自验收完成后，向主管部门提出部门验收申请。

第三十八条　主管部门验收由教育部组织开展，验收内容主要包括工艺、财务、资产、建安、档案等部分。

第三十九条　主管部门验收合格后，由教育部向国家发展改革委提出国家验收申请。

第四十条　验收通过后，大设施应形成权责清晰、管理规范、开放共享、产出高效的运行管理机制。

第十章　附　　则

第四十一条　国务院部门和地方政府立项建设、高校自筹建设、社会资本支持建设的高校重大科技基础设施，可参照本办法执行。

第四十二条　高校应按照相关法律法规和本办法有关规定，组织大设施建设管理工作，对建设过程中的违法违规和失职行为，依法依规追究其相关责任。

第四十三条　国务院其他有关部门和地方政府立项建设的高校重大科技基础设施，具体建设管理流程由批复部门确定。

第四十四条　本办法自发布之日起施行，由教育部负责解释。

高等学校科学研究优秀成果奖（科学技术）奖励办法

1. 2019年11月7日发布
2. 教技〔2019〕3号
3. 自2020年1月1日起施行

第一章　总　　则

第一条　为鼓励高等学校教师和科技工作者围绕国家战略需求、经济社会发展需要与世界科技前沿开展科技创新和成果转化，推动高等学校创新人才培养，根据《国家科学技术奖励条例》，结合高等学校实际情况，教育部设立高等学校科学研究优秀成果奖（科学技术）。

第二条　高等学校科学研究优秀成果奖（科学技术）奖励在开展科技创新、成果转化并在创新人才培养中作出突出贡献的高等学校教师、科技工作者和相关单位。

第三条　高等学校科学研究优秀成果奖（科学技术）设立下列奖项：

（一）自然科学奖；
（二）技术发明奖；
（三）科学技术进步奖；
（四）青年科学奖。

第四条　高等学校科学研究优秀成果奖（科学技术）评审工作遵循公开、公平、公正原则，实行科学的评审制度，不受任何组织或者个人的非法干涉。

第五条　高等学校科学研究优秀成果奖（科学技术）实行提名制，每年提名、评审一次。

第六条　教育部设立高等学校科学研究优秀成果奖（科学技术）工作办公室（以下简称奖励工作办公室），负责奖励管理、评审组织等工作。奖励工作办公室设在教育部科学技术司。

第七条　奖励工作办公室根据每年提名项目的学科分布等具体情况，聘请相关学科领域学术造诣高、学风端正的专家组成高等学校科学研究优秀成果奖（科学技术）评审委员会（以下简称评审委员会）。

评审委员会主要职责：

（一）对高等学校科学研究优秀成果奖（科学技术）候选项目和候选人进行评审，提出一等奖、二等奖候选项目和青年科学奖候选人建议；

（二）根据一等奖候选项目成果水平，提出特等奖候选项目建议；

（三）对评审工作中出现的有关问题进行处理。

第八条　教育部设立高等学校科学研究优秀成果奖（科学技术）奖励委员会（以下简称奖励委员会），委员由相关领域、行业及部门专家担任。奖励委员会委员实行任期聘任制，每届20—30人，任期3年，任期届满进行换届，每次换届人数不低于总人数的1/3，原则上不得连任3届以上。

奖励委员会主要职责：

（一）审定评审委员会提出的特等奖候选项目和青年科学奖候选人建议；

（二）审定评审委员会提出的一等奖、二等奖候选项目建议；

（三）对奖励工作提供政策性意见和建议。

奖励委员会的审定结果报教育部批准。

第二章　评定条件

第九条　高等学校科学研究优秀成果奖（科学技术）候选项目第一完成单位应为国内高校。青年科学奖候选人应为长期在国内高校工作的青年教师。

第十条　自然科学奖授予在基础研究和应用基础研究中作出重要科学发现的个人和单位。

重要科学发现应同时具备下列条件：

（一）前人尚未发现或者尚未阐明。指该项自然科学发现为国内外首次提出，或者其科学理论在国内外首次阐明，且主要论著为国内外首次发表。

（二）具有重大科学价值。指在学术上处于国际同类研究领先或者先进水平，并在科学理论、学说上有创见，在研究方法、手段上有创新，以及在基础数据的收集和综合分析上有创造性和系统性贡献；并对科学技术的发展有重要意义，或者对经济建设和社会发展具有重要影响。

（三）得到国内外科学界公认。指主要论著已在国内外公开发行的学术刊物上发表或者作为学术专著出版2年以上，其重要科学结论已被国内外同行在重要国际学术会议、公开发行的学术刊物，尤其是重要学术刊物以及学术专著所正面引用或者应用。

第十一条　自然科学奖的主要完成人必须是该项自然科学发现代表论著的作者，并具备下列条件之一：

（一）提出总体学术思想、研究方案；

（二）发现重要科学现象、特性和规律，并阐明科学理论和学说；

（三）提出研究方法和手段，解决关键性学术疑难问题或者实验技术难点，以及对重要基础数据进行系统收集和综合分析等。

第十二条　自然科学奖的主要完成单位是指在该项自然科学发现的研究过程中，提供技术、经费或设备等条件，对该项自然科学发现的研究起到重要作用的单位，一般为主要完成人在完成该项自然科学发现时的所在单位。

第十三条　技术发明奖授予在运用科学技术知识做出产品、工艺、材料及其系统等重要技术发明的个人和单位。

重要技术发明应同时具备下列条件：

（一）前人尚未发明或尚未公开。指该项技术发明为国内外首创，或者虽然国内外已有但主要技术内容尚未在国内外公开出版物、媒体及各种公众信息渠道上发表或者公开，也未曾公开使用。

（二）具有先进性和创造性。指该项技术发明与国内外已有同类技术相比较，其技术构思有实质性显著的进步，主要性能（性状）、技术经济指标、科学技术水平及其促进科学技术进步的作用和意义等方面综合优于同类技术。

（三）经实施，创造显著经济效益或社会效益，或具有明显的应用前景。指该项技术发明成熟，并实施应用2年以上，取得良好效果。直接关系到人身和社会安全的技术发明成果，如动植物新品种、药品、食品、基因工程技术等，在获得行政机关审批之后方可提名。

第十四条　技术发明奖的主要完成人应当具备下列条件之一：

（一）在完成该项技术发明过程中作出重要贡献，是全部或部分创造性技术内容的独立完成人；

（二）在实施该项技术发明中作出重要贡献。

第十五条　技术发明奖的主要完成单位是指对该项技术发明的完成起重要作用或实施该发明技术的单位，一般为主要完成人完成该项技术发明时所在的单位。

第十六条　科学技术进步奖授予在推广应用先进科学技术成果、完成重要科学技术工程计划项目等方面作出创造性贡献，或在推进国防现代化建设、保障国家安全方面作出重大科学技术贡献的个人和单位。

科学技术进步奖的成果应同时具备下列条件：

（一）技术创新性突出，技术经济指标先进。在技术上有创新，特别是在高新技术领域进行自主创新，形成了产业的主导技术和成熟产品，或者应用高新技术对传统产业进行装备和改造，通过技术创新，提升传统产业，增加行业的技术含量；技术难度较大，解决了行业发展中的热点、难点和关键问题；总体技术水平和主要技术经济指标达到了行业领先水平。

（二）经转化，经济效益或者社会效益显著。所开发的成果经过2年以上的实施应用，产生了明显的经济效益或者社会效益，实现了技术创新的市场价值或者社会价值，为经济建设、社会发展和国家安全作出了很大贡献。

（三）推动行业科技进步作用明显。成果的转化程度高，具有较强的示范、带动和扩散能力，提高了行业技术水平、竞争能力和系统创新能力，促进了产业结构的调整、优化、升级及产品的更新换代，对行业的发展具有很大作用。

第十七条　科学技术进步奖的主要完成人应当具备下列条件之一：

（一）在提出和确定项目的总体技术方案中作出重要贡献；

（二）在关键技术和疑难问题的解决中作出重要贡献；

（三）在成果转化和应用推广过程中作出重要贡献；

（四）在高新技术产业化的技术实施过程中作出重要贡献。

第十八条　科学技术进步奖的主要完成单位是指在项目研制、开发、投产应用和推广过程中提供技术、设备和人员等条件，对成果的完成起到重要作用的单位，一般为主要完成人完成该成果时所在的单位。行政管理部门一般不得作为主要完成单位。

第十九条　青年科学奖授予已经取得突出原创性学术成果、具有赶超或保持国际先进水平能力的青年学者。青年科学奖候选人应同时符合下列条件：

（一）为在校青年教师，在国内高校连续工作3年以上，被提名当年未满40周岁（至1月1日）；

（二）长期从事科技创新，并取得了有较大影响的原创性成果；

（三）具备勇于创新的科学精神、良好的科学道德、扎实的学术素养和高尚的师德风尚；

（四）潜心研究工作，积极开展人才培养，具有独立开展研究的能力与较强的科研发展潜力。

第二十条 高等学校科学研究优秀成果奖(科学技术)坚持科技贡献为科技成果评价的主要依据,同时充分考虑科技成果在提高人才培养和教学质量,以及科学普及、师德风尚等方面所发挥的作用。在科技成果水平基本一致的情况下,对同时在教书育人或科学普及方面也作出贡献的教师和科技工作者取得的成果给予优先奖励。

第三章 提名、评审和授予

第二十一条 高等学校科学研究优秀成果奖(科学技术)实行定标定额。自然科学奖、技术发明奖、科学技术进步奖设一等奖、二等奖,对于特别优秀的成果可授予特等奖。青年科学奖不设等级。高等学校科学研究优秀成果奖(科学技术)每年奖励总数不超过310项。

第二十二条 高等学校科学研究优秀成果奖(科学技术)自然科学奖、技术发明奖、科学技术进步奖候选项目由相关单位或专家按以下程序向奖励工作办公室提名:

(一)中央部委所属高等学校的各类成果,可由学校直接提名;

(二)地方高等学校的各类成果,可由省、自治区、直辖市教育厅(教委)提名;

(三)三名及以上中国科学院院士、中国工程院院士可联合提名。

第二十三条 青年科学奖候选人由以下单位或专家向奖励工作办公室提名:

(一)教育部科学技术委员会各学部;

(二)中国科协所属的有关全国学会;

(三)有关高等学校校长;

(四)中国科学院院士、中国工程院院士(三名及以上联合提名)。

第二十四条 候选项目有下列情形之一的,不得提名高等学校科学研究优秀成果奖(科学技术):

(一)相关成果已获得或正在申报国家级、省部级科学技术奖的;

(二)相关成果在知识产权归属以及完成单位、完成人署名等方面存在争议,尚未解决的;

(三)相关技术内容依照有关法律、法规规定必须取得有关许可证,或直接关系到人身和社会安全、公共利益的项目,尚未获得行政主管部门批准的;

(四)相关成果经评审未授奖且无实质性进展的。

第二十五条 高等学校科学研究优秀成果奖(科学技术)获奖项目完成人,获奖后须间隔一定年份后方可作为提名项目的完成人,同一人同一年度只能作为一个候选项目的完成人。

第二十六条 提名单位或专家应按规定的统一格式填写候选项目或候选人提名书,并提供真实、准确的证明材料,报送奖励工作办公室。

第二十七条 奖励工作办公室负责对提名书及相关材料进行形式审查。

第二十八条 评审委员会对候选项目和候选人进行评审,并根据评审结果向奖励委员会提出授奖建议。

第二十九条 奖励委员会对评审委员会的授奖建议进行审定,作出授奖决议。

第三十条 奖励委员会作出的授奖决议报教育部批准。教育部对获奖个人和单位授奖,并颁发证书。

第三十一条 高等学校科学研究优秀成果奖(科学技术)提名和评审的规则、程序和结果等信息按程序向社会公布,接受社会监督。

涉及国防、国家安全方面的成果,应当严格遵守国家保密法律法规的有关规定,加强保密管理,在适当范围内公布。

第四章 评定标准

第三十二条 自然科学奖的评定标准如下:

(一)在科学上取得突破性进展,发现的科学现象、揭示的科学规律、提出的学术观点或研究方法为国内外学术界所公认和广泛引用,推动了本学科或其分支学科或相关学科的发展,或者对经济建设、社会发展有重大影响的,可评为一等奖;

(二)在科学上取得重要进展,发现的科学现象、揭示的科学规律、提出的学术观点或研究方法为国内外学术界所公认和引用,推动了本学科或者其分支学科的发展,或者对经济建设、社会发展有较大影响的,可评为二等奖;

(三)对于原始性创新特别突出、具有特别重大科学价值、在国际相关学术领域中具有引领作用、在国内外具有重大影响的特别重大的科学发现,可评为特等奖。

第三十三条 技术发明奖的评定标准如下:

(一)属国内外首创的重要技术发明,技术思路独特,技术上有很大的创新,技术经济指标达到了国际同类技术的领先水平,推动了相关领域的技术进步,已产生显著的经济效益或者社会效益或具有显著的应用前景,可评为一等奖;

(二)属国内外首创,或者国内外已有但尚未公开的主要技术发明,技术思路新颖,技术上有较大的创新，技术经济指标达到了国际同类技术的先进水平，对本领域的技术进步有推动作用，并产生了明显的经济效益、社会效益或具有明显的应用前景，可评为二等奖；

（三）对原始性创新特别突出、主要技术经济指标显著优于国内外同类技术或者产品，并取得重大经济或者社会效益的特别重大的技术发明，可评为特等奖。

第三十四条　科学技术进步奖从技术开发、社会公益、国家安全三个方面制定评定标准，分别为：

（一）技术开发：在关键技术和系统集成上有重要创新，技术难度大，总体技术水平和主要技术经济指标达到了国际同类技术的先进水平，市场竞争力强，成果转化程度高，取得了显著的经济效益，对行业的技术进步和产业结构优化升级有很大作用的，可评为一等奖；在关键技术和系统集成上有较大创新，技术难度较大，总体技术水平和主要技术经济指标达到了国内同类技术的领先水平，并接近国际同类技术的先进水平，市场竞争力较强，成果转化程度较高，取得了明显的经济效益，对行业的技术进步和产业结构调整有较大意义的，可评为二等奖。

（二）社会公益：在关键技术和系统集成上有重要创新，技术难度大，总体技术水平和主要技术指标达到了国际同类技术的先进水平，并在行业得到广泛应用，取得了显著的社会效益，对科技发展和社会进步有很大意义的，可评为一等奖；在关键技术和系统集成上有较大创新，技术难度较大，总体技术水平和主要技术指标达到了国内同类技术的领先水平，并接近国际同类技术的先进水平，在行业较大范围应用，取得了明显的社会效益，对科技发展和社会进步有较大意义的，可评为二等奖。

（三）国家安全：在关键技术和系统集成上有重要创新，技术难度大，总体技术达到国际同类技术的先进水平，应用效果突出，对国防建设和保障国家安全具有很大作用的，可评为一等奖；在关键技术和系统集成上有较大创新，技术难度较大，总体技术达到国内同类技术的领先水平，并接近国际同类技术的先进水平，应用效果突出，对国防建设和保障国家安全有较大作用的，可评为二等奖。

对于技术创新性特别突出、经济效益或者社会效益特别显著、推动行业科技进步特别明显的项目，可评为特等奖。

第三十五条　青年科学奖的评定标准如下：

（一）致力于科技前沿，独立开展研究工作，创新能力强，学风严谨，作风扎实；

（二）取得重大原创性成果，产生了显著的国际学术影响，推动经济社会发展，在国内同领域同龄人中学术水平居于前列；

（三）学术思想活跃，具有很好的学术发展前景；

（四）坚持立德树人，积极开展人才培养，并取得显著成绩。

第五章　异议处理

第三十六条　高等学校科学研究优秀成果奖（科学技术）接受社会监督，实行异议处理制度。任何单位或个人对公示的候选项目和候选人如有异议，在规定的公示期内可向异议受理部门书面提出。逾期提出的异议原则上不予受理。

第三十七条　提名项目正式报送奖励工作办公室前提出的异议，由提名单位或专家处理。提名项目通过形式审查后提出的异议，由奖励工作办公室会同有关提名单位或者提名专家共同处理。涉及国家安全成果的异议，由奖励工作办公室会同有关部门处理。

第三十八条　涉及异议的任何一方应当积极配合异议处理单位和人员对异议进行处理，不得推诿或延误。

第三十九条　参加处理异议问题的单位和人员，应当依法依规、客观公正，并严守秘密。

第六章　罚　　则

第四十条　获奖者剽窃、侵夺他人的发现、发明或者其他科学技术成果的，或者以其他不正当手段骗取高等学校科学研究优秀成果奖（科学技术）的，由教育部撤销其奖励、追回证书等，并责成所在单位依法依规给予处理。

第四十一条　提名单位或专家提供虚假数据、材料，协助他人骗取高等学校科学研究优秀成果奖（科学技术）的，教育部视情节轻重予以公开通报、暂停或者取消提名资格等处理，并记录不良信誉，责成所在单位依法依规给予处理。

第四十二条　评审专家存在违反学术道德和评审纪律等行为的，按照有关规定给予内部或公开通报、暂停或者取消评审专家资格等处理，并记录不良信誉。情节严重的，责成所在单位依法依规给予处理。

第四十三条　参与高等学校科学研究优秀成果奖（科学技术）评审组织工作的人员在评审活动中存在违规违纪行为的，责成所在单位依法依规给予处理。

第四十四条　对高等学校科学研究优秀成果奖（科学技术）获奖成果的宣传应当客观、准确，关注科学技术本身，不得以夸大、虚假、模糊宣传误导公众。不得在商业广告中将商品或服务表述为高等学校科学研究优秀成果奖(科学技术)的获奖对象。

禁止利用高等学校科学研究优秀成果奖(科学技术)提名和评审相关信息，进行各类营销、中介、代理等营利性活动。

第七章　附　　则

第四十五条　本办法由教育部负责解释。

第四十六条　本办法自2020年1月1日起施行，2015年2月印发的《高等学校科学研究优秀成果奖(科学技术)奖励办法》(教技发〔2015〕1号)同时废止。

“双一流”建设成效评价办法(试行)

1. 2020年12月30日教育部、财政部、国家发展改革委发布
2. 教研〔2020〕13号

第一章　总　　则

第一条　为贯彻落实《深化新时代教育评价改革总体方案》，加快“双一流”建设，促进高等教育内涵式发展、高质量发展，推进治理体系和治理能力现代化，根据《统筹推进世界一流大学和一流学科建设总体方案》(国发〔2015〕64号，以下简称《总体方案》)、《统筹推进世界一流大学和一流学科建设实施办法(暂行)》(教研〔2017〕2号)和《关于高等学校加快“双一流”建设的指导意见》(教研〔2018〕5号)，制定本办法。

第二条　“双一流”建设成效评价以习近平新时代中国特色社会主义思想为指导，深入贯彻落实党的十九大和十九届二中、三中、四中、五中全会精神，全面贯彻党的教育方针，坚持党对教育事业的全面领导，坚定社会主义办学方向，以中国特色、世界一流为核心，突出培养一流人才、产出一流成果，主动服务国家需求，克服“五唯”顽瘴痼疾，以中国特色“双一流”建设成效评价体系引导高校和学科争创世界一流。

第三条　“双一流”建设成效评价是对高校及其学科建设实现大学功能、内涵发展及特色发展成效的多元多维评价，综合呈现高校自我评价、专家评价和第三方评价结果。评价遵循以下原则：

1. 一流目标，关注内涵建设。坚持中国特色与世界一流，坚持办学正确方向，坚持以立德树人根本任务为内涵建设牵引，聚焦人才培养、队伍建设、科研贡献与机制创新，在具有可比性的领域进入世界一流行列或前列，不唯排名、不唯数量指标。

2. 需求导向，聚焦服务贡献。考察建设高校主动面向世界科技前沿、面向经济主战场、面向国家重大需求、面向人民生命健康，在突破关键核心技术、探索前沿科学问题和解决重大社会现实问题等方面作出的重要贡献，尤其是基础研究取得“从0到1”重大原始创新成果的情况。考察立足优势学科主动融入和支撑区域及行业产业发展的情况。考察传承弘扬中华传统文化、推进中国特色社会主义文化建设、促进人类文明发展，以及在开拓治国理政研究新领域新方向上取得创新性先导性成果的情况。

3. 分类评价，引导特色发展。以学科为基础，依据办学传统与发展任务、学科特色与交叉融合趋势、行业产业支撑与区域服务，探索建立院校分类评价体系，鼓励不同类型高校围绕特色提升质量和竞争力，在不同领域和方向建成一流。

4. 以评促建，注重持续提升。设立常态化建设监测体系，注重考察期中和期末建设目标达成度、高校及学科发展度，合理参考第三方评价表现度，形成监测、改进与评价“三位一体”评价模式，督促高校落实建设主体责任，治本纠偏，持续提高建设水平。

第二章　成效评价重点

第四条　成效评价由大学整体建设评价和学科建设评价两部分组成，统筹整合《总体方案》五大建设任务和五大改革任务作为评价重点，综合客观数据和主观评议，分整体发展水平、成长提升程度、可持续发展能力不同视角，考察和呈现高校和学科的建设成效。

第五条　对建设高校“加强党的全面领导与治理体系改革成效”的评价，贯穿成效评价各个方面，反映学校全面加强党的建设和领导，坚持社会主义办学方向，党建引领和保障“双一流”建设，依法治校、依法办学，完善现代大学制度和治理体系等方面的表现，是对高校整体建设和学科建设坚持中国特色本质要求的统领性、决定性评价。

第六条　大学整体建设评价，分别按人才培养、教师队伍建设、科学研究、社会服务、文化传承创新和国际交流合作六个方面相对独立组织，综合呈现结果；学科建设评价，主要考察建设学科在人才培养、科学研究、社会服务、教师队伍建设四个方面的综合成效。

具体评价要求是：

1. 人才培养评价。将立德树人成效作为根本考察标准，以人才培养过程、结果及影响为评价对象，突出培养一流人才，综合考察建设高校思政课程、课程思政、教学投入与改革、创新创业教育、毕业生就业质量以及德智体美劳全面发展等方面的建设举措与成效。

2. 教师队伍建设评价。突出教师思想政治素质和师德师风建设，克服“唯论文”“唯帽子”“唯职称”“唯学历”“唯奖项”“唯项目”倾向，综合考察教师队伍师德师风、教育教学、科学研究、社会服务和专业发展等方面的情况，以及建设高校在推进人事制度改革，提高专任教师队伍水平、影响力及发展潜力的举措和成效。

3. 科学研究评价。突出原始创新与重大突破，不唯数量、不唯论文、不唯奖项，实行代表作评价，强调成果的创新质量和贡献，结合重大、重点创新基地平台建设情况，综合考察建设高校提高科技创新水平、解决国家关键技术“卡脖子”问题、推进科技评价改革的主要举措，在构建中国特色哲学社会科学学科体系、学术体系、话语体系中发挥的主力军作用，以及面向改革发展重大实践，推动思想理论创新、服务资政决策等方面成效。

4. 社会服务评价。突出贡献和引领，综合考察建设高校技术转移与成果转化的情况、服务国家重大战略和行业产业发展以及区域发展需求、围绕国民经济社会发展加强重点领域学科专业建设和急需人才培养、特色高端智库体系建设情况、成果转化效益以及参与国内外重要标准制订等方面的成效。

5. 文化传承创新评价。突出传承与创新中国特色社会主义先进文化，综合考察建设高校传承严谨学风和科学精神、中华优秀传统文化和红色文化，弘扬社会主义核心价值观的理论建设和社会实践创新，塑造大学精神及校园文化建设的举措和成效以及校园文化建设引领社会文化发展的贡献度。

6. 国际交流合作评价。突出实效与影响，综合考察建设高校统筹国内国外两种资源，提升人才培养和科学研究的水平以及服务国家对外开放的能力，加强多渠道国际交流合作，持续增强国际影响力的成效。

第七条　不同评价方面，相应设置整体发展水平、成长提升程度及可持续发展能力的评价角度，重视对成长性、特色性发展的评价，引导高校和学科关注长远发展。

1. 整体发展水平。考察高校和学科建设的达成水平，在可比领域与国内外大学和学科进行比较。

2. 成长提升程度。考察高校和学科在建设周期内的水平变化，体现成长增量及发展质量。

3. 可持续发展能力。考察高校和学科的结构布局、特色优势、资源投入、平台建设、体制机制改革及制度体系创新完善、治理效能等支撑发展的条件与水平，体现发展潜力。

第三章　成效评价组织

第八条　每轮建设中期，开展建设高校自我评估。

建设高校应依据本办法相关要求，对照学校建设方案，制定自评工作方案，系统整理建设成效数据，组织校内外专家对建设目标和任务完成情况、学科建设水平、资金管理使用情况以及建设中存在的问题等进行分析，提出整改措施，发布自评报告。

第九条　每轮建设期末，开展建设周期成效评价。按以下程序进行：

1. 建设高校根据建设方案对改革实施情况、建设目标和任务完成情况、学科水平、资金管理使用情况等进行自我评价。

2. 教育部根据本办法制定成效评价工作方案，委托相关机构分别开展定量数据处理、定性评议、第三方评价结果比对等工作，有关机构分别提出初步评价结果。

3. “双一流”建设专家委员会根据建设高校的建设方案、中期和期末自评报告、相关机构初步评价结果，形成综合评价意见。

4. “双一流”建设主管部门根据专家委员会的评价意见，综合研究，确定评价结果，上报国务院。

第十条　成效评价实行水平评价与效益考核相结合，考察建设高校和学科在建设基础、突破贡献、特色凝练等方面的表现。避免简单以条件、数量、排名变化作为评价指标，既考核在现有资源条件下的建设成果及其对学校整体建设带动效应，也衡量在已有发展基础上的成长提升及发展潜力。

第十一条　成效评价实行日常动态监测与周期评价相结合。以成效评价内容为依据，建立常态化的建设监测体系，建设周期内对大学整体建设和学科建设过程和结果，实现连续跟踪、监测与评估一体化，周期评价以动态监测积累的过程信息与数据为主要支撑。

第十二条　成效评价实行定量评价与定性评议相结合。依据公开数据、可参考的第三方评价结果及监测数据进行定量评价。对建设高校与建设学科定期发布的进展报告、中期和期末自评报告、典型特色案例及其他写实性材料，组织专家进行定性评议。定量结果定性结论互相补充、互为印证。

第十三条　以学科为基础，探索建设成效国际比较。科学合理确定相关领域的世界一流标杆，结合大数据分析和同行评议等，对建设高校和学科在全球同类院校相关可比领域的表现、影响力、发展潜力等进行综合考察。

第十四条　适时开展分类评价。研究建立建设高校分类体系，完善分类评价办法，引导和鼓励高校与学科在发展中突出优势，注重特色建设。

第四章　评价结果运用

第十五条　建立成效评价结果多维多样化呈现机制。按不同评价方面、不同学校和学科类型，以区间和梯度分布等形式，呈现建设高校和建设学科的综合评价结果，不计算总分、不发布排名。

第十六条　综合评价结果作为下一轮建设范围动态调整的主要依据。

第十七条　教育部、财政部、国家发展改革委根据综合评价结果，对实施有力、进展良好、成效明显的建设高校及建设学科，加大支持力度；对实施不力、进展缓慢、缺乏实效的建设高校及建设学科，减少支持力度。

第五章　附　　则

第十八条　建设高校在动态监测、中期自评和周期评价中应确保材料和数据真实准确。凡发现造假作伪等情形的，建设主管部门将视情节予以严肃处理。情节严重的，减少支持直至调整出建设范围。

第十九条　本办法自公布之日起实施。

普通高等学校举办非学历教育管理规定（试行）

1．2021年11月11日发布
2．教职成厅函〔2021〕23号

第一章　总　　则

第一条　为加强对普通高等学校（以下简称高校）举办非学历教育的管理，根据《中华人民共和国高等教育法》制定本规定。

第二条　本规定所称非学历教育是指高校在学历教育之外面向社会举办的，以提升受教育者专业素质、职业技能、文化水平或者满足个人兴趣等为目的的各类培训、进修、研修、辅导等教育活动。以获得高等教育自学考试毕业证书为目的的自学考试辅导不在本规定的适用范围内。

第三条　非学历教育要坚持以习近平新时代中国特色社会主义思想为指导，全面贯彻党的教育方针，坚持社会主义办学方向，落实立德树人根本任务；强化公益属性，发挥市场机制作用，主动服务国家战略、经济社会发展和人的全面发展；依托学科专业优势和特色，与学校发展定位相一致、与学校办学能力相适应；坚持依法依规治理，规范办学行为，提升人才培养质量。

第四条　高校在保证完成国家下达的学历教育事业计划的前提下，方可举办非学历教育。高校举办非学历教育原则上要以自招、自办、自管为主，切实落实高校办学主体责任。

第二章　管理体制和职责

第五条　国务院教育行政部门负责非学历教育的宏观指导和统筹管理，建立健全非学历教育评价标准，完善监管体系；会同有关行业主管部门建立协同机制，加强对非学历教育的业务指导。

第六条　省级教育行政部门负责本地区非学历教育的指导、监督和管理，引导高校根据自身实际和特点优势，科学合理确定非学历教育办学规模。

第七条　高校负责本校非学历教育的发展规划、制度建设、规范办学和质量保证。高校党委应履行好管党治党、办学治校主体责任，强化基层党组织对涉及非学历教育工作的政治把关作用。高校应按照“管办分离”原则，明确归口管理部门，对非学历教育实施归口管理。归口管理部门不得设立在实际举办非学历教育的院系或部门（以下统称办学部门）。

第八条　归口管理部门负责全校非学历教育的统筹协调和规范管理，拟订非学历教育发展规划和管理制度，建立风险防控机制；对各办学部门举办的非学历教育进行立项审批；对非学历教育的招生简介、广告宣传等进行审核；对非学历教育合同事务进行管理；对非学历教育办学进行过程指导、质量监督和绩效管理；审核发放非学历教育证书等。

第九条　根据学校非学历教育发展规划，办学部门可结合自身优势特色，按照学校相关程序开展非学历教育。校内非实体性质的单位、职能管理部门、群团组织及教职员工个人不得以高校名义举办非学历教育。高校独资、挂靠、参股、合作举办的独立法人单位，不得以高校名义举办非学历教育；法人名称中带有高校全称或简称的，如举办非学历教育应纳入高校统一管理。

第三章　立项与招生

第十条　高校办学部门举办非学历教育项目均须向归口管理部门提出立项申请，经审批同意后方可开展。除保密情形外，经审批通过的项目要依法依规进行信息公开。

第十一条　高校不得以“研究生”“硕士、博士学位”等名义举办课程进修班。面向社会举办的非学历教育不得冠以“领导干部”“总裁”“精英”“领袖”等名义，不得出现招收领导干部的宣传。

第十二条　高校应严格规范非学历教育招生行为，自行组织招生，严禁委托校外机构进行代理招生。招生宣传内容必须真实、明晰、准确。

第四章　合作办学

第十三条　高校应严格控制非学历教育合作办学，确需与校外机构开展课程设计、教学实施等方面合作办学的，应对合作方背景、资质进行严格审查。如合作方涉及本校教职员工及其特定关系人的，应在立项申报时主动申明。

第十四条　合作办学要坚持高校主体地位，严禁转移、下放、出让学校的管理权、办学权、招生权和教学权，严禁项目整体外包。脱产学习超过一个月的非学历教育、受委托的领导干部培训项目，一律不得委托给社会培训机构，或与社会培训机构联合举办。

第十五条　非学历教育合作办学合同须经归口管理部门统一审批并由学校法定代表人或授权签字人签字，加盖学校公章。高校要重点对合同中合作模式、校名校誉使用、合作期限、权利义务、收益分配、违约责任等条款进行审核。

第五章　教学管理

第十六条　高校要建立非学历教育教学管理制度和质量保障机制，加强项目设计、课程研发、教学组织、效果评价等方面管理，明确教学目标和计划安排，严格学习纪律和考勤考核，加强学员管理。

第十七条　非学历教育可采取脱产、业余形式。鼓励高校创新教学模式，开展基于互联网的信息化教学和线上线下混合教学。

第十八条　高校要加强非学历教育教学资源建设，健全开发使用标准、程序和审核评价机制。鼓励高校组织优秀师资开发高水平非学历教育教学资源。

第十九条　高校非学历教育结业证书应由归口管理部门统一制作、分类连续编号，与学历教育证书明显区别。高校要建立规范的结业证书审核与申领机制，做好结业申请材料的收集与归档。结业证书应当载明修业时段和学业内容。

第六章　财务管理

第二十条　高校要按照国家及高校所在省份主管部门的规定，建立健全非学历教育财务管理制度，规范管理、防范风险。

第二十一条　对没有明确政府定价或政府指导价的项目，高校应根据当地经济社会发展水平和培养成本合理确定收费标准。面向社会公开招生的项目，收费标准应向社会公示，自觉接受监督。涉及收费减免的，应严格履行收费减免审批程序。

第二十二条　非学历教育办学所有收入纳入学校预算，统一核算，统一管理，任何单位或个人不得隐瞒、截留、占用、挪用和坐支。高校不得授权任何单位或个人代收费，不得以接受捐赠等名义乱收费。严禁合作方以任何名义收取费用。

第二十三条　非学历教育经费支出执行国家有关财务规章制度和学校有关经费支出管理规定。属于政府采购范围的，要严格执行政府采购相关规定。使用校内资源的，要执行学校资源有偿使用相关规定。非学历教育的课酬、劳务费等酬金统一由学校财务部门据实支付。

第七章　条件保障

第二十四条　高校要加强非学历教育师资和管理队伍建设，强化师德师风建设，选聘、培育优秀人才参与非学历教育工作；要设定授课师资准入条件，动态调整师资库，完善非学历教育绩效管理制度。聘用外籍人员需符合国家有关规定。

第二十五条　高校要优化资源配置，不断改善非学历教育办学及食宿条件。鼓励将学校运动场馆、图书馆、实验室等资源向非学历教育学员开放。

第二十六条　举办非学历教育需符合场地、消防、食品、卫生、网络信息等方面的安全要求，建立健全安全管理制度和应急预警处理机制，防范各类安全责任事故发生。

第八章　监督管理与处罚

第二十七条　高校要建立非学历教育中长期规划编制、年度执行情况审查、财务审计、监督检查机制，并纳入学校党委（常委）会议事事项和“三重一大”决策范畴。

第二十八条　高校要建立覆盖非学历教育立项、研发、招生、收费、教学、评价、发证等各环节的质量管理体系，实现办学过程受监控、可追溯。高校非学历教育办学情况纳入继续教育发展年度报告工作，主动向社会公开。年度办学情况明细应报省级教育行政部门备案。

第二十九条　高校财务、审计、教师管理、学生管理、巡视巡察、纪检监察等部门要将非学历教育监督检查纳入日常工作，建立工作机制，通过日常监管、专项检查等多种方式强化监督制约，维护财经纪律，保障教学秩序，防范腐败风险。

第三十条 各省级教育行政部门要完善本地区高校非学历教育管理制度,建立办学质量抽查和评估机制,强化指导和监管。

第三十一条 主管教育行政部门要建立工作责任制和责任追究制度,依法依规严肃处理高校非学历教育办学过程中的违规违纪违法问题。

(一)对不按本规定执行的高校,或不具备教学条件、办学投入不足、教学质量低下的高校,责令限期整改;对拒不履行职责、推诿、敷衍、拖延的,应公开通报批评,并追究有关责任人责任。

(二)对弄虚作假,蒙骗学员,借办学之名营私牟利的,应责令高校立即整改,退还所收费用,并对主要责任者和其他直接责任人员依法依规给予处分。构成犯罪的,依法追究刑事责任。

第九章 附 则

第三十二条 职业高等学校、独立设置的成人高等学校、开放大学举办非学历教育参照本规定执行。

第三十三条 高校面向特定行业、特定地域、特定群体举办的非学历教育,须同时遵守相关规定。

第三十四条 本规定的解释权属教育部。

第三十五条 本规定自发布之日起施行。

交叉学科设置与管理办法(试行)

1. 2021年11月17日发布
2. 学位〔2021〕21号

第一章 总 则

第一条 为促进学科交叉融合,加快知识生产方式变革和人才培养模式创新,现依据《中华人民共和国学位条例》及其暂行实施办法和学科目录相关管理规定,就规范交叉学科管理,完善中国特色学科专业体系,制定本办法。

第二条 交叉学科是多个学科相互渗透、融合形成的新学科,具有不同于现有一级学科范畴的概念、理论和方法体系,已成为学科、知识发展的新领域。

第三条 编制交叉学科门类目录按照先试点再进目录的方式开展。

试点设置和列入目录的一级交叉学科适用本办法。

第二章 试点交叉学科设置与退出

第四条 试点交叉学科设置由学位授权自主审核单位根据学科发展和人才需求自主开展。可通过学科交叉发展的,原则上不应设置为交叉学科。

第五条 交叉学科的设置须满足下列基本条件:

(一)具有新的、明确的研究对象以及需要通过多学科理论和方法交叉融合解决的新科学问题和现象,具有形成相对独立的理论、知识和方法体系的发展潜力;

(二)社会对该学科人才有一定规模的迫切需求,并具有稳定的需求发展趋势;

(三)具有结构合理的高水平教师队伍、相关学科基础扎实、人才培养条件优良,基本形成与培养目标相适应的研究生培养体系。

第六条 自主审核单位应根据学位授权自主审核工作的基本要求,遵循规范、科学、透明的原则,制订本单位试点交叉学科自主设置程序。设置程序必须包括以下环节:学位授权点建设主责院系提出书面申请、学位授权点管理部门初步审核、征求与交叉学科相关的其他学位授权点意见、按提纲编写论证报告、组织国内外同行专家论证、拟新增学位授权点校内公示、学位评定委员会审议、党委常委会会议研究决定、经省级学位委员会报国务院学位委员会批准。

第七条 根据国家重大需求,国务院学位委员会、教育部可引导支持学位授权自主审核单位开展有关交叉学科设置试点工作。

第八条 试点交叉学科清单由国务院学位委员会每年定期向社会公布。

第九条 试点交叉学科名称应科学规范、简练易懂,体现本学科内涵及特色,一般不超过10个汉字,不得与现有的学科名称相同或相似。试点交叉学科代码共4位,前两位为“99”,后两位为顺序号,从“01”开始顺排。

第十条 对不符合学科发展要求、社会需求严重不足、试点工作难以持续的试点交叉学科,学位授权自主审核单位应及时停止招生,学生毕业后按相关程序主动撤销,经省级学位委员会报国务院学位委员会取消授权。

第三章 目录编入与退出

第十一条 试点交叉学科编入交叉学科门类目录,与学科专业目录修订工作同步进行,每5年修订一次。

第十二条 交叉学科编入目录应符合以下基本条件:

(一)试点设置的自主审核单位达到一定数量且博士毕业生达到一定规模;

(二)已形成若干个相对稳定成熟的学科方向;

(三)已形成稳定的师资队伍、完善的课程体系与教材体系、成熟的培养机制、高水平的科研支撑和健全的质量保障机制；

（四）毕业学生的就业率和就业质量高，未来就业预期好。

第十三条　交叉学科编入目录的论证工作包括以下环节：

（一）自主审核单位根据“新增交叉学科论证报告编写参考提纲”编制论证报告，按有关要求向国务院学位委员会提出列入目录申请；

（二）国务院学位委员会办公室组织相关学科评议组专家，对论证申请以无记名投票方式进行表决并提出评议意见。表决专家三分之二以上（含三分之二）同意为通过。对表决通过的申请，提交学科发展战略咨询委员会审议；

（三）学科发展战略咨询委员会召开专门会议，根据论证报告、专家评议意见和表决结果，对申请进行评议并以无记名投票方式表决，参加表决委员三分之二以上（含三分之二）同意为通过。表决通过的提交国务院学位委员会审批；

（四）国务院学位委员会审议批准后，编入交叉学科目录，并向社会公布。

第十四条　批准编入目录的一级交叉学科代码为4位，前两位为“14”，后两位为顺序号，从“01”开始顺排。

第十五条　对于不再符合科学技术发展趋势，社会需求萎缩的交叉学科，国务院学位委员会应按程序将其退出目录。退出目录的交叉学科，有关学位授予单位可结合本单位办学特色和学科优势，将其转为试点交叉学科或自设二级学科继续开展人才培养工作。

第四章　管理与监督

第十六条　列入目录的交叉学科，学位授予单位按学位授权审核相关办法申请学位授权。

第十七条　试点交叉学科由学位授权自主审核单位依程序审定该学科设置时所确定的学科门类（不含交叉学科门类）授予学位。列入目录的交叉学科，按该交叉学科在目录中规定的学科门类授予学位。

第十八条　试点交叉学科的学位授予基本要求，由学位授权自主审核单位制定，应体现交叉学科特点和博士、硕士学位的质量要求。列入目录交叉学科的学位授予基本要求，由国务院学位委员会相关学科评议组制定。

第十九条　试点交叉学科招生，由学位授权自主审核单位根据学科基础和人才培养目标，参照研究生招生考试科目设置与试题选用要求明确考试科目和基本要求。列入目录的交叉学科招生按教育部有关招生规定执行。

第二十条　交叉学科应制定完善的研究生培养方案，明确培养要求，充分体现前瞻性和交叉学科特色，保障研究生培养质量。

第二十一条　所有交叉学科学位授权点须按规定参加周期性合格评估，可不参加专项合格评估，有关成果在评估中可与其他学科共享使用。试点交叉学科可不参加第三方组织的评估。

第二十二条　学位授予单位应创新交叉学科的建设、管理、保障机制，突出特色优势，聚焦特定重点领域发力，完善人员、成果、绩效的考核评价机制，推动交叉学科建设发展。要加强跟踪管理，定期对建设情况进行自我评估，通过适当方式向社会公开交叉学科建设和人才培养成效。

第二十三条　对列入目录的交叉学科，国务院学位委员会按一级学科设立学科评议组，承担相关工作。

第五章　附　　则

第二十四条　本办法由国务院学位委员会负责解释，自发布之日起实施。

附件

新增交叉学科论证报告
编写参考提纲

【编写说明：内容应简明扼要，直入主题，数据、案例应客观、真实。】

一、学科编入目录的必要性与可行性

1. 必要性分析

【简要介绍该学科的基本情况，结合科技发展趋势和重大社会需求，阐述该学科编入目录的必要性】

2. 可行性论证

【从国内、国际两方面，对该学科编入目录的可行性进行论证，分析该学科在国际设置情况与发展情况，学科发展现状与基础条件，阐述该学科的发展前景】

二、试点设置情况

【介绍前期试点设置情况，包括参与单位、建设进展、师资队伍、人才培养及就业、重大亮点及不足等情况】

三、学科内涵

【分别介绍该学科的研究对象、理论与知识基础、主要研究方向、研究方法、拟设置的二级学科、与其他

相关学科的关系】

四、人才培养

1. 人才培养目标

【介绍该学科的人才培养目标】

2. 生源情况分析

【明确生源要求，预测未来五年生源情况，提供分析依据】

3. 课程体系和培养环节

【阐述该学科的必修、选修课程体系及其内在逻辑关系，相关领域课程建设现状与未来规划；明确培养过程的各个环节及基本要求和质量保障机制】

4. 就业前景分析

【分析该学科已毕业研究生的就业情况以及未来毕业研究生的就业前景，需有翔实的调研和数据分析】

五、教师队伍

【分析该学科现有师资的总体情况及各类结构要素、质量要素，列出各二级学科的代表性师资】

六、支撑条件

【介绍在研的科研项目、已取得的创新进展、已有的科研和教学重大平台等情况】

七、学科发展的规划设想

【从人才培养、科学研究、社会服务、文化传承创新、国际交流合作等方面阐述未来十年该学科拟达成的目标】

注：论证报告应附培养方案。

2. 学校管理

普通高等学校设置暂行条例

1986 年 12 月 15 日国务院发布

第一章　总　　则

第一条　为了加强高等教育的宏观管理，保证普通高等学校的教育质量，促进高等教育事业有计划、按比例地协调发展，制定本条例。

第二条　本条例所称的普通高等学校，是指以通过国家规定的专门入学考试的高级中学毕业学生为主要培养对象的全日制大学、独立设置的学院和高等专科学校、高等职业学校。

普通高等学校的设置，由国家教育委员会审批。

第三条　国家教育委员会应当根据经济建设和社会发展的需要、人才需求的科学预测和办学条件的实际可能，编制全国普通高等教育事业发展规划，调整普通高等教育的结构，妥善地处理发展普通高等教育同发展成人高等教育、中等专业教育和基础教育的关系，合理地确定科类和层次。

第四条　国家教育委员会应当根据学校的人才培养目标、招生及分配面向地区以及现有普通高等学校的分布状况等，统筹规划普通高等学校的布局，并注意在高等教育事业需要加强的省、自治区有计划地设置普通高等学校。

第五条　凡通过现有普通高等学校的扩大招生、增设专业、接受委托培养、联合办学及发展成人高等教育等途径，能够基本满足人才需求的，不另行增设普通高等学校。

第二章　设 置 标 准

第六条　设置普通高等学校，应当配备具有较高政治素质和管理高等教育工作的能力、达到大学本科毕业文化水平的专职校（院）长和副校（院）长。同时，还应当配备专职思想政治工作和系科、专业的负责人。

第七条　设置普通高等学校，须按下列规定配备与学校的专业设置、学生人数相适应的合格教师。

（一）大学及学院在建校招生时，各门公共必修课程和专业基础必修课程，至少应当分别配备具有讲师职务以上的专任教师 2 人；各门专业必修课程，至少应当分别配备具有讲师职务以上的专任教师 1 人。具有副教授职务以上的专任教师人数，应当不低于本校（院）专任教师总数的 10%。

（二）高等专科学校及高等职业学校在建校招生时，各门公共必修课程和专业基础必修课程，至少应当分别配备具有讲师职务以上的专任教师 2 人；各门主要专业课程至少应当分别配备具有讲师职务以上的专任教师 1 人。具有副教授职务以上的专任教师人数，应当不低于本校专任教师总数的 5%。

（三）大学及学院的兼任教师人数，应当不超过本校（院）专任教师人数的 1/4；高等专科学校的兼任教师人数，应当不超过本校专任教师的 1/3；高等职业学校的兼任教师人数，应当不超过本校专任教师的 1/2。

少数地区或特殊科类的普通高等学校建校招生，具有副教授职务以上的专任教师达不到（一）、（二）项要求的，需经国家教育委员会批准。

第八条　设置普通高等学校，须有与学校的学科门类和规模相适应的土地和校舍，保证教学、生活、体育锻炼及学校长远发展的需要。普通高等学校的占地面积及校舍建筑面积，参照国家规定的一般高等学校校舍规划面积的定额核算。

普通高等学校的校舍可分期建设，但其可供使用的校舍面积，应当保证各年度招生的需要。

第九条　普通高等学校在建校招生时，大学及学院的适用图书，文科、政法、财经院校应当不少于 8 万册；理、工、农、医院校应当不少于 6 万册。高等专科学校及高等职业学校的适用图书，文科、政法、财经学校应当不少于 5 万册；理、工、农、医学校应当不少于 4 万册。并应当按照专业性质、学生人数分别配置必需的仪器、设备、标本、模型。

理、工、农院校应当有必需的教学实习工厂或农（林）场和固定的生产实习基地；师范院校应当有附属的实验学校或固定的实习学校；医学院校至少应当有一所附属医院和适应需要的教学医院。

第十条　设置普通高等学校所需的基本建设投资和教育事业费，须有稳定的来源和切实的保证。

第三章　学 校 名 称

第十一条　设置普通高等学校，应当根据学校的人才培养目标、学科门类、规模、领导体制、所在地等，确定名实相符的学校名称。

第十二条　称为大学的，须符合下列规定：

（一）主要培养本科及本科以上专门人才；

（二）在文科（含文学、历史、哲学、艺术）、政法、财经、教育（含体育）、理科、工科、农林、医药等 8 个学科门类中，以 3 个以上不同学科为主要学科；

（三）具有较强的教学、科学研究力量和较高的教学、科学研究水平；

（四）全日制在校学生计划规模在 5000 人以上。但边远地区或有特殊需要，经国家教育委员会批准，可以不受此限。

第十三条　称为学院的，须符合下列规定：

（一）主要培养本科及本科以上专门人才；

（二）以本条例第十二条第（二）项所列学科门类中的一个学科为主要学科；

（三）全日制在校学生计划规模在 3000 人以上。但艺术、体育及其他特殊科类或有特殊需要的学院，经国家教育委员会批准，可以不受此限。

第十四条　称为高等专科学校的，须符合下列规定：

（一）主要培养高等专科层次的专门人才；

（二）以本条例第十二条第（二）项所列学科门类中的一个学科为主要学科；

（三）全日制在校学生计划规模在 1000 人以上。但边远地区或有特殊需要的学校，经国家教育委员会批准，可以不受此限。

第十五条　称为高等职业学校的，须符合下列规定：

（一）主要培养高等专科层次的专门人才；

（二）以职业技术教育为主；

（三）全日制在校学生计划规模在 1000 人以上。但边远地区或有特殊需要的学校，经国家教育委员会批准，可以不受此限。

第四章　审 批 验 收

第十六条　国家教育委员会每年第三季度办理设置普通高等学校的审批手续。设置普通高等学校的主管部门，应当在每年第三季度以前提出申请，逾期则延至下一年度审批时间办理。

第十七条　设置普通高等学校的审批程序，一般分为审批筹建和审批正式建校招生两个阶段。完全具备建校招生条件的，也可以直接申请正式建校招生。

第十八条　设置普通高等学校，应当由学校的主管部门邀请教育、计划、人才需求预测、劳动人事、财政、基本建设等有关部门和专家共同进行论证，并提出论证报告。

论证报告应当包括下列内容：

（一）拟建学校的名称、校址、学科门类、专业设置、人才培养目标、规模、领导体制、招生分配面向地区；

（二）人才需求预测、办学效益、高等教育的布局；

（三）拟建学校的师资来源、经费来源、基建计划。

第十九条　凡经过论证，确需设置普通高等学校的，按学校隶属关系，由省、自治区、直辖市人民政府或国务院有关部门向国家教育委员会提出筹建普通高等学校申请书，并附交论证报告。

国务院有关部门申请筹建普通高等学校，还应当附交学校所在地的省、自治区、直辖市人民政府的意见书。

第二十条　普通高等学校的筹建期限，从批准之日起，应当不少于 1 年，但最长不得超过 5 年。

第二十一条　经批准筹建的普通高等学校，凡符合本条例第二章规定的，按学校隶属关系，由省、自治区、直辖市人民政府或国务院有关部门向国家教育委员会提出正式建校招生申请书，并附交筹建情况报告。

第二十二条　国家教育委员会在接到筹建普通高等学校申请书，或正式建校招生申请书后，应当进行审查，并做出是否准予筹建或正式建校招生的决定。

第二十三条　为保证新建普通高等学校的办学质量，由国家教育委员会或它委托的机构，对新建普通高等学校第一届毕业生进行考核验收。

第二十四条　经批准建立的普通高等学校，从批准正式建校招生之日起 10 年内，应当达到审定的计划规模及正常的教师配备标准和办学条件。国家教育委员会或它委托的机构负责对此进行审核验收。

第五章　检 查 处 理

第二十五条　凡违反本规定有下列情形之一的，由国家教育委员会区别情况，责令其调整、整顿、停止招生或停办：

（一）虚报条件，筹建或建立普通高等学校的；

（二）擅自筹建或建校招生的；

（三）超过筹建期限，未具备招生条件的；

（四）第一届毕业生经考核验收达不到规定要求的；

（五）在规定期限内，达不到审定的计划规模及正常的教师配备标准和办学条件的。

第六章　附　　则

第二十六条　对本条例施行前设置或变更学校名称的普通高等学校，应当参照本条例，进行整顿。整顿办法，由国家教育委员会另行制定。

第二十七条　本条例由国家教育委员会负责解释。

第二十八条　本条例自发布之日起施行。

中共中央办公厅印发《关于坚持和完善普通高等学校党委领导下的校长负责制的实施意见》

2014 年 10 月 15 日

党委领导下的校长负责制是中国共产党对国家举办的普通高等学校（以下简称“高等学校”）领导的根本制度，是高等学校坚持社会主义办学方向的重要保证，必须毫不动摇、长期坚持并不断完善。根据《中国共产党章程》、《中华人民共和国高等教育法》、《中国共产党普通高等学校基层组织工作条例》等有关规定，结合高等学校实际，现就进一步坚持和完善党委领导下的校长负责制提出以下实施意见。

一、党委统一领导学校工作

1. 高等学校党的委员会是学校的领导核心，履行党章等规定的各项职责，把握学校发展方向，决定学校重大问题，监督重大决议执行，支持校长依法独立负责地行使职权，保证以人才培养为中心的各项任务完成。

（1）全面贯彻执行党的路线方针政策，贯彻执行党的教育方针，坚持社会主义办学方向，坚持立德树人，依法治校，依靠全校师生员工推动学校科学发展，培养德智体美全面发展的中国特色社会主义事业合格建设者和可靠接班人。

（2）讨论决定事关学校改革发展稳定及教学、科研、行政管理中的重大事项和基本管理制度。

（3）坚持党管干部原则，按照干部管理权限负责干部的选拔、教育、培养、考核和监督，讨论决定学校内部组织机构的设置及其负责人的人选，依照有关程序推荐校级领导干部和后备干部人选。做好老干部工作。

（4）坚持党管人才原则，讨论决定学校人才工作规划和重大人才政策，创新人才工作体制机制，优化人才成长环境，统筹推进学校各类人才队伍建设。

（5）领导学校思想政治工作和德育工作，坚持用中国特色社会主义理论体系武装师生员工头脑，培育和践行社会主义核心价值观，牢牢掌握学校意识形态工作的领导权、管理权、话语权。维护学校安全稳定，促进和谐校园建设。

（6）加强大学文化建设，发挥文化育人作用，培育良好校风学风教风。

（7）加强对学校院（系）等基层党组织的领导，做好发展党员和党员教育、管理、服务工作，发展党内基层民主，充分发挥基层党组织的战斗堡垒作用和党员的先锋模范作用。加强学校党委自身建设。

（8）领导学校党的纪律检查工作，落实党风廉政建设主体责任，推进惩治和预防腐败体系建设。

（9）领导学校工会、共青团、学生会等群众组织和教职工代表大会。做好统一战线工作。

（10）讨论决定其他事关师生员工切身利益的重要事项。

2. 党委实行集体领导与个人分工负责相结合，坚持民主集中制，集体讨论决定学校重大问题和重要事项，领导班子成员按照分工履行职责。

3. 党委书记主持党委全面工作，负责组织党委重要活动，协调党委领导班子成员工作，督促检查党委决议贯彻落实，主动协调党委与校长之间的工作关系，支持校长开展工作。

二、校长主持学校行政工作

4. 校长是学校的法定代表人，在学校党委领导下，贯彻党的教育方针，组织实施学校党委有关决议，行使高等教育法等规定的各项职权，全面负责教学、科研、行政管理工作。

（1）组织拟订和实施学校发展规划、基本管理制度、重要行政规章制度、重大教学科研改革措施、重要办学资源配置方案。组织制定和实施具体规章制度、年度工作计划。

（2）组织拟订和实施学校内部组织机构的设置方案。按照国家法律和干部选拔任用工作有关规定，推荐副校长人选，任免内部组织机构的负责人。

（3）组织拟订和实施学校人才发展规划、重要人才政策和重大人才工程计划。负责教师队伍建设，依据有关规定聘任与解聘教师以及内部其他工作人员。

（4）组织拟订和实施学校重大基本建设、年度经费预算等方案。加强财务管理和审计监督，管理和保护学校资产。

（5）组织开展教学活动和科学研究，创新人才培养机制，提高人才培养质量，推进文化传承创新，服务国家和地方经济社会发展，把学校办出特色、争创一流。

（6）组织开展思想品德教育，负责学生学籍管理并实施奖励或处分，开展招生和就业工作。

（7）做好学校安全稳定和后勤保障工作。

（8）组织开展学校对外交流与合作，依法代表学校与各级政府、社会各界和境外机构等签署合作协议，接受社会捐赠。

(9)向党委报告重大决议执行情况，向教职工代表大会报告工作，组织处理教职工代表大会、学生代表大会、工会会员代表大会和团员代表大会有关行政工作的提案。支持学校各级党组织、民主党派基层组织、群众组织和学术组织开展工作。

(10)履行法律法规和学校章程规定的其他职权。

三、健全党委与行政议事决策制度

5. 高等学校应按期召开党员大会(党员代表大会)，选举产生党的委员会。党的委员会对党员大会(党员代表大会)负责并报告工作。经上级党组织批准，规模较大、党员人数较多的高等学校党的委员会可设立常务委员会(以下简称“常委会”)。设常委会的党委一般设委员15至31人，委员中除校级领导干部外，还应有院(系)、党政工作部门负责人及师生员工代表；常委会一般设委员7至11人，学校行政领导班子成员是党员的，一般应进入常委会。不设常委会的党委，一般设委员7至11人，委员中除校级领导干部外，还可有院(系)和党政工作部门负责人代表。

6. 学校党的委员会全体会议(以下简称“全委会”)在党员大会(党员代表大会)闭会期间领导学校工作，主要对事关学校改革发展稳定和师生员工切身利益及党的建设等全局性重大问题作出决策，听取和审议常委会工作报告、纪委工作报告。会议由常委会召集，议题由常委会确定。全委会必须有三分之二以上委员到会方能召开。表决事项时，以超过应到会委员人数的半数同意为通过。

7. 常委会主持党委经常工作，主要对学校改革发展稳定和教学、科研、行政管理及党的建设等方面的重要事项作出决定，按照干部管理权限和有关程序推荐、提名、决定任免干部。常委会会议由党委书记召集并主持。会议议题由学校领导班子成员提出，党委书记确定。会议必须有半数以上常委到会方能召开；讨论决定干部任免等重要事项时，应有三分之二以上常委到会方能召开。表决事项时，以超过应到会常委人数的半数同意为通过。不是党委常委的行政领导班子成员可列席会议。

不设常委会的党委，其会议制度和议事规则参照常委会会议有关规定执行。

8. 校长办公会议或校务会议是学校行政议事决策机构，主要研究提出拟由党委讨论决定的重要事项方案，具体部署落实党委决议的有关措施，研究处理教学、科研、行政管理工作。会议由校长召集并主持。会议成员一般为学校行政领导班子成员。会议议题由学校领导班子成员提出，校长确定。会议必须有半数以上成员到会方能召开。校长应在广泛听取与会人员意见基础上，对讨论研究的事项作出决定。党委书记、副书记、纪委书记等可视议题情况参加会议。

9. 党委会议和校长办公会议(校务会议)要坚持科学决策、民主决策、依法决策，防止个人或少数人专断和议而不决、决而不行。讨论决定学校重大问题，应在调查研究基础上提出建议方案，经领导班子成员沟通酝酿且无重大分歧后提交会议讨论决定。对干部任免建议方案，在提交党委会议讨论决定前，应在党委书记、校长、分管组织工作的副书记、纪委书记等范围内进行充分酝酿。对专业性、技术性较强的重要事项，应经过专家评估及技术、政策、法律咨询。对事关师生员工切身利益的重要事项，应通过教职工代表大会或其他方式，广泛听取师生员工的意见建议。对会议决定的事项如需变更、调整，应根据决策程序进行复议。

高等学校要结合实际，制定全委会、常委会、校长办公会议(校务会议)的会议制度和议事规则。

四、完善协调运行机制

10. 党委领导下的校长负责制是一个不可分割的有机整体，必须坚持党委的领导核心地位，保证校长依法行使职权，建立健全党委统一领导、党政分工合作、协调运行的工作机制。要合理确定领导班子成员分工，明确工作职责。领导班子成员要认真执行集体决定，按照分工积极主动开展工作。

11. 党委书记和校长要树立政治意识、大局意识，相互信任，加强团结。建立定期沟通制度，及时交流工作情况。党委会议有关教学、科研、行政管理工作等议题，应在会前听取校长意见；校长办公会议(校务会议)的重要议题，应在会前听取党委书记意见。意见不一致的议题暂缓上会，待进一步交换意见、取得共识后再提交会议讨论。集体决定重大事项前，党委书记、校长和有关领导班子成员要个别酝酿、充分沟通。

12. 学校领导班子应经常沟通情况、协调工作。党委书记、校长要发扬民主，充分听取和尊重班子成员的意见，支持他们的工作。领导班子成员要相互理解、相互支持，对职责分工交叉的工作，要注意协调配合。

13. 坚持领导干部双重组织生活会制度，提高组织生活质量。认真开好民主生活会，正确运用批评和自我批评的武器，开展积极健康的思想斗争。落实谈心谈话制度，党委书记和校长要定期相互谈心，定期同其他领导班子成员谈心,对在思想、作风、廉洁自律等方面出现的苗头性倾向性问题,要早提醒、早纠正;领导班子成员之间要经常交流思想、交换意见,努力营造团结共事的和谐氛围。

14. 加强学术组织建设,健全以学术委员会为核心的学术管理体系与组织架构,合理确定学术组织人员构成,制定学术组织章程,保障学术组织依照章程行使职权,充分发挥其在学科建设、学术评价、学术发展和学风建设等方面的重要作用,积极探索教授治学的有效途径。

15. 发挥教职工代表大会及群众组织作用,健全师生员工参与民主管理和监督的工作机制。实行党务公开和校务公开,及时向师生员工、群众团体、民主党派、离退休老同志等通报学校重大决策及实施情况。推行高等学校党员代表大会代表任期制和提案制,健全学校党委常委会向全委会报告工作并接受监督等制度。

五、加强组织领导

16. 按照社会主义政治家、教育家目标要求,选好配强高等学校领导班子特别是党委书记和校长。加强领导班子思想政治建设和作风建设,加大教育培训力度,不断提高领导干部思想政治素质和办学治校能力。进一步完善高等学校领导干部培养选拔机制,加强管理和监督。高等学校领导干部要认真履职尽责,正确处理领导管理工作和个人学术研究的关系,确保有足够的时间和主要精力投入学校管理工作,党委书记和校长一般不担任科研项目主要负责人。

17. 加强学校基层党组织建设,完善院(系)党政联席会议制度,集体讨论决定重大事项。完善教职工党支部和学生党支部设置形式,创新党支部活动方式。提高发展党员质量,加强党员教育管理。大力创建基层服务型党组织,不断提高基层党组织的创造力凝聚力战斗力,保证党的路线方针政策和学校各项决定的贯彻落实。

18. 加强和改进思想政治工作,深入开展中国特色社会主义和中国梦宣传教育,引导师生员工坚持正确的政治方向,坚定中国特色社会主义道路自信、理论自信、制度自信。深入开展坚持中国共产党的领导的教育,进一步深化师生员工对党委领导下的校长负责制的理解和认同,增强坚持和完善这一制度的自觉性和坚定性。

19. 学校党委要加强对领导班子成员贯彻执行党委领导下的校长负责制情况的监督,发现问题及时纠正。上级党委和有关部门要加强对高等学校贯彻执行这一制度情况的检查,将其作为巡视工作及领导班子和领导干部考核评价的重要内容,巡视和考核结果作为学校领导干部选拔任用和奖惩的重要依据。对违反民主集中制原则,不执行党委决议,或因班子内部不团结而严重影响工作的,应根据具体情况追究相关人员责任,必要时对班子进行调整。

20. 上级党委和有关部门要通过教育培训、经验交流等方式,加强对高等学校贯彻执行党委领导下的校长负责制的工作指导。注意宣传和推广好经验好做法,及时研究解决工作中出现的问题,支持高等学校探索创新,不断提高贯彻执行党委领导下的校长负责制的水平。

各地区各高等学校应根据本实施意见,结合实际制定具体实施办法。

普通高等学校教育评估暂行规定

1990 年 10 月 31 日国家教育委员会令第 14 号发布施行

第一章 总 则

第一条 为了建设有中国特色的社会主义高等学校,加强国家对普通高等教育的宏观管理,指导普通高等学校的教育评估工作,特制定本规定。

第二条 普通高等学校教育评估的主要目的,是增强高等学校主动适应社会需要的能力,发挥社会对学校教育的监督作用,自觉坚持高等教育的社会主义方向,不断提高办学水平和教育质量,更好地为社会主义建设服务。

第三条 普通高等学校教育评估的基本任务,是根据一定的教育目标和标准,通过系统地搜集学校教育的主要信息,准确地了解实际情况,进行科学分析,对学校办学水平和教育质量作出评价,为学校改进工作、开展教育改革和教育管理部门改善宏观管理提供依据。

第四条 普通高等学校教育评估坚持社会主义办学方向,认真贯彻教育为社会主义建设服务、与生产劳动相结合、德智体全面发展的方针,始终把坚定正确的政治方向放在首位,以能否培养适应社会主义建设实际需要的社会主义建设者和接班人作为评价学校办学水平和教育质量的基本标准。

第五条 普通高等学校教育评估主要有合格评估(鉴定)、办学水平评估和选优评估三种基本形式。各种评估形式应制定相应的评估方案(含评估标准、评估指标体系和评估方法),评估方案要力求科学、简易、可行、注重实效，有利于调动各类学校的积极性，在保证基本教育质量的基础上办出各自的特色。

第六条　普通高等学校教育评估是国家对高等学校实行监督的重要形式，由各级人民政府及其教育行政部门组织实施。

在学校自我评估的基础上，以组织党政有关部门和教育界、知识界以及用人部门进行的社会评估为重点，在政策上体现区别对待、奖优罚劣的原则，鼓励学术机构、社会团体参加教育评估。

第二章　合格评估（鉴定）

第七条　合格评估（鉴定）是国家对新建普通高等学校的基本办学条件和基本教育质量的一种认可制度，由国家教育委员会组织实施，在新建普通高等学校被批准建立之后有第一届毕业生时进行。

第八条　办学条件鉴定的合格标准以《普通高等学校设置暂行条例》为依据，教育质量鉴定的合格标准以《中华人民共和国学位条例》中关于学位授权标准的规定和国家制订的有关不同层次教育的培养目标和专业（学科）的基本培养规格为依据。

第九条　鉴定合格分合格、暂缓通过和不合格三种。鉴定合格的学校，由国家教育委员会公布名单并发给鉴定合格证书。鉴定暂缓通过的学校需在规定期限内采取措施，改善办学条件，提高教育质量，并需重新接受鉴定。经鉴定不合格的学校，由国家教育委员会区别情况，责令其限期整顿、停止招生或停办。

第三章　办学水平评估

第十条　办学水平评估，是对已经鉴定合格的学校进行的经常性评估，它分为整个学校办学水平的综合评估和学校中思想政治教育、专业（学科）、课程及其他教育工作的单项评估。

第十一条　办学水平的综合评估，根据国家对不同类别学校所规定的任务与目标，由上级政府和有关学校主管部门组织实施，目的是全面考察学校的办学指导思想，贯彻执行党和国家的路线、方针、政策的情况，学校建设状况以及思想政治工作、人才培养、科学研究、为社会服务等方面的水平和质量。其中重点是学校领导班子等的组织建设、马列主义教育、学生思想政治教育的状况。这是各级人民政府和学校主管部门对学校实行监督和考核的重要形式。

办学水平的综合评估一般每四至五年进行一次（和学校领导班子任期相一致），综合评估结束后应作出结论，肯定成绩，指出不足，提出改进意见，必要时由上级人民政府或学校主管部门责令其限期整顿。学校应在综合评估结束后的三个月内向上级人民政府和学校主管部门写出改进报告，上级人民政府和学校主管部门应组织复查。

第十二条　思想政治教育、专业（学科）、课程或其他教育工作的单项评估，主要由国务院有关部门和省（自治区、直辖市）教育行政部门组织实施。目的是通过校际间思想政治教育、专业（学科）、课程或其他单项教育工作的比较评估，诊断教育工作状况，交流教育工作经验，促进相互学习，共同提高。评估结束后应对每个被评单位分别提出评估报告并作出评估结论，结论分为优秀、良好、合格、不合格四种，不排名次。对结论定为不合格的由组织实施教育评估的国务院有关部门或省（自治区、直辖市）教育行政部门责令其限期整顿，并再次进行评估。

第四章　选 优 评 估

第十三条　选优评估是在普通高等学校进行的评比选拔活动，其目的是在办学水平评估的基础上，遴选优秀，择优支持，促进竞争，提高水平。

第十四条　选优评估分省（部门）、国家两级。根据选优评估结果排出名次或确定优选对象名单，予以公布，对成绩卓著的给予表彰、奖励。

第五章　学校内部评估

第十五条　学校内部评估，即学校内部自行组织实施的自我评估，是加强学校管理的重要手段，也是各级人民政府及其教育行政部门组织的普通高等学校教育评估工作的基础，其目的是通过自我评估，不断提高办学水平和教育质量，主动适应社会主义建设需要。学校主管部门应给予鼓励、支持和指导。

第十六条　学校内部评估的重点是思想政治教育、专业（学科）、课程或其他教育工作的单项评估，基础是经常性的教学评估活动。评估计划、评估对象、评估方案、评估结论表达方式以及有关政策措施，由学校根据实际情况和本规定的要求自行确定。

第十七条　学校应建设利毕业生跟踪调查和与社会用人部门经常联系的制度，了解社会需要，收集社会反馈信息，作为开展学校内部评估的重要依据。

第六章　评 估 机 构

第十八条　在国务院和省（自治区、直辖市）人民政府领导下，国家教育委员会、国务院有关部门教育行政部门和省（自治区、直辖市）高校工委、教育行政部门建立普通高等学校教育评估领导小组，并确定有关具体机构负责教育评估的日常工作。

第十九条　国家普通高等学校教育评估领导小组,在国家教育委员会的领导下,负责全国普通高等学校教育评估工作。其具体职责是:

(一)制订普通高等学校教育评估的基本准则和实施细则;

(二)指导、协调、检查各部门、各地区的普通高等学校教育评估工作,根据需要组织各种评估工作或试点;

(三)审核、提出鉴定合格学校名单报国家教育委员会批准公布,接受并处理学校对教育评估工作及评估结论的申诉;

(四)收集、整理和分析全国教育评估信息,负责向教育管理决策部门提供;

(五)推动全国教育评估理论和方法的研究,促进教育评估学术交流,组织教育评估骨干培训。

第二十条　省(自治区、直辖市)普通高等学校教育评估领导小组在省(自治区、直辖市)的高校工委、教育行政部门和国家普通高等学校教育评估领导小组指导下,负责全省(自治区、直辖市)普通高等学校教育评估工作。其具体职责是:

(一)依据本规定和国家教育委员会有关文件,制订本地区的评估方案和实施细则;

(二)指导、组织本地区所有普通高等学校的教育评估工作,接受国家教育委员会委托进行教育评估试点;

(三)审核、批准本地区有关高等学校思想政治教育、专业(学科)、课程及其他单项教育工作评估的结论;

(四)收集、整理和分析本地区教育评估信息,负责向有关教育管理决策部门提供;

(五)推动本地区教育评估理论和方法的研究,促进教育评估学术交流,组织教育评估骨干培训。

第二十一条　国务院有关部门普通高等学校教育评估领导小组,在国务院有关部门教育行政部门和国家普通高等学校教育评估领导小组领导下,负责直属普通高等学校和国家教育委员会委托的对口专业(学科)的教育评估工作。其具体职责是:

(一)依据本规定和国家教育委员会有关文件,制订本部门所属普通高等学校和国家教育委员会委托的对口专业(学科)的教育评估方案和实施细则;

(二)领导和组织本部门直属普通高等学校的教育评估工作,审核、批准本部门直属普通高等学校教育评估的结论;

(三)领导和组织国家教育委员会委托的对口专业(学科)教育评估,审核、提出对口专业(学科)教育评估结论,报国务院有关部门教育行政部门批准公布;

(四)收集、整理、分析本部门和对口专业(学科)教育评估信息,负责向有关教育决策部门提供;

(五)推动本部门和对口专业(学科)教育评估理论、方法的研究,促进教育评估学术交流,组织教育评估骨干培训。

第二十二条　根据需要,在各级普通高等学校教育评估领导小组领导下,可设立新建普通高等学校鉴定委员会、普通高等学校专业(学科)教育评估委员会、普通高等学校课程教育评估委员会等专家组织,指导、组织新建普通高等学校的合格评估(鉴定)和专业(学科)、课程的办学水平评估工作。

第七章　评 估 程 序

第二十三条　学校教育评估的一般程序是:学校提出申请;评估(鉴定)委员会审核申请;学校自评,写出自评报告;评估(鉴定)委员会派出视察小组到现场视察,写出视察报告,提出评估结论简易;评估(鉴定)委员会复核视察报告,提出正式评估结论;必要时报请有关教育行政部门和各级政府批准、公布评估结论。

第二十四条　申请学校如对评估结论有不同意见,可在一个月内向上一级普通高等学校教育评估领导小组提出申诉,上一级教育评估领导小组应认真对待,进行仲裁,妥善处理。

第八章　附　　则

第二十五条　学校教育评估经费列入有关教育行政部门的年度预算,并鼓励社会资助;申请教育评估的学校也要承担一定的费用。

第二十六条　本规定使用于普通高等学校。其他高等学校教育评估可参照实施。

第二十七条　本规定由国家教育委员会负责解释。

第二十八条　本规定自发布之日起施行。原发布的有关文件即行废止。

高等学校知识产权保护管理规定

1999年4月8日教育部令第3号发布施行

第一章　总　　则

第一条　为有效保护高等学校知识产权,鼓励广大教职员工和学生发明创造和智力创作的积极性，发挥高等学校的智力优势，促进科技成果产业化，依据国家知识产权法律、法规，制定本规定。

第二条 本规定适用于国家举办的高等学校、高等学校所属教学科研机构和企业事业单位（以下简称"所属单位"）。社会力量举办的高等学校及其他教育机构参照适用本规定。

第三条 本规定所称的知识产权包括：

（一）专利权、商标权；

（二）技术秘密和商业秘密；

（三）著作权及其邻接权；

（四）高等学校的校标和各种服务标记；

（五）依照国家法律、法规规定或者依法由合同约定由高等学校享有或持有的其他知识产权。

第二章 任务和职责

第四条 高等学校知识产权保护工作的任务是：

（一）贯彻执行国家知识产权法律、法规，制定高等学校知识产权保护工作的方针、政策和规划；

（二）宣传、普及知识产权法律知识，增强高等学校知识产权保护意识和能力；

（三）进一步完善高等学校知识产权管理制度，切实加强高等学校知识产权保护工作；

（四）积极促进和规范管理高等学校科学技术成果及其他智力成果的开发、使用、转让和科技产业的发展。

第五条 国务院教育行政部门和各省、自治区、直辖市人民政府教育行政部门，在其职责范围内，负责对全国或本行政区域的高等学校知识产权工作进行领导和宏观管理，全面规划、推动、指导和监督高等学校知识产权保护工作的开展。

第六条 各高等学校在知识产权保护工作中应当履行的职责是：

（一）结合本校的实际情况，制定知识产权工作的具体规划和保护规定；

（二）加强对知识产权保护工作的组织和领导，完善本校知识产权保护制度，加强本校知识产权工作机构和队伍建设；

（三）组织知识产权法律、法规的教育和培训，开展知识产权课程教学和研究工作；

（四）组织开展本校知识产权的鉴定、申请、登记、注册、评估和管理工作；

（五）组织签订、审核本校知识产权的开发、使用和转让合同；

（六）协调解决本校内部有关知识产权的争议和纠纷；

（七）对在科技开发、技术转移以及知识产权保护工作中有突出贡献人员予以奖励；

（八）组织开展本校有关知识产权保护工作的国际交流与合作；

（九）其他在知识产权保护工作中应当履行的职责。

第三章 知识产权归属

第七条 高等学校对以下标识依法享有专用权：

（一）以高等学校名义申请注册的商标；

（二）校标；

（三）高等学校的其他服务性标记。

第八条 执行本校及其所属单位任务，或主要利用本校及其所属单位的物质技术条件所完成的发明创造或者其他技术成果，是高等学校职务发明创造或职务技术成果。

职务发明创造申请专利的权利属于高等学校。专利权被依法授予后由高等学校持有。职务技术成果的使用权、转让权由高等学校享有。

第九条 由高等学校主持、代表高等学校意志创作、并由高等学校承担责任的作品为高等学校法人作品，其著作权由高等学校享有。

为完成高等学校的工作任务所创作的作品是职务作品，除第十条规定情况外，著作权由完成者享有。高等学校在其业务范围内对职务作品享有优先使用权。作品完成二年内，未经高等学校同意，作者不得许可第三人以与高等学校相同的方式使用该作品。

第十条 主要利用高等学校的物质技术条件创作，并由高等学校承担责任的工程设计、产品设计图纸、计算机软件、地图等职务作品以及法律、行政法规规定的或者合同约定著作权由高等学校享有的职务作品，作者享有署名权，著作权的其他权利由高等学校享有。

第十一条 在执行高等学校科研等工作任务过程中所形成的信息、资料、程序等技术秘密属于高等学校所有。

第十二条 高等学校派遣出国访问、进修、留学及开展合作项目研究的人员，对其在校已进行的研究，而在国外可能完成的发明创造、获得的知识产权，应当与派遣的高等学校签订协议，确定其发明创造及其他知识产权的归属。

第十三条 在高等学校学习、进修或者开展合作项目研究的学生、研究人员，在校期间参与导师承担的本校研究课题或者承担学校安排的任务所完成的发明创造及其他技术成果，除另有协议外，应当归高等学校享有或持有。进入博士后流动站的人员，在进站前应就知识产权问题与流动站签订专门协议。

第十四条 高等学校的离休、退休、停薪留职、调离以及被辞退的人员，在离开高等学校一年内完成的与其原承担的本职工作或任务有关的发明创造或技术成果，由高等学校享有或持有。

第十五条 职务发明创造或职务技术成果，以及职务作品的完成人依法享有在有关技术文件和作品上署名及获得奖励和报酬的权利。

第四章 知识产权管理机构

第十六条 高等学校应建立知识产权办公会议制度，逐步建立健全知识产权工作机构。有条件的高等学校，可实行知识产权登记管理制度；设立知识产权保护与管理工作机构，归口管理本单位知识产权保护工作。暂未设立知识产权保护与管理机构的高等学校，应指定科研管理机构或其他机构担负相关职责。

第十七条 高等学校科研管理机构负责本校科研项目的立项、成果和档案管理。

应用技术项目的课题组或课题研究人员，在申请立项之前应当进行专利文献及其相关文献的检索。

课题组或课题研究人员在科研工作过程中，应当做好技术资料的记录和保管工作。科研项目完成后，课题负责人应当将全部实验报告、实验记录、图纸、声像、手稿等原始技术资料收集整理后交本校科研管理机构归档。

第十八条 在科研活动中作出的职务发明创造或者形成的职务技术成果，课题负责人应当及时向本校科研管理机构（知识产权管理机构）提出申请专利的建议，并提交相关资料。

高等学校的科研管理机构应当对课题负责人的建议和相关资料进行审查，对需要申请专利的应当及时办理专利申请，对不宜申请专利的技术秘密要采取措施予以保护。

第十九条 高等学校应当规范和加强有关知识产权合同的签订、审核和管理工作。

高等学校及其所属单位与国内外单位或者个人合作进行科学研究和技术开发，对外进行知识产权转让或者许可使用，应当依法签订书面合同，明确知识产权的归属以及相应的权利、义务等内容。

高等学校的知识产权管理机构负责对高等学校及其所属单位签订的知识产权合同进行审核和管理。

第二十条 高等学校所属单位对外进行知识产权转让或者许可使用前，应当经学校知识产权管理机构审查，并报学校批准。

第二十一条 高等学校的教职员工和学生凡申请非职务专利，登记非职务计算机软件的，以及进行非职务专利、非职务技术成果以及非职务作品转让和许可的，应当向本校知识产权管理机构申报，接受审核。对于符合非职务条件的，学校应出具相应证明。

第二十二条 高等学校要加强科技保密管理。高等学校的教职员工和学生，在开展国内外学术交流与合作过程中，对属于本校保密的信息和技术，要按照国家和本校的有关规定严格保密。

高等学校对在国内外科技展览会参展的项目应当加强审核和管理、做好科技保密管理工作。

第二十三条 高等学校应当重视开展知识产权的资产评估工作，加强对知识产权资产评估的组织和管理。

高等学校对外进行知识产权转让、许可使用、作价投资入股或者作为对校办科技产业的投入，应当对知识产权进行资产评估。

第二十四条 高等学校可根据情况逐步实行知识产权保证书制度。与有关教职员工和学生签订保护本校知识产权的保证书，明确保护本校知识产权的义务。

第五章 奖酬与扶持

第二十五条 高等学校应当依法保护职务发明创造、职务技术成果、高等学校法人作品及职务作品的研究、创作人员的合法权益，对在知识产权的产生、发展，科技成果产业化方面作出突出贡献的人员，按照国家的有关规定给予奖励。

第二十六条 高等学校将其知识产权或职务发明创造、职务技术成果转让给他人或许可他人使用的，应当从转让或许可使用所取得的净收入中，提取不低于20%的比例，对完成该项职务发明创造、职务技术成果及其转化作出重要贡献的人员给予奖励。为促进科技成果产业化，对经学校许可，由职务发明创造、职务技术成果完成人进行产业化的，可以从转化收入中提取不低于30%的比例给予奖酬。

第二十七条 高等学校及其所属单位独立研究开发或者与其他单位合作研究开发的科技成果实施转化成功投产后，高等学校应当连续三至五年从实施该项科技成果所取得的收入中提取不低于5%的比例，对完成该项科技成果及其产业化作出重要贡献的人员给予奖酬。

采用股份制形式的高等学校科技企业，或者主要以技术向其他股份制企业投资入股的高等学校，可以将在科技成果的研究开发、产业化中做出重要贡献的有关人员的报酬或者奖励，按照国家有关规定折算为相应的股份份额或者出资比例。该持股人依据其所持股份份额或出资比例分享收益。

第二十八条　高等学校应当根据实际情况，采取有效措施，对知识产权的保护、管理工作提供必要的条件保障。高等学校应拨出专款或从技术实施收益中提取一定比例，设立知识产权专项基金，用于支持补贴专利申请，维持和知识产权保护方面的有关费用。对知识产权保护与管理做出突出贡献的单位和个人，高等学校应给予奖励，并作为工作业绩和职称评聘的重要参考。

第六章　法律责任

第二十九条　剽窃、窃取、篡改、非法占有、假冒或者以其他方式侵害由高等学校及其教职员工和学生依法享有或持有的知识产权的，高等学校有处理权的，应责令其改正，并对直接责任人给予相应的处分；对无处理权的，应提请并协助有关行政部门依法作出处理。构成犯罪的，应当依法追究刑事责任。

第三十条　在高等学校教学、科研、创作以及成果的申报、评审、鉴定、产业化活动中，采取欺骗手段，获得优惠待遇或者奖励的，高等学校应当责令改正，退还非法所得，取消其获得的优惠待遇和奖励。

第三十一条　违反本规定，泄漏本校的技术秘密，或者擅自转让、变相转让以及许可使用高等学校的职务发明创造、职务技术成果、高等学校法人作品或者职务作品的，或造成高等学校资产流失和损失的，由高等学校或其主管教育行政部门对直接责任人员给予行政处分。

第三十二条　侵犯高等学校及其教职员工和学生依法享有或持有的知识产权，造成损失、损害的，应当依法承担民事责任。

第七章　附　　则

第三十三条　本规定自发布之日起施行。

高等学校档案管理办法

1. 2008年8月20日教育部、国家档案局令第27号公布
2. 自2008年9月1日起施行

第一章　总　　则

第一条　为规范高等学校档案工作，提高档案管理水平，有效保护和利用档案，根据《中华人民共和国档案法》及其实施办法，制定本办法。

第二条　本办法所称的高等学校档案（以下简称高校档案），是指高等学校从事招生、教学、科研、管理等活动直接形成的对学生、学校和社会有保存价值的各种文字、图表、声像等不同形式、载体的历史记录。

第三条　高校档案工作是高等学校重要的基础性工作，学校应当加强管理，将之纳入学校整体发展规划。

第四条　国务院教育行政部门主管全国高校档案工作。省、自治区、直辖市人民政府教育行政部门主管本行政区域内高校档案工作。

国家档案行政部门和省、自治区、直辖市人民政府档案行政部门在职责范围内负责对高校档案工作的业务指导、监督和检查。

第五条　高校档案工作由高等学校校长领导，其主要职责是：

（一）贯彻执行国家关于档案管理的法律法规和方针政策，批准学校档案工作规章制度；

（二）将档案工作纳入学校整体发展规划，促进档案信息化建设与学校其他工作同步发展；

（三）建立健全与办学规模相适应的高校档案机构，落实人员编制、档案库房、发展档案事业所需设备以及经费；

（四）研究决定高校档案工作中的重要奖惩和其他重大问题。

分管档案工作的校领导协助校长负责档案工作。

第二章　机构设置与人员配备

第六条　高校档案机构包括档案馆和综合档案室。

具备下列条件之一的高等学校应当设立档案馆：

（一）建校历史在50年以上；

（二）全日制在校生规模在1万人以上；

（三）已集中保管的档案、资料在3万卷（长度300延长米）以上。

未设立档案馆的高等学校应当设立综合档案室。

第七条　高校档案机构是保存和提供利用学校档案的专门机构，应当具备符合要求的档案库房和管理设施。

需要特殊条件保管或者利用频繁且具有一定独立性的档案，可以根据实际需要设立分室单独保管。分室是高校档案机构的分支机构。

第八条　高校档案机构的管理职责是：

（一）贯彻执行国家有关档案工作的法律法规和方针政策，综合规划学校档案工作；

（二）拟订学校档案工作规章制度，并负责贯彻落实；

（三）负责接收（征集）、整理、鉴定、统计、保管学校的各类档案及有关资料；

（四）编制检索工具，编研、出版档案史料，开发档案信息资源；

（五）组织实施档案信息化建设和电子文件归档工作；

（六）开展档案的开放和利用工作；

（七）开展学校档案工作人员的业务培训；

（八）利用档案开展多种形式的宣传教育活动，充分发挥档案的文化教育功能；

（九）开展国内外档案学术研究和交流活动。

有条件的高校档案机构，可以申请创设爱国主义教育基地。

第九条 高校档案馆设馆长一名，根据需要可以设副馆长一至二名。综合档案室设主任一名，根据需要可以设副主任一至二名。

馆长、副馆长和综合档案室主任（馆长和综合档案室主任，以下简称为高校档案机构负责人），应当具备以下条件：

（一）热心档案事业，具有高级专业技术职务任职经历；

（二）有组织管理能力，具有开拓创新意识和精神；

（三）年富力强，身体健康。

第十条 高等学校应当为高校档案机构配备专职档案工作人员。

高校专职档案工作人员列入学校事业编制。其编制人数由学校根据本校档案机构的档案数量和工作任务确定。

第十一条 高校档案工作人员应当遵纪守法，爱岗敬业，忠于职守，具备档案业务知识和相应的科学文化知识以及现代化管理技能。

第十二条 高校档案机构中的专职档案工作人员，实行专业技术职务聘任制或者职员职级制，享受学校教学、科研和管理人员同等待遇。

第十三条 高等学校对长期接触有毒有害物质的档案工作人员，应当按照法律法规的有关规定采取有效的防护措施防止职业中毒事故的发生，保障其依法享有工伤社会保险待遇以及其他有关待遇，并可以按照有关规定予以补助。

第三章 档案管理

第十四条 高等学校应当建立、健全档案工作的检查、考核与评估制度，定期布置、检查、总结、验收档案工作，明确岗位职责，强化责任意识，提高学校档案管理水平。

第十五条 高等学校应当对纸质档案材料和电子档案材料同步归档。文件材料的归档范围是：

（一）党群类：主要包括高等学校党委、工会、团委、民主党派等组织的各种会议文件、会议记录及纪要；各党群部门的工作计划、总结；上级机关与学校关于党群管理的文件材料。

（二）行政类：主要包括高等学校行政工作的各种会议文件、会议纪录及纪要；上级机关与学校关于人事管理、行政管理的材料。

（三）学生类：主要包括高等学校培养的学历教育学生的高中档案、入学登记表、体检表、学籍档案、奖惩记录、党团组织档案、毕业生登记表等。

（四）教学类：主要包括反映教学管理、教学实践和教学研究等活动的文件材料。按原国家教委、国家档案局发布的《高等学校教学文件材料归档范围》（〔87〕教办字 016 号）的相关规定执行。

（五）科研类：按原国家科委、国家档案局发布的《科学技术研究档案管理暂行规定》（国档发〔1987〕6 号）执行。

（六）基本建设类：按国家档案局、原国家计委发布的《基本建设项目档案资料管理暂行规定》（国档发〔1988〕4 号）执行。

（七）仪器设备类：主要包括各种国产和国外引进的精密、贵重、稀缺仪器设备（价值在 10 万元以上）的全套随机技术文件以及在接收、使用、维修和改进工作中产生的文件材料。

（八）产品生产类：主要包括高等学校在产学研过程中形成的文件材料、样品或者样品照片、录像等。

（九）出版物类：主要包括高等学校自行编辑出版的学报、其他学术刊物及本校出版社出版物的审稿单、原稿、样书及出版发行记录等。

（十）外事类：主要包括学校派遣有关人员出席国际会议、出国考察、讲学、合作研究、学习进修的材料；学校聘请的境外专家、教师在教学、科研等活动中形成的材料；学校开展校际交流、中外合作办学、境外办学及管理外国或者港澳台地区专家、教师、国际学生、港澳台学生等的材料；学校授予境外人士名誉职务、学位、称号等的材料。

（十一）财会类：按财政部、国家档案局发布的《会计档案管理办法》（财会字〔1998〕32 号）执行。

高等学校可以根据学校实际情况确定归档范围。归档的档案材料包括纸质、电子、照（胶）片、录像（录音)带等各种载体形式。

第十六条　高等学校实行档案材料形成单位、课题组立卷的归档制度。

学校各部门负责档案工作的人员应当按照归档要求,组织本部门的教学、科研和管理等人员及时整理档案和立卷。立卷人应当按照纸质文件材料和电子文件材料的自然形成规律,对文件材料系统整理组卷,编制页号或者件号,制作卷内目录,交本部门负责档案工作的人员检查合格后向高校档案机构移交。

第十七条　归档的档案材料应当质地优良,书绘工整,声像清晰,符合有关规范和标准的要求。电子文件的归档要求按照国家档案局发布的《电子公文归档管理暂行办法》以及《电子文件归档与管理规范》(GB/T 18894-2002)执行。

第十八条　高校档案材料归档时间为:

(一)学校各部门应当在次学年6月底前归档;

(二)各院系等应当在次学年寒假前归档;

(三)科研类档案应当在项目完成后两个月内归档,基建类档案应当在项目完成后三个月内归档。

第十九条　高校档案机构应当对档案进行整理、分类、鉴定和编号。

第二十条　高校档案机构应当按照国家档案局《机关文件材料归档范围和文书档案保管期限规定》,确定档案材料的保管期限。对保管期限已满、已失去保存价值的档案,经有关部门鉴定并登记造册报校长批准后,予以销毁。未经鉴定和批准,不得销毁任何档案。

第二十一条　高校档案机构应当采用先进的档案保护技术,防止档案的破损、褪色、霉变和散失。对已经破损或者字迹褪色的档案,应当及时修复或者复制。对重要档案和破损、褪色修复的档案应当及时数字化,加工成电子档案保管。

第二十二条　高校档案由高校档案机构保管。在国家需要时,高等学校应当提供所需的档案原件或者复制件。

第二十三条　高等学校与其他单位分工协作完成的项目,高校档案机构应当至少保存一整套档案。协作单位除保存与自己承担任务有关的档案正本以外,应当将复制件送交高校档案机构保存。

第二十四条　高等学校中的个人对其从事教学、科研、管理等职务活动所形成的各种载体形式的档案材料,应当按照规定及时归档,任何个人不得据为己有。

对于个人在其非职务活动中形成的重要档案材料,高校档案机构可以通过征集、代管等形式进行管理。

高校档案机构对于与学校有关的各种档案史料的征集,应当制定专门的制度和办法。

第二十五条　高校档案机构应当对所存档案和资料的保管情况定期检查,消除安全隐患,遇有特殊情况,应当立即向校长报告,及时处理。

档案库房的技术管理工作,应当建立、健全有关规章制度,由专人负责。

第二十六条　高校档案机构应当认真执行档案统计年报制度,并按照国家有关规定报送档案工作基本情况统计报表。

第四章　档案的利用与公布

第二十七条　高校档案机构应当按照国家有关规定公布档案。未经高等学校授权,其他任何组织或者个人无权公布学校档案。

属下列情况之一者,不对外公布:

(一)涉及国家秘密的;

(二)涉及专利或者技术秘密的;

(三)涉及个人隐私的;

(四)档案形成单位规定限制利用的。

第二十八条　凡持有合法证明的单位或者持有合法身份证明的个人,在表明利用档案的目的和范围并履行相关登记手续后,均可以利用已公布的档案。

境外组织或者个人利用档案的,按照国家有关规定办理。

第二十九条　查阅、摘录、复制未开放的档案,应当经档案机构负责人批准。涉及未公开的技术问题,应当经档案形成单位或者本人同意,必要时报请校长审查批准。需要利用的档案涉及重大问题或者国家秘密,应当经学校保密工作部门批准。

第三十条　高校档案机构提供利用的重要、珍贵档案,一般不提供原件。如有特殊需要,应当经档案机构负责人批准。

加盖高校档案机构公章的档案复制件,与原件具有同等效力。

第三十一条　高校档案开放应当设立专门的阅览室,并编制必要的检索工具[著录标准按《档案著录规则》(DA/T 18-1999)执行],提供开放档案目录、全宗指南、档案馆指南、计算机查询系统等,为社会利用档案创造便利条件。

第三十二条　高校档案机构是学校出具档案证明的唯一机构。

高校档案机构应当为社会利用档案创造便利条件,用于公益目的的,不得收取费用;用于个人或者商业目的的,可以按照有关规定合理收取费用。

社会组织和个人利用其所移交、捐赠的档案,高校档案机构应当无偿和优先提供。

第三十三条 寄存在高校档案机构的档案,归寄存者所有。高校档案机构如果需要向社会提供利用,应当征得寄存者同意。

第三十四条 高校档案机构应当积极开展档案的编研工作。出版档案史料和公布档案,应当经档案形成单位同意,并报请校长批准。

第三十五条 高校档案机构应当采取多种形式(如举办档案展览、陈列、建设档案网站等),积极开展档案宣传工作。有条件的高校,应当在相关专业的高年级开设有关档案管理的选修课。

第五章 条件保障

第三十六条 高等学校应当将高校档案工作所需经费列入学校预算,保证档案工作的需求。

第三十七条 高等学校应当为档案机构提供专用的、符合档案管理要求的档案库房,对不适应档案事业发展需要或者不符合档案保管要求的馆库,按照《档案馆建设标准》(建标103-2008)的要求及时进行改扩建或者新建。

存放涉密档案应当设有专门库房。

存放声像、电子等特殊载体档案,应当配置恒温、恒湿、防火、防渍、防有害生物等必要设施。

第三十八条 高等学校应当设立专项经费,为档案机构配置档案管理现代化、档案信息化所需的设备设施,加快数字档案馆(室)建设,保障档案信息化建设与学校数字化校园建设同步进行。

第六章 奖励与处罚

第三十九条 高等学校对在档案工作中做出下列贡献的单位或者个人,给予表彰与奖励:

(一)在档案的收集、整理、提供利用工作中做出显著成绩的;

(二)在档案的保护和现代化管理工作中做出显著成绩的;

(三)在档案学研究及档案史料研究工作中做出重要贡献的;

(四)将重要的或者珍贵的档案捐赠给高校档案机构的;

(五)同违反档案法律法规的行为作斗争,表现突出的。

第四十条 有下列行为之一的,高等学校应当对直接负责的主管人员和其他直接责任人员依法给予处分;构成犯罪的,由司法机关依法追究刑事责任。

(一)玩忽职守,造成档案损坏、丢失或者擅自销毁档案的;

(二)违反保密规定,擅自提供、抄录、公布档案的;

(三)涂改、伪造档案的;

(四)擅自出卖、赠送、交换档案的;

(五)不按规定归档,拒绝归档或者将档案据为己有的;

(六)其他违反档案法律法规的行为。

第七章 附 则

第四十一条 本办法适用于各类普通高等学校、成人高等学校。

第四十二条 高等学校可以根据本办法制订实施细则。

高等学校附属单位(包括附属医院、校办企业等)的档案管理,由学校根据实际情况自主确定。

第四十三条 本办法自2008年9月1日起施行。国家教育委员会1989年10月10日发布的《普通高等学校档案管理办法》(国家教育委员会令第6号)同时废止。

高等学校消防安全管理规定

1. 2009年10月19日教育部、公安部令第28号公布
2. 自2010年1月1日起施行

第一章 总 则

第一条 为了加强和规范高等学校的消防安全管理,预防和减少火灾危害,保障师生员工生命财产和学校财产安全,根据消防法、高等教育法等法律、法规,制定本规定。

第二条 普通高等学校和成人高等学校(以下简称学校)的消防安全管理,适用本规定。

驻校内其他单位的消防安全管理,按照本规定的有关规定执行。

第三条 学校在消防安全工作中,应当遵守消防法律、法规和规章,贯彻预防为主、防消结合的方针,履行消防安全职责,保障消防安全。

第四条 学校应当落实逐级消防安全责任制和岗位消防安全责任制,明确逐级和岗位消防安全职责,确定各级、各岗位消防安全责任人。

第五条 学校应当开展消防安全教育和培训,加强消防演练，提高师生员工的消防安全意识和自救逃生技能。

第六条　学校各单位和师生员工应当依法履行保护消防设施、预防火灾、报告火警和扑救初起火灾等维护消防安全的义务。

第七条　教育行政部门依法履行对高等学校消防安全工作的管理职责，检查、指导和监督高等学校开展消防安全工作，督促高等学校建立健全并落实消防安全责任制和消防安全管理制度。

公安机关依法履行对高等学校消防安全工作的监督管理职责，加强消防监督检查，指导和监督高等学校做好消防安全工作。

第二章　消防安全责任

第八条　学校法定代表人是学校消防安全责任人，全面负责学校消防安全工作，履行下列消防安全职责：

（一）贯彻落实消防法律、法规和规章，批准实施学校消防安全责任制、学校消防安全管理制度；

（二）批准消防安全年度工作计划、年度经费预算，定期召开学校消防安全工作会议；

（三）提供消防安全经费保障和组织保障；

（四）督促开展消防安全检查和重大火灾隐患整改，及时处理涉及消防安全的重大问题；

（五）依法建立志愿消防队等多种形式的消防组织，开展群众性自防自救工作；

（六）与学校二级单位负责人签订消防安全责任书；

（七）组织制定灭火和应急疏散预案；

（八）促进消防科学研究和技术创新；

（九）法律、法规规定的其他消防安全职责。

第九条　分管学校消防安全的校领导是学校消防安全管理人，协助学校法定代表人负责消防安全工作，履行下列消防安全职责：

（一）组织制定学校消防安全管理制度，组织、实施和协调校内各单位的消防安全工作；

（二）组织制定消防安全年度工作计划；

（三）审核消防安全工作年度经费预算；

（四）组织实施消防安全检查和火灾隐患整改；

（五）督促落实消防设施、器材的维护、维修及检测，确保其完好有效，确保疏散通道、安全出口、消防车通道畅通；

（六）组织管理志愿消防队等消防组织；

（七）组织开展师生员工消防知识、技能的宣传教育和培训，组织灭火和应急疏散预案的实施和演练；

（八）协助学校消防安全责任人做好其他消防安全工作。

其他校领导在分管工作范围内对消防工作负有领导、监督、检查、教育和管理职责。

第十条　学校必须设立或者明确负责日常消防安全工作的机构（以下简称学校消防机构），配备专职消防管理人员，履行下列消防安全职责：

（一）拟订学校消防安全年度工作计划、年度经费预算，拟订学校消防安全责任制、灭火和应急疏散预案等消防安全管理制度，并报学校消防安全责任人批准后实施；

（二）监督检查校内各单位消防安全责任制的落实情况；

（三）监督检查消防设施、设备、器材的使用与管理以及消防基础设施的运转，定期组织检验、检测和维修；

（四）确定学校消防安全重点单位（部位）并监督指导其做好消防安全工作；

（五）监督检查有关单位做好易燃易爆等危险品的储存、使用和管理工作，审批校内各单位动用明火作业；

（六）开展消防安全教育培训，组织消防演练，普及消防知识，提高师生员工的消防安全意识、扑救初起火灾和自救逃生技能；

（七）定期对志愿消防队等消防组织进行消防知识和灭火技能培训；

（八）推进消防安全技术防范工作，做好技术防范人员上岗培训工作；

（九）受理驻校内其他单位在校内和学校、校内各单位新建、扩建、改建及装饰装修工程和公众聚集场所投入使用、营业前消防行政许可或者备案手续的校内备案审查工作，督促其向公安机关消防机构进行申报，协助公安机关消防机构进行建设工程消防设计审核、消防验收或者备案以及公众聚集场所投入使用、营业前消防安全检查工作；

（十）建立健全学校消防工作档案及消防安全隐患台账；

（十一）按照工作要求上报有关信息数据；

（十二）协助公安机关消防机构调查处理火灾事故，协助有关部门做好火灾事故处理及善后工作。

第十一条　学校二级单位和其他驻校单位应当履行下列消防安全职责：

（一）落实学校的消防安全管理规定，结合本单位实际制定并落实本单位的消防安全制度和消防安全操作规程；

（二）建立本单位的消防安全责任考核、奖惩制度；

（三）开展经常性的消防安全教育、培训及演练；

（四）定期进行防火检查，做好检查记录，及时消除火灾隐患；

（五）按规定配置消防设施、器材并确保其完好有效；

（六）按规定设置安全疏散指示标志和应急照明设施，并保证疏散通道、安全出口畅通；

（七）消防控制室配备消防值班人员，制定值班岗位职责，做好监督检查工作；

（八）新建、扩建、改建及装饰装修工程报学校消防机构备案；

（九）按照规定的程序与措施处置火灾事故；

（十）学校规定的其他消防安全职责。

第十二条 校内各单位主要负责人是本单位消防安全责任人，驻校内其他单位主要负责人是该单位消防安全责任人，负责本单位的消防安全工作。

第十三条 除本规定第十一条外，学生宿舍管理部门还应当履行下列安全管理职责：

（一）建立由学生参加的志愿消防组织，定期进行消防演练；

（二）加强学生宿舍用火、用电安全教育与检查；

（三）加强夜间防火巡查，发现火灾立即组织扑救和疏散学生。

第三章 消防安全管理

第十四条 学校应当将下列单位（部位）列为学校消防安全重点单位（部位）：

（一）学生宿舍、食堂（餐厅）、教学楼、校医院、体育场（馆）、会堂（会议中心）、超市（市场）、宾馆（招待所）、托儿所、幼儿园以及其他文体活动、公共娱乐等人员密集场所；

（二）学校网络、广播电台、电视台等传媒部门和驻校内邮政、通信、金融等单位；

（三）车库、油库、加油站等部位；

（四）图书馆、展览馆、档案馆、博物馆、文物古建筑；

（五）供水、供电、供气、供热等系统；

（六）易燃易爆等危险化学物品的生产、充装、储存、供应、使用部门；

（七）实验室、计算机房、电化教学中心和承担国家重点科研项目或配备有先进精密仪器设备的部位，监控中心、消防控制中心；

（八）学校保密要害部门及部位；

（九）高层建筑及地下室、半地下室；

（十）建设工程的施工现场以及有人员居住的临时性建筑；

（十一）其他发生火灾可能性较大以及一旦发生火灾可能造成重大人身伤亡或者财产损失的单位（部位）。

重点单位和重点部位的主管部门，应当按照有关法律法规和本规定履行消防安全管理职责，设置防火标志，实行严格消防安全管理。

第十五条 在学校内举办文艺、体育、集会、招生和就业咨询等大型活动和展览，主办单位应当确定专人负责消防安全工作，明确并落实消防安全职责和措施，保证消防设施和消防器材配置齐全、完好有效，保证疏散通道、安全出口、疏散指示标志、应急照明和消防车通道符合消防技术标准和管理规定，制定灭火和应急疏散预案并组织演练，并经学校消防机构对活动现场检查合格后方可举办。

依法应当报请当地人民政府有关部门审批的，经有关部门审核同意后方可举办。

第十六条 学校应当按照国家有关规定，配置消防设施和器材，设置消防安全疏散指示标志和应急照明设施，每年组织检测维修，确保消防设施和器材完好有效。

学校应当保障疏散通道、安全出口、消防车通道畅通。

第十七条 学校进行新建、改建、扩建、装修、装饰等活动，必须严格执行消防法规和国家工程建设消防技术标准，并依法办理建设工程消防设计审核、消防验收或者备案手续。学校各项工程及驻校内各单位在校内的各项工程消防设施的招标和验收，应当有学校消防机构参加。

施工单位负责施工现场的消防安全，并接受学校消防机构的监督、检查。竣工后，建筑工程的有关图纸、资料、文件等应当报学校档案机构和消防机构备案。

第十八条 地下室、半地下室和用于生产、经营、储存易燃易爆、有毒有害等危险物品场所的建筑不得用作学生宿舍。

生产、经营、储存其他物品的场所与学生宿舍等居住场所设置在同一建筑物内的，应当符合国家工程建设消防技术标准。

学生宿舍、教室和礼堂等人员密集场所，禁止违规使用大功率电器，在门窗、阳台等部位不得设置影响逃生和灭火救援的障碍物。

第十九条　利用地下空间开设公共活动场所，应当符合国家有关规定，并报学校消防机构备案。

第二十条　学校消防控制室应当配备专职值班人员，持证上岗。

消防控制室不得挪作他用。

第二十一条　学校购买、储存、使用和销毁易燃易爆等危险品，应当按照国家有关规定严格管理、规范操作，并制定应急处置预案和防范措施。

学校对管理和操作易燃易爆等危险品的人员，上岗前必须进行培训，持证上岗。

第二十二条　学校应当对动用明火实行严格的消防安全管理。禁止在具有火灾、爆炸危险的场所吸烟、使用明火；因特殊原因确需进行电、气焊等明火作业的，动火单位和人员应当向学校消防机构申办审批手续，落实现场监管人，采取相应的消防安全措施。作业人员应当遵守消防安全规定。

第二十三条　学校内出租房屋的，当事人应当签订房屋租赁合同，明确消防安全责任。出租方负责对出租房屋的消防安全管理。学校授权的管理单位应当加强监督检查。

外来务工人员的消防安全管理由校内用人单位负责。

第二十四条　发生火灾时，学校应当及时报警并立即启动应急预案，迅速扑救初起火灾，及时疏散人员。

学校应当在火灾事故发生后两个小时内向所在地教育行政主管部门报告。较大以上火灾同时报教育部。

火灾扑灭后，事故单位应当保护现场并接受事故调查，协助公安机关消防机构调查火灾原因、统计火灾损失。未经公安机关消防机构同意，任何人不得擅自清理火灾现场。

第二十五条　学校及其重点单位应当建立健全消防档案。

消防档案应当全面反映消防安全和消防安全管理情况，并根据情况变化及时更新。

第四章　消防安全检查和整改

第二十六条　学校每季度至少进行一次消防安全检查。检查的主要内容包括：

（一）消防安全宣传教育及培训情况；

（二）消防安全制度及责任制落实情况；

（三）消防安全工作档案建立健全情况；

（四）单位防火检查及每日防火巡查落实及记录情况；

（五）火灾隐患和隐患整改及防范措施落实情况；

（六）消防设施、器材配置及完好有效情况；

（七）灭火和应急疏散预案的制定和组织消防演练情况；

（八）其他需要检查的内容。

第二十七条　学校消防安全检查应当填写检查记录，检查人员、被检查单位负责人或者相关人员应当在检查记录上签名，发现火灾隐患应当及时填发《火灾隐患整改通知书》。

第二十八条　校内各单位每月至少进行一次防火检查。检查的主要内容包括：

（一）火灾隐患和隐患整改情况以及防范措施的落实情况；

（二）疏散通道、疏散指示标志、应急照明和安全出口情况；

（三）消防车通道、消防水源情况；

（四）消防设施、器材配置及有效情况；

（五）消防安全标志设置及其完好、有效情况；

（六）用火、用电有无违章情况；

（七）重点工种人员以及其他员工消防知识掌握情况；

（八）消防安全重点单位（部位）管理情况；

（九）易燃易爆危险物品和场所防火防爆措施落实情况以及其他重要物资防火安全情况；

（十）消防（控制室）值班情况和设施、设备运行、记录情况；

（十一）防火巡查落实及记录情况；

（十二）其他需要检查的内容。

防火检查应当填写检查记录。检查人员和被检查部门负责人应当在检查记录上签名。

第二十九条　校内消防安全重点单位（部位）应当进行每日防火巡查，并确定巡查的人员、内容、部位和频次。其他单位可以根据需要组织防火巡查。巡查的内容主要包括：

（一）用火、用电有无违章情况；

（二）安全出口、疏散通道是否畅通，安全疏散指示标志、应急照明是否完好；

（三）消防设施、器材和消防安全标志是否在位、完整；

（四）常闭式防火门是否处于关闭状态，防火卷帘下是否堆放物品影响使用；

（五）消防安全重点部位的人员在岗情况；

（六）其他消防安全情况。

校医院、学生宿舍、公共教室、实验室、文物古建筑等应当加强夜间防火巡查。

防火巡查人员应当及时纠正消防违章行为，妥善处置火灾隐患，无法当场处置的，应当立即报告。发现初起火灾应当立即报警、通知人员疏散、及时扑救。

防火巡查应当填写巡查记录，巡查人员及其主管人员应当在巡查记录上签名。

第三十条 对下列违反消防安全规定的行为，检查、巡查人员应当责成有关人员改正并督促落实：

（一）消防设施、器材或者消防安全标志的配置、设置不符合国家标准、行业标准，或者未保持完好有效的；

（二）损坏、挪用或者擅自拆除、停用消防设施、器材的；

（三）占用、堵塞、封闭消防通道、安全出口的；

（四）埋压、圈占、遮挡消火栓或者占用防火间距的；

（五）占用、堵塞、封闭消防车通道，妨碍消防车通行的；

（六）人员密集场所在门窗上设置影响逃生和灭火救援的障碍物的；

（七）常闭式防火门处于开启状态，防火卷帘下堆放物品影响使用的；

（八）违章进入易燃易爆危险物品生产、储存等场所的；

（九）违章使用明火作业或者在具有火灾、爆炸危险的场所吸烟、使用明火等违反禁令的；

（十）消防设施管理、值班人员和防火巡查人员脱岗的；

（十一）对火灾隐患经公安机关消防机构通知后不及时采取措施消除的；

（十二）其他违反消防安全管理规定的行为。

第三十一条 学校对教育行政主管部门和公安机关消防机构、公安派出所指出的各类火灾隐患，应当及时予以核查、消除。

对公安机关消防机构、公安派出所责令限期改正的火灾隐患，学校应当在规定的期限内整改。

第三十二条 对不能及时消除的火灾隐患，隐患单位应当及时向学校及相关单位的消防安全责任人或者消防安全工作主管领导报告，提出整改方案，确定整改措施、期限以及负责整改的部门、人员，并落实整改资金。

火灾隐患尚未消除的，隐患单位应当落实防范措施，保障消防安全。对于随时可能引发火灾或者一旦发生火灾将严重危及人身安全的，应当将危险部位停止使用或停业整改。

第三十三条 对于涉及城市规划布局等学校无力解决的重大火灾隐患，学校应当及时向其上级主管部门或者当地人民政府报告。

第三十四条 火灾隐患整改完毕，整改单位应当将整改情况记录报送相应的消防安全工作责任人或者消防安全工作主管领导签字确认后存档备查。

第五章 消防安全教育和培训

第三十五条 学校应当将师生员工的消防安全教育和培训纳入学校消防安全年度工作计划。

消防安全教育和培训的主要内容包括：

（一）国家消防工作方针、政策，消防法律、法规；

（二）本单位、本岗位的火灾危险性，火灾预防知识和措施；

（三）有关消防设施的性能、灭火器材的使用方法；

（四）报火警、扑救初起火灾和自救互救技能；

（五）组织、引导在场人员疏散的方法。

第三十六条 学校应当采取下列措施对学生进行消防安全教育，使其了解防火、灭火知识，掌握报警、扑救初起火灾和自救、逃生方法。

（一）开展学生自救、逃生等防火安全常识的模拟演练，每学年至少组织一次学生消防演练；

（二）根据消防安全教育的需要，将消防安全知识纳入教学和培训内容；

（三）对每届新生进行不低于 4 学时的消防安全教育和培训；

（四）对进入实验室的学生进行必要的安全技能和操作规程培训；

（五）每学年至少举办一次消防安全专题讲座，并在校园网络、广播、校内报刊开设消防安全教育栏目。

第三十七条 学校二级单位应当组织新上岗和进入新岗位的员工进行上岗前的消防安全培训。

消防安全重点单位（部位）对员工每年至少进行一次消防安全培训。

第三十八条 下列人员应当依法接受消防安全培训：

（一）学校及各二级单位的消防安全责任人、消防安全管理人；

（二）专职消防管理人员、学生宿舍管理人员；

（三）消防控制室的值班、操作人员；

（四）其他依照规定应当接受消防安全培训的人员。

前款规定中的第（三）项人员必须持证上岗。

第六章　灭火、应急疏散预案和演练

第三十九条　学校、二级单位、消防安全重点单位（部位）应当制定相应的灭火和应急疏散预案，建立应急反应和处置机制，为火灾扑救和应急救援工作提供人员、装备等保障。

灭火和应急疏散预案应当包括以下内容：

（一）组织机构：指挥协调组、灭火行动组、通讯联络组、疏散引导组、安全防护救护组；

（二）报警和接警处置程序；

（三）应急疏散的组织程序和措施；

（四）扑救初起火灾的程序和措施；

（五）通讯联络、安全防护救护的程序和措施；

（六）其他需要明确的内容。

第四十条　学校实验室应当有针对性地制定突发事件应急处置预案，并将应急处置预案涉及到的生物、化学及易燃易爆物品的种类、性质、数量、危险性和应对措施及处置药品的名称、产地和储备等内容报学校消防机构备案。

第四十一条　校内消防安全重点单位应当按照灭火和应急疏散预案每半年至少组织一次消防演练，并结合实际，不断完善预案。

消防演练应当设置明显标识并事先告知演练范围内的人员，避免意外事故发生。

第七章　消防经费

第四十二条　学校应当将消防经费纳入学校年度经费预算，保证消防经费投入，保障消防工作的需要。

第四十三条　学校日常消防经费用于校内灭火器材的配置、维修、更新，灭火和应急疏散预案的备用设施、材料，以及消防宣传教育、培训等，保证学校消防工作正常开展。

第四十四条　学校安排专项经费，用于解决火灾隐患，维修、检测、改造消防专用给水管网、消防专用供水系统、灭火系统、自动报警系统、防排烟系统、消防通讯系统、消防监控系统等消防设施。

第四十五条　消防经费使用坚持专款专用、统筹兼顾、保证重点、勤俭节约的原则。

任何单位和个人不得挤占、挪用消防经费。

第八章　奖　　惩

第四十六条　学校应当将消防安全工作纳入校内评估考核内容，对在消防安全工作中成绩突出的单位和个人给予表彰奖励。

第四十七条　对未依法履行消防安全职责、违反消防安全管理制度、或者擅自挪用、损坏、破坏消防器材、设施等违反消防安全管理规定的，学校应当责令其限期整改，给予通报批评；对直接负责的主管人员和其他直接责任人员根据情节轻重给予警告等相应的处分。

前款涉及民事损失、损害的，有关责任单位和责任人应当依法承担民事责任。

第四十八条　学校违反消防安全管理规定或者发生重特大火灾的，除依据消防法的规定进行处罚外，教育行政部门应当取消其当年评优资格，并按照国家有关规定对有关主管人员和责任人员依法予以处分。

第九章　附　　则

第四十九条　学校应当依据本规定，结合本校实际，制定本校消防安全管理办法。

高等学校以外的其他高等教育机构的消防安全管理，参照本规定执行。

第五十条　本规定所称学校二级单位，包括学院、系、处、所、中心等。

第五十一条　本规定自2010年1月1日起施行。

高等学校信息公开办法

1. 2010年4月6日教育部令第29号公布
2. 自2010年9月1日起施行

第一章　总　　则

第一条　为了保障公民、法人和其他组织依法获取高等学校信息，促进高等学校依法治校，根据高等教育法和政府信息公开条例的有关规定，制定本办法。

第二条　高等学校在开展办学活动和提供社会公共服务过程中产生、制作、获取的以一定形式记录、保存的信息，应当按照有关法律法规和本办法的规定公开。

第三条　国务院教育行政部门负责指导、监督全国高等学校信息公开工作。

省级教育行政部门负责统筹推进、协调、监督本行政区域内高等学校信息公开工作。

第四条　高等学校应当遵循公正、公平、便民的原则，建立信息公开工作机制和各项工作制度。

高等学校公开信息，不得危及国家安全、公共安全、经济安全、社会稳定和学校安全稳定。

第五条　高等学校应当建立健全信息发布保密审查机

制，明确审查的程序和责任。高等学校公开信息前，应当依照法律法规和国家其他有关规定对拟公开的信息进行保密审查。

有关信息依照国家有关规定或者根据实际情况需要审批的，高等学校应当按照规定程序履行审批手续，未经批准不得公开。

第六条 高等学校发现不利于校园和社会稳定的虚假信息或者不完整信息的，应当在其职责范围内及时发布准确信息予以澄清。

第二章 公开的内容

第七条 高等学校应当主动公开以下信息：

（一）学校名称、办学地点、办学性质、办学宗旨、办学层次、办学规模，内部管理体制、机构设置、学校领导等基本情况；

（二）学校章程以及学校制定的各项规章制度；

（三）学校发展规划和年度工作计划；

（四）各层次、类型学历教育招生、考试与录取规定，学籍管理、学位评定办法，学生申诉途径与处理程序；毕业生就业指导与服务情况等；

（五）学科与专业设置，重点学科建设情况，课程与教学计划，实验室、仪器设备配置与图书藏量，教学与科研成果评选，国家组织的教学评估结果等；

（六）学生奖学金、助学金、学费减免、助学贷款与勤工俭学的申请与管理规定等；

（七）教师和其他专业技术人员数量、专业技术职务等级，岗位设置管理与聘用办法，教师争议解决办法等；

（八）收费的项目、依据、标准与投诉方式；

（九）财务、资产与财务管理制度，学校经费来源、年度经费预算决算方案，财政性资金、受捐赠财产的使用与管理情况，仪器设备、图书、药品等物资设备采购和重大基建工程的招投标；

（十）自然灾害等突发事件的应急处理预案、处置情况，涉及学校的重大事件的调查和处理情况；

（十一）对外交流与中外合作办学情况，外籍教师与留学生的管理制度；

（十二）法律、法规和规章规定需要公开的其他事项。

第八条 除第七条规定需要公开的信息外，高等学校应当明确其他需要主动公开的信息内容与公开范围。

第九条 除高等学校已公开的信息外，公民、法人和其他组织还可以根据自身学习、科研、工作等特殊需要，以书面形式（包括数据电文形式）向学校申请获取相关信息。

第十条 高等学校对下列信息不予公开：

（一）涉及国家秘密的；

（二）涉及商业秘密的；

（三）涉及个人隐私的；

（四）法律、法规和规章以及学校规定的不予公开的其他信息。

其中第（二）项、第（三）项所列的信息，经权利人同意公开或者高校认为不公开可能对公共利益造成重大影响的，可以予以公开。

第三章 公开的途径和要求

第十一条 高等学校校长领导学校的信息公开工作。校长（学校）办公室为信息公开工作机构，负责学校信息公开的日常工作，具体职责是：

（一）具体承办本校信息公开事宜；

（二）管理、协调、维护和更新本校公开的信息；

（三）统一受理、协调处理、统一答复向本校提出的信息公开申请；

（四）组织编制本校的信息公开指南、信息公开目录和信息公开工作年度报告；

（五）协调对拟公开的学校信息进行保密审查；

（六）组织学校信息公开工作的内部评议；

（七）推进、监督学校内设组织机构的信息公开；

（八）承担与本校信息公开有关的其他职责。

高等学校应当向社会公开信息公开工作机构的名称、负责人、办公地址、办公时间、联系电话、传真号码、电子邮箱等。

第十二条 对依照本办法规定需要公开的信息，高等学校应当根据实际情况，通过学校网站、校报校刊、校内广播等校内媒体和报刊、杂志、广播、电视等校外媒体以及新闻发布会、年鉴、会议纪要或者简报等方式予以公开；并根据需要设置公共查阅室、资料索取点、信息公告栏或者电子屏幕等场所、设施。

第十三条 高等学校应当在学校网站开设信息公开意见箱，设置信息公开专栏、建立有效链接，及时更新信息，并通过信息公开意见箱听取对学校信息公开工作的意见和建议。

第十四条 高等学校应当编制信息公开指南和目录，并及时公布和更新。信息公开指南应当明确信息公开工作机构，信息的分类、编排体系和获取方式，依申请公开的处理和答复流程等。信息公开目录应当包括信息的索引、名称、生成日期、责任部门等内容。

第十五条 高等学校应当将学校基本的规章制度汇编成

册，置于学校有关内部组织机构的办公地点、档案馆、图书馆等场所，提供免费查阅。

高等学校应当将学生管理制度、教师管理制度分别汇编成册，在新生和新聘教师报到时发放。

第十六条　高等学校完成信息制作或者获取信息后，应当及时明确该信息是否公开。确定公开的，应当明确公开的受众；确定不予公开的，应当说明理由；难以确定是否公开的，应当及时报请高等学校所在地省级教育行政部门或者上级主管部门审定。

第十七条　属于主动公开的信息，高等学校应当自该信息制作完成或者获取之日起20个工作日内予以公开。公开的信息内容发生变更的，应当在变更后20个工作日内予以更新。

学校决策事项需要征求教师、学生和学校其他工作人员意见的，公开征求意见的期限不得少于10个工作日。

法律法规对信息内容公开的期限另有规定的，从其规定。

第十八条　对申请人的信息公开申请，高等学校根据下列情况在15个工作日内分别作出答复：

（一）属于公开范围的，应当告知申请人获取该信息的方式和途径；

（二）属于不予公开范围的，应当告知申请人并说明理由；

（三）不属于本校职责范围的或者该信息不存在的，应当告知申请人，对能够确定该信息的职责单位的，应当告知申请人该单位的名称、联系方式；

（四）申请公开的信息含有不应当公开的内容但能够区分处理的，应当告知申请人并提供可以公开的信息内容，对不予公开的部分，应当说明理由；

（五）申请内容不明确的，应当告知申请人作出更改、补充；申请人逾期未补正的，视为放弃本次申请；

（六）同一申请人无正当理由重复向同一高等学校申请公开同一信息，高等学校已经作出答复且该信息未发生变化的，应当告知申请人，不再重复处理；

（七）高等学校根据实际情况作出的其他答复。

第十九条　申请人向高等学校申请公开信息的，应当出示有效身份证件或者证明文件。

申请人有证据证明高等学校提供的与自身相关的信息记录不准确的，有权要求该高等学校予以更正；该高等学校无权更正的，应当转送有权更正的单位处理，并告知申请人。

第二十条　高等学校向申请人提供信息，可以按照学校所在地省级价格部门和财政部门规定的收费标准收取检索、复制、邮寄等费用。收取的费用应当纳入学校财务管理。

高等学校不得通过其他组织、个人以有偿方式提供信息。

第二十一条　高等学校应当健全内部组织机构的信息公开制度，明确其信息公开的具体内容。

第四章　监督和保障

第二十二条　国务院教育行政部门开展对全国高等学校推进信息公开工作的监督检查。

省级教育行政部门应当加强对本行政区域内高等学校信息公开工作的日常监督检查。

高等学校主管部门应当将信息公开工作开展情况纳入高等学校领导干部考核内容。

第二十三条　省级教育行政部门和高等学校应当将信息公开工作纳入干部岗位责任考核内容。考核工作可与年终考核结合进行。

高等学校内设监察部门负责组织对本校信息公开工作的监督检查，监督检查应当有教师、学生和学校其他工作人员代表参加。

第二十四条　高等学校应当编制学校上一学年信息公开工作年度报告，并于每年10月底前报送所在地省级教育行政部门。中央部门所属高校，还应当报送其上级主管部门。

第二十五条　省级教育行政部门应当建立健全高等学校信息公开评议制度，聘请人大代表、政协委员、家长、教师、学生等有关人员成立信息公开评议委员会或者以其他形式，定期对本行政区域内高等学校信息公开工作进行评议，并向社会公布评议结果。

第二十六条　公民、法人和其他组织认为高等学校未按照本办法规定履行信息公开义务的，可以向学校内设监察部门、省级教育行政部门举报；对于中央部委所属高等学校，还可向其上级主管部门举报。收到举报的部门应当及时处理，并以适当方式向举报人告知处理结果。

第二十七条　高等学校违反有关法律法规或者本办法规定，有下列情形之一的，由省级教育行政部门责令改正；情节严重的，由省级教育行政部门或者国务院教育行政部门予以通报批评；对高等学校直接负责的主管领导和其他直接责任人员，由高等学校主管部门依据有关规定给予处分：

（一）不依法履行信息公开义务的；

（二）不及时更新公开的信息内容、信息公开指南和目录的；

（三）公开不应当公开的信息的；

（四）在信息公开工作中隐瞒或者捏造事实的；

（五）违反规定收取费用的；

（六）通过其他组织、个人以有偿服务方式提供信息的；

（七）违反有关法律法规和本办法规定的其他行为的。

高等学校上述行为侵害当事人合法权益，造成损失的，应当依法承担民事责任。

第二十八条 高等学校应当将开展信息公开工作所需经费纳入年度预算，为学校信息公开工作提供经费保障。

第五章 附　　则

第二十九条 本办法所称的高等学校，是指大学、独立设置的学院和高等专科学校，其中包括高等职业学校和成人高等学校。

高等学校以外其他高等教育机构的信息公开，参照本办法执行。

第三十条 已经移交档案工作机构的高等学校信息的公开，依照有关档案管理的法律、法规和规章执行。

第三十一条 省级教育行政部门可以根据需要制订实施办法。高等学校应当依据本办法制订实施细则。

第三十二条 本办法自2010年9月1日起施行。

高等学校章程制定暂行办法

1. 2011年11月28日教育部令第31号公布
2. 自2012年1月1日起施行

第一章 总　　则

第一条 为完善中国特色现代大学制度，指导和规范高等学校章程建设，促进高等学校依法治校、科学发展，依据教育法、高等教育法及其他有关规定，制定本办法。

第二条 国家举办的高等学校章程的起草、审议、修订以及核准、备案等，适用本办法。

第三条 章程是高等学校依法自主办学、实施管理和履行公共职能的基本准则。高等学校应当以章程为依据，制定内部管理制度及规范性文件、实施办学和管理活动、开展社会合作。

高等学校应当公开章程，接受举办者、教育主管部门、其他有关机关以及教师、学生、社会公众依据章程实施的监督、评估。

第四条 高等学校制定章程应当以中国特色社会主义理论体系为指导，以宪法、法律法规为依据，坚持社会主义办学方向，遵循高等教育规律，推进高等学校科学发展；应当促进改革创新，围绕人才培养、科学研究、服务社会、推进文化传承创新的任务，依法完善内部法人治理结构，体现和保护学校改革创新的成功经验与制度成果；应当着重完善学校自主管理、自我约束的体制、机制，反映学校的办学特色。

第五条 高等学校的举办者、主管教育行政部门应当按照政校分开、管办分离的原则，以章程明确界定与学校的关系，明确学校的办学方向与发展原则，落实举办者权利义务，保障学校的办学自主权。

第六条 章程用语应当准确、简洁、规范，条文内容应当明确、具体，具有可操作性。

章程根据内容需要，可以分编、章、节、条、款、项、目。

第二章 章程内容

第七条 章程应当按照高等教育法的规定，载明以下内容：

（一）学校的登记名称、简称、英文译名等，学校办学地点、住所地；

（二）学校的机构性质、发展定位，培养目标、办学方向；

（三）经审批机关核定的办学层次、规模；

（四）学校的主要学科门类，以及设置和调整的原则、程序；

（五）学校实施的全日制与非全日制、学历教育与非学历教育、远程教育、中外合作办学等不同教育形式的性质、目的、要求；

（六）学校的领导体制、法定代表人，组织结构、决策机制、民主管理和监督机制，内设机构的组成、职责、管理体制；

（七）学校经费的来源渠道、财产属性、使用原则和管理制度，接受捐赠的规则与办法；

（八）学校的举办者，举办者对学校进行管理或考核的方式、标准等，学校负责人的产生与任命机制，举办者的投入与保障义务；

（九）章程修改的启动、审议程序，以及章程解释权的归属；

（十）学校的分立、合并及终止事由，校徽、校歌等学校标志物、学校与相关社会组织关系等学校认为必要的事项，以及本办法规定的需要在章程中规定的重大事项。

第八条　章程应当按照高等教育法的规定，健全学校办学自主权的行使与监督机制，明确以下事项的基本规则、决策程序与监督机制：

（一）开展教学活动、科学研究、技术开发和社会服务；

（二）设置和调整学科、专业；

（三）制订招生方案，调节系科招生比例，确定选拔学生的条件、标准、办法和程序；

（四）制订学校规划并组织实施；

（五）设置教学、科研及行政职能部门；

（六）确定内部收入分配原则；

（七）招聘、管理和使用人才；

（八）学校财产和经费的使用与管理；

（九）其他学校可以自主决定的重大事项。

第九条　章程应当依照法律及其他有关规定，健全中国共产党高等学校基层委员会领导下的校长负责制的具体实施规则、实施意见，规范学校党委集体领导的议事规则、决策程序，明确支持校长独立负责地行使职权的制度规范。

章程应当明确校长作为学校法定代表人和主要行政负责人，全面负责教学、科学研究和其他管理工作的职权范围；规范校长办公会议或者校务会议的组成、职责、议事规则等内容。

第十条　章程应当根据学校实际与发展需要，科学设计学校的内部治理结构和组织框架，明确学校与内设机构，以及各管理层级、系统之间的职责权限，管理的程序与规则。

章程根据学校实际，可以按照有利于推进教授治学、民主管理，有利于调动基层组织积极性的原则，设置并规范学院（学部、系）、其他内设机构以及教学、科研基层组织的领导体制、管理制度。

第十一条　章程应当明确规定学校学术委员会、学位评定委员会以及其他学术组织的组成原则、负责人产生机制、运行规则与监督机制，保障学术组织在学校的学科建设、专业设置、学术评价、学术发展、教学科研计划方案制定、教师队伍建设等方面充分发挥咨询、审议、决策作用，维护学术活动的独立性。

章程应当明确学校学术评价和学位授予的基本规则和办法；明确尊重和保障教师、学生在教学、研究和学习方面依法享有的学术自由、探索自由，营造宽松的学术环境。

第十二条　章程应当明确规定教职工代表大会、学生代表大会的地位作用、职责权限、组成与负责人产生规则，以及议事程序等，维护师生员工通过教职工代表大会、学生代表大会参与学校相关事项的民主决策、实施监督的权利。

对学校根据发展需要自主设置的各类组织机构，如校务委员会、教授委员会、校友会等，章程中应明确其地位、宗旨以及基本的组织与议事规则。

第十三条　章程应当明确学校开展社会服务、获得社会支持、接受社会监督的原则与办法，健全社会支持和监督学校发展的长效机制。

学校根据发展需要和办学特色，自主设置有政府、行业、企事业单位以及其他社会组织代表参加的学校理事会或者董事会的，应当在章程中明确理事会或者董事会的地位作用、组成和议事规则。

第十四条　章程应当围绕提高质量的核心任务，明确学校保障和提高教育教学质量的原则与制度，规定学校对学科、专业、课程以及教学、科研的水平与质量进行评价、考核的基本规则，建立科学、规范的质量保障体系和评价机制。

第十五条　章程应当体现以人为本的办学理念，健全教师、学生权益的救济机制，突出对教师、学生权益、地位的确认与保护，明确其权利义务；明确学校受理教师、学生申诉的机构与程序。

第三章　章程制定程序

第十六条　高等学校应当按照民主、公开的原则，成立专门起草组织开展章程起草工作。

章程起草组织应当由学校党政领导、学术组织负责人、教师代表、学生代表、相关专家，以及学校举办者或者主管部门的代表组成，可以邀请社会相关方面的代表、社会知名人士、退休教职工代表、校友代表等参加。

第十七条　高等学校起草章程，应当深入研究、分析学校的特色与需求，总结实践经验，广泛听取政府有关部门、学校内部组织、师生员工的意见，充分反映学校举办者、管理者、办学者，以及教职员工、学生的要求与意愿，使章程起草成为学校凝聚共识、促进管理、增进和谐的过程。

第十八条　章程起草过程中，应当在校内公开听取意见；涉及到关系学校发展定位、办学方向、培养目标、管理体制，以及与教职工、学生切身利益相关的重大问题，应当采取多种方式，征求意见、充分论证。

第十九条　起草章程，涉及到与举办者权利关系的内容，高等学校应当与举办者、主管教育行政部门及其他相关部门充分沟通、协商。

第二十条 章程草案应提交教职工代表大会讨论。学校章程起草组织负责人,应当就章程起草情况与主要问题,向教职工代表大会做出说明。

第二十一条 章程草案征求意见结束后,起草组织应当将章程草案及其起草说明,以及征求意见的情况、主要问题的不同意见等,提交校长办公会议审议。

第二十二条 章程草案经校长办公会议讨论通过后,由学校党委会讨论审定。

章程草案经讨论审定后,应当形成章程核准稿和说明,由学校法定代表人签发,报核准机关。

第四章 章程核准与监督

第二十三条 地方政府举办的高等学校的章程由省级教育行政部门核准,其中本科以上高等学校的章程核准后,应当报教育部备案;教育部直属高等学校的章程由教育部核准;其他中央部门所属高校的章程,经主管部门同意,报教育部核准。

第二十四条 章程报送核准应当提交以下材料:

(一)核准申请书;

(二)章程核准稿;

(三)对章程制定程序和主要内容的说明。

第二十五条 核准机关应当指定专门机构依照本办法的要求,对章程核准稿的合法性、适当性、规范性以及制定程序,进行初步审查。审查通过的,提交核准机关组织的章程核准委员会评议。

章程核准委员会由核准机关、有关主管部门推荐代表,高校、社会代表以及相关领域的专家组成。

第二十六条 核准机关应当自收到核准申请2个月内完成初步审查。涉及对核准稿条款、文字进行修改的,核准机关应当及时与学校进行沟通,提出修改意见。

有下列情形之一的,核准机关可以提出时限,要求学校修改后,重新申请核准:

(一)违反法律、法规的;

(二)超越高等学校职权的;

(三)章程核准委员会未予通过或者提出重大修改意见的;

(四)违反本办法相关规定的;

(五)核准期间发现学校内部存在重大分歧的;

(六)有其他不宜核准情形的。

第二十七条 经核准机关核准的章程文本为正式文本。高等学校应当以学校名义发布章程的正式文本,并向本校和社会公开。

第二十八条 高等学校应当保持章程的稳定。

高等学校发生分立、合并、终止,或者名称、类别层次、办学宗旨、发展目标、举办与管理体制变化等重大事项的,可以依据章程规定的程序,对章程进行修订。

第二十九条 高等学校章程的修订案,应当依法报原核准机关核准。

章程修订案经核准后,高等学校应当重新发布章程。

第三十条 高等学校应当指定专门机构监督章程的执行情况,依据章程审查学校内部规章制度、规范性文件,受理对违反章程的管理行为、办学活动的举报和投诉。

第三十一条 高等学校的主管教育行政部门对章程中自主确定的不违反法律和国家政策强制性规定的办学形式、管理办法等,应当予以认可;对高等学校履行章程情况应当进行指导、监督;对高等学校不执行章程的情况或者违反章程规定自行实施的管理行为,应当责令限期改正。

第五章 附　　则

第三十二条 新设立的高等学校,由学校举办者或者其委托的筹设机构,依法制定章程,并报审批机关批准;其中新设立的国家举办的高等学校,其章程应当具备本办法规定的内容;民办高等学校和中外合作举办的高等学校,依据相关法律法规制定章程,章程内容可参照本办法的规定。

第三十三条 本办法自2012年1月1日起施行。

高等学校学术委员会规程

1. 2014年1月29日教育部令第35号公布
2. 自2014年3月1日起施行

第一章 总　　则

第一条 为促进高等学校规范和加强学术委员会建设,完善内部治理结构,保障学术委员会在教学、科研等学术事务中有效发挥作用,根据《中华人民共和国高等教育法》及相关规定,制定本规程。

第二条 高等学校应当依法设立学术委员会,健全以学术委员会为核心的学术管理体系与组织架构;并以学术委员会作为校内最高学术机构,统筹行使学术事务的决策、审议、评定和咨询等职权。

实施本科以上教育的普通高等学校学术委员会的组成、职责与运行等,适用本规程。

第三条 高等学校应当充分发挥学术委员会在学科建设、学术评价、学术发展和学风建设等事项上的重要作用，完善学术管理的体制、制度和规范，积极探索教授治学的有效途径，尊重并支持学术委员会独立行使职权，并为学术委员会正常开展工作提供必要的条件保障。

第四条 高等学校学术委员会应当遵循学术规律，尊重学术自由、学术平等，鼓励学术创新，促进学术发展和人才培养，提高学术质量；应当公平、公正、公开地履行职责，保障教师、科研人员和学生在教学、科研和学术事务管理中充分发挥主体作用，促进学校科学发展。

第五条 高等学校应当结合实际，依据本规程，制定学术委员会章程或者通过学校章程，具体明确学术委员会组成、职责，以及委员的产生程序、增补办法，会议制度和议事规则及其他本规程未尽事宜。

第二章 组成规则

第六条 学术委员会一般应当由学校不同学科、专业的教授及具有正高级以上专业技术职务的人员组成，并应当有一定比例的青年教师。

学术委员会人数应当与学校的学科、专业设置相匹配，并为不低于15人的单数。其中，担任学校及职能部门党政领导职务的委员，不超过委员总人数的1/4；不担任党政领导职务及院系主要负责人的专任教授，不少于委员总人数的1/2。

学校可以根据需要聘请校外专家及有关方面代表，担任专门学术事项的特邀委员。

第七条 学术委员会委员应当具备以下条件：

（一）遵守宪法法律，学风端正、治学严谨、公道正派；

（二）学术造诣高，在本学科或者专业领域具有良好的学术声誉和公认的学术成果；

（三）关心学校建设和发展，有参与学术议事的意愿和能力，能够正常履行职责；

（四）学校规定的其他条件。

第八条 学校应当根据学科、专业构成情况，合理确定院系（学部）的委员名额，保证学术委员会的组成具有广泛的学科代表性和公平性。

学术委员会委员的产生，应当经自下而上的民主推荐、公开公正的遴选等方式产生候选人，由民主选举等程序确定，充分反映基层学术组织和广大教师的意见。

特邀委员由校长、学术委员会主任委员或者1/3以上学术委员会委员提名，经学术委员会同意后确定。

第九条 学术委员会委员由校长聘任。

学术委员会委员实行任期制，任期一般可为4年，可连选连任，但连任最长不超过2届。

学术委员会每次换届，连任的委员人数应不高于委员总数的2/3。

第十条 学术委员会设主任委员1名，可根据需要设若干名副主任委员。主任委员可由校长提名，全体委员选举产生；也可以采取直接由全体委员选举等方式产生，具体办法由学校规定。

第十一条 学术委员会可以就学科建设、教师聘任、教学指导、科学研究、学术道德等事项设立若干专门委员会，具体承担相关职责和学术事务；应当根据需要，在院系（学部）设置或者按照学科领域设置学术分委员会，也可以委托基层学术组织承担相应职责。

各专门委员会和学术分委员会根据法律规定、学术委员会的授权及各自章程开展工作，向学术委员会报告工作，接受学术委员会的指导和监督。

学术委员会设立秘书处，处理学术委员会的日常事务；学术委员会的运行经费，应当纳入学校预算安排。

第十二条 学术委员会委员在任期内有下列情形，经学术委员会全体会议讨论决定，可免除或同意其辞去委员职务：

（一）主动申请辞去委员职务的；

（二）因身体、年龄及职务变动等原因不能履行职责的；

（三）怠于履行职责或者违反委员义务的；

（四）有违法、违反教师职业道德或者学术不端行为的；

（五）因其他原因不能或不宜担任委员职务的。

第三章 职责权限

第十三条 学术委员会委员享有以下权利：

（一）知悉与学术事务相关的学校各项管理制度、信息等；

（二）就学术事务向学校相关职能部门提出咨询或质询；

（三）在学术委员会会议中自由、独立地发表意见，讨论、审议和表决各项决议；

（四）对学校学术事务及学术委员会工作提出建议、实施监督；

（五）学校章程或者学术委员会章程规定的其他权利。

特邀委员根据学校的规定，享有相应权利。

第十四条 学术委员会委员须履行以下义务：

（一）遵守国家宪法、法律和法规，遵守学术规范、

恪守学术道德;

（二）遵守学术委员会章程,坚守学术专业判断,公正履行职责;

（三）勤勉尽职,积极参加学术委员会会议及有关活动;

（四）学校章程或者学术委员会章程规定的其他义务。

第十五条　学校下列事务决策前,应当提交学术委员会审议,或者交由学术委员会审议并直接做出决定:

（一）学科、专业及教师队伍建设规划,以及科学研究、对外学术交流合作等重大学术规划;

（二）自主设置或者申请设置学科专业;

（三）学术机构设置方案,交叉学科、跨学科协同创新机制的建设方案、学科资源的配置方案;

（四）教学科研成果、人才培养质量的评价标准及考核办法;

（五）学位授予标准及细则,学历教育的培养标准、教学计划方案、招生的标准与办法;

（六）学校教师职务聘任的学术标准与办法;

（七）学术评价、争议处理规则,学术道德规范;

（八）学术委员会专门委员会组织规程,学术分委员会章程;

（九）学校认为需要提交审议的其他学术事务。

第十六条　学校实施以下事项,涉及对学术水平做出评价的,应当由学术委员会或者其授权的学术组织进行评定:

（一）学校教学、科学研究成果和奖励,对外推荐教学、科学研究成果奖;

（二）高层次人才引进岗位人选、名誉（客座）教授聘任人选,推荐国内外重要学术组织的任职人选、人才选拔培养计划人选;

（三）自主设立各类学术、科研基金、科研项目以及教学、科研奖项等;

（四）需要评价学术水平的其他事项。

第十七条　学校做出下列决策前,应当通报学术委员会,由学术委员会提出咨询意见:

（一）制订与学术事务相关的全局性、重大发展规划和发展战略;

（二）学校预算决算中教学、科研经费的安排和分配及使用;

（三）教学、科研重大项目的申报及资金的分配使用;

（四）开展中外合作办学、赴境外办学,对外开展重大项目合作;

（五）学校认为需要听取学术委员会意见的其他事项。

学术委员会对上述事项提出明确不同意见的,学校应当做出说明、重新协商研究或者暂缓执行。

第十八条　学术委员会按照有关规定及学校委托,受理有关学术不端行为的举报并进行调查,裁决学术纠纷。

学术委员会调查学术不端行为、裁决学术纠纷,应当组织具有权威性和中立性的专家组,从学术角度独立调查取证,客观公正地进行调查认定。专家组的认定结论,当事人有异议的,学术委员会应当组织复议,必要的可以举行听证。

对违反学术道德的行为,学术委员会可以依职权直接撤销或者建议相关部门撤销当事人相应的学术称号、学术待遇,并可以同时向学校、相关部门提出处理建议。

第四章　运行制度

第十九条　学术委员会实行例会制度,每学期至少召开1次全体会议。根据工作需要,经学术委员会主任委员或者校长提议,或者1/3以上委员联名提议,可以临时召开学术委员会全体会议,商讨、决定相关事项。

学术委员会可以授权专门委员会处理专项学术事务,履行相应职责。

第二十条　学术委员会主任委员负责召集和主持学术委员会会议,必要时,可以委托副主任委员召集和主持会议。学术委员会委员全体会议应有2/3以上委员出席方可举行。

学术委员会全体会议应当提前确定议题并通知与会委员。经与会1/3以上委员同意,可以临时增加议题。

第二十一条　学术委员会议事决策实行少数服从多数的原则,重大事项应当以与会委员的2/3以上同意,方可通过。

学术委员会会议审议决定或者评定的事项,一般应当以无记名投票方式做出决定;也可以根据事项性质,采取实名投票方式。

学术委员会审议或者评定的事项与委员本人及其配偶和直系亲属有关,或者具有利益关联的,相关委员应当回避。

第二十二条　学术委员会会议可以根据议题,设立旁听席,允许相关学校职能部门、教师及学生代表列席旁听。

学术委员会做出的决定应当予以公示,并设置异议期。在异议期内如有异议，经1/3以上委员同意，可召开全体会议复议。经复议的决定为终局结论。

第二十三条　学术委员会应当建立年度报告制度，每年度对学校整体的学术水平、学科发展、人才培养质量等进行全面评价，提出意见、建议；对学术委员会的运行及履行职责的情况进行总结。

学术委员会年度报告应提交教职工代表大会审议，有关意见、建议的采纳情况，校长应当做出说明。

第五章　附　　则

第二十四条　高等职业学校、成人高等学校可以参照本规程，结合自身特点，确定学术委员会的组成及职责，制定学术委员会章程。

第二十五条　高等学校现有学术委员会的组成、职责等与本规程不一致的，学校通过经核准的章程已予以规范的，可以按照学校章程的规定实施；学校章程未规定的，应当按照本规程进行调整、规范。

第二十六条　本规程自2014年3月1日起施行。

教育部此前发布的有关规章、文件中的相关规定与本规程不一致的，以本规程为准。

普通高等学校理事会规程（试行）

1. 2014年7月16日教育部令第37号发布
2. 自2014年9月1日起施行

第一条　为推进中国特色现代大学制度建设，健全高等学校内部治理结构，促进和规范高等学校理事会建设，增强高等学校与社会的联系、合作，根据《中华人民共和国高等教育法》及国家有关规定，制定本规程。

第二条　本规程所称理事会，系指国家举办的普通高等学校（以下简称：高等学校）根据面向社会依法自主办学的需要，设立的由办学相关方面代表参加，支持学校发展的咨询、协商、审议与监督机构，是高等学校实现科学决策、民主监督、社会参与的重要组织形式和制度平台。

高等学校使用董事会、校务委员会等名称建立的相关机构适用本规程。

第三条　高等学校应当依据本规程及学校章程建立并完善理事会制度，制定理事会章程，明确理事会在学校治理结构中的作用、职能，增强理事会的代表性和权威性，健全与理事会成员之间的协商、合作机制；为理事会及其成员了解和参与学校相关事务提供条件保障和工作便利。

第四条　高等学校应当结合实际，在以下事项上充分发挥理事会的作用：

（一）密切社会联系，提升社会服务能力，与相关方面建立长效合作机制；

（二）扩大决策民主，保障与学校改革发展相关的重大事项，在决策前，能够充分听取相关方面意见；

（三）争取社会支持，丰富社会参与和支持高校办学的方式与途径，探索、深化办学体制改革；

（四）完善监督机制，健全社会对学校办学与管理活动的监督、评价机制，提升社会责任意识。

第五条　理事会一般应包含以下方面的代表：

（一）学校举办者、主管部门、共建单位的代表；

（二）学校及职能部门相关负责人，相关学术组织负责人，教师、学生代表；

（三）支持学校办学与发展的地方政府、行业组织、企业事业单位和其他社会组织等理事单位的代表；

（四）杰出校友、社会知名人士、国内外知名专家等；

（五）学校邀请的其他代表。

各方面代表在理事会所占的比例应当相对均衡，有利于理事会充分、有效地发挥作用。

第六条　理事会组成人员一般不少于21人，可分为职务理事和个人理事。

职务理事由相关部门或者理事单位委派；理事单位和个人理事由学校指定机构推荐或者相关组织推选。学校主要领导和相关职能部门负责人可以确定为当然理事。

根据理事会组成规模及履行职能的需要和学校实际，可以设立常务理事、名誉理事等。

第七条　理事会每届任期一般为5年，理事可以连任。

理事会可设理事长一名，副理事长若干名。理事长可以由学校提名，由理事会全体会议选举产生；也可以由学校举办者或者学校章程规定的其他方式产生。

第八条　理事、名誉理事应当具有良好的社会声誉、在相关行业、领域具有广泛影响，积极关心、支持学校发展，有履行职责的能力和愿望。

理事、名誉理事不得以参加理事会及相关活动，获得薪酬或者其他物质利益；不得借职务便利获得不当利益。

第九条　理事会主要履行以下职责：

（一）审议通过理事会章程、章程修订案；

（二）决定理事的增补或者退出；

（三）就学校发展目标、战略规划、学科建设、专业设置、年度预决算报告、重大改革举措、学校章程拟定或者修订等重大问题进行决策咨询或者参与审议；

（四）参与审议学校开展社会合作、校企合作、协同创新的整体方案及重要协议等，提出咨询建议，支持学校开展社会服务；

（五）研究学校面向社会筹措资金、整合资源的目标、规划等，监督筹措资金的使用；

（六）参与评议学校办学质量，就学校办学特色与教育质量进行评估，提出合理化建议或者意见；

（七）学校章程规定或者学校委托的其他职能。

第十条 理事会应当建立例会制度，每年至少召开一次全体会议；也可召开专题会议，或者设立若干专门小组负责相关具体事务。

第十一条 理事会会议应遵循民主协商的原则，建立健全会议程序和议事规则，保障各方面代表能够就会议议题充分讨论、自主发表意见，并以协商或者表决等方式形成共识。

第十二条 理事会可以设秘书处，负责安排理事会会议，联系理事会成员，处理理事会的日常事务等。

高等学校应当提供必要的经费保证理事会正常开展活动。

第十三条 理事会组织、职责及运行的具体规则，会议制度，议事规则，理事的权利义务、产生办法等，应当通过理事会章程予以规定。

理事会章程经理事会全体会议批准后生效。

第十四条 高等学校应当向社会公布理事会组成及其章程。

理事会应当主动公开相关信息及履行职责的情况，接受教职工、社会和高等学校主管部门的监督。

第十五条 已设立理事会或相关机构的普通高等学校，其组成或者职责与本规程不一致的，应依据本规程予以调整。

高等职业学校可以参照本章程组建理事会，并可以按照法律和国家相关规定，进一步明确行业企业代表在理事会的地位与作用。

民办高等学校理事会或者董事会依据《民办教育促进法》组建并履行职责，不适用本规程；但可参照本规程，适当扩大理事会组成人员的代表性。

第十六条 本规程自 2014 年 9 月 1 日起施行。

高等学校外语教学指导委员会工作条例

1993 年 5 月 31 日国家教育委员会发布

为了加强和改进对外语教学的宏观指导和管理，进一步提高外语教学质量，更好地为社会主义现代化建设服务，国家教育委员会决定将高等学校外语教材编审委员会改建为高等学校外语教学指导委员会。

高等学校外语教学指导委员会是国家教育指导高等学校的外语专业和大学（公共）外语教学工作的咨询机构。

第一条 组织

1. 外语学科设有两个教学指导委员会：高等学校外语专业教学指导委员会和大学外语教学指导委员会。

2. 教学指导委员会由各语种的专家组成，按语种下设若干组。

3. 教学指导委员会设主任委员一人，副主任委员若干人，必要时设顾问。教学指导委员会的工作由主任委员主持，副主任委员协助。主任委员所在学校为该教学指导委员会主持学校。各语种的指导小组设组长、副组长。上述人员均由国家教委聘任。

4. 教学指导委员会的委员须经所在学校推荐或同意，由国家教委聘任，任期四年，均为兼职。委员人选的条件是：坚持四项基本原则，坚持改革开放，具有较高的学术水平和丰富的教学经验，作风正派，能团结合作，身体健康。委员需要增补或更换时，由教学指导委员会提名报国家教委审批。

5. 教学指导委员会及各指导小组设秘书一人，由主任委员、组长在所在单位约请合适人选兼任（亦可由委员兼任），协助主任委员、组长做好组织、联络和经常性工作（包括资料档案工作）。

6. 教学指导委员会下设南方、北方两个办公室，负责会议组织、财务报销、通讯联络等日常工作。办公室人员由国家教委在有关出版社的工作人员中委派兼任。

第二条 任务

外语教学指导委员会受国家教委委托，围绕外语专业、大学外语的教学、科研和教材等方面开展工作，其主要任务是：

1. 草拟或咨询、审查有关外语专业、大学外语的教学文件，组织实施教学文件和开展教学质量评估活动；

2. 组织教学经验交流，开展有关外语教学的调研活动，推动教学研究和教学改革；

3. 拟订教材建设规划，开展教材研究，组织教材的编写、评审和评介工作，评选优秀教材；

4. 研究本专业（学科）的建设和发展的有关问题，向国家教委提出建议；

5. 加强与外语教师的联系，了解和反映他们对外语教育工作的意见和建议。

第三条　工作方式和经费

1. 各语种指导小组在每年年终前总结该年度的工作，确定下一年度的工作计划，并由委员会秘书汇总，经主任委员审核后报国家教委。教学指导委员会在任期中间召开一次正、副主任和各组正、副组长的工作会议；任期届满时，应总结四年工作，并就今后工作向国家教委提出建议。

2. 教学指导委员会按照国家教委批准的工作计划、经费数额组织活动。每项活动结束后，将总结报告或会议纪要等材料及时报送国家教委。会议等项活动经费按财务制度有关规定，向国家教委报销。

3. 教学指导委员会委员所在学校应积极支持他们的工作，提供必要的条件，如差旅费的报销、把承担的任务计入工作量等。各高等院校也应关心教学指导委员会的工作，对他们开展的活动给予帮助和支持。

第四条　其他

本条例如有未尽事宜，由教学指导委员会提出修改、补充意见，报国家教委批准后实施。

高等学校收费管理暂行办法

1996年12月16日国家教育委员会、国家计划委员会、财政部发布

第一条　为加强高等学校收费管理，保障学校和受教育者的合法权益，根据《中华人民共和国教育法》第二十九条的规定和国家有关行政事业性收费管理的规定，制定本暂行办法。

第二条　本暂行办法适用于中华人民共和国境内由国家及企业、事业组织举办的全日制普通高等学校。

第三条　高等教育属于非义务教育阶段，学校依据国家有关规定，向学生收取学费。

第四条　学费标准根据年生均教育培养成本的一定比例确定。不同地区、不同专业、不同层次学校的学费收费标准可以有所区别。

教育培养成本包括以下项目：公务费、业务费、设备购置费、修缮费、教职工人员经费等正常办学费用支出。不包括灾害损失、事故、校办产业支出等非正常办学费用支出。

第五条　学费占年生均教育培养成本的比例和标准由国家教委、国家计委、财政部共同作出原则规定。在现阶段，高等学校学费占年生均教育培养成本的比例最高不得超过25%。具体比例必须根据经济发展状况和群众承受能力分步调整到位。

国家规定范围之内的学费标准审批权限在省级人民政府。由省级教育部门提出意见，物价部门会同财政部门根据当地经济发展水平、办学条件和居民经济承受能力进行审核，三部门共同报省级人民政府批准后，由教育部门执行。

第六条　学费标准的调整，由省级教育、物价、财政部门按照第五条规定的程序，根据本行政区域内的物价上涨水平和居民收入平均增长水平提出方案，报省级人民政府批准后执行。

第七条　农林、师范、体育、航海、民族专业等享受国家专业奖学金的高校学生免缴学费。

第八条　中央部委直属高等学校和地方业务部门直属高等学校学费标准，由高等学校根据年生均教育培养成本的一定比例提出，经学校主管部门同意后，报学校所在省、自治区、直辖市教育部门，按第五条规定的程序，由学校所在地的省级人民政府批准后执行。

各高等学校申报学费标准时，应对下列问题进行说明：(1)培养成本项目及标准；(2)本学年确定收费标准的原则和调整收费标准的说明；(3)其他需说明的问题。

第九条　对家庭经济困难的学生应酌情减免收取学费，具体减免办法，由省级人民政府根据国家有关规定制定。同时，各高等学校及其主管部门要采取包括奖学金、贷学金、勤工助学、困难补助等多种方式，切实帮助家庭经济困难学生解决学习和生活上的困难，保证他们不因经济原因而中断学业。

第十条　学费按学年或学期收取，不得跨学年预收。学费收取实行“老生老办法，新生新办法”。

第十一条　学费由学校财务部门统一收取，到指定的物价部门申领收费许可证，并使用省级财政部门统一印制的行政事业性收费专用票据。

第十二条　学费是学校经费的必要来源之一，纳入单位财务统一核算，统筹用于办学支出。任何部门、单位和个人不得截留、挤占和挪用。学费的收支情况应按级次向教育主管部门和财政、物价部门报告，并接受社会和群众监督。

第十三条 学校为学生提供的住宿收费，应严格加以控制，住宿费收费标准必须严格按照实际成本确定，不得以营利为目的。具体收费标准，由学校主管部门提出意见，报当地物价部门会同财政部门审批。

第十四条 高等学校除收取学费和住宿费以外，未经财政部、国家计委、国家教育联合批准或省级人民政府批准，不得再向学生收取任何费用。

第十五条 各省、自治区、直辖市人民政府必须高度重视并加强对学校收费工作的统一领导和集中管理，根据国家有关规定研究制定必要的收费管理办法，规范审批程序，制定学生年生均教育培养成本等确定学费标准的依据文件，定期向社会公布，接受群众监督。

第十六条 教育收费管理由各级教育、物价、财政部门共同负责。各级教育、物价、财政部门要加强对高等学校收费的管理和监督，督促学校严格执行国家有关教育收费管理的政策和规定，建立健全收费管理的规章和制度，对巧立名目擅自增设收费项目，扩大收费范围和提高收费标准的，对挤占挪用学费收入的，要按国家有关规定严肃查处；对乱收费屡禁不止、屡查屡犯，情节严重的，要按国家有关规定对学校负责人给予行政处分。

第十七条 成人高等学校、高等函授教育等非全日制普通高等教育学费收费项目及标准，参照本办法执行。

第十八条 各省、自治区、直辖市教育、物价、财政部门，应根据本办法，制定具体实施办法，并报国家教委、国家计委、财政部备案。

第十九条 本办法由国家教委、国家计委、财政部负责解释。

第二十条 本办法自颁布之日起执行。

高等学校体育工作基本标准

1. 2014年6月11日发布

2. 教体艺〔2014〕4号

为落实立德树人根本任务，加强高等学校体育工作，切实提高高校学生体质健康水平，促进学生全面发展，根据国家有关规定，制定本标准。本标准适用于普通本科学校和高等职业学校的体育工作。

一、体育工作规划与发展

1. 全面贯彻党的教育方针，服务立德树人根本任务，将学校体育纳入学校全面实施素质教育的各项工作，认真执行国家教育发展规划、规章制度及各项要求。创新人才培养模式，使学生掌握科学锻炼的基础知识、基本技能和有效方法，学会至少两项终身受益的体育锻炼项目，养成良好锻炼习惯。挖掘学校体育在学生道德教育、智力发展、身心健康、审美素养和健康生活方式形成中的多元育人功能，有计划、有制度、有保障地促进学校体育与德育、智育、美育有机融合，提高学生综合素质。

2. 统筹规划学校体育发展，把增强学生体质和促进学生健康作为学校教育的基本目标之一和重要工作内容，纳入学校总体发展规划，全面发挥体育在学校人才培养、科学研究、社会服务和文化传承中不可替代的作用。制订阳光体育运动工作方案，明确工作目标、具体任务、保障措施和责任分工，并落实各项工作。

3. 设置体育工作机构，配备专职干部、教师和工作人员，并赋予其统筹开展学校体育工作的各项管理职能。实行学校领导分管负责制（或体育工作委员会制），每年至少召开一次体育工作专题会议，有针对性地解决实际问题。学校各有关部门积极协同配合，合理分工，明确人员，落实责任。

4. 加强学校体育工作管理，在学校体育改革发展、教育教学、教研科研、竞赛活动、社会服务等各项工作领域制订规范文件、健全管理制度、加强过程监测。建立科学规范的学校体育工作评价机制，并纳入综合办学水平和教育教学质量评价体系。

二、体育课程设置与实施

5. 严格执行《全国普通高等学校体育课程教学指导纲要》，必须为一、二年级本科学生开设不少于144学时（专科生不少于108学时）的体育必修课，每周安排体育课不少于2学时，每学时不少于45分钟。为其他年级学生和研究生开设体育选修课，选修课成绩计入学生学分。每节体育课学生人数原则上不超过30人。

6. 深入推进课程改革，合理安排教学内容，开设不少于15门的体育项目。每节体育课须保证一定的运动强度，其中提高学生心肺功能的锻炼内容不得少于30%；要将反映学生心肺功能的素质锻炼项目作为考试内容，考试分数的权重不得少于30%。

7. 创新教育教学方式，指导学生科学锻炼，增强体育教学的吸引力、特色性和实效性。建立体育教研、科研制度，形成高水平研究团队，多渠道开展以提高学生体质健康、教学质量、课余训练、体育文化水平等为目标的战略性、前瞻性、应用性项目研究，带动学校体育工作整体水平提高。

三、课外体育活动与竞赛

8. 将课外体育活动纳入学校教学计划，健全制度、完善机制、加强保障。面向全体学生设置多样化、可选择、有实效的锻炼项目，组织学生每周至少参加三次课外体育锻炼，切实保证学生每天一小时体育活动时间。

9. 学校每年组织春、秋季综合性学生运动会（或体育文化节），设置学生喜闻乐见、易于参与的竞技性、健身性和民族性体育项目，参与运动会的学生达到50%以上。经常组织校内体育比赛，支持院系、专业或班级学生开展体育竞赛和交流等活动。

10. 注重培养学生体育特长，有效发挥体育特长生和学生体育骨干的示范作用，组建学生体育运动队，科学开展课余训练，组织学生参加教育和体育部门举办的体育竞赛。

11. 加强校园体育文化建设，促进中华优秀体育文化传承创新。学校成立不少于20个学生体育社团，采取鼓励和支持措施定期开展活动，形成良好的校园体育传统和特色。开展对外体育交流与合作。通过校报、公告栏和校园网等形式，定期通报学生体育活动情况，传播健康理念。

12. 因地制宜开展社会服务。支持体育教师适度参与国内外重大体育比赛的组织、裁判等社会实践工作。鼓励体育教师指导中小学体育教学、训练和参与社区健身辅导等公益活动。支持学校师生为政府及社会举办的体育活动提供志愿服务。

四、学生体质监测与评价

13. 全面实施《国家学生体质健康标准》，建立学生体质健康测试中心，安排专门人员负责，完善工作条件，每年对所有学生进行体质健康测试，测试成绩向学生反馈，并将测试结果经教育部门审核后上报国家学生体质健康标准数据管理系统，形成本校学生体质健康年度报告。及时在校内公布学生体质健康测试总体结果。

14. 建立健全《国家学生体质健康标准》管理制度，学生测试成绩列入学生档案，作为对学生评优、评先的重要依据。毕业时，学生测试成绩达不到50分者按结业处理（因病或残疾学生，凭医院证明向学校提出申请并经审核通过后可准予毕业）。毕业年级学生测试成绩及格率须达95%以上。

15. 将学生体质健康状况作为衡量学校办学水平的重要指标。将体质健康状况、体育课成绩、参与体育活动等情况作为学生综合素质评价的重要内容。

16. 建立学生体质健康状况分析和研判机制，根据学生体质健康状况制定干预措施，视情况采取分类教学、个别辅导等必要措施，指导学生有针对性地进行体育锻炼，切实改进体育工作，提高全体学生体质健康水平。

五、基础能力建设与保障

17. 健全学校体育保障机制，学校体育工作经费纳入学校经费预算，并与学校教育事业经费同步增长。加强学校体育活动的安全教育、伤害预防和风险管理，建立健全校园体育活动意外伤害保险制度，妥善处置伤害事件。

18. 根据体育课教学、课外体育活动、课余训练竞赛和实施《国家学生体质健康标准》等工作需要，合理配备体育教师。体育教师年龄、专业、学历和职称结构合理，健全体育教师职称评定、学术评价、岗位聘任和学习进修等制度。

19. 将体育教学、课外体育活动、课余训练竞赛和实施《国家学生体质健康标准》等工作纳入教师工作量，保证体育教师与其他学科（专业）教师工作量的计算标准一致，实行同工同酬。

20. 体育场馆、设施和器材等符合国家配备、安全和质量标准，完善配备、管理、使用等规章制度，基本满足学生参加体育锻炼的需求。定时维护体育场馆、设施，及时更新、添置易耗、易损体育器材。体育场馆、设施在课余和节假日向学生免费或优惠开放。

独立学院设置与管理办法

1. 2008年2月22日教育部令第26号公布
2. 根据2015年11月10日教育部令第38号《关于废止和修改部分规章的决定》修正

第一章　总　　则

第一条　为了规范普通高等学校与社会组织或者个人合作举办独立学院活动，维护受教育者和独立学院的合法权益，促进高等教育事业健康发展，根据高等教育法、民办教育促进法、民办教育促进法实施条例，制定本办法。

第二条　本办法所称独立学院，是指实施本科以上学历教育的普通高等学校与国家机构以外的社会组织或者个人合作,利用非国家财政性经费举办的实施本科学历教育的高等学校。

第三条 独立学院是民办高等教育的重要组成部分,属于公益性事业。

设立独立学院,应当符合国家和地方高等教育发展规划。

第四条 独立学院及其举办者应当遵守法律、法规、规章和国家有关规定,贯彻国家的教育方针,坚持社会主义办学方向和教育公益性原则。

第五条 国家保障独立学院及其举办者的合法权益。

独立学院依法享有民办教育促进法、民办教育促进法实施条例规定的各项奖励与扶持政策。

第六条 国务院教育行政部门负责全国独立学院的统筹规划、综合协调和宏观管理。

省、自治区、直辖市人民政府教育行政部门(以下简称省级教育行政部门)主管本行政区域内的独立学院工作,依法履行下列职责:

(一)独立学院办学许可证的管理;

(二)独立学院招生简章和广告备案的审查;

(三)独立学院相关信息的发布;

(四)独立学院的年度检查;

(五)独立学院的表彰奖励;

(六)独立学院违法违规行为的查处;

(七)法律法规规定的其他职责。

第二章 设　　立

第七条 参与举办独立学院的普通高等学校须具有较高的教学水平和管理水平,较好的办学条件,一般应具有博士学位授予权。

第八条 参与举办独立学院的社会组织,应当具有法人资格。注册资金不低于5000万元,总资产不少于3亿元,净资产不少于1.2亿元,资产负债率低于60%。

参与举办独立学院的个人,应当具有政治权利和完全民事行为能力。个人总资产不低于3亿元,其中货币资金不少于1.2亿元。

第九条 独立学院的设置标准参照普通本科高等学校的设置标准执行。

独立学院应当具备法人条件。

第十条 参与举办独立学院的普通高等学校与社会组织或者个人,应当签订合作办学协议。

合作办学协议应当包括办学宗旨、培养目标、出资数额和方式、各方权利义务、合作期限、争议解决办法等内容。

第十一条 普通高等学校主要利用学校名称、知识产权、管理资源、教育教学资源等参与办学。社会组织或者个人主要利用资金、实物、土地使用权等参与办学。

国家的资助、向学生收取的学费和独立学院的借款、接受的捐赠财产,不属于独立学院举办者的出资。

第十二条 独立学院举办者的出资须经依法验资,于筹设期内过户到独立学院名下。

本办法施行前资产未过户到独立学院名下的,自本办法施行之日起1年内完成过户工作。

第十三条 普通高等学校投入办学的无形资产,应当依法作价。无形资产的作价,应当委托具有资产评估资质的评估机构进行评估;无形资产占办学总投入的比例,由合作办学双方按照国家法律、行政法规的有关规定予以约定,并依法办理有关手续。

第十四条 独立学院举办者应当依法按时、足额履行出资义务。独立学院存续期间,举办者不得抽逃办学资金,不得挪用办学经费。

第十五条 符合条件的普通高等学校一般只可以参与举办1所独立学院。

第十六条 设立独立学院,分筹设和正式设立两个阶段。筹设期1至3年,筹设期内不得招生。筹设期满未申请正式设立的,自然终止筹设。

第十七条 设立独立学院由参与举办独立学院的普通高等学校向拟设立的独立学院所在地的省级教育行政部门提出申请,按照普通本科高等学校设置程序,报国务院教育行政部门审批。

第十八条 申请筹设独立学院,须提交下列材料:

(一)筹设申请书。内容包括:举办者、拟设立独立学院的名称、培养目标、办学规模、办学条件、内部管理体制、经费筹措与管理使用等。

(二)合作办学协议。

(三)普通高等学校的基本办学条件,专业设置、学科建设情况,在校学生、专任教师及管理人员状况,本科教学水平评估情况,博士点设置情况。

(四)社会组织或者个人的法人登记证书或者个人身份证明材料。

(五)资产来源、资金数额及有效证明文件,并载明产权。其中包括不少于500亩的国有土地使用证或国有土地建设用地规划许可证。

(六)普通高等学校主管部门审核同意的意见。

第十九条 申请筹设独立学院的,审批机关应当按照民办教育促进法规定的期限,作出是否批准的决定。批准的,发给筹设批准书;不批准的,应当说明理由。

第二十条 完成筹设申请正式设立的,应当提交下列材料：

（一）正式设立申请书；

（二）筹设批准书；

（三）筹设情况报告；

（四）独立学院章程，理事会或董事会组成人员名单；

（五）独立学院资产的有效证明文件；

（六）独立学院院长、教师、财会人员的资格证明文件；

（七）省级教育行政部门组织的专家评审意见。

第二十一条　独立学院的章程应当规定下列主要事项：

（一）独立学院的名称、地址；

（二）办学宗旨、规模等；

（三）独立学院资产的数额、来源、性质以及财务制度；

（四）出资人是否要求取得合理回报；

（五）理事会或者董事会的产生方法、人员构成、权限、任期、议事规则等；

（六）法定代表人的产生和罢免程序；

（七）独立学院自行终止的事由；

（八）章程修改程序。

第二十二条　独立学院的名称前冠以参与举办的普通高等学校的名称，不得使用普通高等学校内设院系和学科的名称。

第二十三条　申请正式设立独立学院，审批机关应当按照民办教育促进法规定的期限，作出是否批准的决定。批准的，发给办学许可证；不批准的，应当说明理由。

依法设立的独立学院，应当按照国家有关规定办理法人登记。

第二十四条　国务院教育行政部门受理申请筹设和正式设立独立学院的时间为每年第三季度。省级教育行政部门应当在每年 9 月 30 日前完成审核工作并提出申请。

审批机关审批独立学院，应当组织专家评议。专家评议的时间，不计算在审批期限内。

第三章　组织与活动

第二十五条　独立学院设立理事会或者董事会，作为独立学院的决策机构。理事会或者董事会由参与举办独立学院的普通高等学校代表、社会组织或者个人代表、独立学院院长、教职工代表等人员组成。理事会或者董事会中，普通高等学校的代表不得少于五分之二。

理事会或者董事会由 5 人以上组成，设理事长或者董事长 1 人。理事长、理事或者董事长、董事名单报审批机关备案。

第二十六条　独立学院的理事会或者董事会每年至少召开 2 次会议。经三分之一以上组成人员提议，可以召开理事会或者董事会临时会议。

理事会或者董事会会议应由二分之一以上的理事或者董事出席方可举行。

第二十七条　独立学院理事会或者董事会应当对所议事项形成记录，出席会议的理事或者董事和记录员应当在记录上签名。

第二十八条　独立学院理事会或者董事会会议作出决议，须经全体理事或者董事的过半数通过。但是讨论下列重大事项，须经理事会或者董事会三分之二以上组成人员同意方可通过：

（一）聘任、解聘独立学院院长；

（二）修改独立学院章程；

（三）制定发展规划；

（四）审核预算、决算；

（五）决定独立学院的合并、终止；

（六）独立学院章程规定的其他重大事项。

第二十九条　独立学院院长应当具备国家规定的任职条件，年龄不超过 70 岁，由参与举办独立学院的普通高等学校优先推荐，理事会或者董事会聘任。

独立学院院长负责独立学院的教育教学和行政管理工作。

第三十条　独立学院应当按照办学许可证核定的名称、办学地址和办学范围组织开展教育教学活动。不得设立分支机构。不得出租、出借办学许可证。

第三十一条　独立学院必须根据有关规定，建立健全中国共产党和中国共产主义青年团的基层组织。独立学院党组织应当发挥政治核心作用，独立学院团组织应当发挥团结教育学生的重要作用。

独立学院应当建立教职工代表大会制度，保障教职工参与民主管理和监督。

第三十二条　独立学院的法定代表人为学校安全稳定工作第一责任人。独立学院应当建立健全安全稳定工作机制，建立学校安全保卫工作队伍。落实各项维护安全稳定措施，开展校园及周边治安综合治理，维护校园安全和教学秩序。

参与举办独立学院的普通高等学校应当根据独立学院的实际情况，积极采取措施，做好安全稳定工作。

第三十三条　独立学院应当按照国家核定的招生规模和

国家有关规定招收学生，完善学籍管理制度，做好家庭经济困难学生的资助工作。

第三十四条　独立学院应当按照国家有关规定建立学生管理队伍。按不低于1∶200的师生比配备辅导员，每个班级配备1名班主任。

第三十五条　独立学院应当建立健全教学管理机构，加强教学管理队伍建设。改进教学方式方法，不断提高教育质量。

第三十六条　独立学院应当按照国家有关规定完善教师聘用和管理制度，依法落实和保障教师的相关待遇。

第三十七条　独立学院应当根据核定的办学规模充实办学条件，并符合普通本科高等学校基本办学条件指标的各项要求。

第三十八条　独立学院对学习期满且成绩合格的学生，颁发毕业证书，并以独立学院名称具印。

独立学院按照国家有关规定申请取得学士学位授予资格，对符合条件的学生颁发独立学院的学士学位证书。

第三十九条　独立学院应当按照国家有关规定建立财务、会计制度和资产管理制度。

独立学院资产中的国有资产的监督、管理，按照国家有关规定执行。独立学院接受的捐赠财产的使用和管理，按照公益事业捐赠法的有关规定执行。

第四十条　独立学院使用普通高等学校的管理资源和师资、课程等教育教学资源，其相关费用应当按照双方约定或者国家有关规定，列入独立学院的办学成本。

第四十一条　独立学院收费项目和标准的确定，按照国家有关规定执行，并在招生简章和广告中载明。

第四十二条　独立学院存续期间，所有资产由独立学院依法管理和使用，任何组织和个人不得侵占。

第四十三条　独立学院在扣除办学成本、预留发展基金以及按照国家有关规定提取其他必需的费用后，出资人可以从办学结余中取得合理回报。

出资人取得合理回报的标准和程序，按照民办教育促进法实施条例和国家有关规定执行。

第四章　管理与监督

第四十四条　教育行政部门应当加强对独立学院教育教学工作、教师培训工作的指导。

参与举办独立学院的普通高等学校，应当按照合作办学协议和国家有关规定，对独立学院的教学和管理工作予以指导，完善独立学院教学水平的监测和评估体系。

第四十五条　独立学院的招生简章和广告的样本，应当及时报省级教育行政部门备案。

未经备案的招生简章和广告，不得发布。

第四十六条　省级教育行政部门应当按照国家有关规定，加强对独立学院的督导和年检工作，对独立学院的办学质量进行监控。

第四十七条　独立学院资产的使用和财务管理受审批机关和其他有关部门的监督。

独立学院应当在每个会计年度结束时制作财务会计报告，委托会计师事务所依法进行审计，并公布审计结果。

第五章　变更与终止

第四十八条　独立学院变更举办者，须由举办者提出，在进行财务清算后，经独立学院理事会或者董事会同意，报审批机关核准。

独立学院变更地址，应当报审批机关核准。

第四十九条　独立学院变更名称，应当报审批机关批准。

第五十条　独立学院有下述情形之一的，应当终止：

（一）根据独立学院章程规定要求终止，并经审批机关批准的；

（二）资不抵债无法继续办学的；

（三）被吊销办学许可证的。

第五十一条　独立学院终止时，在妥善安置在校学生后，按照民办教育促进法的有关规定进行财务清算和财产清偿。

独立学院举办者未履行出资义务或者抽逃、挪用办学资金造成独立学院资不抵债无法继续办学的，除依法承担相应的法律责任外，须提供在校学生的后续教育经费。

第五十二条　独立学院终止时仍未毕业的在校学生由参与举办的普通高等学校托管。对学习期满且成绩合格的学生，发给独立学院的毕业证书；符合学位授予条件的，授予独立学院的学士学位证书。

第五十三条　终止的独立学院，除被依法吊销办学许可证的外，按照国家有关规定收回其办学许可证、印章，注销登记。

第六章　法律责任

第五十四条　审批机关及其工作人员，利用职务上的便利收取他人财物或者获取其他利益，滥用职权、玩忽职守，对不符合本办法规定条件者颁发办学许可证，或者发现违法行为不予以查处，情节严重的，对直接负责的主管人员和其他直接人员，依法给予行政处分；构成犯罪的，依法追究刑事责任。

第五十五条　独立学院举办者虚假出资或者在独立学院设立后抽逃资金、挪用办学经费的，由省级教育行政部门会同有关部门责令限期改正，并按照民办教育促进法的有关规定给予处罚。

第五十六条　独立学院有下列情形之一的，由省级教育行政部门责令限期改正，并视情节轻重，给予警告、1至3万元的罚款、减少招生计划或者暂停招生的处罚：

（一）独立学院资产不按期过户的；

（二）发布未经备案的招生简章或广告的；

（三）年检不合格的；

（四）违反国家招生计划擅自招收学生的。

第五十七条　独立学院违反民办教育促进法以及其他法律法规规定的，由省级教育行政部门或者会同有关部门给予处罚。

第七章　附　　则

第五十八条　本办法施行前设立的独立学院，按照本办法的规定进行调整，充实办学条件，完成有关工作。本办法施行之日起5年内，基本符合本办法要求的，由独立学院提出考察验收申请，经省级教育行政部门审核后报国务院教育行政部门组织考察验收，考察验收合格的，核发办学许可证。

第五十九条　本办法自2008年4月1日起施行。此前国务院教育行政部门发布的有关独立学院设置与管理的文件与本办法不一致的，以本办法为准。

高等学校校园秩序管理若干规定

1990年9月18日国家教育委员会令第13号发布

第一条　为了优化育人环境，加强高等学校校园管理，维护教学、科研、生活秩序和安定团结的局面，建立有利于培养社会主义现代化建设专门人才的校园秩序，制定本规定。

第二条　本规定所称的高等学校（以下简称“学校”）是指全日制普通高等学校和成人高等学校。

本规定所称的师生员工是指学校的教师（包括外籍教师）、学生（包括外国在华留学生）、教育教学辅助人员、管理人员和工勤人员。

第三条　学校的师生员工以及其他到学校活动的人员都应当遵守本规定，维护宪法确立的根本制度和国家利益，维护学校的教学、科研秩序和生活秩序。

学校应当加强校园管理，采取措施，及时有效地预防和制止校园内的违反法律、法规、校规的活动。

第四条　学校应当尊重和维护师生员工的人身权利、政治权利、教育和受教育的权利以及法律规定的其他权利，不得限制、剥夺师生员工的权利。

第五条　进入学校的人员，必须持有本校的学生证、工作证、听课证或者学校颁发的其他进入学校的证章、证件。

未持有前款规定的证章、证件的国内人员进入学校，应当向门卫登记后进入学校。

第六条　国内新闻记者进入学校采访，必须持有记者证和采访介绍信，在通知学校有关机构后，方可进入学校采访。

外国新闻记者和港澳台新闻记者进入学校采访，必须持有学校所在省、自治区、直辖市人民政府外事机关或港澳台办的介绍信和记者证，并在进校采访前与学校外事机构联系，经许可后方可进入学校采访。

第七条　外国人、港澳台人员进入学校进行公务、业务活动，应当经过省、自治区、直辖市或者国务院有关部门同意并告知学校后，或按学术交流计划经学校主管领导研究同意后，方可进入学校。自行要求进入学校的外国人、港澳台人员，应当在学校外事机构构或港澳台办批准后，方可进入学校。接受师生员工个人邀请进入学校探亲访友的外国人、港澳台人员，应当履行门卫登记手续后进入学校。

第八条　依照本规定第五条、第六条、第七条的规定进入学校的人员，应当遵守法律、法规、规章和学校的制度，不得从事与其身份不符的活动，不得危害校园治安。

对违反本规定第五条、第六条、第七条和本条前款规定的人员，师生员工有权向学校保卫机构报告，学校保卫机构可以要求其说明情况或者责令其离开学校。

第九条　学生一般不得在学生宿舍留宿校外人员，遇有特殊情况留宿校外人员，应当报请学校有关机构许可，并且进行留宿登记，留宿人离校应注销登记。不得在学生宿舍内留宿异性。

违反前款规定的，学校保卫机构可以责令留宿人离开学生宿舍。

第十条　告示、通知、启事、广告等，应当张贴在学校指定或者许可的地点。散发宣传品、印刷品应当经过学校有关机构同意。对于张贴、散发反对我国宪法确立的根本制度、损害由家利益或者侮辱诽谤他人的公开张贴物、宣传品和印刷品的当事者，由司法机关依法追究其法律责任。

第十一条　在校园设置临时或者永久建筑物以及安装音响、广播、电视设施，设置者、安装者应当报请学校有关机构审批，未经批准不得擅自设置、安装。

师生员工或者有关团体、组织使用学校的广播、电视设施，必须报请学校有关机构批准，禁止任何组织或者个人擅自使用学校广播、电视设施。

违反第一款、第二款、第三款规定的，学校有关机构可以劝其停止设置、安装或者停止活动，已经设置、安装的，学校有关机构可以拆除，或者责令设置者、安装者拆除。

第十二条　在校内举行集会、讲演等公共活动，组织者必须在七十二小时前向学校有关机构提出申请，申请中应当说明活动的目的、人数、时间、地点和负责人的姓名。学校有关机构应当最迟在举行时间的四小时前将许可或者不许可的决定通知组织者。逾期未通知的，视为许可。

集会、讲演等应符合我国的教育方针和相应的法规、规章，不得反对我国宪法确立的根本制度，不得干扰学校的教学、科研和生活秩序，不得损害国家财产和其他公民的权利。

第十三条　在校内组织讲座、报告等室内活动，组织者应当在七十二小时前向学校有关机构提出申请，申请中应当说明活动的内容、报告人和负责人的姓名。学校有关机构应当最迟在举行时间的四小时前将许可或者不许可的决定通知组织者。逾期未通知的，视为许可。

讲座、报告等不得反对我国宪法确立的根本制度，不得违反我国的教育方针，不得宣传封建迷信，不得进行宗教活动，不得干扰学校的教学、科研和生活秩序。

第十四条　师生员工应当严格按照学校的安排进行教学、科研、生活和其他活动，任何人都不得破坏学校的教学、科研和生活秩序，不得阻止他人根据学校的安排进行教学、科研、生活和其他活动。

禁止师生员工赌博、酗酒、打架斗殴以及其它干扰学校的教学、科研和生活秩序的行为。

第十五条　师生员工组织社会团体，应当按照《社会团体登记管理条例》的规定办理。成立校内非社会团体的组织，应当在成立前由其组织者报请学校有关机构批准，未经批准不得成立和开展活动。

校内非社会团体的组织和校内报刊必须遵守法律、法规、规章，贯彻我国的教育方针和遵守学校的制度，接受学校的管理，不得进行超出其宗旨的活动。

第十六条　违反本规定第十二条、第十三条、第十四条和第十五条的规定的，学校有关机构可以责令其组织者以及其他当事人立即停止活动。违反本规定第十二条第二款的规定，损害国家财产的，学校有关机构可以责令其赔偿损失。

第十七条　禁止无照人员在校园内经商。设在校园内的商业网点必须在指定地点经营。违反前款规定的，学校有关机构可以责令其停止经商活动或者离开校园。

第十八条　对违反本规定，经过劝告、制止仍不改正的师生员工，学校可视情节给予行政处分或者纪律处分；属于违反治安管理行为的，由公安机关依法处理；情节严重构成犯罪的，由司法机关处理。

师生员工对学校的处分不服的，可以向有关教育行政部门提出申诉，教育行政部门应当在接到申诉的三十日内作出处理决定。

对违反本规定，经劝告、制止仍不改正的校外人员，由公安、司法机关根据情节依法处理。

第十九条　各高等学校可以根据本规定制定具体管理制度。

第二十条　本规定自发布之日起施行。

3. 教材及教职工

高等学校教师培训工作规程

1996 年 4 月 8 日国家教育委员会发布

第一章 总 则

第一条 为了建设具有良好思想品德和业务素质的教师队伍，使高等学校教师培训工作进一步规范化、制度化，根据《中华人民共和国教师法》（以下简称《教师法》），制定本规程。

第二条 高等学校教师培训，是为教师更好地履行岗位职责而进行的继续教育。

第三条 高等学校及其主管部门应采取切实可行的措施，按照《教师法》的规定，保障教师培训的权利。

高等学校教师培训工作要贯彻思想政治素质和业务水平并重，理论与实践统一，按需培训、学用一致、注重实效的方针。坚持立足国内、在职为主、加强实践、多种形式并举的培训原则。

第四条 高等学校教师思想政治素质的培训要坚持党的基本路线、教育方针和教师职业道德教育。使教师自觉履行《教师法》规定的义务，做到敬业奉公，教书育人，为人师表。

高等学校教师业务素质的培训要以提高教师的基础知识和专业知识为主，全面提高教师的教育教学水平和科学研究能力，提高应用计算机、外语和现代化教育技术等技能的能力。

第五条 培训对象要以青年教师为主，使大部分青年教师更好地履行现岗位职务职责，并创造条件，及时选拔、重点培养在实际教学、科研中涌现出来的优秀青年教师，使之成为学术骨干和新的学术带头人。

第二章 培训的组织与职责

第六条 国务院教育行政部门负责全国高等学校教师培训工作的宏观管理和政策指导，统筹安排重点高校接受培训教师工作。

第七条 各省、自治区、直辖市教育行政部门和国务院有关部委教育主管部门负责本地区、本部门高等学校教师培训的规划、管理和经费投入等工作。

省级教育行政部门要统筹协调所在地区国务院有关部委所属院校的教师培训工作。

第八条 教育行政部门和教育主管部门在高等学校教师培训工作中的职责是：

（一）根据不同层次、不同类型学校教师队伍的实际情况，制定教师培训规划，保障经费投入；

（二）加强各部门的协调、配合，理顺关系；

（三）定期检查、督促教师培训规划和学年度计划的落实；

（四）不断完善各种培训途径和形式，总结推广经验；

（五）加强师资培训机构建设，完善师资培训机构的管理体制；

（六）定期对教师培训工作作出成绩的单位及个人进行表彰奖励。

第九条 高等学校直接负责本校教师培训规划的制定，并有相应的机构或人员负责具体组织管理工作。其职责是：

（一）根据教师的不同情况以及教师队伍建设的需要，切实做好教师培训规划，保证培训经费的落实；

（二）运用正确的政策导向，合理引入竞争机制，调动和提高教师培训的积极性；

（三）关心外出培训教师的思想、学习和生活，积极配合接受单位做好工作；

（四）明确校、系、教研室的责任，并纳入对其工作实绩的考核。

第十条 受主管部门委托接受培训教师的重点高校，应为其他院校培训教师，对少数民族地区和边远地区高等学校教师的培训要给予优先和优惠。其职责是：

（一）制定和完善有关培训教师的管理办法，严格管理，保证培训质量；

（二）关心培训教师在培训期间的思想、学习和生活，配合原学校做好工作；

（三）加强学校各部门，尤其是教学和后勤等部门的协调配合，为参加培训教师的学习提供必要的条件。

第十一条 各级教育行政部门所属的高校师资培训机构，主要开展有关的师资培训、研究咨询、信息服务以及上级主管部门委托的其他任务。

第三章 培训的主要形式

第十二条 高等学校教师培训应根据教师职务的不同，确定培训形式和规范要求。

第十三条 助教培训以进行教学科研基本知识、基本技能的教育和实践为主，主要有以下形式：

（一）岗前培训。主要包括教育法律法规和政策、有关教育学、心理学的基本理论、教师职业要求等内容；

（二）教学实践。在导师指导下，按照助教岗位职责要求，认真加强教学实践环节的培养提高，熟悉教学过程及其各个教学环节；

（三）助教进修班。本科毕业的青年教师，必须通过助教进修班，学习本专业硕士研究生主要课程；

（四）凡新补充的具有学士学位的青年教师，符合条件者可按在职人员以毕业研究生同等学力申请硕士学位或以在职攻读研究生等形式取得硕士学位；

（五）社会实践。未经过社会实际工作锻炼，年龄在35岁以下的青年教师必须参加为期半年以上的社会实践；

（六）根据不同学校的类型和特点，对教师计算机、外语等基本技能的培训，由主管部门或学校提出要求并做出安排。

第十四条 讲师培训以增加、扩充专业基础理论知识为主，注重提高教学水平和科研能力。主要有以下形式：

（一）根据需要和计划安排，参加以提高教学水平为内容的骨干教师进修班、短期研讨班和单科培训，或选派出国培训；

（二）任讲师三年以上，根据需要，可安排参加以科研课题为内容的国内访问学者培训；

（三）在职攻读硕士、博士学位或按在职人员以毕业研究生同等学力申请硕士、博士学位。

第十五条 对连续担任讲师工作五年以上，且能履行岗位职责的教师，必须安排至少三个月的脱产培训。

第十六条 副教授培训主要是通过教学科研工作实践及学术交流，熟悉和掌握本学科发展前沿信息，进一步提高学术水平。主要有以下形式：

（一）根据需要，可参加以课程和教学改革、教材建设为内容的短期研讨班、讲习班；

（二）根据需要结合所承担的科研任务，可作为国内访问学者参加培训，或参加以学科前沿领域为内容的高级研讨班；

（三）根据需要参加国内外有关学术会议、校际间学术交流，或选派出国培训。

第十七条 对连续担任副教授工作五年，且能履行岗位职责的教师，根据不同情况，必须安排至少半年的脱产培训或学术假。

第十八条 教授主要通过高水平的科研和教学工作来提高学术水平。其培训形式是以参加国内外学术会议、交流讲学、著书立说等活动为主的学术假。

第十九条 连续担任教授工作五年，且能履行岗位职责的教师，必须给予至少半年的学术休假时间，并提供必要的保证条件。

第二十条 各高等学校要结合导师制等培养方式，充分发挥老教师对青年教师的指导和示范作用。

第四章 培训的考核与管理

第二十一条 教师培训超过三个月以上，应按有关规定及培训层次、形式的要求进行考核及鉴定，并记入业务档案，作为职务任职资格、奖惩等方面的依据。外出培训教师的考核主要由接受学校负责。

举办助教进修班必须由主管部门根据有关规定批准。参加助教进修班，学完硕士学位主要课程内容并考试合格，颁发相应的结业证书。未完成此项培训的教师，不得申请讲师职务任职资格。

社会实践主要结合专业进行，面向社会、基层和生产第一线，一般应集中安排，特殊情况者可分阶段累积完成。本科毕业的青年教师，必须在晋升讲师职务之前完成；研究生毕业的教师，应在晋升副教授之前完成。

第二十二条 为保证培训计划的落实，保障教师参加培训的权利，对按计划已安排培训任务的教师，教研室、系和学校一般不得取消。教师应当服从教研室、系和学校安排的培训计划及培训形式，无正当理由和特殊情况，不得变更。

教师在培训期间，一般不得调整或增加培训内容、时间及形式。确有需要的，须经所在学校系以上领导批准。接受培训教师的学校根据参加培训教师提出的申请和可能的条件，在教师原学校批准的前提下，予以安排和调整。

第二十三条 教师参加半年以上培训后，未完成学校规定的教育教学任务或未履行完学校合同即调离、辞聘或辞职的，学校可根据不同情况收回培训费。出国留学人员按国家有关规定执行。

第二十四条 参加培训的教师获得优异成绩、取得重要成果、发明或对接受培训教师学校的教学科研工作作出积极贡献的，所在学校或接受培训学校要予以表彰奖励。

第二十五条 有下列情况之一的，由教师所在学校和接受培训教师院校分别不同情况，给予必要的处理：

（一）无正当理由，未认真履行职责或尚未完成培训任务的，应中止培训、不发给结业证书，情节严重的可以解聘；

（二）无正当理由拒绝接受培训的，应当解聘；

（三）培训成绩不合格的，不发给结业证书，并按照第二十一条的规定予以处理；

（四）培训期间违反学校纪律和有关规定，影响恶劣的，应当给予必要的处分或予以解聘。

第五章 培训的保障与有关待遇

第二十六条 接受培训教师应纳入接受学校的培养规模，按接受培训半年以上教师的不同职务进行折算，初、中、高级职务分别按1.5、2.5、3折合本科生，计入学校招生规模，作为计算人员编制、核定教学工作量和办学评估的依据。

第二十七条 高等学校及其主管部门在制定学校编制方案时，要考虑到教师培训提高的需要。根据不同学校的情况，应留出一定比例的“轮空”编制数，以保证教学培训工作的正常进行。

第二十八条 教育行政部门和主管部门，要设立教师培训专项经费。各高等学校的教育事业费中，按不同层次和规模学校的情况，要有一定比例用于教师培训。根据需要和计划安排教师培训的费用必须予以保证。

第二十九条 根据需要或计划安排参加培训的教师，学习及差旅费用应由学校支付。

第三十条 根据需要或计划安排的教师在本校或外出参加培训期间，要根据不同情况，对其教学工作量的要求实行减免，并纳入考核指标体系。

指导教师培训的导师，其工作应折算计入教学工作量并纳入考核指标体系。

第三十一条 根据需要或计划安排参加培训的教师，在培训期间已符合条件的，其职务任职资格评审不应受到影响。

第三十二条 根据需要或计划安排，在校内或校外培训的教师，其工资、津贴、福利、住房分配等待遇，各高等学校应有明确规定，原则上应不受到影响。

第三十三条 外出参加培训的教师，要根据各地不同物价水平和教师的实际困难，由学校给予一定生活补贴。接受培训教师院校对培训期间参加导师科研课题研究等实际工作的教师，要根据实际情况，给予一定补贴。

第三十四条 外出参加培训半年以上的教师，接受学校按计划同意录取的，必须为住宿、图书借阅、资料查询、文献检索提供保证，并在计算机及有关仪器设备使用等方面提供便利条件，一般不低于研究生的待遇。

第三十五条 接受培训教师费用收取办法及标准，按现行财务收费规定办理。所需费用应一次性收齐，不得中途追加或变相收费。

第三十六条 符合第二十九至三十四条规定，而未予以落实的，教师本人可向学校或上级主管部门申诉。学校和主管部门应当作出答复，情况属实的，必须予以解决。

不能履行前四章涉及的有关义务和违反前四章有关规定的，不应享受上述相应待遇。

出国培训的待遇按有关规定执行。

第六章 附 则

第三十七条 本规程适用于国家举办的全日制普通高等学校。成人高等学校可参照本规程执行。

第三十八条 各省、自治区、直辖市教育行政部门和国务院有关部委教育主管部门以及高等学校，可根据本规程制定实施办法。

第三十九条 本规程解释权属国家教育委员会。

第四十条 本规程自发布之日起执行。

普通高等学校教材管理办法

1. 2019年12月16日教育部发布
2. 教材〔2019〕3号

第一章 总 则

第一条 为贯彻党中央、国务院关于加强和改进新形势下大中小学教材建设的意见，全面加强党的领导，落实国家事权，加强普通高等学校（以下简称高校）教材管理，打造精品教材，切实提高教材建设水平，根据《中华人民共和国教育法》《中华人民共和国高等教育法》等法律法规，制定本办法。

第二条 本办法所称高校教材是指供普通高等学校使用的教学用书，以及作为教材内容组成部分的教学材料（如教材的配套音视频资源、图册等）。

第三条 高校教材必须体现党和国家意志。坚持马克思主义指导地位，体现马克思主义中国化要求，体现中国和中华民族风格，体现党和国家对教育的基本要求，体现国家和民族基本价值观，体现人类文化知识积累和创新成果。

全面贯彻党的教育方针，落实立德树人根本任务，扎根中国大地，站稳中国立场，充分体现社会主义核心价值观，加强爱国主义、集体主义、社会主义教育，引导学生坚定道路自信、理论自信、制度自信、文化自信，成为担当中华民族复兴大任的时代新人。

第四条 国务院教育行政部门、省级教育部门、高校科学规划教材建设，重视教材质量，突出教材特色。马克思主义理论研究和建设工程重点教材实行国家统一编写、统一审核、统一使用。

第二章　管理职责

第五条　在国家教材委员会指导和统筹下，高校教材实行国务院教育行政部门、省级教育部门和高校分级管理。

第六条　国务院教育行政部门牵头负责高校教材建设的整体规划和宏观管理，制定基本制度规范，负责组织或参与组织国家统编教材等意识形态属性较强教材的编写、审核和使用，指导、监督省级教育部门和高校教材工作。

其他中央有关部门指导、监督所属高校教材工作。

第七条　省级教育部门落实国家关于高校教材建设和管理的政策，指导和统筹本地区高校教材工作，明确教材管理的专门机构和人员，建立健全教材管理相应工作机制，加强对所属高校教材工作的检查监督。

第八条　高校落实国家教材建设相关政策，成立教材工作领导机构，明确专门工作部门，健全校内教材管理制度，负责教材规划、编写、审核、选用等。高校党委对本校教材工作负总责。

第三章　教材规划

第九条　高校教材实行国家、省、学校三级规划制度。各级规划应有效衔接，各有侧重，适应不同层次、不同类型学校人才培养和教学需要。

第十条　国务院教育行政部门负责制定全国高等教育教材建设规划。继续推进规划教材建设，采取编选结合方式，重点组织编写和遴选公共基础课程教材、专业核心课程教材，以及适应国家发展战略需求的相关学科紧缺教材，组织建设信息技术与教育教学深度融合、多种介质综合运用、表现力丰富的新形态教材。

第十一条　省级教育部门可根据本地实际，组织制定体现区域学科优势与特色的教材规划。

第十二条　高校须根据人才培养目标和学科优势，制定本校教材建设规划。一般高校以选用教材为主，综合实力较强的高校要将编写教材作为规划的重要内容。

第四章　教材编写

第十三条　教材编写依据教材建设规划以及学科专业或课程教学标准，服务高等教育教学改革和人才培养。教材编写应符合以下要求：

（一）以马克思列宁主义、毛泽东思想、邓小平理论、“三个代表”重要思想、科学发展观、习近平新时代中国特色社会主义思想为指导，有机融入中华优秀传统文化、革命传统、法治意识和国家安全、民族团结以及生态文明教育，努力构建中国特色、融通中外的概念范畴、理论范式和话语体系，防范错误政治观点和思潮的影响，引导学生树立正确的世界观、人生观和价值观，努力成为德智体美劳全面发展的社会主义建设者和接班人。

（二）坚持理论联系实际，充分反映中国特色社会主义实践，反映相关学科教学和科研最新进展，反映经济社会和科技发展对人才培养提出的新要求，全面准确阐述学科专业的基本理论、基础知识、基本方法和学术体系。选文篇目内容积极向上、导向正确，选文作者历史评价正面，有良好的社会形象。

（三）遵循教育教学规律和人才培养规律，能够满足教学需要。结构严谨、逻辑性强、体系完备，能反映教学内容的内在联系、发展规律及学科专业特有的思维方式。体现创新性和学科特色，富有启发性，有利于激发学习兴趣及创新潜能。

（四）编排科学合理，符合学术规范。遵守知识产权保护等国家法律、行政法规，不得有民族、地域、性别、职业、年龄歧视等内容，不得有商业广告或变相商业广告。

第十四条　教材编写人员应经所在单位党组织审核同意，由所在单位公示。编写人员应符合以下条件：

（一）政治立场坚定，拥护中国共产党的领导，认同中国特色社会主义，坚定“四个自信”，自觉践行社会主义核心价值观，具有正确的世界观、人生观、价值观，坚持正确的国家观、民族观、历史观、文化观、宗教观，没有违背党的理论和路线方针政策的言行。

（二）学术功底扎实，学术水平高，学风严谨，一般应具有高级专业技术职务。熟悉高等教育教学实际，了解人才培养规律。了解教材编写工作，文字表达能力强。有丰富的教学、科研经验，新兴学科、紧缺专业可适当放宽要求。

（三）遵纪守法，有良好的思想品德、社会形象和师德师风。

（四）有足够时间和精力从事教材编写修订工作。

第十五条　教材编写实行主编负责制。主编主持编写工作并负责统稿，对教材总体质量负责，参编人员对所编写内容负责。专家学者个人编写的教材，由编写者对教材质量负全责。主编须符合本办法第十四条规定外，还需符合以下条件：

（一）坚持正确的学术导向，政治敏锐性强，能够辨别并抵制各种错误政治观点和思潮，自觉运用中国特色话语体系。

（二）具有高级专业技术职务，在本学科有深入研究和较高造诣,或是全国知名专家、学术领军人物,在相关教材或学科教学方面取得有影响的研究成果,熟悉教材编写工作,有丰富的教材编写经验。

第十六条 高校教材须及时修订,根据党的理论创新成果、科学技术最新突破、学术研究最新进展等,充实新的内容。建立高校教材周期修订制度,原则上按学制周期修订。及时淘汰内容陈旧、缺乏特色或难以修订的教材。

第十七条 高校要加强教材编写队伍建设,注重培养优秀编写人才;支持全国知名专家、学术领军人物、学术水平高且教学经验丰富的学科带头人、教学名师、优秀教师参加教材编写工作。加强与出版机构的协作,参与优秀教材选题遴选。

"双一流"建设高校与高水平大学应发挥学科优势,组织编写教材,提升我国教材的原创性,打造精品教材。支持优秀教材走出去,扩大我国学术的国际影响力。

发挥高校学科专业教学指导委员会在跨校、跨区域联合编写教材中的作用。

第五章 教材审核

第十八条 高校教材实行分级分类审核,坚持凡编必审。

国家统编教材由国家教材委员会审核。

中央有关部门、省级教育部门审核本部门组织编写的教材。高校审核本校组织编写的教材。专家学者个人编写的教材由出版机构或所在单位组织专家审核。

教材出版部门成立专门政治把关机构,建强工作队伍和专家队伍,在所编修教材正式送审前,以外聘专家为主,进行专题自查,把好政治关。

第十九条 教材审核应对照本办法第三、十三条的具体要求进行全面审核,严把政治关、学术关,促进教材质量提升。政治把关要重点审核教材的政治方向和价值导向,学术把关要重点审核教材内容的科学性、先进性和适用性。

政治立场、政治方向、政治标准要有机融入教材内容,不能简单化、"两张皮";政治上有错误的教材不能通过;选文篇目内容消极、导向不正确的,选文作者历史评价或社会形象负面的、有重大争议的,必须更换;教材编写人员政治立场、价值观和品德作风有问题的,必须更换。

严格执行重大选题备案制度。

第二十条 教材审核人员应包括相关学科专业领域专家和一线教师等。高校组织教材审核时,应有一定比例的校外专家参加。

审核人员须符合本办法第十四条要求,具有较高的政策理论水平、较强的政治敏锐性和政治鉴别力,客观公正,作风严谨,经所在单位党组织审核同意。充分发挥高校学科专业教学指导委员会、专业学会、行业组织专家的作用。

实行教材编审分离制度,遵循回避原则。

第二十一条 教材审核采用个人审读与会议审核相结合的方式,经过集体充分讨论,形成书面审核意见,得出审核结论。审核结论分"通过""重新送审"和"不予通过"三种。

除统编教材外,教材审核实行盲审制度。具体审核程序由负责组织审核的机构制定。自然科学类教材可适当简化审核流程。

第六章 教材选用

第二十二条 高校是教材选用工作主体,学校教材工作领导机构负责本校教材选用工作,制定教材选用管理办法,明确各类教材选用标准和程序。

高校成立教材选用机构,具体承担教材选用工作,马克思主义理论和思想政治教育方面的专家须占有一定的比例。充分发挥学校有关职能部门和院(系)在教材选用使用中的重要作用。

第二十三条 教材选用遵循以下原则:

(一)凡选必审。选用教材必须经过审核。

(二)质量第一。优先选用国家和省级规划教材、精品教材及获得省部级以上奖励的优秀教材。

(三)适宜教学。符合本校人才培养方案、教学计划和教学大纲要求,符合教学规律和认知规律,便于课堂教学,有利于激发学生学习兴趣。

(四)公平公正。实事求是,客观公正,严肃选用纪律和程序,严禁违规操作。

政治立场和价值导向有问题的,内容陈旧、低水平重复、简单拼凑的教材,不得选用。

第二十四条 教材选用坚持集体决策。教材选用机构组织专家通读备选教材,提出审读意见。召开审核会议,集体讨论决定。

第二十五条 选用结果实行公示和备案制度。教材选用结果在本校进行公示,公示无异议后报学校教材工作领导机构审批并备案。高校党委重点对哲学社会科学教材的选用进行政治把关。

第七章 支持保障

第二十六条 统筹利用现有政策和资金渠道支持高校教

材建设。国家重点支持马克思主义理论研究和建设重点教材、国家规划教材、服务国家战略需求的教材以及紧缺、薄弱领域的教材建设。高校和其他教材编写、出版单位应加大经费投入,保障教材编写、审核、选用、研究和队伍建设、信息化建设等工作。

第二十七条 把教材建设作为高校学科专业建设、教学质量、人才培养的重要内容,纳入"双一流"建设和考核的重要指标,纳入高校党建和思想政治工作考核评估体系。

第二十八条 建立优秀教材编写激励保障机制,着力打造精品教材。承担马克思主义理论研究和建设工程重点教材编写修订任务,主编和核心编者视同承担国家级科研课题;承担国家规划专业核心课程教材编写修订任务,主编和核心编者视同承担省部级科研课题,享受相应政策待遇,作为参评"长江学者奖励计划""万人计划"等国家重大人才工程的重要成果。审核专家根据工作实际贡献和发挥的作用参照以上标准执行。教材编审工作纳入所在单位工作量考核,作为职务评聘、评优评先、岗位晋升的重要指标。落实国家和省级教材奖励制度,加大对优秀教材的支持。

第八章 检查监督

第二十九条 国务院教育行政部门、省级教育部门负责对高校教材工作开展检查监督,相关工作纳入教育督导考评体系。

高校要完善教材质量监控和评价机制,加强对本校教材工作的检查监督。

第三十条 出现以下情形之一的,教材须停止使用,视情节轻重和所造成的影响,由上级或同级主管部门给予通报批评、责令停止违规行为,并由主管部门按规定对相关责任人给予相应处分。对情节严重的单位和个人列入负面清单;涉嫌犯罪的,依法追究刑事责任:

(一)教材内容的政治方向和价值导向存在问题。

(二)教材内容出现严重科学性错误。

(三)教材所含链接内容存在问题,产生严重后果。

(四)盗版盗印教材。

(五)违规编写出版国家统编教材及其他公共基础必修课程教材。

(六)用不正当手段严重影响教材审核、选用工作。

(七)未按规定程序选用,选用未经审核或审核未通过的教材。

(八)在教材中擅自使用国家规划教材标识,或使用可能误导高校教材选用的相似标识及表述,如标注主体或范围不明确的"规划教材""示范教材"等字样,或擅自标注"全国""国家"等字样。

(九)其他造成严重后果的违法违规行为。

第三十一条 国家出版管理部门负责教材出版、印刷、发行工作的监督管理,健全质量管理体系,加强检验检测,确保教材编印质量,指导教材定价。

第九章 附 则

第三十二条 省级教育部门和高校应根据本办法制定实施细则。作为教材使用的讲义、教案和教参以及数字教材参照本办法管理。

高校选用境外教材的管理,按照国家有关政策执行。高等职业学校教材的管理,按照《职业院校教材管理办法》执行。

第三十三条 本办法自印发之日起施行,此前的相关规章制度,与本办法有关规定不一致的,以本办法为准。已开始实施且难以立刻终止的,应在本办法印发之日起6个月内纠正。

本办法由国务院教育行政部门负责解释。

普通高等学校辅导员队伍建设规定

1. 2017年9月21日教育部令第43号公布
2. 自2017年10月1日起施行

第一章 总 则

第一条 为深入贯彻落实全国高校思想政治工作会议精神和《中共中央 国务院关于加强和改进新形势下高校思想政治工作的意见》,切实加强高等学校辅导员队伍专业化职业化建设,依据《高等教育法》等有关法律法规,制定本规定。

第二条 辅导员是开展大学生思想政治教育的骨干力量,是高等学校学生日常思想政治教育和管理工作的组织者、实施者、指导者。辅导员应当努力成为学生成长成才的人生导师和健康生活的知心朋友。

第三条 高等学校要坚持把立德树人作为中心环节,把辅导员队伍建设作为教师队伍和管理队伍建设的重要内容,整体规划、统筹安排,不断提高队伍的专业水平和职业能力,保证辅导员工作有条件、干事有平台、待遇有保障、发展有空间。

第二章 要求与职责

第四条 辅导员工作的要求是:恪守爱国守法、敬业爱生、育人为本、终身学习、为人师表的职业守则；围绕学生、关照学生、服务学生，把握学生成长规律，不断提高学生思想水平、政治觉悟、道德品质、文化素养；引导学生正确认识世界和中国发展大势、正确认识中国特色和国际比较、正确认识时代责任和历史使命、正确认识远大抱负和脚踏实地，成为又红又专、德才兼备、全面发展的中国特色社会主义合格建设者和可靠接班人。

第五条　辅导员的主要工作职责是：

（一）思想理论教育和价值引领。引导学生深入学习习近平总书记系列重要讲话精神和治国理政新理念新思想新战略，深入开展中国特色社会主义、中国梦宣传教育和社会主义核心价值观教育，帮助学生不断坚定中国特色社会主义道路自信、理论自信、制度自信、文化自信，牢固树立正确的世界观、人生观、价值观。掌握学生思想行为特点及思想政治状况，有针对性地帮助学生处理好思想认识、价值取向、学习生活、择业交友等方面的具体问题。

（二）党团和班级建设。开展学生骨干的遴选、培养、激励工作，开展学生入党积极分子培养教育工作，开展学生党员发展和教育管理服务工作，指导学生党支部和班团组织建设。

（三）学风建设。熟悉了解学生所学专业的基本情况，激发学生学习兴趣，引导学生养成良好的学习习惯，掌握正确的学习方法。指导学生开展课外科技学术实践活动，营造浓厚学习氛围。

（四）学生日常事务管理。开展入学教育、毕业生教育及相关管理和服务工作。组织开展学生军事训练。组织评选各类奖学金、助学金。指导学生办理助学贷款。组织学生开展勤工俭学活动，做好学生困难帮扶。为学生提供生活指导，促进学生和谐相处、互帮互助。

（五）心理健康教育与咨询工作。协助学校心理健康教育机构开展心理健康教育，对学生心理问题进行初步排查和疏导，组织开展心理健康知识普及宣传活动，培育学生理性平和、乐观向上的健康心态。

（六）网络思想政治教育。运用新媒体新技术，推动思想政治工作传统优势与信息技术高度融合。构建网络思想政治教育重要阵地，积极传播先进文化。加强学生网络素养教育，积极培养校园好网民，引导学生创作网络文化作品，弘扬主旋律，传播正能量。创新工作路径，加强与学生的网上互动交流，运用网络新媒体对学生开展思想引领、学习指导、生活辅导、心理咨询等。

（七）校园危机事件应对。组织开展基本安全教育。参与学校、院（系）危机事件工作预案制定和执行。对校园危机事件进行初步处理，稳定局面控制事态发展，及时掌握危机事件信息并按程序上报。参与危机事件后期应对及总结研究分析。

（八）职业规划与就业创业指导。为学生提供科学的职业生涯规划和就业指导以及相关服务，帮助学生树立正确的就业观念，引导学生到基层、到西部、到祖国最需要的地方建功立业。

（九）理论和实践研究。努力学习思想政治教育的基本理论和相关学科知识，参加相关学科领域学术交流活动，参与校内外思想政治教育课题或项目研究。

第三章　配备与选聘

第六条　高等学校应当按总体上师生比不低于1:200的比例设置专职辅导员岗位，按照专兼结合、以专为主的原则，足额配备到位。

专职辅导员是指在院（系）专职从事大学生日常思想政治教育工作的人员，包括院（系）党委（党总支）副书记、学工组长、团委（团总支）书记等专职工作人员，具有教师和管理人员双重身份。高等学校应参照专任教师聘任的待遇和保障，与专职辅导员建立人事聘用关系。

高等学校可以从优秀专任教师、管理人员、研究生中选聘一定数量兼职辅导员。兼职辅导员工作量按专职辅导员工作量的三分之一核定。

第七条　辅导员应当符合以下基本条件：

（一）具有较高的政治素质和坚定的理想信念，坚决贯彻执行党的基本路线和各项方针政策，有较强的政治敏感性和政治辨别力；

（二）具备本科以上学历，热爱大学生思想政治教育事业，甘于奉献，潜心育人，具有强烈的事业心和责任感；

（三）具有从事思想政治教育工作相关学科的宽口径知识储备，掌握思想政治教育工作相关学科的基本原理和基础知识，掌握思想政治教育专业基本理论、知识和方法，掌握马克思主义中国化相关理论和知识，掌握大学生思想政治教育工作实务相关知识，掌握有关法律法规知识；

（四）具备较强的组织管理能力和语言、文字表达能力，及教育引导能力、调查研究能力，具备开展思想理论教育和价值引领工作的能力；

（五）具有较强的纪律观念和规矩意识，遵纪守法，为人正直，作风正派，廉洁自律。

第八条　辅导员选聘工作要在高等学校党委统一领导下

进行，由学生工作部门、组织、人事、纪检等相关部门共同组织开展。根据辅导员基本条件要求和实际岗位需要，确定具体选拔条件，通过组织推荐和公开招聘相结合的方式，经过笔试、面试、公示等相关程序进行选拔。

第九条 青年教师晋升高一级专业技术职务（职称），须有至少一年担任辅导员或班主任工作经历并考核合格。高等学校要鼓励新入职教师以多种形式参与辅导员或班主任工作。

第四章 发展与培训

第十条 高等学校应当制定专门办法和激励保障机制，落实专职辅导员职务职级“双线”晋升要求，推动辅导员队伍专业化职业化建设。

第十一条 高等学校应当结合实际，按专任教师职务岗位结构比例合理设置专职辅导员的相应教师职务岗位，专职辅导员可按教师职务（职称）要求评聘思想政治教育学科或其他相关学科的专业技术职务（职称）。

专职辅导员专业技术职务（职称）评聘应更加注重考察工作业绩和育人实效，单列计划、单设标准、单独评审。将优秀网络文化成果纳入专职辅导员的科研成果统计、职务（职称）评聘范围。

第十二条 高等学校可以成立专职辅导员专业技术职务（职称）聘任委员会，具体负责本校专职辅导员专业技术职务（职称）聘任工作。聘任委员会一般应由学校党委有关负责人、学生工作、组织人事、教学科研部门负责人、相关学科专家等人员组成。

第十三条 高等学校应当制定辅导员管理岗位聘任办法，根据辅导员的任职年限及实际工作表现，确定相应级别的管理岗位等级。

第十四条 辅导员培训应当纳入高等学校师资队伍和干部队伍培训整体规划。

建立国家、省级和高等学校三级辅导员培训体系。教育部设立高等学校辅导员培训和研修基地，开展国家级示范培训。省级教育部门应当根据区域内现有高等学校辅导员规模数量设立辅导员培训专项经费，建立辅导员培训和研修基地，承担所在区域内高等学校辅导员的岗前培训、日常培训和骨干培训。高等学校负责对本校辅导员的系统培训，确保每名专职辅导员每年参加不少于16个学时的校级培训，每5年参加1次国家级或省级培训。

第十五条 省级教育部门、高等学校要积极选拔优秀辅导员参加国内国际交流学习和研修深造，创造条件支持辅导员到地方党政机关、企业、基层等挂职锻炼，支持辅导员结合大学生思想政治教育的工作实践和思想政治教育学科的发展开展研究。高等学校要鼓励辅导员在做好工作的基础上攻读相关专业学位，承担思想政治理论课等相关课程的教学工作，为辅导员提升专业水平和科研能力提供条件保障。

第十六条 高等学校要积极为辅导员的工作和生活创造便利条件，应根据辅导员的工作特点，在岗位津贴、办公条件、通讯经费等方面制定相关政策，为辅导员的工作和生活提供必要保障。

第五章 管理与考核

第十七条 高等学校辅导员实行学校和院（系）双重管理。

学生工作部门牵头负责辅导员的培养、培训和考核等工作，同时要与院（系）党委（党总支）共同做好辅导员日常管理工作。院（系）党委（党总支）负责对辅导员进行直接领导和管理。

第十八条 高等学校要根据辅导员职业能力标准，制定辅导员工作考核的具体办法，健全辅导员队伍的考核评价体系。对辅导员的考核评价应由学生工作部门牵头，组织人事部门、院（系）党委（党总支）和学生共同参与。考核结果与辅导员的职务聘任、奖惩、晋级等挂钩。

第十九条 教育部在全国教育系统先进集体和先进个人表彰中对高校优秀辅导员进行表彰。各地教育部门和高等学校要结合实际情况建立辅导员单独表彰体系并将优秀辅导员表彰奖励纳入各级教师、教育工作者表彰奖励体系中。

第六章 附 则

第二十条 本规定适用于普通高等学校辅导员队伍建设。其他类型高等学校的辅导员队伍建设或思想政治工作其他队伍建设可以参照本规定执行。

第二十一条 高等学校要根据本规定，结合实际制定相关实施细则，并报主管教育部门备案。

第二十二条 本规定自2017年10月1日起施行。原《普通高等学校辅导员队伍建设规定》同时废止。

新时代高等学校思想政治理论课教师队伍建设规定

1. *2020年1月16日教育部令第46号公布*
2. *自2020年3月1日起施行*

第一章 总 则

第一条 为深入贯彻落实习近平新时代中国特色社会主

义思想和党的十九大精神，贯彻落实习近平总书记关于教育的重要论述，全面贯彻党的教育方针，加强新时代高等学校思想政治理论课（以下简称思政课）教师队伍建设，根据《中华人民共和国教师法》，中共中央办公厅、国务院办公厅印发的《关于深化新时代学校思想政治理论课改革创新的若干意见》，制定本规定。

第二条　思政课是高等学校落实立德树人根本任务的关键课程，是必须按照国家要求设置的课程。

思政课教师是指承担高等学校思政课教育教学和研究职责的专兼职教师，是高等学校教师队伍中承担开展马克思主义理论教育、用习近平新时代中国特色社会主义思想铸魂育人的中坚力量。

第三条　主管教育部门、高等学校应当加强思政课教师队伍建设，把思政课教师队伍建设纳入教育事业发展和干部人才队伍建设总体规划，在师资建设上优先考虑，在资金投入上优先保障，在资源配置上优先满足。

第四条　高等学校应当落实全员育人、全程育人、全方位育人要求，构建完善立德树人工作体系，调动广大教职工参与思想政治理论教育的积极性、主动性，动员各方面力量支持、配合思政课教师开展教学科研、组织学生社会实践等工作，提升思政课教学效果。

第二章　职责与要求

第五条　思政课教师的首要岗位职责是讲好思政课。思政课教师要引导学生立德成人、立志成才，树立正确世界观、人生观、价值观，坚定对马克思主义的信仰，坚定对社会主义和共产主义的信念，增强中国特色社会主义道路自信、理论自信、制度自信、文化自信，厚植爱国主义情怀，把爱国情、强国志、报国行自觉融入坚持和发展中国特色社会主义事业、建设社会主义现代化强国、实现中华民族伟大复兴的奋斗之中，为培养德智体美劳全面发展的社会主义建设者和接班人作出积极贡献。

第六条　对思政课教师的岗位要求是：

（一）思政课教师应当增强"四个意识"，坚定"四个自信"，做到"两个维护"，始终在政治立场、政治方向、政治原则、政治道路上同以习近平同志为核心的党中央保持高度一致，模范践行高等学校教师师德规范。做到信仰坚定、学识渊博、理论功底深厚，努力做到政治强、情怀深、思维新、视野广、自律严、人格正，自觉用习近平新时代中国特色社会主义思想武装头脑，做学习和实践马克思主义的典范，做为学为人的表率。

（二）思政课教师应当用好国家统编教材。以讲好用好教材为基础，认真参加教材使用培训和集体备课，深入研究教材内容，吃准吃透教材基本精神，全面把握教材重点、难点，认真做好教材转化工作，编写好教案，切实推动教材体系向教学体系转化。

（三）思政课教师应当加强教学研究。坚持以思政课教学为核心的科研导向，紧紧围绕马克思主义理论学科内涵开展科研，深入研究思政课教学方法和教学重点难点问题，深入研究坚持和发展中国特色社会主义的重大理论和实践问题。

（四）思政课教师应当深化教学改革创新。按照政治性和学理性相统一、价值性和知识性相统一、建设性和批判性相统一、理论性和实践性相统一、统一性和多样性相统一、主导性和主体性相统一、灌输性和启发性相统一、显性教育和隐性教育相统一的要求，增强思政课的思想性、理论性和亲和力、针对性，全面提高思政课质量和水平。

第三章　配备与选聘

第七条　高等学校应当配齐建强思政课专职教师队伍，建设专职为主、专兼结合、数量充足、素质优良的思政课教师队伍。

高等学校应当根据全日制在校生总数，严格按照师生比不低于1∶350的比例核定专职思政课教师岗位。公办高等学校要在编制内配足，且不得挪作他用。

第八条　高等学校应当根据思政课教师工作职责、岗位要求，制定任职资格标准和选聘办法。

高等学校可以在与思政课教学内容相关的学科遴选优秀教师进行培训后加入思政课教师队伍，专职从事思政课教学；并可以探索胜任思政课教学的党政管理干部转岗为专职思政课教师，积极推动符合条件的辅导员参与思政课教学，鼓励政治素质过硬的相关学科专家转任思政课教师。

第九条　高等学校可以实行思政课特聘教师、兼职教师制度。鼓励高等学校统筹地方党政领导干部、企事业单位管理专家、社科理论界专家、各行业先进模范以及高等学校党委书记校长、院（系）党政负责人、名家大师和专业课骨干、日常思想政治教育骨干等讲授思政课。支持高等学校建立两院院士、国有企业领导等人士经常性进高校、上思政课讲台的长效机制。

第十条　主管教育部门应当加大高等学校思政课校际协作力度，加强区域内高等学校思政课教师柔性流动和协同机制建设，支持高水平思政课教师采取多种方式开展思政课教学工作。采取派驻支援或组建讲师团等形式支持民办高等学校配备思政课教师。

第十一条　高等学校应当严把思政课教师政治关、师德关、业务关，明确思政课教师任职条件，根据国家有关规定和本规定要求，制定思政课教师规范或者在聘任合同中明确思政课教师权利义务与职责。

第十二条　高等学校应当设置独立的马克思主义学院等思政课教学科研二级机构，统筹思政课教学科研和教师队伍的管理、培养、培训。

思政课教学科研机构负责人应当是中国共产党党员，并有长期从事思政课教学或者马克思主义理论学科研究的经历。缺少合适人选的高等学校可以采取兼职等办法，从相关单位聘任思政课教学科研机构负责人。

第四章　培养与培训

第十三条　主管教育部门和高等学校应当加强思政课教师队伍后备人才培养。

国务院教育行政部门应当制定马克思主义理论专业类教学质量国家标准，加强本硕博课程教材体系建设，可统筹推进马克思主义理论本硕博一体化人才培养工作。实施"高校思政课教师队伍后备人才培养专项支持计划"，专门招收马克思主义理论学科研究生，不断为思政课教师队伍输送高水平人才。高等学校应当注重选拔高素质人才从事马克思主义理论学习研究和教育教学，加强思政课教师队伍后备人才思想政治工作。

第十四条　建立国家、省（区、市）、高等学校三级思政课教师培训体系。国务院教育行政部门建立高等学校思政课教师研修基地，开展国家级示范培训，建立思政课教师教学研究交流平台。主管教育部门和高等学校应当建立健全思政课教师专业发展体系，定期组织开展教学研讨，保证思政课专职教师每3年至少接受一次专业培训，新入职教师应参加岗前专项培训。

第十五条　主管教育部门和高等学校应当拓展思政课教师培训渠道，设立思政课教师研学基地，定期安排思政课教师实地了解中国改革发展成果、组织思政课教师实地考察和比较分析国内外经济社会发展状况，创造条件支持思政课教师到地方党政机关、企事业单位、基层等开展实践锻炼。

高等学校应当根据全日制在校生总数，按照本科院校每生每年不低于40元、专科院校每生每年不低于30元的标准安排专项经费，用于保障思政课教师的学术交流、实践研修等，并根据实际情况逐步加大支持力度。

第十六条　主管教育部门和高等学校应当加大对思政课教师科学研究的支持力度。教育部人文社科研究项目要设立专项课题，主管教育部门要设立相关项目，持续有力支持思政课教师开展教学研究。主管教育部门和高等学校应当加强马克思主义理论教学科研成果学术阵地建设，支持新创办思政课研究学术期刊，相关哲学社会科学类学术期刊要设立思政课研究栏目。

第五章　考核与评价

第十七条　高等学校应当科学设置思政课教师专业技术职务（职称）岗位，按教师比例核定思政课教师专业技术职务（职称）各类岗位占比，高级岗位比例不低于学校平均水平，不得挪作他用。

第十八条　高等学校应当制定符合思政课教师职业特点和岗位要求的专业技术职务（职称）评聘标准，提高教学和教学研究在评聘条件中的占比。

高等学校可以结合实际分类设置教学研究型、教学型思政课教师专业技术职务（职称），两种类型都要在教学方面设置基本任务要求，要将教学效果作为思政课教师专业技术职务（职称）评聘的根本标准，同时要重视考查科研成果。

高等学校可以设置具体条件，将承担思政课教学的基本情况以及教学实效作为思政课教师参加高一级专业技术职务（职称）评聘的首要考查条件和必要条件。将为本专科生上思政课作为思政课教师参加高级专业技术职务（职称）评聘的必要条件。将至少一年兼任辅导员、班主任等日常思想政治教育工作经历并考核合格作为青年教师晋升高一级专业技术职务（职称）的必要条件。

思政课教师指导1个马克思主义理论类学生社团1年以上，且较好履行政治把关、理论学习、业务指导等职责的，在专业技术职务（职称）评聘中同等条件下可以优先考虑。

思政课教师在思想素质、政治素质、师德师风等方面存在突出问题的，在专业技术职务（职称）评聘中实行"一票否决"。

第十九条　高等学校应当完善思政课教师教学和科研成果认定制度，推行科研成果代表作制度，制定思政课教师发表文章的重点报刊目录，将思政课教师在中央和地方主要媒体发表的理论文章纳入学术成果范围，细化相关认定办法。教学和科研成果可以是专著、论文、教学参考资料、调查报告、教书育人经验总结等。在制定思政课教师专业技术职务（职称）评聘指标和排次定序依据时，要结合实际设置规则，不得将国外期刊论文发表情况和出国访学留学情况作为必要条件。

第二十条　高等学校应当健全思政课教师专业技术职务

(职称)评价机制,建立以同行专家评价为主的评价机制,突出思政课的政治性、思想性、学术性、专业性、实效性,评价专家应以马克思主义理论学科为主,同时可适当吸收相关学科专家参加。

思政课教师专业技术职务(职称)评审委员会应当包含学校党委有关负责同志、思政课教学科研部门负责人,校内专业技术职务(职称)评聘委员会应有同比例的马克思主义理论学科专家。

高等学校应当制定思政课教师专业技术职务(职称)管理办法。完善专业技术职务(职称)退出机制,加强聘期考核,加大激励力度,准聘与长聘相结合。

第六章　保障与管理

第二十一条　高等学校应当切实提高专职思政课教师待遇,要因地制宜设立思政课教师岗位津贴。高等学校要为思政课教师的教学科研工作创造便利条件,配备满足教学科研需要的办公空间、硬件设备和图书资料。

第二十二条　高等学校思政课教师由马克思主义学院等思政课教学科研机构统一管理。每门课程都应当建立相应的教学科研组织,并可以根据需要配备管理人员。

第二十三条　主管教育部门和高等学校要大力培养、推荐、表彰思政课教师中的先进典型。全国教育系统先进个人表彰中对思政课教师比例或名额作出规定;国家级教学成果奖、高等学校科学研究优秀成果奖(人文社科)中加大力度支持思政课;“长江学者奖励计划”等高层次人才项目中加大倾斜支持优秀思政课教师的力度。

第二十四条　主管教育部门和高等学校应当加强宣传、引导,并采取设立奖励基金等方式支持高等学校思政课教师队伍建设,以各种方式定期对优秀思政课教师和马克思主义理论学科学生给予奖励。

第二十五条　高等学校应当加强对思政课教师的考核,健全退出机制,对政治立场、政治方向、政治原则、政治道路上不能同党中央保持一致的,或理论素养、教学水平达不到标准的教师,不得继续担任思政课教师或马克思主义理论学科研究生导师。

第七章　附　　则

第二十六条　本规定适用于普通高等学校(包括民办高等学校)思政课教师队伍建设。其他类型高等学校的思政课教师队伍建设可以参照本规定执行。

第二十七条　省级教育部门可以根据本规定,结合本地实际制定相关实施细则。

第二十八条　本规定自2020年3月1日起施行。

新时代高校教师职业行为十项准则

1. 2018年11月8日发布
2. 教师〔2018〕16号

教师是人类灵魂的工程师,是人类文明的传承者。长期以来,广大教师贯彻党的教育方针,教书育人,呕心沥血,默默奉献,为国家发展和民族振兴作出了重大贡献。新时代对广大教师落实立德树人根本任务提出新的更高要求,为进一步增强教师的责任感、使命感、荣誉感,规范职业行为,明确师德底线,引导广大教师努力成为有理想信念、有道德情操、有扎实学识、有仁爱之心的好老师,着力培养德智体美劳全面发展的社会主义建设者和接班人,特制定以下准则。

一、坚定政治方向。坚持以习近平新时代中国特色社会主义思想为指导,拥护中国共产党的领导,贯彻党的教育方针;不得在教育教学活动中及其他场合有损害党中央权威、违背党的路线方针政策的言行。

二、自觉爱国守法。忠于祖国,忠于人民,恪守宪法原则,遵守法律法规,依法履行教师职责;不得损害国家利益、社会公共利益,或违背社会公序良俗。

三、传播优秀文化。带头践行社会主义核心价值观,弘扬真善美,传递正能量;不得通过课堂、论坛、讲座、信息网络及其他渠道发表、转发错误观点,或编造散布虚假信息、不良信息。

四、潜心教书育人。落实立德树人根本任务,遵循教育规律和学生成长规律,因材施教,教学相长;不得违反教学纪律,敷衍教学,或擅自从事影响教育教学本职工作的兼职兼薪行为。

五、关心爱护学生。严慈相济,诲人不倦,真心关爱学生,严格要求学生,做学生良师益友;不得要求学生从事与教学、科研、社会服务无关的事宜。

六、坚持言行雅正。为人师表,以身作则,举止文明,作风正派,自重自爱;不得与学生发生任何不正当关系,严禁任何形式的猥亵、性骚扰行为。

七、遵守学术规范。严谨治学,力戒浮躁,潜心问道,勇于探索,坚守学术良知,反对学术不端;不得抄袭剽窃、篡改侵吞他人学术成果,或滥用学术资源和学术影响。

八、秉持公平诚信。坚持原则,处事公道,光明磊落,为人正直;不得在招生、考试、推优、保研、就业及绩效考核、岗位聘用、职称评聘、评优评奖等工作中徇私舞弊、弄虚作假。

九、坚守廉洁自律。严于律己,清廉从教;不得索要、收受学生及家长财物,不得参加由学生及家长付费的宴请、旅游、娱乐休闲等活动,或利用家长资源谋取私利。

十、积极奉献社会。履行社会责任,贡献聪明才智,树立正确义利观;不得假公济私,擅自利用学校名义或校名、校徽、专利、场所等资源谋取个人利益。

五、职业技术教育

资料补充栏

1. 综　合

中华人民共和国职业教育法

1. 1996年5月15日第八届全国人民代表大会常务委员会第十九次会议通过
2. 2022年4月20日第十三届全国人民代表大会常务委员会第三十四次会议修订

目　录

第一章　总　　则

第一条　【立法目的和依据】为了推动职业教育高质量发展，提高劳动者素质和技术技能水平，促进就业创业，建设教育强国、人力资源强国和技能型社会，推进社会主义现代化建设，根据宪法，制定本法。

第二条　【职业教育概念及适用范围】本法所称职业教育，是指为了培养高素质技术技能人才，使受教育者具备从事某种职业或者实现职业发展所需要的职业道德、科学文化与专业知识、技术技能等职业综合素质和行动能力而实施的教育，包括职业学校教育和职业培训。

机关、事业单位对其工作人员实施的专门培训由法律、行政法规另行规定。

第三条　【职业教育的地位及制度体系建设】职业教育是与普通教育具有同等重要地位的教育类型，是国民教育体系和人力资源开发的重要组成部分，是培养多样化人才、传承技术技能、促进就业创业的重要途径。

国家大力发展职业教育，推进职业教育改革，提高职业教育质量，增强职业教育适应性，建立健全适应社会主义市场经济和社会发展需要、符合技术技能人才成长规律的职业教育制度体系，为全面建设社会主义现代化国家提供有力人才和技能支撑。

第四条　【职业教育基本原则】职业教育必须坚持中国共产党的领导，坚持社会主义办学方向，贯彻国家的教育方针，坚持立德树人、德技并修，坚持产教融合、校企合作，坚持面向市场、促进就业，坚持面向实践、强化能力，坚持面向人人、因材施教。

实施职业教育应当弘扬社会主义核心价值观，对受教育者进行思想政治教育和职业道德教育，培育劳模精神、劳动精神、工匠精神，传授科学文化与专业知识，培养技术技能，进行职业指导，全面提高受教育者的素质。

第五条　【权利】公民有依法接受职业教育的权利。

第六条　【职业教育管理体制】职业教育实行政府统筹、分级管理、地方为主、行业指导、校企合作、社会参与。

第七条　【政府实施职业教育的基本职责】各级人民政府应当将发展职业教育纳入国民经济和社会发展规划，与促进就业创业和推动发展方式转变、产业结构调整、技术优化升级等整体部署、统筹实施。

第八条　【政府实施职业教育具体职责】国务院建立职业教育工作协调机制，统筹协调全国职业教育工作。

国务院教育行政部门负责职业教育工作的统筹规划、综合协调、宏观管理。国务院教育行政部门、人力资源社会保障行政部门和其他有关部门在国务院规定的职责范围内，分别负责有关的职业教育工作。

省、自治区、直辖市人民政府应当加强对本行政区域内职业教育工作的领导，明确设区的市、县级人民政府职业教育具体工作职责，统筹协调职业教育发展，组织开展督导评估。

县级以上地方人民政府有关部门应当加强沟通配合，共同推进职业教育工作。

第九条　【企业、事业单位以及社会组织在职业教育中的责任】国家鼓励发展多种层次和形式的职业教育，推进多元办学，支持社会力量广泛、平等参与职业教育。

国家发挥企业的重要办学主体作用，推动企业深度参与职业教育，鼓励企业举办高质量职业教育。

有关行业主管部门、工会和中华职业教育社等群团组织、行业组织、企业、事业单位等应当依法履行实施职业教育的义务，参与、支持或者开展职业教育。

第十条　【对特定地区和特定群体的规定】国家采取措施，大力发展技工教育，全面提高产业工人素质。

国家采取措施，支持举办面向农村的职业教育，组织开展农业技能培训、返乡创业就业培训和职业技能培训，培养高素质乡村振兴人才。

国家采取措施，扶持革命老区、民族地区、边远地区、欠发达地区职业教育的发展。

国家采取措施，组织各类转岗、再就业、失业人员以及特殊人群等接受各种形式的职业教育，扶持残疾人职业教育的发展。

国家保障妇女平等接受职业教育的权利。

第十一条　【职业教育的实施依据、教育标准、就业要求】实施职业教育应当根据经济社会发展需要，结合职业分类、职业标准、职业发展需求，制定教育标准或者培训方案，实行学历证书及其他学业证书、培训证书、职业资格证书和职业技能等级证书制度。

国家实行劳动者在就业前或者上岗前接受必要的职业教育的制度。

第十二条　【表彰和奖励】国家采取措施，提高技术技能人才的社会地位和待遇，弘扬劳动光荣、技能宝贵、创造伟大的时代风尚。

国家对在职业教育工作中做出显著成绩的单位和个人按照有关规定给予表彰、奖励。

每年5月的第二周为职业教育活动周。

第十三条　【职业教育改革发展的新方向】国家鼓励职业教育领域的对外交流与合作，支持引进境外优质资源发展职业教育，鼓励有条件的职业教育机构赴境外办学，支持开展多种形式的职业教育学习成果互认。

第二章　职业教育体系

第十四条　【职业教育体系】国家建立健全适应经济社会发展需要，产教深度融合，职业学校教育和职业培训并重，职业教育与普通教育相互融通，不同层次职业教育有效贯通，服务全民终身学习的现代职业教育体系。

国家优化教育结构，科学配置教育资源，在义务教育后的不同阶段因地制宜、统筹推进职业教育与普通教育协调发展。

第十五条　【职业学校教育的类型和实施机构】职业学校教育分为中等职业学校教育、高等职业学校教育。

中等职业学校教育由高级中等教育层次的中等职业学校（含技工学校）实施。

高等职业学校教育由专科、本科及以上教育层次的高等职业学校和普通高等学校实施。根据高等职业学校设置制度规定，将符合条件的技师学院纳入高等职业学校序列。

其他学校、教育机构或者符合条件的企业、行业组织按照教育行政部门的统筹规划，可以实施相应层次的职业学校教育或者提供纳入人才培养方案的学分课程。

第十六条　【职业培训的类型、实施机构】职业培训包括就业前培训、在职培训、再就业培训及其他职业性培训，可以根据实际情况分级分类实施。

职业培训可以由相应的职业培训机构、职业学校实施。

其他学校或者教育机构以及企业、社会组织可以根据办学能力、社会需求，依法开展面向社会的、多种形式的职业培训。

第十七条　【职业教育与普通教育的融通】国家建立健全各级各类学校教育与职业培训学分、资历以及其他学习成果的认证、积累和转换机制，推进职业教育国家学分银行建设，促进职业教育与普通教育的学习成果融通、互认。

军队职业技能等级纳入国家职业资格认证和职业技能等级评价体系。

第十八条　【残疾人职业教育】残疾人职业教育除由残疾人教育机构实施外，各级各类职业学校和职业培训机构及其他教育机构应当按照国家有关规定接纳残疾学生，并加强无障碍环境建设，为残疾学生学习、生活提供必要的帮助和便利。

国家采取措施，支持残疾人教育机构、职业学校、职业培训机构及其他教育机构开展或者联合开展残疾人职业教育。

从事残疾人职业教育的特殊教育教师按照规定享受特殊教育津贴。

第十九条　【鼓励普通学校为实施职业教育提供条件和支持】县级以上人民政府教育行政部门应当鼓励和支持普通中小学、普通高等学校，根据实际需要增加职业教育相关教学内容，进行职业启蒙、职业认知、职业体验，开展职业规划指导、劳动教育，并组织、引导职业学校、职业培训机构、企业和行业组织等提供条件和支持。

第三章　职业教育的实施

第二十条　【国务院教育行政部门职责】国务院教育行政部门会同有关部门根据经济社会发展需要和职业教育特点，组织制定、修订职业教育专业目录，完善职业教育教学等标准，宏观管理指导职业学校教材建设。

第二十一条　【县级以上地方人民政府办学职责及职业教育培养方向】县级以上地方人民政府应当举办或者参与举办发挥骨干和示范作用的职业学校、职业培训机构，对社会力量依法举办的职业学校和职业培训机构给予指导和扶持。

国家根据产业布局和行业发展需要，采取措施，大力发展先进制造等产业需要的新兴专业，支持高水平职业学校、专业建设。

国家采取措施，加快培养托育、护理、康养、家政等方面技术技能人才。

第二十二条　【职业教育中心学校】县级人民政府可以根据县域经济社会发展的需要，设立职业教育中心学校，开展多种形式的职业教育，实施实用技术培训。

教育行政部门可以委托职业教育中心学校承担教育教学指导、教育质量评价、教师培训等职业教育公共管理和服务工作。

第二十三条　【行业主管部门等群团组织、行业组织实施职业教育工作任务】行业主管部门按照行业、产业人才需求加强对职业教育的指导，定期发布人才需求信息。

行业主管部门、工会和中华职业教育社等群团组织、行业组织可以根据需要，参与制定职业教育专业目录和相关职业教育标准，开展人才需求预测、职业生涯发展研究及信息咨询，培育供需匹配的产教融合服务组织，举办或者联合举办职业学校、职业培训机构，组织、协调、指导相关企业、事业单位、社会组织举办职业学校、职业培训机构。

第二十四条　【企业实施职业教育的职责和义务】企业应当根据本单位实际，有计划地对本单位的职工和准备招用的人员实施职业教育，并可以设置专职或者兼职实施职业教育的岗位。

企业应当按照国家有关规定实行培训上岗制度。企业招用的从事技术工种的劳动者，上岗前必须进行安全生产教育和技术培训；招用的从事涉及公共安全、人身健康、生命财产安全等特定职业（工种）的劳动者，必须经过培训并依法取得职业资格或者特种作业资格。

企业开展职业教育的情况应当纳入企业社会责任报告。

第二十五条　【企业举办职业学校】企业可以利用资本、技术、知识、设施、设备、场地和管理等要素，举办或者联合举办职业学校、职业培训机构。

第二十六条　【对社会力量实施职业教育的扶持】国家鼓励、指导、支持企业和其他社会力量依法举办职业学校、职业培训机构。

地方各级人民政府采取购买服务，向学生提供助学贷款、奖助学金等措施，对企业和其他社会力量依法举办的职业学校和职业培训机构予以扶持；对其中的非营利性职业学校和职业培训机构还可以采取政府补贴、基金奖励、捐资激励等扶持措施，参照同级同类公办学校生均经费等相关经费标准和支持政策给予适当补助。

第二十七条　【对企业的激励政策】对深度参与产教融合、校企合作，在提升技术技能人才培养质量、促进就业中发挥重要主体作用的企业，按照规定给予奖励；对符合条件认定为产教融合型企业的，按照规定给予金融、财政、土地等支持，落实教育费附加、地方教育附加减免及其他税费优惠。

第二十八条　【联合办学协议和委托合同】联合举办职业学校、职业培训机构的，举办者应当签订联合办学协议，约定各方权利义务。

地方各级人民政府及行业主管部门支持社会力量依法参与联合办学，举办多种形式的职业学校、职业培训机构。

行业主管部门、工会等群团组织、行业组织、企业、事业单位等委托学校、职业培训机构实施职业教育的，应当签订委托合同。

第二十九条　【地方政府加强实习实训基地建设】县级以上人民政府应当加强职业教育实习实训基地建设，组织行业主管部门、工会等群团组织、行业组织、企业等根据区域或者行业职业教育的需要建设高水平、专业化、开放共享的产教融合实习实训基地，为职业学校、职业培训机构开展实习实训和企业开展培训提供条件和支持。

第三十条　【中国特色学徒制】国家推行中国特色学徒制，引导企业按照岗位总量的一定比例设立学徒岗位，鼓励和支持有技术技能人才培养能力的企业特别是产教融合型企业与职业学校、职业培训机构开展合作，对新招用职工、在岗职工和转岗职工进行学徒培训，或者与职业学校联合招收学生，以工学结合的方式进行学徒培养。有关企业可以按照规定享受补贴。

企业与职业学校联合招收学生，以工学结合的方式进行学徒培养的，应当签订学徒培养协议。

第三十一条　【职业教育的学习资源和信息化建设】国家鼓励行业组织、企业等参与职业教育专业教材开发，将新技术、新工艺、新理念纳入职业学校教材，并可以通过活页式教材等多种方式进行动态更新；支持运用信息技术和其他现代化教学方式，开发职业教育网络课程等学习资源，创新教学方式和学校管理方式，推动职业教育信息化建设与融合应用。

第三十二条　【职业技能竞赛】国家通过组织开展职业技能竞赛等活动，为技术技能人才提供展示技能、切磋技艺的平台，持续培养更多高素质技术技能人才、能工巧匠和大国工匠。

第四章　职业学校和职业培训机构

第三十三条　【职业学校设立】职业学校的设立，应当符合下列基本条件：

（一）有组织机构和章程；

（二）有合格的教师和管理人员；

（三）有与所实施职业教育相适应、符合规定标准和安全要求的教学及实习实训场所、设施、设备以及课程体系、教育教学资源等；

（四）有必备的办学资金和与办学规模相适应的稳定经费来源。

设立中等职业学校，由县级以上地方人民政府或者有关部门按照规定的权限审批；设立实施专科层次教育的高等职业学校，由省、自治区、直辖市人民政府审批，报国务院教育行政部门备案；设立实施本科及以上层次教育的高等职业学校，由国务院教育行政部门审批。

专科层次高等职业学校设置的培养高端技术技能人才的部分专业，符合产教深度融合、办学特色鲜明、培养质量较高等条件的，经国务院教育行政部门审批，可以实施本科层次的职业教育。

第三十四条　【职业培训机构设立】职业培训机构的设立，应当符合下列基本条件：

（一）有组织机构和管理制度；

（二）有与培训任务相适应的课程体系、教师或者其他授课人员、管理人员；

（三）有与培训任务相适应、符合安全要求的场所、设施、设备；

（四）有相应的经费。

职业培训机构的设立、变更和终止，按照国家有关规定执行。

第三十五条　【校长负责制】公办职业学校实行中国共产党职业学校基层组织领导的校长负责制，中国共产党职业学校基层组织按照中国共产党章程和有关规定，全面领导学校工作，支持校长独立负责地行使职权。民办职业学校依法健全决策机制，强化学校的中国共产党基层组织政治功能，保证其在学校重大事项决策、监督、执行各环节有效发挥作用。

校长全面负责本学校教学、科学研究和其他行政管理工作。校长通过校长办公会或者校务会议行使职权，依法接受监督。

职业学校可以通过咨询、协商等多种形式，听取行业组织、企业、学校毕业生等方面代表的意见，发挥其参与学校建设、支持学校发展的作用。

第三十六条　【职业学校办学活动】职业学校应当依法办学，依据章程自主管理。

职业学校在办学中可以开展下列活动：

（一）根据产业需求，依法自主设置专业；

（二）基于职业教育标准制定人才培养方案，依法自主选用或者编写专业课程教材；

（三）根据培养技术技能人才的需要，自主设置学习制度，安排教学过程；

（四）在基本学制基础上，适当调整修业年限，实行弹性学习制度；

（五）依法自主选聘专业课教师。

第三十七条　【考试招生制度】国家建立符合职业教育特点的考试招生制度。

中等职业学校可以按照国家有关规定，在有关专业实行与高等职业学校教育的贯通招生和培养。

高等职业学校可以按照国家有关规定，采取文化素质与职业技能相结合的考核方式招收学生；对有突出贡献的技术技能人才，经考核合格，可以破格录取。

省级以上人民政府教育行政部门会同同级人民政府有关部门建立职业教育统一招生平台，汇总发布实施职业教育的学校及其专业设置、招生情况等信息，提供查询、报考等服务。

第三十八条　【职业学校学风环境要求】职业学校应当加强校风学风、师德师风建设，营造良好学习环境，保证教育教学质量。

第三十九条　【职业学校促进就业创业义务】职业学校应当建立健全就业创业促进机制，采取多种形式为学生提供职业规划、职业体验、求职指导等就业创业服务，增强学生就业创业能力。

第四十条　【职业教育实现产教融合的方式】职业学校、职业培训机构实施职业教育应当注重产教融合，实行校企合作。

职业学校、职业培训机构可以通过与行业组织、企业、事业单位等共同举办职业教育机构、组建职业教育集团、开展订单培养等多种形式进行合作。

国家鼓励职业学校在招生就业、人才培养方案制定、师资队伍建设、专业规划、课程设置、教材开发、教学设计、教学实施、质量评价、科学研究、技术服务、科技成果转化以及技术技能创新平台、专业化技术转移机构、实习实训基地建设等方面，与相关行业组织、企业、事业单位等建立合作机制。开展合作的，应当签订协议，明确双方权利义务。

第四十一条　【职业学校、职业培训机构收入使用范围】 职业学校、职业培训机构开展校企合作、提供社会服务或者以实习实训为目的举办企业、开展经营活动取得的收入用于改善办学条件；收入的一定比例可以用于支付教师、企业专家、外聘人员和受教育者的劳动报酬，也可以作为绩效工资来源，符合国家规定的可以不受绩效工资总量限制。

职业学校、职业培训机构实施前款规定的活动，符合国家有关规定的，享受相关税费优惠政策。

第四十二条　【职业教育收费标准】 职业学校按照规定的收费标准和办法，收取学费和其他必要费用；符合国家规定条件的，应当予以减免；不得以介绍工作、安排实习实训等名义违法收取费用。

职业培训机构、职业学校面向社会开展培训的，按照国家有关规定收取费用。

第四十三条　【职业教育质量评价制度】 职业学校、职业培训机构应当建立健全教育质量评价制度，吸纳行业组织、企业等参与评价，并及时公开相关信息，接受教育督导和社会监督。

县级以上人民政府教育行政部门应当会同有关部门、行业组织建立符合职业教育特点的质量评价体系，组织或者委托行业组织、企业和第三方专业机构，对职业学校的办学质量进行评估，并将评估结果及时公开。

职业教育质量评价应当突出就业导向，把受教育者的职业道德、技术技能水平、就业质量作为重要指标，引导职业学校培养高素质技术技能人才。

有关部门应当按照各自职责，加强对职业学校、职业培训机构的监督管理。

第五章　职业教育的教师与受教育者

第四十四条　【职业教育教师】 国家保障职业教育教师的权利，提高其专业素质与社会地位。

县级以上人民政府及其有关部门应当将职业教育教师的培养培训工作纳入教师队伍建设规划，保证职业教育教师队伍适应职业教育发展的需要。

第四十五条　【职业教育教师培养培训体系】 国家建立健全职业教育教师培养培训体系。

各级人民政府应当采取措施，加强职业教育教师专业化培养培训，鼓励设立专门的职业教育师范院校，支持高等学校设立相关专业，培养职业教育教师；鼓励行业组织、企业共同参与职业教育教师培养培训。

产教融合型企业、规模以上企业应当安排一定比例的岗位，接纳职业学校、职业培训机构教师实践。

第四十六条　【职业学校教师岗位设置和职务（职称）评聘制度】 国家建立健全符合职业教育特点和发展要求的职业学校教师岗位设置和职务（职称）评聘制度。

职业学校的专业课教师（含实习指导教师）应当具有一定年限的相应工作经历或者实践经验，达到相应的技术技能水平。

具备条件的企业、事业单位经营管理和专业技术人员，以及其他有专业知识或者特殊技能的人员，经教育教学能力培训合格的，可以担任职业学校的专职或者兼职专业课教师；取得教师资格的，可以根据其技术职称聘任为相应的教师职务。取得职业学校专业课教师资格可以视情况降低学历要求。

第四十七条　【国家鼓励职业学校聘请高技能人才】 国家鼓励职业学校聘请技能大师、劳动模范、能工巧匠、非物质文化遗产代表性传承人等高技能人才，通过担任专职或者兼职专业课教师、设立工作室等方式，参与人才培养、技术开发、技能传承等工作。

第四十八条　【职业学校教职工配备标准】 国家制定职业学校教职工配备基本标准。省、自治区、直辖市应当根据基本标准，制定本地区职业学校教职工配备标准。

县级以上地方人民政府应当根据教职工配备标准、办学规模等，确定公办职业学校教职工人员规模，其中一定比例可以用于支持职业学校面向社会公开招聘专业技术人员、技能人才担任专职或者兼职教师。

第四十九条　【职业学校学生的义务与权益】 职业学校学生应当遵守法律、法规和学生行为规范，养成良好的职业道德、职业精神和行为习惯，努力学习，完成规定的学习任务，按照要求参加实习实训，掌握技术技能。

职业学校学生的合法权益，受法律保护。

第五十条　【实习实训】 国家鼓励企业、事业单位安排实习岗位，接纳职业学校和职业培训机构的学生实习。接纳实习的单位应当保障学生在实习期间按照规定享受休息休假、获得劳动安全卫生保护、参加相关保险、接受职业技能指导等权利；对上岗实习的，应当签订实习协议，给予适当的劳动报酬。

职业学校和职业培训机构应当加强对实习实训学生的指导，加强安全生产教育，协商实习单位安排与学生所学专业相匹配的岗位，明确实习实训内容和标准，不得安排学生从事与所学专业无关的实习实训，不得违反相关规定通过人力资源服务机构、劳务派遣单位，或者通过非法从事人力资源服务、劳务派遣业务的单位或个人组织、安排、管理学生实习实训。

第五十一条　【证书的取得及学位申请】接受职业学校教育，达到相应学业要求，经学校考核合格的，取得相应的学业证书；接受职业培训，经职业培训机构或者职业学校考核合格的，取得相应的培训证书；经符合国家规定的专门机构考核合格的，取得相应的职业资格证书或者职业技能等级证书。

学业证书、培训证书、职业资格证书和职业技能等级证书，按照国家有关规定，作为受教育者从业的凭证。

接受职业培训取得的职业技能等级证书、培训证书等学习成果，经职业学校认定，可以转化为相应的学历教育学分；达到相应职业学校学业要求的，可以取得相应的学业证书。

接受高等职业学校教育，学业水平达到国家规定的学位标准的，可以依法申请相应学位。

第五十二条　【对职业学校学生的奖励和资助制度】国家建立对职业学校学生的奖励和资助制度，对特别优秀的学生进行奖励，对经济困难的学生提供资助，并向艰苦、特殊行业等专业学生适当倾斜。国家根据经济社会发展情况适时调整奖励和资助标准。

国家支持企业、事业单位、社会组织及公民个人按照国家有关规定设立职业教育奖学金、助学金，奖励优秀学生，资助经济困难的学生。

职业学校应当按照国家有关规定从事业收入或者学费收入中提取一定比例资金，用于奖励和资助学生。

省、自治区、直辖市人民政府有关部门应当完善职业学校资助资金管理制度，规范资助资金管理使用。

第五十三条　【职业学校学生的升学、就业、职业发展】职业学校学生在升学、就业、职业发展等方面与同层次普通学校学生享有平等机会。

高等职业学校和实施职业教育的普通高等学校应当在招生计划中确定相应比例或者采取单独考试办法，专门招收职业学校毕业生。

各级人民政府应当创造公平就业环境。用人单位不得设置妨碍职业学校毕业生平等就业、公平竞争的报考、录用、聘用条件。机关、事业单位、国有企业在招录、招聘技术技能岗位人员时，应当明确技术技能要求，将技术技能水平作为录用、聘用的重要条件。事业单位公开招聘中有职业技能等级要求的岗位，可以适当降低学历要求。

第六章　职业教育的保障

第五十四条　【职业教育经费】国家优化教育经费支出结构，使职业教育经费投入与职业教育发展需求相适应，鼓励通过多种渠道依法筹集发展职业教育的资金。

第五十五条　【职业教育经费的使用】各级人民政府应当按照事权和支出责任相适应的原则，根据职业教育办学规模、培养成本和办学质量等落实职业教育经费，并加强预算绩效管理，提高资金使用效益。

省、自治区、直辖市人民政府应当制定本地区职业学校生均经费标准或者公用经费标准。职业学校举办者应当按照生均经费标准或者公用经费标准按时、足额拨付经费，不断改善办学条件。不得以学费、社会服务收入冲抵生均拨款。

民办职业学校举办者应当参照同层次职业学校生均经费标准，通过多种渠道筹措经费。

财政专项安排、社会捐赠指定用于职业教育的经费，任何组织和个人不得挪用、克扣。

第五十六条　【地方教育附加与失业保险基金】地方各级人民政府安排地方教育附加等方面的经费，应当将其中可用于职业教育的资金统筹使用；发挥失业保险基金作用，支持职工提升职业技能。

第五十七条　【农村职业教育】各级人民政府加大面向农村的职业教育投入，可以将农村科学技术开发、技术推广的经费适当用于农村职业培训。

第五十八条　【职工教育经费】企业应当根据国务院规定的标准，按照职工工资总额一定比例提取和使用职工教育经费。职工教育经费可以用于举办职业教育机构、对本单位的职工和准备招用人员进行职业教育等合理用途，其中用于企业一线职工职业教育的经费应当达到国家规定的比例。用人单位安排职工到职业学校或者职业培训机构接受职业教育的，应当在其接受职业教育期间依法支付工资，保障相关待遇。

企业设立具备生产与教学功能的产教融合实习实训基地所发生的费用，可以参照职业学校享受相应的用地、公用事业费等优惠。

第五十九条　【国家鼓励金融机构支持发展职业教育】国家鼓励金融机构通过提供金融服务支持发展职业教育。

第六十条　【对职业教育提供资助和捐赠】国家鼓励企业、事业单位、社会组织及公民个人对职业教育捐资助学，鼓励境外的组织和个人对职业教育提供资助和捐赠。提供的资助和捐赠，必须用于职业教育。

第六十一条　【资源开发与共建共享】国家鼓励和支持开展职业教育的科学技术研究、教材和教学资源开发，推进职业教育资源跨区域、跨行业、跨部门共建共享。

国家逐步建立反映职业教育特点和功能的信息统计和管理体系。

县级以上人民政府及其有关部门应当建立健全职业教育服务和保障体系，组织、引导工会等群团组织、行业组织、企业、学校等开展职业教育研究、宣传推广、人才供需对接等活动。

第六十二条　【职业教育公益宣传】新闻媒体和职业教育有关方面应当积极开展职业教育公益宣传，弘扬技术技能人才成长成才典型事迹，营造人人努力成才、人人皆可成才、人人尽展其才的良好社会氛围。

第七章　法律责任

第六十三条　【处罚依据】在职业教育活动中违反《中华人民共和国教育法》、《中华人民共和国劳动法》等有关法律规定的，依照有关法律的规定给予处罚。

第六十四条　【企业未实施职业教育、提取和使用职工教育经费的法律责任】企业未依照本法规定对本单位的职工和准备招用的人员实施职业教育、提取和使用职工教育经费的，由有关部门责令改正；拒不改正的，由县级以上人民政府收取其应当承担的职工教育经费，用于职业教育。

第六十五条　【职业学校、职业培训机构违反本法规定的责任】职业学校、职业培训机构在职业教育活动中违反本法规定的，由教育行政部门或者其他有关部门责令改正；教育教学质量低下或者管理混乱，造成严重后果的，责令暂停招生、限期整顿；逾期不整顿或者经整顿仍达不到要求的，吊销办学许可证或者责令停止办学。

第六十六条　【违规实习实训的法律责任】接纳职业学校和职业培训机构学生实习的单位违反本法规定，侵害学生休息休假、获得劳动安全卫生保护、参加相关保险、接受职业技能指导等权利的，依法承担相应的法律责任。

职业学校、职业培训机构违反本法规定，通过人力资源服务机构、劳务派遣单位或者非法从事人力资源服务、劳务派遣业务的单位或个人组织、安排、管理学生实习实训的，由教育行政部门、人力资源社会保障行政部门或者其他有关部门责令改正，没收违法所得，并处违法所得一倍以上五倍以下的罚款；违法所得不足一万元的，按一万元计算。

对前款规定的人力资源服务机构、劳务派遣单位或者非法从事人力资源服务、劳务派遣业务的单位或个人，由人力资源社会保障行政部门或者其他有关部门责令改正，没收违法所得，并处违法所得一倍以上五倍以下的罚款；违法所得不足一万元的，按一万元计算。

第六十七条　【教育行政部门、人力资源社会保障行政部门或者其他有关部门的工作人员的法律责任】教育行政部门、人力资源社会保障行政部门或者其他有关部门的工作人员违反本法规定，滥用职权、玩忽职守、徇私舞弊的，依法给予处分；构成犯罪的，依法追究刑事责任。

第八章　附　　则

第六十八条　【境外的组织和个人举办职业学校、职业培训机构的适用】境外的组织和个人在境内举办职业学校、职业培训机构，适用本法；法律、行政法规另有规定的，从其规定。

第六十九条　【施行日期】本法自 2022 年 5 月 1 日起施行。

国务院关于大力发展职业教育的决定

1. 2005 年 10 月 28 日公布

2. 国发〔2005〕35 号

各省、自治区、直辖市人民政府，国务院各部委、各直属机构：

2002 年全国职业教育工作会议以来，各地区、各部门认真贯彻《国务院关于大力推进职业教育改革与发展的决定》（国发〔2002〕16 号），加强了对职业教育工作的领导和支持，以就业为导向改革与发展职业教育逐步成为社会共识，职业教育规模进一步扩大，服务经济社会的能力明显增强。但从总体上看，职业教育仍然是我国教育事业的薄弱环节，发展不平衡，投入不足，办学条件比较差，办学机制以及人才培养的规模、结构、质量还不能适应经济社会发展的需要。为了进一步贯彻落实《中华人民共和国职业教育法》和《中华人民共和国劳动法》，适应全面建设小康社会对高素质劳动者和技能型人才的迫切要求，促进社会主义和谐社会建设，现就大力发展职业教育作出如下决定：

一、落实科学发展观，把发展职业教育作为经济社会发展的重要基础和教育工作的战略重点

（一）大力发展职业教育，加快人力资源开发，是落实科教兴国战略和人才强国战略，推进我国走新型工业化道路、解决“三农”问题、促进就业再就业的重大举措;是全面提高国民素质,把我国巨大人口压力转化为人力资源优势,提升我国综合国力、构建和谐社会的重要途径;是贯彻党的教育方针,遵循教育规律,实现教育事业全面协调可持续发展的必然要求。在新形势下,各级人民政府要以邓小平理论和“三个代表”重要思想为指导,落实科学发展观,把加快职业教育、特别是加快中等职业教育发展与繁荣经济、促进就业、消除贫困、维护稳定、建设先进文化紧密结合起来,增强紧迫感和使命感,采取强有力措施,大力推动职业教育快速健康发展。

(二)明确职业教育改革发展的目标。进一步建立和完善适应社会主义市场经济体制,满足人民群众终身学习需要,与市场需求和劳动就业紧密结合,校企合作、工学结合,结构合理、形式多样,灵活开放、自主发展,有中国特色的现代职业教育体系。

“十一五”期间,继续完善“政府主导、依靠企业、充分发挥行业作用、社会力量积极参与,公办与民办共同发展”的多元办学格局和“在国务院领导下,分级管理、地方为主、政府统筹、社会参与”的管理体制。

到2010年,中等职业教育招生规模达到800万人,与普通高中招生规模大体相当;高等职业教育招生规模占高等教育招生规模的一半以上。“十一五”期间,为社会输送2500多万名中等职业学校毕业生,1100多万名高等职业院校毕业生。各种形式的职业培训进一步发展,每年培训城乡劳动者上亿人次,使我国劳动者的素质得到明显提高。职业教育办学条件普遍改善,师资队伍建设进一步加强,质量效益明显提高。

二、以服务社会主义现代化建设为宗旨,培养数以亿计的高素质劳动者和数以千万计的高技能专门人才

(三)职业教育要为我国走新型工业化道路,调整经济结构和转变增长方式服务。实施国家技能型人才培养培训工程,加快生产、服务一线急需的技能型人才的培养,特别是现代制造业、现代服务业紧缺的高素质高技能专门人才的培养。各地区、各部门要根据区域经济和行业发展需要,制订地方和行业技能型人才培养规划。

(四)职业教育要为农村劳动力转移服务。实施国家农村劳动力转移培训工程,促进农村劳动力合理有序转移和农民脱贫致富,提高进城农民工的职业技能,帮助他们在城镇稳定就业。

(五)职业教育要为建设社会主义新农村服务。继续强化农村“三教”统筹,促进“农科教”结合。实施农村实用人才培训工程,充分发挥农村各类职业学校、成人文化技术学校以及各种农业技术推广培训机构的作用,大范围培养农村实用型人才和技能型人才,大面积普及农业先进实用技术,大力提高农民思想道德和科学文化素质。

(六)职业教育要为提高劳动者素质特别是职业能力服务。实施以提高职业技能为重点的成人继续教育和再就业培训工程,在企业中建立工学结合的职工教育和培训体系,面向在职职工开展普遍的、持续的文化教育和技术培训,加快培养高级工和技师,建设学习型企业。职业院校和培训机构要为就业再就业服务,面向初高中毕业生、城镇失业人员、农村转移劳动力,开展各种形式的职业技能培训和创业培训,提高他们的就业能力、工作能力、职业转换能力以及创业能力。大力发展社区教育、远程教育,通过自学考试和举办夜校、周末学校等多种形式满足人民群众多样化的学习需求。建立职业教育与其他教育相互沟通和衔接的“立交桥”,使职业教育成为终身教育体系的重要环节,促进学习型社会建立。

三、坚持以就业为导向,深化职业教育教学改革

(七)推进职业教育办学思想的转变。坚持“以服务为宗旨、以就业为导向”的职业教育办学方针,积极推动职业教育从计划培养向市场驱动转变,从政府直接管理向宏观引导转变,从传统的升学导向向就业导向转变。促进职业教育教学与生产实践、技术推广、社会服务紧密结合,积极开展订单培养,加强职业指导和创业教育,建立和完善职业院校毕业生就业和创业服务体系,推动职业院校更好地面向社会、面向市场办学。

(八)进一步深化教育教学改革。根据市场和社会需要,不断更新教学内容,改进教学方法。合理调整专业结构,大力发展面向新兴产业和现代服务业的专业,大力推进精品专业、精品课程和教材建设。加快建立弹性学习制度,逐步推行学分制和选修制。加强职业教育信息化建设,推进现代教育技术在教育教学中的应用。把学生的职业道德、职业能力和就业率作为考核职业院校教育教学工作的重要指标。逐步建立有别于普通教育的,具有职业教育特点的人才培养、选拔与评价的标准和制度。

(九)加强职业院校学生实践能力和职业技能的培养。高度重视实践和实训环节教学,继续实施职业教育实训基地建设计划,在重点专业领域建成2000个专业门类齐全、装备水平较高、优质资源共享的职业教育实训基地。中央财政职业教育专项资金,以奖励等

方式支持市场需求大、机制灵活、效益突出的实训基地建设。进一步推进学生获取职业资格证书工作。取得职业院校学历证书的毕业生,参加与所学专业相关的中级职业技能鉴定时,免除理论考核,操作技能考核合格者可获得相应的职业资格证书。到2010年,省级以上重点中等职业学校和有条件的高等职业院校都要建立职业技能鉴定机构,开展职业技能鉴定工作,其学生考核合格后,可同时获得学历证书和相应的职业资格证书。

(十)大力推行工学结合、校企合作的培养模式。与企业紧密联系,加强学生的生产实习和社会实践,改革以学校和课堂为中心的传统人才培养模式。中等职业学校在校学生最后一年要到企业等用人单位顶岗实习,高等职业院校学生实习实训时间不少于半年。建立企业接收职业院校学生实习的制度。实习期间,企业要与学校共同组织好学生的相关专业理论教学和技能实训工作,做好学生实习中的劳动保护、安全等工作,为顶岗实习的学生支付合理报酬。逐步建立和完善半工半读制度,在部分职业院校中开展学生通过半工半读实现免费接受职业教育的试点,取得经验后逐步推广。

(十一)积极开展城市对农村、东部对西部职业教育对口支援工作。要把发展职业教育作为城市与农村、东部与西部对口支援工作的重要内容。各地区要加强统筹协调,把职业教育对口支援工作与农村劳动力转移、教育扶贫、促进就业紧密结合起来。要充分利用东部地区和城市优质职业教育资源和就业市场,进一步推进东西部之间、城乡之间职业院校的联合招生、合作办学。实行更加灵活的学制,有条件地方的职业学校可以采取分阶段、分地区的办学模式,学生前1至2年在西部地区和农村学习,其余时间在东部地区和城市学习。鼓励东部和城市对西部和农村的学生跨地区学习减免学费,并提供就业帮助。

(十二)把德育工作放在首位,全面推进素质教育。坚持育人为本,突出以诚信、敬业为重点的职业道德教育。确定一批职业教育德育工作基地,选聘一批劳动模范、技术能手作为德育辅导员。加强职业院校党团组织建设,积极发展学生党团员。要发挥学校教育、家庭教育和社会教育的作用,为学生健康成长创造良好社会环境。

四、加强基础能力建设,努力提高职业院校的办学水平和质量

(十三)建立和完善遍布城乡、灵活开放的职业教育和培训网络。在合理规划布局、整合现有资源的基础上,每个市(地)都要重点建设一所高等职业技术学院和若干所中等职业学校。每个县(市、区)都要重点办好一所起骨干示范作用的职教中心(中等职业学校)。乡镇要依托中小学、农民文化技术学校及其他培训机构开展职业教育和培训。社区要大力开展职业教育和培训服务。企业要建立健全现代企业培训制度。

(十四)加强县级职教中心建设。继续实施县级职教中心专项建设计划,国家重点扶持建设1000个县级职教中心,使其成为人力资源开发、农村劳动力转移培训、技术培训与推广、扶贫开发和普及高中阶段教育的重要基地。各地区要安排资金改善县级职教中心办学条件。

(十五)加强示范性职业院校建设。实施职业教育示范性院校建设计划,在整合资源、深化改革、创新机制的基础上,重点建设高水平的培养高素质技能型人才的1000所示范性中等职业学校和100所示范性高等职业院校。大力提升这些学校培养高素质技能型人才的能力,促进他们在深化改革、创新体制和机制中起到示范作用,带动全国职业院校办出特色,提高水平。2010年以前,原则上中等职业学校不升格为高等职业院校或并入高等学校,专科层次的职业院校不升格为本科院校。

(十六)加强师资队伍建设。实施职业院校教师素质提高计划,地方各级财政要继续支持职业教育师资培养培训基地建设和师资培训工作。建立职业教育教师到企业实践制度,专业教师每两年必须有两个月到企业或生产服务一线实践。制定和完善职业教育兼职教师聘用政策,支持职业院校面向社会聘用工程技术人员、高技能人才担任专业课教师或实习指导教师。加强“双师型”教师队伍建设,职业院校中实践性较强的专业教师,可按照相应专业技术职务试行条例的规定,申请评定第二个专业技术资格,也可根据有关规定申请取得相应的职业资格证书。

五、积极推进体制改革与创新,增强职业教育发展活力

(十七)推动公办职业学校办学体制改革与创新。公办职业学校要积极吸纳民间资本和境外资金,探索以公有制为主导、产权明晰、多种所有制并存的办学体制。推动公办职业学校与企业合作办学,形成前校后厂(场)、校企合一的办学实体。推动公办职业学校资源整合和重组,走规模化、集团化、连锁化办学的路子。要发挥公办职业学校在职业教育中的主力军作用。

（十八）深化公办职业学校以人事分配制度改革为重点的内部管理体制改革。进一步落实职业院校的办学自主权。中等职业学校实行校长负责制和聘任制，高等职业院校实行党委领导下的校长负责制和任期制。全面推行教职工全员聘用制和岗位管理制度，建立能够吸引人才、稳定人才、合理流动的制度。深化内部收入分配改革，将教职工收入与学校发展、所聘岗位及个人贡献挂钩，调动教职工积极性。

（十九）大力发展民办职业教育。贯彻落实《中华人民共和国民办教育促进法》及其实施条例，把民办职业教育纳入职业教育发展的总体规划。加大对民办职业教育的支持力度，制定和完善民办学校建设用地、资金筹集的相关政策和措施。在师资队伍建设、招生和学生待遇等方面对民办职业院校与公办学校要一视同仁。依法加强对民办职业院校的管理，规范其办学行为。扩大职业教育对外开放，借鉴国外有益经验，积极引进优质资源，推进职业教育领域中外合作办学，努力开拓职业院校毕业生国（境）外就业市场。

六、依靠行业企业发展职业教育，推动职业院校与企业的密切结合

（二十）企业要强化职工培训，提高职工素质。要继续办好已有职业院校，企业可以联合举办职业院校，也可以与职业院校合作办学。企业有责任接受职业院校学生实习和教师实践。对支付实习学生报酬的企业，给予相应税收优惠。

（二十一）要认真落实“一般企业按照职工工资总额的1.5%足额提取教育培训经费，从业人员技术要求高、培训任务重、经济效益较好的企业，可按2.5%提取”的规定，足额提取教育培训经费，主要用于企业职工特别是一线职工的教育和培训。企业新上项目都要安排员工技术培训经费。

（二十二）行业主管部门和行业协会要在国家教育方针和政策指导下，开展本行业人才需求预测，制订教育培训规划，组织和指导行业职业教育与培训工作；参与制订本行业特有工种职业资格标准、职业技能鉴定和证书颁发工作；参与制订培训机构资质标准和从业人员资格标准；参与国家对职业院校的教育教学评估和相关管理工作。

七、严格实行就业准入制度，完善职业资格证书制度

（二十三）用人单位招录职工必须严格执行“先培训、后就业”、“先培训、后上岗”的规定，从取得职业学校学历证书、职业资格证书和职业培训合格证书的人员中优先录用。要进一步完善涉及人民生命财产安全的相关职业的准入办法。劳动保障、人事和工商等部门要加大对就业准入制度执行情况的监察力度。对违反规定、随意招录未经职业教育或培训人员的用人单位给予处罚，并责令其限期对相关人员进行培训。有关部门要抓紧制定完善就业准入的法规和政策。

（二十四）全面推进和规范职业资格证书制度。加强对职业技能鉴定、专业技术人员职业资格评价、职业资格证书颁发工作的指导与管理。要尽快建立能够反映经济发展和劳动力市场需要的职业资格标准体系。

八、多渠道增加经费投入，建立职业教育学生资助制度

（二十五）各级人民政府要加大对职业教育的支持力度，逐步增加公共财政对职业教育的投入。各级财政安排的职业教育专项经费，重点支持技能型紧缺人才专业建设，职业教育师资培养培训，农业和地矿等艰苦行业、中西部农村地区和少数民族地区的职业教育和成人教育发展。省级政府应当制订本地区职业院校学生人数平均经费标准。

（二十六）要进一步落实城市教育费附加用于职业教育的政策。从2006年起，城市教育费附加安排用于职业教育的比例，一般地区不低于20%，已经普及九年义务教育的地区不低于30%。农村科学技术开发、技术推广的经费可适当用于农村职业培训。职业院校和培训机构开展的下岗失业人员再就业培训可按规定享受再就业培训补贴。国家和地方安排的扶贫和移民安置资金要加大对贫困地区农村劳动力培训的投入力度。国家鼓励企事业单位、社会团体和公民个人捐资助学，对通过政府部门或非赢利组织向职业教育的资助和捐赠，按规定享受税收优惠政策。要合理确定职业院校的学费标准，确保学费收入全额用于学校发展。要加强对职业教育经费的使用管理，提高资金的使用效益。

（二十七）建立职业教育贫困家庭学生助学制度。中央和地方财政要安排经费，资助接受中等职业教育的农村贫困家庭和城镇低收入家庭子女。中等职业学校要从学校收入中安排一定比例用于奖、助学金和学费减免，并把组织学生参加勤工俭学和半工半读作为助学的重要途径。金融机构要为贫困家庭学生接受职业教育提供助学贷款，各地区要把接受职业教育的贫困家庭学生纳入国家助学贷款资助范围。要通过助学金、奖学金、贷学金等多种形式，对贫困家庭学生和选学农业及地矿等艰苦行业职业教育的学生实行学费减、免和生活费补贴。对高等职业院校学生的资助，按国家有关高等学校学生资助政策执行。

九、切实加强领导，动员全社会关心支持职业教育发展

（二十八）各级人民政府要加强对职业教育发展规划、资源配置、条件保障、政策措施的统筹管理，为职业教育提供强有力的公共服务和良好的发展环境。要从严治教，规范管理，引导职业教育健康协调可持续发展。要充分发挥职业教育工作部际联席会议的作用，统筹协调全国职业教育工作，研究解决重大问题。国务院教育行政部门负责职业教育工作的统筹规划、综合协调、宏观管理，劳动保障部门和其他有关部门在各自职责范围内，负责职业教育的有关工作。县级以上地方政府也要建立职业教育工作部门联席会议制度。

（二十九）各级人民政府要切实加强对职业教育工作的领导，把职业教育工作纳入目标管理，作为对主要领导干部进行政绩考核的重要指标，并接受人大、政协的检查和指导。建立职业教育工作定期巡视检查制度，把职业教育督导作为教育督导的重要内容，加强对职业教育的评估检查。加强职业教育科学研究工作，充分发挥社会团体和中介服务机构的作用，为职业教育宏观管理和职业院校改革与发展服务。

（三十）逐步提高生产服务一线技能人才、特别是高技能人才的社会地位和经济收入，实行优秀技能人才特殊奖励政策和激励办法。定期开展全国性的职业技能竞赛活动，对优胜者给予表彰奖励。大力表彰职业教育工作先进单位与先进个人。广泛宣传职业教育的重要地位和作用，宣传优秀技能人才和高素质劳动者在社会主义现代化建设中的重要贡献，提高全社会对职业教育的认识，形成全社会关心、重视和支持职业教育的良好氛围。

国务院关于加快发展现代职业教育的决定

1. 2014年5月2日公布
2. 国发〔2014〕19号

各省、自治区、直辖市人民政府，国务院各部委、各直属机构：

近年来，我国职业教育事业快速发展，体系建设稳步推进，培养培训了大批中高级技能型人才，为提高劳动者素质、推动经济社会发展和促进就业作出了重要贡献。同时也要看到，当前职业教育还不能完全适应经济社会发展的需要，结构不尽合理，质量有待提高，办学条件薄弱，体制机制不畅。加快发展现代职业教育，是党中央、国务院作出的重大战略部署，对于深入实施创新驱动发展战略，创造更大人才红利，加快转方式、调结构、促升级具有十分重要的意义。现就加快发展现代职业教育作出以下决定。

一、总体要求

（一）指导思想。以邓小平理论、“三个代表”重要思想、科学发展观为指导，坚持以立德树人为根本，以服务发展为宗旨，以促进就业为导向，适应技术进步和生产方式变革以及社会公共服务的需要，深化体制机制改革，统筹发挥好政府和市场的作用，加快现代职业教育体系建设，深化产教融合、校企合作，培养数以亿计的高素质劳动者和技术技能人才。

（二）基本原则。

——政府推动、市场引导。发挥好政府保基本、促公平作用，着力营造制度环境、制定发展规划、改善基本办学条件、加强规范管理和监督指导等。充分发挥市场机制作用，引导社会力量参与办学，扩大优质教育资源，激发学校发展活力，促进职业教育与社会需求紧密对接。

——加强统筹、分类指导。牢固确立职业教育在国家人才培养体系中的重要位置，统筹发展各级各类职业教育，坚持学校教育和职业培训并举。强化省级人民政府统筹和部门协调配合，加强行业部门对本部门、本行业职业教育的指导。推动公办与民办职业教育共同发展。

——服务需求、就业导向。服务经济社会发展和人的全面发展，推动专业设置与产业需求对接，课程内容与职业标准对接，教学过程与生产过程对接，毕业证书与职业资格证书对接，职业教育与终身学习对接。重点提高青年就业能力。

——产教融合、特色办学。同步规划职业教育与经济社会发展，协调推进人力资源开发与技术进步，推动教育教学改革与产业转型升级衔接配套。突出职业院校办学特色，强化校企协同育人。

——系统培养、多样成才。推进中等和高等职业教育紧密衔接，发挥中等职业教育在发展现代职业教育中的基础性作用，发挥高等职业教育在优化高等教育结构中的重要作用。加强职业教育与普通教育沟通，为学生多样化选择、多路径成才搭建“立交桥”。

（三）目标任务。到2020年，形成适应发展需求、产教深度融合、中职高职衔接、职业教育与普通教育相互沟通，体现终身教育理念，具有中国特色、世界水平的现代职业教育体系。

——结构规模更加合理。总体保持中等职业学校和普通高中招生规模大体相当，高等职业教育规模占高等教育的一半以上，总体教育结构更加合理。到2020年，中等职业教育在校生达到2350万人，专科层次职业教育在校生达到1480万人，接受本科层次职业教育的学生达到一定规模。从业人员继续教育达到3.5亿人次。

——院校布局和专业设置更加适应经济社会需求。调整完善职业院校区域布局，科学合理设置专业，健全专业随产业发展动态调整的机制，重点提升面向现代农业、先进制造业、现代服务业、战略性新兴产业和社会管理、生态文明建设等领域的人才培养能力。

——职业院校办学水平普遍提高。各类专业的人才培养水平大幅提升，办学条件明显改善，实训设备配置水平与技术进步要求更加适应，现代信息技术广泛应用。专兼结合的“双师型”教师队伍建设进展显著。建成一批世界一流的职业院校和骨干专业，形成具有国际竞争力的人才培养高地。

——发展环境更加优化。现代职业教育制度基本建立，政策法规更加健全，相关标准更加科学规范，监管机制更加完善。引导和鼓励社会力量参与的政策更加健全。全社会人才观念显著改善，支持和参与职业教育的氛围更加浓厚。

二、加快构建现代职业教育体系

（四）巩固提高中等职业教育发展水平。各地要统筹做好中等职业学校和普通高中招生工作，落实好职普招生大体相当的要求，加快普及高中阶段教育。鼓励优质学校通过兼并、托管、合作办学等形式，整合办学资源，优化中等职业教育布局结构。推进县级职教中心等中等职业学校与城市院校、科研机构对口合作，实施学历教育、技术推广、扶贫开发、劳动力转移培训和社会生活教育。在保障学生技术技能培养质量的基础上，加强文化基础教育，实现就业有能力、升学有基础。有条件的普通高中要适当增加职业技术教育内容。

（五）创新发展高等职业教育。专科高等职业院校要密切产学研合作，培养服务区域发展的技术技能人才，重点服务企业特别是中小微企业的技术研发和产品升级，加强社区教育和终身学习服务。探索发展本科层次职业教育。建立以职业需求为导向、以实践能力培养为重点、以产学结合为途径的专业学位研究生培养模式。研究建立符合职业教育特点的学位制度。原则上中等职业学校不升格为或并入高等职业院校，专科高等职业院校不升格为或并入本科高等学校，形成定位清晰、科学合理的职业教育层次结构。

（六）引导普通本科高等学校转型发展。采取试点推动、示范引领等方式，引导一批普通本科高等学校向应用技术类型高等学校转型，重点举办本科职业教育。独立学院转设为独立设置高等学校时，鼓励其定位为应用技术类型高等学校。建立高等学校分类体系，实行分类管理，加快建立分类设置、评价、指导、拨款制度。招生、投入等政策措施向应用技术类型高等学校倾斜。

（七）完善职业教育人才多样化成长渠道。健全“文化素质+职业技能”、单独招生、综合评价招生和技能拔尖人才免试等考试招生办法，为学生接受不同层次高等职业教育提供多种机会。在学前教育、护理、健康服务、社区服务等领域，健全对初中毕业生实行中高职贯通培养的考试招生办法。适度提高专科高等职业院校招收中等职业学校毕业生的比例、本科高等学校招收职业院校毕业生的比例。逐步扩大高等职业院校招收有实践经历人员的比例。建立学分积累与转换制度，推进学习成果互认衔接。

（八）积极发展多种形式的继续教育。建立有利于全体劳动者接受职业教育和培训的灵活学习制度，服务全民学习、终身学习，推进学习型社会建设。面向未升学初高中毕业生、残疾人、失业人员等群体广泛开展职业教育和培训。推进农民继续教育工程，加强涉农专业、课程和教材建设，创新农学结合模式。推动一批县（市、区）在农村职业教育和成人教育改革发展方面发挥示范作用。利用职业院校资源广泛开展职工教育培训。重视培养军地两用人才。退役士兵接受职业教育和培训，按照国家有关规定享受优待。

三、激发职业教育办学活力

（九）引导支持社会力量兴办职业教育。创新民办职业教育办学模式，积极支持各类办学主体通过独资、合资、合作等多种形式举办民办职业教育；探索发展股份制、混合所有制职业院校，允许以资本、知识、技术、管理等要素参与办学并享有相应权利。探索公办和社会力量举办的职业院校相互委托管理和购买服务的机制。引导社会力量参与教学过程，共同开发课程和教材等教育资源。社会力量举办的职业院校与公办职业院校具有同等法律地位，依法享受相关教育、财税、土地、金融等政策。健全政府补贴、购买服务、助学贷款、基金奖励、捐资激励等制度，鼓励社会力量参与职业教育办学、管理和评价。

（十）健全企业参与制度。研究制定促进校企合作办学有关法规和激励政策，深化产教融合，鼓励行业和企业举办或参与举办职业教育，发挥企业重要办学主体作用。规模以上企业要有机构或人员组织实施职工教育培训、对接职业院校，设立学生实习和教师实践岗位。企业因接受实习生所实际发生的与取得收入有关的、合理的支出，按现行税收法律规定在计算应纳税所得额时扣除。多种形式支持企业建设兼具生产与教学功能的公共实训基地。对举办职业院校的企业，其办学符合职业教育发展规划要求的，各地可通过政府购买服务等方式给予支持。对职业院校自办的、以服务学生实习实训为主要目的的企业或经营活动，按照国家有关规定享受税收等优惠。支持企业通过校企合作共同培养培训人才，不断提升企业价值。企业开展职业教育的情况纳入企业社会责任报告。

（十一）加强行业指导、评价和服务。加强行业指导能力建设，分类制定行业指导政策。通过授权委托、购买服务等方式，把适宜行业组织承担的职责交给行业组织，给予政策支持并强化服务监管。行业组织要履行好发布行业人才需求、推进校企合作、参与指导教育教学、开展质量评价等职责，建立行业人力资源需求预测和就业状况定期发布制度。

（十二）完善现代职业学校制度。扩大职业院校在专业设置和调整、人事管理、教师评聘、收入分配等方面的办学自主权。职业院校要依法制定体现职业教育特色的章程和制度，完善治理结构，提升治理能力。建立学校、行业、企业、社区等共同参与的学校理事会或董事会。制定校长任职资格标准，推进校长聘任制改革和公开选拔试点。坚持和完善中等职业学校校长负责制、公办高等职业院校党委领导下的校长负责制。建立企业经营管理和技术人员与学校领导、骨干教师相互兼职制度。完善体现职业院校办学和管理特点的绩效考核内部分配机制。

（十三）鼓励多元主体组建职业教育集团。研究制定院校、行业、企业、科研机构、社会组织等共同组建职业教育集团的支持政策，发挥职业教育集团在促进教育链和产业链有机融合中的重要作用。鼓励中央企业和行业龙头企业牵头组建职业教育集团。探索组建覆盖全产业链的职业教育集团。健全联席会、董事会、理事会等治理结构和决策机制。开展多元投资主体依法共建职业教育集团的改革试点。

（十四）强化职业教育的技术技能积累作用。制定多方参与的支持政策，推动政府、学校、行业、企业联动，促进技术技能的积累与创新。推动职业院校与行业企业共建技术工艺和产品开发中心、实验实训平台、技能大师工作室等，成为国家技术技能积累与创新的重要载体。职业院校教师和学生拥有知识产权的技术开发、产品设计等成果，可依法依规在企业作价入股。

四、提高人才培养质量

（十五）推进人才培养模式创新。坚持校企合作、工学结合，强化教学、学习、实训相融合的教育教学活动。推行项目教学、案例教学、工作过程导向教学等教学模式。加大实习实训在教学中的比重，创新顶岗实习形式，强化以育人为目标的实习实训考核评价。健全学生实习责任保险制度。积极推进学历证书和职业资格证书“双证书”制度。开展校企联合招生、联合培养的现代学徒制试点，完善支持政策，推进校企一体化育人。开展职业技能竞赛。

（十六）建立健全课程衔接体系。适应经济发展、产业升级和技术进步需要，建立专业教学标准和职业标准联动开发机制。推进专业设置、专业课程内容与职业标准相衔接，推进中等和高等职业教育培养目标、专业设置、教学过程等方面的衔接，形成对接紧密、特色鲜明、动态调整的职业教育课程体系。全面实施素质教育，科学合理设置课程，将职业道德、人文素养教育贯穿培养全过程。

（十七）建设“双师型”教师队伍。完善教师资格标准，实施教师专业标准。健全教师专业技术职务（职称）评聘办法，探索在职业学校设置正高级教师职务（职称）。加强校长培训，实行五年一周期的教师全员培训制度。落实教师企业实践制度。政府要支持学校按照有关规定自主聘请兼职教师。完善企业工程技术人员、高技能人才到职业院校担任专兼职教师的相关政策，兼职教师任教情况应作为其业绩考核评价的重要内容。加强职业技术师范院校建设。推进高水平学校和大中型企业共建“双师型”教师培养培训基地。地方政府要比照普通高中和高等学校，根据职业教育特点核定公办职业院校教职工编制。加强职业教育科研教研队伍建设，提高科研能力和教学研究水平。

（十八）提高信息化水平。构建利用信息化手段扩大优质教育资源覆盖面的有效机制，推进职业教育资源跨区域、跨行业共建共享，逐步实现所有专业的优质数字教育资源全覆盖。支持与专业课程配套的虚拟仿真实训系统开发与应用。推广教学过程与生产过程实时互动的远程教学。加快信息化管理平台建设，加强现代信息技术应用能力培训，将现代信息技术应用能力作为教师评聘考核的重要依据。

（十九）加强国际交流与合作。完善中外合作机制，支持职业院校引进国（境）外高水平专家和优质教育资源，鼓励中外职业院校教师互派、学生互换。实施中外职业院校合作办学项目，探索和规范职业院校到国（境）外办学。推动与中国企业和产品"走出去"相配套的职业教育发展模式，注重培养符合中国企业海外生产经营需求的本土化人才。积极参与制定职业教育国际标准，开发与国际先进标准对接的专业标准和课程体系。提升全国职业院校技能大赛国际影响。

五、提升发展保障水平

（二十）完善经费稳定投入机制。各级人民政府要建立与办学规模和培养要求相适应的财政投入制度，地方人民政府要依法制定并落实职业院校生均经费标准或公用经费标准，改善职业院校基本办学条件。地方教育附加费用于职业教育的比例不低于30%。加大地方人民政府经费统筹力度，发挥好企业职工教育培训经费以及就业经费、扶贫和移民安置资金等各类资金在职业培训中的作用，提高资金使用效益。县级以上人民政府要建立职业教育经费绩效评价制度、审计监督公告制度、预决算公开制度。

（二十一）健全社会力量投入的激励政策。鼓励社会力量捐资、出资兴办职业教育，拓宽办学筹资渠道。通过公益性社会团体或者县级以上人民政府及其部门向职业院校进行捐赠的，其捐赠按照现行税收法律规定在税前扣除。完善财政贴息贷款等政策，健全民办职业院校融资机制。企业要依法履行职工教育培训和足额提取教育培训经费的责任，一般企业按照职工工资总额的1.5%足额提取教育培训经费，从业人员技能要求高、实训耗材多、培训任务重、经济效益较好的企业可按2.5%提取，其中用于一线职工教育培训的比例不低于60%。除国务院财政、税务主管部门另有规定外，企业发生的职工教育经费支出，不超过工资薪金总额2.5%的部分，准予扣除；超过部分，准予在以后纳税年度结转扣除。对不按规定提取和使用教育培训经费并拒不改正的企业，由县级以上地方人民政府依法收取企业应当承担的职业教育经费，统筹用于本地区的职业教育。探索利用国（境）外资金发展职业教育的途径和机制。

（二十二）加强基础能力建设。分类制定中等职业学校、高等职业院校办学标准，到2020年实现基本达标。在整合现有项目的基础上实施现代职业教育质量提升计划，推动各地建立完善以促进改革和提高绩效为导向的高等职业院校生均拨款制度，引导高等职业院校深化办学机制和教育教学改革；重点支持中等职业学校改善基本办学条件，开发优质教学资源，提高教师素质；推动建立发达地区和欠发达地区中等职业教育合作办学工作机制。继续实施中等职业教育基础能力建设项目。支持一批本科高等学校转型发展为应用技术类型高等学校。地方人民政府、相关行业部门和大型企业要切实加强所办职业院校基础能力建设，支持一批职业院校争创国际先进水平。

（二十三）完善资助政策体系。进一步健全公平公正、多元投入、规范高效的职业教育国家资助政策。逐步建立职业院校助学金覆盖面和补助标准动态调整机制，加大对农林水地矿油核等专业学生的助学力度。有计划地支持集中连片特殊困难地区内限制开发和禁止开发区初中毕业生到省（区、市）内外经济较发达地区接受职业教育。完善面向农民、农村转移劳动力、在职职工、失业人员、残疾人、退役士兵等接受职业教育和培训的资助补贴政策，积极推行以直补个人为主的支付办法。有关部门和职业院校要切实加强资金管理，严查"双重学籍"、"虚假学籍"等问题，确保资助资金有效使用。

（二十四）加大对农村和贫困地区职业教育支持力度。服务国家粮食安全保障体系建设，积极发展现代农业职业教育，建立公益性农民培养培训制度，大力培养新型职业农民。在人口集中和产业发展需要的贫困地区建好一批中等职业学校。国家制定奖补政策，支持东部地区职业院校扩大面向中西部地区的招生规模，深化专业建设、课程开发、资源共享、学校管理等合作。加强民族地区职业教育，改善民族地区职业院校办学条件，继续办好内地西藏、新疆中职班，建设一批民族文化传承创新示范专业点。

（二十五）健全就业和用人的保障政策。认真执行就业准入制度，对从事涉及公共安全、人身健康、生命财产安全等特殊工种的劳动者，必须从取得相应学历证书或职业培训合格证书并获得相应职业资格证书的人员中录用。支持在符合条件的职业院校设立职业技能鉴定所（站），完善职业院校合格毕业生取得相应职业资格证书的办法。各级人民政府要创造平等就业环境，消除城乡、行业、身份、性别等一切影响平等就业的制度障碍和就业歧视；党政机关和企事业单位招用人员不得歧视职业院校毕业生。结合深化收入分配制度改革，促进企业提高技能人才收入水平。鼓励企业建立高技能人才技能职务津贴和特殊岗位津贴制度。

六、加强组织领导

(二十六)落实政府职责。完善分级管理、地方为主、政府统筹、社会参与的管理体制。国务院相关部门要有效运用总体规划、政策引导等手段以及税收金融、财政转移支付等杠杆,加强对职业教育发展的统筹协调和分类指导;地方政府要切实承担主要责任,结合本地实际推进职业教育改革发展,探索解决职业教育发展的难点问题。要加快政府职能转变,减少部门职责交叉和分散,减少对学校教育教学具体事务的干预。充分发挥职业教育工作部门联席会议制度的作用,形成工作合力。

(二十七)强化督导评估。教育督导部门要完善督导评估办法,加强对政府及有关部门履行发展职业教育职责的督导;要落实督导报告公布制度,将督导报告作为对被督导单位及其主要负责人考核奖惩的重要依据。完善职业教育质量评价制度,定期开展职业院校办学水平和专业教学情况评估,实施职业教育质量年度报告制度。注重发挥行业、用人单位作用,积极支持第三方机构开展评估。

(二十八)营造良好环境。推动加快修订职业教育法。按照国家有关规定,研究完善职业教育先进单位和先进个人表彰奖励制度。落实好职业教育科研和教学成果奖励制度,用优秀成果引领职业教育改革创新。研究设立职业教育活动周。大力宣传高素质劳动者和技术技能人才的先进事迹和重要贡献,引导全社会确立尊重劳动、尊重知识、尊重技术、尊重创新的观念,促进形成"崇尚一技之长、不唯学历凭能力"的社会氛围,提高职业教育社会影响力和吸引力。

国务院关于推行终身职业技能培训制度的意见

1. 2018年5月3日发布
2. 国发〔2018〕11号

各省、自治区、直辖市人民政府,国务院各部委、各直属机构:

职业技能培训是全面提升劳动者就业创业能力、缓解技能人才短缺的结构性矛盾、提高就业质量的根本举措,是适应经济高质量发展、培育经济发展新动能、推进供给侧结构性改革的内在要求,对推动大众创业万众创新、推进制造强国建设、提高全要素生产率、推动经济迈上中高端具有重要意义。为全面提高劳动者素质,促进就业创业和经济社会发展,根据党的十九大精神和"十三五"规划纲要相关要求,现就推行终身职业技能培训制度提出以下意见。

一、总体要求

(一)指导思想。

以习近平新时代中国特色社会主义思想为指导,全面深入贯彻党的十九大和十九届二中、三中全会精神,认真落实党中央、国务院决策部署,统筹推进"五位一体"总体布局和协调推进"四个全面"战略布局,坚持以人民为中心的发展思想,牢固树立新发展理念,深入实施就业优先战略和人才强国战略,适应经济转型升级、制造强国建设和劳动者就业创业需要,深化人力资源供给侧结构性改革,推行终身职业技能培训制度,大规模开展职业技能培训,着力提升培训的针对性和有效性,建设知识型、技能型、创新型劳动者大军,为全面建成社会主义现代化强国、实现中华民族伟大复兴的中国梦提供强大支撑。

(二)基本原则。

促进普惠均等。针对城乡全体劳动者,推进基本职业技能培训服务普惠性、均等化,注重服务终身,保障人人享有基本职业技能培训服务,全面提升培训质量、培训效益和群众满意度。

坚持需求导向。坚持以促进就业创业为目标,瞄准就业创业和经济社会发展需求确定培训内容,加强对就业创业重点群体的培训,提高培训后的就业创业成功率,着力缓解劳动者素质结构与经济社会发展需求不相适应、结构性就业矛盾突出的问题。

创新体制机制。推进职业技能培训市场化、社会化改革,充分发挥企业主体作用,鼓励支持社会力量参与,建立培训资源优化配置、培训载体多元发展、劳动者按需选择、政府加强监管服务的体制机制。

坚持统筹推进。加强职业技能开发和职业素质培养,全面做好技能人才培养、评价、选拔、使用、激励等工作,着力加强高技能人才队伍建设,形成有利于技能人才发展的制度体系和社会环境,促进技能振兴与发展。

(三)目标任务。

建立并推行覆盖城乡全体劳动者、贯穿劳动者学习工作终身、适应就业创业和人才成长需要以及经济社会发展需求的终身职业技能培训制度,实现培训对象普惠化、培训资源市场化、培训载体多元化、培训方式多样化、培训管理规范化,大规模开展高质量的职业技能培训，力争2020年后基本满足劳动者培训需要，努力培养造就规模宏大的高技能人才队伍和数以亿计的高素质劳动者。

二、构建终身职业技能培训体系

（四）完善终身职业技能培训政策和组织实施体系。面向城乡全体劳动者，完善从劳动预备开始，到劳动者实现就业创业并贯穿学习和职业生涯全过程的终身职业技能培训政策。以政府补贴培训、企业自主培训、市场化培训为主要供给，以公共实训机构、职业院校（含技工院校，下同）、职业培训机构和行业企业为主要载体，以就业技能培训、岗位技能提升培训和创业创新培训为主要形式，构建资源充足、布局合理、结构优化、载体多元、方式科学的培训组织实施体系。（人力资源社会保障部、教育部等按职责分工负责。列第一位者为牵头单位，下同）

（五）围绕就业创业重点群体，广泛开展就业技能培训。持续开展高校毕业生技能就业行动，增强高校毕业生适应产业发展、岗位需求和基层就业工作能力。深入实施农民工职业技能提升计划——“春潮行动”，将农村转移就业人员和新生代农民工培养成为高素质技能劳动者。配合化解过剩产能职工安置工作，实施失业人员和转岗职工特别职业培训计划。实施新型职业农民培育工程和农村实用人才培训计划，全面建立职业农民制度。对城乡未继续升学的初、高中毕业生开展劳动预备制培训。对即将退役的军人开展退役前技能储备培训和职业指导，对退役军人开展就业技能培训。面向符合条件的建档立卡贫困家庭、农村“低保”家庭、困难职工家庭和残疾人，开展技能脱贫攻坚行动，实施“雨露计划”、技能脱贫千校行动、残疾人职业技能提升计划。对服刑人员、强制隔离戒毒人员，开展以顺利回归社会为目的的就业技能培训。（人力资源社会保障部、教育部、工业和信息化部、民政部、司法部、住房城乡建设部、农业农村部、退役军人事务部、国务院国资委、国务院扶贫办、全国总工会、共青团中央、全国妇联、中国残联等按职责分工负责）

（六）充分发挥企业主体作用，全面加强企业职工岗位技能提升培训。将企业职工培训作为职业技能培训工作的重点，明确企业培训主体地位，完善激励政策，支持企业大规模开展职业技能培训，鼓励规模以上企业建立职业培训机构开展职工培训，并积极面向中小企业和社会承担培训任务，降低企业兴办职业培训机构成本，提高企业积极性。对接国民经济和社会发展中长期规划，适应高质量发展要求，推动企业健全职工培训制度，制定职工培训规划，采取岗前培训、学徒培训、在岗培训、脱产培训、业务研修、岗位练兵、技术比武、技能竞赛等方式，大幅提升职工技能水平。全面推行企业新型学徒制度，对企业新招用和转岗的技能岗位人员，通过校企合作方式，进行系统职业技能培训。发挥失业保险促进就业作用，支持符合条件的参保职工提升职业技能。健全校企合作制度，探索推进产教融合试点。（人力资源社会保障部、教育部、工业和信息化部、住房城乡建设部、国务院国资委、全国总工会等按职责分工负责）

（七）适应产业转型升级需要，着力加强高技能人才培训。面向经济社会发展急需紧缺职业（工种），大力开展高技能人才培训，增加高技能人才供给。深入实施国家高技能人才振兴计划，紧密结合战略性新兴产业、先进制造业、现代服务业等发展需求，开展技师、高级技师培训。对重点关键岗位的高技能人才，通过开展新知识、新技术、新工艺等方面培训以及技术研修攻关等方式，进一步提高他们的专业知识水平、解决实际问题能力和创新创造能力。支持高技能领军人才更多参与国家科研项目。发挥高技能领军人才在带徒传技、技能推广等方面的重要作用。（人力资源社会保障部、教育部、工业和信息化部、住房城乡建设部、国务院国资委、全国总工会等按职责分工负责）

（八）大力推进创业创新培训。组织有创业意愿和培训需求的人员参加创业创新培训。以高等学校和职业院校毕业生、科技人员、留学回国人员、退役军人、农村转移就业和返乡下乡创业人员、失业人员和转岗职工等群体为重点，依托高等学校、职业院校、职业培训机构、创业培训（实训）中心、创业孵化基地、众创空间、网络平台等，开展创业意识教育、创新素质培养、创业项目指导、开业指导、企业经营管理等培训，提升创业创新能力。健全以政策支持、项目评定、孵化实训、科技金融、创业服务为主要内容的创业创新支持体系，将高等学校、职业院校学生在校期间开展的“试创业”实践活动纳入政策支持范围。发挥技能大师工作室、劳模和职工创新工作室作用，开展集智创新、技术攻关、技能研修、技艺传承等群众性技术创新活动，做好创新成果总结命名推广工作，加大对劳动者创业创新的扶持力度。（人力资源社会保障部、教育部、科技部、工业和信息化部、住房城乡建设部、农业农村部、退役军人事务部、国务院国资委、国务院扶贫办、全国总工会、共青团中央、全国妇联、中国残联等按职责分工负责）

（九）强化工匠精神和职业素质培育。大力弘扬和培育工匠精神，坚持工学结合、知行合一、德技并修，完善激励机制，增强劳动者对职业理念、职业责任和职业使命的认识与理解，提高劳动者践行工匠精神的自觉性和主动性。广泛开展"大国工匠进校园"活动。加强职业素质培育，将职业道德、质量意识、法律意识、安全环保和健康卫生等要求贯穿职业培训全过程。（人力资源社会保障部、教育部、科技部、工业和信息化部、住房城乡建设部、国务院国资委、国家市场监督管理总局、全国总工会、共青团中央等按职责分工负责）

三、深化职业技能培训体制机制改革

（十）建立职业技能培训市场化社会化发展机制。加大政府、企业、社会等各类培训资源优化整合力度，提高培训供给能力。广泛发动社会力量，大力发展民办职业技能培训。鼓励企业建设培训中心、职业院校、企业大学，开展职业训练院试点工作，为社会培育更多高技能人才。鼓励支持社会组织积极参与行业人才需求发布、就业状况分析、培训指导等工作。政府补贴的职业技能培训项目全部向具备资质的职业院校和培训机构开放。（人力资源社会保障部、教育部、工业和信息化部、民政部、国家市场监督管理总局、全国总工会等按职责分工负责）

（十一）建立技能人才多元评价机制。健全以职业能力为导向、以工作业绩为重点、注重工匠精神培育和职业道德养成的技能人才评价体系。建立与国家职业资格制度相衔接、与终身职业技能培训制度相适应的职业技能等级制度。完善职业资格评价、职业技能等级认定、专项职业能力考核等多元化评价方式，促进评价结果有机衔接。健全技能人才评价管理服务体系，加强对评价质量的监管。建立以企业岗位练兵和技术比武为基础、以国家和行业竞赛为主体、国内竞赛与国际竞赛相衔接的职业技能竞赛体系，大力组织开展职业技能竞赛活动，积极参与世界技能大赛，拓展技能人才评价选拔渠道。（人力资源社会保障部、教育部、工业和信息化部、住房城乡建设部、国务院国资委、全国总工会、共青团中央、中国残联等按职责分工负责）

（十二）建立职业技能培训质量评估监管机制。对职业技能培训公共服务项目实施目录清单管理，制定政府补贴培训目录、培训机构目录、鉴定评价机构目录、职业资格目录，及时向社会公开并实行动态调整。建立以培训合格率、就业创业成功率为重点的培训绩效评估体系，对培训机构、培训过程进行全方位监管。结合国家"金保工程"二期，建立基于互联网的职业技能培训公共服务平台，提升技能培训和鉴定评价信息化水平。探索建立劳动者职业技能培训电子档案，实现培训信息与就业、社会保障信息联通共享。（人力资源社会保障部、财政部等按职责分工负责）

（十三）建立技能提升多渠道激励机制。支持劳动者凭技能提升待遇，建立健全技能人才培养、评价、使用、待遇相统一的激励机制。指导企业不唯学历和资历，建立基于岗位价值、能力素质、业绩贡献的工资分配机制，强化技能价值激励导向。制定企业技术工人技能要素和创新成果按贡献参与分配的办法，推动技术工人享受促进科技成果转化的有关政策，鼓励企业对高技能人才实行技术创新成果入股、岗位分红和股权期权等激励方式，鼓励凭技能创造财富、增加收入。落实技能人才积分落户、岗位聘任、职务职级晋升、参与职称评审、学习进修等政策。支持用人单位对聘用的高级工、技师、高级技师，比照相应层级工程技术人员确定其待遇。完善以国家奖励为导向、用人单位奖励为主体、社会奖励为补充的技能人才表彰奖励制度。（人力资源社会保障部、教育部、工业和信息化部、公安部、国务院国资委、国家公务员局等按职责分工负责）

四、提升职业技能培训基础能力

（十四）加强职业技能培训服务能力建设。推进职业技能培训公共服务体系建设，为劳动者提供市场供求信息咨询服务，引导培训机构按市场和产业发展需求设立培训项目，引导劳动者按需自主选择培训项目。推进培训内容和方式创新，鼓励开展新产业、新技术、新业态培训，大力推广"互联网+职业培训"模式，推动云计算、大数据、移动智能终端等信息网络技术在职业技能培训领域的应用，提高培训便利度和可及性。（人力资源社会保障部、国家发展改革委等按职责分工负责）

（十五）加强职业技能培训教学资源建设。紧跟新技术、新职业发展变化，建立职业分类动态调整机制，加快职业标准开发工作。建立国家基本职业培训包制度，促进职业技能培训规范化发展。支持弹性学习，建立学习成果积累和转换制度，促进职业技能培训与学历教育沟通衔接。实行专兼职教师制度，完善教师在职培训和企业实践制度，职业院校和培训机构可根据需要和条件自主招用企业技能人才任教。大力开展校长等管理人员培训和师资培训。发挥院校、行业

企业作用,加强职业技能培训教材开发,提高教材质量,规范教材使用。(人力资源社会保障部、教育部等按职责分工负责)

(十六)加强职业技能培训基础平台建设。推进高技能人才培训基地、技能大师工作室建设,建成一批高技能人才培养培训、技能交流传承基地。加强公共实训基地、职业农民培育基地和创业孵化基地建设,逐步形成覆盖全国的技能实训和创业实训网络。对接世界技能大赛标准,加强竞赛集训基地建设,提升我国职业技能竞赛整体水平和青年技能人才培养质量。积极参与走出去战略和"一带一路"建设中的技能合作与交流。(人力资源社会保障部、国家发展改革委、教育部、科技部、工业和信息化部、财政部、农业农村部、商务部、国务院国资委、国家国际发展合作署等按职责分工负责)

五、保障措施

(十七)加强组织领导。地方各级人民政府要按照党中央、国务院的总体要求,把推行终身职业技能培训制度作为推进供给侧结构性改革的重要任务,根据经济社会发展、促进就业和人才发展总体规划,制定中长期职业技能培训规划并大力组织实施,推进政策落实。要建立政府统一领导,人力资源社会保障部门统筹协调,相关部门各司其职、密切配合,有关人民团体和社会组织广泛参与的工作机制,不断加大职业技能培训工作力度。(人力资源社会保障部等部门、单位和各省级人民政府按职责分工负责)

(十八)做好公共财政保障。地方各级人民政府要加大投入力度,落实职业技能培训补贴政策,发挥好政府资金的引导和撬动作用。合理调整就业补助资金支出结构,保障培训补贴资金落实到位。加大对用于职业技能培训各项补贴资金的整合力度,提高使用效益。完善经费补贴拨付流程,简化程序,提高效率。要规范财政资金管理,依法加强对培训补贴资金的监督,防止骗取、挪用,保障资金安全和效益。有条件的地区可安排经费,对职业技能培训教材开发、新职业研究、职业技能标准开发、师资培训、职业技能竞赛、评选表彰等基础工作给予支持。(人力资源社会保障部、教育部、财政部、审计署等按职责分工负责)

(十九)多渠道筹集经费。加大职业技能培训经费保障,建立政府、企业、社会多元投入机制,通过就业补助资金、企业职工教育培训经费、社会捐助赞助、劳动者个人缴费等多种渠道筹集培训资金。通过公益性社会团体或者县级以上人民政府及其部门用于职业教育的捐赠,依照税法相关规定在税前扣除。鼓励社会捐助、赞助职业技能竞赛活动。(人力资源社会保障部、教育部、工业和信息化部、民政部、财政部、国务院国资委、税务总局、全国总工会等按职责分工负责)

(二十)进一步优化社会环境。加强职业技能培训政策宣传,创新宣传方式,提升社会影响力和公众知晓度。积极开展技能展示交流,组织开展好职业教育活动周、世界青年技能日、技能中国行等活动,宣传校企合作、技能竞赛、技艺传承等成果,提高职业技能培训吸引力。大力宣传优秀技能人才先进事迹,大力营造劳动光荣的社会风尚和精益求精的敬业风气。(人力资源社会保障部、教育部、全国总工会、共青团中央等按职责分工负责)

中共中央办公厅、国务院办公厅关于深化现代职业教育体系建设改革的意见

2022 年 12 月 21 日发布

为深入贯彻落实党中央关于职业教育工作的决策部署和习近平总书记有关重要指示批示精神,持续推进现代职业教育体系建设改革,优化职业教育类型定位,现提出如下意见。

一、总体要求

1. 指导思想。以习近平新时代中国特色社会主义思想为指导,深入贯彻党的二十大精神,坚持和加强党对职业教育工作的全面领导,把推动现代职业教育高质量发展摆在更加突出的位置,坚持服务学生全面发展和经济社会发展,以提升职业学校关键能力为基础,以深化产教融合为重点,以推动职普融通为关键,以科教融汇为新方向,充分调动各方面积极性,统筹职业教育、高等教育、继续教育协同创新,有序有效推进现代职业教育体系建设改革,切实提高职业教育的质量、适应性和吸引力,培养更多高素质技术技能人才、能工巧匠、大国工匠,为加快建设教育强国、科技强国、人才强国奠定坚实基础。

2. 改革方向。深化职业教育供给侧结构性改革,坚持以人为本、能力为重、质量为要、守正创新,建立健全多形式衔接、多通道成长、可持续发展的梯度职业教育和培训体系,推动职普协调发展、相互融通,让不同禀赋和需要的学生能够多次选择、多样化成才;坚持以教促产、以产助教、产教融合、产学合作,延伸教育链、服务产业链、支撑供应链、打造人才链、提升价值链,推

动形成同市场需求相适应、同产业结构相匹配的现代职业教育结构和区域布局。构建央地互动、区域联动，政府、行业、企业、学校协同的发展机制，鼓励支持省（自治区、直辖市）和重点行业结合自身特点和优势，在现代职业教育体系建设改革上先行先试、率先突破、示范引领，形成制度供给充分、条件保障有力、产教深度融合的良好生态。

二、战略任务

3. 探索省域现代职业教育体系建设新模式。围绕深入实施区域协调发展战略、区域重大战略等和全面推进乡村振兴，国家主导推动、地方创新实施，选择有迫切需要、条件基础和改革探索意愿的省（自治区、直辖市），建立现代职业教育体系建设部省协同推进机制，在职业学校关键能力建设、产教融合、职普融通、投入机制、制度创新、国际交流合作等方面改革突破，制定支持职业教育的金融、财政、土地、信用、就业和收入分配等激励政策的具体举措，形成有利于职业教育发展的制度环境和生态，形成一批可复制、可推广的新经验新范式。

4. 打造市域产教联合体。省级政府以产业园区为基础，打造兼具人才培养、创新创业、促进产业经济高质量发展功能的市域产教联合体。成立政府、企业、学校、科研机构等多方参与的理事会，实行实体化运作，集聚资金、技术、人才、政策等要素，有效推动各类主体深度参与职业学校专业规划、人才培养规格确定、课程开发、师资队伍建设，共商培养方案、共组教学团队、共建教学资源，共同实施学业考核评价，推进教学改革，提升技术技能人才培养质量；搭建人才供需信息平台，推行产业规划和人才需求发布制度，引导职业学校紧贴市场和就业形势，完善职业教育专业动态调整机制，促进专业布局与当地产业结构紧密对接；建设共性技术服务平台，打通科研开发、技术创新、成果转移链条，为园区企业提供技术咨询与服务，促进中小企业技术创新、产品升级。

5. 打造行业产教融合共同体。优先选择新一代信息技术产业、高档数控机床和机器人、高端仪器、航空航天装备、船舶与海洋工程装备、先进轨道交通装备、能源电子、节能与新能源汽车、电力装备、农机装备、新材料、生物医药及高性能医疗器械等重点行业和重点领域，支持龙头企业和高水平高等学校、职业学校牵头，组建学校、科研机构、上下游企业等共同参与的跨区域产教融合共同体，汇聚产教资源，制定教学评价标准，开发专业核心课程与实践能力项目，研制推广教学装备；依据产业链分工对人才类型、层次、结构的要求，实行校企联合招生，开展委托培养、订单培养和学徒制培养，面向行业企业员工开展岗前培训、岗位培训和继续教育，为行业提供稳定的人力资源；建设技术创新中心，支撑高素质技术技能人才培养，服务行业企业技术改造、工艺改进、产品升级。

三、重点工作

6. 提升职业学校关键办学能力。优先在现代制造业、现代服务业、现代农业等专业领域，组织知名专家、业界精英和优秀教师，打造一批核心课程、优质教材、教师团队、实践项目，及时把新方法、新技术、新工艺、新标准引入教育教学实践。做大做强国家职业教育智慧教育平台，建设职业教育专业教学资源库、精品在线开放课程、虚拟仿真实训基地等重点项目，扩大优质资源共享，推动教育教学与评价方式变革。面向新业态、新职业、新岗位，广泛开展技术技能培训，服务全民终身学习和技能型社会建设。

7. 加强“双师型”教师队伍建设。加强师德师风建设，切实提升教师思想政治素质和职业道德水平。依托龙头企业和高水平高等学校建设一批国家级职业教育“双师型”教师培养培训基地，开发职业教育师资培养课程体系，开展定制化、个性化培养培训。实施职业学校教师学历提升行动，开展职业学校教师专业学位研究生定向培养。实施职业学校名师（名匠）名校长培养计划。设置灵活的用人机制，采取固定岗与流动岗相结合的方式，支持职业学校公开招聘行业企业业务骨干、优秀技术和管理人才任教；设立一批产业导师特聘岗，按规定聘请企业工程技术人员、高技能人才、管理人员、能工巧匠等，采取兼职任教、合作研究、参与项目等方式到校工作。

8. 建设开放型区域产教融合实践中心。对标产业发展前沿，建设集实践教学、社会培训、真实生产和技术服务功能为一体的开放型区域产教融合实践中心。以政府主导、多渠道筹措资金的方式，新建一批公共实践中心；通过政府购买服务、金融支持等方式，推动企业特别是中小企业、园区提高生产实践资源整合能力，支持一批企业实践中心；鼓励学校、企业以“校中厂”、“厂中校”的方式共建一批实践中心，服务职业学校学生实习实训、企业员工培训、产品中试、工艺改进、技术研发等。政府投入的保持公益属性，建在企业的按规定享受教育用地、公用事业费等优惠。

9. 拓宽学生成长成才通道。以中等职业学校为基础、高职专科为主体、职业本科为牵引，建设一批符合经济社会发展和技术技能人才培养需要的高水平职业学校和专业;探索发展综合高中,支持技工学校教育改革发展。支持优质中等职业学校与高等职业学校联合开展五年一贯制办学,开展中等职业教育与职业本科教育衔接培养。完善职教高考制度,健全“文化素质+职业技能”考试招生办法,扩大应用型本科学校在职教高考中的招生规模,招生计划由各地在国家核定的年度招生规模中统筹安排。完善本科学校招收具有工作经历的职业学校毕业生的办法。根据职业学校学生特点,完善专升本考试办法和培养方式,支持高水平本科学校参与职业教育改革,推进职普融通、协调发展。

10. 创新国际交流与合作机制。持续办好世界职业技术教育发展大会和世界职业院校技能大赛,推动成立世界职业技术教育发展联盟。立足区域优势、发展战略、支柱产业和人才需求,打造职业教育国际合作平台。教随产出、产教同行,建设一批高水平国际化的职业学校,推出一批具有国际影响力的专业标准、课程标准,开发一批教学资源、教学设备。打造职业教育国际品牌,推进专业化、模块化发展,健全标准规范、创新运维机制;推广“中文+职业技能”项目,服务国际产能合作和中国企业走出去,培养国际化人才和中资企业急需的本土技术技能人才,提升中国职业教育的国际影响力。

四、组织实施

11. 加强党的全面领导。坚持把党的领导贯彻到现代职业教育体系建设改革全过程各方面,全面贯彻党的教育方针,坚持社会主义办学方向,落实立德树人根本任务。各级党委和政府要将发展职业教育纳入本地区国民经济和社会发展规划,与促进就业创业和推动发展方式转变、产业结构调整、技术优化升级等整体部署、统筹实施,并作为考核下一级政府履行教育职责的重要内容。职业学校党组织要把抓好党建工作作为办学治校的基本功,落实公办职业学校党组织领导的校长负责制,增强民办职业学校党组织的政治功能和组织功能。深入推进习近平新时代中国特色社会主义思想进教材、进课堂、进学生头脑,牢牢把握学校意识形态工作领导权,把思想政治工作贯穿学校教育管理全过程,大力培育和践行社会主义核心价值观,健全德技并修、工学结合的育人机制,努力培养德智体美劳全面发展的社会主义建设者和接班人。

12. 建立组织协调机制。完善国务院职业教育工作部际联席会议制度,建设集聚教育、科技、产业、经济和社会领域知名专家学者和经营管理者的咨询组织,承担职业教育政策咨询、标准研制、项目论证等工作。教育部牵头建立统筹协调推进机制,会同相关部门推动行业企业积极参与。省级党委和政府制定人才需求、产业发展和政策支持“三张清单”,健全落实机制。支持地方建立职业教育与培训管理机构,整合相关职能,统筹职业教育改革发展。

13. 强化政策扶持。探索地方政府和社会力量支持职业教育发展投入新机制,吸引社会资本、产业资金投入,按照公益性原则,支持职业教育重大建设和改革项目。将符合条件的职业教育项目纳入地方政府专项债券、预算内投资等的支持范围。鼓励金融机构提供金融服务支持发展职业教育。探索建立基于专业大类的职业教育差异化生均拨款制度。地方政府可以参照同级同类公办学校生均经费等相关经费标准和支持政策,对非营利性民办职业学校给予适当补助。完善中等职业学校学生资助办法,建立符合中等职业学校多样化发展要求的成本分担机制。用人单位不得设置妨碍职业学校毕业生平等就业、公平竞争的报考、录用、聘用条件。支持地方深化收入分配制度改革,提高生产服务一线技术技能人才工资收入水平。

14. 营造良好氛围。及时总结各地推进现代职业教育体系建设改革的典型经验,做好有关宣传报道,营造全社会充分了解、积极支持、主动参与职业教育的良好氛围。办好职业教育活动周,利用“五一”国际劳动节、教师节等重要节日加大对职业教育的宣传力度,挖掘和宣传基层一线技术技能人才成长成才的典型事迹。树立结果导向的评价方向,对优秀的职业学校、校长、教师、学生和技术技能人才按照国家有关规定给予表彰奖励,弘扬劳动光荣、技能宝贵、创造伟大的时代风尚。

国家职业教育改革实施方案

1. *2019年1月24日发布*
2. *国发〔2019〕4号*

职业教育与普通教育是两种不同教育类型,具有同等重要地位。改革开放以来,职业教育为我国经济社会发展提供了有力的人才和智力支撑,现代职业教育体系框架全面建成,服务经济社会发展能力和社会吸引力不断增强,具备了基本实现现代化的诸多有利条件和良好工作基础。随着我国进入新的发展阶段,产业升级和经济结构调整不断加快,各行各业对技术技能人才的需求越来越紧迫,职业教育重要地位和作用越来越凸显。但是,与发达国家相比,与建设现代化经济体系、建设教育强国的要求相比,我国职业教育还存在着体系建设不够完善、职业技能实训基地建设有待加强、制度标准不够健全、企业参与办学的动力不足、有利于技术技能人才成长的配套政策尚待完善、办学和人才培养质量水平参差不齐等问题,到了必须下大力气抓好的时候。没有职业教育现代化就没有教育现代化。为贯彻全国教育大会精神,进一步办好新时代职业教育,落实《中华人民共和国职业教育法》,制定本实施方案。

总体要求与目标:坚持以习近平新时代中国特色社会主义思想为指导,把职业教育摆在教育改革创新和经济社会发展中更加突出的位置。牢固树立新发展理念,服务建设现代化经济体系和实现更高质量更充分就业需要,对接科技发展趋势和市场需求,完善职业教育和培训体系,优化学校、专业布局,深化办学体制改革和育人机制改革,以促进就业和适应产业发展需求为导向,鼓励和支持社会各界特别是企业积极支持职业教育,着力培养高素质劳动者和技术技能人才。经过5—10年左右时间,职业教育基本完成由政府举办为主向政府统筹管理、社会多元办学的格局转变,由追求规模扩张向提高质量转变,由参照普通教育办学模式向企业社会参与、专业特色鲜明的类型教育转变,大幅提升新时代职业教育现代化水平,为促进经济社会发展和提高国家竞争力提供优质人才资源支撑。

具体指标:到2022年,职业院校教学条件基本达标,一大批普通本科高等学校向应用型转变,建设50所高水平高等职业学校和150个骨干专业(群)。建成覆盖大部分行业领域、具有国际先进水平的中国职业教育标准体系。企业参与职业教育的积极性有较大提升,培育数以万计的产教融合型企业,打造一批优秀职业教育培训评价组织,推动建设300个具有辐射引领作用的高水平专业化产教融合实训基地。职业院校实践性教学课时原则上占总课时一半以上,顶岗实习时间一般为6个月。"双师型"教师(同时具备理论教学和实践教学能力的教师)占专业课教师总数超过一半,分专业建设一批国家级职业教育教师教学创新团队。从2019年开始,在职业院校、应用型本科高校启动"学历证书+若干职业技能等级证书"制度试点(以下称1+X证书制度试点)工作。

一、完善国家职业教育制度体系

(一)健全国家职业教育制度框架。

把握好正确的改革方向,按照"管好两端、规范中间、书证融通、办学多元"的原则,严把教学标准和毕业学生质量标准两个关口。将标准化建设作为统领职业教育发展的突破口,完善职业教育体系,为服务现代制造业、现代服务业、现代农业发展和职业教育现代化提供制度保障与人才支持。建立健全学校设置、师资队伍、教学教材、信息化建设、安全设施等办学标准,引领职业教育服务发展、促进就业创业。落实好立德树人根本任务,健全德技并修、工学结合的育人机制,完善评价机制,规范人才培养全过程。深化产教融合、校企合作,育训结合,健全多元化办学格局,推动企业深度参与协同育人,扶持鼓励企业和社会力量参与举办各类职业教育。推进资历框架建设,探索实现学历证书和职业技能等级证书互通衔接。

(二)提高中等职业教育发展水平。

优化教育结构,把发展中等职业教育作为普及高中阶段教育和建设中国特色职业教育体系的重要基础,保持高中阶段教育职普比大体相当,使绝大多数城乡新增劳动力接受高中阶段教育。改善中等职业学校基本办学条件。加强省级统筹,建好办好一批县域职教中心,重点支持集中连片特困地区每个地(市、州、盟)原则上至少建设一所符合当地经济社会发展和技术技能人才培养需要的中等职业学校。指导各地优化中等职业学校布局结构,科学配置并做大做强职业教育资源。加大对民族地区、贫困地区和残疾人职业教育的政策、金融支持力度,落实职业教育东西协作行动计划,办好内地少数民族中职班。完善招生机制,建立中等职业学校和普通高中统一招生平台,精准服务区域发展需求。积极招收初高中毕业未升学学生、退役军人、退役运动员、下岗职工、返乡农民工等接受中等职业教育;服务乡村振兴战略,为广大农村培养以新型职业农民为主体的农村实用人才。发挥中等职业学校作用,帮助部分学业困难学生按规定在职业学校完成义务教育,并接受部分职业技能学习。

鼓励中等职业学校联合中小学开展劳动和职业启蒙教育,将动手实践内容纳入中小学相关课程和学生综合素质评价。

(三)推进高等职业教育高质量发展。

把发展高等职业教育作为优化高等教育结构和培养大国工匠、能工巧匠的重要方式,使城乡新增劳动力更多接受高等教育。高等职业学校要培养服务区域发展的高素质技术技能人才，重点服务企业特别是中小微企业的技术研发和产品升级，加强社区教育和终身学习服务。建立"职教高考"制度，完善"文化素质+职业技能"的考试招生办法，提高生源质量，为学生接受高等职业教育提供多种入学方式和学习方式。在学前教育、护理、养老服务、健康服务、现代服务业等领域，扩大对初中毕业生实行中高职贯通培养的招生规模。启动实施中国特色高水平高等职业学校和专业建设计划，建设一批引领改革、支撑发展、中国特色、世界水平的高等职业学校和骨干专业（群）。根据高等学校设置制度规定，将符合条件的技师学院纳入高等学校序列。

（四）完善高层次应用型人才培养体系。

完善学历教育与培训并重的现代职业教育体系，畅通技术技能人才成长渠道。发展以职业需求为导向、以实践能力培养为重点、以产学研用结合为途径的专业学位研究生培养模式，加强专业学位硕士研究生培养。推动具备条件的普通本科高校向应用型转变，鼓励有条件的普通高校开办应用技术类型专业或课程。开展本科层次职业教育试点。制定中国技能大赛、全国职业院校技能大赛、世界技能大赛获奖选手等免试入学政策，探索长学制培养高端技术技能人才。服务军民融合发展，把军队相关的职业教育纳入国家职业教育大体系，共同做好面向现役军人的教育培训，支持其在服役期间取得多类职业技能等级证书，提升技术技能水平。落实好定向培养直招士官政策，推动地方院校与军队院校有效对接，推动优质职业教育资源向军事人才培养开放，建立军地网络教育资源共享机制。制订具体政策办法，支持适合的退役军人进入职业院校和普通本科高校接受教育和培训，鼓励支持设立退役军人教育培训集团（联盟），推动退役、培训、就业有机衔接，为促进退役军人特别是退役士兵就业创业作出贡献。

二、构建职业教育国家标准

（五）完善教育教学相关标准。

发挥标准在职业教育质量提升中的基础性作用。按照专业设置与产业需求对接、课程内容与职业标准对接、教学过程与生产过程对接的要求，完善中等、高等职业学校设置标准，规范职业院校设置；实施教师和校长专业标准，提升职业院校教学管理和教学实践能力。持续更新并推进专业目录、专业教学标准、课程标准、顶岗实习标准、实训条件建设标准（仪器设备配备规范）建设和在职业院校落地实施。巩固和发展国务院教育行政部门联合行业制定国家教学标准、职业院校依据标准自主制订人才培养方案的工作格局。

（六）启动1+X证书制度试点工作。

深化复合型技术技能人才培养培训模式改革，借鉴国际职业教育培训普遍做法，制订工作方案和具体管理办法，启动1+X证书制度试点工作。试点工作要进一步发挥好学历证书作用，夯实学生可持续发展基础，鼓励职业院校学生在获得学历证书的同时，积极取得多类职业技能等级证书，拓展就业创业本领，缓解结构性就业矛盾。国务院人力资源社会保障行政部门、教育行政部门在职责范围内，分别负责管理监督考核院校外、院校内职业技能等级证书的实施（技工院校内由人力资源社会保障行政部门负责），国务院人力资源社会保障行政部门组织制定职业标准，国务院教育行政部门依照职业标准牵头组织开发教学等相关标准。院校内培训可面向社会人群，院校外培训也可面向在校学生。各类职业技能等级证书具有同等效力，持有证书人员享受同等待遇。院校内实施的职业技能等级证书分为初级、中级、高级，是职业技能水平的凭证，反映职业活动和个人职业生涯发展所需要的综合能力。

（七）开展高质量职业培训。

落实职业院校实施学历教育与培训并举的法定职责，按照育训结合、长短结合、内外结合的要求，面向在校学生和全体社会成员开展职业培训。自2019年开始，围绕现代农业、先进制造业、现代服务业、战略性新兴产业，推动职业院校在10个左右技术技能人才紧缺领域大力开展职业培训。引导行业企业深度参与技术技能人才培养培训，促进职业院校加强专业建设、深化课程改革、增强实训内容、提高师资水平，全面提升教育教学质量。各级政府要积极支持职业培训，行政部门要简政放权并履行好监管职责，相关下属机构要优化服务，对于违规收取费用的要严肃处理。畅通技术技能人才职业发展通道，鼓励其持续获得适应经济社会发展需要的职业培训证书，引导和支持企业等用人单位落实相关待遇。对取得职业技能等级证书的离校未就业高校毕业生，按规定落实职业培训补贴政策。

（八）实现学习成果的认定、积累和转换。

加快推进职业教育国家"学分银行"建设，从2019年开始，探索建立职业教育个人学习账号，实现学习成果可追溯、可查询、可转换。有序开展学历证书和职业技能等级证书所体现的学习成果的认定、积累和转换，为技术技能人才持续成长拓宽通道。职业院校对取得若干职业技能等级证书的社会成员，支持其根据证书等级和类别免修部分课程，在完成规定内容学习后依法依规取得学历证书。对接受职业院校学历教育并取得毕业证书的学生，在参加相应的职业技能等级证书考试时，可免试部分内容。从 2019 年起，在有条件的地区和高校探索实施试点工作，制定符合国情的国家资历框架。

三、促进产教融合校企“双元”育人

（九）坚持知行合一、工学结合。

借鉴“双元制”等模式，总结现代学徒制和企业新型学徒制试点经验，校企共同研究制定人才培养方案，及时将新技术、新工艺、新规范纳入教学标准和教学内容，强化学生实习实训。健全专业设置定期评估机制，强化地方引导本区域职业院校优化专业设置的职责，原则上每 5 年修订 1 次职业院校专业目录，学校依据目录灵活自主设置专业，每年调整 1 次专业。健全专业教学资源库，建立共建共享平台的资源认证标准和交易机制，进一步扩大优质资源覆盖面。遴选认定一大批职业教育在线精品课程，建设一大批校企“双元”合作开发的国家规划教材，倡导使用新型活页式、工作手册式教材并配套开发信息化资源。每 3 年修订 1 次教材，其中专业教材随信息技术发展和产业升级情况及时动态更新。适应“互联网+职业教育”发展需求，运用现代信息技术改进教学方式方法，推进虚拟工厂等网络学习空间建设和普遍应用。

（十）推动校企全面加强深度合作。

职业院校应当根据自身特点和人才培养需要，主动与具备条件的企业在人才培养、技术创新、就业创业、社会服务、文化传承等方面开展合作。学校积极为企业提供所需的课程、师资等资源，企业应当依法履行实施职业教育的义务，利用资本、技术、知识、设施、设备和管理等要素参与校企合作，促进人力资源开发。校企合作中，学校可从中获得智力、专利、教育、劳务等报酬，具体分配由学校按规定自行处理。在开展国家产教融合建设试点基础上，建立产教融合型企业认证制度，对进入目录的产教融合型企业给予“金融+财政+土地+信用”的组合式激励，并按规定落实相关税收政策。试点企业兴办职业教育的投资符合条件的，可按投资额一定比例抵免该企业当年应缴教育费附加和地方教育附加。厚植企业承担职业教育责任的社会环境，推动职业院校和行业企业形成命运共同体。

（十一）打造一批高水平实训基地。

加大政策引导力度，充分调动各方面深化职业教育改革创新的积极性，带动各级政府、企业和职业院校建设一批资源共享，集实践教学、社会培训、企业真实生产和社会技术服务于一体的高水平职业教育实训基地。面向先进制造业等技术技能人才紧缺领域，统筹多种资源，建设若干具有辐射引领作用的高水平专业化产教融合实训基地，推动开放共享，辐射区域内学校和企业；鼓励职业院校建设或校企共建一批校内实训基地，提升重点专业建设和校企合作育人水平。积极吸引企业和社会力量参与，指导各地各校借鉴德国、日本、瑞士等国家经验，探索创新实训基地运营模式。提高实训基地规划、管理水平，为社会公众、职业院校在校生取得职业技能等级证书和企业提升人力资源水平提供有力支撑。

（十二）多措并举打造“双师型”教师队伍。

从 2019 年起，职业院校、应用型本科高校相关专业教师原则上从具有 3 年以上企业工作经历并具有高职以上学历的人员中公开招聘，特殊高技能人才（含具有高级工以上职业资格人员）可适当放宽学历要求，2020 年起基本不再从应届毕业生中招聘。加强职业技术师范院校建设，优化结构布局，引导一批高水平工科学校举办职业技术师范教育。实施职业院校教师素质提高计划，建立 100 个“双师型”教师培养培训基地，职业院校、应用型本科高校教师每年至少 1 个月在企业或实训基地实训，落实教师 5 年一周期的全员轮训制度。探索组建高水平、结构化教师教学创新团队，教师分工协作进行模块化教学。定期组织选派职业院校专业骨干教师赴国外研修访学。在职业院校实行高层次、高技能人才以直接考察的方式公开招聘。建立健全职业院校自主聘任兼职教师的办法，推动企业工程技术人员、高技能人才和职业院校教师双向流动。职业院校通过校企合作、技术服务、社会培训、自办企业等所得收入，可按一定比例作为绩效工资来源。

四、建设多元办学格局

（十三）推动企业和社会力量举办高质量职业教育。

各级政府部门要深化“放管服”改革，加快推进职能转变，由注重“办”职业教育向“管理与服务”过渡。政府主要负责规划战略、制定政策、依法依规监管。发挥企业重要办学主体作用，鼓励有条件的企业特别是大企业举办高质量职业教育，各级人民政府可按规定给予适当支持。完善企业经营管理和技术人员与学校领导、骨干教师相互兼职兼薪制度。2020 年初步建成 300 个示范性职业教育集团（联盟），带动中小企业参与。支持和规范社会力量兴办职业教育培训，鼓励发展股份制、混合所有制等职业院校和各类职业培训机构。建立公开透明规范的民办职业教育准入、审批制度，探索民办职业教育负面清单制度，建立健全退出机制。

（十四）做优职业教育培训评价组织。

职业教育包括职业学校教育和职业培训，职业院校和应用型本科高校按照国家教学标准和规定职责完成教学任务和职业技能人才培养。同时，也必须调动社会力量，补充校园不足，助力校园办学。能够依据国家有关法规和职业标准、教学标准完成的职业技能培训，要更多通过职业教育培训评价组织（以下简称培训评价组织）等参与实施。政府通过放宽准入，严格末端监督执法，严格控制数量，扶优、扶大、扶强，保证培训质量和学生能力水平。要按照在已成熟的品牌中遴选一批、在成长中的品牌中培育一批、在有需要但还没有建立项目的领域中规划一批的原则，以社会化机制公开招募并择优遴选培训评价组织，优先从制订过国家职业标准并完成标准教材编写，具有专家、师资团队、资金实力和5年以上优秀培训业绩的机构中选择。培训评价组织应对接职业标准，与国际先进标准接轨，按有关规定开发职业技能等级标准，负责实施职业技能考核、评价和证书发放。政府部门要加强监管，防止出现乱培训、滥发证现象。行业协会要积极配合政府，为培训评价组织提供好服务环境支持，不得以任何方式收取费用或干预企业办学行为。

五、完善技术技能人才保障政策

（十五）提高技术技能人才待遇水平。

支持技术技能人才凭技能提升待遇，鼓励企业职务职级晋升和工资分配向关键岗位、生产一线岗位和紧缺急需的高层次、高技能人才倾斜。建立国家技术技能大师库，鼓励技术技能大师建立大师工作室，并按规定给予政策和资金支持，支持技术技能大师到职业院校担任兼职教师，参与国家重大工程项目联合攻关。积极推动职业院校毕业生在落户、就业、参加机关事业单位招聘、职称评审、职级晋升等方面与普通高校毕业生享受同等待遇。逐步提高技术技能人才特别是技术工人收入水平和地位。机关和企事业单位招用人员不得歧视职业院校毕业生。国务院人力资源社会保障行政部门会同有关部门，适时组织清理调整对技术技能人才的歧视政策，推动形成人人皆可成才、人人尽展其才的良好环境。按照国家有关规定加大对职业院校参加有关技能大赛成绩突出毕业生的表彰奖励力度。办好职业教育活动周和世界青年技能日宣传活动，深入开展“大国工匠进校园”、“劳模进校园”、“优秀职校生校园分享”等活动，宣传展示大国工匠、能工巧匠和高素质劳动者的事迹和形象，培育和传承好工匠精神。

（十六）健全经费投入机制。

各级政府要建立与办学规模、培养成本、办学质量等相适应的财政投入制度，地方政府要按规定制定并落实职业院校生均经费标准或公用经费标准。在保障教育合理投入的同时，优化教育支出结构，新增教育经费要向职业教育倾斜。鼓励社会力量捐资、出资兴办职业教育，拓宽办学筹资渠道。进一步完善中等职业学校生均拨款制度，各地中等职业学校生均财政拨款水平可适当高于当地普通高中。各地在继续巩固落实好高等职业教育生均财政拨款水平达到12000元的基础上，根据发展需要和财力可能逐步提高拨款水平。组织实施好现代职业教育质量提升计划、产教融合工程等。经费投入要进一步突出改革导向，支持校企合作，注重向中西部、贫困地区和民族地区倾斜。进一步扩大职业院校助学金覆盖面，完善补助标准动态调整机制，落实对建档立卡等家庭经济困难学生的倾斜政策，健全职业教育奖学金制度。

六、加强职业教育办学质量督导评价

（十七）建立健全职业教育质量评价和督导评估制度。

以学习者的职业道德、技术技能水平和就业质量，以及产教融合、校企合作水平为核心，建立职业教育质量评价体系。定期对职业技能等级证书有关工作进行“双随机、一公开”的抽查和监督，从2019年起，对培训评价组织行为和职业院校培训质量进行监测和评估。实施职业教育质量年度报告制度，报告向社会公开。完善政府、行业、企业、职业院校等共同参与的质量评价机制，积极支持第三方机构开展评估，将考核结果作为政策支持、绩效考核、表彰奖励的重要依据。完善职业教育督导评估办法，建立职业教育定期督导评估和专项督导评估制度，落实督导报告、公报、约谈、限期整改、奖惩等制度。国务院教育督导委员会定期听取职业教育督导评估情况汇报。

（十八）支持组建国家职业教育指导咨询委员会。

为把握正确的国家职业教育改革发展方向，创新我国职业教育改革发展模式，提出重大政策研究建议，参与起草、制订国家职业教育法律法规，开展重大改革调研，提供各种咨询意见，进一步提高政府决策科学化水平，规划并审议职业教育标准等，在政府指导下组建国家职业教育指导咨询委员会。成员包括政府人员、职业教育专家、行业企业专家、管理专家、职业教育研究人员、中华职业教育社等团体和社会各方面热心职业教育的人士。通过政府购买服务等方式,听取咨询机构提出的意见建议并鼓励社会和民间智库参与。政府可以委托国家职业教育指导咨询委员会作为第三方,对全国职业院校、普通高校、校企合作企业、培训评价组织的教育管理、教学质量、办学方式模式、师资培养、学生职业技能提升等情况,进行指导、考核、评估等。

七、做好改革组织实施工作

(十九)加强党对职业教育工作的全面领导。

以习近平新时代中国特色社会主义思想特别是习近平总书记关于职业教育的重要论述武装头脑、指导实践、推动工作。加强党对教育事业的全面领导,全面贯彻党的教育方针,落实中央教育工作领导小组各项要求,保证职业教育改革发展正确方向。要充分发挥党组织在职业院校的领导核心和政治核心作用,牢牢把握学校意识形态工作领导权,将党建工作与学校事业发展同部署、同落实、同考评。指导职业院校上好思想政治理论课,实施好中等职业学校“文明风采”活动,推进职业教育领域“三全育人”综合改革试点工作,使各类课程与思想政治理论课同向同行,努力实现职业技能和职业精神培养高度融合。加强基层党组织建设,有效发挥基层党组织的战斗堡垒作用和共产党员的先锋模范作用,带动学校工会、共青团等群团组织和学生会组织建设,汇聚每一位师生员工的积极性和主动性。

(二十)完善国务院职业教育工作部际联席会议制度。

国务院职业教育工作部际联席会议由教育、人力资源社会保障、发展改革、工业和信息化、财政、农业农村、国资、税务、扶贫等单位组成,国务院分管教育工作的副总理担任召集人。联席会议统筹协调全国职业教育工作,研究协调解决工作中重大问题,听取国家职业教育指导咨询委员会等方面的意见建议,部署实施职业教育改革创新重大事项,每年召开两次会议,各成员单位就有关工作情况向联席会议报告。国务院教育行政部门负责职业教育工作的统筹规划、综合协调、宏观管理,国务院教育行政部门、人力资源社会保障行政部门和其他有关部门在职责范围内,分别负责有关的职业教育工作。各成员单位要加强沟通协调,做好相关政策配套衔接,在国家和区域战略规划、重大项目安排、经费投入、企业办学、人力资源开发等方面形成政策合力。推动落实《中华人民共和国职业教育法》,为职业教育改革创新提供重要的制度保障。

中等职业学校收费管理暂行办法

1996年12月16日国家教育委员会、国家计划委员会、财政部发布

第一条　为了加强中等职业学校收费管理工作,理顺管理体制,规范中等职业学校收费行为,保障学校和受教育者的合法权益,根据《中华人民共和国教育法》第二十九条的规定和国家有关行政事业性收费管理的规定,制定本暂行办法。

第二条　本暂行办法适用于中华人民共和国境内的所有职业高中学校、普通中等专业学校(含中等师范学校)、技工学校、普通中学附设的各种职业高中班。

第三条　中等职业教育属于非义务教育阶段,学校依据国家有关规定,向学生收取学费。

第四条　学费标准根据年生均教育培养成本的一定比例确定。不同地区、不同专业的学校应有所区别。

教育培养成本包括以下项目:公务费、业务费、设置购置费、修缮费、教职工人员经费等正常办学费用支出。不包括灾害损失、事故、校办产业支出等非正常办学费用支出。

第五条　学费占年生均教育培养成本的比例和标准的审批权限在省级人民政府。由省级教育部门提出意见,物价部门会同财政部门根据当地经济发展水平、办学条件和居民经济承受能力进行审核,三部门共同报省级人民政府批准后,由教育部门执行。

第六条　学费标准的调整,由省级教育、物价、财政部门按照第五条规定的程序,根据本行政区域内的物价上涨水平和居民收入平均增长水平提出方案,报省级人民政府批准后执行。

第七条　对少数特殊专业,对家庭经济困难的学生,应酌情减免学费,具体减免办法,由各省、自治区、直辖市人民政府制定。

第八条　学费收费按学期进行,不得跨学期预收。

第九条　学费由学校财务部门统一收取,到指定的物价部门申领收费许可证,并使用省级财政部门统一印制的行政事业性收费专用票据。

第十条　学费是学校经费的必要来源之一,纳入单位财务统一核算,统筹用于办学支出。任何部门、单位和个人不得截留、挤占和挪用。学费的收支情况应按级次向教育主管部门和财政、物价部门报告,并接受社会和群众监督。

第十一条　学校为学生提供的住宿收费,应严格加以控制,住宿费收费标准必须严格按照实际成本确定,不得以营利为目的。具体收费标准,由学校主管部门提出意见,报当地物价部门会同财政部门审批。

第十二条　中等职业学校除收取学费和住宿费以外,未经财政部、国家计委、国家教委联合批准或省级人民政府批准,不得再向学生收取任何费用。

第十三条　各省、自治区、直辖市人民政府必须高度重视并加强对学校收费工作的统一领导和集中管理,根据国家有关规定研究制定必要的收费管理办法,规范审批程序,制定学生年生均教育培养成本等确定学费标准的依据文件,定期向社会公布,接受群众监督。

第十四条　教育收费管理由各级教育、物价、财政部门共同负责。各级教育、物价、财政部门要加强对学校收的管理和监督,督促学校严格执行国家有关教育收费管理的政策和规定,建立健全收费管理的规章和制度,对巧立名目擅自增设收费项目、扩大收费范围和提高收费标准的,对挤占挪用学费收入的,要按国家有关规定予以严肃查处;对乱收费屡禁不止、屡查屡犯,情节严重的,要按国家有关规定对学校负责人给予行政处分。

第十五条　各省、自治区、直辖市教育、物价、财政部门,应根据本办法,制定具体实施办法,并报国家教委、国家计委、财政部备案。

第十六条　本办法由国家教委、国家计委、财政部负责解释。

第十七条　本办法自颁布之日起执行。

中等职业学校学生学籍管理办法

1. 2010年5月13日发布
2. 教职成〔2010〕7号

第一章　总　　则

第一条　为加强中等职业学校学生学籍管理,保证学校正常的教育教学秩序,维护学生的合法权益,推进中等职业教育持续健康发展,依据《中华人民共和国教育法》、《中华人民共和国职业教育法》及其他有关法律法规,制定本办法。

第二条　本办法适用于中等职业学历教育学生的学籍管理,"3+2"分段五年制高等职业教育学生前三年学籍管理依照本办法执行。

第三条　中等职业学校应当加强学生学籍管理,建立健全学籍管理部门和相关制度,保障基本工作条件,落实管理责任,切实加强学籍管理。国家、省(区、市)、市(州)、县(市、区)教育行政部门对学校学籍管理工作实行分级管理,省级教育行政部门具有统筹管理的责任。

第二章　入学与注册

第四条　按照省级有关部门职业教育招生规定录取的学生,持录取通知书及本人身份证或户籍簿,按学校有关要求和规定到学校办理报到、注册手续。新生在办理报到、注册手续后取得学籍。

第五条　学校应当从学生入学之日起建立学生学籍档案,学生学籍档案内容包括:

1. 基本信息;
2. 思想品德评价材料;
3. 公共基础课程和专业技能课程成绩;
4. 享受国家助学金和学费减免的信息;
5. 在校期间的奖惩材料;
6. 毕业生信息登记表。

学籍档案由专人管理,学生离校时,由学校归档保存或移交相关部门。

第六条　学校应当将新生基本信息,各年级学生变动名册(包括转入、转出、留级、休学、退学、注销、复学、死亡的学生等情况)及时输入中等职业学校学生信息管理系统,并报教育主管部门。教育主管部门逐级审核后上报至国家教育行政部门。

第七条　新生应当按照学校规定时间到校报到,办理入学注册手续。因特殊情况,不能如期报到,应当持有关证明向学校提出书面申请。如在学校规定期限内不到学校办理相关手续,视为放弃入学资格。

第八条　学生入学后,学校发现其不符合招生条件,应当注销其学籍,并报教育主管部门备案。

第九条　新生实行春、秋两季注册,春季注册截止日期为4月20日(限非应届初中毕业生);秋季注册截止日期为11月20日。

第十条　外籍或无国籍人员进入中等职业学校就读,应当按照国家留学生管理办法办理就读手续。港、澳、台学生按照国家有关政策办理就读手续。

第十一条　东部、中部和西部联合招生合作办学招收的学生,注册及学籍管理由学生当前就读学校按学校所在省(区、市)有关规定执行,不得重复注册学籍。

学校不得以虚假学生信息注册学生学籍,不得为同一学生以不同类型的高中阶段教育学校身份分别注册学籍，不得以不同类型职业学校身份分别向教育部门和人力资源社会保障部门申报学生学籍。

第三章　学习形式与修业年限

第十二条　学校实施全日制学历教育，主要招收初中毕业生或具有同等学力者，基本学制以3年为主；招收普通高中毕业生或同等学力者，基本学制以1年为主。

采用弹性学习形式的学生的修业年限，初中毕业起点或具有同等学力人员，学习时间原则上为3至6年；高中毕业起点或具有同等学力人员，学习时间原则上为1至3年。

第十三条　学校对实行学分制的学生，允许其在基本学制的基础上提前或推迟毕业，提前毕业一般不超过1年，推迟毕业一般不超过3年。

第四章　学籍变动与信息变更

第十四条　学生学籍变动包括转学、转专业、留级、休学、注销、复学及退学。采用弹性学习形式的学生，原则上不予转学、转专业或休学。

第十五条　学生因户籍迁移、家庭搬迁或个人意愿等原因可以申请转学。转学由学生本人和监护人提出申请，经转出学校同意，再向转入学校提出转学申请，转入学校同意后办理转学手续。对跨省转学的学生，由转入、转出学校分别报所在市级和省级教育行政部门备案。

在中等职业学校学习未满一学期的，不予转学；毕业年级学生不予转学；休学期间不予转学。

普通高中学生可以转入中等职业学校，但学习时间不得少于1年半。

第十六条　有下列情况之一，经学校批准，可以转专业：

1. 学生确有某一方面特长或兴趣爱好，转专业后有利于学生就业或长远发展；

2. 学生有某一方面生理缺陷或患有某种疾病，经县级及以上医院证明，不宜在原专业学习，可以转入本校其他专业学习；

3. 学生留级或休学，复学时原专业已停止招生。

已经享受免学费政策的涉农专业学生原则上不得转入其他专业，特殊情况应当经省级教育行政部门批准。

跨专业大类转专业，原则上在一年级第一学期结束前办理；同一专业大类转专业原则上在二年级第一学期结束前办理。毕业年级学生不得转专业。

第十七条　学生休学由学生本人和监护人提出申请，学校审核同意后，报教育行政部门备案。学生因病必须休学，应当持县级及以上医院病情诊断证明书。

学生休学期限、次数由学校规定。因依法服兵役而休学，休学期限与其服役期限相当。学生休学期间，不享受在校学生待遇。

第十八条　学生退学由学生本人和监护人提出申请，经学校批准，可办理退学手续。学生退学后，学校应当及时报教育主管部门备案。

学生具有下列情况之一，学校可以做退学处理：

1. 休学期满无特殊情况两周内未办理复学手续；

2. 连续休学两年，仍不能复学；

3. 一学期旷课累计达90课时以上；

4. 擅自离校连续两周以上。

第十九条　学生非正常死亡，学校应当及时报教育主管部门备案，教育主管部门逐级上报至省级教育行政部门备案。

第二十条　已注册学生（含注册毕业学生）各项信息修改属于信息变更，主要包括学生姓名、性别、出生日期、家庭住址、身份证号码、户口性质等。对信息变更，应当由学生本人或监护人提供合法身份证明等相关资料，学校修改后及时报教育行政部门备案。

第五章　成绩考核

第二十一条　学生应当按照学校规定参加教学活动。采用弹性学习形式的学生公共基础课程教学应当达到国家教育行政部门发布的教学大纲的基本要求，专业技能课程教学应当达到相应专业全日制的教学要求。

第二十二条　学校按照国家或行业有关标准和要求组织考试、考查。采用弹性学习形式的学生的专业能力评价可以视其工作经历、获得职业资格证书情况，折算相应学分或免于相关专业技能课程考试、考查。

第二十三条　学业成绩优秀的学生，由本人申请，经学校审批后，可以参加高一年级的课程考核，合格者可以获得相应的成绩或学分。

第二十四条　学生所学课程考试、考查不合格，学校应当提供补考机会，补考次数和时间由学校确定。学生缓考、留级由学校规定。学校应当及时将留级学生情况报教育主管部门备案。

第二十五条　考试、考查和学生思想品德评价结果，学校应当及时记入学生学籍档案。

第六章　工学交替与顶岗实习

第二十六条　学校应当按照法律法规和国家教育行政部门文件规定组织学生顶岗实习。实施工学交替的学校应当制订具体的实施方案，并报教育主管部门备案。

第二十七条　学生顶岗实习和工学交替阶段结束后，应当由企业和学校共同完成学生实习鉴定。学校应当将学生实习单位、岗位、鉴定结果等情况记入学籍档案。

第二十八条　采用弹性学习形式的学生有与所学专业相关工作经历的，学校可以视情况减少顶岗实习时间或免除顶岗实习。

第七章　奖励与处分

第二十九条　学生在德、智、体、美等方面表现突出，应当予以表彰和奖励。

学生奖励分为国家、省、市、县、校等层次，奖项包括单项奖和综合奖，具体办法由各级教育行政部门和学校分别制定。

对学生的表彰和奖励应当予以公示。

第三十条　学校对于有不良行为的学生，可以视其情节和态度分别给予警告、严重警告、记过、留校察看、开除学籍等处分。

学校做出开除学籍决定，应当报教育主管部门核准。

受警告、严重警告、记过、留校察看处分的学生，经过一段时间的教育，能深刻认识错误、确有改正进步的，应当撤销其处分。

第三十一条　学生受到校级及以上奖励或处分，学校应当及时通知学生或其监护人。学生对学校做出的处分决定有异议的，可以按照有关规定提出申诉。

学校应当依法建立学生申诉的程序与机构，受理并处理学生对处分不服提出的申诉。

学生对学校做出的申诉复查决定不服的，可以在收到复查决定之日起15个工作日内，向教育主管部门提出书面申诉。

教育主管部门应当在收到申诉申请之日起30个工作日内做出处理并答复。

第三十二条　对学生的奖励、记过及以上处分有关资料应当存入学生学籍档案。

对学生的处分撤销后，学校应当将原处分决定和有关资料从学生个人学籍档案中移出。

第八章　毕业与结业

第三十三条　学生达到以下要求，准予毕业：

1. 思想品德评价合格；

2. 修满教学计划规定的全部课程且成绩合格，或修满规定学分；

3. 顶岗实习或工学交替实习鉴定合格。

第三十四条　学生如提前修满教学计划规定的全部课程且达到毕业条件，经本人申请，学校同意，可以在学制规定年限内提前毕业。

第三十五条　毕业证书由国家教育行政部门统一格式并监制，省级教育行政部门统一印制，学校颁发。采用弹性学习形式的学生毕业证书应当注明学习形式和修业时间。

第三十六条　对于在规定的学习年限内，考核成绩（含实习）仍有不及格且未达到留级规定，或思想品德评价不合格者，以及实行学分制的学校未修满规定学分的学生，发给结业证书。

第三十七条　对未完成教学计划规定的课程而中途退学的学生，学校应当发给学生写实性学习证明。

第三十八条　毕业证书遗失可以由省级教育行政部门或其委托的机构出具学历证明书，补办学历证明书所需证明材料由省级教育行政部门规定。学历证明书与毕业证书具有同等效力。

第九章　附　　则

第三十九条　各级教育行政部门和学校应当运用全国中等职业学校学生信息管理系统，及时准确填报、更新学生学籍信息。

第四十条　省级教育行政部门和学校应当根据本办法结合实际需要制定具体实施细则，并报上级教育行政部门备案。

第四十一条　本办法自发布之日起施行，教育部发布的原中等职业学校学生学籍管理相关规定同时废止。

国家示范性高等职业院校建设计划管理暂行办法

1. 2007年7月4日教育部、财政部发布

2. 教高〔2007〕12号

第一章　总　　则

第一条　为规范和加强国家示范性高等职业院校建设计划（以下简称建设计划）项目管理，保证建设计划顺利实施，根据《国务院关于大力发展职业教育的决定》（国发〔2005〕35号）、《教育部、财政部关于实施国家示范性高等职业院校建设计划，加快发展高等职业教育改革与发展的意见》（教高〔2006〕14号）和国家有关规章制度，制定本办法。

第二条　建设计划以提高高等职业院校办学质量为目

标,以推进改革和实现优质资源共享为手段,支持办学定位准确、产学结合紧密、改革成绩突出的 100 所高等职业院校(以下简称项目院校)进一步加强内涵建设,发挥项目院校的示范作用,带动高等职业教育改革与发展,逐步形成结构合理、功能完善、质量优良的高等职业教育体系,更好地为经济建设和社会发展服务。

第三条　按照"地方为主、中央引导、突出重点、协调发展"的原则,建设计划实行中央、地方(包括项目院校举办方,下同)和项目院校分级管理的方式,以院校管理为基础,地方管理为主。

第四条　建设计划专项资金由中央、地方和项目院校共同承担,按照统一规划、专账核算、专款专用、结余留用的原则,实行项目管理。

第二章　管理职责

第五条　教育部、财政部负责规划和设计建设计划,制订实施方案,对项目建设过程中的重大问题进行决策。教育部、财政部共同成立建设计划领导小组,全面领导建设计划日常工作。建设计划领导小组下设办公室,负责建设计划的具体组织管理和日常事务,主要履行以下职责:

(一)负责统筹指导建设计划的相关工作;

(二)起草相关政策、绩效考核办法等;

(三)组织评审项目院校,审核项目院校建设方案和项目建设任务书;

(四)开展业务咨询和专题研究工作;

(五)建立信息采集与绩效监控系统,开展年度绩效考评工作;

(六)协调、指导项目院校的项目建设工作,组织验收建设成果。

第六条　省级教育和财政部门是项目实施的地方行政主管部门,主要履行以下职责:

(一)按照教育部、财政部要求,组织项目院校的申报、预审和推荐工作;

(二)负责指导、检查、监督本地区项目院校的建设进展情况,及时协调、解决建设过程中的问题;

(三)负责统筹落实项目院校的建设资金,对建设资金的使用进行监督,确保专项资金使用效益;

(四)向教育部、财政部报送本地区项目阶段进展报告和项目完成总结性报告。

第七条　项目院校举办方是项目院校的主管单位,主要履行以下职责:

(一)按照教育部、财政部要求,指导所属高职院校进行项目申请,确保落实相关政策和建设资金。

(二)负责指导、检查所属项目院校的建设进展情况,监督项目院校定期进行自查,及时协调、解决建设过程中的问题。

第八条　项目院校法人代表为项目建设主要责任人。项目院校应有专门机构具体负责本校项目建设的规划、实施、管理和检查等工作,主要履行以下职责:

(一)按照教育部、财政部及本办法的要求,编制、报送项目建设方案和项目任务书,并对申报材料的真实性负责。

(二)按照批复的项目建设方案和任务书确定的建设内容,组织实施项目建设,确保项目建设进度、建设投资和预期目标。

(三)统筹安排各渠道建设资金,按照有关财务制度及本办法规定,科学、合理使用建设资金,确保资金使用效益。

(四)每年 2 月底将上年度项目建设进展、年度资金使用等情况形成年度报告,上报省级教育、财政部门。

(五)接受教育、财政、审计、监察等部门对项目实施过程和结果进行监控、检查和审计。

第三章　申报评审与组织实施

第九条　申报评审工作按照教育部、财政部公布的年度建设计划执行,包括预审、论证、推荐、评审、公示和公布结果等六个环节。

(一)预审。省级教育、财政部门按照教育部、财政部年度建设计划项目申报通知,组织独立设置的高等职业院校进行申报,并根据预审标准,在院校举办方承诺支持的基础上,对各申报院校进行资格审查。

(二)论证。省级教育、财政部门组织有关专家,对通过资格审查的申报院校建设方案和项目预算进行论证,形成可行性研究报告。

(三)推荐。省级教育、财政部门对通过预审、论证的院校,填写《国家示范性高等职业院校建设项目推荐书》(以下简称《推荐书》),并按照年度项目推荐名额,确定推荐院校名单,上报教育部和财政部。

(四)评审。教育部、财政部联合组织专家,对推荐上报的职业院校进行评审。

(五)公示。年度评审工作结束后,教育部、财政部将对评审结果在相关媒体予以公示,公示期为 7 天。

(六)公布结果。公示期满后,教育部、财政部联合确定并公布年度立项建设院校名单,下达《国家示范性高等职业院校项目建设任务书》(以下简称《任务书》)。

第十条　财政部、教育部根据已批准项目院校的重点建设任务等因素，下达中央财政专项资金总预算控制数及年度预算控制数。省级教育、财政部门根据中央财政支持的重点专业项目表和预算控制数，组织项目院校及其举办方修订建设方案和项目预算，认真填写《任务书》，并制定相应的保障措施，切实统筹落实《推荐书》对项目院校所承诺的政策及资金支持责任。

第十一条　省级教育、财政部门组织专家对修订后的建设方案、项目预算和任务书进行充分论证，并将通过论证的建设方案和任务书报送教育部和财政部。教育部和财政部对新的建设方案和任务书审核批复后，正式启动项目建设工作。

第十二条　项目院校按照批复的建设方案和《任务书》，组织实施项目建设。建设方案一经审定，必须严格执行，项目建设过程中一般不得调整。如确需调整的，项目院校须报经省级教育、财政部门核准后，由省级教育、财政部门报教育部、财政部核定。

第四章　资金管理

第十三条　建设计划的资金包括中央财政专项资金、地方财政专项资金、项目院校举办方安排的专项资金和院校自筹专项资金（以下简称专项资金）。中央专项资金一次确定、三年到位，逐年考核，适时调整。

第十四条　财政部、教育部下达项目院校中央财政专项资金总预算及年度预算后，地方财政专项资金、项目院校举办方的专项资金应与中央专项资金同步足额拨付到项目院校，院校自筹专项资金也应按计划及时到位。

第十五条　项目院校应统筹安排使用不同渠道下达或筹集的专项资金，科学、合理编制本校建设项目的总预算及年度预算。项目预算是项目院校综合预算的组成部分，应纳入学校总体预算。

第十六条　中央专项资金主要用于支持项目院校改善教学实验实训条件、培养专业带头人和骨干教师、改革课程体系和建设共享型专业教学资源库等。地方专项资金主要用于满足项目院校教学实训基础设施基本建设、师资队伍、课程建设的需要等。

第十七条　专项资金支出主要包括：

（一）实验实训条件建设费：是指项目院校建设过程中购置、调试、改造、维护实验实训设备以及相关实训制度建设、规程设计发生的费用。中央专项资金用于购置中央财政重点支持专业的实验实训设备和相关实训制度建设、规程设计。中央专项资金用于实验实训设备购置部分的经费一般不超过中央专项资金总额的50%。

（二）课程建设费：是指项目院校按照工学结合人才培养模式改革要求，对学校重点建设专业和特色专业进行教学研究，调整课程体系和教学内容，改革教学方法和手段，开发相应教材和教学课件等发生的费用。

（三）师资队伍建设费：是指项目院校用于专业带头人、骨干教师及“双师型”教师的培养、聘用及引进教师、聘请专家所需经费。中央专项资金用于培养专业带头人和骨干教师，以及从行业、企业聘用有丰富一线实践经验的兼职教师。中央专项资金用于师资队伍建设部分的经费一般不超过中央专项资金总额的15%，其中1/3可用于聘用上述类型兼职教师。地方和项目院校必须安排一定经费用于师资队伍建设，其中用于聘用上述类型兼职教师的经费原则上不低于中央专项资金。

（四）共享型专业教学资源库建设费：是指中央专项资金用于支持基础性强、需求量大、覆盖面广、共享程度高的专业教学资源库开发以及项目公共管理平台建设费用。

教育部、财政部负责制订教学资源库建设规划，通过公开招标确定资源库建设单位，指导、监督资源库建设。

（五）其他费用：是指除上述费用支出外，其他与项目院校建设相关的“对口支援”等非基建类费用支出。

（六）基本建设费：是指与建设任务相关的基本建设支出，按照现行有关基本建设投资管理办法进行管理。

（七）项目管理费：是指建设计划领导小组办公室在实施项目建设中所必须开支的经费，主要用于建设计划领导小组办公室统一组织的项目论证、评审、考核、验收所需的会议费、差旅费、办公费、交通费、专家劳务费等。

项目管理费由建设计划领导小组办公室每年根据实际工作需要提出年度预算建议数，经财政部审定后在年度预算中安排。

第十八条　项目院校负责对建设项目的实施、资金投向及年度资金调度安排、固定资产购置等实行全过程管理，严格执行国家有关财经法律法规和本办法的规定，确保专项资金年度使用计划按期完成。专项资金当年结余，可结转下年继续使用，不得挪作他用。

第十九条　专项资金按财政国库管理制度的有关规定办理支付，纳入项目院校财务机构统一管理，并设置单独账簿进行核算，专款专用、专账管理。

第二十条 凡纳入政府采购的支出项目,必须按照《中华人民共和国政府采购法》的有关规定,经过招投标、集中采购等规范程序后方可列支。

第二十一条 项目院校应将项目收支情况按预算科目纳入年度单位决算统一编报。

第二十二条 凡使用财政性资金形成的资产,均为国有资产。项目院校应按照国家有关规定加强管理,合理使用,认真维护。

第二十三条 专项资金不得用于项目院校偿还贷款、支付利息、捐赠赞助、对外投资、抵偿罚款等与示范院校建设项目无关的其他支出。

第五章 监督检查与验收

第二十四条 建立部际联合监督检查、地方监管和项目院校自我监测的三级监控考核体系,对项目院校建设计划的实施实行事前充分论证、事中监控管理指导、事后效益监测评价的全过程监控和考核。

(一)建设计划领导小组办公室依据项目院校的项目建设方案和任务书,采集绩效考核信息,组织专家或委托中介机构对项目院校进行年度检查或考核。检查或考核的结果,作为调整年度项目预算安排的重要依据。

(二)省级教育、财政部门负责指导项目的实施,检查和监督项目院校的建设进展情况,及时解决建设过程中的问题。

(三)项目院校举办方负责领导项目的实施,切实履行各项资金及政策支持承诺,确保项目实施质量与进度。

(四)项目院校对项目建设日常工作进行管理和监督,建立资金管理责任制。

第二十五条 在检查中有下列行为之一的,建设计划领导小组可视其情节轻重给予警告、中止或取消项目等处理。

(一)编报虚假预算,套取国家财政资金;

(二)项目执行不力,未开展实质性的建设工作;

(三)擅自改变项目总体目标和主要建设内容;

(四)项目经费的使用不符合有关财务制度的规定;

(五)无违规行为,但无正当理由未完成项目总体目标延期两年未验收的;

(六)其他违反国家法律法规和本办法规定的行为。

第二十六条 项目完成后,项目院校应会同其举办方共同撰写项目总结报告,由省级教育、财政部门向教育部、财政部申请项目验收。项目总结报告的内容一般包括:项目建设基本情况,建设目标完成情况和成效,重点专业建设与人才培养模式改革成效,高等职业教育改革发展及其对区域经济社会发展的贡献度,示范与辐射成效,以及专项资金预算执行情况和使用效果,资金管理情况与存在问题等。教育部、财政部将对项目院校建设与完成情况进行检查与验收。

第二十七条 对于按项目总体目标和项目内容如期或提前完成、通过验收,成绩突出的项目院校,以及在项目组织和管理工作中表现出色的省级教育和财政部门、院校举办方,教育部、财政部将给予适当表彰。

第六章 附 则

第二十八条 本办法自发布之日起实行,各地应按照本办法的规定制订实施细则。各项目院校应会同其举办方按本办法的规定结合实际情况制订具体管理办法。

第二十九条 本办法由教育部、财政部负责解释和修订。

职业教育专业教学资源库
建设资金管理办法

1. 2016年9月13日教育部办公厅发布

2. 教财厅函〔2016〕28号

第一章 总 则

第一条 为加强职业教育专业教学资源库建设资金(以下简称建设资金)管理,提高资金使用的规范性、安全性和有效性,助推优质教育资源共建共享,不断提升专业建设能力,根据国家法律制度规定,结合资源库项目建设实际,特制定本办法。

第二条 建设资金是指通过教育部职业教育专业能力建设专项(以下简称部本专项资金)和项目筹措资金统筹安排,用于优质教育资源开发应用,建设国家级专业教学资源库的资金。部本专项资金属于项目建设补助性资金,有序支持经遴选确定的国家级资源库建设项目,由教育部拨付给项目第一主持单位统筹使用与管理。项目筹措资金可以由项目主持单位举办方或地方财政投入资金、行业企业支持资金以及相关院校自筹资金组成。

第三条 建设资金的使用与管理坚持"统一规划、分级管理、专款专用、专账核算、注重绩效、问效问责"的原则。

教育部负责项目中长期规划、建设资金管理办法的制定和组织实施；负责项目建设任务、资金预算及绩效目标的核定；负责部本专项资金的申请、分配、拨付与监管。

省级教育行政管理部门负责项目的推荐，负责项目建设任务、资金预算和绩效目标的审核；负责建设资金使用与管理的日常监督与检查。

项目实施单位按任务书约定筹措、使用与管理建设资金。项目第一主持单位对建设资金使用与管理的真实性、规范性、安全性和有效性负责。联合主持单位和参与建设单位接受第一主持单位的指导和监督。项目实施单位应当充分利用信息化手段，建立健全单位内部资源库项目建设、财务部门和项目负责人共享的信息平台，提高管理效率和便利化程度，在资源库项目预算编制和调剂、经费使用、财务决算和验收等方面提供专业化服务。

第二章　部本专项资金的分配与拨付

第四条　教育部及时发布年度《职业教育专业教学资源库建设工作指南》，按既定规程，在公开、公平、公正的原则下进行备选项目遴选，充实项目库。根据项目年度预算控制总额，确定部本专项资金支持的项目数量和支持额度，优先支持先进制造业战略性新兴产业、现代服务业以及支柱产业的专业教学资源库建设。有下列情形之一的，不予支持。

(1)主持单位举办方或地方政府投入力度较弱的；

(2)行业企业支持力度较弱的；

(3)不具备补齐项目预算差额能力的；

(4)建设资金管理细则不符合内部控制要求，没有对联合主持单位和参与建设单位资金使用与管理以及合同管理等做出详尽规定的；

(5)绩效目标设定不符合实际的；

(6)预算编制不符合要求的；

(7)使用中央财政支持资金，主持单位近5年或参与建设单位近3年有违规现象的；

(8)建设基础、运行平台等其他不能满足有关方面申报条件的。

第五条　部本专项资金对每个新立项项目的补助基数为500万元，以补助方式支持的升级改进项目的补助基数为新立项的三分之一左右。在此基础上，根据国家扶持政策、建设任务轻重、项目第一主持单位所在地财力情况、预算安排等因素，适当上下浮动。

第六条　部本专项资金拨付采取“一次确定，两年拨付，逐年考核，适度调整”的方式。下拨年度部本专项资金时，同时下达年度项目支出绩效目标。

第三章　建设资金使用与管理

第七条　建设资金使用与管理实行项目第一主持单位负责制，要建立健全内部管理机制，制定科学完善的项目建设资金使用与管理细则，强化制度约束，加强预算控制，规范会计核算与监督，确保专款专用、专账核算。建设资金可以实行统一管理，也可以实行分级管理。

第八条　建设资金主要用于调研论证、素材制作、企业案例收集制作、课程开发、特殊工具软件制作、应用推广等方面的支出，按照经济性质分类，相应在咨询费、印刷费、差旅费、会议费、培训费、专用材料费、委托业务费、其他商品和服务支出、专用设备购置费、信息网络及软件购置更新等会计科目中归集与核算。用于升级改进的建设资金不再用于平台维护和资源导入方面的支出。

第九条　建设资金用于专家咨询、调研论证的费用严格控制在项目预算总额的10%以内；上述“第八条”所列六方面支出以外的“其他支出”原则上不得超出项目预算总额的8%。部本专项资金用于职业教育专业教学资源库建设的直接支出，“专家咨询”“其他”等非直接支出从项目筹措资金中统筹安排，不得使用部本专项资金。

凡应纳入政府采购的支出项目，应当按照政府采购及招投标有关规定执行，否则不得列支。凡使用建设资金取得的资产，均为国有资产，应当按照国有资产管理有关规定统一管理。

第十条　项目实施单位要确保项目预算执行进度，如期完成项目建设任务。年度未支出的专项资金，严格按照国家有关结余结转规定进行管理。

第十一条　严禁将建设资金用于偿还债务、支付利息、缴纳罚款、对外投资、弥补其他建设资金缺口、赞助捐赠等，不得从建设资金中提取工作经费或管理经费。

第四章　预算编制与执行

第十二条　项目第一主持单位是预算编制和执行主体，对预算编制的全面性、完整性、真实性和预算执行及结果负责。

第十三条　预算由收入预算和支出预算组成，坚持目标相关性、政策相符性、经济合理性的编制原则，按照功能分类和经济性质分类编制收支预算。项目预(决)算要纳入单位预(决)算管理。

第十四条　项目总预算要与年度预算相匹配。项目第一主持单位应当按项目实施单位分别设定委托业务绩效目标;要详实说明部本专项资金用于其他资本性支出的预算细目;要反映项目筹措资金来源、承诺情况以及前期建设经费投入情况。升级改进项目须说明项目验收后发生的实际投入情况和申报当年的实际投入情况。编制预算时,不考虑不可预见因素。

第十五条　项目预算须经省级教育行政管理部门组织专家进行审核,教育部确认,并与项目建设《任务书》一并下达。

第十六条　项目总预算一经确定,原则上不予调整。确需调整的,须按程序向项目第一主持单位所在省份教育行政管理部门提出申请,省级教育行政管理部门应在收到申请15个工作日内进行审批,并报教育部备案。预算调整方案应当说明预算调整理由、项目和金额。

第十七条　项目第一主持单位应当加强对预算执行的领导。项目实施单位应当加强对预算收入和支出的管理,共同按照《任务书》的约定,确保预算资金及时足额到位。不得截留、挪用项目预算收入,不得擅自扩大支出范围,不得虚假列支,应当对预算支出情况开展绩效评价。

第十八条　项目第一主持单位每季度应当如实填写《职业教育国家级专业教学资源库建设资金预算执行季报表》,于下一季度5个工作日内报备教育部。

第五章　绩效管理与评价

第十九条　项目实施单位应当参照《中央部门预算绩效目标管理办法》(财预〔2015〕88号)精神,增强绩效意识,事前绩效设定,事中绩效监控,事后绩效评价,强化绩效目标管理。

第二十条　绩效目标设定要能清晰反映预算资金的预期产出和效果,并以相应的指标予以细化、量化描述,符合"指向明确、细化量化、合理可行、相应匹配"的要求。按照"谁申请资金,谁拟定目标"的工作原则,由项目第一主持单位负责组织填报《职业教育国家级专业教学资源库建设资金项目支出预算目标申报表》。凡没有绩效目标或绩效目标不符合要求的,部本专项资金不予支持。

第二十一条　省级教育行政管理部门按照预算评审流程,对项目支出绩效目标的相关性、完整性、适当性、可行性进行审核;教育部对项目支出绩效目标进行审定。

第二十二条　项目第一主持单位应当紧扣批复的绩效目标,组织预算执行,并对资金运行状况和绩效目标预期实现程度开展绩效监控,及时发现并纠正绩效运行中存在的问题,力保绩效目标如期实现。省级教育行政管理部门对建设资金使用情况开展绩效追踪,积极推进中期绩效评价。

第二十三条　教育部依据中期绩效评价结果和上年度预算执行等情况,对预算执行进度缓慢、绩效不理想、财务管理较差以及不按要求季报的资源库项目,停拨或核减部本专项资金,由此造成的项目建设资金不足部分按立项承诺予以补齐。扣减、追回以及年度考核核减的部本资金可以调节用于升级改进项目建设。

教育部依据已验收资源库项目的绩效评价结果,坚持"注重实效、择优奖励、宁缺毋滥"原则,以补助方式支持内容更新到位、应用效果较好的资源库进行升级改进。

第六章　监督检查

第二十四条　项目实施单位应当加强内部控制,确保内部控制覆盖经济和业务活动全过程,完善监督体系,确保内部控制有效实施,强化对内部权力运行的制约,确保制度健全、执行有力、监督到位。

第二十五条　项目实施单位应当加强项目管理的跟踪与督办,对项目资金使用与管理应当进行不少于一次的中期内部审计。

第二十六条　项目实施单位应当主动接受教育、财政、纪检、监察等部门的检查,依法接受外部审计部门的监督,对发现的问题,应当及时制定整改措施并落实。

第二十七条　建设资金的预算和绩效目标,应按照有关法律、法规规定逐步予以公开,接受各方监督。

第二十八条　项目终了,应当聘请具有资质的第三方审计机构对项目进行全面审计,独立发表审议意见,出具项目《审计报告》。联合主持和参与建设单位须向项目第一主持单位提供单位法人代表签字、单位盖章的子项目全部建设资金决算报告(须附明细账及承诺资金的到账证明)、管理与绩效情况的详细说明。第三方审计机构须对子项目建设单位提供的相关资料进行职业判断,并对重大事项支出和认为有必要延伸审计的进行延伸审计。项目第一主持单位须针对项目《审计报告》指出的问题及时整改。子项目资金决算报告、管理与绩效情况和项目主持院校单位负责人签字的整改结果作为审计报告附件一并上报。

第二十九条　逐步推行信用管理制度,探索建立覆盖项目第一主持单位负责人、项目负责人、评估(审)专家、中介机构、联合主持单位、参与建设单位等主体,涵盖项目建设全过程的信用记录制度。对异常现象列入"异常名录",对挤占、挪用、虚列、套取部本专项资金或建设资金管理严重违反制度规定的单位及责任人,对严重违反专家工作纪律的评估（审）专家，对未能独立客观地发表意见，在评审等有关工作中存在虚假、伪造行为的中介机构，列入“黑名单”，阶段性或永久性取消其申请资金支持或参与项目管理的资格。

第三十条　建立和完善责任追究制度。对于挤占、挪用、虚列、套取部本专项资金的行为按照国家法律法规有关规定进行处理。

第七章　附　　则

第三十一条　项目第一主持单位应当根据本办法，结合项目建设实际，重点围绕内部控制、联合主持单位和参与建设单位资金使用与管理以及合同管理、资金管理等内容，制定实施细则。

第三十二条　本办法由教育部负责解释，自公布之日起实行。

职业学校校企合作促进办法

1. 2018年2月5日教育部、国家发展改革委、工业和信息化部、财政部、人力资源社会保障部、国家税务总局发布
2. 教职成〔2018〕1号
3. 自2018年3月1日起施行

第一章　总　　则

第一条　为促进、规范、保障职业学校校企合作，发挥企业在实施职业教育中的重要办学主体作用，推动形成产教融合、校企合作、工学结合、知行合一的共同育人机制，建设知识型、技能型、创新型劳动者大军，完善现代职业教育制度，根据《教育法》《劳动法》《职业教育法》等有关法律法规，制定本办法。

第二条　本办法所称校企合作是指职业学校和企业通过共同育人、合作研究、共建机构、共享资源等方式实施的合作活动。

第三条　校企合作实行校企主导、政府推动、行业指导、学校企业双主体实施的合作机制。国务院相关部门和地方各级人民政府应当建立健全校企合作的促进支持政策、服务平台和保障机制。

第四条　开展校企合作应当坚持育人为本，贯彻国家教育方针，致力培养高素质劳动者和技术技能人才；坚持依法实施，遵守国家法律法规和合作协议，保障合作各方的合法权益；坚持平等自愿，调动校企双方积极性，实现共同发展。

第五条　国务院教育行政部门负责职业学校校企合作工作的综合协调和宏观管理，会同有关部门做好相关工作。

县级以上地方人民政府教育行政部门负责本行政区域内校企合作工作的统筹协调、规划指导、综合管理和服务保障；会同其他有关部门根据本办法以及地方人民政府确定的职责分工，做好本地校企合作有关工作。

行业主管部门和行业组织应当统筹、指导和推动本行业的校企合作。

第二章　合 作 形 式

第六条　职业学校应当根据自身特点和人才培养需要，主动与具备条件的企业开展合作，积极为企业提供所需的课程、师资等资源。

企业应当依法履行实施职业教育的义务，利用资本、技术、知识、设施、设备和管理等要素参与校企合作，促进人力资源开发。

第七条　职业学校和企业可以结合实际在人才培养、技术创新、就业创业、社会服务、文化传承等方面，开展以下合作：

（一）根据就业市场需求，合作设置专业、研发专业标准，开发课程体系、教学标准以及教材、教学辅助产品，开展专业建设；

（二）合作制定人才培养或职工培训方案，实现人员互相兼职，相互为学生实习实训、教师实践、学生就业创业、员工培训、企业技术和产品研发、成果转移转化等提供支持；

（三）根据企业工作岗位需求，开展学徒制合作，联合招收学员，按照工学结合模式，实行校企双主体育人；

（四）以多种形式合作办学，合作创建并共同管理教学和科研机构，建设实习实训基地、技术工艺和产品开发中心及学生创新创业、员工培训、技能鉴定等机构；

（五）合作研发岗位规范、质量标准等；

（六）组织开展技能竞赛、产教融合型企业建设试点、优秀企业文化传承和社会服务等活动；

（七）法律法规未禁止的其他合作方式和内容。

第八条　职业学校应当制定校企合作规划，建立适应开展校企合作的教育教学组织方式和管理制度，明确相关机构和人员，改革教学内容和方式方法、健全质量评价制度，为合作企业的人力资源开发和技术升级提供支持与服务；增强服务企业特别是中小微企业的技术和产品研发的能力。

第九条　职业学校和企业开展合作，应当通过平等协商签订合作协议。合作协议应当明确规定合作的目标任务、内容形式、权利义务等必要事项，并根据合作的内容，合理确定协议履行期限，其中企业接收实习生的，合作期限应当不低于3年。

第十条　鼓励有条件的企业举办或者参与举办职业学校，设置学生实习、学徒培养、教师实践岗位；鼓励规模以上企业在职业学校设置职工培训和继续教育机构。企业职工培训和继续教育的学习成果，可以依照有关规定和办法与职业学校教育实现互认和衔接。

企业开展校企合作的情况应当纳入企业社会责任报告。

第十一条　职业学校主管部门应当会同有关部门、行业组织，鼓励和支持职业学校与相关企业以组建职业教育集团等方式，建立长期、稳定合作关系。

职业教育集团应当以章程或者多方协议等方式，约定集团成员之间合作的方式、内容以及权利义务关系等事项。

第十二条　职业学校和企业应建立校企合作的过程管理和绩效评价制度，定期对合作成效进行总结，共同解决合作中的问题，不断提高合作水平，拓展合作领域。

第三章　促进措施

第十三条　鼓励东部地区的职业学校、企业与中西部地区的职业学校、企业开展跨区校企合作，带动贫困地区、民族地区和革命老区职业教育的发展。

第十四条　地方人民政府有关部门在制定产业发展规划、产业激励政策、脱贫攻坚规划时，应当将促进企业参与校企合作、培养技术技能人才作为重要内容，加强指导、支持和服务。

第十五条　教育、人力资源社会保障部门应当会同有关部门，建立产教融合信息服务平台，指导、协助职业学校与相关企业建立合作关系。

行业主管部门和行业组织应当充分发挥作用，根据行业特点和发展需要，组织和指导企业提出校企合作意向或者规划，参与校企合作绩效评价，并提供相应支持和服务，推进校企合作。

鼓励有关部门、行业、企业共同建设互联互通的校企合作信息化平台，引导各类社会主体参与平台发展、实现信息共享。

第十六条　教育行政部门应当把校企合作作为衡量职业学校办学水平的基本指标，在院校设置、专业审批、招生计划、教学评价、教师配备、项目支持、学校评价、人员考核等方面提出相应要求；对校企合作设置的适应就业市场需求的新专业，应当予以支持；应当鼓励和支持职业学校与企业合作开设专业，制定专业标准、培养方案等。

第十七条　职业学校应当吸纳合作关系紧密、稳定的企业代表加入理事会（董事会），参与学校重大事项的审议。

职业学校设置专业，制定培养方案、课程标准等，应当充分听取合作企业的意见。

第十八条　鼓励职业学校与企业合作开展学徒制培养。开展学徒制培养的学校，在招生专业、名额等方面应当听取企业意见。有技术技能人才培养能力和需求的企业，可以与职业学校合作设立学徒岗位，联合招收学员，共同确定培养方案，以工学结合方式进行培养。

教育行政部门、人力资源社会保障部门应当在招生计划安排、学籍管理等方面予以倾斜和支持。

第十九条　国家发展改革委、教育部会同人力资源社会保障部、工业和信息化部、财政部等部门建立工作协调机制，鼓励省级人民政府开展产教融合型企业建设试点，对深度参与校企合作，行为规范、成效显著、具有较大影响力的企业，按照国家有关规定予以表彰和相应政策支持。各级工业和信息化行政部门应当把企业参与校企合作的情况，作为服务型制造示范企业及其他有关示范企业评选的重要指标。

第二十条　鼓励各地通过政府和社会资本合作、购买服务等形式支持校企合作。鼓励各地采取竞争性方式选择社会资本，建设或者支持企业、学校建设公共性实习实训、创新创业基地、研发实践课程、教学资源等公共服务项目。按规定落实财税用地等政策，积极支持职业教育发展和企业参与办学。

鼓励金融机构依法依规审慎授信管理，为校企合作提供相关信贷和融资支持。

第二十一条　企业因接收学生实习所实际发生的与取得收入有关的合理支出，以及企业发生的职工教育经费支出，依法在计算应纳税所得额时扣除。

第二十二条　县级以上地方人民政府对校企合作成效显著的企业，可以按规定给予相应的优惠政策；应当鼓励职业学校通过场地、设备租赁等方式与企业共建生产型实训基地，并按规定给予相应的政策优惠。

第二十三条　各级人民政府教育、人力资源社会保障等部门应当采取措施，促进职业学校与企业人才的合理流动、有效配置。

职业学校可在教职工总额中安排一定比例或者通过流动岗位等形式，用于面向社会和企业聘用经营管理人员、专业技术人员、高技能人才等担任兼职教师。

第二十四条　开展校企合作企业中的经营管理人员、专业技术人员、高技能人才，具备职业学校相应岗位任职条件，经过职业学校认定和聘任，可担任专兼职教师，并享受相关待遇。上述企业人员在校企合作中取得的教育教学成果，可视同相应的技术或科研成果，按规定予以奖励。

职业学校应当将参与校企合作作为教师业绩考核的内容，具有相关企业或生产经营管理一线工作经历的专业教师在评聘和晋升职务（职称）、评优表彰等方面，同等条件下优先对待。

第二十五条　经所在学校或企业同意，职业学校教师和管理人员、企业经营管理和技术人员根据合作协议，分别到企业、职业学校兼职的，可根据有关规定和双方约定确定薪酬。

职业学校及教师、学生拥有知识产权的技术开发、产品设计等成果，可依法依规在企业作价入股。职业学校和企业对合作开发的专利及产品，根据双方协议，享有使用、处置和收益管理的自主权。

第二十六条　职业学校与企业就学生参加跟岗实习、顶岗实习和学徒培养达成合作协议的，应当签订学校、企业、学生三方协议，并明确学校与企业在保障学生合法权益方面的责任。

企业应当依法依规保障顶岗实习学生或者学徒的基本劳动权益，并按照有关规定及时足额支付报酬。任何单位和个人不得克扣。

第二十七条　推动建立学生实习强制保险制度。职业学校和实习单位应根据有关规定，为实习学生投保实习责任保险。职业学校、企业应当在协议中约定为实习学生投保实习责任保险的义务与责任，健全学生权益保障和风险分担机制。

第四章　监督检查

第二十八条　各级人民政府教育督导委员会负责对职业学校、政府落实校企合作职责的情况进行专项督导，定期发布督导报告。

第二十九条　各级教育、人力资源社会保障部门应当将校企合作情况作为职业学校办学业绩和水平评价、工作目标考核的重要内容。

各级人民政府教育行政部门会同相关部门以及行业组织，加强对企业开展校企合作的监督、指导，推广效益明显的模式和做法，推进企业诚信体系建设，做好管理和服务。

第三十条　职业学校、企业在合作过程中不得损害学生、教师、企业员工等的合法权益；违反相关法律法规规定的，由相关主管部门责令整改，并依法追究相关单位和人员责任。

第三十一条　职业学校、企业骗取和套取政府资金的，有关主管部门应当责令限期退还，并依法依规追究单位及其主要负责人、直接负责人的责任；构成犯罪的，依法追究刑事责任。

第五章　附　　则

第三十二条　本办法所称的职业学校，是指依法设立的中等职业学校（包括普通中等专业学校、成人中等专业学校、职业高中学校、技工学校）和高等职业学校。

本办法所称的企业，指在各级工商行政管理部门登记注册的各类企业。

第三十三条　其他层次类型的高等学校开展校企合作，职业学校与机关、事业单位、社会团体等机构开展合作，可参照本办法执行。

第三十四条　本办法自2018年3月1日起施行。

教育部产学合作协同育人项目管理办法

1. 2020年1月8日发布

2. 教高厅〔2020〕1号

第一章　总　　则

第一条　为贯彻落实《国务院办公厅关于深化产教融合的若干意见》（国办发〔2017〕95号）和《关于加快建设发展新工科　实施卓越工程师教育培养计划2.0的意见》（教高〔2018〕3号）精神，加强和规范教育部产学合作协同育人项目（以下简称产学合作协同育人项目）管理，特制定本办法。

第二条　产学合作协同育人项目旨在通过政府搭台、企业支持、高校对接、共建共享，深化产教融合，促进教育链、人才链与产业链、创新链有机衔接，以产业和技术发展的最新需求推动高校人才培养改革。

第三条　产学合作协同育人项目坚持主动服务国家经济社会发展需求，服务战略性新兴产业发展需求，服务新工科、新医科、新农科、新文科建设需求，服务企业基础性、战略性研究需求，鼓励相关企业不以直接商业利益作为目标，深化与高校产学合作，促进培养目标、师资队伍、资源配置、管理服务的多方协同，培养支撑引领经济社会发展需要的高素质专门人才。

第四条　产学合作协同育人项目实行项目制管理，主要包括六类：

（一）新工科、新医科、新农科、新文科建设项目。企业提供经费和资源，支持高校开展新工科、新医科、新农科、新文科研究与实践,推动校企合作办学、合作育人、合作就业、合作发展,深入开展多样化探索实践,形成可推广的建设改革成果。

（二）教学内容和课程体系改革项目。企业提供经费、师资、技术、平台等,将产业和技术最新进展、行业对人才培养的最新要求引入教学过程,推动高校更新教学内容、完善课程体系,建设适应行业发展需要、可共享的课程、教材、教学案例等资源并推广应用。

（三）师资培训项目。企业提供经费和资源,由高校和企业共同组织开展面向教师的技术培训、经验分享、项目研究等工作,提升教师教学水平和实践能力。

（四）实践条件和实践基地建设项目。企业提供资金、软硬件设备或平台,支持高校建设实验室、实践基地、实践教学资源等,鼓励企业接收学生实习实训,提高实践教学质量。

（五）创新创业教育改革项目。企业提供师资、软硬件条件、投资基金等,支持高校加强创新创业教育课程体系、实践训练体系、创客空间、项目孵化转化平台等建设,深化创新创业教育改革。

（六）创新创业联合基金项目。企业提供资金、指导教师和项目研究方向,支持高校学生进行创新创业实践。

第二章　管理职责

第五条　教育部是产学合作协同育人项目的宏观管理部门,主要职责是:

（一）制定有关政策和项目管理办法,编制发展规划和年度工作重点,统筹推进和指导项目规范运行;

（二）组建并指导专家组织开展研究、咨询、指导、评估、成果交流等工作;

（三）指导开展指南征集、项目遴选、过程监管、结题验收、成果展示等工作。

第六条　省级教育行政部门的主要职责是:

（一）制定本区域深化产教融合、推进产学合作的政策措施;

（二）指导本区域高校积极参加产学合作协同育人项目,做好过程监管、优秀项目推选等工作;

（三）指导本区域相关专家组织开展研究、咨询、指导、评估、成果交流等工作。

第七条　参与产学合作协同育人项目的高校是项目运行管理的主体,主要职责是:

（一）建立健全高校产学合作协同育人项目组织管理体系,制定工作实施细则;

（二）为项目实施提供环境及条件支持,配备项目管理人员;

（三）负责高校产学合作协同育人项目的论证、遴选、中期检查、结题验收、优秀项目推选等运行管理工作;

（四）负责高校产学合作协同育人项目的日常监督管理和年度总结工作,遴选推荐优秀项目。

第八条　参与产学合作协同育人项目的企业的主要职责是:

（一）发布项目指南,接受高校项目合作申请,开展指南解读、高校合作洽谈、项目咨询、合作意向对接等工作;

（二）规范项目运行,严格过程管理,确保承诺的项目支持经费、软硬件等资源及时足额到位,保障项目顺利实施;

（三）组织项目结题验收,报送项目年度实施情况报告。

第三章　项目指南征集与发布

第九条　根据国家经济社会发展需求确定年度征集重点领域和批次,面向企业征集产学合作协同育人项目指南。

第十条　支持鼓励符合下列要求的企业提交产学合作协同育人项目指南。

（一）具有独立法人资格,成立至少 2 年,在所属行业及领域具有较为领先的技术力量和研发实力,业务稳定、业绩良好,注册实缴资金原则上在 500 万元以上;

（二）参与企业应具有健全的财务制度,信用良好,无欺瞒、诈骗等不良记录,并能提供国家相关职能部门或机构出具的企业信用良好报告,且未发现有本办法第三十一条所列禁止性行为。在相关领域具有与高校开展合作的良好基础,有 2 名（含）以上合作高校高级职称专家出具的推荐材料;

（三）鼓励企业每批次提供的实际支持资金总额不少于 50 万元（不包含软硬件等投入）。实际支持资金作为产学合作协同育人项目专项经费,不附带附加条件;

（四）企业指定专人负责产学合作协同育人项目相关事宜。

第十一条　符合参与要求且有校企合作意向的企业根据相关规定,按要求编制提交项目指南。指南应包括支持项目类型及规模、申请条件、建设目标、支持举措、预期成果及有关要求等内容。指南应在符合法律法规规定的基础上,与产业发展需求、企业人才需求、高校人才培养要求相结合，预期成果应具有创新性和可考核性。

第十二条 鼓励企业对产学合作协同育人项目在符合法律法规规定基础之上进行资助，资助应满足以下基本条件：

（一）新工科、新医科、新农科、新文科建设项目，教学内容和课程体系改革项目，创新创业教育改革项目等实际支持资金不少于5万元/项；

（二）师资培训项目、创新创业联合基金项目等实际支持资金不少于2万元/项；

（三）实践条件和实践基地建设项目软硬件支持价值总额不少于20万元/项；

（四）申请条件应公开、透明，面向全体符合条件的高校；不得指定合作高校，不得强制要求高校建立联合实验室、提供软硬件及资金配套、挂牌等；

（五）项目实施期限一般为1—2年，特殊情况以项目合同约定为准。

第十三条 组织专家对企业材料和项目指南进行指导，提出指导意见。

第十四条 经备案审查，符合要求的项目指南面向社会公开发布。

第四章 项目申请、论证与立项

第十五条 高校根据项目指南，组织师生自主进行项目申请，做好申请项目的遴选工作。

第十六条 企业根据项目指南约定，按照公平公正的原则自主组织专家开展项目论证工作，并将校企双方达成合作意向的项目向社会公示。

第十七条 企业每批次立项数量不应少于2项；高校提交数量超过指南发布项目数量时，立项项目数量不应低于指南发布项目数量的50%；高校提交数量未达到指南发布项目数量时，立项项目数量不应低于提交数量的50%。

第十八条 经公示无异议的项目，校企双方签署合作协议，协议须明确项目内容、资助形式及时间、预期成果、项目周期和验收标准等事项。高校负责将签订后的协议进行报备。

第十九条 组织专家对企业提交的项目立项结果进行核定，最终结果经审查备案后向社会公布。

第五章 项目启动与实施

第二十条 立项结果发布后，校企双方应积极启动项目研究，按照合作协议约定确保落实经费拨款及软硬件支持等事项。

第二十一条 项目负责人应组织好项目实施，做好项目实施情况记录，及时向高校主管部门和企业相关负责人报告项目执行中出现的重大事项，按要求提供项目进展情况报告。项目实施过程中，项目负责人一般不得更换。确因项目负责人调离或不能继续履行合作协议等情况，由校企双方协商更换人选，协商不一致时可终止该项目，并将项目变更情况上报备案。

第二十二条 校企双方应保持密切沟通联系，落实项目指南及合作协议承诺，保证项目顺利实施，接受并配合有关方面对项目的运行监管。

第六章 项目结题验收

第二十三条 项目负责人在合作协议约定时间内完成全部任务，经高校同意，向企业提出项目结题申请，并按合作协议提交相关证明材料。

第二十四条 企业组织专家进行项目验收，按要求报告验收结论。企业对项目的验收结论分为“通过”“不通过”两类。

（一）按期完成合作协议约定的各项任务，提供的验收资料齐全、数据真实，验收结论为“通过”；

（二）项目存在下列情况之一者，验收结论为“不通过”：

1. 未按合作协议约定完成预定的目标、任务或私自更改项目研究目标、任务；

2. 提供的验收文件、资料、数据不真实；

3. 实施过程中出现重大问题，或存在尚未解决的纠纷；

4. 实施过程中存在违法违规行为。

第二十五条 高校从当年申请结题的项目中，择优向省级教育行政部门推荐优秀项目；省级教育行政部门组织相关专家在本区域高校推荐的优秀项目中择优进行推荐。高校推荐的优秀项目数量原则上不超过本校当年已通过结题验收项目数量的10%。

第二十六条 组织专家对企业提交的验收结论和省级教育行政部门推荐的优秀项目进行评估和汇总，发布本年度验收情况。

第七章 知识产权与成果转化

第二十七条 项目成果的知识产权由企业、高校和项目承担人员依合作协议确定。

第二十八条 建立产学合作协同育人项目成果库，将验收通过的项目成果集中向社会公开，对优秀项目成果以适当方式展示推广。

第二十九条 充分发挥项目成果的经济效益和社会效

益，支持项目成果向课程、教材、课件、案例转化，向解决方案及决策咨询方案转化，向公共服务平台产品转化。

第八章　项目监管

第三十条　积极支持第三方机构开展项目评价，健全统计评价体系。强化监测评价结果运用，作为试点开展、激励约束的重要依据。

第三十一条　参与企业应进一步规范、约束自身行为，坚决杜绝下列类似情况发生。

（一）在项目指南、项目结题等材料中出现不实陈述，伪造企业信用证明、专家推荐材料等；

（二）未按协议约定落实资金及软硬件资源，在合作协议约定之外，强制要求高校提供软硬件及资金配套，项目实施内容与协议约定不一致等违背项目指南及合作协议约定的行为；

（三）以评审费、咨询费、押金等形式要求高校交纳相关费用，因企业原因造成沟通不畅、项目执行困难等行为；

（四）借教育部、产学合作协同育人项目名义进行产品或服务搭售、商业推广宣传，擅自印发带有教育部及相关组织机构名称的立项证书、结题证书、牌匾等不当行为；

（五）其他不按项目管理办法执行及违法违规的行为。

第三十二条　参与高校应积极组织相关部门开展项目监管工作，坚决杜绝下列类似情况发生。

（一）项目组织管理体系不健全、管理制度缺失、条件支持保障不到位；

（二）因高校自身原因出现超期未完成或终止项目达到当年立项总数的30%或以上；

（三）高校相关部门未尽到财务、国有资产、纪检监察等监管职责，致使项目运行中出现违法违规行为；

（四）其他违背产教融合精神及违法违规行为。

第三十三条　项目负责人应积极开展项目研究工作，坚决杜绝下列类似情况发生。

（一）提供虚假材料，对项目运行中出现的问题谎报瞒报，对项目成果进行虚假宣传等行为；

（二）以项目名义进行营利、套取教学及科研资源、以权谋私等行为；

（三）因个人原因导致项目超期未完成或终止，项目成果与预期有较大差距；

（四）私自篡改项目名称，研究内容与批准的项目设计严重不符、研究过程中剽窃他人成果等行为；

（五）存在其他违法违规行为。

第九章　附　　则

第三十四条　“产学合作协同育人项目”的英文名称为：University-Industry Collaborative Education Program。

第三十五条　本办法自印发之日起施行，由教育部负责解释。

本科层次职业教育专业设置管理办法（试行）

1. 2021年1月22日发布

2. 教职成厅〔2021〕1号

第一章　总　　则

第一条　为做好本科层次职业教育专业设置管理，根据《中华人民共和国教育法》《中华人民共和国职业教育法》《中华人民共和国学位条例》《中华人民共和国高等教育法》和《国家职业教育改革实施方案》等规定，制定本办法。

第二条　本科层次职业教育专业设置应牢固树立新发展理念，坚持需求导向、服务发展，顺应新一轮科技革命和产业变革，主动服务产业基础高级化、产业链现代化，服务建设现代化经济体系和实现更高质量更充分就业需要，遵循职业教育规律和人才成长规律，适应学生全面可持续发展的需要。

第三条　本科层次职业教育专业设置应体现职业教育类型特点，坚持高层次技术技能人才培养定位，进行系统设计，促进中等职业教育、专科层次职业教育、本科层次职业教育纵向贯通、有机衔接，促进普职融通。

第四条　教育部负责全国本科层次职业教育专业设置的管理和指导，坚持试点先行，按照更高标准，严格规范程序，积极稳慎推进。

第五条　省级教育行政部门根据教育部有关规定，做好本行政区域内高校本科层次职业教育专业建设规划，优化资源配置和专业结构。

第六条　教育部制订并发布本科层次职业教育专业目录，每年动态增补，五年调整一次。高校依照相关规定，在专业目录内设置专业。

第七条　本科层次职业教育专业目录是设置与调整本科层次职业教育专业、实施人才培养、组织招生、授予学位、指导就业、开展教育统计和人才需求预测等工作的重要依据，是学生选择就读本科层次职业教育专业、社会用人单位选用毕业生的重要参考。

第二章 专业设置条件与要求

第八条 高校设置本科层次职业教育专业应紧紧围绕国家和区域经济社会产业发展重点领域，服务产业新业态、新模式，对接新职业，聚焦确需长学制培养的相关专业。原则上应符合第九条至第十四条规定的条件和要求。

第九条 设置本科层次职业教育专业需有详实的专业设置可行性报告。可行性报告包括对行业企业的调研分析，对自身办学基础和专业特色的分析，对培养目标和培养规格的论证，有保障开设本专业可持续发展的规划和相关制度等。拟设置的本科层次职业教育专业需与学校办学特色相契合，所依托专业应是省级及以上重点(特色)专业。

第十条 设置本科层次职业教育专业须有完成专业人才培养所必需的教师队伍，具体应具备以下条件：

(一)全校师生比不低于1∶18；所依托专业专任教师与该专业全日制在校生人数之比不低于1∶20，高级职称专任教师比例不低于30%，具有研究生学位专任教师比例不低于50%，具有博士研究生学位专任教师比例不低于15%。

(二)本专业的专任教师中，"双师型"教师占比不低于50%。来自行业企业一线的兼职教师占一定比例并有实质性专业教学任务，其所承担的专业课教学任务授课课时一般不少于专业课总课时的20%。

(三)有省级及以上教育行政部门等认定的高水平教师教学(科研)创新团队，或省级及以上教学名师、高层次人才担任专业带头人，或专业教师获省级及以上教学领域有关奖励两项以上。

第十一条 设置本科层次职业教育专业需有科学规范的专业人才培养方案，具体应具备以下条件：

(一)培养方案应校企共同制订，需遵循技术技能人才成长规律，突出知识与技能的高层次，使毕业生能够从事科技成果、实验成果转化，生产加工中高端产品、提供中高端服务，能够解决较复杂问题和进行较复杂操作。

(二)实践教学课时占总课时的比例不低于50%，实验实训项目(任务)开出率达到100%。

第十二条 设置本科层次职业教育专业需具备开办专业所必需的合作企业、经费、校舍、仪器设备、实习实训场所等办学条件：

(一)应与相关领域产教融合型企业等优质企业建立稳定合作关系。积极探索现代学徒制等培养模式，促进学历证书与职业技能等级证书互通衔接。

(二)有稳定的、可持续使用的专业建设经费并逐年增长。专业生均教学科研仪器设备值原则上不低于1万元。

(三)有稳定的、数量够用的实训基地，满足师生实习实训(培训)需求。

第十三条 设置本科层次职业教育专业需在技术研发与社会服务上有较好的工作基础，具体应具备以下条件：

(一)有省级及以上技术研发推广平台(工程研究中心、协同创新中心、重点实验室或技术技能大师工作室、实验实训基地等)。

(二)能够面向区域、行业企业开展科研、技术研发、社会服务等项目，并产生明显的经济和社会效益。

(三)专业面向行业企业和社会开展职业培训人次每年不少于本专业在校生人数的2倍。

第十四条 设置本科层次职业教育专业需有较高的培养质量基础和良好的社会声誉，具体应具备以下条件：

(一)所依托专业招生计划完成率一般不低于90%，新生报到率一般不低于85%。

(二)所依托专业应届毕业生就业率不低于本省域内高校平均水平。

第三章 专业设置程序

第十五条 专业设置和调整，每年集中通过专门信息平台进行管理。

第十六条 高校设置本科层次职业教育专业应以专业目录为基本依据，符合专业设置基本条件，并遵循以下基本程序：

(一)开展行业、企业、就业市场调研，做好人才需求分析和预测。

(二)在充分考虑区域产业发展需求的基础上，结合学校办学实际，进行专业设置必要性和可行性论证。符合条件的高等职业学校(专科)设置本科层次职业教育专业总数不超过学校专业总数的30%，本科层次职业教育专业学生总数不超过学校在校生总数的30%。

(三)根据国家有关规定，提交相关论证材料，包括学校和专业基本情况、拟设置专业论证报告、人才培养方案、专业办学条件、相关教学文件等。

(四)专业设置论证材料经学校官网公示后报省级教育行政部门。

(五)省级教育行政部门在符合条件的高校范畴内组织论证提出拟设专业，并报备教育部，教育部公布相关结果。

第四章　专业设置指导与监督

第十七条　教育部负责协调国家行业主管部门、行业组织定期发布行业人才需求以及专业设置指导建议等信息，负责建立健全专业设置评议专家组织，加强对本科层次职业教育专业设置的宏观管理。

第十八条　省级教育行政部门通过统筹规划、信息服务、专家指导等措施，指导区域内高校设置专业。

高校定期对专业设置情况进行自我评议，评议结果列入高校质量年度报告。

第十九条　教育行政部门应建立健全专业设置的预警和动态调整机制，把招生、办学、就业、生均经费投入等情况评价结果作为优化专业布局、调整专业结构的基本依据。

第二十条　教育行政部门对本科层次职业教育专业组织阶段性评价和周期性评估监测，高校所开设专业出现办学条件严重不足、教学质量低下、就业率过低等情形的，应调减该专业招生计划，直至停止招生。连续 3 年不招生的，原则上应及时撤销该专业点。

第五章　附　　则

第二十一条　本办法自发布之日起实施，由教育部职业教育与成人教育司负责解释。

2. 学校管理

中等体育运动学校管理办法

1. 2011年8月31日国家体育总局、教育部令第14号公布
2. 自2011年10月1日起施行

第一章　总　　则

第一条　为加强中等体育运动学校的建设和管理，全面贯彻国家体育、教育方针，促进我国体育事业和教育事业发展，依据《中华人民共和国体育法》、《中华人民共和国教育法》、《中华人民共和国职业教育法》等法律法规，制定本办法。

第二条　本办法所称中等体育运动学校是指对青少年学生进行系统体育专项训练和体育职业技术教育的中等职业学校（以下简称运动学校）。

根据体育运动项目的特点和训练需要，运动学校可以招收义务教育阶段的适龄儿童、少年，依法实施九年义务教育。

第三条　运动学校的主要任务是为国家培养德、智、体、美等全面发展的高水平竞技体育后备人才和社会需要的具有体育专项运动技能的中等体育专业人才。

第四条　县级以上体育和教育行政部门在本级人民政府领导下，负责对本行政区域内各类运动学校建设发展工作的统筹协调和检查指导等管理工作。

第五条　运动学校由当地体育、教育行政部门共同管理，以体育行政部门管理为主。体育行政部门负责学校的日常管理，学生训练、参赛，教练员配备和培训等；教育行政部门负责与学生文化教育相关事项的管理，包括教学、教师配备和培训等。

第六条　国家鼓励和支持企业事业组织、社会团体和公民个人举办民办运动学校。

举办运动学校不得以营利为目的。

第二章　设置与审批

第七条　运动学校的设立，应当具备《中华人民共和国教育法》、《中华人民共和国职业教育法》规定的基本条件并符合《中等体育运动学校设置标准》。

第八条　运动学校的设立、变更、终止，由省级体育行政部门提出意见，同级教育行政部门根据相关法律法规予以审批。

第九条　运动学校自行实施义务教育的，学校建设应当符合国家规定的办学标准，适应教育教学需要，由其主管体育行政部门提出意见后，依法报经教育行政部门审批。

第三章　招生、学籍与毕业就业

第十条　运动学校中等职业学历教育学制为三年。可以根据学校人才培养的实际需要，实行学分制等弹性学习制度。

第十一条　运动学校中等职业教育招生纳入国家招生计划，招生工作可以采用学年集中招生与试训相结合的办法。

考生应当参加体育测试、文化课考试和体检，对于体育运动成绩优异的，可以按照有关标准和程序破格录取。

第十二条　运动学校初中、小学部面向社会普通中小学招生，学生被录取后学籍的变动和管理，按照当地中小学学籍管理办法执行。

第十三条　学生按照运动学校课程方案要求，修完规定的课程且成绩合格的，发给相应的学历证书。接受职业技能培训经考核合格的，按照国家规定颁发相应的职业技能培训证书或职业资格证书。专项运动成绩达到运动员技术等级标准的，可申请相应的等级称号。

第十四条　运动学校毕业的学生，按照学校所在地省级招生委员会的招生规定，可在学校所在地报考普通高等学校。

第十五条　运动学校应当加强职业指导工作，为学生提供运动生涯、职业规划和心理方面的咨询服务，做好毕业生就业、创业服务工作，维护毕业生的合法权益。

第四章　德育与教学工作

第十六条　运动学校应当坚持育人为本，把德育工作放在首位，增强德育工作的时代性、吸引力、实效性，重视社会主义核心价值观教育。

第十七条　运动学校应当按照国家关于制定中等职业学校教学计划的规定，制定各专业实施性教学计划，开设德育课、文化基础课和相关专业课，开展运动训练和相关职业技能训练。德育课和文化基础课应当根据中等职业学校的教学大纲实施教学，选用国家规划教材。运动学校可开发具有区域特色的专业课程，编写专业课的校本教材。

第十八条　运动学校根据学生需要可以开设普通高中文化课程。运动学校的初中和小学部课时安排，原则上与普通中小学相同，在保证完成基础教学任务的前提下，可以根据训练的实际需要适当调整教学计划。

前款规定的教育，运动学校应当按照运动员文化教育基础教育阶段的课程方案、课程标准和审查通过的教材等，实施课程，组织教学，并可因地制宜地开发具有区域特色的校本课程和其他教育资源。

第十九条　运动学校应当建立良好的教学环境和正常的教学秩序，建立规范化、制度化的教学和考试制度。学生文化教育每周应不少于24学时，因训练、竞赛耽误课程，应及时安排补课辅导。

第二十条　运动学校应当根据当地经济社会发展和人才需求的实际情况，按照《中等职业学校专业目录》和其他有关规定，设置运动训练、休闲体育服务与管理、体育设施管理与经营等中等体育专业。

第二十一条　运动学校应当积极推行学历证书与职业资格证书制度。运动学校的教学与相关职业资格标准相结合，突出职业技能训练，并可组织学生参加相关职业技能鉴定机构组织的社会体育指导员等体育类的技能鉴定。

第五章　运动训练、竞赛与科研工作

第二十二条　运动学校应当按照全国青少年教学训练大纲进行科学系统的训练。全年不少于280个训练日（含竞赛），每天训练时间控制在3.5小时以内（含早操）。义务教育阶段的学生每天训练时间原则上控制在2.5小时以内（含早操）。

第二十三条　运动学校应当配备必要的运动训练科研设施、设备和专职的科研人员，加强训练监控、训练恢复和医疗保障工作，提高训练质量。

第二十四条　运动学校应当为学生提供与体育运动相适应的营养，定期对学生进行医疗检查，做好伤病防治工作。

运动学校应当加强学生医务监督，禁止使用兴奋剂。

第二十五条　运动学校应当建立健全科学的选材测试、人才培养跟踪、档案管理等制度，认真做好选材和育才工作。

第二十六条　运动学校学生可以代表当地中小学参加各级体育、教育行政部门举办的体育竞赛活动。

学生竞赛代表资格发生争议的，由主管的体育、教育行政部门按照体育竞赛的有关规定执行。

第六章　教师、教练员

第二十七条　运动学校文化课教师应当具备国家规定的教师资格。教育行政部门负责向公办运动学校选派优秀文化课教师。文化课教师的专业技术职务评聘、工资待遇按照国家有关规定执行。

第二十八条　运动学校教练员实行聘任制。聘任的教练员应当符合国家规定的教练员资格和任职条件。

运动学校可以聘请兼职教练员任教。

第二十九条　运动学校文化课教师、教练员应当从学校的实际出发，共同研究和改进文化教育和运动训练工作，努力提高教学和训练质量。

第三十条　运动学校招聘体育工作人员，对取得优异成绩的退役运动员，可以采取直接考核的方式招聘；对其他退役运动员，应在同等条件下优先聘用。

运动学校中使用彩票公益金资助建成的体育设施，须安排一定比例岗位用于聘用退役运动员。

第七章　保障条件

第三十一条　地方各级人民政府应当按照国家规定加强运动学校建设，将其纳入当地体育和教育发展规划，将训练竞赛经费、文化教育经费纳入同级财政预算，并加大经费投入，不断改善办学条件。

公办运动学校的基建投资，由主管的体育、教育行政部门联合向当地人民政府申报解决。

第三十二条　运动学校学生、教练员的伙食标准每人每日不低于25元，运动服装标准每人每年不低于800元。各省（区、市）应当根据当地经济发展情况和物价水平，制定不低于上述标准的伙食标准和运动服装标准，并建立相应的动态增长机制。

第三十三条　运动学校应当为学生办理保险。有条件的，可以根据运动项目训练和比赛的特点，办理专门的意外伤害保险。

第八章　安全管理与监督

第三十四条　运动学校应当根据实际情况建立校园安全责任制度，制定安全预防、保险、应急处理和报告等相关制度。

第三十五条　运动学校应当配备必要的安全管理人员，开展学校安全管理工作，保障训练竞赛、教育教学及其他活动中学生、教练员和教师的安全。

第三十六条　县级以上体育、教育行政部门应当定期检查学校文化教育实施情况。对违反《中华人民共和国义务教育法》和有关制度及本办法的行为，应及时予以纠正，并依法对学校及相关责任人给予相应的处理、处罚。

第三十七条　运动学校在训练竞赛、教育教学等活动中发生安全责任事故的，由有关主管部门予以查处，对相关责任人给予处分，构成犯罪的依法追究刑事责任。

第九章　附　　则

第三十八条　体育院校附属竞技体校的管理，参照本办法的规定执行。

第三十九条　省、自治区、直辖市体育和教育行政部门可以依照本办法制定实施细则或相应的规章制度。

第四十条　本办法自 2011 年 10 月 1 日起施行，原国家体委、国家教委 1991 年 7 月 8 日发布的《体育运动学校办校暂行规定》（体群字〔1991〕131 号）同时废止。

技工学校招生规定

1990 年 9 月 3 日劳动部发布

第一章　总　　则

第一条　为了做好技工学校的招生工作，选拔适合技工学校要求的优秀新生，为社会主义现代化建设培养合格的技术工人，根据《技工学校工作条例》制定本规定。

第二条　技工学校招生工作，在当地人民政府的领导下，由各级劳动行政部门负责组织实施。

第三条　技工学校招生，应坚持德、智、体全面考核，择优录取的原则，根据经济建设和社会发展的需要，实行定向培训，做到培训与就业相衔接。

第四条　技工学校招生，应公开招生政策、招生计划、录取办法和录取名单，接受社会监督。

第二章　机构及职责

第五条　劳动部主管全国技工学校招生工作，其职责是：

（一）制定技工学校招生政策；

（二）编制全国技工学校招生计划和分地区、分部门的技工学校招生计划，负责年度计划的组织实施和监督检查，编制和下达为集体所有制单位和“三资”企业培训技术工人的指导性计划；

（三）审核、下达国务院有关部门及计划单列企业集团所属技工学校的招生来源计划；

（四）组织全国技工学校招生考试的统一命题；

（五）指导检查各地招生工作，组织或督促有关部门调查处理招生工作中发生的重大问题。

第六条　省、自治区、直辖市劳动厅（局）负责管理本地区技工学校招生工作，其职责是：

（一）执行劳动部有关技工学校的招生政策，并结合本地区实际情况制定实施办法；

（二）执行国家下达的招生计划；

（三）检查、监督本地区技工学校的招生工作，并调查处理本地区招生工作中发生的重大问题。

第七条　地方各级劳动行政部门建立的技工学校招生办公室，是技工学校招生工作的办事机构，具体负责本地区招生中报名、政审、体检和考试、评卷、录取等项工作。

第八条　技工学校根据国家核定的招生计划和有关招生规定录取新生，并进行必要的复查。

第三章　招 生 计 划

第九条　省、自治区、直辖市、计划单列市劳动厅（局）和国务院有关部门及计划单列企业集团，应根据生产建设对技术工人的实际需求，在每年第三季度编制出本地区、本部门下一年度的招生计划，并报劳动部审核平衡，纳入国家劳动工资和技工学校招生计划。

第十条　安排技工学校招生指标，应根据国家产业政策的要求，首先保证国家重点建设项目的需要，主要考虑技术复杂、生产急需的工种（专业）。对生产建设不需要或不具备办学条件的工种（专业）和未按国家规定批准的技工学校，不得安排招生。

第十一条　国务院有关部门所属的技工学校根据生产建设需要可以跨省招生，其招生来源计划须报劳动部审核后下达，具体招生办法依据当地劳动行政部门的有关规定办理。

国务院有关部门应注意与当地劳动行政部门做好招生计划的衔接工作，务必于当年 4 月 30 日前将本部门需要招生的学校名称、地址及招生要求通知省、自治区、直辖市技工学校招生办公室。

第十二条　技工学校应严格执行国家招生计划，不得突破。

第四章　报　　名

第十三条　具有城镇户口，符合下列条件的青年，均可报名：

（一）热爱祖国，拥护四项基本原则，遵纪守法；

（二）初中、高中毕业或具有同等学力；

（三）身体健康，符合工种（专业）要求；

（四）未婚，初中毕业生不得超过 18 周岁、高中毕业生不得超过 20 周岁。

报考特殊工种，年龄可适当放宽。

第十四条　国营农林科研单位、院校、场圃中，原吃商品粮改吃自产粮的正式职工子女（限户口在上述单位），符合第十三条的四项规定，可以报名。

第十五条　下列人员不得报名：

（一）各级各类学校的在校生；

（二）中等专业学校、技工学校和职业高中的毕业生；

（三）在职职工；

（四）上一年被技工学校录取而不报到者；

（五）触犯刑律者。

第十六条 报名应在户口所在地进行。

第五章 政审和体检

第十七条 对考生政治思想品德的审核，按《技工学校录取新生政治思想考察的意见》执行。

第十八条 对考生身体健康状况的检查，按《技工学校招生体检标准及执行细则》执行。

第十九条 体格检查应在各级技工学校招生办公室指定的县级（含县级）以上的医院进行。

第六章 命题和考试

第二十条 劳动部根据技工学校培养目标对文化知识的要求，参照全日制中学教学大纲，组织全国技工学校招生考试的统一命题，制定参考答案和评分标准。

第二十一条 对考生中的初中和高中毕业生应分别组织考试。高中毕业生不得参加初中组考试。

第二十二条 全国技工学校招生考试的科目和时间由劳动部统一确定。

第七章 录 取

第二十三条 各地技工学校招生办公室根据考生考试成绩，确定最低录取分数线。

第二十四条 学校结合考生志愿，提出录取名单，由当地技工学校招生办公室负责审批，并签发录取通知书。

第二十五条 企业办的技工学校（限学校经费来源为营业外支出的）可招收一定比例的职工子女。具体办法由省、自治区、直辖市劳动部门确定。

第二十六条 归国华侨、港澳台胞的子女，在同等条件下，可优先录取；受过地区级以上表彰的三好学生、优秀学生干部可适当加分录取。

第二十七条 少数民族地区的技工学校应招收一定比例的少数民族考生，并可适当放宽录取分数线。

第二十八条 凡适合女青年从事的工种（专业），应尽量多招收女生。

第二十九条 招收残疾青年，按《技工学校招生体检标准及执行细则》的补充规定办理。

第三十条 对高空、高温、野外、井下等作业条件艰苦、招生困难的工种（专业），经当地技工学校招生办公室同意，可根据考生志愿，由学校自行组织招生。

第三十一条 在生产建设特殊需要，城市生源又不足的情况下，经省、自治区、直辖市人民政府批准，可招收农业户口的青年，但招生人数须从严控制，并报劳动部备案。

第三十二条 新生入学户口、粮油关系的迁移，按国家有关规定办理。

第八章 经 费

第三十三条 技工学校招生经费，应参照中等专业学校招生经费开支标准，由省、自治区、直辖市劳动部门会同财政部门商定。

第三十四条 考生应交报名费和考务费，收费标准由省、自治区、直辖市劳动部门会同物价部门商定。

第九章 纪 律

第三十五条 考生有下列行为之一的，招生办公室或技工学校视不同情况可取消其考试资格、被录取资格或入学资格：

（一）谎报年龄、学历、民族或以其他手段骗取报考资格的；

（二）在考试中有夹带、传递、抄袭、换卷、代考等舞弊行为的；

（三）在政审和体检中弄虚作假的。

第三十六条 招生工作人员有下列行为的，应给予纪律处分：

（一）涂改考生志愿、试卷、试卷分数及其他有关证明材料的；

（二）违反招生工作规定，给工作造成损失的。

第十章 附 则

第三十七条 各省、自治区、直辖市劳动部门可结合本地区实际情况，根据本规定制定实施办法，并报劳动部备案。

第三十八条 本规定适用于按国家计划组织的技工学校招生工作。

第三十九条 本规定由劳动部负责解释。

第四十条 本规定自颁发之日起施行。

技工学校工作规定

1. 1986年11月11日劳动人事部、国家教育委员会发布
2. 根据2010年11月12日人力资源和社会保障部令第7号《关于废止和修改部分人力资源和社会保障规章的决定》修订

第一章 总 则

第一条 为了贯彻执行《中共中央关于教育体制改革的

决定》中的有关规定，适应国民经济和社会发展的需要，进一步办好和发展技工学校，特制定本条例。

第二条　技工学校是培养技术工人的中等职业技术学校，是国家职业技术教育事业的重要组成部分，属于高中阶段的职业技术教育。它必须贯彻执行党和国家的教育方针，面向现代化，面向世界，面向未来，不断提高教学质量，把学生培养成为合格的中级技术工人，做到多出人才、出好人才，为国民经济和社会发展服务。

第三条　技工学校在完成培养中级技术工人任务的前提下，应当根据需要和可能，积极承担多种培训任务，包括在职工人（含班组长）的提高培训、转业培训，待业青年的就业培训，学徒的技术培训等。

第四条　技工学校培养中级技术工人的具体要求是：

思想政治方面：培养学生爱祖国、爱人民、爱劳动、爱科学、爱社会主义，讲文明、懂礼貌、守纪律，有良好的职业道德，有为国家富强和人民富裕而艰苦奋斗的献身精神。

操作技术方面：培养学生熟练地掌握本工种（专业）的基本操作技能，完成本工种（专业）中级技术水平的作业，养成遵守操作规范和安全生产、文明生产的习惯。

文化技术知识方面：培养学生扎实地掌握本工种（专业）中级技术所需要的文化和技术理论基础知识，具有一定的分析和解决问题的能力。

身体方面：重视体育锻炼，使学生具有健康的身体。

第五条　技工学校的学制，应根据培养目标、招生对象的不同，分别确定。培养中级技术工人，主要招收初中毕业生，学制为3年（个别工种（专业）确有需要的，可以招收高中毕业生，经省、自治区、直辖市劳动人事部门批准，学制为1至2年）。

第六条　技工学校的招生计划，分别由国务院各主管部门和各省、自治区、直辖市劳动人事厅、局（劳动局）会同计（经）委、教育部门提出，经劳动人事部汇总平衡，报国家计划委员会列入国民经济和社会发展计划，同时抄报国家教育委员会。

技工学校招生，坚持德智体全面考核、择优录取的原则。

第七条　技工学校毕业生的分配办法，必须进一步改革。改革的方向是把国家统包统配改为按“三结合”方针就业。当前，要实行在国家计划指导下，由学校推荐、用人单位择优录用的制度，既应面向全民所有制单位，也应面向集体所有制单位。

第八条　技工学校由劳动人事部在国家教育委员会指导下进行综合管理。在省、自治区、直辖市劳动人事厅、局（劳动局）综合管理。省、自治区、直辖市教育委员会负责统筹协调。

第二章　学 校 设 置

第九条　发展技工学校应统筹规则，合理布局，根据经济建设和社会发展的需要，采取多种形式办学。主要是：

各级产业部门办；

各级劳动人事部门办；

厂矿企、事业单位办；

有关部门、单位联合办；

鼓励集体所有制单位办。

第十条　技工学校的办学规模和工种（专业）设置，从经济和社会发展需要出发，由办学主管部门核定。规模不宜过小，在校学生一般不应少于200人。工种（专业）设置，应以操作技术复杂、技术业务知识要求高的为主；为增强学生就业后的适应能力，不宜划分过细。

第十一条　技工学校应该具备的办学条件是：

按照选拔干部的原则和劳动人事部颁发的《技工学校机构设置和人员编制标准暂行规定》，设置机构、配备教职工和实习工厂（场、店）工作人员；

有稳定可靠的经费来源；

有同办学规模、工种（专业）设置相适应的校舍、实习实验场所、设备、体育活动场地。有切实可行的教学计划、教学大纲、教材和图书资料。

第十二条　技工学校的开办、调整、撤销，由国务院各部门办的，在商得有关省、自治区、直辖市劳动人事、教育部门同意后，由国务院有关主管部门批准；属于地方办的，由省、自治区、直辖市劳动人事部门会商教育部门，由劳动人事部门审查，报省、自治区、直辖市人民政府批准；以上均应报劳动人事部备案。

已经批准开办的技工学校不准改为中等专业学校或其他性质的学校。

第十三条　技工学校必须把社会效益作为衡量工作的根本标准。应当加强校际之间的横向联系，开展专业化协作。

在培训方面，各校应取长补短，进行工种（专业）的合理分工和协作，保持主要工种（专业）的相对稳定。有关教学、实习和实验、文体活动等要相互配合。

在生产经营方面，各校应在平等协商、自愿互利的原则下，开展灵活多样的相互支援与协作。可以在校际之间自行联系挂钩，也可以按地区、行业组织起来定期协商交流，还可以成立校际之间的松散联合组织，开展生产协作。劳动人事部门要加强指导。

第三章 文化、技术理论与生产实习教学

第十四条 技工学校的教学,必须着重操作技能的训练;并紧密围绕培养目标,安排必要的文化与技术理论基础课程。

第十五条 技工学校的教学,必须根据国务院各有关主管部门制定和颁发的教学计划、教学大纲进行。学校应按照教学计划、教学大纲的要求,编制学期的、月份的生产(业务)实习教学计划和文化、专业技术理论课的学期教学进度计划。教师应编制学期授课计划和课时授课计划。

对于上述教学计划、教学大纲,学校可以根据地区和企业的不同特点,做必要的调整。课时的调整幅度一般可占总课时的15%左右。

第十六条 技工学校的生产(业务)实习教学,是培养学生掌握操作技能的主要手段。学生的生产(业务)实习,应尽可能结合生产(业务工作)进行。可以在校办工厂实习,也可以下厂(车间、工地、店堂)实习。生产(业务)实习教学的内容,应包括基本功训练和综合课题训练。

基本功训练和综合课题训练,一般应在校办实习工厂(场、店),采用课堂教学形式进行。学校应根据所设工种(专业)建立实习工厂(场、店),配备实习设备。对于不便于建立实习工厂的工种(专业),应加强实验、模拟教学。组织学生下厂实习的,学校应事先同企业商订出生产(业务)实习教学工作计划,力求做到定课题、定学时、定岗位、定师傅、定期考核和定期轮换实习岗位。

第十七条 技工学校专业技术理论课的教学,应同本工种(专业)操作技能训练密切结合。其他课程的教学,也应坚持理论联系实际,并注意各课之间的配合与协调。

技工学校应建立专课教室、实验室、图书馆(室),并根据教学需要,不断充实仪器、教具、图书、教学资料和有关技术资料。并积极创造条件,逐步实施电化教学。

第十八条 技工学校应建立、健全学生学业成绩考核制度,认真进行平时考查,学期、学年和毕业考试。

第十九条 技工学校应按照工种(专业)和课程的不同,建立教学研究组。教学研究组应制订执行教学计划、教学大纲的措施,研究教学内容和教学方法,积极采用先进教学手段,总结交流教学经验和开展业务学习。

第二十条 技工学校领导人员应把主要精力放在教学工作上,通过听课、参加教学研究、检查学生作业和实习工件、召开师生座谈会等,深入了解教学情况,提出改进措施。

第四章 思想政治教育

第二十一条 技工学校的学生、教职工和实习工厂(场、店)工作人员的思想政治工作,必须大力加强。应当认真开展社会主义精神文明建设的教育,加强对学生进行马列主义基本知识教育、共产主义教育、职业道德教育、时事政策教育、法制教育。应当结合形势、任务、针对思想实际,寓思想教育于教学活动之中。培养学生成为有理想、有道德、有文化、有纪律的技术工人。教师要身教重于言教。应当表彰不愧于为人师表的教职人员,克服不良倾向。

第二十二条 对思想性质的问题,必须采取民主讨论的方法、说理的方法、批评和自我批评的方法去解决,必须采取教育和疏导的方法去解决。

第二十三条 在技工学校党组织的领导下,充分发挥共青团、学生会和工会的作用,开展适合青年特点和教职工需要的有益身心健康的活动。

第二十四条 技工学校应建立、健全学生的品德考核制度,做好学生操行评定工作。这种评定一个学期进行1次,由班主任考察学生的表现,听取各方面的意见,写出评语。评语要实事求是,鼓励上进。

第五章 学 生

第二十五条 技工学校学生必须按时入学办理入学注册手续,遵守学籍管理制度。

第二十六条 技工学校学生应当发扬勤工俭学的精神;努力学习,不断上进;应当尊敬师长,遵纪守法,遵守《技工学校学生守则》和学校的规章制度。

对于在道德品质、学习、生产劳动等方面表现优秀的学生,应该分别情况,给予表扬、记功和奖励,可以颁发奖状和发给一定的奖品。对于违犯纪律又屡教不改的学生,应该分别情节轻重,给予警告、严重警告、记过、留校察看、责令退学直至开除学籍的处分。

处分学生,应该经过校务会议讨论,由校长批准执行。责令学生退学和开除学生学籍,应报主管部门和当地劳动人事部门备案。

第二十七条 技工学校按国家计划招收的学生,实行助学金和奖学金相结合的办法。

第二十八条 技工学校应引导和帮助学生建立、健全学生会组织,培养学生自己管理自己的能力。学生会和共青团及其班级组织,应协助学校领导和教师做好学

生的思想工作；推动学生好好学习，遵纪守法；组织学生开展课余学习、文体活动、公益劳动；管好学生宿舍；做好社会工作。

第二十九条　学生学习期满，经过课程结束考试、操行考核和毕业考试，成绩合格者，准予毕业，发给毕业证书。毕业考试成绩有两门课程不及格或操行成绩不及格的，不能毕业，发给结业证书。

第六章　教　　师

第三十条　技工学校的教师，按照《技工学校教师职务试行条例》的规定，逐步实行聘任制。

第三十一条　技工学校教师应当认识时代和人民的要求，努力提高自己的思想道德素质和业务素质，做到为人师表；关心和爱护学生，认真钻研教学业务，改进教学方法，提高教学质量，完成教育、教学任务。

第三十二条　技工学校教师的任课时数，根据所任课程、年级的不同分别确定。担任生产（业务）实习课的，根据技工学校人员编制标准的有关规定，按负责一个实习教学班确定；担任文化、技术理论课和其他各门课程的，一般按每周12至16课时安排。

第三十三条　技工学校必须认真执行党的知识分子政策，调动教师的教学积极性，充分发挥教师在教学中的主导作用。学校领导者要从政治上关心教师，帮助教师解决工作和生活中的困难和问题，保证教师有充分的时间用于教学工作。

学校应切实加强对教师的培训和业务进修工作。生产实习课指导教师要努力达到能教本工种（专业）的工艺理论课；技术理论课教师应掌握一定的实际操作技能。应支持和鼓励教师积极参加教学研究和学术讨论活动。

第三十四条　技工学校应按学期或学年做好教师的考核工作。对于在工作中做出显著成绩的教师，要给予表扬和奖励；对于有特殊成绩和突出贡献的教师，可以提前晋职。对于失职和违犯纪律的教师，应给予批评教育以至降职、解聘。

第七章　实习工厂（场、店）管理

第三十五条　技工学校的实习工厂（场、店）应统筹安排实习教学任务和生产经营活动，既要保证完成教学计划，又要通过生产经营，增加学校收益。

第三十六条　技工学校实习工厂（场、店）必须根据生产实习教学的要求制订实施计划，安排好学生的基本操作技能训练，尽可能减少纯消耗性的实习，应当防止发生脱离实习教学，单纯追求产值利润的偏向。

必须积极掌握技术信息资料、及时改进实习教学和生产经营管理。

学校主管部门和办学单位，应帮助学校实习工厂（场、店）开拓生产业务门路，疏通供销渠道，解决实习教学和生产经营所需要的原材料、物资、设备等问题。实习工厂（场、店）要建立、健全原材料、物资、设备等各项管理制度，严格实行岗位责任制。应注意采用和推广新技术、新工艺和先进操作法，鼓励师生员工开展技术革新和发明创造。对改革、创新确有成效的，应给予表扬和奖励。实习工厂（场、店）要实行单独核算，严格执行财经纪律。

学校承担生产任务和经营业务，必须严格履行所签订的经济合同，按照国家规定的标准生产和检验产品，保证产品质量和经营服务质量。

第三十七条　技工学校实习工厂（场、店）必须切实改善劳动条件，完善防护设备，严格执行安全操作规程，做好劳动保护工作。

第八章　行 政 工 作

第三十八条　技工学校可以试行校长负责制。校长是学校的行政领导人，全面负责学校的教学、生产等各项工作。

学校应该建立、健全校务会议制度。校务会议由校长主持、副校长、各部门负责人和其他有关人员参加，讨论学校计划、总结和其他重要问题。

学校应该建立、健全教职工大会或教职工代表会议制度。教职工大会或教职工代表会议是教职工行使民主权利，参加学校管理的重要形式。

第三十九条　技工学校的后勤工作要明确树立为教学和生产经营服务、为师生员工服务的思想，关心群众生活，办好公共食堂、搞好集体福利，做好卫生保健、绿化美化环境工作，管理好学生宿舍和学校的各种物资、设备。

第四十条　技工学校的食堂要实行民主管理，健全管理制度，定期公布帐目，杜绝贪污浪费，努力改善伙食，注意饮食营养卫生。

第四十一条　技工学校应建立独立的财务机构，经费由主办单位按照规定的程序、经费开支渠道和标准拨给，由学校支配使用。学校要配备财会人员，健全财务制度，遵守财经纪律。一切开支必须精打细算，厉行节约。

应建立技工学校基金制度，具体办法按照劳动人事部、财政部《关于在技工学校建立学校基金制度的联合通知》办理。

第四十二条 技工学校的领导干部，要模范地执行党的方针政策，遵守党纪国法，努力学习政治理论和学校管理知识，认真总结经验，研究技工教育的规律，不断改进领导作风和领导方法，把学校切实办好。

第九章 附 则

第四十三条 各省、自治区、直辖市劳动人事厅、局（劳动局）和国务院各有关部门，可以参照本条例制定实施细则。

第四十四条 本条例自1987年1月1日起实行，1979年2月20日原国家劳动总局颁发的《技工学校工作条例（试行）》同时废止。

高等职业学校设置标准（暂行）

1. 2000年3月15日教育部发布
2. 教发〔2000〕41号

第一条 设置高等职业学校，必须配备具有较高政治素质和管理能力、品德高尚、熟悉高等教育、具有高等学校副高级以上专业技术职务的专职校（院）长和副校（院）长，同时配备专职德育工作者和具有副高级以上专业技术职务、具有从事高等教育工作经历的系科、专业负责人。

第二条 设置高等职业学校必须配备专、兼职结合的教师队伍，其人数应与专业设置、在校学生人数相适应。在建校初期，具有大学本科以上学历的专任教师一般不能少于70人，其中副高级专业技术职务以上的专任教师人数不应低于本校专任教师总数的20%；每个专业至少配备副高级专业技术职务以上的专任教师2人，中级专业技术职务以上的本专业的“双师型”专任教师2人；每门主要专业技能课程至少配备相关专业中级技术职务以上的专任教师2人。

第三条 设置高等职业学校，须有与学校的学科门类、规模相适应的土地和校舍，以保证教学、实践环节和师生生活、体育锻炼与学校长远发展的需要。建校初期，生均教学、实验、行政用房建筑面积不得低于20平方米；校园占地面积一般应在150亩左右（此为参考标准）。

必须配备与专业设置相适应的必要的实习实训场所、教学仪器设备和图书资料。适用的教学仪器设备的总值，在建校初期不能少于600万元；适用图书不能少于8万册。

第四条 课程设置必须突出高等职业学校的特色。实践教学课时一般应占教学计划总课时40%左右（不同科类专业可做适当调整）；教学计划中规定的实验、实训课的开出率在90%以上；每个专业必须拥有相应的基础技能训练、模拟操作的条件和稳定的实习、实践活动基地。

一般都必须开设外语课和计算机课并配备相应的设备。

第五条 建校后首次招生专业数应在5个左右。

第六条 设置高等职业学校所需基本建设投资和正常教学等各项工作所需的经费，须有稳定、可靠的来源和切实的保证。

第七条 新建高等职业学校应在4年内达到以下基本要求：

1. 全日制在校生规模不少于2000人；

2. 大学本科以上学历的专任教师不少于100人，其中，具有副高级专业技术职务以上的专任教师人数不低于本校专任教师总数的25%；

3. 与专业设置相适应的教学仪器设备的总值不少于1000万元，校舍建筑面积不低于6万平方米，适用图书不少于15万册；

4. 形成了具有高等职业技术教育特色的完备的教学计划、教学大纲和健全的教学管理制度。

对于达不到上述基本要求的学校，视为不合格学校进行。适当处理。

第八条 位于边远地区、民办或特殊类别的高等职业学校，在设置时，其办学规模及其相应的办学条件可以适当放宽要求。

第九条 自本标准发布之日以前制定的高等职业学校有关设置标准与本标准不一致的，以本标准为准。

中等职业学校管理规程

1. 2010年5月13日教育部发布
2. 教职成〔2010〕6号

第一章 总 则

第一条 为进一步规范中等职业学校管理，全面提高管理水平、教育质量和办学效益，促进中等职业教育科学发展，依据《中华人民共和国教育法》、《中华人民共和国职业教育法》等相关法律法规，制定本规程。

第二条 本规程适用于依法设立的各类中等职业学校（包括普通中等专业学校、成人中等专业学校、职业高中、技工学校）。中等职业学校的设立依据国家和省级教育行政部门发布的中等职业学校设置标准，其设立、变更、终止应当报省级教育行政部门依法审批或备案。

第三条 中等职业学校实行学历教育和职业培训相结合,职前教育和职后教育相结合。积极开展农村实用技术培训、农村劳动力转移培训、农民工培训、下岗再就业培训、社区居民培训等各类教育培训活动。

第四条 中等职业学校实行全日制和非全日制相结合的教育形式。实施学历教育,主要招收初中毕业生和具有同等学力的人员,基本学制以三年为主;招收高中毕业生,基本学制以一年为主。学校在对学生进行高中层次文化知识教育的同时,根据职业岗位的要求实施职业道德教育、职业知识教育和职业技能训练,培养与我国社会主义现代化建设要求相适应,具有综合职业能力,在生产、管理、服务一线工作的高素质劳动者和技能型人才。

第五条 各级教育行政部门负有中等职业学校管理和组织领导职责,其他相关部门按照各自职责负责中等职业学校相关管理工作。

省级教育行政部门应当加强对学校办学资质的审核和监管,在每年春季招生工作开始前,公布本地区本年度具有招生和享受国家助学政策的学校名单。

第六条 学校应当依法制定学校章程,按照章程自主办学。学校实行校长负责制,聘任具备法定任职条件、熟悉职业教育规律、敬业创新、管理能力强的人员担任校长。新任校长应当经过岗前培训,持证上岗。学校章程中应当明确校长在学校发展规划、行政管理、教育教学管理、人事管理、财务管理等方面的责任、权利和义务。

学校建立健全校长考核及激励约束机制。

第二章 学校内部管理体制

第七条 学校建立校长全面负责行政工作、党组织保障监督、教职工民主参与管理的内部管理体制。民办学校实行理事会或者董事会领导下的校长负责制。

学校建立党组织,并确保党组织发挥监督、保障和参与重大决策的作用。学校应当在党组织领导下,建立共青团、学生会组织,组织开展生动有效的思想政治教育活动。

第八条 学校建立和完善教职工代表大会制度,依法保障教职工参与民主管理和监督的权利,发挥教职工代表大会参与学校重大决策的作用。学校建立工会组织,维护教职工合法权益。

第九条 学校根据国家有关政策,结合自身发展实际,合理设置内部管理机构,并明确其职责,规模较大的学校可以设置若干专业部(系),实行校、部(系)二级管理。

第三章 教职工管理

第十条 学校按照人事管理规定,科学设置各类岗位,公共基础课教师和专业技能课教师保持合理比例,实行固定岗位和流动岗位相结合、专职岗位和兼职岗位相结合的岗位管理办法,逐步提高同时具有教师资格证书和职业资格证书的"双师型"教师比例,不断优化教职工队伍结构。

第十一条 学校实行教师聘任制。根据《中华人民共和国教师法》和国家关于事业单位人员聘用制度的有关规定,科学制定学校教师聘任管理制度和具体管理办法。按照公开、平等、竞争、择优的原则,在定员、定岗、定责的基础上聘任、解聘或辞退教职工。学校应当建立健全保障教职工合法权益的程序和制度。

第十二条 学校实行教师职务制度。逐步提高同时具有中等职业学校教师职务和职业资格证书的专业课教师比例,实习指导教师应当具有相当于助理工程师及以上专业技术职务或者中级及以上工人技术等级。

学校建立有利于引进企业优秀专业技术人才到学校担任专、兼职教师的聘任制度。学校可以根据需要通过"特岗、特聘、特邀"等形式,向行业组织、企业和事业单位聘任专业课教师或实习指导教师。

第十三条 学校建立教师到企业实践制度。专业技能课教师、实习指导教师每两年应当有两个月以上时间到企业或生产服务一线实践。鼓励教师参加高一级学历进修或提高业务能力的培训。

第十四条 学校按照国家有关规定要求,建立健全师德考评奖励机制,开展师德师风教育、法制教育和安全教育。

学校应当加强班主任队伍建设,建立健全班主任业绩考核和激励约束机制。

第四章 教学管理

第十五条 学校应当设立教学管理机构,制定教学管理制度,建立健全教学管理运行机制,保证教学计划的实施。

第十六条 学校实行工学结合的人才培养模式,坚持专业教育与生产实践相结合。

第十七条 学校根据经济社会发展和劳动力市场需求,按照《中等职业学校专业目录》设置的专业,应当经学校主管部门同意,地市级以上教育行政部门核准,报省级教育行政部门备案。设置《中等职业学校专业目录》外专业,应当经省级教育行政部门核准,报国家教育行政部门备案。

学校应当与行业企业紧密合作，共同建立专业建设委员会和专业教学指导委员会，加强专业建设和教学指导。

第十八条 学校根据国家教育行政部门发布的指导性教学文件，制订实施性教学计划。

学校依据国家教育行政部门发布的教学大纲或教学指导方案组织教学、检查教学质量、评价教学效果、选编教材和装备教学设施。加强课程管理，严格执行国家教育行政部门设置的公共基础课程和专业技能课程，设置必修课和选修课。

第十九条 学校应当建立严格规范的教材管理制度。优先选用国家规划教材。根据培养目标和产业发展需要，可以开发使用校本教材。

第二十条 学校应当加强教学过程管理。建立健全教学质量监控与评价制度，有部门专门负责教学督导工作，定期组织实施综合性教学质量检查。

第二十一条 学校应当加强校内外实习实训基地的建设，加强对实践性教学环节的管理，保证实践教学的质量。建立健全学生实习就业管理制度，学校应有相应机构负责学生实习就业工作，加强对学生的安全教育，增强学生安全意识，提高学生自我防护能力。学校应当做好学生实习责任保险工作。

第二十二条 学校应当积极推行学历证书与职业资格证书并举的"双证书"制度。专业技能课程的教学内容应当与职业资格标准相结合，突出职业技能训练。学校应当组织学生参加职业技能鉴定，开展技能竞赛活动。

第二十三条 学校应当设立教学研究机构，加强教研和科研工作，积极组织教师参与国家和地方的教研活动。

第五章 德育管理

第二十四条 学校应当将德育工作放在首位，遵循学生身心发展规律，增强德育工作的针对性、实效性、时代性和吸引力，把社会主义核心价值体系融入职业教育人才培养的全过程，将德育全方位融入学校各方面工作。

第二十五条 学校应当加强对德育工作的组织和领导，明确各部门育人责任，设置德育和学生管理专门机构，建立专兼职学生管理队伍，使德育落实到教育教学工作的各个环节。

第二十六条 学校应当加强校园文化建设，优化校园人文环境和自然环境，完善校园文化活动设施，注重汲取产业文化的优秀成分，发挥文化、环境育人作用。

充分发挥共青团、学生会等学生社团组织在校园文化建设中的独特作用，开展丰富多彩的校园文化活动。

第二十七条 学校应当按照相关要求开足德育课课程，发挥德育课在德育工作的主渠道、主阵地作用。加强其他课程教学和实习实训等环节的德育工作，强化职业道德教育。加强学生的心理健康教育。

第二十八条 学校应当建立和完善学生思想道德评价制度，改革德育考核办法，加强德育过程的评价管理，建立学生德育档案。

第六章 学生管理

第二十九条 学校应当依法保护学生合法权益，平等对待学生，尊重学生的个体差异，促进学生全面发展。

第三十条 学校应当严格执行国家教育行政部门发布的中等职业学校学生学籍管理及其他有关规定，认真做好学生入学注册、课堂教学、成绩考核、实习实训、学籍变动、纪律与考勤、奖励与处分以及毕业、结业等各项管理工作。

第三十一条 学校根据《中等职业学校德育大纲》等规定，制定学生日常行为管理规范，做好学生日常行为管理工作。

第三十二条 学校建立健全学生学习管理制度，加强学风建设，引导学生刻苦钻研理论和实践知识，努力提高综合职业素养。

第三十三条 学校建立健全学生奖励和处分制度，学生奖学金、助学金、减免学费等制度。

第七章 招生管理与就业服务

第三十四条 学校应当根据有关规定，按照教育行政部门和招生管理部门的要求，明确学校招生管理部门职责，做好招生工作，严肃招生纪律，规范招生行为。坚决杜绝有偿招生和通过非法中介招生，不得与不具备中等职业学历教育资质的学校或机构联合招生。学校发布招生广告（含招生简章），应当真实准确，并按照有关规定报教育行政部门备案。

第三十五条 学校应当加强职业指导工作，做好毕业生就业、创业服务工作，维护毕业生的合法权益。

第三十六条 学校应当制定招生管理和就业服务的规章制度，对违反规定的，应当追究相关部门和人员的责任。

第三十七条 学校违反有关规定开展招生和就业服务活动的，教育行政部门应当依据法律和有关规定给予严肃处理；对涉嫌犯罪的，应当移送司法机关，依法追究有关人员的法律责任。

第八章 资产管理与后勤服务

第三十八条 学校应当做好校园总体规划，做到功能分区合理，满足发展要求，体现职业教育特色。加强校园建设和管理，建设安全、整洁、文明、优美、和谐的学习、工作和生活环境。

第三十九条 学校应当依法建立健全财务、会计制度和资产管理制度，做好规范收费和财务公开，建立健全会计账簿，加强内部控制和审计制度。

第四十条 学校应当依照国家有关规定，加强和规范对国家助学金和免学费补助资金的管理，健全资助体系和监管机制，防范和杜绝违反国家有关规定骗取国家助学金和免学费补助资金等违规违法行为。

第四十一条 学校应当做好资产的登记、使用、维护、折旧和报废等资产管理工作。

第四十二条 学校应当按照规定，建立和完善设施设备采购、管理和使用制度。加强对教学设施，实习实训设施的管理。

第四十三条 学校应当加强后勤管理工作，创新后勤服务管理机制，促进后勤服务社会化，提高服务质量和效益。

第四十四条 学校应当依照有关规定，做好膳食、宿舍管理等后勤保障工作，为师生提供优质服务。

第九章 安全管理

第四十五条 学校应当制定安全预防、日常安全管理、应急处理等安全管理制度，落实安全责任制。设立安全管理机构，配备安全管理人员，全面开展安全管理工作。

第四十六条 学校应当保证校内建筑物及其附属设施、教学设备、土地、道路、绿化设施、交通工具等学校设施设备符合安全标准，定期检查，消除安全隐患。

第四十七条 学校应当加强学生的法制、安全、卫生防疫等教育，开展逃生避险、救护演练、消防演练等活动，增强学生的法制意识、安全意识、卫生意识。

第四十八条 学校应当保障校内活动中的学生和教职员工的安全，保障经由学校组织或批准的校外活动中学生和教职员工的安全。加强学生实验、实习实训安全管理。

第四十九条 学校应当加强与当地公安机关和社区的联系，建立校园安全联防制度和安全工作协调机制，加强学校周边环境综合治理。

第十章 附 则

第五十条 各省、自治区、直辖市教育行政部门可以依照本规程制定实施细则或相应的管理制度。

第五十一条 本规程从发布之日起施行。

中等职业学校设置标准

1. 2010年7月6日发布
2. 教职成〔2010〕12号

第一条 为规范中等职业学校的设置，促进学校建设，保证教育质量，提高办学效益，依据《教育法》、《职业教育法》制定本标准。

第二条 本标准适用于公民、法人和其他组织依法设置的各类中等职业学校。

第三条 设置中等职业学校，应当符合当地职业教育发展规划，并达到《职业教育法》规定的基本条件。

第四条 中等职业学校应当具备法人条件，并按照国家有关规定办理法人登记。

第五条 设置中等职业学校，应具有学校章程。学校章程包括：名称、校址、办学宗旨、学校内部管理体制和运行机制、教职工管理、学生管理、教育教学管理、校产和财务管理、学校章程的修订等内容。

第六条 中等职业学校应当具备基本的办学规模。其中，学校学历教育在校生数应在1200人以上。

第七条 中等职业学校应当具有与学校办学规模相适应的专任教师队伍，兼职教师比例适当。

专任教师一般不少于60人，师生比达到1：20，专任教师学历应达到国家有关规定。专任教师中，具有高级专业技术职务人数不低于20%。

专业教师数应不低于本校专任教师数的50%，其中双师型教师不低于30%。每个专业至少应配备具有相关专业中级以上专业技术职务的专任教师2人。

聘请有实践经验的兼职教师应占本校专任教师总数的20%左右。

第八条 应有与办学规模和专业设置相适应的校园、校舍和设施。

校园占地面积（不含教职工宿舍和相对独立的附属机构）：新建学校的建设规划总用地不少于40000平方米；生均用地面积指标不少于33平方米。

校舍建筑面积（不含教职工宿舍和相对独立的附属机构）：新建学校建筑规划面积不少于24000平方米；生均校舍建筑面积指标不少20平方米。

体育用地：应有200米以上环型跑道的田径场，有满足教学和体育活动需要的其他设施和场地，符合

《学校体育工作条例》的基本要求。卫生保健、校园安全机构健全,教学、生活设施设备符合《学校卫生工作条例》的基本要求,校园安全有保障。

图书馆和阅览室:适用印刷图书生均不少于30册;报刊种类80种以上;教师阅览(资料)室和学生阅览室的座位数应分别按不低于专任教师总数的20%和学生总数的10%设置。

仪器设备:应当具有与专业设置相匹配、满足教学要求的实验、实习设施和仪器设备。工科类专业和医药类专业生均仪器设备价值不低于3000元,其他专业生均仪器设备价值不低于2500元。

实习、实训基地:要有与所设专业相适应的校内实训基地和相对稳定的校外实习基地,能够满足学生实习、实训需要。

要具备能够应用现代教育技术手段,实施现代远程职业教育及学校管理信息化所需的软、硬件设施、设备。其中,学校计算机拥有数量不少于每百生15台。

第九条　中等职业学校实行校长负责制。中等职业学校应当配备有较高思想政治素质和较强管理能力、熟悉职业教育发展规律的学校领导。

校长应具有从事三年以上教育教学工作的经历,校长及教学副校长应具有本科以上学历和高级专业技术职务,其他校级领导应具有本科以上学历和中级以上专业技术职务。

第十条　设置中等职业学校,应具有符合当地社会经济建设所需要的专业,有明确的教学计划、教学大纲等教学文件,以及相适应的课程标准和教材。

第十一条　中等职业学校应当具有必要的教育教学和管理等工作机构。

第十二条　中等职业学校办学经费应依据《职业教育法》和地方有关法规多渠道筹措落实。学校基本建设、实验实训设备、教师培训和生均经费等正常经费,应有稳定、可靠的来源和切实的保证。

第十三条　本标准为设置中等职业学校的基本标准,是教育行政部门审批、检查、评估、督导中等职业学校的基本依据。如今后国家有关部门对中等职业学校生均用地面积和生均校舍建筑面积有新规定,以新规定为准。省级教育行政部门可制定高于本标准的中等职业学校设置办法。

对于边远贫困地区设置中等职业学校,其办学规模和相应的办学条件可适当放宽要求。具体标准由省级教育行政部门依据本标准制定,报教育部备案。

对体育、艺术、特殊教育等类别中等职业学校,其办学规模及其相应办学条件的基本要求,由教育部会同有关部门另行公布。

第十四条　本标准自发布之日起施行。2001年教育部制定的《中等职业学校设置标准(试行)》同时废止。

中等职业学校专业设置管理办法(试行)

1. 2010年9月10日发布

2. 教职成厅〔2010〕9号

第一章　总　　则

第一条　为进一步规范和完善中等职业学校专业设置管理,引导中等职业学校依法自主设置专业,促进人才培养质量和办学水平的提高,根据《中华人民共和国职业教育法》和有关规定,制定本办法。

第二条　中等职业学校专业设置要以科学发展观为指导,坚持以服务为宗旨,以就业为导向,适应经济社会发展、科技进步,特别是经济发展方式转变和产业结构调整升级的需要,适应各地、各行业对生产、服务一线高素质劳动者和技能型人才培养的需要,适应学生职业生涯发展的需要。

第三条　国家鼓励中等职业学校设置符合国家重点产业、新兴产业和区域支柱产业、特色产业的发展需求以及就业前景良好的专业。

第四条　中等职业学校依照相关规定要求,可自主开设、调整和停办专业。

第五条　中等职业学校设置专业应以教育部发布的《中等职业学校专业目录》(以下简称《目录》)为基本依据。

第六条　各地和中等职业学校应做好专业建设规划,优化资源配置和专业结构,根据学校办学条件和区域产业结构情况设置专业,避免专业盲目设置和重复建设。

第七条　国务院教育行政部门负责全国中等职业学校专业设置的宏观指导,制定并定期修订《目录》。

行业主管部门负责本行业领域中等职业学校相关专业设置的指导工作。

第八条　省级教育行政部门负责本行政区域中等职业学校专业设置的统筹管理。

市(地)、县级教育行政部门管理中等职业学校专业设置的职责由各省(区、市)自行确定。

第二章　设 置 条 件

第九条　中等职业学校设置专业须具备以下条件：

（一）依据国家有关文件规定制定的、符合专业培养目标的完整的实施性教学计划和相关教学文件；

（二）开设专业必需的经费和校舍、仪器设备、实习实训场所，以及图书资料、数字化教学资源等基本办学条件；

（三）完成所开设专业教学任务所必需的教师队伍、教学辅助人员和相关行业、企业兼职专业教师；

（四）具有中级以上专业技术职务（职称）、从事该专业教学的专业教师，行业、企业兼职教师应保持相对稳定。

各地应根据区域经济社会发展实际，结合专业特点，进一步明确上述基本条件的相关细化指标，使专业设置条件要求具体化。

第十条　各地教育行政部门在审查、备案新设专业时，应优先考虑有相关专业建设基础的学校；中等职业学校设置专业应注重结合自身的专业优势，重点建设与学校分类属性相一致的专业，以利于办出特色，培育专业品牌。

第三章　设 置 程 序

第十一条　中等职业学校设置专业应遵循以下程序：

（一）开展行业、企业、就业市场调研，做好人才需求分析和预测；

（二）进行专业设置必要性和可行性论证；

（三）根据国家有关文件规定，制定符合专业培养目标的完整的实施性教学计划和相关教学文件；

（四）经相关行业、企业、教学、课程专家论证；

（五）征求相关部门意见，报教育行政部门备案。

第十二条　中等职业学校开设《目录》内专业，须经学校主管部门同意，报省级教育行政部门备案；开设《目录》外专业，须经省级教育行政部门备案后试办，按国家有关规定进行管理。

第十三条　中等职业学校开设医药卫生、公安司法、教育类等国家控制专业，应严格审查其办学资质。开设“保安”、“学前教育”专业以及“农村医学”、“中医”等医学类专业，应当符合相关行业主管部门规定的相关条件，报省级教育行政部门备案后开设。

第十四条　中等职业学校应根据经济社会发展、职业岗位和就业市场需求变化，及时对已开设专业的专业内涵、专业教学内容等进行调整。

中等职业学校根据办学实际停办已开设的专业，报市（地）级教育行政部门备案。

第四章　指导与检查

第十五条　省级教育行政部门对本行政区域内的中等职业学校专业设置实行指导、检查和监督。各地要定期对本地区中等职业学校专业设置管理情况进行检查指导，对试办的《目录》外专业要限期检查评估。新设《目录》外专业，由省级教育行政部门于每年 3 月报教育部备案。

第十六条　各地要建立由行业、企业、教科研机构和教育行政部门等组成的中等职业学校专业建设指导组织或机构，充分发挥其在中等职业学校专业建设中的作用。

中等职业学校应建立专业设置评议委员会，根据学校专业建设规划，定期对学校专业设置情况进行审议。

第十七条　省级教育行政部门每年要对本行政区域内的中等职业学校专业设置情况进行汇总，并向社会集中公布当年具有招生资格的学校和专业。对专业办学条件不达标、教学管理混乱、教学质量低下、就业率过低的，主管教育行政部门应责令学校限期整改；整改后仍达不到要求的，应暂停该专业招生。

第五章　附　　则

第十八条　省级教育行政部门应根据本办法要求，制定本行政区域中等职业学校专业设置管理实施细则，并报教育部备案。

第十九条　本办法适用于实施中等职业学历教育的各类中等职业学校。

第二十条　本办法自发布之日起施行，教育部印发的《关于中等职业学校专业设置管理的原则意见》（教职成〔2000〕8 号）同时废止。

中等职业学校职业指导工作规定

1. 2018 年 4 月 20 日教育部发布
2. 教职成〔2018〕4 号

第一章　总　　则

第一条　为规范和加强中等职业学校职业指导工作，不断提高人才培养质量，扩大优质职业教育资源供给，依据《中华人民共和国职业教育法》等法律法规，制订本规定。

第二条　职业指导是职业教育的重要内容，是职业学校的基础性工作。在中等职业学校开展职业指导工作，主要是通过学业辅导、职业指导教育、职业生涯咨询、创新创业教育和就业服务等,培养学生规划管理学业、职业生涯的意识和能力,培育学生的工匠精神和质量意识,为适应融入社会、就业创业和职业生涯可持续发展做好准备。

第三条 中等职业学校职业指导工作应深入贯彻习近平新时代中国特色社会主义思想,坚持立德树人、育人为本,遵循职业教育规律和学生成长规律,适应经济社会发展需求,完善机制、整合资源,构建全方位职业指导工作体系,动员学校全员参与、全程服务,持续提升职业指导工作水平。

第四条 中等职业学校职业指导工作应坚持以下原则:

(一)以学生为本原则。通过开展生动活泼的教学与实践活动,充分调动学生的积极性、主动性,引导学生参与体验,激发职业兴趣,增强职业认同,帮助学生形成职业生涯决策和规划能力。

(二)循序渐进原则。坚持从经济社会发展、学校办学水平以及学生自身实际出发,遵循学生身心发展和职业生涯发展规律,循序渐进开展有针对性的职业指导。

(三)教育与服务相结合原则。面向全体学生开展职业生涯教育,帮助学生树立正确的职业理想,学会职业选择。根据学生个体差异,开展有针对性的职业指导服务,为学生就业、择业、创业提供帮助,促进学生顺利就业创业和可持续发展。

(四)协同推进原则。职业指导工作应贯穿学校教育教学和管理服务的全过程,融入课程教学、实训实习、校企合作、校园文化活动和学生日常管理中,全员全程协同推进。

第二章 主要任务

第五条 开展学业辅导。激发学生的学习兴趣,帮助学生结合自身特点及专业,进行学业规划与管理,养成良好的学习习惯和行为,培养学生终身学习的意识与能力。

第六条 开展职业指导教育。帮助学生认识自我,了解社会,了解专业和职业,增强职业意识,树立正确的职业观和职业理想,增强学生提高职业素养的自觉性,培育职业精神;引导学生选择职业、规划职业,提高求职择业过程中的抗挫折能力和职业转换的适应能力,更好地适应和融入社会。

第七条 提供就业服务。帮助学生了解就业信息、就业有关法律法规,掌握求职技巧,疏导求职心理,促进顺利就业。鼓励开展就业后的跟踪指导。

第八条 开展职业生涯咨询。通过面谈或小组辅导,开展有针对性的职业咨询辅导,满足学生的个性化需求。鼓励有条件的学校面向社会开展职业生涯咨询服务和面向中小学生开展职业启蒙教育。

第九条 开展创新创业教育。帮助学生学习创新创业知识,了解创新创业的途径和方法,树立创新创业意识,提高创新创业能力。

第三章 主要途径

第十条 课程教学是职业指导的主渠道。中等职业学校应根据学生认知规律和身心特点,在开设应有的职业生涯规划课程基础上,采取必修、选修相结合的方式开设就业指导、创新创业等课程。持续改进教学方式方法,注重采用案例教学、情景模拟、行动教学等,提高教学效果。

第十一条 实践活动是职业指导的重要载体。中等职业学校可通过开展实训实习以及组织学生参加校内外拓展活动、企业现场参观培训、观摩人才招聘会等活动,强化学生的职业体验,提升职业素养。

第十二条 中等职业学校可通过职业心理倾向测评、创新创业能力测评、自我分析、角色扮演等个性化服务,帮助学生正确认识自我和社会,解决在择业和成长中的问题。

第十三条 中等职业学校应主动加强与行业、企业的合作,提供有效就业信息。组织供需见面会等,帮助学生推荐实习和就业单位。

第十四条 中等职业学校应充分利用各种优质网络资源,运用信息化手段开展职业指导服务。鼓励有条件的地区建立适合本地区需要的人才就业网络平台,发布毕业生信息和社会人才需求信息,为学生就业提供高效便捷的服务。

第四章 师资队伍

第十五条 中等职业学校应在核定的编制内至少配备1名具有一定专业水准的专兼职教师从事职业指导。鼓励选聘行业、企业优秀人员担任兼职职业指导教师。

第十六条 中等职业学校职业指导教师负责课程教学、活动组织、咨询服务等,其主要职责如下:

(一)了解学生的职业心理和职业认知情况,建立学生职业生涯档案,跟踪指导学生成长。

(二)根据学生职业认知水平,开展职业生涯规划、就业指导、创新创业等课程教学。

(三)策划和组织开展就业讲座、供需见面会、职业访谈等活动。

（四）结合学生个性化需要，提供有针对性的咨询服务或小组辅导。

（五）积极参加职业指导相关业务培训、教研活动、企业实践等，及时更新职业指导信息，提高职业指导的专业能力和教学科研水平。

（六）跟踪调查毕业生就业状况，做好总结分析反馈，为专业设置、招生、课程改革等提供合理化建议。

（七）配合做好其他职业指导相关工作。

第十七条 中等职业学校应加强职业指导教师的业务培训和考核。对职业指导教师的考核，注重过程性评价。

第五章 工作机制

第十八条 中等职业学校职业指导工作实行校长负责制。学校应建立专门工作机构，形成以专兼职职业指导教师为主体，班主任、思想政治课教师、学生管理人员等为辅助的职业指导工作体系。

第十九条 中等职业学校职业指导涉及教学管理、学生管理等工作领域，相关部门应积极配合支持。学校应主动对接行业组织、企业、家长委员会等，协同推进职业指导工作。

第二十条 中等职业学校应建立职业指导考核评价体系，定期开展职业指导工作评价，对在职业指导工作中做出突出贡献的，应予以相应激励。

第二十一条 中等职业学校应建立毕业生就业统计公告制度，按规定向上级主管部门报送并及时向社会发布毕业生就业情况。

第二十二条 中等职业学校应结合举办“职业教育活动周”等活动，积极展示优秀毕业生风采，广泛宣传高素质劳动者和技术技能人才先进事迹，大力弘扬劳模精神和工匠精神，营造劳动光荣的社会风尚和精益求精的敬业风气。

第六章 实施保障

第二十三条 各地教育行政部门和中等职业学校应为职业指导工作提供必要的人力、物力和经费保障，确保职业指导工作有序开展。

第二十四条 各地教育行政部门应加强对中等职业学校校长、职业指导教师、其他管理人员的职业指导业务培训，将职业指导纳入教师培训的必修内容。

第二十五条 各地教育行政部门应当积极协调人社、税务、金融等部门，为中等职业学校毕业生就业创业创造良好的政策环境。

第二十六条 中等职业学校应拓展和用足用好校内外职业指导场所、机构等资源。有条件的学校可建立学生创新创业孵化基地。

第二十七条 中等职业学校应将职业指导信息化建设统筹纳入学校整体信息化建设中，建立健全职业指导信息服务平台。

第二十八条 中等职业学校应加强职业指导的教学科研工作，与相关专业机构合作开展职业指导研究和课程建设，不断提高职业指导工作专业化水平。

第七章 附则

第二十九条 各省、自治区、直辖市教育行政部门可依据本规定制订实施细则。

第三十条 本规定由教育部负责解释，自发布之日起施行。

职业学校学生实习管理规定

1. 2021年12月31日教育部、工业和信息化部、财政部、人力资源社会保障部、应急管理部、国务院国资委、市场监管总局、中国银保监会发布

2. 教职成〔2021〕4号

第一章 总则

第一条 为规范和加强职业学校学生实习工作，维护学生、学校和实习单位合法权益，提高技术技能人才培养质量，推进现代职业教育高质量发展，更好地服务产业转型升级，依据《中华人民共和国教育法》《中华人民共和国职业教育法》《中华人民共和国劳动法》《中华人民共和国安全生产法》《中华人民共和国未成年人保护法》《中华人民共和国职业病防治法》及相关法律法规、规章，制定本规定。

第二条 本规定所指职业学校学生实习，是指实施全日制学历教育的中职学校、高职专科学校、高职本科学校（以下简称职业学校）学生按照专业培养目标要求和人才培养方案安排，由职业学校安排或者经职业学校批准自行到企（事）业等单位进行职业道德和技术技能培养的实践性教育教学活动，包括认识实习和岗位实习。

认识实习指学生由职业学校组织到实习单位参观、观摩和体验，形成对实习单位和相关岗位的初步认识的活动。

岗位实习指具备一定实践岗位工作能力的学生，在专业人员指导下，辅助或相对独立参与实际工作的活动。

对于建在校内或园区的生产性实训基地、厂中校、校中厂、虚拟仿真实训基地等,依照法律规定成立或登记取得法人、非法人组织资格的,可作为学生实习单位,按本规定进行管理。

第三条 学生实习的本质是教学活动,是实践教学的重要环节。组织开展学生实习应当坚持立德树人、德技并修,遵循学生成长规律和职业能力形成规律,理论与实践相结合,提升学生技能水平,锤炼学生意志品质,服务学生全面发展;应当纳入人才培养方案,科学组织,依法依规实施,切实保护学生合法权益,促进学生高质量就业创业。

第四条 地方各级人民政府相关部门应高度重视职业学校学生实习工作,切实履行责任,结合本地实际制订具体措施,鼓励企(事)业单位安排实习岗位、接纳职业学校学生实习。地方政府和行业相关部门应当鼓励和引导企(事)业单位等按岗位总量的一定比例,设立实习岗位并对外发布岗位信息。

第二章 实 习 组 织

第五条 教育主管部门负责统筹指导职业学校学生实习工作;职业学校主管部门负责职业学校实习的监督管理。职业学校应将学生岗位实习情况按要求报主管部门备案。

第六条 职业学校应当选择符合以下条件的企(事)业单位作为实习单位:

(一)合法经营,无违法失信记录;

(二)管理规范,近3年无违反安全生产相关法律法规记录;

(三)实习条件完备,符合专业培养要求,符合产业发展实际;

(四)与学校有稳定合作关系的企(事)业单位优先。

第七条 职业学校在确定新增实习单位前,应当实地考察评估形成书面报告。考察内容应当包括:单位资质、诚信状况、管理水平、实习岗位性质和内容、工作时间、工作环境、生活环境以及健康保障、安全防护等。实习单位名单须经校级党组织会议研究确定后对外公开。

第八条 职业学校应当加强对实习学生的指导,会同实习单位共同组织实施学生实习,在实习开始前,根据人才培养方案共同制订实习方案,明确岗位要求、实习目标、实习任务、实习标准、必要的实习准备和考核要求、实施实习的保障措施等。

职业学校和实习单位应当分别选派经验丰富、综合素质好、责任心强、安全防范意识高的实习指导教师和专门人员全程指导、共同管理学生实习。要加强实习前培训,使学生、实习指导教师和专门人员熟悉各实习阶段的任务和要求。

实习岗位应符合专业培养目标要求,与学生所学专业对口或相近。原则上不得跨专业大类安排实习。

第九条 职业学校安排岗位实习,应当取得学生及其法定监护人(或家长)签字的知情同意书。对学生及其法定监护人(或家长)明确不同意学校实习安排的,可自行选择符合条件的岗位实习单位。

认识实习按照一般校外活动有关规定进行管理,由职业学校安排,学生不得自行选择。

第十条 学生自行选择符合条件的岗位实习单位,应由本人及其法定监护人(或家长)申请,经学校审核同意后实施,实习单位应当安排专门人员指导学生实习,职业学校要安排实习指导教师跟踪了解学生日常实习的情况。

第十一条 实习单位应当合理确定岗位实习学生占在岗人数的比例,岗位实习学生的人数一般不超过实习单位在岗职工总数的10%,在具体岗位实习的学生人数一般不高于同类岗位在岗职工总人数的20%。

任何单位或部门不得干预职业学校正常安排和实施实习方案,不得强制职业学校安排学生到指定单位实习,严禁以营利为目的的违规组织实习。

第十二条 学生在实习单位的岗位实习时间一般为6个月,具体实习时间由职业学校根据人才培养方案安排,应基本覆盖专业所对应岗位(群)的典型工作任务,不得仅安排学生从事简单重复劳动。鼓励支持职业学校和实习单位结合学徒制培养、中高职贯通培养等,合作探索工学交替、多学期、分段式等多种形式的实践性教学改革。

第三章 实 习 管 理

第十三条 职业学校应当明确学生实习工作分管校长和责任部门,规模大的学校应当设立专门管理部门,建立健全学生实习管理岗位责任制和相关管理制度与运行机制;会同实习单位制定学生实习工作具体管理办法和安全管理规定、实习学生安全及突发事件应急预案等制度。

职业学校应当充分运用现代信息技术,建设和完善信息化管理平台,与实习单位共同实施实习全过程管理。

第十四条 学生参加岗位实习前,职业学校、实习单位、学生三方必须以有关部门发布的实习协议示范文本为基础签订实习协议,并依法严格履行协议中有关条款。

未按规定签订实习协议的,不得安排学生实习。

第十五条 实习协议应当明确各方的责任、权利和义务，协议约定的内容不得违反相关法律法规。

实习协议应当包括但不限于以下内容：

（一）各方基本信息；

（二）实习的时间、地点、内容、要求与条件保障；

（三）实习期间的食宿、工作时间和休息休假安排；

（四）实习报酬及支付方式；

（五）实习期间劳动保护和劳动安全、卫生、职业病危害防护条件；

（六）责任保险与伤亡事故处理办法；

（七）实习考核方式；

（八）各方违约责任；

（九）三方认为应当明确约定的其他事项。

第十六条 职业学校和实习单位要依法保障实习学生的基本权利，并不得有以下情形：

（一）安排、接收一年级在校学生进行岗位实习；

（二）安排、接收未满16周岁的学生进行岗位实习；

（三）安排未成年学生从事《未成年工特殊保护规定》中禁忌从事的劳动；

（四）安排实习的女学生从事《女职工劳动保护特别规定》中禁忌从事的劳动；

（五）安排学生到酒吧、夜总会、歌厅、洗浴中心、电子游戏厅、网吧等营业性娱乐场所实习；

（六）通过中介机构或有偿代理组织、安排和管理学生实习工作；

（七）安排学生从事Ⅲ级强度及以上体力劳动或其他有害身心健康的实习。

第十七条 除相关专业和实习岗位有特殊要求，并事先报上级主管部门备案的实习安排外，实习单位应遵守国家关于工作时间和休息休假的规定，并不得有以下情形：

（一）安排学生从事高空、井下、放射性、有毒、易燃易爆，以及其他具有较高安全风险的实习；

（二）安排学生在休息日、法定节假日实习；

（三）安排学生加班和上夜班。

第十八条 接收学生岗位实习的实习单位，应当参考本单位相同岗位的报酬标准和岗位实习学生的工作量、工作强度、工作时间等因素，给予适当的实习报酬。在实习岗位相对独立参与实际工作、初步具备实践岗位独立工作能力的学生，原则上应不低于本单位相同岗位工资标准的80%或最低档工资标准，并按照实习协议约定，以货币形式及时、足额、直接支付给学生，原则上支付周期不得超过1个月，不得以物品或代金券等代替货币支付或经过第三方转发。

第十九条 在遇有自然灾害、事故灾难、公共安全等突发事件或重大风险时，按照属地管理要求，分不同风险等级、实习阶段做好分类管控工作。

第二十条 职业学校和实习单位不得向学生收取实习押金、培训费、实习报酬提成、管理费、实习材料费、就业服务费或者其他形式的实习费用，不得扣押学生的学生证、居民身份证或其他证件，不得要求学生提供担保或者以其他名义收取学生财物。

第二十一条 实习学生应当遵守职业学校的实习要求和实习单位的规章制度、实习纪律及实习协议，爱护实习单位设施设备，完成规定的实习任务，撰写实习日志，并在实习结束时提交实习报告。

第二十二条 职业学校要和实习单位互相配合，在学生实习全过程中，加强思想政治、安全生产、道德法纪、心理健康等方面的教育。

第二十三条 职业学校要和实习单位建立学生实习信息通报制度，职业学校安排的实习指导教师和实习单位指定的专人应当负责学生实习期间的业务指导和日常巡查工作，原则上应当每日检查并向职业学校和实习单位报告学生实习情况。遇有重要情况应当立即报告，不得迟报、瞒报、漏报。

第二十四条 职业学校组织学生到外地实习，应当安排学生统一住宿。具备条件的实习单位应当为实习学生提供统一住宿。职业学校和实习单位要建立实习学生住宿制度和请销假制度。学生申请在统一安排的宿舍以外住宿的，须经学生法定监护人（或家长）签字同意，由职业学校备案后方可办理。

职业学校组织学生跨省实习的，须事先经学校主管部门同意，按程序报省级主管部门备案。实习派出地省级主管部门要同步将实习学校、实习单位、实习指导教师等信息及时提供实习单位所在地省级主管部门。跨省实习数量较大的省份之间，要建立跨省实习常态化协同机制。

实习单位所在地省级教育主管部门牵头，会同省级有关部门，将接收省外实习学生的本省实习单位按职责分工纳入本部门实习日常监管体系，将监管发现的有关问题及时告知实习派出省份省级教育主管部门，并积极协助实习派出省份协调实习所在地有关部门，做好有关事件处置工作。

第二十五条 安排学生赴国（境）外实习的，应当事先经学校主管部门同意，按程序报省级主管部门备案，并通过国家驻外有关机构了解实习环境、实习单位和实习内容等情况，必要时可派人实地考察。要选派指导教师全程参与，做好实习期间的管理和相关服务工作。

第二十六条 各地职业学校主管部门应当建立学生实习管理和综合服务平台，协调相关职能部门、行业企业、有关社会组织，为学生实习提供信息服务。省级教育主管部门要会同有关部门，加强统筹整合，推进信息互通共享。

第四章 实习考核

第二十七条 职业学校要会同实习单位，完善过程性考核与结果性考核有机结合的实习考核制度，根据实习目标、学生实习岗位职责要求制订具体考核方式和标准，共同实施考核。

学生实习考核要纳入学业评价，考核成绩作为毕业的重要依据。不得简单套用实习单位考勤制度，不得对学生简单套用员工标准进行考核。

第二十八条 职业学校应当会同实习单位对违反规章制度、实习纪律、实习考勤考核要求以及实习协议的学生，进行耐心

细致的思想教育，对学生违规行为依照校规校纪和有关实习管理规定进行处理。学生违规情节严重的，经双方研究后，由职业学校给予纪律处分；给实习单位造成财产损失的，依法承担相应责任。

对受到处理的学生，要有针对性地做好思想引导和教育管理工作。

第二十九条 职业学校应当组织做好学生实习情况的立卷归档工作。实习材料包括纸质材料和电子文档，具体包括以下内容：

（一）实习三方协议；

（二）实习方案；

（三）学生实习报告；

（四）学生实习考核结果；

（五）学生实习日志；

（六）学生实习检查记录；

（七）学生实习总结；

（八）有关佐证材料（如照片、音视频等）。

第五章 安全职责

第三十条 职业学校和实习单位要确立“安全第一、预防为主”的原则，强化实习单位主要负责人安全生产第一责任人职责，严格执行国家及地方安全生产、职业卫生、人格权保护等有关规定。职业学校主管部门应当会同相关行业主管部门加强实习安全监督检查。

第三十一条 实习单位应当健全本单位安全生产责任制，执行相关安全生产标准，健全安全生产规章制度和操作规程，制定生产安全事故应急救援预案，配备必要的安全保障器材和劳动防护用品，加强对实习学生的安全生产教育培训和管理，保障学生实习期间的人身安全和健康。未经教育培训或未通过考核的学生不得参加实习。

第三十二条 实习学生应遵守国家法律法规、校纪校规和实习单位安全管理规定，认真完成实习方案规定的实习任务，提高自我保护意识。

第三十三条 地方各级负有安全生产监督管理职责的部门要将实习安全责任履行情况作为安全生产检查的重要内容，在各自职责范围内对有关行业、领域实习单位落实安全生产主体责任实施监督管理，依法对实习单位制定并实施本单位实习学生教育培训计划落实情况进行监督检查。

第六章 保障措施

第三十四条 加快发展职业学校学生实习责任保险和适应职业学校学生实习需求的意外伤害保险产品，提高职业学校学生实习期间的风险保障水平。鼓励保险公司对学徒制保险专门确定费率，实现学生实习保险全覆盖。积极探索职业学校实习学生参加工伤保险办法。

第二十五条 职业学校和实习单位应当根据法律、行政法规，为实习学生投保实习责任保险。责任保险范围应当覆盖实习活动的全过程，包括学生实习期间遭受意外事故及由于被保险人疏忽或过失导致的学生人身伤亡，被保险人依法应当承担的赔偿责任以及相关法律费用等。

学生实习责任保险的费用可按照规定从职业学校学费中列支；免除学费的可从免学费补助资金中列支，不得向学生另行收取或从学生实习报酬中抵扣。职业学校与实习单位达成协议由实习单位支付学生实习责任保险投保经费的，实习单位支付的投保经费可从实习单位成本（费用）中列支。

鼓励实习单位为实习学生购买意外伤害险，投保费用可从实习单位成本（费用）中列支。

第三十六条 学生在实习期间受到人身伤害，属于保险赔付范围的，由承保保险公司按保险合同赔付标准进行赔付；不属于保险赔付范围或者超出保险赔付额度的部分，由实习单位、职业学校、学生依法承担相应责任；职业学校和实习单位应当及时采取救治措施，并妥

善做好善后工作和心理抚慰。

第三十七条 地方各级工业和信息化部门应当鼓励先进制造业企业、省级“专精特新”中小企业、产教融合型企业等积极参与校企合作，提供实习岗位。

第三十八条 地方财政部门要落实职业学校生均拨款制度，统筹考虑学生实习安全保障相关支出和学费水平，科学合理确定生均拨款标准。实习单位因接收学生实习所实际发生的与取得收入有关的合理支出，依法在计算应纳税所得额时扣除。

第三十九条 地方各级国资部门应当指导国有企业特别是大型企业将实习纳入人力资源管理重要内容，对行为规范、成效显著的企业，按照有关规定予以相应政策支持。

第四十条 县级以上地方人民政府可结合实际，对实习工作成效明显的职业学校、实习学生和实习单位，按规定给予相应的激励。

第四十一条 职业学校应当对参与学生实习指导和管理工作中表现优秀的教师，在职称评聘和职务晋升、评优表彰等方面予以倾斜。

第七章 监督与处理

第四十二条 教育部门会同有关部门建立职业学校学生实习管理工作协调落实机制。有关部门根据部门职责加强日常监管，并结合教育督导、治安管理、安全生产检查、职业卫生监督检查、劳动保障监察、工商执法等，采取“双随机一公开”方式，联合开展监督检查，对支持职业学校实习工作成效显著的实习单位，按照国家有关规定予以激励和政策支持，对违规行为依法依规严肃处理。

第四十三条 地方各级教育部门应当会同有关部门，将职业学校学生实习情况作为职业学校质量监测、办学水平评价、领导班子工作考核、财政性教育经费分配等的重要指标；纳入学校和各级地方教育行政部门年度质量报告内容，向社会公布，接受社会监督；加强调研和宣传，推广典型经验做法。

第四十四条 地方各级市场监管部门要将治理实习违规行为纳入整顿和规范市场经济秩序有关工作体系，将有实习违规行为的企业信息纳入社会信用体系，并按规定进行失信联合惩戒。

第四十五条 有关部门和职业学校要通过热线电话、互联网、信访等途径，畅通政策咨询与情况反映渠道，汇总情况反映和问题线索并建立专门台账，按管理权限和职责分工组织进行整改。

第四十六条 对违反本规定组织学生实习的职业学校，由职业学校主管部门依法责令改正。拒不改正或者管理混乱，造成严重后果、恶劣影响的，应当对学校依据《中华人民共和国教育法》《中华人民共和国职业教育法》给予相应处罚，对直接负责的主管人员和其他直接责任人依照有关规定给予处分。因工作失误造成重大事故的，应当依法依规对相关责任人追究责任。

第四十七条 实习单位违反本规定，法律法规规定了法律责任的，县级以上地方人民政府或地方有关职能部门应当依法依规追究责任。职业学校可根据情况调整实习安排，根据实习协议要求实习单位承担相关责任。

对违反本规定安排、介绍或者接收未满16周岁学生在境内岗位实习的，由人力资源社会保障行政部门依照国家关于禁止使用童工法律法规进行查处；构成犯罪的，依法追究刑事责任。

对违反本规定从事学生实习中介活动或有偿代理的，法律法规规定了法律责任的，由相关部门依法依规追究责任；构成犯罪的，依法追究刑事责任。

第八章 附 则

第四十八条 各省、自治区、直辖市和新疆生产建设兵团教育主管部门应当会同人力资源社会保障等有关部门依据本规定，结合本地区实际制定实施细则或相应的管理制度。

第四十九条 非全日制职业教育、高中后中等职业教育学生，以及其他学校按规定开办的职业教育专业的学生实习参照本规定执行。

第五十条 本规定自印发之日起施行，此前发布的教育部及有关部门文件中，有关职业学校学生实习相关内容与此规定不一致的，以此规定为准。《职业学校学生实习管理规定》（教职成〔2016〕3号）同时废止。

3. 教师、教材

职业学校兼职教师管理办法

1. 2023年8月29日教育部、财政部、人力资源社会保障部、国务院国资委发布
2. 教师〔2023〕9号

第一章　总　　则

第一条　为进一步完善职业学校兼职教师管理制度，推动职业学校与企事业单位建立协作共同体，支持、鼓励和规范职业学校聘请具有实践经验的企事业单位等人员担任兼职教师，按照《中共中央　国务院关于全面深化新时代教师队伍建设改革的意见》《国务院关于印发国家职业教育改革实施方案的通知》以及中共中央办公厅、国务院办公厅印发的《关于推动现代职业教育高质量发展的意见》《关于深化现代职业教育体系建设改革的意见》等文件精神，根据《中华人民共和国职业教育法》，制定本办法。

第二条　本办法所指职业学校包括中等职业学校（含技工学校）、高等职业学校（含专科、本科层次的职业学校）。

第三条　本办法所称兼职教师是指受职业学校聘请，兼职担任特定专业课程、实习实训课等教育教学任务及相关工作的人员。

第四条　职业学校要坚持以专任教师为主，兼职教师为补充的原则，聘请兼职教师应紧密对接产业升级和技术变革趋势，满足学校专业发展和技术技能人才培养需要，重点面向战略性新兴产业相关专业、民生紧缺专业和特色专业。兼职教师占职业学校专兼职教师总数的比例一般不超过30%。

第二章　选聘条件

第五条　聘请的兼职教师应以企事业单位在职人员为主，也可聘请身体健康、能胜任工作的企事业单位退休人员。根据需要也可聘请相关领域的能工巧匠作为兼职教师。重视发挥退休工程师、医师、教师的作用。

第六条　兼职教师的基本条件：

（一）拥护党的教育方针，具备良好的思想政治素质和职业道德，热爱教育事业，遵纪守法，有良好的身心素质和工作责任心；

（二）具有较高的专业素养或技术技能水平，能够胜任教学科研、专业建设或技术技能传承等教育教学工作；

（三）长期在经营管理岗位工作，具有丰富的经营管理经验；或长期在本专业（行业）技术领域、生产一线工作，一般应具有中级及以上专业技术职务（职称）或高级工及以上职业技能等级；鼓励聘请在相关行业中具有一定声誉和造诣的能工巧匠、劳动模范、非物质文化遗产国家和省市级传承人等。

第三章　选聘方式

第七条　职业学校可通过特聘教授、客座教授、产业导师、专业带头人（领军人）、技能大师工作室负责人、实践教学指导教师、技艺技能传承创新平台负责人等多种方式聘请兼职教师。

第八条　可以采取个体聘请、团体聘请或个体与团体相结合的方式。其中，团体聘请人数一般不少于3人。

第九条　鼓励职业学校与企事业单位互聘兼职，推动职业学校和企事业单位在人才培养、带徒传技、技术创新、科研攻关、课题研究、项目推进、成果转化等方面加强合作。

第四章　选聘程序

第十条　职业学校根据教育教学需要确定需聘请兼职教师的岗位数量、岗位名称、岗位职责和任职条件。企事业单位在职人员在应聘兼职教师前应征得所在单位的同意。

第十一条　职业学校聘请兼职教师可通过对口合作的企事业单位选派的方式产生，也可以面向社会聘请。职业学校聘请兼职教师应优先考虑对口合作的企事业单位人员，建立合作企事业单位人员到职业学校兼职任教的常态机制，并纳入合作基本内容。

第十二条　通过对口合作方式聘请兼职教师的，对口合作企事业单位根据职业学校兼职教师岗位需求提供遴选人员名单，双方协商确定聘请人选，签订工作协议。

第十三条　面向社会聘请兼职教师应按照公开、公平、择优的原则，严格考察、遴选和聘请程序。基本程序是：

（一）职业学校根据教育教学需要，确定兼职教师岗位和任职条件。

（二）职业学校对应聘人员进行资格审查、能力考核和教职工准入查询。

（三）职业学校确定拟聘岗位人选，并予以公示。

（四）公示期满无异议的，职业学校与兼职教师签订工作协议。

第十四条　职业学校与对口合作企事业单位的选派人

员及与面向社会聘请人员依法签订的工作协议均应明确双方的权利和义务，包括但不限于：工作时间、工作方式、工作任务及要求、工作报酬、劳动保护、工作考核、协议解除、协议终止条件等内容。协议期限根据教学安排、课程需要和工作任务，由双方协商确定。

第五章 组织管理

第十五条 职业学校要将兼职教师纳入教师培训体系，通过多样化的培训方式，持续提高兼职教师教育教学能力水平。兼职教师首次上岗任教前须经过教育教学能力培训，培训可以由聘请学校自主开展，也可以由教育、人力资源社会保障行政部门集中进行，并由组织单位对兼职教师培训合格情况进行认定，合格后方可上岗。培训内容主要包括法律法规、师德师风、教学规范及要求、职业教育理念、教育教学方法、信息技术、学生心理、学生管理等方面。

第十六条 兼职教师为企事业单位在职人员的，原所在单位应当缴纳工伤保险费。兼职教师在兼职期间受到工伤事故伤害的，由原所在单位依法承担工伤保险责任，原所在单位与职业学校可以约定补偿办法。职业学校应当为兼职教师购买意外伤害保险。

第十七条 职业学校应明确兼职教师的管理机构，负责兼职教师的聘请和管理工作。职业学校要制定兼职教师管理和评价办法，加强日常管理和考核评价，完善考评机制，考核结果作为工作报酬发放和继续聘请的重要依据。加强对兼职教师的帮带和指导，建立专兼职教师互研、互学、互助机制。

第十八条 职业学校要建立兼职教师个人业绩档案，将师德师风、培训、考核评价等兼职任教情况记录在档，并及时反馈给其原所在单位。企事业单位应将在职业学校兼职人员的任教情况作为其考核评价、评优评先、职称职务晋升的重要参考。

第十九条 职业学校应当为兼职教师创造良好的工作环境和条件，坚持公平公正原则，保障兼职教师在教学管理、评优评先等方面与专任教师同等条件、同等待遇，通过多种方式提升兼职教师在职业学校的归属感、荣誉感，促进兼职教师更好适应岗位工作。职业学校要支持兼职教师专业发展，可以根据其技术职称和能力水平聘为相应的兼职教师职务。鼓励兼职教师考取教师资格证书。

第二十条 建立兼职教师退出机制。兼职教师存在师德师风、教育教学等方面问题，或者工作协议约定的其他需要解除协议情况，职业学校应解除工作协议。兼职教师因自身原因无法履行工作职责，职业学校可与其解除工作协议，并反馈其原所在单位。

第六章 工作职责

第二十一条 兼职教师要遵守职业道德规范，严格执行职业学校教学管理制度，认真履行职责，完成协议规定的工作量和课程课时要求，确保教育教学质量。兼职教师要落实立德树人根本任务，将德育与思想政治教育有机融入教育教学，高质量完成课程讲授、实习实训指导、技能训练指导等教育教学任务及相关工作。

第二十二条 兼职教师要将新技术、新工艺、新规范、典型生产案例等纳入教学内容，积极参与教学标准修(制)订，增强教学标准和内容的先进性和时代性；积极参与教学研究、专业和课程建设、教材及教学资源开发、技能传承、技术攻关、产品研发等工作，共同推进职业学校教育教学改革，提升人才培养质量。

第二十三条 兼职教师要主动参与职业学校教师队伍建设，协助加强职业学校专任教师"双师"素质培养，协助安排学校专任教师到企业顶岗实践、跟岗研修，协助聘请企业技术技能人才到学校参与教学科研任务。

第二十四条 鼓励兼职教师参与职业学校教育教学等相关制度的制定，参与开展实训基地建设，协助引入生产性实训项目，协助指导学生创新创业及到企业实习实践。

第七章 经费保障

第二十五条 地方可结合实际，优化教育支出结构，支持专业师资紧缺、特殊行业急需的职业学校聘请兼职教师。

第二十六条 鼓励职业学校通过多渠道依法筹集资金，并用于支付兼职教师工作报酬。

第二十七条 兼职教师的工作报酬可按课时、岗位或者项目支付。职业学校可采取灵活多样的分配方式，可综合考虑职业学校财务状况、兼职教师教学任务及相关工作完成情况，合理确定工作报酬水平，充分体现兼职教师的价值贡献。

第八章 支持体系

第二十八条 企事业单位应当支持具有丰富实践经验的经营管理者、专业技术人员和高技能人才到职业学校兼职任教。国有企业、产教融合型企业、教师企业实践基地应充分发挥示范引领作用，并建立完善兼职教师资源库。鼓励行业组织、企业共同参与职业学校兼职教师培养培训。

第二十九条　有关部门应鼓励支持事业单位和国有企业选派人员到职业学校兼职任教，将选派兼职教师的数量和水平作为认定、评价产教融合型企业等的重要指标依据，激发企业选派经营管理者、专业技术人员和高技能人才到职业学校兼职任教的积极性，推动企业切实承担起人才培养的社会责任。

第三十条　各地教育和人力资源社会保障行政部门将兼职教师纳入教师队伍建设总体规划，加强对职业学校兼职教师管理工作的指导，将职业学校聘请兼职教师工作纳入人事管理情况监督检查范围，将兼职教师的聘请与任教情况纳入学校教师队伍建设和办学质量考核的重要内容，在计算职业学校生师比时，可参照相关标准将兼职教师数折算成专任教师数。

第三十一条　职业学校对于教学效果突出、工作表现优秀的兼职教师给予一定的物质或精神奖励，将兼职教师纳入教师在职培训和荣誉表彰体系；地方教育部门将兼职教师纳入年度教育领域评优评先范畴，定期推选一批优秀兼职教师典型，加强宣传推广。

第九章　附　　则

第三十二条　企业和其他社会力量依法举办的职业学校可参照本办法执行。鼓励有条件的地方对当地企业和其他社会力量依法举办的职业学校聘请兼职教师给予一定的支持。

第三十三条　各地可根据本办法意见，结合当地实际制定具体的实施办法。

第三十四条　本办法自公布之日起实施，原《职业学校兼职教师管理办法》（教师〔2012〕14 号）同时废止。

中等职业教育专业师范生教师职业能力标准（试行）

1．2021 年 4 月 2 日发布
2．教师厅〔2021〕2 号

一、师德践行能力

1.1　遵守师德规范

1.1.1【理想信念】

● 学习贯彻习近平新时代中国特色社会主义思想，深入学习习近平总书记关于教育的重要论述，以及党史、新中国史、改革开放史和社会主义发展史内容，形成对中国特色社会主义的思想认同、政治认同、理论认同和情感认同，能够在教书育人实践中自觉践行社会主义核心价值观。

● 树立职业理想，立志成为有理想信念、有道德情操、有扎实学识、有仁爱之心的好老师。

1.1.2【立德树人】

● 理解立德树人的内涵，形成立德树人的理念，掌握立德树人途径与方法，能够在教育实践中按照中等职业教育人才培养要求，依据德智体美劳全面发展的教育方针开展教育教学，积累培育高素质劳动者和技术技能人才的经验。

1.1.3【师德准则】

● 具有依法执教意识，遵守宪法、民法典、教育法、教师法、未成年人保护法等法律法规，在教育实践中能履行应尽义务，自觉维护学生与自身的合法权益。

● 理解中等职业学校教师职业道德规范内涵与要求，在教育实践中遵守《新时代中小学教师职业行为十项准则》，能分析解决教育教学实践中的相关道德规范问题。

1.2　涵养教育情怀

1.2.1【职业认同】

● 具有家国情怀，乐于从教，热爱教育事业。认同教师工作的价值在于传播知识、传播思想、传播真理，塑造灵魂、塑造生命、塑造新人；了解中等职业学校教师的职业特征，理解教师是学生学习的促进者与学生成长的引路人，创造条件帮助学生自主发展。

● 领会职业教育对学生职业生涯发展的价值和意义，认同促进学生德技双修而有个性地发展的理念。

1.2.2【关爱学生】

● 做学生锤炼品格、学习知识、创新思维、奉献祖国的引路人，公正平等地对待每一名学生，关注学生成长，保护学生安全，促进学生身心健康发展。

● 尊重学生的人格和学习发展的权利，将知识学习、技能训练与品德养成相结合，引导学生自主学习、自强自立，养成良好的学习习惯和职业习惯。树立人人成才的观念，关注学生的个体差异，营造良好的学习环境与氛围，乐于为学生就业创业创造条件和机会。

1.2.3【用心从教】

● 树立爱岗敬业精神，在教育实践中能够认真履行教育教学职责与班主任工作职责，树立“工学结合，知行合一”“做中学、做中教”的理念，钻研技术、研究教育，富有爱心、责任心，工作细心、耐心。

1.2.4【自身修养】

● 具有健全的人格和积极向上的精神，有较强的情绪调节与自控能力，能积极应变，比较合理地处理问题。

•掌握一定的自然和人文社会科学知识，传承中华优秀传统文化，具有人文底蕴、科学精神、职业素养和审美能力。

•仪表整洁，语言规范健康，举止文明礼貌，符合教师礼仪要求、教育教学场景和职场规范要求。

1.3　弘扬工匠精神

•弘扬劳动光荣、技能宝贵、创造伟大的时代风尚，树立质量意识、服务意识、竞争意识、责任意识，在专业实践和教育实践中，秉承爱岗敬业、诚实守信、精益求精、追求卓越等职业精神。

二、专业教学能力

2.1　掌握专业知识

2.1.1【教育基础】

•掌握职业教育理论的基本知识，能够遵循职业教育规律，结合中等职业学校学生认知发展特点，运用职业教育原理和方法，分析和解决教育教学实践中的问题。

2.1.2【专业素养】

•系统掌握本专业必需的基本理论和基本知识，掌握本专业的基本技能和常用的专业教学方法。了解本专业相关的职业标准，了解行业发展趋势、技术前沿，掌握职业教育课程开发的基本方法；了解本专业相关的职业背景知识，具有从事本专业实际工作和研究工作的初步能力。

2.1.3【信息素养】

•了解信息时代对人才培养的新要求。掌握信息化教学设备、软件、平台及其他新技术的常用操作，了解其对教育教学的支持作用。具有安全、合法与负责任地使用信息与技术，主动适应信息化、人工智能等新技术变革积极有效开展教育教学的意识。

2.1.4【知识整合】

•认识职业教育产教融合、校企合作的特点，具有跨学科、跨领域整合知识的意识，了解学习科学相关知识，能够整合理论性知识和实践性知识、专业知识与教育知识，掌握理实一体化课程、专业教学知识与策略，指导专业教学与实践活动。

•了解融合教育的意义和作用，掌握随班就读的基本知识及相关政策，基本具备指导随班就读的教育教学能力。

2.2　开展专业实践

2.2.1【操作能力】

•掌握技术技能形成规律，具备熟练的专业操作技能，有企业实践、技能大赛等经历，或参与学生职业技能考核评价初步体验。

2.2.2【获取证书】

•关注国家资历框架发展要求，熟悉“学历证书+职业技能等级证书”制度，考取专业相关的职业资格证书或职业技能等级证书等。

2.3　学会教学设计

2.3.1【熟悉标准】

•熟悉职业教育国家教学标准，掌握拟任教中等职业学校专业教学标准、人才培养方案和教材，理解所教专业课程教学内容的逻辑和体系结构，具有依据标准进行教学的意识和习惯。

2.3.2【掌握技能】

•具备钢笔字、毛笔字、粉笔字与普通话等教学基本功，通过微格训练和实训基地训练，系统掌握导入、讲解、提问、演示、操作、板书、结束等课堂教学和实践教学基本技能操作要领与应用策略。初步掌握职业教育模块化教学技能。

2.3.3【分析学情】

•了解分析中等职业学校学生学习需求的基本方法，能根据学生已有的知识和技能水平、学习特点和经验，分析教学内容与学生已有知识和技能的联系，预判学生学习的疑难处。

2.3.4【设计教案】

•准确把握教学内容，理解本课（模块）在教材中的地位以及与其他课（模块）的关系，能够根据课程标准要求和学情分析确定恰当的学习目标和学习重点，合理设计理实一体的学习活动，选择适当的学习资源和专业教学方法，合理安排教学过程和实践环节，能够会同企业制订实习教学方案，科学设计评价内容与方式，形成教案与学案。

2.4　实施课程教学

2.4.1【情境创设】

•能够基于职业岗位工作创设安全、真实或仿真的职业情境与和谐的学习情境，基于职业岗位工作过程设计教学过程，培养学习兴趣，激发学习动力，引导学生积极参与学习和技能训练活动。

2.4.2【教学组织】

•基本掌握中等职业学校教学组织与课堂管理的形式和策略，尝试使用新型活页式、工作手册式、融媒体教材，结合专业特点，以学生为主体，采取项目教学、案例教学、情境教学、模块化教学等教学方式，科学准确地呈现和表达教学内容，控制教学时间和教学节奏，合理设置提问与讨论，引导学生主动学习、参与技术技能训练，达成学习目标。

2.4.3【学习指导】

•能够依据专业特点、技术技能形成规律、学生认知特征和个体差异，指导学生开展自主、合作、探究性学习，注重差异化教学和个别化指导，促进学生初步掌握技术技能。

•知道不同类型的信息技术资源在为学生提供学习机会和学习体验方面的作用，合理选择与整合信息技术资源，为学生提供丰富的学习机会和个性化学习体验。

•掌握课堂教学或实训教学总结的方法，能够引导学生对学习或技能训练内容进行归纳、总结，合理布置作业或训练项目。

2.4.4【教学评价】

•树立促进学生学习的评价理念，理解教育评价原理，掌握职业教育教学评价的方法与策略，能够在教学实践中实施过程评价，初步运用增值评价，合理选取和运用评价工具，运用表现性评价等方法，评价学习活动、学习成果和技能水平。

•能够利用信息技术工具收集学生学习和企业实践反馈，跟踪、分析教学与学生学习过程、技能形成过程中存在的问题与不足，形成基于学生学习情况诊断和改进教学的意识。

三、综合育人能力

3.1　开展班级指导

3.1.1【育德意识】

•树立德育为先理念，了解中等职业学校德育原理与方法，以及学生思想道德发展的规律和个性特征，能有意识、有针对性地开展德育工作。

3.1.2【班级管理】

•基本掌握班集体建设、班级教育活动组织的方法。熟悉教育教学、中等职业学校学生成长生活等相关法律制度规定，能够合理分析解决教学与管理实践相关问题。

•基本掌握学生发展指导、综合职业素质评价的方法，能够利用信息技术手段收集学生成长过程的关键信息，建立学生成长电子档案。能够初步运用信息技术辅助开展班级指导活动。

•熟悉校园安全、应急管理相关规定，了解学生日常卫生保健、传染病预防、实习安全管理和意外伤害事故处理的相关知识，掌握面临特殊事件发生时保护学生的基本方法。

3.1.3【心理辅导】

•关注学生心理健康，了解中等职业学校学生身体、情感发展的特性和差异性，基本掌握心理辅导方法，能够参与心理健康教育等活动。

3.1.4【家校沟通】

•掌握人际沟通的基本方法，能够运用信息技术拓宽师生、家校、校企沟通交流的渠道和途径，积极主动与学生、家长、企业、社区等进行有效交流。

3.1.5【职业指导】

•了解国家就业形势和政策，掌握职业指导、创新创业的基本知识、途径和方法，有参与学业辅导、生涯规划、创新创业活动的初步体验。

3.2　实施专业育人

3.2.1【育人理念】

•具有教书育人意识。理解拟任教专业课程独特的育人功能，注重课程教学的思想性，有机融入社会主义核心价值观、中华优秀传统文化、革命文化和社会主义先进文化教育，培养学生适应终身发展和社会发展所需的正确价值观、必备品格和关键能力。

3.2.2【育人实践】

•理解职业核心素养，掌握课程育人方法和策略。能够在教育实践中，结合课程特点，挖掘课程思想政治教育资源，将知识学习、能力发展与职业道德养成相结合，合理设计育人目标、主题和内容，弘扬劳模精神、劳动精神、工匠精神，有机开展养成教育，进行综合素质评价，体现教书与育人的统一。

3.3　组织活动育人

3.3.1【课外活动】

•了解课外活动的组织和管理知识，掌握相关技能与方法，结合职业教育特色，组织学生开展丰富多彩的课外活动。

3.3.2【主题教育】

•了解中等职业学校文化和教育活动的育人内涵和方法，学会组织主题教育和社团活动，对学生进行教育和引导。

四、自主发展能力

4.1　注重专业成长

4.1.1【发展规划】

•了解中等职业学校教师专业发展的要求，具有终身学习与自主发展和定期到企业实践的意识。根据中等职业教育课程改革的动态和发展情况，制定教师职业生涯发展规划。

4.1.2【反思改进】

•具有反思意识和批判性思维素养，初步掌握职业教育教学反思的基本方法和策略，能够结合行业企业需求，对教育教学实践活动进行有效的自我诊断，提出改进思路。

4.1.3【学会研究】

•初步掌握职业教育教学科研的基本方法，能用以分析、研究教育教学实践问题，并尝试提出解决问题的思路与方法，具有撰写教育教学研究论文的基本能力。

•掌握专业发展所需的信息技术手段和方法，能在信息技术环境下开展自主学习。

4.2 主动交流合作

4.2.1【沟通技能】

•具有阅读理解能力、语言与文字表达能力、交流沟通能力、信息获取和处理能力。

•掌握基本沟通合作技能与方法，能够在教育实践、企业实践、社会实践中与同事、同行、行业企业人员、专家等进行有效沟通交流。

4.2.2【共同学习】

•理解学习共同体的作用，掌握团队协作的基本策略，了解中等职业学校教育的团队协作类型和方法，熟悉行动导向教学法的小组学习，具有小组互助、合作学习能力。

职业院校教材管理办法

1. 2019年12月16日教育部发布

2. 教材〔2019〕3号

第一章 总 则

第一条 为贯彻党中央、国务院关于加强和改进新形势下大中小学教材建设的意见，全面加强党的领导，落实国家事权，规范和加强职业院校教材管理，打造精品教材，切实提高教材建设水平，根据《中华人民共和国教育法》《中华人民共和国职业教育法》《中华人民共和国高等教育法》等法律法规，制定本办法。

第二条 本办法所称职业院校教材是指供中等职业学校和高等职业学校课堂和实习实训使用的教学用书，以及作为教材内容组成部分的教学材料（如教材的配套音视频资源、图册等）。

第三条 职业院校教材必须体现党和国家意志。坚持马克思主义指导地位，体现马克思主义中国化要求，体现中国和中华民族风格，体现党和国家对教育的基本要求，体现国家和民族基本价值观，体现人类文化知识积累和创新成果。

全面贯彻党的教育方针，落实立德树人根本任务，扎根中国大地，站稳中国立场，充分体现社会主义核心价值观，加强爱国主义、集体主义、社会主义教育，引导学生坚定道路自信、理论自信、制度自信、文化自信，成为担当中华民族复兴大任的时代新人。

第四条 中等职业学校思想政治、语文、历史课程教材和高等职业学校思想政治理论课教材，以及其他意识形态属性较强的教材和涉及国家主权、安全、民族、宗教等内容的教材，实行国家统一编写、统一审核、统一使用。专业课程教材在政府规划和引导下，注重发挥行业企业、教科研机构和学校的作用，更好地对接产业发展。

第二章 管理职责

第五条 在国家教材委员会指导和统筹下，职业院校教材实行分级管理，教育行政部门牵头负责，有关部门、行业、学校和企业等多方参与。

第六条 国务院教育行政部门负责全国职业院校教材建设的统筹规划、宏观管理、综合协调、检查督导，制定基本制度规范，组织制定中等职业学校公共基础课程方案和课程标准、职业院校专业教学标准等国家教学标准，组织编写国家统编教材，宏观指导教材编写、选用，组织国家规划教材建设，督促检查政策落实。出版管理、市场监督管理等有关部门依据各自职责分工，做好教材管理有关工作，加强对教材出版资质的管理，依法严厉打击教材盗版盗印，规范职业院校教材定价和发行工作。

有关部门、行业组织和行业职业教育教学指导机构，在国务院教育行政部门统筹下，参与教材规划、编写指导和审核、评价等方面工作，协调本行业领域的资源和专业人才支持教材建设。

第七条 省级教育行政部门负责落实国家关于职业院校教材建设的相关政策，负责本地区职业院校教材的规划、管理和协调，牵头制定本地区教材管理制度，指导监督市、县和职业院校课程教材工作。

第八条 职业院校要严格执行国家和地方关于教材管理的政策规定，健全内部管理制度，选好用好教材。在国家和省级规划教材不能满足需要的情况下，职业院校可根据本校人才培养和教学实际需要，补充编写反映自身专业特色的教材。学校党委（党组织）对本校教材工作负总责。

第三章　教材规划

第九条　职业院校教材实行国家、省（区、市）两级规划制度。国务院教育行政部门重点组织规划职业院校公共基础必修课程和专业核心课程教材，根据需要组织规划服务国家战略的教材和紧缺、薄弱领域的教材。省级教育行政部门重点组织规划体现区域特色的公共选修课程和国家规划教材以外的专业课程教材。

第十条　教材规划要坚持正确导向，面向需求、各有侧重、有机衔接，处理好落实共性要求与促进特色发展的关系，适应新时代技术技能人才培养的新要求，服务经济社会发展、产业转型升级、技术技能积累和文化传承创新。

第十一条　国家教材建设规划由国务院教育行政部门统一组织。在联合有关部门、行业组织、行业职业教育教学指导机构进行深入论证，听取职业院校等方面意见的基础上，国务院教育行政部门明确国家规划教材的种类、编写要求等，并根据人才培养实际需要及时补充调整。

省级教材建设规划程序由省级教育行政部门确定，规划完成后报国务院教育行政部门批准。

第四章　教材编写

第十二条　教材编写依据职业院校教材规划以及国家教学标准和职业标准（规范）等，服务学生成长成才和就业创业。教材编写应符合以下要求：

（一）以马克思列宁主义、毛泽东思想、邓小平理论、“三个代表”重要思想、科学发展观、习近平新时代中国特色社会主义思想为指导，有机融入中华优秀传统文化、革命传统、法治意识和国家安全、民族团结以及生态文明教育，弘扬劳动光荣、技能宝贵、创造伟大的时代风尚，弘扬精益求精的专业精神、职业精神、工匠精神和劳模精神，努力构建中国特色、融通中外的概念范畴、理论范式和话语体系，防范错误政治观点和思潮的影响，引导学生树立正确的世界观、人生观和价值观，努力成为德智体美劳全面发展的社会主义建设者和接班人。

（二）内容科学先进、针对性强，选文篇目内容积极向上、导向正确，选文作者历史评价正面，有良好的社会形象。公共基础课程教材要体现学科特点，突出职业教育特色。专业课程教材要充分反映产业发展最新进展，对接科技发展趋势和市场需求，及时吸收比较成熟的新技术、新工艺、新规范等。

（三）符合技术技能人才成长规律和学生认知特点，对接国际先进职业教育理念，适应人才培养模式创新和优化课程体系的需要，专业课程教材突出理论和实践相统一，强调实践性。适应项目学习、案例学习、模块化学习等不同学习方式要求，注重以真实生产项目、典型工作任务、案例等为载体组织教学单元。

（四）编排科学合理、梯度明晰，图、文、表并茂，生动活泼，形式新颖。名称、名词、术语等符合国家有关技术质量标准和规范。倡导开发活页式、工作手册式新形态教材。

（五）符合知识产权保护等国家法律、行政法规，不得有民族、地域、性别、职业、年龄歧视等内容，不得有商业广告或变相商业广告。

第十三条　职业院校教材实行单位编写制。编写单位负责组织编写团队，审核编写人员条件，对教材编写修订工作给予协调和保障。

中等职业学校思想政治、语文、历史课程教材，高等职业学校思想政治理论课教材，由国务院教育行政部门统一组织编写。其他教材由具备以下条件的单位组织编写：

（一）在中华人民共和国境内登记注册、具有独立法人资格、在相关领域有代表性的学校、教科研机构、企业、出版机构等，单位法定代表人须具有中华人民共和国国籍。

（二）有熟悉相关学科专业教材编写工作的专业团队，能组织行业、企业和教育领域高水平专业人才参与教材编写。

（三）有对教材持续进行培训、指导、回访等跟踪服务和研究的专业团队，有常态化质量监控机制，能够为修订完善教材提供稳定支持。

（四）有相应的经费保障条件与其他硬件支持条件，能保证正常的编写工作。

（五）牵头承担国家规划教材编写任务的单位，原则上应为省级以上示范性（骨干、高水平）职业院校或重点职业院校、在国家级技能竞赛中成绩突出的职业院校、承担国家重点建设项目的职业院校和普通高校、行业领先企业、教科研机构、出版机构等。编写单位为出版机构的，原则上应为教育、科技类或行业出版机构，具备专业编辑力量和较强的选题组稿能力。

第十四条　教材编写人员应经所在单位党组织审核同意，并由编写单位集中向社会公示。编写人员应符合以下条件：

（一）政治立场坚定，拥护中国共产党的领导，认同中国特色社会主义，坚定“四个自信”，自觉践行社会主义核心价值观，具有正确的世界观、人生观、价值观，坚持正确的国家观、民族观、历史观、文化观、宗教观，没有违背党的理论和路线方针政策的言行。

（二）熟悉职业教育教学规律和学生身心发展特点，对本学科专业有比较深入的研究，熟悉行业企业发展与用人要求。有丰富的教学、教科研或企业工作经验，一般应具有中级及以上专业技术职务（技术资格），新兴行业、行业紧缺技术人才、能工巧匠可适当放宽要求。

（三）遵纪守法，有良好的思想品德、社会形象和师德师风。

（四）有足够时间和精力从事教材编写修订工作。

编写人员不能同时作为同一课程不同版本教材主编。

第十五条 教材编写实行主编负责制。主编主要负责教材整体设计，把握教材编写进度，对教材编写质量负总责。主编须符合本办法第十四条规定外，还需符合以下条件：

（一）坚持正确的学术导向，政治敏锐性强，能够辨别并自觉抵制各种错误政治观点和思潮。

（二）在本学科专业有深入研究、较高的造诣，或是全国知名专家、学术领军人物，有在相关教材或教学方面取得有影响的研究成果，熟悉相关行业发展前沿知识与技术，有丰富的教材编写经验。一般应具有高级专业技术职务，新兴专业、行业紧缺技术人才、能工巧匠可适当放宽要求。

（三）有较高的文字水平，熟悉教材语言风格，能够熟练运用中国特色的话语体系。

审核通过后的教材原则上不更换主编，如有特殊情况，编写单位应报相应的主管部门批准。

第十六条 教材编写团队应具有合理的人员结构，包含相关学科专业领域专家、教科研人员、一线教师、行业企业技术人员和能工巧匠等。

第十七条 教材编写过程中应通过多种方式征求各方面特别是一线师生和企业意见。教材编写完成后，应送一线任课教师和行业企业专业人员进行审读、试用，根据审读意见和试用情况修改完善教材。

第十八条 职业院校教材投入使用后，应根据经济社会和产业升级新动态及时进行修订，一般按学制周期修订。国家统编教材修订由国务院教育行政部门统一组织实施，其他教材修订由编写单位按照有关要求进行。

第五章 教材审核

第十九条 职业院校教材实行分级分类审核，坚持凡编必审。

国家统编教材由国家教材委员会审核。

国家规划教材由国务院教育行政部门组建的国家职业院校教材审核机构负责审核；省级规划教材由省级教育行政部门组建的职业院校教材审核机构负责审核，其中意识形态属性较强的教材还应送省级党委宣传部门牵头进行政治把关。

其他教材由教材编写单位相关主管部门委托熟悉职业教育和产业人才培养需求的专业机构或专家团队进行审核认定。

教材出版部门成立专门政治把关机构，建强工作队伍和专家队伍，在所编修教材正式送审前，以外聘专家为主，进行专题自查，把好政治关。

第二十条 教材审核人员应包括相关学科专业领域专家、教科研专家、一线教师、行业企业专家等。审核专家应符合本办法第十四条（一）（二）（三），第十五条（一）（三）规定的条件，具有较高的政策理论水平，客观公正，作风严谨，并经所在单位党组织审核同意。

实行教材编审分离制度，遵循回避原则。

第二十一条 国家规划教材送审工作由国务院教育行政部门统一部署。省级规划教材审核安排由省级教育行政部门根据实际情况具体规定。

第二十二条 教材审核应依据职业院校教材规划以及课程标准、专业教学标准、顶岗实习标准等国家教学标准要求，对照本办法第三条、十二条的具体要求，对教材的思想性、科学性、适宜性进行全面把关。

政治立场、政治方向、政治标准要有机融入教材内容，不能简单化、“两张皮”；政治上有错误的教材不能通过；选文篇目内容消极、导向不正确的，选文作者历史评价或社会形象负面的、有重大争议的，必须更换；教材编写人员政治立场、价值观和品德作风有问题的必须更换。

严格执行重大选题备案制度。

除统编教材外，教材审核实行盲审制度。

第二十三条 公共基础必修课程教材审核一般按照专家个人审读、集体审核环节开展，重点审核全套教材的编写思路、框架结构及章节内容。应由集体充分讨论形成审核结论。审核结论分“通过”“重新送审”和“不予通过”三种。具体审核程序由负责组织审核的机构制定。

其他规划教材审核程序由相应审核机构制定。

实用技能类教材可适当简化审核流程。

第二十四条 新编或修订幅度较大的公共基础必修课程

教材应选聘一线任课教师进行审读和试用。审读意见和试用情况作为教材审核的重要依据。

第二十五条　国家和省级规划教材通过审核，经教育行政部门批准后，纳入相应规划教材目录，由国务院教育行政部门和省级教育行政部门定期公开发布。经审核通过的教材，未经相关教育行政部门同意，不得更改。

国家建立职业院校教材信息库。规划教材自动进入信息库。非规划教材按程序审核通过后，纳入信息库。

第六章　出版与发行

第二十六条　根据出版管理相关规定，教材出版实行资质准入制度，合理定价。国家出版管理部门对职业院校教材出版单位进行资质清单管理。

职业院校教材出版单位应符合以下条件：

（一）对应所出版的教材，有不少于3名具有相关学科专业背景和中级以上职业资格的在编专职编辑人员。

（二）具备教材使用培训、回访服务等可持续的专业服务能力。

（三）具有与教材出版相适应的资金和经营规模。

（四）最近5年内未受到出版主管部门的处罚，无其他违法违纪违规行为。

第二十七条　承担教材发行的机构应取得相应的资质，根据出版发行相关管理规定，最近5年内未受到出版主管部门处罚，无其他违法违纪违规行为。

各级出版管理部门、市场监督管理部门会同教育行政部门指导、监督教材发行机构，健全发行机制，确保课前到书。

第七章　选用与使用

第二十八条　国务院教育行政部门负责宏观指导职业院校教材选用使用工作。省级教育行政部门负责管理本地区职业院校教材选用使用工作，制定各类教材的具体选用办法。

第二十九条　教材选用须遵照以下原则：

（一）教材选用单位须组建教材选用委员会，具体负责教材的选用工作。教材选用委员会成员应包括专业教师、行业企业专家、教科研人员、教学管理人员等，成员应在本人所在单位进行公示。

（二）教材选用过程须公开、公平、公正，严格按照程序选用，并对选用结果进行公示。

第三十条　教材选用应结合区域和学校实际，切实服务人才培养。遵循以下要求：

（一）中等职业学校思想政治、语文、历史三科，必须使用国家统编教材。高等职业学校必须使用国家统编的思想政治理论课教材、马克思主义理论研究和建设工程重点教材。

（二）中等职业学校公共基础必修课程教材须在国务院教育行政部门发布的国家规划教材目录中选用。职业院校专业核心课程和高等职业学校公共基础课程教材原则上从国家和省级教育行政部门发布的规划教材目录中选用。

（三）国家和省级规划目录中没有的教材，可在职业院校教材信息库选用。

（四）不得以岗位培训教材取代专业课程教材。

（五）选用的教材必须是通过审核的版本，擅自更改内容的教材不得选用，未按照规定程序取得审核认定意见的教材不得选用。

（六）不得选用盗版、盗印教材。

职业院校应严格遵照选用结果使用教材。选用境外教材，按照国家有关政策执行。

第三十一条　教材选用实行备案制度。教材选用单位在确定教材选用结果后，应报主管教育行政部门备案。省级教育行政部门每学年将本地区职业院校教材选用情况报国务院教育行政部门备案。

第八章　服务与保障

第三十二条　统筹利用现有政策和资金渠道支持职业院校教材建设。国家重点支持统编教材、国家规划教材建设以及服务国家战略教材和紧缺、薄弱领域需求的教材建设。教材编写、出版单位应加大投入，提升教材质量，打造精品教材。鼓励社会资金支持教材建设。

第三十三条　承担国家统编教材编写修订任务，主编和核心编者视同承担国家级科研课题；承担国家规划公共基础必修课和专业核心课教材编写修订任务，主编和核心编者视同承担省部级科研课题，享受相应政策待遇。审核专家根据工作实际贡献和发挥的作用参照以上标准执行。对承担国家和省级规划教材编审任务的人员，所在单位应充分保证其工作时间，将编审任务纳入工作量计算，并在评优评先、职称评定、职务（岗位）晋升方面予以倾斜。落实国家和省级教材奖励制度，加大对优秀教材的支持。

第三十四条　国务院教育行政部门应牵头建立职业院校教材信息发布和服务平台，及时发布教材编写、出版、选用及评价信息。完善教材服务网络，定期开展教材展示，加强教材统计分析、社会调查、基础文献、案例集成等专题数据库的建设和应用。加强职业院校教材研究工作。

第九章 评价与监督

第三十五条 国务院和省级教育行政部门分别建立教材选用跟踪调查制度，组织专家对教材选用工作进行评价、对教材质量进行抽查。职业院校定期进行教材使用情况调查和分析，并形成教材使用情况报告报主管教育行政部门备案。

第三十六条 国务院和省级教育行政部门对职业院校教材管理工作进行监督检查，将教材工作纳入地方教育督导评估重要内容，纳入职业院校评估、项目遴选、重点专业建设和教学质量评估等考核指标体系。

第三十七条 国家教育、出版管理、市场监督管理等部门依据职责对教材编写、审核、出版、发行、选用等环节中存在违规行为的单位和人员实行负面清单制度，通报有关机构和学校。对存在违规情况的有关责任人，视情节严重程度和所造成的影响，依照有关规定给予相应处分。涉嫌犯罪的，依法追究刑事责任。编写者出现违法违纪情形的，必须及时更换。

第三十八条 存在下列情形之一的，相应教材停止使用，视情节轻重和所造成的影响，由上级或同级主管部门给予通报批评、责令停止违规行为，并由主管部门按规定对相关责任人给予相应处分。对情节严重的单位和个人列入负面清单；涉嫌犯罪的，依法追究刑事责任。

（一）教材内容政治方向、价值导向存在问题。

（二）教材内容出现严重的科学性错误。

（三）教材所含链接内容存在问题，产生严重后果。

（四）盗版盗印教材。

（五）违规编写出版国家统编教材及其他公共基础必修课程教材。

（六）用不正当手段严重影响教材审核、选用工作。

（七）未按规定程序选用，选用未经审核或审核未通过的教材。

（八）在教材中擅自使用国家规划教材标识，或使用可能误导职业院校教材选用的相似标识及表述，如标注主体或范围不明确的“规划教材”“示范教材”等字样，或擅自标注“全国”“国家”等字样。

（九）其他造成严重后果的违法违纪违规行为。

第十章 附 则

第三十九条 省级教育行政部门应根据本办法制定实施细则。有关部门可依据本办法制定所属职业院校教材管理的实施细则。作为教材使用的讲义、教案和教参以及数字教材参照本办法管理。

第四十条 本办法自印发之日起施行。其他职业院校教材管理制度，凡与本办法有关规定不一致的，以本办法为准。与本办法规定不一致且难以立刻终止的，应在本办法印发之日起6个月内纠正。

本办法由国务院教育行政部门负责解释。

4. 职业技能、职业大赛

职业技能鉴定规定

1993 年 7 月 9 日劳动部发布

第一章 总 则

第一条 为适应社会主义市场经济发展的需要，进一步完善职业技能鉴定制度，实现职业技能鉴定的社会化管理，促进职业技能开发，提高劳动者素质，根据《工人考核条例》，制定本规定。

第二条 本规定所称职业技能鉴定是指对劳动者进行技术等级的考核和技师、高级技师(以下统称技师)资格的考评。

第三条 职业技能鉴定实行政府指导下的社会化管理体制。

(一)劳动部综合管理全国职业技能鉴定工作，制定规划、政策和标准；审查批准有关行业的职业技能鉴定机构。

(二)各省、自治区、直辖市劳动行政部门综合管理本地区职业技能鉴定工作，审查批准各类职业技能鉴定指导中心和站(所)，制定以下有关规定和办法：

1. 参加技能鉴定人员的申报条件和鉴定程序；

2. 专业技术知识、操作技能考核办法；

3. 考务、考评人员工作守则和考评小组成员组成原则及其管理办法；

4. 职业技能鉴定站(所)考场规则；

5.《技术等级证书》的印鉴和核发办法。

(三)职业技能鉴定指导中心负责组织、协调、指导职业技能鉴定工作。

(四)职业技能鉴定站(所)，具体实施对劳动者职业技能的鉴定。

第四条 本规定适用于各级劳动行政部门和各级职业技能鉴定指导中心、职业技能鉴定站(所)。

第二章 职业技能鉴定机构

第五条 劳动部所属职业技能鉴定指导中心主要职责是：参与制定国家职业技能标准和组建国家职业技能鉴定题库；开展职业分类、标准、技能鉴定理论研究及咨询服务；推动全国职业技能竞赛活动。

第六条 各省、自治区、直辖市劳动行政部门所属职业技能鉴定指导中心主要职责是：组织本地区职业技能鉴定工作和具体实施考评员的资格培训；开展职业技能鉴定有关问题的研究和咨询服务；推动本地区职业技能竞赛活动。

第七条 经劳动部批准，有关行业可建立行业的职业技能鉴定指导中心，主要职责是：参与制定国家职业技能标准以外非社会通用的本行业特有工种的职业技能标准；组织本行业特有工种的职业技能鉴定工作和考评员的资格培训；开展职业技能鉴定及有关问题的研究和咨询服务；推动本行业的职业技能竞赛活动。

第八条 职业技能鉴定指导中心是事业性机构，在管理上实行中心主任负责制。

第九条 职业技能鉴定站(所)是具体承担对待业人员、从业人员、军地两用人才、各级各类职业技术院校和其他职业培训机构的毕(结)业生，进行职业技能鉴定的事业性机构。在管理上实行站(所)长负责制。

第三章 职业技能鉴定的组织和实施

第十条 建立职业技能鉴定站(所)。

(一)建立职业技能鉴定站(所)的条件是：

1. 具有与所鉴定工种(专业)及其等级或类别相适应的考核场地和设备；

2. 具有与所鉴定工种(专业)及其等级或类别操作技能考核相适应的、符合国家标准的检测仪器；

3. 有专(兼)职的组织管理人员和考评员；

4. 有完善的管理办法。

(二)申请建立职业技能鉴定站(所)的单位，根据上述条件和省、自治区、直辖市的具体规定，报当地劳动行政部门审查批准并由其发给《职业技能鉴定许可证》，明确鉴定的工种(专业)范围、等级和类别，同时授予统一的职业技能鉴定站(所)标牌。

(三)鉴定技术等级的职业技能鉴定站(所)，由省、自治区、直辖市劳动行政部门规定审批权限；鉴定技师资格的职业技能鉴定站(所)，由省、自治区、直辖市劳动行政部门审批，并报劳动部备案。

(四)行业特有工种的职业技能鉴定站(所)，一般由省、自治区、直辖市劳动行政部门审批；跨地区的行业特有工种的职业技能鉴定站(所)和中央、国家机关、解放军各总部机关直属单位的职业技能鉴定站(所)，由劳动部审批。

第十一条 职业技能鉴定站(所)，享有独立进行职业技能鉴定的权利，有权拒绝任何组织或个人更改鉴定结果的非正当要求。

第十二条 劳动部组织有关行业或单位的专家、名师，根据现行《工人技术等级标准》和《国家职业技能标准》，统一编制职业技能鉴定试题,建立职业技能鉴定题库。

第十三条　职业技能鉴定站(所),必须遵守劳动行政部门的有关规定、实施办法。职业技能鉴定试题必须从国家规定的试题库提取,不得自行编制试题。

第十四条　职业技能鉴定站(所),应受理一切符合申报条件、规定手续人员的职业技能鉴定,要严格执行考评员对其亲属的职业技能鉴定回避制度。

第十五条　职业技能鉴定的对象:

(一)各类职业技术学校和培训机构毕(结)业生,凡属技术等级考核的工种,逐步实行职业技能鉴定;

(二)企业、事业单位学徒期满的学徒工,必须进行职业技能鉴定;

(三)企业、事业单位的职工以及社会各类人员,根据需要,自愿申请职业技能鉴定。

第十六条　申报职业技能鉴定的单位或个人,可向当地职业技能鉴定站(所)提出申请,由职业技能鉴定站(所)签发准考证,按规定的时间、方式进行考核或考评。

第十七条　国家实行职业技能鉴定证书制度。

(一)对技术等级考核合格的劳动者,发给相应的《技术等级证书》;对技师资格考评合格者,发给相应的《技师合格证书》或《高级技师合格证书》;

(二)《技术等级证书》、《技师合格证书》和《高级技师合格证书》是劳动者职业技能水平的凭证,同时,按照劳动部、司法部劳培字〔1992〕1号《对出国工人技术等级、技术职务证书公证的规定》,是我国公民境外就业、劳务输出法律公证的有效证件;

(三)上述证书由劳动部统一印制,劳动行政部门按规定核发。

第十八条　单位或个人申报职业技能鉴定,均应按照规定交纳鉴定费用。

(一)职业技能鉴定费用支付项目是:组织职业技能鉴定场地、命题、考务、阅卷、考评、检测及原材料、能源、设备消耗的费用;

(二)职业技能鉴定收费标准,由省、自治区、直辖市劳动行政部门按照财政部、劳动部(92)财工字第68号《关于工人考核费用开支的规定》,商当地财政、物价部门做出具体规定。

第四章　职业技能鉴定考评员

第十九条　职业技能鉴定考评员必须具有高级工或技师、中级专业技术职务以上的资格;鉴定技师资格的考评员必须具有高级技师、高级专业技术职务的资格。

第二十条　考评员由职业技能鉴定指导中心进行资格考核,由劳动行政部门核准并颁发考评员资格证书和带有本人照片的职业技能鉴定资格胸卡。

第二十一条　鉴定技术等级的考评员资格认定和合格证书的核发权限,由省、自治区、直辖市劳动行政部门具体规定;鉴定技师资格的考评员资格认定和合格证书的颁发,由省、自治区、直辖市劳动行政部门核准。

第二十二条　职业技能鉴定站(所)要在取得考评员资格证书的人员中聘任相应工种、等级或类别的考评员,聘期三年,并应采取不定期轮换、调整考评员的方式组成专业考评小组。

第二十三条　考评员要严格遵守考评员工作守则和执行考场规则。

第五章　罚　　则

第二十四条　劳动行政部门对职业技能鉴定机构实行监督、检查。

第二十五条　职业技能鉴定指导中心和职业技能鉴定站(所)的工作人员,在职业技能鉴定工作中弄虚作假、徇私舞弊的,视情节轻重,由其所在单位根据人事管理权限给予行政处分,并停止其在指导中心或鉴定站(所)的工作;考评人员如有上述行为者,吊销考评员资格证书。

第二十六条　违反本规定第十三条、第十四条和第十八条(二),造成不良影响的职业技能鉴定站(所),由劳动行政部门吊销其《职业技能鉴定许可证》;对乱收费的,没收其非法所得费用。没收的费用,专项用于职业技能鉴定事业。

第二十七条　违反本规定第三条(二)中第五项和第十七条(三),伪造、仿制或滥发《技术等级证书》、《技师合格证书》、《高级技师合格证书》的,除宣布其所发证书无效外,还应视情节轻重,由其上级主管部门或监察机关对主要责任者给予行政处分;对其中通过滥发证书获取非法收入的,应没收其非法所得,并处以非法所得五倍以下的罚款;构成犯罪的,应依法追究刑事责任。

第六章　附　　则

第二十八条　本规定由劳动部负责解释。

第二十九条　本规定自颁发之日起施行。

职业资格证书规定

1994年2月22日劳动部、人事部发布

第一条　为了深化劳动、人事制度改革,适应社会主义市场经济对人才的需求,客观公正地评价专业(工种)技术人才,促进人才的合理流动,制定本规定。

第二条　职业资格是对从事某一职业所必备的学识、技术和能力的基本要求。

职业资格包括从业资格和执业资格。从业资格是指从事某一专业(工种)学识、技术和能力的起点标准。执业资格是指政府对某些责任较大,社会通用性强,关系公共利益的专业(工种)实行准入控制,是依法独立开业或从事某一特定专业(工种)学识、技术和能力的必备标准。

第三条　职业资格分别由国务院劳动、人事行政部门通过学历认定、资格考试、专家评定、职业技能鉴定等方式进行评价,对合格者授予国家职业资格证书。

第四条　职业资格证书是国家对申请人专业(工种)学识、技术、能力的认可,是求职、任职、独立开业和单位录用的主要依据。

第五条　职业资格证书制度遵循申请自愿、费用自理,客观公正的原则。凡中华人民共和国公民和获准在我国境内就业的其他国籍的人员都可按照国家有关政策规定和程序申请相应的职业资格。

第六条　职业资格证书实行政府指导下的管理体制,由国务院劳动、人事行政部门综合管理。

若干专业技术资格和职业技能鉴定(技师、高级技师考评和技术等级考核)纳入职业资格证书制度。

劳动部负责以技能为主的职业资格鉴定和证书的核发与管理(证书的名称、种类按现行规定执行)。

人事部负责专业技术人员的职业资格评价和证书的核发与管理。

各省、自治区、直辖市劳动、人事行政部门负责本地区职业资格证书制度的组织实施。

第七条　国务院劳动、人事行政部门会同有关行业主管部门研究和确定职业资格的范围、职业(专业、工种)分类、职业资格标准以及学历认定、资格考试、专家评定和技能鉴定的办法。

第八条　国家职业资格证书参照国际惯例,实行国际双边或多边互认。

第九条　本规定适用于国家机关、团体和所有企、事业单位。

第十条　国务院劳动、人事行政部门按职责范围分别制定实施细则。

第十一条　本规定由国务院劳动、人事行政部门按职责范围分别负责解释。

第十二条　本规定自颁发之日起实施。

职业技能等级证书
监督管理办法(试行)

1. 2019年4月23日发布
2. 人社部发〔2019〕34号

为了建设全社会终身教育、继续教育、职业教育培训制度体系,构建国家资历框架,提高国民素质,建立推广国家职业标准,提升职业院校(含技工院校)学生和全社会劳动者就业技能,促进国家先进制造业和现代服务业水平提升,解决目前国家经济社会发展部分重点领域技能人才十分短缺的问题,按照部门“三定”方案规定和《国家职业教育改革实施方案》(职教20条)要求,做好“学历证书+若干职业技能等级证书”制度试点工作,现就职业技能等级证书的监督管理,制定本办法。

一、动员、指导、扶持社会力量积极参与职业教育、职业培训工作。人力资源社会保障部建立完善、发掘、推荐国家职业标准,构建新时代国家职业标准制度体系。通过组织起草标准、借鉴国际先进标准、推介国内优秀企业标准等充实国家职业标准体系,逐步扩大对市场职业类别总量的覆盖面。教育部依据国家职业标准,牵头组织开发教学等相关标准。培训评价组织按有关规定开发职业技能等级标准。

二、职业技能等级证书按照“三同两别”原则管理,即“三同”是:院校外、院校内试点培训评价组织(含社会第三方机构,下同)对接同一职业标准和教学标准;两部门目录内职业技能等级证书具有同等效力和待遇;在学习成果认定、积累和转换等方面具有同一效能。“两别”是:人力资源社会保障部、教育部分别负责管理监督考核院校外、院校内职业技能等级证书的实施(技工院校内由人力资源社会保障行政部门负责);职业技能等级证书由参与试点的培训评价组织分别自行印发。

三、人力资源社会保障部、教育部分别依托有关方面,组织开展培训评价组织的招募和遴选工作,入围的培训评价组织实行目录管理。培训评价组织遴选及证书实施情况向国务院职业教育工作部际联席会议报告。两部门严格末端监督执法,定期进行“双随机、一公开”的抽查和监督。

四、人力资源社会保障部、教育部在国务院领导下开展试点工作,遇到具体问题,可通过部门协调机制解决。重大问题可通过国务院职业教育工作部际联席会议协调。

全国职业院校技能大赛经费管理办法

1. 2022 年 9 月 8 日发布
2. 教职成函〔2022〕6 号

第一章　总　　则

第一条　为加强和规范全国职业院校技能大赛(以下简称大赛)经费管理,提高大赛经费使用效益,保障大赛公平顺利进行,根据《中华人民共和国会计法》《中华人民共和国预算法》《中华人民共和国公益事业捐赠法》《中华人民共和国慈善法》《全国职业院校技能大赛章程》等相关法律法规,结合大赛实际情况,制定本办法。

第二条　本办法所称大赛经费是指用于大赛组织、实施、管理、资源转化等活动的费用,包括赛事公共运转经费和各赛项经费,主要来源有教育部职业教育专业能力建设专项资金(以下简称部职教专项)和大赛筹措资金。

部职教专项属于补助性资金,安排用于大赛赛事公共运转和有关赛事示范引导性委托业务开支。根据预算安排,有关赛事示范引导性业务开支与绩效目标由教育部一并直接下达、拨付给赛事受托机构(有关省级教育行政部门或有关赛项承办单位)使用与管理,纳入赛事受托单位年度预(决)算管理。

大赛筹措资金主要来源于社会捐赠及赞助、地方财政支持(投入)和承办方自筹等三个方面。中国教育发展基金会(以下简称基金会)作为受赠人依法接受与管理社会捐赠,包括物资和资金。地方财政支持(投入)资金可以直接拨付给赛项承办院校使用与管理。承办院校应当具有足额补齐赛项预算差额、保障赛项顺利开展的经费自筹能力。

第三条　大赛经费管理坚持"统一规划、分级管理,多元筹集、定向投入,专款专用、专账核算,厉行节约、注重绩效"的原则。大赛经费应当纳入各经费管理机构年度预(决)算管理。

第四条　大赛经费各管理机构要建立健全内部管理机制,制定科学完善的经费使用与管理细则,强化制度约束,加强预算控制,规范会计核算与监督,确保资金使用规范合理有效。

第二章　经费管理权限及职责

第五条　大赛组织委员会(以下简称大赛组委会)作为全国赛事综合管理和决策机构,全面负责大赛的组织领导工作,对大赛进行顶层设计,包括大赛经费使用。

第六条　大赛执行委员会(以下简称大赛执委会)作为大赛组委会的执行机构,是大赛年度公共运转支出预算和具体赛项国家补助经费预算的审核和批准责任主体。其主要职责:

(一)负责筹集、安排赛事经费;

(二)负责审核批准赛事公共运转支出预(决)算;

(三)负责赛项经费的监督管理、项目支出绩效考核与结果应用。

大赛执委会办公室(以下简称大赛办)作为大赛执委会日常办事机构,是大赛年度公共运转支出预(决)算编制与执行、具体赛项国家补助经费预算编制的责任主体。其主要职责:

(一)负责提出大赛年度公共运转支出预算建议;

(二)负责汇总各赛项预(决)算,提出年度具体赛项补助资金(社会捐赠用于补贴赛项的经费)方案建议;

(三)对部职教专项、赛区地方财政支持(投入)的使用与管理进行监督;

(四)负责监督大赛相关社会捐赠及赞助的物资和资金的使用与管理。

大赛执委会设立经费管理委员会,作为大赛执委会专业性议事机构,成员组成应当具有代表性、专业性。经费管理委员会专题会议由经费管理委员会主任或委托某成员主持,须超过 2/3 成员参加方能召开。经费管理委员会专题会议可以根据会议内容,邀请有关专家参加会议,征求意见。其主要职责是:对大赛经费管理制度、大赛年度公共运转经费预(决)算、具体赛项补助资金方案提出审核意见,为大赛执委会决策提供参考。

第七条　赛区组织委员会(以下简称赛区组委会)为赛区赛事管理机构,对本赛区所有承办赛项经费负监督责任,对大赛执委会负责。

第八条　赛区执行委员会(以下简称赛区执委会)作为赛区组委会的执行机构,具体负责本赛区所有赛项经费预(决)算审核,保障本赛区比赛顺利进行。

第九条　赛项执委会为赛项管理机构,负责本赛项经费筹集,领导赛项承办院校进行预(决)算编制与执行。

第十条　赛项承办院校作为赛项经费的执行主体,落实预(决)算编制,按照有关规定对赛项经费进行管理和使用,确保专账核算,专款专用。

第三章　预 算 管 理

第十一条　预算编制应当遵循"依法合规、统筹兼顾、量力而行、保障重点、勤俭节约、讲求绩效”的原则，将全部收入和支出纳入预算管理。预算内容包括预算收入和预算支出。

第十二条　预算编制及审批

每年大赛赛项和承办单位确定后，大赛办安排部署赛项预算编制工作。赛项执委会指导承办院校按照要求，在1个月内完成赛项预算的编制工作，并上报赛区执委会审核；赛区执委会将本赛区各赛项预算审核汇总后上报大赛办；大赛办汇总各赛区申报的预算后，提出具体赛项资金补助方案，报大赛执委会审批。

赛项预算编制无需考虑所需日常办公及水、电、气等开支（应当由赛项承办院校承担）以及不可预见因素。

第十三条　预算执行和调整

各级机构应切实维护预算的严肃性，不得随意增加支出预算或增加无预算的支出项目。大赛经费预算一经确定，原则上不予调整。确需调整预算时，大赛办须按程序提出调整申请，说明预算调整原因、项目和金额，经大赛执委会批准后执行。

第四章　收 入 管 理

第十四条　大赛收入主要包括：

（一）中央财政补助收入（即部职教专项），指国家根据赛项预算拨付给赛项的国家经费补助；

（二）地方财政投入收入，指赛区所在地政府为本赛区赛项举办投入的专项财政资金；

（三）承办方自筹收入，指承办校为承办赛项投入的专项资金，包括承办校主管部门拨付给承办校的赛项专项资金；

（四）社会捐赠及赞助收入，指捐赠（赞助）单位或个人向大赛捐赠（赞助）的资金。

第十五条　各项收入必须全部纳入预算管理，各部门、经费管理机构不得截留、隐瞒、挪用、私分。

中央财政和地方财政投入的资金，要严格执行财政资金管理的各项规定。

第十六条　大赛应严格按照国家有关法规制度并利用现有条件组织收入，不断增强筹资能力。

第五章　支 出 管 理

第十七条　大赛支出按经济业务分为：印刷费、咨询费、邮电费、差旅费、租赁费、会议费、培训费、专用材料费、其他商品和服务支出、专用设备购置、信息网络及软件购置更新、其他等。各项支出全部纳入预算管理，并根据预算安排各项支出。

第十八条　大赛应加强支出管理，建立健全支出管理制度。各项支出要严格执行国家有关财务规章制度和大赛规定的开支范围和标准。各项支出应按实际发生数列支，不得虚列虚报，不得以计划数和预算数代替。

第十九条　大赛经费支出主要用于赛项筹备、赛前技术研发、赛事组织、赛事宣传推广、赛后成果转化、赛项获奖选手、指导教师及组织单位的奖励等与赛项直接相关的开支，以及维持大赛执委会日常运转所需的开支。凡使用大赛经费取得的资产，均为国有资产，应当按照国有资产管理有关规定纳入各经费管理机构统一管理。

第二十条　参与大赛的筹备、裁判、监督仲裁等专家差旅等费用，原则上由专家所在单位承担，所在单位承担确有困难可由赛项经费或大赛赛事公共运转经费承担。

第二十一条　属于赛事相关的基本建设工程项目，应当严格履行基本建设程序，落实相关建设标准和要求，严禁超标准建设和豪华建设，确保工程质量，并接受有关部门的检查、验收。部职教专项资金，不得用于基本建设工程项目。

第二十二条　凡应当纳入政府采购范围的货物、工程和服务，要按照《中华人民共和国政府采购法》及其实施条例等有关法律规定，建立规范的政府采购内部控制机制，严格履行政府采购程序，否则不得列支。

第二十三条　严禁将赛项经费用于偿还债务、支付利息、缴纳罚款、对外投资、弥补其他建设资金缺口、赞助捐赠等，不得从赛项经费中提取工作或管理经费，不得弥补与赛项无关的日常公用经费开支，不得将赛项资金与其他经费混用，不得无预算、超预算开支，不得违反国家有关规定。

第二十四条　各赛项须在比赛结束后3个月内，由赛项承办院校根据要求编制赛项决算报表（报告）、审计报告和绩效自评报告。

各赛项结束后，赛项结余经费中来源于社会捐赠的资金按照捐赠协议相关约定处理，捐赠协议未约定处理方式的，返还基金会，部职教专项资金及其他来源资金按照国家有关规定处理。

第六章　捐赠资产管理

第二十五条　捐赠资产是指捐赠方向大赛定向捐赠的物资和资金。

第二十六条　捐赠资产为资金的，由基金会作为受赠方接受捐赠。基金会应当与捐赠人签订捐赠协议，明确捐赠的金额和用于全国职业院校技能大赛的用途等内容，并出具公益事业捐赠统一票据。受赠资金依法纳入基金会统一管理，专账核算，并将受赠有关资料造册建档。

捐赠资产为物资的，由基金会作为受赠方接受捐赠。基金会应当与捐赠人签订捐赠协议，明确捐赠资产的种类、数量、质量和用途等内容，并在协议的资产用途条款中注明具体支持的赛项名称。捐赠资产纳入承办院校国有资产管理。

第二十七条　大赛执委会应当按照捐赠协议，结合大赛实际，制定受赠资产的分配原则和批准具体赛项经费预算。

第二十八条　基金会按照大赛执委会制定的受赠资产分配原则和批准的具体赛项经费预算，并根据捐赠协议，将受赠的资金用于赛事的统筹使用或直接拨付给赛项承办院校。受赠物资由捐赠企业按照协议约定，全部配送给相关赛项承办院校。

承办院校应当严格按照国家有关规定如实记录，加强核算，造册建档。

第七章　监督与绩效

第二十九条　大赛办、赛项执委会和承办院校要加强内部控制，确保内部控制覆盖经济和业务活动全过程，完善监督体系，确保内部控制有效实施，强化对内部权力运行的制约，确保制度健全、执行有力、监督到位。

第三十条　赛项执委会和承办院校要严格执行国家有关财经法规，要自觉接受教育、财政、审计、纪检、监察等部门的监督检查，对发现的问题，要及时制定整改措施并落实。要建立信息公开机制，自觉接受社会监督。

第三十一条　建立和完善责任追究制度。对于挤占、挪用、虚列、套取赛项资金的行为，给予停赛、禁赛或者禁止承办的处理，并依据有关规定对相关责任人追责问责，涉嫌犯罪的，移送司法机关依法追究法律责任。

第三十二条　赛项执委会和承办院校是赛项资金预算绩效管理的责任主体，要加强绩效管理，落实绩效监控主体责任，采集项目绩效信息，分析赛项开展、资金使用、绩效目标完成等情况，对发现的问题及时整改纠正，促进绩效目标如期实现。

第三十三条　大赛执委会制定绩效评价指标体系，对赛项经费开展绩效评价工作，对资金使用效益进行评估。绩效评价结果作为完善政策、预算安排和分配的重要依据。对绩效管理工作中存在突出问题的限期整改，涉嫌违规违纪的移送相关部门处理。

第八章　附　　则

第三十四条　本办法内容如与此后国务院部门发布的经费管理、财务审计等有关规定相抵触，以国家有关规定为准。

第三十五条　大赛执委会依据本规定制定相关具体实施细则。

第三十六条　本办法自发布之日起生效，由大赛组委会秘书处负责解释。《教育部关于印发全国职业院校技能大赛经费管理办法的通知》（教职成函〔2018〕10号）同时废止。

六、学位管理与研究生教育

资料补充栏

中华人民共和国学位条例

1. 1980年2月12日第五届全国人民代表大会常务委员会第十三次会议通过
2. 根据2004年8月28日第十届全国人民代表大会常务委员会第十一次会议《关于修改〈中华人民共和国学位条例〉的决定》修正

第一条 为了促进我国科学专门人才的成长，促进各门学科学术水平的提高和教育、科学事业的发展，以适应社会主义现代化建设的需要，特制定本条例。

第二条 凡是拥护中国共产党的领导、拥护社会主义制度，具有一定学术水平的公民，都可以按照本条例的规定申请相应的学位。

第三条 学位分学士、硕士、博士三级。

第四条 高等学校本科毕业生，成绩优良，达到下述学术水平者，授予学士学位：

（一）较好地掌握本门学科的基础理论、专门知识和基本技能；

（二）具有从事科学研究工作或担负专门技术工作的初步能力。

第五条 高等学校和科学研究机构的研究生，或具有研究生毕业同等学力的人员，通过硕士学位的课程考试和论文答辩，成绩合格，达到下述学术水平者，授予硕士学位：

（一）在本门学科上掌握坚实的基础理论和系统的专门知识；

（二）具有从事科学研究工作或独立担负专门技术工作的能力。

第六条 高等学校和科学研究机构的研究生，或具有研究生毕业同等学力的人员，通过博士学位的课程考试和论文答辩，成绩合格，达到下述学术水平者，授予博士学位：

（一）在本门学科上掌握坚实宽广的基础理论和系统深入的专门知识；

（二）具有独立从事科学研究工作的能力；

（三）在科学或专门技术上做出创造性的成果。

第七条 国务院设立学位委员会，负责领导全国学位授予工作。学位委员会设主任委员一人，副主任委员和委员若干人。主任委员、副主任委员和委员由国务院任免。

第八条 学士学位，由国务院授权的高等学校授予；硕士学位、博士学位，由国务院授权的高等学校和科学研究机构授予。

授予学位的高等学校和科学研究机构（以下简称学位授予单位）及其可以授予学位的学科名单，由国务院学位委员会提出，经国务院批准公布。

第九条 学位授予单位，应当设立学位评定委员会，并组织有关学科的学位论文答辩委员会。

学位论文答辩委员会必须有外单位的有关专家参加，其组成人员由学位授予单位遴选决定。学位评定委员会组成人员名单由学位授予单位确定，报国务院有关部门和国务院学位委员会备案。

第十条 学位论文答辩委员会负责审查硕士和博士学位论文、组织答辩，就是否授予硕士学位或博士学位作出决议。决议以不记名投票方式，经全体成员三分之二以上通过，报学位评定委员会。

学位评定委员会负责审查通过学士学位获得者的名单；负责对学位论文答辩委员会报请授予硕士学位或博士学位的决议，作出是否批准的决定。决定以不记名投票方式，经全体成员过半数通过。决定授予硕士学位或博士学位的名单，报国务院学位委员会备案。

第十一条 学位授予单位，在学位评定委员会作出授予学位的决议后，发给学位获得者相应的学位证书。

第十二条 非学位授予单位应届毕业的研究生，由原单位推荐，可以就近向学位授予单位申请学位。经学位授予单位审查同意，通过论文答辩，达到本条例规定的学术水平者，授予相应的学位。

第十三条 对于在科学或专门技术上有重要的著作、发明、发现或发展者，经有关专家推荐，学位授予单位同意，可以免除考试，直接参加博士学位论文答辩。对于通过论文答辩者，授予博士学位。

第十四条 对于国内外卓越的学者或著名的社会活动家，经学位授予单位提名，国务院学位委员会批准，可以授予名誉博士学位。

第十五条 在我国学习的外国留学生和从事研究工作的外国学者，可以向学位授予单位申请学位。对于具有本条例规定的学术水平者，授予相应的学位。

第十六条 非学位授予单位和学术团体对于授予学位的决议和决定持有不同意见时，可以向学位授予单位或国务院学位委员会提出异议。学位授予单位和国务院学位委员会应当对提出的异议进行研究和处理。

第十七条 学位授予单位对于已经授予的学位，如发现有舞弊作伪等严重违反本条例规定的情况，经学位评定委员会复议，可以撤销。

第十八条　国务院对于已经批准授予学位的单位，在确认其不能保证所授学位的学术水平时，可以停止或撤销其授予学位的资格。

第十九条　本条例的实施办法，由国务院学位委员会制定，报国务院批准。

第二十条　本条例自 1981 年 1 月 1 日起施行。

国务院学位委员会关于在职人员申请硕士、博士学位的试行办法

1986 年 9 月 20 日发布

总　　则

第一条　为了促进我国高级专门人才的成长，进一步提高教育和科技队伍的素质，促进教育和科学事业的发展，以适应社会主义现代化建设的需要，根据《中华人民共和国学位条例》及其暂行实施办法，特制订本试行办法。

第二条　根据《中华人民共和国学位条例》第二条的规定，凡是拥护中国共产党的领导、拥护社会主义制度，热爱祖国，积极完成本职工作的在职人员，已具有硕士或博士学位学术水平的同等学力者，经所在单位同意，都可以按照本试行办法的规定，向学位授予单位申请硕士或博士学位。

第三条　有权授予硕士或博士学位的单位及其学科、专业，原则上均可接受本单位和就近接受其他单位的在职人员申请相应的学位。

第四条　向在职人员授予学位的门类，各级学位应达到的学术水平，以及进行资格审查、学位课程考试和论文答辩等有关事项，均按照《中华人民共和国学位条例》及其暂行实施办法的规定执行。

向在职人员授予学位，应同在毕业研究生中授予学位一样，做到坚持标准，保证质量。

第五条　在职人员申请学位，应是在完成本职工作任务的前提下，通过本人的工作实践和刻苦自学钻研，在教学、科研或专门技术上做出成绩，提高了业务和学术水平，按照本试行办法的规定，提出申请相应的学位。

各有关单位应从实际出发，为在职人员申请学位创造必要的条件，努力提高教育和科技队伍的素质。

硕 士 学 位

第六条　学位授予单位对申请人进行资格审查及申请人需送交的材料，按照《学位条例暂行实施办法》第六条的规定办理。申请人的两位推荐人须了解申请人所提交论文的实际工作过程，其中至少有一位是接受单位的专家。

申请人所在单位应向学位授予单位送交介绍申请人的政治思想品质、工作表现、业务能力，及介绍申请人的理论基础、专业知识和外语程度等方面情况的材料，供接受单位进行资格审查用。接受单位认为必要时，可以到申请人所在单位进行实地考察。

申请硕士学位的在职人员，应已在本专业或相近专业工作 3 年以上。每人在 2 至 3 年内一般只能申请一次。讲师、助理研究员及其他相应专业职务人员的学术水平，习惯上认为已相当或高于硕士，一般可以不再申请硕士学位。

第七条　硕士学位课程考试，按照《学位条例暂行实施办法》第七条的规定进行。考试内容需符合学位授予单位相应学科、专业攻读硕士学位研究生培养方案规定的要求，应是体现该学科、专业毕业硕士研究生水平的考试。

申请人应在学位授予单位规定的期限内（至多 1 年），通过全部学位课程考试。如有一门学位课程考试不合格，经补考后仍不合格者，本次申请无效。

第八条　申请人有符合下列条件之一的，经学位授予单位审核，可以免除部分或全部学位课程考试。

（一）申请人已获得经原教育部和国家教委批准在部分高等学校举办的研究生班颁发的毕业证书，其所学课程符合学位授予单位相应学科、专业攻读硕士学位研究生培养方案的要求。

（二）申请人经学位授予单位批准，参加攻读硕士学位研究生全国统一入学考试，其考试成绩基本达到当年的录取标准；并在规定期限内修满相应学科、专业攻读硕士学位研究生的全部课程，通过考试，成绩合格，取得规定的学分。

（三）申请人经学位授予单位批准，在规定期限内修满相应学科、专业攻读硕士学位研究生的全部课程（含第一外国语的水平考试），通过考试成绩合格，取得规定的学分。申请人在申请学位时，还需参加并通过学位授予单位举行的相应学科、专业硕士学位课程水平的综合考试，成绩合格。

上述（一）、（二）、（三）类各门课程考试成绩，从申请人通过全部课程考试，取得规定学分之日起，三年内有效。

第九条　申请人提交的硕士学位论文，应是本人在工作实践中独立完成的成果（可以包括在国外进修、访问

期间由本人独立完成的成果)。同他人合作完成的论文、著作或发明、发现等,对其中确属本人独立完成部分,可以由本人整理为学位论文提出申请,申请时的注意事项,按本试行办法第十三条的有关规定办理。

第十条 硕士学位论文的评阅和答辩,按照《学位条例暂行实施办法》第八条和第九条的规定进行。论文答辩应在申请人通过学位课程考试(或经审核同意免考)后的半年内组织进行。

学位授予单位应从推荐人以外的专家中聘请论文评阅人。论文在送交评阅时,评阅人的姓名不得告知申请人,评阅意见应密封传递。

博士学位

第十一条 学位授予单位对申请人进行资格审查,及申请人需送交的材料,按照《学位条例暂行实施办法》第十条的规定办理。两位推荐人中必须有一位是接受单位的博士生指导教师。推荐人应充分了解申请人所提交论文的实际工作过程。学位授予单位应有考察申请人独立从事科学研究工作能力的措施,可以包括允许申请人到学位授予单位从事短期工作和学习等。

申请人所在单位应向学位授予单位送交的材料,按照本试行办法第六条的规定办理。

申请博士学位的在职人员,应已在本专业或相近专业工作5年以上(可以含攻读硕士学位的年限),近年来在全国或国际性刊物发表过学术论文,或已发表有专著。每人在2至3年内一般只能申请一次。副教授、副研究员及其他相应专业职务以上人员的学术水平,习惯上认为已相当或高于博士,一般可以不再申请博士学位。

第十二条 博士学位课程考试,按照《学位条例暂行实施办法》第十一条的规定进行。考试内容须符合学位授予单位相应学科、专业博士学位课程的要求,应体现该学科、专业毕业博士研究生应达到的水平。申请人在规定期限内未能通过学位课程考试,不能补考,本次申请无效。

博士学位课程的免考,按照《学位条例暂行实施办法》第十二条的规定办理。第一外国语一般不免考。

第十三条 申请人提交的博士学位论文,应是本人在工作实践中独立完成的成果(可以包括在国外进修、访问期间由本人独立完成的成果)。

对在工程技术、临床医学、应用文科及其他实际工作部门工作的在职人员,应充分注意其所做出的实际贡献,其所提交的论文,应表明作者具有独立从事专门技术工作的能力,并做出创造性的成果。

同他人合作完成的论文、著作或发明、发现等,对其中确属本人独立完成部分,可以由本人整理成学位论文提出申请,并附送该项工作主持人签署的书面意见,共同发表论文、著作的其他作者的证明信,及合作完成的论文、著作等。对于合作完成的发明、发现等,应同时附送对该成果的学术评价、签订材料、使用部门的意见的复制件。

申请人如果有已公开发表的、属于同一学科领域的论文,可同时附送复制件。

第十四条 博士学位论文的评阅和答辩,按照《学位条例暂行实施办法》第十三、十四条的规定进行。

学位授予单位应从推荐人以外的专家中聘请论文评阅人。论文在送交评阅时,评阅人的姓名不得告知申请人,评阅意见应密封传递。论文答辩以前,学位授予单位的有关教研室(研究室)可以在博士生指导教师的主持下,由申请人报告其论文工作情况并接受质疑。

其他规定

第十五条 学位授予单位的学位评定委员会在审查通过接受在职人员申请学位时,应同审查通过研究生申请学位一样,履行自己的职责。

第十六条 学位授予单位接受在职人员申请学位需开支的经费,属本单位的在职人员,从本单位有关费用内开支;属外单位的在职人员,由申请人自理食宿及往返旅费,其他费用由所在单位开支。申请人应缴纳少量申请费。

经费开支标准和从何经费项目支出,由学位授予单位参照研究生经费开支标准,做出相应规定。

第十七条 根据《学位条例暂行实施办法》第二十四条的规定,在职人员通过资格审查,为准备参加学位课程考试或论文答辩,可享有不超过2个月的假期。

第十八条 在职人员获得学位,表明本人的学术水平已达到所获学位的水平,但不涉及学历。

学位授予单位向在职人员颁发学位证书和送交学位论文,按照国务院学位委员会的有关规定执行,向在职人员颁发的学位证书需单独编号。

第十九条 在我国从事研究或教学工作的外国学者申请硕士或博士学位,可参照本试行办法的有关规定办理。

第二十条 学位授予单位应根据本试行办法,制订实施细则。

第二十一条 学位授予单位的主管部门和国务院学位委员会,对学位授予单位授予在职人员的学位质量有检查、监督的权力,直至督促学位授予单位的学位评定委员会做出纠正或撤销违反规定而授予的学位。

第二十二条 本试行办法有关内容的解释权在国务院学位委员会。

学位论文作假行为处理办法

1. 2012 年 11 月 13 日教育部令第 34 号公布
2. 自 2013 年 1 月 1 日起施行

第一条 为规范学位论文管理,推进建立良好学风,提高人才培养质量,严肃处理学位论文作假行为,根据《中华人民共和国学位条例》、《中华人民共和国高等教育法》,制定本办法。

第二条 向学位授予单位申请博士、硕士、学士学位所提交的博士学位论文、硕士学位论文和本科学生毕业论文(毕业设计或其他毕业实践环节)(统称为学位论文),出现本办法所列作假情形的,依照本办法的规定处理。

第三条 本办法所称学位论文作假行为包括下列情形:

(一)购买、出售学位论文或者组织学位论文买卖的;

(二)由他人代写、为他人代写学位论文或者组织学位论文代写的;

(三)剽窃他人作品和学术成果的;

(四)伪造数据的;

(五)有其他严重学位论文作假行为的。

第四条 学位申请人员应当恪守学术道德和学术规范,在指导教师指导下独立完成学位论文。

第五条 指导教师应当对学位申请人员进行学术道德、学术规范教育,对其学位论文研究和撰写过程予以指导,对学位论文是否由其独立完成进行审查。

第六条 学位授予单位应当加强学术诚信建设,健全学位论文审查制度,明确责任、规范程序,审核学位论文的真实性、原创性。

第七条 学位申请人员的学位论文出现购买、由他人代写、剽窃或者伪造数据等作假情形的,学位授予单位可以取消其学位申请资格;已经获得学位的,学位授予单位可以依法撤销其学位,并注销学位证书。取消学位申请资格或者撤销学位的处理决定应当向社会公布。从做出处理决定之日起至少 3 年内,各学位授予单位不得再接受其学位申请。

前款规定的学位申请人员为在读学生的,其所在学校或者学位授予单位可以给予开除学籍处分;为在职人员的,学位授予单位除给予纪律处分外,还应当通报其所在单位。

第八条 为他人代写学位论文、出售学位论文或者组织学位论文买卖、代写的人员,属于在读学生的,其所在学校或者学位授予单位可以给予开除学籍处分;属于学校或者学位授予单位的教师和其他工作人员的,其所在学校或者学位授予单位可以给予开除处分或者解除聘任合同。

第九条 指导教师未履行学术道德和学术规范教育、论文指导和审查把关等职责,其指导的学位论文存在作假情形的,学位授予单位可以给予警告、记过处分;情节严重的,可以降低岗位等级直至给予开除处分或者解除聘任合同。

第十条 学位授予单位应当将学位论文审查情况纳入对学院(系)等学生培养部门的年度考核内容。多次出现学位论文作假或者学位论文作假行为影响恶劣的,学位授予单位应当对该学院(系)等学生培养部门予以通报批评,并可以给予该学院(系)负责人相应的处分。

第十一条 学位授予单位制度不健全、管理混乱,多次出现学位论文作假或者学位论文作假行为影响恶劣的,国务院学位委员会或者省、自治区、直辖市人民政府学位委员会可以暂停或者撤销其相应学科、专业授予学位的资格;国务院教育行政部门或者省、自治区、直辖市人民政府教育行政部门可以核减其招生计划;并由有关主管部门按照国家有关规定对负有直接管理责任的学位授予单位负责人进行问责。

第十二条 发现学位论文有作假嫌疑的,学位授予单位应当确定学术委员会或者其他负有相应职责的机构,必要时可以委托专家组成的专门机构,对其进行调查认定。

第十三条 对学位申请人员、指导教师及其他有关人员做出处理决定前,应当告知并听取当事人的陈述和申辩。

当事人对处理决定不服的,可以依法提出申诉、申请行政复议或者提起行政诉讼。

第十四条 社会中介组织、互联网站和个人,组织或者参与学位论文买卖、代写的,由有关主管机关依法查处。

学位论文作假行为违反有关法律法规规定的,依照有关法律法规的规定追究法律责任。

第十五条 学位授予单位应当依据本办法,制定、完善本单位的相关管理规定。

第十六条 本办法自 2013 年 1 月 1 日起施行。

博士后研究人员管理工作暂行规定

1986年3月13日国家科学技术委员会发布

为顺利开展博士后科研流动站的试点工作，根据国务院国发〔1985〕88号文件《国务院批转国家科委、教育部、中国科学院关于试办博士后科研流动站报告的通知》精神和原则，制订本暂行规定。

第一章　博士后研究人员资格

第一条　凡新近在国内、外获得博士学位，品学兼优，身体健康，年龄在35岁以下，尚未正式分配工作的优秀青年，均可作博士后研究人员（以下简称“博士后”）。考虑到近年获得博士学位者年龄一般偏大，在试办期间对博士后年龄要求可放宽到40岁。

第二条　为了鼓励人才交流，博采众长，避免学术上的“近亲繁殖”，建站单位培养的博士研究生，毕业后不得申请进本单位同学科的博士后科研流动站（以下简称“站”）。

第二章　申请手续和审批权限

第三条　凡申请作博士后者，在完成博士论文之后，即可向本学科领域的建站单位提交申请书和两位本学科领域博士生导师的推荐信及其他证明文件。申请者可以同时向几个建站单位提出申请，但一经确定进站单位，应立即撤回向其他单位的申请。

第四条　建站单位的学术机构应对申请者的科研能力、学术水平和已取得的科研成果进行评议，经建站单位批准，择优录用。被录用的博士后应填写《博士后研究人员登记表》。建站单位将《登记表》、导师推荐信和博士学位证书的复印件报国家科委科技干部局，并报建站单位的上级主管部门备案。

第五条　为保证博士后研究工作的顺利进行，建站单位与被录用的博士后可签订工作协议书，规定双方的责任、权利及其他应遵守的事项。协议书的具体内容由建站单位自定。

第三章　研 究 课 题

第六条　博士后的研究方向和研究课题，在力求结合建站单位承担的重点项目的前提下，由本人提出，并征求建站单位有关专家意见后，报建站单位领导批准。

第四章　工 作 期 限

第七条　博士后在站工作期限一般为两年，期满后，必须流动出站或转到下一个站。在不同的站流动总期限不得超过四年。

第八条　博士后在站工作期间，如提前完成了研究项目，由本人申请，经建站单位批准，可以提前离站。如在两年内未能完成，可由建站单位的上级主管部门批准，适当延长时间。一般情况下，延长期不宜超过半年。

第九条　博士后在站工作期间，其表现不适于继续做博士后研究工作时，建站单位可报请上级主管部门批准，劝其离站，由国家科委科技干部局安排工作。

第十条　博士后在站工作期间，因病连续请假半年以上者，应终止其工作。待其恢复健康后，由国家科委科技干部局安排工作。

第五章　经费及工资福利待遇

第十一条　博士后的日常经费，按每人每年12000元的标准由国家科委科技干部局按实有人数拨给建站单位，用于补助科研工作的经费和本人的生活福利费用（包括工资、奖金、公费医疗、困难补助、探亲、补贴等项费用）。用于科研工作的费用，一般不得低于博士后日常经费的75%。各建站单位的上级主管部门对此款项的使用，有监督和检查的权利。

第十二条　博士后的工资在第一个站工作期间暂按工资改革后讲师（助理研究员）工资的最低标准发给，并按规定享受与建站单位正式职工同等的福利待遇。

第十三条　博士后可享受每月100元的生活补贴，用以购买书籍、资料及交纳博士后公寓的高额房租等。生活补贴费从博士后日常经费中支付。博士后终止本站工作的下一个月起，停止发放生活补贴。

第十四条　博士后在站工作期间，属国家正式工作人员，应计算工龄。

第六章　住　　房

第十五条　博士后专用公寓仅供本站博士后及其配偶和未成年子女使用，房租标准暂定为：二居室一套每月50到60元。管理办法由各建站单位自定，或由博士后专用公寓的管理单位负责制订。

第十六条　博士后分配固定工作后或流动到下一站时，本人及其配偶、未成年子女必须及时从专用公寓中迁出，接受博士后的单位应另行解决其住房。如占房不迁，将减少或取消该站招收博士后的名额。

第十七条　博士后流动期间，在建站单位落常住户口。各地公安部门凭国家科委科技干部局出具的介绍信，为博士后办理户口迁出和落户手续（留学回国的博士只办理落户手续）。

第十八条 博士后的配偶及其未成年的子女可以随本人流动，落暂住户口。各建站单位所在地的公安部门凭国家科委科技干部局出具的介绍信，办理暂住手续。他们所需的定量供应商品，由当地商业部门按常住户口的同类人员标准供应。子女上学问题，由当地教育部门按常住户口同样对待，给予解决。

第十九条 随博士后流动的配偶如系国家正式职工，应由建站单位按借调人员安排适当工作，按照原工资等级标准发给工资，生活福利及奖金等则享受建站单位职工的同等待遇。

第二十条 博士后流动期满安排固定工作后，其配偶和未成年子女（包括农村户口）均由接受单位所在地公安部门凭国家科委科技干部局出具的证明办理常住落户手续。配偶如系国家正式职工，其工作应由用人单位负责安置，如有困难，则请当地劳动人事部门协助安排。

第七章 工作分配

第二十一条 博士后工作期满离站时，建站单位应对他们的学术水平，业务能力及科研成果进行全面考核，评定，提出使用意见，报国家科委科技干部局，并抄报上级主管部门备案。

第二十二条 流动期满的博士后，可由国家科委科技干部局会同建站单位的上级主管部门根据国家需要，结合本人志愿安排工作，也可以根据用人单位聘任的专业技术职务和条件应聘去工作，分配手续均由国家科委科技干部局办理。博士后如系现役军人，其工作安排须通过解放军总政治部。

第八章 分级管理

第二十三条 博士后的科研工作和日常生活均由建站单位负责管理。各站要将工作进展情况和存在的问题定期向上级主管部门和国家科委科技干部局汇报。

第二十四条 各建站单位的上级主管部门应对本部门建站单位进行业务上的指导和经费使用的监督检查，组织经验交流，及时解决有关问题。

第九章 附 则

第二十五条 本暂行规定经博士后科研流动站管理协调委员会通过后试行，解释权归国家科委科技干部局。

学位证书和学位授予信息管理办法

1. 2015年6月26日国务院学位委员会、教育部发布
2. 学位〔2015〕18号

第一章 总 则

第一条 为规范学位证书制发，加强学位授予信息管理，根据《中华人民共和国高等教育法》和《中华人民共和国学位条例》及其暂行实施办法，制定本办法。

第二条 学位证书是学位获得者达到相应学术水平的证明，由授予学位的高等学校和科学研究机构（简称“学位授予单位”）制作并颁发给学位获得者。本办法所指学位证书为博士学位证书、硕士学位证书和学士学位证书。

第三条 学位授予信息是学位获得者申请学位的相关信息，以及学位证书的主要信息，包括博士学位、硕士学位和学士学位授予信息。

第二章 学位证书制发

第四条 学位证书由学位授予单位自主设计、印制。

第五条 学位证书应包括以下内容：

（一）学位获得者姓名、性别、出生日期（与本人身份证件信息一致），近期免冠正面彩色照片（骑缝加盖学位授予单位钢印）。

（二）攻读学位的学科、专业名称（名称符合国家学科专业目录及相关设置的规定）。

（三）所授学位的学科门类或专业学位类别（按国家法定门类或专业学位类别全称填写）。

（四）学位授予单位名称，校（院、所）长签名。

（五）证书编号。统一采取十六位阿拉伯数字的编号方法。十六位数字编号的前五位为学位授予单位代码；第六位为学位授予的级别，博士为2，硕士为3，学士为4；第七至第十位为授予学位的年份（如2016年授予的学位，填2016）；后六位数为各学位授予单位自行编排的号码。

（六）发证日期（填写学位授予单位学位评定委员会批准授予学位的日期）。

第六条 对于撤销的学位，学位授予单位应予以公告，宣布学位证书作废。

第七条 学位证书遗失或损坏的，经本人申请，学位授予单位核实后可出具相应的“学位证明书”。学位证明书应注明原学位证书编号等内容。学位证明书与学位证书具有同等效力。

第三章　学位授予信息报送

第八条　学位授予信息主要包括：学位获得者个人基本信息、学业信息、研究生学位论文信息等。信息报送内容由国务院学位委员会办公室制定。

第九条　学位授予单位根据国务院学位委员会办公室制定的学位授予信息数据结构和有关要求，结合本单位实际情况，确定信息收集范围，采集学位授予信息并报送省级学位主管部门。

第十条　省级学位主管部门汇总、审核、统计、发布本地区学位授予单位的学位授予信息并报送国务院学位委员会办公室。

第十一条　国务院学位委员会办公室汇总各省（自治区、直辖市）和军队系统的学位授予信息，开展学位授予信息的统计、发布。

第十二条　学位授予单位在做出撤销学位的决定后，应及时将有关信息报送省级学位主管部门和国务院学位委员会办公室。

第十三条　确需更改的学位授予信息，由学位授予单位提出申请，经省级学位主管部门审核确认后，由省级学位主管部门报送国务院学位委员会办公室进行更改。

第四章　管理与监督

第十四条　学位授予单位负责：

（一）设计、制作和颁发学位证书；

（二）收集、整理、核实和报送本单位学位授予信息，确保信息质量；

（三）将学位证书的样式及其变化情况、学位评定委员会通过的学位授予决定及名单及时报送省级学位主管部门备查。

第十五条　省级学位主管部门负责：

（一）本地区学位证书和学位授予信息的监督管理，查处违规行为；

（二）组织实施本地区学位授予信息的汇总、审核和报送；

（三）对本地区学位授予信息的更改进行审核确认。

第十六条　国务院学位委员会办公室负责：

（一）学位证书和学位授予信息的规范管理，制定有关的管理办法和工作要求，指导查处违规行为；

（二）组织开展学位授予信息报送工作；

（三）学位授予信息系统的运行管理；

（四）学位证书信息网上查询的监管。

第五章　附　　则

第十七条　根据有关规定，学位授予单位印制的学位证书，不得使用国徽图案。

第十八条　学位证书是否制作外文副本，由学位授予单位决定。

第十九条　中国人民解放军系统的学位证书和学位授予信息管理，由军队学位委员会参照本办法制定具体规定。

第二十条　本办法自2016年1月1日起实行。有关规定与本办法不一致的，以本办法为准。

学士学位授权与授予管理办法

1. 2019年7月9日发布

2. 学位〔2019〕20号

第一章　总　　则

第一条　为改进和加强学士学位授权与授予工作，提高学士学位授予质量，实现高等教育内涵式发展，根据《中华人民共和国高等教育法》《中华人民共和国学位条例》及其暂行实施办法，制定本办法。

第二条　学士学位授权与授予工作应以习近平新时代中国特色社会主义思想为指导，贯彻落实党的十九大精神和全国教育大会精神，全面落实党的教育方针和立德树人根本任务，牢牢抓住提高人才培养质量这个核心点，培养德智体美劳全面发展的社会主义建设者和接班人。

第三条　学士学位授权与授予工作应坚持完善制度、依法管理、保证质量、激发活力的原则。

第二章　学 位 授 权

第四条　学士学位授权分为新增学士学位授予单位授权和新增学士学位授予专业授权。

第五条　普通高等学校的学士学位授权按属地原则由省（区、市）学位委员会负责审批。军队院校的学士学位授权由军队学位委员会负责审批。

第六条　省（区、市）学位委员会、军队学位委员会（以下简称为“省级学位委员会”）应制定学士学位授权审核标准。审核标准应明确办学方向、师资队伍、基本条件、课程设置、教学方式、管理制度等要求，不低于本科院校设置标准和本科专业设置标准。

第七条　省级学位委员会应制定学士学位授权审核办法，完善审批程序。审核工作应加强与院校设置、专业设置等工作的衔接。

第八条　经教育部批准设置的普通高等学校，原则上应在招收首批本科生的当年，向省级学位委员会提出学士学位授予单位授权申请。

经教育部批准或备案的新增本科专业，学士学位授予单位原则上应在本专业招收首批本科生的当年，向省级学位委员会提出学士学位授予专业授权申请。

第九条　学士学位授予单位撤销的授权专业应报省级学位委员会备案。已获得学士学位授权的专业停止招生五年以上的，视为自动放弃授权，恢复招生的须按照新增本科专业重新申请学士学位授权。

第十条　省级学位委员会可组织具有博士学位授予权的高等学校，开展本科专业的学士学位授权自主审核工作，审核结果由省级学位委员会批准。

第三章　学位授予

第十一条　学士学位应按学科门类或专业学位类别授予。授予学士学位的学科门类应符合学位授予学科专业目录的规定。本科专业目录中规定可授多个学科门类学位的专业，学士学位授予单位应按教育部批准或备案设置专业时规定的学科门类授予学士学位。

第十二条　学士学位授予单位应制定本单位的学士学位授予标准，学位授予标准应落实立德树人根本任务，坚持正确育人导向，强化思想政治要求，符合《中华人民共和国学位条例》及其暂行实施办法的规定。

第十三条　学士学位授予单位应明确本单位的学士学位授予程序。

（一）普通高等学校授予全日制本科毕业生学士学位的程序主要是：审查是否符合学士学位授予标准，符合标准的列入学士学位授予名单，学校学位评定委员会作出是否批准的决议。学校学位评定委员会表决通过的决议和学士学位授予名单应在校内公开，并报省级学位委员会备查。

（二）普通高等学校授予高等学历继续教育本科毕业生学士学位的程序应与全日制本科毕业生相同。授予学士学位的专业应是本单位已获得学士学位授权并正在开展全日制本科生培养的专业。学校学位评定委员会办公室应会同学校教务部门提出学位课程基本要求，共同组织或委托相关省级教育考试机构组织高等学历继续教育本科毕业生学业水平测试，对通过测试的接受其学士学位申请。

（三）具有学士学位授予权的成人高等学校，授予学士学位的程序应符合本条第一款和第二款规定。

第十四条　具有学士学位授予权的普通高等学校，可向本校符合学位授予标准的全日制本科毕业生授予辅修学士学位。授予辅修学士学位应制定专门的实施办法，对课程要求及学位论文（或毕业设计）作出明确规定，支持学有余力的学生辅修其他本科专业。辅修学士学位应与主修学士学位归属不同的本科专业大类，对没有取得主修学士学位的不得授予辅修学士学位。辅修学士学位在主修学士学位证书中予以注明，不单独发放学位证书。

第十五条　具有学士学位授予权的普通高等学校，可在本校全日制本科学生中设立双学士学位复合型人才培养项目。项目必须坚持高起点、高标准、高质量，所依托的学科专业应具有博士学位授予权，且分属两个不同的学科门类。项目须由专家进行论证，应有专门的人才培养方案，经学校学位评定委员会表决通过、学校党委常委会会议研究同意，并报省级学位委员会审批通过后，通过高考招收学生。本科毕业并达到学士学位要求的，可授予双学士学位。双学士学位只发放一本学位证书，所授两个学位应在证书中予以注明。

第十六条　具有学士学位授予权的普通高等学校之间，可授予全日制本科毕业生联合学士学位。联合学士学位应根据校际合作办学协议，由合作高等学校共同制定联合培养项目和实施方案，报合作高等学校所在地省级学位委员会审批。联合培养项目所依托的专业应是联合培养单位具有学士学位授权的专业，通过高考招收学生并予以说明。授予联合学士学位应符合联合培养单位各自的学位授予标准，学位证书由本科生招生入学时学籍所在的学士学位授予单位颁发，联合培养单位可在证书上予以注明，不再单独发放学位证书。

第十七条　学士学位授予单位可按一定比例对特别优秀的学士学位获得者予以表彰，并颁发相应的荣誉证书或奖励证书。

第四章　管理与监督

第十八条　国务院学位委员会负责学士学位的宏观政策、发展指导、质量监督和信息管理等工作，完善学位授予信息系统，及时准确发布学位授予信息，为社会、学生查询提供便利。

第十九条　省级学位委员会负责本地区、本系统学士学位管理、监督和信息工作，科学规划，优化布局，引导、指导、督导学位授予单位服务需求、提高质量、特色发展，定期向国务院学位委员会报送学位授予信息。

第二十条　学士学位授予单位应完善学士学位管理的相关规章制度，建立严格的学士学位授予质量保障机制，主动公开本单位学士学位管理的相关规章制度，依法依规有序开展学位授予工作,惩处学术不端行为。严格执行《学位证书和学位授予信息管理办法》,按照招生时确定的学习形式,填写、颁发学位证书,标示具体的培养类型(普通高等学校全日制、联合培养、高等学历继续教育),并认真、准确做好学士学位证书备案、管理、公示及防伪信息报备工作,严禁信息造假、虚报、漏报,定期向省级学位委员会报送信息。

第二十一条　省级学位委员会应主动公开本地区、本系统学士学位相关信息,每年定期公开发布学士学位授予单位和授权专业名单。

第二十二条　国务院学位委员会将学士学位质量监督纳入到学位质量保障体系。省级学位委员会应建立学士学位授权与授予质量评估制度和抽检制度,原则上在学士学位授予单位完成首次学位授予后对其进行质量评估,并定期对学士学位授予单位和授权专业进行质量抽检,加强对双学士学位、辅修学士学位、联合学士学位的质量监管;建立完善高等学历继续教育学士学位授予质量监督机制;对存在质量问题的学士学位授予单位或授权专业,可采取工作约谈、停止招生、撤销授权等措施。

第二十三条　学士学位授予单位应建立相应的学位授予救济制度,处理申请、授予、撤销等过程中出现的异议,建立申诉复议通道,保障学生权益。

第五章　附　　则

第二十四条　高等学校与境外机构合作办学授予外方学士学位的,按《中外合作办学条例》执行。

第二十五条　自本办法实施之日起,学位授予单位不再招收第二学士学位生。

第二十六条　本办法由国务院学位委员会负责解释。

学位授权点合格评估办法

1. 2020 年 11 月 11 日发布
2. 学位〔2020〕25 号

第一条　为保证学位与研究生教育质量,做好学位授权点合格评估工作,依据《中华人民共和国高等教育法》《中华人民共和国学位条例》及其暂行实施办法,制定本办法。

第二条　本办法中的学位授权点是指经国务院学位委员会审核批准的可以授予博士、硕士学位的学科和专业学位类别。

第三条　学位授权点合格评估遵循科学、客观、公正的原则,坚持底线思维,以研究生培养和学位授予质量为重点,学科条件保障与人才培养质量提升相统一。

第四条　学位授权点合格评估是我国学位授权审核制度和研究生培养管理制度的重要组成部分,分为专项合格评估和周期性合格评估。

(一)新增学位授权点获得学位授权满 3 年后,均应当接受专项合格评估。

(二)周期性合格评估每 6 年进行一轮次,每轮次评估启动时,获得学位授权满 6 年的学位授权点和专项合格评估结果达到合格的学位授权点,均应当接受周期性合格评估。

第五条　周期性合格评估分为学位授予单位自我评估和教育行政部门抽评两个阶段,以学位授予单位自我评估为主。学位授予单位应在每轮次评估第 1 年底前确认参评学位授权点,确认名单报省级教育行政部门备案,并于第 5 年底前完成自我评估;学位授权点未确认参评或未开展自我评估的情形将作为确定周期性合格评估结果的重要依据。教育行政部门在每轮次评估第 6 年开展抽评。

第六条　博士学位授权点周期性合格评估由国务院学位委员会办公室组织实施,硕士学位授权点周期性合格评估由省级学位委员会组织实施。军队所属学位授予单位学位授权点周期性合格评估,由军队学位委员会组织实施。学位授权点周期性合格评估基本条件为启动当期评估时正在执行的学位授权点申请基本条件。

第七条　学位授予单位自我评估为诊断式评估,是对本单位学位授权点建设水平与人才培养质量的全面检查。学位授予单位应当全面检查学位授权点办学条件和培养制度建设情况,认真查找影响质量的突出问题,在自我评估期间持续做好改进工作,凝练特色。鼓励有条件的学位授予单位将自我评估与自主开展或参加的相关学科领域具有公信力的国际评估、教育质量认证等相结合。

第八条　学位授予单位自我评估基本程序

(一)根据学位授权点周期性合格评估基本条件、学位授权点自我评估工作指南,结合本单位和学位授权点实际,制定自我评估实施方案。

(二)组织学位授权点进行自我评估,应建立有学校特色的自我合格评估指标体系,对师资队伍、学科方向、人才培养数量质量和特色、科学研究、社会服务、学术交流、条件建设和制度保障等进行评价。把编制本单位《研究生教育发展质量年度报告》和《学位授权点建设年度报告》作为自我评估的重要环节之一,贯穿自我评估全过程。《研究生教育发展质量年度报告》和《学位授权点建设年度报告》经脱密处理后，应在本单位门户网站发布。

（三）根据国务院学位委员会办公室制订的数据标准，定期采集学位授权点基本状态信息，加强对本单位学位授权点质量状态的监测。

（四）组织校内外专家通过查阅材料、现场交流、实地考察等方式，对学位授权点开展评议，提出诊断式意见。专业学位授权点评议专家中，行业专家一般不少于专家人数的三分之一。

（五）根据专家评议意见，提出各学位授权点的自我评估结果，自我评估结果分为“合格”和“不合格”。作出自我评估结果所依据的标准和要求不得低于学位授权点周期性合格评估基本条件。对自我评估“不合格”的学位授权点，一般应在自评阶段结束前完成自主整改，整改后达到合格的按“合格”上报自我评估结果，达不到合格的按“不合格”上报自我评估结果。根据各学位授权点评议结果和整改情况，形成《学位授权点自我评估总结报告》。

（六）每轮周期性合格评估的第3年和第6年的3月底前，应当向国务院学位委员会办公室报送参评学位授权点截至上一年底的基本状态信息。

（七）每轮周期性合格评估第6年3月底前，向指定信息平台上传自我评估结果、自我评估总结报告、专家评议意见和改进建议，以及参评学位授权点连续5年的研究生培养方案。

第九条　教育行政部门抽评基本程序

（一）抽评工作的组织

抽评博士学位授权点的名单由国务院学位委员会办公室确定，委托国务院学位委员会学科评议组（以下简称学科评议组）和全国专业学位研究生教育指导委员会（以下简称专业学位教指委）组织评议。抽评名单确定后，应通知有关省级学位委员会、专家组和学位授予单位。抽评硕士学位授权点的名单及其评议由各省级学位委员会分别组织。

（二）教育行政部门在自我评估结果为“合格”的学位授权点范围内，按以下要求确定抽评学位授权点：

1. 抽评学位授权点应当覆盖所有学位授予单位；

2. 各一级学科和专业学位类别被抽评比例不低于被抽评范围的30%，现有学位授权点数量较少的学科或专业学位类别视具体情况确定抽评比例；

3. 评估周期内有以下情形的，应加大抽评比例：

（1）发生过严重学术不端问题的学位授予单位；

（2）存在人才培养和学位授予质量方面其他问题的学位授予单位；

4. 评估周期内学位论文抽检存在问题较多的学位授权点。

（三）评议专家组成

学科评议组、专业学位教指委和省级学位委员会设立的评议专家组（以下统称专家组），是开展学位授权点评议的主要力量。每个专家组的人数应为奇数，可根据评估范围内学位授权点的学科或专业学位类别具体情况，增加同行专家参与评估。评议实行本单位专家回避制。

（四）专家组制定评议方案，确定评议的基本标准和要求，报负责抽评的教育行政部门备案，并通知受评单位。抽评的基本标准和要求不低于周期性合格评估基本条件。

（五）评议方式和评议材料。专家组应根据本办法制定议事规则。专家评议以通讯评议方式为主，也可根据需要采用会议评议方式开展。评议材料主要有《学位授权点自我评估总结报告》、学位授权点基本状态信息表、学位授予单位《研究生教育发展质量年度报告》、《学位授权点建设年度报告》、近5年研究生培养方案、自评专家评议意见和改进建议，以及专家组认为必要的其他评估材料。

（六）评议结果。每位抽评专家审议抽评材料，对照本组学位授权点周期性合格评估标准，对学位授权点提出“合格”或“不合格”的评议意见，以及具体问题和改进建议。专家组应汇总每位专家意见，按照专家组的议事规则，形成对每个学位授权点的评议结果。全体专家的1/2以上（不含1/2）评议意见为“不合格”的学位授权点，评议结果为“不合格”，其他情形为“合格”。

博士学位授权点的评议情况、评议结果及可能产生的后果、存在的主要问题和具体改进建议由学科评议组或专业学位教指委向受评单位反馈，并在规定时间内受理和处理受评单位的异议。硕士学位授权点评议的相关情况、评议结果及可能产生的后果、存在的主要问题和具体改进建议由省级学位委员会向受评单位反馈，并在规定时间内受理和处理受评单位的异议。

（七）学科评议组、专业学位教指委和省级学位委员会根据评议情况和异议处理结果，形成相应学位授权点抽评意见和处理建议，编制评估工作总结报告，向国务院学位委员会办公室报送。

（八）国务院学位委员会办公室可在抽评期间适时组织对抽评工作的专项检查。

第十条 异议处理

（一）学位授予单位如对具体学位授权点评议结果存有异议，应按评估方案要求，博士学位授权点向学科评议组或专业学位教指委提出申诉，硕士学位授权点向省级学位委员会提出申诉，并在规定时间内提供相关材料。

（二）博士学位授权点的异议，有关学科评议组或专业学位教指委应当会同有关省级学位委员会进行处理，组织本学科评议组或专业学位教指委成员成立专门小组进行实地考察核实，确有必要的可约请学科评议组或专业学位教指委之外的同行专家。实地考察的规程和要求由专门小组制订。硕士学位授权点由省级学位委员会组织专门小组进行实地考察核实。

（三）博士学位授权点异议处理专门小组结束考察后应向本学科评议组或专业学位教指委报告具体考察意见。

（四）学科评议组或专业学位教指委经充分评议后，形成博士学位授权点的抽评意见和处理建议。省级学位委员会根据专家组评议意见及专门小组的考察报告，审议形成硕士学位授权点的抽评意见和处理建议。

第十一条 国务院学位委员会办公室汇总学位授予单位自我评估结果，以及学科评议组、专业学位教指委、省级学位委员会抽评结果，进行形式审查。

对形式审查发现问题的，请有关学科评议组或专业学位教指委进行核实并补充相关材料；对审查通过的，按以下情形提出处理建议：

（一）对有如下情形之一的学位授权点，提出继续授权建议：

1. 自我评估结果为“合格”且未被抽评的学位授权点；

2. 抽评专家表决意见为“不合格”的比例不足1/3的学位授权点。

（二）对有如下情形之一的学位授权点，提出限期整改建议：

1. 自我评估结果为“不合格”的学位授权点；

2. 抽评专家表决意见为“不合格”的比例在1/3（含1/3）至1/2（含1/2）之间的学位授权点。

（三）对抽评专家表决意见为“不合格”的比例在1/2（不含1/2）以上的学位授权点，提出撤销学位授权建议。

第十二条 国务院学位委员会办公室向国务院学位委员会报告学位授权点周期性合格评估完成情况及有关学位授权点处理建议。国务院学位委员会审议有关材料，作出是否同意相关处理建议的决定。有关决定向社会公开。

第十三条 评估结果使用

（一）教育行政部门将各学位授予单位学位授权点合格评估结果作为教育行政部门监测“双一流”建设和地方高水平大学及学科建设项目的重要内容，作为研究生招生计划安排、学位授权点增列的重要依据。

（二）学位授予单位可在周期性合格评估自我评估阶段，根据自我评估情况，结合社会对人才的需求和自身发展情况，按学位授权点动态调整的有关办法申请放弃或调整部分学位授权点。学位授予单位不得在抽评阶段申请撤销周期性合格评估范围内的学位授权点。

（三）对于撤销授权的学位授权点，5年内不得申请学位授权，其在学研究生可按原渠道培养并按有关要求授予学位。

（四）限期整改的学位授权点在规定时间内暂停招生，进行整改。整改完成后，博士学位授权点接受国务院学位委员会办公室组织的复评；硕士学位授权点接受有关省级学位委员会组织的复评。复评合格的，恢复招生；达不到合格的，经国务院学位委员会批准，撤销学位授权。根据抽评结果作限期整改处理的学位授权点，在整改期间不得申请撤销学位授权。

第十四条 专项合格评估由国务院学位委员会办公室统一组织，委托学科评议组和专业学位教指委实施。

（一）专项合格评估标准和要求不低于被评学位授权点增列时所遵循的学位授权点申请基本条件。

（二）评估结果按本办法第十一、十三条之规定进行处理，限期整改的学位授权点复评由国务院学位委员会办公室组织。

（三）未接受过合格评估（含专项合格评估和周期性合格评估）的学位授权点，正在接受专项合格评估的学位授权点，以及接受专项合格评估但评估结果未达到合格的学位授权点，不得申请撤销学位授权。

第十五条 学位授予单位应当保证自我评估材料的真实可信，评估材料存在弄虚作假的学位授权点，将被直接列为限期整改的学位授权点。

第十六条 各有关单位、组织、专家和相关工作人员应严格遵守评估纪律与廉洁规定，坚决排除非学术因素的干扰，对在评估活动中存在违纪行为的单位和个人，将依据有关纪律法规严肃处理。

第十七条　省级学位委员会、军队学位委员会和学位授予单位，可根据本办法制定相应的实施细则。

第十八条　本办法由国务院学位委员会办公室负责解释。

第十九条　本办法自发布之日起施行。国务院学位委员会、教育部2014年1月印发的《学位授权点合格评估办法》（学位〔2014〕4号）同时废止。

博士、硕士学位授权学科和专业学位授权类别动态调整办法

1. 2020年12月1日国务院学位委员会发布
2. 学位〔2020〕29号
3. 自2021年1月1日起施行

总　　则

第一条　根据国务院学位委员会《关于开展博士、硕士学位授权学科和专业学位授权类别动态调整试点工作的意见》，制定本办法。

第二条　本办法所规定的动态调整，系指各学位授予单位根据经济社会发展需求和本单位学科发展规划与实际，撤销国务院学位委员会批准的学位授权点，并可增列现行学科目录中的一级学科或专业学位类别的其他学位授权点；各省（自治区、直辖市）学位委员会、新疆生产建设兵团学位委员会、军队学位委员会（下称“省级学位委员会”）在数量限额内组织本地区（系统）学位授予单位，统筹增列现行学科目录中的一级学科或专业学位类别的学位授权点。

第三条　本办法所称学位授权点，包括：

1. 博士学位授权学科（仅包含博士学位授予权，不包含同一学科的硕士学位授予权）；

2. 硕士学位授权学科；

3. 博士专业学位授权类别；

4. 硕士专业学位授权类别。

第四条　撤销博士学位授权学科、硕士学位授权学科，可按以下情况增列其他学位授权点：

1. 撤销博士学位授权一级学科，可增列下述之一：

（1）其他博士学位授权一级学科，但所增列学科应已为硕士学位授权一级学科或为拟同时增列的硕士学位授权一级学科；

（2）其他硕士学位授权一级学科；

（3）博士专业学位授权类别；

（4）硕士专业学位授权类别。

2. 撤销硕士学位授权一级学科，可增列下述之一：

（1）其他硕士学位授权一级学科；

（2）硕士专业学位授权类别。

3. 撤销未获得一级学科授权的授权二级学科，按以下情况处理：

（1）撤销该一级学科下的全部博士学位授权二级学科，视同撤销一个博士学位授权一级学科，可按本条第1项的规定增列其他学位授权点。

（2）撤销该一级学科下的全部硕士学位授权二级学科，视同撤销一个硕士学位授权一级学科，可按本条第2项的规定增列其他学位授权点。

按本条规定撤销后仍在本单位增列博士学位授权学科或硕士学位授权学科的，应为与撤销授权点所属学科不同的其他一级学科。

第五条　撤销博士专业学位授权类别、硕士专业学位授权类别，可按以下情况增列其他专业学位授权类别：

1. 撤销博士专业学位授权类别，可增列下述之一：

（1）其他博士专业学位授权类别；

（2）其他硕士专业学位授权类别。

2. 撤销硕士专业学位授权类别，可增列其他硕士专业学位授权类别。

第六条　对于属同一学科的博士学位授权学科和硕士学位授权学科，不得单独撤销硕士学位授权学科保留博士学位授权学科。对于属同一类别的博士专业学位授权类别和硕士专业学位授权类别，不得单独撤销硕士专业学位授权类别保留博士专业学位授权类别。

第七条　各省级学位委员会对博士学位授权点的调整，只能在博士学位授予单位内和博士学位授予单位之间进行；对硕士学位授权点的调整，可在博士和硕士学位授予单位内，以及博士和硕士学位授予单位之间进行。

学位授予单位自主调整

第八条　学位授予单位自主调整学位授权点，指学位授予单位在本单位范围内主动撤销并可自主增列学位授权点。调整中拟增列学位授权点的数量不得超过主动撤销学位授权点的数量，主动撤销学位授权点后不同时增列学位授权点的，可在今后自主调整中增列。

学位授予单位可主动撤销的学位授权点包括：

1. 在专项合格评估（含限期整改后复评）中被评为合格的学位授权点；

2. 在周期性合格评估（含限期整改后复评）中被

评为合格的学位授权点；

3. 在周期性合格评估中自评不合格进行限期整改后尚未参加复评的学位授权点。

第九条　学位授予单位应切实保证质量，制定本单位学位授权点动态调整实施细则，报省级学位委员会备案。拟增列的学位授权点，须符合国务院学位委员会正在执行的学位授权点申请基本条件。

学位授予单位须聘请同行专家根据学位授权点申请基本条件、省级学位委员会和学位授予单位规定的其他要求对拟增列的学位授权点进行评议。拟撤销和增列的学位授权点，须经本单位学位评定委员会审议通过，并在本单位内进行不少于10个工作日的公示。

第十条　学位授予单位将主动撤销和增列的学位授权点以及开展调整工作的有关情况报省级学位委员会。省级学位委员会对学位授予单位调整工作是否符合规定的程序办法进行审查。

省级学位委员会统筹调整

第十一条　省级学位委员会统筹调整学位授权点，包括：

1. 制定学科发展规划，指导本地区（系统）学位授权点动态调整。制定支持政策，引导学位授予单位根据区域（行业）经济社会发展需要撤销和增列学位授权点。对学位授予单位拟增列与经济社会发展需求不相适应或学生就业困难的学位授权点，省级学位委员会可不同意其增列。

2. 省级学位委员会可在本地区（系统）范围内统筹组织增列学位授权点，增列学位授权点的数额来源如下：

（1）由学位授予单位主动撤销并主动纳入省级统筹的学位授权点；

（2）在周期性合格评估中处理意见为限期整改，经复评未达到合格，被作出撤销处理的学位授权点；

（3）在周期性合格评估中抽评结果为不合格，被作出撤销处理的学位授权点；

（4）在周期性合格评估中未确认参评被作出撤销处理的学位授权点，以及在周期性合格评估中确认参评但未开展自我评估，被作出撤销处理的学位授权点。

第十二条　省级学位委员会组织开展增列学位授权点工作，按以下程序和要求进行：

1. 学位授予单位申请增列学位授权点，须经本单位学位评定委员会审议通过。

2. 省级学位委员会聘请同行专家，根据国务院学位委员会正在执行的学位授权点申请基本条件和省级学位委员会规定的其他要求，对学位授予单位申请增列的学位授权点进行评审。除军队系统外，参加评审的同行专家中，来自本地区（系统）以外的专家原则上不少于二分之一。

3. 省级学位委员会对专家评审通过的申请增列学位授权点进行审议，并对审议通过的拟增列学位授权点进行不少于10个工作日的公示。

第十三条　省级学位委员会于每一年度规定时间，将本地区（系统）范围内学位授予单位拟主动撤销和自主增列的学位授权点以及省级学位委员会审议通过的拟增列学位授权点报国务院学位委员会批准。

其　他

第十四条　按本办法主动撤销的学位授权点，5年内不得再次按本办法增列为学位授权点，其在学研究生可按原渠道培养并按有关要求完成学位授予。

第十五条　军事学门类授权学科及军事类专业学位授权类别需经军队学位委员会同意后，方可申请增列。

第十六条　学位授权自主审核单位不参加学位授权点动态调整工作，其学位授权点调整全部纳入自主审核工作，不再纳入学位授权点动态调整省级统筹。

第十七条　博士学位授权一级学科、硕士学位授权一级学科如经动态调整撤销，根据相关规定在其下自主设置的二级学科也相应撤销。

第十八条　在专项合格评估（含限期整改后复评）中被评为不合格并撤销的学位授权点，不再作为增列学位授权点的数额来源。

在周期性合格评估抽评阶段，学位授予单位不得申请撤销本次周期性合格评估范围内的学位授权点。根据抽评结果做限期整改处理的学位授权点，在整改期间不参加学位授权点动态调整工作。

第十九条　根据学科专业调整等工作需要或因学风问题撤销的学位授权点，不再作为增列学位授权点的数额来源。

第二十条　本办法自2021年1月1日起施行。施行后原有关规定与本办法不一致的，按照本办法的规定执行。国务院学位委员会2015年印发的《博士、硕士学位授权学科和专业学位授权类别动态调整办法》（学位〔2015〕40号）同时废止。

本办法由国务院学位委员会办公室负责解释。

最高人民法院、最高人民检察院关于办理伪造、贩卖伪造的高等院校学历、学位证明刑事案件如何适用法律问题的解释

1. *2001 年 6 月 21 日最高人民法院审判委员会第 1181 次会议、2001 年 7 月 2 日最高人民检察院第九届检察委员会第 91 次会议通过*
2. *2001 年 7 月 3 日公布*
3. *法释〔2001〕22 号*
4. *自 2001 年 7 月 5 日起施行*

为依法惩处伪造、贩卖伪造的高等院校学历、学位证明的犯罪活动，现就办理这类案件适用法律的有关问题解释如下：

对于伪造高等院校印章制作学历、学位证明的行为，应当依照刑法第二百八十条第二款的规定，以伪造事业单位印章罪定罪处罚。

明知是伪造高等院校印章制作的学历、学位证明而贩卖的，以伪造事业单位印章罪的共犯论处。

七、成人教育

资料补充栏

高等教育自学考试暂行条例

1. 1988年3月3日国务院发布
2. 根据2014年7月29日国务院令第653号《关于修改部分行政法规的决定》修订

第一章 总 则

第一条 为建立高等教育自学考试制度,完善高等教育体系,根据宪法第十九条“鼓励自学成才”的规定,制定本条例。

第二条 本条例所称高等教育自学考试,是对自学者进行以学历考试为主的高等教育国家考试,是个人自学、社会助学和国家考试相结合的高等教育形式。

高等教育自学考试的任务,是通过国家考试促进广泛的个人自学和社会助学活动,推进在职专业教育和大学后继续教育,造就和选拔德才兼备的专门人才,提高全民族的思想道德、科学文化素质,适应社会主义现代化建设的需要。

第三条 中华人民共和国公民,不受性别、年龄、民族、种族和已受教育程度的限制,均可依照本条例的规定参加高等教育自学考试。

第四条 高等教育自学考试,应以教育为社会主义建设服务为根本方向,讲求社会效益,保证人才质量。根据经济建设和社会发展的需要,人才需求的科学预测和开考条件的实际可能,设置考试专业。

第五条 高等教育自学考试的专科(基础科)、本科等学历层次,与普通高等学校的学历层次水平的要求应相一致。

第二章 考试机构

第六条 全国高等教育自学考试指导委员会(以下简称“全国考委”)在国家教育委员会领导下,负责全国高等教育自学考试工作。

全国考委由国务院教育计划、财政、劳动人事部门的负责人,军队和人民团体的负责人,以及部分高等学校的校(院)长、专家、学者组成。

全国考委的职责是:

(一)根据国家的教育方针和有关政策、法规,制定高等教育自学考试的具体政策和业务规范;

(二)指导和协调各省、自治区、直辖市的高等教育自学考试工作;

(三)制定高等教育自学考试开考专业的规划,审批开考本科专业;

(四)制定和审定高等教育自学考试专业考试计划、课程自学考试大纲;

(五)根据本条例,对高等教育自学考试的有效性进行审查;

(六)组织高等教育自学考试的研究工作。

国家教育委员会设立高等教育自学考试工作管理机构,该机构同时作为全国考委的日常办事机构。

第七条 全国考委根据工作需要设立若干专业委员会,负责拟订专业考试计划和课程自学考试大纲,组织编写和推荐适合自学的高等教育教材,对本专业考试工作进行业务指导和质量评估。

第八条 省、自治区、直辖市高等教育自学考试委员会(以下简称“省考委”)在省、自治区、直辖市人民政府领导和全国考委指导下进行工作。省考委的组成,参照全国考委的组成确定。

省考委的职责是:

(一)贯彻执行高等教育自学考试的方针、政策、法规和业务规范;

(二)在全国考委关于开考专业的规划和原则的指导下,结合本地实际拟定开考专业,指定主考学校;

(三)组织本地区开考专业的考试工作;

(四)负责本地区应考者的考籍管理,颁发单科合格证书和毕业证书;

(五)指导本地区的社会助学活动;

(六)根据国家教育委员会的委托,对已经批准建校招生的成人高等学校的教学质量,通过考试的方法进行检查。

省、自治区、直辖市教育行政部门设立高等教育自学考试工作管理机构,该机构同时作为省考委的日常办事机构。

第九条 省、自治区人民政府的派出机关所辖地区(以下简称“地区”)、市、直辖市的市辖区高等教育自学考试工作委员会(以下简称“地市考委”)在地区行署或市(区)人民政府领导和省考委的指导下进行工作。

地市考委的职责是:

(一)负责本地区高等教育自学考试的组织工作;

(二)指导本地区的社会助学活动;

(三)负责组织本地区高等教育自学考试毕业人员的思想品德鉴定工作。

地市考委的日常工作由当地教育行政部门负责。

第十条 主考学校由省考委遴选专业师资力量较强的全日制普通高等学校担任。主考学校在高等教育自学考试工作上接受省考委的领导,参与命题和评卷,负责有关实践性学习环节的考核，在毕业证书上副署，办理省考委交办的其他有关工作。

主考学校应设立高等教育自学考试办事机构，根据任务配备专职工作人员，所需编制列入学校总编制数内，由学校主管部门解决。

第三章　开 考 专 业

第十一条　高等教育自学考试开考专科新专业，由省考委确定；开考本科新专业，由省考委组织有关部门和专家进行论证，并提出申请，报全国考委审批。

第十二条　可以实行省际协作开考新专业。

第十三条　开考新专业必须具备下列条件：

（一）有健全的工作机构、必要的专职人员和经费；

（二）有符合本条例第十条规定的主考学校；

（三）有专业考试计划；

（四）有保证实践性环节考核的必要条件。

第十四条　开考承认学历的新专业，一般应在普通高等学校已有专业目录中选择确定。

第十五条　国务院各部委、各直属机构和军队系统要求开考本系统所需专业的，可以委托省考委组织办理，或由全国考委协调办理。

第十六条　全国考委每年一次集中进行专业审批。省考委应于每年6月底前将申报材料报送全国考委，逾期者延至下一年度重新申报办理。审批结果由全国考委于当年第三季度内下达。凡批准开考的专业均可于次年接受报考，并于首次开考前半年向社会公布开考专业名称和专业考试计划。

第四章　考 试 办 法

第十七条　高等教育自学考试的命题由全国考委统筹安排，分别采取全国统一命题、区域命题、省级命题三种办法。逐步建立题库，实现必要的命题标准化。

试题（包括副题）及参考答案、评分标准启用前属绝密材料。

第十八条　各专业考试计划的安排，专科（基础科）一般为3至4年，本科一般为4至5年。

第十九条　按照专业考试计划的要求，每门课程进行一次性考试。课程考试合格者，发给单科合格证书，并按规定计算学分。不及格者，可参加下一次该门课程的考试。

第二十条　报考人员可在本地区的开考专业范围内，自愿选择考试专业，但根据专业要求对报考对象作职业上必要限制的专业除外。

提倡在职人员按照学用一致的原则选择考试专业。

各级各类全日制学校的在校生不得报考。

第二十一条　报考人员应按本地区的有关规定，到省考委或地市考委指定的单位办理报名手续。

第二十二条　已经取得高等学校研究生、本科生或专科生学历的人员参加高等教育自学考试的，可以按照有关规定免考部分课程。

第二十三条　高等教育自学考试以地区、市、直辖市的市辖区为单位设考场。有条件的，地市考委经省考委批准可在县设考场，由地市考委直接领导。

第五章　考 籍 管 理

第二十四条　高等教育自学考试应考者取得一门课程的单科合格证书后，省考委即应为其建立考籍管理档案。

应考者因户口迁移或工作变动需要转地区或转专业参加考试的，按考籍管理办法办理有关手续。

第二十五条　高等教育自学考试应考者符合下列规定，可以取得毕业证书：

（一）考完专业考试计划规定的全部课程，并取得合格成绩；

（二）完成规定的毕业论文（设计）或其他教学实践任务；

（三）思想品德鉴定合格。

获得专科（基础科）或本科毕业证书者，国家承认其学历。

第二十六条　符合相应学位条件的高等教育自学考试本科毕业人员，由有学位授予权的主考学校依照《中华人民共和国学位条例》的规定，授予相应的学位。

第二十七条　高等教育自学考试应考者毕业时间，为每年的6月和12月。

第六章　社 会 助 学

第二十八条　国家鼓励企业、事业单位和其他社会力量，根据高等教育自学考试的专业考试计划和课程自学考试大纲的要求，通过电视、广播、函授、面授等多种形式开展助学活动。

第二十九条　各种形式的社会助学活动，应当接受高等教育自学考试机构的指导和教育行政部门的管理。

第三十条　高等教育自学考试辅导材料的出版、发行，应遵守国家的有关规定。

第七章　毕业人员的使用与待遇

第三十一条　高等教育自学考试专科（基础科）或本科毕业证书获得者，在职人员由所在单位或其上级主管部门本着用其所学、发挥所长的原则，根据工作需要，调整他们的工作；非在职人员（包括农民）由省、自治区、直辖市劳动人事部门根据需要，在编制和增人指标范围内有计划地择优录用或聘用。

第三十二条 高等教育自学考试毕业证书获得者的工资待遇；非在职人员录用后，与普通高等学校同类毕业生相同；在职人员的工资待遇低于普通高等学校同类毕业生的，从获得毕业证书之日起，按普通高等学校同类毕业生工资标准执行。

第八章 考试经费

第三十三条 县以上各级所需高等教育自学考试经费，按照现行财政管理体制，在教育事业费中列支。地方各级人民政府应妥善安排，予以保证。

第三十四条 各业务部门和军队系统要求开考本部门、本系统所需专业的，须向高等教育自学考试机构提供考试补助费。

第三十五条 高等教育自学考试所收缴的报名费，应用于高等教育自学考试工作，不得挪作他用。

第九章 奖励和处罚

第三十六条 有下列情形之一的个人或单位，可由全国考委或省考委给予奖励：

（一）参加高等教育自学考试成绩特别优异或事迹突出的；

（二）从事高等教育自学考试工作，作出重大贡献的；

（三）从事高等教育自学考试的社会助学工作，取得显著成绩的。

第三十七条 高等教育自学考试应考者在考试中有夹带、传递、抄袭、换卷、代考等舞弊行为以及其他违反考试规则的行为，省考委视情节轻重，分别给予警告、取消考试成绩、停考1至3年的处罚。

第三十八条 高等教育自学考试工作人员和考试组织工作参与人员有下列行为之一的，省考委或其所在单位取消其考试工作人员资格或给予行政处分：

（一）涂改应考者试卷、考试分数及其他考籍档案材料的；

（二）在应考者证明材料中弄虚作假的；

（三）纵容他人实施本条（一）、（二）项舞弊行为的。

第三十九条 有下列破坏高等教育自学考试工作行为之一的个人，由公安机关或司法机关依法追究法律责任：

（一）盗窃或泄露试题及其他有关保密材料的；

（二）扰乱考场秩序不听劝阻的；

（三）利用职权徇私舞弊，情节严重的。

第十章 附 则

第四十条 国家教育委员会根据本条例制定实施细则。

省、自治区、直辖市人民政府可以根据本条例和国家教育委员会的实施细则，制定具体实施办法。

第四十一条 本条例由国家教育委员会负责解释。

第四十二条 本条例自发布之日起施行。

1981年1月13日《国务院批转教育部关于高等教育自学考试试行办法的报告》和1983年5月3日《国务院批转教育部等部门关于成立全国高等教育自学考试指导委员会的请示的通知》同时废止。

扫除文盲工作条例

1. 1988年2月5日国务院发布

2. 根据1993年8月1日国务院令第122号《关于修改〈扫除文盲工作条例〉的决定》修正

第一条 为了提高中华民族的文化素质，促进社会主义物质文明和精神文明建设，根据《中华人民共和国宪法》的有关规定，制定本条例。

第二条 凡年满15周岁以上的文盲、半文盲公民，除丧失学习能力的以外，不分性别、民族、种族，均有接受扫除文盲教育的权利和义务。

对丧失学习能力者的鉴定，由县级人民政府教育行政部门组织进行。

第三条 地方各级人民政府应当加强对扫除文盲工作的领导，制订本地区的规划和措施，组织有关方面分工协作，具体实施，并按规划的要求完成扫除文盲任务。地方各级教育行政部门应当加强对扫除文盲工作的具体管理。

城乡基层单位的扫除文盲工作，在当地人民政府的领导下，由单位行政领导负责。

村民委员会、居民委员会应当积极协助组织扫除文盲工作。

第四条 扫除文盲与普及初等义务教育应当统筹规划，同步实施。已经实现基本普及初等义务教育，尚未完成扫除文盲任务的地方，应在5年以内实现基本扫除文盲的目标。

第五条 扫除文盲教育应当讲求实效，把学习文化同学习科学技术知识结合起来，在农村把学习文化同学习农业科学技术知识结合起来。

扫除文盲教育的形式应当因地制宜，灵活多样。

扫除文盲教育的教材，由省、自治区、直辖市教育行政部门审定。

第六条　扫除文盲教学应当使用全国通用的普通话。在少数民族地区可以使用本民族语言文字教学，也可以使用当地各民族通用的语言文字教学。

第七条　个人脱盲的标准是：农民识1500个汉字，企业和事业单位职工、城镇居民识2000个汉字；能够看懂浅显通俗的报刊、文章，能够记简单的帐目，能够书写简单的应用文。

用当地民族语言文字扫盲的地方，脱盲标准由省、自治区人民政府根据前款规定制定。

基本扫除文盲单位的标准是：其下属的每个单位1949年10月1日以后出生的年满15周岁以上人口中的非文盲人数，除丧失学习能力的以外，在农村达到95%以上，在城镇达到98%以上；复盲率低于5%。

基本扫除文盲的单位应当普及初等义务教育。

第八条　扫除文盲实行验收制度。扫除文盲的学员由所在乡（镇）人民政府、城市街道办事处或同级企业、事业单位组织考核，对达到脱盲标准的，发给"脱盲证书"。

基本扫除文盲的市、县（区），由省、自治区、直辖市人民政府验收；乡（镇）、城市的街道，由上一级人民政府验收；企业、事业单位，由所在地人民政府验收。对符合标准的，发给"基本扫除文盲单位证书"。

第九条　地方各级人民政府应当制定措施，督促基本扫除文盲的单位制订规划，继续扫除剩余文盲。在农村，应当积极办好乡（镇）、村文化技术学校，采取农科教相结合等多种形式巩固扫盲成果。

第十条　扫除文盲教师由乡（镇）、街道、村和企业、事业单位聘用，并给予相应报酬。

当地普通学校、文化馆（站）等有关方面均应积极承担扫除文盲的教学工作。

鼓励社会上一切有扫除文盲教育能力的人员参与扫除文盲教学活动。

第十一条　地方各级人民政府应当在教育事业编制中，充实县、乡（镇）成人教育专职工作人员，加强对农村扫除文盲工作的管理。

第十二条　扫除文盲教育所需经费采取多渠道办法解决。除下列各项外，由地方各级人民政府给予必要的补助：

（一）由乡（镇）人民政府、街道办事处组织村民委员会或有关单位自筹；

（二）企业、事业单位的扫除文盲经费，在职工教育经费中列支；

（三）农村征收的教育事业费附加，应当安排一部分用于农村扫除文盲教育。

各级教育行政部门在扫除文盲工作中，培训专职工作人员和教师，编写教材和读物，开展教研活动，以及交流经验和奖励先进等所需费用，在教育事业费中列支。

鼓励社会力量和个人自愿资助扫除文盲教育。

第十三条　扫除文盲工作实行行政领导责任制。扫盲任务应当列为县、乡（镇）、城市街道和企业、事业单位行政负责人的职责，作为考核工作成绩的一项重要内容。

对未按规划完成扫除文盲任务的单位，由地方各级人民政府处理。

地方各级人民政府应定期向上一级人民政府报告扫除文盲工作的情况，接受检查、监督。

第十四条　国家教育委员会定期对在扫除文盲工作中做出突出贡献的单位或个人颁发"扫盲奖"。地方各级人民政府也应当对在扫除文盲工作中成绩显著的单位或个人予以表彰、奖励。

对在规定期限内具备学习条件而不参加扫除文盲学习的适龄文盲、半文盲公民，当地人民政府应当进行批评教育，并采取切实有效的措施组织入学，使其达到脱盲标准。

第十五条　省、自治区、直辖市人民政府可以根据本条例，结合本地实际情况，制定实施办法。

第十六条　本条例由国家教育委员会负责解释。

第十七条　本条例自发布之日起施行。

国务院学位委员会关于授予成人高等教育本科毕业生学士学位暂行规定

1988年11月7日发布

第一条　为贯彻执行《中华人民共和国学位条例》和《中华人民共和国学位条例暂行实施办法》、国务院批转的《教育部关于大力发展高等学校函授教育和夜大学的意见》和国务院发布的《高等教育自学考试暂行条例》，保证授予成人高等教育各种办学形式培养的本科毕业生学士学位的质量，特制定本暂行规定。

第二条　成人高等教育各种办学形式培养的本科毕业生，系指国家教育委员会批准、国家承认其学历的普通高等学校举办的函授、夜大学和大专起点的本科班，独立设置的成人高等学校（包括广播电视大学、职工高等学校、农民高等学校、管理干部学院、教育学院、独立函授学院等）培养以及高等教育自学考试通过的本科毕业生。

第三条 授予成人高等教育各种办学形式培养的本科毕业生学士学位的标准，应符合《中华人民共和国学位条例》第二条和第四条以及《中华人民共和国学位条例暂行实施办法》第三条规定，达到下述学术水平者，可授予学士学位：

（一）通过学习教学计划规定的政治理论课程，能够掌握马克思主义的基本理论，并具有运用马克思主义的立场、观点和方法分析、认识问题的初步能力；

（二）通过成人高等教育，经审核准予毕业，其课程学习（含外国语和教学实验）和毕业论文（毕业设计或其他毕业实践环节）达到本科教学计划应有的各项要求，成绩优良，表明确已较好地掌握本门学科的基础理论、专门知识和基本技能，并具有从事科学研究工作或担负专门技术工作的初步能力。

第四条 授予成人高等教育各种办学形式培养的本科毕业生学士学位，暂由经国务院或国务院学位委员会会同国家教育委员会批准有权授予学士学位的普通高等学校负责。

第五条 有权授予学士学位的普通高等学校成人高等教育有关部门或独立设置的成人高等学校应在应届本科毕业生毕业后3个月内，向本校或就近向本系统、本地区有权授予学士学位的普通高等学校择优推荐其本科毕业生拟授予学士学位的申请者名单：

（一）有权授予学士学位的普通高等学校举办的函授、夜大学和大专起点的本科班培养的本科毕业生申请学士学位，由本校分管函授、夜大学和大专起点的本科班的有关部门向校学士学位主管部门（如教务处，简称校主管学位工作部门，下同）择优推荐学位申请者名单。

（二）独立设置的成人高等学校培养的本科毕业生申请学士学位，由独立设置的成人高等学校就近向有权授予学士学位的普通高等学校的校主管学位工作部门择优推荐学位申请者名单。

（三）高等教育自学考试本科毕业证书获得者申请学士学位，由有权授予学士学位的主考学校的有关部门向校主管学位工作部门择优推荐学位申请者名单；无权授予学士学位的主考学校就近向有权授予学士学位的普通高等学校的校主管学位工作部门择优推荐学位申请者名单。

第六条 有权授予学士学位的普通高等学校主管学位工作部门统一负责办理授予成人高等教育各种办学形式培养的本科毕业生学士学位工作。

（一）校主管学位工作部门会同学校分管成人高等教育工作的有关部门，拟订本校授予成人高等教育各种办学形式培养的本科毕业生学士学位工作细则，经学校学位评定委员会审核批准后施行，同时报送其主管部门和国务院学位委员会备案。

（二）校主管学位工作部门对于本校分管成人高等教育工作的有关部门和独立设置的成人高等学校推荐的拟授予学士学位的申请者名单，按本科毕业生授予学士学位应达到的各项要求进行初步审查，1个月内决定是否接受推荐申请，并将结果通知学位申请者的推荐部门或单位。

（三）校主管学位工作部门通过系学位评定分委员会组成相同专业的同行专家组（一般为3人，由讲师和讲师以上职务教师组成，下同）对接受推荐的学位申请者进行认真审核。审核内容主要是学位申请者通过成人高等教育某一办学形式完成本科教学计划应有的各项要求的情况，以及学位申请者政治思想方面的现实表现。审核有疑义的，专家组应进行考试或考核。考试或考核要考虑成人高等教育的特点，其重点是了解学位申请者掌握外国语和本专业主干课程的情况，以及完成教学实验和毕业论文（毕业设计或其他毕业实践环节）的情况。考试或考核的方式由学校决定。

（四）对于经过审核和考试或考核的学位申请者，专家组应根据本暂行规定第三条的规定向系学位评定委员会提出是否授予学士学位的建议；系学位评定分委员会对专家组的建议经复核同意后，向学校学位评定委员会提出列入学士学位获得者的名单。

（五）学校学位评定委员会对列入学士学位获得者的名单应进行逐个审核。通过者由学校授予学士学位；未通过者不再补授学士学位。

第七条 有权授予学士学位的普通高等学校授予成人高等教育本科毕业生学士学位时，应颁发《学士学位证书》。证书应注明学位获得者通过何种办学形式获得某学科门类的学士学位。

第八条 有权授予学士学位的普通高等学校授予成人高等教育本科毕业生学士学位时，要坚持标准，严格要求，保证质量，公正合理。如发现学位申请者或有关单位在申请和审核学位的过程中营私舞弊、弄虚作假的，一经查出，学校学位评定委员会应严肃处理，并撤销其所授予的学士学位。

第九条 省、自治区、直辖市以及国务院有关部委的高等教育主管部门应切实加强对其所属普通高等学校授予成人高等教育各种办学形式培养的本科毕业生学士学位工作的领导，定期检查、总结和评价所授学士学位的质量，发现问题，及时解决。

第十条 本暂行规定自发布之日起施行。

原教育部(83)教成字014号《关于授予高等学校举办的函授、夜大学本科毕业生学士学位试点工作的几点意见》、国务院学位委员会办公室和国家教育委员会办公厅(86)学位办字002号《关于普通高等学校举办的中等学校教师本科班授予学士学位问题的通知》即行失效。

中等专业教育自学考试暂行规定

1991年6月12日国家教育委员会发布

第一章 总 则

第一条 为建立和健全中等专业教育自学考试制度，根据国务院发布的《高等教育自学考试暂行条例》的原则，制定本规定。

第二条 中等专业教育自学考试(以下简称“中专自学考试”)，是对自学者进行以学历考试为主的中等专业教育国家考试，是个人自学、社会助学和国家考试相结合的中等专业教育形式。它是自学考试制度的一个重要层次，同时也是我国中等专业教育的组成部分。

第三条 中专自学考试的任务是：通过国家考试促进个人自学和社会助学活动，推进在职专业教育和从业人员就业前的专业培训，造就和选拔德才兼备的中级专门人才，以适应社会主义现代化建设的需要。

第二章 考试机构

第四条 全国高等教育自学考试指导委员会(以下简称“全国考委”)，在国家教育委员会的领导下，同时管理全国中专自学考试工作。

全国考委管理中专自学考试的职责是：

(1)根据国家的教育方针和有关政策、法规，制定中专自学考试的具体政策和业务规范；

(2)指导和协调各省、自治区、直辖市的中专自学考试工作；

(3)对中专自学考试工作进行检查、监督和评估。

第五条 中专自学考试主要是地方性事业。省、自治区、直辖市高等教育自学考试委员会(以下简称“省考委”)同时管理本地区中专自学考试工作。省考委的组成，应有一定比例的中专学校领导和教师参加。

省考委管理中专自学考试的职责是：

(1)贯彻执行中专自学考试的方针、政策、法规和业务规范；

(2)制定本地区的专业开考规划，审定开考专业、指定专业指导学校或组建专业指导小组；

(3)制定和审定开考专业的专业考试计划、课程自学考试大纲、组织编写有关自学用书和自学参考资料；

(4)领导和组织考试工作，颁发专业合格证书和毕业证书；

(5)指导社会助学活动；

(6)组织开展中专自学考试的研究工作。

省考委的日常办事机构可同时负责中专自学考试工作。

第六条 省、自治区人民政府所辖市、地区，直辖市的市辖区高等教育自学考试工作委员会(以下简称“地市考委”)同时管理本地区中专自学考试工作。

地市考委管理中专自学考试的职责是：

(1)负责报名、考场安排等考试的组织工作；

(2)配合有关部门组织开展社会助学活动，做好课程自学考试大纲和自学用书的供应工作；

(3)会同有关部门组织安排实践性环节的考核；

(4)管理应考者的考籍档案，颁发单科合格证书；

(5)负责组织对毕业人员的成绩复审和思想品德鉴定工作；

(6)在省考委关于开考专业的规划和原则指导下，根据本地区的需要和可能，提出开考专业申请。

地市考委有关中专自学考试的日常工作，由当地教育行政部门负责。

第七条 专业指导学校由省考委遴选专业师资力量较强的全日制中专学校担任。专业指导学校在中专自学考试工作上接受省考委的领导。其职责是：

(1)受省考委委托，拟定专业考试计划、课程自学考试大纲；

(2)参与命题、评卷，负责实践性环节的考核；

(3)对考试质量进行研究分析；

(4)办理省考委交办的其他有关工作。

专业指导学校应设立中专自学考试办事机构。参照国家教委、劳动人事部(85)教职字008号文件精神,根据任务配备必要的专职或兼职工作人员,所需编制列入学校总编制内,不另行增加。

省考委根据需要建立的专业指导小组,行使专业指导学校的职责。其组成由省考委自行确定。

第三章 开考专业

第八条 中专自学考试应根据经济建设和社会发展的需要,人才需求的科学预测和开考条件的实际可能,设置考试专业。要防止单纯为了满足个人学历的要求,盲目设置考试专业。

第九条 开考专业应有保证专业开考的专业师资力量,相应的工作机构,必要的专职人员、经费和保证实践性环节考核的必要条件。

第十条 开考专业的考试质量标准,应在总体上保证与招收初中毕业生的全日制中专学校的同类专业相一致。

第十一条 开考新专业,应经过有关部门和专家论证。专业考试计划须经省考委批准并报全国考委备案,在开考半年前向社会公布。

第十二条 用人部门要求开考本系统所需专业的,可委托省考委组织办理。任何单位和部门不能自行组织中专自学考试。

第十三条 跨省开考专业,须经有关省考委审核同意。有些特殊专业,可实行省际协作或委托开考。

第十四条 停考专业须经省考委批准并报全国考委备案。

第四章 考试办法

第十五条 凡中华人民共和国具有初中毕业文化程度或经过严格考核确认具有同等学力的公民,不受性别、年龄、民族、种族的限制,均可参加中专自学考试。

第十六条 报考人员可自愿选择考试专业,但根据专业要求对报考对象作职业上必要限制的专业除外。

提倡在职人员按照学用一致,理论和实践结合的原则选择考试专业。

各级各类全日制学校在校生不得报考。

第十七条 报考人员应按本地区的有关规定,到省考委或地市考委指定的单位办理报名手续。

第十八条 中专自学考试的命题由省考委统一组织。试题(包括副题)及参考答案、评分标准启用前属绝密材料。

第十九条 中专自学考试以地区、市,直辖市的市辖区为单位设考场。有条件的,经省考委批准可在县设考场,由县教育行政部门负责。

第二十条 中专自学考试实行单科累计制度。课程考试合格者,发给单科合格证书。不及格者,可参加下一次该门课程的考试。

第二十一条 中专自学考试同时实行中专专业证书、单科合格证书制度。中专专业证书的标准,应在本岗位专业知识上达到全日制中专同类专业专业知识相应的水平,符合本职工作对干部专业知识方面的要求。取得专业证书者继续参加本专业学历考试,可以免考专业考试计划中已及格的相同课程。

第五章 考籍管理

第二十二条 中专自学考试的应考者,取得一科合格证书后,应建立相应的考籍档案,其考试成绩长期有效,各省、自治区、直辖市之间相互承认。

第二十三条 在籍应考者因户口迁移、工作变动或其他原因需要转考或转专业者,可按有关规定办理转考或转专业手续。

转考或转专业后,原专业考试合格并与新专业相同或相近的课程,要求相同或高于新专业课程的,不再重复考试;原合格课程比新专业课程要求低的,应重新考试。

第二十四条 经批准停考的专业,在籍应考者可转入相近专业继续考试。无相近专业,应考者可重新选择其他专业参加考试。免考课程,按转专业的有关规定办理。

第二十五条 中专自学考试应考者符合下列规定,可以取得毕业证书:

(1)考完专业考试计划规定的全部课程,并取得合格成绩;

(2)完成规定的实践性环节考核任务;

(3)思想品德鉴定合格。

获得中专自学考试毕业证书者,国家承认其学历。

第二十六条 中专自学考试应考者的毕业时间,一般为每年的6月和12月。

第六章 毕业人员的使用与待遇

第二十七条 中专自学考试毕业证书获得者,在职人员可以当干部(技术人员),也可以当工人。可由所在单位或其上级主管部门,根据工作需要,本着学用一致的原则,适当安排;非在职人员(包括农民),可在用人部门需要并有增人指标的情况下,通过考试考核择优录用或聘用。

第二十八条 中专自学考试毕业证书获得者的工资待遇:获得中专自学考试毕业证书后,新招收录用为国家机关、事业单位的人员,当干部的,要有一年的见习期,见习期间的工资待遇及见习期满如何确定职务工资问题,按国发〔1989〕82号文件关于中专毕业生的有关规定执行;新招收录用为工人的,按国家对工人的有关规定执行。原为国家正式职工,获得毕业证书后仍在机关事业单位工作,原工资低于上述新招收录用人员工资标准的,可按新招收录用人员的工资标准执行,原工资高于新招收录用人员工资标准的,仍拿原工资。

第七章　考试经费

第二十九条　县以上各级所需中专自学考试经费,按照现行财政管理体制,在当地财政部门核定的教育事业费中列支。

第三十条　各业务部门要求开考本部门、本系统所需专业的,须向当地自学考试机构提供考试补助费。所需费用,从按规定提取的职工教育经费中开支,不足部分在自有资金或预算外资金中解决。

第三十一条　中专自学考试所收缴的报名费,应用于自学考试工作,不得挪作他用。

第八章　社会助学

第三十二条　国家鼓励企业、事业单位和其他社会力量,根据中专自学考试的专业考试计划和课程自学考试大纲的要求,通过电视、广播、函授等多种形式开展助学活动。

第三十三条　各种形式的社会助学活动,应接受当地自学考试机构的指导和教育行政部门的管理。为保证命题与辅导分开的原则,主考单位和命题人员不得举办或参与助学的教学活动。

第三十四条　中专自学考试辅导材料的出版、发行,应遵守国家的有关规定。

第九章　奖励和处罚

第三十五条　有下列情形之一的个人或单位,可由全国考委或省考委给予奖励:

(1)参加中专自学考试成绩特别优异或事迹突出的;

(2)从事中专自学考试工作,做出重大贡献的;

(3)从事中专自学考试的社会助学工作,取得显著成绩的。

第三十六条　中专自学考试工作人员和考试组织工作参与人员有下列行为之一的,省考委或其所在单位取消其考试工作人员资格或给予行政处分:

(1)涂改应考者试卷、考试分数及其他考籍档案材料的;

(2)在应考者证明材料中弄虚作假的;

(3)纵容他人实施上述舞弊行为的。

第三十七条　中专自学考试应考者在考试中有夹带、传递、抄袭、换卷、代考等舞弊行为以及其他违反考试规则的行为,省考委视情节轻重,分别给予警告、取消考试资格、停考1至3年的处罚。

第三十八条　有下列破坏中专自学考试工作行为之一的个人,提请公安机关或司法机关依法追究法律责任:

(1)盗窃或泄露试题及其他有关保密材料的;

(2)扰乱考场秩序不听劝阻的;

(3)利用职权徇私舞弊,情节严重的。

第十章　附　　则

第三十九条　本规定由国家教育委员会负责解释。

第四十条　省、自治区、直辖市教育行政部门可以根据本规定制定具体实施办法。

第四十一条　本规定自发布之日起施行。

高等教育自学考试命题工作规定

1992年10月26日国家教育委员会令第22号发布

第一章　总　　则

第一条　为组织和管理高等教育自学考试命题工作,确保考试质量,根据国务院发布的《高等教育自学考试暂行条例》,制定本规定。

第二条　高等教育自学考试的命题与普通高等学校相应学历层次水平和质量要求相一致。

第三条　高等教育自学考试命题应体现专业和课程的特点,考核应考者系统掌握课程基础知识、基本理论、基本技能和分析问题、解决问题的能力,正确引导个人自学和社会助学,树立良好学风。

第四条　命题必须以国家教育委员会批准颁发试行的或省、自治区、直辖市高等教育自学考试委员会(以下简称"省考委")颁布的课程自学考试的大纲(以下简称"考试大纲")为依据。

第五条　加强命题工作的总体规划,统一领导,严密组织,严格管理,逐步实现命题工作的科学化、标准化和管理手段的现代化。

第六条　命题应按照标准化、科学化的要求进行,内容稳定、考试次数多、规模大的课程以建立题库为主的方式组织实施。

第七条　命题与辅导相分离。建立健全命题工作保密制度。

第八条　命题经费列入有关教育行政事业部门的年度预算;业务部门委托考试的专业和课程,命题经费由业务部门承担。

第二章　命题组织与管理

第九条　高等教育自学考试命题工作由全国高等教育自学考试指导委员会(以下简称"全国考委")统筹安排,分级管理,实行全国统一命题、省际协作命题、省级命题三级命题体制。

凡全国统一命题的课程,省考委不得另行安排和自行命题考试。

使用全国统一命题和省际协作命题试卷,省考委不得进行改动。

第十条　命题工作应在全国考委或省考委领导下,由考委及其办公室负责人、课程主命题教师组成课程命题领导小组负责实施。

第十一条　省考委办公室(以下简称"省考办")应设立命题管理工作的专门机构。开考专业十个以下(含十个)的,专职命题工作管理人员应不少于五名,每增设五个专业增加一至二名专职管理人员。

第十二条　全国统一命题的课程命题教师,由全国考委办公室(以下简称"全国考办")或委托省考办商其所在学校,经资格审查合格后,由全国考委聘任。省际协作命题、省级命题的课程,命题教师由省考办商其所在学校,经资格审查合格后,由省考委聘任。

第十三条　全国统一命题每门课程的命题教师一般应不少于十人;省际协作命题每门课程的命题教师一般应不少于七人;省级命题每门课程的命题教师一般应不少于五人。

每门课程组配试卷或入闱命题的教师应为二至三人。

命题教师选聘应有地区和高等学校的代表性。被聘教师所在学校应对聘任工作予以协助。

第十四条　编制试题、审题、组配试卷、题库建设等必须符合有关的技术要求。

第十五条　全国统一命题题库的使用由全国考委决定;协作命题题库的使用由协作省考委协商确定;省级命题题库的使用由省考委决定。

题库的贮存、保管、使用等应符合《中华人民共和国保守国家秘密法》的规定。

题库在使用过程中,应不断修改、补充和完善。省考办应具备贮存题库的设施和用房,建立题库的技术档案,配备专人负责,并积极创造条件利用计算机等现代化手段进行题库管理。

第十六条　命题经费的开支标准应按国家有关规定执行。

第三章　命题人员及职责

第十七条　课程主命题教师是课程命题的业务负责人。课程主命题教师应是在本学科领域内业务水平较高、教学经验丰富、治学严谨、作风正派、善于合作、身体健康并热心自学考试工作的普通高等学校的教授或副教授。

课程主命题教师的职责是:

(一)负责提名和推荐本课程命题教师人选;

(二)起草课程命题实施意见,设计课程试卷蓝图;

(三)协助全国考办或省考办组织全体命题教师学习、讨论有关命题文件,实施命题;

(四)协助全国考办或省考办组织审题教师对所命试题进行审定;

(五)协助全国考办或省考办组织试卷组配工作,并对题库和考试试卷质量负责;

(六)参与课程试卷的质量分析。

第十八条　命题教师应是在本学科领域内业务水平较高、教学经验丰富、治学严谨、作风正派、善于合作并热心自学考试工作的普通高等学校的教授或副教授,也可以有少量在教学第一线的讲师。

命题教师必须服从安排,保质保量按时完成命题任务。

第十九条　命题工作管理人员应是坚持原则、遵守纪律、作风严谨、有独立工作能力、熟悉命题工作和教育测量学等有关知识、具有大学本科以上学历的全国考办或省考办正式干部。命题工作管理人员的职责是:

(一)制定高等教育自学考试的命题规划和工作安排;

(二)组织课程主命题教师制定课程命题文件,设计试卷蓝图;

(三)组织实施命题,指导和参与命题、审题、组卷工作,协调和处理命题中的有关问题;

(四)组织实施试题的质量分析;

(五)负责题库的管理和使用。

第四章　命 题 程 序

第二十条　课程命题领导小组在命题前应对命题教师进行教育测量学理论、自学考试的性质与特点等有关知识的培训,并组织试命题。

第二十一条 命题组应在熟悉考试大纲的基础上制定下列文件：

(一)命题实施意见；

(二)试卷蓝图；

(三)命题教师任务分工表；

(四)样题。

第二十二条 按照考试大纲和教育测量学的要求编制试题。编制的试题应做到科学、合理、不超纲；题意明确、文字通顺、表述准确严密；标点符号无误，图表绘制规范；不出现政治性、科学性错误；避免学术上有争议的问题。

试题的答案应准确、全面、简洁、规范，主观性试题应规定评分要点和评分标准。制定评分标准，需包括对应考者的逻辑思维、综合应用和语言表述能力的要求。

第二十三条 按考试大纲、命题实施意见和试卷蓝图的要求审定试题。审定合格的试题应按科学的分类方法贮入题库。

第二十四条 按照试卷蓝图的规定组配试卷。每份试卷要突出课程的重点内容，覆盖考试大纲的各章。

组配的试卷须使不同能力层次试题的分数和不同难易程度试题的分数比例适当。

每次考试必须组配若干套平行试卷，由全国考委或省考委随机确定考试试卷。

第二十五条 考试结束后，全国考办及省考办应组织力量对试卷进行评估和分析，并将结果贮入题库。

第五章 保密纪律

第二十六条 试题、试卷、答案及评分标准在使用前均属绝密材料，任何人不得以任何方式泄露。

第二十七条 凡本人或有直系亲属参加本课程自学考试的人员不得参加该课程的命题工作。

第二十八条 所有参加命题工作的人员不得公开其命题人员身份，不得以任何形式泄露有关命题工作的文件或情况。

第二十九条 课程主命题教师、组配试卷教师、命题教师在聘期内不得参与任何形式的与该课程自学考试有关的辅导活动(包括担任助学单位的职务或名誉职务)。

第三十条 所有命题教师不得以任何形式向其所在单位汇报命题工作情况。

第三十一条 所有参加命题工作的人员必须遵守命题工作纪律。凡违反者，取消其命题人员资格，视情节轻重给予行政处分，触犯法律的依法追究其法律责任。

第六章 附 则

第三十二条 全国考委、各省考委可根据本规定结合工作实际，制定具体实施的办法。

第三十三条 本规定由国家教育委员会负责解释。

第三十四条 本规定自公布之日起执行。

原公布的有关命题规定凡与本规定相抵触的，以本规定为准。

专业技术人员继续教育规定

1. 2015年8月13日人力资源和社会保障部令第25号公布
2. 自2015年10月1日起施行

第一章 总 则

第一条 为了规范继续教育活动，保障专业技术人员权益，不断提高专业技术人员素质，根据有关法律法规和国务院规定，制定本规定。

第二条 国家机关、企业、事业单位以及社会团体等组织(以下称用人单位)的专业技术人员继续教育(以下称继续教育)，适用本规定。

第三条 继续教育应当以经济社会发展和科技进步为导向，以能力建设为核心，突出针对性、实用性和前瞻性，坚持理论联系实际、按需施教、讲求实效、培养与使用相结合的原则。

第四条 用人单位应当保障专业技术人员参加继续教育的权利。

专业技术人员应当适应岗位需要和职业发展的要求，积极参加继续教育，完善知识结构、增强创新能力、提高专业水平。

第五条 继续教育实行政府、社会、用人单位和个人共同投入机制。

国家机关的专业技术人员参加继续教育所需经费应当按照国家有关规定予以保障。企业、事业单位等应当依照法律、行政法规和国家有关规定提取和使用职工教育经费，不断加大对专业技术人员继续教育经费的投入。

第六条 继续教育工作实行统筹规划、分级负责、分类指导的管理体制。

人力资源社会保障部负责对全国专业技术人员继续教育工作进行综合管理和统筹协调，制定继续教育政策，编制继续教育规划并组织实施。

县级以上地方人力资源社会保障行政部门负责对本地区专业技术人员继续教育工作进行综合管理和组

织实施。

行业主管部门在各自职责范围内依法做好本行业继续教育的规划、管理和实施工作。

第二章 内容和方式

第七条 继续教育内容包括公需科目和专业科目。

公需科目包括专业技术人员应当普遍掌握的法律法规、理论政策、职业道德、技术信息等基本知识。专业科目包括专业技术人员从事专业工作应当掌握的新理论、新知识、新技术、新方法等专业知识。

第八条 专业技术人员参加继续教育的时间，每年累计应不少于90学时，其中，专业科目一般不少于总学时的三分之二。

专业技术人员通过下列方式参加继续教育的，计入本人当年继续教育学时：

（一）参加培训班、研修班或者进修班学习；

（二）参加相关的继续教育实践活动；

（三）参加远程教育；

（四）参加学术会议、学术讲座、学术访问等活动；

（五）符合规定的其他方式。

继续教育方式和学时的具体认定办法，由省、自治区、直辖市人力资源社会保障行政部门制定。

第九条 用人单位可以根据本规定，结合本单位发展战略和岗位要求，组织开展继续教育活动或者参加本行业组织的继续教育活动，为本单位专业技术人员参加继续教育提供便利。

第十条 专业技术人员根据岗位要求和职业发展需要，参加本单位组织的继续教育活动，也可以利用业余时间或者经用人单位同意利用工作时间，参加本单位组织之外的继续教育活动。

第十一条 专业技术人员按照有关法律法规规定从事有职业资格要求工作的，用人单位应当为其参加继续教育活动提供保障。

第十二条 专业技术人员经用人单位同意，脱产或者半脱产参加继续教育活动的，用人单位应当按照国家有关规定或者与劳动者的约定，支付工资、福利等待遇。

用人单位安排专业技术人员在工作时间之外参加继续教育活动的，双方应当约定费用分担方式和相关待遇。

第十三条 用人单位可以与生产、教学、科研等单位联合开展继续教育活动，建立生产、教学、科研以及项目、资金、人才相结合的继续教育模式。

第十四条 国家通过实施重大人才工程和继续教育项目、区域人才特殊培养项目、对口支援等方式，对重点领域、特殊区域和关键岗位的专业技术人员继续教育工作给予扶持。

第三章 组织管理和公共服务

第十五条 专业技术人员应当遵守有关学习纪律和管理制度，完成规定的继续教育学时。

专业技术人员承担全部或者大部分继续教育费用的，用人单位不得指定继续教育机构。

第十六条 用人单位应当建立本单位专业技术人员继续教育与使用、晋升相衔接的激励机制，把专业技术人员参加继续教育情况作为专业技术人员考核评价、岗位聘用的重要依据。

专业技术人员参加继续教育情况应当作为聘任专业技术职务或者申报评定上一级资格的重要条件。有关法律法规规定专业技术人员参加继续教育作为职业资格登记或者注册的必要条件的，从其规定。

第十七条 用人单位应当建立继续教育登记管理制度，对专业技术人员参加继续教育的种类、内容、时间和考试考核结果等情况进行记录。

第十八条 依法成立的高等院校、科研院所、大型企业的培训机构等各类教育培训机构（以下称继续教育机构）可以面向专业技术人员提供继续教育服务。

继续教育机构应当具备与继续教育目的任务相适应的场所、设施、教材和人员，建立健全相应的组织机构和管理制度。

第十九条 继续教育机构应当认真实施继续教育教学计划，向社会公开继续教育的范围、内容、收费项目及标准等情况，建立教学档案，根据考试考核结果如实出具专业技术人员参加继续教育的证明。

继续教育机构可以充分利用现代信息技术开展远程教育，形成开放式的继续教育网络，为基层、一线专业技术人员更新知识结构、提高能力素质提供便捷高效的服务。

第二十条 继续教育机构应当按照专兼职结合的原则，聘请具有丰富实践经验、理论水平高的业务骨干和专家学者，建设继续教育师资队伍。

第二十一条 人力资源社会保障部按照国家有关规定遴选培训质量高、社会效益好、在继续教育方面起引领和示范作用的继续教育机构，建设国家级专业技术人员继续教育基地。

县级以上地方人力资源社会保障行政部门和有关行业主管部门可以结合实际，建设区域性、行业性专业技术人员继续教育基地。

第二十二条 人力资源社会保障行政部门会同有关行业

主管部门和行业组织，建立健全继续教育公共服务体系，搭建继续教育公共信息综合服务平台，发布继续教育公需科目指南和专业科目指南。

人力资源社会保障行政部门会同有关行业主管部门和行业组织，根据专业技术人员不同岗位、类别和层次，加强课程和教材体系建设，推荐优秀课程和优秀教材，促进优质资源共享。

第二十三条　人力资源社会保障行政部门和有关行业主管部门直接举办继续教育活动的，应当突出公益性，不得收取费用。

人力资源社会保障行政部门和有关行业主管部门委托继续教育机构举办继续教育活动的，应当依法通过招标等方式选择，并与继续教育机构签订政府采购合同，明确双方权利和义务。

鼓励和支持企业、事业单位、行业组织等举办公益性继续教育活动。

第二十四条　人力资源社会保障行政部门应当建立继续教育统计制度，对继续教育人数、时间、经费等基本情况进行常规统计和随机统计，建立专业技术人员继续教育情况数据库。

第二十五条　人力资源社会保障行政部门或者其委托的第三方评估机构可以对继续教育效果实施评估，评估结果作为政府有关项目支持的重要参考。

第二十六条　人力资源社会保障行政部门应当依法对用人单位、继续教育机构执行本规定的情况进行监督检查。

第四章　法 律 责 任

第二十七条　用人单位违反本规定第五条、第十一条、第十二条、第十五条第二款、第十六条、第十七条规定的，由人力资源社会保障行政部门或者有关行业主管部门责令改正；给专业技术人员造成损害的，依法承担赔偿责任。

第二十八条　专业技术人员违反本规定第八条第一款、第十五条第一款规定，无正当理由不参加继续教育或者在学习期间违反学习纪律和管理制度的，用人单位可视情节给予批评教育、不予报销或者要求退还学习费用。

第二十九条　继续教育机构违反本规定第十九条第一款规定的，由人力资源社会保障行政部门或者有关行业主管部门责令改正，给予警告。

第三十条　人力资源社会保障行政部门、有关行业主管部门及其工作人员，在继续教育管理工作中不认真履行职责或者徇私舞弊、滥用职权、玩忽职守的，由其上级主管部门或者监察机关责令改正，并按照管理权限对直接负责的主管人员和其他直接责任人员依法予以处理。

第五章　附　　则

第三十一条　本规定自2015年10月1日起施行。1995年11月1日原人事部发布的《全国专业技术人员继续教育暂行规定》（人核培发〔1995〕131号）同时废止。

普通高等学校举办非学历教育管理暂行规定

1990年12月24日国家教育委员会发布

第一条　为加强对普通高等学校（以下简称学校）举办非学历教育的管理，制定本规定。

第二条　本规定所称非学历教育包括大学后继续教育和其他各类培训、进修、辅导（不含以获得高等教育自学考试毕业证书为目的的自学辅导）等。

《专业证书》教育按照国家教委、人事部的有关规定实施管理，不在本规定的适用范围内。

第三条　学校举办非学历教育要坚持四项基本原则，坚持改革开放，为适应经济和社会发展需要服务。要端正办学思想，重视思想政治和品德教育，保证办学质量。

第四条　学校在保证完成国家下达的学历教育事业计划的前提下方可举办非学历教育；举办非学历教育必须提供能保证教学质量、与规模相适应的物力、人力投入。

第五条　非学历教育的学习方式可以是脱产的，也可以是业余的。脱产学习的学习时间不得超过一年，业余学习的学习时间不得超过一年半。

非学历教育不得与学历教育混淆、衔接。

第六条　学校面向社会举办非学历教育招收学员的范围一般不得超出学校所在省、自治区、直辖市。计划单列市所属学校举办非学历教育的招生范围由计划单列市和所在省、自治区教育行政部门协商确定。

学校接受部委委托，可举办面向委托部委主管系统的非学历教育。

第七条　学校举办面向所在省、自治区、直辖市招收学员的非学历教育，脱产学习在半年以上、业余学习在1年以上的，应向所在省、自治区、直辖市的教育行政部门提出申请，经批准方可招生；脱产学习在半年以下、业余学习在1年以下的,应向上述部门备案。

计划单列市所属学校向计划单列市教育行政部门履行申报或备案手续,同时抄报所在省、自治区。

第八条　国务院部委安排所属学校或委托其他学校面向本系统举办非学历教育,由部委教育主管部门批准;以函授方式施教的,批准文件须抄报招收学员所涉及的省、自治区、直辖市、计划单列市教育行政部门备案。

学校申请举办跨省、自治区、直辖市面向社会招生的非学历教育,申报材料应经学校所在省、自治区、直辖市、计划单列市教育行政部门审核,报国家教委批准后,方可招生。

申报材料和备案材料均应包括办学形式,招收学员的区域、对象,学习期限,教学计划,使用教材,师资投入,可提供的教学设施和用房,招生人数,收费标准等。

第九条　学校举办非学历教育经教育行政部门批准、备案并出具证明后,应按国务院发布的《广告管理条例》、国家工商行政管理局制定的《广告管理条例实施细则》以及国家教委印发的《关于跨省、自治区、直辖市办学招生广告审批权限的通知》等有关规定发布招生简章。

第十条　学校的非学历教育工作由学校成人教育部门或专门机构统一归口管理。二级学院、系、处以及学校其他机构不得以各自的名义自行举办或与外单位合办非学历教育。

第十一条　学员完成学业,考核及格,由学校成人教育机构(没有成立成人教育管理机构的,则由学校教务处)发给结业证明。结业证明颁发情况应建立专门档案。

结业证明应注明以下内容:

学员的姓名、性别、年龄、学习起止年月;

修学的性质(如培训班、进修班)、形式(如脱产、业余、函授);

修学课程的名称和考核成绩;

学校成人教育机构(或教务处)印章;

发证时间及编号。

非学历教育不得颁发毕业证书、结业证书、肄业证书等易和学历教育相混淆的证书或文凭。

第十二条　非学历教育的收费标准及经费使用办法,按国家及学校所在省、自治区、直辖市、计划单列市人民政府主管部门的规定执行。

第十三条　普通高校之间,或普通高校与其他学校、社会力量合作举办非学历教育,应以一方为主;为主一方对办学全面负责,并颁发结业证明。合作办学如以普通高校为主,应按本《规定》执行;如以普通高校之外的学校或社会力量为主,则按有关规定或社会力量办学的规定管理。

第十四条　各省、自治区、直辖市、计划单列市教育行政部门应加强对普通高等学校举办非学历教育的指导和管理,国务院有关部委教育部门应协助地方做好对所属学校举办非学历教育的指导和管理工作。

一、要鼓励和支持学校适应社会需求按照本规定举办非学历教育,注意加强对各校举办非学历教育的统筹和协调。

二、要根据适应社会需求,办学力量的投入能保证教育质量,收费合理,规模适度诸项因素认真审批办学的申报材料和备案材料。

三、检查和监督学校非学历教育办学的投入和教学质量。

第十五条　学校如违反本规定举办非学历教育,根据本规定确定的管理体制和权限,主管教育行政部门应按以下原则严肃处理:

一、未经备案或批准,擅自发布招生简章的,责令其在相同范围内公开声明废止。已招生的应停办并退还所收费用。

二、对教学条件不具备或办学力量投入不足,质量不能保证的,责令学校限期整顿或停止办学并退还所收费用。

对弄虚作假,蒙骗学员,借办学之名营私牟利的,要责令学校立即停止办学,退还所收学费并对主要责任者给予行政处分;触犯刑律的,交司法机关追究刑事责任。

第十六条　学校对主管教育行政部门的处理及其他具体行政行为不服的,可参照国家有关规定申请复议。

第十七条　各省、自治区、直辖市、计划单列市和国务院有关部委教育行政部门可根据本规定,结合本地、本部门情况制定实施细则。

第十八条　本规定的解释权属国家教育委员会。

第十九条　本规定自发布之日起实行。

高等学历继续教育专业设置管理办法

1. 2016年11月18日发布

2. 教职成〔2016〕7号

第一章　总　　则

第一条　为加强对高等学历继续教育专业设置的统筹规

划与宏观管理，促进各类高等学历继续教育健康、有序、协调发展，根据《中华人民共和国高等教育法》《中华人民共和国行政许可法》《高等教育自学考试暂行条例》《国务院对确需保留的行政审批项目设定行政许可的决定》（国务院令第412号）等规定，制定本办法。

第二条　普通本科高校、高等职业学校、开放大学、独立设置成人高等学校（以下简称高校）举办的各类高等学历继续教育专业设置和管理，高等教育自学考试开考专业的管理，适用本办法。

第三条　高校设置高等学历继续教育专业要根据学校自身办学能力，发挥办学优势和特色，主动适应国家战略和经济社会发展需要，坚持终身学习理念，以满足学习者学习发展需求为导向，以学习者职业能力提升为重点，遵循高等教育规律和职业人才成长规律，培养具有较高综合素养、适应职业发展需要、具有创新意识的应用型人才。

第四条　教育部负责高等学历继续教育专业设置、高等教育自学考试开考专业设置的政策制定和宏观管理。

省级教育行政部门负责本行政区域内高校高等学历继续教育专业设置的统筹指导和监管服务。

高校依照相关规定自主设置和调整高等学历继续教育专业。

全国高等教育自学考试指导委员会（以下简称全国考委）负责制订高等教育自学考试开考专业清单和基本规范。

受教育部委托，国家行业主管部门、行业组织负责对本行业领域相关高等学历继续教育专业设置进行指导。

第五条　教育部组织设立高等学历继续教育专业设置评议专家组织。省级教育行政部门、高校设立相应的专业设置评议专家组织，或在现有专家组织中增加高等学历继续教育专业设置评议职能。充分发挥专家组织在高等学历继续教育专业设置、建设、监督与评估方面的政策研究、论证审议和决策咨询作用。

第六条　教育部建立全国高等学历继续教育专业管理和公共信息服务平台（以下简称信息平台），对高等学历继续教育专业设置实行全程信息化管理与服务。

第二章　专 业 目 录

第七条　高等学历继续教育本、专科专业目录由《普通高等学校本科专业目录》《普通高等学校高等职业教育专科专业目录》和《高等学历继续教育补充专业目录》（见附件）组成。《高等学历继续教育补充专业目录》由教育部制定、发布，适时调整，实行动态管理。

第八条　全国考委、国家行业主管部门、行业组织、开放大学和独立设置的成人高校可对《高等学历继续教育补充专业目录》提出增补专业的建议。材料内容包括：相关行业（职业）人才需求报告、专业设置必要性和可行性论证报告、专业简介等。省级教育行政部门对本行政区域内高校提出的增补专业建议进行评议汇总，于每年11月30日前上报信息平台。全国考委、国家行业主管部门、行业组织可直接向教育部提交建议材料。教育部组织专家确定增补、撤销或更名的专业名单，适时向社会发布。

第九条　高等学历继续教育国家控制专业为现行《普通高等学校本科专业目录》《普通高等学校高等职业教育专科专业目录》中已经明确的国家控制专业。

第三章　专业设置的基本条件和程序

第十条　高校设置高等学历继续教育专业，应同时具备以下基本条件：

（一）符合学校的办学定位和发展规划。

（二）适应经济社会发展和产业结构调整需要，满足学习者多样化终身学习需求。

（三）有科学、规范、完整的专业人才培养方案及其所必需的教师队伍及教学辅助人员。

（四）具备开办专业所必需的经费、教学设施、图书资料或数字化学习资源、仪器设备、实习实训场所等办学条件，有保障专业可持续发展的相关制度和必要措施。

第十一条　普通本科高校、高等职业学校须在本校已开设的全日制教育本、专科专业范围内设置高等学历继续教育本、专科专业，并可根据社会需求设置专业方向，但专业方向名称不能与高等学历继续教育本、专科专业目录中已有专业名称相同，不能涉及国家控制专业对应的相关行业。具体程序为：

（一）各高校通过信息平台填报当年拟招生专业及相关信息。

（二）省级教育行政部门统筹汇总本行政区域内高校提交的专业信息，并通过信息平台提交教育部。

（三）教育部对各地上报的专业信息进行汇总并向社会公布。

第十二条　开放大学和独立设置的成人高校根据自身办学条件可在高等学历继续教育本、专科专业目录中设置高等学历继续教育专业，并可根据社会需求设置专业方向，具体要求同第十一条。具体程序为：

（一）对于拟设置的新专业，学校要组织校内有关专业设置评议专家组进行审议，通过信息平台提交人才需求报告、专业论证报告和人才培养方案等申请材料。信息平台将面向社会公示一个月，学校官方网站应同步公示。公示期满后，学校对公示期间收到的意见进行研究处理，及时将意见处理情况及修改后的申请材料提交信息平台。

（二）对于已开设的专业，各校通过信息平台填报当年拟招生专业及相关信息。

（三）省级教育行政部门根据本省（区、市）实际，对本行政区域内开放大学和独立设置的成人高校提交的新设专业申请材料和当年拟招生专业信息进行统筹汇总，通过信息平台提交教育部。

（四）教育部对各地上报的专业信息进行汇总并向社会公布。

第十三条 开放大学和独立设置的成人高校设置高等学历继续教育国家控制专业，具体程序为：

（一）学校通过信息平台填报当年拟招生国家控制专业及相关信息。

（二）省级教育行政部门在取得相关行业主管部门意见后，将本省（区、市）内拟新设国家控制专业的申请材料报送教育部。

（三）教育部按照现有国家控制专业审批办法管理。

第十四条 各类高校拟招生专业及相关信息须于当年1月31日前通过信息平台填报；省级教育行政部门对本行政区域内各类高校提交的专业信息统筹汇总后，须于当年3月31日前通过信息平台提交教育部；教育部对各地上报的专业信息进行汇总，于当年5月31日前向社会公布专业备案或审批结果。

第十五条 全国考委在高等学历继续教育本、专科专业目录范围内，确定高等教育自学考试开考专业清单，制订相应专业基本规范，并于当年5月31日前通过信息平台公布。各省（区、市）高等教育自学考试委员会、军队高等教育自学考试委员会在清单范围内选择开考专业。

第四章　监督与评估

第十六条 教育部和全国考委将充分运用信息平台监测高等学历继续教育专业设置的工作运行，全面掌握专业设置整体情况和动态信息，及时公布全国高等学历继续教育专业设置和调整情况。推动建立教育行政部门、行业组织、第三方机构、高校等多方参与的监管制度和评价机制。

第十七条 省级教育行政部门要充分运用信息平台掌握本行政区域内的高校继续教育专业设置情况，制订高等学历继续教育专业检查和评估办法，加强对高校高等学历继续教育专业建设的监督与评估，评估结果作为该专业继续招生、暂停招生的依据。对存在人才培养定位不适应社会需求、办学条件严重不足、教学（考试）管理严重不规范、教育质量低下等情况，省级教育行政部门要视情节责令有关高校对相应专业进行限期整改，完成整改前，该专业暂停招生，且高校不得设置新专业；情节严重且拒不整改的，省级教育行政部门应建议高校主管部门停止该专业招生。

第十八条 对未按本办法设置的高等学历继续教育专业，高校不得进行宣传和组织招生。对违反本办法擅自设置专业或经查实申请材料弄虚作假的高校，教育部和省级教育行政部门将予以公开通报批评并责令整改，情节严重的，三年内不得增设高等学历继续教育专业。

第十九条 高校应加强高等学历继续教育专业建设，建立和完善自我评价机制。鼓励引入专门机构或社会第三方机构对学校高等学历继续教育专业办学水平和质量进行评估及认证。

第五章　附　　则

第二十条 全国考委、省级教育行政部门依据本办法制订实施细则，报教育部备案后实施。

第二十一条 本办法自发布之日起实施。

附件：高等学历继续教育补充专业目录（略）

八、特殊教育

资料补充栏

中华人民共和国残疾人保障法(节录)

1. 1990年12月28日第七届全国人民代表大会常务委员会第十七次会议通过
2. 2008年4月24日第十一届全国人民代表大会常务委员会第二次会议修订
3. 根据2018年10月26日第十三届全国人民代表大会常务委员会第六次会议《关于修改〈中华人民共和国野生动物保护法〉等十五部法律的决定》修正

第三章 教 育

第二十一条 【残疾人的教育权利】国家保障残疾人享有平等接受教育的权利。

各级人民政府应当将残疾人教育作为国家教育事业的组成部分,统一规划,加强领导,为残疾人接受教育创造条件。

政府、社会、学校应当采取有效措施,解决残疾儿童、少年就学存在的实际困难,帮助其完成义务教育。

各级人民政府对接受义务教育的残疾学生、贫困残疾人家庭的学生提供免费教科书,并给予寄宿生活费等费用补助;对接受义务教育以外其他教育的残疾学生、贫困残疾人家庭的学生按照国家有关规定给予资助。

第二十二条 【残疾人教育方针】残疾人教育,实行普及与提高相结合、以普及为重点的方针,保障义务教育,着重发展职业教育,积极开展学前教育,逐步发展高级中等以上教育。

第二十三条 【实施残疾人教育的要求】残疾人教育应当根据残疾人的身心特性和需要,按照下列要求实施:

(一)在进行思想教育、文化教育的同时,加强身心补偿和职业教育;

(二)依据残疾类别和接受能力,采取普通教育方式或者特殊教育方式;

(三)特殊教育的课程设置、教材、教学方法、入学和在校年龄,可以有适度弹性。

第二十四条 【设置残疾人教育机构】县级以上人民政府应当根据残疾人的数量、分布状况和残疾类别等因素,合理设置残疾人教育机构,并鼓励社会力量办学、捐资助学。

第二十五条 【普通教育机构的责任】普通教育机构对具有接受普通教育能力的残疾人实施教育,并为其学习提供便利和帮助。

普通小学、初级中等学校,必须招收能适应其学习生活的残疾儿童、少年入学;普通高级中等学校、中等职业学校和高等学校,必须招收符合国家规定的录取要求的残疾考生入学,不得因其残疾而拒绝招收;拒绝招收的,当事人或者其亲属、监护人可以要求有关部门处理,有关部门应当责令该学校招收。

普通幼儿教育机构应当接收能适应其生活的残疾幼儿。

第二十六条 【特殊教育机构的责任】残疾幼儿教育机构、普通幼儿教育机构附设的残疾儿童班、特殊教育机构的学前班、残疾儿童福利机构、残疾儿童家庭,对残疾儿童实施学前教育。

初级中等以下特殊教育机构和普通教育机构附设的特殊教育班,对不具有接受普通教育能力的残疾儿童、少年实施义务教育。

高级中等以上特殊教育机构、普通教育机构附设的特殊教育班和残疾人职业教育机构,对符合条件的残疾人实施高级中等以上文化教育、职业教育。

提供特殊教育的机构应当具备适合残疾人学习、康复、生活特点的场所和设施。

第二十七条 【对残疾人的职业教育和培训】政府有关部门、残疾人所在单位和有关社会组织应当对残疾人开展扫除文盲、职业培训、创业培训和其他成人教育,鼓励残疾人自学成才。

第二十八条 【特殊教育师资的培养】国家有计划地举办各级各类特殊教育师范院校、专业,在普通师范院校附设特殊教育班,培养、培训特殊教育师资。普通师范院校开设特殊教育课程或者讲授有关内容,使普通教师掌握必要的特殊教育知识。

特殊教育教师和手语翻译,享受特殊教育津贴。

第二十九条 【扶持盲文、手语的研究和应用】政府有关部门应当组织和扶持盲文、手语的研究和应用,特殊教育教材的编写和出版,特殊教育教学用具及其他辅助用品的研制、生产和供应。

残疾人教育条例

1. 1994年8月23日国务院令第161号发布
2. 根据2011年1月8日国务院令第588号《关于废止和修改部分行政法规的决定》第一次修订
3. 2017年2月1日国务院令第674号第二次修订
4. 自2017年5月1日起施行

第一章 总 则

第一条 为了保障残疾人受教育的权利,发展残疾人教育事业，根据《中华人民共和国教育法》和《中华人民共和国残疾人保障法》，制定本条例。

第二条　国家保障残疾人享有平等接受教育的权利，禁止任何基于残疾的教育歧视。

残疾人教育应当贯彻国家的教育方针，并根据残疾人的身心特性和需要，全面提高其素质，为残疾人平等地参与社会生活创造条件。

第三条　残疾人教育是国家教育事业的组成部分。

发展残疾人教育事业，实行普及与提高相结合、以普及为重点的方针，保障义务教育，着重发展职业教育，积极开展学前教育，逐步发展高级中等以上教育。

残疾人教育应当提高教育质量，积极推进融合教育，根据残疾人的残疾类别和接受能力，采取普通教育方式或者特殊教育方式，优先采取普通教育方式。

第四条　县级以上人民政府应当加强对残疾人教育事业的领导，将残疾人教育纳入教育事业发展规划，统筹安排实施，合理配置资源，保障残疾人教育经费投入，改善办学条件。

第五条　国务院教育行政部门主管全国的残疾人教育工作，统筹规划、协调管理全国的残疾人教育事业；国务院其他有关部门在国务院规定的职责范围内负责有关的残疾人教育工作。

县级以上地方人民政府教育行政部门主管本行政区域内的残疾人教育工作；县级以上地方人民政府其他有关部门在各自的职责范围内负责有关的残疾人教育工作。

第六条　中国残疾人联合会及其地方组织应当积极促进和开展残疾人教育工作，协助相关部门实施残疾人教育，为残疾人接受教育提供支持和帮助。

第七条　学前教育机构、各级各类学校及其他教育机构应当依照本条例以及国家有关法律、法规的规定，实施残疾人教育；对符合法律、法规规定条件的残疾人申请入学，不得拒绝招收。

第八条　残疾人家庭应当帮助残疾人接受教育。

残疾儿童、少年的父母或者其他监护人应当尊重和保障残疾儿童、少年接受教育的权利，积极开展家庭教育，使残疾儿童、少年及时接受康复训练和教育，并协助、参与有关教育机构的教育教学活动，为残疾儿童、少年接受教育提供支持。

第九条　社会各界应当关心和支持残疾人教育事业。残疾人所在社区、相关社会组织和企事业单位，应当支持和帮助残疾人平等接受教育、融入社会。

第十条　国家对为残疾人教育事业作出突出贡献的组织和个人，按照有关规定给予表彰、奖励。

第十一条　县级以上人民政府负责教育督导的机构应当将残疾人教育实施情况纳入督导范围，并可以就执行残疾人教育法律法规情况、残疾人教育教学质量以及经费管理和使用情况等实施专项督导。

第二章　义务教育

第十二条　各级人民政府应当依法履行职责，保障适龄残疾儿童、少年接受义务教育的权利。

县级以上人民政府对实施义务教育的工作进行监督、指导、检查，应当包括对残疾儿童、少年实施义务教育工作的监督、指导、检查。

第十三条　适龄残疾儿童、少年的父母或者其他监护人，应当依法保证其残疾子女或者被监护人入学接受并完成义务教育。

第十四条　残疾儿童、少年接受义务教育的入学年龄和年限，应当与当地儿童、少年接受义务教育的入学年龄和年限相同；必要时，其入学年龄和在校年龄可以适当提高。

第十五条　县级人民政府教育行政部门应当会同卫生行政部门、民政部门、残疾人联合会，根据新生儿疾病筛查和学龄前儿童残疾筛查、残疾人统计等信息，对义务教育适龄残疾儿童、少年进行入学前登记，全面掌握本行政区域内义务教育适龄残疾儿童、少年的数量和残疾情况。

第十六条　县级人民政府应当根据本行政区域内残疾儿童、少年的数量、类别和分布情况，统筹规划，优先在部分普通学校中建立特殊教育资源教室，配备必要的设备和专门从事残疾人教育的教师及专业人员，指定其招收残疾儿童、少年接受义务教育；并支持其他普通学校根据需要建立特殊教育资源教室，或者安排具备相应资源、条件的学校为招收残疾学生的其他普通学校提供必要的支持。

县级人民政府应当为实施义务教育的特殊教育学校配备必要的残疾人教育教学、康复评估和康复训练等仪器设备，并加强九年一贯制义务教育特殊教育学校建设。

第十七条　适龄残疾儿童、少年能够适应普通学校学习生活、接受普通教育的，依照《中华人民共和国义务教育法》的规定就近到普通学校入学接受义务教育。

适龄残疾儿童、少年能够接受普通教育，但是学习生活需要特别支持的，根据身体状况就近到县级人民政府教育行政部门在一定区域内指定的具备相应资源、条件的普通学校入学接受义务教育。

适龄残疾儿童、少年不能接受普通教育的，由县级人民政府教育行政部门统筹安排进入特殊教育学校接受义务教育。

适龄残疾儿童、少年需要专人护理，不能到学校就读的，由县级人民政府教育行政部门统筹安排，通过提供送教上门或者远程教育等方式实施义务教育，并纳入学籍管理。

第十八条 在特殊教育学校学习的残疾儿童、少年，经教育、康复训练，能够接受普通教育的，学校可以建议残疾儿童、少年的父母或者其他监护人将其转入或者升入普通学校接受义务教育。

在普通学校学习的残疾儿童、少年，难以适应普通学校学习生活的，学校可以建议残疾儿童、少年的父母或者其他监护人将其转入指定的普通学校或者特殊教育学校接受义务教育。

第十九条 适龄残疾儿童、少年接受教育的能力和适应学校学习生活的能力应当根据其残疾类别、残疾程度、补偿程度以及学校办学条件等因素判断。

第二十条 县级人民政府教育行政部门应当会同卫生行政部门、民政部门、残疾人联合会，建立由教育、心理、康复、社会工作等方面专家组成的残疾人教育专家委员会。

残疾人教育专家委员会可以接受教育行政部门的委托，对适龄残疾儿童、少年的身体状况、接受教育的能力和适应学校学习生活的能力进行评估，提出入学、转学建议；对残疾人义务教育问题提供咨询，提出建议。

依照前款规定作出的评估结果属于残疾儿童、少年的隐私，仅可被用于对残疾儿童、少年实施教育、康复。教育行政部门、残疾人教育专家委员会、学校及其工作人员对在工作中了解的残疾儿童、少年评估结果及其他个人信息负有保密义务。

第二十一条 残疾儿童、少年的父母或者其他监护人与学校就入学、转学安排发生争议的，可以申请县级人民政府教育行政部门处理。

接到申请的县级人民政府教育行政部门应当委托残疾人教育专家委员会对残疾儿童、少年的身体状况、接受教育的能力和适应学校学习生活的能力进行评估并提出入学、转学建议，并根据残疾人教育专家委员会的评估结果和提出的入学、转学建议，综合考虑学校的办学条件和残疾儿童、少年及其父母或者其他监护人的意愿，对残疾儿童、少年的入学、转学安排作出决定。

第二十二条 招收残疾学生的普通学校应当将残疾学生合理编入班级；残疾学生较多的，可以设置专门的特殊教育班级。

招收残疾学生的普通学校应当安排专门从事残疾人教育的教师或者经验丰富的教师承担随班就读或者特殊教育班级的教育教学工作，并适当缩减班级学生数额，为残疾学生入学后的学习、生活提供便利和条件，保障残疾学生平等参与教育教学和学校组织的各项活动。

第二十三条 在普通学校随班就读残疾学生的义务教育，可以适用普通义务教育的课程设置方案、课程标准和教材，但是对其学习要求可以有适度弹性。

第二十四条 残疾儿童、少年特殊教育学校（班）应当坚持思想教育、文化教育、劳动技能教育与身心补偿相结合，并根据学生残疾状况和补偿程度，实施分类教学；必要时，应当听取残疾学生父母或者其他监护人的意见，制定符合残疾学生身心特性和需要的个别化教育计划，实施个别教学。

第二十五条 残疾儿童、少年特殊教育学校（班）的课程设置方案、课程标准和教材，应当适合残疾儿童、少年的身心特性和需要。

残疾儿童、少年特殊教育学校（班）的课程设置方案、课程标准由国务院教育行政部门制订；教材由省级以上人民政府教育行政部门按照国家有关规定审定。

第二十六条 县级人民政府教育行政部门应当加强对本行政区域内的残疾儿童、少年实施义务教育工作的指导。

县级以上地方人民政府教育行政部门应当统筹安排支持特殊教育学校建立特殊教育资源中心，在一定区域内提供特殊教育指导和支持服务。特殊教育资源中心可以受教育行政部门的委托承担以下工作：

（一）指导、评价区域内的随班就读工作；

（二）为区域内承担随班就读教育教学任务的教师提供培训；

（三）派出教师和相关专业服务人员支持随班就读，为接受送教上门和远程教育的残疾儿童、少年提供辅导和支持；

（四）为残疾学生父母或者其他监护人提供咨询；

（五）其他特殊教育相关工作。

第三章 职业教育

第二十七条 残疾人职业教育应当大力发展中等职业教育，加快发展高等职业教育，积极开展以实用技术为主的中期、短期培训，以提高就业能力为主，培养技术技能人才，并加强对残疾学生的就业指导。

第二十八条 残疾人职业教育由普通职业教育机构和特殊职业教育机构实施,以普通职业教育机构为主。

县级以上地方人民政府应当根据需要,合理设置特殊职业教育机构,改善办学条件,扩大残疾人中等职业学校招生规模。

第二十九条 普通职业学校不得拒绝招收符合国家规定的录取标准的残疾人入学,普通职业培训机构应当积极招收残疾人入学。

县级以上地方人民政府应当采取措施,鼓励和支持普通职业教育机构积极招收残疾学生。

第三十条 实施残疾人职业教育的学校和培训机构,应当根据社会需要和残疾人的身心特性合理设置专业,并与企业合作设立实习实训基地,或者根据教学需要和条件办好实习基地。

第四章 学前教育

第三十一条 各级人民政府应当积极采取措施,逐步提高残疾幼儿接受学前教育的比例。

县级人民政府及其教育行政部门、民政部门等有关部门应当支持普通幼儿园创造条件招收残疾幼儿;支持特殊教育学校和具备办学条件的残疾儿童福利机构、残疾儿童康复机构等实施学前教育。

第三十二条 残疾幼儿的教育应当与保育、康复结合实施。

招收残疾幼儿的学前教育机构应当根据自身条件配备必要的康复设施、设备和专业康复人员,或者与其他具有康复设施、设备和专业康复人员的特殊教育机构、康复机构合作对残疾幼儿实施康复训练。

第三十三条 卫生保健机构、残疾幼儿的学前教育机构、儿童福利机构和家庭,应当注重对残疾幼儿的早期发现、早期康复和早期教育。

卫生保健机构、残疾幼儿的学前教育机构、残疾儿童康复机构应当就残疾幼儿的早期发现、早期康复和早期教育为残疾幼儿家庭提供咨询、指导。

第五章 普通高级中等以上教育及继续教育

第三十四条 普通高级中等学校、高等学校、继续教育机构应当招收符合国家规定的录取标准的残疾考生入学,不得因其残疾而拒绝招收。

第三十五条 设区的市级以上地方人民政府可以根据实际情况举办实施高级中等以上教育的特殊教育学校,支持高等学校设置特殊教育学院或者相关专业,提高残疾人的受教育水平。

第三十六条 县级以上人民政府教育行政部门以及其他有关部门、学校应当充分利用现代信息技术,以远程教育等方式为残疾人接受成人高等教育、高等教育自学考试等提供便利和帮助,根据实际情况开设适合残疾人学习的专业、课程,采取灵活开放的教学和管理模式,支持残疾人顺利完成学业。

第三十七条 残疾人所在单位应当对本单位的残疾人开展文化知识教育和技术培训。

第三十八条 扫除文盲教育应当包括对年满15周岁以上的未丧失学习能力的文盲、半文盲残疾人实施的扫盲教育。

第三十九条 国家、社会鼓励和帮助残疾人自学成才。

第六章 教师

第四十条 县级以上人民政府应当重视从事残疾人教育的教师培养、培训工作,并采取措施逐步提高他们的地位和待遇,改善他们的工作环境和条件,鼓励教师终身从事残疾人教育事业。

县级以上人民政府可以采取免费教育、学费减免、助学贷款代偿等措施,鼓励具备条件的高等学校毕业生到特殊教育学校或者其他特殊教育机构任教。

第四十一条 从事残疾人教育的教师,应当热爱残疾人教育事业,具有社会主义的人道主义精神,尊重和关爱残疾学生,并掌握残疾人教育的专业知识和技能。

第四十二条 专门从事残疾人教育工作的教师(以下称特殊教育教师)应当符合下列条件:

(一)依照《中华人民共和国教师法》的规定取得教师资格;

(二)特殊教育专业毕业或者经省、自治区、直辖市人民政府教育行政部门组织的特殊教育专业培训并考核合格。

从事听力残疾人教育的特殊教育教师应当达到国家规定的手语等级标准,从事视力残疾人教育的特殊教育教师应当达到国家规定的盲文等级标准。

第四十三条 省、自治区、直辖市人民政府可以根据残疾人教育发展的需求,结合当地实际为特殊教育学校和指定招收残疾学生的普通学校制定教职工编制标准。

县级以上地方人民政府教育行政部门应当会同其他有关部门,在核定的编制总额内,为特殊教育学校配备承担教学、康复等工作的特殊教育教师和相关专业人员;在指定招收残疾学生的普通学校设置特殊教育教师等专职岗位。

第四十四条 国务院教育行政部门和省、自治区、直辖市人民政府应当根据残疾人教育发展的需要有计划地举办特殊教育师范院校，支持普通师范院校和综合性院校设置相关院系或者专业，培养特殊教育教师。

普通师范院校和综合性院校的师范专业应当设置特殊教育课程，使学生掌握必要的特殊教育的基本知识和技能，以适应对随班就读的残疾学生的教育教学需要。

第四十五条 县级以上地方人民政府教育行政部门应当将特殊教育教师的培训纳入教师培训计划，以多种形式组织在职特殊教育教师进修提高专业水平；在普通教师培训中增加一定比例的特殊教育内容和相关知识，提高普通教师的特殊教育能力。

第四十六条 特殊教育教师和其他从事特殊教育的相关专业人员根据国家有关规定享受特殊岗位补助津贴及其他待遇；普通学校的教师承担残疾学生随班就读教学、管理工作的，应当将其承担的残疾学生教学、管理工作纳入其绩效考核内容，并作为核定工资待遇和职务评聘的重要依据。

县级以上人民政府教育行政部门、人力资源社会保障部门在职务评聘、培训进修、表彰奖励等方面，应当为特殊教育教师制定优惠政策、提供专门机会。

第七章 条件保障

第四十七条 省、自治区、直辖市人民政府应当根据残疾人教育的特殊情况，依据国务院有关行政主管部门的指导性标准，制定本行政区域内特殊教育学校的建设标准、经费开支标准、教学仪器设备配备标准等。

义务教育阶段普通学校招收残疾学生，县级人民政府财政部门及教育行政部门应当按照特殊教育学校生均预算内公用经费标准足额拨付费用。

第四十八条 各级人民政府应当按照有关规定安排残疾人教育经费，并将所需经费纳入本级政府预算。

县级以上人民政府根据需要可以设立专项补助款，用于发展残疾人教育。

地方各级人民政府用于义务教育的财政拨款和征收的教育费附加，应当有一定比例用于发展残疾儿童、少年义务教育。

地方各级人民政府可以按照有关规定将依法征收的残疾人就业保障金用于特殊教育学校开展各种残疾人职业教育。

第四十九条 县级以上地方人民政府应当根据残疾人教育发展的需要统筹规划、合理布局，设置特殊教育学校，并按照国家有关规定配备必要的残疾人教育教学、康复评估和康复训练等仪器设备。

特殊教育学校的设置，由教育行政部门按照国家有关规定审批。

第五十条 新建、改建、扩建各级各类学校应当符合《无障碍环境建设条例》的要求。

县级以上地方人民政府及其教育行政部门应当逐步推进各级各类学校无障碍校园环境建设。

第五十一条 招收残疾学生的学校对经济困难的残疾学生，应当按照国家有关规定减免学费和其他费用，并按照国家资助政策优先给予补助。

国家鼓励有条件的地方优先为经济困难的残疾学生提供免费的学前教育和高中教育，逐步实施残疾学生高中阶段免费教育。

第五十二条 残疾人参加国家教育考试，需要提供必要支持条件和合理便利的，可以提出申请。教育考试机构、学校应当按照国家有关规定予以提供。

第五十三条 国家鼓励社会力量举办特殊教育机构或者捐资助学；鼓励和支持民办学校或者其他教育机构招收残疾学生。

县级以上地方人民政府及其有关部门对民办特殊教育机构、招收残疾学生的民办学校，应当按照国家有关规定予以支持。

第五十四条 国家鼓励开展残疾人教育的科学研究，组织和扶持盲文、手语的研究和应用，支持特殊教育教材的编写和出版。

第五十五条 县级以上人民政府及其有关部门应当采取优惠政策和措施，支持研究、生产残疾人教育教学专用仪器设备、教具、学具、软件及其他辅助用品，扶持特殊教育机构兴办和发展福利企业和辅助性就业机构。

第八章 法律责任

第五十六条 地方各级人民政府及其有关部门违反本条例规定，未履行残疾人教育相关职责的，由上一级人民政府或者其有关部门责令限期改正；情节严重的，予以通报批评，并对直接负责的主管人员和其他直接责任人员依法给予处分。

第五十七条 学前教育机构、学校、其他教育机构及其工作人员违反本条例规定，有下列情形之一的，由其主管行政部门责令改正，对直接负责的主管人员和其他直接责任人员依法给予处分；构成违反治安管理行为的，由公安机关依法给予治安管理处罚；构成犯罪的，依法追究刑事责任：

（一）拒绝招收符合法律、法规规定条件的残疾学生入学的；

（二）歧视、侮辱、体罚残疾学生，或者放任对残疾学生的歧视言行，对残疾学生造成身心伤害的；

（三）未按照国家有关规定对经济困难的残疾学生减免学费或者其他费用的。

第九章　附　　则

第五十八条　本条例下列用语的含义：

融合教育是指将对残疾学生的教育最大程度地融入普通教育。

特殊教育资源教室是指在普通学校设置的装备有特殊教育和康复训练设施设备的专用教室。

第五十九条　本条例自 2017 年 5 月 1 日起施行。

特殊教育学校暂行规程

1. 1998 年 12 月 2 日教育部令第 1 号发布

2. 根据 2010 年 12 月 13 日教育部令第 30 号《关于修改和废止部分规章的决定》修正

第一章　总　　则

第一条　为加强特殊教育学校内部的规范化管理，全面贯彻教育方针，全面提高教育质量，依据国家有关教育法律、法规制定本规程。

第二条　本规程所指的特殊教育学校是指由政府、企业事业组织、社会团体、其他社会组织及公民个人依法举办的专门对残疾儿童、少年实施义务教育的机构。

第三条　特殊教育学校的学制一般为九年一贯制。

第四条　特殊教育学校要贯彻国家教育方针，根据学生身心特点和需要实施教育，为其平等参与社会生活，继续接受教育，成为社会主义事业的建设者和接班人奠定基础。

第五条　特殊教育学校的培养目标是：

培养学生初步具有爱祖国、爱人民、爱劳动、爱科学、爱社会主义的情感，具有良好的品德，养成文明、礼貌、遵纪守法的行为习惯；掌握基础的文化科学知识和基本技能，初步具有运用所学知识分析问题、解决问题的能力；掌握锻炼身体的基本方法，具有较好的个人卫生习惯，身体素质和健康水平得到提高；具有健康的审美情趣；掌握一定的日常生活、劳动、生产的知识和技能；初步掌握补偿自身缺陷的基本方法，身心缺陷得到一定程度的康复；初步树立自尊、自信、自强、自立的精神和维护自身合法权益的意识，形成适应社会的基本能力。

第六条　特殊教育学校的基本教学语言文字为汉语言文字。学校应当推广使用全国通用的普通话和规范字以及国家推行的盲文、手语。

招收少数民族学生为主的学校，可使用本民族或当地民族通用语言文字和盲文、手语进行教学，并应根据实际情况在适当年级开设汉语文课程，开设汉语文课程应当使用普通话和规范汉字。

第七条　特殊教育学校实行校长负责制，校长全面负责学校的教学和其他行政工作。

第八条　按照"分级管理、分工负责"的原则，特殊教育学校在当地人民政府领导下实施教育工作。特殊教育学校应接受教育行政部门或上级主管部门的检查、监督和指导，要如实报告工作，反映情况。学年末，学校要向主管教育行政部门报告工作，重大问题应随时报告。

第二章　入学及学籍管理

第九条　特殊教育学校招收适合在校学习的义务教育阶段学龄残疾儿童、少年入学。招生范围由主管教育行政部门确定。学校实行秋季始业。

学校应对入学残疾儿童、少年的残疾类别、原因、程度和身心发展状况等进行必要的了解和测评。

第十条　特殊教育学校应根据有利于教育教学和学生身心健康的原则确定教学班学额。

第十一条　特殊教育学校对因病无法继续学习的学生（须具备县级以上医疗单位的证明）在报经主管教育行政部门批准后，准其休学。休学时间超过三个月，复学时学校可根据其实际情况并征求本人及其父母或其他监护人的意见后编入相应年级。

第十二条　特殊教育学校应接纳其主管教育行政部门批准、不适合继续在普通学校就读申请转学的残疾儿童、少年，并根据其实际情况，编入相应年级。

学校对因户籍变更申请转入，并经主管教育行政部门审核符合条件的残疾儿童、少年，应及时予以妥善安置，不得拒收。

学校对招生范围以外的申请就学的残疾儿童、少年，经主管教育行政部门批准后，可准其借读，并可按有关规定收取借读费。

第十三条　特殊教育学校对修完规定课程且成绩合格者，发给毕业证书，对不合格者发给结业证书；对已修满义务教育年限但未修完规定课程者，发给肄业证书；对未修满义务教育年限者，可视情况出具学业证明。

学校一般不实行留级制度。

第十四条　特殊教育学校对学业能力提前达到更高年级程度的学生，可准其提前升入相应年级学习或者提前学习相应年级的有关课程。经考查能够在普通学校随班就读的学生，在经得本人、其父母或其他监护人的同意后，应向主管教育行政部门申请转学。

第十五条 特殊教育学校对品学兼优的学生应予表彰，对犯有错误的学生应给予帮助或批评教育，对极少数错误严重的学生，可分别给予警告、严重警告和记过处分。学校一般不得开除义务教育阶段学龄学生。

第十六条 特殊教育学校应防止未修满义务教育年限的学龄学生辍学，发现学生辍学，应立即向主管部门报告，配合有关部门依法使其复学。

第十七条 特殊教育学校的学籍管理办法由省级教育行政部门制定。

第三章 教育教学工作

第十八条 特殊教育学校的主要任务是教育教学工作，其他各项工作应有利于教育教学工作的开展。

学校的教育教学工作要面向全体学生，坚持因材施教，改进教育教学方法，充分发挥各类课程的整体功能，促进学生全面发展。

第十九条 特殊教育学校应按照国家制定的特殊教育学校课程计划、教学大纲进行教育教学工作。

学校使用的教材，须经省级以上教育行政部门审查通过；实验教材、乡土教材须经主管教育行政部门批准后方可使用。

学校应根据学生的实际情况和特殊需要，采用不同的授课制和多种教学组织形式。

第二十条 特殊教育学校应当依照教育行政部门颁布的校历安排教育教学工作。特殊教育学校不得随意停课，若遇特殊情况必须停课的，一天以内的由校长决定，并报县级教育行政部门备案；一天以上的，应经县级人民政府批准。

第二十一条 特殊教育学校不得组织学生参加商业性的庆典、演出等活动，参加其他社会活动不应影响教育教学秩序和学校正常工作。

第二十二条 特殊教育学校要把德育工作放在重要位置，要结合学校和学生的实际实施德育工作，注重实效。

学校的德育工作由校长负责，教职工参与，做到组织落实、制度落实、内容落实、基地落实、时间落实；要与家庭教育、社会教育密切结合。

第二十三条 特殊教育学校对学生应坚持正面教育，注意保护学生的自信心、自尊心，不得讽刺挖苦、粗暴压服，严禁体罚和变相体罚。

第二十四条 特殊教育学校要在每个教学班设置班主任教师，负责管理、指导班级全面工作。班主任教师要履行国家规定的班主任职责，加强同各科任课教师、学校其他人员和学生家长的联系，了解学生思想、品德、学业、身心康复等方面的情况，协调教育和康复工作。

班主任教师每学期要根据学生的表现写出评语。

第二十五条 特殊教育学校要根据学生的实际情况有针对性地给学生布置巩固知识、发展技能和康复训练等方面的作业。

第二十六条 特殊教育学校应重视体育和美育工作。

学校要结合学生实际，积极开展多种形式的体育活动，增强学生的体质。学校应保证学生每天不少于一小时的体育活动时间。

学校要上好艺术类课程，注意培养学生的兴趣、爱好和特长，其他学科也要从本学科特点出发，发挥美育功能。美育要结合学生日常生活，提出服饰、仪表、语言、行为等方面审美要求。

第二十七条 特殊教育学校要特别重视劳动教育、劳动技术教育和职业教育。学校要对低、中年级学生实施劳动教育，培养学生爱劳动、爱劳动人民、珍惜劳动成果的思想，培养从事自我服务、家务劳动和简单生产劳动的能力，养成良好的劳动习惯；要根据实际情况对高年级学生实施劳动技术教育和职业教育，提高学生的劳动、就业能力。

学校劳动教育、劳动技术教育和职业教育，应做到内容落实、师资落实、场地落实。

学校要积极开展勤工俭学活动，办好校办产业；勤工俭学和校办产业的生产、服务活动要努力与劳动教育、劳动技术教育和职业教育相结合。学生参加勤工俭学活动，应以有利于学生的身心健康和发展为原则。

第二十八条 特殊教育学校要把学生的身心康复作为教育教学的重要内容，根据学生的残疾类别和程度，有针对性地进行康复训练，提高训练质量。要指导学生正确运用康复设备和器具。

第二十九条 特殊教育学校要重视学生的身心健康教育，培养学生良好的心理素质和卫生习惯，提高学生保护和合理使用自身残存功能的能力；适时、适度地进行青春期教育。

第三十条 特殊教育学校应加强活动课程和课外活动的指导，做到内容落实、指导教师落实、活动场地落实；要与普通学校、青少年校外教育机构和学生家庭联系，组织开展有益活动，安排好学生的课余生活。学校组织学生参加竞赛、评奖活动，要执行教育行政部门的有关规定。

第三十一条 特殊教育学校要在课程计划和教学大纲的指导下，通过多种形式评价教育教学质量，尤其要重视教学过程的评价。学校不得仅以学生的学业考试成绩评价教育教学质量和教师工作。

学校每学年要对学生德、智、体和身心缺陷康复等方面进行 1—2 次评价，毕业时要进行终结性评价，评价报告要收入学生档案。

视力和听力言语残疾学生，1— 6 年级学期末考试科目为语文、数学两科，其他学科通过考查确定成绩；7— 9 年级学生学期末考试科目为语文、教学、劳动技术或职业技能三科，其他学科通过考查评定成绩。学期末考试由学校命题，考试方法要多样，试题的难易程度和数量要适度。

视力和听力言语残疾学生的毕业考试科目、考试办法及命题权限由省级教育行政部门确定。

智力残疾学生主要通过平时考查确定成绩，考查科目、办法由学校确定。

第三十二条　特殊教育学校要积极开展教育教学研究，运用科学的教育理论指导教育教学工作，积极推广科研成果及成功的教育教学经验。

第三十三条　特殊教育学校应合理安排作息时间，学生每日在校用于教学活动时间，不得超过课程计划规定的课时。接受劳动技术教育和职业教育的学生，用于劳动实习的时间，每天不超过 3 小时；毕业年级集中生产实习每天不超过 6 小时，并要严格控制劳动强度。

第四章　校长、教师和其他人员

第三十四条　特殊教育学校可按编制设校长、副校长、主任、教师和其他人员。

第三十五条　特殊教育学校校长是学校的行政负责人。校长应具备、符合国家规定的任职条件和岗位要求，履行国家规定的职责。校长由学校举办者或举办者的上级主管部门任命或聘任；副校长及教导（总务）主任等人员由校长提名，按有关规定权限和程序任命或聘任。社会力量举办的特殊教育学校校长应报教育行政部门核准后，由校董会或学校举办者聘任。校长要加强教育及其有关法律法规、教育理论的学习，要熟悉特殊教育业务，不断加强自身修养，提高管理水平，依法对学校实施管理。

第三十六条　特殊教育学校教师应具备国家规定的相应教师资格和任职条件，具有社会主义的人道主义精神，关心残疾学生，掌握特殊教育的专业知识和技能，遵守职业道德，完成教育教学工作，享受和履行法律规定的权利和义务。

第三十七条　特殊教育学校其他人员应具备相应的思想政治、业务素质，其具体任职条件、职责由教育行政部门或学校按照国家的有关规定制定。

第三十八条　特殊教育学校要根据国家有关规定实行教师聘任、职务制度，对教师和其他人员实行科学管理。

第三十九条　特殊教育学校要加强教师的思想政治、职业道德教育，重视教师和其他人员的业务培训和继续教育，制定进修计划，积极为教师和其他人员进修创造条件。教师和其他人员进修应根据学校工作需要，以在职、自学、所教学科和所从事工作为主。

第四十条　特殊教育学校应建立健全考核奖惩制度和业务考核档案，从德、能、勤、绩等方面全面、科学考核教师和其他人员工作，注重工作表现和实绩，并根据考核结果奖优罚劣。

第五章　机构与日常管理

第四十一条　特殊教育学校可根据规模，内设分管教务、总务等工作的机构（或岗位）和人员，协助校长做好有关工作。招收两类以上残疾学生的特殊教育学校，可设置相应的管理岗位，其具体职责由学校确定。

第四十二条　特殊教育学校应按国家有关规定建立教职工代表会议制度，加强对学校民主管理和民主监督。

第四十三条　校长要依靠党的学校（地方）基层组织，并充分发挥工会、共青团、少先队及其他组织在学校工作中的作用。

第四十四条　特殊教育学校应根据国家有关法律法规和政策建立健全各项规章制度，建立完整的学生、教育教学和其他档案。

第四十五条　特殊教育学校应建立健全学生日常管理制度，并保证落实。学生日常管理工作应与社区、家庭密切配合。

第四十六条　特殊教育学校应按有利于管理，有利于教育教学，有利于安全的原则设置教学区和生活区。

第四十七条　寄宿制特殊教育学校实行 24 小时监护制度。要设专职或兼职人员，负责学生的生活指导和管理工作，并经常与班主任教师保持联系。

第六章　卫生保健及安全工作

第四十八条　特殊教育学校应认真执行国家有关学校卫生工作的法规、政策，建立健全学校卫生工作制度。

第四十九条　特殊教育学校的校园、校舍、设备、教具、学具和图书资料等应有利于学生身心健康。学校要做好预防传染病、常见病的工作。

第五十条　特殊教育学校要特别重视学生的安全防护工作，建立健全安全工作制度。学校校舍、设施、设备、教具、学具等都应符合安全要求。学校组织的各项校内、外活动，应采取安全防护措施，确保师生的安全。

学校要根据学生特点，开展安全教育和训练，培养学生的安全意识和在危险情况下自护自救能力。

第五十一条 特殊教育学校应配备专职或兼职校医，在校长的领导下，负责学校卫生保健工作和教学、生活卫生监督工作。

学校应建立学生健康档案，每年至少对学生进行一次身体检查；注重保护学生的残存功能。

第五十二条 特殊教育学校要加强饮食管理。食堂的场地、设备、用具、膳食要符合国家规定的卫生标准，要注意学生饮食的营养合理搭配。要制定预防肠道传染病和食物中毒的措施，建立食堂工作人员定期体检制度。

第七章 校园、校舍、设备及经费

第五十三条 特殊教育学校的办学条件及经费由学校举办者负责提供，校园、校舍建设应执行国家颁布的《特殊教育学校建设标准》。

学校应具备符合规定标准的教学仪器设备、专用检测设备、康复设备、文体器材、图书资料等；要创造条件配置现代化教育教学和康复设备。

第五十四条 特殊教育学校要特别重视校园环境建设，搞好校园的绿化和美化，搞好校园文化建设，形成良好的育人环境。

第五十五条 特殊教育学校应遵照有关规定管理和使用校舍、场地等，未经主管部门批准，不得改变其用途；要及时对校舍设施进行维修和维护，保持坚固、实用、清洁、美观，发现危房立即停止使用，并报主管部门。

第五十六条 特殊教育学校应加强对仪器、设备、器材和图书资料等的管理，分别按有关规定建立健全管理制度，保持完好率，提高使用率。

第五十七条 各级政府应设立助学金，用于帮助经济困难学生就学。

第五十八条 特殊教育学校的校办产业和勤工俭学收入上缴学校部分应用于改善办学条件，提高教职工福利待遇，改善学生学习和生活条件。学校可按有关规定接受社会捐助。

第五十九条 特殊教育学校应科学管理、合理使用学校经费，提高使用效益。要建立健全经费管理制度，并接受上级财务和审计部门的监督。

第八章 学校、社会与家庭

第六十条 特殊教育学校应同街道（社区）、村民委员会及附近的普通学校、机关、团体、部队、企事业单位建立联系，争取社会各界支持学校工作，优化育人环境。

第六十一条 特殊教育学校要在当地教育行政部门领导下，指导普通学校特殊教育班和残疾儿童、少年随班就读工作，培训普通学校特殊教育师资，组织教育教学研究活动，提出本地特殊教育改革与发展的建议。

第六十二条 特殊教育学校应通过多种形式与学生家长建立联系制度，使家长了解学校工作，征求家长对学校工作的意见、帮助家长创设良好的家庭育人环境。

第六十三条 特殊教育学校应特别加强与当地残疾人组织和企事业单位的联系，了解社会对残疾人就业的需求，征求毕业生接收单位对学校教育工作的意见、建议，促进学校教育教学工作的改革。

第六十四条 特殊教育学校应为当地校外残疾人工作者、残疾儿童、少年及家长等提供教育、康复方面的咨询和服务。

第九章 附　　则

第六十五条 特殊教育学校应当根据《中华人民共和国教育法》、《中华人民共和国义务教育法》、《残疾人教育条例》和本规程的规定，结合实际情况制定学校章程。承担教育改革试点任务的特殊教育学校，在报经省级主管教育行政部门批准后，可调整本规程中的某些要求。

第六十六条 本规程适用于特殊教育学校。普通学校附设的特殊教育班、特殊教育学校的非义务教育机构和实施职业教育的特殊教育学校可参照执行有关内容。

第六十七条 各省、自治区、直辖市教育行政部门可根据本规程制定实施办法。

第六十八条 本规程自发布之日起施行。

普通学校特殊教育资源教室建设指南

1. 2016年1月20日发布

2. 教基二厅〔2016〕1号

为更好地推进全纳教育，完善普通学校随班就读支持保障体系，提高残疾学生教育教学质量，依据《义务教育法》和《残疾人教育条例》的有关规定，制定本指南。

一、总体要求

在普通学校（含幼儿园、普通中小学、中等职业学校，以下同）建设资源教室，要遵循残疾学生身心发展规律，充分考虑残疾学生潜能开发和功能补偿的需求，以增强残疾学生终身学习和融入社会的能力为目的；

要坚持设施设备的整体性和专业服务的系统性，为残疾学生的学习、康复和生活辅导提供全方位支持；要突出针对性和有效性，根据每一个残疾学生的残疾类型、残疾程度和特殊需要，及时调整更新配置；要确保安全，配备的设施设备必须符合国家的相关安全和环保标准，不得含有国家明令禁止使用的有毒材料。

二、功能作用

资源教室是为随班就读的残疾学生及其他有特殊需要的学生、教师和家长，提供特殊教育专业服务的场所，应具备如下主要功能：

（一）开展特殊教育咨询、测查、评估、建档等活动。

（二）进行学科知识辅导。

（三）进行生活辅导和社会适应性训练。

（四）进行基本的康复训练。

（五）提供支持性教育环境和条件。

（六）开展普通教师、学生家长和有关社区工作人员的培训。

三、基本布局

资源教室应当优先设立在招收较多残疾学生随班就读且在当地学校布局调整规划中长期保留的普通学校。招收5人以上数量残疾学生的普通学校，一般应设立资源教室。不足5人的，由所在区域教育行政部门统筹规划资源教室的布局，辐射片区所有随班就读学生，实现共享发展。

四、场地及环境

资源教室应有固定的专用场所，一般选择教学楼一层，位置相对安静、进出方便。其面积应不小于60平方米，若由多个房间组成，应安排在一起。有条件的普通学校，可以结合需要适当扩大。所附基础设施要符合《无障碍环境建设条例》《无障碍设计规范》《特殊教育学校建筑设计规范》中的有关规定。

五、区域设置

资源教室应设置学习训练、资源评估和办公接待等基本区域。

（一）学习训练区。主要用于以个别或小组形式对学生进行学科学习辅导，以及相关的认知、情绪、社交发展方面的训练。根据学生的需求，对学生进行动作及感觉统合训练、视功能训练、言语语言康复训练等。

（二）资源评估区。主要用于存放学生教学训练计划、教师工作计划，教具、学具、图书音像资料。对学生进行学习需求测查，各种心理、生理功能基本测查和评估等。

（三）办公接待区。主要用于教师处理日常工作事务及开展相关管理工作，接待校内学生、教师、家长等来访者。

在不影响资源教室基本功能的情况下，资源教室各功能区域可以根据实际需求相互兼容。有条件的学校还可以适当拓展。

六、配备目录

分为基本配备与可选配备（详见附表）。基本配备是指满足基本需要的教育教学和康复训练设施设备、图书资料等。可选配备是指根据残疾学生的残疾类型、程度及其他特殊需要，选择配备的教育教学和康复训练设施设备、图书资料等。

七、资源教师

资源教室应配备适当资源教师，以保障资源教室能正常发挥作用。资源教师原则上须具备特殊教育、康复或其他相关专业背景，符合《教师法》规定的学历要求，具备相应的教师资格，符合《特殊教育教师专业标准》的规定，经过岗前培训，具备特殊教育和康复训练的基本理论、专业知识和操作技能。资源教师纳入特殊教育教师管理，在绩效考核、评优评先和职务（职称）评聘中给予倾斜。

八、管理规范

（一）开放时间。原则上，学生在校期间每天均应面向本校或片区内随班就读残疾学生开放。安排适当时间向其他有特殊需要的学生、教师和家长开放，并安排专人值班。

（二）经费投入。各地教育行政部门要将资源教室建设纳入当地特殊教育事业发展的总体规划，建立财政支持保障的长效机制。学校也应将资源教室的建设、维护以及工作运行纳入年度经费预算，保证资源教室工作正常开展。

（三）日常管理。资源教室应纳入学校统一管理，建立和完善相关管理制度。资源教室应根据残疾学生的特殊需要制定专门工作计划并开展工作。

（四）指导评估。区域内特殊教育指导中心或特教学校应加强对资源教室的业务指导和评估，定期委派专人为资源教师提供培训和业务支持，并对区域内资源教室的运行及成效进行考核评价，并将结果上报主管教育行政部门。

附表：普通学校特殊教育资源教室配备参考目录（略）

特殊教育补助资金管理办法

1．2021年4月10日财政部、教育部发布
2．财教〔2021〕72号

第一条 为规范和加强特殊教育补助资金管理，提高资金使用效益，根据国家预算管理有关规定，制定本办法。

第二条 本办法所称特殊教育补助资金（以下简称补助资金），是指中央财政用于支持特殊教育发展的转移支付资金。实施期限根据教育领域中央与地方财政事权和支出责任划分改革方案、支持特殊教育改革发展政策等确定。

第三条 补助资金遵循"中央引导、省级统筹、突出重点、讲求绩效、规范透明、强化监督"的原则。

第四条 补助资金支持范围为全国独立设置的特殊教育学校和招收较多残疾学生随班就读的普通中小学校。重点支持中西部省份和东部部分困难地区。补助资金主要用于以下方面：

（一）支持特殊教育学校改善办学条件（不含新建），配备特殊教育专用设备设施和仪器；对特殊教育学校和随班就读学生较多的普通学校进行无障碍设施改造。

（二）支持承担特殊教育资源中心（含孤独症儿童教育中心）职能的学校和设置特殊教育资源教室的普通学校配置必要的设施设备。

（三）支持向重度残疾学生接受义务教育提供送教上门服务，为送教上门的教师提供必要的交通补助；支持普通中小学校创设融合校园文化环境，推进融合教育。

第五条 补助资金由财政部会同教育部共同管理。教育部负责审核地方提供的区域绩效目标等相关材料和数据，提供资金测算需要的基础数据，并对基础数据准确性、及时性负责。财政部根据预算管理相关规定，会同教育部研究确定有关省份资金预算金额、资金的整体绩效目标。

省级财政、教育部门明确省级及省以下各级财政、教育部门在基础数据审核、资金安排、使用管理等方面的责任，切实加强资金管理。

第六条 补助资金采取因素法分配。按照基础因素、投入因素分配到有关省份。其中：

基础因素（权重80%）主要考虑特殊教育事业发展、教师队伍建设、改革创新等因素。各因素数据通过相关统计资料获得。

投入因素（权重20%）主要考虑地方财政努力程度等因素。各因素数据通过相关统计资料获得。

财政部会同教育部综合考虑各地工作进展等情况，研究确定绩效调节系数，对资金分配情况进行适当调节。

计算公式为：

某省份补助资金＝（该省份基础因素/∑有关省份基础因素×权重＋该省份投入因素/∑有关省份投入因素×权重）×补助资金年度预算资金总额×绩效调节系数

财政部、教育部根据党中央、国务院有关决策部署和特殊教育改革发展新形势等情况，适时调整完善相关分配因素、权重、计算公式等。

第七条 省级财政、教育部门应当于每年2月底前，向财政部、教育部报送当年补助资金申报材料，并同时抄送财政部当地监管局。申报材料主要包括：

（一）上年度工作总结，包括上年度补助资金使用情况、年度绩效目标完成情况、绩效评价结果、地方财政投入情况、主要管理措施、问题分析及对策等。

（二）当年工作计划，主要包括当年全省工作目标和补助资金区域绩效目标、重点任务和资金安排计划，绩效指标要指向明确、细化量化、合理可行、相应匹配。

第八条 财政部于每年全国人民代表大会批准中央预算后三十日内，会同教育部正式下达资金预算，并抄送财政部有关监管局。每年10月31日前，提前下达下一年度资金预计数。省级财政在收到资金预算后，应当会同省级教育部门在三十日内按照预算级次合理分配、及时下达本行政区域县级以上各级政府部门，并抄送财政部当地监管局。

第九条 补助资金支付执行国库集中支付制度。涉及政府采购的，按照政府采购法律法规和有关制度执行。

第十条 省级财政、教育部门在分配补助资金时，应当结合本地区年度重点工作和省级财政安排相关资金，加大省级统筹力度，做好与发展改革部门安排基本建设项目等各渠道资金的统筹和对接，防止资金、项目安排重复交叉或缺位。

县（区）级财政、教育部门应当落实资金管理主体责任，加强区域内相关教育经费的统筹安排和使用，指导和督促本地区特殊教育学校健全财务、会计、资产管理制度。加强特殊教育学校预算管理，细化预算编制，硬化预算执行，强化预算监督；规范学校财务管理，确保资金使用安全、规范和高效。

各级财政、教育部门要加强财政风险控制，强化流程控制、依法合规分配和使用资金，实行不相容岗位（职责）分离控制。

第十一条　补助资金原则上应在当年执行完毕，年度未支出的资金按财政部结转结余资金管理有关规定处理。

第十二条　各级财政、教育部门要按照全面实施预算绩效管理的要求，建立健全全过程预算绩效管理机制，按规定科学合理设定绩效目标，对照绩效目标做好绩效监控，认真组织开展绩效评价，强化评价结果应用，做好绩效信息公开，提高资金配置效率和使用效益。财政部根据工作需要适时组织开展重点绩效评价。

第十三条　财政部各地监管局应当按照工作职责和财政部要求，对资金实施监管。地方各级财政部门应当会同同级教育部门，按照各自职责加强项目审核申报、经费使用管理等工作，建立"谁使用、谁负责"的责任机制。严禁将资金用于平衡预算、偿还债务、支付利息、对外投资等支出，不得从补助资金中提取工作经费或管理经费。

第十四条　各级财政、教育部门及其工作人员、申报使用补助资金的部门、单位及个人存在违法违规行为的，依法责令改正；对负有责任的领导人员和直接责任人员依法给予处分；涉嫌犯罪的，依法移送有关机关处理。

第十五条　本办法由财政部、教育部负责解释。各级财政、教育部门可以根据本办法，结合各地实际，制定具体管理办法，报财政部、教育部备案，并抄送财政部当地监管局。

第十六条　本办法自印发之日起施行。《财政部 教育部关于印发〈特殊教育补助资金管理办法〉的通知》（财教〔2019〕261号）同时废止。

特殊教育办学质量评价指南

1. 2022年11月1日发布
2. 教基〔2022〕4号

为深入贯彻全国教育大会精神，加快建立健全特殊教育评价制度，努力构建以义务教育阶段为主、涵盖学前教育和高中阶段教育的特殊教育办学质量评价体系，推进特殊教育高质量发展，根据中共中央、国务院印发的《深化新时代教育评价改革总体方案》和《国务院办公厅关于转发教育部等部门"十四五"特殊教育发展提升行动计划的通知》（国办发〔2021〕60号）精神，制定本指南。

一、总体要求

（一）指导思想

认真贯彻党的二十大精神，以习近平新时代中国特色社会主义思想为指导，全面贯彻党的教育方针，落实立德树人根本任务，遵循特殊儿童成长规律和特殊教育发展规律，加快建立以适宜融合为目标的特殊教育办学质量评价体系，强化评价结果运用，引领深化特殊教育教学改革，全面提升特殊教育办学质量，促进特殊儿童全面健康适宜发展。

（二）基本原则

坚持正确方向。坚持社会主义办学方向，践行为党育人、为国育才使命，树立科学教育评价导向，以适宜融合为目标办好特殊教育，全面提高特殊教育质量。

坚持育人为本。尊重特殊儿童身心发展特点和成长规律，推动普通教育、职业教育、医疗康复及信息技术与特殊教育融合，强化学生全过程纵向评价，合理调整课程内容，不断优化教学方式，促进特殊儿童更好融入学校、掌握一技之长与适应社会生活。

坚持统筹兼顾。整合涉及特殊教育的各类考核评价项目，处理好与普通教育不同学段质量评价制度的衔接、互补；同时，针对不同类别、不同程度、不同阶段特殊儿童的需要，分类设计评价方式，拓展学段服务、推进融合教育，推动特殊教育综合改革。

坚持以评促建。坚持实事求是、客观公正，强化增值评价，有效发挥引导、诊断、改进、激励功能，加快健全特殊教育体系，保障特殊儿童接受高质量的特殊教育。

二、评价内容

评价内容主要包括政府履行职责、课程教学实施、教师队伍建设、学校组织管理、学生适宜发展等5个方面，共18项关键指标和49个考查要点。

（一）政府履行职责。包括坚持正确方向、统筹规划布局、改善办学条件、强化经费保障、健全工作机制等5项关键指标，旨在促进地方政府全面贯彻党的教育方针，坚持社会主义办学方向，强化对特殊教育工作的领导，切实提升特殊教育保障力度和保障水平。

（二）课程教学实施。包括规范课程设置、优化教学方式、开展多元评价、康复辅助支持等4项关键指标，旨在推动学校遵循特殊教育规律和特殊儿童学习特点，落实课程方案，规范使用教材，优化课程内容与教学方法，改革评价方式，提供辅助支持与康复训练，全面提高特殊学生受教育质量。

（三）教师队伍建设。包括提升师德水平、配齐师资力量、助力专业发展、提高待遇保障等4项关键指标，旨在促进学校加强教师思想政治和师德师风建设工作，加大力度配备特殊教育专业教师，健全教师专业发展机制，切实提高教师特殊教育专业素质，完善激励机制，提升教师职业幸福感，激发教育教学的积极性和创造性。

（四）学校组织管理。包括完善学校管理、创设无障碍环境等2项关键指标，旨在促进学校切实保障特殊儿童受教育权利，规范学校管理制度，健全特殊教育工作机制，加强家校社协同育人，深入推进融合教育，构建无障碍物理环境、人文环境与信息环境，整体提升特殊教育治理能力。

（五）学生适宜发展。包括思想道德素质、知识技能水平、社会适应能力等3项关键指标，旨在促进特殊学生具备良好的道德品质，掌握适应未来发展所需基本的知识技能，努力将特殊学生培养为自尊、自信、自强、自立的国家有用之才。

三、评价组织实施

（一）加强组织领导。各地要高度重视特殊教育办学质量评价工作，将其纳入地方政府、教育部门、学校的重要议事日程，建立政府教育督导部门牵头、多方参与的评价组织实施机制。结合本地实际制定特殊教育办学质量评价具体标准，分层分类细化评价指标内容与评价方式，编制学校自评手册，确保评价工作操作性强、程序规范、科学有效。在财政投入、评价队伍建设、信息平台建设等方面加大倾斜力度，为开展特殊教育办学质量评价提供必要的支持保障。

（二）规范评价实施。各地要认真组织实施特殊教育办学质量评价工作，在落实《义务教育学校管理标准》《义务教育质量评价指南》《幼儿园保育教育质量评估指南》《普通高中学校办学质量评价指南》等相关文件要求的基础上，执行《特殊教育办学质量评价指南》。对县（市、区）、特殊教育学校、随班就读普通学校的特殊教育办学质量评价要坚持结果评价与增值评价、综合评价与特色评价、自我评价与外部评价、线上评价与线下评价相结合，实行县（市、区）和学校自评、市级审核、省级全面评价和国家抽查监测，原则上每3—5年一轮，与中小学质量评价统筹同步实施，实现全覆盖。

（三）强化结果运用。将特殊教育办学质量评价结果作为县级人民政府主要领导履行教育职责督导评价的重要内容，纳入县级人民政府绩效考核，并作为对学校奖惩、政策支持、资源配置和考核校长的重要依据。引导县级人民政府落实特教特办，切实履职尽责，为提升特殊教育质量提供充分的条件保障和良好的政策环境；引导特殊教育学校和随班就读普通学校改进教育教学和管理方式，不断完善办学条件，全面提升育人质量。

（四）注重宣传推广。各地要广泛宣传办好特殊教育的重要意义，深入解读特殊教育办学质量评价的内容要求，引导广大师生、家长和社会充分认识特殊教育对促进特殊儿童成长成才和终身发展的重要作用。对有效利用特殊教育办学质量评价推进特殊教育改革发展的典型经验、优秀案例、特色活动等，要加强宣传推广，发挥好示范辐射作用，切实推动特殊教育高质量发展。

附件：特殊教育办学质量评价指标（略）

残疾人中等职业学校设置标准

2022年11月15日中国残疾人联合会、教育部、中央编办、国家发展改革委、财政部、人力资源和社会保障部、住房和城乡建设部发布

第一条　为保障残疾人受教育权利，促进残疾人中等职业教育发展，规范学校建设，保证教育质量，提高办学效益，根据《中华人民共和国职业教育法》、《残疾人教育条例》、《国家职业教育改革实施方案》、《中等职业学校设置标准》、《关于加快发展残疾人职业教育的若干意见》和残疾人职业教育特点，特制定本标准。

第二条　本标准所称残疾人中等职业学校是指依法经国家主管部门批准设立，以初中毕业或同等学力的残疾人为主要招生对象，实施全日制学历教育及职业培训的中等职业学校。

第三条　设置残疾人中等职业学校，要遵循需要和可行相结合的原则，纳入当地教育发展规划，在地方教育行政部门统筹和指导下进行。

第四条　新建或改扩建残疾人中等职业学校，校址一般要选在交通便利、公共设施较完善的地方。学校环境要符合残疾人教育教学、校园安全和身心健康要求。

第五条　设置残疾人中等职业学校，须有学校章程和必须的管理制度，要依法办学。学校章程包括：名称、校址、办学宗旨、治理机构和运行机制以及教职工管理、学生管理、教育教学管理、校产和财务管理制度、学校章程修订程序等内容。

第六条 设置残疾人中等职业学校，须配备思想政治素质高和管理能力强，热爱残疾人事业，熟悉残疾人职业教育规律的学校领导。公办中等职业学校实行中国共产党基层组织领导下的校长负责制。校长应具有从事五年以上教育教学工作的经历，校长及教学副校长须具有高级专业技术职务，校级领导应具有大学本科及以上学历。

第七条 设置残疾人中等职业学校，须根据残疾人和职业教育特点，建立必要的教育教学和管理等工作机构。

第八条 设置残疾人中等职业学校，要有基本的办学规模。根据社会需要和残疾人的身心特点合理设置专业，常设专业一般不少于4个，学历教育在校生规模一般不少于300人，班额原则上为8-20人。

第九条 设置残疾人中等职业学校，须有与学校办学规模相适应、结构合理的专兼职教师队伍。专任教师要符合《残疾人教育条例》规定的基本条件，相关辅助专业人员应具备由职能部门认可的相应从业资质。教职工与在校生比例不低于1∶5，其中，每15名学生配备1名相关辅助专业人员（如生活辅导、就业指导、心理健康、康复训练、辅助科技和转衔服务等）。专任教师数不低于本校教职工总数的60%，专业课教师数不低于本校专任教师数的60%，“双师型”教师不低于本校专业课教师数的50%。专任教师中，具有高级专业技术职务人数不低于20%、具有专业背景的硕博士学位教师占比不低于10%。每个专业至少应配备具有相关专业中级以上专业技术职务的专任教师2人。学校聘请有实践经验的兼职教师应占本校专任教师总数的20%左右。

第十条 设置残疾人中等职业学校，须有与办学规模、专业设置和残疾人特点相适应的个性化校园、校舍和设施，且符合《无障碍环境建设条例》及《建筑与市政工程无障碍通用规范》等标准规范要求。

校园占地面积（不含教职工宿舍和相对独立的附属机构）：不少于30000平方米，一般生均占地面积不少于70平方米。

校舍建筑面积（不含教职工宿舍和相对独立的附属机构）：不少于16000平方米，一般生均建筑面积不少于35平方米。

体育用地：须有200米以上环型跑道的田径场，有满足残疾人教学和体育活动需要的其他设施和场地。

图书馆和阅览室：要适应办学规模，满足教学需要。适用印刷图书生均不少于30册，电子图书生均不少于30册，有盲文图书、有声读物和盲、聋生电子阅览室，报刊种类50种以上。教师阅览（资料）室和学生阅览室的座位数应分别按不低于教职工总数和学生总数的20%设置。

资源中心（教室）：要根据办学规模和本地区残疾人职业教育的需求建立适度大小的资源中心，根据残疾学生类别配备必要的教育教学、康复训练设施设备和资源教师、巡回指导教师及专业人员，为本校学生提供职业能力评估、个别化教学指导、考试辅助和转衔教育服务；同时为本地区的有关学校和机构提供残疾人职业教育指导、咨询和相关服务。

设施、设备与实训基地：必须具有与专业设置相匹配、满足教学要求的实训、实习设施和仪器设备，设施和仪器设备要规范、实用；每个专业要有相对应的校内实训基地和稳定的校外实训基地。要根据残疾学生的实际需要设置医疗服务、心理辅导、康复训练、专用检测等学习及生活所需专用场所和特殊器具设备。

信息化：要具备能够应用现代教育技术手段，实施教育教学与管理信息化所需的软、硬件设施、设备及适合各类残疾人学习的教育教学资源，并参照同类普通中等职业学校标准建设数字校园。

第十一条 设置残疾人中等职业学校，须具有符合国家和地方教育行政部门要求的教育教学基本制度。落实好立德树人根本任务，建立德技并修、工学结合、产教融合、校企合作的育人机制，根据职业教育国家教学标准，结合残疾人身心特点和就业市场需求，科学制订人才培养方案、设置课程，并根据国家政策推行1+X证书制度。

第十二条 学校办学经费应依据《中华人民共和国职业教育法》、《中华人民共和国残疾人保障法》、《残疾人教育条例》和有关法律法规，以举办者投入为主，企业、社会等多渠道筹措落实。地方应充分考虑残疾人职业学校班额小、教育教学成本高、无障碍建设维护支出多等实际情况，制定残疾人中等职业学校生均拨款标准（综合定额标准或公用经费定额标准），按时、足额拨付经费，不断改善学校办学条件。

第十三条 学校应落实学历教育与职业培训并举的法定职责，加强残疾人的职业培训，按照育训结合、内外兼顾的要求，面向在校残疾学生和社会残疾人开展职业培训，并积极承担当地特殊教育学校和融合教育机构的残疾人职业教育指导工作。

第十四条 本标准为独立设置的残疾人中等职业学校的基本标准，适用于各级政府部门、行业、企业举办的各类残疾人中等职业学校，民办和非独立设置的残疾人中等职业教育机构及融合教育机构可参照执行。新建的残疾人中等职业学校可根据需要设置不超过3年的建设期。省级有关部门可根据本地实际情况制定高于本标准的残疾人中等职业学校设置办法。

第十五条 本标准的主要指标应作为各地残疾人中等职业学校审批、检查、评估、督导的基本依据,有关内容纳入地方政府履行教育职责的督导范围。

第十六条 本标准自颁发之日起施行。2007年中国残联、教育部制定的《残疾人中等职业学校设置标准(试行)》同时废止。

特殊教育教师专业标准(试行)

1. 2015年8月21日发布
2. 教师〔2015〕7号

为促进特殊教育教师专业发展,建设高素质特殊教育教师队伍,根据《中华人民共和国义务教育法》《中华人民共和国教师法》《中华人民共和国残疾人保障法》《残疾人教育条例》,特制定本标准。

特殊教育教师是指在特殊教育学校、普通中小学幼儿园及其他机构中专门对残疾学生履行教育教学职责的专业人员,要经过严格的培养与培训,具有良好的职业道德,掌握系统的专业知识和专业技能。本标准是国家对合格特殊教育教师的基本专业要求,是特殊教育教师实施教育教学行为的基本规范,是引领特殊教育教师专业发展的基本准则,是特殊教育教师培养、准入、培训、考核等工作的重要依据。

一、基本理念

(一)师德为先

热爱特殊教育事业,具有职业理想,践行社会主义核心价值观,履行教师职业道德规范,依法执教。具有人道主义精神,关爱残疾学生(以下简称学生),尊重学生人格,富有爱心、责任心、耐心、细心和恒心;为人师表,教书育人,自尊自律,公平公正,以人格魅力和学识魅力教育感染学生,做学生健康成长的指导者和引路人。

(二)学生为本

尊重学生权益,以学生为主体,充分调动和发挥学生的主动性;遵循学生的身心发展特点和特殊教育教学规律,为每一位学生提供合适的教育,最大限度地开发潜能、补偿缺陷,促进学生全面发展,为学生更好地适应社会和融入社会奠定基础。

(三)能力为重

将学科知识、特殊教育理论与实践有机结合,突出特殊教育实践能力;研究学生,遵循学生成长规律,因材施教,提升特殊教育教学的专业化水平;坚持实践、反思、再实践、再反思,不断提高专业能力。

(四)终身学习

学习先进的教育理论,了解国内外特殊教育改革与发展的经验和做法;优化知识结构,提高文化素养;具有终身学习与持续发展的意识和能力,做终身学习的典范。

二、基本内容

维度	领域	基本要求
专业理念与师德	职业理解与认识	1. 贯彻党和国家教育方针政策,遵守教育法律法规。 2. 理解特殊教育工作的意义,热爱特殊教育事业,具有职业理想和敬业精神。 3. 认同特殊教育教师职业的专业性、独特性和复杂性,注重自身专业发展。 4. 具有良好的职业道德修养和人道主义精神,为人师表。 5. 具有良好的团队合作精神,积极开展协作交流。
	对学生的态度与行为	6. 关爱学生,将保护学生生命安全放在首位,重视学生的身心健康发展。 7. 平等对待每一位学生,尊重学生人格尊严,维护学生合法权益。不歧视、讽刺、挖苦学生,不体罚或变相体罚学生。 8. 理解残疾是人类多样性的一种表现,尊重个体差异,主动了解和满足学生身心发展的特殊需要。 9. 引导学生正确认识和对待残疾,自尊自信、自强自立。 10. 对学生始终抱有积极的期望,坚信每一位学生都能成功,积极创造条件,促进学生健康快乐成长。

续表

维度	领域	基本要求
专业理念与师德	教育教学的态度与行为	11. 树立德育为先、育人为本、能力为重的理念，将学生的品德养成、知识学习与能力发展相结合，潜能开发与缺陷补偿相结合，提高学生的综合素质。 12. 尊重特殊教育规律和学生身心发展特点，为每一位学生提供合适的教育。 13. 激发并保护学生的好奇心和自信心，引导学生体验学习乐趣，培养学生的动手能力和探究精神。 14. 重视生活经验在学生成长中的作用，注重教育教学、康复训练与生活实践的整合。 15. 重视学校与家庭、社区的合作，综合利用各种资源。 16. 尊重和发挥好少先队、共青团组织的教育引导作用。
	个人修养与行为	17. 富有爱心、责任心、耐心、细心和恒心。 18. 乐观向上、热情开朗、有亲和力。 19. 具有良好的耐挫力，善于自我调适，保持平和心态。 20. 勤于学习，积极实践，不断进取。 21. 衣着整洁得体，语言规范健康，举止文明礼貌。
专业知识	学生发展知识	22. 了解关于学生生存、发展和保护的有关法律法规及政策。 23. 了解学生身心发展的特殊性与普遍性规律，掌握学生残疾类型、原因、程度、发展水平、发展速度等方面的个体差异及教育的策略和方法。 24. 了解对学生进行青春期教育的知识和方法。 25. 掌握针对学生可能出现的各种侵犯与伤害行为、意外事故和危险情况下的危机干预、安全防护与救助的基本知识与方法。 26. 了解学生安置和不同教育阶段衔接的知识，掌握帮助学生顺利过渡的方法。
	学科知识	27. 掌握所教学科知识体系的基本内容、基本思想和方法。 28. 了解所教学科与其他学科及社会生活的联系。
	教育教学知识	29. 掌握特殊教育教学基本理论，了解康复训练的基本知识与方法。 30. 掌握特殊教育评估的知识与方法。 31. 掌握学生品德心理和教学心理的基本原理和方法。 32. 掌握所教学科的课程标准以及基于标准的教学调整策略与方法。 33. 掌握在学科教学中整合情感态度、社会交往与生活技能的策略与方法。 34. 了解学生语言发展的特点，熟悉促进学生语言发展、沟通交流的策略与方法。
	通识性知识	35. 具有相应的自然科学和人文社会科学知识。 36. 了解教育事业和残疾人事业发展的基本情况。 37. 具有相应的艺术欣赏与表现知识。 38. 具有适应教育内容、教学手段和方法现代化的信息技术知识。
专业能力	环境创设与利用	39. 创设安全、平等、适宜、全纳的学习环境，支持和促进学生的学习和发展。 40. 建立良好的师生关系，帮助学生建立良好的同伴关系。 41. 有效运用班级和课堂教学管理策略，建立班级秩序与规则，创设良好的班级氛围。 42. 合理利用资源，为学生提供和制作适合的教具、辅具和学习材料，支持学生有效学习。 43. 运用积极行为支持等不同管理策略，妥善预防、干预学生的问题行为。
	教育教学设计	44. 运用合适的评估工具和评估方法，综合评估学生的特殊教育需要。 45. 根据教育评估结果和课程内容，制订学生个别化教育计划。 46. 根据课程和学生身心特点，合理地调整教学目标和教学内容，编写个别化教学活动方案。 47. 合理设计主题鲜明、丰富多彩的班级、少先队和共青团等群团活动。

续表

维度	领域	基本要求
专业能力	组织与实施	48. 根据学生已有的知识和经验，创设适宜的学习环境和氛围，激发学生学习的兴趣和积极性。 49. 根据学生的特殊需要，选择合适的教学策略与方法，有效实施教学。 50. 运用课程统整策略，整合多学科、多领域的知识与技能。 51. 合理安排每日活动，促进教育教学、康复训练与生活实践紧密结合。 52. 整合应用现代教育技术及辅助技术，支持学生的学习。 53. 协助相关专业人员，对学生进行必要的康复训练。 54. 积极为学生提供必要的生涯规划和职业指导教育，培养学生的职业技能和就业能力。 55. 正确使用普通话和国家推行的盲文、手语进行教学，规范书写钢笔字、粉笔字、毛笔字。 56. 妥善应对突发事件。
	激励与评价	57. 对学生日常表现进行观察与判断，及时发现和赏识每一位学生的点滴进步。 58. 灵活运用多元评价方法和调整策略，多视角、全过程评价学生的发展情况。 59. 引导学生进行积极的自我评价。 60. 利用评价结果，及时调整和改进教育教学工作。
	沟通与合作	61. 运用恰当的沟通策略和辅助技术进行有效沟通，促进学生参与、互动与合作。 62. 与家长进行有效沟通合作，开展教育咨询、送教上门等服务。 63. 与同事及其他专业人员合作交流，分享经验和资源，共同发展。 64. 与普通教育工作者合作，指导、实施随班就读工作。 65. 协助学校与社区建立良好的合作互助关系，促进学生的社区融合。
	反思与发展	66. 主动收集分析特殊教育相关信息，不断进行反思，改进教育教学工作。 67. 针对特殊教育教学工作中的现实需要与问题，进行教育教学研究，积极开展教学改革。 68. 结合特殊教育事业发展需要，制定专业发展规划，积极参加专业培训，不断提高自身专业素质。

三、实施意见

（一）各级教育行政部门要将本标准作为特殊教育教师队伍建设的基本依据。根据特殊教育改革发展的需要，充分发挥本标准的引领和导向作用，深化教师教育改革，建立教师教育质量保障体系，不断提高特殊教育教师培养培训质量。制定特殊教育教师专业证书制度和准入标准，严把教师入口关；制定特殊教育教师聘任（聘用）、考核、退出等管理制度，保障教师合法权益，形成科学有效的特殊教育教师队伍管理和督导机制。

（二）开展特殊教育教师教育的院校要将本标准作为特殊教育教师培养培训的主要依据。重视特殊教育教师职业特点，加强特殊教育学科和专业建设。完善特殊教育教师培养培训方案，科学设置教师教育课程，改革教育教学方式；重视特殊教育教师职业道德教育，重视社会实践和教育实习；加强特殊教育师资队伍建设，建立科学的质量评价制度。

（三）实施特殊教育的学校（机构）要将本标准作为教师管理的重要依据。制订特殊教育教师专业发展规划，注重教师职业理想与职业道德教育，增强教师教书育人的责任感与使命感；开展校本研修，促进教师专业发展；完善教师岗位职责和考核评价制度，健全特殊教育教师绩效管理机制。

（四）特殊教育教师要将本标准作为自身专业发展的基本依据。制定自我专业发展规划，爱岗敬业，增强专业发展自觉性；大胆开展教育教学实践，不断创新；积极进行自我评价，主动参加教师培训和自主研修，逐步提升专业发展水平。

特殊教育专业师范生
教师职业能力标准（试行）

1. *2021 年 4 月 2 日发布*
2. *教师厅〔2021〕2 号*

一、师德践行能力

1.1 遵守师德规范

1.1.1【理想信念】

● 学习贯彻习近平新时代中国特色社会主义思想，深入学习习近平总书记关于教育的重要论述，以及党史、新中国史、改革开放史和社会主义发展史内容，形成对中国特色社会主义的思想认同、政治认同、理论认同和情感认同，能够在教书育人实践中自觉践行社会主义核心价值观。

•树立职业理想,立志成为有理想信念、有道德情操、有扎实学识、有仁爱之心的好老师。

1.1.2【立德树人】

•理解立德树人的内涵,形成立德树人的理念,掌握立德树人途径与方法,能够在教育实践中实施素质教育,依据德智体美劳全面发展的教育方针开展教育教学,积极创造条件培育发展学生的核心素养。

1.1.3【师德准则】

•具有依法执教意识,遵守宪法、民法典、教育法、教师法、未成年人保护法等法律法规,在教育实践中能履行应尽义务,自觉维护学生与自身的合法权益。

•理解教师职业道德规范内涵与要求,在教育实践中遵守《新时代中小学教师职业行为十项准则》《新时代幼儿园教师职业行为十项准则》,能分析解决特殊教育教学实践中的相关道德规范问题。

1.2　涵养教育情怀

1.2.1【职业认同】

•具有家国情怀,乐于从教,热爱教育事业。认同教师工作的价值在于传播知识、传播思想、传播真理,塑造灵魂、塑造生命、塑造新人;了解特殊教育教师的职业特征,理解教师是学生学习的促进者,是学生健康成长、适应社会、融入社会的引路人,创造条件帮助学生自主发展。

•领会特殊教育对学生发展的价值和意义,认同特殊教育教师工作的意义和专业性、独特性、复杂性,具有人道主义精神、正确的价值观和残疾人观、特殊儿童发展观和教育观,认同促进学生全面而有个性地发展的理念。

1.2.2【关爱学生】

•做学生锤炼品格、学习知识、创新思维、奉献祖国的引路人,公正、平等、积极地对待每一名学生,关注学生成长,保护学生安全,促进学生身心健康发展。

•尊重学生的人格和学习发展的权利,保护学生的学习自主性、独立性和选择性,关注个体差异,相信每名学生都有发展的潜力,为学生发展提供合适的教育,最大限度地开发潜能,补偿缺陷。

1.2.3【用心从教】

•树立爱岗敬业精神,在教育实践中能够认真履行教育教学职责与班主任工作职责,积极钻研,富有爱心、责任心、恒心,工作细心、耐心。

1.2.4【自身修养】

•具有健全的人格和积极向上的精神,有较强的情绪调节与自控能力,能积极应变,比较合理地处理问题。

•掌握一定的自然和人文社会科学知识,传承中华优秀传统文化,具有人文底蕴、科学精神和审美能力。

•仪表整洁,语言规范健康,举止文明礼貌,符合教师礼仪要求和教育教学场景要求。

二、教学实践能力

2.1　掌握专业知识

2.1.1【教育基础】

•掌握特殊教育理论的基本知识,能够遵循特殊教育规律,针对学生身心发展的特殊性与普遍规律性,运用特殊教育基本原理和方法,分析和解决特殊教育教学实践中的问题。

2.1.2【学科素养】

•掌握拟任教学科知识体系,了解不同类型特殊教育的基础知识、基本理论体系与思想方法,了解与所教学科或所服务类型相关的特殊教育康复训练和行为干预等基本知识与方法,并能在教育实践中正确加以运用。掌握特殊教育校本课程开发的基本方法。

2.1.3【信息素养】

•了解信息时代对人才培养的新要求。掌握信息化教学设备、软件、平台及其他新技术的常用操作,了解其对特殊儿童学习和特殊教育教学的支持作用。具有安全、合法与负责任地使用信息与技术,主动适应信息化、人工智能等新技术变革积极有效开展教育教学的意识。

2.1.4【知识整合】

•了解学习科学相关知识,了解特殊教育的跨学科性质和相关服务领域,以及拟任教学科与其他学科和社会生活的联系,并能初步加以整合。掌握随班就读和融合教育必备的知识技能及相关政策。

2.2　学会教学设计

2.2.1【熟悉课标】

•熟悉拟任教学科的课程标准和教材,理解教材的编写逻辑和体系结构,能够正确处理课标与教材的关系,具有依据课标进行教学的意识和习惯。

2.2.2【掌握技能】

•具备钢笔字、毛笔字、粉笔字与普通话、国家通用盲文、国家通用手语等教学基本功,通过微格训练学习,系统掌握导入、讲解、提问、演示、板书、结束等课堂教学基本技能操作要领与应用策略。能够依据单元内容或主题进行整体设计,并实施教学。

2.2.3【分析学情】

●能够初步运用合适的工具与方法，评估学生身心发展水平与特殊教育需要，能根据学生已有的知识水平、学习经验和兴趣特点，分析教学内容与学生已有知识经验的联系，预判学生学习的疑难处。

2.2.4【设计教案】

●准确把握教学内容，针对学生身心发展特点和个体差异，制定个别化教育计划和个别化教育活动方案，能根据课程标准要求和学生认知特征确定恰当的学习目标和学习重点，设计学习活动，选择适当的学习资源和教学方法，合理安排教学过程和环节，科学设计评价内容与方式，形成教案与学案。

2.3 实施课程教学

2.3.1【情境创设】

●能够创设安全、平等、适宜、融合的教学情境，建立学习内容与生活经验之间的联系，激发学习兴趣，将学生引入学习活动。

2.3.2【教学组织】

●基本掌握教学组织与课堂管理的形式和策略，能够选择合适的教学策略进行集体、小组和个别化教学，科学准确地呈现和表达教学内容，控制教学时间和教学节奏，合理设置提问与讨论，引导学生主动有效参与学习活动，达成学习目标。

2.3.3【学习指导】

●能够依据学科特点、特殊学生认知特征和个体差异，指导学生开展自主、合作、探究性学习，注重差异化教学和个别化指导，帮助学生针对学习重点与难点进行有效学习。

●知道不同类型的信息技术资源在为学生提供学习机会和学习体验方面的作用，合理选择与整合信息技术资源，为学生提供丰富的学习机会和个性化学习体验。

●能够运用课堂结束技能，引导学生对学习内容进行归纳、总结，合理布置作业。

2.3.4【教学评价】

●树立促进学生学习的评价理念，理解教育评价原理，掌握特殊学生学习评价方法与技术，将评价作为激励手段，在教学实践中实施过程评价，初步运用增值评价，合理选取和运用评价工具，评价学习活动和学习成果。

●能够利用技术工具收集学生学习反馈，跟踪、分析教学与学生学习过程中存在的问题与不足，形成基于学生学习情况诊断和改进教学的意识。

三、综合育人能力

3.1 开展班级指导

3.1.1【育德意识】

●树立德育为先理念，了解德育原理与方法，以及学生思想品德发展的规律和个性特征，能有意识、有针对性地开展德育工作。

3.1.2【班级管理】

●基本掌握班集体建设、班级教育活动组织的方法。熟悉教育教学、特殊学生成长生活等相关法律制度规定，能够合理分析解决教学与管理实践相关问题。

●基本掌握学生发展指导、综合素质评价的方法，能够利用技术手段收集学生成长过程的关键信息，建立学生成长电子档案。能够初步运用信息技术辅助开展班级指导活动。

●熟悉校园安全、应急管理相关规定，了解学生日常卫生保健、传染病预防和意外伤害事故处理的相关知识，掌握面临特殊事件发生时保护学生的基本方法。

3.1.3【心理辅导】

●关注学生心理健康，了解特殊学生身体、情感发展的特性和差异性，基本掌握积极行为支持和心理辅导方法，能够处理学生常见情绪行为问题，参与心理健康教育等活动。

3.1.4【家校共育】

●尊重、理解特殊儿童家长，树立家校共育意识，能够运用所学知识指导和支持家长开展家庭教育和干预训练。

●掌握人际沟通的基本方法，能够运用信息技术拓宽师生、家校沟通交流的渠道和途径，积极主动与学生、家长、社区等进行有效交流。

3.2 实施课程育人

3.2.1【育人理念】

●具有教书育人意识。理解拟任教学科课程对特殊儿童发展的独特价值，有机融入社会主义核心价值观、中华优秀传统文化、革命文化、社会主义先进文化教育，培养学生自我适应、社会适应和职业适应所需的正确价值观、必备品格和关键能力。

3.2.2【育人实践】

●理解学科核心素养，掌握课程育人的方法和策略，能在教育实践及康复训练中，结合课程特点，挖掘思想政治教育资源，将知识学习、能力发展与品德养成相结合，合理设计育人目标、主题和内容，有机开展养成教育，进行综合素质评价，体现教书与育人的统一。

3.3 组织活动育人

3.3.1【课外活动】

• 了解课外活动的组织和管理知识，掌握相关技能与方法，能组织学生开展丰富多彩的课外活动。

3.3.2【主题教育】

• 了解学校文化和教育活动的育人内涵和方法，学会组织主题教育和社团活动，对学生进行教育和引导。

3.4 推进融合教育

3.4.1【融合教育知识】

• 了解随班就读和融合教育的基本知识，了解国家关于推进随班就读与融合教育的政策，了解资源中心、资源教室的功能和资源教师、巡回指导教师的职责，树立融合教育理念，能够面向普通教师、学生和家长进行宣传引导。

3.4.2【学习支持】

• 了解特殊学生安置的基础知识和基本流程，能够根据需要进行课程与教学调整，对特殊学生进行积极行为支持、制订个别化学习方案，实施特殊课程教学和学习评估。

四、自主发展能力

4.1 注重专业成长

4.1.1【发展规划】

• 了解教师专业发展的要求，具有终身学习与自主发展的意识。根据特殊教育课程改革的动态和发展情况，制定教师职业生涯发展规划。

4.1.2【反思改进】

• 具有反思意识和批判性思维素养，初步掌握教育教学反思的基本方法和策略，能够对教育教学实践活动进行有效的自我诊断，提出改进思路。

4.1.3【学会研究】

• 初步掌握教育教学科研的基本方法，能用以分析、研究特殊教育教学实践问题，并尝试提出解决问题的思路与方法，具有撰写教育教学研究论文的基本能力。

• 掌握专业发展所需的信息技术手段和方法，能在信息技术环境下开展自主学习。

4.2 主动沟通合作

4.2.1【沟通技能】

• 具有阅读理解能力、语言与文字表达能力、交流沟通能力、信息获取和处理能力，掌握国家通用盲文、国家通用手语和常用的辅助沟通技术。

• 掌握基本沟通合作技能与方法，能够在教育实践、社会实践中与同事、同行、专家等进行有效沟通交流。

4.2.2【共同学习】

• 理解特殊教育跨学科性质和学习共同体的作用，掌握团队协作的基本策略，了解特殊教育的团队协作类型和方法，具有小组互助、合作学习能力。

九、家庭教育

资料补充栏

中华人民共和国家庭教育促进法

1．2021年10月23日第十三届全国人民代表大会常务委员会第三十一次会议通过
2．2021年10月23日中华人民共和国主席令第98号公布
3．自2022年1月1日起施行

目　录

第一章　总　则

第一条　【立法目的】为了发扬中华民族重视家庭教育的优良传统，引导全社会注重家庭、家教、家风，增进家庭幸福与社会和谐，培养德智体美劳全面发展的社会主义建设者和接班人，制定本法。

第二条　【家庭教育的定义】本法所称家庭教育，是指父母或者其他监护人为促进未成年人全面健康成长，对其实施的道德品质、身体素质、生活技能、文化修养、行为习惯等方面的培育、引导和影响。

第三条　【根本任务】家庭教育以立德树人为根本任务，培育和践行社会主义核心价值观，弘扬中华民族优秀传统文化、革命文化、社会主义先进文化，促进未成年人健康成长。

第四条　【负责实施人】未成年人的父母或者其他监护人负责实施家庭教育。

国家和社会为家庭教育提供指导、支持和服务。

国家工作人员应当带头树立良好家风，履行家庭教育责任。

第五条　【要求】家庭教育应当符合以下要求：

（一）尊重未成年人身心发展规律和个体差异；

（二）尊重未成年人人格尊严，保护未成年人隐私权和个人信息，保障未成年人合法权益；

（三）遵循家庭教育特点，贯彻科学的家庭教育理念和方法；

（四）家庭教育、学校教育、社会教育紧密结合、协调一致；

（五）结合实际情况采取灵活多样的措施。

第六条　【家庭学校社会协同育人机制】各级人民政府指导家庭教育工作，建立健全家庭学校社会协同育人机制。县级以上人民政府负责妇女儿童工作的机构，组织、协调、指导、督促有关部门做好家庭教育工作。

教育行政部门、妇女联合会统筹协调社会资源，协同推进覆盖城乡的家庭教育指导服务体系建设，并按照职责分工承担家庭教育工作的日常事务。

县级以上精神文明建设部门和县级以上人民政府公安、民政、司法行政、人力资源和社会保障、文化和旅游、卫生健康、市场监督管理、广播电视、体育、新闻出版、网信等有关部门在各自的职责范围内做好家庭教育工作。

第七条　【家庭教育工作专项规划】县级以上人民政府应当制定家庭教育工作专项规划，将家庭教育指导服务纳入城乡公共服务体系和政府购买服务目录，将相关经费列入财政预算，鼓励和支持以政府购买服务的方式提供家庭教育指导。

第八条　【家庭教育工作联动机制】人民法院、人民检察院发挥职能作用，配合同级人民政府及其有关部门建立家庭教育工作联动机制，共同做好家庭教育工作。

第九条　【社会支持】工会、共产主义青年团、残疾人联合会、科学技术协会、关心下一代工作委员会以及居民委员会、村民委员会等应当结合自身工作，积极开展家庭教育工作，为家庭教育提供社会支持。

第十条　【公益性服务活动】国家鼓励和支持企业事业单位、社会组织及个人依法开展公益性家庭教育服务活动。

第十一条　【开设专业课程】国家鼓励开展家庭教育研究，鼓励高等学校开设家庭教育专业课程，支持师范院校和有条件的高等学校加强家庭教育学科建设，培养家庭教育服务专业人才，开展家庭教育服务人员培训。

第十二条　【捐赠和志愿服务】国家鼓励和支持自然人、法人和非法人组织为家庭教育事业进行捐赠或者提供志愿服务，对符合条件的，依法给予税收优惠。

国家对在家庭教育工作中做出突出贡献的组织和个人，按照有关规定给予表彰、奖励。

第十三条　【家庭教育宣传周】每年5月15日国际家庭日所在周为全国家庭教育宣传周。

第二章　家庭责任

第十四条　【主体责任】父母或者其他监护人应当树立家庭是第一个课堂、家长是第一任老师的责任意识，承担对未成年人实施家庭教育的主体责任，用正确思想、方法和行为教育未成年人养成良好思想、品行和习惯。

共同生活的具有完全民事行为能力的其他家庭成

员应当协助和配合未成年人的父母或者其他监护人实施家庭教育。

第十五条 **【家庭文化】**未成年人的父母或者其他监护人及其他家庭成员应当注重家庭建设，培育积极健康的家庭文化，树立和传承优良家风，弘扬中华民族家庭美德，共同构建文明、和睦的家庭关系，为未成年人健康成长营造良好的家庭环境。

第十六条 **【内容指引】**未成年人的父母或者其他监护人应当针对不同年龄段未成年人的身心发展特点，以下列内容为指引，开展家庭教育：

（一）教育未成年人爱党、爱国、爱人民、爱集体、爱社会主义，树立维护国家统一的观念，铸牢中华民族共同体意识，培养家国情怀；

（二）教育未成年人崇德向善、尊老爱幼、热爱家庭、勤俭节约、团结互助、诚信友爱、遵纪守法，培养其良好社会公德、家庭美德、个人品德意识和法治意识；

（三）帮助未成年人树立正确的成才观，引导其培养广泛兴趣爱好、健康审美追求和良好学习习惯，增强科学探索精神、创新意识和能力；

（四）保证未成年人营养均衡、科学运动、睡眠充足、身心愉悦，引导其养成良好生活习惯和行为习惯，促进其身心健康发展；

（五）关注未成年人心理健康，教导其珍爱生命，对其进行交通出行、健康上网和防欺凌、防溺水、防诈骗、防拐卖、防性侵等方面的安全知识教育，帮助其掌握安全知识和技能，增强其自我保护的意识和能力；

（六）帮助未成年人树立正确的劳动观念，参加力所能及的劳动，提高生活自理能力和独立生活能力，养成吃苦耐劳的优秀品格和热爱劳动的良好习惯。

第十七条 **【方式方法】**未成年人的父母或者其他监护人实施家庭教育，应当关注未成年人的生理、心理、智力发展状况，尊重其参与相关家庭事务和发表意见的权利，合理运用以下方式方法：

（一）亲自养育，加强亲子陪伴；

（二）共同参与，发挥父母双方的作用；

（三）相机而教，寓教于日常生活之中；

（四）潜移默化，言传与身教相结合；

（五）严慈相济，关心爱护与严格要求并重；

（六）尊重差异，根据年龄和个性特点进行科学引导；

（七）平等交流，予以尊重、理解和鼓励；

（八）相互促进，父母与子女共同成长；

（九）其他有益于未成年人全面发展、健康成长的方式方法。

第十八条 **【学习家庭教育知识】**未成年人的父母或者其他监护人应当树立正确的家庭教育理念，自觉学习家庭教育知识，在孕期和未成年人进入婴幼儿照护服务机构、幼儿园、中小学校等重要时段进行有针对性的学习，掌握科学的家庭教育方法，提高家庭教育的能力。

第十九条 **【参加公益性家庭教育指导和实践活动】**未成年人的父母或者其他监护人应当与中小学校、幼儿园、婴幼儿照护服务机构、社区密切配合，积极参加其提供的公益性家庭教育指导和实践活动，共同促进未成年人健康成长。

第二十条 **【离异双方相互配合履行家庭教育责任】**未成年人的父母分居或者离异的，应当相互配合履行家庭教育责任，任何一方不得拒绝或者怠于履行；除法律另有规定外，不得阻碍另一方实施家庭教育。

第二十一条 **【监护人与被委托人共同履行家庭教育责任】**未成年人的父母或者其他监护人依法委托他人代为照护未成年人的，应当与被委托人、未成年人保持联系，定期了解未成年人学习、生活情况和心理状况，与被委托人共同履行家庭教育责任。

第二十二条 **【合理安排作息时间】**未成年人的父母或者其他监护人应当合理安排未成年人学习、休息、娱乐和体育锻炼的时间，避免加重未成年人学习负担，预防未成年人沉迷网络。

第二十三条 **【禁止歧视、家暴】**未成年人的父母或者其他监护人不得因性别、身体状况、智力等歧视未成年人，不得实施家庭暴力，不得胁迫、引诱、教唆、纵容、利用未成年人从事违反法律法规和社会公德的活动。

第三章　国 家 支 持

第二十四条 **【家庭教育指导大纲】**国务院应当组织有关部门制定、修订并及时颁布全国家庭教育指导大纲。

省级人民政府或者有条件的设区的市级人民政府应当组织有关部门编写或者采用适合当地实际的家庭教育指导读本，制定相应的家庭教育指导服务工作规范和评估规范。

第二十五条 **【线上家庭教育指导服务】**省级以上人民政府应当组织有关部门统筹建设家庭教育信息化共享服务平台，开设公益性网上家长学校和网络课程，开通服务热线，提供线上家庭教育指导服务。

第二十六条 **【减负】**县级以上地方人民政府应当加强监督管理，减轻义务教育阶段学生作业负担和校外培训负担，畅通学校家庭沟通渠道，推进学校教育和家庭教育相互配合。

第二十七条 **【组建家庭教育指导服务专业队伍】**县级

以上地方人民政府及有关部门组织建立家庭教育指导服务专业队伍，加强对专业人员的培养，鼓励社会工作者、志愿者参与家庭教育指导服务工作。

第二十八条 【家庭教育指导机构】县级以上地方人民政府可以结合当地实际情况和需要，通过多种途径和方式确定家庭教育指导机构。

家庭教育指导机构对辖区内社区家长学校、学校家长学校及其他家庭教育指导服务站点进行指导，同时开展家庭教育研究、服务人员队伍建设和培训、公共服务产品研发。

第二十九条 【提供有针对性的服务】家庭教育指导机构应当及时向有需求的家庭提供服务。

对于父母或者其他监护人履行家庭教育责任存在一定困难的家庭，家庭教育指导机构应当根据具体情况，与相关部门协作配合，提供有针对性的服务。

第三十条 【提供关爱服务】设区的市、县、乡级人民政府应当结合当地实际采取措施，对留守未成年人和困境未成年人家庭建档立卡，提供生活帮扶、创业就业支持等关爱服务，为留守未成年人和困境未成年人的父母或者其他监护人实施家庭教育创造条件。

教育行政部门、妇女联合会应当采取有针对性的措施，为留守未成年人和困境未成年人的父母或者其他监护人实施家庭教育提供服务，引导其积极关注未成年人身心健康状况、加强亲情关爱。

第三十一条 【禁止营利性教育培训】家庭教育指导机构开展家庭教育指导服务活动，不得组织或者变相组织营利性教育培训。

第三十二条 【婚姻、收养登记机构的家庭教育指导】婚姻登记机构和收养登记机构应当通过现场咨询辅导、播放宣传教育片等形式，向办理婚姻登记、收养登记的当事人宣传家庭教育知识，提供家庭教育指导。

第三十三条 【福利机构、救助保护机构的家庭教育指导】儿童福利机构、未成年人救助保护机构应当对本机构安排的寄养家庭、接受救助保护的未成年人的父母或者其他监护人提供家庭教育指导。

第三十四条 【法院的家庭教育指导】人民法院在审理离婚案件时，应当对有未成年子女的夫妻双方提供家庭教育指导。

第三十五条 【妇联的家庭教育指导】妇女联合会发挥妇女在弘扬中华民族家庭美德、树立良好家风等方面的独特作用，宣传普及家庭教育知识，通过家庭教育指导机构、社区家长学校、文明家庭建设等多种渠道组织开展家庭教育实践活动，提供家庭教育指导服务。

第三十六条 【依法设立非营利性家庭教育服务机构】自然人、法人和非法人组织可以依法设立非营利性家庭教育服务机构。

县级以上地方人民政府及有关部门可以采取政府补贴、奖励激励、购买服务等扶持措施，培育家庭教育服务机构。

教育、民政、卫生健康、市场监督管理等有关部门应当在各自职责范围内，依法对家庭教育服务机构及从业人员进行指导和监督。

第三十七条 【家风建设纳入单位文化建设】国家机关、企业事业单位、群团组织、社会组织应当将家风建设纳入单位文化建设，支持职工参加相关的家庭教育服务活动。

文明城市、文明村镇、文明单位、文明社区、文明校园和文明家庭等创建活动，应当将家庭教育情况作为重要内容。

第四章 社会协同

第三十八条 【设立社区家长学校】居民委员会、村民委员会可以依托城乡社区公共服务设施，设立社区家长学校等家庭教育指导服务站点，配合家庭教育指导机构组织面向居民、村民的家庭教育知识宣传，为未成年人的父母或者其他监护人提供家庭教育指导服务。

第三十九条 【学校家庭教育指导服务工作计划】中小学校、幼儿园应当将家庭教育指导服务纳入工作计划，作为教师业务培训的内容。

第四十条 【建立家长学校】中小学校、幼儿园可以采取建立家长学校等方式，针对不同年龄段未成年人的特点，定期组织公益性家庭教育指导服务和实践活动，并及时联系、督促未成年人的父母或者其他监护人参加。

第四十一条 【专业传授】中小学校、幼儿园应当根据家长的需求，邀请有关人员传授家庭教育理念、知识和方法，组织开展家庭教育指导服务和实践活动，促进家庭与学校共同教育。

第四十二条 【支持开展公益性家庭教育指导服务】具备条件的中小学校、幼儿园应当在教育行政部门的指导下，为家庭教育指导服务站点开展公益性家庭教育指导服务活动提供支持。

第四十三条 【对严重违反校规校纪学生的处理】中小学校发现未成年学生严重违反校规校纪的，应当及时制止、管教，告知其父母或者其他监护人，并为其父母或者其他监护人提供有针对性的家庭教育指导服务；发现未成年学生有不良行为或者严重不良行为的，按照有关法律规定处理。

第四十四条　【早教机构的家庭教育指导服务】婴幼儿照护服务机构、早期教育服务机构应当为未成年人的父母或者其他监护人提供科学养育指导等家庭教育指导服务。

第四十五条　【医疗保健机构开展科学养育宣传和指导】医疗保健机构在开展婚前保健、孕产期保健、儿童保健、预防接种等服务时，应当对有关成年人、未成年人的父母或者其他监护人开展科学养育知识和婴幼儿早期发展的宣传和指导。

第四十六条　【公共文化服务机构开展家庭教育宣传活动】图书馆、博物馆、文化馆、纪念馆、美术馆、科技馆、体育场馆、青少年宫、儿童活动中心等公共文化服务机构和爱国主义教育基地每年应当定期开展公益性家庭教育宣传、家庭教育指导服务和实践活动，开发家庭教育类公共文化服务产品。

广播、电视、报刊、互联网等新闻媒体应当宣传正确的家庭教育知识，传播科学的家庭教育理念和方法，营造重视家庭教育的良好社会氛围。

第四十七条　【家庭教育服务机构制定服务规范】家庭教育服务机构应当加强自律管理，制定家庭教育服务规范，组织从业人员培训，提高从业人员的业务素质和能力。

第五章　法律责任

第四十八条　【监护人及委托人的违法责任】未成年人住所地的居民委员会、村民委员会、妇女联合会，未成年人的父母或者其他监护人所在单位，以及中小学校、幼儿园等有关密切接触未成年人的单位，发现父母或者其他监护人拒绝、怠于履行家庭教育责任，或者非法阻碍其他监护人实施家庭教育的，应当予以批评教育、劝诫制止，必要时督促其接受家庭教育指导。

未成年人的父母或者其他监护人依法委托他人代为照护未成年人，有关单位发现被委托人不依法履行家庭教育责任的，适用前款规定。

第四十九条　【公检法机关训诫指导】公安机关、人民检察院、人民法院在办理案件过程中，发现未成年人存在严重不良行为或者实施犯罪行为，或者未成年人的父母或者其他监护人不正确实施家庭教育侵害未成年人合法权益的，根据情况对父母或者其他监护人予以训诫，并可以责令其接受家庭教育指导。

第五十条　【政府部门的违法责任】负有家庭教育工作职责的政府部门、机构有下列情形之一的，由其上级机关或者主管单位责令限期改正；情节严重的，对直接负责的主管人员和其他直接责任人员依法予以处分：

（一）不履行家庭教育工作职责；

（二）截留、挤占、挪用或者虚报、冒领家庭教育工作经费；

（三）其他滥用职权、玩忽职守或者徇私舞弊的情形。

第五十一条　【教育机构的违法责任】家庭教育指导机构、中小学校、幼儿园、婴幼儿照护服务机构、早期教育服务机构违反本法规定，不履行或者不正确履行家庭教育指导服务职责的，由主管部门责令限期改正；情节严重的，对直接负责的主管人员和其他直接责任人员依法予以处分。

第五十二条　【家庭教育服务机构的违法责任】家庭教育服务机构有下列情形之一的，由主管部门责令限期改正；拒不改正或者情节严重的，由主管部门责令停业整顿、吊销营业执照或者撤销登记：

（一）未依法办理设立手续；

（二）从事超出许可业务范围的行为或作虚假、引人误解宣传，产生不良后果；

（三）侵犯未成年人及其父母或者其他监护人合法权益。

第五十三条　【实施家庭暴力的法律责任】未成年人的父母或者其他监护人在家庭教育过程中对未成年人实施家庭暴力的，依照《中华人民共和国未成年人保护法》、《中华人民共和国反家庭暴力法》等法律的规定追究法律责任。

第五十四条　【治安处罚及刑事责任】违反本法规定，构成违反治安管理行为的，由公安机关依法予以治安管理处罚；构成犯罪的，依法追究刑事责任。

第六章　附　　则

第五十五条　【施行日期】本法自2022年1月1日起施行。

中华人民共和国民法典（节录）

1. 2020年5月28日第十三届全国人民代表大会第三次会议通过
2. 2020年5月28日中华人民共和国主席令第45号公布
3. 自2021年1月1日起施行

第一编　总　　则

第一章　基本规定

第一条　【立法目的和依据】为了保护民事主体的合法权益，调整民事关系，维护社会和经济秩序，适应中国特色社会主义发展要求，弘扬社会主义核心价值观，根据宪法，制定本法。

第二条 【调整范围】民法调整平等主体的自然人、法人和非法人组织之间的人身关系和财产关系。

第三条 【民事权益受法律保护】民事主体的人身权利、财产权利以及其他合法权益受法律保护，任何组织或者个人不得侵犯。

第四条 【平等原则】民事主体在民事活动中的法律地位一律平等。

第五条 【自愿原则】民事主体从事民事活动，应当遵循自愿原则，按照自己的意思设立、变更、终止民事法律关系。

第六条 【公平原则】民事主体从事民事活动，应当遵循公平原则，合理确定各方的权利和义务。

第七条 【诚信原则】民事主体从事民事活动，应当遵循诚信原则，秉持诚实，恪守承诺。

第八条 【守法与公序良俗原则】民事主体从事民事活动，不得违反法律，不得违背公序良俗。

第九条 【绿色原则】民事主体从事民事活动，应当有利于节约资源、保护生态环境。

第十条 【处理民事纠纷依据】处理民事纠纷，应当依照法律；法律没有规定的，可以适用习惯，但是不得违背公序良俗。

第十一条 【优先适用特别法】其他法律对民事关系有特别规定的，依照其规定。

第十二条 【效力范围】中华人民共和国领域内的民事活动，适用中华人民共和国法律。法律另有规定的，依照其规定。

第二章 自 然 人

第一节 民事权利能力和民事行为能力

第十三条 【自然人民事权利能力的起止】自然人从出生时起到死亡时止，具有民事权利能力，依法享有民事权利，承担民事义务。

第十四条 【自然人民事权利能力平等】自然人的民事权利能力一律平等。

第十五条 【自然人出生和死亡时间的判断标准】自然人的出生时间和死亡时间，以出生证明、死亡证明记载的时间为准；没有出生证明、死亡证明的，以户籍登记或者其他有效身份登记记载的时间为准。有其他证据足以推翻以上记载时间的，以该证据证明的时间为准。

第十六条 【胎儿利益的特殊保护】涉及遗产继承、接受赠与等胎儿利益保护的，胎儿视为具有民事权利能力。但是，胎儿娩出时为死体的，其民事权利能力自始不存在。

第十七条 【成年人与未成年人的年龄标准】十八周岁以上的自然人为成年人。不满十八周岁的自然人为未成年人。

第十八条 【完全民事行为能力人】成年人为完全民事行为能力人，可以独立实施民事法律行为。

十六周岁以上的未成年人，以自己的劳动收入为主要生活来源的，视为完全民事行为能力人。

第十九条 【限制民事行为能力的未成年人】八周岁以上的未成年人为限制民事行为能力人，实施民事法律行为由其法定代理人代理或者经其法定代理人同意、追认；但是，可以独立实施纯获利益的民事法律行为或者与其年龄、智力相适应的民事法律行为。

第二十条 【无民事行为能力的未成年人】不满八周岁的未成年人为无民事行为能力人，由其法定代理人代理实施民事法律行为。

第二十一条 【无民事行为能力的成年人】不能辨认自己行为的成年人为无民事行为能力人，由其法定代理人代理实施民事法律行为。

八周岁以上的未成年人不能辨认自己行为的，适用前款规定。

第二十二条 【限制民事行为能力的成年人】不能完全辨认自己行为的成年人为限制民事行为能力人，实施民事法律行为由其法定代理人代理或者经其法定代理人同意、追认；但是，可以独立实施纯获利益的民事法律行为或者与其智力、精神健康状况相适应的民事法律行为。

第二十三条 【法定代理人】无民事行为能力人、限制民事行为能力人的监护人是其法定代理人。

第二十四条 【无民事行为能力人或限制民事行为能力人的认定与恢复】不能辨认或者不能完全辨认自己行为的成年人，其利害关系人或者有关组织，可以向人民法院申请认定该成年人为无民事行为能力人或者限制民事行为能力人。

被人民法院认定为无民事行为能力人或者限制民事行为能力人的，经本人、利害关系人或者有关组织申请，人民法院可以根据其智力、精神健康恢复的状况，认定该成年人恢复为限制民事行为能力人或者完全民事行为能力人。

本条规定的有关组织包括：居民委员会、村民委员会、学校、医疗机构、妇女联合会、残疾人联合会、依法设立的老年人组织、民政部门等。

第二十五条 【自然人的住所】自然人以户籍登记或者其他有效身份登记记载的居所为住所;经常居所与住所不一致的,经常居所视为住所。

第二节 监 护

第二十六条 【父母子女之间的法律义务】父母对未成年子女负有抚养、教育和保护的义务。

成年子女对父母负有赡养、扶助和保护的义务。

第二十七条 【未成年人的监护人】父母是未成年子女的监护人。

未成年人的父母已经死亡或者没有监护能力的,由下列有监护能力的人按顺序担任监护人:

(一)祖父母、外祖父母;

(二)兄、姐;

(三)其他愿意担任监护人的个人或者组织,但是须经未成年人住所地的居民委员会、村民委员会或者民政部门同意。

第二十八条 【无、限制民事行为能力的成年人的监护人】无民事行为能力或者限制民事行为能力的成年人,由下列有监护能力的人按顺序担任监护人:

(一)配偶;

(二)父母、子女;

(三)其他近亲属;

(四)其他愿意担任监护人的个人或者组织,但是须经被监护人住所地的居民委员会、村民委员会或者民政部门同意。

第二十九条 【遗嘱指定监护人】被监护人的父母担任监护人的,可以通过遗嘱指定监护人。

第三十条 【协议确定监护人】依法具有监护资格的人之间可以协议确定监护人。协议确定监护人应当尊重被监护人的真实意愿。

第三十一条 【监护争议解决程序】对监护人的确定有争议的,由被监护人住所地的居民委员会、村民委员会或者民政部门指定监护人,有关当事人对指定不服的,可以向人民法院申请指定监护人;有关当事人也可以直接向人民法院申请指定监护人。

居民委员会、村民委员会、民政部门或者人民法院应当尊重被监护人的真实意愿,按照最有利于被监护人的原则在依法具有监护资格的人中指定监护人。

依据本条第一款规定指定监护人前,被监护人的人身权利、财产权利以及其他合法权益处于无人保护状态的,由被监护人住所地的居民委员会、村民委员会、法律规定的有关组织或者民政部门担任临时监护人。

监护人被指定后,不得擅自变更;擅自变更的,不免除被指定的监护人的责任。

第三十二条 【公职监护人】没有依法具有监护资格的人的,监护人由民政部门担任,也可以由具备履行监护职责条件的被监护人住所地的居民委员会、村民委员会担任。

第三十三条 【意定监护】具有完全民事行为能力的成年人,可以与其近亲属、其他愿意担任监护人的个人或者组织事先协商,以书面形式确定自己的监护人,在自己丧失或者部分丧失民事行为能力时,由该监护人履行监护职责。

第三十四条 【监护人的职责与权利及临时生活照料措施】监护人的职责是代理被监护人实施民事法律行为,保护被监护人的人身权利、财产权利以及其他合法权益等。

监护人依法履行监护职责产生的权利,受法律保护。

监护人不履行监护职责或者侵害被监护人合法权益的,应当承担法律责任。

因发生突发事件等紧急情况,监护人暂时无法履行监护职责,被监护人的生活处于无人照料状态的,被监护人住所地的居民委员会、村民委员会或者民政部门应当为被监护人安排必要的临时生活照料措施。

第三十五条 【监护人履行职责的原则与要求】监护人应当按照最有利于被监护人的原则履行监护职责。监护人除为维护被监护人利益外,不得处分被监护人的财产。

未成年人的监护人履行监护职责,在作出与被监护人利益有关的决定时,应当根据被监护人的年龄和智力状况,尊重被监护人的真实意愿。

成年人的监护人履行监护职责,应当最大程度地尊重被监护人的真实意愿,保障并协助被监护人实施与其智力、精神健康状况相适应的民事法律行为。对被监护人有能力独立处理的事务,监护人不得干涉。

第三十六条 【撤销监护人资格】监护人有下列情形之一的,人民法院根据有关个人或者组织的申请,撤销其监护人资格,安排必要的临时监护措施,并按照最有利于被监护人的原则依法指定监护人:

(一)实施严重损害被监护人身心健康的行为;

(二)怠于履行监护职责,或者无法履行监护职责且拒绝将监护职责部分或者全部委托给他人,导致被监护人处于危困状态;

(三)实施严重侵害被监护人合法权益的其他

行为。

本条规定的有关个人、组织包括：其他依法具有监护资格的人，居民委员会、村民委员会、学校、医疗机构、妇女联合会、残疾人联合会、未成年人保护组织、依法设立的老年人组织、民政部门等。

前款规定的个人和民政部门以外的组织未及时向人民法院申请撤销监护人资格的，民政部门应当向人民法院申请。

第三十七条 【监护人资格被撤销后负担义务不免除】依法负担被监护人抚养费、赡养费、扶养费的父母、子女、配偶等，被人民法院撤销监护人资格后，应当继续履行负担的义务。

第三十八条 【恢复监护人资格】被监护人的父母或者子女被人民法院撤销监护人资格后，除对被监护人实施故意犯罪的外，确有悔改表现的，经其申请，人民法院可以在尊重被监护人真实意愿的前提下，视情况恢复其监护人资格，人民法院指定的监护人与被监护人的监护关系同时终止。

第三十九条 【监护关系终止的情形】有下列情形之一的，监护关系终止：

（一）被监护人取得或者恢复完全民事行为能力；

（二）监护人丧失监护能力；

（三）被监护人或者监护人死亡；

（四）人民法院认定监护关系终止的其他情形。

监护关系终止后，被监护人仍然需要监护的，应当依法另行确定监护人。

第三节 宣告失踪和宣告死亡

第四十条 【宣告失踪的条件】自然人下落不明满二年的，利害关系人可以向人民法院申请宣告该自然人为失踪人。

第四十一条 【下落不明的时间计算】自然人下落不明的时间自其失去音讯之日起计算。战争期间下落不明的，下落不明的时间自战争结束之日或者有关机关确定的下落不明之日起计算。

第四十二条 【失踪人的财产代管人】失踪人的财产由其配偶、成年子女、父母或者其他愿意担任财产代管人的人代管。

代管有争议，没有前款规定的人，或者前款规定的人无代管能力的，由人民法院指定的人代管。

第四十三条 【财产代管人的职责】财产代管人应当妥善管理失踪人的财产，维护其财产权益。

失踪人所欠税款、债务和应付的其他费用，由财产代管人从失踪人的财产中支付。

财产代管人因故意或者重大过失造成失踪人财产损失的，应当承担赔偿责任。

第四十四条 【财产代管人的变更】财产代管人不履行代管职责、侵害失踪人财产权益或者丧失代管能力的，失踪人的利害关系人可以向人民法院申请变更财产代管人。

财产代管人有正当理由的，可以向人民法院申请变更财产代管人。

人民法院变更财产代管人的，变更后的财产代管人有权请求原财产代管人及时移交有关财产并报告财产代管情况。

第四十五条 【失踪宣告的撤销】失踪人重新出现，经本人或者利害关系人申请，人民法院应当撤销失踪宣告。

失踪人重新出现，有权请求财产代管人及时移交有关财产并报告财产代管情况。

第四十六条 【宣告死亡的条件】自然人有下列情形之一的，利害关系人可以向人民法院申请宣告该自然人死亡：

（一）下落不明满四年；

（二）因意外事件，下落不明满二年。

因意外事件下落不明，经有关机关证明该自然人不可能生存的，申请宣告死亡不受二年时间的限制。

第四十七条 【宣告死亡的优先适用】对同一自然人，有的利害关系人申请宣告死亡，有的利害关系人申请宣告失踪，符合本法规定的宣告死亡条件的，人民法院应当宣告死亡。

第四十八条 【被宣告死亡的人死亡日期的确定】被宣告死亡的人，人民法院宣告死亡的判决作出之日视为其死亡的日期；因意外事件下落不明宣告死亡的，意外事件发生之日视为其死亡的日期。

第四十九条 【被宣告死亡人实际生存时的行为效力】自然人被宣告死亡但是并未死亡的，不影响该自然人在被宣告死亡期间实施的民事法律行为的效力。

第五十条 【死亡宣告的撤销】被宣告死亡的人重新出现，经本人或者利害关系人申请，人民法院应当撤销死亡宣告。

第五十一条 【宣告死亡、撤销死亡宣告对婚姻关系的影响】被宣告死亡的人的婚姻关系，自死亡宣告之日起消除。死亡宣告被撤销的，婚姻关系自撤销死亡宣告之日起自行恢复。但是，其配偶再婚或者向婚姻登记机关书面声明不愿意恢复的除外。

第五十二条 【撤销死亡宣告对收养关系的影响】被宣告死亡的人在被宣告死亡期间，其子女被他人依法收养的,在死亡宣告被撤销后,不得以未经本人同意为由主张收养行为无效。

第五十三条 【死亡宣告撤销后的财产返还】被撤销死亡宣告的人有权请求依照本法第六编取得其财产的民事主体返还财产;无法返还的,应当给予适当补偿。

利害关系人隐瞒真实情况,致使他人被宣告死亡而取得其财产的,除应当返还财产外,还应当对由此造成的损失承担赔偿责任。

第四节 个体工商户和农村承包经营户

第五十四条 【个体工商户的定义】自然人从事工商业经营,经依法登记,为个体工商户。个体工商户可以起字号。

第五十五条 【农村承包经营户的定义】农村集体经济组织的成员,依法取得农村土地承包经营权,从事家庭承包经营的,为农村承包经营户。

第五十六条 【债务承担规则】个体工商户的债务,个人经营的,以个人财产承担;家庭经营的,以家庭财产承担;无法区分的,以家庭财产承担。

农村承包经营户的债务,以从事农村土地承包经营的农户财产承担;事实上由农户部分成员经营的,以该部分成员的财产承担。

第三章 法 人

第一节 一般规定

第五十七条 【法人的定义】法人是具有民事权利能力和民事行为能力,依法独立享有民事权利和承担民事义务的组织。

第五十八条 【法人成立的条件】法人应当依法成立。

法人应当有自己的名称、组织机构、住所、财产或者经费。法人成立的具体条件和程序,依照法律、行政法规的规定。

设立法人,法律、行政法规规定须经有关机关批准的,依照其规定。

第五十九条 【法人民事权利能力和民事行为能力的起止】法人的民事权利能力和民事行为能力,从法人成立时产生,到法人终止时消灭。

第六十条 【法人民事责任承担】法人以其全部财产独立承担民事责任。

第六十一条 【法定代表人的定义及行为的法律后果】依照法律或者法人章程的规定,代表法人从事民事活动的负责人,为法人的法定代表人。

法定代表人以法人名义从事的民事活动,其法律后果由法人承受。

法人章程或者法人权力机构对法定代表人代表权的限制,不得对抗善意相对人。

第六十二条 【法定代表人职务侵权行为的责任承担】法定代表人因执行职务造成他人损害的,由法人承担民事责任。

法人承担民事责任后,依照法律或者法人章程的规定,可以向有过错的法定代表人追偿。

第六十三条 【法人的住所】法人以其主要办事机构所在地为住所。依法需要办理法人登记的,应当将主要办事机构所在地登记为住所。

第六十四条 【法人变更登记】法人存续期间登记事项发生变化的,应当依法向登记机关申请变更登记。

第六十五条 【法人实际情况与登记事项不一致的法律后果】法人的实际情况与登记的事项不一致的,不得对抗善意相对人。

第六十六条 【公示登记信息】登记机关应当依法及时公示法人登记的有关信息。

第六十七条 【法人合并、分立后权利义务的享有和承担】法人合并的,其权利和义务由合并后的法人享有和承担。

法人分立的,其权利和义务由分立后的法人享有连带债权,承担连带债务,但是债权人和债务人另有约定的除外。

第六十八条 【法人终止的原因】有下列原因之一并依法完成清算、注销登记的,法人终止:

(一)法人解散;

(二)法人被宣告破产;

(三)法律规定的其他原因。

法人终止,法律、行政法规规定须经有关机关批准的,依照其规定。

第六十九条 【法人解散的情形】有下列情形之一的,法人解散:

(一)法人章程规定的存续期间届满或者法人章程规定的其他解散事由出现;

(二)法人的权力机构决议解散;

(三)因法人合并或者分立需要解散;

(四)法人依法被吊销营业执照、登记证书,被责令关闭或者被撤销;

(五)法律规定的其他情形。

第七十条 【法人解散后的清算】法人解散的,除合并或者分立的情形外,清算义务人应当及时组成清算组进行清算。

法人的董事、理事等执行机构或者决策机构的成员为清算义务人。法律、行政法规另有规定的,依照其规定。

清算义务人未及时履行清算义务,造成损害的,应当承担民事责任;主管机关或者利害关系人可以申请人民法院指定有关人员组成清算组进行清算。

第七十一条 【清算适用的法律依据】法人的清算程序和清算组职权,依照有关法律的规定;没有规定的,参照适用公司法律的有关规定。

第七十二条 【清算中法人地位、清算后剩余财产的处理和法人终止】清算期间法人存续,但是不得从事与清算无关的活动。

法人清算后的剩余财产,按照法人章程的规定或者法人权力机构的决议处理。法律另有规定的,依照其规定。

清算结束并完成法人注销登记时,法人终止;依法不需要办理法人登记的,清算结束时,法人终止。

第七十三条 【法人破产】法人被宣告破产的,依法进行破产清算并完成法人注销登记时,法人终止。

第七十四条 【法人分支机构及其责任承担】法人可以依法设立分支机构。法律、行政法规规定分支机构应当登记的,依照其规定。

分支机构以自己的名义从事民事活动,产生的民事责任由法人承担;也可以先以该分支机构管理的财产承担,不足以承担的,由法人承担。

第七十五条 【法人设立行为的法律后果】设立人为设立法人从事的民事活动,其法律后果由法人承受;法人未成立的,其法律后果由设立人承受,设立人为二人以上的,享有连带债权,承担连带债务。

设立人为设立法人以自己的名义从事民事活动产生的民事责任,第三人有权选择请求法人或者设立人承担。

第二节 营利法人

第七十六条 【营利法人的定义及类型】以取得利润并分配给股东等出资人为目的成立的法人,为营利法人。

营利法人包括有限责任公司、股份有限公司和其他企业法人等。

第七十七条 【营利法人的成立】营利法人经依法登记成立。

第七十八条 【营利法人的营业执照】依法设立的营利法人,由登记机关发给营利法人营业执照。营业执照签发日期为营利法人的成立日期。

第七十九条 【营利法人的章程】设立营利法人应当依法制定法人章程。

第八十条 【营利法人的权力机构】营利法人应当设权力机构。

权力机构行使修改法人章程,选举或者更换执行机构、监督机构成员,以及法人章程规定的其他职权。

第八十一条 【营利法人的执行机构】营利法人应当设执行机构。

执行机构行使召集权力机构会议,决定法人的经营计划和投资方案,决定法人内部管理机构的设置,以及法人章程规定的其他职权。

执行机构为董事会或者执行董事的,董事长、执行董事或者经理按照法人章程的规定担任法定代表人;未设董事会或者执行董事的,法人章程规定的主要负责人为其执行机构和法定代表人。

第八十二条 【营利法人的监督机构】营利法人设监事会或者监事等监督机构的,监督机构依法行使检查法人财务,监督执行机构成员、高级管理人员执行法人职务的行为,以及法人章程规定的其他职权。

第八十三条 【出资人滥用权利的责任承担】营利法人的出资人不得滥用出资人权利损害法人或者其他出资人的利益;滥用出资人权利造成法人或者其他出资人损失的,应当依法承担民事责任。

营利法人的出资人不得滥用法人独立地位和出资人有限责任损害法人债权人的利益;滥用法人独立地位和出资人有限责任,逃避债务,严重损害法人债权人的利益的,应当对法人债务承担连带责任。

第八十四条 【限制不当利用关联关系】营利法人的控股出资人、实际控制人、董事、监事、高级管理人员不得利用其关联关系损害法人的利益;利用关联关系造成法人损失的,应当承担赔偿责任。

第八十五条 【决议的撤销】营利法人的权力机构、执行机构作出决议的会议召集程序、表决方式违反法律、行政法规、法人章程,或者决议内容违反法人章程的,营利法人的出资人可以请求人民法院撤销该决议。但是,营利法人依据该决议与善意相对人形成的民事法律关系不受影响。

第八十六条 【营利法人应履行的义务】营利法人从事经营活动,应当遵守商业道德,维护交易安全,接受政府和社会的监督,承担社会责任。

第三节 非营利法人

第八十七条 【非营利法人的定义及类型】为公益目的或者其他非营利目的成立,不向出资人、设立人或者会员分配所取得利润的法人,为非营利法人。

非营利法人包括事业单位、社会团体、基金会、社会服务机构等。

第八十八条 【事业单位法人资格的取得】具备法人条件，为适应经济社会发展需要，提供公益服务设立的事业单位，经依法登记成立，取得事业单位法人资格；依法不需要办理法人登记的，从成立之日起，具有事业单位法人资格。

第八十九条 【事业单位法人的组织机构及法定代表人】事业单位法人设理事会的，除法律另有规定外，理事会为其决策机构。事业单位法人的法定代表人依照法律、行政法规或者法人章程的规定产生。

第九十条 【社会团体法人资格的取得】具备法人条件，基于会员共同意愿，为公益目的或者会员共同利益等非营利目的设立的社会团体，经依法登记成立，取得社会团体法人资格；依法不需要办理法人登记的，从成立之日起，具有社会团体法人资格。

第九十一条 【社会团体法人的章程及组织机构】设立社会团体法人应当依法制定法人章程。

社会团体法人应当设会员大会或者会员代表大会等权力机构。

社会团体法人应当设理事会等执行机构。理事长或者会长等负责人按照法人章程的规定担任法定代表人。

第九十二条 【捐助法人资格的取得】具备法人条件，为公益目的以捐助财产设立的基金会、社会服务机构等，经依法登记成立，取得捐助法人资格。

依法设立的宗教活动场所，具备法人条件的，可以申请法人登记，取得捐助法人资格。法律、行政法规对宗教活动场所有规定的，依照其规定。

第九十三条 【捐助法人的章程及组织机构】设立捐助法人应当依法制定法人章程。

捐助法人应当设理事会、民主管理组织等决策机构，并设执行机构。理事长等负责人按照法人章程的规定担任法定代表人。

捐助法人应当设监事会等监督机构。

第九十四条 【捐助人的权利】捐助人有权向捐助法人查询捐助财产的使用、管理情况，并提出意见和建议，捐助法人应当及时、如实答复。

捐助法人的决策机构、执行机构或者法定代表人作出决定的程序违反法律、行政法规、法人章程，或者决定内容违反法人章程的，捐助人等利害关系人或者主管机关可以请求人民法院撤销该决定。但是，捐助法人依据该决定与善意相对人形成的民事法律关系不受影响。

第九十五条 【非营利法人终止时剩余财产的处理】为公益目的成立的非营利法人终止时，不得向出资人、设立人或者会员分配剩余财产。剩余财产应当按照法人章程的规定或者权力机构的决议用于公益目的；无法按照法人章程的规定或者权力机构的决议处理的，由主管机关主持转给宗旨相同或者相近的法人，并向社会公告。

第四节 特别法人

第九十六条 【特别法人的类型】本节规定的机关法人、农村集体经济组织法人、城镇农村的合作经济组织法人、基层群众性自治组织法人，为特别法人。

第九十七条 【机关法人资格的取得】有独立经费的机关和承担行政职能的法定机构从成立之日起，具有机关法人资格，可以从事为履行职能所需要的民事活动。

第九十八条 【机关法人终止后权利义务的享有和承担】机关法人被撤销的，法人终止，其民事权利和义务由继任的机关法人享有和承担；没有继任的机关法人的，由作出撤销决定的机关法人享有和承担。

第九十九条 【农村集体经济组织法人】农村集体经济组织依法取得法人资格。

法律、行政法规对农村集体经济组织有规定的，依照其规定。

第一百条 【城镇农村的合作经济组织法人】城镇农村的合作经济组织依法取得法人资格。

法律、行政法规对城镇农村的合作经济组织有规定的，依照其规定。

第一百零一条 【基层群众性自治组织法人】居民委员会、村民委员会具有基层群众性自治组织法人资格，可以从事为履行职能所需要的民事活动。

未设立村集体经济组织的，村民委员会可以依法代行村集体经济组织的职能。

第四章 非法人组织

第一百零二条 【非法人组织的定义及类型】非法人组织是不具有法人资格，但是能够依法以自己的名义从事民事活动的组织。

非法人组织包括个人独资企业、合伙企业、不具有法人资格的专业服务机构等。

第一百零三条 【非法人组织的设立程序】非法人组织应当依照法律的规定登记。

设立非法人组织，法律、行政法规规定须经有关机关批准的，依照其规定。

第一百零四条 【非法人组织的债务承担】非法人组织

的财产不足以清偿债务的，其出资人或者设立人承担无限责任。法律另有规定的，依照其规定。

第一百零五条 【非法人组织的代表人】非法人组织可以确定一人或者数人代表该组织从事民事活动。

第一百零六条 【非法人组织解散的情形】有下列情形之一的，非法人组织解散：

（一）章程规定的存续期间届满或者章程规定的其他解散事由出现；

（二）出资人或者设立人决定解散；

（三）法律规定的其他情形。

第一百零七条 【非法人组织的清算】非法人组织解散的，应当依法进行清算。

第一百零八条 【参照适用】非法人组织除适用本章规定外，参照适用本编第三章第一节的有关规定。

第五章 民事权利

第一百零九条 【人身自由、人格尊严受法律保护】自然人的人身自由、人格尊严受法律保护。

第一百一十条 【民事主体的人格权】自然人享有生命权、身体权、健康权、姓名权、肖像权、名誉权、荣誉权、隐私权、婚姻自主权等权利。

法人、非法人组织享有名称权、名誉权和荣誉权。

第一百一十一条 【个人信息受法律保护】自然人的个人信息受法律保护。任何组织或者个人需要获取他人个人信息的，应当依法取得并确保信息安全，不得非法收集、使用、加工、传输他人个人信息，不得非法买卖、提供或者公开他人个人信息。

第一百一十二条 【因婚姻家庭关系等产生的人身权利受保护】自然人因婚姻家庭关系等产生的人身权利受法律保护。

第一百一十三条 【财产权利平等保护】民事主体的财产权利受法律平等保护。

第一百一十四条 【物权的定义及类型】民事主体依法享有物权。

物权是权利人依法对特定的物享有直接支配和排他的权利，包括所有权、用益物权和担保物权。

第一百一十五条 【物权客体】物包括不动产和动产。法律规定权利作为物权客体的，依照其规定。

第一百一十六条 【物权法定原则】物权的种类和内容，由法律规定。

第一百一十七条 【征收、征用】为了公共利益的需要，依照法律规定的权限和程序征收、征用不动产或者动产的，应当给予公平、合理的补偿。

第一百一十八条 【债权的定义】民事主体依法享有债权。

债权是因合同、侵权行为、无因管理、不当得利以及法律的其他规定，权利人请求特定义务人为或者不为一定行为的权利。

第一百一十九条 【合同的约束力】依法成立的合同，对当事人具有法律约束力。

第一百二十条 【侵权责任的承担】民事权益受到侵害的，被侵权人有权请求侵权人承担侵权责任。

第一百二十一条 【无因管理】没有法定的或者约定的义务，为避免他人利益受损失而进行管理的人，有权请求受益人偿还由此支出的必要费用。

第一百二十二条 【不当得利】因他人没有法律根据，取得不当利益，受损失的人有权请求其返还不当利益。

第一百二十三条 【知识产权】民事主体依法享有知识产权。

知识产权是权利人依法就下列客体享有的专有的权利：

（一）作品；

（二）发明、实用新型、外观设计；

（三）商标；

（四）地理标志；

（五）商业秘密；

（六）集成电路布图设计；

（七）植物新品种；

（八）法律规定的其他客体。

第一百二十四条 【继承权】自然人依法享有继承权。

自然人合法的私有财产，可以依法继承。

第一百二十五条 【投资性权利】民事主体依法享有股权和其他投资性权利。

第一百二十六条 【其他民事权益】民事主体享有法律规定的其他民事权利和利益。

第一百二十七条 【数据、网络虚拟财产的保护】法律对数据、网络虚拟财产的保护有规定的，依照其规定。

第一百二十八条 【民事权利的特别保护】法律对未成年人、老年人、残疾人、妇女、消费者等的民事权利保护有特别规定的，依照其规定。

第一百二十九条 【民事权利的取得方式】民事权利可以依据民事法律行为、事实行为、法律规定的事件或者法律规定的其他方式取得。

第一百三十条 【按照自己的意愿依法行使民事权利】民事主体按照自己的意愿依法行使民事权利，不受干涉。

第一百三十一条 【权利义务一致】民事主体行使权利

时，应当履行法律规定的和当事人约定的义务。

第一百三十二条 【不得滥用民事权利】民事主体不得滥用民事权利损害国家利益、社会公共利益或者他人合法权益。

第六章 民事法律行为

第一节 一般规定

第一百三十三条 【民事法律行为的定义】民事法律行为是民事主体通过意思表示设立、变更、终止民事法律关系的行为。

第一百三十四条 【民事法律行为的成立】民事法律行为可以基于双方或者多方的意思表示一致成立，也可以基于单方的意思表示成立。

法人、非法人组织依照法律或者章程规定的议事方式和表决程序作出决议的，该决议行为成立。

第一百三十五条 【民事法律行为的形式】民事法律行为可以采用书面形式、口头形式或者其他形式；法律、行政法规规定或者当事人约定采用特定形式的，应当采用特定形式。

第一百三十六条 【民事法律行为的生效时间】民事法律行为自成立时生效，但是法律另有规定或者当事人另有约定的除外。

行为人非依法律规定或者未经对方同意，不得擅自变更或者解除民事法律行为。

第二节 意思表示

第一百三十七条 【有相对人的意思表示生效时间】以对话方式作出的意思表示，相对人知道其内容时生效。

以非对话方式作出的意思表示，到达相对人时生效。以非对话方式作出的采用数据电文形式的意思表示，相对人指定特定系统接收数据电文的，该数据电文进入该特定系统时生效；未指定特定系统的，相对人知道或者应当知道该数据电文进入其系统时生效。当事人对采用数据电文形式的意思表示的生效时间另有约定的，按照其约定。

第一百三十八条 【无相对人的意思表示生效时间】无相对人的意思表示，表示完成时生效。法律另有规定的，依照其规定。

第一百三十九条 【以公告方式作出的意思表示生效时间】以公告方式作出的意思表示，公告发布时生效。

第一百四十条 【意思表示的作出方式】行为人可以明示或者默示作出意思表示。

沉默只有在有法律规定、当事人约定或者符合当事人之间的交易习惯时，才可以视为意思表示。

第一百四十一条 【意思表示的撤回】行为人可以撤回意思表示。撤回意思表示的通知应当在意思表示到达相对人前或者与意思表示同时到达相对人。

第一百四十二条 【意思表示的解释】有相对人的意思表示的解释，应当按照所使用的词句，结合相关条款、行为的性质和目的、习惯以及诚信原则，确定意思表示的含义。

无相对人的意思表示的解释，不能完全拘泥于所使用的词句，而应当结合相关条款、行为的性质和目的、习惯以及诚信原则，确定行为人的真实意思。

第三节 民事法律行为的效力

第一百四十三条 【民事法律行为有效的条件】具备下列条件的民事法律行为有效：

（一）行为人具有相应的民事行为能力；

（二）意思表示真实；

（三）不违反法律、行政法规的强制性规定，不违背公序良俗。

第一百四十四条 【无民事行为能力人实施的民事法律行为的效力】无民事行为能力人实施的民事法律行为无效。

第一百四十五条 【限制民事行为能力人实施的民事法律行为的效力】限制民事行为能力人实施的纯获利益的民事法律行为或者与其年龄、智力、精神健康状况相适应的民事法律行为有效；实施的其他民事法律行为经法定代理人同意或者追认后有效。

相对人可以催告法定代理人自收到通知之日起三十日内予以追认。法定代理人未作表示的，视为拒绝追认。民事法律行为被追认前，善意相对人有撤销的权利。撤销应当以通知的方式作出。

第一百四十六条 【虚假表示与隐藏行为的效力】行为人与相对人以虚假的意思表示实施的民事法律行为无效。

以虚假的意思表示隐藏的民事法律行为的效力，依照有关法律规定处理。

第一百四十七条 【基于重大误解实施的民事法律行为的效力】基于重大误解实施的民事法律行为，行为人有权请求人民法院或者仲裁机构予以撤销。

第一百四十八条 【以欺诈手段实施的民事法律行为的效力】一方以欺诈手段，使对方在违背真实意思的情况下实施的民事法律行为，受欺诈方有权请求人民法院或者仲裁机构予以撤销。

第一百四十九条 【受第三人欺诈的民事法律行为的效力】第三人实施欺诈行为，使一方在违背真实意思的情况下实施的民事法律行为，对方知道或者应当知道该欺诈行为的，受欺诈方有权请求人民法院或者仲裁机构予以撤销。

第一百五十条 【以胁迫手段实施的民事法律行为的效力】一方或者第三人以胁迫手段，使对方在违背真实意思的情况下实施的民事法律行为，受胁迫方有权请求人民法院或者仲裁机构予以撤销。

第一百五十一条 【显失公平的民事法律行为的效力】一方利用对方处于危困状态、缺乏判断能力等情形，致使民事法律行为成立时显失公平的，受损害方有权请求人民法院或者仲裁机构予以撤销。

第一百五十二条 【撤销权的消灭】有下列情形之一的，撤销权消灭：

（一）当事人自知道或者应当知道撤销事由之日起一年内、重大误解的当事人自知道或者应当知道撤销事由之日起九十日内没有行使撤销权；

（二）当事人受胁迫，自胁迫行为终止之日起一年内没有行使撤销权；

（三）当事人知道撤销事由后明确表示或者以自己的行为表明放弃撤销权。

当事人自民事法律行为发生之日起五年内没有行使撤销权的，撤销权消灭。

第一百五十三条 【违反强制性规定及违背公序良俗的民事法律行为的效力】违反法律、行政法规的强制性规定的民事法律行为无效。但是，该强制性规定不导致该民事法律行为无效的除外。

违背公序良俗的民事法律行为无效。

第一百五十四条 【恶意串通的民事法律行为的效力】行为人与相对人恶意串通，损害他人合法权益的民事法律行为无效。

第一百五十五条 【无效、被撤销的民事法律行为自始无效】无效的或者被撤销的民事法律行为自始没有法律约束力。

第一百五十六条 【民事法律行为部分无效】民事法律行为部分无效，不影响其他部分效力的，其他部分仍然有效。

第一百五十七条 【民事法律行为无效、被撤销或确定不发生效力的法律后果】民事法律行为无效、被撤销或者确定不发生效力后，行为人因该行为取得的财产，应当予以返还；不能返还或者没有必要返还的，应当折价补偿。有过错的一方应当赔偿对方由此所受到的损失；各方都有过错的，应当各自承担相应的责任。法律另有规定的，依照其规定。

第四节 民事法律行为的附条件和附期限

第一百五十八条 【附条件的民事法律行为】民事法律行为可以附条件，但是根据其性质不得附条件的除外。附生效条件的民事法律行为，自条件成就时生效。附解除条件的民事法律行为，自条件成就时失效。

第一百五十九条 【条件成就和不成就的拟制】附条件的民事法律行为，当事人为自己的利益不正当地阻止条件成就的，视为条件已经成就；不正当地促成条件成就的，视为条件不成就。

第一百六十条 【附期限的民事法律行为】民事法律行为可以附期限，但是根据其性质不得附期限的除外。附生效期限的民事法律行为，自期限届至时生效。附终止期限的民事法律行为，自期限届满时失效。

第七章 代 理

第一节 一般规定

第一百六十一条 【代理适用范围】民事主体可以通过代理人实施民事法律行为。

依照法律规定、当事人约定或者民事法律行为的性质，应当由本人亲自实施的民事法律行为，不得代理。

第一百六十二条 【代理的效力】代理人在代理权限内，以被代理人名义实施的民事法律行为，对被代理人发生效力。

第一百六十三条 【代理的类型】代理包括委托代理和法定代理。

委托代理人按照被代理人的委托行使代理权。法定代理人依照法律的规定行使代理权。

第一百六十四条 【代理人不当行为的法律后果】代理人不履行或者不完全履行职责，造成被代理人损害的，应当承担民事责任。

代理人和相对人恶意串通，损害被代理人合法权益的，代理人和相对人应当承担连带责任。

第二节 委托代理

第一百六十五条 【授权委托书】委托代理授权采用书面形式的，授权委托书应当载明代理人的姓名或者名称、代理事项、权限和期限，并由被代理人签名或者盖章。

第一百六十六条 【共同代理】数人为同一代理事项的代理人的，应当共同行使代理权，但是当事人另有约定的除外。

第一百六十七条 【违法代理及其法律后果】代理人知道或者应当知道代理事项违法仍然实施代理行为，或者被代理人知道或者应当知道代理人的代理行为违法未作反对表示的，被代理人和代理人应当承担连带责任。

第一百六十八条　【禁止自己代理和双方代理及例外】代理人不得以被代理人的名义与自己实施民事法律行为，但是被代理人同意或者追认的除外。

代理人不得以被代理人的名义与自己同时代理的其他人实施民事法律行为，但是被代理的双方同意或者追认的除外。

第一百六十九条　【复代理】代理人需要转委托第三人代理的，应当取得被代理人的同意或者追认。

转委托代理经被代理人同意或者追认的，被代理人可以就代理事务直接指示转委托的第三人，代理人仅就第三人的选任以及对第三人的指示承担责任。

转委托代理未经被代理人同意或者追认的，代理人应当对转委托的第三人的行为承担责任；但是，在紧急情况下代理人为了维护被代理人的利益需要转委托第三人代理的除外。

第一百七十条　【职务代理】执行法人或者非法人组织工作任务的人员，就其职权范围内的事项，以法人或者非法人组织的名义实施的民事法律行为，对法人或者非法人组织发生效力。

法人或者非法人组织对执行其工作任务的人员职权范围的限制，不得对抗善意相对人。

第一百七十一条　【无权代理】行为人没有代理权、超越代理权或者代理权终止后，仍然实施代理行为，未经被代理人追认的，对被代理人不发生效力。

相对人可以催告被代理人自收到通知之日起三十日内予以追认。被代理人未作表示的，视为拒绝追认。行为人实施的行为被追认前，善意相对人有撤销的权利。撤销应当以通知的方式作出。

行为人实施的行为未被追认的，善意相对人有权请求行为人履行债务或者就其受到的损害请求行为人赔偿。但是，赔偿的范围不得超过被代理人追认时相对人所能获得的利益。

相对人知道或者应当知道行为人无权代理的，相对人和行为人按照各自的过错承担责任。

第一百七十二条　【表见代理】行为人没有代理权、超越代理权或者代理权终止后，仍然实施代理行为，相对人有理由相信行为人有代理权的，代理行为有效。

第三节　代理终止

第一百七十三条　【委托代理终止的情形】有下列情形之一的，委托代理终止：

（一）代理期限届满或者代理事务完成；

（二）被代理人取消委托或者代理人辞去委托；

（三）代理人丧失民事行为能力；

（四）代理人或者被代理人死亡；

（五）作为代理人或者被代理人的法人、非法人组织终止。

第一百七十四条　【委托代理终止的例外】被代理人死亡后，有下列情形之一的，委托代理人实施的代理行为有效：

（一）代理人不知道且不应当知道被代理人死亡；

（二）被代理人的继承人予以承认；

（三）授权中明确代理权在代理事务完成时终止；

（四）被代理人死亡前已经实施，为了被代理人的继承人的利益继续代理。

作为被代理人的法人、非法人组织终止的，参照适用前款规定。

第一百七十五条　【法定代理终止的情形】有下列情形之一的，法定代理终止：

（一）被代理人取得或者恢复完全民事行为能力；

（二）代理人丧失民事行为能力；

（三）代理人或者被代理人死亡；

（四）法律规定的其他情形。

第八章　民事责任

第一百七十六条　【民事义务与责任】民事主体依照法律规定或者按照当事人约定，履行民事义务，承担民事责任。

第一百七十七条　【按份责任】二人以上依法承担按份责任，能够确定责任大小的，各自承担相应的责任；难以确定责任大小的，平均承担责任。

第一百七十八条　【连带责任】二人以上依法承担连带责任的，权利人有权请求部分或者全部连带责任人承担责任。

连带责任人的责任份额根据各自责任大小确定；难以确定责任大小的，平均承担责任。实际承担责任超过自己责任份额的连带责任人，有权向其他连带责任人追偿。

连带责任，由法律规定或者当事人约定。

第一百七十九条　【承担民事责任的方式】承担民事责任的方式主要有：

（一）停止侵害；

（二）排除妨碍；

（三）消除危险；

（四）返还财产；

（五）恢复原状；
（六）修理、重作、更换；
（七）继续履行；
（八）赔偿损失；
（九）支付违约金；
（十）消除影响、恢复名誉；
（十一）赔礼道歉。

法律规定惩罚性赔偿的，依照其规定。

本条规定的承担民事责任的方式，可以单独适用，也可以合并适用。

第一百八十条 【不可抗力】因不可抗力不能履行民事义务的，不承担民事责任。法律另有规定的，依照其规定。

不可抗力是不能预见、不能避免且不能克服的客观情况。

第一百八十一条 【正当防卫】因正当防卫造成损害的，不承担民事责任。

正当防卫超过必要的限度，造成不应有的损害的，正当防卫人应当承担适当的民事责任。

第一百八十二条 【紧急避险】因紧急避险造成损害的，由引起险情发生的人承担民事责任。

危险由自然原因引起的，紧急避险人不承担民事责任，可以给予适当补偿。

紧急避险采取措施不当或者超过必要的限度，造成不应有的损害的，紧急避险人应当承担适当的民事责任。

第一百八十三条 【因保护他人民事权益受损时的责任承担与补偿办法】因保护他人民事权益使自己受到损害的，由侵权人承担民事责任，受益人可以给予适当补偿。没有侵权人、侵权人逃逸或者无力承担民事责任，受害人请求补偿的，受益人应当给予适当补偿。

第一百八十四条 【自愿实施紧急救助行为不承担民事责任】因自愿实施紧急救助行为造成受助人损害的，救助人不承担民事责任。

第一百八十五条 【侵害英烈等的姓名、肖像、名誉、荣誉的民事责任】侵害英雄烈士等的姓名、肖像、名誉、荣誉，损害社会公共利益的，应当承担民事责任。

第一百八十六条 【责任竞合】因当事人一方的违约行为，损害对方人身权益、财产权益的，受损害方有权选择请求其承担违约责任或者侵权责任。

第一百八十七条 【民事责任优先承担】民事主体因同一行为应当承担民事责任、行政责任和刑事责任的，承担行政责任或者刑事责任不影响承担民事责任；民事主体的财产不足以支付的，优先用于承担民事责任。

第九章 诉讼时效

第一百八十八条 【普通诉讼时效、最长权利保护期间】向人民法院请求保护民事权利的诉讼时效期间为三年。法律另有规定的，依照其规定。

诉讼时效期间自权利人知道或者应当知道权利受到损害以及义务人之日起计算。法律另有规定的，依照其规定。但是，自权利受到损害之日起超过二十年的，人民法院不予保护，有特殊情况的，人民法院可以根据权利人的申请决定延长。

第一百八十九条 【分期履行债务的诉讼时效】当事人约定同一债务分期履行的，诉讼时效期间自最后一期履行期限届满之日起计算。

第一百九十条 【对法定代理人请求权的诉讼时效】无民事行为能力人或者限制民事行为能力人对其法定代理人的请求权的诉讼时效期间，自该法定代理终止之日起计算。

第一百九十一条 【受性侵未成年人赔偿请求权的诉讼时效】未成年人遭受性侵害的损害赔偿请求权的诉讼时效期间，自受害人年满十八周岁之日起计算。

第一百九十二条 【诉讼时效期间届满的法律效果】诉讼时效期间届满的，义务人可以提出不履行义务的抗辩。

诉讼时效期间届满后，义务人同意履行的，不得以诉讼时效期间届满为由抗辩；义务人已经自愿履行的，不得请求返还。

第一百九十三条 【诉讼时效援用】人民法院不得主动适用诉讼时效的规定。

第一百九十四条 【诉讼时效中止的情形】在诉讼时效期间的最后六个月内，因下列障碍，不能行使请求权的，诉讼时效中止：

（一）不可抗力；
（二）无民事行为能力人或者限制民事行为能力人没有法定代理人，或者法定代理人死亡、丧失民事行为能力、丧失代理权；
（三）继承开始后未确定继承人或者遗产管理人；
（四）权利人被义务人或者其他人控制；
（五）其他导致权利人不能行使请求权的障碍。

自中止时效的原因消除之日起满六个月，诉讼时效期间届满。

第一百九十五条 【诉讼时效中断的情形】有下列情形之一的，诉讼时效中断，从中断、有关程序终结时起，诉讼时效期间重新计算：

（一）权利人向义务人提出履行请求；

（二）义务人同意履行义务；

（三）权利人提起诉讼或者申请仲裁；

（四）与提起诉讼或者申请仲裁具有同等效力的其他情形。

第一百九十六条　【不适用诉讼时效的情形】下列请求权不适用诉讼时效的规定：

（一）请求停止侵害、排除妨碍、消除危险；

（二）不动产物权和登记的动产物权的权利人请求返还财产；

（三）请求支付抚养费、赡养费或者扶养费；

（四）依法不适用诉讼时效的其他请求权。

第一百九十七条　【诉讼时效法定、时效利益预先放弃无效】诉讼时效的期间、计算方法以及中止、中断的事由由法律规定，当事人约定无效。

当事人对诉讼时效利益的预先放弃无效。

第一百九十八条　【仲裁时效】法律对仲裁时效有规定的，依照其规定；没有规定的，适用诉讼时效的规定。

第一百九十九条　【除斥期间】法律规定或者当事人约定的撤销权、解除权等权利的存续期间，除法律另有规定外，自权利人知道或者应当知道权利产生之日起计算，不适用有关诉讼时效中止、中断和延长的规定。存续期间届满，撤销权、解除权等权利消灭。

第十章　期间计算

第二百条　【期间计算单位】民法所称的期间按照公历年、月、日、小时计算。

第二百零一条　【期间起算】按照年、月、日计算期间的，开始的当日不计入，自下一日开始计算。

按照小时计算期间的，自法律规定或者当事人约定的时间开始计算。

第二百零二条　【期间结束】按照年、月计算期间的，到期月的对应日为期间的最后一日；没有对应日的，月末日为期间的最后一日。

第二百零三条　【期间结束日顺延和末日结束点】期间的最后一日是法定休假日的，以法定休假日结束的次日为期间的最后一日。

期间的最后一日的截止时间为二十四时；有业务时间的，停止业务活动的时间为截止时间。

第二百零四条　【期间的法定或约定】期间的计算方法依照本法的规定，但是法律另有规定或者当事人另有约定的除外。

第四编　人　格　权

第一章　一般规定

第九百八十九条　【人格权编的调整范围】本编调整因人格权的享有和保护产生的民事关系。

第九百九十条　【人格权类型】人格权是民事主体享有的生命权、身体权、健康权、姓名权、名称权、肖像权、名誉权、荣誉权、隐私权等权利。

除前款规定的人格权外，自然人享有基于人身自由、人格尊严产生的其他人格权益。

第九百九十一条　【人格权受法律保护】民事主体的人格权受法律保护，任何组织或者个人不得侵害。

第九百九十二条　【人格权禁止性规定】人格权不得放弃、转让或者继承。

第九百九十三条　【人格标识许可使用】民事主体可以将自己的姓名、名称、肖像等许可他人使用，但是依照法律规定或者根据其性质不得许可的除外。

第九百九十四条　【死者人格利益保护】死者的姓名、肖像、名誉、荣誉、隐私、遗体等受到侵害的，其配偶、子女、父母有权依法请求行为人承担民事责任；死者没有配偶、子女且父母已经死亡的，其他近亲属有权依法请求行为人承担民事责任。

第九百九十五条　【不适用诉讼时效的请求权】人格权受到侵害的，受害人有权依照本法和其他法律的规定请求行为人承担民事责任。受害人的停止侵害、排除妨碍、消除危险、消除影响、恢复名誉、赔礼道歉请求权，不适用诉讼时效的规定。

第九百九十六条　【责任竞合情形下精神损害赔偿】因当事人一方的违约行为，损害对方人格权并造成严重精神损害，受损害方选择请求其承担违约责任的，不影响受损害方请求精神损害赔偿。

第九百九十七条　【人格权行为禁令】民事主体有证据证明行为人正在实施或者即将实施侵害其人格权的违法行为，不及时制止将使其合法权益受到难以弥补的损害的，有权依法向人民法院申请采取责令行为人停止有关行为的措施。

第九百九十八条　【认定人格侵权责任应考虑的主要因素】认定行为人承担侵害除生命权、身体权和健康权外的人格权的民事责任，应当考虑行为人和受害人的职业、影响范围、过错程度，以及行为的目的、方式、后果等因素。

第九百九十九条　【人格权的合理使用】为公共利益实施新闻报道、舆论监督等行为的，可以合理使用民事主体的姓名、名称、肖像、个人信息等；使用不合理侵害民事主体人格权的,应当依法承担民事责任。

第一千条 【消除影响、恢复名誉、赔礼道歉等民事责任的承担】行为人因侵害人格权承担消除影响、恢复名誉、赔礼道歉等民事责任的,应当与行为的具体方式和造成的影响范围相当。

行为人拒不承担前款规定的民事责任的,人民法院可以采取在报刊、网络等媒体上发布公告或者公布生效裁判文书等方式执行,产生的费用由行为人负担。

第一千零一条 【身份权的法律适用】对自然人因婚姻家庭关系等产生的身份权利的保护,适用本法第一编、第五编和其他法律的相关规定;没有规定的,可以根据其性质参照适用本编人格权保护的有关规定。

第二章 生命权、身体权和健康权

第一千零二条 【生命权】自然人享有生命权。自然人的生命安全和生命尊严受法律保护。任何组织或者个人不得侵害他人的生命权。

第一千零三条 【身体权】自然人享有身体权。自然人的身体完整和行动自由受法律保护。任何组织或者个人不得侵害他人的身体权。

第一千零四条 【健康权】自然人享有健康权。自然人的身心健康受法律保护。任何组织或者个人不得侵害他人的健康权。

第一千零五条 【法定救助义务】自然人的生命权、身体权、健康权受到侵害或者处于其他危难情形的,负有法定救助义务的组织或者个人应当及时施救。

第一千零六条 【人体捐献】完全民事行为能力人有权依法自主决定无偿捐献其人体细胞、人体组织、人体器官、遗体。任何组织或者个人不得强迫、欺骗、利诱其捐献。

完全民事行为能力人依据前款规定同意捐献的,应当采用书面形式,也可以订立遗嘱。

自然人生前未表示不同意捐献的,该自然人死亡后,其配偶、成年子女、父母可以共同决定捐献,决定捐献应当采用书面形式。

第一千零七条 【禁止人体买卖】禁止以任何形式买卖人体细胞、人体组织、人体器官、遗体。

违反前款规定的买卖行为无效。

第一千零八条 【人体临床试验】为研制新药、医疗器械或者发展新的预防和治疗方法,需要进行临床试验的,应当依法经相关主管部门批准并经伦理委员会审查同意,向受试者或者受试者的监护人告知试验目的、用途和可能产生的风险等详细情况,并经其书面同意。

进行临床试验的,不得向受试者收取试验费用。

第一千零九条 【与人体基因、人体胚胎等有关的医学科研活动】从事与人体基因、人体胚胎等有关的医学和科研活动,应当遵守法律、行政法规和国家有关规定,不得危害人体健康,不得违背伦理道德,不得损害公共利益。

第一千零一十条 【性骚扰】违背他人意愿,以言语、文字、图像、肢体行为等方式对他人实施性骚扰的,受害人有权依法请求行为人承担民事责任。

机关、企业、学校等单位应当采取合理的预防、受理投诉、调查处置等措施,防止和制止利用职权、从属关系等实施性骚扰。

第一千零一十一条 【侵害行动自由和非法搜查身体】以非法拘禁等方式剥夺、限制他人的行动自由,或者非法搜查他人身体的,受害人有权依法请求行为人承担民事责任。

第三章 姓名权和名称权

第一千零一十二条 【姓名权】自然人享有姓名权,有权依法决定、使用、变更或者许可他人使用自己的姓名,但是不得违背公序良俗。

第一千零一十三条 【名称权】法人、非法人组织享有名称权,有权依法决定、使用、变更、转让或者许可他人使用自己的名称。

第一千零一十四条 【姓名权或名称权不得被非法侵害】任何组织或者个人不得以干涉、盗用、假冒等方式侵害他人的姓名权或者名称权。

第一千零一十五条 【自然人选取姓氏】自然人应当随父姓或者母姓,但是有下列情形之一的,可以在父姓和母姓之外选取姓氏:

(一)选取其他直系长辈血亲的姓氏;

(二)因由法定扶养人以外的人扶养而选取扶养人姓氏;

(三)有不违背公序良俗的其他正当理由。

少数民族自然人的姓氏可以遵从本民族的文化传统和风俗习惯。

第一千零一十六条 【决定、变更姓名、名称或转让名称的法定程序及法律效力】自然人决定、变更姓名,或者法人、非法人组织决定、变更、转让名称的,应当依法向有关机关办理登记手续,但是法律另有规定的除外。

民事主体变更姓名、名称的,变更前实施的民事法律行为对其具有法律约束力。

第一千零一十七条 【笔名、艺名等的保护】具有一定社会知名度,被他人使用足以造成公众混淆的笔名、艺名、网名、译名、字号、姓名和名称的简称等,参照适用姓名权和名称权保护的有关规定。

第四章　肖　像　权

第一千零一十八条　【肖像权及肖像】自然人享有肖像权，有权依法制作、使用、公开或者许可他人使用自己的肖像。

肖像是通过影像、雕塑、绘画等方式在一定载体上所反映的特定自然人可以被识别的外部形象。

第一千零一十九条　【肖像权的保护】任何组织或者个人不得以丑化、污损，或者利用信息技术手段伪造等方式侵害他人的肖像权。未经肖像权人同意，不得制作、使用、公开肖像权人的肖像，但是法律另有规定的除外。

未经肖像权人同意，肖像作品权利人不得以发表、复制、发行、出租、展览等方式使用或者公开肖像权人的肖像。

第一千零二十条　【肖像权的合理使用】合理实施下列行为的，可以不经肖像权人同意：

（一）为个人学习、艺术欣赏、课堂教学或者科学研究，在必要范围内使用肖像权人已经公开的肖像；

（二）为实施新闻报道，不可避免地制作、使用、公开肖像权人的肖像；

（三）为依法履行职责，国家机关在必要范围内制作、使用、公开肖像权人的肖像；

（四）为展示特定公共环境，不可避免地制作、使用、公开肖像权人的肖像；

（五）为维护公共利益或者肖像权人合法权益，制作、使用、公开肖像权人的肖像的其他行为。

第一千零二十一条　【肖像许可使用合同解释规则】当事人对肖像许可使用合同中关于肖像使用条款的理解有争议的，应当作出有利于肖像权人的解释。

第一千零二十二条　【肖像许可使用合同解除权】当事人对肖像许可使用期限没有约定或者约定不明确的，任何一方当事人可以随时解除肖像许可使用合同，但是应当在合理期限之前通知对方。

当事人对肖像许可使用期限有明确约定，肖像权人有正当理由的，可以解除肖像许可使用合同，但是应当在合理期限之前通知对方。因解除合同造成对方损失的，除不可归责于肖像权人的事由外，应当赔偿损失。

第一千零二十三条　【姓名许可和声音保护的参照适用】对姓名等的许可使用，参照适用肖像许可使用的有关规定。

对自然人声音的保护，参照适用肖像权保护的有关规定。

第五章　名誉权和荣誉权

第一千零二十四条　【名誉权及名誉】民事主体享有名誉权。任何组织或者个人不得以侮辱、诽谤等方式侵害他人的名誉权。

名誉是对民事主体的品德、声望、才能、信用等的社会评价。

第一千零二十五条　【实施新闻报道、舆论监督等行为与保护名誉权关系】行为人为公共利益实施新闻报道、舆论监督等行为，影响他人名誉的，不承担民事责任，但是有下列情形之一的除外：

（一）捏造、歪曲事实；

（二）对他人提供的严重失实内容未尽到合理核实义务；

（三）使用侮辱性言辞等贬损他人名誉。

第一千零二十六条　【合理核实义务的认定因素】认定行为人是否尽到前条第二项规定的合理核实义务，应当考虑下列因素：

（一）内容来源的可信度；

（二）对明显可能引发争议的内容是否进行了必要的调查；

（三）内容的时限性；

（四）内容与公序良俗的关联性；

（五）受害人名誉受贬损的可能性；

（六）核实能力和核实成本。

第一千零二十七条　【文艺作品侵害名誉权】行为人发表的文学、艺术作品以真人真事或者特定人为描述对象，含有侮辱、诽谤内容，侵害他人名誉权的，受害人有权依法请求该行为人承担民事责任。

行为人发表的文学、艺术作品不以特定人为描述对象，仅其中的情节与该特定人的情况相似的，不承担民事责任。

第一千零二十八条　【媒体报道内容失实侵害名誉权的补救】民事主体有证据证明报刊、网络等媒体报道的内容失实，侵害其名誉权的，有权请求该媒体及时采取更正或者删除等必要措施。

第一千零二十九条　【信用评价】民事主体可以依法查询自己的信用评价；发现信用评价不当的，有权提出异议并请求采取更正、删除等必要措施。信用评价人应当及时核查，经核查属实的，应当及时采取必要措施。

第一千零三十条　【民事主体与信用信息处理者之间关系的法律适用】民事主体与征信机构等信用信息处理者之间的关系，适用本编有关个人信息保护的规定和其他法律、行政法规的有关规定。

第一千零三十一条 【荣誉权】民事主体享有荣誉权。任何组织或者个人不得非法剥夺他人的荣誉称号,不得诋毁、贬损他人的荣誉。

获得的荣誉称号应当记载而没有记载的,民事主体可以请求记载;获得的荣誉称号记载错误的,民事主体可以请求更正。

第六章 隐私权和个人信息保护

第一千零三十二条 【隐私权及隐私】自然人享有隐私权。任何组织或者个人不得以刺探、侵扰、泄露、公开等方式侵害他人的隐私权。

隐私是自然人的私人生活安宁和不愿为他人知晓的私密空间、私密活动、私密信息。

第一千零三十三条 【隐私权侵害行为】除法律另有规定或者权利人明确同意外,任何组织或者个人不得实施下列行为:

(一)以电话、短信、即时通讯工具、电子邮件、传单等方式侵扰他人的私人生活安宁;

(二)进入、拍摄、窥视他人的住宅、宾馆房间等私密空间;

(三)拍摄、窥视、窃听、公开他人的私密活动;

(四)拍摄、窥视他人身体的私密部位;

(五)处理他人的私密信息;

(六)以其他方式侵害他人的隐私权。

第一千零三十四条 【个人信息的定义】自然人的个人信息受法律保护。

个人信息是以电子或者其他方式记录的能够单独或者与其他信息结合识别特定自然人的各种信息,包括自然人的姓名、出生日期、身份证件号码、生物识别信息、住址、电话号码、电子邮箱、健康信息、行踪信息等。

个人信息中的私密信息,适用有关隐私权的规定;没有规定的,适用有关个人信息保护的规定。

第一千零三十五条 【个人信息处理的原则和条件】处理个人信息的,应当遵循合法、正当、必要原则,不得过度处理,并符合下列条件:

(一)征得该自然人或者其监护人同意,但是法律、行政法规另有规定的除外;

(二)公开处理信息的规则;

(三)明示处理信息的目的、方式和范围;

(四)不违反法律、行政法规的规定和双方的约定。

个人信息的处理包括个人信息的收集、存储、使用、加工、传输、提供、公开等。

第一千零三十六条 【处理个人信息免责事由】处理个人信息,有下列情形之一的,行为人不承担民事责任:

(一)在该自然人或者其监护人同意的范围内合理实施的行为;

(二)合理处理该自然人自行公开的或者其他已经合法公开的信息,但是该自然人明确拒绝或者处理该信息侵害其重大利益的除外;

(三)为维护公共利益或者该自然人合法权益,合理实施的其他行为。

第一千零三十七条 【个人信息主体的权利】自然人可以依法向信息处理者查阅或者复制其个人信息;发现信息有错误的,有权提出异议并请求及时采取更正等必要措施。

自然人发现信息处理者违反法律、行政法规的规定或者双方的约定处理其个人信息的,有权请求信息处理者及时删除。

第一千零三十八条 【信息处理者的信息安全保护义务】信息处理者不得泄露或者篡改其收集、存储的个人信息;未经自然人同意,不得向他人非法提供其个人信息,但是经过加工无法识别特定个人且不能复原的除外。

信息处理者应当采取技术措施和其他必要措施,确保其收集、存储的个人信息安全,防止信息泄露、篡改、丢失;发生或者可能发生个人信息泄露、篡改、丢失的,应当及时采取补救措施,按照规定告知自然人并向有关主管部门报告。

第一千零三十九条 【国家机关、承担行政职能的法定机构及其工作人员的保密义务】国家机关、承担行政职能的法定机构及其工作人员对于履行职责过程中知悉的自然人的隐私和个人信息,应当予以保密,不得泄露或者向他人非法提供。

第五编 婚姻家庭

第一章 一般规定

第一千零四十条 【婚姻家庭编的调整范围】本编调整因婚姻家庭产生的民事关系。

第一千零四十一条 【基本原则】婚姻家庭受国家保护。

实行婚姻自由、一夫一妻、男女平等的婚姻制度。

保护妇女、未成年人、老年人、残疾人的合法权益。

第一千零四十二条 【婚姻家庭的禁止性规定】禁止包办、买卖婚姻和其他干涉婚姻自由的行为。禁止借婚姻索取财物。

禁止重婚。禁止有配偶者与他人同居。

禁止家庭暴力。禁止家庭成员间的虐待和遗弃。

第一千零四十三条 【婚姻家庭的倡导性规定】家庭应当树立优良家风,弘扬家庭美德,重视家庭文明建设。

夫妻应当互相忠实,互相尊重,互相关爱;家庭成员应当敬老爱幼,互相帮助,维护平等、和睦、文明的婚姻家庭关系。

第一千零四十四条 【收养的基本原则】收养应当遵循最有利于被收养人的原则,保障被收养人和收养人的合法权益。

禁止借收养名义买卖未成年人。

第一千零四十五条 【亲属、近亲属及家庭成员】亲属包括配偶、血亲和姻亲。

配偶、父母、子女、兄弟姐妹、祖父母、外祖父母、孙子女、外孙子女为近亲属。

配偶、父母、子女和其他共同生活的近亲属为家庭成员。

第二章 结　　婚

第一千零四十六条 【结婚自愿】结婚应当男女双方完全自愿,禁止任何一方对另一方加以强迫,禁止任何组织或者个人加以干涉。

第一千零四十七条 【法定结婚年龄】结婚年龄,男不得早于二十二周岁,女不得早于二十周岁。

第一千零四十八条 【禁止结婚的情形】直系血亲或者三代以内的旁系血亲禁止结婚。

第一千零四十九条 【结婚登记】要求结婚的男女双方应当亲自到婚姻登记机关申请结婚登记。符合本法规定的,予以登记,发给结婚证。完成结婚登记,即确立婚姻关系。未办理结婚登记的,应当补办登记。

第一千零五十条 【婚后双方互为家庭成员】登记结婚后,按照男女双方约定,女方可以成为男方家庭的成员,男方可以成为女方家庭的成员。

第一千零五十一条 【婚姻无效的情形】有下列情形之一的,婚姻无效:

(一)重婚;

(二)有禁止结婚的亲属关系;

(三)未到法定婚龄。

第一千零五十二条 【胁迫的可撤销婚姻】因胁迫结婚的,受胁迫的一方可以向人民法院请求撤销婚姻。

请求撤销婚姻的,应当自胁迫行为终止之日起一年内提出。

被非法限制人身自由的当事人请求撤销婚姻的,应当自恢复人身自由之日起一年内提出。

第一千零五十三条 【隐瞒疾病的可撤销婚姻】一方患有重大疾病的,应当在结婚登记前如实告知另一方;不如实告知的,另一方可以向人民法院请求撤销婚姻。

请求撤销婚姻的,应当自知道或者应当知道撤销事由之日起一年内提出。

第一千零五十四条 【婚姻无效和被撤销的法律后果】无效的或者被撤销的婚姻自始没有法律约束力,当事人不具有夫妻的权利和义务。同居期间所得的财产,由当事人协议处理;协议不成的,由人民法院根据照顾无过错方的原则判决。对重婚导致的无效婚姻的财产处理,不得侵害合法婚姻当事人的财产权益。当事人所生的子女,适用本法关于父母子女的规定。

婚姻无效或者被撤销的,无过错方有权请求损害赔偿。

第三章 家 庭 关 系

第一节 夫 妻 关 系

第一千零五十五条 【夫妻地位平等】夫妻在婚姻家庭中地位平等。

第一千零五十六条 【夫妻姓名权】夫妻双方都有各自使用自己姓名的权利。

第一千零五十七条 【夫妻人身自由权】夫妻双方都有参加生产、工作、学习和社会活动的自由,一方不得对另一方加以限制或者干涉。

第一千零五十八条 【夫妻抚养、教育和保护子女的权利义务平等】夫妻双方平等享有对未成年子女抚养、教育和保护的权利,共同承担对未成年子女抚养、教育和保护的义务。

第一千零五十九条 【夫妻相互扶养义务】夫妻有相互扶养的义务。

需要扶养的一方,在另一方不履行扶养义务时,有要求其给付扶养费的权利。

第一千零六十条 【日常家事代理权】夫妻一方因家庭日常生活需要而实施的民事法律行为,对夫妻双方发生效力,但是夫妻一方与相对人另有约定的除外。

夫妻之间对一方可以实施的民事法律行为范围的限制,不得对抗善意相对人。

第一千零六十一条 【夫妻相互继承权】夫妻有相互继承遗产的权利。

第一千零六十二条 【夫妻共同财产】夫妻在婚姻关系存续期间所得的下列财产,为夫妻的共同财产,归夫妻共同所有:

(一)工资、奖金、劳务报酬;

(二)生产、经营、投资的收益;

（三）知识产权的收益；

（四）继承或者受赠的财产，但是本法第一千零六十三条第三项规定的除外；

（五）其他应当归共同所有的财产。

夫妻对共同财产，有平等的处理权。

第一千零六十三条 【夫妻个人财产】下列财产为夫妻一方的个人财产：

（一）一方的婚前财产；

（二）一方因受到人身损害获得的赔偿或者补偿；

（三）遗嘱或者赠与合同中确定只归一方的财产；

（四）一方专用的生活用品；

（五）其他应当归一方的财产。

第一千零六十四条 【夫妻共同债务】夫妻双方共同签名或者夫妻一方事后追认等共同意思表示所负的债务，以及夫妻一方在婚姻关系存续期间以个人名义为家庭日常生活需要所负的债务，属于夫妻共同债务。

夫妻一方在婚姻关系存续期间以个人名义超出家庭日常生活需要所负的债务，不属于夫妻共同债务；但是，债权人能够证明该债务用于夫妻共同生活、共同生产经营或者基于夫妻双方共同意思表示的除外。

第一千零六十五条 【夫妻约定财产制】男女双方可以约定婚姻关系存续期间所得的财产以及婚前财产归各自所有、共同所有或者部分各自所有、部分共同所有。约定应当采用书面形式。没有约定或者约定不明确的，适用本法第一千零六十二条、第一千零六十三条的规定。

夫妻对婚姻关系存续期间所得的财产以及婚前财产的约定，对双方具有法律约束力。

夫妻对婚姻关系存续期间所得的财产约定归各自所有，夫或者妻一方对外所负的债务，相对人知道该约定的，以夫或者妻一方的个人财产清偿。

第一千零六十六条 【婚姻关系存续期间夫妻共同财产的分割】婚姻关系存续期间，有下列情形之一的，夫妻一方可以向人民法院请求分割共同财产：

（一）一方有隐藏、转移、变卖、毁损、挥霍夫妻共同财产或者伪造夫妻共同债务等严重损害夫妻共同财产利益的行为；

（二）一方负有法定扶养义务的人患重大疾病需要医治，另一方不同意支付相关医疗费用。

第二节 父母子女关系和其他近亲属关系

第一千零六十七条 【父母的抚养义务和子女的赡养义务】父母不履行抚养义务的，未成年子女或者不能独立生活的成年子女，有要求父母给付抚养费的权利。

成年子女不履行赡养义务的，缺乏劳动能力或者生活困难的父母，有要求成年子女给付赡养费的权利。

第一千零六十八条 【父母教育、保护未成年子女的权利义务】父母有教育、保护未成年子女的权利和义务。未成年子女造成他人损害的，父母应当依法承担民事责任。

第一千零六十九条 【子女应尊重父母的婚姻权利】子女应当尊重父母的婚姻权利，不得干涉父母离婚、再婚以及婚后的生活。子女对父母的赡养义务，不因父母的婚姻关系变化而终止。

第一千零七十条 【父母子女相互继承权】父母和子女有相互继承遗产的权利。

第一千零七十一条 【非婚生子女的权利】非婚生子女享有与婚生子女同等的权利，任何组织或者个人不得加以危害和歧视。

不直接抚养非婚生子女的生父或者生母，应当负担未成年子女或者不能独立生活的成年子女的抚养费。

第一千零七十二条 【继父母与继子女间的权利义务关系】继父母与继子女间，不得虐待或者歧视。

继父或者继母和受其抚养教育的继子女间的权利义务关系，适用本法关于父母子女关系的规定。

第一千零七十三条 【亲子关系异议之诉】对亲子关系有异议且有正当理由的，父或者母可以向人民法院提起诉讼，请求确认或者否认亲子关系。

对亲子关系有异议且有正当理由的，成年子女可以向人民法院提起诉讼，请求确认亲子关系。

第一千零七十四条 【祖孙之间的抚养、赡养义务】有负担能力的祖父母、外祖父母，对于父母已经死亡或者父母无力抚养的未成年孙子女、外孙子女，有抚养的义务。

有负担能力的孙子女、外孙子女，对于子女已经死亡或者子女无力赡养的祖父母、外祖父母，有赡养的义务。

第一千零七十五条 【兄弟姐妹间的扶养义务】有负担能力的兄、姐，对于父母已经死亡或者父母无力抚养的未成年弟、妹，有扶养的义务。

由兄、姐扶养长大的有负担能力的弟、妹，对于缺乏劳动能力又缺乏生活来源的兄、姐，有扶养的义务。

第四章 离 婚

第一千零七十六条 【协议离婚】夫妻双方自愿离婚的，应当签订书面离婚协议，并亲自到婚姻登记机关申请离婚登记。

离婚协议应当载明双方自愿离婚的意思表示和对子女抚养、财产以及债务处理等事项协商一致的意见。

第一千零七十七条　【离婚冷静期】自婚姻登记机关收到离婚登记申请之日起三十日内，任何一方不愿意离婚的，可以向婚姻登记机关撤回离婚登记申请。

前款规定期限届满后三十日内，双方应当亲自到婚姻登记机关申请发给离婚证；未申请的，视为撤回离婚登记申请。

第一千零七十八条　【协议离婚登记】婚姻登记机关查明双方确实是自愿离婚，并已经对子女抚养、财产以及债务处理等事项协商一致的，予以登记，发给离婚证。

第一千零七十九条　【诉讼离婚】夫妻一方要求离婚的，可以由有关组织进行调解或者直接向人民法院提起离婚诉讼。

人民法院审理离婚案件，应当进行调解；如果感情确已破裂，调解无效的，应当准予离婚。

有下列情形之一，调解无效的，应当准予离婚：

（一）重婚或者与他人同居；

（二）实施家庭暴力或者虐待、遗弃家庭成员；

（三）有赌博、吸毒等恶习屡教不改；

（四）因感情不和分居满二年；

（五）其他导致夫妻感情破裂的情形。

一方被宣告失踪，另一方提起离婚诉讼的，应当准予离婚。

经人民法院判决不准离婚后，双方又分居满一年，一方再次提起离婚诉讼的，应当准予离婚。

第一千零八十条　【婚姻关系解除时间】完成离婚登记，或者离婚判决书、调解书生效，即解除婚姻关系。

第一千零八十一条　【军婚的保护】现役军人的配偶要求离婚，应当征得军人同意，但是军人一方有重大过错的除外。

第一千零八十二条　【男方离婚诉权的限制】女方在怀孕期间、分娩后一年内或者终止妊娠后六个月内，男方不得提出离婚；但是，女方提出离婚或者人民法院认为确有必要受理男方离婚请求的除外。

第一千零八十三条　【复婚登记】离婚后，男女双方自愿恢复婚姻关系的，应当到婚姻登记机关重新进行结婚登记。

第一千零八十四条　【离婚后的父母子女关系】父母与子女间的关系，不因父母离婚而消除。离婚后，子女无论由父或者母直接抚养，仍是父母双方的子女。

离婚后，父母对于子女仍有抚养、教育、保护的权利和义务。

离婚后，不满两周岁的子女，以由母亲直接抚养为原则。已满两周岁的子女，父母双方对抚养问题协议不成的，由人民法院根据双方的具体情况，按照最有利于未成年子女的原则判决。子女已满八周岁的，应当尊重其真实意愿。

第一千零八十五条　【离婚后子女抚养费的负担】离婚后，子女由一方直接抚养的，另一方应当负担部分或者全部抚养费。负担费用的多少和期限的长短，由双方协议；协议不成的，由人民法院判决。

前款规定的协议或者判决，不妨碍子女在必要时向父母任何一方提出超过协议或者判决原定数额的合理要求。

第一千零八十六条　【父母的探望权】离婚后，不直接抚养子女的父或者母，有探望子女的权利，另一方有协助的义务。

行使探望权利的方式、时间由当事人协议；协议不成的，由人民法院判决。

父或者母探望子女，不利于子女身心健康的，由人民法院依法中止探望；中止的事由消失后，应当恢复探望。

第一千零八十七条　【离婚时夫妻共同财产的处理】离婚时，夫妻的共同财产由双方协议处理；协议不成的，由人民法院根据财产的具体情况，按照照顾子女、女方和无过错方权益的原则判决。

对夫或者妻在家庭土地承包经营中享有的权益等，应当依法予以保护。

第一千零八十八条　【离婚经济补偿】夫妻一方因抚育子女、照料老年人、协助另一方工作等负担较多义务的，离婚时有权向另一方请求补偿，另一方应当给予补偿。具体办法由双方协议；协议不成的，由人民法院判决。

第一千零八十九条　【离婚时夫妻共同债务清偿】离婚时，夫妻共同债务应当共同偿还。共同财产不足清偿或者财产归各自所有的，由双方协议清偿；协议不成的，由人民法院判决。

第一千零九十条　【离婚经济帮助】离婚时，如果一方生活困难，有负担能力的另一方应当给予适当帮助。具体办法由双方协议；协议不成的，由人民法院判决。

第一千零九十一条　【离婚过错赔偿】有下列情形之一，导致离婚的，无过错方有权请求损害赔偿：

（一）重婚；

（二）与他人同居；

（三）实施家庭暴力；

（四）虐待、遗弃家庭成员；

（五）有其他重大过错。

第一千零九十二条 【一方侵害夫妻共同财产的法律后果】夫妻一方隐藏、转移、变卖、毁损、挥霍夫妻共同财产，或者伪造夫妻共同债务企图侵占另一方财产的，在离婚分割夫妻共同财产时，对该方可以少分或者不分。离婚后，另一方发现有上述行为的，可以向人民法院提起诉讼，请求再次分割夫妻共同财产。

第五章 收 养

第一节 收养关系的成立

第一千零九十三条 【被收养人的范围】下列未成年人，可以被收养：

（一）丧失父母的孤儿；

（二）查找不到生父母的未成年人；

（三）生父母有特殊困难无力抚养的子女。

第一千零九十四条 【送养人的范围】下列个人、组织可以作送养人：

（一）孤儿的监护人；

（二）儿童福利机构；

（三）有特殊困难无力抚养子女的生父母。

第一千零九十五条 【监护人送养未成年人的特殊规定】未成年人的父母均不具备完全民事行为能力且可能严重危害该未成年人的，该未成年人的监护人可以将其送养。

第一千零九十六条 【监护人送养孤儿的特殊规定】监护人送养孤儿的，应当征得有抚养义务的人同意。有抚养义务的人不同意送养、监护人不愿意继续履行监护职责的，应当依照本法第一编的规定另行确定监护人。

第一千零九十七条 【生父母送养】生父母送养子女，应当双方共同送养。生父母一方不明或者查找不到的，可以单方送养。

第一千零九十八条 【收养人的条件】收养人应当同时具备下列条件：

（一）无子女或者只有一名子女；

（二）有抚养、教育和保护被收养人的能力；

（三）未患有在医学上认为不应当收养子女的疾病；

（四）无不利于被收养人健康成长的违法犯罪记录；

（五）年满三十周岁。

第一千零九十九条 【收养三代以内旁系同辈血亲子女的特殊规定】收养三代以内旁系同辈血亲的子女，可以不受本法第一千零九十三条第三项、第一千零九十四条第三项和第一千一百零二条规定的限制。

华侨收养三代以内旁系同辈血亲的子女，还可以不受本法第一千零九十八条第一项规定的限制。

第一千一百条 【收养子女的人数】无子女的收养人可以收养两名子女；有子女的收养人只能收养一名子女。

收养孤儿、残疾未成年人或者儿童福利机构抚养的查找不到生父母的未成年人，可以不受前款和本法第一千零九十八条第一项规定的限制。

第一千一百零一条 【共同收养】有配偶者收养子女，应当夫妻共同收养。

第一千一百零二条 【无配偶者收养异性子女】无配偶者收养异性子女的，收养人与被收养人的年龄应当相差四十周岁以上。

第一千一百零三条 【继父母收养继子女的特殊规定】继父或者继母经继子女的生父母同意，可以收养继子女，并可以不受本法第一千零九十三条第三项、第一千零九十四条第三项、第一千零九十八条和第一千一百条第一款规定的限制。

第一千一百零四条 【收养、送养自愿】收养人收养与送养人送养，应当双方自愿。收养八周岁以上未成年人的，应当征得被收养人的同意。

第一千一百零五条 【收养登记、收养公告、收养协议、收养公证、收养评估】收养应当向县级以上人民政府民政部门登记。收养关系自登记之日起成立。

收养查找不到生父母的未成年人的，办理登记的民政部门应当在登记前予以公告。

收养关系当事人愿意签订收养协议的，可以签订收养协议。

收养关系当事人各方或者一方要求办理收养公证的，应当办理收养公证。

县级以上人民政府民政部门应当依法进行收养评估。

第一千一百零六条 【被收养人户口登记】收养关系成立后，公安机关应当按照国家有关规定为被收养人办理户口登记。

第一千一百零七条 【生父母的亲属、朋友抚养不适用收养】孤儿或者生父母无力抚养的子女，可以由生父母的亲属、朋友抚养；抚养人与被抚养人的关系不适用本章规定。

第一千一百零八条 【抚养优先权】配偶一方死亡，另一方送养未成年子女的，死亡一方的父母有优先抚养的权利。

第一千一百零九条 【涉外收养】外国人依法可以在中华人民共和国收养子女。

外国人在中华人民共和国收养子女，应当经其所在国主管机关依照该国法律审查同意。收养人应当提供由其所在国有权机构出具的有关其年龄、婚姻、职业、财产、健康、有无受过刑事处罚等状况的证明材料，并与送养人签订书面协议，亲自向省、自治区、直辖市人民政府民政部门登记。

前款规定的证明材料应当经收养人所在国外交机关或者外交机关授权的机构认证，并经中华人民共和国驻该国使领馆认证，但是国家另有规定的除外。

第一千一百一十条 【收养保密义务】收养人、送养人要求保守收养秘密的，其他人应当尊重其意愿，不得泄露。

第二节 收养的效力

第一千一百一十一条 【收养拟制效力】自收养关系成立之日起，养父母与养子女间的权利义务关系，适用本法关于父母子女关系的规定；养子女与养父母的近亲属间的权利义务关系，适用本法关于子女与父母的近亲属关系的规定。

养子女与生父母以及其他近亲属间的权利义务关系，因收养关系的成立而消除。

第一千一百一十二条 【养子女的姓氏】养子女可以随养父或者养母的姓氏，经当事人协商一致，也可以保留原姓氏。

第一千一百一十三条 【无效收养行为】有本法第一编关于民事法律行为无效规定情形或者违反本编规定的收养行为无效。

无效的收养行为自始没有法律约束力。

第三节 收养关系的解除

第一千一百一十四条 【当事人协议解除及诉讼解除收养关系】收养人在被收养人成年以前，不得解除收养关系，但是收养人、送养人双方协议解除的除外。养子女八周岁以上的，应当征得本人同意。

收养人不履行抚养义务，有虐待、遗弃等侵害未成年养子女合法权益行为的，送养人有权要求解除养父母与养子女间的收养关系。送养人、收养人不能达成解除收养关系协议的，可以向人民法院提起诉讼。

第一千一百一十五条 【养父母与成年养子女解除收养关系】养父母与成年养子女关系恶化、无法共同生活的，可以协议解除收养关系。不能达成协议的，可以向人民法院提起诉讼。

第一千一百一十六条 【解除收养关系登记】当事人协议解除收养关系的，应当到民政部门办理解除收养关系登记。

第一千一百一十七条 【解除收养关系后的身份效力】收养关系解除后，养子女与养父母以及其他近亲属间的权利义务关系即行消除，与生父母以及其他近亲属间的权利义务关系自行恢复。但是，成年养子女与生父母以及其他近亲属间的权利义务关系是否恢复，可以协商确定。

第一千一百一十八条 【解除收养关系后的财产效力】收养关系解除后，经养父母抚养的成年养子女，对缺乏劳动能力又缺乏生活来源的养父母，应当给付生活费。因养子女成年后虐待、遗弃养父母而解除收养关系的，养父母可以要求养子女补偿收养期间支出的抚养费。

生父母要求解除收养关系的，养父母可以要求生父母适当补偿收养期间支出的抚养费；但是，因养父母虐待、遗弃养子女而解除收养关系的除外。

第六编 继 承

第一章 一般规定

第一千一百一十九条 【继承编的调整范围】本编调整因继承产生的民事关系。

第一千一百二十条 【继承权受国家保护】国家保护自然人的继承权。

第一千一百二十一条 【继承开始的时间及死亡先后的推定】继承从被继承人死亡时开始。

相互有继承关系的数人在同一事件中死亡，难以确定死亡时间的，推定没有其他继承人的人先死亡。都有其他继承人，辈份不同的，推定长辈先死亡；辈份相同的，推定同时死亡，相互不发生继承。

第一千一百二十二条 【遗产的定义】遗产是自然人死亡时遗留的个人合法财产。

依照法律规定或者根据其性质不得继承的遗产，不得继承。

第一千一百二十三条 【法定继承、遗嘱继承、遗赠和遗赠扶养协议的效力】继承开始后，按照法定继承办理；有遗嘱的，按照遗嘱继承或者遗赠办理；有遗赠扶养协议的，按照协议办理。

第一千一百二十四条 【继承、受遗赠的接受和放弃】继承开始后，继承人放弃继承的，应当在遗产处理前，以书面形式作出放弃继承的表示；没有表示的，视为接受继承。

受遗赠人应当在知道受遗赠后六十日内，作出接受或者放弃受遗赠的表示；到期没有表示的，视为放弃受遗赠。

第一千一百二十五条 【继承权的丧失和恢复】继承人有下列行为之一的，丧失继承权：

（一）故意杀害被继承人；

（二）为争夺遗产而杀害其他继承人；

（三）遗弃被继承人，或者虐待被继承人情节严重；

（四）伪造、篡改、隐匿或者销毁遗嘱，情节严重；

（五）以欺诈、胁迫手段迫使或者妨碍被继承人设立、变更或者撤回遗嘱，情节严重。

继承人有前款第三项至第五项行为，确有悔改表现，被继承人表示宽恕或者事后在遗嘱中将其列为继承人的，该继承人不丧失继承权。

受遗赠人有本条第一款规定行为的，丧失受遗赠权。

第二章 法定继承

第一千一百二十六条 【男女平等享有继承权】继承权男女平等。

第一千一百二十七条 【法定继承人的范围及继承顺序】遗产按照下列顺序继承：

（一）第一顺序：配偶、子女、父母；

（二）第二顺序：兄弟姐妹、祖父母、外祖父母。

继承开始后，由第一顺序继承人继承，第二顺序继承人不继承；没有第一顺序继承人继承的，由第二顺序继承人继承。

本编所称子女，包括婚生子女、非婚生子女、养子女和有扶养关系的继子女。

本编所称父母，包括生父母、养父母和有扶养关系的继父母。

本编所称兄弟姐妹，包括同父母的兄弟姐妹、同父异母或者同母异父的兄弟姐妹、养兄弟姐妹、有扶养关系的继兄弟姐妹。

第一千一百二十八条 【代位继承】被继承人的子女先于被继承人死亡的，由被继承人的子女的直系晚辈血亲代位继承。

被继承人的兄弟姐妹先于被继承人死亡的，由被继承人的兄弟姐妹的子女代位继承。

代位继承人一般只能继承被代位继承人有权继承的遗产份额。

第一千一百二十九条 【丧偶儿媳、丧偶女婿的继承权】丧偶儿媳对公婆，丧偶女婿对岳父母，尽了主要赡养义务的，作为第一顺序继承人。

第一千一百三十条 【遗产分配的原则】同一顺序继承人继承遗产的份额，一般应当均等。

对生活有特殊困难又缺乏劳动能力的继承人，分配遗产时，应当予以照顾。

对被继承人尽了主要扶养义务或者与被继承人共同生活的继承人，分配遗产时，可以多分。

有扶养能力和有扶养条件的继承人，不尽扶养义务的，分配遗产时，应当不分或者少分。

继承人协商同意的，也可以不均等。

第一千一百三十一条 【酌情分得遗产权】对继承人以外的依靠被继承人扶养的人，或者继承人以外的对被继承人扶养较多的人，可以分给适当的遗产。

第一千一百三十二条 【继承处理方式】继承人应当本着互谅互让、和睦团结的精神，协商处理继承问题。遗产分割的时间、办法和份额，由继承人协商确定；协商不成的，可以由人民调解委员会调解或者向人民法院提起诉讼。

第三章 遗嘱继承和遗赠

第一千一百三十三条 【遗嘱处分个人财产】自然人可以依照本法规定立遗嘱处分个人财产，并可以指定遗嘱执行人。

自然人可以立遗嘱将个人财产指定由法定继承人中的一人或者数人继承。

自然人可以立遗嘱将个人财产赠与国家、集体或者法定继承人以外的组织、个人。

自然人可以依法设立遗嘱信托。

第一千一百三十四条 【自书遗嘱】自书遗嘱由遗嘱人亲笔书写，签名，注明年、月、日。

第一千一百三十五条 【代书遗嘱】代书遗嘱应当有两个以上见证人在场见证，由其中一人代书，并由遗嘱人、代书人和其他见证人签名，注明年、月、日。

第一千一百三十六条 【打印遗嘱】打印遗嘱应当有两个以上见证人在场见证。遗嘱人和见证人应当在遗嘱每一页签名，注明年、月、日。

第一千一百三十七条 【录音录像遗嘱】以录音录像形式立的遗嘱，应当有两个以上见证人在场见证。遗嘱人和见证人应当在录音录像中记录其姓名或者肖像，以及年、月、日。

第一千一百三十八条 【口头遗嘱】遗嘱人在危急情况下，可以立口头遗嘱。口头遗嘱应当有两个以上见证人在场见证。危急情况消除后，遗嘱人能够以书面或者录音录像形式立遗嘱的，所立的口头遗嘱无效。

第一千一百三十九条　【公证遗嘱】公证遗嘱由遗嘱人经公证机构办理。

第一千一百四十条　【遗嘱见证人资格的限制性规定】下列人员不能作为遗嘱见证人：

（一）无民事行为能力人、限制民事行为能力人以及其他不具有见证能力的人；

（二）继承人、受遗赠人；

（三）与继承人、受遗赠人有利害关系的人。

第一千一百四十一条　【必留份】遗嘱应当为缺乏劳动能力又没有生活来源的继承人保留必要的遗产份额。

第一千一百四十二条　【遗嘱的撤回、变更以及遗嘱效力顺位】遗嘱人可以撤回、变更自己所立的遗嘱。

立遗嘱后，遗嘱人实施与遗嘱内容相反的民事法律行为的，视为对遗嘱相关内容的撤回。

立有数份遗嘱，内容相抵触的，以最后的遗嘱为准。

第一千一百四十三条　【遗嘱无效】无民事行为能力人或者限制民事行为能力人所立的遗嘱无效。

遗嘱必须表示遗嘱人的真实意思，受欺诈、胁迫所立的遗嘱无效。

伪造的遗嘱无效。

遗嘱被篡改的，篡改的内容无效。

第一千一百四十四条　【附义务遗嘱】遗嘱继承或者遗赠附有义务的，继承人或者受遗赠人应当履行义务。没有正当理由不履行义务的，经利害关系人或者有关组织请求，人民法院可以取消其接受附义务部分遗产的权利。

第四章　遗产的处理

第一千一百四十五条　【遗产管理人的选任】继承开始后，遗嘱执行人为遗产管理人；没有遗嘱执行人的，继承人应当及时推选遗产管理人；继承人未推选的，由继承人共同担任遗产管理人；没有继承人或者继承人均放弃继承的，由被继承人生前住所地的民政部门或者村民委员会担任遗产管理人。

第一千一百四十六条　【遗产管理人的指定】对遗产管理人的确定有争议的，利害关系人可以向人民法院申请指定遗产管理人。

第一千一百四十七条　【遗产管理人的职责】遗产管理人应当履行下列职责：

（一）清理遗产并制作遗产清单；

（二）向继承人报告遗产情况；

（三）采取必要措施防止遗产毁损、灭失；

（四）处理被继承人的债权债务；

（五）按照遗嘱或者依照法律规定分割遗产；

（六）实施与管理遗产有关的其他必要行为。

第一千一百四十八条　【遗产管理人未尽职责的民事责任】遗产管理人应当依法履行职责，因故意或者重大过失造成继承人、受遗赠人、债权人损害的，应当承担民事责任。

第一千一百四十九条　【遗产管理人的报酬】遗产管理人可以依照法律规定或者按照约定获得报酬。

第一千一百五十条　【继承开始后的通知】继承开始后，知道被继承人死亡的继承人应当及时通知其他继承人和遗嘱执行人。继承人中无人知道被继承人死亡或者知道被继承人死亡而不能通知的，由被继承人生前所在单位或者住所地的居民委员会、村民委员会负责通知。

第一千一百五十一条　【遗产的保管】存有遗产的人，应当妥善保管遗产，任何组织或者个人不得侵吞或者争抢。

第一千一百五十二条　【转继承】继承开始后，继承人于遗产分割前死亡，并没有放弃继承的，该继承人应当继承的遗产转给其继承人，但是遗嘱另有安排的除外。

第一千一百五十三条　【遗产的确定】夫妻共同所有的财产，除有约定的外，遗产分割时，应当先将共同所有的财产的一半分出为配偶所有，其余的为被继承人的遗产。

遗产在家庭共有财产之中的，遗产分割时，应当先分出他人的财产。

第一千一百五十四条　【法定继承的适用范围】有下列情形之一的，遗产中的有关部分按照法定继承办理：

（一）遗嘱继承人放弃继承或者受遗赠人放弃受遗赠；

（二）遗嘱继承人丧失继承权或者受遗赠人丧失受遗赠权；

（三）遗嘱继承人、受遗赠人先于遗嘱人死亡或者终止；

（四）遗嘱无效部分所涉及的遗产；

（五）遗嘱未处分的遗产。

第一千一百五十五条　【胎儿预留份】遗产分割时，应当保留胎儿的继承份额。胎儿娩出时是死体的，保留的份额按照法定继承办理。

第一千一百五十六条　【遗产分割的原则和方法】遗产分割应当有利于生产和生活需要，不损害遗产的效用。

不宜分割的遗产，可以采取折价、适当补偿或者共有等方法处理。

第一千一百五十七条　【再婚时对所继承遗产的处分权】夫妻一方死亡后另一方再婚的，有权处分所继承的财产，任何组织或者个人不得干涉。

第一千一百五十八条　【遗赠扶养协议】自然人可以与继承人以外的组织或者个人签订遗赠扶养协议。按照协议，该组织或者个人承担该自然人生养死葬的义务，享有受遗赠的权利。

第一千一百五十九条　【遗产分割时的义务】分割遗产，应当清偿被继承人依法应当缴纳的税款和债务；但是，应当为缺乏劳动能力又没有生活来源的继承人保留必要的遗产。

第一千一百六十条　【无人继承遗产的归属】无人继承又无人受遗赠的遗产，归国家所有，用于公益事业；死者生前是集体所有制组织成员的，归所在集体所有制组织所有。

第一千一百六十一条　【继承人对遗产债务的清偿责任】继承人以所得遗产实际价值为限清偿被继承人依法应当缴纳的税款和债务。超过遗产实际价值部分，继承人自愿偿还的不在此限。

继承人放弃继承的，对被继承人依法应当缴纳的税款和债务可以不负清偿责任。

第一千一百六十二条　【遗赠与遗产税款、债务清偿】执行遗赠不得妨碍清偿遗赠人依法应当缴纳的税款和债务。

第一千一百六十三条　【既有法定继承又有遗嘱继承、遗赠时税款和债务的清偿】既有法定继承又有遗嘱继承、遗赠的，由法定继承人清偿被继承人依法应当缴纳的税款和债务；超过法定继承遗产实际价值部分，由遗嘱继承人和受遗赠人按比例以所得遗产清偿。

第七编　侵权责任

第一章　一般规定

第一千一百六十四条　【侵权责任编的调整范围】本编调整因侵害民事权益产生的民事关系。

第一千一百六十五条　【过错责任与过错推定责任原则】行为人因过错侵害他人民事权益造成损害的，应当承担侵权责任。

依照法律规定推定行为人有过错，其不能证明自己没有过错的，应当承担侵权责任。

第一千一百六十六条　【无过错责任原则】行为人造成他人民事权益损害，不论行为人有无过错，法律规定应当承担侵权责任的，依照其规定。

第一千一百六十七条　【危及他人人身、财产安全的责任承担方式】侵权行为危及他人人身、财产安全的，被侵权人有权请求侵权人承担停止侵害、排除妨碍、消除危险等侵权责任。

第一千一百六十八条　【共同侵权】二人以上共同实施侵权行为，造成他人损害的，应当承担连带责任。

第一千一百六十九条　【教唆侵权、帮助侵权】教唆、帮助他人实施侵权行为的，应当与行为人承担连带责任。

教唆、帮助无民事行为能力人、限制民事行为能力人实施侵权行为的，应当承担侵权责任；该无民事行为能力人、限制民事行为能力人的监护人未尽到监护职责的，应当承担相应的责任。

第一千一百七十条　【共同危险行为】二人以上实施危及他人人身、财产安全的行为，其中一人或者数人的行为造成他人损害，能够确定具体侵权人的，由侵权人承担责任；不能确定具体侵权人的，行为人承担连带责任。

第一千一百七十一条　【分别侵权承担连带责任】二人以上分别实施侵权行为造成同一损害，每个人的侵权行为都足以造成全部损害的，行为人承担连带责任。

第一千一百七十二条　【分别侵权承担按份责任】二人以上分别实施侵权行为造成同一损害，能够确定责任大小的，各自承担相应的责任；难以确定责任大小的，平均承担责任。

第一千一百七十三条　【与有过错】被侵权人对同一损害的发生或者扩大有过错的，可以减轻侵权人的责任。

第一千一百七十四条　【受害人故意】损害是因受害人故意造成的，行为人不承担责任。

第一千一百七十五条　【第三人过错】损害是因第三人造成的，第三人应当承担侵权责任。

第一千一百七十六条　【自甘风险】自愿参加具有一定风险的文体活动，因其他参加者的行为受到损害的，受害人不得请求其他参加者承担侵权责任；但是，其他参加者对损害的发生有故意或者重大过失的除外。

活动组织者的责任适用本法第一千一百九十八条至第一千二百零一条的规定。

第一千一百七十七条　【自助行为】合法权益受到侵害，情况紧迫且不能及时获得国家机关保护，不立即采取措施将使其合法权益受到难以弥补的损害的，受害人可以在保护自己合法权益的必要范围内采取扣留侵权人的财物等合理措施；但是，应当立即请求有关国家机关处理。

受害人采取的措施不当造成他人损害的，应当承担侵权责任。

第一千一百七十八条 【优先适用特别规定】本法和其他法律对不承担责任或者减轻责任的情形另有规定的,依照其规定。

第二章 损害赔偿

第一千一百七十九条 【人身损害赔偿范围】侵害他人造成人身损害的,应当赔偿医疗费、护理费、交通费、营养费、住院伙食补助费等为治疗和康复支出的合理费用,以及因误工减少的收入。造成残疾的,还应当赔偿辅助器具费和残疾赔偿金;造成死亡的,还应当赔偿丧葬费和死亡赔偿金。

第一千一百八十条 【以相同数额确定死亡赔偿金】因同一侵权行为造成多人死亡的,可以以相同数额确定死亡赔偿金。

第一千一百八十一条 【被侵权人死亡后请求权主体的确定】被侵权人死亡的,其近亲属有权请求侵权人承担侵权责任。被侵权人为组织,该组织分立、合并的,承继权利的组织有权请求侵权人承担侵权责任。

被侵权人死亡的,支付被侵权人医疗费、丧葬费等合理费用的人有权请求侵权人赔偿费用,但是侵权人已经支付该费用的除外。

第一千一百八十二条 【侵害他人人身权益造成财产损失的赔偿数额的确定】侵害他人人身权益造成财产损失的,按照被侵权人因此受到的损失或者侵权人因此获得的利益赔偿;被侵权人因此受到的损失以及侵权人因此获得的利益难以确定,被侵权人和侵权人就赔偿数额协商不一致,向人民法院提起诉讼的,由人民法院根据实际情况确定赔偿数额。

第一千一百八十三条 【精神损害赔偿】侵害自然人人身权益造成严重精神损害的,被侵权人有权请求精神损害赔偿。

因故意或者重大过失侵害自然人具有人身意义的特定物造成严重精神损害的,被侵权人有权请求精神损害赔偿。

第一千一百八十四条 【财产损失计算方式】侵害他人财产的,财产损失按照损失发生时的市场价格或者其他合理方式计算。

第一千一百八十五条 【侵害知识产权的惩罚性赔偿】故意侵害他人知识产权,情节严重的,被侵权人有权请求相应的惩罚性赔偿。

第一千一百八十六条 【公平责任原则】受害人和行为人对损害的发生都没有过错的,依照法律的规定由双方分担损失。

第一千一百八十七条 【赔偿费用支付方式】损害发生后,当事人可以协商赔偿费用的支付方式。协商不一致的,赔偿费用应当一次性支付;一次性支付确有困难的,可以分期支付,但是被侵权人有权请求提供相应的担保。

第三章 责任主体的特殊规定

第一千一百八十八条 【监护人责任】无民事行为能力人、限制民事行为能力人造成他人损害的,由监护人承担侵权责任。监护人尽到监护职责的,可以减轻其侵权责任。

有财产的无民事行为能力人、限制民事行为能力人造成他人损害的,从本人财产中支付赔偿费用;不足部分,由监护人赔偿。

第一千一百八十九条 【委托监护责任】无民事行为能力人、限制民事行为能力人造成他人损害,监护人将监护职责委托给他人的,监护人应当承担侵权责任;受托人有过错的,承担相应的责任。

第一千一百九十条 【丧失意识侵权责任】完全民事行为能力人对自己的行为暂时没有意识或者失去控制造成他人损害有过错的,应当承担侵权责任;没有过错的,根据行为人的经济状况对受害人适当补偿。

完全民事行为能力人因醉酒、滥用麻醉药品或者精神药品对自己的行为暂时没有意识或者失去控制造成他人损害的,应当承担侵权责任。

第一千一百九十一条 【用人单位责任和劳务派遣单位、劳务用工单位责任】用人单位的工作人员因执行工作任务造成他人损害的,由用人单位承担侵权责任。用人单位承担侵权责任后,可以向有故意或者重大过失的工作人员追偿。

劳务派遣期间,被派遣的工作人员因执行工作任务造成他人损害的,由接受劳务派遣的用工单位承担侵权责任;劳务派遣单位有过错的,承担相应的责任。

第一千一百九十二条 【个人劳务关系中的侵权责任】个人之间形成劳务关系,提供劳务一方因劳务造成他人损害的,由接受劳务一方承担侵权责任。接受劳务一方承担侵权责任后,可以向有故意或者重大过失的提供劳务一方追偿。提供劳务一方因劳务受到损害的,根据双方各自的过错承担相应的责任。

提供劳务期间,因第三人的行为造成提供劳务一方损害的,提供劳务一方有权请求第三人承担侵权责任,也有权请求接受劳务一方给予补偿。接受劳务一方补偿后,可以向第三人追偿。

第一千一百九十三条 【承揽关系中的侵权责任】承揽人在完成工作过程中造成第三人损害或者自己损害

的，定作人不承担侵权责任。但是，定作人对定作、指示或者选任有过错的，应当承担相应的责任。

第一千一百九十四条 【网络侵权责任】网络用户、网络服务提供者利用网络侵害他人民事权益的，应当承担侵权责任。法律另有规定的，依照其规定。

第一千一百九十五条 【网络服务提供者侵权补救措施与责任承担】网络用户利用网络服务实施侵权行为的，权利人有权通知网络服务提供者采取删除、屏蔽、断开链接等必要措施。通知应当包括构成侵权的初步证据及权利人的真实身份信息。

网络服务提供者接到通知后，应当及时将该通知转送相关网络用户，并根据构成侵权的初步证据和服务类型采取必要措施；未及时采取必要措施的，对损害的扩大部分与该网络用户承担连带责任。

权利人因错误通知造成网络用户或者网络服务提供者损害的，应当承担侵权责任。法律另有规定的，依照其规定。

第一千一百九十六条 【不侵权声明】网络用户接到转送的通知后，可以向网络服务提供者提交不存在侵权行为的声明。声明应当包括不存在侵权行为的初步证据及网络用户的真实身份信息。

网络服务提供者接到声明后，应当将该声明转送发出通知的权利人，并告知其可以向有关部门投诉或者向人民法院提起诉讼。网络服务提供者在转送声明到达权利人后的合理期限内，未收到权利人已经投诉或者提起诉讼通知的，应当及时终止所采取的措施。

第一千一百九十七条 【网络服务提供者的连带责任】网络服务提供者知道或者应当知道网络用户利用其网络服务侵害他人民事权益，未采取必要措施的，与该网络用户承担连带责任。

第一千一百九十八条 【安全保障义务人责任】宾馆、商场、银行、车站、机场、体育场馆、娱乐场所等经营场所、公共场所的经营者、管理者或者群众性活动的组织者，未尽到安全保障义务，造成他人损害的，应当承担侵权责任。

因第三人的行为造成他人损害的，由第三人承担侵权责任；经营者、管理者或者组织者未尽到安全保障义务的，承担相应的补充责任。经营者、管理者或者组织者承担补充责任后，可以向第三人追偿。

第一千一百九十九条 【教育机构的过错推定责任】无民事行为能力人在幼儿园、学校或者其他教育机构学习、生活期间受到人身损害的，幼儿园、学校或者其他教育机构应当承担侵权责任；但是，能够证明尽到教育、管理职责的，不承担侵权责任。

第一千二百条 【教育机构的过错责任】限制民事行为能力人在学校或者其他教育机构学习、生活期间受到人身损害，学校或者其他教育机构未尽到教育、管理职责的，应当承担侵权责任。

第一千二百零一条 【在教育机构内第三人侵权时的责任分担】无民事行为能力人或者限制民事行为能力人在幼儿园、学校或者其他教育机构学习、生活期间，受到幼儿园、学校或者其他教育机构以外的第三人人身损害的，由第三人承担侵权责任；幼儿园、学校或者其他教育机构未尽到管理职责的，承担相应的补充责任。幼儿园、学校或者其他教育机构承担补充责任后，可以向第三人追偿。

第四章 产 品 责 任

第一千二百零二条 【产品生产者责任】因产品存在缺陷造成他人损害的，生产者应当承担侵权责任。

第一千二百零三条 【被侵权人请求损害赔偿的途径和先行赔偿人追偿权】因产品存在缺陷造成他人损害的，被侵权人可以向产品的生产者请求赔偿，也可以向产品的销售者请求赔偿。

产品缺陷由生产者造成的，销售者赔偿后，有权向生产者追偿。因销售者的过错使产品存在缺陷的，生产者赔偿后，有权向销售者追偿。

第一千二百零四条 【生产者和销售者对有过错第三人的追偿权】因运输者、仓储者等第三人的过错使产品存在缺陷，造成他人损害的，产品的生产者、销售者赔偿后，有权向第三人追偿。

第一千二百零五条 【危及他人人身、财产安全的责任承担方式】因产品缺陷危及他人人身、财产安全的，被侵权人有权请求生产者、销售者承担停止侵害、排除妨碍、消除危险等侵权责任。

第一千二百零六条 【流通后发现有缺陷的补救措施和侵权责任】产品投入流通后发现存在缺陷的，生产者、销售者应当及时采取停止销售、警示、召回等补救措施；未及时采取补救措施或者补救措施不力造成损害扩大的，对扩大的损害也应当承担侵权责任。

依据前款规定采取召回措施的，生产者、销售者应当负担被侵权人因此支出的必要费用。

第一千二百零七条 【产品责任惩罚性赔偿】明知产品存在缺陷仍然生产、销售，或者没有依据前条规定采取有效补救措施，造成他人死亡或者健康严重损害的，被侵权人有权请求相应的惩罚性赔偿。

第五章　机动车交通事故责任

第一千二百零八条　【机动车交通事故责任的法律适用】机动车发生交通事故造成损害的，依照道路交通安全法律和本法的有关规定承担赔偿责任。

第一千二百零九条　【机动车所有人、管理人与使用人不一致时的侵权责任】因租赁、借用等情形机动车所有人、管理人与使用人不是同一人时，发生交通事故造成损害，属于该机动车一方责任的，由机动车使用人承担赔偿责任；机动车所有人、管理人对损害的发生有过错的，承担相应的赔偿责任。

第一千二百一十条　【转让并交付但未办理登记的机动车侵权责任】当事人之间已经以买卖或者其他方式转让并交付机动车但是未办理登记，发生交通事故造成损害，属于该机动车一方责任的，由受让人承担赔偿责任。

第一千二百一十一条　【挂靠机动车侵权责任】以挂靠形式从事道路运输经营活动的机动车，发生交通事故造成损害，属于该机动车一方责任的，由挂靠人和被挂靠人承担连带责任。

第一千二百一十二条　【未经允许驾驶他人机动车侵权责任】未经允许驾驶他人机动车，发生交通事故造成损害，属于该机动车一方责任的，由机动车使用人承担赔偿责任；机动车所有人、管理人对损害的发生有过错的，承担相应的赔偿责任，但是本章另有规定的除外。

第一千二百一十三条　【交通事故责任承担主体赔偿顺序】机动车发生交通事故造成损害，属于该机动车一方责任的，先由承保机动车强制保险的保险人在强制保险责任限额范围内予以赔偿；不足部分，由承保机动车商业保险的保险人按照保险合同的约定予以赔偿；仍然不足或者没有投保机动车商业保险的，由侵权人赔偿。

第一千二百一十四条　【拼装车或报废车侵权责任】以买卖或者其他方式转让拼装或者已经达到报废标准的机动车，发生交通事故造成损害的，由转让人和受让人承担连带责任。

第一千二百一十五条　【盗窃、抢劫或抢夺机动车侵权责任】盗窃、抢劫或者抢夺的机动车发生交通事故造成损害的，由盗窃人、抢劫人或者抢夺人承担赔偿责任。盗窃人、抢劫人或者抢夺人与机动车使用人不是同一人，发生交通事故造成损害，属于该机动车一方责任的，由盗窃人、抢劫人或者抢夺人与机动车使用人承担连带责任。

保险人在机动车强制保险责任限额范围内垫付抢救费用的，有权向交通事故责任人追偿。

第一千二百一十六条　【肇事后逃逸责任及受害人救济】机动车驾驶人发生交通事故后逃逸，该机动车参加强制保险的，由保险人在机动车强制保险责任限额范围内予以赔偿；机动车不明、该机动车未参加强制保险或者抢救费用超过机动车强制保险责任限额，需要支付被侵权人人身伤亡的抢救、丧葬等费用的，由道路交通事故社会救助基金垫付。道路交通事故社会救助基金垫付后，其管理机构有权向交通事故责任人追偿。

第一千二百一十七条　【好意同乘的责任承担】非营运机动车发生交通事故造成无偿搭乘人损害，属于该机动车一方责任的，应当减轻其赔偿责任，但是机动车使用人有故意或者重大过失的除外。

第六章　医疗损害责任

第一千二百一十八条　【医疗损害责任归责原则和责任承担主体】患者在诊疗活动中受到损害，医疗机构或者其医务人员有过错的，由医疗机构承担赔偿责任。

第一千二百一十九条　【医务人员说明义务和患者知情同意权】医务人员在诊疗活动中应当向患者说明病情和医疗措施。需要实施手术、特殊检查、特殊治疗的，医务人员应当及时向患者具体说明医疗风险、替代医疗方案等情况，并取得其明确同意；不能或者不宜向患者说明的，应当向患者的近亲属说明，并取得其明确同意。

医务人员未尽到前款义务，造成患者损害的，医疗机构应当承担赔偿责任。

第一千二百二十条　【紧急情况下实施医疗措施】因抢救生命垂危的患者等紧急情况，不能取得患者或者其近亲属意见的，经医疗机构负责人或者授权的负责人批准，可以立即实施相应的医疗措施。

第一千二百二十一条　【医务人员过错诊疗的赔偿责任】医务人员在诊疗活动中未尽到与当时的医疗水平相应的诊疗义务，造成患者损害的，医疗机构应当承担赔偿责任。

第一千二百二十二条　【推定医疗机构有过错的情形】患者在诊疗活动中受到损害，有下列情形之一的，推定医疗机构有过错：

（一）违反法律、行政法规、规章以及其他有关诊疗规范的规定；

（二）隐匿或者拒绝提供与纠纷有关的病历资料；

（三）遗失、伪造、篡改或者违法销毁病历资料。

第一千二百二十三条　【药品、消毒产品、医疗器械的缺陷，或者输入不合格血液的侵权责任】因药品、消毒产品、医疗器械的缺陷,或者输入不合格的血液造成患者损害的,患者可以向药品上市许可持有人、生产者、血液提供机构请求赔偿,也可以向医疗机构请求赔偿。患者向医疗机构请求赔偿的,医疗机构赔偿后,有权向负有责任的药品上市许可持有人、生产者、血液提供机构追偿。

第一千二百二十四条 【医疗机构免责情形】患者在诊疗活动中受到损害,有下列情形之一的,医疗机构不承担赔偿责任:

(一)患者或者其近亲属不配合医疗机构进行符合诊疗规范的诊疗;

(二)医务人员在抢救生命垂危的患者等紧急情况下已经尽到合理诊疗义务;

(三)限于当时的医疗水平难以诊疗。

前款第一项情形中,医疗机构或者其医务人员也有过错的,应当承担相应的赔偿责任。

第一千二百二十五条 【医疗机构对病历资料的义务、患者对病历资料的权利】医疗机构及其医务人员应当按照规定填写并妥善保管住院志、医嘱单、检验报告、手术及麻醉记录、病理资料、护理记录等病历资料。

患者要求查阅、复制前款规定的病历资料的,医疗机构应当及时提供。

第一千二百二十六条 【患者隐私和个人信息保护】医疗机构及其医务人员应当对患者的隐私和个人信息保密。泄露患者的隐私和个人信息,或者未经患者同意公开其病历资料的,应当承担侵权责任。

第一千二百二十七条 【禁止违规实施不必要的检查】医疗机构及其医务人员不得违反诊疗规范实施不必要的检查。

第一千二百二十八条 【维护医疗机构及其医务人员合法权益】医疗机构及其医务人员的合法权益受法律保护。

干扰医疗秩序,妨碍医务人员工作、生活,侵害医务人员合法权益的,应当依法承担法律责任。

第七章 环境污染和生态破坏责任

第一千二百二十九条 【污染环境、破坏生态致损的侵权责任】因污染环境、破坏生态造成他人损害的,侵权人应当承担侵权责任。

第一千二百三十条 【环境污染、生态破坏侵权举证责任】因污染环境、破坏生态发生纠纷,行为人应当就法律规定的不承担责任或者减轻责任的情形及其行为与损害之间不存在因果关系承担举证责任。

第一千二百三十一条 【两个以上侵权人的责任大小确定】两个以上侵权人污染环境、破坏生态的,承担责任的大小,根据污染物的种类、浓度、排放量,破坏生态的方式、范围、程度,以及行为对损害后果所起的作用等因素确定。

第一千二百三十二条 【环境污染、生态破坏侵权的惩罚性赔偿】侵权人违反法律规定故意污染环境、破坏生态造成严重后果的,被侵权人有权请求相应的惩罚性赔偿。

第一千二百三十三条 【因第三人的过错污染环境、破坏生态的侵权责任】因第三人的过错污染环境、破坏生态的,被侵权人可以向侵权人请求赔偿,也可以向第三人请求赔偿。侵权人赔偿后,有权向第三人追偿。

第一千二百三十四条 【生态环境修复责任】违反国家规定造成生态环境损害,生态环境能够修复的,国家规定的机关或者法律规定的组织有权请求侵权人在合理期限内承担修复责任。侵权人在期限内未修复的,国家规定的机关或者法律规定的组织可以自行或者委托他人进行修复,所需费用由侵权人负担。

第一千二百三十五条 【生态环境损害赔偿范围】违反国家规定造成生态环境损害的,国家规定的机关或者法律规定的组织有权请求侵权人赔偿下列损失和费用:

(一)生态环境受到损害至修复完成期间服务功能丧失导致的损失;

(二)生态环境功能永久性损害造成的损失;

(三)生态环境损害调查、鉴定评估等费用;

(四)清除污染、修复生态环境费用;

(五)防止损害的发生和扩大所支出的合理费用。

第八章 高度危险责任

第一千二百三十六条 【高度危险责任的一般规定】从事高度危险作业造成他人损害的,应当承担侵权责任。

第一千二百三十七条 【民用核设施或者核材料致害责任】民用核设施或者运入运出核设施的核材料发生核事故造成他人损害的,民用核设施的营运单位应当承担侵权责任;但是,能够证明损害是因战争、武装冲突、暴乱等情形或者受害人故意造成的,不承担责任。

第一千二百三十八条 【民用航空器致害责任】民用航空器造成他人损害的,民用航空器的经营者应当承担侵权责任;但是,能够证明损害是因受害人故意造成的,不承担责任。

第一千二百三十九条 【占有或使用高度危险物致害责任】占有或者使用易燃、易爆、剧毒、高放射性、强腐蚀性、高致病性等高度危险物造成他人损害的,占有人或者使用人应当承担侵权责任；但是，能够证明损害是因受害人故意或者不可抗力造成的，不承担责任。被侵权人对损害的发生有重大过失的，可以减轻占有人或者使用人的责任。

第一千二百四十条　【从事高空、高压、地下挖掘活动或者使用高速轨道运输工具致害责任】从事高空、高压、地下挖掘活动或者使用高速轨道运输工具造成他人损害的，经营者应当承担侵权责任；但是，能够证明损害是因受害人故意或者不可抗力造成的，不承担责任。被侵权人对损害的发生有重大过失的，可以减轻经营者的责任。

第一千二百四十一条　【遗失、抛弃高度危险物致害责任】遗失、抛弃高度危险物造成他人损害的，由所有人承担侵权责任。所有人将高度危险物交由他人管理的，由管理人承担侵权责任；所有人有过错的，与管理人承担连带责任。

第一千二百四十二条　【非法占有高度危险物致害责任】非法占有高度危险物造成他人损害的，由非法占有人承担侵权责任。所有人、管理人不能证明对防止非法占有尽到高度注意义务的，与非法占有人承担连带责任。

第一千二百四十三条　【高度危险场所安全保障责任】未经许可进入高度危险活动区域或者高度危险物存放区域受到损害，管理人能够证明已经采取足够安全措施并尽到充分警示义务的，可以减轻或者不承担责任。

第一千二百四十四条　【高度危险责任赔偿限额】承担高度危险责任，法律规定赔偿限额的，依照其规定，但是行为人有故意或者重大过失的除外。

第九章　饲养动物损害责任

第一千二百四十五条　【饲养动物致害责任的一般规定】饲养的动物造成他人损害的，动物饲养人或者管理人应当承担侵权责任；但是，能够证明损害是因被侵权人故意或者重大过失造成的，可以不承担或者减轻责任。

第一千二百四十六条　【违反规定未对动物采取安全措施致害责任】违反管理规定，未对动物采取安全措施造成他人损害的，动物饲养人或者管理人应当承担侵权责任；但是，能够证明损害是因被侵权人故意造成的，可以减轻责任。

第一千二百四十七条　【禁止饲养的危险动物致害责任】禁止饲养的烈性犬等危险动物造成他人损害的，动物饲养人或者管理人应当承担侵权责任。

第一千二百四十八条　【动物园的动物致害责任】动物园的动物造成他人损害的，动物园应当承担侵权责任；但是，能够证明尽到管理职责的，不承担侵权责任。

第一千二百四十九条　【遗弃、逃逸的动物致害责任】遗弃、逃逸的动物在遗弃、逃逸期间造成他人损害的，由动物原饲养人或者管理人承担侵权责任。

第一千二百五十条　【因第三人的过错致使动物致害责任】因第三人的过错致使动物造成他人损害的，被侵权人可以向动物饲养人或者管理人请求赔偿，也可以向第三人请求赔偿。动物饲养人或者管理人赔偿后，有权向第三人追偿。

第一千二百五十一条　【饲养动物应履行的义务】饲养动物应当遵守法律法规，尊重社会公德，不得妨碍他人生活。

第十章　建筑物和物件损害责任

第一千二百五十二条　【建筑物、构筑物或者其他设施倒塌、塌陷致害责任】建筑物、构筑物或者其他设施倒塌、塌陷造成他人损害的，由建设单位与施工单位承担连带责任，但是建设单位与施工单位能够证明不存在质量缺陷的除外。建设单位、施工单位赔偿后，有其他责任人的，有权向其他责任人追偿。

因所有人、管理人、使用人或者第三人的原因，建筑物、构筑物或者其他设施倒塌、塌陷造成他人损害的，由所有人、管理人、使用人或者第三人承担侵权责任。

第一千二百五十三条　【建筑物、构筑物或者其他设施及其搁置物、悬挂物脱落、坠落致害责任】建筑物、构筑物或者其他设施及其搁置物、悬挂物发生脱落、坠落造成他人损害，所有人、管理人或者使用人不能证明自己没有过错的，应当承担侵权责任。所有人、管理人或者使用人赔偿后，有其他责任人的，有权向其他责任人追偿。

第一千二百五十四条　【从建筑物中抛掷物、坠落物致害责任】禁止从建筑物中抛掷物品。从建筑物中抛掷物品或者从建筑物上坠落的物品造成他人损害的，由侵权人依法承担侵权责任；经调查难以确定具体侵权人的，除能够证明自己不是侵权人的外，由可能加害的建筑物使用人给予补偿。可能加害的建筑物使用人补偿后，有权向侵权人追偿。

物业服务企业等建筑物管理人应当采取必要的安全保障措施防止前款规定情形的发生；未采取必要的安全保障措施的，应当依法承担未履行安全保障义务的侵权责任。

发生本条第一款规定的情形的，公安等机关应当依法及时调查,查清责任人。

第一千二百五十五条 【堆放物倒塌、滚落或者滑落致害责任】堆放物倒塌、滚落或者滑落造成他人损害,堆放人不能证明自己没有过错的,应当承担侵权责任。

第一千二百五十六条 【在公共道路上堆放、倾倒、遗撒妨碍通行的物品致害责任】在公共道路上堆放、倾倒、遗撒妨碍通行的物品造成他人损害的,由行为人承担侵权责任。公共道路管理人不能证明已经尽到清理、防护、警示等义务的,应当承担相应的责任。

第一千二百五十七条 【林木折断、倾倒或者果实坠落等致人损害的侵权责任】因林木折断、倾倒或者果实坠落等造成他人损害,林木的所有人或者管理人不能证明自己没有过错的,应当承担侵权责任。

第一千二百五十八条 【公共场所或者道路上施工致害责任和窨井等地下设施致害责任】在公共场所或者道路上挖掘、修缮安装地下设施等造成他人损害,施工人不能证明已经设置明显标志和采取安全措施的,应当承担侵权责任。

窨井等地下设施造成他人损害,管理人不能证明尽到管理职责的,应当承担侵权责任。

中华人民共和国反家庭暴力法

1. 2015 年 12 月 27 日第十二届全国人民代表大会常务委员会第十八次会议通过
2. 2015 年 12 月 27 日中华人民共和国主席令第 37 号公布
3. 自 2016 年 3 月 1 日起施行

目　　录

第一章　总　　则

第一条 【立法目的】为了预防和制止家庭暴力,保护家庭成员的合法权益,维护平等、和睦、文明的家庭关系,促进家庭和谐、社会稳定,制定本法。

第二条 【定义】本法所称家庭暴力,是指家庭成员之间以殴打、捆绑、残害、限制人身自由以及经常性谩骂、恐吓等方式实施的身体、精神等侵害行为。

第三条 【家庭成员之间的义务】家庭成员之间应当互相帮助,互相关爱,和睦相处,履行家庭义务。

反家庭暴力是国家、社会和每个家庭的共同责任。

国家禁止任何形式的家庭暴力。

第四条 【政府职责】县级以上人民政府负责妇女儿童工作的机构,负责组织、协调、指导、督促有关部门做好反家庭暴力工作。

县级以上人民政府有关部门、司法机关、人民团体、社会组织、居民委员会、村民委员会、企业事业单位,应当依照本法和有关法律规定,做好反家庭暴力工作。

各级人民政府应当对反家庭暴力工作给予必要的经费保障。

第五条 【反家庭暴力工作的原则】反家庭暴力工作遵循预防为主,教育、矫治与惩处相结合原则。

反家庭暴力工作应当尊重受害人真实意愿,保护当事人隐私。

未成年人、老年人、残疾人、孕期和哺乳期的妇女、重病患者遭受家庭暴力的,应当给予特殊保护。

第二章　家庭暴力的预防

第六条 【宣传教育】国家开展家庭美德宣传教育,普及反家庭暴力知识,增强公民反家庭暴力意识。

工会、共产主义青年团、妇女联合会、残疾人联合会应当在各自工作范围内,组织开展家庭美德和反家庭暴力宣传教育。

广播、电视、报刊、网络等应当开展家庭美德和反家庭暴力宣传。

学校、幼儿园应当开展家庭美德和反家庭暴力教育。

第七条 【业务培训、统计】县级以上人民政府有关部门、司法机关、妇女联合会应当将预防和制止家庭暴力纳入业务培训和统计工作。

医疗机构应当做好家庭暴力受害人的诊疗记录。

第八条 【乡镇人民政府、街道办事处的职责】乡镇人民政府、街道办事处应当组织开展家庭暴力预防工作,居民委员会、村民委员会、社会工作服务机构应当予以配合协助。

第九条 【政府支持】各级人民政府应当支持社会工作服务机构等社会组织开展心理健康咨询、家庭关系指导、家庭暴力预防知识教育等服务。

第十条 【调解家庭纠纷】人民调解组织应当依法调解家庭纠纷,预防和减少家庭暴力的发生。

第十一条 【用人单位的职责】用人单位发现本单位人

员有家庭暴力情况的，应当给予批评教育，并做好家庭矛盾的调解、化解工作。

第十二条 【监护人的职责】未成年人的监护人应当以文明的方式进行家庭教育，依法履行监护和教育职责，不得实施家庭暴力。

第三章 家庭暴力的处置

第十三条 【投诉、反映和求助】家庭暴力受害人及其法定代理人、近亲属可以向加害人或者受害人所在单位、居民委员会、村民委员会、妇女联合会等单位投诉、反映或者求助。有关单位接到家庭暴力投诉、反映或者求助后，应当给予帮助、处理。

家庭暴力受害人及其法定代理人、近亲属也可以向公安机关报案或者依法向人民法院起诉。

单位、个人发现正在发生的家庭暴力行为，有权及时劝阻。

第十四条 【报案】学校、幼儿园、医疗机构、居民委员会、村民委员会、社会工作服务机构、救助管理机构、福利机构及其工作人员在工作中发现无民事行为能力人、限制民事行为能力人遭受或者疑似遭受家庭暴力的，应当及时向公安机关报案。公安机关应当对报案人的信息予以保密。

第十五条 【公安机关接到报案后的工作】公安机关接到家庭暴力报案后应当及时出警，制止家庭暴力，按照有关规定调查取证，协助受害人就医、鉴定伤情。

无民事行为能力人、限制民事行为能力人因家庭暴力身体受到严重伤害、面临人身安全威胁或者处于无人照料等危险状态的，公安机关应当通知并协助民政部门将其安置到临时庇护场所、救助管理机构或者福利机构。

第十六条 【告诫书的出具和内容】家庭暴力情节较轻，依法不给予治安管理处罚的，由公安机关对加害人给予批评教育或者出具告诫书。

告诫书应当包括加害人的身份信息、家庭暴力的事实陈述、禁止加害人实施家庭暴力等内容。

第十七条 【告诫书的送达】公安机关应当将告诫书送交加害人、受害人，并通知居民委员会、村民委员会。

居民委员会、村民委员会、公安派出所应当对收到告诫书的加害人、受害人进行查访，监督加害人不再实施家庭暴力。

第十八条 【设立临时庇护场所】县级或者设区的市级人民政府可以单独或者依托救助管理机构设立临时庇护场所，为家庭暴力受害人提供临时生活帮助。

第十九条 【法律援助和诉讼费用的缓减免】法律援助机构应当依法为家庭暴力受害人提供法律援助。

人民法院应当依法对家庭暴力受害人缓收、减收或者免收诉讼费用。

第二十条 【人民法院对家庭暴力事实的认定依据】人民法院审理涉及家庭暴力的案件，可以根据公安机关出警记录、告诫书、伤情鉴定意见等证据，认定家庭暴力事实。

第二十一条 【监护人资格的撤销】监护人实施家庭暴力严重侵害被监护人合法权益的，人民法院可以根据被监护人的近亲属、居民委员会、村民委员会、县级人民政府民政部门等有关人员或者单位的申请，依法撤销其监护人资格，另行指定监护人。

被撤销监护人资格的加害人，应当继续负担相应的赡养、扶养、抚养费用。

第二十二条 【对加害人进行法治教育】工会、共产主义青年团、妇女联合会、残疾人联合会、居民委员会、村民委员会等应当对实施家庭暴力的加害人进行法治教育，必要时可以对加害人、受害人进行心理辅导。

第四章 人身安全保护令

第二十三条 【申请人身安全保护令】当事人因遭受家庭暴力或者面临家庭暴力的现实危险，向人民法院申请人身安全保护令的，人民法院应当受理。

当事人是无民事行为能力人、限制民事行为能力人，或者因受到强制、威吓等原因无法申请人身安全保护令的，其近亲属、公安机关、妇女联合会、居民委员会、村民委员会、救助管理机构可以代为申请。

第二十四条 【申请方式】申请人身安全保护令应当以书面方式提出；书面申请确有困难的，可以口头申请，由人民法院记入笔录。

第二十五条 【管辖法院】人身安全保护令案件由申请人或者被申请人居住地、家庭暴力发生地的基层人民法院管辖。

第二十六条 【以裁定形式作出】人身安全保护令由人民法院以裁定形式作出。

第二十七条 【作出人身安全保护令的条件】作出人身安全保护令，应当具备下列条件：

（一）有明确的被申请人；

（二）有具体的请求；

（三）有遭受家庭暴力或者面临家庭暴力现实危险的情形。

第二十八条 【作出人身安全保护令或者驳回申请的时限】人民法院受理申请后，应当在七十二小时内作出人身安全保护令或者驳回申请；情况紧急的，应当在二十四小时内作出。

第二十九条 **【措施】**人身安全保护令可以包括下列措施：

（一）禁止被申请人实施家庭暴力；

（二）禁止被申请人骚扰、跟踪、接触申请人及其相关近亲属；

（三）责令被申请人迁出申请人住所；

（四）保护申请人人身安全的其他措施。

第三十条 **【有效期】**人身安全保护令的有效期不超过六个月，自作出之日起生效。人身安全保护令失效前，人民法院可以根据申请人的申请撤销、变更或者延长。

第三十一条 **【复议】**申请人对驳回申请不服或者被申请人对人身安全保护令不服的，可以自裁定生效之日起五日内向作出裁定的人民法院申请复议一次。人民法院依法作出人身安全保护令的，复议期间不停止人身安全保护令的执行。

第三十二条 **【送达】**人民法院作出人身安全保护令后，应当送达申请人、被申请人、公安机关以及居民委员会、村民委员会等有关组织。人身安全保护令由人民法院执行，公安机关以及居民委员会、村民委员会等应当协助执行。

第五章 法律责任

第三十三条 **【实施家庭暴力的法律责任】**加害人实施家庭暴力，构成违反治安管理行为的，依法给予治安管理处罚；构成犯罪的，依法追究刑事责任。

第三十四条 **【被申请人违反人身安全保护令的法律责任】**被申请人违反人身安全保护令，构成犯罪的，依法追究刑事责任；尚不构成犯罪的，人民法院应当给予训诫，可以根据情节轻重处以一千元以下罚款、十五日以下拘留。

第三十五条 **【不依据规定向公安机关报案的法律责任】**学校、幼儿园、医疗机构、居民委员会、村民委员会、社会工作服务机构、救助管理机构、福利机构及其工作人员未依照本法第十四条规定向公安机关报案，造成严重后果的，由上级主管部门或者本单位对直接负责的主管人员和其他直接责任人员依法给予处分。

第三十六条 **【国家工作人员违反职责的法律责任】**负有反家庭暴力职责的国家工作人员玩忽职守、滥用职权、徇私舞弊的，依法给予处分；构成犯罪的，依法追究刑事责任。

第六章 附 则

第三十七条 **【参照适用】**家庭成员以外共同生活的人之间实施的暴力行为，参照本法规定执行。

第三十八条 **【施行日期】**本法自2016年3月1日起施行。

家庭寄养管理办法

1. 2014年9月24日民政部令第54号公布

2. 自2014年12月1日起施行

第一章 总 则

第一条 为了规范家庭寄养工作，促进寄养儿童身心健康成长，根据《中华人民共和国未成年人保护法》和国家有关规定，制定本办法。

第二条 本办法所称家庭寄养，是指经过规定的程序，将民政部门监护的儿童委托在符合条件的家庭中养育的照料模式。

第三条 家庭寄养应当有利于寄养儿童的抚育、成长，保障寄养儿童的合法权益不受侵犯。

第四条 国务院民政部门负责全国家庭寄养监督管理工作。

县级以上地方人民政府民政部门负责本行政区域内家庭寄养监督管理工作。

第五条 县级以上地方人民政府民政部门设立的儿童福利机构负责家庭寄养工作的组织实施。

第六条 县级以上人民政府民政部门应当会同有关部门采取措施，鼓励、支持符合条件的家庭参与家庭寄养工作。

第二章 寄养条件

第七条 未满18周岁、监护权在县级以上地方人民政府民政部门的孤儿、查找不到生父母的弃婴和儿童，可以被寄养。

需要长期依靠医疗康复、特殊教育等专业技术照料的重度残疾儿童，不宜安排家庭寄养。

第八条 寄养家庭应当同时具备下列条件：

（一）有儿童福利机构所在地的常住户口和固定住所。寄养儿童入住后，人均居住面积不低于当地人均居住水平。

（二）有稳定的经济收入，家庭成员人均收入在当地处于中等水平以上。

（三）家庭成员未患有传染病或者精神疾病，以及其他不利于寄养儿童抚育、成长的疾病。

（四）家庭成员无犯罪记录，无不良生活嗜好，关系和睦，与邻里关系融洽。

（五）主要照料人的年龄在30周岁以上65周岁以下，身体健康，具有照料儿童的能力、经验，初中以上文化程度。

具有社会工作、医疗康复、心理健康、文化教育等专业知识的家庭和自愿无偿奉献爱心的家庭，同等条件下优先考虑。

第九条　每个寄养家庭寄养儿童的人数不得超过2人，且该家庭无未满6周岁的儿童。

第十条　寄养残疾儿童，应当优先在具备医疗、特殊教育、康复训练条件的社区中为其选择寄养家庭。

第十一条　寄养年满10周岁以上儿童的，应当征得寄养儿童的同意。

第三章　寄养关系的确立

第十二条　确立家庭寄养关系，应当经过以下程序：

（一）申请。拟开展寄养的家庭应当向儿童福利机构提出书面申请，并提供户口簿、身份证复印件，家庭经济收入和住房情况、家庭成员健康状况以及一致同意申请等证明材料。

（二）评估。儿童福利机构应当组织专业人员或者委托社会工作服务机构等第三方专业机构对提出申请的家庭进行实地调查，核实申请家庭是否具备寄养条件和抚育能力，了解其邻里关系、社会交往、有无犯罪记录、社区环境等情况，并根据调查结果提出评估意见。

（三）审核。儿童福利机构应当根据评估意见对申请家庭进行审核，确定后报主管民政部门备案。

（四）培训。儿童福利机构应当对寄养家庭主要照料人进行培训。

（五）签约。儿童福利机构应当与寄养家庭主要照料人签订寄养协议，明确寄养期限、寄养双方的权利义务、寄养家庭的主要照料人、寄养融合期限、违约责任及处理等事项。家庭寄养协议自双方签字（盖章）之日起生效。

第十三条　寄养家庭应当履行下列义务：

（一）保障寄养儿童人身安全，尊重寄养儿童人格尊严。

（二）为寄养儿童提供生活照料，满足日常营养需要，帮助其提高生活自理能力。

（三）培养寄养儿童健康的心理素质，树立良好的思想道德观念。

（四）按照国家规定安排寄养儿童接受学龄前教育和义务教育。负责与学校沟通，配合学校做好寄养儿童的学校教育。

（五）对患病的寄养儿童及时安排医治。寄养儿童发生急症、重症等情况时，应当及时进行医治，并向儿童福利机构报告。

（六）配合儿童福利机构为寄养的残疾儿童提供辅助矫治、肢体功能康复训练、聋儿语言康复训练等方面的服务。

（七）配合儿童福利机构做好寄养儿童的送养工作。

（八）定期向儿童福利机构反映寄养儿童的成长状况，并接受其探访、培训、监督和指导。

（九）及时向儿童福利机构报告家庭住所变更情况。

（十）保障寄养儿童应予保障的其他权益。

第十四条　儿童福利机构主要承担以下职责：

（一）制定家庭寄养工作计划并组织实施；

（二）负责寄养家庭的招募、调查、审核和签约；

（三）培训寄养家庭中的主要照料人，组织寄养工作经验交流活动；

（四）定期探访寄养儿童，及时处理存在的问题；

（五）监督、评估寄养家庭的养育工作；

（六）建立家庭寄养服务档案并妥善保管；

（七）根据协议规定发放寄养儿童所需款物；

（八）向主管民政部门及时反映家庭寄养工作情况并提出建议。

第十五条　寄养协议约定的主要照料人不得随意变更。确需变更的，应当经儿童福利机构同意，经培训后在家庭寄养协议主要照料人一栏中变更。

第十六条　寄养融合期的时间不得少于60日。

第十七条　寄养家庭有协议约定的事由在短期内不能照料寄养儿童的，儿童福利机构应当为寄养儿童提供短期养育服务。短期养育服务时间一般不超过30日。

第十八条　寄养儿童在寄养期间不办理户口迁移手续，不改变与民政部门的监护关系。

第四章　寄养关系的解除

第十九条　寄养家庭提出解除寄养关系的，应当提前一个月向儿童福利机构书面提出解除寄养关系的申请，儿童福利机构应当予以解除。但在融合期内提出解除寄养关系的除外。

第二十条　寄养家庭有下列情形之一的，儿童福利机构应当解除寄养关系：

（一）寄养家庭及其成员有歧视、虐待寄养儿童行为的；

（二）寄养家庭成员的健康、品行不符合本办法第

八条第(三)和(四)项规定的;

(三)寄养家庭发生重大变故,导致无法履行寄养义务的;

(四)寄养家庭变更住所后不符合本办法第八条规定的;

(五)寄养家庭借机对外募款敛财的;

(六)寄养家庭不履行协议约定的其他情形。

第二十一条 寄养儿童有下列情形之一的,儿童福利机构应当解除寄养关系:

(一)寄养儿童与寄养家庭关系恶化,确实无法共同生活的;

(二)寄养儿童依法被收养、被亲生父母或者其他监护人认领的;

(三)寄养儿童因就医、就学等特殊原因需要解除寄养关系的。

第二十二条 解除家庭寄养关系,儿童福利机构应当以书面形式通知寄养家庭,并报其主管民政部门备案。家庭寄养关系的解除以儿童福利机构批准时间为准。

第二十三条 儿童福利机构拟送养寄养儿童时,应当在报送被送养人材料的同时通知寄养家庭。

第二十四条 家庭寄养关系解除后,儿童福利机构应当妥善安置寄养儿童,并安排社会工作、医疗康复、心理健康教育等专业技术人员对其进行辅导、照料。

第二十五条 符合收养条件、有收养意愿的寄养家庭,可以依法优先收养被寄养儿童。

第五章 监督管理

第二十六条 县级以上地方人民政府民政部门对家庭寄养工作负有以下监督管理职责:

(一)制定本地区家庭寄养工作政策;

(二)指导、检查本地区家庭寄养工作;

(三)负责寄养协议的备案,监督寄养协议的履行;

(四)协调解决儿童福利机构与寄养家庭之间的争议;

(五)与有关部门协商,及时处理家庭寄养工作中存在的问题。

第二十七条 开展跨县级或者设区的市级行政区域的家庭寄养,应当经过共同上一级人民政府民政部门同意。

不得跨省、自治区、直辖市开展家庭寄养。

第二十八条 儿童福利机构应当聘用具有社会工作、医疗康复、心理健康教育等专业知识的专职工作人员。

第二十九条 家庭寄养经费,包括寄养儿童的养育费用补贴、寄养家庭的劳务补贴和寄养工作经费等。

寄养儿童养育费用补贴按照国家有关规定列支。寄养家庭劳务补贴、寄养工作经费等由当地人民政府予以保障。

第三十条 家庭寄养经费必须专款专用,儿童福利机构不得截留或者挪用。

第三十一条 儿童福利机构可以依法通过与社会组织合作、通过接受社会捐赠获得资助。

与境外社会组织或者个人开展同家庭寄养有关的合作项目,应当按照有关规定办理手续。

第六章 法律责任

第三十二条 寄养家庭不履行本办法规定的义务,或者未经同意变更主要照料人的,儿童福利机构可以督促其改正,情节严重的,可以解除寄养协议。

寄养家庭成员侵害寄养儿童的合法权益,造成人身财产损害的,依法承担民事责任;构成犯罪的,依法追究刑事责任。

第三十三条 儿童福利机构有下列情形之一的,由设立该机构的民政部门进行批评教育,并责令改正;情节严重的,对直接负责的主管人员和其他直接责任人员依法给予处分:

(一)不按照本办法的规定承担职责的;

(二)在办理家庭寄养工作中牟取利益,损害寄养儿童权益的;

(三)玩忽职守导致寄养协议不能正常履行的;

(四)跨省、自治区、直辖市开展家庭寄养,或者未经上级部门同意擅自开展跨县级或者设区的市级行政区域家庭寄养的;

(五)未按照有关规定办理手续,擅自与境外社会组织或者个人开展家庭寄养合作项目的。

第三十四条 县级以上地方人民政府民政部门不履行家庭寄养工作职责,由上一级人民政府民政部门责令其改正。情节严重的,对直接负责的主管人员和其他直接责任人员依法给予处分。

第七章 附　　则

第三十五条 对流浪乞讨等生活无着未成年人承担临时监护责任的未成年人救助保护机构开展家庭寄养,参照本办法执行。

第三十六条 尚未设立儿童福利机构的,由县级以上地方人民政府民政部门负责本行政区域内家庭寄养的组织实施,具体工作参照本办法执行。

第三十七条 本办法自2014年12月1日起施行,2003

年颁布的《家庭寄养管理暂行办法》(民发〔2003〕144号)同时废止。

全国家庭教育指导大纲

1. 2010年2月8日发布
2. 妇字〔2010〕6号

为了深入贯彻落实《中共中央　国务院关于进一步加强和改进未成年人思想道德建设的若干意见》,提高全国家庭教育总体水平,促进儿童全面健康发展,依据《中华人民共和国未成年人保护法》、《中华人民共和国义务教育法》、《中华人民共和国母婴保健法》、《中华人民共和国预防未成年人犯罪法》等法律法规,特制定《全国家庭教育指导大纲》(以下简称《大纲》)。

一、适用范围

《大纲》适用于各级各类家庭教育指导机构和相关职能部门、社会团体、宣传媒体等组织对新婚夫妇、孕妇、18岁以下儿童的家长或监护人开展的家庭教育指导行为。

二、指导原则

家庭教育指导应注重科学性、针对性和适用性。一是坚持"儿童为本"原则。家庭教育指导应尊重儿童身心发展规律,尊重儿童合理需要与个性,创设适合儿童成长的必要条件和生活情景,保护儿童的合法权益,特别关注女孩的合法权益,促进儿童自然发展、全面发展、充分发展。二是坚持"家长主体"原则。指导者应确立为家长服务的观念,了解不同类型家庭之家长需求,尊重家长愿望,调动家长参与的积极性,重视发挥父母双方在指导过程中的主体作用和影响,指导家长确立责任意识,不断学习、掌握有关家庭教育的知识,提高自身修养,为子女树立榜样,为其健康成长提供必要条件。三是坚持"多向互动"原则。家庭教育指导应建立指导者与家长、儿童,家长与家长,家庭之间,家校之间的互动,努力形成相互学习、相互尊重、相互促进的环境与条件。

三、家庭教育指导内容及要求

(一)新婚期及孕期的家庭教育指导

1. 家庭教育指导重点

新婚期及孕期的家庭教育指导主要是引导夫妇共同做好优生优育优教的知识准备,并为新生命的诞生做好心理准备和物质准备。

2. 家庭教育指导内容要点

(1)重视婚检、孕前检查和优生指导,提高出生人口素质。鼓励新婚夫妇主动参与婚前医学健康检查,选择适宜的受孕年龄和季节,并注意形成良好的生活习惯,鼓励计划怀孕夫妇在怀孕前参加健康教育、健康检查、风险评估、咨询指导等专项服务。对于大龄孕妇、有致畸因素接触史的孕妇、怀孕后有疾病的孕妇以及具有其他不利优生因素的孕妇,督促其做好产前医学健康咨询及诊断。对于不孕不育者,引导其科学诊断、对症治疗,并给予心理辅导。

(2)关注孕期保健,孕育健康胎儿。指导孕妇掌握优生优育知识,配合医院进行孕期筛查和产前诊断,做到早发现、早干预;避免烟酒、农药、化肥、辐射等化学物理致畸因素,预防病毒、寄生虫等致畸因素的影响;科学地增加营养、合理作息、适度运动,进行心理调适,促进胎儿健康发育。

(3)做好相应准备,迎接新生命降临。指导准家长做好新生儿出生的相应准备,学习育儿的方法和技巧,购置儿童生活必备用品和保障母婴健康的基本卫生用品,营造安全温馨的家庭环境。

(4)提倡自然分娩,保障母婴健康。加大宣传力度,指导孕妇认识自然分娩的益处,认真做好孕妇产前医学检查,并协助舒缓临盆孕妇的焦虑心理。

(二)0—3岁年龄段的家庭教育指导

1. 0—3岁儿童的身心发展特点

婴幼儿期即从出生到大约3岁,是个体神经系统结构发展的重要时期,儿童身高和体重均有显著增长;遵循由头至脚、由中心至外围、由大动作至小动作的发展原则,逐渐掌握人类行为的基本动作;语言迅速发展;表现出一定的交往倾向,乐于探索周围世界;逐步建立亲子依恋关系。

2. 家庭教育指导内容要点

(1)提倡母乳喂养,增强婴儿免疫力。指导乳母加强乳房保健,在产后尽早用正确的方法哺乳;在睡眠、情绪和健康等方面保持良好状态,科学饮食,增加营养;在母乳不充分的阶段采取科学的混合喂养方法,适时添加辅食。

(2)鼓励主动学习,掌握儿童日常养育和照料的科学方法。指导家长按时为儿童预防接种,培养儿童健康的卫生习惯,注意科学的饮食调配;及早对孩子进行发展干预,让孩子多看、多听、多运动、多抚触,带领儿童开展适当的运动、游戏,增强儿童体质;了解儿童成长阶段的特点和表现,学会倾听、分辨儿童的"语言”,安抚儿童的情绪;学会了解儿童的发病征兆及应对方法,掌握病后护理常识。

(3)设定生活规则,养成儿童良好的生活行为习惯。指导家长了解婴幼儿成长的规律及特点,为儿童设定日常生活规则,并按照规则指导儿童的日常生活行为;重视发挥父亲的角色作用,利用生活场景进行随机教育;指导家长采用鼓励、表扬等正面强化教育措施,塑造儿童的健康生活方式。

(4)加强感知训练,提高儿童感官能力,预防儿童伤害。指导家长创设儿童自如爬行、充分活动的独立空间与条件,随时、充分地利用日常生活中的真实物品和现象,挖掘其内含的教育价值,让儿童在爬行、观察、听闻、触摸等训练过程中获得各种感官活动的经验,促进儿童的感官发展。同时要加强家庭保护,防止意外伤害发生。

(5)关注儿童需求,激发儿童想象力和好奇心。指导家长为儿童提供抓握、把玩、涂鸦、拆卸等活动的设施、工具和材料;用亲子游戏的形式发展儿童双手协调、手眼协调等精细动作;用心欣赏儿童的行为和作品并给予鼓励,分享儿童的快乐,促进儿童直觉动作思维发展,满足儿童好奇、好玩的认知需要。

(6)提供言语示范,促进儿童语言能力发展。指导家长为儿童创设宽松愉快的语言环境;提高自身口语素养,为儿童提供良好的言语示范;为儿童的语言学习和模仿提供丰富的物质材料,运用多种方法鼓励儿童多开口;积极回应儿童的言语需求,鼓励儿童之间的模仿和交流。

(7)加强亲子沟通,养成儿童良好情绪。指导家长关注、尊重、理解儿童的情绪,多给予儿童鼓励和支持;学习亲子沟通的技巧,以民主、平等、开放的姿态与儿童沟通;客观了解和合理对待儿童过度的情绪化行为,有针对性地实施适合儿童个性的教养策略。培养良好的亲子依恋关系。

(8)帮助儿童适应幼儿园生活。入园前,指导家长有意识地养成儿童自理能力、听从指令并遵循简单规则的能力等。入园后,指导家长积极了解儿童对幼儿园的适应情况,在儿童出现不良情绪时通过耐心沟通与疏导来稳定儿童的情绪,分析入园不适应的原因,正确面对分离焦虑。

(三)4—6岁年龄段的家庭教育指导

1. 4—6岁儿童的身心发展特点

4—6岁是儿童身心快速发展时期,具体表现在:儿童的身高、体重、大脑、神经、动作技能等方面获得长足的进步;大肌肉的发展已能保证儿童从事各种简单活动;儿童直觉行动思维相当熟练,并逐渐掌握具体形象思维;儿童词汇量迅速增长,基本掌握各种语法结构;儿童开始表现出一定兴趣、爱好、脾气等个性倾向以及与同伴一起玩耍的倾向。

2. 家庭教育指导内容要点

(1)加强儿童营养保健和体育锻炼。指导家长带领儿童积极开展体育锻炼;根据儿童的个人特点,寻找科学合理而又能为儿童接受的膳食方式;科学搭配儿童饮食,做到营养均衡、种类多样、比例适当、饮食定量、调配得当;不断学习关于儿童营养的新理念、新知识。

(2)培养儿童良好的生活和卫生习惯。指导家长与儿童一起制定儿童的家庭生活作息制度;积极运用奖励与忽视并行的方式纠正并消除儿童不良的行为方式与癖好;定期带领儿童进行健康检查。

(3)抓好安全教育,减少儿童意外伤害。指导家长提高安全意识,尽可能消除居室和周边环境中的伤害性因素;以良好的榜样影响、教育、启迪儿童;结合儿童的生活和学习,在共同参与的过程中对儿童实施安全教育,提高儿童的生命意识;重视儿童的体能素质,通过活动提高其自我保护能力。

(4)培养儿童良好的人际交往能力。指导家长关注儿童日常交往行为,对儿童的交往态度、行为和技巧及时提供帮助和辅导;注意培养儿童多方面的兴趣、爱好和特长,增强儿童交往的自信心;开展角色扮演游戏,帮助儿童在家中练习社交技巧,并积极为儿童创造与同伴交往的机会,培养儿童乐于与人交往的习惯和品质。

(5)增强儿童社会适应性,培养儿童抗挫折能力。指导家长鼓励儿童以开放的心态充分展示自己,同时树立面对挫折的良好榜样;充分利用传播媒介,引导儿童学习面对挫折的方法;适时、适宜地在儿童成长过程中创设面对变化与应对挫折的生活情境与锻炼机会;在儿童遇到困难时以鼓励、疏导的方式给孩子以必要的帮助与支持。

(6)丰富儿童感性知识,激发儿童早期智能。指导家长带领儿童关心周围事物及现象,多开展户外活动,以开阔儿童的眼界,丰富儿童的感性知识;灵活采用个别化教育手段,有针对性地鼓励儿童积极活动、主动参与、积累经验、发展潜能;改变传统的灌输、说教方式,以开放互动的方式让儿童在玩中学、在操作中探索、在游戏中成长。

（四）7—12岁年龄段的家庭教育指导

1. 7—12岁儿童的身心发展特点

7—12岁是整个儿童期十分重要的发展阶段。该阶段的儿童身心发展特点主要体现在：儿童身高和体重处于比较迅速的发展阶段；外部器官有了较快发展，但感知能力还不够完善；儿童处于从以具体的形象思维为主向抽象的逻辑思维过渡阶段；情绪情感方面表现得比较外显。

2. 家庭教育指导内容要点

（1）做好儿童健康监测，预防常见疾病发生。指导家长科学安排儿童的饮食，引导儿童养成健康的饮食习惯；培养儿童良好的卫生习惯和作息习惯；为儿童提供良好的学习环境，注意用眼卫生并定期检查视力；督促儿童坚持开展体育锻炼，积极配合卫生部门定期做好儿童健康监测。

（2）将生命教育纳入生活实践之中。指导家长带领儿童认识自然界的生命现象，帮助儿童建立热爱生命、珍惜生命、呵护生命的意识；抓住日常生活事件增长儿童居家出行的自我保护知识及基本的生命自救技能。

（3）培养儿童基本生活自理能力。指导家长重视养成教育，防止因为溺爱造成孩子的依赖性，注重儿童生活自理意识的培养；创设家庭环境，坚持从细微处入手，以激励教育为主，提高儿童的生活自理能力，养成生活自理的习惯。

（4）培养儿童的劳动观念和适度花费习惯。指导家长教授儿童一定的劳动技巧，给儿童创造劳动的机会，培养儿童劳动的热情；鼓励儿童参与家庭财务预算，合理支配零用钱，防止欲望膨胀，形成量入为出的观念，培养儿童理财的意识。

（5）引导儿童学会感恩父母、诚实为人、诚信做事。指导家长为儿童树立积极的人格榜样，创造健康和谐的家庭环境；从大处着眼、从小事入手，及时抓住日常生活事件教育儿童尊敬老师、孝敬长辈，学会关心、感激和回报他人。

（6）帮助儿童养成良好的学习习惯和学习兴趣。指导家长以身作则、言传身教，创设安静的环境，引导儿童专心学习，养成良好的学习习惯；注意培养儿童的学习兴趣；正确对待儿童的学习成绩。

（五）13—15岁年龄段的家庭教育指导

1. 13—15岁儿童身心发展特点

13—15岁的儿童正处于告别幼稚、走向成熟的过渡时期，即青春期。青春期的儿童面临着生理和心理上的“巨变”：各项身体指标接近于成人；性激素分泌大大增加，引起了性的萌发与成熟；感知觉能力不断提高，能有意识地调节和控制自己的注意力；逐步采用有意记忆的方法，其抽象逻辑思维日益占据主要地位；自我控制能力有了明显的发展，情感不再完全外露，但情绪还不稳定、易冲动。

2. 家庭教育指导内容要点

（1）对儿童开展适时、适当、适度的性别教育。指导家长进行青春期生理卫生知识指导，帮助儿童认识并适应自己的生理变化；开展科学的性心理辅导，进行青春期异性交往的指导；加强对儿童的性道德观念教育，并注意控制家庭的不良性刺激；引导儿童以合理的方式宣泄情绪。

（2）利用日常生活细节，开展伦理道德教育。指导家长加强自身道德修养，发挥道德榜样作用；把“修德做人”放在首位，强化儿童的伦理道德意识；肯定儿童的自我价值意识，立足道德的积极面引导儿童；创设健康向上的家庭氛围；与学校、社会形成合力，净化家庭和社会文化环境。

（3）开展信息素养教育，引导儿童正确使用各种媒介。指导家长掌握必要的信息知识与技能；树立民主意识，做儿童的朋友，了解儿童使用各种媒介的情况；培养儿童对信息的是非辨别能力和信息加工能力；鼓励儿童在使用网络等媒介的过程中学会自我尊重、自我发展；多关心鼓励对网络等媒介使用上瘾的儿童，并根据实际情况适时寻求专业咨询和心理援助。

（4）重视儿童学习过程，促进儿童快乐学习。指导家长和儿童树立正确的学业态度和应试心理；重视儿童学习方法和学习习惯的养成；教育儿童克服考试焦虑的方法与技巧；与儿童共同制定学习目标，并对取得阶段性成绩的儿童予以及时鼓励；在儿童考试受挫时鼓励儿童。

（5）尊重和信任儿童，促进良好的亲子沟通。指导家长摆正心态，以平等的姿态与儿童相处；学习与儿童沟通的技巧，学会运用委婉、民主、宽容的语言和态度对待儿童；学会倾听儿童的意见和感受，学会尊重、欣赏、认同和分享儿童的想法；学会采取正面方式激励儿童。

（6）树立正确的学业观，尊重儿童的自主选择。指导家长帮助儿童树立信心，勇于面对现实；协助儿童综合分析学业水平、兴趣爱好、未来规划等，选择适合其发展的高中、职校或其他发展方式；宽容地对待儿童的自我选择。

（六）16—18岁年龄段的家庭教育指导

1. 16—18岁儿童的身心发展特点

16—18岁的儿童经过青春期的迅速发育后进入相对稳定时期。其身体生长主要表现在形态发育、体内器官的成熟与机能的发育、性生理成熟等方面；在认知方面，儿童认知结构的完整体系基本形成，抽象逻辑思维占据优势地位；观察力、联想能力等迅速发展；情绪情感方面以内隐、自制为主，自尊心与自卑感并存；性意识呈现身心发展不平衡的特点。

2. 家庭教育指导内容要点

（1）引导儿童树立积极心态，尽快适应学校新生活。指导家长引导儿童树立健康的人生态度；经常与儿童沟通交流，掌握儿童的学习情况、思想动态；经常与学校联系，了解儿童可能遇到的适应问题并及时提供家庭支持。

（2）引导儿童与异性正确交往。指导家长根据该年龄阶段儿童个性特点，引导儿童积极开展社交活动和正常的异性交往；利用日常生活的相关事件，适时适当适度开展性生理、性心理辅导；对有"早恋"行为的儿童，指导家长学会提供经验参考，帮助儿童提高应对问题的现实处理能力。

（3）引导儿童"学会合作、学会分享"。指导家长通过召开家庭会议等形式，与儿童一起平等、开放地讨论家庭事务，并共同分担家庭事务；鼓励儿童在集体生活中锻炼自己，让儿童品尝与人合作的快乐；鼓励儿童积极参与社会实践活动，在活动中学会乐于与人相处、勇于承担责任。

（4）培养儿童做一个知法、守法的好公民。指导家长加强法律知识学习，掌握家庭法制教育的内容和方法，努力提高自身法制意识；注意以身作则，自觉遵守法律，为儿童树立榜样；与儿童建立民主平等的关系，切实维护儿童权益。

（5）指导儿童树立理想信念、合理规划未来。指导家长引导儿童从小树立社会责任感，树立国家意识；与儿童共同协商规划未来，并尊重和鼓励儿童进行自主选择；从儿童实际出发，不断调整自身期望；引导儿童学会将理想与现实的奋斗相结合。

（6）引导儿童树立自信心，以平常心对待升学。指导家长在迎考期间保持正常、有序的家庭生活，科学、合理安排生活作息，保证儿童劳逸结合，身心愉快；保持适度期待，鼓励儿童树立自信心，以平常心面对考试；为儿童选择志愿提供参考意见，并尊重儿童对自身的未来规划与发展意愿。

（七）特殊儿童、特殊家庭及灾害背景下的家庭教育指导

1. 特殊儿童的家庭教育指导

（1）智力障碍儿童的家庭教育指导。指导家长树立"医教结合"的观念，引导儿童听从医生指导，拟定个别化医疗和教育训练计划；通过积极的早期干预措施改善障碍状况，并培养儿童社会适应的能力；引导家长坚定信心、以身作则，重视儿童的日常生活规范训练，并循序渐进、持之以恒。

（2）听力障碍儿童的家庭教育指导。指导家长积极寻求早期干预，积极主动参与儿童语训，在专业人士协助下制定培养方案，充分利用游戏的价值，重视同伴交往的作用，发展儿童听力技能和语言交往技能，使其能进行一定的社会交往，逐步提高儿童的社会适应能力；加强对儿童的认知训练、理解力训练、运动训练和情绪训练。

（3）视觉障碍儿童的家庭教育指导。指导家长及早干预，根据不同残障程度发展儿童的听觉和触觉，以耳代目、以手代目，提升缺陷补偿。对于低视力儿童，指导家长鼓励儿童运用余视力学习和活动，提高有效视觉功能。对于全盲儿童，指导家长训练其定向行走能力，增加与外界接触机会，增强其交往能力。

（4）肢体残障儿童的家庭教育指导。指导家长早期积极借助医学技术加强干预和矫正，使其降低残障程度，提高活动机能；营造良好家庭氛围，用乐观向上的心态感染儿童；鼓励儿童正视现实、积极面对困难；教育儿童通过自己努力，积极寻求解决问题的方法，以获取信心。

（5）情绪行为障碍儿童的家庭教育指导。引导家长营造良好家庭氛围，给予儿童足够的关爱；加强与儿童的沟通与交流，避免儿童遭受不良生活的刺激；多采取启发鼓励、说服教育的方式；支持、尊重和鼓励儿童，多向儿童表达积极情感；多给儿童创造与伙伴交往的机会，培养儿童集体意识，减少其心理不良因素。

（6）智优儿童的家庭教育指导。引导家长深入地了解儿童的潜力与才能，正确全面地评估儿童；从儿童的性格、气质、兴趣和能力等实际出发，因材施教，循序渐进地开发儿童智力、发展儿童特长；坚持德智体全面发展，提高儿童的综合素质；保持头脑清醒，正确对待儿童的荣誉。

2. 特殊家庭的家庭教育指导

（1）离异和重组家庭的家庭教育指导。指导家长学会调节和控制情绪，不要在儿童面前流露对离异配偶的不满，不能简单粗暴或者无原则地迁就、溺爱儿

童;多与儿童交流沟通,给儿童当家作主的机会,鼓励儿童参与社会活动;定期让非监护方与儿童见面,不断强化儿童心目中父(母)亲的形象和情感;调动亲戚、朋友中的性别资源给儿童适当的影响,帮助其性别角色充分发展。指导重组家庭的夫妇多关心、帮助和亲近儿童,帮助减轻儿童的心理压力,帮助儿童正视现实;互敬、互爱、互信,为儿童树立积极的榜样;对双方子女一视同仁;加强家庭成员间的沟通,创设平和、融洽的家庭氛围。

(2)服刑人员家庭的家庭教育指导。指导监护人多关爱儿童;善于发现儿童的优点,用教育力量和爱心培养儿童的自尊心;信任儿童,并引导儿童克服自卑心理;定期带儿童探望父(母),满足儿童思念之情;与学校积极联系,共同为儿童成长创造好的环境。

(3)流动人口家庭的家庭教育指导。鼓励家长勇敢面对陌生环境和生活困难,为儿童创造良好的生活环境;处理好家庭成员之间的关系,为儿童创设宽松的心理环境;多与儿童交流,多了解儿童的思想动态;加强自身学习,树立全面发展的教育观念;与学校加强联系,共同为儿童创造良好的学习环境。

(4)农村留守儿童的家庭教育指导。指导留守儿童家长增强监护人责任意识,认真履行家长的义务,承担起对留守儿童监护的应尽责任;家长中尽量有一方在家照顾儿童,有条件的家长尤其是婴幼儿母亲要把儿童带在身边,尽可能保证婴幼儿早期身心呵护、母乳喂养的正常进行;指导农村留守儿童家长或被委托监护人重视儿童教育,多与儿童交流沟通,对儿童的道德发展和精神需求给予充分关注。

3. 灾害背景下的家庭教育指导

根据不同的需求,引导家长接受心理辅导,消化自己的情绪,以疏解其自身的灾难综合症;指导家长注意控制自己的情绪,鼓励儿童积极主动地获取、利用社会资源;引导儿童学会分享他人的建议和想法,不要轻易拒绝他人的帮助,同时也要尽量帮助他人;与外界加强合作,主动配合外界的心理援助等活动;对于孤儿,要充分挖掘社会资源,采用收养等多种方式,促进孤儿回归家庭,为儿童及其监护人家庭提供支持。

四、保障措施

(一)加强组织领导。各地相关部门要高度重视,加强对《大纲》贯彻落实工作的领导,制定切实可行的实施计划,加强实施管理,组织开展宣传、培训、督导、评估等工作,引导和帮助家庭教育指导机构和指导者根据《大纲》要求开展家庭教育指导。

(二)明确职责分工。各地相关部门要根据《大纲》要求,充分发挥职能优势,切实做好指导和推进家庭教育工作。各级妇联组织、教育行政部门牵头负责指导和推进家庭教育;文明办协调各部门力量共同构建学校、家庭、社会"三结合"教育网络;教育部门加强幼儿园、中小学校家长学校的指导与管理;卫生、人口计生部门大力发展新婚夫妇学校、孕妇学校、人口学校等公共服务阵地,对家长进行科学养育的指导和服务;人口计生部门负责 0 — 3 岁儿童早期发展的推进工作,逐步纳入公共服务范畴;妇联、民政、教育、人口计生、关工委等部门共同承担做好城乡社区家庭教育指导、服务与管理工作,推进家庭教育知识的宣传和普及,促进家庭教育事业全面发展。

(三)注重资源整合。各地相关部门要加大家庭教育指导工作经费投入,纳入经费预算,确保落实到位。要统筹各方面的优势力量,完善共建机制,形成工作合力,推进家庭教育发展。要广泛动员社会力量,多渠道筹措经费,为家庭教育指导工作提供保障。

(四)抓好队伍建设。各地相关部门要加强家庭教育指导工作者队伍的培育,重视对指导人员数量、质量和指导实效性的管理,从实际出发建设具有较强专业知识基础的专家队伍、讲师团队伍、社区志愿者队伍等,并大力发展专业社会工作者队伍,形成专兼结合、具备指导能力的家庭教育指导工作队伍。

(五)扩大社会宣传。各地相关部门要以"做一个有道德的人"为主题,开展丰富多彩的实践活动,大力培育在家孝敬父母、在学校尊敬师长、在社会奉献爱心的良好道德风尚。加强家庭教育指导宣传阵地建设,注重与各媒体管理部门的联系和合作,深入、广泛、持久地宣传家庭教育的正确观念和科学方法。省区市级报纸、县级以上电台、电视台要开办与家庭教育相关的栏目,发展家庭教育网校咨询热线,不断提高家庭教育社会宣传的覆盖面和影响力。

最高人民法院、全国妇联关于开展家庭教育指导工作的意见

1. 2023 年 5 月 29 日法布
2. 法发〔2023〕7 号
3. 自 2023 年 6 月 1 日起施行

为促进未成年人的父母或者其他监护人依法履行家庭教育职责,维护未成年人合法权益,预防未成年人

违法犯罪,保障未成年人健康成长,根据《中华人民共和国未成年人保护法》、《中华人民共和国预防未成年人犯罪法》、《中华人民共和国家庭教育促进法》等法律规定,结合工作实际,制定本意见。

一、总体要求

1. 人民法院开展家庭教育指导工作,应当坚持以下原则:

(1)最有利于未成年人。尊重未成年人人格尊严,适应未成年人身心发展规律,给予未成年人特殊、优先保护,以保护未成年人健康成长为根本目标;

(2)坚持立德树人。指导未成年人的父母或者其他监护人依法履行家庭教育主体责任,传播正确家庭教育理念,培育和践行社会主义核心价值观,促进未成年人全面发展、健康成长;

(3)支持为主、干预为辅。尊重未成年人的父母或者其他监护人的人格尊严,注重引导、帮助,耐心细致、循循善诱开展工作,促进家庭和谐、避免激化矛盾;

(4)双向指导、教帮结合。既注重对未成年人的父母或者其他监护人的教育指导,也注重对未成年人的教育引导,根据情况和需要,帮助解决未成年人家庭的实际困难;

(5)专业指导、注重实效。结合具体案件情况,有针对性地确定家庭教育指导方案,及时评估教育指导效果,并视情调整教育指导方式和内容,确保取得良好效果。

2. 人民法院在法定职责范围内参与、配合、支持家庭教育指导服务体系建设。在办理涉未成年人刑事、民事、行政、执行等各类案件过程中,根据情况和需要,依法开展家庭教育指导工作。

妇联协调社会资源,通过家庭教育指导机构、社区家长学校、文明家庭建设等多种渠道,宣传普及家庭教育知识,组织开展家庭教育实践活动,推进覆盖城乡的家庭教育指导服务体系建设。

各级人民法院、妇联应当加强协作配合,建立联动机制,共同做好家庭教育指导工作。

二、指导情形

3. 人民法院在审理离婚案件过程中,对有未成年子女的夫妻双方,应当提供家庭教育指导。

对于抚养、收养、监护权、探望权纠纷等案件,以及涉留守未成年人、困境未成年人等特殊群体的案件,人民法院可以就监护和家庭教育情况主动开展调查、评估,必要时,依法提供家庭教育指导。

4. 人民法院在办理案件过程中,发现存在下列情形的,根据情况对未成年人的父母或者其他监护人予以训诫,并可以要求其接受家庭教育指导:

(1)未成年人的父母或者其他监护人违反《中华人民共和国未成年人保护法》第十六条及《中华人民共和国家庭教育促进法》第二十一条等规定,不依法履行监护职责的;

(2)未成年人的父母或者其他监护人违反《中华人民共和国未成年人保护法》第十七条、第二十四条及《中华人民共和国家庭教育促进法》第二十条、第二十三条的规定,侵犯未成年人合法权益的;

(3)未成年人存在严重不良行为或者实施犯罪行为的;

(4)未成年人的父母或者其他监护人不依法履行监护职责或者侵犯未成年人合法权益的其他情形。

符合前款第二、第三、第四项情形,未成年人的父母或者其他监护人拒不接受家庭教育指导,或者接受家庭教育指导后仍不依法履行监护职责的,人民法院可以以决定书的形式制发家庭教育指导令,依法责令其接受家庭教育指导。

5. 在办理涉及未成年人的案件时,未成年人的父母或者其他监护人主动请求对自己进行家庭教育指导的,人民法院应当提供。

6. 居民委员会、村民委员会、中小学校、幼儿园等开展家庭教育指导服务活动过程中,申请人民法院协助开展法治宣传教育的,人民法院应当支持。

三、指导要求

7. 人民法院应当根据《中华人民共和国家庭教育促进法》第十六条、第十七条的规定,结合案件具体情况,有针对性地确定家庭教育的内容,指导未成年人的父母或者其他监护人合理运用家庭教育方式方法。

8. 人民法院在开展家庭教育指导过程中,应当结合案件具体情况,对未成年人的父母或者其他监护人开展监护职责教育:

(1)教育未成年人的父母或者其他监护人依法履行监护责任,加强亲子陪伴,不得实施遗弃、虐待、伤害、歧视等侵害未成年人的行为;

(2)委托他人代为照护未成年人的,应当与被委托人、未成年人以及未成年人所在的学校、婴幼儿照顾服务机构保持联系,定期了解未成年人学习、生活情况和心理状况,履行好家庭教育责任;

(3)未成年人的父母分居或者离异的,明确告知其在诉讼期间、分居期间或者离婚后,应当相互配合共同履行家庭教育责任,任何一方不得拒绝或者怠于履行家庭教育责任,不得以抢夺、藏匿未成年子女等方式争夺抚养权或者阻碍另一方行使监护权、探望权。

9. 人民法院在开展家庭教育指导过程中,应当结合案件具体情况,对未成年人及其父母或者其他监护人开展法治教育:

(1)教育未成年人的父母或者其他监护人树立法治意识,增强法治观念;

(2)保障适龄未成年人依法接受并完成义务教育;

(3)教育未成年人遵纪守法,增强自我保护的意识和能力;

(4)发现未成年人存在不良行为、严重不良行为或者实施犯罪行为的,责令其父母或者其他监护人履行职责、加强管教,同时注重亲情感化,并教育未成年人认识错误,积极改过自新。

10. 人民法院决定委托专业机构开展家庭教育指导的,也应当依照前两条规定,自行做好监护职责教育和法治教育工作。

四、指导方式

11. 人民法院可以在诉前调解、案件审理、判后回访等各个环节,通过法庭教育、释法说理、现场辅导、网络辅导、心理干预、制发家庭教育责任告知书等多种形式开展家庭教育指导。

根据情况和需要,人民法院可以自行开展家庭教育指导,也可以委托专业机构、专业人员开展家庭教育指导,或者与专业机构、专业人员联合开展家庭教育指导。

委托专业机构、专业人员开展家庭教育指导的,人民法院应当跟踪评估家庭教育指导效果。

12. 对于需要开展专业化、个性化家庭教育指导的,人民法院可以根据未成年人的监护状况和实际需求,书面通知妇联开展或者协助开展家庭教育指导工作。

妇联应当加强与人民法院配合,协调发挥家庭教育指导机构、家长学校、妇女儿童活动中心、妇女儿童之家等阵地作用,支持、配合人民法院做好家庭教育指导工作。

13. 责令未成年人的父母或者其他监护人接受家庭教育指导的,家庭教育指导令应当载明责令理由和接受家庭教育指导的时间、场所和频次。

开展家庭教育指导的频次,应当与未成年人的父母或者其他监护人不正确履行家庭教育责任以及未成年人不良行为或者犯罪行为的程度相适应。

14. 人民法院向未成年人的父母或者其他监护人送达家庭教育指导令时,应当耐心、细致地做好法律释明工作,告知家庭教育指导对保护未成年人健康成长的重要意义,督促其自觉接受、主动配合家庭教育指导。

15. 未成年人的父母或者其他监护人对家庭教育指导令不服的,可以自收到决定书之日起五日内向作出决定书的人民法院申请复议一次。复议期间,不停止家庭教育指导令的执行。

16. 人民法院、妇联开展家庭教育指导工作,应当依法保护未成年人及其父母或者其他监护人的隐私和个人信息。通过购买社会服务形式开展家庭教育指导的,应当要求相关机构组织及工作人员签订保密承诺书。

人民法院制发的家庭教育指导令,不在互联网公布。

17. 未成年人遭受性侵害、虐待、拐卖、暴力伤害的,人民法院、妇联在开展家庭教育指导过程中应当与有关部门、人民团体、社会组织互相配合,视情采取心理干预、法律援助、司法救助、社会救助、转学安置等保护措施。

对于未成年人存在严重不良行为或者实施犯罪行为的,在开展家庭教育指导过程中,应当对未成年人进行跟踪帮教。

五、保障措施

18. 鼓励各地人民法院、妇联结合本地实际,单独或会同有关部门建立家庭教育指导工作站,设置专门场所,配备专门人员,开展家庭教育指导工作。

鼓励各地人民法院、妇联探索组建专业化家庭教育指导队伍,加强业务指导及专业培训,聘请熟悉家庭教育规律、热爱未成年人保护事业和善于做思想教育工作的人员参与家庭教育指导。

19. 人民法院在办理涉未成年人案件过程中,发现有关单位未尽到未成年人教育、管理、救助、看护等保护职责的,应当及时向有关单位发出司法建议。

20. 人民法院应当结合涉未成年人案件的特点和规律,有针对性地开展家庭教育宣传和法治宣传教育。

全国家庭教育宣传周期间,各地人民法院应当结合本地实际,组织开展家庭教育宣传和法治宣传教育活动。

21. 人民法院、妇联应当与有关部门、人民团体、社会组织加强协作配合,推动建立家庭教育指导工作联动机制,及时研究解决家庭教育指导领域困难问题,不断提升家庭教育指导工作实效。

22. 开展家庭教育指导的工作情况，纳入人民法院绩效考核范围。

23. 人民法院开展家庭教育指导工作，不收取任何费用，所需费用纳入本单位年度经费预算。

六、附则

24. 本意见自2023年6月1日起施行。

附件：××××人民法院决定书（家庭教育指导令）（略）

民政部、全国妇联关于做好家庭暴力受害人庇护救助工作的指导意见

2015年9月24日印发

各省、自治区、直辖市民政厅（局）、妇联，新疆生产建设兵团民政局、妇联：

为加大反对家庭暴力工作力度，依法保护家庭暴力受害人，特别是遭受家庭暴力侵害的妇女、未成年人、老年人等弱势群体的人身安全和其他合法权益，根据《中华人民共和国妇女权益保障法》、《中华人民共和国未成年人保护法》、《中华人民共和国老年人权益保障法》、《社会救助暂行办法》等有关规定，现就民政部门和妇联组织做好家庭暴力受害人（以下简称受害人）庇护救助工作提出以下指导意见：

一、工作对象

家庭暴力受害人庇护救助工作对象是指常住人口及流动人口中，因遭受家庭暴力导致人身安全受到威胁，处于无处居住等暂时生活困境，需要进行庇护救助的未成年人和寻求庇护救助的成年受害人。寻求庇护救助的妇女可携带需要其照料的未成年子女同时申请庇护。

二、工作原则

（一）未成年人特殊、优先保护原则。为遭受家庭暴力侵害的未成年人提供特殊、优先保护，积极主动庇护救助未成年受害人。依法干预处置监护人侵害未成年人合法权益的行为，切实保护未成年人合法权益。

（二）依法庇护原则。依法为受害人提供临时庇护救助服务，充分尊重受害人合理意愿，严格保护其个人隐私。积极运用家庭暴力告诫书、人身安全保护裁定、调解诉讼等法治手段，保障受害人人身安全，维护其合法权益。

（三）专业化帮扶原则。积极购买社会工作、心理咨询等专业服务，鼓励受害人自主接受救助方案和帮扶方式，协助家庭暴力受害人克服心理阴影和行为障碍，协调解决婚姻、生活、学习、工作等方面的实际困难，帮助其顺利返回家庭、融入社会。

（四）社会共同参与原则。在充分发挥民政部门和妇联组织职能职责和工作优势的基础上，动员引导多方面社会力量参与受害人庇护救助服务和反对家庭暴力宣传等工作，形成多方参与、优势互补、共同协作的工作合力。

三、工作内容

（一）及时受理求助。妇联组织要及时接待受害人求助请求或相关人员的举报投诉，根据调查了解的情况向公安机关报告，请公安机关对家庭暴力行为进行调查处置。妇联组织、民政部门发现未成年人遭受虐待、暴力伤害等家庭暴力情形的，应当及时报请公安机关进行调查处置和干预保护。民政部门及救助管理机构应当及时接收公安机关、妇联等有关部门护送或主动寻求庇护救助的受害人，办理入站登记手续，根据性别、年龄实行分类分区救助，妥善安排食宿等临时救助服务并做好隐私保护工作。救助管理机构庇护救助成年受害人期限一般不超过10天，因特殊情况需要延长的，报主管民政部门备案。城乡社区服务机构可以为社区内遭受家庭暴力的居民提供应急庇护救助服务。

（二）按需提供转介服务。民政部门及救助管理机构和妇联组织可以通过与社会工作服务机构、心理咨询机构等专业力量合作方式对受害人进行安全评估和需求评估，根据受害人的身心状况和客观需求制定个案服务方案。要积极协调人民法院、司法行政、人力资源社会保障、卫生等部门、社会救助经办机构、医院和社会组织，为符合条件的受害人提供司法救助、法律援助、婚姻家庭纠纷调解、就业援助、医疗救助、心理康复等转介服务。对于实施家庭暴力的未成年人监护人，应通过家庭教育指导、监护监督等多种方式，督促监护人改善监护方式，提升监护能力；对于目睹家庭暴力的未成年人，要提供心理辅导和关爱服务。

（三）加强受害人人身安全保护。民政部门及救助管理机构或妇联组织可以根据需要协助受害人或代表未成年受害人向人民法院申请人身安全保护裁定，依法保护受害人的人身安全，避免其再次受到家庭暴力的侵害。成年受害人在庇护期间自愿离开救助管理机构的，应提出书面申请，说明离开原因，可自行离开、由受害人亲友接回或由当地村（居）民委员会、基层妇

联组织护送回家。其他监护人、近亲属前来接领未成年受害人的,经公安机关或村(居)民委员会确认其身份后,救助管理机构可以将未成年受害人交由其照料,并与其办理书面交接手续。

(四)强化未成年受害人救助保护。民政部门和救助管理机构要按照《最高人民法院最高人民检察院公安部民政部关于依法处理监护人侵害未成年人权益行为若干问题的意见》(法发〔2014〕24号)要求,做好未成年受害人临时监护、调查评估、多方会商等工作。救助管理机构要将遭受家庭暴力侵害的未成年受害人安排在专门区域进行救助保护。对于年幼的未成年受害人,要安排专业社会工作者或专人予以陪护和精心照料,待其情绪稳定后可根据需要安排到爱心家庭寄养。未成年受害人接受司法机关调查时,民政部门或救助管理机构要安排专职社会工作者或专人予以陪伴,必要时请妇联组织派员参加,避免其受到"二次伤害"。对于遭受严重家庭暴力侵害的未成年人,民政部门或救助管理机构、妇联组织可以向人民法院提出申请,要求撤销施暴人监护资格,依法另行指定监护人。

四、工作要求

(一)健全工作机制。民政部门和妇联组织要建立有效的信息沟通渠道,建立健全定期会商、联合作业、协同帮扶等联动协作机制,细化具体任务职责和合作流程,共同做好受害人的庇护救助和权益维护工作。民政部门及救助管理机构要为妇联组织、司法机关开展受害人维权服务、司法调查等工作提供设施场所、业务协作等便利。妇联组织要依法为受害人提供维权服务。

(二)加强能力建设。民政部门及救助管理机构和妇联组织要选派政治素质高、业务能力强的工作人员参与受害人庇护救助工作,加强对工作人员的业务指导和能力培训。救助管理机构应开辟专门服务区域设立家庭暴力庇护场所,实现与流浪乞讨人员救助服务区域的相对隔离,有条件的地方可充分利用现有设施设置生活居室、社会工作室、心理访谈室、探访会客室等,设施陈列和环境布置要温馨舒适。救助管理机构要加强家庭暴力庇护工作的管理服务制度建设,建立健全来访会谈、出入登记、隐私保护、信息查阅等制度。妇联组织要加强"12338"法律维权热线和维权队伍建设,为受害人主动求助、法律咨询和依法维权提供便利渠道和服务。

(三)动员社会参与。民政部门和救助管理机构可以通过购买服务、项目合作、志愿服务等多种方式,鼓励支持社会组织、社会工作服务机构、法律服务机构参与家庭暴力受害人庇护救助服务,提供法律政策咨询、心理疏导、婚姻家庭纠纷调解、家庭关系辅导、法律援助等服务,并加强对社会力量的统筹协调。妇联组织可以发挥政治优势、组织优势和群众工作优势,动员引导爱心企业、爱心家庭和志愿者等社会力量通过慈善捐赠、志愿服务等方式参与家庭暴力受害人庇护救助服务。

(四)强化宣传引导。各级妇联组织和民政部门要积极调动舆论资源,主动借助新兴媒体,切实运用各类传播阵地,公布家庭暴力救助维权热线电话,开设反对家庭暴力专题栏目,传播介绍反对家庭暴力的法律法规;加强依法处理家庭暴力典型事例(案例)的法律解读、政策释义和宣传报道,引导受害人及时保存证据,依法维护自身合法权益;城乡社区服务机构要积极开展反对家庭暴力宣传,提高社区居民参与反对家庭暴力工作的意识,鼓励社区居民主动发现和报告监护人虐待未成年人等家庭暴力线索。

·典型案例·

朱某某、徐某某虐待案

——引导树立科学教育观念,源头预防家庭暴力犯罪

【基本案情】

朱某甲(女,案发时9周岁)系朱某某与他人非婚生之女。2018年以来,被告人朱某某及同居女友徐某某因家庭琐事及学习问题,经常采取掐拧、抽打等方式殴打朱某甲。2019年10月,朱某某先后两次使用棍棒、鱼竿支架击打朱某甲左小腿致伤,后因治疗不及时,导致伤口溃烂感染。2020年5月12日,朱某某、徐某某因涉嫌虐待罪被江苏省连云港市赣榆区人民检察院提起公诉,后分别被判处有期徒刑十个月和六个月,均适用缓刑。

【家庭教育指导做法与成效】

(一)多角度开展家庭教育指导,引导监护人树立科学教育观念。本案是一起针对未成年人实施的家庭暴力犯罪案件。案件发生后检察机关与关工委就被害人监护问题进行了多次走访,朱某甲表示仍愿意与朱、徐二人继续生活,朱、徐二人也表示愿意改变教育方式,继续履行监护职责。考虑到该案属不当管教引发犯罪,原生家庭

更有利于未成年人成长，检察机关遂会同妇联、关工委启动家庭教育指导工作。首先，对朱、徐二人进行训诫，使其认识到其不当管教行为已构成虐待罪，促其端正态度。其次，由区妇联指派家庭教育指导老师，对朱、徐二人进行"一对一"家庭教育指导，引导改变不当教育方式，并将二人拉入由检察机关、妇联、关工委、教育局创建的"怀仁家长学堂"微信群，定期参加指导讲座，在群中分享接受家庭教育指导的体会与感触。同时，发挥"以老励老"作用，由关工委的"五老"成员定期和被害女童祖父母进行沟通交流，让其监督教育朱、徐二人，以亲情感化帮助修复被破坏的亲子关系。

（二）持续跟踪家庭监护状况，巩固家庭教育指导成效。检察官多次入户家访，详细了解朱某甲的身体康复情况，督促朱、徐二人切实履行好监护职责。与村委会保持经常性联系，请其协助跟踪考察朱某甲监护改善情况。通过电话回访朱某甲的老师，了解其学习成绩、在校表现等情况。经过四个月的教育督促和指导，朱某甲一家的亲子关系得到明显改善，朱某某、徐某某签署《监护承诺书》，家庭生活恢复正常。

（三）建立常态化工作机制，源头预防未成年人遭受家庭暴力。赣榆区检察院、妇联、关工委会签了《关于联合开展家庭教育指导工作的实施细则》，将成功经验转化为常态化机制。一是建立未成年人被侵害线索排查和反馈机制。通过妇联、关工委、学校、派出所等多个渠道，在全区15个乡镇进行排查，共对3名有轻微家暴情形的监护人予以训诫，对22名履职不当、监护缺失的家长进行家庭教育指导。二是形成具有本土特色的"检家"联动机制，通过妇联的基层"妇女之家"、"婆婆妈妈大舞台"等平台，由检察官开展法治宣讲，传递科学教育理念。三是充分发挥关工委的"五老成员"作用，监督未成年人的父母或其他监护人，重点针对由祖父母承担日常监护责任的留守儿童群体，强化监护意识，提高监护能力，防范家庭暴力等违法犯罪行为的发生。

【典型意义】

家庭暴力对未成年人身心伤害大，影响持久深远。家庭暴力案件的发生暴露了部分监护人的未成年人保护理念淡薄、家庭教育观念错位和监护能力不足。检察机关办理家庭暴力犯罪案件，对于尚未达到撤销监护资格的监护人，应当联合妇联、关工委开展家庭教育指导，找准问题根源，引导扭转落后的教育观念，矫正不当监护行为。同时，应当适当延伸司法保护触角，通过开展线索排查、法治宣传等，做好家庭教育指导的前端工作，源头预防监护侵害行为发生。

陈某盗窃案

——构建规范化工作机制，有力解决未成年人失管问题

【基本案情】

2021年2月5日，陈某因涉嫌盗窃罪被依法逮捕，其女儿陈某甲（6周岁）因无人监护暂由当地社会福利中心临时监护。同年2月25日，陈某被浙江省杭州市萧山区人民法院以犯盗窃罪判处有期徒刑六个月。经查，陈某还于2019年6月10日因犯盗窃罪被判处有期徒刑七个月。由于陈某系未婚生育陈某甲，在其服刑期间，陈某甲被安置在福利院临时监护。

【家庭教育指导的做法与成效】

（一）强化线索发现机制，主动开展失管未成年人家庭教育指导工作。为规范未成年人家庭教育指导工作，杭州市萧山区人民检察院、区妇联等部门制定了《杭州市萧山区亲职教育工作实施办法》和《关于建立家庭成员侵害未成年人权益案件联合干预制度的意见》，明确家庭教育指导对象，并将事实无人抚养未成年人纳入工作范围。在本案办理过程中，检察机关针对陈某多次实施犯罪导致陈某甲无人抚养以及法律观念淡薄、监护主体意识不强等问题，联合妇联、民政等部门开展综合评估，认为对陈某确有监护干预必要，随后启动家庭教育指导程序。

（二）规范工作流程和模式，保证家庭教育指导的科学性、系统性。萧山区检察院、妇联、关工委联合创建了"三会两评估"（启动初期、中期、结束三次联席会议，家庭教育指导效果评估与监护评估两项评估）和"亲职见习期"（家庭教育指导结束后6个月，由村社妇联家访观察）等制度，形成系统化的家庭教育指导工作模式，并开发家庭教育指导App，设置"家庭教育课程""监护评估""亲职教育效果评估"等7个应用场景模块，建立家庭教育指导工作基地，高效开展家庭教育指导工作。本案中，家庭教育指导程序启动后，专业社工在家庭功能测验、多维度访谈、妇联家访观察等基础上制定了针对性的家庭教育指导工作方案。为陈某设置了三个月的家庭教育指导期和六个月的亲职见习期。第一个月重点进行预防再犯罪法治教育以及监护职责教育和心理干预，促进提升监护意识；第二个月重点链接包含"如何帮助孩子重建安全感""营造良好家庭氛围——重建亲子关系""父母良好价值观及行为对孩子的正向影响"等系列家庭教育指导课程，提升沟通技巧、情绪管理能力，配套开展亲子

沙龙、亲子公益活动等，增进亲子关系；第三个月，再次进行家庭功能测验，并根据前两个月工作情况进行总结评估和效果巩固。在方案实施过程中，由妇联安排陈某所在村妇女干部作为家庭教育指导观察员定期开展家访观察，动态掌握家庭教育指导情况，适时调整工作进度与节奏。

（三）建立效果评估机制，提升家庭教育指导工作刚性。萧山区检察院牵头开发家庭教育指导数字平台，针对被教育对象进行“一人一码”三色动态监管，根据被教育对象打卡情况以及基层妇联工作人员、社工录入的家访观察、家庭教育指导等情况，实现动态监管和后期监护能力评估。同时，针对陈某起初两次不配合接受家庭教育指导的情况，萧山区检察院向其制发督促学习令，通报所在村妇联、村委会以及村社民警，经评估后将家庭教育指导期调整为四个月，并告知其对于拒不接受家庭教育指导或者依然存在失管失教情形，情节严重的，检察机关有权建议并支持撤销其监护人资格。经过批评教育，陈某认识到自身存在的问题和可能面临的法律后果，态度发生很大转变，开始自觉参加并积极配合家庭教育指导工作，最终顺利完成了所有课程任务。

（四）家庭教育指导与关爱救助并重。针对在家访观察中发现的陈某缺乏工作技能、工作意愿低等问题，检察机关指派心理专家对其进行专门指导干预，并为其提供餐饮、西点制作技能培训，帮助其获得一技之长。针对陈某甲因没有落户导致的无法正常接受义务教育问题，萧山区检察院、教育、民政、公安、妇联、关工委等部门共同努力，顺利为陈某母女办理了落户手续，并为陈某甲就近联系学校入学。

【典型意义】

失管未成年人家庭教育指导是一项尚处起步阶段的工作，系统性、专业性、强制性不足一直是实践中亟待破解的问题。杭州市萧山区检察院、妇联、关工委联合探索建立的规范化家庭教育指导工作模式，突出问题导向和效果导向，实现全程闭环管理，工作成效明显。为充分发挥家庭教育指导在预防未成年人犯罪、强化未成年人保护方面的作用，检察机关在办案过程中不仅要关注涉案未成年人家庭监护状况，也要重视失管失教未成年人监护问题，适时提供必要的指导和帮助，避免未成年人因监护缺失走上违法犯罪道路或遭受不法侵害。

李某涉嫌抢夺不捕案

——提高家庭教育指导针对性，推动严重不良行为未成年人矫治

【基本案情】

犯罪嫌疑人李某，男，作案时14周岁，初中肄业。2021年4月12日，李某驾驶汽车，搭载两名成年犯罪嫌疑人林某、杨某，尾随驾驶二轮摩托车的被害人吴某，伺机夺取财物。在林某伸手抢夺过程中，被害人吴某因失去平衡与李某驾驶的汽车发生碰撞后倒地受伤，随后三名犯罪嫌疑人逃离现场。经鉴定，被害人吴某属轻微伤。因李某未达到法定刑事责任年龄，四川省成都市新都区人民检察院于2021年5月21日对李某依法作出不批准逮捕决定。

【家庭教育指导做法与成效】

（一）深入开展社会调查，准确评估家庭教育状况和问题。对未达刑事责任年龄未成年人，检察机关没有一放了之。为全面了解导致李某犯罪的深层次原因，成都市新都区人民检察院对李某的成长生活轨迹进行了深入调查，详细询问监护人，走访邻居、教师、社区工作人员，委托心理咨询师对其开展心理测评。经调查发现，李某系弃婴，被养父母抚养长大。幼年时李某常有偷拿家中零钱的不良行为，上初中后缺乏管教沾染不良习气。2020年因盗窃电动车被公安机关抓获，经教育后被其父领回，在此过程中李某得知自己并非亲生，与父母隔阂更为严重，随后长期流浪不归。在对李某抚养监护过程中，李某父母的态度从起初的教育方式简单粗暴逐渐演变为不管不问。心理测评发现李某存在轻度的焦虑、强迫和抑郁，生存能力和心理成熟度欠缺。

（二）制定个性化方案，督促履行监护职责。针对李某的家庭教育问题，检察机关、妇联、关工委召开联席会议，制定个性化家庭教育指导方案。针对李某父母监护缺位和管教方式不当等问题，从调整沟通方式、改善家庭氛围、学习教养知识、改变教养方式、提升教育理念、引导教育发展等六个方面规划具体的家庭教育指导课程，通过家庭心理辅导对李某及其父母进行心理疏导、认知干预和行为矫正，在家庭教育专家引导下，通过亲子游戏等活动辅助修复家庭关系，以有效的沟通重新唤起亲情，影响亲子关系的心结逐渐得以解开。同时，妇联依托“姐妹心理驿站”推介心理咨询师对李某开展心理测评，根据其生存能力和心理成熟度欠缺的测评结果予以引导和干预，关工委组织“五老”志愿者、社工结对关爱，与检察

机关共同劝导父母切实承担对李某的监护责任。

(三)各部门联动协作,实现效果最大化。通过家庭教育指导,李某家庭关系明显改善,但李某长期辍学对其成长极为不利。为帮助李某重返学校,检察机关、妇联、关工委共同拟定工作方案,在安排李某返回户籍所在地与父母团聚后,立即启动家庭教育指导异地协作机制,两地通力合作,检察机关联系教育部门助力,妇联充分发挥妇儿工作平台优势、动员社会力量支持,关工委积极组织离退休老专家、老模范发挥专长帮扶到人,共同为李某提供就学协助。目前,李某回归家庭后表现良好,亲子关系融洽,新学期开学已赴一所初中就学。

【典型意义】

未成年人犯罪通常与成长环境及教育失当有着密切关系。对于因未达法定刑事责任年龄而不予追究刑事责任的未成年人,其父母应切实承担起监督管教的责任。相关部门通过家庭教育指导提升父母监护能力、改善家庭环境,是帮助严重不良行为未成年人回归正轨,预防重新犯罪的有效手段。不同家庭情况千差万别,家庭教育指导应坚持因人而异、对症下药。相关部门在开展家庭教育指导工作时,应针对具体问题、契合家庭实际、照顾个体特点,确保工作的针对性和实效性。

陈某甲涉嫌盗窃被不起诉案

——督促监护与家庭教育指导有机结合,
促进落实家庭保护责任

【基本案情】

陈某甲,男,作案时17周岁。2021年1月,陈某甲先后两次来到某居民楼下,将停放在楼下的一辆两轮电动车及一辆两轮摩托车盗走。经鉴定,被盗车辆价值共2860元。陈某甲被抓获归案后,如实供述犯罪事实,积极退赃并取得了被害人谅解。河南省固始县人民检察院经不公开听证,决定对陈某甲作附条件不起诉,并对其开展家庭教育指导。

【家庭教育指导做法与成效】

(一)找准监护问题症结,依法制发《督促监护令》。听证会结束后,在听证人员的见证下,针对陈某甲父亲家庭教育失当、监护不力、疏于管教等问题,检察官对其父亲进行训诫,并以"家长和孩子一起成长"为主题当场进行了一次家庭监护教育。随后,检察官向陈某甲父亲依法送达了《督促监护令》,提出重点监护举措,包括认真分析自己在教育孩子上存在的问题,更新教育理念,改变教育方法;多抽时间与孩子相处,加强与孩子的沟通交流,让孩子感受家庭的温暖;通过限制上网时间等措施帮助孩子戒除网瘾;定期参加家庭教育指导活动,按时报告监护情况及孩子表现。陈某甲父亲当场承认自己监护失职,签署了《监护教育承诺书》,自愿接受监督考察。

(二)以家庭教育指导引导履行监护职责,确保《督促监护令》落地见效。固始县妇联为陈某甲家庭量身设计了个性化教育指导方案,根据《督促监护令》提出的要求有针对性地安排家庭教育指导课程,并联合县检察院制定《监护考察工作计划表》,由县检察院会同当地派出所、村委会工作人员、心理咨询师、司法社工组成监护考察组,通过每月至少一次线上联络,一次线下走访,监护人每月报告行为记录等方式,引导陈某甲的父亲自觉承担监护义务,改变不当教育方式,教导陈某甲重新树立正确的价值观。经过帮教和家庭教育指导,陈某甲父子相处融洽,交流增多,陈某甲性格日渐开朗,考察回访发现陈某甲现随父亲在一家企业打工,工作认真负责,督促监护取得初步成效。

(三)机制化协作联动,推动形成六大保护工作合力。固始县检察院联合妇联、关工委等部门建立共同监护考察的配合衔接机制,进一步推进督促监护工作落实落细。组建"爱的港湾"公益巡讲团,举行"走千村"活动,开展"家长和孩子一起成长"公益课堂,让家庭教育指导"面对面"。录制微视频、制作家庭教育指导课件,通过各单位公众号发布,让家庭教育知识进社区、进家庭,向更多的家长宣讲家庭教育知识,增强监护人的监护意识和教育的主动性。疫情期间,针对家庭暴力案件增多的问题,及时开设"爱家抗疫家庭教育"微课堂,开展线上家庭教育公益讲座。

【典型意义】

对因家庭管教不当导致犯罪的未成年人,在对其开展帮教挽救的同时,应当下大力气解决家庭监护问题。监护督促令与家庭教育指导均为近年来检察机关加强监护权监督的创新工作机制,旨在推动解决涉未成年人案件背后家庭监护不力这一难点问题,促进落实家庭保护责任。监护督促令侧重督促和干预,家庭教育指导侧重引导和帮助,两项制度有机融合,刚柔并济,能够更好推动监护人履职,提升未成年人保护质量和效果。

未成年人张某某被性侵案

——整合优质资源,推动家庭教育指导专业化发展

【基本案情】

张某某(女,案发时13周岁)初中辍学,跟随母亲在

福建省惠安县一家餐饮店打工，其父亲常年外出务工不在家，母亲忙于生计无暇监管。由于缺乏家庭温暖，张某某急于寻找所谓的“安全感”，与多名前来餐饮店就餐的男子发生性关系，更在其父母同意下与其中一人订立婚约。涉案的多名男子因明知张某某系未满十四周岁的幼女，仍与其发生性关系，涉嫌强奸罪，检察机关依法提起公诉。

【家庭教育指导做法与成效】

（一）建立“1+N”保护小组，专业化办案与社会化服务有效衔接。近年，惠安县检察院紧盯农村儿童监管难问题，与妇联、关工委探索家庭教育指导工作与“惠女”精神深度融合，建立专门的家庭教育指导工作队伍，组建由承办检察官、护童观察员、司法社工、家庭教育指导者、心理咨询师组成的“1+N”保护小组，规范化开展相关工作。本案中，针对张某某监护人存在的监护不当、履责不力的问题，检察机关因案施策，联合妇联、关工委，依托妇女之家、儿童之家平台，吸收妇联家庭教育指导者、关工委“五老”等老同志组建“家教讲师团”，量身设计符合张某某家庭的个性化家庭教育指导方案，帮助张某某父母强化监护意识，履行家庭教育主体责任，加强亲子沟通，改善亲子关系，切实提升家庭教育指导的质量和效果。

（二）建立保护日志，保证家庭教育效果。利用护童观察员贴近群众的优势，通过护童观察员和司法社工定期走访，全面掌握张某某现状，为其单独建立保护日志，将张某某及其家庭生活实际、思想动态等情况及时向保护小组反馈，便于及时调整家庭教育指导措施，点对点开展定制式和阶段式相结合的保护救助计划，进一步提升家庭教育水平。

（三）根据需求转学复学，家庭教育指导与保护救助结合推动。考虑到张某某在义务教育阶段即辍学，且张某某本人有复学的意愿，检察机关在未成年人保护委员会工作机制下充分发挥职能作用，多次与教育行政部门沟通协调，为张某某办理复学手续。同时，鉴于张某某就学期间存在被校园欺凌的问题，检察机关在征询其本人意见后，将张某某转学至其家附近的另一所学校就读。

【典型意义】

家庭教育指导工作专业性强，各级检察机关、妇联组织、关工委在合力做好涉案未成年人家庭教育指导工作的同时，应注意带动、加强专业人才队伍建设，支持、培育社会力量参与家庭教育指导工作。通过委托服务、项目合作等多种方式，鼓励社会工作服务机构深入研究、积极开展教育行为矫正、亲子关系改善等课题的理论研究和实践探索，逐步培养一支稳定、专业、可靠的专家型家庭教育指导社会力量。

胡某诉张某变更抚养关系案

——全国第一道未成年人“人身安全保护令”

【基本案情】

原告胡某、被告张某于2000年经法院判决离婚，女儿张某某（1996年出生）由父亲张某抚养。离婚后，张某经常酗酒、酒后打骂女儿张某某。2005年，张某因犯抢劫罪被判处有期徒刑三年。刑满释放后，张某酗酒恶习未有改变，长期对女儿张某某实施殴打、谩骂，并限制张某某人身自由，不允许其与外界接触，严重影响了张某某的身心健康。2011年3月19日深夜，张某酒后将睡眠中的张某某叫醒实施殴打，张某某左脸受伤，自此不敢回家。同月26日，不堪忍受家庭暴力的张某某选择不再沉默，向司法部门写求救信，揭露其父家暴恶行，态度坚决地表示再不愿意跟随父亲生活，要求跟随母亲胡某生活。胡某遂向法院起诉，请求变更抚养关系。鉴于被告长期存在严重家暴行为，为防止危害后果进一步扩大，经法官释明后，原告胡某向法院提出了保护张某人身安全的申请。

【裁判结果】

法院经审理认为，被告张某与其女张某某共同生活期间曾多次殴打、威胁张某某，限制张某某人身自由的情况属实，原告的申请符合法律规定。依法裁定：一、禁止张某威胁、殴打张某某；二、禁止张某限制张某某的人身自由。裁定作出后，该院向市妇联、区派出所、被告所在村委会下达了协助执行通知书，委托上述单位监督被告履行裁定书确定的义务。后本案以调解方式结案，张某自2011年4月28日起由胡某抚养。

【典型意义】

本案中，湖南某法院发出了全国第一道针对未成年人的“人身安全保护令”，为加强对未成年人的保护做了有益探索，为推动“人身安全保护令”写入其后的《反家庭暴力法》积累了实践素材，为少年司法事业做出了巨大贡献。数十家媒体和电视台对该案进行了宣传报道，产生了良好的社会效果。该案还引起联合国官员及全国妇联相关领导的关注，他们对这份“人身安全保护令”做出了高度评价。

本案调解过程中，人民法院还邀请当地妇联干部、公安民警、村委会干部、村调解员共同参与对被告的批评教育，促使被告真诚悔悟并当庭保证不再实施家暴行为。本案是多元化解纠纷机制、社会联动机制在未成年人司法中的恰当运用，同时也为充分发扬“枫桥经验”处理未成年人保护案件做出了良好示范。

林某虐待子女被撤销监护人资格案

——全国首例撤销监护人资格判决

【基本案情】

被申请人林某，女，系福建省某县村民。林某于2004年生育小龙，因小龙的生父一直身份不明，故小龙自出生后一直随林某共同生活。林某曾有过三四次不成功的婚姻，生活中不但对小龙疏于管教，经常让小龙挨饿，而且多次殴打小龙，致使小龙后背满是伤疤。自2013年8月始，当地政府、妇联、村委会干部及派出所民警多次对林某进行批评教育，但林某仍拒不悔改。2014年5月29日凌晨，林某再次用菜刀划伤小龙的后背、双臂。同年6月13日，该村村民委员会以被申请人林某长期对小龙的虐待行为已严重影响小龙的身心健康为由，向法院提出请求依法撤销林某对小龙监护人资格的申请。审理期间，法院征求小龙的意见，其表示不愿意随其母林某共同生活。

【裁判结果】

法院经审理认为，监护人应当履行监护职责，保护被监护人的身体健康、照顾被监护人的生活，对被监护人进行管理和教育，履行相应的监护职责。被申请人林某作为小龙的监护人，采取打骂等手段对小龙长期虐待，经有关单位教育后仍拒不悔改，继续对小龙实施虐待，其行为已经严重损害小龙的身心健康，故不宜再担任小龙的监护人。依法撤销林某对小龙的监护人资格，并依法指定该村民委员会担任小龙的监护人。

【典型意义】

本案受理后，该县人民法院主动探索由村民委员会作为申请主体申请撤销监护失当未成年人的监护权转移工作，并根据法律的有关规定，在没有其他近亲属和朋友可以担任监护人的情况下，按照最有利于被监护人成长的原则，指定当地村民委员会担任小龙的监护人，通过充分发挥审判职能作用向社会表达一种对未成年人关爱的新视角。宣判后，该院还主动与市、县有关部门积极沟通，对小龙做了及时妥善安置，切实维护未成年人的合法权益。

最高人民法院、最高人民检察院、公安部、民政部于2014年12月18日联合发布了《关于依法处理监护人侵害未成年人权益行为若干问题的意见》（以下简称《意见》），对各级人民法院处理监护权撤销案件的相关问题作了较为明确的规定。该《意见》颁布之前，我国关于监护权撤销制度的规定主要是《民法通则》第18条和《未成年人保护法》第53条，有关规定较为笼统模糊。本案在《意见》出台之前即作出了撤销监护人资格的判决，是开我国撤销监护权之先例，直接推动了《意见》的颁布，为《意见》中有关有权申请撤销监护人资格的主体及撤销后的安置问题等规定的出台，贡献了实践经验。本案例于2015年被全国妇联评为首届全国维护妇女儿童权益十大案例。

林某某被撤销监护人资格案

【基本案情】

福建省仙游县榜头镇梧店村村民林某某（女）多次使用菜刀割伤年仅9岁的亲生儿子小龙（化名）的后背、双臂，用火钳鞭打小龙的双腿，并经常让小龙挨饿。自2013年8月始，当地镇政府、村委会干部及派出所民警多次对林某某进行批评教育，但林某某拒不悔改。2014年1月，共青团莆田市委、市妇联等部门联合对林某某进行劝解教育，林某某书面保证不再殴打小龙，但其后林某某依然我行我素。同年5月29日凌晨，林某某再次用菜刀割伤小龙的后背、双臂。为此，仙游县公安局对林某某处以行政拘留十五日并处罚款人民币一千元。6月13日，申请人仙游县榜头镇梧店村民委员会以被申请人林某某长期对小龙的虐待行为已严重影响小龙的身心健康为由，向法院请求依法撤销林某某对小龙的监护人资格，指定梧店村民委员会作为小龙的监护人。在法院审理期间，法院征求小龙的意见，其表示不愿意随林某某共同生活。

【裁判结果】

福建省仙游县人民法院经审理认为，监护人应当履行监护职责，保护被监护人的身体健康、照顾被监护人的生活，对被监护人进行管理和教育，履行相应的监护职责。被申请人林某某作为小龙的监护人，未采取正确的方法对小龙进行教育引导，而是采取打骂等手段对小龙长期虐待，经有关单位教育后仍拒不悔改，再次用菜刀割伤小龙，其行为已经严重损害小龙的身心健康，故其不宜再担任小龙的监护人。依照民法及未成年人保护法的有关规定，撤销被申请人林某某对小龙的监护人资格；指定申请人仙游县榜头镇梧店村民委员会担任小龙的监护人。

【典型意义】

撤销父母监护权是国家保护未成年人合法权益的一项重要制度。父母作为未成年子女的法定监护人，若不履行监护职责，甚至对子女实施虐待、伤害或者其他侵害行为，再让其担任监护人将严重危害子女的身心健康。结合本案情况，仙游县人民法院受理后，根据法律的有关规定，在没有其他近亲属和朋友可以担任监护人的情况下，按照最有利于被监护人成长的原则，指定当地村民委员会担任小龙的监护人。本案宣判后，该院还主动与市、县两级团委、妇联沟通，研究解决小龙的救助、安置等问题。考虑到由村民委员会直接履行监护职责存在一些具体困难，后在团委、民政部门及社会各方共同努力之下，最终将小龙妥善安置在SOS儿童村，切实维护小龙合法权益。本案为2015年1月1日开始施行的最高人民法院、最高人民检察院、公安部、民政部《关于依法处理监护人侵害未成年人权益行为若干问题的意见》中有关有权申请撤销监护人资格的主体及撤销后的安置问题等规定的出台，提供了实践经验，并对类似情况发生时，如何具体保护未成年人权益，提供了示范样本。

邵某某、王某某被撤销监护人资格案

【基本案情】

邵某某和王某某2004年生育一女，取名邵某。在邵某未满两周岁时，二人因家庭琐事发生矛盾，邵某某独自带女儿回到原籍江苏省徐州市铜山区大许镇生活。在之后的生活中，邵某某长期殴打、虐待女儿邵某，致其头部、脸部、四肢等多处严重创伤。2013年又因强奸、猥亵女儿邵某，于2014年10月10日被法院判处有期徒刑十一年，剥夺政治权利一年。王某某自2006年后从未看望过邵某，亦未支付抚养费用。邵某某被采取刑事强制措施后，王某某及家人仍对女儿邵某不闻不问致其流离失所、生活无着。邵某因饥饿离家，被好心人士张某某收留。邵某某的父母早年去世，无兄弟姐妹。王某某肢体三级残疾，其父母、弟、妹均明确表示不愿意抚养邵某。2015年1月铜山区民政局收到铜山区检察院的检察建议，于1月7日作为申请人向铜山区人民法院提起特别程序请求撤销邵某某和王某某的监护人资格。

【裁判结果】

江苏省徐州市铜山区人民法院判决：1. 撤销被申请人邵某某对邵某的监护权。2. 撤销被申请人王某某对邵某的监护权。3. 指定徐州市铜山区民政局作为邵某的监护人。

【典型意义】

通过对该案的审判，确定了当父母拒不履行监护责任或者侵害被监护人合法权益时，民政局作为社会保障机构，有权申请撤销父母的监护权，打破“虐童是家事”的陈旧观念，使受到家庭成员伤害的未成年人也能够得到司法救济。在未成年人其他近亲属无力监护、不愿监护和不宜监护，临时照料人监护能力又有限的情形下，判决民政局履行带有国家义务性质的监护责任，指定其作为未成年人的监护人，对探索确立国家监护制度作出大胆尝试。该案件审理中的创新做法：一、激活监护权撤销制度使之具有可诉性，明确了民政部门等单位在“有关单位”之列，使撤销监护权之诉具备了实际的可操作性；二、引入指定临时照料人制度，案件受理后，为未成年人指定临时照料人，既确保未成年人在案件审理过程中的生活稳定，也有利于作为受害人的未成年人表达意愿、参加庭审；三、引入社会观护制度，案件审理中，法院委托妇联、团委、青少年维权机构对受害未成年人进行观护，了解未成年人受到侵害的程度、现在的生活状态、亲属情况及另行指定监护人的人选等内容，给法院裁判提供参考；四、加强未成年人隐私保护，庭审中采用远程视频、背对镜头的方式让邵某出庭，寻求受害女童隐私保护和充分表达意愿的平衡。对裁判文书进行编号，向当事人送达裁判文书时送达《未成年人隐私保护告知书》，告知不得擅自复印、传播该文书。在审理终结后，对全部卷宗材料进行封存，最大限度保护受害人的隐私，确保其在另行指定监护人后能健康成长。

岳某某被撤销监护人资格案

【基本案情】

申请人屈某某、张某某系屈某一之父母。屈某一与被申请人岳某某(女)婚后生育子女岳某一(姐)、岳某二(弟)。2007年，屈某一意外死亡，岳某某独自离家未归。多年来岳某一、岳某二与两申请人(祖父母)一起生活。被申请人岳某某现已再婚。申请人屈某某、张某某申请撤销岳某某对岳某一、岳某二的监护权，同时指定申请人屈某某、张某某为岳某一、岳某二的监护人，被申请人岳某某表示同意。

【裁判结果】

陕西省兴平市人民法院经审理认为，监护人应当履行监护职责，保护被监护人的人身、财产及其他合法权益。被申请人岳某某在其丈夫去世后，未履行对其子女岳某一、岳某二的抚养、照顾、教育、管理义务。现被申请人岳某某对申请人屈某某、张某某的申请表示同意，且岳某一、岳某二一直与申请人屈某某、张某某(祖父母)共同生活，由申请人抚养至今，故对两申请人的主张予以支持。

【典型意义】

父母作为未成年人的法定监护人，应当履行法定监护职责。本案中，被申请人作为未成年人的母亲，长期不履行对于子女的监护职责，而由未成年人的祖父母实际进行抚养、照顾等监护义务。将监护人变更为未成年人的祖父母，不但符合实际的监护情况，也符合包括被申请人在内的各方利害关系人的意愿，符合未成年人保护的立法意旨。实践中，祖父母抚养孙子女等留守儿童的现象日益普遍，在作为法定监护人的父母不履行或者不能履行监护职责的情况下，赋予祖父母监护人身份，有利于稳定家庭关系及社会秩序，促进未成年人权益保障，这也是本案的典型意义所在。

徐某被撤销监护人资格案

【基本案情】

徐某某出生于2010年2月21日，出生后被遗弃在江苏省常州市武进区某寺庙门外，由该寺庙出家人释某抱回寺内。因徐某某需落户口，释某年纪较大，不符合收养要求。2011年12月29日，徐某某由寺庙出家人徐某收养，并办理了收养登记手续。徐某某先由徐某的妹妹、妹夫代养，后又送回该寺庙抚养，由徐某及寺内其他人员共同照顾。2014年9月25日，徐某某被送至常州市儿童福利院，寺庙支付了保育教育费、寄养儿童伙食费等费用共计19480元。徐某某被送至常州市儿童福利院后，徐某未探望过徐某某，亦未支付过徐某某的相关费用。徐某某患有脑裂畸形，至今未治愈。

【裁判结果】

江苏省常州市天宁区人民法院认为，监护人不履行监护职责或者侵害被监护人的合法权益的，应当承担责任，人民法院可以根据有关人员或者有关单位的申请，撤销监护人的资格。徐某某生父母不详，且患有脑裂畸形疾病。2014年9月25日，徐某某由某寺庙送至常州市儿童福利院抚养至今，期间徐某长期不履行监护职责，庭审中亦明确表示其不具备抚养、监护徐某某的能力。申请人常州市儿童福利院愿意担任徐某某的监护人，并已自2014年9月25日起实际履行了监护职责。故申请人常州市儿童福利院申请撤销被申请人徐某的监护资格，由申请人担任徐某某的监护人，符合法律规定，应当予以支持。判决：一、撤销被申请人徐某对徐某某的监护人资格。二、指定常州市儿童福利院为徐某某的监护人。该判决为终审判决，现已生效。

【典型意义】

本案是一起撤销因收养关系形成的监护权案件。不履行监护职责的消极不作为行为，导致未成年人身心健康受到侵害的行为，亦应认定为监护侵害行为。徐某与徐某某通过收养关系成为其监护人，但实际上徐某某一直由多人轮流抚养，徐某某患有脑裂畸形，因徐某怠于行使监护职责，无法进行手术医治，已严重影响了徐某某的健康成长，在徐某某被送至常州市儿童福利院后，徐某未探望过徐某某，亦未支付过相关费用，其不履行监护职责的行为构成对徐某某的侵害。徐某某年仅五岁，且患有脑裂畸形疾病，无法主动维护其自身权益，其是一名弃婴，无法查明其亲生父母及近亲属的情况。常州市儿童福利院作为民政部门设立的未成年人救助保护机构，对徐某某进行了抚养、照顾，实际承担了监护职责，由其作为申请人提出申请符合法律规定，体现了国家监护制度对于未成年人监护权益的补充和保障，指定其作为徐某某的监护人，也符合未成年人利益最大化的原则和本案的实际情况。

耿某某、马某被撤销监护人资格案

【基本案情】

被申请人耿某某、马某系同居关系，双方于2007年4月生育儿子耿某一。马某有智力残疾，耿某某经常因为家庭琐事殴打耿某一，给耿某一造成了严重的身体和精神上的伤害。耿某某也经常殴打马某，致使马某离家出走，下落不明。公安机关在调查耿某一被殴打时，耿某某也离家出走，下落不明。耿某一的祖父、祖母均已去世，耿某一的外祖父、外祖母已经离婚，与其外祖母已无联系，其外祖父无正式工作，体弱多病无力作为监护人承担监护责任。由于父母均出走，耿某一独自一人在家，社区居委会、兴山区团委及鹤岗市团委为了保护未成年人的合法权益，将耿某一送至鹤岗市流浪乞讨人员救助站即鹤岗市未成年人社会保护中心。为了保护耿某一的人身安全，鹤岗市流浪乞讨人员救助站作为申请人，向鹤岗市兴山区人民法院起诉要求撤销耿某某、马某的监护权。

【裁判结果】

黑龙江省鹤岗市兴山区人民法院经审理认为，耿某某经常殴打耿某一，给其造成了严重的身体及精神伤害，其已经不能继续承担监护责任。马某虽是耿某一的母亲，但是其作为限制民事行为能力人，无独立生活能力，也无力继续承担监护责任。耿某一的其他近亲属均无力作为耿某一的监护人。鹤岗市兴山区人民法院依照法律规定，对此案进行了缺席审理，判决撤销了被申请人耿某某、马某的监护人资格。指定鹤岗市民政局作为耿某一的监护人，由鹤岗市民政局所属的鹤岗市儿童福利院承担对耿某一的监护职责。

【典型意义】

本案是一起撤销监护权的典型案例。虽然我国法律对撤销监护权作了规定,但是在现实生活中撤销监护权的案件却非常少。本案在审理中的最大亮点就是为了让未成年人的利益最大化,在依法指定民政局担任监护人的同时,由民政局所属的儿童福利院承担了监护职责。现阶段我国的儿童福利院受到了国家的高度重视,其居住、教育设施、人员配备较为完善,这样的生活、教育环境更有利于未成年人的健康成长,同时也解决了剥夺监护权后未成年人的生活和教育问题。

何某某被撤销监护人资格案

【基本案情】

被申请人何某某系叶某某的前夫、被监护人何某一的父亲。何某某与叶某某无其他子女,双方离婚时协议何某一由叶某某抚养。何某一的外祖母已死亡。申请人叶某一系何某一的舅舅。2015 年 4 月 25 日 19 时许,被申请人何某某前往叶某某家,将叶某某父亲和叶某某捅死,将何某一捅伤。2015 年 9 月 26 日,何某一户籍地所在村委会出具证明,认为由申请人叶某一作为何某某的监护人有利于何某一成长。法院于 2014 年 10 月 24 日征询何某一的意见,其同意由申请人叶某一作为其监护人。

【裁判结果】

浙江省乐清市人民法院经审理认为,监护人应履行对被监护人的监护职责,暴力伤害被监护人,严重损害被监护人身心健康的,法院可以判决撤销其监护人资格。本案中,被申请人何某某捅死何某一的外祖父和母亲,并捅伤何某一,严重损害了何某一的身心健康,申请人叶某一作为何某一的舅舅申请撤销何某某的监护资格,应予以支持,由申请人叶某一担任何某一的监护人更有利于何某一走出心理阴影、健康成长。依照法律相关规定,判决撤销被申请人何某某监护人资格,指定申请人叶某一作为何某一的监护人。该判决现已发生法律效力。

【典型意义】

本案是一起父亲故意伤害子女而被撤销监护权的典型案例。父母作为子女的法定监护人,本应保护被监护人的身体健康,照顾被监护人的生活,被申请人何某某却将被监护人何某一捅成重伤(二级),令人扼腕。法院依照有关法律规定,撤销被申请人何某某某作为何某一监护人的资格,充分保障了未成年人的合法权益。审理过程中,对于指定何人为何某一的监护人,法院充分考虑了何某一本人的意愿和其户籍地所在村委会的意见,从有利于何某一走出心理阴影、健康成长的角度考虑,指定何某一的舅舅叶某一担任其监护人。

周某被撤销监护人资格案

【基本案情】

申请人秦某某、周某某系夫妻关系,1978 年 6 月领养了周某。1999 年至 2000 年,秦某某、周某某因周某吸食毒品屡教不改并偷拿家中财物导致矛盾激化,双方于 2000 年 11 月 21 日经上海市长宁区人民法院主持调解,解除了秦某某、周某某与周某之间养父母与养女关系。2005 年 3 月 23 日,周某在外非婚生育一女,取名周某一。2005 年 6 月,周某找到秦某某、周某某希望能暂时代为照顾周某一。但当老两口接手孩子后,周某只是每年偶尔来看看孩子,也未支付过抚养费。自 2013 年 2 月起,周某未再看望过周某一,也未履行抚养义务,经秦某某、周某某多次电话联系,仍无法联系到周某。周某一现就读于上海市某小学四年级,成绩优良,但因被申请人周某未履行监护职责,未能办理户籍。

本案在审理期间法院委托上海市阳光社区青少年事务中心长宁工作站进行社会观护。社会观护员反映:周某一自幼由两申请人照顾,被申请人偶尔回家一次。现一年多没有回家或者联系周某一。平时申请人周某某负责接送周某一,课余经常带周某一去各种游乐场所和公园,申请人秦某某负责周某一的饮食起居和学习。周某一明确表示希望和两申请人生活在一起,不喜欢母亲周某。因为周某下落不明以及消极处理周某一的户籍问题,导致周某一目前处于没有户籍、没有医保、没有身份证的状况,亦增加了两申请人的经济负担。社会观护员建议从保障未成年人权益出发,由两申请人担任周某一监护人为宜。

【裁判结果】

上海市长宁区人民法院经审理后认为,两申请人虽为年迈老人,且与未成年人周某一无法律关系、无抚养义务,但出于对未成年人的关爱之情,长期抚养周某一,并经所在居民委员会同意,向人民法院提出撤销周某的监护人资格。而在周某一的生父尚不明确情况下,生母周某作为唯一法定监护人不亲身切实履行抚养周某一的义务,不承担抚养费用,未能有效履行抚养未成年人的义务,不宜再担任周某一的监护人。鉴于两申请人长期抚养周某一,具有抚养能力,双方形成亲密抚养关系,且相关证据亦表明未成年人周某一在两申请人的照顾下成长状况良好，学习成绩优良，可以认为两申请人具备监护周某一的资格和条件。判决：一、撤销被申请人周某的监护人资格。二、变更申请人秦某某、周某某为周某一的监护人。

【典型意义】

这个案件是上海首例监护人不尽抚养义务被撤销监护权的案件。这个案件给我们的启示是，并不是只有虐待未成年子女才会受到法律制裁，监护人长期不尽抚养义务，也会被剥夺监护权，由国家或者他人代为行使监护权。孩子不是父母的私有财产，他们是国家的未来，一旦发现未成年人权益受到侵害，公民有报告的义务，这样才会逐步减少未成年人权益受侵害的现象。

何某某被撤销监护人资格案

【基本案情】

被申请人何某某(女)与案外人杨某某原系夫妻，双方协议离婚时约定婚生女儿杨某随被申请人何某某共同生活。2013 年上半年至 2014 年 7 月 13 日期间，被申请人何某某的情人张某某在明知杨某是未满十四周岁幼女的情况下，先后多次让何某某将杨某带到遂昌县某宾馆房间内，由何某某做杨某的思想工作后，与杨某发生性关系。2015 年 7 月 3 日，遂昌法院以强奸罪分别判处张某某有期徒刑十年六个月，何某某有期徒刑十年。案发后，杨某随其父亲杨某某共同生活。

【裁判结果】

浙江省遂昌县人民法院经审理认为，监护人应当履行监护职责，保护被监护人的人身、财产及其他合法权益。本案中，被申请人何某某罔顾伦理道德、漠视法律，帮助他人性侵被监护人，严重损害了被监护人的身心健康。为维护被监护人合法权益，依照法律有关规定，判决撤销被申请人何某某作为杨某的监护人资格。该判决已发生法律效力。

【典型意义】

无论是从伦理道德还是从法律角度而言，为人父母者都应尽心尽力地对未成年子女进行管理和教育，妥善照顾未成年子女的生活，保护其身心健康和人身安全。本案被申请人何某某作为杨某的亲生母亲，却帮助他人性侵杨某，有悖伦理道德，触犯刑法规定，严重损害了被监护人杨某的身心健康。在遂昌县人民检察院告知杨某的父亲杨某某可申请撤销何某某监护人资格后，杨某某并未提起诉讼，遂昌县民政局在检察机关的建议下，向法院起诉撤销何某某的监护人资格，充分体现了司法机关、行政机关为制止监护侵害行为、维护未成年人合法权益所作的共同努力。

王某被撤销监护人资格案

【基本案情】

申请人余某某、陈某某系被监护人余某一的祖父、祖母，案外人余某与被申请人王某系余某一的父母。2002 年 5 月，余某因车祸亡故，余某某、陈某某、王某及余某一获赔死亡补偿费等费用，其中赔偿给王某、余某一的费用合计 193897.19 元。自 2003 年开始，被申请人王某未与余某一共同生活，余某一的生活起居由两申请人照顾，教育、医疗等费用均由两申请人支付。2008 年 1 月 25 日，被申请人王某再婚，2015 年 3 月 11 日离婚。庭审中，被申请人王某自认领取了余某生前单位发放给余某一的生活费等款项。

【裁判结果】

浙江省义乌市人民法院经审理认为，父母作为未成年人的监护人，应当履行监护职责，保护被监护人的人身、财产及其他合法权益，监护人不履行监护职责或侵害被监护人的合法权益的，应当承担责任。本案被申请人王某自认，从 2003 年开始余某一与两申请人共同生活，余某一的教育、医疗等费用均由两申请人支付，且其领取了属于余某一的生活费等款项挪作他用，可以认定被申请人王某作为余某一的监护人未尽监护职责，侵害了被监护人余某一的合法权益。申请人余某某、陈某某长期抚育照料余某一，具有监护能力，从有利于余某一学习、生活的角度出发，依照法律有关规定，判决撤销被申请人王某对余某一的监护资格，指定申请人余某某、陈某某为余某一的监护人。该判决已发生法律效力。

【典型意义】

本案是一起监护人怠于履行监护职责，侵害被监护人合法权益的典型案件。被申请人王某长期未与被监护人余某一共同生活，未对其尽到抚养、教育职责，且将属于余某一的生活费等款项挪作他用，侵犯了被监护人的财产权利。法院在审理过程中，走访了被监护人余某一所在的社区、学校及其父亲生前单位，了解被监护人的生活状况，还征询了被监护人余某一的意见，其表示已经多年未见过被申请人，愿意跟其爷爷、奶奶共同生活。法院根据本案事实，从有利于余某一的生活、学习角度考虑，判决撤销王某作为余某一的监护人资格。

卢某某被撤销监护人资格案

【基本案情】

卢某某系卢某一的父亲，卢某某明知卢某一未满14周岁且精神发育迟滞，仍与其发生性关系并导致卢某一怀孕。2015年12月14日，四川省泸州市纳溪区人民法院以强奸罪判处卢某某有期徒刑五年六个月。现卢某某在监狱服刑。该刑事案进入审理阶段后，法院认为应当依法撤销卢某某的监护权，遂向泸州市纳溪区民政局发出司法建议，建议泸州市纳溪区民政局申请撤销卢某某的监护权资格。泸州市纳溪区民政局接受法院司法建议，向法院申请撤销被申请人卢某某监护权。由于卢某一的母亲饶某某患有重度精神发育迟滞，卢某一的祖父母、外祖父母均已去世。现在唯有能力照顾卢某一的姑姑已经60多岁。

【裁判结果】

四川省泸州市纳溪区人民法院经审理认为，被申请人卢某某作为卢某一的监护人，对被监护人卢某一实施性侵，严重损害了卢某一的身心健康，已经不适合再担任卢某一的监护人，故对申请人泸州市纳溪区民政局的申请，依法予以支持。由于卢某一的母亲患重度精神发育迟滞，无独立生活能力，不能尽到监护责任，其祖父母、外祖父母均已去世，其姐姐系未成年人，无监护能力。另外，综合卢某一的其他亲属的经济条件及身体状况等因素，亦不适合担任卢某一的监护人，依照《中华人民共和国民法通则》及最高人民法院、最高人民检察院、公安部、民政部《关于依法处理监护人侵害未成年人权益行为若干问题的意见》相关规定，依法判决撤销被申请人卢某某对卢某一的监护人资格，指定泸州市纳溪区民政局担任卢某一的监护人。宣判后，本案没有上诉，判决已发生法律效力。

【典型意义】

近年来，监护人侵害未成年人权益的事件时有发生，对未成年人身心健康造成严重伤害，引起社会各界广泛关注。为维护未成年人合法权益，最高人民法院、最高人民检察院、公安部、民政部出台《意见》，对处理监护人的侵害行为作出明确规定，进一步加强了未成年人司法保护和行政保护。其中，明确规定有性侵害未成年人等七种情形的，法院可以判决撤销监护人资格，并赋予民政部门等申请撤销监护人资格及依法院指定担任监护人的权利。本案是由民政部门申请撤销未成年人亲生父母监护权的典型案例，法院依法撤销亲生父亲监护人资格，指定民政部门担任监护人，并积极协调对其进行安置、救助，最大限度保障了未成年人的合法权益，赢得了较高的社会评价，并为处理该类型的案件提供了可供参考的司法样本。

卿某某被撤销监护人资格案

【基本案情】

被申请人卿某某与桂某某于1997年同居生活，1999年8月11日女儿卿某出生。2005年桂某某因病去世后，卿某某与钟某某再婚，又于2012年离婚。此后卿某某便独自带着卿某租房居住。在此期间，卿某某多次强奸卿某。人民法院于2014年12月5日，判处卿某某有期徒刑十三年零六个月，现卿某某在监狱服刑。自卿某某被公安机关羁押之后，卿某一直独自居住在廉租房内，由民政局进行救助。

【裁判结果】

湖北省利川市人民法院经审理认为：被申请人卿某某对女儿卿某实施了性侵害，严重侵害被监护人的权益，依照最高人民法院、最高人民检察院、公安部、民政部《关于依法处理监护人侵害未成年人权益行为若干问题的意见》第35条第（一）项的规定，对被申请人卿某某的监护权应依法予以撤销。

同时法院认为，申请人利川市民政局作为履行社会保障职责的国家机关，在收到利川市人民检察院的书面建议后，及时将卿某视为孤儿进行救助，并向法院提出申请，要求撤销被申请人卿某某对卿某的监护权，自愿承担对卿某的监护职责。这不仅能够为卿某今后的生活提供经济保障，还能够协调相关部门解决卿某的教育、医疗、心理疏导等一系列问题。从对未成年人"特殊""优先"保护原则和未成年人最大利益原则出发，由申请人利川市民政局取得卿某的监护权，更有利于保护卿某的生存、受教育、医疗保障等权利，更有利于卿某的身心健康。依照民法、未成年人保护法等有关规定，判决：一、撤销被申请人卿某某对卿某的监护权。二、指定利川市民政局作为卿某的监护人。该判决已发生法律效力。

【典型意义】

本案是一起监护人对亲生女儿实施性侵害后被申请撤销监护权的案件，其典型意义在于法院把涉案未成年人的帮扶救助作为审理案件的延伸，保护了未成年人的健康成长，取得了较好的社会效果。这类案件中，被监护人因受侵害，其生理、心理及亲情关系均遭到破坏，往往对未来生活充满绝望，其重建信心及恢复社会关系难度大。本案被害人遭侵害后，曾两度轻生。宣判后，法院始终把树立被害人对新生活的信心，挽救其前途命运作为工作重点，办案法官主动介入到对被害人的帮扶、救助工作中。自2014年起，法院每年额外申请5000元司法救助款，不仅解决被害人经济上的困难，更从心理上不断疏导、生活上关心关怀、学习上教育鼓励，逐渐使被害人走出心理阴影，重新回归学校。现今卿某学习刻苦，成绩优异，并被当选为校学生会的干部。

吴某某被撤销监护人资格案

【基本案情】

吴某某（女）系广西籍来琼流浪人员，流浪于海南省琼海市，在海南省没有固定住所，没有生活经济来源。2015年4月25日，吴某某独身一人在琼海市妇幼保健院生育一名女婴吴某。4月26日早上，吴某某带着孩子私自出院，流浪在海南省琼海市嘉积镇街道。琼海市公安局嘉积派出所、嘉积镇综合办及琼海救助站相关人员找到吴某某，并将吴某某和孩子送往琼海市人民医院，吴某被收入琼海市医院新生儿科，但吴某某拒绝住院，当天便自行离开医院，不知所踪。2015年5月5日，吴某出院，交由琼海市救助站送往嘉积镇院代为抚养至今，抚育费用由琼海市救助站支付。琼海市救助站代为抚养期间，向吴某某的父亲及母亲发出抚养信函，吴某某父母亲于2015年7月8日声明：因年事已高，且家庭经济困难，无能力抚养，故自愿放弃对外孙女（吴某）的抚养权。2015年7月22日，琼海市救助站报请琼海市嘉积镇派出所依法传唤吴某某到派出所商讨女婴抚养事宜，吴某某当场发表自愿放弃孩子抚养权和监护权的声明。2015年8月25日，琼海市救助站于2015年11月2日起诉至法院。

【裁判结果】

海南省琼海市人民法院经审理认为，吴某某系流浪人员，没有生活来源，经济困难，虽为孩子的母亲，但未尽照顾孩子的责任，甚至将孩子丢弃于医院，私自离开。孩子出院以后，均由琼海市救助站抚养。吴某某的父母亲也表示因经济困难，无法抚养孩子而放弃抚养权。孩子的父亲也不知何人。为有利于孩子的健康和成长，依照《中华人民共和国民法通则》第十六条之规定，撤销被申请人吴某某对吴某的监护人资格，指定申请人琼海市流浪乞讨人员救助管理站为吴某的监护人。

【典型意义】

从本案情况来看，吴某某作为吴某的母亲，是吴某第一监护人，但吴某某长期在外流浪，没有固定住所，没有生活来源，事实上无法承担起监护孩子职责。吴某某在孩子出生后，没有承担起抚养孩子义务，孩子一直交由琼海市救助站抚养，在琼海市嘉积镇派出所调解和法院审理期间，明确声明自愿放弃孩子抚养权和监护权。基于保护女婴生命和健康成长需要，琼海市救助站依法提起了撤销监护权诉讼，琼海市人民法院根据最高人民法院、最高人民检察院、公安部、民政部《关于依法处理监护人侵害未成年人权益行为若干问题的意见》35条规定的规定，撤销吴某某的监护人资格，指定申请人琼海市流浪乞讨人员救助管理站为吴某的监护人。判决彰显了国家保护未成年人理念，也为民政部门、人民法院依法履行未成年人国家监护职责提供了范本。

蔡某某申请人身安全保护令案

——未成年子女被暴力抢夺、藏匿或者目睹父母一方对另一方实施家庭暴力的，可以申请人身安全保护令

【关键词】

未成年人　暴力抢夺　目击者　未共同生活

【基本案情】

2022年3月，蔡某与唐某某（女）离婚纠纷案一审判决婚生子蔡某某由唐某某抚养，蔡某不服提起上诉，并在上诉期内将蔡某某带走。后该案二审维持一审判决，但蔡某仍拒不履行，经多次强制执行未果。2023年4月，经法院、心理咨询师等多方共同努力，蔡某将蔡某某交给唐某某。蔡某某因与母亲分开多日极度缺乏安全感，自2023年5月起接受心理治疗。2023年5月，蔡某到唐某某处要求带走蔡某某，唐某某未予准许，为此双方发生争执。蔡某不顾蔡某某的哭喊劝阻，殴打唐某某并造成蔡某某面部受伤。蔡某某因此次抢夺事件身心受到极大伤害，情绪不稳，害怕上学、出门，害怕被蔡某抢走。为保护蔡某某人身安全不受威胁，唐某某代蔡某某向人民法院申请人身安全保护令。

【裁判理由及结果】

人民法院经审查认为，国家禁止任何形式的家庭暴力。家庭暴力，是指家庭成员之间以殴打、捆绑、残害、限制人身自由以及经常性谩骂、恐吓等方式实施的身体、精神等侵害行为。当事人因遭受家庭暴力或者面临家庭暴力的现实危险，向人民法院申请人身安全保护令，人民法院应当受理。蔡某某在父母离婚后，经法院依法判决，由母亲唐某某直接抚养。蔡某在探望时采用暴力方式抢夺蔡某某，并当着蔡某某的面殴打其母亲唐某某，对蔡某某的身体和精神造成了侵害，属于家庭暴力。故依法裁定：

一、禁止被申请人蔡某以电话、短信、即时通讯工具、电子邮件等方式侮辱、诽谤、威胁申请人蔡某某及其相关近亲属;二、禁止被申请人蔡某在申请人蔡某某及其相关近亲属的住所、学校、工作单位等经常出入场所的一定范围内从事可能影响申请人蔡某某及其相关近亲属正常生活、学习、工作的活动。

【典型意义】

抢夺、藏匿未成年子女行为不仅侵害了父母另一方对子女依法享有的抚养、教育、保护的权利,而且严重损害未成年子女身心健康,应当坚决预防和制止。未成年人保护法第二十四条明确规定,不得以抢夺、藏匿未成年子女等方式争夺抚养权。本案中,孩子先是被暴力抢夺、藏匿长期无法与母亲相见,后又目睹父亲不顾劝阻暴力殴打母亲,自己也因此连带受伤,产生严重心理创伤。尽管父亲的暴力殴打对象并不是孩子,抢夺行为亦与典型的身体、精神侵害存在差别。但考虑到孩子作为目击者,其所遭受的身体、精神侵害与父亲的家庭暴力行为直接相关,应当认定其为家庭暴力行为的受害人。人民法院在充分听取专业人员分析意见基础上,认定被申请人的暴力抢夺行为对申请人产生了身体及精神侵害,依法签发人身安全保护令,并安排心理辅导师对申请人进行长期心理疏导,对审理类似案件具有借鉴意义。

唐某某申请人身安全保护令案

——全社会应形成合力,共同救护被家暴的未成年人

【关键词】

未成年人　代为申请　心理辅导　矫治

【基本案情】

2023年8月,唐某某(4岁)母亲马某对唐某某实施家庭暴力,住所所在地A市妇联联合当地有关部门进行联合家访,公安部门对马某出具家庭暴力告诫书。2023年9月,马某全家从A市搬至B市居住。同月底,唐某某所在幼儿园老师在检查时发现唐某某身上有新伤并报警,当地派出所出警并对马某进行口头训诫。2023年10月初,B市妇联代唐某某向人民法院递交人身安全保护令申请书。

【裁判理由及结果】

人民法院经审查认为,被申请人马某对申请人唐某某曾有冻饿、殴打的暴力行为,唐某某确实遭受家庭暴力,故其申请符合《中华人民共和国反家庭暴力法》关于作出人身安全保护令的条件,应予支持。裁定:一、禁止被申请人马某对申请人唐某某实施殴打、威胁、辱骂、冻饿等家庭暴力;二、责令被申请人马某接受法治教育和心理辅导矫治。

【典型意义】

预防和制止未成年人遭受家庭暴力是全社会共同责任。未成年人因缺乏法律知识和自保能力,面对家暴时尤为需要社会的帮扶救助。本案中,有关部门在发现相关情况后第一时间上门摸排调查;妇联代为申请人身安全保护令;幼儿园及时履行强制报告义务;公安机关依法对父母予以训诫;人民法院依法发出人身安全保护令,并联系有关部门协助履行职责,多部门联合发力共同为受家暴未成年人撑起法律保护伞。通过引入社会工作和心理疏导机制,对施暴人进行法治教育和心理辅导矫治,矫正施暴人的认识行为偏差,从根源上减少发生家暴的可能性。

刘某某与王某某离婚纠纷案

——离婚纠纷中,施暴方不宜直接抚养未成年子女

【关键词】

离婚纠纷　家庭暴力　直接抚养　子女意愿

【基本案情】

刘某某(女)和王某某系夫妻关系,双方生育一子一女。婚后,因王某某存在家暴行为,刘某某报警8次,其中一次经派出所调解,双方达成“王某某搬离共同住房,不得再伤害刘某某”的协议。刘某某曾向人民法院申请人身安全保护令。现因王某某实施家暴等行为,夫妻感情破裂,刘某某诉至人民法院,请求离婚并由刘某某直接抚养子女,王某某支付抚养费等。诉讼中,王某某主张同意女儿由刘某某抚养,儿子由王某某抚养。儿子已年满八周岁,但其在书写意见时表示愿意和妈妈一起生活,在王某某录制的视频和法院的询问笔录中又表示愿意和爸爸一起生活,其回答存在反复。

【裁判理由及结果】

人民法院经审理认为,双方均确认夫妻感情已破裂,符合法定的离婚条件,准予离婚。双方对儿子抚养权存在争议。根据《中华人民共和国民法典》第一千零八十四条规定,人民法院应当按照最有利未成年子女的原则处理抚养纠纷。本案中,九岁的儿子虽然具有一定的辨识能力,但其表达的意见存在反复,因此,应当全面客观看待其出具的不同意见。王某某存在家暴行为,说明其不能理性、客观地处理亲密关系人之间的矛盾,在日常生活中该行为对未成年人健康成长存在不利影响;同时,两个孩子从小一起生活,均由刘某某抚养,能够使兄妹俩在

今后的学习、生活中相伴彼此、共同成长；刘某某照顾陪伴两个孩子较多，较了解学习、生活习惯，有利于孩子的身心健康成长。判决：一、准予刘某某与王某某离婚；二、婚生儿子、女儿均由刘某某抚养，王某某向刘某某支付儿子、女儿抚养费直至孩子年满十八周岁止。

【典型意义】

根据民法典第一千零八十四条规定，离婚纠纷中，对于已满八周岁的子女，在确定由哪一方直接抚养时，应当尊重其真实意愿。由于未成年人年龄及智力发育尚不完全，基于情感、经济依赖等因素，其表达的意愿可能会受到成年人一定程度的影响，因此，应当全面考察未成年人的生活状况，深入了解其真实意愿，并按照最有利于未成年人的原则判决。本案中，由于儿子表达的意见存在反复，说明其对于和哪一方共同生活以及该生活对自己后续身心健康的影响尚无清晰认识，人民法院慎重考虑王某某的家暴因素，坚持最有利于未成年子女的原则，判决孩子由最有利于其成长的母亲直接抚养，有助于及时阻断家暴代际传递，也表明了对婚姻家庭中施暴方在法律上予以否定性评价的立场。

彭某某申请人身安全保护令案

——学校发现未成年人遭受或疑似遭受家庭暴力的，应履行强制报告义务

【关键词】

未成年人　学校　强制报告　家庭教育指导

【基本案情】

申请人彭某某（女）13岁，在父母离异后随父亲彭某和奶奶共同生活，因长期受父亲打骂、罚站、罚跪，女孩呈现焦虑抑郁状态，并伴有自残自伤风险。2021年4月某日晚，彭某某因再次与父亲发生冲突被赶出家门。彭某某向学校老师求助，学校老师向所在社区派出所报案、联系社区妇联。社区妇联将情况上报至区家庭暴力防护中心，区家庭暴力防护中心社工、社区妇联工作人员以及学校老师陪同彭某某在派出所做了笔录。经派出所核查，彭某确有多次罚站、罚跪以及用衣架打彭某某的家暴行为，并对彭某某手臂伤痕进行伤情鉴定，构成轻微伤，公安机关于2021年4月向彭某出具《反家庭暴力告诫书》，告诫严禁再次实施家庭暴力行为。后彭某某被安置在社区临时救助站。彭某某母亲代其向人民法院提交人身安全保护令申请。

【裁判理由及结果】

人民法院经审查认为，经向派出所调取证据，可以证明彭某有多次体罚彭某某的行为，抽打彭某某手臂经鉴定已构成轻微伤，且彭某某呈现焦虑抑郁状态，有自伤行为和自杀意念，彭某的行为已构成家庭暴力，应暂时阻断其对彭某某的接触和监护。人民法院在立案当天即作出人身安全保护令，裁定：一、禁止被申请人彭某殴打、恐吓、威胁申请人彭某某；二、禁止被申请人彭某骚扰、跟踪申请人彭某某；三、禁止被申请人彭某与申请人彭某某进行不受欢迎的接触；四、禁止被申请人彭某在申请人彭某某的住所、所读学校以及彭某某经常出入的场所内活动。

【典型意义】

学校不仅是未成年人获取知识的场所，也是庇护学生免受家暴的港湾。根据未成年人保护法规定，作为密切接触未成年人的单位，学校及其工作人员发现未成年人遭受家庭暴力的，应当依法履行强制报告义务，及时向公安、民政、教育等部门报告有关情况。本案中，学校积极履行法定义务，在接到未成年人求助后立即向所在社区派出所报案、联系社区妇联，积极配合开展工作，处置及时、反应高效，为防止未成年人继续遭受家庭暴力提供坚实后盾。人民法院受理人身安全保护令申请后，第一时间向派出所、社区组织、学校老师了解情况，当天即作出人身安全保护令裁定。同时，人民法院还通过心理辅导、家庭教育指导等方式纠正彭某在教养子女方面的错误认知，彭某认真反省后向人民法院提交了书面说明，深刻检讨了自己与女儿相处过程中的错误做法，并提出后续改善措施保证不再重蹈覆辙。

韩某某、张某申请人身安全保护令案

——直接抚养人对未成年子女实施家庭暴力，人民法院可暂时变更直接抚养人

【关键词】

未成年人　直接抚养人　暂时变更

【基本案情】

申请人韩某某在父母离婚后跟随父亲韩某生活。韩某在直接抚养期间，以韩某某违反品德等为由采取木棍击打其手部、臀部、罚跪等方式多次进行体罚，造成韩某某身体出现多处软组织挫伤。韩某还存在因韩某某无法完成其布置的国学作业而不准许韩某某前往学校上课的行为。2022年9月，某派出所向韩某出具《家庭暴力告诫书》。2022年11月，因韩某实施家暴行为，公安机关依法将韩某某交由其母亲张某临时照料。2022年12月，原告张某将被告韩某诉至人民法院，请求变更抚养关系。为保障韩某某人身安全，韩某某、张某于2022年12

月向人民法院申请人身安全保护令。

【裁判理由及结果】

人民法院经审查认为，父母要学会运用恰当的教育方式开展子女教育，而非采取对未成年人进行体罚等简单粗暴的错误教育方式。人民法院在处理涉未成年人案件中，应当遵循最有利于未成年人原则，充分考虑未成年人身心健康发展的规律和特点，尊重其人格尊严，给予未成年人特殊、优先保护。韩某作为韩某某的直接抚养人，在抚养期间存在严重侵犯未成年人身心健康、不利于未成年人健康成长的行为，故依法裁定：一、中止被申请人韩某对申请人韩某某的直接抚养；申请人韩某某暂由申请人张某直接抚养；二、禁止被申请人韩某暴力伤害、威胁申请人韩某某；三、禁止被申请人韩某跟踪、骚扰、接触申请人韩某某。

【典型意义】

一般人身安全保护令案件中，申请人的请求多为禁止实施家暴行为。但对被单亲抚养的未成年人而言，其在学习、生活上对直接抚养人具有高度依赖性，一旦直接抚养人实施家暴，未成年人可能迫于压力不愿也不敢向有关部门寻求帮助。即使人民法院作出人身安全保护令，受限于未成年人与直接抚养人共同生活的紧密关系，法律实施效果也会打折扣。本案中，考虑到未成年人的生活环境，人民法院在裁定禁止实施家庭暴力措施的基础上，特别增加了一项措施，即暂时变更直接抚养人，将未成年人与原直接抚养人进行空间隔离。这不仅可以使人身安全保护令发挥应有功效，也能保障未成年人的基本生活，更有利于未成年人的健康成长。

吴某某申请人身安全保护令案

——父母应当尊重未成年子女受教育的权利，父母行为侵害合法权益的，未成年子女可申请人身安全保护令

【关键词】

未成年人　受教育权　精神暴力

【基本案情】

申请人吴某某（女）16岁，在父母离婚后随其父亲吴某生活，于2022年第一次高考考取了一本非985高校。吴某安排吴某某复读，要求必须考取985高校，并自2022年暑期开始居家教授吴某某知识。开学后，吴某一直不让吴某某到学校上课。2022年下半年，吴某某奶奶发现吴某将吴某某头发剪乱，不让其吃饱饭，冬天让其洗冷水澡，不能与外界交流（包括奶奶），并威胁其不听话就不给户口簿、不协助高考报名。因反复沟通无果，吴某某奶奶向当地妇联寻求帮助。妇联联合人民法院、公安、社区、教育局立即开展工作，赶赴现场调查取证。吴某某向人民法院申请人身安全保护令。

【裁判理由及结果】

人民法院经审查认为，申请人吴某某有遭受家庭暴力或者面临家庭暴力现实危险，其申请符合人身安全保护令的法定条件。人民法院在收到申请后六小时内便作出人身安全保护令，裁定：一、禁止被申请人吴某对申请人吴某某实施家庭暴力；二、禁止被申请人吴某限制申请人吴某某人身自由、虐待申请人；三、禁止被申请人吴某剥夺申请人吴某某受教育的权利。

【典型意义】

未成年子女是独立的个体，他们享有包括受教育权在内的基本民事权利。父母对未成年子女负有抚养、教育、保护义务。在处理涉及未成年人事项时，应当坚持最有利于未成年人的原则，尊重未成年人人格尊严、适应未成年人身心健康发展的规律和特点，尊重未成年人受教育的权利。父母应当在充分保障未成年子女身体、心理健康基础上，以恰当的方式教育子女。本案中，父亲虽系出于让孩子取得更好高考成绩的良好本意，但其采取的冻饿、断绝与外界交流等方式损害了未成年人的身体健康，违背了未成年人的成长规律，禁止出门上学更是损害了孩子的受教育权，名为“爱”实为“害”，必须在法律上对该行为作出否定性评价。

十、留学教育

资料补充栏

中华人民共和国出境入境管理法

1. 2012年6月30日第十一届全国人民代表大会常务委员会第二十七次会议通过
2. 2012年6月30日中华人民共和国主席令第57号公布
3. 自2013年7月1日起施行

目　　录

第一章　总　　则

第一条　【立法目的】为了规范出境入境管理,维护中华人民共和国的主权、安全和社会秩序,促进对外交往和对外开放,制定本法。

第二条　【调整范围】中国公民出境入境、外国人入境出境、外国人在中国境内停留居留的管理,以及交通运输工具出境入境的边防检查,适用本法。

第三条　【合法权益保护】国家保护中国公民出境入境合法权益。

在中国境内的外国人的合法权益受法律保护。在中国境内的外国人应当遵守中国法律,不得危害中国国家安全、损害社会公共利益、破坏社会公共秩序。

第四条　【出入境管理工作体制】公安部、外交部按照各自职责负责有关出境入境事务的管理。

中华人民共和国驻外使馆、领馆或者外交部委托的其他驻外机构(以下称驻外签证机关)负责在境外签发外国人入境签证。出入境边防检查机关负责实施出境入境边防检查。县级以上地方人民政府公安机关及其出入境管理机构负责外国人停留居留管理。

公安部、外交部可以在各自职责范围内委托县级以上地方人民政府公安机关出入境管理机构、县级以上地方人民政府外事部门受理外国人入境、停留居留申请。

公安部、外交部在出境入境事务管理中,应当加强沟通配合,并与国务院有关部门密切合作,按照各自职责分工,依法行使职权,承担责任。

第五条　【信息平台建设】国家建立统一的出境入境管理信息平台,实现有关管理部门信息共享。

第六条　【出入境边防检查】国家在对外开放的口岸设立出入境边防检查机关。

中国公民、外国人以及交通运输工具应当从对外开放的口岸出境入境,特殊情况下,可以从国务院或者国务院授权的部门批准的地点出境入境。出境入境人员和交通运输工具应当接受出境入境边防检查。

出入境边防检查机关负责对口岸限定区域实施管理。根据维护国家安全和出境入境管理秩序的需要,出入境边防检查机关可以对出境入境人员携带的物品实施边防检查。必要时,出入境边防检查机关可以对出境入境交通运输工具载运的货物实施边防检查,但是应当通知海关。

第七条　【留存人体生物识别信息】经国务院批准,公安部、外交部根据出境入境管理的需要,可以对留存出境入境人员的指纹等人体生物识别信息作出规定。

外国政府对中国公民签发签证、出境入境管理有特别规定的,中国政府可以根据情况采取相应的对等措施。

第八条　【管理与服务并重】履行出境入境管理职责的部门和机构应当切实采取措施,不断提升服务和管理水平,公正执法,便民高效,维护安全、便捷的出境入境秩序。

第二章　中国公民出境入境

第九条　【出境入境证件】中国公民出境入境,应当依法申请办理护照或者其他旅行证件。

中国公民前往其他国家或者地区,还需要取得前往国签证或者其他入境许可证明。但是,中国政府与其他国家政府签订互免签证协议或者公安部、外交部另有规定的除外。

中国公民以海员身份出境入境和在国外船舶上从事工作的,应当依法申请办理海员证。

第十条　【中国公民往来港澳台】中国公民往来内地与香港特别行政区、澳门特别行政区,中国公民往来大陆与台湾地区,应当依法申请办理通行证件,并遵守本法有关规定。具体管理办法由国务院规定。

第十一条　【出境入境查验程序和为中国公民提供便利措施】中国公民出境入境,应当向出入境边防检查机关交验本人的护照或者其他旅行证件等出境入境证件,履行规定的手续,经查验准许,方可出境入境。

具备条件的口岸,出入境边防检查机关应当为中国公民出境入境提供专用通道等便利措施。

第十二条　【不准出境情形】中国公民有下列情形之一的,不准出境:

(一)未持有效出境入境证件或者拒绝、逃避接受边防检查的;

(二)被判处刑罚尚未执行完毕或者属于刑事案件被告人、犯罪嫌疑人的;

(三)有未了结的民事案件,人民法院决定不准出境的;

(四)因妨害国(边)境管理受到刑事处罚或者因非法出境、非法居留、非法就业被其他国家或者地区遣返,未满不准出境规定年限的;

(五)可能危害国家安全和利益,国务院有关主管部门决定不准出境的;

(六)法律、行政法规规定不准出境的其他情形。

第十三条　【华侨回国定居】定居国外的中国公民要求回国定居的,应当在入境前向中华人民共和国驻外使馆、领馆或者外交部委托的其他驻外机构提出申请,也可以由本人或者经由国内亲属向拟定居地的县级以上地方人民政府侨务部门提出申请。

第十四条　【华侨在境内办理有关事务的身份证明】定居国外的中国公民在中国境内办理金融、教育、医疗、交通、电信、社会保险、财产登记等事务需要提供身份证明的,可以凭本人的护照证明其身份。

第三章　外国人入境出境

第一节　签　　证

第十五条　【入境签证】外国人入境,应当向驻外签证机关申请办理签证,但是本法另有规定的除外。

第十六条　【签证种类】签证分为外交签证、礼遇签证、公务签证、普通签证。

对因外交、公务事由入境的外国人,签发外交、公务签证;对因身份特殊需要给予礼遇的外国人,签发礼遇签证。外交签证、礼遇签证、公务签证的签发范围和签发办法由外交部规定。

对因工作、学习、探亲、旅游、商务活动、人才引进等非外交、公务事由入境的外国人,签发相应类别的普通签证。普通签证的类别和签发办法由国务院规定。

第十七条　【签证登记项目】签证的登记项目包括:签证种类,持有人姓名、性别、出生日期、入境次数、入境有效期、停留期限,签发日期、地点,护照或者其他国际旅行证件号码等。

第十八条　【签证申请的条件和程序】外国人申请办理签证,应当向驻外签证机关提交本人的护照或者其他国际旅行证件,以及申请事由的相关材料,按照驻外签证机关的要求办理相关手续、接受面谈。

第十九条　【邀请函】外国人申请办理签证需要提供中国境内的单位或者个人出具的邀请函件的,申请人应当按照驻外签证机关的要求提供。出具邀请函件的单位或者个人应当对邀请内容的真实性负责。

第二十条　【口岸签证】出于人道原因需要紧急入境,应邀入境从事紧急商务、工程抢修或者具有其他紧急入境需要并持有有关主管部门同意在口岸申办签证的证明材料的外国人,可以在国务院批准办理口岸签证业务的口岸,向公安部委托的口岸签证机关(以下简称口岸签证机关)申请办理口岸签证。

旅行社按照国家有关规定组织入境旅游的,可以向口岸签证机关申请办理团体旅游签证。

外国人向口岸签证机关申请办理签证,应当提交本人的护照或者其他国际旅行证件,以及申请事由的相关材料,按照口岸签证机关的要求办理相关手续,并从申请签证的口岸入境。

口岸签证机关签发的签证一次入境有效,签证注明的停留期限不得超过三十日。

第二十一条　【不予签发签证的情形】外国人有下列情形之一的,不予签发签证:

(一)被处驱逐出境或者被决定遣送出境,未满不准入境规定年限的;

(二)患有严重精神障碍、传染性肺结核病或者有可能对公共卫生造成重大危害的其他传染病的;

(三)可能危害中国国家安全和利益、破坏社会公共秩序或者从事其他违法犯罪活动的;

(四)在申请签证过程中弄虚作假或者不能保障在中国境内期间所需费用的;

(五)不能提交签证机关要求提交的相关材料的;

(六)签证机关认为不宜签发签证的其他情形。

对不予签发签证的,签证机关可以不说明理由。

第二十二条　【免办签证情形】外国人有下列情形之一的,可以免办签证:

(一)根据中国政府与其他国家政府签订的互免签证协议,属于免办签证人员的;

(二)持有效的外国人居留证件的;

(三)持联程客票搭乘国际航行的航空器、船舶、列车从中国过境前往第三国或者地区，在中国境内停留不超过二十四小时且不离开口岸，或者在国务院批准的特定区域内停留不超过规定时限的；

（四）国务院规定的可以免办签证的其他情形。

第二十三条　【临时入境】有下列情形之一的外国人需要临时入境的，应当向出入境边防检查机关申请办理临时入境手续：

（一）外国船员及其随行家属登陆港口所在城市的；

（二）本法第二十二条第三项规定的人员需要离开口岸的；

（三）因不可抗力或者其他紧急原因需要临时入境的。

临时入境的期限不得超过十五日。

对申请办理临时入境手续的外国人，出入境边防检查机关可以要求外国人本人、载运其入境的交通运输工具的负责人或者交通运输工具出境入境业务代理单位提供必要的保证措施。

第二节　入境出境

第二十四条　【入境查验】外国人入境，应当向出入境边防检查机关交验本人的护照或者其他国际旅行证件、签证或者其他入境许可证明，履行规定的手续，经查验准许，方可入境。

第二十五条　【不准入境情形】外国人有下列情形之一的，不准入境：

（一）未持有效出境入境证件或者拒绝、逃避接受边防检查的；

（二）具有本法第二十一条第一款第一项至第四项规定情形的；

（三）入境后可能从事与签证种类不符的活动的；

（四）法律、行政法规规定不准入境的其他情形。

对不准入境的，出入境边防检查机关可以不说明理由。

第二十六条　【责令不准入境外国人返回】对未被准许入境的外国人，出入境边防检查机关应当责令其返回；对拒不返回的，强制其返回。外国人等待返回期间，不得离开限定的区域。

第二十七条　【出境查验】外国人出境，应当向出入境边防检查机关交验本人的护照或者其他国际旅行证件等出境入境证件，履行规定的手续，经查验准许，方可出境。

第二十八条　【不准出境的情形】外国人有下列情形之一的，不准出境：

（一）被判处刑罚尚未执行完毕或者属于刑事案件被告人、犯罪嫌疑人的，但是按照中国与外国签订的有关协议，移管被判刑人的除外；

（二）有未了结的民事案件，人民法院决定不准出境的；

（三）拖欠劳动者的劳动报酬，经国务院有关部门或者省、自治区、直辖市人民政府决定不准出境的；

（四）法律、行政法规规定不准出境的其他情形。

第四章　外国人停留居留

第一节　停留居留

第二十九条　【签证停留期限】外国人所持签证注明的停留期限不超过一百八十日的，持证人凭签证并按照签证注明的停留期限在中国境内停留。

需要延长签证停留期限的，应当在签证注明的停留期限届满七日前向停留地县级以上地方人民政府公安机关出入境管理机构申请，按照要求提交申请事由的相关材料。经审查，延期理由合理、充分的，准予延长停留期限；不予延长停留期限的，应当按期离境。

延长签证停留期限，累计不得超过签证原注明的停留期限。

第三十条　【居留证件】外国人所持签证注明入境后需要办理居留证件的，应当自入境之日起三十日内，向拟居留地县级以上地方人民政府公安机关出入境管理机构申请办理外国人居留证件。

申请办理外国人居留证件，应当提交本人的护照或者其他国际旅行证件，以及申请事由的相关材料，并留存指纹等人体生物识别信息。公安机关出入境管理机构应当自收到申请材料之日起十五日内进行审查并作出审查决定，根据居留事由签发相应类别和期限的外国人居留证件。

外国人工作类居留证件的有效期最短为九十日，最长为五年；非工作类居留证件的有效期最短为一百八十日，最长为五年。

第三十一条　【不予签发居留证件的情形】外国人有下列情形之一的，不予签发外国人居留证件：

（一）所持签证类别属于不应办理外国人居留证件的；

（二）在申请过程中弄虚作假的；

（三）不能按照规定提供相关证明材料的；

（四）违反中国有关法律、行政法规，不适合在中国境内居留的；

（五）签发机关认为不宜签发外国人居留证件的

其他情形。

符合国家规定的专门人才、投资者或者出于人道等原因确需由停留变更为居留的外国人，经设区的市级以上地方人民政府公安机关出入境管理机构批准可以办理外国人居留证件。

第三十二条 【居留期限的延长】在中国境内居留的外国人申请延长居留期限的，应当在居留证件有效期限届满三十日前向居留地县级以上地方人民政府公安机关出入境管理机构提出申请，按照要求提交申请事由的相关材料。经审查，延期理由合理、充分的，准予延长居留期限；不予延长居留期限的，应当按期离境。

第三十三条 【居留证件登记项目】外国人居留证件的登记项目包括：持有人姓名、性别、出生日期、居留事由、居留期限，签发日期、地点，护照或者其他国际旅行证件号码等。

外国人居留证件登记事项发生变更的，持证件人应当自登记事项发生变更之日起十日内向居留地县级以上地方人民政府公安机关出入境管理机构申请办理变更。

第三十四条 【停留证件】免办签证入境的外国人需要超过免签期限在中国境内停留的，外国船员及其随行家属在中国境内停留需要离开港口所在城市，或者具有需要办理外国人停留证件其他情形的，应当按照规定办理外国人停留证件。

外国人停留证件的有效期最长为一百八十日。

第三十五条 【证件的换发、补发】外国人入境后，所持的普通签证、停留居留证件损毁、遗失、被盗抢或者有符合国家规定的事由需要换发、补发的，应当按照规定向停留居留地县级以上地方人民政府公安机关出入境管理机构提出申请。

第三十六条 【办理有关证件的决定为最终决定】公安机关出入境管理机构作出的不予办理普通签证延期、换发、补发，不予办理外国人停留居留证件、不予延长居留期限的决定为最终决定。

第三十七条 【停留居留要求】外国人在中国境内停留居留，不得从事与停留居留事由不相符的活动，并应当在规定的停留居留期限届满前离境。

第三十八条 【证件查验】年满十六周岁的外国人在中国境内停留居留，应当随身携带本人的护照或者其他国际旅行证件，或者外国人停留居留证件，接受公安机关的查验。

在中国境内居留的外国人，应当在规定的时间内到居留地县级以上地方人民政府公安机关交验外国人居留证件。

第三十九条 【住宿登记】外国人在中国境内旅馆住宿的，旅馆应当按照旅馆业治安管理的有关规定为其办理住宿登记，并向所在地公安机关报送外国人住宿登记信息。

外国人在旅馆以外的其他住所居住或者住宿的，应当在入住后二十四小时内由本人或者留宿人，向居住地的公安机关办理登记。

第四十条 【外国人在中国境内出生、死亡报告】在中国境内出生的外国婴儿，其父母或者代理人应当在婴儿出生六十日内，持该婴儿的出生证明到父母停留居留地县级以上地方人民政府公安机关出入境管理机构为其办理停留或者居留登记。

外国人在中国境内死亡的，其家属、监护人或者代理人，应当按照规定，持该外国人的死亡证明向县级以上地方人民政府公安机关出入境管理机构申报，注销外国人停留居留证件。

第四十一条 【外国人工作】外国人在中国境内工作，应当按照规定取得工作许可和工作类居留证件。任何单位和个人不得聘用未取得工作许可和工作类居留证件的外国人。

外国人在中国境内工作管理办法由国务院规定。

第四十二条 【工作管理和指导目录】国务院人力资源社会保障主管部门、外国专家主管部门会同国务院有关部门根据经济社会发展需要和人力资源供求状况制定并定期调整外国人在中国境内工作指导目录。

国务院教育主管部门会同国务院有关部门建立外国留学生勤工助学管理制度，对外国留学生勤工助学的岗位范围和时限作出规定。

第四十三条 【非法就业】外国人有下列行为之一的，属于非法就业：

（一）未按照规定取得工作许可和工作类居留证件在中国境内工作的；

（二）超出工作许可限定范围在中国境内工作的；

（三）外国留学生违反勤工助学管理规定，超出规定的岗位范围或者时限在中国境内工作的。

第四十四条 【有关区域限制】根据维护国家安全、公共安全的需要，公安机关、国家安全机关可以限制外国人、外国机构在某些地区设立居住或者办公场所；对已经设立的，可以限期迁离。

未经批准，外国人不得进入限制外国人进入的区域。

第四十五条 【信息报告】聘用外国人工作或者招收外

国留学生的单位，应当按照规定向所在地公安机关报告有关信息。

公民、法人或者其他组织发现外国人有非法入境、非法居留、非法就业情形的，应当及时向所在地公安机关报告。

第四十六条 【难民的停留居留】申请难民地位的外国人，在难民地位甄别期间，可以凭公安机关签发的临时身份证明在中国境内停留；被认定为难民的外国人，可以凭公安机关签发的难民身份证件在中国境内停留居留。

第二节 永久居留

第四十七条 【永久居留条件】对中国经济社会发展作出突出贡献或者符合其他在中国境内永久居留条件的外国人，经本人申请和公安部批准，取得永久居留资格。

外国人在中国境内永久居留的审批管理办法由公安部、外交部会同国务院有关部门规定。

第四十八条 【永久居留待遇】取得永久居留资格的外国人，凭永久居留证件在中国境内居留和工作，凭本人的护照和永久居留证件出境入境。

第四十九条 【永久居留资格的取消】外国人有下列情形之一的，由公安部决定取消其在中国境内永久居留资格：

(一)对中国国家安全和利益造成危害的；

(二)被处驱逐出境的；

(三)弄虚作假骗取在中国境内永久居留资格的；

(四)在中国境内居留未达到规定时限的；

(五)不适宜在中国境内永久居留的其他情形。

第五章 交通运输工具出境入境边防检查

第五十条 【出入境边防检查】出境入境交通运输工具离开、抵达口岸时，应当接受边防检查。对交通运输工具的入境边防检查，在其最先抵达的口岸进行；对交通运输工具的出境边防检查，在其最后离开的口岸进行。特殊情况下，可以在有关主管机关指定的地点进行。

出境的交通运输工具自出境检查后至出境前，入境的交通运输工具自入境后至入境检查前，未经出入境边防检查机关按照规定程序许可，不得上下人员、装卸货物或者物品。

第五十一条 【信息报告】交通运输工具负责人或者交通运输工具出境入境业务代理单位应当按照规定提前向出入境边防检查机关报告入境、出境的交通运输工具抵达、离开口岸的时间和停留地点，如实申报员工、旅客、货物或者物品等信息。

第五十二条 【配合边防检查】交通运输工具负责人、交通运输工具出境入境业务代理单位应当配合出境入境边防检查，发现违反本法规定行为的，应当立即报告并协助调查处理。

入境交通运输工具载运不准入境人员的，交通运输工具负责人应当负责载离。

第五十三条 【监护】出入境边防检查机关按照规定对处于下列情形之一的出境入境交通运输工具进行监护：

(一)出境的交通运输工具在出境边防检查开始后至出境前、入境的交通运输工具在入境后至入境边防检查完成前；

(二)外国船舶在中国内河航行期间；

(三)有必要进行监护的其他情形。

第五十四条 【登轮证件和船舶搭靠】因装卸物品、维修作业、参观访问等事由需要上下外国船舶的人员，应当向出入境边防检查机关申请办理登轮证件。

中国船舶与外国船舶或者外国船舶之间需要搭靠作业的，应当由船长或者交通运输工具出境入境业务代理单位向出入境边防检查机关申请办理船舶搭靠手续。

第五十五条 【船舶、航空器行驶规范】外国船舶、航空器在中国境内应当按照规定的路线、航线行驶。

出境入境的船舶、航空器不得驶入对外开放口岸以外地区。因不可预见的紧急情况或者不可抗力驶入的，应当立即向就近的出入境边防检查机关或者当地公安机关报告，并接受监护和管理。

第五十六条 【不准出境入境情形】交通运输工具有下列情形之一的，不准出境入境；已经驶离口岸的，可以责令返回：

(一)离开、抵达口岸时，未经查验准许擅自出境入境的；

(二)未经批准擅自改变出境入境口岸的；

(三)涉嫌载有不准出境入境人员，需要查验核实的；

(四)涉嫌载有危害国家安全、利益和社会公共秩序的物品，需要查验核实的；

(五)拒绝接受出入境边防检查机关管理的其他情形。

前款所列情形消失后，出入境边防检查机关对有关交通运输工具应当立即放行。

第五十七条　【备案】从事交通运输工具出境入境业务代理的单位,应当向出入境边防检查机关备案。从事业务代理的人员,由所在单位向出入境边防检查机关办理备案手续。

第六章　调查和遣返

第五十八条　【实施主体】本章规定的当场盘问、继续盘问、拘留审查、限制活动范围、遣送出境措施,由县级以上地方人民政府公安机关或者出入境边防检查机关实施。

第五十九条　【当场盘问、继续盘问和传唤】对涉嫌违反出境入境管理的人员,可以当场盘问;经当场盘问,有下列情形之一的,可以依法继续盘问:

(一)有非法出境入境嫌疑的;

(二)有协助他人非法出境入境嫌疑的;

(三)外国人有非法居留、非法就业嫌疑的;

(四)有危害国家安全和利益,破坏社会公共秩序或者从事其他违法犯罪活动嫌疑的。

当场盘问和继续盘问应当依据《中华人民共和国人民警察法》规定的程序进行。

县级以上地方人民政府公安机关或者出入境边防检查机关需要传唤涉嫌违反出境入境管理的人员的,依照《中华人民共和国治安管理处罚法》的有关规定执行。

第六十条　【拘留审查】外国人有本法第五十九条第一款规定情形之一的,经当场盘问或者继续盘问后仍不能排除嫌疑,需要作进一步调查的,可以拘留审查。

实施拘留审查,应当出示拘留审查决定书,并在二十四小时内进行询问。发现不应当拘留审查的,应当立即解除拘留审查。

拘留审查的期限不得超过三十日;案情复杂的,经上一级地方人民政府公安机关或者出入境边防检查机关批准可以延长至六十日。对国籍、身份不明的外国人,拘留审查期限自查清其国籍、身份之日起计算。

第六十一条　【不适用拘留审查的情形】外国人有下列情形之一的,不适用拘留审查,可以限制其活动范围:

(一)患有严重疾病的;

(二)怀孕或者哺乳自己不满一周岁婴儿的;

(三)未满十六周岁或者已满七十周岁的;

(四)不宜适用拘留审查的其他情形。

被限制活动范围的外国人,应当按照要求接受审查,未经公安机关批准,不得离开限定的区域。限制活动范围的期限不得超过六十日。对国籍、身份不明的外国人,限制活动范围期限自查清其国籍、身份之日起计算。

第六十二条　【遣送出境】外国人有下列情形之一的,可以遣送出境:

(一)被处限期出境,未在规定期限内离境的;

(二)有不准入境情形的;

(三)非法居留、非法就业的;

(四)违反本法或者其他法律、行政法规需要遣送出境的。

其他境外人员有前款所列情形之一的,可以依法遣送出境。

被遣送出境的人员,自被遣送出境之日起一至五年内不准入境。

第六十三条　【羁押场所和遣返场所】被拘留审查或者被决定遣送出境但不能立即执行的人员,应当羁押在拘留所或者遣返场所。

第六十四条　【行政救济】外国人对依照本法规定对其实施的继续盘问、拘留审查、限制活动范围、遣送出境措施不服的,可以依法申请行政复议,该行政复议决定为最终决定。

其他境外人员对依照本法规定对其实施的遣送出境措施不服,申请行政复议的,适用前款规定。

第六十五条　【边控通知】对依法决定不准出境或者不准入境的人员,决定机关应当按照规定及时通知出入境边防检查机关;不准出境、入境情形消失的,决定机关应当及时撤销不准出境、入境决定,并通知出入境边防检查机关。

第六十六条　【人身检查】根据维护国家安全和出境入境管理秩序的需要,必要时,出入境边防检查机关可以对出境入境的人员进行人身检查。人身检查应当由两名与受检查人同性别的边防检查人员进行。

第六十七条　【出境入境证件的无效、作废、注销和收缴】签证、外国人停留居留证件等出境入境证件发生损毁、遗失、被盗抢或者签发后发现持证人不符合签发条件等情形的,由签发机关宣布该出境入境证件作废。

伪造、变造、骗取或者被证件签发机关宣布作废的出境入境证件无效。

公安机关可以对前款规定的或被他人冒用的出境入境证件予以注销或者收缴。

第六十八条　【违法物品的扣押】对用于组织、运送、协助他人非法出境入境的交通运输工具,以及需要作为办案证据的物品,公安机关可以扣押。

对查获的违禁物品,涉及国家秘密的文件、资料以及用于实施违反出境入境管理活动的工具等,公安机关应当予以扣押，并依照相关法律、行政法规规定处理。

第六十九条 【出境入境证件的鉴定】出境入境证件的真伪由签发机关、出入境边防检查机关或者公安机关出入境管理机构认定。

第七章 法律责任

第七十条 【实施主体】本章规定的行政处罚，除本章另有规定外，由县级以上地方人民政府公安机关或者出入境边防检查机关决定；其中警告或者五千元以下罚款，可以由县级以上地方人民政府公安机关出入境管理机构决定。

第七十一条 【非法出境入境的法律责任】有下列行为之一的，处一千元以上五千元以下罚款；情节严重的，处五日以上十日以下拘留，可以并处二千元以上一万元以下罚款：

（一）持用伪造、变造、骗取的出境入境证件出境入境的；

（二）冒用他人出境入境证件出境入境的；

（三）逃避出境入境边防检查的；

（四）以其他方式非法出境入境的。

第七十二条 【协助非法出境入境的法律责任】协助他人非法出境入境的，处二千元以上一万元以下罚款；情节严重的，处十日以上十五日以下拘留，并处五千元以上二万元以下罚款，有违法所得的，没收违法所得。

单位有前款行为的，处一万元以上五万元以下罚款，有违法所得的，没收违法所得，并对其直接负责的主管人员和其他直接责任人员依照前款规定予以处罚。

第七十三条 【骗取出境入境证件的法律责任】弄虚作假骗取签证、停留居留证件等出境入境证件的，处二千元以上五千元以下罚款；情节严重的，处十日以上十五日以下拘留，并处五千元以上二万元以下罚款。

单位有前款行为的，处一万元以上五万元以下罚款，并对其直接负责的主管人员和其他直接责任人员依照前款规定予以处罚。

第七十四条 【违法出具邀请函的法律责任】违反本法规定，为外国人出具邀请函件或者其他申请材料的，处五千元以上一万元以下罚款，有违法所得的，没收违法所得，并责令其承担所邀请外国人的出境费用。

单位有前款行为的，处一万元以上五万元以下罚款，有违法所得的，没收违法所得，并责令其承担所邀请外国人的出境费用，对其直接负责的主管人员和其他直接责任人员依照前款规定予以处罚。

第七十五条 【转道偷渡的法律责任】中国公民出境后非法前往其他国家或者地区被遣返的，出入境边防检查机关应当收缴其出境入境证件，出境入境证件签发机关自其被遣返之日起六个月至三年以内不予签发出境入境证件。

第七十六条 【违反出境入境管理的法律责任】有下列情形之一的，给予警告，可以并处二千元以下罚款：

（一）外国人拒不接受公安机关查验其出境入境证件的；

（二）外国人拒不交验居留证件的；

（三）未按照规定办理外国人出生登记、死亡申报的；

（四）外国人居留证件登记事项发生变更，未按照规定办理变更的；

（五）在中国境内的外国人冒用他人出境入境证件的；

（六）未按照本法第三十九条第二款规定办理登记的。

旅馆未按照规定办理外国人住宿登记的，依照《中华人民共和国治安管理处罚法》的有关规定予以处罚；未按照规定向公安机关报送外国人住宿登记信息的，给予警告；情节严重的，处一千元以上五千元以下罚款。

第七十七条 【外国人违反活动区域限制的法律责任】外国人未经批准，擅自进入限制外国人进入的区域，责令立即离开；情节严重的，处五日以上十日以下拘留。对外国人非法获取的文字记录、音像资料、电子数据和其他物品，予以收缴或者销毁，所用工具予以收缴。

外国人、外国机构违反本法规定，拒不执行公安机关、国家安全机关限期迁离决定的，给予警告并强制迁离；情节严重的，对有关责任人员处五日以上十五日以下拘留。

第七十八条 【非法居留的法律责任】外国人非法居留的，给予警告；情节严重的，处每非法居留一日五百元，总额不超过一万元的罚款或者五日以上十五日以下拘留。

因监护人或者其他负有监护责任的人未尽到监护义务，致使未满十六周岁的外国人非法居留的，对监护人或者其他负有监护责任的人给予警告，可以并处一千元以下罚款。

第七十九条 【协助非法入境、非法居留的法律责任】容留、藏匿非法入境、非法居留的外国人，协助非法入境、非法居留的外国人逃避检查，或者为非法居留的外国人违法提供出境入境证件的，处二千元以上一万元以下罚款；情节严重的，处五日以上十五日以下拘留，并处五千元以上二万元以下罚款，有违法所得的，没收违法所得。

单位有前款行为的，处一万元以上五万元以下罚款，有违法所得的，没收违法所得，并对其直接负责的主管人员和其他直接责任人员依照前款规定予以处罚。

第八十条　【非法就业的法律责任】外国人非法就业的，处五千元以上二万元以下罚款；情节严重的，处五日以上十五日以下拘留，并处五千元以上二万元以下罚款。

介绍外国人非法就业的，对个人处每非法介绍一人五千元，总额不超过五万元的罚款；对单位处每非法介绍一人五千元，总额不超过十万元的罚款；有违法所得的，没收违法所得。

非法聘用外国人的，处每非法聘用一人一万元，总额不超过十万元的罚款；有违法所得的，没收违法所得。

第八十一条　【违反停留居留规范的法律责任】外国人从事与停留居留事由不相符的活动，或者有其他违反中国法律、法规规定，不适宜在中国境内继续停留居留情形的，可以处限期出境。

外国人违反本法规定，情节严重，尚不构成犯罪的，公安部可以处驱逐出境。公安部的处罚决定为最终决定。

被驱逐出境的外国人，自被驱逐出境之日起十年内不准入境。

第八十二条　【违反口岸管理的法律责任】有下列情形之一的，给予警告，可以并处二千元以下罚款：

（一）扰乱口岸限定区域管理秩序的；

（二）外国船员及其随行家属未办理临时入境手续登陆的；

（三）未办理登轮证件上下外国船舶的。

违反前款第一项规定，情节严重的，可以并处五日以上十日以下拘留。

第八十三条　【交通运输工具违反边防检查管理的法律责任】交通运输工具有下列情形之一的，对其负责人处五千元以上五万元以下罚款：

（一）未经查验准许擅自出境入境或者未经批准擅自改变出境入境口岸的；

（二）未按照规定如实申报员工、旅客、货物或者物品等信息，或者拒绝协助出境入境边防检查的；

（三）违反出境入境边防检查规定上下人员、装卸货物或者物品的。

出境入境交通运输工具载运不准出境入境人员出境入境的，处每载运一人五千元以上一万元以下罚款。交通运输工具负责人证明其已经采取合理预防措施的，可以减轻或者免予处罚。

第八十四条　【交通运输工具违反出境入境管理的法律责任】交通运输工具有下列情形之一的，对其负责人处二千元以上二万元以下罚款：

（一）中国或者外国船舶未经批准擅自搭靠外国船舶的；

（二）外国船舶、航空器在中国境内未按照规定的路线、航线行驶的；

（三）出境入境的船舶、航空器违反规定驶入对外开放口岸以外地区的。

第八十五条　【出境入境管理工作人员的法律责任】履行出境入境管理职责的工作人员，有下列行为之一的，依法给予处分：

（一）违反法律、行政法规，为不符合规定条件的外国人签发签证、外国人停留居留证件等出境入境证件的；

（二）违反法律、行政法规，审核验放不符合规定条件的人员或者交通运输工具出境入境的；

（三）泄露在出境入境管理工作中知悉的个人信息，侵害当事人合法权益的；

（四）不按照规定将依法收取的费用、收缴的罚款及没收的违法所得、非法财物上缴国库的；

（五）私分、侵占、挪用罚没、扣押的款物或者收取的费用的；

（六）滥用职权、玩忽职守、徇私舞弊，不依法履行法定职责的其他行为。

第八十六条　【当场处罚】对违反出境入境管理行为处五百元以下罚款的，出入境边防检查机关可以当场作出处罚决定。

第八十七条　【罚款与收缴相分离】对违反出境入境管理行为处罚款的，被处罚人应当自收到处罚决定书之日起十五日内，到指定的银行缴纳罚款。被处罚人在所在地没有固定住所，不当场收缴罚款事后难以执行或者在口岸向指定银行缴纳罚款确有困难的，可以当场收缴。

第八十八条　【刑事责任】违反本法规定，构成犯罪的，依法追究刑事责任。

第八章　附　　则

第八十九条　【有关概念解释】本法下列用语的含义：

出境，是指由中国内地前往其他国家或者地区，由中国内地前往香港特别行政区、澳门特别行政区，由中国大陆前往台湾地区。

入境，是指由其他国家或者地区进入中国内地，由香港特别行政区、澳门特别行政区进入中国内地，由台湾地区进入中国大陆。

外国人，是指不具有中国国籍的人。

第九十条 【**制定边民管理规定**】经国务院批准，同毗邻国家接壤的省、自治区可以根据中国与有关国家签订的边界管理协定制定地方性法规、地方政府规章，对两国边境接壤地区的居民往来作出规定。

第九十一条 【**外交、领事人员的特别规定**】外国驻中国的外交代表机构、领事机构成员以及享有特权和豁免的其他外国人，其入境出境及停留居留管理，其他法律另有规定的，依照其规定。

第九十二条 【**出入境证件费用**】外国人申请办理签证、外国人停留居留证件等出境入境证件或者申请办理证件延期、变更的，应当按照规定缴纳签证费、证件费。

第九十三条 【**施行日期**】本法自 2013 年 7 月 1 日起施行。《中华人民共和国外国人入境出境管理法》和《中华人民共和国公民出境入境管理法》同时废止。

学校招收和培养国际学生管理办法

1. 2017 年 3 月 20 日教育部、外交部、公安部令第 42 号公布
2. 自 2017 年 7 月 1 日起施行

第一章　总　　则

第一条 为规范学校招收、培养、管理国际学生的行为，为国际学生在中国境内学校学习提供便利，增进教育对外交流与合作，提高中国教育国际化水平，根据《中华人民共和国教育法》《中华人民共和国出境入境管理法》等法律法规，制定本办法。

第二条 本办法所称学校，是指中华人民共和国境内实施学前教育、初等教育、中等教育和高等教育的学校。

本办法所称国际学生，是指根据《中华人民共和国国籍法》不具有中国国籍且在学校接受教育的外国学生。

本办法第二至五章适用于高等学校。实施学前、初等、中等教育的学校，其对国际学生的招生、教学和校内管理，按照省、自治区、直辖市的规定执行。

第三条 学校招收和培养国际学生，应当遵守中国法律法规和国家政策；应当维护国家主权、安全和社会公共利益；应当规范管理、保证质量。

国际学生应当遵守中国法律法规，尊重中国风俗习惯，遵守学校规章制度，完成学校学习任务。

第四条 国务院教育行政部门统筹管理全国国际学生工作，负责制定招收、培养国际学生的宏观政策，指导、协调省、自治区、直辖市人民政府教育行政部门和学校开展国际学生工作，并可委托有关单位和行业组织承担国际学生的管理和服务工作。

国务院外交、公安等行政部门按照职责分工，做好国际学生的相关管理工作。

第五条 省、自治区、直辖市人民政府教育行政部门对本行政区域内国际学生工作进行指导、协调和监管，负责研究制定本行政区域内学前、初等、中等教育阶段国际学生工作的相关政策。

省、自治区、直辖市人民政府外事、公安等行政部门按照职责分工，做好国际学生的相关管理工作。

第六条 招收国际学生的学校，应当建立健全国际学生招收、培养、管理和服务制度，具体负责国际学生的招收与培养。

第二章　招 生 管 理

第七条 招收国际学生的高等学校，应当具备相应的教育教学条件和培养能力，并依照国家有关规定自主招收国际学生。

第八条 招收国际学生的高等学校，应当按照国务院教育行政部门规定的事项和程序进行备案。

第九条 高等学校招收国际学生，接受学历教育的类别为：专科生、本科生、硕士研究生和博士研究生；接受非学历教育的类别为：预科生、进修生和研究学者。

第十条 高等学校按照其办学条件和培养能力自主确定国际学生招生计划和专业，国家另有规定的除外。

第十一条 高等学校按照国家招生规定，制定和公布本校国际学生招生简章，并按照招生简章规定的条件和程序招收国际学生。

第十二条 高等学校应当对报名申请的外国公民的入学资格和经济保证证明进行审查，对其进行考试或者考核。国际学生的录取由学校决定；对不符合招生条件的，学校不得招收。

第十三条 高等学校经征得原招生学校同意，可以接收由其他学校录取或者转学的国际学生。

第十四条 高等学校对国际学生的收费项目和标准，按照国家有关规定执行。

高等学校应当公布对国际学生的收费项目、收费标准和退学、转学的退费规定。收费、退费以人民币计价。

第三章 教学管理

第十五条 高等学校应当将国际学生教学计划纳入学校总体教学计划,选派适合国际学生教学的师资,建立健全教育教学质量保障制度。

第十六条 国际学生应当按照高等学校的课程安排和教学计划参加课程学习,并应当按照规定参加相应的毕业考试或者考核。学校应当如实记录其学习成绩和日常表现。

汉语和中国概况应当作为高等学历教育的必修课;政治理论应当作为学习哲学、政治学专业的国际学生的必修课。

第十七条 国际学生入学后,经学生申请、高等学校同意,国际学生可以转专业。转专业条件和程序由学校规定。

第十八条 中华人民共和国通用语言文字是高等学校培养国际学生的基本教学语言。对国家通用语言文字水平达不到学习要求的国际学生,学校可以提供必要的补习条件。

第十九条 具备条件的高等学校,可以为国际学生开设使用外国语言进行教学的专业课程。使用外国语言接受高等学历教育的国际学生,学位论文可以使用相应的外国文字撰写,论文摘要应为中文;学位论文答辩是否使用外国语言,由学校确定。

第二十条 高等学校按照教学计划组织国际学生参加教学实习和社会实践,选择实习、实践地点应当遵守国家有关规定。

第二十一条 高等学校根据国家有关规定为国际学生颁发学历证书或者其他学业证书。对接受高等学历教育的国际学生,高等学校应当及时为其办理学籍和毕业证书电子注册。

高等学校为符合学位授予条件的国际学生颁发学位证书。

第四章 校内管理

第二十二条 高等学校应当明确承担国际学生管理职能的工作机构,负责统筹协调国际学生的招收、教学、日常管理和服务以及毕业后的校友联系等工作。

第二十三条 高等学校应当向国际学生公开学校基本情况、教育教学情况、招生简章以及国际学生管理与服务制度,方便国际学生获取信息。

第二十四条 高等学校应当为国际学生提供食宿等必要的生活服务设施,建立健全并公布服务设施使用管理制度。国际学生在学校宿舍外居住的,应当及时到居住地公安部门办理登记手续。

第二十五条 高等学校应当对国际学生开展中国法律法规、校纪校规、国情校情、中华优秀传统文化和风俗习惯等方面内容的教育,帮助其尽快熟悉和适应学习、生活环境。

高等学校应当设置国际学生辅导员岗位,了解国际学生的学习、生活需求,及时做好信息、咨询、文体活动等方面服务工作。国际学生辅导员配备比例不低于中国学生辅导员比例,与中国学生辅导员享有同等待遇。

第二十六条 高等学校鼓励国际学生参加有益于身心健康的文体活动,为其参加文体活动提供便利条件。国际学生可以自愿参加公益活动、中国重大节日的庆祝活动。

高等学校一般不组织国际学生参加军训、政治性活动。

第二十七条 国际学生经高等学校同意,可以在校内指定的地点和范围举行庆祝本国重要传统节日的活动,但不得有反对、攻击其他国家、民族的内容或者违反公共道德的言行。

第二十八条 国际学生经高等学校批准,可以在学校内成立联谊团体,在中国法律、法规规定的范围内活动,并接受学校的指导和管理。

第二十九条 高等学校应当尊重国际学生的民族习俗和宗教信仰,但不提供宗教活动场所。学校内不得进行传教、宗教聚会等任何宗教活动。

第三十条 国际学生在高等学校学习期间可以参加勤工助学活动,但不得就业、经商或从事其他经营性活动。

国际学生勤工助学的具体管理规定,由国务院教育行政部门会同有关部门另行制订。

第三十一条 高等学校参照中国学生学籍管理规定开展国际学生学籍管理工作。学校对国际学生做出退学处理或者开除学籍处分的,应当按照国务院教育行政部门的规定进行备案。

第五章 奖学金

第三十二条 中国政府为接受高等教育的国际学生设立中国政府奖学金,并鼓励地方人民政府设立国际学生奖学金。

中国政府奖学金的管理办法,由国务院有关行政部门制定。

第三十三条 国务院教育行政部门择优委托高等学校培

养中国政府奖学金生。承担中国政府奖学金生培养任务的高等学校，应当优先招收中国政府奖学金生。

第三十四条 高等学校可以为国际学生设立奖学金。鼓励企事业单位、社会团体及其他社会组织和个人设立国际学生奖学金，但不得附加不合理条件。

第六章 社会管理

第三十五条 外国人申请到本办法第二条所指的学校学习的，应当在入境前根据其学习期限向中国驻其国籍国或居住地国使领馆或外交部委托的其他驻外机构申请办理X1字或X2字签证，按照规定提交经教育主管部门备案的证明和学校出具的录取通知书等相关材料。

第三十六条 国际学生所持学习类签证注明入境后需要办理居留证件的，应当自入境之日起三十日内，向拟居留地公安机关出入境管理部门申请办理学习类外国人居留证件。

第三十七条 外交部对外国驻华外交代表机构、领事机构及国际组织驻华代表机构人员及其随任家属申请到学校学习另有规定的，依照外交部规定执行。未按规定办理相关手续的，学校不得招收。

第三十八条 学校招收未满十八周岁且父母不在中国境内常住的国际学生，须要求其父母正式委托在中国境内常住的外国人或者中国人作为该国际学生的监护人，并提供相关证明材料。

学校可以接受以团组形式短期学习的国际学生，但应当预先与外方派遣单位签订协议。实施初等、中等教育的学校接受团组形式短期学习国际学生的，外方派遣单位应当按照其所在国法律规定，预先办理有关组织未成年人出入境所需的法律手续，并应当派人随团并担任国际学生在学校学习期间的监护人。

第三十九条 国际学生入学时应当按照中国卫生行政部门的规定到中国卫生检疫部门办理《外国人体格检查记录》确认手续或者进行体检。经体检确认患有《中华人民共和国出境入境管理法》规定的严重精神障碍、传染性肺结核病或者有可能对公共卫生造成重大危害的其他传染病的，由公安部门依法处理。

第四十条 学校实行国际学生全员保险制度。国际学生必须按照国家有关规定和学校要求投保。对未按照规定购买保险的，应限期投保，逾期不投保的，学校不予录取；对于已在学校学习的，应予退学或不予注册。

第七章 监督管理

第四十一条 国务院教育行政部门建立健全国际学生培养质量监督制度。省、自治区、直辖市教育行政部门应当对本行政区域的国际学生培养进行监督。

第四十二条 负有国际学生管理职责的国务院教育、公安、外交等行政部门，应当利用现代信息技术建立国际学生信息管理系统，推进信息共享工作机制，不断完善国际学生的管理与服务工作。

第四十三条 对违反《中华人民共和国出境入境管理法》《中华人民共和国治安管理处罚法》以及《中华人民共和国外国人入境出境管理条例》《中华人民共和国境内外国人宗教活动管理规定》等法律法规规定的国际学生，公安等主管部门应当依法处理。

第四十四条 高等学校在国际学生招收和培养过程中出现以下行为的，主管教育行政部门应当责令其整改，按照《中华人民共和国教育法》的有关规定追究法律责任，并可以限制其招收国际学生：

（一）违反国家规定和学校招生规定招生的；

（二）在招生过程中存在牟利行为的；

（三）未公开收费项目、标准和未按项目、标准收费的；

（四）违规颁发学位证书、学历证书或其他学业证书的；

（五）教学质量低劣或管理与服务不到位，造成不良社会影响的；

（六）其他违法违规行为。

第八章 附则

第四十五条 本办法中的短期学习是指在中国学校学习时间不超过180日（含），长期学习是指在中国学校学习时间超过180日。

第四十六条 中国境内经批准承担研究生教育任务的科学研究机构招收国际学生的，按照本办法执行。

教育行政部门批准的实施非学历教育的教育机构招收国际学生的，参照本办法执行。

香港特别行政区、澳门特别行政区、台湾地区学生的招收、培养和管理，以及中国境内外籍人员子女学校的招生、培养和管理，按照国家其他有关规定执行。

第四十七条 省、自治区、直辖市人民政府教育、外事、公安等部门，应当根据本办法，制定本省、自治区、直辖市的管理规定。

第四十八条 本办法自2017年7月1日起施行。教育部、外交部、公安部2000年1月31日发布的《高等学校接受外国留学生管理规定》、教育部1999年7月21日发布的《中小学接受外国学生管理暂行办法》同时废止。

普通高等学校招收和培养香港特别行政区、澳门特别行政区及台湾地区学生的规定

1. *2016年10月12日教育部、公安部、财政部、人力资源社会保障部、国务院台湾事务办公室、国务院港澳事务办公室发布*
2. *教港澳台〔2016〕96号*

第一章　总　　则

第一条　为进一步促进内地(祖国大陆)与香港特别行政区、澳门特别行政区以及台湾地区(以下简称港澳台)高等教育交流与合作,规范内地(祖国大陆)普通高等学校对港澳台学生的招生、教学、生活管理和服务,保证培养质量,依法维护港澳台学生合法权益,根据国家相关法律法规,制定本规定。

第二条　内地(祖国大陆)普通高等学校招收和培养港澳台学生工作适用本规定。

本规定所称普通高等学校(以下简称高校),是指内地(祖国大陆)实施专科以上学历教育的高等学校和经批准承担研究生教育任务的科研机构。

本规定所称港澳台学生,是指报考或入读高校的具有香港或澳门居民身份证和《港澳居民来往内地通行证》的学生,或具有在台湾居住的有效身份证明和《台湾居民来往大陆通行证》的学生。

第三条　高校和相关部门应当坚持"保证质量、一视同仁、适当照顾"的原则,按照内地(祖国大陆)法律法规和国家政策招收、培养、管理和服务港澳台学生。

第四条　教育部按照国家有关法律法规,统筹管理高校招收和培养港澳台学生工作。其职责是:

(一)制定招收和培养港澳台学生政策、规章;

(二)指导和监督高校招收、培养港澳台学生工作,举办高校联合招收港澳台学生考试;

(三)统筹涉及港澳台学生相关事务。

第五条　国务院港澳事务办公室、国务院台湾事务办公室、公安部等部门按照各自职责,参与港澳台学生招收、培养、管理和服务工作。

第六条　省级教育行政部门、教育招生考试机构负责本行政区域内港澳台学生招收、培养、管理和服务工作。其职责是:

(一)贯彻执行国家关于招收、培养港澳台学生政策和管理规定,建立健全本行政区域内港澳台学生招收、培养、管理和服务制度;

(二)监督、评估本行政区域内高校招收和培养港澳台学生工作;

(三)协调本行政区域内港澳台学生其他相关事务。

第七条　招收港澳台学生的高校应当完善培养、管理和服务机制,明确港澳台学生管理机构,归口统筹,建立健全学校相关规章制度。

第八条　中央或省级财政安排财政补助,用于开展对港澳台学生的招生、培养、管理、服务等工作。

第二章　招　　生

第九条　高校可以在国家下达的招生计划之外,根据自身办学条件,自主确定招收港澳台学生的数量或比例。高校应当将招生情况报教育部备案。

第十条　教育部设立高校联合招收港澳台学生办公室,组织联合招生宣传考试和录取相关工作。

第十一条　高校应主动开展港澳台学生招生宣传工作,及时公开本校招生信息,确保信息真实、有效。

第十二条　符合报考条件的港澳台学生,通过面向港澳台地区的联合招生考试;或者参加内地(祖国大陆)统一高考、研究生招生考试合格;或者通过香港中学文凭考试、台湾地区学科能力测试等统一考试达到同等高校入学标准;或者通过教育部批准的其他入学方式,经内地(祖国大陆)高校录取,取得入学资格。

第十三条　对未达到本科录取条件但经过一定阶段培养可以达到入学要求的港澳台学生,高校可以按相关要求招收为预科生。预科生学习满一年经学校考核合格后,可转为本科生。

高校招收预科生的条件和标准,应当报省级教育行政部门备案。高校可自行招收港澳台进修生、交换生和旁听生。

第十四条　已获得大专以上学历或在内地(祖国大陆)以外的大学就读本科专业的港澳台学生,可向内地(祖国大陆)高校申请插入就读与原所学专业相同或相近的本科课程,试读一年。试读期满,经所在试读学校考核合格,可转为正式本科生,并升入高一年级就读,报学校所在省级教育行政部门备案。

第三章　培　　养

第十五条　高校应保证港澳台学生的培养质量,将港澳台学生教学纳入学校总体教学计划。港澳台学生应与内地(祖国大陆)学生执行统一的毕业标准。

第十六条　对港澳台学生教学事务应趋同内地(祖国大陆)学生,由高校指定部门归口管理。在保证相同教学质量前提下,高校应根据港澳台学生学力情况和心

理、文化特点，开设特色课程，有针对性地组织和开展教学工作。政治课和军训课学分可以其他国情类课程学分替代。

第十七条 高校应对港澳台学生开展入学教育，帮助其适应生活环境和学业要求。

第十八条 高校可为港澳台学生适应学业安排课业辅导。

第十九条 高校应当按照教学计划组织港澳台学生参加教学实习和社会实践，适当考虑港澳台学生特点和需求。

第二十条 高校根据有关规定为港澳台学生颁发毕业证书（结业证书、肄业证书）或者写实性学业证明，为符合学位授予条件的港澳台学生颁发学位证书。

第二十一条 国家为港澳台学生设立专项奖学金，地方政府、高校、企事业单位、社会团体及其他组织和公民个人可依法设立面向港澳台学生的奖学金和助学金。

第四章 管理和服务

第二十二条 高校应当制定、完善港澳台学生校内管理的各项规章制度，将港澳台学生的管理和服务纳入本校学生工作整体框架，统一规划部署，统筹实施。根据实际情况配置港澳台学生辅导员岗位，加强管理人员队伍的培训。

港澳台学生应当遵守法律、法规和学校的规章制度。

第二十三条 高校应根据有关规定，按时为港澳台学生注册学籍，统一管理学籍。港澳台学生转专业、转学、退学、休学、复学等事宜应参照内地（祖国大陆）学生的相关规定。

第二十四条 高校应当为港澳台学生建立档案，妥善保管其报考、入学申请及在校期间学习、科研、奖惩等情况资料。

第二十五条 高校应当按照国家有关规定向港澳台学生收取学费及其他费用。高校应公开本校收费项目和标准，对港澳台学生执行与内地（祖国大陆）同类学生相同的收费标准。

第二十六条 高校参照内地（祖国大陆）学生相关政策批准成立、指导和管理港澳台学生社团，并为其活动提供便利。鼓励港澳台学生参加学校学生组织、社团，参与各类积极健康的学生活动，引导港澳台学生与内地（祖国大陆）学生交流融合。

第二十七条 高校应参照内地（祖国大陆）学生的相关政策，为港澳台学生在学期间参加勤工助学、志愿服务、创新创业活动提供服务。

第二十八条 高校应当为港澳台学生提供必要生活服务。港澳台学生与内地（祖国大陆）学生同等住宿条件下，住宿费标准应当一致。高校应当建立健全港澳台学生校内外居住管理制度，按照有关规定做好居住登记手续。

第二十九条 在内地（祖国大陆）就读的港澳台学生与内地（祖国大陆）学生执行同等医疗保障政策，按规定参加高校所在地城镇居民基本医疗保险并享受有关待遇。

第三十条 高校应做好港澳台学生的就业指导工作，完善就业信息渠道建设，提供就业便利。

第三十一条 高校应做好港澳台校友工作，完善工作机制，推进校友组织建设和发展。

第三十二条 高校制定并完善本校港澳台学生突发事件的应急预案。

第三十三条 对在招收培养港澳台学生过程中出现违法违规行为的高校，主管教育行政部门应当责令其限期改正，对于情节严重、造成恶劣影响的，依据国家有关规定追究有关负责人的责任。

第五章 附 则

第三十四条 本规定由教育部负责解释。

第三十五条 本规定自发布之日起施行。《关于高校招收和培养香港特别行政区、澳门地区及台湾省学生的暂行规定》（教外港〔1999〕22 号）同时废止。

国家教育委员会关于出国留学人员工作的若干暂行规定

1986 年 12 月 13 日国务院批准发布

根据《中共中央、国务院关于改进和加强出国留学人员工作若干问题的通知》，国家教育委员会就出国留学工作的指导原则、组织管理，以及公派出国留学人员的选派，从事国外"博士后"研究或实习，公派出国留学人员回国休假及其配偶出国探亲和自费出国留学等，暂行规定如下：

一、出国留学工作的指导原则

（一）我国公民通过各种渠道和方式，到世界各国和地区的高等学校和研究机构等留学，是我国对外开放政策的组成部分，是吸收国外先进的科学技术、适用的经济行政管理经验及其他有益的文化，加强我国高级专门人才培养的重要途径,有益于发展我国人民同各国人民的友谊和交流。为此,根据我国社会主义物质文明和精神文明建设的需要,有计划地发展各种形式的出国留学,必须长期坚持。

(二)出国留学工作应从我国社会主义现代化建设的实际出发,密切结合国内生产建设、科学研究和人才培养的需要,以解决科研、生产中的重要问题和增强我国培养高级人才的能力。

(三)出国留学工作应坚持博采各国之长的原则。留学的学科应兼顾基础学科和应用学科,当前以应用学科为重点,并注意发展我国职业技术教育的需要。

(四)出国留学工作的方针是:按需派遣,保证质量,学用一致,加强对出国留学人员的管理和教育,努力创造条件使留学人员回国能学以致用,在社会主义现代化建设中发挥积极作用。

(五)出国留学人员在留学期间必须遵守我国的有关法律、法规和规定,遵守留学所在国的有关法律,尊重当地人民的风俗习惯和宗教信仰。

二、出国留学工作的组织管理

(一)国家教育委员会在国务院领导下,按照国家派遣留学人员的方针、政策,归口管理全国出国留学人员工作,包括出国留学人员的计划、选派、国外管理和回国后的分配工作。非教育系统的出国留学人员的派出计划和回国后的工作分配,按照统一的方针、政策,由国家科学技术委员会会同国家经济委员会负责。

(二)根据简政放权的原则,国家公派出国留学人员的名额,除国家统一掌握的部分外,实行分配到用人单位的办法,并经过试点,逐步实行出国留学人员的经费包干使用的方法,由派出单位掌握。

(三)出国留学人员的派出单位应指定或委托专门的机构或人员与留学人员保持联系,指导他们在国外的学习,积极配合和协助驻外使、领馆做好出国留学人员的管理工作。

(四)做好出国留学人员工作是驻外使、领馆的一项重要任务。国家教育委员会派出的驻外使、领馆教育处(组)或使、领馆指定的负责出国留学人员工作的干部,在使、领馆领导下,负责出国留学人员在国外期间的具体管理工作。

(五)驻外使、领馆教育处(组)或负责出国留学人员工作的干部以及国内派出部门和单位应关心和帮助出国留学人员解决遇到的困难和问题,帮助他们及时了解国家的发展和需要,热情地为他们服务。驻外使、领馆应在出国留学人员中开展爱国主义教育、集体主义教育、社会主义思想道德的教育,帮助他们增强艰苦创业、振兴中华的信念。

(六)出国留学人员在国外学习期间成立的“学生会”、“联谊会”等社团是留学人员进行自我教育、自我管理、自我服务的群众组织。

(七)国内留学人员管理部门、派出部门和单位,应及时做好出国留学人员回国后的工作安排,充分发挥他们的作用。

三、公派出国留学人员的选派

(一)公派出国留学人员是指根据国家建设需要,得到国家以及有关部门、地方、单位全部或部分资助,通过各种渠道和方式,有计划派出的留学人员。

按国家统一计划,面向全国招生,统一选拔、派出,执行统一经费开支规定的出国留学人员,为国家公派出国留学人员(简称“国家公派”);接部门、地方、单位计划,面向本地区、本单位招生、选拔、派出,执行部门、地方、单位经费开支规定的出国留学人员(包括个人经本单位同意和支持,通过取得各种奖学金、贷学金、资助等并纳入派出计划的留学人员),为部门、地方、单位的公派出国留学人员(简称“单位公派”)。

(二)公派出国留学人员分为大学生、研究生、进修人员和访问学者。

(三)出国攻读大学本科、专科和研究生的留学人员在国外的学习年限一般按对方国家的学制,由派出单位确定。出国进修人员和访问学者在国外的期限,根据进修和研究课题的实际需要,一般为三个月至一年,特殊情况可为一年半,均由派出单位按派遣计划确定。

(四)派出单位要帮助和指导公派出国留学人员选好在国外学习、进修、实习或从事研究的单位。这些单位应具有较高水平或专业方面特长。

(五)公派出国留学人员的条件。

1. 政治条件

热爱祖国,热爱社会主义,思想品德优良,在实际工作和学习中表现突出,积极为社会主义现代化建设服务。

2. 业务条件

出国大学生应是高中毕业、成绩优秀的人员。出国研究生应是具有大学毕业及以上水平的成绩优秀的人员,并应根据不同学科的特点,规定出国前参加实际工作的年限。出国进修人员和访问学者应是教学、科研、生产的业务骨干,具有大学毕业及以上水平,并在高等学校、科研单位及工矿企业等部门中从事本专业工作五年以上(特殊优秀者或因工作需要者可适当缩短),或获得硕士学位后,从事本专业工作二年以上,或从事职业技术教育专业工作二年以上的人员。出国进修人员和访问学者的年龄,应根据出国留学的不同种类确定,一般不得超过五十岁。副教授、副研究员以上的短期(三至六个月)出国访问学者,年龄可适当放宽。

3. 外语条件

各类出国留学人员都应掌握相应国家的语言文字,能够比较熟练地运用外文阅读专业书刊,有一定的听、说、写能力,经过短期培训即能用外语进行有关学科的学术交流。出国大学生和研究生的外语能力必须达到能听课的水平。

4. 身体条件

各类公派出国留学人员的健康状况,必须符合出国留学的规定标准,经过省、市一级医院检查并得到健康合格证明书(证书有效期为一年)。

(六)公派出国留学人员的选拔。

1. 国家公派出国的各类留学人员名额、种类、国别比例、学科比例的确定,选拔工作的组织,由国家教委组织安排。部门、地方、单位公派出国留学人员的名额、种类、国别比例、学科比例的确定和选拔工作,由选派的部门、地方、单位根据国家教育委员会总的指导原则和各单位的实际需要安排,并按隶属关系,经主管部门报国家教育委员会备案。

2. 公派出国进修人员和访问学者的选拔,实行单位推荐,学术组织、技术部门评议(考核),人事部门审核,领导批准的办法。

3. 公派出国大学生、研究生的选拔办法,实行考试与德、智、体全面考核相结合的办法。

(七)签订“出国留学协议书”。

1. 公派出国留学人员办理出国手续前,要与选派单位签订“出国留学协议书”。协议书由选派单位和公派出国留学人员双方签字,并经公证机关公证后生效。

2.“出国留学协议书”的内容,包括国家和单位对公派出国留学人员规定的留学目标、内容、期限、回国服务的要求、向留学人员提供经费的规定,以及派出单位和出国留学人员双方的其他权利、义务和责任等。

(八)公派出国留学人员出国前的准备和集中学习。

公派出国留学人员出国前,各派出单位要采取各种有效形式组织短期集中学习,帮助出国留学人员做好思想准备。集中学习的主要内容包括:有关对外工作的方针政策、出国留学人员的规章制度、外事纪律,介绍有关国家的情况及其他有关注意事项等。

(九)公派出国留学人员的工资、工龄和有关经费的管理办法。

1. 出国进修人员和访问学者,在批准出国留学的期限内,国内工资由原单位照发,国内计算工龄。公派出国攻读博士学位的研究生获得博士学位后,在批准的攻读博士学位期限内,国内计算工龄。公派出国攻读学位的在职人员,在学习期限内的国内工资待遇按国内对同类人员的有关规定办理。

2. 国家公派出国留学人员的出国置装费、出国旅费、在国外学习期间的学习和生活费、研究生和大学生中途回国休假的往返国际旅费等,按国家的统一规定办理。

3. 单位公派出国留学人员的出国置装费、出国旅费、在国外学习期间的学习和生活费、研究生和大学生中途回国休假的往返旅费等,按派出部门、地方、单位参照国家统一规定结合选派单位具体情况制定的有关规定办理。

(十)公派留学人员应按照计划努力学习,按期回国服务。留学期间或留学期满后,一般不得改变留学身份。需要延期者,应提前提出申请,报原派出单位审批。凡是由原单位发放工资的,其在批准的国外延长学习期间的国内工资照发。未经批准逾期不归的,一年内停薪留职,一年后是否保留公职,视不同情况由派出单位决定。

(十一)国家教育委员会负责管理国家公派出国留学的经费,并对部门、地方、单位公派出国留学的经费开支规定和管理工作进行指导。国家公派出国留学人员国外经费的具体管理,由驻外使、领馆教育处(组)专人负责或由使、领馆财务部门代管。

四、从事国外的“博士后”研究或实习

(一)申请从事国外的“博士后”研究或实习的,其研究或实习工作应有益于我国科学技术的发展。

(二)从事国外的“博士后”研究分如下两种情况:一种是已获得博士学位的国内在职人员,申请去国外从事“博士后”研究;另一种是出国研究生在国外获得博士学位后,申请直接在国外从事“博士后”研究。

在国外实习是指我在国外研究生,获得硕士或博士学位后,不改变留学身份进入公司、企业进行短期实习。

(三)国内在职人员申请去国外从事“博士后”研究或实习的审批办法。

1. 由申请人向所在单位提出申请报告，说明拟从事“博士后”研究或实习的理由、内容和期限。

2. 所在单位组织专家、教授对所提“博士后”的研究方向或实习的业务范围进行评议并签署意见，由该单位领导批准后，按隶属关系报部委或省、自治区、直辖市主管部门办理出国审批手续。

3. 去国外从事“博士后”研究或实习所需经费，一般由派出单位解决。

4. 获准者，其在国外从事“博士后”研究或实习期间，国内工资照发。

（四）出国研究生在国外获得博士学位后，申请直接在国外从事“博士后”研究或实习的审批办法。

1. 由申请者提前向其国内派出单位和我驻外使、领馆提出申请报告，说明拟从事“博士后”研究或实习的理由、内容和期限。

2. 国内派出单位收到申请后，须在三个月以内组织有关专家、教授评议并签署意见，由单位领导审批后，通过有关驻外使、领馆通知申请者。三个月后得不到派出单位答复的，即由我驻外使、领馆审定。

3. 申请者联系妥在国外从事“博士后”研究或实习的单位，并收到聘书后，本人应将从事“博士后”研究方向或实习业务范围、单位和期限等报告国内派出单位和驻外使、领馆。其研究课题或实习的业务范围与原申请批复不符的，应重新报请审批。

4. 在国外从事“博士后”研究或实习所需一切费用，包括做“博士后”研究或实习结束后的回国旅费，均由本人自理。

（五）研究生在国外获得博士学位后，要求转到第三国从事“博士后”研究或实习，一般应先回国工作一段时间后，再提出申请。因特殊需要由国外直接转第三国的，应提前半年提出申请，按隶属关系报部委或省、自治区、直辖市主管部门批准。

（六）从事国外的“博士后”研究或实习的期限一般为一年至一年半。

五、公派出国留学人员回国休假及其配偶出国探亲

（一）公派出国留学人员回国休假及其配偶出国探亲的办法要有利于出国留学人员了解国家建设的发展和需要，要合理照顾出国留学人员的学习和生活，又要考虑国内有关单位的工作秩序。

（二）对公派出国大学生、出国攻读博士学位的研究生，在国外留学规定期限在三年以上的，满二年（其间出国攻读博士学位的研究生须获得攻读博士学位资格）后，享受公费回国休假一次。

（三）公费回国休假由本人按规定向我驻外使、领馆申请，并按规定的路线回国。

（四）公派大学生、研究生自费回国休假、探亲，以不影响学习为前提，由驻外使、领馆审批。

（五）公派大学生、研究生，在国外享受国家或单位公费留学期间，公费或自费回国休假、探亲，国外费用停发，国内生活费，凭我驻外使、领馆证明，由派出单位按国家统一规定办理。

（六）公派大学生、研究生回国休假的时间根据所在国学校假期长短确定。

（七）公派出国研究生在国外时间较长，其在国内的配偶申请自费出国探亲，按照《中华人民共和国公民出境入境管理法》的规定办理。公派出国研究生的配偶如系在职职工，应按规定向所在单位申请探亲假。经单位批准后，出国探亲假一般为三个月，最多不得超过六个月。前三个月国内工资照发，从第四个月起，停薪留职，从第七个月起，是否保留公职，视情况由其所在单位决定。

研究生配偶在探亲期间，联系到国外奖学金、资助金，申请留学的，在探亲假期内报经国内工作单位批准，可以按规定办理有关手续转为公派或自费留学。

（八）对于公派出国研究生的配偶，如系国内高等学校应届毕业班的学生和在学研究生，为了不影响完成学业和研究计划，一般不批准请假出国探亲。

（九）公派出国进修人员、访问学者在国外时间较短，按规定不享受回国休假的待遇。他们在国内的配偶，属在职职工的，一般也不给予出国探亲的假期。

六、自费出国留学

（一）自费出国留学，是为国家建设培养人才的一条渠道，应予支持。对自费出国留学人员，要像对待公派出国留学人员那样，在政治上一视同仁，给以关心和爱护，鼓励他们早日学成回国，为祖国的社会主义现代化建设事业服务。

（二）自费出国留学人员是指我国公民提供可靠证明，由其定居外国及香港、澳门、台湾地区亲友资助，或使用本人、亲友在国内的外汇资金，到国外高等学校、科研机构学习或进修。

（三）非在职人员，在高等院校学习的非应届毕业班的学生和归国华侨及其眷属，国外华侨，香港、澳门、台湾同胞和外籍华人在内地的眷属，符合第二条规定并取得国外入学许可证件和经济担保证书的，均可申请自费出国留学。

（四）为了保证国内高等学校、科研机构等单位的工作秩序,在职职工要求离职自费出国留学,应事先经所在单位批准。

高等学校应届毕业班的学生,已经列入国家分配计划,应服从分配,为国家服务。

国内在学研究生,在学习期间应按学籍规定努力完成学习和研究计划,一般不得中断学习自费出国留学。

(五)专业技术骨干人员,包括助理研究员、讲师、工程师、主治医师及以上的人员,毕业研究生以及优秀文艺骨干、优秀运动员、机关工作业务骨干和具有特殊技艺的人才等,申请自费出国留学,应尽量纳入公派范围,他们在国外留学期间的管理和国内待遇按公派出国留学办法办理。

(六)高等学校在校学生获准自费出国留学的,可保留学籍一年。在职人员获准自费出国留学的,从出境的下一个月起停发工资,保留公职一年。

(七)在职人员自费出国留学回国工作后,出国前工龄可以保留,并与回国后的工作时间合并计算工龄。获得博士学位回国参加工作的,其在国外攻读博士学位的年限,国内计算工龄,工龄计算办法与公派留学人员相同。

(八)自费出国留学人员出国前,所在单位和部委、省、自治区、直辖市的教育主管部门应向他们介绍有关出国留学的规定以及国内外有关情况,对他们出国留学的安排给予指导。

(九)自费留学人员出国后应向我驻外使、领馆报到、联系。驻外使、领馆和国内有关部门也应主动与自费留学人员保持联系,保护他们的合法权益,鼓励他们努力学习,关心他们在国外的生活和学习。

(十)对学成回国工作的自费出国留学人员,凡获得学士以上学位者,其回国国际旅费,由国家或用人单位提供,其国内安家费由用人单位按不同情况给予补助。

(十一)自费留学的毕业研究生,大学本科、专科毕业生,要求国家分配工作的,可于毕业前半年与我驻外使、领馆联系,办理有关登记手续,由国家教育委员会负责安排并分配工作;或在回国后向国家教育委员会登记,按同类公派留学人员分配办法及工资待遇的规定办理。

凡过去发布的有关出国留学工作的规定与本规定相抵触的,以本规定为准。本规定自公布之日起施行。

国家教育委员会
海外考试考务管理规则

1990 年 12 月 10 日国家教育委员会发布

第一章 总 则

第一条 为完善海外考试的管理,根据在我国境内举办海外考试的实际情况,制定本规则。

第二条 本规则所称的海外考试,是指外国或国外组织在中国举办的各种专门考试,以及港澳地区的组织或个人资助的项目在内地举办的各种专门考试。

第三条 在我国境内举办海外考试,由国家教育委员会归口管理。

国家教育委员会授权中国国外考试协调处(CIECB)(以下简称协调处)即国家教育委员会考试管理中心承办海外考试的考务管理工作。

第四条 协调处可根据需要在各地设立地区海外考试中心(以下简称考试中心),承办协调处组织进行的各种考试。有关院校应当加强对考试中心的领导并给予支持,确保本规则的贯彻与实施。

第五条 协调处和各考试中心均为非盈利的考试机构。所收费用用于考务及有关的开支。

第二章 考试中心

第六条 考试中心对协调处组织的各类考试负责。严格按照各类考试的要求组织考试。

第七条 考试中心负责考试资料的分装、接送和保管。工作人员必须认真负责,严守纪律,保守秘密。考试后的资料须全部按要求如数交回协调处,不得使用、外借、翻印复制和出售(包括使用过和未使用过,公开的和不公开的)。

第八条 考试中心不得举办与考试有关的培训班,不得向任何培训班提供报名和资料等方面的便利条件。

第九条 考试中心必须严格按照国家规定收取考试费,不得以任何名义增收费用。在报名结束后,应及时与协调处办理财务结算。

第十条 考试中心应负责对考场事故、考生违规、作弊等行为进行处理,并如实汇报。

第十一条 若发生试题失密事件,考试中心和有关人员须立即采取有效措施,严防扩散并及时上报。

第三章 考务人员

第十二条 各考试中心由主任、主考和联络员各 1 人组成，副主考、监考员、电教员和室外工作人员由考试中心临时聘任。工作人员要相对稳定，以保证有一支熟悉考务工作的队伍。

第十三条　考试中心主任和联络员是考试中心的常设人员，由各中心所在院校挑选责任心强，作风正派，有一定的行政、组织工作能力的人员担任，联络员应有一定的英语水平。以上人员需上报协调处备案。

第十四条　主考由各中心所在院校推荐，应具有英语副教授以上职称，责任心强，作风正派的人员担任。如主考不在，可聘请一名副主考代理，并上报协调处备案。

第十五条　副主考（每考场一名）由各中心挑选责任心强，有一定组织能力和考务经验的英语讲师以上职称人员担任。

第十六条　监考员（每25名考生配1名）由各中心聘请英语教员担任。在监考人员不足时，亦可聘请其他责任心强、懂英语的校内工作人员担任。

第十七条　电教员根据考试需要配备，由中心挑选责任心强、业务能力强的专业人员担任。

第十八条　主任的职责为：

1. 考务组织与管理工作；

2. 考试的准备工作（包括考场设置、人员调配等）以及考试的善后工作；

3. 监督执行考试的各种规章制度。

第十九条　联络员的职责为：

1. 负责各项考试的报名工作，考试资料的收发，与协调处的业务联系；

2. 协助主考作好考试资料的安全保密工作；

3. 协助主考处理在考试中发生的问题；

4. 收发考生成绩报告单。

第二十条　主考的职责为：

1. 按主考手册考试程序全面负责实施中心的各类考试；

2. 负责对考生的考前填表培训和对副主考、监考人员进行考务培训；

3. 核对并检查中心收到的考试资料，确保试卷以及其他有关资料不得泄密；

4. 巡视考场并随时掌握考试进展情况，严格按照主考手册规定，处理考试中发生的意外情况；

5. 认真填写主考报告，如实反映考试情况。在主考缺席的情况下，由代理主考执行主考的一切职责。

第二十一条　副主考的职责为：

1. 严格按照主考手册的规定程序主持各自考场的考试。确保考试资料的安全；

2. 按考试要求布置、检查考场，保证设备良好运转。指导考场其他工作人员进行工作；

3. 防止、阻止和处理考场上发生的各种违规舞弊行为。如实填写考场记录。

第二十二条　监考员协助副主考做好考场的准备工作；检查考生证件，准确分发与收回考试资料；检查和指导考生按要求填写试卷和答题纸；执行考试程序，维持考场秩序。

第二十三条　电教员负责做好考前考场的照明、线路，设备的检查、维修工作；协助副主考调试好音量、音质；保证听力资料的安全，防止转录和复制录音资料。

第四章　报　　名

第二十四条　考生须持有效证件（身份证和工作证或学生证）和单位人事部门的介绍信，按照规定的手续报名。

第二十五条　考生在填写报名表时，须仔细阅读考生手册（Bulletin of Information），按其要求，由本人用铅笔填写。

第二十六条　考生领取报名表后，不得以任何形式转让他人，如发现领表人与交表人姓名不符，将取消其报名资格。

第二十七条　对考生进行报名资格审查并核验收取的考试费后，方可发给准考证。准考证需贴考生近期小2寸照片并加盖考试中心公章方为有效。

第五章　考　　试

第二十八条　考场必须宽敞、整洁、明亮和安静，备有时钟；墙上不得有与考试有关的文字和符号；每个考生座位之间的距离约为1.5米，座位上应标明座位号；考场门上应有明显的考场号及准考证号，校内应有明显的路标；使用听音设备考试的考场应配有良好的设备（包括录放机、线路和耳机）。

第二十九条　核验花名册与本人准考证和居民身份证相符的考生方可进入考场。入场验证时，查考生证件有无公章、钢印，有无涂改、伪造痕迹以及准考证上考试日期、考点及考场等项目是否按规定填写。核对考生准考证、身份证件上的姓名和照片是否与本人相符。

第三十条　有效身份证件指有本人照片加盖单位公章（或钢印）的工作证、学生证、中华人民共和国居民身份证、护照、军人身份证或由单位人事部门出具并附有本人加盖公章的照片的证明。证件不合格者一律不得入场考试。

第三十一条　证件不全者一律等证件合格者入场后再做

处理。在填好“证件不符通知单”后可让考生入场考试,并通知考生在考后两天内,前往考试中心验证。逾期者或证件不合格者,一律取消成绩。

第三十二条　在考卷启封开始答题后迟到考生不得入场。

第三十三条　考生入场完毕,副主考负责清点人数(花名册上出席人数应和考场内考生人数相符),发出考试开始指令,严格按照主考手册规定的考试程序进行。

第三十四条　TOEFL 考试中,副主考在调试音量时不可放至试题部分,音量应适中、清晰。听力考试一旦开始,监考人员应暂停巡场,并密切注视耳机线路有无故障。

第三十五条　考试期间尤其是填写答卷过程中,副主考、监考员应认真核对答卷上涂写的姓名、准考证号。

第三十六条　检查考生有无提前拆开试题、跨区做题(GRE 的专业考试除外)、交头接耳、抄袭他人答案、替考和扰乱考场秩序等违规、作弊现象,严格按照主考手册规定处理上述事件,并填写“违规报告”。

第三十七条　在副主考发出停止考试的指令后,考生应立即放下铅笔,停止答卷。监考员逐一收回全部考试资料。考试资料清点无误后,副主考宣布考生退场。

第三十八条　主考和联络员清点考试资料后,将答卷、“主考报告”、“违规报告”、资料清单、考生花名册(TOEFL 考试还应有准考证带照片的一联)等资料于考后最迟隔日用“特快专递”密封寄回协调处,其他考试资料可稍迟寄出。

第三十九条　各考试中心应把考生成绩报告单作为机密件妥善保管,并负责将其成绩报告单分发给考生本人。

第四十条　考试中心应把未收到成绩报告单的考生姓名、准考证号及时报告协调处,由协调处负责与有关考试机构进行交涉。

第四十一条　已用过或未用过的试题及其他保密资料由协调处负责销毁。

第六章　处　　罚

第四十二条　如考试中心违反第七条、第八条或第九条规定,由协调处责令其停止违章活动,其非法所得按国家有关规定处理。

第四十三条　考试中心因工作失误而造成严重的考场事故、集体作弊、集体违章和重大失密事件,经调查核实,由协调处通报批评,并酌情给予警告、暂停考试和取消考点的处分。隐瞒不报者,加重处分。

第四十四条　根据第三十六条规定,考生一般违章,由考试中心给予口头警告;严重违章和作弊者,取消其成绩,写出书面检查,并通报其单位人事部门,同时填入“考生违规报告单”。

第四十五条　考务人员违反本规则,由考试中心批评教育,情节严重的由协调处撤销其考务人员工作资格。

第四十六条　考试中心、考务人员及考生对处罚不服的,认为其人身权、财产权受到侵害的,可向作出处罚的上一级行政主管机关提出申诉。对复议决定不服的,可依法提起诉讼。

第七章　附　　则

第四十七条　各考试中心可根据本规则制定考务管理具体制度,并需报协调处备案。

第四十八条　本规则由协调处负责解释。

第四十九条　本规则自发布之日起施行。

国家公派出国留学研究生管理规定(试行)

1. 2007 年 7 月 16 日发布
2. 教外留〔2007〕46 号

第一章　总　　则

第一条　为实施国家科教兴国和人才强国战略,加快高层次人才培养,规范国家公派出国留学研究生(以下简称公派研究生)派出管理工作,提高国家公派出国留学效益,制定本规定。

第二条　本规定所称公派研究生是指按照国家留学基金资助方式选派到国外攻读硕士、博士学位的研究生,以及在国内攻读博士学位期间赴国外从事课题研究的联合培养博士研究生。

第三条　公派研究生选拔、派出和管理部门的职责是:

1. 国家留学基金管理委员会(以下简称留学基金委)在教育部领导下,按照国家公派出国留学方针政策,负责公派研究生的选拔和管理等工作。

2. 我驻外使(领)馆教育(文化)处(组)(以下简称使领馆)负责公派研究生在国外留学期间的管理工作。

3. 教育部留学服务中心、教育部出国留学人员上海集训部、广州留学人员服务管理中心等部门(以下简称留学服务机构)负责为公派研究生出国留学办理签证、购买出国机票等提供服务。

4. 公派研究生推选单位根据国家留学基金重点资助领域,结合本单位学科建设规划和人才培养计划,负责向留学基金委推荐品学兼优的人选，指导联系国外高水平学校，对公派研究生在国外留学期间的业务学习进行必要指导。

推选单位应对推选的公派研究生切实负起管理责任，与留学基金委和使领馆共同做好公派研究生管理工作。

第二章　选拔与派出

第四条　公派研究生选拔按照“个人申请，单位推荐，专家评审，择优录取”方式进行。具体办法另行制定。

第五条　留学基金委完成公派研究生选拔录取工作后应及时将录取文件与名单通知推选单位、留学服务机构和有关使领馆。

第六条　国家对公派研究生实行“签约派出，违约赔偿”的管理办法。公派研究生出国前应与留学基金委签订《资助出国留学协议书》（见附1，以下简称《协议书》）、交纳出国留学保证金。《协议书》须经公证生效。

经公证的《协议书》应交存推选单位一份备案。

第七条　公派研究生（在职人员除外）原则上应与推选单位签订意（定）向就业协议后派出。

第八条　出国前系在校学生的公派研究生出国留学，应及时办理学籍和离校等有关手续。推选单位应在国家规定的留学期限内保存档案和户籍。

在校生超过规定留学期限未归，其档案和户籍由推选单位按照有关规定办理。

第九条　出国前系应届毕业生的公派研究生出国留学，推选单位应在国家规定的留学期限内保存档案和户籍。

应届毕业生超过规定留学期限未归，推选单位可将其档案和户籍迁转回生源所在地。

第十条　推选单位应设置专门机构和人员，归口负责公派研究生管理工作，建立专门的公派研究生管理档案；对本单位公派研究生统一进行出国前的思想教育和培训，组织学习国家公派留学有关政策和管理规定，对办理出国手续进行指导和帮助；为公派研究生指定专门的指导教师或联系人。

指定教师或联系人应与公派研究生保持经常联系，对其专业学习进行指导，发现问题，及时解决。

第十一条　留学服务机构依据留学基金委提供的录取文件和公派研究生本人所持《国家留学基金资助出国留学资格证书》（见附2），代为验收公派研究生的《协议书》和查验“出国留学保证金交存证明”后，按有关规定办理出国手续，开具《国家公派留学人员报到证明》（见附3）等。

第十二条　留学服务机构为公派研究生办理出国手续后，应及时准确地将出国信息和有关材料报送我有关使领馆和留学基金委，保证国内外管理工作有效衔接。

第三章　国外管理与联系

第十三条　公派研究生应在抵达留学目的地10日内凭《国家留学基金资助出国留学资格证书》和《国家公派留学人员报到证明》向所属使领馆报到（本人到场或邮寄等适当方式），并按使领馆要求办理报到或网上注册等手续。

第十四条　公派研究生应与使领馆和推选单位保持经常联系，每学期末向使领馆和国内推选单位报送《国家公派出国留学人员学习/研修情况报告表》（见附4）。

第十五条　公派研究生在留学期间应自觉维护祖国荣誉，遵守我国和留学所在国法律，尊重当地人民的风俗习惯，与当地人民友好交往。

第十六条　使领馆应高度重视，积极关心公派研究生在外学习期间思想和学习情况，建立定期联系、随访制度，认真及时做好对公派研究生的经费发放工作。每学年向教育部、留学基金委报告公派研究生在外管理情况。

第十七条　推选单位应积极配合留学基金委和使领馆处理管理过程中出现的有关问题。对公派研究生留学期间申请延长留学期限、提前回国、从事博士后研究等问题，应及时向留学基金委提出明确意见，并采取有效措施确保本单位推选的公派研究生学有所成、回国服务。

第十八条　国家留学基金为公派研究生提供的奖学金中包含伙食费、住宿费、交通费、电话费、书籍资料费、医疗保险费、交际费、一次性安置费和零用费等。公派研究生抵达留学所在国后，应从留学所在国实际情况出发，并按照留学所在国政府或留学院校（研究机构）要求及时购买医疗保险。

第十九条　公派研究生应勤奋学习，提高效率，在规定留学期限内完成学业并按期回国服务。未经留学基金委批准同意，留学期间不得擅自改变留学身份、留学期限、留学国家和留学院校（研究机构）。

提前取得学位回国视为提前完成留学计划、按期回国。

公派研究生不得申请办理有关移民国家的豁免。

第二十条　公派研究生一般应在被录取留学院校（研究机构）完成学业。在规定的留学期限内确因学业或研究需要变更留学单位，应履行下列手续：

在所留学院校（研究机构）内部变更院系或专业，

应出示推选单位和国外导师(合作者)的同意函,报使领馆备案;

变更留学院校(研究机构),应提前两个月向使领馆提出申请,出具推选单位意见函、原留学院校或导师(合作者)意见函和新接受留学院校或导师(合作者)的同意接受函,由使领馆报留学基金委审批。

留学单位的变更只限于在原留学所在国内。

经批准变更留学院校的公派研究生抵达新的留学院校后,应于10日内向现所属使领馆报到。原所属使领馆应将有关情况和材料及时转交(告)现所属使领馆,共同做好管理上的衔接工作。

第二十一条　公派研究生因故不能继续学习、确需提前回国者,应向使领馆提出申请,出具推选单位和国外留学院校或导师(合作者)意见以及相关证明,由使领馆报留学基金委审批。

公派研究生一经批准提前回国,当次国家公派留学资格即终止。

经留学基金委批准提前回国的公派研究生中,推选单位按照学校(籍)管理规定可以为其恢复国内学业(籍)者,由推选单位按规定办理复学手续;在职人员回原人事关系所在单位;应届毕业生按已有毕业学历自谋职业。

对未经批准擅自提前回国者,留学基金委根据有关规定处理。

第二十二条　公派研究生留学期间可利用留学所在国留学院校(研究机构)假期回国休假或收集资料。回国休假或收集资料应征得留学院校或导师(合作者)同意,报使领馆审批。

公派研究生在规定的留学期限内可以回国休假:留学期限在12个月至24个月(含)之间的,回国时间不超过1个月,奖学金照发;留学期限在24个月(不含)以上的,回国时间不超过2个月或每年一次不超过1个月,奖学金照发,回国旅费自理;回国时间超过以上次数和时间,自超出之日起停发奖学金。

在规定的留学期限内赴留学所在国以外国家休假或考察,费用自理,在同一年度内,公派研究生回国休假或赴留学所在国以外国家休假或考察只能选择一项,不能同时享受。赴留学所在国以外国家休假或考察,一次不超过15天的,奖学金照发;超过以上次数和时间的,自超出之日起停发奖学金。

第二十三条　公派研究生因病不能坚持学习中途休学回国,应征得留学院校导师(合作者)同意,办理或补办国外留学院校学籍保留手续,使领馆应及时将有关情况报留学基金委审批。

公派研究生因病中途休学回国一般以一学期为限;期满未康复可申请继续休学,累计不应超过一年(含)。在此期间经治疗康复,应向留学基金委提交国内医疗机构体检合格证明、推选单位意见和国外留学院校学籍保留及同意接收函等相关材料,留学基金委征求使领馆意见后决定其是否返回留学国继续完成学业;经治疗仍无法返回留学国进行正常学习者,按第二十一条作为提前回国办理。

公派研究生因病中途休学回国时间累计超过一年,国家公派留学资格自动取消。推选单位按照学校(籍)管理规定可以为其恢复国内学业(籍)者,由推选单位按学校(籍)管理规定办理复学手续;在职人员回原人事关系所在单位;应届毕业生按已有毕业学历自谋职业。

公派研究生因病中途休学回国期间,国外奖学金生活费停发;出国前系在职(校)人员者,因病中途休学回国期间的国内医疗费由推选单位按本单位规定负担;出国前系非在职(校)人员者,国内医疗费由个人负担。

第二十四条　公派研究生在留学期间参加国际学术会议或进行短期学术考察,应征得留学院校导师(合作者)同意并向使领馆报告。

参加国际学术会议或短期学术考察的费用自理。

第二十五条　公派研究生在规定留学期限内未能获得学位者,如因学业问题确需延长学习时间且留学院校导师证明可在延长时间内获得学位,由本人提前2个月向使领馆提交书面申请,出具留学院校导师和推选单位意见函,由使领馆根据其日常学习表现提出明确意见,报留学基金委审批。

经批准延长期限者应与留学基金委办理续签《协议书》等有关手续。

批准延长期限内费用自理。

第二十六条　公派研究生在规定留学期限内虽经努力但仍无法获得学位者,使领馆应将其学习态度、日常表现和所在国留学院校实际情况报告留学基金委,经批准后开具有关证明,办理结(肄)业手续回国。

第二十七条　对于国家急需专业领域的、在国外获得博士学位的公派研究生,在留学所在国签证政策允许前提下,经推选单位同意、留学基金委批准并办理续签《协议书》手续,可继续从事不超过两年的博士后研究。

1. 公派研究生本人应提前2个月向使领馆提出

申请，出具推选单位和国外留学院校或导师（合作者）意见函，由使领馆提出明确意见报留学基金委审批。

2. 留学基金委根据博士后研究课题与国家科学技术、经济发展结合情况进行审批，必要时组织专家进行评议和评审。博士后研究结束回国，应向留学基金委提交研究成果报告。

3. 从事博士后研究期间一切费用自理。

第二十八条 对纪律涣散、从事与学业无关的活动严重影响学习、留学院校和导师（合作者）反映其表现恶劣者，使领馆一经发现应给予批评教育；对仍不改正者，要及时报告留学基金委，留学基金委按照有关规定处理。

第二十九条 公派研究生学习期满回国，由使领馆按国家规定选定回国路线、提供国际旅费，乘坐中国民航班机回国；无中国民航班机，购买外国航班机票应以安全、经济为原则。

第三十条 公派研究生一经签约派出，其在外期间的国家公派留学身份不因经费资助来源或待遇变化而改变。如获其他奖学金，应经留学基金委同意并签订补充协议，且始终应遵守国家公派留学有关规定，履行按期回国服务等相关义务。

如自行放弃国家留学基金资助和国家公派留学身份、单方面终止协议，留学基金委按照有关规定处理。

第三十一条 公派研究生留学期间改变国籍，视为放弃国家公派留学身份，留学基金委按照有关规定处理。

第四章 回国与服务

第三十二条 公派研究生应按期回国，填写《国家公派出国留学人员回国报到提取保证金证明表》（见附5），由推选单位在相应栏目中签署意见，尽快向留学基金委报到（京外人员可通过信函、传真或电子邮件方式报到），按要求递交书面材料。留学基金委审核上述材料后，通知有关金融机构将出国前交存的保证金返还公派研究生本人。

第三十三条 公派研究生（不含在职人员）学成回国，按照国家有关就业政策和规定以及与国内有关单位的定（意）向协议就业。

第三十四条 推选单位要把公派研究生的回国工作纳入本单位人才培养总体规划，对学成回国研究生的就业、创业等问题积极加以引导，为其回国工作和创业创造有利条件。

第三十五条 教育部留学服务中心应按照国家规定，为在国外取得学位回国、落实工作单位的公派研究生办理回国工作的相关手续，为其回国工作和创业提供必要的服务。

公派研究生出国前与推选单位签有回国定向就业协议的，推选单位应及时将该名单报教育部留学服务中心备案。

联合培养博士研究生回国后应回推选单位办理以上有关手续。

第三十六条 公派研究生按期回国后应在国内连续服务至少两年。

第五章 违约追偿

第三十七条 在留学期间擅自变更留学国别和留学身份、自行放弃国家留学基金资助和国家公派留学身份、单方面终止协议、未完成留学计划擅自提前回国、从事与学业无关活动严重影响学习、表现极为恶劣以及未按规定留学期限回国逾期3个月（不含）以上、未完成回国服务期等违反《协议书》约定的行为，构成全部违约。违约人员应赔偿全部留学基金资助费用并支付全部留学基金资助费用30%的违约金。

未按规定留学期限回国逾期3个月（含）以内的行为，构成部分违约。违约人员应赔偿全部留学基金资助费用20%的违约金。经使领馆批准，仍可提供回国机票。

因航班等特殊原因超出规定留学期限1个月（含）以内抵达国内的，不作违约处理。

第三十八条 出国前尚未还清国家助学贷款的留学人员，出国期间应按国家助学贷款有关规定偿还贷款，确有偿还困难的应办理相应延期手续；对逾期不归违约人员，应按《协议书》和国家助学贷款有关规定履行相关义务。

第三十九条 使领馆应及时将公派研究生违约情况和为其资助留学经费情况报告留学基金委，协助留学基金委做好违约追偿工作。

第四十条 推选单位应及时向留学基金委提供所掌握的本单位违约人员的有关情况和信息，协助留学基金委开展违约追偿工作。

第四十一条 对违反《协议书》约定的违约行为，留学基金委根据国家法律规定和《协议书》有关条款对违约人进行违约追偿。违约人本人或其保证人（即协议书丙方）应承担相应违约责任。

1. 如违约人员按《协议书》规定承担相应违约责任，如数予以经济赔偿，不再追究其法律责任。如违约人员未按《协议书》规定承担违约责任做出赔偿，则将要求其国内保证人承担经济责任。如违约人员及其保证人均不承担约定的经济赔偿责任，则将在国内通过法律途径解决。

2. 对违约事件,特别是对不按《协议书》约定履行经济赔偿责任者,除通过法律途径解决外,必要时还将采取其它辅助手段,如以留学基金委名义向国外有关方面通报违约事实;将违约名单予以公布等。

3. 违约人员完成经济赔偿后,即了结了与留学基金委所签《协议书》的义务,但国家公派留学人员的身份不变。协议了结情况由留学基金委通报使领馆、违约人员本人和推选单位。

第六章　评　估

第四十二条　教育部建立评估体系和激励机制,对公派研究生出国留学的总体效益和有关项目的实施情况进行评估,特别对各推选单位派出人员的质量、留学效果和按期回国等情况进行综合评估,并根据评估结果调整各推选单位的选派计划和选派规模,以保证国家留学基金的使用效益和国家人才培养目标的实现。

该评估也将作为对有关使领馆和留学服务机构留学管理与服务工作绩效评估的一部分,以促进留学管理工作的加强与提高。

第七章　附　则

第四十三条　本规定由教育部、财政部负责解释。

第四十四条　本规定自印发之日起施行。此前已印发的有关规定与本规定相抵触的,以本规定为准。

附件:(略)

中国汉语水平考试(HSK)办法

1992 年 9 月 2 日国家教育委员会发布

第一条　为了实施中华人民共和国汉语水平考试(hanyu shui ping kao shi,缩写为 HSK),特制定本办法。

第二条　汉语水平考试(HSK)是测试母语非汉语者的汉语水平而设立的标准考试。

第三条　汉语水平考试(HSK)是统一的标准化考试,实行统一命题、考试、阅卷、评分,并统一颁发证书。

第四条　汉语水平考试(HSK)分为初等、中等汉语水平考试[简称 HSK(初、中等)]和高等汉语水平考试[简称 HSK(高等)]。凡考试成绩达到规定标准者,可获得相应等级的《汉语水平证书》。

第五条　《汉语水平证书》分为:初等水平证书(A、B、C 三级,A 级最高——下同),中等水平证书(A、B、C 三级),高等水平证书(A、B、C 三级)。

第六条　《汉语水平证书》的效力是:

(1)作为到中国高等院校入系学习专业或报考研究生所要求的实际汉语水平的证明。

(2)作为汉语水平达到某种等级或免修相应级别汉语课程的证明。

(3)作为聘用机构录用人员汉语水平的依据。

第七条　汉语水平考试(HSK)每年定期分别在国内和海外举行。

国内考试在指定高等院校设立考试点,每年 6 月和 10 月举行一次;国外考试委托当地高等学校或学术团体承办,每年 6 月或 10 月举行一次。

第八条　具有一定汉语基础,母语非汉语者均可向主考单位报名参加汉语水平考试。

申请考试者需向主考单位缴纳考试费。

考生持主考单位核发的"准考证"进入考场参加考试。

考生应遵守考试规则,违反者将由主考单位给以直至取消考试资格的惩处。

第九条　国家教育委员会设立汉语水平考试委员会,称国家汉语水平考试委员会,国家汉语水平考试委员会全权领导汉语水平考试,并颁发《汉语水平证书》。由国家对外汉语教学领导小组办公室和北京语言学院负责实施汉语水平考试(HSK)的考务工作。

第十条　国家汉语水平考试委员会聘请若干专家、教授组成汉语水平考试顾问委员会,负责汉语水平考试(HSK)的咨询工作。

第十一条　本办法自发布之日起施行。

全国外语水平考试管理规则

1995 年 3 月 10 日国家教育委员会发布

第一章　总　则

第一条　为实施全国外语水平考试(WSK),特制定本规则。

第二条　全国外语水平考试是为了鉴定非外语专业人员的外语水平而设置的考试。其成绩用于选拔出国留学人员,也可作为评定职称及其他用途的参考。

第三条　全国外语水平考试设英语(EPT)、法语(TNF)、德语(NTD)、日语(NNS)和俄语(ТПРЯ)五个语种。英语每年组织两次考试,其他语种组织一次考试。

开考语种的增设,由国家教委考试中心根据实际情况确定。

第四条 国家教委考试中心根据需要在有关院校设立考点,承办国家教委考试中心委托的 WSK 考试。有关院校应当加强对考点的领导并给予支持,确保本规则的实施。

第五条 全国外语水平考试是非营利性的,其收取的费用用于考试工作的各项开支。

第六条 国家教育委员会主管全国外语水平考试工作。国家教育委员会授权国家教委考试中心组织实施。

第七条 全国外语水平考试的试卷、录音磁带、参考答案和评分标准(包括副题)在启用前属国家绝密级材料,启用后属国家机密级材料。

第二章 考 点

第八条 各考点定名为全国外语水平考试考试中心,配备主任、主考和联络员各一名。主任负责考点的行政管理工作,主考负责考试业务工作,联络员负责与国家教委考试中心的日常工作联系。

第九条 各考点对国家教委考试中心负责,严格按照要求组织考试。

第十条 各考点应按规定对考场事故、考生违规、作弊等行为进行处理,并如实汇报。

第十一条 各考点负责试卷、录音磁带和其他资料的收发、保管和分装。工作人员必须认真负责,严守纪律,保守秘密。考试后的试卷和磁带(包括使用过的和未使用过的)须按要求全部交回国家教委考试中心,不得使用、外借、翻印、复制和出售。

第十二条 各考点不得举办与本考试有关的辅导班,不得向任何辅导班提供考试资料。

第十三条 若发生试题失密事件,有关考点须立即采取有效措施,严防扩散并立即报告国家教委考试中心。

第十四条 各考点必须严格按照国家规定收取考试费,不得以任何名义增收费用;必须按规定与国家教委考试中心办理财务结算。

第三章 考务人员

第十五条 考点主任应由责任心强、作风正派、有一定的行政工作能力的人员担任。主任的任免及任期由各考点所在院校确定,并报国家教委考试中心备案。

第十六条 考点主考应由具有外语副教授以上职称、责任心强、作风正派的人员担任。主考的任免及任期由各考点所在院校确定,并报国家教委考试中心备案。在主考缺席的情况下,可聘请一名副主考代理主考的职责。

第十七条 考点联络员应由责任心强、作风正派、懂外语的人员担任。联络员的任免及任期由各考点所在院校确定,并报国家教委考试中心备案。

第十八条 考点聘请责任心强、有考务经验并懂所考语种的外语教师担任副主考(每考场一名)。

第十九条 考点聘请责任心强、懂外语的人员担任监考员(每 25 名考生配一名)。

第二十条 考点根据考试需要配备电教员,电教员由责任心强、业务能力强的专业人员担任。

第二十一条 主任的职责:

1. 负责本考点的行政管理工作;
2. 做好考试的准备(包括考场设置、人员调配等)及善后工作;
3. 监督执行考试的各种规章制度。

第二十二条 主考的职责:

1. 按主、监考手册规定的考试程序全面负责实施考试;
2. 负责对副主考和其他考务人员进行考务培训;
3. 核查本考点收到的试卷、录音磁带和其他资料,确保试卷以及其他有关资料不得泄密;
4. 巡视考场并随时掌握考试进展情况,严格按照主、监考手册规定,处理考试中发生的意外情况;
5. 认真填写主考报告,如实反映考试情况。

第二十三条 联络员的职责:

1. 负责与国家教委考试中心的日常工作联系;
2. 负责考试的报名工作;
3. 协助主考做好考试资料的安全保密工作;
4. 协助主考处理在考试中发生的问题;
5. 收发考生成绩报告单。

第二十四条 副主考的职责:

1. 严格按照主、监考手册规定的程序主持各自考场的考试,确保考试资料的安全;
2. 按考试要求布置考场,保证设备良好运转,指导考场其他工作人员进行工作;
3. 防止、阻止和处理考场上发生的各种违规作弊行为,如实填写考场记录。

第二十五条 监考员必须熟悉考试业务,协助副主考做好考前的准备工作,执行考试程序,维持考场秩序。

第二十六条 电教员负责做好考场的照明、线路、设备的维修工作;保证听力考试顺利进行;保证听力资料在考试进行期间的安全,防止复制录音资料。

第四章 命 题

第二十七条 国家教育委员会领导全国外语水平考试的命题工作。

第二十八条 国家教委考试中心制定《考试大纲》作为命题的依据,《考试大纲》规定考试范围,规定各语种的知识、能力及层次要求,确定试卷结构。

第二十九条 国家教委考试中心设立全国外语水平考试命题委员会。全国外语水平考试命题委员会主要由各语种的专家组成。

第三十条 命题委员会下设各语种命题组。命题组成员主要由具有副教授职称以上的教师担任。

命题人员须具有较高的本语种业务水平、教学经验和命题经验,并能团结协作共同工作。

命题人员由国家教委考试中心聘任。命题人员身份对外保密,不得参加有关的辅导活动;不得向任何人透露、暗示有关试题的任何内容及命题工作情况;未经国家教委考试中心同意,不得以命题人员身份出席任何会议或发表文章。

第三十一条 命题组的任务包括确定试题、编制试卷、制订参考答案及评分标准。

试题、试卷、参考答案及评分标准必须科学、严谨、公正、无误。试卷要符合全国外语水平考试《考试大纲》所规定的各项标准;试卷版面设计要合理,试题文字要准确、简练、规范。

试题、试卷、参考答案和评分标准须经国家教委考试中心审定。

第五章 报　　名

第三十二条 采取集体报名和个人报名两种办法。集体报名须持单位介绍信,个人报名须持本人的居民身份证、护照或军人身份证件。

第三十三条 考生在填写报名表时,信息必须准确。因填表错误造成的后果由考生自负。

第三十四条 各考点在对考生的报名表进行审查合格,收取考试费后,发给准考证。准考证须贴考生近期二寸正面免冠照片并加盖考点公章方为有效。

第三十五条 考生须在国家教委考试中心规定的时间内报名;逾期办理补报手续者须经考点报国家教委考试中心同意,同时加收50%的考试费。

第六章 考　　试

第三十六条 考场必须宽敞、整洁、明亮和安静,并配备时钟;考场内不得有与考试有关的文字和信息;考生座位之间应有适当的距离,座位上应标明座位号;考场门上应有明显的考场号及考生注册号,考场周围应有明显的路标;考场应配有良好的听音设备(包括录放机、线路和耳机)。

第三十七条 经监考人员核验花名册与本人准考证和居民身份证(护照、军人身份证件)相符的考生方可进入考场。入场验证时,查考生上述证件有无有效印鉴,有无涂改伪造痕迹,核对考生准考证、身份证件上的姓名和照片是否与本人相符。

第三十八条 考生入场完毕,副主考负责清点人数,严格按照主、监考手册的规定主持考试。

第三十九条 在考卷启封开始答题后,迟到考生不得入场。

第四十条 考试期间,尤其是回收答卷过程中,监考人员应认真核对答卷上填写的姓名和注册号。

第四十一条 监考人员应检查考生有无提前拆开试卷、跨区做题、交头接耳、抄袭他人答案、替考和扰乱考场秩序等违规作弊现象,严格按照主、监考手册规定处理上述事件,并填写违规记录。

第四十二条 在副主考发出停止考试的指令后,考生应立即停止答题。监考员逐一收回全部考试资料。考试资料清点无误后,副主考宣布考生退场。

第四十三条 主考和联络员清点考试资料后,按规定要求寄回国家教委考试中心。

第四十四条 启用后的试卷和磁带及其他保密资料由国家教委考试中心负责销毁。

第七章 评卷与成绩报告

第四十五条 评卷工作由国家教委考试中心组织进行。考生答卷由国家教委考试中心处理。

第四十六条 评卷场地必须采取安全措施,无关人员不得进入。

第四十七条 各语种评卷点由国家教委考试中心指定。各评卷点成立评卷领导小组,组长由国家教委考试中心聘任。

第四十八条 评卷人员由评卷领导小组聘任。评卷人员应相对稳定。主观性试题评卷人员,应聘请责任心强、水平高的人员担任。

第四十九条 评卷人员必须恪守国家教委考试中心制定的有关规则。评卷工作必须严格执行国家教委考试中心制定的参考答案和评分标准,不得擅自更改。如有不同意见,须报国家教委考试中心,经同意后方可改动。

第五十条 考试成绩在通知考生本人前,按国家秘密级材料管理,任何人不得泄漏。

第五十一条 国家教委考试中心在评卷结束后签发成绩通知单,成绩通知单由各考点转发考生本人或考生所在单位。成绩合格的考生可通过考点向国家教委考试中心申办合格证书。成绩通知单与合格证书具有同等效力。

第五十二条　评卷中发现大面积作弊、违纪、同一考场雷同答卷超过三分之一以上或其他导致原考试成绩不能使用的情况，须迅速查清原因，及时上报国家教委考试中心。

第八章　处　　罚

第五十三条　如考点违反第十一条、第十二条或第十四条规定，由国家教委考试中心责令其停止违章活动，其非法所得按国家有关规定处理。

第五十四条　考点因工作失误而造成严重的考场事故、集体违章和集体作弊，经调查核实，由国家教委考试中心酌情通报批评或给予警告、暂停考试、取消考点的处罚。

第五十五条　根据第四十一条规定，考生一般违章，由考点给予口头警告；严重违章和作弊者，考试成绩无效并写出书面检查；违章和作弊情况应填入“考场记录单”，必要时通报考生单位。

第五十六条　考务人员违反本规则，由考点批评教育，情节严重的取消其考务人员资格。

第五十七条　命题和考务人员违反保密规定，造成试题、参考答案及评分标准（包括副题）泄密，依照《刑法》第一百八十六条的规定追究其刑事责任；不够刑事处罚的，依照《国家保密法》第三十一条规定，给予行政处分。

第五十八条　评卷人员在评卷和统分中错评、漏评或积分差误，泄漏评卷工作情况，经指出不改的，取消其评卷人员资格，并给予通报批评；擅自更改评分标准，涂改考生答卷和考试成绩，以权谋私的，酌情给予行政处分。

第五十九条　被处罚者对处罚不服的，可向作出处罚的上一级行政主管机关提出申诉。

第九章　附　　则

第六十条　各考点可根据本规则制定实施细则，并报国家教委考试中心备案。

第六十一条　本规则由国家教委考试中心负责解释。

第六十二条　本规则自发布之日起施行。

出国留学经费管理办法

1．2022年10月19日财政部、教育部发布
2．财教〔2022〕190号

第一章　总　　则

第一条　为规范出国留学经费管理和使用，提高资金使用效益，推动出国留学事业发展，根据国家预算管理有关法律法规，制定本办法。

第二条　本办法所称“出国留学经费”，是指中央财政安排用于资助国家公派出国留学人员赴国外学习、进修、访问、交流，奖励优秀自费出国留学人员的经费。

第三条　本办法所称“国家公派出国留学人员”，是指根据留学项目要求，通过专家评审，公平公正择优选拔的赴国外学习、进修、访问、交流的人员。

第二章　职 责 分 工

第四条　财政部负责审核教育部报送的出国留学经费预算编制建议，会同教育部确定出国留学经费支出范围、资助标准和留学项目类别，核定年度预算，对经费使用进行监督，组织开展绩效管理工作等。

第五条　教育部负责编制出国留学经费年度预算、组织项目实施，并具体进行监督、绩效管理工作，会同财政部制定年度选派计划。

第六条　国家留学基金管理委员会（以下简称留学基金委）负责提出下一年度选派计划建议，包括年度留学项目、留学人员规模、留学人员结构等。在年度选派计划范围内，公平公正择优选拔国家公派出国留学人员，并负责国家公派出国留学人员管理。

第七条　教育部留学服务中心（以下简称留服中心）及教育部委托机构负责国家公派留学人员的派出服务工作，包括组织国家公派出国留学人员行前培训，订购国际机票，办理护照签证、出境证明、报到证明、奖学金退款等。

第三章　预算和决算管理

第八条　出国留学经费预算编制依据包括：

（一）国家公派出国留学事业发展需要和国家财力情况；

（二）政府互换项目、国际组织人才培养项目等情况；

（三）预计的年度资助人数和各项资助标准；

（四）以前年度出国留学经费结转和结余情况；

（五）汇率情况；

（六）绩效评价结果。

第九条　出国留学经费资助对象主要包括高级研究学者、访问学者、博士后、博士生、硕士生、本科生、赴国际组织实习人员。

第十条　出国留学经费的支出范围包括：

（一）学费或研修费，是指用于资助符合条件的国家公派出国留学人员，向国外留学机构或单位支付的学费、研修费等。

（二）奖学金，是指用于资助符合条件的国家公派出国留学人员，在国外学习期间的基本学习生活费用，包括生活费、注册费、医疗保险费、书籍资料费、板凳费、签证延长费等。

（三）艰苦地区补贴，是指用于发放给赴条件艰苦国家（地区）的国家公派出国留学人员的特殊生活补贴。纳入艰苦地区补贴范围的国家（地区）由财政部、教育部共同确定。

（四）一次往返国际旅费，是指用于资助国家公派出国留学人员出国、结束学业回国的交通费用（各一次）。

（五）签证费，是指用于资助国家公派出国留学人员办理出国留学所需签证的费用。

（六）优秀自费留学生奖学金，是指用于奖励符合条件的优秀自费留学人员费用。

出国留学人员根据留学项目类别、留学国别、留学身份等因素全额或部分享受以上资助项目。

第十一条 出国留学经费应当按照以下方式发放：

奖学金、艰苦地区补贴和优秀自费留学生奖学金，经审核后，教育部本级直接转账至留学人员个人国内专用银行卡；

学费或研修费，由留学基金委在经教育部批复的额度范围内审核支付或报销；

一次往返国际旅费和签证费，由留服中心及教育部委托机构订购支付或按有关规定报销。

第十二条 出国留学经费资助的留学项目类别包括：

（一）国家公派高级研究学者、访问学者、博士后项目，主要是指面向社会各行各业公开选拔，资助高级研究学者、访问学者、博士后赴国外从事访问交流或博士后研究工作的项目。

（二）国家建设高水平大学公派研究生项目，主要是指面向社会公开选拔，资助攻读博士学位研究生、联合培养博士生、短期出国交流博士生导师赴国外一流院校或科研机构学习的项目。

（三）高校合作项目，主要是指面向高校合作选拔，资助优秀青年骨干教师和科研人员赴国外从事访问交流或博士后研究工作的项目。

（四）地方和行业部门合作项目，其中地方合作项目主要是指与有关地方合作选拔，资助符合高等教育和经济社会发展需要的地方单位人员赴国外学习的项目；行业部门合作项目，主要是指与有关部委、行业部门等合作选拔，资助行业发展急需人才赴国外学习的项目。

（五）国际组织人才培养项目，主要是指资助优秀人才赴国际组织实习、资助国际组织后备人才赴国外学习的项目。

（六）政府互换项目，主要是指根据中国和相关国家政府教育交流协议，资助人员赴对方国家学习的互换项目。

（七）中外合作项目，主要是指根据中方与外方为落实国家领导人出访成果及中外人文交流机制有关举措而签署的合作项目或根据教育部委托留学基金委与外方高校、机构签署的合作协议，资助相关人员赴国外学习的项目。

（八）优秀自费留学生奖学金项目，主要是指奖励品学兼优的自费留学人员的项目；

（九）经教育部、财政部批准的其他留学项目。

第十三条 财政部、教育部确定公派出国留学经费支出范围、资助标准，并建立出国留学经费资助标准动态调整机制。其中，奖学金和艰苦地区补贴标准，由财政部、教育部根据出国留学人员基本学习生活需要、国外物价水平、汇率情况和国家财力状况等确定。

对于地方和行业部门合作项目，留学人员获得的奖学金或艰苦地区补贴不得超过财政部、教育部确定的资助标准。

对于政府互换项目，对方提供的奖学金资助标准高于留学人员奖学金资助标准的，奖学金全部归留学人员；低于留学人员奖学金资助标准的，由国家提供部分补贴。

对于中外合作项目，若合作双方对资助内容和标准另有协议的，按协议规定办理。

除上述规定外，教育部、留学基金委、留服中心及教育部委托机构不得擅自扩大支出范围或提高资助标准。

第十四条 优秀自费留学生奖学金标准由教育部商财政部确定。

第十五条 出国留学经费应当按照国库集中支付制度规定拨付。涉及政府采购范围的，应当按照政府采购有关规定执行。

第十六条 出国留学经费预算一经批复，应当严格执行，一般不予调整。确需调整的，按规定程序报批。

第十七条 留学基金委、留服中心及教育部委托机构应加强预算执行的控制和管理，定期分析预算执行情况，按照财政部、教育部有关要求，报送出国留学经费使用报告，报告应当真实、准确、及时、完整。

第十八条　年度终了，留学基金委、留服中心及教育部委托机构应编制出国留学经费决算，纳入单位决算，报送教育部汇总审核，并对决算的规范性、真实性、准确性、完整性负责。教育部负责审核汇总出国留学经费情况，纳入教育部年度部门决算，按要求报送财政部审核批复。

第十九条　出国留学经费年度结转、结余资金按照国家有关结转和结余资金规定管理。

第四章　绩效管理与监督

第二十条　教育部按照全面实施预算绩效管理有关要求，加强出国留学经费绩效管理，做好全过程绩效管理，科学设置绩效目标和指标，组织开展绩效运行监控和绩效评价，加强绩效评价结果应用。财政部根据工作需要开展重点绩效评价，绩效评价结果作为安排预算、完善政策和改进管理的重要依据。

第二十一条　留学基金委、留服中心及教育部委托机构应当建立科学、合理的经费监督管理机制，严格遵守财务相关制度，接受财政、教育、审计等部门的监督检查。单位负责人对出国留学经费收支的真实性、合法性、完整性负责，财务人员应当对出国留学经费依法进行会计核算和监督。

第二十二条　财政部、教育部及其工作人员在项目资金分配使用、审核管理等相关工作中，存在违反规定安排资金或其他滥用职权、玩忽职守、徇私舞弊等违法违规行为的，依法追究相关责任。

留学基金委、留服中心及教育部委托机构、个人在资金申报、使用或管理过程中存在违法违规行为的，依照《中华人民共和国预算法》及其实施条例、《财政违法行为处罚处分条例》等国家有关规定追究相应责任。

第五章　附　　则

第二十三条　因国家公派出国留学人员违约，退回或追缴的中央财政拨款及产生的利息，纳入出国留学经费管理，交回零余额账户，作冲减当年预算支出处理。

对教育部、留学基金委取得的与出国留学相关的捐赠收入、合作收入、其他收入等资金，由教育部纳入部门预算统一管理。

第二十四条　本办法由财政部、教育部负责解释。

第二十五条　本办法自印发之日起施行。《财政部 教育部关于印发〈出国留学经费管理办法〉的通知》（财教〔2013〕411 号）同时废止。

十一、民办教育、校外培训机构、合作办学

资料补充栏

1. 民办教育

中华人民共和国民办教育促进法

1. 2002年12月28日第九届全国人民代表大会常务委员会第三十一次会议通过
2. 根据2013年6月29日第十二届全国人民代表大会常务委员会第三次会议《关于修改〈中华人民共和国文物保护法〉等十二部法律的决定》第一次修正
3. 根据2016年11月7日第十二届全国人民代表大会常务委员会第二十四次会议《关于修改〈中华人民共和国民办教育促进法〉的决定》第二次修正
4. 根据2018年12月29日第十三届全国人民代表大会常务委员会第七次会议《关于修改〈中华人民共和国劳动法〉等七部法律的决定》第三次修正

目　　录

第一章　总　　则

第一条　【立法目的】为实施科教兴国战略，促进民办教育事业的健康发展，维护民办学校和受教育者的合法权益，根据宪法和教育法制定本法。

第二条　【调整范围】国家机构以外的社会组织或者个人，利用非国家财政性经费，面向社会举办学校及其他教育机构的活动，适用本法。本法未作规定的，依照教育法和其他有关教育法律执行。

第三条　【性质、方针和发展规划】民办教育事业属于公益性事业，是社会主义教育事业的组成部分。

国家对民办教育实行积极鼓励、大力支持、正确引导、依法管理的方针。

各级人民政府应当将民办教育事业纳入国民经济和社会发展规划。

第四条　【活动原则】民办学校应当遵守法律、法规，贯彻国家的教育方针，保证教育质量，致力于培养社会主义建设事业的各类人才。

民办学校应当贯彻教育与宗教相分离的原则。任何组织和个人不得利用宗教进行妨碍国家教育制度的活动。

第五条　【法律地位】民办学校与公办学校具有同等的法律地位，国家保障民办学校的办学自主权。

国家保障民办学校举办者、校长、教职工和受教育者的合法权益。

第六条　【鼓励和奖励】国家鼓励捐资办学。

国家对为发展民办教育事业做出突出贡献的组织和个人，给予奖励和表彰。

第七条　【管理体制】国务院教育行政部门负责全国民办教育工作的统筹规划、综合协调和宏观管理。

国务院人力资源社会保障行政部门及其他有关部门在国务院规定的职责范围内分别负责有关的民办教育工作。

第八条　【地方管理体制】县级以上地方各级人民政府教育行政部门主管本行政区域内的民办教育工作。

县级以上地方各级人民政府人力资源社会保障行政部门及其他有关部门在各自的职责范围内，分别负责有关的民办教育工作。

第九条　【党组】民办学校中的中国共产党基层组织，按照中国共产党章程的规定开展党的活动，加强党的建设。

第二章　设　　立

第十条　【举办资格】举办民办学校的社会组织，应当具有法人资格。

举办民办学校的个人，应当具有政治权利和完全民事行为能力。

民办学校应当具备法人条件。

第十一条　【设立条件】设立民办学校应当符合当地教育发展的需求，具备教育法和其他有关法律、法规规定的条件。

民办学校的设置标准参照同级同类公办学校的设置标准执行。

第十二条　【审批权限划分】举办实施学历教育、学前教育、自学考试助学及其他文化教育的民办学校，由县级以上人民政府教育行政部门按照国家规定的权限审批；举办实施以职业技能为主的职业资格培训、职业技能培训的民办学校，由县级以上人民政府人力资源社会保障行政部门按照国家规定的权限审批，并抄送同级教育行政部门备案。

第十三条　【筹设的申请材料】申请筹设民办学校，举办者应当向审批机关提交下列材料：

（一）申办报告，内容应当主要包括：举办者、培养目标、办学规模、办学层次、办学形式、办学条件、内部管理体制、经费筹措与管理使用等；

（二）举办者的姓名、住址或者名称、地址；

（三）资产来源、资金数额及有效证明文件，并载明产权；

（四）属捐赠性质的校产须提交捐赠协议，载明捐赠人的姓名、所捐资产的数额、用途和管理方法及相关有效证明文件。

第十四条　【审批程序】审批机关应当自受理筹设民办学校的申请之日起三十日内以书面形式作出是否同意的决定。

同意筹设的，发给筹设批准书。不同意筹设的，应当说明理由。

筹设期不得超过三年。超过三年的，举办者应当重新申报。

第十五条　【正式设立的申请材料】申请正式设立民办学校的，举办者应当向审批机关提交下列材料：

（一）筹设批准书；

（二）筹设情况报告；

（三）学校章程、首届学校理事会、董事会或者其他决策机构组成人员名单；

（四）学校资产的有效证明文件；

（五）校长、教师、财会人员的资格证明文件。

第十六条　【直接设立的材料规定】具备办学条件，达到设置标准的，可以直接申请正式设立，并应当提交本法第十三条和第十五条（三）、（四）、（五）项规定的材料。

第十七条　【正式审批时限】申请正式设立民办学校的，审批机关应当自受理之日起三个月内以书面形式作出是否批准的决定，并送达申请人；其中申请正式设立民办高等学校的，审批机关也可以自受理之日起六个月内以书面形式作出是否批准的决定，并送达申请人。

第十八条　【审批结果发放形式】审批机关对批准正式设立的民办学校发给办学许可证。

审批机关对不批准正式设立的，应当说明理由。

第十九条　【设立登记手续】民办学校的举办者可以自主选择设立非营利性或者营利性民办学校。但是，不得设立实施义务教育的营利性民办学校。

非营利性民办学校的举办者不得取得办学收益，学校的办学结余全部用于办学。

营利性民办学校的举办者可以取得办学收益，学校的办学结余依照公司法等有关法律、行政法规的规定处理。

民办学校取得办学许可证后，进行法人登记，登记机关应当依法予以办理。

第三章　学校的组织与活动

第二十条　【决策机构反监督机构】民办学校应当设立学校理事会、董事会或者其他形式的决策机构并建立相应的监督机制。

民办学校的举办者根据学校章程规定的权限和程序参与学校的办学和管理。

第二十一条　【理事会或董事会组成】学校理事会或者董事会由举办者或者其代表、校长、教职工代表等人员组成。其中三分之一以上的理事或者董事应当具有五年以上教育教学经验。

学校理事会或者董事会由五人以上组成，设理事长或者董事长一人。理事长、理事或者董事长、董事名单报审批机关备案。

第二十二条　【理事会或董事会职权】学校理事会或者董事会行使下列职权：

（一）聘任和解聘校长；

（二）修改学校章程和制定学校的规章制度；

（三）制定发展规划，批准年度工作计划；

（四）筹集办学经费，审核预算、决算；

（五）决定教职工的编制定额和工资标准；

（六）决定学校的分立、合并、终止；

（七）决定其他重大事项。

其他形式决策机构的职权参照本条规定执行。

第二十三条　【法定代表人】民办学校的法定代表人由理事长、董事长或者校长担任。

第二十四条　【校长的聘任】民办学校参照同级同类公办学校校长任职的条件聘任校长，年龄可以适当放宽。

第二十五条　【校长的职权】民办学校校长负责学校的教育教学和行政管理工作，行使下列职权：

（一）执行学校理事会、董事会或者其他形式决策机构的决定；

（二）实施发展规划，拟订年度工作计划、财务预算和学校规章制度；

（三）聘任和解聘学校工作人员，实施奖惩；

（四）组织教育教学、科学研究活动，保证教育教学质量；

（五）负责学校日常管理工作；

（六）学校理事会、董事会或者其他形式决策机构的其他授权。

第二十六条 【学业证书的颁发】民办学校对招收的学生,根据其类别、修业年限、学业成绩,可以根据国家有关规定发给学历证书、结业证书或者培训合格证书。

对接受职业技能培训的学生,经备案的职业技能鉴定机构鉴定合格的,可以发给国家职业资格证书。

第二十七条 【民主管理】民办学校依法通过以教师为主体的教职工代表大会等形式,保障教职工参与民主管理和监督。

民办学校的教师和其他工作人员,有权依照工会法,建立工会组织,维护其合法权益。

第四章 教师与受教育者

第二十八条 【教师与受教育者的法律地位】民办学校的教师、受教育者与公办学校的教师、受教育者具有同等的法律地位。

第二十九条 【教师资格】民办学校聘任的教师,应当具有国家规定的任教资格。

第三十条 【教师教育和培训】民办学校应当对教师进行思想品德教育和业务培训。

第三十一条 【教职工待遇】民办学校应当依法保障教职工的工资、福利待遇和其他合法权益,并为教职工缴纳社会保险费。

国家鼓励民办学校按照国家规定为教职工办理补充养老保险。

第三十二条 【教职工的同等权利】民办学校教职工在业务培训、职务聘任、教龄和工龄计算、表彰奖励、社会活动等方面依法享有与公办学校教职工同等权利。

第三十三条 【保障受教育者合法权益】民办学校依法保障受教育者的合法权益。

民办学校按照国家规定建立学籍管理制度,对受教育者实施奖励或者处分。

第三十四条 【受教育者的同等权利】民办学校的受教育者在升学、就业、社会优待以及参加先进评选等方面享有与同级同类公办学校的受教育者同等权利。

第五章 学校资产与财务管理

第三十五条 【财会和资产管理制度】民办学校应当依法建立财务、会计制度和资产管理制度,并按照国家有关规定设置会计帐簿。

第三十六条 【法人财产权】民办学校对举办者投入民办学校的资产、国有资产、受赠的财产以及办学积累,享有法人财产权。

第三十七条 【财产保护】民办学校存续期间,所有资产由民办学校依法管理和使用,任何组织和个人不得侵占。

任何组织和个人都不得违反法律、法规向民办教育机构收取任何费用。

第三十八条 【收费制度】民办学校收取费用的项目和标准根据办学成本、市场需求等因素确定,向社会公示,并接受有关主管部门的监督。

非营利性民办学校收费的具体办法,由省、自治区、直辖市人民政府制定;营利性民办学校的收费标准,实行市场调节,由学校自主决定。

民办学校收取的费用应当主要用于教育教学活动、改善办学条件和保障教职工待遇。

第三十九条 【资产使用和财务监督】民办学校资产的使用和财务管理受审批机关和其他有关部门的监督。

民办学校应当在每个会计年度结束时制作财务会计报告,委托会计师事务所依法进行审计,并公布审计结果。

第六章 管理与监督

第四十条 【工作指导】教育行政部门及有关部门应当对民办学校的教育教学工作、教师培训工作进行指导。

第四十一条 【教学评估】教育行政部门及有关部门依法对民办学校实行督导,建立民办学校信息公示和信用档案制度,促进提高办学质量;组织或者委托社会中介组织评估办学水平和教育质量,并将评估结果向社会公布。

第四十二条 【招生简章和广告监督】民办学校的招生简章和广告,应当报审批机关备案。

第四十三条 【受教育者的申诉权】民办学校侵犯受教育者的合法权益,受教育者及其亲属有权向教育行政部门和其他有关部门申诉,有关部门应当及时予以处理。

第四十四条 【社会中介组织提供服务】国家支持和鼓励社会中介组织为民办学校提供服务。

第七章 扶持与奖励

第四十五条 【政府财政支持】县级以上各级人民政府可以设立专项资金,用于资助民办学校的发展,奖励和表彰有突出贡献的集体和个人。

第四十六条 【政府扶持】县级以上各级人民政府可以采取购买服务、助学贷款、奖助学金和出租、转让闲置的国有资产等措施对民办学校予以扶持;对非营利性民办学校还可以采取政府补贴、基金奖励、捐资激励等扶持措施。

第四十七条 【税收优惠】民办学校享受国家规定的税收优惠政策；其中，非营利性民办学校享受与公办学校同等的税收优惠政策。

第四十八条 【鼓励捐赠】民办学校依照国家有关法律、法规，可以接受公民、法人或者其他组织的捐赠。

国家对向民办学校捐赠财产的公民、法人或者其他组织按照有关规定给予税收优惠，并予以表彰。

第四十九条 【信贷支持】国家鼓励金融机构运用信贷手段，支持民办教育事业的发展。

第五十条 【拨付教育经费】人民政府委托民办学校承担义务教育任务，应当按照委托协议拨付相应的教育经费。

第五十一条 【用地优惠措施】新建、扩建非营利性民办学校，人民政府应当按照与公办学校同等原则，以划拨等方式给予用地优惠。新建、扩建营利性民办学校，人民政府应当按照国家规定供给土地。

教育用地不得用于其他用途。

第五十二条 【鼓励落后地区发展民办教育】国家采取措施，支持和鼓励社会组织和个人到少数民族地区、边远贫困地区举办民办学校，发展教育事业。

第八章 变更与终止

第五十三条 【分立、合并】民办学校的分立、合并，在进行财务清算后，由学校理事会或者董事会报审批机关批准。

申请分立、合并民办学校的，审批机关应当自受理之日起三个月内以书面形式答复；其中申请分立、合并民办高等学校的，审批机关也可以自受理之日起六个月内以书面形式答复。

第五十四条 【举办者的变更】民办学校举办者的变更，须由举办者提出，在进行财务清算后，经学校理事会或者董事会同意，报审批机关核准。

第五十五条 【名称、层次、类别的变更】民办学校名称、层次、类别的变更，由学校理事会或者董事会报审批机关批准。

申请变更为其他民办学校，审批机关应当自受理之日起三个月内以书面形式答复；其中申请变更为民办高等学校的，审批机关也可以自受理之日起六个月内以书面形式答复。

第五十六条 【终止情形】民办学校有下列情形之一的，应当终止：

（一）根据学校章程规定要求终止，并经审批机关批准的；

（二）被吊销办学许可证的；

（三）因资不抵债无法继续办学的。

第五十七条 【终止时的学生安排】民办学校终止时，应当妥善安置在校学生。实施义务教育的民办学校终止时，审批机关应当协助学校安排学生继续就学。

第五十八条 【终止时的财务清算】民办学校终止时，应当依法进行财务清算。

民办学校自己要求终止的，由民办学校组织清算；被审批机关依法撤销的，由审批机关组织清算；因资不抵债无法继续办学而被终止的，由人民法院组织清算。

第五十九条 【财产清偿】对民办学校的财产按照下列顺序清偿：

（一）应退受教育者学费、杂费和其他费用；

（二）应发教职工的工资及应缴纳的社会保险费用；

（三）偿还其他债务。

非营利性民办学校清偿上述债务后的剩余财产继续用于其他非营利性学校办学；营利性民办学校清偿上述债务后的剩余财产，依照公司法的有关规定处理。

第六十条 【终止后的手续】终止的民办学校，由审批机关收回办学许可证和销毁印章，并注销登记。

第九章 法律责任

第六十一条 【违反教育法、教师法】民办学校在教育活动中违反教育法、教师法规定的，依照教育法、教师法的有关规定给予处罚。

第六十二条 【违法行为及法律责任】民办学校有下列行为之一的，由县级以上人民政府教育行政部门、人力资源社会保障行政部门或者其他有关部门责令限期改正，并予以警告；有违法所得的，退还所收费用后没收违法所得；情节严重的，责令停止招生、吊销办学许可证；构成犯罪的，依法追究刑事责任：

（一）擅自分立、合并民办学校的；

（二）擅自改变民办学校名称、层次、类别和举办者的；

（三）发布虚假招生简章或者广告，骗取钱财的；

（四）非法颁发或者伪造学历证书、结业证书、培训证书、职业资格证书的；

（五）管理混乱严重影响教育教学，产生恶劣社会影响的；

（六）提交虚假证明文件或者采取其他欺诈手段隐瞒重要事实骗取办学许可证的；

（七）伪造、变造、买卖、出租、出借办学许可证的；

（八）恶意终止办学、抽逃资金或者挪用办学经费的。

第六十三条　【审批机关和有关部门违法行为】县级以上人民政府教育行政部门、人力资源社会保障行政部门或者其他有关部门有下列行为之一的，由上级机关责令其改正；情节严重的，对直接负责的主管人员和其他直接责任人员，依法给予处分；造成经济损失的，依法承担赔偿责任；构成犯罪的，依法追究刑事责任：

（一）已受理设立申请，逾期不予答复的；

（二）批准不符合本法规定条件申请的；

（三）疏于管理，造成严重后果的；

（四）违反国家有关规定收取费用的；

（五）侵犯民办学校合法权益的；

（六）其他滥用职权、徇私舞弊的。

第六十四条　【擅自举办民办学校】违反国家有关规定擅自举办民办学校的，由所在地县级以上地方人民政府教育行政部门或者人力资源社会保障行政部门会同同级公安、民政或者市场监督管理等有关部门责令停止办学、退还所收费用，并对举办者处违法所得一倍以上五倍以下罚款；构成违反治安管理行为的，由公安机关依法给予治安管理处罚；构成犯罪的，依法追究刑事责任。

第十章　附　　则

第六十五条　【学校及校长范围】本法所称的民办学校包括依法举办的其他民办教育机构。

本法所称的校长包括其他民办教育机构的主要行政负责人。

第六十六条　【中国境内外合作办学】境外的组织和个人在中国境内合作办学的办法，由国务院规定。

第六十七条　【施行日期】本法自 2003 年 9 月 1 日起施行。1997 年 7 月 31 日国务院颁布的《社会力量办学条例》同时废止。

中华人民共和国
民办教育促进法实施条例

1. 2004 年 3 月 5 日国务院令第 399 号公布

2. 2021 年 4 月 7 日国务院令第 741 号修订

3. 自 2021 年 9 月 1 日起施行

第一章　总　　则

第一条　根据《中华人民共和国民办教育促进法》（以下简称民办教育促进法），制定本条例。

第二条　国家机构以外的社会组织或者个人可以利用非国家财政性经费举办各级各类民办学校；但是，不得举办实施军事、警察、政治等特殊性质教育的民办学校。

民办教育促进法和本条例所称国家财政性经费，是指财政拨款、依法取得并应当上缴国库或者财政专户的财政性资金。

第三条　各级人民政府应当依法支持和规范社会力量举办民办教育，保障民办学校依法办学、自主管理，鼓励、引导民办学校提高质量、办出特色，满足多样化教育需求。

对于举办民办学校表现突出或者为发展民办教育事业做出突出贡献的社会组织或者个人，按照国家有关规定给予奖励和表彰。

第四条　民办学校应当坚持中国共产党的领导，坚持社会主义办学方向，坚持教育公益性，对受教育者加强社会主义核心价值观教育，落实立德树人根本任务。

民办学校中的中国共产党基层组织贯彻党的方针政策，依照法律、行政法规和国家有关规定参与学校重大决策并实施监督。

第二章　民办学校的设立

第五条　国家机构以外的社会组织或者个人可以单独或者联合举办民办学校。联合举办民办学校的，应当签订联合办学协议，明确合作方式、各方权利义务和争议解决方式等。

国家鼓励以捐资、设立基金会等方式依法举办民办学校。以捐资等方式举办民办学校，无举办者的，其办学过程中的举办者权责由发起人履行。

在中国境内设立的外商投资企业以及外方为实际控制人的社会组织不得举办、参与举办或者实际控制实施义务教育的民办学校；举办其他类型民办学校的，应当符合国家有关外商投资的规定。

第六条　举办民办学校的社会组织或者个人应当有良好的信用状况。举办民办学校可以用货币出资，也可以用实物、建设用地使用权、知识产权等可以用货币估价并可以依法转让的非货币财产作价出资；但是，法律、行政法规规定不得作为出资的财产除外。

第七条　实施义务教育的公办学校不得举办或者参与举办民办学校，也不得转为民办学校。其他公办学校不得举办或者参与举办营利性民办学校。但是，实施职业教育的公办学校可以吸引企业的资本、技术、管理等要素，举办或者参与举办实施职业教育的营利性民办学校。

公办学校举办或者参与举办民办学校，不得利用国家财政性经费，不得影响公办学校教学活动，不得仅以品牌输出方式参与办学，并应当经其主管部门批准。

公办学校举办或者参与举办非营利性民办学校，不得以管理费等方式取得或者变相取得办学收益。

公办学校举办或者参与举办的民办学校应当具有独立的法人资格，具有与公办学校相分离的校园、基本教育教学设施和独立的专任教师队伍，按照国家统一的会计制度独立进行会计核算，独立招生，独立颁发学业证书。

举办或者参与举办民办学校的公办学校依法享有举办者权益，依法履行国有资产管理义务。

第八条　地方人民政府不得利用国有企业、公办教育资源举办或者参与举办实施义务教育的民办学校。

以国有资产参与举办民办学校的，应当根据国家有关国有资产监督管理的规定，聘请具有评估资格的中介机构依法进行评估，根据评估结果合理确定出资额，并报对该国有资产负有监管职责的机构备案。

第九条　国家鼓励企业以独资、合资、合作等方式依法举办或者参与举办实施职业教育的民办学校。

第十条　举办民办学校，应当按时、足额履行出资义务。民办学校存续期间，举办者不得抽逃出资，不得挪用办学经费。

举办者可以依法募集资金举办营利性民办学校，所募集资金应当主要用于办学，不得擅自改变用途，并按规定履行信息披露义务。民办学校及其举办者不得以赞助费等名目向学生、学生家长收取或者变相收取与入学关联的费用。

第十一条　举办者依法制定学校章程，负责推选民办学校首届理事会、董事会或者其他形式决策机构的组成人员。

举办者可以依据法律、法规和学校章程规定的程序和要求参加或者委派代表参加理事会、董事会或者其他形式决策机构，并依据学校章程规定的权限行使相应的决策权、管理权。

第十二条　民办学校举办者变更的，应当签订变更协议，但不得涉及学校的法人财产，也不得影响学校发展，不得损害师生权益；现有民办学校的举办者变更的，可以根据其依法享有的合法权益与继任举办者协议约定变更收益。

民办学校的举办者不再具备法定条件的，应当在6个月内向审批机关提出变更；逾期不变更的，由审批机关责令变更。

举办者为法人的，其控股股东和实际控制人应当符合法律、行政法规规定的举办民办学校的条件，控股股东和实际控制人变更的，应当报主管部门备案并公示。

举办者变更，符合法定条件的，审批机关应当在规定的期限内予以办理。

第十三条　同时举办或者实际控制多所民办学校的，举办者或者实际控制人应当具备与其所开展办学活动相适应的资金、人员、组织机构等条件与能力，并对所举办民办学校承担管理和监督职责。

同时举办或者实际控制多所民办学校的举办者或者实际控制人向所举办或者实际控制的民办学校提供教材、课程、技术支持等服务以及组织教育教学活动，应当符合国家有关规定并建立相应的质量标准和保障机制。

同时举办或者实际控制多所民办学校的，应当保障所举办或者实际控制的民办学校依法独立开展办学活动，存续期间所有资产由学校依法管理和使用；不得改变所举办或者实际控制的非营利性民办学校的性质，直接或者间接取得办学收益；也不得滥用市场支配地位，排除、限制竞争。

任何社会组织和个人不得通过兼并收购、协议控制等方式控制实施义务教育的民办学校、实施学前教育的非营利性民办学校。

第十四条　实施国家认可的教育考试、职业资格考试和职业技能等级考试等考试的机构，举办或者参与举办与其所实施的考试相关的民办学校应当符合国家有关规定。

第十五条　设立民办学校的审批权限，依照有关法律、法规的规定执行。

地方人民政府及其有关部门应当依法履行实施义务教育的职责。设立实施义务教育的民办学校，应当符合当地义务教育发展规划。

第十六条　国家鼓励民办学校利用互联网技术在线实施教育活动。

利用互联网技术在线实施教育活动应当符合国家互联网管理有关法律、行政法规的规定。利用互联网技术在线实施教育活动的民办学校应当取得相应的办学许可。

民办学校利用互联网技术在线实施教育活动，应当依法建立并落实互联网安全管理制度和安全保护技术措施，发现法律、行政法规禁止发布或者传输的信息的，应当立即停止传输，采取消除等处置措施，防止信息扩散，保存有关记录，并向有关主管部门报告。

外籍人员利用互联网技术在线实施教育活动，应当遵守教育和外国人在华工作管理等有关法律、行政法规的规定。

第十七条　民办学校的举办者在获得筹设批准书之日起3年内完成筹设的，可以提出正式设立申请。

民办学校在筹设期内不得招生。

第十八条　申请正式设立实施学历教育的民办学校的，审批机关受理申请后，应当组织专家委员会评议，由专家委员会提出咨询意见。

第十九条　民办学校的章程应当规定下列主要事项：

（一）学校的名称、住所、办学地址、法人属性；

（二）举办者的权利义务，举办者变更、权益转让的办法；

（三）办学宗旨、发展定位、层次、类型、规模、形式等；

（四）学校开办资金、注册资本，资产的来源、性质等；

（五）理事会、董事会或者其他形式决策机构和监督机构的产生方法、人员构成、任期、议事规则等；

（六）学校党组织负责人或者代表进入学校决策机构和监督机构的程序；

（七）学校的法定代表人；

（八）学校自行终止的事由，剩余资产处置的办法与程序；

（九）章程修改程序。

民办学校应当将章程向社会公示，修订章程应当事先公告，征求利益相关方意见。完成修订后，报主管部门备案或者核准。

第二十条　民办学校只能使用一个名称。

民办学校的名称应当符合有关法律、行政法规的规定，不得损害社会公共利益，不得含有可能引发歧义的文字或者含有可能误导公众的其他法人名称。营利性民办学校可以在学校牌匾、成绩单、毕业证书、结业证书、学位证书及相关证明、招生广告和简章上使用经审批机关批准的法人简称。

第二十一条　民办学校开办资金、注册资本应当与学校类型、层次、办学规模相适应。民办学校正式设立时，开办资金、注册资本应当缴足。

第二十二条　对批准正式设立的民办学校，审批机关应当颁发办学许可证，并向社会公告。

办学许可的期限应当与民办学校的办学层次和类型相适应。民办学校在许可期限内无违法违规行为的，有效期届满可以自动延续、换领新证。

民办学校办学许可证的管理办法由国务院教育行政部门、人力资源社会保障行政部门依据职责分工分别制定。

第二十三条　民办学校增设校区应当向审批机关申请地址变更；设立分校应当向分校所在地审批机关单独申请办学许可，并报原审批机关备案。

第二十四条　民办学校依照有关法律、行政法规的规定申请法人登记，登记机关应当依法予以办理。

第三章　民办学校的组织与活动

第二十五条　民办学校理事会、董事会或者其他形式决策机构的负责人应当具有中华人民共和国国籍，具有政治权利和完全民事行为能力，在中国境内定居，品行良好，无故意犯罪记录或者教育领域不良从业记录。

民办学校法定代表人应当由民办学校决策机构负责人或者校长担任。

第二十六条　民办学校的理事会、董事会或者其他形式决策机构应当由举办者或者其代表、校长、党组织负责人、教职工代表等共同组成。鼓励民办学校理事会、董事会或者其他形式决策机构吸收社会公众代表，根据需要设独立理事或者独立董事。实施义务教育的民办学校理事会、董事会或者其他形式决策机构组成人员应当具有中华人民共和国国籍，且应当有审批机关委派的代表。

民办学校的理事会、董事会或者其他形式决策机构每年至少召开2次会议。经1/3以上组成人员提议，可以召开理事会、董事会或者其他形式决策机构临时会议。讨论下列重大事项，应当经2/3以上组成人员同意方可通过：

（一）变更举办者；

（二）聘任、解聘校长；

（三）修改学校章程；

（四）制定发展规划；

（五）审核预算、决算；

（六）决定学校的分立、合并、终止；

（七）学校章程规定的其他重大事项。

第二十七条　民办学校应当设立监督机构。监督机构应当有党的基层组织代表，且教职工代表不少于1/3。教职工人数少于20人的民办学校可以只设1至2名监事。

监督机构依据国家有关规定和学校章程对学校办学行为进行监督。监督机构负责人或者监事应当列席学校决策机构会议。

理事会、董事会或者其他形式决策机构组成人员及其近亲属不得兼任、担任监督机构组成人员或者监事。

第二十八条　民办学校校长依法独立行使教育教学和行政管理职权。

民办学校内部组织机构的设置方案由校长提出，报理事会、董事会或者其他形式决策机构批准。

第二十九条　民办学校依照法律、行政法规和国家有关规定，自主开展教育教学活动；使用境外教材的，应当符合国家有关规定。

实施高等教育和中等职业技术学历教育的民办学校，可以按照办学宗旨和培养目标自主设置专业、开设课程、选用教材。

实施普通高中教育、义务教育的民办学校可以基于国家课程标准自主开设有特色的课程，实施教育教学创新，自主设置的课程应当报主管教育行政部门备案。实施义务教育的民办学校不得使用境外教材。

实施学前教育的民办学校开展保育和教育活动，应当遵循儿童身心发展规律，设置、开发以游戏、活动为主要形式的课程。

实施以职业技能为主的职业资格培训、职业技能培训的民办学校可以按照与培训专业（职业、工种）相对应的国家职业标准及相关职业培训要求开展培训活动，不得教唆、组织学员规避监管，以不正当手段获取职业资格证书、成绩证明等。

第三十条　民办学校应当按照招生简章或者招生广告的承诺，开设相应课程，开展教育教学活动，保证教育教学质量。

民办学校应当提供符合标准的校舍和教育教学设施设备。

第三十一条　实施学前教育、学历教育的民办学校享有与同级同类公办学校同等的招生权，可以在审批机关核定的办学规模内，自主确定招生的标准和方式，与公办学校同期招生。

实施义务教育的民办学校应当在审批机关管辖的区域内招生，纳入审批机关所在地统一管理。实施普通高中教育的民办学校应当主要在学校所在设区的市范围内招生，符合省、自治区、直辖市人民政府教育行政部门有关规定的可以跨区域招生。招收接受高等学历教育学生的应当遵守国家有关规定。

县级以上地方人民政府教育行政部门、人力资源社会保障行政部门应当为外地的民办学校在本地招生提供平等待遇，不得设置跨区域招生障碍实行地区封锁。

民办学校招收学生应当遵守招生规则，维护招生秩序，公开公平公正录取学生。实施义务教育的民办学校不得组织或者变相组织学科知识类入学考试，不得提前招生。

民办学校招收境外学生，按照国家有关规定执行。

第三十二条　实施高等学历教育的民办学校符合学位授予条件的，依照有关法律、行政法规的规定经审批同意后，可以获得相应的学位授予资格。

第四章　教师与受教育者

第三十三条　民办学校聘任的教师或者教学人员应当具备相应的教师资格或者其他相应的专业资格、资质。

民办学校应当有一定数量的专任教师；其中，实施学前教育、学历教育的民办学校应当按照国家有关规定配备专任教师。

鼓励民办学校创新教师聘任方式，利用信息技术等手段提高教学效率和水平。

第三十四条　民办学校自主招聘教师和其他工作人员，并应当与所招聘人员依法签订劳动或者聘用合同，明确双方的权利义务等。

民办学校聘任专任教师，在合同中除依法约定必备条款外，还应当对教师岗位及其职责要求、师德和业务考核办法、福利待遇、培训和继续教育等事项作出约定。

公办学校教师未经所在学校同意不得在民办学校兼职。

民办学校聘任外籍人员，按照国家有关规定执行。

第三十五条　民办学校应当建立教师培训制度，为受聘教师接受相应的思想政治培训和业务培训提供条件。

第三十六条　民办学校应当依法保障教职工待遇，按照学校登记的法人类型，按时足额支付工资，足额缴纳社会保险费和住房公积金。国家鼓励民办学校按照有关规定为教职工建立职业年金或者企业年金等补充养老保险。

实施学前教育、学历教育的民办学校应当从学费收入中提取一定比例建立专项资金或者基金，由学校管理，用于教职工职业激励或者增加待遇保障。

第三十七条　教育行政部门应当会同有关部门建立民办幼儿园、中小学专任教师劳动、聘用合同备案制度，建立统一档案，记录教师的教龄、工龄，在培训、考核、专业技术职务评聘、表彰奖励、权利保护等方面，统筹规划、统一管理，与公办幼儿园、中小学聘任的教师平等对待。

民办职业学校、高等学校按照国家有关规定自主开展教师专业技术职务评聘。

教育行政部门应当会同有关部门完善管理制度，

保证教师在公办学校和民办学校之间的合理流动；指导和监督民办学校建立健全教职工代表大会制度。

第三十八条　实施学历教育的民办学校应当依法建立学籍和教学管理制度，并报主管部门备案。

第三十九条　民办学校及其教师、职员、受教育者申请政府设立的有关科研项目、课题等，享有与同级同类公办学校及其教师、职员、受教育者同等的权利。相关项目管理部门应当按规定及时足额拨付科研项目、课题资金。

各级人民政府应当保障民办学校的受教育者在升学、就业、社会优待、参加先进评选，以及获得助学贷款、奖助学金等国家资助等方面，享有与同级同类公办学校的受教育者同等的权利。

实施学历教育的民办学校应当建立学生资助、奖励制度，并按照不低于当地同级同类公办学校的标准，从学费收入中提取相应资金用于资助、奖励学生。

第四十条　教育行政部门、人力资源社会保障行政部门和其他有关部门，组织有关的评奖评优、文艺体育活动和课题、项目招标，应当为民办学校及其教师、职员、受教育者提供同等的机会。

第五章　民办学校的资产与财务管理

第四十一条　民办学校应当依照《中华人民共和国会计法》和国家统一的会计制度进行会计核算，编制财务会计报告。

第四十二条　民办学校应当建立办学成本核算制度，基于办学成本和市场需求等因素，遵循公平、合法和诚实信用原则，考虑经济效益与社会效益，合理确定收费项目和标准。对公办学校参与举办、使用国有资产或者接受政府生均经费补助的非营利性民办学校，省、自治区、直辖市人民政府可以对其收费制定最高限价。

第四十三条　民办学校资产中的国有资产的监督、管理，按照国家有关规定执行。

民办学校依法接受的捐赠财产的使用和管理，依照有关法律、行政法规执行。

第四十四条　非营利性民办学校收取费用、开展活动的资金往来，应当使用在有关主管部门备案的账户。有关主管部门应当对该账户实施监督。

营利性民办学校收入应当全部纳入学校开设的银行结算账户，办学结余分配应当在年度财务结算后进行。

第四十五条　实施义务教育的民办学校不得与利益关联方进行交易。其他民办学校与利益关联方进行交易的，应当遵循公开、公平、公允的原则，合理定价、规范决策，不得损害国家利益、学校利益和师生权益。

民办学校应当建立利益关联方交易的信息披露制度。教育、人力资源社会保障以及财政等有关部门应当加强对非营利性民办学校与利益关联方签订协议的监管，并按年度对关联交易进行审查。

前款所称利益关联方是指民办学校的举办者、实际控制人、校长、理事、董事、监事、财务负责人等以及与上述组织或者个人之间存在互相控制和影响关系、可能导致民办学校利益被转移的组织或者个人。

第四十六条　在每个会计年度结束时，民办学校应当委托会计师事务所对年度财务报告进行审计。非营利性民办学校应当从经审计的年度非限定性净资产增加额中，营利性民办学校应当从经审计的年度净收益中，按不低于年度非限定性净资产增加额或者净收益的10%的比例提取发展基金，用于学校的发展。

第六章　管理与监督

第四十七条　县级以上地方人民政府应当建立民办教育工作联席会议制度。教育、人力资源社会保障、民政、市场监督管理等部门应当根据职责会同有关部门建立民办学校年度检查和年度报告制度，健全日常监管机制。

教育行政部门、人力资源社会保障行政部门及有关部门应当建立民办学校信用档案和举办者、校长执业信用制度，对民办学校进行执法监督的情况和处罚、处理结果应当予以记录，由执法、监督人员签字后归档，并依法依规公开执法监督结果。相关信用档案和信用记录依法纳入全国信用信息共享平台、国家企业信用信息公示系统。

第四十八条　审批机关应当及时公开民办学校举办者情况、办学条件等审批信息。

教育行政部门、人力资源社会保障行政部门应当依据职责分工，定期组织或者委托第三方机构对民办学校的办学水平和教育质量进行评估，评估结果应当向社会公开。

第四十九条　教育行政部门及有关部门应当制定实施学前教育、学历教育民办学校的信息公示清单，监督民办学校定期向社会公开办学条件、教育质量等有关信息。

营利性民办学校应当通过全国信用信息共享平台、国家企业信用信息公示系统公示相关信息。

有关部门应当支持和鼓励民办学校依法建立行业组织，研究制定相应的质量标准，建立认证体系，制定推广反映行业规律和特色要求的合同示范文本。

第五十条　民办学校终止的，应当交回办学许可证，向登记机关办理注销登记，并向社会公告。

民办学校自己要求终止的，应当提前6个月发布拟终止公告，依法依章程制定终止方案。

民办学校无实际招生、办学行为的，办学许可证到期后自然废止，由审批机关予以公告。民办学校自行组织清算后，向登记机关办理注销登记。

对于因资不抵债无法继续办学而被终止的民办学校，应当向人民法院申请破产清算。

第五十一条　国务院教育督导机构及省、自治区、直辖市人民政府负责教育督导的机构应当对县级以上地方人民政府及其有关部门落实支持和规范民办教育发展法定职责的情况进行督导、检查。

县级以上人民政府负责教育督导的机构依法对民办学校进行督导并公布督导结果，建立民办中小学、幼儿园责任督学制度。

第七章　支持与奖励

第五十二条　各级人民政府及有关部门应当依法健全对民办学校的支持政策，优先扶持办学质量高、特色明显、社会效益显著的民办学校。

县级以上地方人民政府可以参照同级同类公办学校生均经费等相关经费标准和支持政策，对非营利性民办学校给予适当补助。

地方人民政府出租、转让闲置的国有资产应当优先扶持非营利性民办学校。

第五十三条　民办学校可以依法以捐赠者的姓名、名称命名学校的校舍或者其他教育教学设施、生活设施。捐赠者对民办学校发展做出特殊贡献的，实施高等学历教育的民办学校经国务院教育行政部门按照国家规定的条件批准，其他民办学校经省、自治区、直辖市人民政府教育行政部门或者人力资源社会保障行政部门按照国家规定的条件批准，可以以捐赠者的姓名或者名称作为学校校名。

第五十四条　民办学校享受国家规定的税收优惠政策；其中，非营利性民办学校享受与公办学校同等的税收优惠政策。

第五十五条　地方人民政府在制定闲置校园综合利用方案时，应当考虑当地民办教育发展需求。

新建、扩建非营利性民办学校，地方人民政府应当按照与公办学校同等原则，以划拨等方式给予用地优惠。

实施学前教育、学历教育的民办学校使用土地，地方人民政府可以依法以协议、招标、拍卖等方式供应土地，也可以采取长期租赁、先租后让、租让结合的方式供应土地，土地出让价款和租金可以在规定期限内按合同约定分期缴纳。

第五十六条　在西部地区、边远地区和少数民族地区举办的民办学校申请贷款用于学校自身发展的，享受国家相关的信贷优惠政策。

第五十七条　县级以上地方人民政府可以根据本行政区域的具体情况，设立民办教育发展专项资金，用于支持民办学校提高教育质量和办学水平、奖励举办者等。

国家鼓励社会力量依法设立民办教育发展方面的基金会或者专项基金，用于支持民办教育发展。

第五十八条　县级人民政府根据本行政区域实施学前教育、义务教育或者其他公共教育服务的需要，可以与民办学校签订协议，以购买服务等方式，委托其承担相应教育任务。

委托民办学校承担普惠性学前教育、义务教育或者其他公共教育任务的，应当根据当地相关教育阶段的委托协议，拨付相应的教育经费。

第五十九条　县级以上地方人民政府可以采取政府补贴、以奖代补等方式鼓励、支持非营利性民办学校保障教师待遇。

第六十条　国家鼓励、支持保险机构设立适合民办学校的保险产品，探索建立行业互助保险等机制，为民办学校重大事故处理、终止善后、教职工权益保障等事项提供风险保障。

金融机构可以在风险可控前提下开发适合民办学校特点的金融产品。民办学校可以以未来经营收入、知识产权等进行融资。

第六十一条　除民办教育促进法和本条例规定的支持与奖励措施外，省、自治区、直辖市人民政府还可以根据实际情况，制定本地区促进民办教育发展的支持与奖励措施。

各级人民政府及有关部门在对现有民办学校实施分类管理改革时，应当充分考虑有关历史和现实情况，保障受教育者、教职工和举办者的合法权益，确保民办学校分类管理改革平稳有序推进。

第八章　法律责任

第六十二条　民办学校举办者及实际控制人、决策机构或者监督机构组成人员有下列情形之一的，由县级以上人民政府教育行政部门、人力资源社会保障行政部门或者其他有关部门依据职责分工责令限期改正，有违法所得的，退还所收费用后没收违法所得；情节严重的，1至5年内不得新成为民办学校举办者或实际控制人、决策机构或者监督机构组成人员；情节特别严重、社会影响恶劣的,永久不得新成为民办学校举办者或实际控制人、决策机构或者监督机构组成人员;构成违反治安管理行为的,由公安机关依法给予治安管理处罚;构成犯罪的,依法追究刑事责任:

(一)利用办学非法集资,或者收取与入学关联的费用的;

(二)未按时、足额履行出资义务,或者抽逃出资、挪用办学经费的;

(三)侵占学校法人财产或者非法从学校获取利益的;

(四)与实施义务教育的民办学校进行关联交易,或者与其他民办学校进行关联交易损害国家利益、学校利益和师生权益的;

(五)伪造、变造、买卖、出租、出借办学许可证的;

(六)干扰学校办学秩序或者非法干预学校决策、管理的;

(七)擅自变更学校名称、层次、类型和举办者的;

(八)有其他危害学校稳定和安全、侵犯学校法人权利或者损害教职工、受教育者权益的行为的。

第六十三条　民办学校有下列情形之一的,依照民办教育促进法第六十二条规定给予处罚:

(一)违背国家教育方针,偏离社会主义办学方向,或者未保障学校党组织履行职责的;

(二)违反法律、行政法规和国家有关规定开展教育教学活动的;

(三)理事会、董事会或者其他形式决策机构未依法履行职责的;

(四)教学条件明显不能满足教学要求、教育教学质量低下,未及时采取措施的;

(五)校舍、其他教育教学设施设备存在重大安全隐患,未及时采取措施的;

(六)侵犯受教育者的合法权益,产生恶劣社会影响的;

(七)违反国家规定聘任、解聘教师,或者未依法保障教职工待遇的;

(八)违反规定招生,或者在招生过程中弄虚作假的;

(九)超出办学许可范围,擅自改变办学地址或者设立分校的;

(十)未依法履行公示办学条件和教育质量有关材料、财务状况等信息披露义务,或者公示的材料不真实的;

(十一)未按照国家统一的会计制度进行会计核算、编制财务会计报告,财务、资产管理混乱,或者违反法律、法规增加收费项目、提高收费标准的;

(十二)有其他管理混乱严重影响教育教学的行为的。

法律、行政法规对前款规定情形的处罚另有规定的,从其规定。

第六十四条　民办学校有民办教育促进法第六十二条或者本条例第六十三条规定的违法情形的,由县级以上人民政府教育行政部门、人力资源社会保障行政部门或者其他有关部门依据职责分工对学校决策机构负责人、校长及直接责任人予以警告;情节严重的,1 至 5 年内不得新成为民办学校决策机构负责人或者校长;情节特别严重、社会影响恶劣的,永久不得新成为民办学校决策机构负责人或者校长。

同时举办或者实际控制多所民办学校的举办者或者实际控制人违反本条例规定,对所举办或者实际控制的民办学校疏于管理,造成恶劣影响的,由县级以上教育行政部门、人力资源社会保障行政部门或者其他有关部门依据职责分工责令限期整顿;拒不整改或者整改后仍发生同类问题的,1 至 5 年内不得举办新的民办学校,情节严重的,10 年内不得举办新的民办学校。

第六十五条　违反本条例规定举办、参与举办民办学校或者在民办学校筹设期内招生的,依照民办教育促进法第六十四条规定给予处罚。

第九章　附　　则

第六十六条　本条例所称现有民办学校,是指 2016 年 11 月 7 日《全国人民代表大会常务委员会关于修改〈中华人民共和国民办教育促进法〉的决定》公布前设立的民办学校。

第六十七条　本条例规定的支持与奖励措施适用于中外合作办学机构。

第六十八条　本条例自 2021 年 9 月 1 日起施行。

民办高等学校办学管理若干规定

1. 2007 年 2 月 3 日教育部令第 25 号发布

2. 根据 2015 年 11 月 10 日教育部令第 38 号《关于废止和修改部分规章的决定》修正

第一条　为规范实施专科以上高等学历教育的民办学校(以下简称民办高校)的办学行为,维护民办高校举办者和学校、教师、学生的合法权益,引导民办高校健康发展,根据民办教育促进法及其实施条例和国家有关规定,制定本规定。

第二条 民办高校及其举办者应当遵守法律、法规、规章和国家有关规定,贯彻国家的教育方针,坚持社会主义办学方向和教育公益性原则,保证教育质量。

第三条 教育行政部门应当将民办高等教育纳入教育事业发展规划。按照积极鼓励、大力支持、正确引导、依法管理的方针,引导民办高等教育健康发展。

教育行政部门对民办高等教育事业做出突出贡献的集体和个人予以表彰奖励。

第四条 国务院教育行政部门负责全国民办教育统筹规划、综合协调和宏观管理工作。

省、自治区、直辖市人民政府教育行政部门(以下简称省级教育行政部门)主管本行政区域内的民办教育工作。对民办高校依法履行下列职责:

(一)办学许可证管理;

(二)民办高校招生简章和广告备案的审查;

(三)民办高校相关信息的发布;

(四)民办高校的年度检查;

(五)民办高校的表彰奖励;

(六)民办高校违法违规行为的查处;

(七)法律法规规定的其他职责。

第五条 民办高校的办学条件必须符合国家规定的设置标准和普通高等学校基本办学条件指标的要求。

民办高校设置本、专科专业,按照国家有关规定执行。

第六条 民办高校的举办者应当按照民办教育促进法及其实施条例的规定,按时、足额履行出资义务。

民办高校的借款、向学生收取的学费、接受的捐赠财产和国家的资助,不属于举办者的出资。

民办高校对举办者投入学校的资产、国有资产、受赠的财产、办学积累依法享有法人财产权,并分别登记建账。任何组织和个人不得截留、挪用或侵占民办高校的资产。

第七条 民办高校的资产必须于批准设立之日起1年内过户到学校名下。

本规定下发前资产未过户到学校名下的,自本规定下发之日起1年内完成过户工作。

资产未过户到学校名下前,举办者对学校债务承担连带责任。

第八条 民办高校符合举办者、学校名称、办学地址和办学层次变更条件的,按照民办教育促进法规定的程序,报审批机关批准。

民办高校应当按照办学许可证核定的学校名称、办学地点、办学类型、办学层次组织招生工作,开展教育教学活动。

民办高校不得在办学许可证核定的办学地点之外办学。不得设立分支机构。不得出租、出借办学许可证。

第九条 民办高校必须根据有关规定,建立健全党团组织。民办高校党组织应当发挥政治核心作用,民办高校团组织应当发挥团结教育学生的重要作用。

第十条 民办高校校长应当具备国家规定的任职条件,具有10年以上从事高等教育管理经历,年龄不超过70岁。校长报审批机关核准后,方可行使民办教育促进法及其实施条例规定的职权。

校长任期原则上为4年。报经审批机关同意后可以连任。

第十一条 未列入国务院教育行政部门当年公布的具有学历教育招生资格学校名单的民办高校,不得招收学历教育学生。

第十二条 民办高校招生简章和广告必须载明学校名称、办学地点、办学性质、招生类型、学历层次、学习年限、收费项目和标准、退费办法、招生人数、证书类别和颁发办法等。

民办高校应当依法将招生简章和广告报审批机关或其委托的机关备案。发布的招生简章和广告必须与备案的内容相一致。未经备案的招生简章和广告不得发布。

第十三条 民办高校招收学历教育学生的,必须严格执行国家下达的招生计划,按照国家招生规定和程序招收学生。对纳入国家计划、经省级招生部门统一录取的学生发放录取通知书。

第十四条 民办高校应当按照普通高等学校学生管理规定的要求完善学籍管理制度。纳入国家计划、经省级招生部门统一录取的学生入学后,学校招生部门按照国家规定对其进行复查,复查合格后予以电子注册并取得相应的学籍。

第十五条 民办高校自行招收的学生为非学历教育学生,学校对其发放学习通知书。学习通知书必须明确学习形式、学习年限、取得学习证书办法等。

民办高校对学习时间1年以上的非学历教育学生实行登记制度。已登记的学生名单及有关情况,必须于登记后7日内报省级教育行政部门备案。备案后的学生名单在校内予以公布。

第十六条 民办高校应当按照民办教育促进法及其实施

条例的要求，配备教师，不断提高专职教师数量和比例。

民办高校应当依法聘任具有国家规定任教资格的教师，与教师签订聘任合同，明确双方的责任、权利、义务。保障教师的工资、福利待遇，按国家有关规定为教师办理社会保险和补充保险。

第十七条 民办高校应当加强教师的培养和培训，提高教师队伍整体素质。

第十八条 民办高校应当按照国家有关规定建立学生管理队伍。按不低于 1∶200 的师生比配备辅导员，每个班级配备 1 名班主任。

第十九条 民办高校应当建立健全教学管理机构，加强教学管理队伍建设。改进教学方式方法，不断提高教育质量。

不得以任何形式将承担的教育教学任务转交其他组织和个人。

第二十条 民办高校应当建立教师、学生校内申诉渠道，依法妥善处理教师、学生提出的申诉。

第二十一条 民办高校依法设置会计机构，配备会计人员。会计人员必须取得会计业务资格证书。建立健全内部控制制度，严格执行国家统一的会计制度。

第二十二条 民办高校必须严格执行政府有关部门批准的收费项目和标准。收取的费用主要用于教育教学活动和改善办学条件。

第二十三条 民办高校应当在每学年结束时制作财务会计报告，委托会计师事务所进行审计。必要时，省级教育行政部门可会同有关部门对民办高校进行财务审计。

第二十四条 民办高校的法定代表人为学校安全和稳定工作第一责任人。民办高校应当加强应急管理，建立健全安全稳定工作机制。推进学校安全保卫工作队伍建设，加强对学校教学、生活、活动设施的安全检查，落实各项安全防范措施，维护校园安全和教学秩序。

第二十五条 建立对民办高校的督导制度。

省级教育部门按照国家有关规定向民办高校委派的督导专员应当拥护宪法确定的基本原则，具有从事高等教育管理工作经历，熟悉高等学校情况，具有较强的贯彻国家法律、法规和政策的能力，年龄不超过 70 岁。督导专员的级别、工资、日常工作经费等由委派机构商有关部门确定。

督导专员任期原则上为 4 年。因工作需要的，委派机构可根据具体情况适当延长其任期。

第二十六条 督导专员行使下列职权：

（一）监督学校贯彻执行有关法律、法规、政策的情况；

（二）监督、引导学校的办学方向、办学行为和办学质量；

（三）参加学校发展规划、人事安排、财产财务管理、基本建设、招生、收退费等重大事项的研究讨论；

（四）向委派机构报告学校办学情况，提出意见建议；

（五）有关党政部门规定的其他职责。

第二十七条 省级教育行政部门应当建立健全民办高校办学过程监控机制，及时向社会发布民办高校的有关信息。

第二十八条 省级教育行政部门按照国家规定对民办高校实行年度检查制度。年度检查工作于每年 12 月 31 日前完成。省级教育行政部门根据年度检查情况和国务院教育行政部门基本办学条件核查的结果，在办学许可证副本上加盖年度检查结论戳记。

年度检查时，民办高校应当向省级教育行政部门提交年度学校自查报告、财务审计报告和要求提供的其他材料。

第二十九条 省级教育行政部门对民办高校年度检查的主要内容：

（一）遵守法律、法规和政策的情况；

（二）党团组织建设、和谐校园建设、安全稳定工作的情况；

（三）按照章程开展活动的情况；

（四）内部管理机构设置及人员配备情况；

（五）办学许可证核定项目的变动情况；

（六）财务状况，收入支出情况或现金流动情况；

（七）法人财产权的落实情况；

（八）其他需要检查的情况。

第三十条 民办高校出现以下行为的，由省级教育行政部门责令改正；并可给予 1 至 3 万元的罚款、减少招生计划或者暂停招生的处罚。

（一）学校资产不按期过户的；

（二）办学条件不达标的；

（三）发布未经备案的招生简章和广告的；

（四）年度检查不合格的。

第三十一条 民办高校违反民办教育促进法及其实施条例以及其他法律法规规定的，由省级教育行政部门或者会同相关部门依法予以处罚。

第三十二条 省级教育行政部门应当配合相关主管部门对发布违法招生广告的广告主、广告经营者、广告发布者和非法办学机构、非法中介进行查处。

第三十三条 教育行政部门会同民政部门加强对民办高等教育领域行业协会的业务指导和监督管理。充分发挥行业协会在民办高等教育健康发展中提供服务、反映诉求、行业自律的作用。

第三十四条 教育行政部门配合新闻单位做好引导民办高等教育健康发展的舆论宣传工作,营造有利于民办高校健康发展的舆论环境。

第三十五条 教育行政部门及其工作人员滥用职权、玩忽职守,违反民办教育促进法及其实施条例规定的,依法予以处理。

第三十六条 本规定自2007年2月10日起施行。

营利性民办学校监督管理实施细则

1. 2016年12月30日教育部、人力资源社会保障部、工商总局发布

2. 教发〔2016〕20号

第一章 总 则

第一条 为贯彻落实《国务院关于鼓励社会力量兴办教育促进民办教育健康发展的若干意见》,规范营利性民办学校办学行为,促进民办教育健康发展,根据《中华人民共和国教育法》《中华人民共和国民办教育促进法》和2016年11月7日《全国人民代表大会常务委员会关于修改〈中华人民共和国民办教育促进法〉的决定》等法律法规,制定本细则。

第二条 社会组织或者个人可以举办营利性民办高等学校和其他高等教育机构、高中阶段教育学校和幼儿园,不得设立实施义务教育的营利性民办学校。

社会组织或者个人不得以财政性经费、捐赠资产举办或者参与举办营利性民办学校。

第三条 营利性民办学校应当遵守国家法律法规,全面贯彻党的教育方针,坚持党的领导,坚持社会主义办学方向,坚持立德树人,对受教育者加强社会主义核心价值观教育,培养德、智、体、美等方面全面发展的社会主义建设者和接班人。

营利性民办学校应当坚持教育的公益性,始终把培养高素质人才、服务经济社会发展放在首位,实现社会效益与经济效益相统一。

第四条 审批机关、工商行政管理部门和其他相关部门在职责范围内,依法对营利性民办学校行使监督管理职权。

第二章 学校设立

第五条 批准设立营利性民办学校参照国家同级同类学校设置标准,一般分筹设、正式设立两个阶段。经批准筹设的营利性民办学校,举办者应当自批准筹设之日起3年内提出正式设立申请,3年内未提出正式设立申请的,原筹设批复文件自然废止。

营利性民办学校在筹设期内不得招生。

第六条 审批机关应当坚持高水平、有特色导向批准设立营利性民办学校。设立营利性民办高等学校,应当纳入地方高等学校设置规划,按照学校设置标准、办学条件和学科专业数量等严格核定办学规模。中等以下层次营利性民办学校办学规模由省级人民政府根据当地实际制定。

第七条 营利性民办学校注册资本数额要与学校类别、层次、办学规模相适应。

第八条 举办营利性民办学校的社会组织或者个人应当具备与举办学校的层次、类型、规模相适应的经济实力,其净资产或者货币资金能够满足学校建设和发展的需要。

第九条 举办营利性民办学校的社会组织,应当具备下列条件:

(一)有中华人民共和国法人资格。

(二)信用状况良好,未被列入企业经营异常名录或严重违法失信企业名单,无不良记录。

(三)法定代表人有中华人民共和国国籍,在中国境内定居,信用状况良好,无犯罪记录,有政治权利和完全民事行为能力。

第十条 举办营利性民办学校的个人,应当具备下列条件:

(一)有中华人民共和国国籍,在中国境内定居。

(二)信用状况良好,无犯罪记录。

(三)有政治权利和完全民事行为能力。

第十一条 申请筹设营利性民办学校,举办者应当提交下列材料:

(一)筹设申请报告。内容主要包括:举办者的名称、地址或者姓名、住址及其资质,筹设学校的名称、地址、办学层次、办学规模、办学条件、培养目标、办学形式、内部管理机制、党组织设置、经费筹措与管理使用等。

(二)设立学校论证报告。

(三)举办者资质证明文件。举办者是社会组织的,应当包括社会组织的许可证、登记证或者营业执照、法定代表人有效身份证件复印件,决策机构、权力机构负责人及组成人员名单和有效身份证件复印件，有资质的会计师事务所出具的该社会组织近2年的年度财务会计报告审计结果，决策机构、权力机构同意投资举办学校的决议。举办者是个人的，应当包括有效身份证件复印件、个人存款、有本人签名的投资举办学校的决定等证明文件。

（四）资产来源、资金数额及有效证明文件，并载明产权。

（五）民办学校举办者再申请举办营利性民办学校的，还应当提交其举办或者参与举办的现有民办学校的办学许可证、登记证或者营业执照、组织机构代码证、校园土地使用权证、校舍房屋产权证明复印件，近2年年度检查的证明材料，有资质的会计师事务所出具的学校上年度财务会计报告审计结果。

（六）有两个以上举办者的，应当提交合作办学协议，明确各举办者的出资数额、出资方式、权利义务，举办者的排序、争议解决办法等内容。出资计入学校注册资本的，应当明确各举办者计入注册资本的出资数额、出资方式、占注册资本的比例。

第十二条 申请正式设立营利性民办学校，举办者应当提交下列材料：

（一）正式设立申请报告。

（二）筹设批准书。

（三）举办者资质证明文件。提交材料同本细则第十一条第（三）项。

（四）学校章程。

（五）学校首届董事会、监事（会）、行政机构负责人及组成人员名单和有效身份证件复印件。

（六）学校党组织负责人及组成人员名单和有效身份证件复印件，教职工党员名单。

（七）学校资产及其来源的有效证明文件。

（八）学校教师、财会人员名单及资格证明文件。

第十三条 直接申请正式设立营利性民办学校的，须提交本细则第十一条第（二）项规定的材料、第十二条除第（二）项以外的材料。

第十四条 审批机关对批准正式设立的营利性民办学校发给办学许可证；对不批准正式设立的，应当书面说明理由。经审批正式设立的营利性民办学校应当依法到工商行政管理部门登记。

第十五条 设立营利性民办学校，要坚持党的建设同步谋划、党的组织同步设置、党的工作同步开展。

第三章 组织机构

第十六条 营利性民办学校应当建立董事会、监事（会）、行政机构，同时建立党组织、教职工（代表）大会和工会。

营利性民办学校法定代表人由董事长或者校长担任。

第十七条 营利性民办学校董事会、行政机构、校长应当依据国家有关法律法规和学校章程设立和行使职权。

第十八条 营利性民办学校监事会中教职工代表不得少于1/3，主要履行以下职权：

（一）检查学校财务。

（二）监督董事会和行政机构成员履职情况。

（三）向教职工（代表）大会报告履职情况。

（四）国家法律法规和学校章程规定的其他职权。

第十九条 有犯罪记录、无民事行为能力或者限制行为能力者不得在学校董事会、监事会、行政机构任职。一个自然人不得同时在同一所学校的董事会、监事会任职。

第二十条 营利性民办学校应当切实加强党组织建设，强化党组织政治核心和政治引领作用，在事关学校办学方向、师生重大利益的重要决策中发挥指导、保障和监督作用。推进双向进入、交叉任职，党组织书记应当通过法定程序进入学校董事会和行政机构，党员校长、副校长等行政机构成员可按照党的有关规定进入党组织领导班子。监事会中应当有党组织领导班子成员。营利性民办学校应当加强共青团组织建设，充分发挥教职工（代表）大会和工会的作用。

第四章 教育教学

第二十一条 营利性民办学校应当以培养人才为中心，遵循教育规律，不断提高教育教学质量，增强受教育者的社会责任感、创新精神、实践能力。

第二十二条 营利性民办学校应当抓好思想政治教育和德育工作。加强思想政治理论课和思想品德课教学，推进中国特色社会主义理论体系进教材、进课堂、进头脑。深入开展理想信念、爱国主义、集体主义、中国特色社会主义教育和中华优秀传统文化、革命传统文化、民族团结教育，引导师生员工树立正确的世界观、人生观、价值观。

第二十三条 实施学历教育的营利性民办学校应当按照国家规定设置专业、开设课程、选用教材。营利性民办幼儿园应当依据国家和地方有关规定科学开展保育和教育活动。

第二十四条 营利性民办学校招收学历教育学生、境外学生应当遵守国家有关规定，招生简章和广告应当报审批机关备案。其中，本科高等学校的招生简章和广告应当报省级人民政府教育行政部门备案。

第二十五条　营利性民办学校聘任的教师应当具备国家规定的教师资格或者相关专业技能资格，学校应当按照《中华人民共和国教师法》《中华人民共和国劳动合同法》等国家法律法规和有关规定与教职工签订劳动合同。学校应当加强教师师德建设和业务培训，依法保障教职工工资、福利待遇和其他合法权益。学校聘任外籍教师应当符合国家有关规定。

第五章　财务资产

第二十六条　营利性民办学校执行《中华人民共和国公司法》及有关法律规定的财务会计制度。学校应当独立设置财务管理机构，统一学校财务核算，不得账外核算。

第二十七条　营利性民办学校应当建立健全财务内部控制制度，按实际发生数列支，不得虚列虚报，不得以计划数或者预算数代替实际支出数。

第二十八条　营利性民办学校按学期或者学年收费，收费项目及标准应当向社会公示30天后执行。不得在公示的项目和标准外收取其他费用，不得以任何名义向学生摊派费用或者强行集资。

第二十九条　营利性民办学校收入应当全部纳入学校财务专户，出具税务部门规定的合法票据，由学校财务部门统一核算、统一管理，保障学校的教育教学、学生资助、教职工待遇以及学校的建设和发展。学校应当将党建工作、思想政治工作和群团组织工作经费纳入学校经费预算。

第三十条　营利性民办学校拥有法人财产权，存续期间，学校所有资产由学校依法管理和使用，任何组织和个人不得侵占、挪用、抽逃。营利性民办学校举办者不得抽逃注册资本，不得用教育教学设施抵押贷款、进行担保，办学结余分配应当在年度财务结算后进行。

第三十一条　营利性民办学校应当建立健全学校风险防范、安全管理制度和应急预警处理机制，保障学校师生权益、生命财产安全，维护学校安全稳定。学校法定代表人是学校安全稳定工作的第一责任人。

第六章　信息公开

第三十二条　营利性民办学校应当依据法律法规建立信息公开制度及信息公开保密审查机制，公开的信息不得危及国家安全、公共安全、经济安全、社会稳定和学校安全稳定。

第三十三条　营利性民办高等学校信息公开内容应当执行《高等学校信息公开办法》等国家有关规定，其他营利性民办学校信息公开办法由地方人民政府学校主管部门制定。

第三十四条　营利性民办学校应当按照《企业信息公示暂行条例》规定，通过国家企业信用信息公示系统，公示年度报告信息、行政许可信息以及行政处罚信息等信用信息。

第三十五条　营利性民办学校信息应当通过学校网站、信息公告栏、电子屏幕等场所和设施公开，并可根据需要设置公共阅览室、资料索取点方便调取和查阅。除学校已经公开的信息外，社会组织或者个人可以书面形式向学校申请获取其他信息。

第七章　变更与终止

第三十六条　营利性民办学校分立、合并、终止及其他重大事项变更，应当由学校董事会通过后报审批机关审批、核准，并依法向工商行政管理部门申请变更、注销登记手续。其中，营利性民办本科高等学校分立、合并、终止、名称变更由教育部审批，其他事项变更由省级人民政府核准。

第三十七条　营利性民办学校分立、合并、终止及其他重大事项变更，应当制定实施方案和应急工作预案，并按隶属关系报学校主管部门备案，保障学校教育教学秩序和师生权益不受影响。

第三十八条　营利性民办学校有下列情形之一的，应当终止：

（一）根据学校章程规定要求终止，并经审批机关批准的。

（二）被吊销办学许可证的。

（三）因资不抵债无法继续办学的。

第三十九条　营利性民办学校终止时，应当依法进行财务清算，财产清偿依据《中华人民共和国民办教育促进法》等法律法规和学校章程的规定处理，切实保障学校师生和相关方面的权益。

第四十条　营利性民办学校终止时，应当及时办理建制撤销、注销登记手续，将学校办学许可证正副本、印章交回原审批机关，将营业执照正副本缴回原登记管理机关。

第四十一条　营利性民办学校发生分立、合并、终止等重大事项变更，学校党组织应当及时向上级党组织报告，上级党组织应当及时对学校党组织的变更或者撤销作出决定。

第八章　监督与处罚

第四十二条　教育、人力资源社会保障行政部门依据

《中华人民共和国民办教育促进法》规定的管理权限,对营利性民办学校实施年度检查制度。工商行政管理部门对营利性民办学校实施年度报告公示制度。

第四十三条 教育、人力资源社会保障行政部门依据《中华人民共和国民办教育促进法》规定的管理权限,加大对营利性民办学校招生简章的监管力度,对于使用未经备案的招生简章、发布虚假招生简章的民办学校依法依规予以处理。

第四十四条 教育、人力资源社会保障行政部门依据《中华人民共和国民办教育促进法》规定的管理权限,加强对营利性民办学校办学行为和教育教学质量的监督管理,依法依规开展督导和检查,组织或者委托社会组织定期进行办学水平和教育教学质量评估,并向社会公布评估结果。

第四十五条 教育行政部门应当加强对实施学历教育的营利性民办学校执行电子学籍和学历证书电子注册制度情况的监督,对非法颁发或者伪造学历证书、学位证书的营利性民办学校依法予以处理。

第四十六条 地方教育、人力资源社会保障及其他相关部门应当通过实施审计、建立监管平台等措施对营利性民办学校财务资产状况进行监督。

第四十七条 营利性民办学校违反《中华人民共和国教育法》《中华人民共和国民办教育促进法》及相关法律法规,有下列行为之一的,由教育、人力资源社会保障、工商行政部门或者其他相关部门依法责令限期改正,并予以警告;有违法所得的,退还所收费用后没收违法所得;情节严重的,责令停止招生、吊销办学许可证;构成犯罪的,依法追究刑事责任:

(一)办学方向、教学内容、办学行为违背党的教育方针,违反国家相关法律规定。

(二)办学条件达不到国家规定标准,存在安全隐患。

(三)提供虚假资质或者进行虚假广告、宣传等行为。

(四)筹设期间违规招生,办学期间违规收费。

(五)因学校责任造成教育教学及安全事故。

(六)抽逃办学资金、非法集资。

(七)存在其他违反法律法规行为。

第四十八条 民办学校有下列情形之一的,其举办者不得再举办或者参与举办营利性民办学校:

(一)法人财产权未完全落实。

(二)民办学校属营利性的,其被列入企业经营异常名录或严重违法失信企业名单。

(三)办学条件不达标。

(四)近2年有年度检查不合格情况。

(五)法律法规规定的其他情形。

第九章 附 则

第四十九条 营利性民办培训机构参照本细则执行。

第五十条 本细则由教育部、人力资源社会保障部、工商总局负责解释。

民办学校分类登记实施细则

1. 2016年12月30日教育部、人力资源社会保障部、民政部、中央编办、工商总局发布

2. 教发〔2016〕19号

第一章 总 则

第一条 为贯彻落实《国务院关于鼓励社会力量兴办教育促进民办教育健康发展的若干意见》,推动民办教育分类管理,促进民办教育健康发展,根据《中华人民共和国教育法》《中华人民共和国民办教育促进法》和2016年11月7日《全国人民代表大会常务委员会关于修改〈中华人民共和国民办教育促进法〉的决定》等法律法规,制定本细则。

第二条 民办教育是社会主义教育事业的重要组成部分。民办学校应当遵守国家法律法规,全面贯彻党的教育方针,坚持党的领导,坚持社会主义办学方向,坚持公益性导向,坚持立德树人,对受教育者加强社会主义核心价值观教育,培养德、智、体、美等方面全面发展的社会主义建设者和接班人。

第二章 设立审批

第三条 民办学校分为非营利性民办学校和营利性民办学校。民办学校的设立应当依据《中华人民共和国民办教育促进法》等法律法规和国家有关规定进行审批。经批准正式设立的民办学校,由审批机关发给办学许可证后,依法依规分类到登记管理机关办理登记证或者营业执照。

第四条 设立民办学校应当具备《中华人民共和国教育法》《中华人民共和国民办教育促进法》和其他有关法律法规规定的条件,符合地方经济社会和教育发展的需要。

第五条 民办学校的设立应当参照国家同级同类学校设置标准,无相应设置标准的由县级以上人民政府按照国家有关规定制定。申请设立民办学校,应当提交

《中华人民共和国民办教育促进法》等法律法规和学校设置标准规定的材料、学校党组织建设有关材料。

第六条　审批机关对批准正式设立的民办学校发给办学许可证；对不批准正式设立的，应当以书面形式向申请人说明理由。

第三章　分类登记

第七条　正式批准设立的非营利性民办学校，符合《民办非企业单位登记管理暂行条例》等民办非企业单位登记管理有关规定的到民政部门登记为民办非企业单位，符合《事业单位登记管理暂行条例》等事业单位登记管理有关规定的到事业单位登记管理机关登记为事业单位。

第八条　实施本科以上层次教育的非营利性民办高等学校，由省级人民政府相关部门办理登记。实施专科以下层次教育的非营利性民办学校，由省级人民政府确定的县级以上人民政府相关部门办理登记。

第九条　正式批准设立的营利性民办学校，依据法律法规规定的管辖权限到工商行政管理部门办理登记。

第十条　登记管理机关对符合登记条件的民办学校，依法依规予以登记，并核发登记证或者营业执照；对不符合登记条件的，不予登记，并以书面形式向申请人说明理由。

第十一条　民办学校的名称应当符合国家有关规定，体现学校的办学层次和类别。

第四章　事项变更和注销登记

第十二条　民办学校涉及办学许可证、登记证或者营业执照上事项变更的，依照法律法规和有关规定到原发证机关办理变更手续。其中，民办本科高等学校办学许可证上除名称外需核准的其他事项变更，由省级人民政府核准。

第十三条　民办学校终止办学应当及时办理撤销建制、注销登记手续，将办学许可证、登记证或者营业执照正副本缴回原发证机关。

第五章　现有民办学校分类登记

第十四条　现有民办学校选择登记为非营利性民办学校的，依法修改学校章程，继续办学，履行新的登记手续。

第十五条　现有民办学校选择登记为营利性民办学校的，应当进行财务清算，经省级以下人民政府有关部门和相关机构依法明确土地、校舍、办学积累等财产的权属并缴纳相关税费，办理新的办学许可证，重新登记，继续办学。

第十六条　民办学校变更登记类型的办法由省级人民政府根据国家有关规定，结合地方实际制定。

第六章　附　　则

第十七条　本细则所称现有民办学校为2016年11月7日《全国人民代表大会常务委员会关于修改〈中华人民共和国民办教育促进法〉的决定》公布前经批准设立的民办学校。本细则所称的审批机关包括县级以上教育、人力资源社会保障部门以及省级人民政府。本细则所称的登记管理机关包括县级以上民政、编制、工商行政管理部门。

第十八条　本细则由教育部、人力资源社会保障部、民政部、中央编办、工商总局负责解释。

2. 校外培训机构

校外培训行政处罚暂行办法

1. 2023 年 8 月 23 日教育部令第 53 号公布
2. 自 2023 年 10 月 15 日起施行

第一章　总　　则

第一条　为落实立德树人根本任务，发展素质教育，加强校外培训监管，规范校外培训行政处罚行为，保护自然人、法人和其他组织的合法权益，根据《中华人民共和国行政处罚法》《中华人民共和国未成年人保护法》《中华人民共和国民办教育促进法》《中华人民共和国民办教育促进法实施条例》等有关法律、行政法规，制定本办法。

第二条　自然人、法人或者其他组织面向社会招收 3 周岁以上学龄前儿童、中小学生，违法开展校外培训，应当给予行政处罚的，适用本办法。

第三条　实施校外培训行政处罚，应当遵循公正、公开的原则，坚持处罚与教育相结合、宽严相济，做到事实清楚、证据确凿、依据正确、程序合法、处罚适当。

第四条　对实施行政处罚过程中知悉的国家秘密、商业秘密和个人隐私，应当依法予以保密；为履行法定职责处理个人信息，应当依照法律、法规规定的权限、程序进行，不得超出履行法定职责所必需的范围和限度。

第五条　校外培训行政处罚的种类包括：

（一）警告、通报批评；

（二）罚款、没收违法所得、没收非法财物；

（三）责令停止招收学员；

（四）责令停止举办；

（五）吊销许可证件；

（六）限制从业；

（七）法律、行政法规规定的其他行政处罚。

第二章　实施机关、管辖和适用

第六条　校外培训行政处罚由县级以上人民政府校外培训主管部门依法按照行政处罚权限实施。校外培训主管部门由省级人民政府根据国家有关规定确定。

校外培训行政处罚由综合行政执法部门实施的，校外培训主管部门应当与综合行政执法部门建立行政执法信息互联互通、执法过程协作配合、执法结果及时反馈的工作机制。

校外培训行政处罚由乡镇人民政府、街道办事处实施的，县级校外培训主管部门应当加强对乡镇街道校外培训行政处罚工作的组织协调、业务指导、执法监督。

第七条　校外培训主管部门可以在法定权限内书面委托符合行政处罚法规定条件的组织实施行政处罚。

委托书应当载明委托的具体事项、权限、期限等内容，并应当将委托书向社会公布。

委托行政机关应当对受委托组织实施行政处罚的行为进行监督，并对该行为的后果承担法律责任。

受委托组织在委托范围内，以委托行政机关的名义实施行政处罚；不得再委托其他任何组织或者个人实施行政处罚。

第八条　对线下校外培训违法行为的行政处罚，由违法行为发生地县级人民政府校外培训主管部门管辖。违法行为发生地与机构审批地不一致的，机构审批地有关部门应当依法予以协助。

第九条　对经审批的线上校外培训机构违法行为的行政处罚，由机构审批机关管辖；对未经审批进行线上校外培训活动的行政处罚，由违法主体所在地省级人民政府校外培训主管部门管辖。

违法行为发生地省级人民政府校外培训主管部门先行发现线上校外培训违法线索或者收到投诉、举报的，也可以进行管辖，机构审批地或者违法主体所在地校外培训主管部门应当依法予以协助。

第十条　两个以上校外培训主管部门对同一个校外培训违法行为都有管辖权的，由最先立案的校外培训主管部门管辖。

对管辖发生争议的，应当协商解决，协商不成的，报请共同的上一级校外培训主管部门或者同级人民政府指定管辖；也可以直接由共同的上一级校外培训主管部门指定管辖。

校外培训主管部门发现立案查处的案件不属于本部门管辖的，应当将案件移送有管辖权的校外培训主管部门。受移送的校外培训主管部门对管辖权有异议的，应当报请共同的上一级校外培训主管部门或者同级人民政府指定管辖，不得再自行移送。

第十一条　上级人民政府校外培训主管部门有权直接查处下级部门管辖的校外培训违法案件。

上级人民政府校外培训主管部门可以将某个下级部门管辖的校外培训违法案件指定其他下级人民政府校外培训主管部门管辖。

第十二条　地方各级人民政府校外培训主管部门发现校

外培训违法行为涉嫌违反治安管理、出入境管理等法律法规的，应当及时移送公安机关予以处罚；涉嫌犯罪的，应当及时按照有关规定移送司法机关，依法追究刑事责任。

第十三条　对当事人的同一个校外培训违法行为，不得给予两次以上罚款的行政处罚。

同一个校外培训违法行为违反多个法律规范，应当给予罚款处罚的，按照罚款数额高的规定处罚。

第十四条　当事人有下列情形之一，应当从轻或者减轻行政处罚：

（一）主动消除或者减轻违法行为危害后果的；

（二）受他人胁迫或者诱骗实施违法行为的；

（三）主动供述校外培训主管部门尚未掌握的违法行为的；

（四）配合校外培训主管部门查处违法行为有立功表现的；

（五）法律、法规、规章规定其他应当从轻或者减轻行政处罚的。

第十五条　当事人有下列情形之一的，不予处罚，但应当对其进行教育：

（一）校外培训违法行为轻微并及时改正，没有造成危害后果的；

（二）当事人有证据足以证明没有主观过错的；

（三）违法行为已经超过给予行政处罚的法定期限的；

（四）法律、法规、规章规定的其他不予处罚情形。

初次违法且危害后果轻微并及时改正的，可以不予处罚。

第十六条　当事人有下列情形之一，应当依法从重处罚：

（一）实施校外培训违法行为被处理后两年内再次实施校外培训违法行为的；

（二）危害后果严重，造成严重恶劣社会影响的；

（三）同时违反突发事件应对措施的；

（四）伪造、涂改或者转移、销毁证据的；

（五）拒绝、阻碍或者以暴力威胁行政执法人员执法的；

（六）属于中小学在职教师且培训内容为学科类校外培训的；

（七）法律、法规、规章规定其他应当从重处罚的。

第三章　违法行为和法律责任

第十七条　自然人、法人或者其他组织未经审批开展校外培训，同时符合下列条件的，构成擅自举办校外培训机构，由所在地县级人民政府校外培训主管部门会同同级公安、民政或者市场监督管理等有关部门责令停止举办、退还所收费用，并对举办者处违法所得一倍以上五倍以下罚款：

（一）线下培训有专门的培训场所，线上培训有特定的网站或者应用程序；

（二）有 2 名以上培训从业人员；

（三）有相应的组织机构和分工。

第十八条　自然人、法人或者其他组织变相开展学科类校外培训，尚不符合本办法第十七条规定条件，有下列行为之一的，由所在地县级以上人民政府校外培训主管部门会同其他有关部门责令改正，退还所收费用，予以警告或通报批评；情节严重的，处 5 万元以下罚款；情节特别严重的，处 5 万元以上 10 万元以下罚款：

（一）通过即时通讯、网络会议、直播平台等方式有偿开展校外培训的；

（二）利用居民楼、酒店、咖啡厅等场所有偿组织开展“一对一”“一对多”等校外培训的；

（三）以咨询、文化传播、素质拓展、竞赛、思维训练、家政服务、家庭教育指导、住家教师、众筹私教、游学、研学、冬夏令营、托管等名义有偿开展校外培训的；

（四）其他未经审批开展学科类校外培训，尚不符合本办法第十七条规定条件的。

第十九条　自然人、法人或者其他组织知道或者应当知道违法校外培训活动的情况存在，仍为其开展校外培训提供场所的，由县级以上人民政府校外培训主管部门会同其他有关部门责令限期改正；逾期拒不改正的，予以警告或者通报批评。

网络平台运营者知道或者应当知道其用户通过即时通讯、网络会议、直播平台等方式违法开展线上校外培训，仍为其提供服务的，适用前款规定处理。

第二十条　校外培训机构超出办学许可范围，有下列行为之一的，由县级以上人民政府校外培训主管部门或者其他有关部门责令限期改正，并予以警告；有违法所得的，退还所收费用后没收违法所得；情节严重的，责令停止招收学员、吊销许可证件：

（一）线下培训机构开展线上校外培训的，但是以现代信息技术辅助开展培训活动的除外；

（二）线上培训机构开展线下校外培训的；

（三）非学科类培训机构开展学科类校外培训的；

（四）学科类培训机构开展非学科类校外培训的；

（五）其他超出办学许可范围开展培训活动的。

第二十一条　校外培训机构违反法律、行政法规和国家有关规定开展培训活动，有下列行为之一的，由县级以上人民政府校外培训主管部门或者其他有关部门责令限期改正，并予以警告；有违法所得的，退还所收费用后没收违法所得；情节严重的，责令停止招收学员、吊销许可证件：

（一）违背国家教育方针，偏离社会主义办学方向，阻碍国家教育制度实施的；

（二）培训内容违反法律法规和国务院校外培训主管部门有关规定，影响未成年人身心健康的；

（三）超前超标开展学科类培训的；

（四）培训时间违反法律法规和国务院校外培训主管部门有关规定的；

（五）其他违反法律、行政法规和国家有关规定开展培训活动的。

校外培训机构有前款第（一）（二）项规定行为的，从重处罚。

第二十二条 校外培训机构管理混乱，有下列行为之一的，由县级以上人民政府校外培训主管部门或者其他有关部门责令限期改正，并予以警告；有违法所得的，退还所收费用后没收违法所得；情节严重的，责令停止招收学员、吊销许可证件：

（一）与中小学联合招生等违反规定招收学员的；

（二）校外培训机构从业人员的聘任与管理违反法律、法规和国务院校外培训主管部门有关规定的；

（三）校外培训机构收费价格、收费行为、预收费管理等违反法律法规和国务院相关部门有关规定的；

（四）线上校外培训包含与培训无关的网络游戏内容及链接的；

（五）线上校外培训未按照国务院校外培训主管部门有关规定留存培训内容、培训数据、直播培训影像的；

（六）校外培训机构违法违规发布广告的；

（七）其他管理混乱严重影响教育教学的。

校外培训机构有前款第（一）项规定行为的，从重处罚。

第二十三条 校外培训机构擅自组织或者参与组织面向3周岁以上学龄前儿童、中小学生的社会性竞赛活动，由县级以上人民政府教育行政部门会同其他有关部门责令改正，退还所收费用，予以警告或者通报批评；情节严重的，处5万元以下罚款；情节特别严重的，处5万元以上10万元以下罚款。

第二十四条 校外培训机构有本办法第二十条、第二十一条、第二十二条规定行为的，校外培训主管部门或者其他有关部门可以对其决策机构负责人、行政负责人及直接责任人予以警告；情节严重的，依据民办教育促进法实施条例第六十四条规定，对有关责任人员给予限制从业处罚。

第二十五条 校外培训机构举办者及实际控制人、决策机构或者监督机构组成人员违反民办教育促进法实施条例第六十二条的，由县级以上人民政府校外培训主管部门或者其他有关部门依据职责分工责令限期改正，有违法所得的，退还所收费用后没收违法所得；情节严重的，依据民办教育促进法实施条例第六十二条规定，给予限制从业处罚。

第四章 处罚程序和执行

第二十六条 校外培训主管部门发现涉嫌违反校外培训有关法律、法规和规章行为的，应当进行初步审查，同时符合下列条件的，应当予以立案：

（一）有明确的违法当事人；

（二）有证据初步证明存在违法事实；

（三）依法应当给予行政处罚；

（四）属于本部门管辖；

（五）在给予行政处罚的法定期限内。

立案应当填写立案审批表，报本部门负责人审批。

第二十七条 对于已经立案的案件，经调查发现不符合本办法第二十六条规定的立案条件的，校外培训主管部门应当撤销立案。

第二十八条 校外培训主管部门应当全面、客观、公正地调查，收集有关证据，制作调查笔录、询问笔录等，在调查过程中可行使下列职权：

（一）对当事人涉嫌开展违法活动的场所实施现场调查；

（二）询问当事人或者有关人员；

（三）查阅、复制与涉嫌违法培训有关的合同、票据、账簿、广告、宣传资料、花名册和其他有关资料；

（四）在证据可能灭失或者以后难以取得的情况下，经校外培训主管部门负责人批准，可先行登记保存，并应当在七日内及时作出处理决定；

（五）法律、法规规定的其他职权。

第二十九条 拟给予行政处罚的案件，在作出行政处罚决定前，校外培训主管部门应当书面告知当事人拟作出的行政处罚内容及事实、理由、依据，并告知当事人依法享有的陈述权、申辩权。

当事人提出陈述、申辩意见的，校外培训主管部门应当充分听取当事人的意见，对当事人提出的事实、理由和证据进行复核，当事人提出的事实、理由或者证据成立的，校外培训主管部门应当采纳。

第三十条　校外培训主管部门拟作出下列行政处罚决定的，应当告知当事人有要求听证的权利：

（一）对自然人处3万元以上、对法人或者其他组织处10万元以上的罚款；

（二）没收10万元以上违法所得；

（三）本办法第五条第（三）（四）（五）（六）项行政处罚；

（四）法律、法规、规章规定的其他情形。

当事人依法要求听证的，应当自告知书送达之日起五日内提出，由校外培训主管部门负责法制审核的机构按照行政处罚法等相关法律法规规定的程序组织听证程序。听证结束后，校外培训主管部门应当根据听证笔录，依法作出决定。

第三十一条　当事人自告知书送达之日起五日内，未行使陈述、申辩权，视为放弃此权利。

第三十二条　校外培训主管部门在作出行政处罚决定前，应当责令当事人限期改正，当事人及时改正并积极消除危害后果的，可以依法从轻、减轻或者免予处罚。

第三十三条　有下列情形之一，在行政机关负责人作出行政处罚的决定前，应当由校外培训主管部门负责法制审核的机构进行法制审核，未经法制审核或者审核未通过的，不得作出决定：

（一）涉及重大公共利益的；

（二）直接关系当事人或者第三人重大权益，经过听证程序的；

（三）案件情况疑难复杂、涉及多个法律关系的；

（四）法律、法规规定应当进行法制审核的其他情形。

前款第二项规定的案件，应当在听证程序结束后进行法制审核。

第三十四条　调查终结，校外培训主管部门负责人应当对调查结果进行审查，根据行政处罚法的规定作出决定。

对本办法第三十三条规定的情形以及其他情节复杂或者重大违法行为给予行政处罚，校外培训主管部门负责人应当在行政处罚事先告知书作出之前集体讨论决定。

校外培训主管部门作出行政处罚决定，应当制作行政处罚决定书，行政处罚决定书应当根据行政处罚法的规定载明有关内容，并加盖本部门印章。

第三十五条　行政处罚决定书应当在宣告后当场交付当事人；当事人不在场的，应当在七日内依照民事诉讼法的有关规定送达当事人。

当事人同意并签订确认书的，校外培训主管部门可以采用传真、电子邮件等方式，将行政处罚决定书等送达当事人。

当事人下落不明，或者依照民事诉讼法规定的其他方式无法送达的，可以公告送达。自发出公告之日起，经过三十日，即视为送达。公告送达，应当在案卷中记明原因和经过。

第三十六条　行政处罚决定书送达后当事人在法定期限内不申请行政复议或者提起行政诉讼，又不履行处罚决定的，校外培训主管部门可以自期限届满之日起三个月内依法申请人民法院强制执行。

第三十七条　行政处罚有下列情形之一的，经校外培训主管部门负责人批准，案件结案：

（一）处罚决定执行完毕的；

（二）已依法申请人民法院强制执行的；

（三）案件终止调查的；

（四）其他应当结案的情形。

行政处罚案件材料应当按照有关法律法规和档案管理规定归档保存。

第五章　执法监督

第三十八条　校外培训主管部门应当建立执法监督制度。

上级校外培训主管部门应当加强对下级校外培训主管部门行政处罚工作的指导。

具有一定社会影响的校外培训行政处罚决定应当依法向社会公开。

第三十九条　对于重大违法案件，上级校外培训主管部门可以挂牌督办，提出办理要求，督促下级部门限期办理。

第四十条　县级以上人民政府校外培训主管部门应当建立违法案件统计报告制度，定期将本行政区域内的校外培训违法形势分析、案件发生情况、查处情况等逐级上报。

第四十一条　校外培训主管部门实施校外培训行政处罚，有下列情形之一的，由有关部门对直接负责的主管人员和其他直接责任人员依法给予处分：

（一）对违法行为未依法采取制止措施的；

（二）应当依法给予行政处罚而未依法处罚的；

（三）应当依法申请强制执行、移送有关机关追究责任，而未依法申请强制执行、移送有关机关的；

（四）有行政处罚法、民办教育促进法等法律法规规定的其他超越职权、滥用职权、徇私舞弊、玩忽职守情形的。

第六章　附　　则

第四十二条　本办法中的"违法所得"是指违法开展校外培训所收取的全部款项，依法已经予以退还的预收费未消课款项，可以扣除。法律、行政法规、规章对违法所得的计算另有规定的，从其规定。

第四十三条　本办法中"以上""以下"含本数，"五日""七日"的规定是指工作日，不含法定节假日。

第四十四条　本办法自2023年10月15日起施行。

国务院办公厅关于规范校外培训机构发展的意见

1. 2018年8月6日印发
2. 国办发〔2018〕80号

各省、自治区、直辖市人民政府，国务院各部委、各直属机构：

面向中小学生的校外培训机构（以下简称校外培训机构）开展非学历教育培训是学校教育的补充，对于满足中小学生选择性学习需求、培育发展兴趣特长、拓展综合素质具有积极作用。但近年来，一些校外培训机构违背教育规律和青少年成长发展规律，开展以"应试"为导向的培训，造成中小学生课外负担过重，增加了家庭经济负担，破坏了良好的教育生态，社会反映强烈。为切实减轻中小学生过重课外负担，促进校外培训机构规范有序发展，经国务院同意，现提出如下意见。

一、总体要求

（一）指导思想。以习近平新时代中国特色社会主义思想为指导，深入贯彻落实党的十九大和十九届二中、三中全会精神，全面贯彻党的教育方针，坚持立德树人，发展素质教育，以促进中小学生身心健康发展为落脚点，以建立健全校外培训机构监管机制为着力点，努力构建校外培训机构规范有序发展的长效机制，切实解决人民群众反映强烈的中小学生课外负担过重问题，形成校内外协同育人的良好局面。

（二）基本原则。

依法规范。依法依规对校外培训机构进行审批登记、开展专项治理、强化日常监管，切实规范校外培训秩序。校外培训机构依法依规开展培训业务和相关活动，自觉维护中小学生及家长合法权益。

分类管理。鼓励发展以培养中小学生兴趣爱好、创新精神和实践能力为目标的培训，重点规范语文、数学、英语及物理、化学、生物等学科知识培训，坚决禁止应试、超标、超前培训及与招生入学挂钩的行为。

综合施策。统筹学校、社会和家庭教育，既规范校外培训机构培训行为，又同步改进中小学教育教学，提高学校教育质量和课后服务能力，强化学校育人主体地位，积极推动家长转变教育观念，做到标本兼治、务求实效。

协同治理。强化省地（市）统筹，落实以县为主管理责任。建立健全工作协调机制，有关部门各司其职、分工协作，统筹做好审批登记和监督管理，形成综合治理合力，确保积极稳妥推进。

二、明确设置标准

（三）确定设置标准。省级教育部门要会同有关部门，结合本地实际，研究制订校外培训机构设置的具体标准；省域内各地市差距大的，可授权地市级教育部门会同当地有关部门制订，并向省级教育部门及有关部门备案。

（四）遵循基本要求。各地标准必须达到以下基本要求。场所条件方面，校外培训机构必须有符合安全条件的固定场所，同一培训时段内生均面积不低于3平方米，确保不拥挤、易疏散；必须符合国家关于消防、环保、卫生、食品经营等管理规定要求。通过为参训对象购买人身安全保险等必要方式，防范和化解安全事故风险。师资条件方面，校外培训机构必须有相对稳定的师资队伍，不得聘用中小学在职教师。所聘从事培训工作的人员必须遵守宪法和法律，热爱教育事业，具有良好的思想品德和相应的培训能力；从事语文、数学、英语及物理、化学、生物等学科知识培训的教师应具有相应的教师资格。培训机构应当与所聘人员依法签订聘用合同、劳动合同或劳务协议。聘用外籍人员须符合国家有关规定。管理条件方面，校外培训机构必须坚持和加强党的领导，做到党的建设同步谋划、党的组织同步设置、党的工作同步开展，确保正确的办学方向。必须有规范的章程和相应的管理制度，明确培训宗旨、业务范围、议事决策机制、资金管理、保障条件和服务承诺等。

三、依法审批登记

（五）确保证照齐全。校外培训机构必须经审批取得办学许可证后，登记取得营业执照（或事业单位法人证书、民办非企业单位登记证书，下同），才能开展培训。已取得办学许可证和营业执照的，如不符合设置标准，应当按标准要求整改，整改不到位的要依法吊销办学许可证，终止培训活动，并依法办理变更或注销登记。

（六）严格审批登记。校外培训机构审批登记实行属地化管理。县级教育部门负责审批颁发办学许可证，未经教育部门批准，任何校外培训机构不得以家教、咨询、文化传播等名义面向中小学生开展培训业务。校外培训机构在同一县域设立分支机构或培训点的，均须经过批准；跨县域设立分支机构或培训点的，需到分支机构或培训点所在地县级教育部门审批。中小学校不得举办或参与举办校外培训机构。

四、规范培训行为

（七）细化培训安排。校外培训机构开展语文、数学、英语及物理、化学、生物等学科知识培训的内容、班次、招生对象、进度、上课时间等要向所在地县级教育部门备案并向社会公布；培训内容不得超出相应的国家课程标准，培训班次必须与招生对象所处年级相匹配，培训进度不得超过所在县（区）中小学同期进度。校外培训机构培训时间不得和当地中小学校教学时间相冲突，培训结束时间不得晚于20：30，不得留作业；严禁组织举办中小学生学科类等级考试、竞赛及进行排名。

（八）践行诚实守信。校外培训机构应实事求是地制订招生简章、制作招生广告，向审批机关备案并向社会公示，自觉接受监督。要认真履行服务承诺，杜绝培训内容名不符实。不得以暴力、威胁等手段强迫学生接受培训。要不断改进教育教学，提高培训质量，努力提升培训对象满意度。

（九）规范收费管理。严格执行国家关于财务与资产管理的规定，收费时段与教学安排应协调一致，不得一次性收取时间跨度超过3个月的费用。各地教育部门要加强与金融部门的合作，探索通过建立学杂费专用账户、严控账户最低余额和大额资金流动等措施加强对培训机构资金的监管。培训机构收费项目及标准应当向社会公示，并接受有关部门的监督，不得在公示的项目和标准外收取其他费用，不得以任何名义向培训对象摊派费用或者强行集资。对于培训对象未完成的培训课程，有关退费事宜严格按双方合同约定以及相关法律规定办理。

五、强化监督管理

（十）完善日常监管。各地要切实加强对校外培训机构办学行为的日常监管，坚持谁审批谁监管、谁主管谁监管，防止重审批轻监管，健全监管责任体系和工作机制，切实加强监管队伍建设。教育部门负责查处未取得办学许可证违法经营的机构，并在做好办学许可证审批工作基础上，重点做好培训内容、培训班次、招生对象、教师资格及培训行为的监管工作，牵头组织校外培训市场综合执法；市场监管部门重点做好相关登记、收费、广告宣传、反垄断等方面的监管工作；人力资源社会保障部门重点做好职业培训机构未经批准面向中小学生开展培训的监管工作；机构编制、民政部门重点做好校外培训机构违反相关登记管理规定的监管工作；公安、应急管理、卫生、食品监管部门重点做好校外培训机构的安全、卫生、食品条件保障的监管工作；网信、文化、工业和信息化、广电部门在各自职责范围内配合教育部门做好线上教育监管工作。

（十一）落实年检年报制度。县级教育部门要会同有关部门按照校外培训机构设置标准、审批条件、办学行为要求和登记管理有关规定完善管理办法，认真组织开展年检和年度报告公示工作。在境外上市的校外培训机构向境外公开披露的定期报告及对公司经营活动有重大不利影响的临时报告等信息，应以中文文本在公司网站（如无公司网站，应在证券信息披露平台）向境内同步公开、接受监督。对经年检和年报公示信息抽查检查发现校外培训机构隐瞒实情、弄虚作假、违法违规办学，或不接受年检、不报送年度报告的，要依法依规严肃处理，直至吊销办学许可证，追究有关人员的法律责任。

（十二）公布黑白名单。全面推行白名单制度，对通过审批登记的，在政府网站上公布校外培训机构的名单及主要信息，并根据日常监管和年检、年度报告公示情况及时更新。各地可根据校外培训机构的设置和管理要求，建立负面清单。对已经审批登记，但有负面清单所列行为的校外培训机构，应当及时将其从白名单上清除并列入黑名单；对未经批准登记、违法违规举办的校外培训机构，予以严肃查处并列入黑名单。将黑名单信息纳入全国信用信息共享平台，按有关规定实施联合惩戒。将营利性校外培训机构的行政许可信息、行政处罚信息、黑名单信息、抽查检查结果等归集至国家企业信用信息公示系统，记于相对应企业名下并依法公示。对于非营利性校外培训机构的失信行为，依据社会组织信用信息管理有关规定进行信用管理并依法公示。

六、提高中小学育人能力

（十三）提升教学质量。切实加强中小学师德师风建设，鼓励广大教师为人师表、潜心教书育人。中小学校必须严格按照国家发布的课程方案、课程标准和学校教学计划，开足、开齐、开好每门课程。各地教育部门要指导中小学校，按照学校管理有关标准对标研判、依标整改，严格规范教育教学行为，努力提高教育教学质量，为切实减轻中小学生课外负担创造条件。坚持依法从严治教，对中小学校不遵守教学计划、“非零起点教学”等行为，要坚决查处并追究有关校长和教师的责任；对中小学教师“课上不讲课后到校外培训机构讲”、诱导或逼迫学生参加校外培训机构培训等行为，要严肃处理，直至取消有关教师的教师资格。

（十四）严明入学纪律。严肃中小学招生入学工作纪律，坚决禁止中小学校与校外培训机构联合招生，坚决查处将校外培训机构培训结果与中小学校招生入学挂钩的行为，并依法追究有关学校、校外培训机构和相关人员责任。

（十五）做好课后服务。各地要创造条件、加大投入、完善政策，强化中小学校在课后服务中的主渠道作用，普遍建立弹性离校制度。中小学校要充分挖掘学校师资和校舍条件的潜力，并积极利用校外资源，充分发挥家长委员会的作用，努力开辟多种适宜的途径，帮助学生培养兴趣、发展特长、开拓视野、增强实践，不断提高课后服务水平，可为个别学习有困难的学生提供免费辅导。坚决防止课后服务变相成为集体教学或补课。各地可根据课后服务性质，采取财政补贴、收取服务性收费或代收费等方式筹措经费。有关部门在核定绩效工资总量时，应当适当考虑学校和单位开展课后服务因素；学校和单位在核定的绩效工资总量内，对参与课后服务的教师给予适当倾斜。设定服务性收费或代收费的，应当坚持成本补偿和非营利原则，按有关规定由省级教育部门和价格主管部门联合报省级人民政府审定后执行。中小学生是否参加课后服务，由学生和家长自愿选择，严禁各地以课后服务名义乱收费。

七、加强组织领导

（十六）健全工作机制。各地要切实提高思想认识，将规范校外培训机构发展纳入重要议事日程。建立由教育部门牵头、有关部门参与的联席会议制度，制订详细的工作方案，细化分工、压实责任、大力推进。及时总结经验，研究新情况、新问题，不断改进政策措施。充分发挥相关行业协会在行业发展、规范、自律等方面的作用。注重多方联动，发展社区功能，加强少年宫、实践基地等场馆建设，多渠道满足中小学生的个性化需求，形成学校、家庭、社会育人合力。

（十七）做实专项治理。各地要开展好校外培训机构专项治理工作，进行全面摸排，认真建立工作台账，完善分类管理，对存在问题的培训机构逐一整改到位。要加大工作督促指导力度，通过开展自查、交叉检查、专项督查等方式，确保专项治理取得实际成效。

（十八）强化问责考核。教育督导部门要加强对地方政府规范校外培训机构发展工作的督导评估，评估结果作为有关领导干部综合考核评价的重要参考。建立问责机制，对责任不落实、措施不到位，造成中小学生课外负担过重，人民群众反映特别强烈的地方及相关责任人要进行严肃问责。规范治理校外培训机构及减轻中小学生课外负担不力的县（区），不得申报义务教育基本均衡和优质均衡发展评估认定；已经通过认定的，要下发专项督导通知书，限期整改。

（十九）重视宣传引导。各地要通过多种途径加强政策宣传解读，使改革精神、政策要义家喻户晓，形成良好社会氛围。通过家长会、家长学校、家访、专题报告等形式，促进家长树立正确的教育观念、成才观念，不盲目攀比，科学认识并切实减轻学生过重的课外负担。对表现突出的校外培训机构给予宣传，引导校外培训机构增强社会责任担当，强化自我约束，树立良好社会形象。

少年儿童校外教育机构工作规程

1. 1995年6月21日国家教委、文化部、国家体委、全国总工会、共青团中央、全国妇联、中国科协发布

2. 根据2010年12月13日教育部令第30号《关于修改和废止部分规章的决定》修正

第一章　总　　则

第一条　为了加强对少年儿童校外教育机构的管理，促进少年儿童校外教育事业健康发展，制定本规程。

第二条　本规程所称少年儿童校外教育机构（以下简称“校外教育机构”）是指少年宫、少年之家（站）、儿童少年活动中心、农村儿童文化园、儿童乐园、少年儿童图书馆（室）、少年科技馆、少年儿童艺术馆、少年儿童业余艺术、少年儿童野外营地、少年儿童劳动基地和以少年儿童为主要服务对象的青少年宫、青少年活动中心、青少年科技中心（馆、站）、妇女儿童活动中心中少年儿童活动部分等。

第三条　校外教育机构基本任务是通过多种形式向少年儿童进行以爱祖国、爱人民、爱劳动、爱科学、爱社会主义为基本内容的思想品德教育；普及科学技术、文化艺术、体育卫生、劳动技术等方面知识；培养他们多方面的兴趣、爱好和特长；培养他们独立思考、动手动脑、勇于实践和创新的精神，促进少年儿童全面发展，健康成长。

第四条　校外教育机构工作应当遵循以下原则：

（一）面向全体少年儿童，面向学校，面向少先队，实行学校、家庭、社会相结合；

（二）德、智、体诸方面的教育应相互渗透，有机结合；

（三）遵循少年儿童身心发展规律，符合少年儿童的特点，寓教育性、知识性、科学性、趣味性于活动之中；

（四）普及与提高相结合。在重视和提高普及性教育活动的同时，对有特长的少年儿童加强培训和训练，使其健康发展。

第五条　地方各级政府要对校外教育机构的工作进行宏观协调和指导。各级各类校外教育机构的业务工作，应接受当地各主管部门的指导。

第六条　国家鼓励企业、事业组织、社会团体及其他社会组织和公民个人，依法举办各种形式、内容和层次的校外教育机构或捐助校外教育事业。

第二章　机　　构

第七条　设立校外教育机构应具备以下基本条件；

（一）具有符合少年儿童活动需要的活动场地和设施。

（二）具有合格的专职管理人员和专（兼）职辅导教师队伍。

（三）具有卫生、美观的活动环境、活动室采光条件；场馆内有防火、防毒、防盗、安全用电等防护措施。

第八条　设立少年儿童校外教育机构，应报当地主管行政部门批准。当地主管行政部门应报上一级主管行政部门备案。

独立设置的校外教育机构符合法人条件的，自批准之日起取得法人资格。

第九条　校外教育机构一般应由行政领导、后勤供应、群众文化、教育活动、专业培训及少先队工作指导（限少年宫）等部门组成，以满足少年儿童校外教育工作的需要。

第十条　校外教育机构实行主任（馆、校、园长）负责制。主任（馆、校、园长）在主管部门领导下，依据本规程负责领导本单位的全面工作。

机构内部可设立管理委员会，管委会由辅导员、教练员、管理、后勤等人员代表组成，主任（馆长、校长）任管理委员会主任。

管理委员会负责制定工作计划、人员奖惩、重要财务开支，规章制度建立以及其他重要问题。

不设管理委员会的单位，上述事项由全体教职工会议议定。

第十一条　校外教育机构应加强内部的科学管理和民主管理。按机构规模及工作性质建立岗位责任制以及财务管理、考勤考绩、检查评估、总结评比、表彰奖励等规章制度。

第三章　活　　动

第十二条　校外教育机构开展各项活动不得以营利为目的，不得以少年儿童表演为手段，进行经营性展览、演出等活动。

第十三条　校外教育机构的活动应当包括以下基本内容：

（一）思想品德教育，应结合国内外大事、重大纪念日、民族传统节日、古今中外名人故事、新时期各行各业英雄模范先进人物的事迹对少年儿童进行爱国主义、集体主义和社会主义思想教育，近代史、现代史教育和国情教育、良好意志品格、遵纪守法和文明、有礼貌的行为习惯教育。

（二）科学技术知识普及教育，应通过组织开展科普知识传授、发明创造、科技制作、科学实验等活动，向少年儿童传递科学技术的新信息。引导他们从小爱科学、学科学、用科学。培养创新、献身、求实、协作的科学精神和严谨的科学态度。增强他们的科技意识和培养良好的科学素质。

（三）体育运动，应通过田径、球类、游泳、体操、武术、模型、无线电、棋艺和多种多样的军事体育运动的知识和技能技巧，培养他们勇敢、坚强、活泼的性格和健康的体魄。

（四）文化艺术教育，应通过课外读物、影视、音乐、舞蹈、戏剧、绘画、书法、工艺制作以及集邮、摄影等活动培养少年儿童具有正确的审美观念和审美能力，陶冶情操，提高文化艺术素养。

（五）游戏娱乐，应因地制宜地开展少年儿童喜闻乐见的、多种多样的活动，并要努力创造条件，建立多种游艺设施，让少年儿童愉快地玩乐。

（六）劳动与社会实践活动，凡有劳动实践基地的少年儿童校外教育机构，应按国家教委颁发的劳动教育纲要提出的各项要求，组织开展各种劳动实践活动。向学生进行热爱劳动、热爱劳动人民、热爱劳动成果和不怕苦、不怕脏、不怕累的教育，培养自立、自强品格，促进少年儿童全面发展。

第十四条　校外教育机构的活动可采取以下形式：

（一）开展群众性教育活动是面向广大少年儿童开展教育的一种重要形式。应根据少年儿童的特点，选择鲜明的主题，采取生动活泼的形式，如：举办展览、讲座、组织联欢、演出、开展各项比赛、夏（冬）令营以及各种社会实践活动，对学生进行有效的教育。

（二）开放适合少年儿童的各种活动场所。通过参加活动，开发智力，培养少年儿童的各种兴趣，使他们身心健康成长。

（三）组织专业兴趣小组。通过对少年儿童进行专业知识的传授和技能技巧的培训，使他们初步掌握一门科技、文艺、体育、社会服务等技能。

第十五条　社会公共文化体育设施应向少年儿童开放，安排内容丰富、健康向上的活动项目，并按有关规定对少年儿童实行减、免收费及其他优惠。

第十六条　博物馆、展览馆、图书馆、工人文化宫、艺术馆、文化馆（站）、体育场（馆）、科技馆、影剧院、园林、遗址、烈士陵园以及社会单位办的宫、馆、家、站等，可参照本规程规定的有关内容组织少年儿童活动。

第四章　人　　员

第十七条　校外教育机构工作人员应当拥护和坚持党的基本路线，热爱校外教育事业，热爱少年儿童，遵守教师职业道德规范，努力钻研专业知识，不断提高专业文化水平，身体健康。

第十八条　校外教育机构按照编制标准设主任（馆、校、园长）、副主任（副馆、校、园长）、辅导员（教师、教练员）和其他工作人员。

第十九条　校外教育机构主任（馆、校、园长）除应符合本规程第十七条的要求外，还应具有一定组织管理能力和实际工作经验，其学历要求可按当地具体聘任文件执行。

校外教育机构主任（馆、校、园长）由主管部门任命或聘任。

第二十条　校外教育机构主任（馆、校、园长）负责本单位的全面工作。其主要职责是：

（一）贯彻执行国家的有关法律、法规、方针、政策和上级主管部门的规定。

（二）负责本机构的行政管理工作。

（三）负责组织制定并执行本单位各种规章制度。

（四）负责聘任、调配工作人员，指导教师、教练员、辅导员和其他工作人员的工作。

（五）加强全员的思想政治工作，组织政治、业务学习，并为他们的政治、文化、业务进修创造条件。

（六）管理和规划机构内各项设施、经费的合理利用。

第二十一条　少年儿童校外教育机构教师应依照《教师法》的规定取得教师资格。校外教育机构教师实行聘任制或任命制。

第二十二条　少年儿童校外教育机构教师应履行《教师法》规定的义务，做到：

（一）关心、爱护少年儿童，尊重他们的人格，促进他们在品德、智力、体质等方面全面发展。

（二）制止有害于少年儿童的行为或者其他侵犯少年儿童合法权益的行为，批评和抵制有害于少年儿童健康成长的现象。

（三）对本单位工作提出建议。

第二十三条　校外教育机构其他工作人员的资格和职责，参照国家的有关规定执行。

第二十四条　校外教育机构应重视工作人员的职前培训并为在职培训创造条件。

第二十五条　校外教育机构要主动争取各级各类关心下一代工作委员会（协会）中的老干部、老专家、老文艺工作者、老科技工作者、老教师、老工人、老党员、老模范等老同志的支持，定期和不定期的聘请他们做少年儿童校外教育专、兼职辅导员。

第五章　条 件 保 障

第二十六条　校外教育机构建设应纳入城乡建设发展规划，分步实施，逐步形成地、市、区（县）到街道（乡、镇）的校外教育网络。

第二十七条　校外教育机构的经费应列入各主管部门财政专项开支，随着当地经济建设和校外教育事业的发展，不断增加。

第二十八条　校外教育机构的工作人员的工资待遇、职称评定等，要按《教师法》及国家有关规定执行。属于教育事业编制、成建制的校外教育机构中的教师依照《教师法》规定执行。

第二十九条　校外教育机构在不影响正常教育活动下，不削弱骨干力量、不占用主要活动场地，并经当地主管部门批准，可适当开展社会服务，其收入应全部用于补充活动经费。

第六章　奖励与处罚

第三十条　对滋扰校外教育机构工作秩序，破坏校外教育活动设施的，有关部门应予制止，并依照《治安管理处罚法》的规定追究当事人法律责任。

第三十一条　校外教育机构有下列情形之一的，由当地主管行政部门给予警告，限期改正、整顿，以至停办等处罚：

（一）未经批准，擅自设立校外教育机构的；

（二）校外教育机构开展的活动内容不健康，损害少年儿童身心健康的；

（三）校外教育机构开展活动以营利为目的的。

对主要责任人员，由所在单位或上级主管行政部门给予相应的行政处分；情节严重，构成犯罪的依法追究刑事责任。

第三十二条　各级人民政府及其有关主管部门，对开展少年儿童校外教育活动成绩突出的校外教育机构和个人给予表彰和奖励。

对关心、支持少年儿童校外教育工作，贡献较大的企业事业单位，社会团体及个人，由各级人民政府及其有关部门给予表彰和奖励。

第七章　附　　则

第三十三条　各省、自治区、直辖市有关部门，可根据当地的具体情况，制定实施办法。

第三十四条　本规程自公布之日起施行。

中小学生校外培训材料管理办法（试行）

1. 2021年8月25日教育部办公厅发布

2. 教监管厅函〔2021〕6号

第一章　总　　则

第一条　为严格管理中小学生校外培训材料，确保培训材料的思想性、科学性、适宜性，有效减轻中小学生课外培训负担，制定本办法。

第二条　本办法所称的校外培训材料（以下简称培训材料），是指经审批登记的校外培训机构自主编写的面向中小学生的学习材料，包括用于线上、线下的按照学科类进行管理的培训材料（以下简称学科类培训材料）和按照非学科类进行管理的培训材料（以下简称非学科类培训材料）。

第三条　培训材料管理坚持以下原则：

坚持育人为本。全面贯彻党的教育方针，落实立德树人根本任务，体现正确的政治方向和价值导向，遵循学生身心发展规律，提高培训材料的思想性、科学性、适宜性。

加强全程把控。加强培训材料编写、审核、选用、备案等全流程管理，明确内容要求和标准，健全管理机制，细化违规处罚规定，强化日常监管，突出全流程把控、检视。

强化社会监督。建立畅通的信息反馈和监督举报渠道，积极发挥行业组织、专业机构、媒体公众等监督作用。

第二章　管 理 职 责

第四条　国务院教育行政部门制定培训材料管理有关政策要求。各级教育行政部门负责由其审批设立的校外培训机构培训材料的监管以及对问题材料处理处置等工作。

第五条　校外培训机构应当建立培训材料编写研发、审核、选用使用及人员资质审查等内部管理制度，明确责任部门、责任人、工作职责、标准、流程以及责任追究办法。

第三章　编 写 审 核

第六条　培训材料编写研发人员应符合以下要求：

（一）政治立场坚定，拥护中国共产党的领导和中国特色社会主义制度，具有正确的世界观、人生观、价值观；

（二）全面贯彻党的教育方针，熟悉中小学教育教学规律和学生身心发展特点，从事教育教学相关工作3年及以上；

（三）学科类培训材料的编写研发人员应准确理解和把握课程方案、学科课程标准，具备相应教师资格证书；非学科类培训材料的编写研发人员，应具备相关行业资质证书或专业能力证明；

（四）遵纪守法，有良好的思想品德、社会形象，无失德、失信、违纪、违法等不良记录。

第七条　培训材料应符合以下要求：

（一）以习近平新时代中国特色社会主义思想为指导，体现社会主义核心价值观，继承和弘扬中华优秀传统文化、革命文化和社会主义先进文化，传播科学精神，引导学生树立正确的世界观、人生观和价值观，促进学生身心健康发展；

（二）内容科学准确，容量、难度适宜，与国家课程相关的内容应符合相应课程标准要求，不得超标超前；

（三）符合学生成长规律，满足多层次、多样化学习需求，有利于激发学习兴趣、鼓励探究创新。

第八条　培训材料不得存在下列情形：

（一）丑化党和国家形象，或者诋毁、污蔑党和国

家领导人、英雄模范,或者歪曲党的历史、中华人民共和国历史、人民军队历史;

(二)污蔑攻击中国共产党领导、中国特色社会主义制度,违背社会主义核心价值观;

(三)损害国家统一、主权和领土完整;

(四)损害国家荣誉和利益,有反华、辱华、丑华等内容;

(五)煽动民族仇恨、民族歧视,破坏民族团结,侵犯民族风俗习惯;

(六)宣扬宗教教理、教义、教规以及邪教、封建迷信思想等;

(七)含有暴力、恐怖、赌博、毒品、性侵害、淫秽、教唆犯罪等内容;

(八)不符合知识产权保护等国家法律、行政法规;

(九)植入商业广告或者变相的商业广告;

(十)超出相应的国家课程标准;

(十一)含有误导中小学生产生不良行为的内容;

(十二)存在其他违法违规情形。

第九条 培训材料须按规定进行审核。审核人员除应符合编写研发人员要求外,还须具有较高的政策理论水平和较丰富的相关教育或培训经验。

第十条 建立培训材料内部审核和外部审核制度,坚持凡编必审、凡用必审。校外培训机构负责培训材料的内部全面审核,须按照审核人员资质要求遴选组建内部审核队伍。

各地教育行政部门负责培训材料的外部审核,须按照审核人员资质要求组建由相关学科专家、课程专家、教研专家、一线教师等组成的审核队伍,明确审核流程和时限,重点对意识形态属性较强的内容和执行课程标准情况进行把关。

实行培训材料编审分离制度,遵循回避原则。

第十一条 学科类培训材料采取校外培训机构内部审核和教育行政部门外部审核相结合的方式进行双审核。其中,各地教育行政部门对线上及线下培训相对固定形式的基础性材料进行全面审核,对以资料库、视频等形式存在的培训材料开展抽查性审核;鼓励各地探索运用现代化信息技术手段加强审核把关。

非学科类培训材料在校外培训机构内部审核基础上,由各地教育行政部门协助相应主管部门开展抽查、巡查。

第十二条 对于已通过审核的、在多个地区使用的同一培训材料,可由培训机构提供已通过审核的证明,供其他地区审核时参考。

第四章 选用备案

第十三条 校外培训机构应规范培训材料选用程序。选用的培训材料须为审核通过的培训材料或正式出版物。校外培训机构选用境外教材,应参照《中小学教材管理办法》等国家有关规定执行。

第十四条 校外培训机构对所有培训材料存档保管、备查,保管期限不少于相应培训材料使用完毕后 3 年。培训材料及编写研发人员信息须向相应教育行政部门备案。备案材料产生变更时,应及时提交变更内容说明和变更材料。

(一)线上培训保管材料应包括线上学习资源、开发者信息、下载网站、资源主题、资源简介、适用对象及图文来源等;

(二)线下培训保管材料应包括编写者信息、材料简介、材料内容及适用对象等。

第五章 检查监督

第十五条 校外培训机构应向社会、培训对象公开做出书面承诺,所使用培训材料符合本办法第七条、第八条规定。

第十六条 教育行政部门应当公开监督方式、畅通举报渠道,通过年度检查、专项检查、随机抽查等形式,组织专业力量对校外培训机构培训材料编审人员资质、内部审核、选用使用等情况进行检查。检查情况依法向社会公开,并作为校外培训机构信用管理的重要依据。各地教育行政部门应明确培训材料编审人员参训要求,制定并实施培训计划,提高培训的针对性和实效性。

第十七条 教育行政部门检查发现培训材料违反本办法规定的,应督促相关校外培训机构限期整改,并可按照有关规定予以处理。整改期间,校外培训机构不得使用相关材料开展任何形式的授课活动。对情节严重或者逾期未完成整改的校外培训机构,教育行政部门应当依法吊销其民办学校办学许可。

涉及其他部门职责的,教育行政部门应当将相关违法违规线索及时移送,并且配合做好查处工作。

第六章 附 则

第十八条 省级教育行政部门结合本地实际,根据本办法制定实施细则。

第十九条 本办法自印发之日起施行,由国务院教育行政部门负责解释。

校外培训机构从业人员管理办法(试行)

1. 2021年9月9日教育部办公厅、人力资源社会保障部办公厅发布
2. 教监管厅函〔2021〕9号

第一章　总　　则

第一条　为加强校外培训机构从业人员管理,规范机构和从业人员培训行为,依据《中华人民共和国教育法》《中华人民共和国民办教育促进法》《中华人民共和国劳动合同法》等制定本办法。

第二条　校外培训机构从业人员是指按规定面向中小学生及3周岁以上学龄前儿童开展校外培训的机构中的工作人员,包括:教学人员、教研人员和其他人员。其中,教学人员是指承担培训授课的人员,教研人员是指培训研究的人员;助教、带班人员等辅助人员按照其他人员进行管理。

第三条　本办法适用于招用具有中国国籍的人员,招用外籍人员应符合国家有关规定。

第二章　招用及解聘

第四条　校外培训机构从业人员应当符合下列要求:

(一)坚持以习近平新时代中国特色社会主义思想为指导,拥护中国共产党的领导和中国特色社会主义制度,全面贯彻党的教育方针,落实立德树人根本任务;

(二)爱国守法,恪守宪法原则,遵守法律法规,依法履行各项职责;

(三)具备良好的思想品德和职业道德,举止文明,关心爱护学生;教学、教研人员还应为人师表,仁爱敬业;

(四)教学、教研人员应熟悉教育教学规律和学生身心发展特点,从事按照学科类管理培训的须具备相应教师资格证书,从事按照非学科类管理培训的须具备相应的职业(专业)能力证明;

(五)非中小学、幼儿园在职教师。

第五条　校外培训机构从业人员不得为以下人员:

(一)纳入"校外培训机构从业人员黑名单"管理的;

(二)受到剥夺政治权利或者故意犯罪受到有期徒刑以上刑事处罚的。

第六条　校外培训机构专职教学、教研人员原则上不低于机构从业人员总数的50%。面向中小学生的线下培训,每班次专职教学人员原则上不低于学生人数的2%;面向3周岁以上学龄前儿童的线下培训,每班次专职培训人员原则上不低于儿童人数的6%。

第七条　校外培训机构应按照《中华人民共和国劳动合同法》有关规定与招用人员订立、履行、变更、解除或者终止劳动合同。

第八条　校外培训机构应当规范从业人员管理:

(一)校外培训机构应对拟招用人员和劳务派遣单位拟派遣至机构场所工作的人员进行性侵等违法犯罪信息查询;

(二)校外培训机构应当依法与招用人员签订书面劳动合同,明确工作内容、工作地点、工作时间、岗位职责、劳动合同期限、劳动报酬、社会保险、考核办法等;

(三)对初次招用人员,应当开展岗位培训,内容应当包括法律法规、职业道德和有关政策文件要求等;

(四)教学、教研人员的基本信息(姓名、照片等)、教师资格、从教经历、任教课程等信息应在机构培训场所及平台、网站显著位置公示,并及时在全国统一监管平台备案。其他从业人员信息应在机构内部进行公示。

第九条　校外培训机构应向社会、培训对象公开作出书面承诺,从业人员招用符合本办法第四条、第五条、第六条、第七条规定。

第十条　校外培训机构应对从业人员定期开展思想政治素质、业务能力等培训,提高教育教研能力和服务保障水平。

第十一条　校外培训机构从业人员不得有下列情形:

(一)有损害党中央权威、违背党的路线方针政策的言行;

(二)损害国家利益,损害社会公共利益,或违背社会公序良俗;

(三)通过课堂、论坛、讲座、信息网络及其他渠道发表、转发错误观点,或编造散布虚假信息、不良信息;

(四)歧视、侮辱学生,存在虐待、伤害、体罚或变相体罚未成年人行为;

(五)在教学、培训等活动中遇突发事件、面临危险时,不顾学生安危,擅离职守,自行逃离;

(六)与学生发生不正当关系,存在猥亵、性骚扰等行为;

(七)向学生及家长索要、收受不正当财物或利益;

(八)被依法追究刑事责任;

（九）吸食毒品等违反治安管理法律法规行为；

（十）违法传教或者开展宗教活动；

（十一）宣扬或从事邪教。

从业人员有上述情形，符合《中华人民共和国劳动合同法》等法律法规关于解除劳动合同规定的，校外培训机构应当依法与其解除劳动合同，在全国统一监管平台同步更新人员信息，并报告主管教育行政部门。

第三章　检查监督

第十二条　教育行政部门或相应主管部门会同人力资源社会保障行政部门公开监督方式、畅通举报渠道，通过年度检查、专项检查、随机抽查等形式，依职责分工对机构从业人员情况进行检查。检查情况依法向社会公开，并作为机构信用管理的重要依据。

第十三条　从业人员违反本办法第十一条规定情节严重的，经查实、审核后，纳入全国统一监管平台的"校外培训机构从业人员黑名单"管理。

第十四条　校外培训机构违反本办法的，主管教育行政部门应责令其限期改正；对多次、多项违反规定等情节严重的，责令其停止招生，改正期间禁止开展相关培训活动；对逾期未完成改正或拒绝改正等情节特别严重的，依法取消其办学许可资质。

第四章　附　　则

第十五条　省级教育行政部门可结合本地实际，根据本办法制定实施细则。

第十六条　本办法自印发之日起施行，由国务院教育行政部门负责解释。

义务教育阶段校外培训项目分类鉴别指南

1. 2021年11月8日发布
2. 教监管厅函〔2021〕16号

为贯彻落实中共中央办公厅、国务院办公厅印发的《关于进一步减轻义务教育阶段学生作业负担和校外培训负担的意见》，加强对义务教育阶段校外培训机构"学科类"项目鉴别管理，制定本指南。

一、适用范围

校外培训机构面向义务教育阶段学生实施校外培训，适用本指南。

二、基本原则

校外培训项目分类鉴别工作，遵循以下原则：

（一）坚持从严规范。深刻领会贯彻中央"双减"精神要求，严格遵照国家相关法律法规和政策规定，落实属地行政管理责任，明晰界线、从严要求、规范程序，体现权威性和严肃性。

（二）坚持科学严谨。充分依靠专家力量，尊重学科规律和教学规律，综合培训项目的实际情况，立足具体问题具体分析，给出客观、公正、独立的专业鉴别意见，确保科学与严谨。

（三）坚持统筹协调。加强主管部门之间横向配合、地区之间协同推进，坚持"一盘棋"，避免在实践中出现"低洼区""空白区""矛盾区"。积极研究和应对工作中出现的各种新情况、新问题，不断探索创新，在实践中完善制度和机制。

三、鉴别依据

根据《教育部办公厅关于进一步明确义务教育阶段校外培训学科类和非学科类范围的通知》（教监管厅函〔2021〕3号）、中小学国家课程方案和课程标准等文件规定，结合校外培训的实际情况，对培训项目类别进行鉴别。主要从培训目的、培训内容、培训方式、评价方式等维度进行综合考量，如符合以下特征，即判定为学科类培训项目。

（一）培训目的：以学科知识与技能培训为导向，主要为提升学科学习成绩服务。

（二）培训内容：主要涉及道德与法治、语文、历史、地理、数学、外语（英语、日语、俄语）、物理、化学、生物等学科学习内容。

（三）培训方式：重在进行学科知识讲解、听说读写算等学科能力训练，以预习、授课和巩固练习等为主要过程，以教师（包括虚拟者、人工智能等）讲授示范、互动等为主要形式。

（四）结果评价：对学生的评价侧重甄别与选拔，以学习成绩、考试结果等作为主要评价依据。

四、实施要求

（一）建立分级指导机制。省级教育行政部门要对本地培训项目分类鉴别工作进行统筹规范，加强分级指导，对各地鉴别工作中出现的问题和偏差，及时跟进指导、纠偏矫正，确保操作落实步调一致、不走偏、不走样，避免出现同类培训项目在不同地区给出差异鉴别结果。当出现较大争议或难以鉴别时，下级教育行政部门应提请上级教育行政部门进行研究裁决。各地要认真总结培训项目分类鉴别工作，形成并更新典型案例资料库，促进信息互通共享，推动一线鉴别工作更加准确、高效。

在其他主管部门开展非学科类培训管理过程中，根据工作需要，教育行政部门可协助提供有关培训项目分类鉴别意见，并对“学科类”鉴别有最终决定权。

（二）建立专家鉴别制度。地方各级教育行政部门应根据相应管理需要，组建专家组或者委托专业机构对无法直接判断的培训项目开展分类鉴别，作出鉴别决定。鉴别专家组应包括相关学科、课程、教学等方面专家，且相关人员及其直系亲属未在培训机构中任职或兼职、属于非利益相关方。接受委托的专业机构，须按照规范要求组织符合条件的专家队伍开展鉴别工作。

根据实际工作需要，专家组可通过资料审查、实地查看、课堂观察、人员访谈等多种方式，综合研判培训目的、内容、方式、评价等具体情况，提出培训项目属于“学科类”或者“非学科类”的鉴别意见。鉴别工作不得受外界干扰，不得徇私舞弊，确保结论的真实、客观、公正。

（三）强化机构行业自律。培训机构应落实自主管理责任，对开展的培训项目类别进行自我研判、自评自查，自觉按照“学科类”或者“非学科类”的相关管理要求，规范开展培训活动，不得出现名不符实的情况，不得隐形变异违规开展学科类培训活动。

校外培训机构财务管理暂行办法

1. 2023年3月14日教育部办公厅、财政部办公厅、科技部办公厅文化和旅游部办公厅、体育总局办公厅发布

2. 教监管厅函〔2023〕2号

第一章　总　　则

第一条　为规范校外培训机构经济行为，加强财务管理，根据《中华人民共和国教育法》《中华人民共和国民办教育促进法》《中华人民共和国会计法》《民办非企业单位登记管理暂行条例》《民间非营利组织会计制度》、企业会计准则等有关规定，制定本办法。

第二条　对面向3至6岁学龄前儿童、中小学生开展校外培训的校外培训机构（以下简称机构）财务管理活动，适用本办法。

对开展以职业技能为主的校外培训机构财务管理活动，不适用本办法。

第三条　机构财务管理的基本原则是：坚持和加强党的全面领导，贯彻党的教育方针；严格执行国家有关法律、法规和规章制度，坚持校外培训公益属性；规范资金使用，防范经济活动风险，保障学员、家长、从业人员等利益相关方的合法权益。

第四条　机构财务管理的主要任务是：建立健全内部财务管理体制和各项财务管理制度，规范机构经济行为；科学执行机构预算制度，对所有业务收支等实施预算管理；依法筹集资金，有效营运资产，控制成本费用，规范权益分配，加强财务监督，依法落实法人财产权；建立健全内部资产管理制度，加强机构资产管理，保障机构培训活动秩序；加强内部控制，切实防范经济活动风险。

第二章　财务管理体制

第五条　机构应当建立健全党组织参与重大财务决策和监督制度，建立相应的财务管理体制。机构法定代表人对本机构财务工作和财务资料的真实性、完整性负责。

第六条　机构应当按照国家统一的会计制度，对实际发生的各类经济业务事项进行会计核算，填制会计凭证，登记会计账簿，编制财务会计报告。

第七条　机构应当设置独立的财会部门，不具备单独设置财会部门条件的，应当配备专职会计人员并指定会计主管人员。未设置财会部门或配备专职会计人员的机构，应当根据《中华人民共和国会计法》《代理记账管理办法》的规定，委托经批准设立从事会计代理记账业务的中介机构代理记账。

第八条　机构配备会计人员应当按照《会计基础工作规范》有关规定执行。

第三章　资　金　筹　集

第九条　机构举办者（出资者或设立人，下同）应当根据《中华人民共和国民办教育促进法》《中华人民共和国民办教育促进法实施条例》《中华人民共和国民办非企业单位登记管理暂行条例》《中华人民共和国公司法》《中华人民共和国市场主体登记管理条例》《中华人民共和国市场主体登记管理条例实施细则》等规定，按照机构章程、设立协议承诺的出资方式、金额和时间，按时、足额履行出资义务。机构对举办者投入到机构的资产、受赠的财产以及培训积累，享有法人财产权。

上市公司不得举办或参与举办面向义务教育阶段学生的学科类培训机构，不得通过发行股份或支付现金等方式购买学科类培训机构资产；面向义务教育阶段学生的学科类培训机构不得由外资通过兼并收购、受托经营、加盟连锁、利用可变利益实体等方式控股或参股。

中小学校不得举办或参与举办校外培训机构。

第十条　非营利性校外培训机构成立后，举办者、负责人、实际控制人不得以任何方式抽逃出资，不得通过拆借资金、无偿使用等方式占用、挪用机构资金、资产。

营利性校外培训机构成立后，举办者不得抽逃出资。

第四章　资金营运

第十一条　设置财会部门或配备专职会计人员的机构，应当建立健全预算管理制度，根据机构发展规划、举办者投入计划及培训业务实际情况，合理编制预算或资金使用计划，对业务收支等实施预算管理。

第十二条　机构的各项收费应当由财会部门或专职会计人员管理并进行会计核算，严禁设立“小金库”，严禁账外设账。

业务部门或人员应当在涉及培训收费的合同协议签订后及时将合同等有关材料提交财会部门作为账务处理依据，并妥善保管。

第十三条　机构收取培训服务费应当按照国家有关规定开具发票，不得填开与实际交易不符的内容，不得以举办者或其他名义开具收付款凭证，不得以收款收据等“白条”替代收付款凭证。

第十四条　机构预先收取的培训服务费（含以现金形式收取）应当全部进入本机构培训收费专用账户，与其自有资金实行分账管理，不得使用本机构其他账户或非本机构账户收取培训费用。机构应当按照国家有关规定，选择银行托管、风险保证金方式对预先收取的培训服务费实施全额监管。

校外培训不得使用培训贷方式缴纳培训费用。

第十五条　机构预先收取的培训服务费，应当按规定作为负债管理，后续按国家统一的会计制度确认为收入，严禁提前或推迟确认收入。

第十六条　机构要全面使用《中小学生校外培训服务合同（示范文本）》，核准学员信息，明确培训项目、培训要求、培训收费、退费规则、退费方式、违约责任、争议处理等。对涉及培训退费的，机构应按照国家有关规定和合同约定，畅通退费流程，及时返还学员剩余培训费用，保障群众合法权益。

第十七条　机构应当强化成本意识，建立成本控制系统，加强成本管理。

第十八条　机构应严格费用管理，优化支出结构，融资及培训服务费收入应主要用于培训业务。

第十九条　机构应当建立大额资金支付决策制度，明确决策的程序、方式、规则。大额支出应当订立合同，明确双方的权利义务和违约责任。

第五章　资产和负债管理

第二十条　机构应当建立健全资产管理制度，加强和规范资产购置、使用和处置管理，维护资产安全完整。机构存续期间，任何组织和个人不得截留、私分、挪用或侵占机构资产。非营利性校外培训机构存续期间不得对外提供担保或者长期无偿出借大额资金、资产设施等。

第二十一条　机构申请贷款只能用于其自身发展。举办者、负责人、实际控制人不得将自身债务转嫁至机构，机构不得对举办者、负责人、实际控制人的债务承担连带责任。

第二十二条　机构应当建立风险预警机制，合理控制本机构负债规模，改善债务结构，防范财务风险。机构出现影响正常运转的财务风险，应当及时向地方确定的主管部门报告。

第六章　收益分配

第二十三条　非营利性校外培训机构净资产的使用分配，按照国家有关规定执行。

非营利性校外培训机构的举办者不得从培训机构分红、取得回报或分配剩余财产。

第二十四条　营利性校外培训机构的利润分配执行《中华人民共和国公司法》和校外培训机构章程有关规定。

第七章　财务清算

第二十五条　机构举办者变更、机构分立、合并与终止时，应当委托会计师事务所进行财务清算，对机构的资产、负债及相关权利、义务进行全面清理，编制财产目录和债权、债务清单。

第二十六条　机构终止办学属于机构自己要求终止的，由机构组织清算；被审批机关撤销的，由审批机关组织清算，机构应当依法配合审批机关开展清算工作；因资不抵债无法继续办学而被终止的，由人民法院组织清算。清算期间不得开展与清算无关的工作。

第二十七条　机构终止时，清算财产支付清算费用后，应当依次清偿应退学员培训费和其他费用，应发从业人员的工资、应缴纳的社会保险费用和税款，应偿还的其他债务。

非营利性校外培训机构清偿上述债务后的剩余财产，应当按照法人章程的规定或者决策机构的决议，用于其他非营利性校外培训机构或其他教育公益事业，不得投入任何营利性法人组织。

第八章　财务监督

第二十八条　机构至少应当于每个会计年度终了编制年度财务会计报告，并于每年 3 月 31 日前，通过全国校外教育培训监管与服务综合平台系统，按国家有关规定向行业主管部门上报财务会计报告。

第二十九条　机构对会计凭证、会计账簿、财务会计报告和其他会计资料应当建立档案，妥善保管。机构会计档案的保管期限和销毁办法，按照财政部、国家档案局《会计档案管理办法》有关规定执行。

第三十条　机构应当建立内部审计和审计公示机制。在每个会计年度结束时，校外培训机构应当委托会计师事务所对年度财务报告进行审计，并按国家有关规定向行业主管部门上报审计结果。

第三十一条　机构应当建立健全内部控制、财务信息披露等监督制度，依法公开财务信息，接受相关部门的监督检查。

第三十二条　机构与关联方进行交易的，应当遵循公开、公平、公允的原则，合理定价、规范决策，不得损害国家利益、机构利益、从业人员和学生权益。

机构应当建立利益关联方交易的信息披露制度，将关联交易情况按规定予以披露。县级以上地方教育、体育、文化和旅游、科技等有关部门应当加强对非营利性校外培训机构与利益关联方签订协议的监管。

前款所称利益关联方是指校外培训机构的举办者、实际控制人、校长、理事、监事、财务负责人等以及与上述组织或者个人之间存在互相控制和影响关系、可能导致校外培训机构利益被转移的组织或个人。

第三十三条　县级以上地方教育、财政、体育、文化和旅游、科技、民政、市场监管、税务管理等部门按照职责对本行政区域内校外培训机构经济活动采取随机或重点抽查等方式，实施监督检查，也可委托专业机构进行检查、抽查。检查、抽查情况和查处结果及时向社会公布。

第九章　附　　则

第三十四条　本办法自印发之日起施行，由教育部、财政部、科技部、文化和旅游部、体育总局负责解释。

教育部办公厅关于进一步明确义务教育阶段校外培训学科类和非学科类范围的通知

1. 2021 年 7 月 28 日发布
2. 教监管厅函〔2021〕3 号

各省、自治区、直辖市教育厅（教委），新疆生产建设兵团教育局：

为贯彻落实中共中央办公厅、国务院办公厅印发的《关于进一步减轻义务教育阶段学生作业负担和校外培训负担的意见》，指导各地做好校外培训（包括线上培训和线下培训）治理工作，现就明确义务教育阶段校外培训学科类和非学科类范围通知如下：

一、根据国家义务教育阶段课程设置的规定，在开展校外培训时，道德与法治、语文、历史、地理、数学、外语（英语、日语、俄语）、物理、化学、生物按照学科类进行管理。对涉及以上学科国家课程标准规定的学习内容进行的校外培训，均列入学科类进行管理。

二、在开展校外培训时，体育（或体育与健康）、艺术（或音乐、美术）学科，以及综合实践活动（含信息技术教育、劳动与技术教育）等按照非学科类进行管理。

各地要严格按照国家课程方案和课程标准进行审核把关，加强日常监管和监督检查。

教育部等六部门关于加强校外培训机构预收费监管工作的通知

1. 2021 年 10 月 21 日教育部、国家发展改革委、中国人民银行、税务总局、市场监管总局、中国银保监会发布
2. 教监管函〔2021〕2 号

各省、自治区、直辖市教育厅（教委）、发展改革委、市场监管局，新疆生产建设兵团教育局、发展改革委、市场监管局，中国人民银行各分行、营业管理部、省会（首府）城市中心支行，国家税务总局各省、自治区、直辖市和计划单列市税务局，国家税务总局驻各地特派员办事处，各银保监局：

为贯彻落实中共中央办公厅、国务院办公厅印发的《关于进一步减轻义务教育阶段学生作业负担和校外培训负担的意见》，防范“退费难”“卷钱跑路”等损害群众利益的问题发生，指导各地做好面向中小学生

(含幼儿园儿童)校外培训机构(包括线上和线下)预先收取的学员培训服务费用(以下简称预收费)监管,现就有关事项通知如下。

一、严格规范预收费管理

(一)落实培训收费管理政策。坚持校外培训公益属性,根据市场需求、培训成本等因素确定收费项目和标准,坚决遏制过高收费和过度逐利行为。义务教育阶段学科类校外培训收费实行政府指导价管理,普通高中阶段学科类校外培训参照执行。依法加强价格监督检查,严厉查处超过政府指导价收费行为。

(二)执行预收费管理要求。校外培训机构开展培训要全面使用《中小学生校外培训服务合同(示范文本)》,严禁利用不公平格式条款侵害学员合法权益。严格执行教育收费公示制度,收费项目与标准应在办学场所、网站等显著位置公示,并于培训服务前向学员明示。校外培训机构预收费须全部进入本机构培训收费专用账户,不得使用本机构其他账户或非本机构账户收取培训费用。面向中小学生的培训不得使用培训贷方式缴纳培训费用。校外培训收费时段与教学安排应协调一致,不得一次性收取或以充值、次卡等形式变相收取时间跨度超过3个月或60课时的费用。

(三)加强预收费票据管理。校外培训机构提供培训服务收取培训费应依法履行纳税义务,并按照国家有关规定开具发票。校外培训机构开具发票时,发票内容应按照实际销售情况如实开具,不得填开与实际交易不符的内容,不得以举办者或其他名义开具收付款凭证,不得以收款收据等"白条"替代收付款凭证。

二、全面实施预收费监管

(四)实行预收费监管全覆盖。校外培训机构预收费监管工作实行属地监管原则。学科类和非学科类校外培训机构预收费应全额纳入监管范围,包括本通知发布前已收取但未完成培训服务的预收费资金。各地可结合实际,采取银行托管、风险保证金的方式,对校外培训机构预收费进行风险管控,有效预防"退费难""卷钱跑路"等问题发生。各地根据工作需要,分类明确银行托管和风险保证金监管的具体要求。

(五)实行预收费银行托管。校外培训机构要与符合条件的银行签订托管协议并报教育或其他主管部门备案,自主选择符合条件的银行,开立预收费资金托管专用账户(培训收费专用账户),将预收费资金与其自有资金分账管理。校外培训预收费须全部进入资金托管专用账户,以现金等形式收取的,应全部归集至资金托管专用账户,做到全部预收费"应托管、尽托管"。托管银行不得侵占、挪用预收费资金,不得因提供托管服务而额外收取培训机构、学员费用。托管银行应当对收集的学员及家长个人信息严格保密,不得泄露、出售或者非法向他人提供。实行银行托管前,已收取但未完成培训服务的预收费资金,应采取风险保证金方式进行监管。

(六)设立预收费风险保证金。采取风险保证金方式的,校外培训机构应与符合条件的银行签订协议并报教育或其他主管部门备案,开立风险保证金专用账户,存入一定金额的保证金作为其履行培训服务承诺和退费的资金保证,不得用保证金进行融资担保。保证金额度和监管要求由各地确定,最低额度不得低于培训机构收取的所有学员单个收费周期(3个月)的费用总额。保证金额度实行动态调整,须报教育或其他主管部门备案。同时,要加大对培训收费专用账户的监管力度。

(七)加强对培训领域贷款的监管。银行业金融机构应当加强教育培训领域贷款业务的合规管理和风险管控,不得对未按要求进行审批备案、不具备相应资质条件、存在违法违规行为或重大风险隐患的校外培训机构授信或开展业务合作,禁止诱导中小学生家长使用分期贷款缴纳校外培训费用。

三、健全预收费监管机制

(八)加强协同监管。各地要在地方党委和政府的统一领导下,充分发挥"双减"工作专门协调机制的作用,做好学科和非学科类校外培训机构预收费监管。教育行政部门要做好统筹协调,会同有关部门加强校外培训机构运营和预收费日常监管,强化风险排查和源头化解;人民银行、银保监部门负责指导银行等机构配合教育行政部门依法做好预收费托管、风险保证金存管、培训领域贷款业务合规管理工作,相关工作按照有关规定及协议约定办理;税务部门负责对校外培训机构纳税情况进行监管,对发现的涉税违法行为依法查处;市场监管部门依法严肃查处违反价格相关法律法规的行为。

(九)强化风险预警。建立健全信息共享机制,教育行政、金融管理等相关部门根据工作职责,定期共享校外培训机构预收费监管有关工作信息。教育行政部门要会同有关部门及时研判风险情况,并根据风险程度,向社会发布风险预警。校外培训机构应按照教育行政部门或其他业务主管部门的监管要求,主动报送从托管银行获取的有关资金监管账户、大额资金变动、交易流水等信息。

（十）加强行业自律。各地要将培训预收费情况作为校外培训机构诚信建设的重要内容，依法依规严厉惩治违法失信行为。引导行业自律，充分发挥行业协会组织在信用建设、纠纷处理等方面的作用，推动自律公约、宣传培训等工作，引导校外培训机构规范运营，积极主动将培训预收费纳入监管，提高培训服务合同履约能力。

四、认真抓好组织实施

（十一）加强组织领导。各地要在地方党委和政府统一领导下，把做好校外培训机构预收费监管工作作为一项重要政治任务，切实做到认识到位、措施到位、责任到位。各地要结合实际，制定预收费监管实施办法，完善校外培训机构监管平台，将预收费监管列入对校外培训机构的日常监管、专项检查、年审年检和教育督导范围，确保培训服务交易安全，切实维护社会大局稳定。

（十二）重视宣传引导。各地要加强政策宣传解读，提升培训机构合规经营意识。加强对家长的风险防范引导，宣传国家政策要求、消费注意事项等，引导家长理性选择校外培训，合理预付培训费，主动索要发票等收付款凭证，及时举报违法违规行为，正当合法维权，共建共享校外培训市场良好消费环境。

（十三）组织开展排查。省级教育行政部门会同有关部门，按照本通知内容，组织对本省（区、市）校外培训机构基本情况、预收费托管、风险保证金和培训收费专户监管情况、是否存在“退费难”“卷钱跑路”等问题开展排查，并对存在的问题进行整改。各省（区、市）须于 2021 年 11 月 15 日前完成排查整改并全面落实监管要求，将工作落实情况和排查整改情况分别报送教育部、国家发展改革委、人民银行、税务总局、市场监管总局和银保监会。

3. 中外合作办学

中华人民共和国中外合作办学条例

1. 2003年3月1日国务院令第372号公布
2. 根据2013年7月18日国务院令第638号《关于废止和修改部分行政法规的决定》第一次修订
3. 根据2019年3月2日国务院令第709号《关于修改部分行政法规的决定》第二次修订

第一章　总　　则

第一条　为了规范中外合作办学活动，加强教育对外交流与合作，促进教育事业的发展，根据《中华人民共和国教育法》、《中华人民共和国职业教育法》和《中华人民共和国民办教育促进法》，制定本条例。

第二条　外国教育机构同中国教育机构（以下简称中外合作办学者）在中国境内合作举办以中国公民为主要招生对象的教育机构（以下简称中外合作办学机构）的活动，适用本条例。

第三条　中外合作办学属于公益性事业，是中国教育事业的组成部分。

国家对中外合作办学实行扩大开放、规范办学、依法管理、促进发展的方针。

国家鼓励引进外国优质教育资源的中外合作办学。

国家鼓励在高等教育、职业教育领域开展中外合作办学，鼓励中国高等教育机构与外国知名的高等教育机构合作办学。

第四条　中外合作办学者、中外合作办学机构的合法权益，受中国法律保护。

中外合作办学机构依法享受国家规定的优惠政策，依法自主开展教育教学活动。

第五条　中外合作办学必须遵守中国法律，贯彻中国的教育方针，符合中国的公共道德，不得损害中国的国家主权、安全和社会公共利益。

中外合作办学应当符合中国教育事业发展的需要，保证教育教学质量，致力于培养中国社会主义建设事业的各类人才。

第六条　中外合作办学者可以合作举办各级各类教育机构。但是，不得举办实施义务教育和实施军事、警察、政治等特殊性质教育的机构。

第七条　外国宗教组织、宗教机构、宗教院校和宗教教职人员不得在中国境内从事合作办学活动。

中外合作办学机构不得进行宗教教育和开展宗教活动。

第八条　国务院教育行政部门负责全国中外合作办学工作的统筹规划、综合协调和宏观管理。国务院教育行政部门、劳动行政部门和其他有关行政部门在国务院规定的职责范围内负责有关的中外合作办学工作。

省、自治区、直辖市人民政府教育行政部门负责本行政区域内中外合作办学工作的统筹规划、综合协调和宏观管理。省、自治区、直辖市人民政府教育行政部门、劳动行政部门和其他有关行政部门在其职责范围内负责本行政区域内有关的中外合作办学工作。

第二章　设　　立

第九条　申请设立中外合作办学机构的教育机构应当具有法人资格。

第十条　中外合作办学者可以用资金、实物、土地使用权、知识产权以及其他财产作为办学投入。

中外合作办学者的知识产权投入不得超过各自投入的1/3。但是，接受国务院教育行政部门、劳动行政部门或者省、自治区、直辖市人民政府邀请前来中国合作办学的外国教育机构的知识产权投入可以超过其投入的1/3。

第十一条　中外合作办学机构应当具备《中华人民共和国教育法》、《中华人民共和国职业教育法》、《中华人民共和国高等教育法》等法律和有关行政法规规定的基本条件，并具有法人资格。但是，外国教育机构同中国实施学历教育的高等学校设立的实施高等教育的中外合作办学机构，可以不具有法人资格。

设立中外合作办学机构，参照国家举办的同级同类教育机构的设置标准执行。

第十二条　申请设立实施本科以上高等学历教育的中外合作办学机构，由国务院教育行政部门审批；申请设立实施高等专科教育和非学历高等教育的中外合作办学机构，由拟设立机构所在地的省、自治区、直辖市人民政府审批。

申请设立实施中等学历教育和自学考试助学、文化补习、学前教育等的中外合作办学机构，由拟设立机构所在地的省、自治区、直辖市人民政府教育行政部门审批。

申请设立实施职业技能培训的中外合作办学机构，由拟设立机构所在地的省、自治区、直辖市人民政府劳动行政部门审批。

第十三条　设立中外合作办学机构，分为筹备设立和正式设立两个步骤。但是，具备办学条件，达到设置标准的，可以直接申请正式设立。

第十四条　申请筹备设立中外合作办学机构，应当提交下列文件：

（一）申办报告，内容应当主要包括：中外合作办学者、拟设立中外合作办学机构的名称、培养目标、办学规模、办学层次、办学形式、办学条件、内部管理体制、经费筹措与管理使用等；

（二）合作协议，内容应当包括：合作期限、争议解决办法等；

（三）资产来源、资金数额及有效证明文件，并载明产权；

（四）属捐赠性质的校产须提交捐赠协议，载明捐赠人的姓名、所捐资产的数额、用途和管理办法及相关有效证明文件；

（五）不低于中外合作办学者资金投入15%的启动资金到位证明。

第十五条　申请筹备设立中外合作办学机构的，审批机关应当自受理申请之日起45个工作日内作出是否批准的决定。批准的，发给筹备设立批准书；不批准的，应当书面说明理由。

第十六条　经批准筹备设立中外合作办学机构的，应当自批准之日起3年内提出正式设立申请；超过3年的，中外合作办学者应当重新申报。

筹备设立期内，不得招生。

第十七条　完成筹备设立申请正式设立的，应当提交下列文件：

（一）正式设立申请书；

（二）筹备设立批准书；

（三）筹备设立情况报告；

（四）中外合作办学机构的章程，首届理事会、董事会或者联合管理委员会组成人员名单；

（五）中外合作办学机构资产的有效证明文件；

（六）校长或者主要行政负责人、教师、财会人员的资格证明文件。

直接申请正式设立中外合作办学机构的，应当提交前款第（一）项、第（四）项、第（五）项、第（六）项和第十四条第（二）项、第（三）项、第（四）项所列文件。

第十八条　申请正式设立实施非学历教育的中外合作办学机构的，审批机关应当自受理申请之日起3个月内作出是否批准的决定；申请正式设立实施学历教育的中外合作办学机构的，审批机关应当自受理申请之日起6个月内作出是否批准的决定。批准的，颁发统一格式、统一编号的中外合作办学许可证；不批准的，应当书面说明理由。

中外合作办学许可证由国务院教育行政部门制定式样，由国务院教育行政部门和劳动行政部门按照职责分工分别组织印制；中外合作办学许可证由国务院教育行政部门统一编号，具体办法由国务院教育行政部门会同劳动行政部门确定。

第十九条　申请正式设立实施学历教育的中外合作办学机构的，审批机关受理申请后，应当组织专家委员会评议，由专家委员会提出咨询意见。

第二十条　中外合作办学机构取得中外合作办学许可证后，应当依照有关的法律、行政法规进行登记，登记机关应当依照有关规定即时予以办理。

第三章　组织与管理

第二十一条　具有法人资格的中外合作办学机构应当设立理事会或者董事会，不具有法人资格的中外合作办学机构应当设立联合管理委员会。理事会、董事会或者联合管理委员会的中方组成人员不得少于1/2。

理事会、董事会或者联合管理委员会由5人以上组成，设理事长、副理事长，董事长、副董事长或者主任、副主任各1人。中外合作办学者一方担任理事长、董事长或者主任的，由另一方担任副理事长、副董事长或者副主任。

具有法人资格的中外合作办学机构的法定代表人，由中外合作办学者协商，在理事长、董事长或者校长中确定。

第二十二条　中外合作办学机构的理事会、董事会或者联合管理委员会由中外合作办学者的代表、校长或者主要行政负责人、教职工代表等组成，其中1/3以上组成人员应当具有5年以上教育、教学经验。

中外合作办学机构的理事会、董事会或者联合管理委员会组成人员名单应当报审批机关备案。

第二十三条　中外合作办学机构的理事会、董事会或者联合管理委员会行使下列职权：

（一）改选或者补选理事会、董事会或者联合管理委员会组成人员；

（二）聘任、解聘校长或者主要行政负责人；

（三）修改章程，制定规章制度；

（四）制定发展规划，批准年度工作计划；

（五）筹集办学经费，审核预算、决算；

（六）决定教职工的编制定额和工资标准；

（七）决定中外合作办学机构的分立、合并、终止；

（八）章程规定的其他职权。

第二十四条　中外合作办学机构的理事会、董事会或者联合管理委员会每年至少召开一次会议。经 1/3 以上组成人员提议，可以召开理事会、董事会或者联合管理委员会临时会议。

中外合作办学机构的理事会、董事会或者联合管理委员会讨论下列重大事项，应当经 2/3 以上组成人员同意方可通过：

（一）聘任、解聘校长或者主要行政负责人；

（二）修改章程；

（三）制定发展规划；

（四）决定中外合作办学机构的分立、合并、终止；

（五）章程规定的其他重大事项。

第二十五条　中外合作办学机构的校长或者主要行政负责人，应当具有中华人民共和国国籍，在中国境内定居，热爱祖国，品行良好，具有教育、教学经验，并具备相应的专业水平。

第二十六条　中外合作办学机构的校长或者主要行政负责人行使下列职权：

（一）执行理事会、董事会或者联合管理委员会的决定；

（二）实施发展规划，拟订年度工作计划、财务预算和规章制度；

（三）聘任和解聘工作人员，实施奖惩；

（四）组织教育教学、科学研究活动，保证教育教学质量；

（五）负责日常管理工作；

（六）章程规定的其他职权。

第二十七条　中外合作办学机构依法对教师、学生进行管理。

中外合作办学机构聘任的外籍教师和外籍管理人员，应当具备学士以上学位和相应的职业证书，并具有 2 年以上教育、教学经验。

外方合作办学者应当从本教育机构中选派一定数量的教师到中外合作办学机构任教。

第二十八条　中外合作办学机构应当依法维护教师、学生的合法权益，保障教职工的工资、福利待遇，并为教职工缴纳社会保险费。

中外合作办学机构的教职工依法建立工会等组织，并通过教职工代表大会等形式，参与中外合作办学机构的民主管理。

第二十九条　中外合作办学机构的外籍人员应当遵守外国人在中国就业的有关规定。

第四章　教育教学

第三十条　中外合作办学机构应当按照中国对同级同类教育机构的要求开设关于宪法、法律、公民道德、国情等内容的课程。

国家鼓励中外合作办学机构引进国内急需、在国际上具有先进性的课程和教材。

中外合作办学机构应当将所开设的课程和引进的教材报审批机关备案。

第三十一条　中外合作办学机构根据需要，可以使用外国语言文字教学，但应当以普通话和规范汉字为基本教学语言文字。

第三十二条　实施高等学历教育的中外合作办学机构招收学生，纳入国家高等学校招生计划。实施其他学历教育的中外合作办学机构招收学生，按照省、自治区、直辖市人民政府教育行政部门的规定执行。

中外合作办学机构招收境外学生，按照国家有关规定执行。

第三十三条　中外合作办学机构的招生简章和广告应当报审批机关备案。

中外合作办学机构应当将办学类型和层次、专业设置、课程内容和招生规模等有关情况，定期向社会公布。

第三十四条　中外合作办学机构实施学历教育的，按照国家有关规定颁发学历证书或者其他学业证书；实施非学历教育的，按照国家有关规定颁发培训证书或者结业证书。对于接受职业技能培训的学生，经政府批准的职业技能鉴定机构鉴定合格的，可以按照国家有关规定颁发相应的国家职业资格证书。

中外合作办学机构实施高等学历教育的，可以按照国家有关规定颁发中国相应的学位证书。

中外合作办学机构颁发的外国教育机构的学历、学位证书，应当与该教育机构在其所属国颁发的学历、学位证书相同，并在该国获得承认。

中国对中外合作办学机构颁发的外国教育机构的学历、学位证书的承认，依照中华人民共和国缔结或者加入的国际条约办理，或者按照国家有关规定办理。

第三十五条　国务院教育行政部门或者省、自治区、直辖市人民政府教育行政部门及劳动行政部门等其他有关行政部门应当加强对中外合作办学机构的日常监督，组织或者委托社会中介组织对中外合作办学机构的办学水平和教育质量进行评估，并将评估结果向社会公布。

第五章　资产与财务

第三十六条　中外合作办学机构应当依法建立健全财务、会计制度和资产管理制度，并按照国家有关规定设置会计账簿。

第三十七条　中外合作办学机构存续期间，所有资产由中外合作办学机构依法享有法人财产权，任何组织和个人不得侵占。

第三十八条　中外合作办学机构的收费项目和标准，依照国家有关政府定价的规定确定并公布；未经批准，不得增加项目或者提高标准。

中外合作办学机构应当以人民币计收学费和其他费用，不得以外汇计收学费和其他费用。

第三十九条　中外合作办学机构收取的费用应当主要用于教育教学活动和改善办学条件。

第四十条　中外合作办学机构的外汇收支活动以及开设和使用外汇账户，应当遵守国家外汇管理规定。

第四十一条　中外合作办学机构应当在每个会计年度结束时制作财务会计报告，委托社会审计机构依法进行审计，向社会公布审计结果，并报审批机关备案。

第六章　变更与终止

第四十二条　中外合作办学机构的分立、合并，在进行财务清算后，由该机构理事会、董事会或者联合管理委员会报审批机关批准。

申请分立、合并实施非学历教育的中外合作办学机构的，审批机关应当自受理申请之日起3个月内以书面形式答复；申请分立、合并实施学历教育的中外合作办学机构的，审批机关应当自受理申请之日起6个月内以书面形式答复。

第四十三条　中外合作办学机构合作办学者的变更，应当由合作办学者提出，在进行财务清算后，经该机构理事会、董事会或者联合管理委员会同意，报审批机关核准，并办理相应的变更手续。

中外合作办学机构住所、法定代表人的变更，应当经审批机关核准，并办理相应的变更手续。中外合作办学机构校长或者主要行政负责人的变更，应当及时办理变更手续。

第四十四条　中外合作办学机构名称、层次、类别的变更，由该机构理事会、董事会或者联合管理委员会报审批机关批准。

申请变更为实施非学历教育的中外合作办学机构的，审批机关应当自受理申请之日起3个月内以书面形式答复；申请变更为实施学历教育的中外合作办学机构的，审批机关应当自受理申请之日起6个月内以书面形式答复。

第四十五条　中外合作办学机构有下列情形之一的，应当终止：

（一）根据章程规定要求终止，并经审批机关批准的；

（二）被吊销中外合作办学许可证的；

（三）因资不抵债无法继续办学，并经审批机关批准的。

中外合作办学机构终止，应当妥善安置在校学生；中外合作办学机构提出终止申请时，应当同时提交妥善安置在校学生的方案。

第四十六条　中外合作办学机构终止时，应当依法进行财务清算。

中外合作办学机构自己要求终止的，由中外合作办学机构组织清算；被审批机关依法撤销的，由审批机关组织清算；因资不抵债无法继续办学而被终止的，依法请求人民法院组织清算。

第四十七条　中外合作办学机构清算时，应当按照下列顺序清偿：

（一）应当退还学生的学费和其他费用；

（二）应当支付给教职工的工资和应当缴纳的社会保险费用；

（三）应当偿还的其他债务。

中外合作办学机构清偿上述债务后的剩余财产，依照有关法律、行政法规的规定处理。

第四十八条　中外合作办学机构经批准终止或者被吊销中外合作办学许可证的，应当将中外合作办学许可证和印章交回审批机关，依法办理注销登记。

第七章　法律责任

第四十九条　中外合作办学审批机关及其工作人员，利用职务上的便利收取他人财物或者获取其他利益，滥用职权、玩忽职守，对不符合本条例规定条件者颁发中外合作办学许可证，或者发现违法行为不予以查处，造成严重后果，触犯刑律的，对负有责任的主管人员和其他直接责任人员，依照刑法关于受贿罪、滥用职权罪、玩忽职守罪或者其他罪的规定，依法追究刑事责任；尚不够刑事处罚的，依法给予行政处分。

第五十条　违反本条例的规定，超越职权审批中外合作办学机构的，其批准文件无效，由上级机关责令改正；对负有责任的主管人员和其他直接责任人员，依法给予行政处分；致使公共财产、国家和人民利益遭受重大损失的，依照刑法关于滥用职权罪或者其他罪的规定，依法追究刑事责任。

第五十一条 违反本条例的规定,未经批准擅自设立中外合作办学机构,或者以不正当手段骗取中外合作办学许可证的,由教育行政部门、劳动行政部门按照职责分工予以取缔或者会同公安机关予以取缔,责令退还向学生收取的费用,并处以10万元以下的罚款;触犯刑律的,依照刑法关于诈骗罪或者其他罪的规定,依法追究刑事责任。

第五十二条 违反本条例的规定,在中外合作办学机构筹备设立期间招收学生的,由教育行政部门、劳动行政部门按照职责分工责令停止招生,责令退还向学生收取的费用,并处以10万元以下的罚款;情节严重,拒不停止招生的,由审批机关撤销筹备设立批准书。

第五十三条 中外合作办学者虚假出资或者在中外合作办学机构成立后抽逃出资的,由教育行政部门、劳动行政部门按照职责分工责令限期改正;逾期不改正的,由教育行政部门、劳动行政部门按照职责分工处以虚假出资金额或者抽逃出资金额2倍以下的罚款。

第五十四条 伪造、变造和买卖中外合作办学许可证的,依照刑法关于伪造、变造、买卖国家机关证件罪或者其他罪的规定,依法追究刑事责任。

第五十五条 中外合作办学机构未经批准增加收费项目或者提高收费标准的,由教育行政部门、劳动行政部门按照职责分工责令退还多收的费用,并由市场监督管理部门依照有关法律、行政法规的规定予以处罚。

第五十六条 中外合作办学机构管理混乱、教育教学质量低下,造成恶劣影响的,由教育行政部门、劳动行政部门按照职责分工责令限期整顿并予以公告;情节严重、逾期不整顿或者经整顿仍达不到要求的,由教育行政部门、劳动行政部门按照职责分工责令停止招生、吊销中外合作办学许可证。

第五十七条 违反本条例的规定,发布虚假招生简章,骗取钱财的,由教育行政部门、劳动行政部门按照职责分工,责令限期改正并予以警告;有违法所得的,退还所收费用后没收违法所得,并可处以10万元以下的罚款;情节严重的,责令停止招生、吊销中外合作办学许可证;构成犯罪的,依照刑法关于诈骗罪或者其他罪的规定,依法追究刑事责任。

中外合作办学机构发布虚假招生广告的,依照《中华人民共和国广告法》的有关规定追究其法律责任。

第五十八条 中外合作办学机构被处以吊销中外合作办学许可证行政处罚的,其理事长或者董事长、校长或者主要行政负责人自中外合作办学许可证被吊销之日起10年内不得担任任何中外合作办学机构的理事长或者董事长、校长或者主要行政负责人。

违反本条例的规定,触犯刑律被依法追究刑事责任的,自刑罚执行期满之日起10年内不得从事中外合作办学活动。

第八章 附　　则

第五十九条 香港特别行政区、澳门特别行政区和台湾地区的教育机构与内地教育机构合作办学的,参照本条例的规定执行。

第六十条 在市场监督管理部门登记注册的经营性的中外合作举办的培训机构的管理办法,由国务院另行规定。

第六十一条 外国教育机构同中国教育机构在中国境内合作举办以中国公民为主要招生对象的实施学历教育和自学考试助学、文化补习、学前教育等的合作办学项目的具体审批和管理办法,由国务院教育行政部门制定。

外国教育机构同中国教育机构在中国境内合作举办以中国公民为主要招生对象的实施职业技能培训的合作办学项目的具体审批和管理办法,由国务院劳动行政部门制定。

第六十二条 外国教育机构、其他组织或者个人不得在中国境内单独设立以中国公民为主要招生对象的学校及其他教育机构。

第六十三条 本条例施行前依法设立的中外合作办学机构,应当补办本条例规定的中外合作办学许可证。其中,不完全具备本条例所规定条件的,应当在本条例施行之日起2年内达到本条例规定的条件;逾期未达到本条例规定条件的,由审批机关予以撤销。

第六十四条 本条例自2003年9月1日起施行。

中华人民共和国
中外合作办学条例实施办法

1. 2004年6月2日教育部令第20号发布
2. 自2004年7月1日起施行

第一章 总　　则

第一条 为实施《中华人民共和国中外合作办学条例》(以下简称《中外合作办学条例》),制定本办法。

第二条 中外合作办学机构设立、活动及管理中的具体规范，以及依据《中外合作办学条例》举办实施学历教育和自学考试助学、文化补习、学前教育等的中外合作办学项目的审批与管理，适用本办法。

本办法所称中外合作办学项目是指中国教育机构与外国教育机构以不设立教育机构的方式，在学科、专业、课程等方面，合作开展的以中国公民为主要招生对象的教育教学活动。

根据《中外合作办学条例》的规定，举办实施职业技能培训的中外合作办学项目的具体审批和管理办法，由国务院劳动行政部门另行制定。

第三条 国家鼓励中国教育机构与学术水平和教育教学质量得到普遍认可的外国教育机构合作办学；鼓励在国内新兴和急需的学科专业领域开展合作办学。

国家鼓励在中国西部地区、边远贫困地区开展中外合作办学。

第四条 中外合作办学机构根据《中华人民共和国民办教育促进法实施条例》的规定，享受国家给予民办学校的扶持与奖励措施。

教育行政部门对发展中外合作办学做出突出贡献的社会组织或者个人给予奖励和表彰。

第二章 中外合作办学机构的设立

第五条 中外合作办学者应当在平等协商的基础上签订合作协议。

合作协议应当包括拟设立的中外合作办学机构的名称、住所，中外合作办学者的名称、住所、法定代表人，办学宗旨和培养目标，合作内容和期限，各方投入数额、方式及资金缴纳期限，权利、义务，争议解决办法等内容。

合作协议应当有中文文本；有外文文本的，应当与中文文本的内容一致。

第六条 申请设立中外合作办学机构的中外合作办学者应当具有相应的办学资格和较高的办学质量。

已举办中外合作办学机构的中外合作办学者申请设立新的中外合作办学机构的，其已设立的中外合作办学机构应当通过原审批机关组织或者其委托的社会中介组织进行的评估。

第七条 中外合作办学机构不得设立分支机构，不得举办其他中外合作办学机构。

第八条 经评估，确系引进外国优质教育资源的，中外合作办学者一方可以与其他社会组织或者个人签订协议，引入办学资金。该社会组织或者个人可以作为与其签订协议的中外合作办学者一方的代表，参加拟设立的中外合作办学机构的理事会、董事会或者联合管理委员会，但不得担任理事长、董事长或者主任，不得参与中外合作办学机构的教育教学活动。

第九条 中外合作办学者投入的办学资金，应当与拟设立的中外合作办学机构的层次和规模相适应，并经依法验资。

中外合作办学者应当按照合作协议如期、足额投入办学资金。中外合作办学机构存续期间，中外合作办学者不得抽逃办学资金，不得挪用办学经费。

第十条 中外合作办学者作为办学投入的知识产权，其作价由中外合作办学者双方按照公平合理的原则协商确定或者聘请双方同意的社会中介组织依法进行评估，并依法办理有关手续。

中国教育机构以国有资产作为办学投入举办中外合作办学机构的，应当根据国家有关规定，聘请具有评估资格的社会中介组织依法进行评估，根据评估结果合理确定国有资产的数额，并依法履行国有资产的管理义务。

第十一条 中外合作办学者以知识产权作为办学投入的，应当提交该知识产权的有关资料，包括知识产权证书复印件、有效状况、实用价值、作价的计算根据、双方签订的作价协议等有关文件。

第十二条 根据与外国政府部门签订的协议或者应中国教育机构的请求，国务院教育行政部门和省、自治区、直辖市人民政府可以邀请外国教育机构与中国教育机构合作办学。

被邀请的外国教育机构应当是国际上或者所在国著名的高等教育机构或者职业教育机构。

第十三条 申请设立实施本科以上高等学历教育的中外合作办学机构，由拟设立机构所在地的省、自治区、直辖市人民政府提出意见后，报国务院教育行政部门审批。

申请举办颁发外国教育机构的学历、学位证书的中外合作办学机构的审批权限，参照《中外合作办学条例》第十二条和前款的规定执行。

第十四条 申请筹备设立或者直接申请正式设立中外合作办学机构，应当由中国教育机构提交《中外合作办学条例》规定的文件。其中，申办报告或者正式设立申请书应当按照国务院教育行政部门根据《中外合作办学条例》第十四条第（一）项和第十七条第（一）项，制定的《中外合作办学机构申请表》所规定的内容和格式填写。

第十五条 有下列情形之一的，审批机关不予批准筹备设立中外合作办学机构，并应当书面说明理由：

（一）违背社会公共利益、历史文化传统和教育的公益性质，不符合国家或者地方教育事业发展需要的；

（二）中外合作办学者有一方不符合条件的；

（三）合作协议不符合法定要求，经指出仍不改正的；

（四）申请文件有虚假内容的；

（五）法律、行政法规规定的其他不予批准情形的。

第十六条　中外合作办学机构的章程应当规定以下事项：

（一）中外合作办学机构的名称、住所；

（二）办学宗旨、规模、层次、类别等；

（三）资产数额、来源、性质以及财务制度；

（四）中外合作办学者是否要求取得合理回报；

（五）理事会、董事会或者联合管理委员会的产生方法、人员构成、权限、任期、议事规则等；

（六）法定代表人的产生和罢免程序；

（七）民主管理和监督的形式；

（八）机构终止事由、程序和清算办法；

（九）章程修改程序；

（十）其他需要由章程规定的事项。

第十七条　中外合作办学机构只能使用一个名称，其外文译名应当与中文名称相符。

中外合作办学机构的名称应当反映中外合作办学机构的性质、层次和类型，不得冠以“中国”、“中华”、“全国”等字样，不得违反中国法律、行政法规，不得损害社会公共利益。

不具有法人资格的中外合作办学机构的名称前应当冠以中国高等学校的名称。

第十八条　完成筹备，申请正式设立或者直接申请正式设立中外合作办学机构，除提交《中外合作办学条例》第十七条规定的相关材料外，还应当依据《中外合作办学条例》有关条款的规定，提交以下材料：

（一）首届理事会、董事会或者联合管理委员会组成人员名单及相关证明文件；

（二）聘任的外籍教师和外籍管理人员的相关资格证明文件。

第十九条　申请设立实施学历教育的中外合作办学机构，应当于每年3月或者9月提出申请，审批机关应当组织专家评议。

专家评议的时间不计算在审批期限内，但审批机关应当将专家评议所需时间书面告知申请人。

第二十条　完成筹备，申请正式设立中外合作办学机构，有下列情形之一的，审批机关应当不予批准，并书面说明理由：

（一）不具备相应办学条件、未达到相应设置标准的；

（二）理事会、董事会或者联合管理委员会的人员及其构成不符合法定要求，校长或者主要行政负责人、教师、财会人员不具备法定资格，经告知仍不改正的；

（三）章程不符合《中外合作办学条例》和本办法规定要求，经告知仍不修改的；

（四）在筹备设立期内有违反法律、法规行为的。

申请直接设立中外合作办学机构的，除前款规定的第（一）、（二）、（三）项外，有本办法第十五条规定情形之一的，审批机关不予批准。

第三章　中外合作办学机构的组织与活动

第二十一条　中外合作办学机构的理事会、董事会或者联合管理委员会的成员应当遵守中国法律、法规，热爱教育事业，品行良好，具有完全民事行为能力。

国家机关工作人员不得担任中外合作办学机构的理事会、董事会或者联合管理委员会的成员。

第二十二条　中外合作办学机构应当聘任专职的校长或者主要行政负责人。

中外合作办学机构的校长或者主要行政负责人依法独立行使教育教学和行政管理职权。

第二十三条　中外合作办学机构内部的组织机构设置方案由校长或者主要行政负责人提出，报理事会、董事会或者联合管理委员会批准。

第二十四条　中外合作办学机构应当建立教师培训制度，为受聘教师接受相应的业务培训提供条件。

第二十五条　中外合作办学机构应当按照招生简章或者招生广告的承诺，开设相应课程，开展教育教学活动，保证教育教学质量。

中外合作办学机构应当提供符合标准的校舍和教育教学设施、设备。

第二十六条　中外合作办学机构可以依法自主确定招生范围、标准和方式；但实施中国学历教育的，应当遵守国家有关规定。

第二十七条　实施高等学历教育的中外合作办学机构符合中国学位授予条件的，可以依照国家有关规定申请相应的学位授予资格。

第二十八条　中外合作办学机构依法自主管理和使用中外合作办学机构的资产，但不得改变按照公益事业获得的土地及校舍的用途。

中外合作办学机构不得从事营利性经营活动。

第二十九条 在每个会计年度结束时，中外合作办学者不要求取得合理回报的中外合作办学机构应当从年度净资产增加额中，中外合作办学者要求取得合理回报的中外合作办学机构应当从年度净收益中，按不低于年度净资产增加额或者净收益的25%的比例提取发展基金，用于中外合作办学机构的建设、维护和教学设备的添置、更新等。

第三十条 中外合作办学机构资产中的国有资产的监督、管理，按照国家有关规定执行。

中外合作办学机构接受的捐赠财产的使用和管理，依照《中华人民共和国公益事业捐赠法》的有关规定执行。

第三十一条 中外合作办学者要求取得合理回报的，应当按照《中华人民共和国民办教育促进法实施条例》的规定执行。

第三十二条 中外合作办学机构有下列情形之一的，中外合作办学者不得取得回报：

（一）发布虚假招生简章或者招生广告，骗取钱财的；

（二）擅自增加收费项目或者提高收费标准，情节严重的；

（三）非法颁发或者伪造学历、学位证书及其他学业证书的；

（四）骗取办学许可证或者伪造、变造、买卖、出租、出借办学许可证的；

（五）未依照《中华人民共和国会计法》和国家统一的会计制度进行会计核算、编制财务会计报告，财务、资产管理混乱的；

（六）违反国家税收征管法律、行政法规的规定，受到税务机关处罚的；

（七）校舍或者其他教育教学设施、设备存在重大安全隐患，未及时采取措施，致使发生重大伤亡事故的；

（八）教育教学质量低下，产生恶劣社会影响的。

中外合作办学者抽逃办学资金或者挪用办学经费的，不得取得回报。

第四章 中外合作办学项目的审批与活动

第三十三条 中外合作办学项目的办学层次和类别，应当与中国教育机构和外国教育机构的办学层次和类别相符合，并一般应当在中国教育机构中已有或者相近专业、课程举办。合作举办新的专业或者课程的，中国教育机构应当基本具备举办该专业或者课程的师资、设备、设施等条件。

第三十四条 中国教育机构可以采取与相应层次和类别的外国教育机构共同制定教育教学计划，颁发中国学历、学位证书或者外国学历、学位证书，在中国境外实施部分教育教学活动的方式，举办中外合作办学项目。

第三十五条 举办中外合作办学项目，中国教育机构和外国教育机构应当参照本办法第五条的规定签订合作协议。

第三十六条 申请举办实施本科以上高等学历教育的中外合作办学项目，由拟举办项目所在地的省、自治区、直辖市人民政府教育行政部门提出意见后，报国务院教育行政部门批准；申请举办实施高等专科教育、非学历高等教育和高级中等教育、自学考试助学、文化补习、学前教育的中外合作办学项目，报拟举办项目所在地的省、自治区、直辖市人民政府教育行政部门批准，并报国务院教育行政部门备案。

申请举办颁发外国教育机构的学历、学位证书以及引进外国教育机构的名称、标志或者教育服务商标的中外合作办学项目的审批，参照前款的规定执行。

第三十七条 申请举办中外合作办学项目，应当由中国教育机构提交下列文件：

（一）《中外合作办学项目申请表》；

（二）合作协议；

（三）中外合作办学者法人资格证明；

（四）验资证明（有资产、资金投入的）；

（五）捐赠资产协议及相关证明（有捐赠的）。

外国教育机构已在中国境内合作举办中外合作办学机构或者中外合作办学项目的，还应当提交原审批机关或者其委托的社会中介组织的评估报告。

第三十八条 申请设立实施学历教育的中外合作办学项目，应当于每年3月或者9月提出申请，审批机关应当组织专家评议。

专家评议的时间不计算在审批期限内，但审批机关应当将专家评议所需时间书面告知申请人。

第三十九条 申请设立中外合作办学项目的，审批机关应当按照《中华人民共和国行政许可法》规定的时限作出是否批准的决定。批准的，颁发统一格式、统一编号的中外合作办学项目批准书；不批准的，应当书面说明理由。

中外合作办学项目批准书由国务院教育行政部门

制定式样并统一编号；编号办法由国务院教育行政部门参照中外合作办学许可证的编号办法确定。

第四十条 中外合作办学项目是中国教育机构教育教学活动的组成部分，应当接受中国教育机构的管理。实施中国学历教育的中外合作办学项目，中国教育机构应当对外国教育机构提供的课程和教育质量进行评估。

第四十一条 中外合作办学项目可以依法自主确定招生范围、标准和方式；但实施中国学历教育的，应当遵守国家有关规定。

第四十二条 举办中外合作办学项目的中国教育机构应当依法对中外合作办学项目的财务进行管理，并在学校财务账户内设立中外合作办学项目专项，统一办理收支业务。

第四十三条 中外合作办学项目收费项目和标准的确定，按照国家有关规定执行，并在招生简章或者招生广告中载明。

中外合作办学项目的办学结余，应当继续用于项目的教育教学活动和改善办学条件。

第五章 管理与监督

第四十四条 中外合作办学机构和举办中外合作办学项目的中国教育机构应当根据国家有关规定，通过合法渠道引进教材。引进的教材应当具有先进性，内容不得与中国宪法和有关法律、法规相抵触。

中外合作办学机构和举办中外合作办学项目的中国教育机构应当对开设课程和引进教材的内容进行审核，并将课程和教材清单及说明及时报审批机关备案。

第四十五条 中外合作办学机构和举办中外合作办学项目的中国教育机构应当依法建立学籍管理制度，并报审批机关备案。

第四十六条 中外合作办学机构和项目教师和管理人员的聘任，应当遵循双方地位平等的原则，由中外合作办学机构和举办中外合作办学项目的中国教育机构与教师和管理人员签订聘任合同，明确规定双方的权利、义务和责任。

第四十七条 中外合作办学机构和项目的招生简章、招生广告的样本应当及时报审批机关备案。

第四十八条 举办颁发外国教育机构的学历、学位证书的中外合作办学机构和项目，中方合作办学者应当是实施相应层次和类别学历教育的中国教育机构。

中外合作办学机构和项目颁发外国教育机构的学历、学位证书的，其课程设置、教学内容应当不低于该外国教育机构在其所属国的标准和要求。

第四十九条 中外合作办学项目颁发的外国教育机构的学历、学位证书，应当与该外国教育机构在其所属国颁发的学历、学位证书相同，并在该国获得承认。

第五十条 实施学历教育的中外合作办学机构和项目应当通过网络、报刊等渠道，将该机构或者项目的办学层次和类别、专业设置、课程内容、招生规模、收费项目和标准等情况，每年向社会公布。

中外合作办学机构应当于每年 4 月 1 日前公布经社会审计机构对其年度财务会计报告的审计结果。

第五十一条 实施学历教育的中外合作办学机构和项目，应当按学年或者学期收费，不得跨学年或者学期预收。

第五十二条 中外合作办学机构和举办中外合作办学项目的中国教育机构应当于每年 3 月底前向审批机关提交办学报告，内容应当包括中外合作办学机构和项目的招收学生、课程设置、师资配备、教学质量、财务状况等基本情况。

第五十三条 审批机关应当组织或者委托社会中介组织本着公开、公正、公平的原则，对实施学历教育的中外合作办学项目进行办学质量评估，并将评估结果向社会公布。

第五十四条 中外合作办学项目审批机关及其工作人员，利用职务上的便利收取他人财物或者获取其他利益，滥用职权、玩忽职守，对不符合本办法规定条件者颁发中外合作办学项目批准书，或者发现违法行为不予以查处，造成严重后果，构成犯罪的，依法追究刑事责任；尚不构成犯罪的，依法给予行政处分。

第五十五条 违反本办法的规定，超越职权审批中外合作办学项目的，其批准文件无效，由上级机关责令改正；对负有责任的主管人员和其他直接责任人员，依法给予行政处分。

第五十六条 违反本办法的规定，未经批准擅自举办中外合作办学项目的，由教育行政部门责令限期改正，并责令退还向学生收取的费用；对负有责任的主管人员和其他直接责任人员，依法给予行政处分。

第五十七条 中外合作办学项目有下列情形之一的，由审批机关责令限期改正，并视情节轻重，处以警告或者 3 万元以下的罚款；对负有责任的主管人员和其他直接责任人员，依法给予行政处分。

（一）发布虚假招生简章或者招生广告，骗取钱财的；

（二）擅自增加收费项目或者提高收费标准的；

（三）管理混乱，教育教学质量低下的；

（四）未按照国家有关规定进行财务管理的；

（五）对办学结余进行分配的。

第五十八条 中外合作办学机构和项目违反《中华人民共和国教育法》的规定，颁发学历、学位证书或者其他学业证书的，依照《中华人民共和国教育法》的有关规定进行处罚。

第六章 附 则

第五十九条 在工商行政管理部门登记注册的经营性的中国培训机构与外国经营性的教育培训公司合作举办教育培训的活动，不适用本办法。

第六十条 中国教育机构没有实质性引进外国教育资源，仅以互认学分的方式与外国教育机构开展学生交流的活动，不适用本办法。

第六十一条 香港特别行政区、澳门特别行政区和台湾地区的教育机构与内地教育机构举办合作办学项目的，参照本办法的规定执行，国家另有规定的除外。

第六十二条 《中外合作办学条例》实施前已经批准的中外合作办学项目，应当参照《中外合作办学条例》第六十三条规定的时限和程序，补办中外合作办学项目批准书。逾期未达到《中外合作办学条例》和本办法规定条件的，审批机关不予换发项目批准书。

第六十三条 本办法自2004年7月1日起施行。原中华人民共和国国家教育委员会1995年1月26日发布的《中外合作办学暂行规定》同时废止。

十二、教师队伍建设

资料补充栏

中华人民共和国教师法

1. 1993年10月31日第八届全国人民代表大会常务委员会第四次会议通过

2. 根据2009年8月27日第十一届全国人民代表大会常务委员会第十次会议《关于修改部分法律的决定》修正

目　　录

第一章　总　　则

第一条　【立法目的】为了保障教师的合法权益，建设具有良好思想品德修养和业务素质的教师队伍，促进社会主义教育事业的发展，制定本法。

第二条　【适用对象】本法适用于在各级各类学校和其他教育机构中专门从事教育教学工作的教师。

第三条　【教师使命】教师是履行教育教学职责的专业人员，承担教书育人，培养社会主义事业建设者和接班人、提高民族素质的使命。教师应当忠诚于人民的教育事业。

第四条　【政府职责】各级人民政府应当采取措施，加强教师的思想政治教育和业务培训，改善教师的工作条件和生活条件，保障教师的合法权益，提高教师的社会地位。

全社会都应当尊重教师。

第五条　【管理体制】国务院教育行政部门主管全国的教师工作。

国务院有关部门在各自职权范围内负责有关的教师工作。

学校和其他教育机构根据国家规定，自主进行教师管理工作。

第六条　【教师节】每年九月十日为教师节。

第二章　权利和义务

第七条　【教师权利】教师享有下列权利：

（一）进行教育教学活动，开展教育教学改革和实验；

（二）从事科学研究、学术交流，参加专业的学术团体，在学术活动中充分发表意见；

（三）指导学生的学习和发展，评定学生的品行和学业成绩；

（四）按时获取工资报酬，享受国家规定的福利待遇以及寒暑假期的带薪休假；

（五）对学校教育教学、管理工作和教育行政部门的工作提出意见和建议，通过教职工代表大会或者其他形式，参与学校的民主管理；

（六）参加进修或者其他方式的培训。

第八条　【教师义务】教师应当履行下列义务：

（一）遵守宪法、法律和职业道德，为人师表；

（二）贯彻国家的教育方针，遵守规章制度，执行学校的教学计划，履行教师聘约，完成教育教学工作任务；

（三）对学生进行宪法所确定的基本原则的教育和爱国主义、民族团结的教育，法制教育以及思想品德、文化、科学技术教育，组织、带领学生开展有益的社会活动；

（四）关心、爱护全体学生，尊重学生人格，促进学生在品德、智力、体质等方面全面发展；

（五）制止有害于学生的行为或者其他侵犯学生合法权益的行为，批评和抵制有害于学生健康成长的现象；

（六）不断提高思想政治觉悟和教育教学业务水平。

第九条　【教学任务保障】为保障教师完成教育教学任务，各级人民政府、教育行政部门、有关部门、学校和其他教育机构应当履行下列职责：

（一）提供符合国家安全标准的教育教学设施和设备；

（二）提供必需的图书、资料及其他教育教学用品；

（三）对教师在教育教学、科学研究中的创造性工作给以鼓励和帮助；

（四）支持教师制止有害于学生的行为或者其他侵犯学生合法权益的行为。

第三章　资格和任用

第十条　【教师资格条件】国家实行教师资格制度。

中国公民凡遵守宪法和法律，热爱教育事业，具有良好的思想品德，具备本法规定的学历或者经国家教师资格考试合格，有教育教学能力，经认定合格的，可以取得教师资格。

第十一条　【教师学历条件】取得教师资格应当具备的相应学历是：

（一）取得幼儿园教师资格，应当具备幼儿师范学校毕业及其以上学历；

（二）取得小学教师资格，应当具备中等师范学校毕业及其以上学历；

（三）取得初级中学教师、初级职业学校文化、专业课教师资格，应当具备高等师范专科学校或者其他大学专科毕业及其以上学历；

（四）取得高级中学教师资格和中等专业学校、技工学校、职业高中文化课、专业课教师资格，应当具备高等师范院校本科或者其他大学本科毕业及其以上学历；取得中等专业学校、技工学校和职业高中学生实习指导教师资格应当具备的学历，由国务院教育行政部门规定；

（五）取得高等学校教师资格，应当具备研究生或者大学本科毕业学历；

（六）取得成人教育教师资格，应当按照成人教育的层次、类别，分别具备高等、中等学校毕业及其以上学历。

不具备本法规定的教师资格学历的公民，申请获取教师资格，必须通过国家教师资格考试。国家教师资格考试制度由国务院规定。

第十二条　【过渡资格】本法实施前已经在学校或者其他教育机构中任教的教师，未具备本法规定学历的，由国务院教育行政部门规定教师资格过渡办法。

第十三条　【资格认定】中小学教师资格由县级以上地方人民政府教育行政部门认定。中等专业学校、技工学校的教师资格由县级以上地方人民政府教育行政部门组织有关主管部门认定。普通高等学校的教师资格由国务院或者省、自治区、直辖市教育行政部门或者由其委托的学校认定。

具备本法规定的学历或者经国家教师资格考试合格的公民，要求有关部门认定其教师资格的，有关部门应当依照本法规定的条件予以认定。

取得教师资格的人员首次任教时，应当有试用期。

第十四条　【资格限制】受到剥夺政治权利或者故意犯罪受到有期徒刑以上刑事处罚的，不能取得教师资格；已经取得教师资格的，丧失教师资格。

第十五条　【师范生】各级师范学校毕业生，应当按照国家有关规定从事教育教学工作。

国家鼓励非师范高等学校毕业生到中小学或者职业学校任教。

第十六条　【教师职务制度】国家实行教师职务制度，具体办法由国务院规定。

第十七条　【教师聘任制】学校和其他教育机构应当逐步实行教师聘任制。教师的聘任应当遵循双方地位平等的原则，由学校和教师签订聘任合同，明确规定双方的权利、义务和责任。

实施教师聘任制的步骤、办法由国务院教育行政部门规定。

第四章　培养和培训

第十八条　【教师培养】各级人民政府和有关部门应当办好师范教育，并采取措施，鼓励优秀青年进入各级师范学校学习。各级教师进修学校承担培训中小学教师的任务。

非师范学校应当承担培养和培训中小学教师的任务。

各级师范学校学生享受专业奖学金。

第十九条　【教师培训】各级人民政府教育行政部门、学校主管部门和学校应当制定教师培训规划，对教师进行多种形式的思想政治、业务培训。

第二十条　【教师社会调查】国家机关、企业事业单位和其他社会组织应当为教师的社会调查和社会实践提供方便，给予协助。

第二十一条　【少数民族地区教师】各级人民政府应当采取措施，为少数民族地区和边远贫困地区培养、培训教师。

第五章　考　　核

第二十二条　【考核教师内容】学校或者其他教育机构应当对教师的政治思想、业务水平、工作态度和工作成绩进行考核。

教育行政部门对教师的考核工作进行指导、监督。

第二十三条　【考核要求】考核应当客观、公正、准确，充分听取教师本人、其他教师以及学生的意见。

第二十四条　【考核结果】教师考核结果是受聘任教、晋升工资、实施奖惩的依据。

第六章　待　　遇

第二十五条　【教师工资】教师的平均工资水平应当不低于或者高于国家公务员的平均工资水平，并逐步提高。建立正常晋级增薪制度，具体办法由国务院规定。

第二十六条　【教师津贴】中小学教师和职业学校教师享受教龄津贴和其他津贴，具体办法由国务院教育行政部门会同有关部门制定。

第二十七条 【**特殊补贴**】地方各级人民政府对教师以及具有中专以上学历的毕业生到少数民族地区和边远贫困地区从事教育教学工作的,应当予以补贴。

第二十八条 【**教师住房**】地方各级人民政府和国务院有关部门,对城市教师住房的建设、租赁、出售实行优先、优惠。

县、乡两级人民政府应当为农村中小学教师解决住房提供方便。

第二十九条 【**教师医疗**】教师的医疗同当地国家公务员享受同等的待遇;定期对教师进行身体健康检查,并因地制宜安排教师进行休养。

医疗机构应当对当地教师的医疗提供方便。

第三十条 【**教师退休(职)**】教师退休或者退职后,享受国家规定的退休或者退职待遇。

县级以上地方人民政府可以适当提高长期从事教育教学工作的中小学退休教师的退休金比例。

第三十一条 【**非国家支付工资的教师待遇**】各级人民政府应当采取措施,改善国家补助、集体支付工资的中小学教师的待遇,逐步做到在工资收入上与国家支付工资的教师同工同酬,具体办法由地方各级人民政府根据本地区的实际情况规定。

第三十二条 【**社办学校教师待遇**】社会力量所办学校的教师的待遇,由举办者自行确定并予以保障。

第七章 奖 励

第三十三条 【**表彰奖励条件**】教师在教育教学、培养人才、科学研究、教学改革、学校建设、社会服务、勤工俭学等方面成绩优异的,由所在学校予以表彰、奖励。

国务院和地方各级人民政府及其有关部门对有突出贡献的教师,应当予以表彰、奖励。

对有重大贡献的教师,依照国家有关规定授予荣誉称号。

第三十四条 【**奖励基金**】国家支持和鼓励社会组织或者个人向依法成立的奖励教师的基金组织捐助资金,对教师进行奖励。

第八章 法律责任

第三十五条 【**侮辱、殴打教师**】侮辱、殴打教师的,根据不同情况,分别给予行政处分或者行政处罚;造成损害的,责令赔偿损失;情节严重,构成犯罪的,依法追究刑事责任。

第三十六条 【**打击报复教师**】对依法提出申诉、控告、检举的教师进行打击报复的,由其所在单位或者上级机关责令改正;情节严重的,可以根据具体情况给予行政处分。

国家工作人员对教师打击报复构成犯罪的,依照刑法有关规定追究刑事责任。

第三十七条 【**处分、解聘**】教师有下列情形之一的,由所在学校、其他教育机构或者教育行政部门给予行政处分或者解聘:

(一)故意不完成教育教学任务给教育教学工作造成损失的;

(二)体罚学生,经教育不改的;

(三)品行不良、侮辱学生,影响恶劣的。

教师有前款第(二)项、第(三)项所列情形之一,情节严重,构成犯罪的,依法追究刑事责任。

第三十八条 【**拖欠教师工资**】地方人民政府对违反本法规定,拖欠教师工资或者侵犯教师其他合法权益的,应当责令其限期改正。

违反国家财政制度、财务制度,挪用国家财政用于教育的经费,严重妨碍教育教学工作,拖欠教师工资,损害教师合法权益的,由上级机关责令限期归还被挪用的经费,并对直接责任人员给予行政处分;情节严重,构成犯罪的,依法追究刑事责任。

第三十九条 【**教师申诉**】教师对学校或者其他教育机构侵犯其合法权益的,或者对学校或者其他教育机构作出的处理不服的,可以向教育行政部门提出申诉,教育行政部门应当在接到申诉的三十日内,作出处理。

教师认为当地人民政府有关行政部门侵犯其根据本法规定享有的权利的,可以向同级人民政府或者上一级人民政府有关部门提出申诉,同级人民政府或者上一级人民政府有关部门应当作出处理。

第九章 附 则

第四十条 【**用语解释**】本法下列用语的含义是:

(一)各级各类学校,是指实施学前教育、普通初等教育、普通中等教育、职业教育、普通高等教育以及特殊教育、成人教育的学校。

(二)其他教育机构,是指少年宫以及地方教研室、电化教育机构等。

(三)中小学教师,是指幼儿园、特殊教育机构、普通中小学、成人初等中等教育机构、职业中学以及其他教育机构的教师。

第四十一条 【**教辅人员和军队教师**】学校和其他教育机构中的教育教学辅助人员,其他类型的学校的教师和教育教学辅助人员,可以根据实际情况参照本法的有关规定执行。

军队所属院校的教师和教育教学辅助人员，由中央军事委员会依照本法制定有关规定。

第四十二条 **【外籍教师】**外籍教师的聘任办法由国务院教育行政部门规定。

第四十三条 **【施行日期】**本法自1994年1月1日起施行。

教师资格条例

1995年12月12日国务院令第188号发布施行

第一章 总 则

第一条 为了提高教师素质，加强教师队伍建设，依据《中华人民共和国教师法》（以下简称教师法），制定本条例。

第二条 中国公民在各级各类学校和其他教育机构中专门从事教育教学工作，应当依法取得教师资格。

第三条 国务院教育行政部门主管全国教师资格工作。

第二章 教师资格分类与适用

第四条 教师资格分为：

（一）幼儿园教师资格；

（二）小学教师资格；

（三）初级中学教师和初级职业学校文化课、专业课教师资格（以下统称初级中学教师资格）；

（四）高级中学教师资格；

（五）中等专业学校、技工学校、职业高级中学文化课、专业课教师资格（以下统称中等职业学校教师资格）；

（六）中等专业学校、技工学校、职业高级中学实习指导教师资格（以下统称中等职业学校实习指导教师资格）；

（七）高等学校教师资格。

成人教育的教师资格，按照成人教育的层次，依照上款规定确定类别。

第五条 取得教师资格的公民，可以在本级及其以下等级的各类学校和其他教育机构担任教师；但是，取得中等职业学校实习指导教师资格的公民只能在中等专业学校、技工学校、职业高级中学或者初级职业学校担任实习指导教师。

高级中学教师资格与中等职业学校教师资格相互通用。

第三章 教师资格条件

第六条 教师资格条件依照教师法第十条第二款的规定执行，其中“有教育教学能力”应当包括符合国家规定的从事教育教学工作的身体条件。

第七条 取得教师资格应当具备的相应学历，依照教师法第十一条的规定执行。

取得中等职业学校实习指导教师资格，应当具备国务院教育行政部门规定的学历，并应当具有相当助理工程师以上专业技术职务或者中级以上工人技术等级。

第四章 教师资格考试

第八条 不具备教师法规定的教师资格学历的公民，申请获得教师资格，应当通过国家举办的或者认可的教师资格考试。

第九条 教师资格考试科目、标准和考试大纲由国务院教育行政部门审定。

教师资格考试试卷的编制、考务工作和考试成绩证明的发放，属于幼儿园、小学、初级中学、高级中学、中等职业学校教师资格考试和中等职业学校实习指导教师资格考试的，由县级以上人民政府教育行政部门组织实施；属于高等学校教师资格考试的，由国务院教育行政部门或者省、自治区、直辖市人民政府教育行政部门委托的高等学校组织实施。

第十条 幼儿园、小学、初级中学、高级中学、中等职业学校的教师资格考试和中等职业学校实习指导教师资格考试，每年进行一次。

参加前款所列教师资格考试，考试科目全部及格的，发给教师资格考试合格证明；当年考试不及格的科目，可以在下一年度补考；经补考仍有一门或者一门以上科目不及格的，应当重新参加全部考试科目的考试。

第十一条 高等学校教师资格考试根据需要举行。

申请参加高等学校教师资格考试的，应当学有专长，并有两名相关专业的教授或者副教授推荐。

第五章 教师资格认定

第十二条 具备教师法规定的学历或者经教师资格考试合格的公民，可以依照本条例的规定申请认定其教师资格。

第十三条 幼儿园、小学和初级中学教师资格，由申请人户籍所在地或者申请人任教学校所在地的县级人民政府教育行政部门认定。高级中学教师资格，由申请人户籍所在地或者申请人任教学校所在地的县级人民政府教育行政部门审查后，报上一级教育行政部门认定。

中等职业学校教师资格和中等职业学校实习指导教师资格，由申请人户籍所在地或者申请人任教学校所在地的县级人民政府教育行政部门审查后，报上一级教育行政部门认定或者组织有关部门认定。

受国务院教育行政部门或者省、自治区、直辖市人民政府教育行政部门委托的高等学校，负责认定在本校任职的人员和拟聘人员的高等学校教师资格。

在未受国务院教育行政部门或者省、自治区、直辖市人民政府教育行政部门委托的高等学校任职的人员和拟聘人员的高等学校教师资格，按照学校行政隶属关系，由国务院教育行政部门认定或者由学校所在地的省、自治区、直辖市人民政府教育行政部门认定。

第十四条 认定教师资格，应当由本人提出申请。

教育行政部门和受委托的高等学校每年春季、秋季各受理一次教师资格认定申请。具体受理期限由教育行政部门或者受委托的高等学校规定，并以适当形式公布。申请人应当在规定的受理期限内提出申请。

第十五条 申请认定教师资格，应当提交教师资格认定申请表和下列证明或者材料：

（一）身份证明；

（二）学历证书或者教师资格考试合格证明；

（三）教育行政部门或者受委托的高等学校指定的医院出具的体格检查证明；

（四）户籍所在地的街道办事处、乡人民政府或者工作单位、所毕业的学校对其思想品德、有无犯罪记录等方面情况的鉴定及证明材料。

申请人提交的证明或者材料不全的，教育行政部门或者受委托的高等学校应当及时通知申请人于受理期限终止前补齐。

教师资格认定申请表由国务院教育行政部门统一格式。

第十六条 教育行政部门或者受委托的高等学校在接到公民的教师资格认定申请后，应当对申请人的条件进行审查；对符合认定条件的，应当在受理期限终止之日起30日内颁发相应的教师资格证书；对不符合认定条件的，应当在受理期限终止之日起30日内将认定结论通知本人。

非师范院校毕业或者教师资格考试合格的公民申请认定幼儿园、小学或者其他教师资格的，应当进行面试和试讲，考察其教育教学能力；根据实际情况和需要，教育行政部门或者受委托的高等学校可以要求申请人补修教育学、心理学等课程。

教师资格证书在全国范围内适用。教师资格证书由国务院教育行政部门统一印制。

第十七条 已取得教师资格的公民拟取得更高等级学校或者其他教育机构教师资格的，应当通过相应的教师资格考试或者取得教师法规定的相应学历，并依照本章规定，经认定合格后，由教育行政部门或者受委托的高等学校颁发相应的教师资格证书。

第六章 罚 则

第十八条 依照教师法第十四条的规定丧失教师资格的，不能重新取得教师资格，其教师资格证书由县级以上人民政府教育行政部门收缴。

第十九条 有下列情形之一的，由县级以上人民政府教育行政部门撤销其教师资格：

（一）弄虚作假、骗取教师资格的；

（二）品行不良、侮辱学生，影响恶劣的。

被撤销教师资格的，自撤销之日起5年内不得重新申请认定教师资格，其教师资格证书由县级以上人民政府教育行政部门收缴。

第二十条 参加教师资格考试有作弊行为的，其考试成绩作废，3年内不得再次参加教师资格考试。

第二十一条 教师资格考试命题人员和其他有关人员违反保密规定，造成试题、参考答案及评分标准泄露的，依法追究法律责任。

第二十二条 在教师资格认定工作中玩忽职守、徇私舞弊，对教师资格认定工作造成损失的，由教育行政部门依法给予行政处分；构成犯罪的，依法追究刑事责任。

第七章 附 则

第二十三条 本条例自发布之日起施行。

《教师资格条例》实施办法

2000年9月23日教育部令第10号发布

第一章 总 则

第一条 为实施教师资格制度，依据《中华人民共和国教师法》（以下简称《教师法》）和《教师资格条例》，制定本办法。

第二条 符合《教师法》规定学历的中国公民申请认定教师资格，适用本办法。

第三条 中国公民在各级各类学校和其他教育机构中专门从事教育教学工作，应当具备教师资格。

第四条 国务院教育行政部门负责全国教师资格制度的组织实施和协调监督工作；县级以上（包括县级，下同）地方人民政府教育行政部门根据《教师资格条例》规定权限负责本地教师资格认定和管理的组织、指导、监督和实施工作。

第五条　依法受理教师资格认定申请的县级以上地方人民政府教育行政部门，为教师资格认定机构。

第二章　资格认定条件

第六条　申请认定教师资格者应当遵守宪法和法律，热爱教育事业，履行《教师法》规定的义务，遵守教师职业道德。

第七条　中国公民依照本办法申请认定教师资格应当具备《教师法》规定的相应学历。

申请认定中等职业学校实习指导教师资格者应当具备中等职业学校毕业及其以上学历，对于确有特殊技艺者，经省级以上人民政府教育行政部门批准，其学历要求可适当放宽。

第八条　申请认定教师资格者的教育教学能力应当符合下列要求：

（一）具备承担教育教学工作所必需的基本素质和能力。具体测试办法和标准由省级教育行政部门制定。

（二）普通话水平应当达到国家语言文字工作委员会颁布的《普通话水平测试等级标准》二级乙等以上标准。

少数方言复杂地区的普通话水平应当达到三级甲等以上标准；使用汉语和当地民族语言教学的少数民族自治地区的普通话水平，由省级人民政府教育行政部门规定标准。

（三）具有良好的身体素质和心理素质，无传染性疾病，无精神病史，适应教育教学工作的需要，在教师资格认定机构指定的县级以上医院体检合格。

第九条　高等学校拟聘任副教授以上教师职务或具有博士学位者申请认定高等学校教师资格，只需具备本办法第六条、第七条、第八条（三）项规定的条件。

第三章　资格认定申请

第十条　教师资格认定机构和依法接受委托的高等学校每年春季、秋季各受理一次教师资格认定申请。具体受理时间由省级人民政府教育行政部门统一规定，并通过新闻媒体等形式予以公布。

第十一条　申请认定教师资格者，应当在受理申请期限内向相应的教师资格认定机构或者依法接受委托的高等学校提出申请，领取有关资料和表格。

第十二条　申请认定教师资格者应当在规定时间向教师资格认定机构或者依法接受委托的高等学校提交下列基本材料：

（一）由本人填写的《教师资格认定申请表》一式两份；

（二）身份证原件和复印件；

（三）学历证书原件和复印件；

（四）由教师资格认定机构指定的县级以上医院出具的体格检查合格证明；

（五）普通话水平测试等级证书原件和复印件；

（六）思想品德情况的鉴定或者证明材料。

第十三条　体检项目由省级人民政府教育行政部门规定，其中必须包含“传染病”、“精神病史”项目。

申请认定幼儿园和小学教师资格的，参照《中等师范学校招生体检标准》的有关规定执行；申请认定初级中学及其以上教师资格的，参照《高等师范学校招生体检标准》的有关规定执行。

第十四条　普通话水平测试由教育行政部门和语言文字工作机构共同组织实施，对合格者颁发由国务院教育行政部门统一印制的《普通话水平测试等级证书》。

第十五条　申请人思想品德情况的鉴定或者证明材料按照《申请人思想品德鉴定表》要求填写。在职申请人，该表由其工作单位填写；非在职申请人，该表由其户籍所在地街道办事处或者乡级人民政府填写。应届毕业生由毕业学校负责提供鉴定。必要时，有关单位可应教师资格认定机构要求提供更为详细的证明材料。

第十六条　各级各类学校师范教育类专业毕业生可以持毕业证书，向任教学校所在地或户籍所在地教师资格认定机构申请直接认定相应的教师资格。

第十七条　申请认定教师资格者应当按照国家规定缴纳费用。但各级各类学校师范教育类专业毕业生不缴纳认定费用。

第四章　资格认定

第十八条　教师资格认定机构或者依法接受委托的高等学校应当及时根据申请人提供的材料进行初步审查。

第十九条　教师资格认定机构或者依法接受委托的高等学校应当组织成立教师资格专家审查委员会。教师资格专家审查委员会根据需要成立若干小组，按照省级教育行政部门制定的测试办法和标准组织面试、试讲，对申请人的教育教学能力进行考察，提出审查意见，报教师资格认定机构或者依法接受委托的高等学校。

第二十条　教师资格认定机构根据教师资格专家审查委员会的审查意见，在受理申请期限终止之日起30个法定工作日内作出是否认定教师资格的结论，并将认定结果通知申请人。符合法定的认定条件者,颁发相应的《教师资格证书》。

第二十一条 县级以上地方人民政府教育行政部门按照《教师资格条例》第十三条规定的权限,认定相应的教师资格。

高等学校教师资格,由申请人户籍所在地或者申请人拟受聘高等学校所在地的省级人民政府教育行政部门认定;省级人民政府教育行政部门可以委托本行政区域内经过国家批准实施本科学历教育的普通高等学校认定本校拟聘人员的高等学校教师资格。

第五章 资格证书管理

第二十二条 各级人民政府教育行政部门应当加强对教师资格证书的管理。教师资格证书作为持证人具备国家认定的教师资格的法定凭证,由国务院教育行政部门统一印制。《教师资格认定申请表》由国务院教育行政部门统一格式。

《教师资格证书》和《教师资格认定申请表》由教师资格认定机构按国家规定统一编号,加盖相应的政府教育行政部门公章、钢印后生效。

第二十三条 取得教师资格的人员,其《教师资格认定申请表》一份存入本人的人事档案,其余材料由教师资格认定机构归档保存。教师资格认定机构建立教师资格管理数据库。

第二十四条 教师资格证书遗失或者损毁影响使用的,由本人向原发证机关报告,申请补发。原发证机关应当在补发的同时收回损毁的教师资格证书。

第二十五条 丧失教师资格者,由其工作单位或者户籍所在地相应的县级以上人民政府教育行政部门按教师资格认定权限会同原发证机关办理注销手续,收缴证书,归档备案。丧失教师资格者不得重新申请认定教师资格。

第二十六条 按照《教师资格条例》应当被撤销教师资格者,由县级以上人民政府教育行政部门按教师资格认定权限会同原发证机关撤销资格,收缴证书,归档备案。被撤销教师资格者自撤销之日起5年内不得重新取得教师资格。

第二十七条 对使用假资格证书的,一经查实,按弄虚作假、骗取教师资格处理,5年内不得申请认定教师资格,由教育行政部门没收假证书。对变造、买卖教师资格证书的,依法追究法律责任。

第六章 附 则

第二十八条 省级人民政府教育行政部门依据本办法制定实施细则,并报国务院教育行政部门备案。

第二十九条 本办法自颁发之日起施行。

电视师范教育管理办法(试行)

1989年9月14日国家教育委员会令第5号公布

第一条 为加强电视师范教学组织管理,确保教学质量,提高办学效益,制定本办法。

第二条 卫星电视师范教育的主要任务是:(一)开展在职中小学教师培训,使未达到中等师范毕业的小学教师、未达到高等师范专科毕业的初中教师,通过系统学习达到国家规定的学历要求;(二)开展中小学校长岗位培训,提高学校管理水平;(三)开展中小学教师的继续教育,提高教学业务水平。

第三条 国家教委设置中国电视师范学院(简称电视师范学院,下同),根据国家教委有关中小学教师培养层次的规格要求,组织拟定教学计划。组织编制文字与视听教材。

第四条 电视师范教育的有关招生、教学组织、管理工作,由省、自治区、直辖市及计划单列市教育行政部门组织落实。

各省、自治区、直辖市和计划单列市教育行政部门,应创造收看条件,保证在职学员不间断地收看卫星电视师范教育的课程。地面接收网点的建设,应采取政府拨款、群众集资以及捐助等形式筹集资金。

第五条 电视师范学历教育的招生,高师纳入国家成人高等教育广播电视大学招生计划;中师纳入省、自治区、直辖市及计划单列市成人教育广播电视中等专业学校招生计划。电视师范教育执行函授成人教育的有关政策。

第六条 电视师范教育高等师范专科的教学组织管理工作,依托教育学院、教师进修学院、广播电视大学或其他高等学校;电视师范教育中等师范的教学组织管理工作,依托教师进修学校、中等师范学校或其它小学教师培训机构。

第七条 承担电视师范教育教学组织管理的院校或其它教学单位(简称"承办单位"),应把这项任务作为学校工作的一部分,并由一名院(校)长分管教学组织管理工作。

承办单位的主要职责是:

(一)执行电视师范学院高等师范专科和中等师范教学计划,以及有关的教学要求;(二)制定实施计划,组织好教学的全过程;(三)按国家的有关规定统筹安排发展规模、机构、人员编制、经费、基建项目、教师配备。

第八条 教学班是承办单位进行教学辅导、开展思想工作的基本组织形式。

承办单位应根据学员实际情况,加强组织管理。

第九条 电视师范学院不设专职主讲教师。电视师范学院可聘任水平较高的兼职教师参与工作,编写教材,讲授课程。这些教师的此项工作应计入其所在学校的工作量。

第十条 承办单位应根据招生和教学的实际情况,配备相应的专职或兼职辅导教师。

辅导教师应热心电视师范教育、胜任辅导工作,熟悉远距离教育特点。可由各级各类学校的优秀教师充任或从社会上聘任。辅导教师的任用由承办单位审核决定。

第十一条 凡在职初中、小学教师及教育行政管理干部,经所在学校、单位同意,均可参加电视师范教育的学习。

系统进修高等师范专科的学员,应具有高中毕业或同等学力文化程度,并须参加全国各类成人高校统一招生考试;系统进修中等师范的学员,应具有初中毕业或同等学力文化程度,并须参加省、自治区、直辖市组织的统一招生考试;要特别注意招收民办和代课教师;参加单科进修的,须由本人申请,所在学校同意,承办单位批准并登记;未经统一招生考试而自学收看的学员,可参加自学考试。

第十二条 学员所在学校应当为学员参加学习创造必要的条件,并在政治思想和生活上给予关心。

第十三条 经统一招生考试录取的学员,必须按规定时间到承办单位报到,并办理注册手续,方为在籍学员。学员应按教学计划要求,以业余、自学为主参加学习的全过程。

在籍学员因工作调动,须办理转学手续。调往地区应允许转入同类学校同届班次学习。

学员的学籍管理具体办法,由省、自治区、直辖市教育行政部门制定。

第十四条 电视师范教育的成绩考核,颁发结业、毕业证书等工作,由省、自治区、直辖市和计划单列市教育行政部门统筹安排。

第十五条 学员修完本专业教学计划所规定的全部课程,经考试成绩及格,德育考查合格者,由承办单位颁发毕业证书,国家承认其学历。

进修单科课程学习的学员,参加单科结业考试,成绩及格者,由学校发结业证书。

自学收看学员,可由自考办组织考试,考试成绩全部合格,颁发自学考试毕业证书。

第十六条 学员经本人申请,所在学校同意,承办单位批准,可适当延长学习年限,修完规定的课程并经考试及格后,再行颁发毕业证书。

第十七条 在培训提高中小学教师的现有办学形式之间,应加强横向联合、互相沟通。

举办成人函授师范教育的普通师范院校、教育学院和教师进修院校,可采用电视师范教育的教学计划、大纲和教材,充分利用电视师范教育的课程,扩大招生规模。

各省、自治区、直辖市自学考试办公室应采用电视师范教育的教学计划、大纲和教材,组织自学收看的中小学在职教师、干部考试。

进修单科课程学习的学员,单科结业成绩,应根据国家教委(86)教师字014号文件规定,与教师专业合格证书文化专业知识考试“互通”或“单通”。

第十八条 各省、自治区、直辖市及计划单列市教育行政部门和承担教学组织管理工作院校或其它教学单位,根据本办法,结合本地区的实际,制定具体管理办法。

第十九条 本办法由国家教育委员会负责解释。

第二十条 本办法自公布之日起试行。

汉语作为外语教学能力认定办法

1. 2004年8月23日教育部令第19号发布
2. 自2004年10月1日起施行

第一条 为了提高汉语作为外语教学的水平,做好汉语作为外语教学能力认定工作,加强汉语作为外语教学师资队伍的建设,促进对外汉语教学事业的发展,依据《教育法》和《教师法》制定本办法。

第二条 本办法适用于对从事汉语作为外语教学工作的中国公民和外国公民所具备的相应专业知识水平和技能的认定。对经认定达到相应标准的,颁发《汉语作为外语教学能力证书》(以下简称《能力证书》)。

第三条 汉语作为外语教学能力认定工作由汉语作为外语教学能力认定工作委员会(以下简称“认定委员会”)根据本办法进行组织。认定委员会成员由教育部任命。认定委员会的职责是制订能力认定的考试标准,规范能力证书课程,组织考试和认定工作,颁发

《能力证书》。

第四条 《能力证书》申请者应热爱汉语教学工作、热心介绍中国文化、遵守法律法规、具有良好的职业素养，须具有大专(含)以上学历和必要的普通话水平。其中的中国公民应具有相当于大学英语四级以上或全国外语水平考试(WSK)合格水平。

第五条 《能力证书》分为初级、中级、高级三类。

取得初级证书者应当具备汉语作为外语教学的基本知识，能够对母语为非汉语学习者进行基础性的汉语教学工作。

取得中级证书者应当具备汉语作为外语教学的较完备的知识，能够对母语为非汉语学习者进行较为系统的汉语教学工作。

取得高级证书者应当具备汉语作为外语教学的完备的知识，能够对母语为非汉语学习者进行系统性、专业性的汉语教学和相关的科学研究。

第六条 申请《能力证书》须通过下列考试：

初级证书的考试科目为：现代汉语基本知识、中国文化基础常识、普通话水平。

中级证书的考试科目为：现代汉语、汉语作为外语教学理论、中国文化基本知识。

高级证书的考试科目为：现代汉语及古代汉语、语言学及汉语作为外语教学理论、中国文化。

第七条 申请中级、高级证书者普通话水平需达到中国国家语言文字工作委员会规定的二级甲等以上。

第八条 对外汉语专业毕业的本科生可免试申请《能力证书(中级)》；

对外汉语专业方向毕业的研究生可免试申请《能力证书(高级)》。

中国语言文学专业毕业的本科生和研究生，可免试汉语类科目。

第九条 汉语作为外语教学能力认定工作每年定期进行。申请证书者须先通过能力考试，凭考试合格成绩申请证书。申报考试和申请证书的具体时间及承办机构由认定委员会决定。

第十条 《能力证书》申请者须向申请受理机构提交以下材料：

(一)《汉语作为外语教学能力证书申请表》(一式两份)；

(二)身份证明原件及复印件；

(三)学历证书原件及复印件；

(四)考试成绩证明原件及复印件(符合免考试科目者须提交所要求的证书原件及复印件)；

(五)普通话水平测试等级证书原件及复印件；

(六)外语水平证明原件及复印件。

第十一条 《能力证书》由认定委员会监制。

第十二条 申请证书过程中弄虚作假的，经认定委员会核实，不予认定；已经获得《汉语作为外语教学能力证书》者，由认定委员会予以注销。

第十三条 为了提高汉语作为外语教师的专业能力，认定委员会规定《能力证书》的标准化课程和大纲。

第十四条 本办法自2004年10月1日起施行，1990年6月23日发布的《对外汉语教师资格审定办法》(中华人民共和国国家教育委员会令第12号)同时废止，《对外汉语教师资格证书》同时失效，须更换《能力证书(高级)》。

学校教职工代表大会规定

1. 2011年12月8日教育部令第32号公布
2. 自2012年1月1日起施行

第一章 总 则

第一条 为依法保障教职工参与学校民主管理和监督，完善现代学校制度，促进学校依法治校，依据教育法、教师法、工会法等法律，制定本规定。

第二条 本规定适用于中国境内公办的幼儿园和各级各类学校(以下统称学校)。

民办学校、中外合作办学机构参照本规定执行。

第三条 学校教职工代表大会(以下简称教职工代表大会)是教职工依法参与学校民主管理和监督的基本形式。

学校应当建立和完善教职工代表大会制度。

第四条 教职工代表大会应当高举中国特色社会主义伟大旗帜，以马克思列宁主义、毛泽东思想、邓小平理论和"三个代表"重要思想为指导，深入贯彻落实科学发展观，全面贯彻执行党的基本路线和教育方针，认真参与学校民主管理和监督。

第五条 教职工代表大会和教职工代表大会代表应当遵守国家法律法规，遵守学校规章制度，正确处理国家、学校、集体和教职工的利益关系。

第六条 教职工代表大会在中国共产党学校基层组织的领导下开展工作。教职工代表大会的组织原则是民主集中制。

第二章 职 权

第七条 教职工代表大会的职权是：

（一）听取学校章程草案的制定和修订情况报告，提出修改意见和建议；

（二）听取学校发展规划、教职工队伍建设、教育教学改革、校园建设以及其他重大改革和重大问题解决方案的报告，提出意见和建议；

（三）听取学校年度工作、财务工作、工会工作报告以及其他专项工作报告，提出意见和建议；

（四）讨论通过学校提出的与教职工利益直接相关的福利、校内分配实施方案以及相应的教职工聘任、考核、奖惩办法；

（五）审议学校上一届（次）教职工代表大会提案的办理情况报告；

（六）按照有关工作规定和安排评议学校领导干部；

（七）通过多种方式对学校工作提出意见和建议，监督学校章程、规章制度和决策的落实，提出整改意见和建议；

（八）讨论法律法规规章规定的以及学校与学校工会商定的其他事项。

教职工代表大会的意见和建议，以会议决议的方式做出。

第八条　学校应当建立健全沟通机制，全面听取教职工代表大会提出的意见和建议，并合理吸收采纳；不能吸收采纳的，应当做出说明。

第三章　教职工代表大会代表

第九条　凡与学校签订聘任聘用合同、具有聘任聘用关系的教职工，均可当选为教职工代表大会代表。

教职工代表大会代表占全体教职工的比例，由地方省级教育等部门确定；地方省级教育等部门没有确定的，由学校自主确定。

第十条　教职工代表大会代表以学院、系（所、年级）、室（组）等为单位，由教职工直接选举产生。

教职工代表大会代表可以按照选举单位组成代表团（组），并推选出团（组）长。

第十一条　教职工代表大会代表以教师为主体，教师代表不得低于代表总数的60%，并应当根据学校实际，保证一定比例的青年教师和女教师代表。民族地区的学校和民族学校，少数民族代表应当占有一定比例。

教职工代表大会代表接受选举单位教职工的监督。

第十二条　教职工代表大会代表实行任期制，任期3年或5年，可以连选连任。

选举、更换和撤换教职工代表大会代表的程序，由学校根据相关规定，并结合本校实际予以明确规定。

第十三条　教职工代表大会代表享有以下权利：

（一）在教职工代表大会上享有选举权、被选举权和表决权；

（二）在教职工代表大会上充分发表意见和建议；

（三）提出提案并对提案办理情况进行询问和监督；

（四）就学校工作向学校领导和学校有关机构反映教职工的意见和要求；

（五）因履行职责受到压制、阻挠或者打击报复时，向有关部门提出申诉和控告。

第十四条　教职工代表大会代表应当履行以下义务：

（一）努力学习并认真执行党的路线方针政策、国家的法律法规、党和国家关于教育改革发展的方针政策，不断提高思想政治素质和参与民主管理的能力；

（二）积极参加教职工代表大会的活动，认真宣传、贯彻教职工代表大会决议，完成教职工代表大会交给的任务；

（三）办事公正，为人正派，密切联系教职工群众，如实反映群众的意见和要求；

（四）及时向本部门教职工通报参加教职工代表大会活动和履行职责的情况，接受评议监督；

（五）自觉遵守学校的规章制度和职业道德，提高业务水平，做好本职工作。

第四章　组 织 规 则

第十五条　有教职工80人以上的学校，应当建立教职工代表大会制度；不足80人的学校，建立由全体教职工直接参加的教职工大会制度。

学校根据实际情况，可在其内部单位建立教职工代表大会制度或者教职工大会制度，在该范围内行使相应的职权。

教职工大会制度的性质、领导关系、组织制度、运行规则等，与教职工代表大会制度相同。

第十六条　学校应当遵守教职工代表大会的组织规则，定期召开教职工代表大会，支持教职工代表大会的活动。

第十七条　教职工代表大会每学年至少召开一次。

遇有重大事项，经学校、学校工会或1/3以上教职工代表大会代表提议，可以临时召开教职工代表大会。

第十八条　教职工代表大会每3年或5年为一届。期满应当进行换届选举。

第十九条　教职工代表大会须有2/3以上教职工代表大会代表出席。

教职工代表大会根据需要可以邀请离退休教职工等非教职工代表大会代表，作为特邀或列席代表参加会议。特邀或列席代表在教职工代表大会上不具有选举权、被选举权和表决权。

第二十条 教职工代表大会的议题，应当根据学校的中心工作、教职工的普遍要求，由学校工会提交学校研究确定，并提请教职工代表大会表决通过。

第二十一条 教职工代表大会的选举和表决，须经教职工代表大会代表总数半数以上通过方为有效。

第二十二条 教职工代表大会在教职工代表大会代表中推选人员，组成主席团主持会议。

主席团应当由学校各方面人员组成，其中包括学校、学校工会主要领导，教师代表应占多数。

第二十三条 教职工代表大会可根据实际情况和需要设立若干专门委员会（工作小组），完成教职工代表大会交办的有关任务。专门委员会（工作小组）对教职工代表大会负责。

第二十四条 教职工代表大会根据实际情况和需要，可以在教职工代表大会代表中选举产生执行委员会。执行委员会中，教师代表应占多数。

教职工代表大会闭会期间，遇有急需解决的重要问题，可由执行委员会联系有关专门委员会（工作小组）与学校有关机构协商处理。其结果向下一次教职工代表大会报告。

第五章 工作机构

第二十五条 学校工会为教职工代表大会的工作机构。

第二十六条 学校工会承担以下与教职工代表大会相关的工作职责：

（一）做好教职工代表大会的筹备工作和会务工作，组织选举教职工代表大会代表，征集和整理提案，提出会议议题、方案和主席团建议人选；

（二）教职工代表大会闭会期间，组织传达贯彻教职工代表大会精神，督促检查教职工代表大会决议的落实，组织各代表团（组）及专门委员会（工作小组）的活动，主持召开教职工代表团（组）长、专门委员会（工作小组）负责人联席会议；

（三）组织教职工代表大会代表的培训，接受和处理教职工代表大会代表的建议和申诉；

（四）就学校民主管理工作向学校党组织汇报，与学校沟通；

（五）完成教职工代表大会委托的其他任务。

选举产生执行委员会的学校，其执行委员会根据教职工代表大会的授权，可承担前款有关职责。

第二十七条 学校应当为学校工会承担教职工代表大会工作机构的职责提供必要的工作条件和经费保障。

第六章 附 则

第二十八条 学校可以在其下属单位建立教职工代表大会制度，在该单位范围内实行民主管理和监督。

第二十九条 省、自治区、直辖市人民政府教育行政部门，可以与本地区有关组织联合制定本行政区域内学校教职工代表大会的相关规定。

有关学校根据本规定和所在地区的相关规定，可以制定相应的教职工代表大会或者教职工大会的实施办法。

第三十条 本规定自2012年1月1日起施行。1985年1月28日教育部、原中国教育工会印发的《高等学校教职工代表大会暂行条例》同时废止。

普通话水平测试管理规定

1. 2021年11月27日教育部令第51号公布
2. 自2022年1月1日起施行

第一条 为规范普通话水平测试管理，促进国家通用语言文字的推广普及和应用，根据《中华人民共和国国家通用语言文字法》，制定本规定。

第二条 普通话水平测试（以下简称测试）是考查应试人运用国家通用语言的规范、熟练程度的专业测评。

第三条 国务院语言文字工作部门主管全国的测试工作，制定测试政策和规划，发布测试等级标准和测试大纲，制定测试规程，实施证书管理。

省、自治区、直辖市人民政府语言文字工作部门主管本行政区域内的测试工作。

第四条 国务院语言文字工作部门设立或者指定国家测试机构，负责全国测试工作的组织实施、质量监管和测试工作队伍建设，开展科学研究、信息化建设等，对地方测试机构进行业务指导、监督、检查。

第五条 省级语言文字工作部门可根据需要设立或者指定省级及以下测试机构。省级测试机构在省级语言文字工作部门领导下，负责本行政区域内测试工作的组织实施、质量监管，设置测试站点，开展科学研究和测试工作队伍建设，对省级以下测试机构和测试站点进行管理、监督、检查。

第六条 各级测试机构和测试站点依据测试规程组织开展测试工作，根据需要合理配备测试员和考务人员。

测试员和考务人员应当遵守测试工作纪律，按照测试机构和测试站点的组织和安排完成测试任务，保证测试质量。

第七条 测试机构和测试站点要为测试员和考务人员开展测试提供必要的条件，合理支付其因测试工作产生的通信、交通、食宿、劳务等费用。

第八条 测试机构和测试站点应当健全财务管理制度，按照标准收取测试费用。

第九条 测试员分为省级测试员和国家级测试员，具体条件和产生办法由国家测试机构另行规定。

第十条 以普通话为工作语言的下列人员，在取得相应职业资格或者从事相应岗位工作前，应当根据法律规定或者职业准入条件的要求接受测试：

（一）教师；

（二）广播电台、电视台的播音员、节目主持人；

（三）影视话剧演员；

（四）国家机关工作人员；

（五）行业主管部门规定的其他应该接受测试的人员。

第十一条 师范类专业、播音与主持艺术专业、影视话剧表演专业以及其他与口语表达密切相关专业的学生应当接受测试。

高等学校、职业学校应当为本校师生接受测试提供支持和便利。

第十二条 社会其他人员可自愿申请参加测试。

在境内学习、工作或生活3个月及以上的港澳台人员和外籍人员可自愿申请参加测试。

第十三条 应试人可根据实际需要，就近就便选择测试机构报名参加测试。

视障、听障人员申请参加测试的，省级测试机构应积极组织测试，并为其提供必要的便利。视障、听障人员测试办法由国务院语言文字工作部门另行制定。

第十四条 普通话水平等级分为三级，每级分为甲、乙两等。一级甲等须经国家测试机构认定，一级乙等及以下由省级测试机构认定。

应试人测试成绩达到等级标准，由国家测试机构颁发相应的普通话水平测试等级证书。

普通话水平测试等级证书全国通用。

第十五条 普通话水平测试等级证书分为纸质证书和电子证书，二者具有同等效力。纸质证书由国务院语言文字工作部门统一印制，电子证书执行《国家政务服务平台标准》中关于普通话水平测试等级证书电子证照的行业标准。

纸质证书遗失的，不予补发，可以通过国家政务服务平台查询测试成绩，查询结果与证书具有同等效力。

第十六条 应试人对测试成绩有异议的，可以在测试成绩发布后15个工作日内向原测试机构提出复核申请。

测试机构接到申请后，应当在15个工作日内作出是否受理的决定。如受理，须在受理后15个工作日内作出复核决定。

具体受理条件和复核办法由国家测试机构制定。

第十七条 测试机构徇私舞弊或者疏于管理，造成测试秩序混乱、作弊情况严重的，由主管的语言文字工作部门给予警告、暂停测试资格直至撤销测试机构的处理，并由主管部门依法依规对直接负责的主管人员或者其他直接责任人员给予处分；构成犯罪的，依法追究刑事责任。

第十八条 测试工作人员徇私舞弊、违反测试规定的，可以暂停其参与测试工作或者取消测试工作资格，并通报其所在单位予以处理；构成犯罪的，依法追究刑事责任。

第十九条 应试人在测试期间作弊或者实施其他严重违反考场纪律行为的，组织测试的测试机构或者测试站点应当取消其考试资格或者考试成绩，并报送国家测试机构记入全国普通话水平测试违纪人员档案。测试机构认为有必要的，还可以通报应试人就读学校或者所在单位。

第二十条 本规定自2022年1月1日起施行。2003年5月21日发布的《普通话水平测试管理规定》（教育部令第16号）同时废止。

特级教师评选规定

1993年6月10日国家教育委员会、人事部、财政部发布

第一条 为了鼓励广大中小学教师长期从事教育事业，进一步提高中小学教师的社会地位，表彰在中小学教育教学中有特殊贡献的教师，制定本规定。

第二条 “特级教师”是国家为了表彰特别优秀的中小学教师而特设的一种既具先进性、又有专业性的称号。特级教师应是师德的表率、育人的模范、教学的专家。

第三条 本规定适用于普通中学、小学、幼儿园、师范学校、盲聋哑学校、教师进修学校、职业中学、教学研究机构、校外教育机构的教师。

第四条 特级教师的条件：

（一）坚持党的基本路线，热爱社会主义祖国，忠诚人民的教育事业；认真贯彻执行教育方针；一贯模范履行教师职责，教书育人，为人师表。

（二）具有中小学校高级教师职务。对所教学科具有系统的、坚实的理论知识和丰富的教学经验；精通业务、严谨治学，教育教学效果特别显著。或者在学生思想政治教育和班主任工作方面有突出的专长 和丰富的经验，并取得显著成绩；在教育教学改革中勇于创新或在教学法研究、教材建设中成绩卓著。在当地教育界有声望。

（三）在培训提高教师的思想政治、文化业务水平和教育教学能力方面做出显著贡献。

第五条 评选特级教师工作应有计划、经常性地进行。各省、自治区、直辖市在职特级教师总数一般控制在中小学教师总数的千万之一点五以内。评选的重点是在普通中小学教育教学第一线工作的教师。

第六条 评选特级教师的程序：

（一）在学校组织教师酝酿提名的基础上，地（市）、县教育行政部门可在适当范围内，广泛征求意见，通过全面考核，确定推荐人选，报省、自治区、直辖市教育行政部门。

（二）省、自治区、直辖市教育行政部门对地（市）、县的推荐人选审核后，送交由教育行政部门领导、特级教师、对中小学教育有研究的专家、校长组成的评审组织评审。

（三）省、自治区、直辖市教育行政部门根据特级教师评审组织的意见确定正式人选报省、自治区、直辖市人民政府批准，并报国务院教育行政部门备案。

第七条 授予特级教师称号，颁发特级教师证书，在各省、自治区、直辖市庆祝教师节大会上进行。要采用多种形式宣传特级教师的优秀事迹，推广特级教师的先进经验。

第八条 特级教师享受特级教师津贴，每人每月 80 元，退休后继续享受，数额不减。中小学民办教师评选为特级教师的，享受同样津贴。所需经费由教育事业费列支。

第九条 特级教师要模范地做好本职工作。要不断钻研教育教学理论，坚持教育教学改革实验；研究教育教学中普遍存在的问题，积极主动地提出改进办法；通过各种方式培养提高年轻教师。

特级教师应不断地总结教育教学、教育科学研究等方面的经验，并向学校和教育行政部门汇报。

第十条 学校和教育行政部门要为特级教师发挥作用创造条件。要支持特级教师的教育教学改革实验和教育科学研究。要积极为特级教师的学习提高和开展研究工作提供方便。

可为年龄较大、教育教学经验特别丰富的特级教师，选派有事业心、肯钻研的年轻教师做助手，协助他们进行教学改革实验，帮助他们总结、整理教育教学改革经验。

特级教师一般不宜兼任过多的社会职务，以保证他们有充足的时间和精力做好本职工作。

第十一条 特级教师退休后，根据工作需要和本人条件，可返聘继续从事教材编写、培养教师和其他有关工作。

第十二条 特级教师有下列情形之一的，由所在省、自治区、直辖市人民政府批准撤销特级教师称号：

（一）在评选特级教师工作中弄虚作假，不符合特级教师条件的；

（二）受到肃压政治权利或者有期徒刑以上刑事处罚的；

（三）其他应予撤销称号的。

第十三条 特级教师调离中小学教育系统，其称号自行取消；取消、撤销称号，与称号有关的待遇即行中止。

第十四条 各省、自治区、直辖市教育行政部门可依据本规定，结合本地区的实际情况，制定特级教师评选和管理的具体办法。

第十五条 本规定由国务院教育行政部门负责解释。

第十六条 本规定自发布之日起施行。在此之前的文件，凡与本规定不一致的，按本规定执行。

教师和教育工作者奖励规定

1998 年 1 月 8 日国家教育委员会发布

第一条 为了鼓励我国广大教师和教育工作者长期从事教育事业，奖励在教育事业中作出突出贡献的教师和教育工作者，依据《中华人民共和国教师法》，制定本规定。

第二条 国务院教育行政部门对长期从事教育教学、科学研究和管理、服务工作并取得显著成绩的教师和教育工作者，分别授予“全国优秀教师”和“全国优秀教育工作者”荣誉称号，颁发相应的奖章和证书；对其中作出突出贡献者，由国务院教育行政部门会同国务院人事部门授予“全国模范教师”和“全国教育系统先进工作者”荣誉称号，颁发相应的奖章和证书。

第三条 “全国优秀教师”、“全国优秀教育工作者”的基本条件是：热爱社会主义祖国，坚持党的基本路线，忠诚人民的教育事业，模范履行职责，具有良好的职业道德，并具备下列条件之一：

（一）全面贯彻教育方针，坚持素质教育思想，热爱学生，关心学生的全面成长，教书育人，为人师表，在培养人才方面成绩显著；

（二）认真完成教育教学工作任务，在教学改革、教材建设、实验室建设、提高教育教学质量方面成绩突出；

（三）在教育教学研究、科学研究、技术推广等方面有创造性的成果，具有较大的科学价值或者显著的经济效益、社会效益；

（四）在学校管理、服务和学校建设方面有突出成绩。

第四条 奖励“全国模范教师”、“全国教育系统先进工作者”和“全国优秀教师”、“全国优秀教育工作者”，每三年进行一次，并于当年教师节期间进行表彰。

第五条 各省、自治区、直辖市教育行政部门向国务院教育行政部门推荐“全国模范教师”、“全国教育系统先进工作者”和“全国优秀教师”、“全国优秀教育工作者”的比例控制在本地区教职工总数的万分之二以内，其中“全国模范教师”、“全国教育系统先进工作者”的比例不超过本地区教职工总数的十万分之六。解放军、武装警察部队奖励人选的推荐比例另行确定。

第六条 奖励“全国优秀教师”、“全国优秀教育工作者”的工作由国务院教育行政部门会同全国教育工会、中国中小学幼儿教师奖励基金会统一组织领导；奖励“全国模范教师”、“全国教育系统先进工作者”的工作由国务院教育行政部门会同国务院人事部门统一组织领导，负责组织评审和批准各省、自治区、直辖市和解放军、武装警察部队推荐的相应奖励人选。

各省、自治区、直辖市教育行政部门分别会同当地教育工会、教师奖励组织和政府人事部门负责组织本地区的“全国优秀教师”、“全国优秀教育工作者”和“全国模范教师”、“全国教育系统先进工作者”人选的评审和推荐工作。

解放军总政治部负责解放军和武装警察部队奖励人选的评审和推荐工作。

第七条 “全国模范教师”、“全国教育系统先进工作者”的奖章和证书，由国务院教育行政部门会同国务院人事部门颁发；“全国优秀教师”、“全国优秀教育工作者”的奖章和证书由国务院教育行政部门颁发，或者由其委托省、自治区、直辖市人民政府、解放军总政治部颁发，并在评选当年的教师节举行颁奖仪式。“全国模范教师”、“全国教育系统先进工作者”的奖章和证书由国务院教育行政部门会同国务院人事部门统一制作。“全国优秀教师”、“全国优秀教育工作者”的奖章和证书由国务院教育行政部门统一制作。

第八条 教师奖励工作应坚持精神奖励与物质奖励相结合的原则。“全国模范教师”、“全国教育系统先进工作者”和“全国优秀教师”、“全国优秀教育工作者”享受由国务院教育行政部门会同中国中小学幼儿教师奖励基金会颁发的一次性奖金。其中，“全国模范教师”、“全国教育系统先进工作者”按照人事部人核培发〔1994〕1号文件规定，享受省（部）级劳动模范和先进工作者待遇。尚未实行职务工资制度的民办教师，获得“全国模范教师”、“全国教育系统先进工作者”荣誉称号时，奖励晋升工资的具体办法由各省、自治区、直辖市制定。

第九条 “全国模范教师”、“全国教育系统先进工作者”和“全国优秀教师”、“全国优秀教育工作者”称号获得者的事迹和获奖情况，应记入本人档案，并作为考核、聘任、职务和工资晋升的重要依据。

第十条 “全国模范教师”、“全国教育系统先进工作者”或者“全国优秀教师”、“全国优秀教育工作者”荣誉称号获得者有下列情形之一的，由所在省、自治区、直辖市教育行政部门，解放军总政治部报请相应的授予机关批准，撤销其称号，并取消相应待遇：

（一）在表彰奖励活动中弄虚作假、骗取荣誉称号的；

（二）已丧失“全国模范教师”、“全国教育系统先进工作者”或者“全国优秀教师”、“全国优秀教育工作者”荣誉称号条件的。

第十一条 本规定适用于《教师法》适用范围的各级各类学校及其他教育机构中的教师和教育工作者。

第十二条 各省、自治区、直辖市和国务院有关部门、解放军总政治部可参照本规定，结合实际情况，奖励所属学校和其他教育机构的优秀教师和教育工作者。其具体办法由各省、自治区、直辖市和国务院有关部门、解放军总政治部自行制定。

第十三条 本规定由国务院教育行政部门负责解释。

第十四条 本规定自发布之日起施行。《教师和教育工作者奖励暂行规定》同时废止。

学校体育美育兼职教师管理办法

1. 2017年10月8日发布
2. 教体艺〔2017〕7号

第一章 总 则

第一条 为贯彻落实《国务院关于加强教师队伍建设的意见》《国务院办公厅关于强化学校体育促进学生身心健康全面发展的意见》《国务院办公厅关于全面加强和改进学校美育工作的意见》精神,提高体育美育师资队伍整体素质,推进学校体育美育改革发展,根据相关法律法规,制定本办法。

第二条 选聘体育美育兼职教师是当前和今后一个时期加强学校体育美育师资队伍建设的一个必要举措,是破解现阶段学校体育美育教师紧缺问题的重要途径,是整合各方资源充实体育美育教学力量的有效手段,是促进学生身心健康发展、提高学生审美与人文素养的迫切要求。

第三条 本办法所称体育兼职教师是指被选聘兼职担任学校体育课、课外体育活动、课余体育训练与竞赛、特定运动技能与项目的教学训练等工作的人员;美育兼职教师是指被选聘兼职担任学校美育课程教学、课外美育活动指导、学生艺术社团训练、学生艺术教育实践工作坊教学与建设等工作的人员。

第四条 本办法适用于普通中小学校和中等职业学校。

第二章 选聘条件

第五条 体育兼职教师的选聘对象应是其他学校专业体育教师,校外教育机构、体育运动团体与体育系统的有关体育工作者;美育兼职教师的选聘对象应是其他学校专业艺术教师,校外教育机构、宣传文化系统与社会文化团体的艺术工作者,民间艺人或能工巧匠等,以及符合资质的政府购买服务的承接主体。

第六条 鼓励体育美育专职教师在教育行政部门的统筹下,以“走教”方式到农村及其他师资紧缺的学校担任兼职教师;鼓励普通高校体育艺术专业教师担任中小学兼职教师;鼓励学校选聘承担中华优秀传统文化体育艺术传承项目教学与指导的兼职教师。

第七条 体育美育兼职教师应具备以下基本条件:

(一)具有良好的思想政治素质和道德品质,遵纪守法,遵守职业道德规范,身心健康,举止文明。

(二)热爱教育事业,为人师表,关爱学生,遵循教育规律和学生成长规律,促进学生健康发展。

(三)具有较高的体育艺术专业技能水平,一般应具有中级以上专业技术职称,或在相关体育、艺术领域中具有一定影响力的人士,或在中华优秀传统文化传承发展方面有一定造诣的民间艺人、能工巧匠。

(四)兼职教师原则上不超过65岁,身体健康且条件优秀者可适当放宽年龄限制。

第三章 聘任程序

第八条 聘任体育美育兼职教师要因地制宜,可采用面向社会公开招聘、政府购买服务等多种渠道进行。

第九条 聘任体育美育兼职教师应按照公开、公平、择优的原则,严格考察、遴选和聘用程序。

第十条 聘用的基本程序:

(一)学校根据需要上报兼职教师岗位和任职条件。

(二)县(区)级教育行政部门面向社会公开发布招聘信息。

(三)县(区)级教育行政部门会同有关部门对应聘人员或者政府购买服务的承接主体进行资格审查。

(四)县(区)级教育行政部门确定岗位人选或者政府购买服务的承接主体,并予以公示。

(五)县(区)级教育行政部门指导学校与拟聘用人员签订聘用合同。

第十一条 在职人员在应聘兼职教师前,须事先征得所在单位同意。

第十二条 体育美育兼职教师上岗任教前,学校应对其进行教育理论、学科课程与教学法、教育法律法规及学校规章制度等内容的岗前培训。

第四章 组织管理

第十三条 学校要加强对体育美育兼职教师的管理,将兼职教师纳入学校教师队伍管理之中,制订体育美育兼职教师管理办法和评价标准,明确权利义务,规范从教行为,细化业绩考核。

第十四条 学校应当为体育美育兼职教师创造良好的工作环境,建立专任教师与兼职体育美育教师结对帮扶机制,支持兼职教师与专任教师联合开展教育教学活动。专职教师在其他学校兼职的工作量不应超过本校的工作量。

第十五条 体育美育兼职教师要遵守职业道德规范,认真履行教书育人职责,杜绝借教学与活动之名推销体育、艺术器材设备、有偿补课等行为。各地要结合实际建立健全体育美育兼职教师行为规范。

第十六条 体育美育兼职教师有下列情形之一的,按照精神奖励与物质奖励相结合的原则，给予奖励表彰：

（一）坚持在农村及偏远学校任教的。

（二）在体育美育课堂教学和课外活动中深受学生喜爱，并取得成绩的。

（三）在传承中华优秀传统文化体育与艺术方面作出贡献的。

（四）有其他突出业绩的。

第五章　保障措施

第十七条　地方各级教育行政部门要坚持以专任教师为主，兼职教师为补充的原则，统筹加强体育美育教师队伍建设，将体育美育兼职教师纳入教师队伍建设总体规划，将学校聘请兼职教师工作纳入人事管理监督检查范围，建立学校体育美育兼职教师资源库，统筹区域内体育美育兼职教师的调配与管理。

第十八条　各地应通过多种渠道筹措资金支持选聘体育美育兼职教师工作，并合理支付相应报酬。

第十九条　各级教育行政部门和教研部门要加强对体育美育兼职教师的培训，设立体育美育兼职教师培训项目，提升其教育教学能力和专业技能水平。

第六章　附　　则

第二十条　各地教育行政部门应会同相关部门，研究制订本地区学校体育美育兼职教师管理办法的实施细则。

第二十一条　本办法自公布之日起施行。

最高人民检察院、教育部、公安部关于建立教职员工准入查询性侵违法犯罪信息制度的意见

2020年8月20日印发

第一章　总　　则

第一条　为贯彻未成年人特殊、优先保护原则，加强对学校教职员工的管理，预防利用职业便利实施的性侵未成年人违法犯罪，根据《中华人民共和国刑法》《中华人民共和国刑事诉讼法》《中华人民共和国未成年人保护法》《中华人民共和国治安管理处罚法》《中华人民共和国教师法》《中华人民共和国劳动合同法》等法律，制定本意见。

第二条　最高人民检察院、教育部与公安部联合建立信息共享工作机制。教育部统筹、指导各级教育行政部门及教师资格认定机构实施教职员工准入查询制度。公安部协助教育部开展信息查询工作。最高人民检察院对相关工作情况开展法律监督。

第三条　本意见所称的学校，是指中小学校（含中等职业学校和特殊教育学校）、幼儿园。

第二章　内容与方式

第四条　本意见所称的性侵违法犯罪信息，是指符合下列条件的违法犯罪信息，公安部根据本条规定建立性侵违法犯罪人员信息库：

（一）因触犯刑法第二百三十六条、第二百三十七条规定的强奸，强制猥亵，猥亵儿童犯罪行为被人民法院依法作出有罪判决的人员信息；

（二）因触犯刑法第二百三十六条、第二百三十七条规定的强奸，强制猥亵，猥亵儿童犯罪行为被人民检察院根据刑事诉讼法第一百七十七条第二款之规定作出不起诉决定的人员信息；

（三）因触犯治安管理处罚法第四十四条规定的猥亵行为被行政处罚的人员信息。

符合刑事诉讼法第二百八十六条规定的未成年人犯罪记录封存条件的信息除外。

第五条　学校新招录教师、行政人员、勤杂人员、安保人员等在校园内工作的教职员工，在入职前应当进行性侵违法犯罪信息查询。

在认定教师资格前，教师资格认定机构应当对申请人员进行性侵违法犯罪信息查询。

第六条　教育行政部门应当做好在职教职员工性侵违法犯罪信息的筛查。

第三章　查询与异议

第七条　教育部建立统一的信息查询平台，与公安部部门间信息共享与服务平台对接，实现性侵违法犯罪人员信息核查，面向地方教育行政部门提供教职员工准入查询服务。

地方教育行政部门主管本行政区内的教职员工准入查询。

根据属地化管理原则，县级及以上教育行政部门根据拟聘人员和在职教职员工的授权，对其性侵违法犯罪信息进行查询。

对教师资格申请人员的查询，由受理申请的教师资格认定机构组织开展。

第八条　公安部根据教育部提供的最终查询用户身份信息和查询业务类别，向教育部信息查询平台反馈被查询人是否有性侵违法犯罪信息。

第九条　查询结果只反映查询时性侵违法犯罪人员信息库里录入和存在的信息。

第十条 查询结果告知的内容包括：

（一）有无性侵违法犯罪信息；

（二）有性侵违法犯罪信息的，应当根据本意见第四条规定标注信息类型；

（三）其他需要告知的内容。

第十一条 被查询人对查询结果有异议的，可以向其授权的教育行政部门提出复查申请，由教育行政部门通过信息查询平台提交申请，由教育部统一提请公安部复查。

第四章 执行与责任

第十二条 学校拟聘用人员应当在入职前进行查询。对经查询发现有性侵违法犯罪信息的，教育行政部门或学校不得录用。在职教职员工经查询发现有性侵违法犯罪信息的，应当立即停止其工作，按照规定及时解除聘用合同。

教师资格申请人员取得教师资格前应当进行教师资格准入查询。对经查询发现有性侵违法犯罪信息的，应当不予认定。已经认定的按照法律法规和国家有关规定处理。

第十三条 地方教育行政部门未对教职员工性侵违法犯罪信息进行查询，或者经查询有相关违法犯罪信息，地方教育行政部门或学校仍予以录用的，由上级教育行政部门责令改正，并追究相关教育行政部门和学校相关人员责任。

教师资格认定机构未对申请教师资格人员性侵违法犯罪信息进行查询，或者未依法依规对经查询有相关违法犯罪信息的人员予以处理的，由上级教育行政部门予以纠正，并报主管部门依法依规追究相关人员责任。

第十四条 有关单位和个人应当严格按照本意见规定的程序和内容开展查询，并对查询获悉的有关性侵违法犯罪信息保密，不得散布或者用于其他用途。违反规定的，依法追究相应责任。

第五章 其他规定

第十五条 最高人民检察院、教育部、公安部应当建立沟通联系机制，及时总结工作情况，研究解决存在的问题，指导地方相关部门及学校开展具体工作，促进学校安全建设和保护未成年人健康成长。

第十六条 教师因对学生实施性骚扰等行为，被用人单位解除聘用关系或者开除，但其行为不属于本意见第四条规定情形的，具体处理办法由教育部另行规定。

第十七条 对高校教职员工以及面向未成年人的校外培训机构工作人员的性侵违法犯罪信息查询，参照本意见执行。

第十八条 各地正在开展的其他密切接触未成年人行业入职查询工作，可以按照原有方式继续实施。

最高人民法院、最高人民检察院、教育部关于落实从业禁止制度的意见

1. 2022年11月10日发布

2. 法发〔2022〕32号

3. 自2022年11月15日起施行

为贯彻落实学校、幼儿园等教育机构、校外培训机构教职员工违法犯罪记录查询制度，严格执行犯罪人员从业禁止制度，净化校园环境，切实保护未成年人，根据《中华人民共和国刑法》（以下简称《刑法》）、《中华人民共和国未成年人保护法》（以下简称《未成年人保护法》）、《中华人民共和国教师法》（以下简称《教师法》）等法律规定，提出如下意见：

一、依照《刑法》第三十七条之一的规定，教职员工利用职业便利实施犯罪，或者实施违背职业要求的特定义务的犯罪被判处刑罚的，人民法院可以根据犯罪情况和预防再犯罪的需要，禁止其在一定期限内从事相关职业。其他法律、行政法规对其从事相关职业另有禁止或者限制性规定的，从其规定。

《未成年人保护法》、《教师法》属于前款规定的法律，《教师资格条例》属于前款规定的行政法规。

二、依照《未成年人保护法》第六十二条的规定，实施性侵害、虐待、拐卖、暴力伤害等违法犯罪的人员，禁止从事密切接触未成年人的工作。

依照《教师法》第十四条、《教师资格条例》第十八条规定，受到剥夺政治权利或者故意犯罪受到有期徒刑以上刑罚的，不能取得教师资格；已经取得教师资格的，丧失教师资格，且不能重新取得教师资格。

三、教职员工实施性侵害、虐待、拐卖、暴力伤害等犯罪的，人民法院应当依照《未成年人保护法》第六十二条的规定，判决禁止其从事密切接触未成年人的工作。

教职员工实施前款规定以外的其他犯罪，人民法院可以根据犯罪情况和预防再犯罪的需要，依照《刑法》第三十七条之一第一款的规定，判决禁止其自刑罚执行完毕之日或者假释之日起从事相关职业，期限为三年至五年；或者依照《刑法》第三十八条第二款、第七十二条第二款的规定，对其适用禁止令。

四、对有必要禁止教职员工从事相关职业或者适用禁止令的，人民检察院在提起公诉时，应当提出相应建议。

五、教职员工犯罪的刑事案件，判决生效后，人民法院应当在三十日内将裁判文书送达被告人单位所在地的教育行政部门；必要时，教育行政部门应当将裁判文书转送有关主管部门。

因涉及未成年人隐私等原因，不宜送达裁判文书的，可以送达载明被告人的自然情况、罪名及刑期的相关证明材料。

六、教职员工犯罪，人民法院作出的判决生效后，所在单位、教育行政部门或者有关主管部门可以依照《未成年人保护法》、《教师法》、《教师资格条例》等法律法规给予相应处理、处分和处罚。

符合丧失教师资格或者撤销教师资格情形的，教育行政部门应当及时收缴其教师资格证书。

七、人民检察院应当对从业禁止和禁止令执行落实情况进行监督。

八、人民法院、人民检察院发现有关单位未履行犯罪记录查询制度、从业禁止制度的，应当向该单位提出建议。

九、本意见所称教职员工，是指在学校、幼儿园等教育机构工作的教师、教育教学辅助人员、行政人员、勤杂人员、安保人员，以及校外培训机构的相关工作人员。

学校、幼儿园等教育机构、校外培训机构的举办者、实际控制人犯罪，参照本意见执行。

十、本意见自2022年11月15日起施行。

·典型案例·

三部门联合专项清查　揭穿"名师"真面目

【基本案情】

王某，男，1988年9月出生。2010年大学毕业后通过考试考核获得教师资格。后王某并未就业，而是考取研究生继续读书。王某在就读研究生二年级期间，于2012年5月12日，在江苏省扬州市某商城一书店内，趁无人注意，对被害人李某（女，7岁）以隔衣摸大腿、臀部等私密部位的方式进行猥亵。后被害人家长报案，王某被公安机关抓获归案。2012年10月29日，扬州市广陵区法院以猥亵儿童罪判处王某有期徒刑八个月。刑满释放后，王某通过求职，进入常州市一所以面向青少年开展英语培训为主要业务的学校从事英语教学工作，并在该学校网站"环球名师"栏目作教学推介。

2020年4月，常州市检察院、教育局、公安局在联合开展教师资格专项清查活动中，发现王某的上述前科，教育主管部门当日责令培训机构对其予以辞退，并在三日内取消了王某的教师资格。

【查询处理】

为有效预防利用职业便利实施侵害未成年人行为，加强学校、培训机构教职员工入职和教师资格认定管理，2020年3月，常州市检察院与市教育局、市公安局联合出台《常州市教师资格认定及教职员工聘任动态联动机制管理办法》，要求当地教育部门、学校、培训机构在教师资格认定、教职员工招聘录用等环节进行违法犯罪记录核查。2020年4月，检察机关与教育部门、公安机关联合对全市5万余名教师开展教师资格全面清查专项行动，查出了上述案例中的王某等13人属于法律规定的应当撤销教师资格人员，其中2人曾被判处十年以上有期徒刑。13人中，包括王某在内的5人仍在持证继续从事教育职业。后常州市教育部门对该5人均作出辞退处理，并在三日内对9名在本市获得教师资格证人员全部取消了教师资格。因另有4人系外省市获得教师资格证，根据有关规定，常州市检察机关通知当地教育主管部门，并会同处理撤销其教师资格证。

【典型意义】

江苏省常州市检察机关依托"教师资格认定、教职员工入职和退出动态联动机制"，联合教育、公安部门开展教师资格专项清查行动。同时，针对大量培训机构处于监管空白情况，进一步将该行动拓展到校外培训机构。通过联合行动，打破教育与司法部门之间的信息壁垒，实现违法犯罪信息的互通，通过对全市教职员工、培训机构从业人员逐一比对、复核，并建立教育从业人员基础数据库，使学校、校外培训机构涉案人员"有人可找、有责可究"，最大限度降低未成年人受侵害风险。

充分利用检警合作平台
有效拓展信息查询广度

【基本案情】

王某，男，1990年10月出生，浙江省宁波市某区中学教师。2019年11月7日，王某在其办公室内，以手摸臀部等私密部位的方式对两名未成年女学生进行猥亵。2019年11月20日，王某因上述猥亵行为被行政拘留八日。后王某自行离职。2020年1月，王某隐瞒上述违法记录至余姚市某中学应聘面试，并与该学校初步签订应聘录用意向。

2020年5月12日，余姚市检察院接受某中学申请，对23名拟录用人员违法犯罪记录进行查询，发现王某上述劣迹，王某被不予录用。余姚市检察院同时认为王某的行为可能涉嫌刑事犯罪，公安机关仅作行政拘留处罚不当，故将线索移交宁波市某区检察院进一步开展立案监督工作。目前，该案正在办理中。

【查询处理】

2019年12月，宁波市检察院联合市公安、教育等12家单位出台《宁波市密切接触未成年人行业入职人员性侵害违法犯罪记录查询办法》，规定全市与未成年人密切接触行业的企事业单位、社会组织等用人单位在录用人员前，应当向检察机关提出有无性侵害违法犯罪记录查询申请。经查询，有性侵害违法犯罪记录的，应当不予录用。2020年4月，余姚市检察院会同市教育局联合签发《关于开展预防性侵害未成年人违法犯罪工作的实施办法(试行)》，细化落实全市部署要求，并先后对该市7851名在职教师性侵害违法犯罪记录进行筛查，查询出王某有上述违法犯罪记录，并依照实施办法作出处理。

【典型意义】

浙江省宁波市检察机关出台涉未成年人行业入职查询制度，通过与公安机关的密切合作，充分利用检警合作平台，将查询信息的范围进一步扩大，一方面将案件类型在刑事犯罪的基础上增加了违法案件；另一方面在地域上从宁波市扩大至全国，有效解决了各地普遍存在的查询范围局限于本地，查询信息范围过窄的问题，防止流动人员异地违法犯罪记录成为监管盲区。同时，宁波市检察机关对于经查询发现的可能存在以行政处罚代替刑事处罚的情况，通过加强立案监督，进一步筑牢未成年人司法保护堤坝。

让涉毒者远离幼儿园　呵护祖国花朵成长

【基本案情】

吴某，女，1994年3月出生，重庆市荣昌区人，专科毕业后取得教师资格。2013年11月，重庆市荣昌区某幼儿园对外公开招聘教师，吴某持有效教师资格证应聘成为该园教师。2015年6月，吴某离职。2016年3月29日，吴某因犯非法持有毒品罪被重庆市荣昌区法院判处有期徒刑六个月。2017年3月，刑满释放后的吴某发现曾经工作过的幼儿园在招聘教师，遂再次前往应聘。幼儿园进行资格审查时，吴某称教师资格证不慎遗失，幼儿园核查了吴某之前在园留存的工作档案，其中有教师资格证复印件，于是再次录用吴某，并要求其尽快补办教师资格证。

荣昌区检察院受区教委委托，于2019年9月2日对全区现有和新招录教师进行涉罪信息查询，经查询发现吴某有上述前科。荣昌区检察院于2019年9月6日将查询结果反馈至区教委，并就查询结果与教委充分沟通，由于毒品犯罪严重破坏社会安全稳定，且涉毒罪犯再犯率高，人身危险性大，对未成年人尤其是幼儿存在极大安全隐患，吴某不适宜继续担任幼儿园教师，建议予以解聘。荣昌区教委于2019年9月10日将查询结果反馈至吴某所在幼儿园，该园于当日解聘吴某。

【查询处理】

2019年7月，重庆市检察院和市教委会签《重庆市教职员工入职查询工作暂行办法》(以下简称《办法》)，《办法》从建立教职员工涉罪信息查询数据库、建立查询与告知制度、查询结果的应用、责任追究等多个层面预防教职员工违法犯罪行为。规定全市学校新招录在校园内工作的教职员工，在入职前应当进行涉罪信息查询。为确保《办法》的落实，重庆市检察院以检察机关业务办案系统为依托，开发建设全国首个省级教职员工入职查询平台，并授权各区县检察院为区县教委提供查询服务。《办法》实施以来，查询平台共进行教职员工入职前查询3.6万人，对3名涉暴涉毒人员作出禁止招录处理；倒查已入职教职员工1.7万人，查出有故意伤害、盗窃、危险驾驶等涉罪信息21人，辞退5人，其余人员分别予以行政处分和法治教育。

【典型意义】

幼儿园是学龄前儿童除家庭之外最重要的学习生活场所，是儿童权利保障的重要执行主体，幼儿教师承担着培育祖国幼苗的重要职责，既是启蒙者，也是幼儿人生观、价值观形成的引路人，对幼儿园必须依法采取最严格最稳妥的管理方式。幼儿园教师的招录，更要慎之又慎，除了具备相应的职业资格准入条件，品行师德尤为关键。本案中，吴某曾涉毒犯罪，可能给幼儿带来潜在危险，只有及时消除安全隐患，才能充分保障幼儿在安全的环境下健康成长。重庆市探索开展的教职员工入职查询的范围，不限于有性侵犯罪前科人员，对未成年人有潜在危险的毒品、暴力等犯罪前科人员均禁止招录，通过"禁入一批、解聘一批、教育一批、警示一批"，有效构筑未成年人保护的"防火墙"。

坚持督导不替代　助力教育部门依法履职

【基本案情】

刘某生，男，1964年4月出生，河南省焦作市人。

2001年12月1日凌晨2时许，刘某生酒后回到其母家中，见其16岁的外甥女张某一人正在卧室睡觉，顿生歹意，将张某叫醒并拉到其卧室，借口张某学习不好又不听父母的话，对其进行殴打后将张某衣服扒掉，先后两次实施强奸。后张某趁刘某生睡着，跑出家门报案，公安机关将刘某生抓获。2002年4月30日，焦作市山阳区法院以强奸罪判处刘某生有期徒刑四年。刑满释放后，刘某生通过应聘进入焦作市某幼儿园以厨师身份留园工作。

2019年10月，焦作市检察院联合市教育局在全市启动教职员工入职查询专项行动，经查发现刘某生有以上犯罪前科，幼儿园对刘某生予以辞退处理。

【查询处理】

2019年10月，河南省检察院会同省教育厅、公安厅等部门会签印发《河南省教职员工入职查询工作暂行办法》《关于建立涉性侵害违法犯罪人员从业限制制度的意见》，建立了本省的教职员工入职查询制度。制度出台后，为了加大跟踪问效力度，河南省检察院会同省教育厅、公安厅等部门按步骤、有计划地开展"全省教职员工涉罪信息排查专项行动"，重点对涉未成年人案件高发、留守儿童聚集的农村、山区的中小学校和非公立学校进行入职查询和信息筛查工作。河南省检察机关先后配合教育行政部门筛查在校教职员工信息16000多人次，已排查发现前科或正被刑事追究人员24人，并作出开除、解聘、收缴教师资格证书或法人代表变更等处理。河南省教育厅对查询出的刘某生等涉罪教职员工情况高度重视，除了责成涉案地市教育部门依据法律法规和省内会签文件对查询发现的涉罪教职员工作出严肃处理外，还对相关教育部门负责人进行诫勉谈话，责令对涉事学校或培训机构进行督查整改或停业整顿，并对学校负责人或经营者开展训诫教育。同时，在全省范围内组织开展"依法治校"专项巡查，进行"以案促改"师德师风教育。

【典型意义】

河南省检察机关立足检察职能，发挥"一号检察建议"牵引作用，坚持督导而不替代，会同教育部门从严落实入职查询和从业禁止制度，最大范围地将各类教育机构纳入法治轨道，在制度出台后加大跟踪问效力度，为强化校园安全管理提供及时、精准的检察服务。教育管理部门借力"一号检察建议"推进落实，切实发挥主体作用，坚持"有科必查、有责必究"，坚决拒"大灰狼"于校门之外，净化校园教职员工队伍。同时针对校园安全管理盲区，多策并举督导学校堵塞管理漏洞、消除安全隐患。河南省入职查询制度的落实，是检教联合双赢共赢的典型。

全方位覆盖　织密最严保护网

【基本案情】

刘某照，男，1956年1月出生，曾因容留他人卖淫，于1998年被上海市劳动教养委员会处收容教养一年零六个月。2004年4月至2005年11月间，刘某照负责经营上海市某娱乐公司桑拿部后，先后招募王某、沈某等多名女子在该部二楼的按摩包房内进行卖淫活动。2006年7月5日，上海市宝山区法院以组织卖淫罪，依法判处刘某照有期徒刑五年。

刘某照刑满释放后，通过劳务派遣公司进入上海市某教育学院，担任工勤人员。2019年暑假期间，上海市普陀区检察院落实上海市入职查询制度，排查发现刘某照的上述违法犯罪记录，刘某照被辞退。

【查询处理】

2019年4月，上海市检察机关联合市公安局、市教委等15家单位会签《关于建立涉性侵害违法犯罪人员从业限制制度的意见》，要求全市从事与未成年人密切接触行业的企事业单位、社会组织等用人单位在招录员工过程中，应当对拟录用人员进行入职查询，发现拟录用人员存在性侵害违法犯罪前科的，不予录用。同时，对在职员工也应当进行上述核查和处理，经过对近27万人的拉网式排查后，上海全市共发现26名教育、培训从业人员曾有猥亵、介绍卖淫等涉性侵害违法犯罪记录，检察机关及时督促启动从业限制程序，现相关学校和教育培训机构已对上述人员全部清退或不予录用。

【典型意义】

上海市入职查询制度对密切接触未成年人的"全"行业、"全"对象和"全"行为做出全方位的入职查询规定：限制行业包括所有对未成年人负有监护、教育、训练、救助、看护、医疗等特殊职责的企事业单位和社会组织，最大范围消除晚托班、暑托班、冬夏令营等监管盲区；限制对象既包括教师、培训师、教练、保育员、医生等直接对未成年人负有职责的工作人员，也包括行政工作人员以及保安、门卫、驾驶员、保洁员和各级各类民办学校的创办者、理事会或者董事会成员、监事等虽不直接负有特殊职责，但具有密切接触未成年人工作便利的其他工作人员；限制行为既包括强奸、猥亵等性侵违法犯罪行为，也包括相关的组织卖淫、强迫卖淫，引诱幼女卖淫等违法犯罪行为。通过全方位的制度设计，最大限度扫除入职查询盲区盲点，编织起未成年人保护最严密的防护网。

祁某猥亵儿童案

——小学教师性侵儿童被重判

【基本案情】

被告人祁某原系浙江省某市小学教师。在执教期间，曾有学生家长于2013年1月以祁某非礼其女儿为由向学校举报，祁某因此写下书面检讨，保证不再发生此类事件。2016年12月，被告人祁某退休，因师资力量短缺，该校返聘祁某于2016年12月至2017年8月继续担任语文老师兼班主任。2017年以来，祁某利用教学之便，在课间活动及补课期间，多次对多名女学生进行猥亵。2017年8月30日下午，被告人祁某主动至派出所投案。

【裁判结果】

法院经审理认为，被告人祁某利用教师身份，多次猥亵多名未满十二周岁的幼女，且部分系在公共场所当众猥亵，严重破坏教学秩序，社会危害性极大，其行为已构成猥亵儿童罪，且应当在“五年以上有期徒刑”的幅度内从重处罚；而且，其曾因类似行为被举报，仍不思悔过致本案发生，应酌情从重处罚。据此，以猥亵儿童罪依法判处被告人祁某有期徒刑八年六个月；禁止其在三年内从事与未成年人相关的教育职业。

案件审理期间，六名被害人提起民事诉讼，起诉涉事小学、区教育文化体育局教育机构责任纠纷。后经法院主持调解，该小学分别向各原告人一次性支付30000元。宣判后，该市教育局对涉案小学校长进行了行政处分。

【典型意义】

本案系教师利用教学便利对未成年学生实施猥亵的恶性案件，给被害人和家人都造成了严重的身心伤害，挑战道德法律底线，性质极其恶劣，危害后果严重，必须从严惩处。被告人祁某虽已年过六十，但裁判法院考虑其被学校返聘、补课等情况，仍从有效预防侵害未成年人犯罪角度出发，秉持对侵害未成年人的“零容忍”态度，依法对被告人祁某适用从业禁止。本案在审理阶段，司法机关还通过政府购买服务，及时为被害人进行心理疏导，尽力医治对涉案未成年人的精神伤害。

此类案件反映出极个别学校对未成年人权益保护仍然存在管理不善，制度不落实，执行不到位的现象，需要有关学校及部门引起重视。

从重惩处教师性侵害犯罪
督促健全校园安全机制

【基本案情】

汪某某系某小学班主任兼语文老师，2016年9月至2017年12月，其以检查作业、辅导功课为由，在教室、教师宿舍多次对班内多名女生（均为7至8岁）实施猥亵、强奸行为。案发后，四川省成都市人民检察院及时介入，引导、配合公安机关收集完善证据，以强奸罪、猥亵儿童罪对汪某某提起公诉，并提出从重处罚和“从业禁止”的量刑建议。法院采纳检察机关建议，判处汪某某无期徒刑，并处“从业禁止”五年。同时，检察机关针对办案中发现的问题，采用公开送达的形式向成都市教育部门发出检察建议，教育部门依据相关规定吊销了汪某某的教师资格证，禁止其终身从事与教育有关的职业，并建立健全学生安全常识教育、学校安全管理责任、师德师风动态考核等机制。

【典型意义】

本案是一起教师利用职业便利性侵害未成年人犯罪典型案件。检察机关在会同公安机关、人民法院严惩犯罪的同时，延伸职能，强化监督，督促教育部门落实校园安全管理职责，建立健全相应防范机制，为有失师德者敲响警钟，告诫他们恪守职业道德，教书育人。

十三、教育资金

资料补充栏

中国人民银行助学贷款管理办法

2000年8月24日中国人民银行发布

第一条 为支持教育事业的发展，加速人才培养，各商业银行和城乡信用社(以下简称贷款人)均可根据《贷款通则》自主办理助学贷款。

第二条 助学贷款可采取无担保(信用)助学贷款和担保助学贷款方式。

第三条 贷款人对高等学校的在读学生(包括专科、本科和研究生)(以下简称借款人)发放无担保(信用)助学贷款，对其直系亲属、法定监护人(以下简称借款人)发放无担保(信用)助学贷款和担保助学贷款。

第四条 高等学校的在读学生申请助学贷款须具备以下基本条件：入学通知书或学生证，有效居民身份证；同时要有同班同学或老师共两名对其身份提供证明。

第五条 高等学校在读学生申请助学贷款要按规定填写借款合同，承诺离开学校后向贷款人提供工作单位和通讯方式，承诺贷款逾期一年不还，又未提出展期，可由贷款人在就学的高等学校或相关媒体上公布其姓名、身份证号码，予以查询。

第六条 助学贷款的最高限额不超过学生在读期间所在学校的学费与生活费。

第七条 助学贷款的期限一般不超过八年，是否展期由贷款人与借款人商定。

第八条 助学贷款利率按中国人民银行规定的同期限贷款利率执行，不上浮。

第九条 助学贷款采取灵活的还本付息方式，可提前还贷，或利随本清，或分次偿还(按年、按季或按月)，具体方式由贷款人和借款人商定并载入合同。贷款本息提前归还的，提前归还的部分按合同约定利率和实际使用时间计收利息；贷款本息不能按期归还的，贷款人按规定计收罚息。

第十条 各级政府和社会各界为借款人提供担保或利息补贴的，其贴息比例、贴息时间由贷款人或借款人所在学校与贴息提供者共同商定。

第十一条 借款人要恪守信用，如因各种原因离开学校后，应主动告知贷款人其最新通讯方式和工作单位，按期偿还贷款本息。

第十二条 高等学校应对在读学生申请助学贷款和贷款人发放、收回助学贷款的管理工作予以协助。如借款人在校期间发生转学、休学、退学、出国、被开除、伤亡等情况，借款人所在学校有义务及时通知贷款人。

第十三条 贷款人要根据本办法制定具体的操作规程，改进服务，加强对助学贷款发放和收回的管理，提高助学贷款的使用效益。

学生资助资金管理办法

1. 2021年12月30日财政部、教育部、人力资源社会保障部、退役军人部、中央军委国防动员部发布
2. 财教〔2021〕310号

第一章 总 则

第一条 为规范和加强学生资助资金管理，提高资金使用效益，确保资助工作顺利开展，根据国家预算管理有关规定，制定本办法。

第二条 本办法所称学生资助资金是指中央财政用于支持落实高等教育(含本专科生和研究生教育)、中等职业教育、普通高中教育等国家资助政策的资金，包括国家奖学金、国家励志奖学金、学业奖学金、国家助学金、免学(杂)费补助资金、服兵役国家教育资助资金、基层就业学费补偿国家助学贷款代偿资金、国家助学贷款奖补资金等。

第三条 本办法所称普通高校是指根据国家有关规定批准设立、实施全日制高等学历教育的普通本科学校、高等职业学校、高等专科学校；中等职业学校是指根据国家有关规定批准设立、实施全日制中等学历教育的各类职业学校(含技工学校)；普通高中是指根据国家有关规定批准设立的普通高中学校(含完全中学和十二年一贯制学校的高中部)。

以上所称各类学校包括民办普通高校(含独立学院)、民办中等职业学校和民办普通高中。

第四条 学生资助资金由财政部、教育部、人力资源社会保障部按职责共同管理。财政部负责学生资助资金分配和预算下达，组织教育部、人力资源社会保障部等部门编制学生资助资金中期财政规划和年度预算草案。教育部会同人力资源社会保障部负责组织各地审核上报享受资助政策的学生人数、资助范围、资助标准等基础数据，提出预算分配建议方案，负责完善学生信息管理系统，加强学生学籍和资助信息管理，对提供的基础数据和预算分配建议方案真实性、准确性、及时性负责。教育部、人力资源社会保障部会同财政部等部门对资金使用和政策执行情况进行监督管理。退役军人部负责组织各地做好自主就业退役士兵的身份认证工作。中央军委国防动员部负责组织各地兵役机关做好申请学费资助学生入伍的相关认证工作。

省级财政、教育、人力资源社会保障部门负责明确省级及省以下各级财政、教育、人力资源社会保障部门在学生资助基础数据审核、资金安排、使用管理等方面的责任，切实加强资金管理。

学校是学生资助资金使用的责任主体，应当切实履行法人责任，健全内部管理机制，具体组织预算执行。

第二章 资助范围和标准

第五条 普通高校资助范围及标准包括：

（一）本专科生国家奖学金。奖励特别优秀的全日制本专科生，每年奖励6万名，每生每年8000元。

（二）本专科生国家励志奖学金。奖励资助品学兼优的家庭经济困难的全日制本专科生，本科生资助范围约为全国普通高校全日制本科在校生总数的3%，高职学生资助范围约为全国普通高校全日制高职在校生总数的3.3%，每生每年5000元。

（三）本专科生国家助学金。资助家庭经济困难的全日制本专科生（含预科生，不含退役士兵学生），本科生资助范围约为全国普通高校全日制本科在校生总数的20%，高职学生资助范围约为全国普通高校全日制高职在校生总数的22%，平均资助标准为每生每年3300元，具体标准由高校在每生每年2000—4500元范围内自主确定，可以分为2—3档。全日制在校退役士兵学生全部享受本专科生国家助学金，资助标准为每生每年3300元。

（四）研究生国家奖学金。奖励特别优秀的全日制研究生，每年奖励4.5万名。其中：硕士生3.5万名，每生每年20000元；博士生1万名，每生每年30000元。

（五）研究生学业奖学金。奖励中央高校全日制研究生，中央财政按照硕士研究生每生每年8000元、博士研究生每生每年10000元的标准以及在校学生数的一定比例给予支持。

（六）研究生国家助学金。资助全日制研究生的基本生活支出。中央高校硕士研究生每生每年6000元，博士研究生每生每年15000元；地方所属高校研究生国家助学金资助标准由各省（自治区、直辖市、计划单列市，以下统称省）财政部门会同教育部门确定，硕士研究生每生每年不低于6000元，博士研究生每生每年不低于13000元。

（七）服兵役高等学校学生国家教育资助。对应征入伍服义务兵役、招收为士官、退役后复学或入学的高等学校学生实行学费补偿、国家助学贷款代偿、学费减免。学费补偿或国家助学贷款代偿金额，按学生实际缴纳的学费或用于学费的国家助学贷款（包括本金及其全部偿还之前产生的利息，下同）两者金额较高者执行；复学或新生入学后学费减免金额，按高等学校实际收取学费金额执行。

学费补偿、国家助学贷款代偿以及学费减免的标准，本专科生每生每年最高不超过12000元，研究生每生每年最高不超过16000元。超出标准部分不予补偿、代偿或减免。

（八）基层就业学费补偿国家助学贷款代偿。对到中西部地区和艰苦边远地区基层单位就业的中央高校应届毕业生实行学费补偿或国家助学贷款代偿，本专科生每生每年最高不超过12000元，研究生每生每年最高不超过16000元。毕业生在校学习期间每年实际缴纳的学费或用于学费的国家助学贷款低于补偿代偿标准的，按照实际缴纳的学费或用于学费的国家助学贷款金额实行补偿代偿。毕业生在校学习期间每年实际缴纳的学费或用于学费的国家助学贷款高于补偿代偿标准的，按照标准实行补偿代偿。

第六条 国家助学贷款奖补资金。全部用于本地区全日制普通高校学生的资助。

第七条 中等职业学校资助范围及标准包括：

（一）国家奖学金。奖励学习成绩、技能表现等方面特别优秀的中等职业学校全日制在校生，每年奖励2万名，每生每年6000元。

（二）免学费。对中等职业学校全日制学历教育正式学籍一、二、三年级在校生中农村（含县镇）学生、城市涉农专业学生、城市家庭经济困难学生、民族地区学校就读学生、戏曲表演专业学生免除学费（其他艺术类相关表演专业学生除外）。城市家庭经济困难学生比例按规定分区域确定。免学费标准按照各级人民政府及其价格、财政主管部门批准的公办学校学费标准执行（不含住宿费）。

（三）国家助学金。资助中等职业学校全日制学历教育正式学籍一、二年级在校涉农专业学生和非涉农专业家庭经济困难学生。家庭经济困难学生比例按规定分区域确定。六盘山区等11个原连片特困地区和西藏、四省涉藏州县、新疆南疆四地州中等职业学校农村学生（不含县城）全部纳入享受国家助学金范围。平均资助标准每生每年2000元，具体标准由各地结合实际在1000—3000元范围内确定，可以分为2—3档。

第八条 普通高中资助范围及标准包括：

（一）免学杂费。对具有正式学籍的普通高中原建档立卡等家庭经济困难学生（含非建档立卡的家庭经济困难残疾学生、农村低保家庭学生、农村特困救助供养学生）免学杂费。西藏、四省涉藏州县和新疆南疆四地州学生继续执行现行政策。免学杂费标准按照各级人民政府及其价格、财政主管部门批准的公办学校学杂费标准执行（不含住宿费）。

（二）国家助学金。资助具有正式学籍的普通高中在校生中的家庭经济困难学生。各地可结合实际，在确定资助范围时适当向农村地区、脱贫地区和民族地区倾斜。平均资助标准为每生每年2000元，具体标准由各地结合实际在1000—3000元范围内确定，可以分为2—3档。

第九条 国家奖学金、国家励志奖学金、学业奖学金、国家助学金、免学（杂）费补助资金、服兵役高等学校学生国家教育资助资金、基层就业学费补偿国家助学贷款代偿资金等标准，根据经济发展水平、财力状况、物价水平、相关学校收费标准等因素，实行动态调整。

第三章 资金分担和预算安排

第十条 学生资助资金采用因素法分配，根据学生人数、相关标准等进行测算。

第十一条 普通高校国家奖学金、国家励志奖学金、服兵役高等学校学生国家教育资助、国家助学贷款奖补资金由中央财政承担。中央高校的学业奖学金、国家助学金、基层就业学费补偿国家助学贷款代偿资金由中央财政承担。地方高校的学业奖学金、基层就业学费补偿国家助学贷款代偿资金由地方财政承担。地方高校的国家助学金由中央与地方分档按比例分担，按照本专科生每生每年3300元、硕士研究生每生每年6000元、博士研究生每生每年13000元的标准，不区分生源地区，第一档中央财政负担80%，第二档中央财政负担60%，第三档、第四档、第五档中央财政分别负担50%、30%、10%。

上述第一档包括内蒙古、广西、重庆、四川、贵州、云南、西藏、陕西、甘肃、青海、宁夏、新疆12个省（区、市）；第二档包括河北、山西、吉林、黑龙江、安徽、江西、河南、湖北、湖南、海南10个省；第三档包括辽宁、山东、福建3个省；第四档包括天津、江苏、浙江、广东4个省（市）和大连、青岛、宁波、厦门、深圳5个计划单列市；第五档包括北京、上海2个直辖市。分档情况下同。

第十二条 国家助学贷款奖补资金分配因素包括国家助学贷款规模，权重为25%；获贷情况，权重为25%；奖补资金使用情况，权重为15%；学生资助工作管理情况，权重为35%。财政部会同教育部适时对相关因素和权重进行完善。

第十三条 中等职业教育国家奖学金由中央财政承担。中等职业教育免学费和国家助学金由中央与地方财政分档按比例分担，省级财政统筹落实。免学费补助资金和国家助学金均由中央财政统一按每生每年平均2000元的测算标准与地方分档按比例分担。其中：第一档中央财政负担80%；第二档中央财政负担60%；第三档、第四档、第五档中央财政分别负担50%、30%、10%。学生生源地为第一档但在第二档地区就读的，中央财政负担80%；生源地为第一档、第二档但在第三档、第四档、第五档地区就读的，中央财政分别负担80%、60%；根据国务院有关规定，部分中部市县比照享受西部地区政策，中央财政按第一档负担80%。

对因免学费导致学校收入减少的部分，由财政按照享受免学费政策学生人数和免学费标准补助学校，弥补学校运转出现的经费缺口。

对在经教育部门、人力资源社会保障部门依法批准的民办学校就读的一、二、三年级符合免学费政策条件的学生，按照当地同类型同专业公办学校标准给予补助。民办学校经批准的学费标准高于补助的部分，学校可以按规定继续向学生收取。

第十四条 国家统一实施的普通高中免学杂费和国家助学金政策，所需经费由中央与地方财政分档按比例分担，省级财政统筹落实。其中：第一档中央财政负担80%；第二档中央财政负担60%；第三档、第四档、第五档中央财政分别负担50%、30%、10%。

中央财政逐省核定免学杂费财政补助标准，原则上三年核定一次。对因免学杂费导致学校收入减少的部分，由财政按照免学杂费学生人数和免学杂费标准补助学校，弥补学校运转出现的经费缺口。

对在经教育部门依法批准的民办学校就读的符合免学杂费政策条件的学生，按照当地同类型公办学校标准给予补助。民办学校经批准的学杂费标准高于补助的部分，学校可以按规定继续向学生收取。

第十五条 财政部会同有关部门按照转移支付预算管理规定的时限等有关要求下达中央对地方转移支付预算、提前下达下一年度转移支付预计数。省级财政部门会同有关部门在收到转移支付预算（含提前下达预计数）后，应当按规定合理分配、及时下达，并抄送财政部当地监管局。地方各级财政部门应当加强预算管理，按有关规定及时足额拨付应负担的资金。中央高校所需资金按照部门预算管理要求下达，按照财政国库管理有关制度规定支付。

第十六条　服兵役高等学校学生国家教育资助，中央高校资金按照财政国库管理有关制度规定支付；地方高校资金由中央财政拨付各省级财政部门，采取“当年先行预拨，次年据实结算”的办法，中央财政每年对各省上一年度实际支出进行清算，并以上一年度实际支出金额为基数提前下拨各省当年预算资金。

中央高校基层就业学费补偿国家助学贷款代偿资金按照财政国库管理有关制度规定支付。

第四章　资金管理和监督

第十七条　学生资助资金纳入各级预算管理，各级财政、教育、人力资源社会保障等部门（单位）要按照预算管理有关规定加强学生资助资金预算编制、执行、决算等管理。

第十八条　地方各级教育、人力资源社会保障部门要加强资金发放、执行管理，做好基础数据的审核工作，对上报的可能影响资金分配结果的有关数据和信息的真实性、准确性负责；健全学生资助机构，组织学校做好家庭经济困难学生认定工作，确保应助尽助。各级各类学校要加强学生学籍、学生资助信息系统应用，规范档案管理，严格落实责任制，强化财务管理，制定学生资助资金管理使用办法。学校应将学生申请表、认定结果、资金发放等有关凭证和工作情况分年度建档备查。

第十九条　各级财政、教育、人力资源社会保障等部门要按照全面实施预算绩效管理的要求，建立健全全过程预算绩效管理机制，按规定科学合理设定绩效目标，对照绩效目标做好绩效监控、绩效评价，强化绩效结果运用，做好信息公开，提高资金使用效益。

第二十条　财政部各地监管局按照职责和财政部统一部署，对资金开展监管和专项检查。

第二十一条　各级财政、教育、人力资源社会保障等部门（单位）及其工作人员在学生资助资金分配和审核过程中滥用职权、玩忽职守、徇私舞弊以及违反规定分配或挤占、挪用、虚列、套取学生资助资金的，依法追究相应责任。

申报使用学生资助资金的部门、单位及个人在资金申报、使用过程中存在违法违规行为的，依照《中华人民共和国预算法》及其实施条例、《财政违法行为处罚处分条例》等国家有关规定追究相应责任。

第五章　附　　则

第二十二条　各地、各校要结合实际，通过勤工助学、“三助”岗位、“绿色通道”、校内资助、社会资助等方式完善学生资助体系。公办普通高校、普通高中要从事业收入中分别足额提取4%—6%、3%—5%的经费用于资助学生，中等职业学校应从事业收入中提取一定比例的资金用于资助学生。民办学校应从学费收入中提取不少于5%的资金，用于奖励和资助学生。

第二十三条　各地要认真贯彻党中央、国务院关于实现巩固拓展脱贫攻坚成果同乡村振兴有效衔接等决策部署，在分配相关资金时，结合实际向脱贫地区倾斜。

第二十四条　科研院所、党校（行政学院）、国家会计学院等研究生培养单位学生资助资金管理按照本办法执行，所需资金通过现行渠道解决。

第二十五条　新疆生产建设兵团、农垦等所属学校学生资助资金管理和财政支持方式均按照有关法律法规、现行体制和政策执行。

第二十六条　各项学生资助政策涉及的申请、评审、发放、管理等工作按照《学生资助资金管理实施细则》执行。

第二十七条　各地要根据本办法，结合实际制定实施办法，抄送财政部、教育部、人力资源社会保障部。各中央高校要根据本办法制定具体实施办法，抄送财政部、教育部和中央主管部门。

第二十八条　本办法由财政部、教育部、人力资源社会保障部、退役军人部、中央军委国防动员部按职责负责解释。

第二十九条　本办法自印发之日起施行。《财政部 教育部 人力资源社会保障部 退役军人部 中央军委国防动员部关于印发〈学生资助资金管理办法〉的通知》（财科教〔2019〕19号）同时废止。

附：

学生资助资金管理实施细则

高等教育

附1　本专科生国家奖学金实施细则

附2　本专科生国家励志奖学金实施细则

附3　本专科生国家助学金实施细则

附 4　研究生国家奖学金实施细则

附 5　研究生学业奖学金实施细则

附 6　研究生国家助学金实施细则

附 7　服兵役高等学校学生国家教育资助实施细则

附 8　基层就业学费补偿国家助学贷款代偿实施细则

中等职业教育

附 9　中等职业教育国家奖学金实施细则

附 10　中等职业教育免学费实施细则

附 11　中等职业教育国家助学金实施细则

普通高中教育

附 12　普通高中免学杂费实施细则

附 13　普通高中国家助学金实施细则

附 1：

本专科生国家奖学金实施细则

第一条　本专科生国家奖学金(以下简称国家奖学金)，用于奖励纳入全国招生计划内的高校全日制本专科(含高职、第二学士学位)学生中特别优秀的学生，激励学生勤奋学习、努力进取，德、智、体、美、劳全面发展。

第二条　国家奖学金的基本申请条件：

(一)具有中华人民共和国国籍；

(二)热爱祖国，拥护中国共产党的领导；

(三)遵守宪法和法律，遵守学校规章制度；

(四)诚实守信，道德品质优良；

(五)在校期间学习成绩优异，社会实践、创新能力、综合素质等方面特别突出。

第三条　获得国家奖学金的学生为高校在校生中二年级以上(含二年级)的学生。同一学年内，获得国家奖学金的家庭经济困难学生可以同时申请并获得国家助学金，但不能同时获得本专科生国家励志奖学金。

第四条　中央高校国家奖学金的名额由财政部商教育部确定。地方高校国家奖学金的名额由各省(自治区、直辖市、计划单列市，以下统称省)根据财政部、教育部确定的总人数，以及高校数量、类别、办学层次、办学质量、在校本专科生人数等因素确定。在分配国家奖学金名额时，对办学水平较高的高校、以农林水地矿油核等学科专业为主的高校予以适当倾斜。

第五条　全国学生资助管理中心提出各省和中央主管部门所属高校国家奖学金名额分配建议方案，报财政部、教育部审批。

第六条　财政部、教育部将审定的中央高校国家奖学金分配名额下达全国学生资助管理中心，并抄送中央主管部门。全国学生资助管理中心将国家奖学金名额书面告知中央高校。

财政部、教育部将审定的地方高校国家奖学金分配名额下达省级财政、教育部门。省级财政、教育部门按程序将国家奖学金名额下达相关高校。

第七条　国家奖学金每学年评审一次，实行等额评审，坚持公开、公平、公正、择优的原则。

第八条　高校学生资助管理机构具体负责组织评审工作，提出本校当年国家奖学金获奖学生建议名单，报学校评审领导小组研究审定后，在校内进行不少于 5 个工作日的公示。

公示无异议后，每年 10 月 31 日前，中央高校将评审结果报中央主管部门，地方高校将评审结果逐级报至省级教育部门。中央主管部门和省级教育部门审核、汇总后，于 11 月 10 日前统一报教育部审批。

第九条　高校于每年 12 月 31 日前将当年国家奖学金一次性发放给获奖学生，并将获得国家奖学金情况记入学生学籍档案。

第十条　财政部、教育部委托全国学生资助管理中心加强对国家奖学金的管理，并颁发国家统一印制的荣誉证书。

附 2：

本专科生国家励志奖学金实施细则

第一条　本专科生国家励志奖学金(以下简称国家励志奖学金)，用于奖励资助纳入全国招生计划内的高校全日制本专科(含高职、第二学士学位)学生中品学兼优的家庭经济困难学生，激励高校家庭经济困难学生勤奋学习、努力进取，德、智、体、美、劳全面发展。

第二条　国家励志奖学金的基本申请条件：

(一)具有中华人民共和国国籍；

(二)热爱祖国，拥护中国共产党的领导；

(三)遵守宪法和法律，遵守学校规章制度；

(四)诚实守信，道德品质优良；

（五）在校期间学习成绩优秀；

（六）家庭经济困难，生活俭朴。

第三条　申请国家励志奖学金的学生为高校在校生中二年级以上（含二年级）的学生。

同一学年内，申请国家励志奖学金的学生可以同时申请并获得本专科生国家助学金，但不能同时获得本专科生国家奖学金。

教育部直属师范大学公费师范生，不再同时获得国家励志奖学金。

第四条　每年9月30日前，学生根据本细则规定的国家励志奖学金的基本申请条件及其他有关规定，向学校提出申请，并递交《本专科生国家励志奖学金申请表（样表）》（见附件2-1）。

第五条　中央高校国家励志奖学金的奖励资助名额由财政部商教育部确定。地方高校国家励志奖学金的奖励资助名额由各省（自治区、直辖市、计划单列市，以下统称省）根据财政部、教育部确定的总人数，以及高校数量、类别、办学层次、办学质量、在校本专科生人数和生源结构等因素确定。在分配国家励志奖学金名额时，对办学水平较高的高校、以农林水地矿油核等学科专业为主的高校予以适当倾斜。

第六条　全国学生资助管理中心提出各省和中央主管部门所属高校国家励志奖学金名额分配建议方案，报财政部、教育部审批。

第七条　财政部、教育部将审定的中央高校国家励志奖学金分配名额下达全国学生资助管理中心，并抄送中央主管部门。全国学生资助管理中心将国家励志奖学金名额书面告知中央高校。

财政部、教育部将审定的地方高校国家励志奖学金分配名额下达省级财政、教育部门。省级财政、教育部门按程序将国家励志奖学金名额下达相关高校。

第八条　国家励志奖学金按学年申请和评审，实行等额评审，坚持公开、公平、公正、择优的原则。

第九条　国家励志奖学金申请与评审工作由高校组织实施。高校要根据本细则的规定，制定具体评审细则，并抄送中央主管部门或省级教育部门。高校在开展国家励志奖学金评审工作中，要对农林水地矿油核等学科专业学生予以适当倾斜。

第十条　高校学生资助管理机构负责组织评审，提出本校当年国家励志奖学金获奖学生建议名单，报学校评审领导小组研究通过后，在校内进行不少于5个工作日的公示。公示无异议后，每年11月10日前，中央高校将评审结果报中央主管部门，地方高校将评审结果逐级报至省级教育部门。中央主管部门和省级教育部门于11月30日前批复。

第十一条　高校于每年12月31日前将国家励志奖学金一次性发放给获奖学生，并记入学生的学籍档案。

第十二条　各高校要切实加强管理，认真做好国家励志奖学金的评审和发放工作，确保国家励志奖学金真正用于资助品学兼优的家庭经济困难学生。

第十三条　民办高校（含独立学院）按照国家有关规定规范办学、举办者按照规定足额提取经费用于资助家庭经济困难学生的，其招收的符合本细则规定申请条件的普通本专科（含高职、第二学士学位）学生，也可以申请国家励志奖学金，具体评审管理办法，由各地制定。

附：2-1. 本专科生国家励志奖学金申请表（样表）（略）

附3：

本专科生国家助学金实施细则

第一条　本专科生国家助学金（以下简称国家助学金），用于资助纳入全国招生计划内的高校全日制本专科（含预科、高职、第二学士学位，不含退役士兵学生，下同）在校生中的家庭经济困难学生，帮助其顺利完成学业。全日制在校退役士兵学生全部享受本专科生国家助学金。

第二条　国家助学金的基本申请条件：

（一）具有中华人民共和国国籍；

（二）热爱祖国，拥护中国共产党的领导；

（三）遵守宪法和法律，遵守学校规章制度；

（四）诚实守信，道德品质优良；

（五）勤奋学习，积极上进；

（六）家庭经济困难，生活俭朴。

第三条　每年9月30日前，学生（不含退役士兵学生）根据本细则规定的国家助学金的基本申请条件及其他有关规定，向学校提出申请，并递交《本专科生国家助学金申请表（样表）》（见附件3-1）。

在同一学年内，申请并获得国家助学金的学生，可同时申请并获得本专科生国家奖学金或国家励志奖学金。

教育部直属师范大学公费师范生，不再同时获得国家助学金。

第四条　全国学生资助管理中心提出各省（自治区、直辖市、计划单列市,以下统称省)和中央主管部门所属高校国家助学金名额分配建议方案,报财政部、教育部审核。

财政部、教育部将审定的中央高校国家助学金分配名额(不含退役士兵学生)下达全国学生资助管理中心,并抄送中央主管部门。

财政部、教育部将审定的地方高校国家助学金分配名额(不含退役士兵学生)下达省级财政、教育部门。

第五条　全国学生资助管理中心将国家助学金名额书面告知中央高校。各省财政、教育部门根据财政部、教育部下达的国家助学金名额,以及高校数量、类别、办学层次、办学质量、在校本专科生人数和生源结构等因素,确定地方高校国家助学金名额。

第六条　在分配国家助学金名额时,对民族院校、以农林水地矿油核等学科专业为主的高校予以适当倾斜。

第七条　国家助学金按学年申请和评审,评定工作坚持公开、公平、公正的原则。

第八条　国家助学金申请与评审工作由高校组织实施。高校要根据本细则的规定,制定具体评审细则,并抄送中央主管部门或省级教育部门。高校在开展国家助学金评审工作中,要对农林水地矿油核等学科专业学生予以适当倾斜。

第九条　高校学生资助管理机构结合本校家庭经济困难学生等级认定情况,组织评审,提出享受国家助学金资助初步名单及资助档次,报学校评审领导小组研究通过后,于每年11月10日前,将本校当年国家助学金政策的落实情况按隶属关系报送中央主管部门或省级教育部门。

第十条　高校应足额按月将国家助学金发放到受助学生手中。

第十一条　高校应切实加强管理,认真做好国家助学金的评审和发放工作,确保国家助学金用于资助家庭经济困难的学生。

本专科生在学制期限内,由于出国、疾病等原因办理保留学籍或休学等手续的,暂停对其发放国家助学金,待其恢复学籍后再行发放。超过基本修业年限的在校生不再享受国家助学金。

第十二条　民办高校(含独立学院)按照国家有关规定规范办学、举办者按照规定足额提取经费用于资助家庭经济困难学生的,其招收的符合本细则规定申请条件的普通本专科学生,也可以申请国家助学金,具体评审管理办法,由各地制定。

附:3-1.本专科生国家助学金申请表(样表)(略)

附4:

研究生国家奖学金实施细则

第一条　研究生国家奖学金,用于奖励纳入全国招生计划内的高校中表现优异的全日制研究生,旨在发展中国特色研究生教育,促进研究生培养机制改革,提高研究生培养质量。

第二条　研究生国家奖学金基本申请条件:

(一)具有中华人民共和国国籍;

(二)热爱祖国,拥护中国共产党的领导;

(三)遵守宪法和法律,遵守高等学校规章制度;

(四)诚实守信,道德品质优良;

(五)学习成绩优异,科研能力显著,发展潜力突出。

第三条　财政部、教育部根据各高校研究生规模、培养质量以及上一年度研究生国家奖学金执行情况,确定研究生国家奖学金年度分配名额。全国学生资助管理中心提出各省和中央主管部门所属高校研究生国家奖学金名额分配建议方案,报财政部、教育部审批。

第四条　财政部、教育部将审定的中央高校研究生国家奖学金分配名额下达全国学生资助管理中心,并抄送中央主管部门。全国学生资助管理中心将研究生国家奖学金名额书面告知中央高校。

财政部、教育部将审定的地方高校研究生国家奖学金分配名额下达省级财政、教育部门。省级财政、教育部门按程序将研究生国家奖学金分配名额下达相关高校。

第五条　高校分配研究生国家奖学金名额时应向基础学科和国家亟需的学科(专业)倾斜。高校要统筹研究生国家奖学金和其他研究生奖学金的名额分配、评审和发放工作,充分发挥各类奖学金的激励作用。

第六条　研究生国家奖学金每学年评审一次,评审工作应坚持公开、公平、公正、择优的原则。

第七条　高校应建立健全与研究生规模和现有管理机构设置相适应的研究生国家奖学金评审组织机制,加强研究生国家奖学金管理工作。

第八条　高校与科研院所等其他研究生培养机构之间联合培养的研究生,原则上由高校对联合培养的研究生进行国家奖学金评审。

第九条　高校应成立研究生国家奖学金评审领导小组,

由校主管领导、相关职能部门负责人、研究生导师代表等组成。评审领导小组负责制定本校研究生国家奖学金评审实施细则；制定名额分配方案；统筹领导、协调、监督本校评审工作；裁决学生对评审结果的申诉；指定有关部门统一保存本校的研究生国家奖学金评审资料。

第十条　高校下设的基层单位（含院、系、所、中心，下同）应成立研究生国家奖学金评审委员会，由基层单位主要领导任主任委员，研究生导师、行政管理人员、学生代表任委员，负责本单位研究生国家奖学金的申请组织、初步评审等工作。

第十一条　基层单位评审委员会主任委员负责组织委员会委员对申请研究生国家奖学金的学生进行初步评审，评审过程中应充分尊重本基层单位学术组织、研究生导师的推荐意见。基层单位评审委员会确定本单位获奖学生名单后，应在本基层单位内进行不少于5个工作日的公示。公示无异议后，提交高校研究生国家奖学金评审领导小组进行审定，审定结果在高校全范围内进行不少于5个工作日的公示。

第十二条　对研究生国家奖学金评审结果有异议的学生，可在基层单位公示阶段向所在基层单位评审委员会提出申诉，评审委员会应及时研究并予以答复。如学生对基层单位作出的答复仍存在异议，可在高校公示阶段向研究生国家奖学金评审领导小组提请裁决。

第十三条　中央高校将评审工作情况和评审结果报中央主管部门，地方高校将评审工作情况和评审结果报至省级财政、教育部门。评审材料包括反映本校评审依据、评审程序、名额分配及评审结果等情况的评审报告及获奖研究生汇总表。中央主管部门和省级财政、教育部门对所属高校评审情况和结果汇总后于每年11月10日前报送教育部。

第十四条　高等学校于每年12月31日前将当年研究生国家奖学金一次性发放给获奖学生，并将研究生获得国家奖学金情况记入学生学籍档案。

第十五条　财政部、教育部委托全国学生资助管理中心加强对研究生国家奖学金的管理，并颁发国家统一印制的荣誉证书。

附5：

研究生学业奖学金实施细则

第一条　研究生学业奖学金，用于激励研究生勤奋学习、潜心科研、勇于创新、积极进取，在全面实行研究生教育收费制度的情况下更好地支持研究生顺利完成学业。

第二条　本细则所称研究生是指中央高校纳入全国研究生招生计划的全日制研究生。

第三条　中央高校研究生学业奖学金由中央高校负责组织实施。中央高校应统筹利用财政拨款、学费收入、社会捐助等，根据研究生学业成绩、科研成果、社会服务等因素，确定研究生学业奖学金的覆盖面、等级、奖励标准，并根据实际情况动态调整。研究生学业奖学金名额分配应向基础学科和国家亟需的学科（专业、方向）倾斜。

第四条　研究生学业奖学金基本申请条件：

（一）具有中华人民共和国国籍；

（二）热爱祖国，拥护中国共产党的领导；

（三）遵守宪法和法律，遵守高等学校规章制度；

（四）诚实守信，品学兼优；

（五）积极参与科学研究和社会实践。

第五条　直博生和招生简章中注明不授予中间学位的本硕博、硕博连读学生，根据当年所修课程的层次阶段确定身份参与研究生学业奖学金的评定。在选修硕士课程阶段按照硕士研究生身份参与评定，进入选修博士研究生课程阶段按照博士研究生身份参与评定。

第六条　获得研究生学业奖学金奖励的研究生，符合相应条件的可以同时获得研究生国家奖学金、研究生国家助学金等其他研究生国家奖助政策以及校内其他研究生奖助政策资助。

第七条　中央高校应建立健全与本校研究生规模和管理机构相适应的研究生学业奖学金评审机制。

第八条　中央高校应成立研究生学业奖学金评审领导小组，由校主管领导、相关职能部门负责人、研究生导师代表等组成。评审领导小组按照本细则有关规定，负责制定本校研究生学业奖学金评审实施细则，制定名额分配方案，统筹领导、协调和监督本校评审工作，并裁决有关申诉事项。

第九条　中央高校下设的基层单位（含院、系、所、中心，下同）应成立研究生学业奖学金评审委员会，由基层单位主要领导任主任委员，研究生导师、行政管理人员、学生代表任委员，负责本单位研究生学业奖学金的申请组织、初步评审等工作。

第十条　基层单位研究生学业奖学金评审委员会确定本单位获奖学生名单后，应在本基层单位内进行不少于5个工作日的公示。公示无异议后，提交高校研究生学业奖学金评审领导小组审定，审定结果在高校范围内进行不少于5个工作日的公示。

第十一条 对研究生学业奖学金评审结果有异议的，可在基层单位公示阶段向所在基层单位评审委员会提出申诉，评审委员会应及时研究并予以答复。如申诉人对基层单位作出的答复仍存在异议，可在学校公示阶段向研究生学业奖学金评审领导小组提请裁决。

第十二条 研究生学业奖学金的评审工作应坚持公正、公平、公开、择优的原则，严格执行国家有关教育法规，杜绝弄虚作假。

第十三条 中央高校于每年12月31日前将当年研究生学业奖学金一次性发放给获奖学生，并将研究生获得学业奖学金情况记入学生学籍档案。

第十四条 各省（自治区、直辖市、计划单列市）财政、教育部门要根据本细则精神，确定地方财政对本省（自治区、直辖市、计划单列市）所属高校研究生学业奖学金的支持力度，适时修定地方所属高校研究生学业奖学金管理办法。

附6：

研究生国家助学金实施细则

第一条 研究生国家助学金，用于资助普通高校纳入全国研究生招生计划的所有全日制研究生（有固定工资收入的除外），补助研究生基本生活支出。获得资助的研究生须具有中华人民共和国国籍。

第二条 全国学生资助管理中心根据各省（自治区、直辖市、计划单列市）和中央主管部门所属高校符合研究生国家助学金资助条件的在校学生人数，提出研究生国家助学金名额分配建议方案，报财政部、教育部审定。

第三条 高校应足额按月将研究生国家助学金发放到符合条件的学生手中。

第四条 直博生和招生简章中注明不授予中间学位的本硕博、硕博连读学生，根据当年所修课程的层次阶段确定身份参与国家助学金的发放。在选修硕士课程阶段按照硕士研究生身份发放研究生国家助学金；进入选修博士研究生课程阶段按照博士研究生身份发放研究生国家助学金。

第五条 研究生在学制期限内，由于出国、疾病等原因办理保留学籍或休学等手续的，暂停对其发放研究生国家助学金，待其恢复学籍后再行发放。超过基本修业年限的在校生不再享受研究生国家助学金。实行一年多次论文答辩并申请毕业的，或符合高校研究生培养计划可以申请提前毕业的，自学生办理毕业离校手续次月起，停发其研究生国家助学金。

附7：

服兵役高等学校学生
国家教育资助实施细则

第一条 为推进国防和军队现代化建设，鼓励高等学校学生积极应征入伍服兵役，提高兵员征集质量，支持退役士兵接受系统的高等教育，提高退役士兵就业能力，国家对应征入伍服兵役高等学校学生实行国家教育资助。

第二条 本细则所称高等学校学生（以下简称高校学生）是指高校全日制普通专科（含高职）、本科、研究生、第二学士学位的毕业生、在校生和入学新生，以及成人高校招收的全日制普通专科（含高职）、本科的毕业生、在校生和入学新生。

第三条 应征入伍服兵役高校学生国家教育资助，是指国家对应征入伍服义务兵役、招收为士官的高校学生，在入伍时对其在校期间缴纳的学费实行一次性补偿或用于学费的国家助学贷款实行代偿；对应征入伍服义务兵役前正在高等学校就读的学生（含按国家招生规定录取的高校新生），服役期间按国家有关规定保留学籍或入学资格、退役后自愿复学或入学的，实行学费减免；对退役后，自主就业，通过全国统一高考或高职分类招考方式考入高等学校并到校报到的入学新生，实行学费减免。

第四条 下列高校学生不享受以上国家资助：

（一）在校期间已通过其他方式免除全部学费的学生；

（二）定向生（定向培养士官除外）、委培生和国防生；

（三）其他不属于服义务兵役或招收士官到部队入伍的学生。

第五条 获学费补偿学生在校期间获得国家助学贷款的，补偿资金应当首先用于偿还国家助学贷款。

第六条 获得国家助学贷款的高校在校生应征入伍后，国家助学贷款停止发放。

第七条 学费补偿、贷款代偿或学费减免资助期限为全日制普通高等学历教育一个学制期。对复学或入学后攻读更高层次学历的不在学费减免范围之内；攻读更高层次学历后二次入伍，可以类比第一次入伍享受更高层次学历教育阶段的资助。

学费补偿、贷款代偿或学费减免资助年限按照国家对专科（含高职）、本科、研究生、第二学士学位规定的基本修业年限据实计算。以入伍时间为准，入伍前已完成规定的修业年限，即为学费补偿或国家助学贷款代偿的年限；退役复学后接续完成规定的剩余修业年限，即为学费减免的年限；退役后考入高校的新生，规定的基本修业年限，即为学费减免的年限。

对专升本、本硕连读学制学生，在专科或本科学习阶段应征入伍的，以专科或本科规定的学习时间实行入伍资助，在本科或硕士学习阶段应征入伍的，以本科或硕士规定的学习时间实行入伍资助。中职高职连读学生入伍资助，以高职阶段学习时间计算。专升本、本硕连读、中职高职连读、第二学士学位毕业生学费补偿或国家助学贷款代偿的年限，分别按照完成本科、硕士、高职和第二学士学位阶段学习任务规定的学习时间计算。

第八条 学费补偿或国家助学贷款代偿应遵循以下程序：

（一）应征报名的高校学生登录全国征兵网，按要求在线填写、打印《应征入伍服兵役高等学校学生国家教育资助申请表Ⅰ》（附件7-1，以下简称《申请表Ⅰ》，一式两份）并提交高校学生资助管理部门。在校期间获得国家助学贷款的学生，需同时提供《国家助学贷款借款合同》复印件和本人签字的偿还贷款计划书。

（二）高校相关部门对《申请表Ⅰ》中学生的资助资格、标准、金额等相关信息审核无误后，在《申请表Ⅰ》上加盖公章，一份留存，一份返还学生。

（三）学生在征兵报名时将《申请表Ⅰ》交至入伍所在地县级人民政府征兵办公室（以下简称县级征兵办）。学生被批准入伍后，县级征兵办对《申请表Ⅰ》加盖公章并返还学生。

（四）学生将《申请表Ⅰ》原件和《入伍通知书》复印件，寄送至原就读高校学生资助管理部门。

（五）高校学生资助管理部门在收到学生寄送的《申请表Ⅰ》原件和《入伍通知书》复印件后，对各项内容进行复核，符合条件的，及时向学生进行学费补偿或国家助学贷款代偿。

对于办理高校国家助学贷款的学生，由高校按照还款计划，一次性向银行偿还学生高校国家助学贷款本息（学费部分），并将银行开具的偿还贷款票据交寄学生本人或其家长。偿还全部贷款后如有剩余资金，汇至学生指定的地址或账户。

对于在户籍所在县（市、区）办理了生源地信用助学贷款的学生，由高校根据学生签字的还款计划，将代偿资金一次性汇至学生指定的地址或账户。

第九条 退役后自愿回校复学或入学的学生和退役后考入高校的入学新生，到高校报到后向高校一次性提出学费减免申请，填报《应征入伍服兵役高等学校学生国家教育资助申请表Ⅱ》（附件7-2）并提交退役证书复印件。高校学生资助管理部门在收到申请材料后，及时对学生申请资格进行审核。符合条件的，及时办理学费减免手续，逐年减免学费。

第十条 入伍资助资金不足以偿还国家助学贷款的，学生应与经办银行重新签订还款计划，偿还剩余部分国家助学贷款。

第十一条 应征入伍服兵役的往届毕业生，申请国家助学贷款代偿的，应由学生本人继续按原还款协议自行偿还贷款，学生本人凭贷款合同和已偿还的贷款本息银行凭证向学校申请代偿资金。

第十二条 每年10月31日前，中央高校应将本年度入伍资助经费使用等情况，报全国学生资助管理中心审核。地方高校应将本年度入伍资助经费使用等情况，报各省（自治区、直辖市、计划单列市，以下统称省）学生资助管理中心；各省学生资助管理中心审核无误后，于每年11月10日前，报送全国学生资助管理中心。

第十三条 因故意隐瞒病史或弄虚作假、违法犯罪等行为造成退兵的学生，以及因拒服兵役被部队除名的学生，高校应取消其受助资格。各省人民政府征兵办公室应在接收退兵后及时将被退回学生的姓名、就读高校、退兵原因等情况逐级上报至国防部征兵办公室，并按照学生原就读高校的隶属关系，通报同级教育部门。

第十四条 被部队退回或除名并被取消资助资格的学生，如学生返回其原户籍所在地，已补偿的学费或代偿的国家助学贷款资金由学生户籍所在地县级教育部门会同同级人民政府征兵办公室收回；如学生返回其原就读高校，已补偿的学费或代偿的国家助学贷款资金由学生原就读高校会同退役安置地县级征兵办收回。各县级教育部门和各高校应在收回资金后，及时逐级汇总上缴全国学生资助管理中心。收回资金按规定作为下一年度学费补偿或国家助学贷款代偿经费。

第十五条 因部队编制员额缩减、国家建设需要、因战因公负伤致残、因病不适宜在部队继续服役、家庭发生重大变故需要退役等原因，经组织批准提前退役的学生，仍具备受助资格。其他非正常退役学生的资助资格认定,由高校所在地省级人民政府征兵办公室会同同级教育部门确定。

第十六条 高校要严格按照规定要求,对入伍资助学生的申请进行认真审核,及时办理补偿代偿和学费减免;各级兵役机关要做好申请学费资助学生的入伍和退役的相关认证工作,第一时间发放《入伍通知书》;各级退役军人事务部门要做好自主就业退役士兵的身份认证等工作。

附:7-1. 应征入伍服兵役高等学校学生国家教育资助申请表Ⅰ(略)

7-2. 应征入伍服兵役高等学校学生国家教育资助申请表Ⅱ(略)

附 8:

基层就业学费补偿国家助学贷款代偿实施细则

第一条 为引导和鼓励高校毕业生面向中西部地区和艰苦边远地区基层单位就业,对到中西部地区和艰苦边远地区基层单位就业的中央高校应届毕业生实行学费补偿国家助学贷款代偿。

第二条 高校毕业生到中西部地区和艰苦边远地区基层单位就业、服务期在 3 年以上(含 3 年)的,其学费由国家实行补偿。在校学习期间获得用于学费的国家助学贷款(含高校国家助学贷款和生源地信用助学贷款,下同)的,代偿的学费优先用于偿还国家助学贷款本金及其全部偿还之前产生的利息。

第三条 本细则所称高校毕业生是指中央部门所属普通高等学校中的全日制本专科生(含高职、第二学士学位)、研究生应届毕业生。定向、委培以及在校学习期间已享受免除学费政策的学生除外。

第四条 本细则所称西部地区是指西藏、内蒙古、广西、重庆、四川、贵州、云南、陕西、甘肃、青海、宁夏、新疆等 12 个省(自治区、直辖市)。

中部地区是指河北、山西、吉林、黑龙江、安徽、江西、

河南、湖北、湖南、海南等 10 个省。

艰苦边远地区是指除上述地区外,国务院规定的艰苦边远地区。

第五条 本细则中所称基层单位是指:

(一)工作地点在县以下(不含县政府所在地)乡(镇、街道);

(二)工作地点在县级的乡(镇、街道)政府机关、农村中小学、国有农(牧、林)场、农业技术推广站、畜牧兽医站、乡镇卫生院、计划生育服务站、乡镇文化站等;气象、地震、地质、水电施工、煤炭、石油、航海、核工业等中央单位艰苦行业生产第一线。

县级以上(含县级)各局(委员会、办公室)、高等学校、公安机关支队级以上(含支队级)等不属于基层单位;金融、通讯、烟酒、飞机及列车乘务、房地产及其相关产业等特殊行业,不属于基层单位。

第六条 凡符合以下全部条件的高校毕业生,可申请学费补偿或国家助学贷款代偿:

(一)拥护中国共产党的领导,热爱祖国,遵守宪法和法律;

(二)在校期间遵守学校各项规章制度,诚实守信,道德品质良好,学习成绩合格;

(三)毕业时自愿到中西部地区和艰苦边远地区基层单位工作、服务期在 3 年以上(含 3 年)。

第七条 专科(含高职)、本科、研究生和第二学士学位毕业生学费补偿或国家助学贷款代偿的年限,分别按照国家规定的相应学制计算。

第八条 国家对到中西部地区和艰苦边远地区基层单位就业的获得学费补偿和国家助学贷款代偿资格的高校毕业生采取分年度补偿代偿的办法,学生毕业后每年补偿学费或代偿国家助学贷款总额的 1/3,3 年补偿代偿完毕。

第九条 符合条件的高校毕业生,按以下程序申请学费补偿和国家助学贷款代偿:

(一)高校毕业生本人在办理离校手续时向学校递交《学费补偿国家助学贷款代偿申请表》(附件 8-1)和毕业生本人、就业单位与学校三方签署的到中西部地区和艰苦边远地区基层单位服务 3 年以上的就业协议。

(二)高校根据上述材料,按本细则规定,审查申请资格;在每年 6 月底前,将符合条件的高校毕业生相关材料集中报送全国学生资助管理中心审核。对存在“二次定岗”的毕业生,高校应在毕业生提交有关证明材料并经审查后,最迟于当年 12 月底前将申请材料集中报送全国学生资助管理中心审核。

第十条 高校需在每年 6 月 30 日前将获得学费补偿和国家助学贷款代偿资格的高校毕业生当年在职在岗情况报送全国学生资助管理中心。

第十一条 除因正常调动、提拔、工作需要换岗而离开中

西部地区和艰苦边远地区基层单位外，对于未满3年服务年限，提前离开中西部地区和艰苦边远地区基层单位的高校毕业生，取消学费补偿和国家助学贷款代偿资格。

对于取消学费补偿资格的毕业生，高校应及时将有关情况报送全国学生资助管理中心。全国学生资助管理中心从当年开始停止对其学费的补偿。

对于取消国家助学贷款代偿资格的毕业生，改由其本人负责偿还余下的国家助学贷款本息。

对于不及时向高校提出取消学费补偿和国家助学贷款代偿资格申请、提前离岗的高校毕业生，一律视为严重违约，国家有关部门要将其不良信用记录及时录入国家金融业统一征信平台相关数据库。

第十二条 高校在收到全国学生资助管理中心拨付的补偿代偿资金后，应于15个工作日内返还给高校毕业生本人或代为偿还给高校毕业生国家助学贷款经办银行。

第十三条 对于弄虚作假的高校和高校毕业生，一经查实，除收回国家补偿代偿资金外，将按有关规定追究相关责任。

第十四条 各省（自治区、直辖市）要参照本细则适时修订吸引和鼓励高校毕业生面向艰苦边远地区基层单位就业的学费补偿和国家助学贷款代偿办法。

附：8-1.学费补偿国家助学贷款代偿申请表（略）

附9：

中等职业教育国家奖学金实施细则

第一条 中等职业教育国家奖学金（以下简称国家奖学金），用于奖励中等职业学校（含技工学校，下同）全日制在校生中学习成绩、技能表现等方面特别优秀的学生，激励学生勤奋学习、磨练技能，德、智、体、美、劳全面发展。

第二条 国家奖学金的基本申请条件：

（一）具有中华人民共和国国籍；

（二）热爱祖国，拥护中国共产党的领导；

（三）遵守法律法规，遵守《中等职业学校学生公约》，遵守学校规章制度；

（四）诚实守信，道德品质优良；

（五）在校期间学习成绩优异，专业技能、社会实践、创新能力、综合素质等方面表现特别优秀。

第三条 全国学生资助管理中心会同全国技工院校学生资助管理工作办公室，根据中等职业学校全日制二年级（含）以上在校生数等因素，提出国家奖学金名额分配建议方案，报教育部、人力资源社会保障部、财政部同意后，联合下达国家奖学金名额，并组织实施国家奖学金评审工作。

第四条 国家奖学金每学年评审一次，实行等额评审，坚持公开、公平、公正、择优的原则。

第五条 中等职业学校学生资助管理机构具体负责组织国家奖学金申请受理、评审等工作，提出本校当年国家奖学金获奖学生建议名单，报学校领导集体研究审定后，在校内进行不少于5个工作日的公示。

公示无异议后，每年10月31日前，中等职业学校将评审结果按照程序分别报送省级教育、人力资源社会保障部门。

省级教育部门会同省级人力资源社会保障部门审核、汇总后，于每年11月10日前统一报送全国学生资助管理中心。全国学生资助管理中心、全国技工院校学生资助管理工作办公室联合组织完成国家级评审工作。

第六条 中等职业学校于每年12月31日前将当年国家奖学金一次性发放给获奖学生，并将获得国家奖学金情况记入学生学籍档案。

第七条 财政部、教育部、人力资源社会保障部委托全国学生资助管理中心、全国技工院校学生资助管理工作办公室加强对国家奖学金的管理，并颁发国家统一印制的荣誉证书。

附10：

中等职业教育免学费实施细则

第一条 中等职业教育免学费，是指对中等职业学校全日制学历教育正式学籍一、二、三年级在校生中农村（含县镇）学生、城市涉农专业学生、城市家庭经济困难学生、民族地区学校就读学生、戏曲表演专业学生免除学费（其他艺术类相关表演专业学生除外）。

第二条 中等职业学校应按规定受理学生申请，组织初审，按程序报至同级学生资助管理机构审核、汇总。审核结果应在学校内进行不少于5个工作日的公示。公示时，严禁涉及学生个人敏感信息及隐私。

第三条 中等职业学校应及时更新全国学生资助管理信息系统、全国技工院校信息管理系统数据，确保学生资助信息真实准确。

第四条 每年春季学期开学前，各地教育和人力资源社会保障部门按职责对中等职业学校办学资质进行全面清查并公示，对年检不合格的学校，取消其享受免学费补助资金的资格，并根据《中华人民共和国民办教育促进法》的规定，加强对民办中等职业学校的监管。纳入免学费补助范围的民办学校名单由省级教育和人力资源社会保障部门确定。

第五条 中等职业教育学生资助工作实行学校法人代表负责制，校长是第一责任人，对学校资助工作负主要责任。学校应当完善机构和人员配备，指定专人具体负责资助工作。

第六条 中等职业学校对家庭经济困难的新生，可先办理入学手续，根据核实后的家庭经济情况予以相应资助。

附 11：

中等职业教育国家助学金实施细则

第一条 中等职业教育国家助学金（以下简称国家助学金）用于资助中等职业学校全日制学历教育正式学籍一、二年级在校涉农专业学生和非涉农专业家庭经济困难学生。

第二条 国家助学金的基本申请条件：

（一）热爱祖国，拥护中国共产党的领导；

（二）遵守宪法和法律，遵守学校规章制度；

（三）诚实守信，道德品质优良；

（四）勤奋学习，积极上进；

（五）家庭经济困难，生活俭朴。

第三条 国家助学金原则上按学年申请和评定，每学期动态调整。

第四条 学校应当按照《教育部等六部门关于做好家庭经济困难学生认定工作的指导意见》（教财〔2018〕16号）要求，结合实际细化《家庭经济困难学生认定申请表（样表）》，组织申请学生认真填写，并加强审核，做好家庭经济困难学生认定工作。学校应将相关申请材料随入学通知书一并寄发给录取的新生。

第五条 学校一般在 5 个工作日内按规定受理学生申请，接收相关材料，按照公开、公平、公正的原则组织初审，按程序报至同级学生资助管理机构审核、汇总。审核结果应在学校内进行不少于 5 个工作日的公示。公示时，严禁涉及学生个人敏感信息及隐私。

第六条 国家助学金通过中职学生资助卡、社会保障卡等方式发放给受助学生，原则上按学期发放，鼓励有条件的地区实行按月发放。发卡银行及学校不得向学生收取卡费等费用，不得以实物或服务等形式抵顶或扣减国家助学金。确因特殊情况无法办理中职学生资助卡、社会保障卡的，须经省级学生资助管理部门批准后方可通过现金发放。

第七条 学校应及时更新全国学生资助管理信息系统、全国技工院校信息管理系统数据，确保学生资助信息真实准确。

第八条 中等职业教育学生资助工作实行学校法人代表负责制，校长是第一责任人，对学校学生资助工作负主要责任。学校应当完善机构和人员配备，指定专人具体负责资助工作。

附 12：

普通高中免学杂费实施细则

第一条 普通高中免学杂费，是指对具有正式注册学籍的普通高中原建档立卡等家庭经济困难学生（含非建档立卡的家庭经济困难残疾学生、农村低保家庭学生、农村特困救助供养学生）免学杂费。

第二条 普通高中应当按照《教育部办公厅等四部门关于印发〈普通高中建档立卡家庭经济困难学生免除学杂费政策对象的认定及学杂费减免工作暂行办法〉的通知》（教财厅〔2016〕4 号）和《教育部等六部门关于做好家庭经济困难学生认定工作的指导意见》（教财〔2018〕16 号）要求，对新进入普通高中就读的原建档立卡等家庭经济困难学生，做好重新认定工作，符合条件的方可享受免学杂费政策。其中，对于存在返贫或致贫风险的原建档立卡等家庭经济困难学生，应将其认定为可以享受免学杂费政策。

第三条 普通高中学校要严格落实“脱贫不脱政策”要求，按规定程序对符合条件的学生免学杂费，保障家庭经济困难学生顺利完成高中学业，并将执行情况报至同级学生资助管理机构。

第四条 普通高中学校应根据受助学生变动情况，及时更新全国学生资助管理信息系统相关数据，确保学生资助信息真实准确。

第五条 各地教育部门应当根据《中华人民共和国民办教育促进法》的规定，加强对民办普通高中学校的监管，纳入免学杂费补助范围的民办学校名单由省级教育部门确定。

第六条　普通高中学生资助工作实行学校法人代表负责制，校长是第一责任人，对学校学生资助工作负主要责任。学校应当完善机构和人员配备，指定专人具体负责资助工作。

第七条　普通高中学校对家庭经济困难的新生，可先办理入学手续，根据核实后的家庭经济情况予以相应资助。

附 13：

普通高中国家助学金实施细则

第一条　普通高中国家助学金（以下简称国家助学金）用于资助具有正式注册学籍的普通高中在校生中的家庭经济困难学生。

第二条　国家助学金的基本申请条件：

（一）热爱祖国，拥护中国共产党的领导；

（二）遵守宪法和法律，遵守学校规章制度；

（三）诚实守信，道德品质优良；

（四）勤奋学习，积极上进；

（五）家庭经济困难，生活俭朴。

第三条　国家助学金原则上按学年申请和评定，每学期动态调整。

第四条　普通高中应当按照《教育部等六部门关于做好家庭经济困难学生认定工作的指导意见》（教财〔2018〕16 号）要求，结合实际细化《家庭经济困难学生认定申请表（样表）》，组织申请学生认真填写，加强审核，做好家庭经济困难学生认定工作。

第五条　学校于每学年开学后 30 日内受理学生申请，并结合家庭经济困难学生等级认定情况，对学生提交的申请材料，组织由学校领导、班主任和学生代表组成的评审小组进行认真评审，审核结果应在学校内进行不少于 5 个工作日的公示。公示时，严禁涉及学生个人敏感信息及隐私。

第六条　国家助学金通过普通高中学生资助卡、社会保障卡等方式发放给受助学生。原则上按学期发放。发卡银行及学校不得向学生收取卡费等费用，不得以实物或服务等形式抵顶或扣减国家助学金。确因特殊情况无法办理普通高中学生资助卡、社会保障卡的，须经省级学生资助管理部门批准后方可通过现金发放。

第七条　学校应及时更新全国学生资助管理信息系统数据，确保学生资助信息完整准确。

第八条　普通高中学生资助工作实行学校法人代表负责制，校长是第一责任人。学校应当完善机构和人员配备，指定专人具体负责资助工作。

教育储蓄管理办法

1．2000 年 3 月 28 日中国人民银行发布

2．根据 2020 年 4 月 29 日中国人民银行令〔2020〕第 2 号《关于修改〈教育储蓄管理办法〉等规章的决定》修正

第一条　根据《储蓄管理条例》等有关规定制定本办法。

第二条　为了鼓励城乡居民以储蓄存款方式，为其子女接受非义务教育（指九年义务教育之外的全日制高中、大中专、大学本科、硕士和博士研究生）积蓄资金，促进教育事业发展，特开办教育储蓄。

第三条　办理储蓄存款业务的金融机构（不含邮政储蓄机构）均可开办教育储蓄。

第四条　教育储蓄具有储户特定、存期灵活、总额控制、利率优惠、利息免税的特点。

第五条　教育储蓄的对象（储户）为在校小学四年级（含四年级）以上学生。

第六条　教育储蓄采用实名制。办理开户时，须凭储户本人户口簿或居民身份证到储蓄机构以储户本人的姓名开立存款帐户，金融机构根据储户提供的上述证明，登记证件名称及号码等事项。

第七条　教育储蓄为零存整取定期储蓄存款。存期分为一年、三年和六年。最低起存金额为 50 元，本金合计最高限额为 2 万元。开户时储户应与金融机构约定每月固定存入的金额，分月存入，中途如有漏存，应在次月补齐，未补存者按零存整取定期储蓄存款的有关规定办理。

第八条　教育储蓄实行利率优惠。一年期、三年期教育储蓄按开户日同期同档次整存整取定期储蓄存款利率计息；六年期按开户日五年期整存整取定期储蓄存款利率计息。

第九条　教育储蓄在存期内遇利率调整，仍按开户日利率计息。

第十条　教育储蓄到期支取时按实存金额和实际存期计算利息。教育储蓄到期支取时应遵循以下规定：

（一）储户凭存折和学校提供的正在接受非义务教育的学生身份证明（以下简称"证明"）一次支取本金和利息。储户凭"证明"可以享受利率优惠，并免征储蓄存款利息所得税。金融机构支付存款本金和利息后,应在"证明"原件上加盖"已享受教育储蓄优惠"等字样的印章,每份"证明"只享受一次优惠。

(二)储户不能提供"证明"的,其教育储蓄不享受利率优惠,即一年期、三年期按开户日同期同档次零存整取定期储蓄存款利率计付利息;六年期按开户日五年期零存整取定期储蓄存款利率计付利息。同时,应按有关规定征收储蓄存款利息所得税。

第十一条 教育储蓄逾期支取,其超过原定存期的部分,按支取日活期储蓄存款利率计付利息,并按有关规定征收储蓄存款利息所得税。

第十二条 教育储蓄提前支取时必须全额支取。提前支取时,储户能提供"证明"的,按实际存期和开户日同期同档次整存整取定期储蓄存款利率计付利息,并免征储蓄存款利息所得税;储户未能提供"证明"的,按实际存期和支取日活期储蓄存款利率计付利息,并按有关规定征收储蓄存款利息所得税。

第十三条 储户办理挂失,应按《储蓄管理条例》有关规定执行。

第十四条 参加教育储蓄的储户,如申请助学贷款,在同等条件下,金融机构应优先解决。

第十五条 学校应从严管理"证明",对开具的"证明"必须建立备案存查制度。其教育主管部门应定期检查,严禁滥开、滥用"证明"。

第十六条 各金融机构可根据本办法制定实施细则,并报中国人民银行备案。

第十七条 本办法由中国人民银行负责修改和解释。

第十八条 本办法自发布之日起实施。

生源地信用助学贷款风险补偿金管理办法

1. 2022年1月7日财政部、教育部发布
2. 财教〔2022〕1号

第一条 为进一步落实生源地信用助学贷款风险补偿机制,充分发挥风险补偿金的风险防控和奖励引导作用,促进生源地信用助学贷款工作健康持续开展,制定本办法。

第二条 国家开发银行办理生源地信用助学贷款的风险补偿金管理适用本办法。

第三条 国家开发银行收到风险补偿金,应确认为递延收益,待核销生源地信用助学贷款损失时,计入当期损益;已核销的生源地信用助学贷款损失,以后又收回的,相应回拨递延收益。

风险补偿金若低于生源地信用助学贷款损失,不足部分由国家开发银行承担;若超出生源地信用助学贷款损失,超出部分由国家开发银行按规定进行结余奖励。

第四条 生源地信用助学贷款风险补偿金结余奖励资金管理办法由国家开发银行总行商全国学生资助管理中心制定,报财政部、教育部备案后执行。

第五条 生源地信用助学贷款风险补偿金结余奖励工作每年开展一次,以省(自治区、直辖市、计划单列市,以下统称省)为单位进行计算。

第六条 国家开发银行省级分行商省级学生资助管理中心确定年度结余奖励资金提取金额和分配方案,报省级财政部门、教育部门以及国家开发银行总行和全国学生资助管理中心备案。

第七条 国家开发银行省级分行根据备案后的分配方案将结余奖励资金分别拨付省级学生资助管理中心和县级学生资助管理中心。省级学生资助管理中心和县级学生资助管理中心应按规定纳税。

第八条 国家开发银行省级分行应于每年6月30日前,将上一年度风险补偿金结余奖励资金拨付到位。

第九条 省级学生资助管理中心和县级学生资助管理中心收到风险补偿金结余奖励资金,应专账核算、专款专用。

(一)省级学生资助管理中心用于弥补学生因死亡、失踪、丧失劳动力能力、丧失民事行为能力、家庭遭遇重大自然灾害、家庭成员患有重大疾病以及经济收入特别低确实无力归还生源地信用助学贷款所形成的风险。已由省级学生资助管理中心代偿的生源地信用助学贷款,承办银行不得重复核销损失。

(二)县级学生资助管理中心用于与生源地信用助学贷款管理工作直接相关的支出,包括宣传教育经费、办公设备购置经费、业务培训经费、交通费、住宿费、通讯费以及临时聘用人员劳务费等方面的支出。

第十条 结余奖励资金不得用于平衡预算、偿还债务、支付利息、对外投资等支出,不得用于工资、奖金、津贴补贴和福利支出,不得用于其他与国家助学贷款管理工作无关的支出。

第十一条 国家开发银行和相关学生资助管理中心要严格按照国家相关法规和本办法规定使用和管理生源地信用助学贷款风险补偿金,并自觉接受财政、审计、纪检监察等部门的监督和检查。

第十二条 每年1月31日前,国家开发银行总行应汇总分析上一年度风险补偿金使用管理情况，报送财政部、教育部并抄送全国学生资助管理中心。财政部、教育部将适时对风险补偿金使用管理情况开展专项检查或抽查。

第十三条 每年1月31日前，各省级学生资助管理中心应汇总分析上一年度风险补偿金结余奖励资金使用情况，包括资金总额、分配情况、县级学生资助管理中心结余奖励资金使用管理情况、结余情况、对资金使用的下一步打算等，报全国学生资助管理中心。全国学生资助管理中心形成总报告报送财政部、教育部。

第十四条 各级财政、教育部门及其工作人员，在风险补偿金分配和审核工作中，存在违反规定分配或挤占、挪用、虚列、套取风险补偿金行为，以及其他滥用职权、玩忽职守、徇私舞弊等违法违规行为的，依法追究相应责任。

申报、使用风险补偿金的单位、企业及个人在资金申报、使用过程中存在违法违规行为的，依照《中华人民共和国预算法》及其实施条例、《财政违法行为处罚处分条例》等国家有关规定追究相应责任。

第十五条 对其他银行业金融机构开展生源地信用助学贷款业务的，风险补偿金管理由各省财政、教育、人民银行、银保监部门与该金融机构参照本办法根据实际情况确定。

第十六条 本办法由财政部、教育部负责解释。

第十七条 本办法自印发之日起施行。《财政部 教育部关于印发〈生源地信用助学贷款风险补偿金管理办法〉的通知》（财教〔2014〕16号）同时废止。

教育储蓄存款利息所得免征个人所得税实施办法

1. 2005年9月14日国家税务总局、中国人民银行、教育部发布
2. 国税发〔2005〕148号
3. 自2005年10月1日起施行

第一条 为加强储蓄存款利息所得个人所得税（以下简称利息税）征收管理，规范教育储蓄利息所得免征利息税管理，根据《中华人民共和国个人所得税法》及其实施条例、国务院关于《对储蓄存款利息所得征收个人所得税的实施办法》和《教育储蓄管理办法》的规定，特制定本办法。

第二条 个人为其子女（或被监护人）接受非义务教育（指九年义务教育之外的全日制高中、大中专、大学本科、硕士和博士研究生）在储蓄机构开立教育储蓄专户，并享受利率优惠的存款，其所取得的利息免征个人所得税（以下简称利息税）。

第三条 开立教育储蓄的对象（即储户）为在校小学4年级（含4年级）以上学生；享受免征利息税优惠政策的对象必须是正在接受非义务教育的在校学生，其在就读全日制高中（中专）、大专和大学本科、硕士和博士研究生时，每个学习阶段可分别享受一次2万元教育储蓄的免税优惠。

第四条 教育储蓄采用实名制，办理开户时，须凭储户本人户口簿（户籍证明）或居民身份证到储蓄机构以储户本人的姓名开立存款账户。

第五条 教育储蓄为一年、三年和六年期零存整取定期储蓄存款，每份本金合计不得超过2万元；每份本金合计超过2万元或一次性趸存本金的，一律不得享受教育储蓄免税的优惠政策，其取得的利息，应征收利息税。不按规定计付利息的教育储蓄，不得享受免税优惠，应按支付的利息全额征收利息税。

第六条 教育储蓄到期前，储户必须持存折、户口簿（户籍证明）或身份证到所在学校开具正在接受非义务教育的学生身份证明（以下简称"证明"）。

"证明"样式由国家税务总局制定，各省、自治区、直辖市和计划单列市国家税务局印制，由学校到所在地主管税务机关领取。"证明"一式三联（样式见附件），第一联学校留存；第二、三联由储户在支取本息时提供给储蓄机构；储蓄机构应将第二联留存备查，第三联在每月办理扣缴税申报时一并报送主管税务机关。

储户到所在学校开具"证明"时，应在"证明"中填列本人居民身份证号码；无居民身份证号码的，应持本人户口簿（户籍证明）复印件三份，分别附在三联"证明"之后。

第七条 教育储蓄到期时，储户必须持存折、身份证或户口簿（户籍证明）和"证明"支取本息。储蓄机构应认真审核储户所持存折、身份证或户口簿（户籍证明）和"证明"，对符合条件的，给予免税优惠，并在"证明"（第二、三联）上加盖"已享受教育储蓄优惠"印章；不能提供"证明"的，均应按有关规定扣缴利息税。

第八条 储蓄机构应对教育储蓄情况进行详细记录，以备税务机关核查。记录的内容应包括：储户姓名、证件名称及号码、开具"证明"的学校、"证明"编号、存款额度、储蓄起止日期、利率、利息。

第九条 主管税务机关应设立教育储蓄利息所得免征个

人所得税台账，对储户享受优惠情况进行详细登记。登记内容包括：储户姓名、证件名称及号码、“证明”编号、开具“证明”的学校、开户银行、存款额度、储蓄起止日期、利率、利息。

第十条 主管税务机关应依法定期对储蓄机构的教育储蓄存款利息所得免税情况开展检查。

第十一条 从事非义务教育的学校应主动向所在地国税机关领取“证明”，并严格按照规定填开“证明”，不得重复填开或虚开，对填开的“证明”必须建立备案存查制度。

对违反规定向纳税人、扣缴义务人提供“证明”，导致未缴、少缴个人所得税款的学校，按《中华人民共和国税收征收管理法》（以下简称《征管法》）实施细则的规定，税务机关可以处未缴、少缴税款1倍以下的罚款。

第十二条 对储蓄机构以教育储蓄名义进行揽储，没有按规定办理教育储蓄，而造成应扣未扣税款的，应按《征管法》的规定，向纳税人追缴应纳税款，并对扣缴义务人处应扣未扣税款50%以上3倍以下的罚款。税务机关在向纳税人追缴税款时，可责成扣缴义务人从纳税人的储蓄账户上限期补扣应扣未扣的税款。

对储户采取欺骗手段办理教育储蓄的，一经发现，应对其征收利息税，并按《征管法》的规定予以处理。

第十三条 各省、自治区、直辖市和计划单列市国家税务局、中国人民银行各分行、教育厅（局）可根据本办法制定具体的实施办法。

第十四条 本办法自2005年10月1日起施行。

附件：（略）

十四、学校管理

资料补充栏

1. 学校文体工作

学校体育工作条例

1. 1990 年 2 月 20 日国务院批准
2. 1990 年 3 月 12 日国家教育委员会令第 8 号、国家体育运动委员会令第 11 号发布
3. 根据 2017 年 3 月 1 日国务院令第 676 号《关于修改和废止部分行政法规的决定》修订

第一章 总　　则

第一条 为保证学校体育工作的正常开展，促进学生身心的健康成长，制定本条例。

第二条 学校体育工作是指普通中小学校、农业中学、职业中学、中等专业学校、普通高等学校的体育课教学、课外体育活动、课余体育训练和体育竞赛。

第三条 学校体育工作的基本任务是：增进学生身心健康、增强学生体质；使学生掌握体育基本知识，培养学生体育运动能力和习惯；提高学生运动技术水平，为国家培养体育后备人才；对学生进行品德教育，增强组织纪律性，培养学生的勇敢、顽强、进取精神。

第四条 学校体育工作应当坚持普及与提高相结合、体育锻炼与安全卫生相结合的原则，积极开展多种形式的强身健体活动，重视继承和发扬民族传统体育，注意吸取国外学校体育的有益经验，积极开展体育科学研究工作。

第五条 学校体育工作应当面向全体学生，积极推行国家体育锻炼标准。

第六条 学校体育工作在教育行政部门领导下，由学校组织实施，并接受体育行政部门的指导。

第二章 体育课教学

第七条 学校应当根据教育行政部门的规定，组织实施体育课教学活动。

普通中小学校、农业中学、职业中学、中等专业学校各年级和普通高等学校的一、二年级必须开设体育课。普通高等学校对三年级以上学生开设体育选修课。

第八条 体育课教学应当遵循学生身心发展的规律，教学内容应当符合教学大纲的要求，符合学生年龄、性别特点和所在地区地理、气候条件。

体育课的教学形式应当灵活多样，不断改进教学方法，改善教学条件，提高教学质量。

第九条 体育课是学生毕业、升学考试科目。学生因病、残免修体育课或者免除体育课考试的，必须持医院证明，经学校体育教研室（组）审核同意，并报学校教务部门备案，记入学生健康档案。

第三章 课外体育活动

第十条 开展课外体育活动应当从实际情况出发，因地制宜，生动活泼。

普通中小学校、农业中学、职业中学每天应当安排课间操，每周安排 3 次以上课外体育活动，保证学生每天有 1 小时体育活动的时间（含体育课）。

中等专业学校、普通高等学校除安排有体育课、劳动课的当天外，每天应当组织学生开展各种课外体育活动。

第十一条 学校应当在学生中认真推行国家体育锻炼标准的达标活动和等级运动员制度。

学校可根据条件有计划地组织学生远足、野营和举办夏（冬）令营等多种形式的体育活动。

第四章 课余体育训练与竞赛

第十二条 学校应当在体育课教学和课外体育活动的基础上，开展多种形式的课余体育训练，提高学生的运动技术水平。有条件的普通中小学校、农业中学、职业中学、中等专业学校经省级教育行政部门批准，普通高等学校经国家教育委员会批准，可以开展培养优秀体育后备人才的训练。

第十三条 学校对参加课余体育训练的学生，应当安排好文化课学习，加强思想品德教育，并注意改善他们的营养。普通高等学校对运动水平较高、具有培养前途的学生，报国家教育委员会批准，可适当延长学习年限。

第十四条 学校体育竞赛贯彻小型多样、单项分散、基层为主、勤俭节约的原则。学校每学年至少举行一次以田径项目为主的全校性运动会。

第十五条 全国中学生运动会每 3 年举行一次，全国大学生运动会每 4 年举行一次。特殊情况下，经国家教育委员会批准可提前或者延期举行。

国家教育委员会根据需要，可以安排学生参加国际学生体育竞赛。

第十六条 学校体育竞赛应当执行国家有关的体育竞赛制度和规定，树立良好的赛风。

第五章 体 育 教 师

第十七条 体育教师应当热爱学校体育工作，具有良好的思想品德、文化素养，掌握体育教育的理论和教学方法。

第十八条　学校应当在各级教育行政部门核定的教师总编制数内，按照教学计划中体育课授课时数所占的比例和开展课余体育活动的需要配备体育教师。除普通小学外，学校应当根据学校女生数量配备一定比例的女体育教师。承担培养优秀体育后备人才训练任务的学校，体育教师的配备应当相应增加。

第十九条　各级教育行政部门和学校应当有计划地安排体育教师进修培训。对体育教师的职务聘任、工资待遇应当与其他任课教师同等对待。按照国家有关规定，有关部门应当妥善解决体育教师的工作服装和粮食定量。

体育教师组织课间操（早操）、课外体育活动和课余训练、体育竞赛应当计算工作量。

学校对妊娠、产后的女体育教师，应当依照《女职工劳动保护规定》给予相应的照顾。

第六章　场地、器材、设备和经费

第二十条　学校的上级主管部门和学校应当按照国家或者地方制订的各类学校体育场地、器材、设备标准，有计划地逐步配齐。学校体育器材应当纳入教学仪器供应计划。新建、改建学校必须按照有关场地、器材的规定进行规划、设计和建设。

在学校比较密集的城镇地区，逐步建立中小学体育活动中心，并纳入城市建设规划。社会的体育场（馆）和体育设施应当安排一定时间免费向学生开放。

第二十一条　学校应当制定体育场地、器材、设备的管理维修制度，并由专人负责管理。

任何单位或者个人不得侵占、破坏学校体育场地或者破坏体育器材、设备。

第二十二条　各级教育行政部门和学校应当根据学校体育工作的实际需要，把学校体育经费纳入核定的年度教育经费预算内，予以妥善安排。

地方各级人民政府在安排年度学校教育经费时，应当安排一定数额的体育经费，以保证学校体育工作的开展。

国家和地方各级体育行政部门在经费上应当尽可能对学校体育工作给予支持。

国家鼓励各种社会力量以及个人自愿捐资支援学校体育工作。

第七章　组织机构和管理

第二十三条　各级教育行政部门应当健全学校体育管理机构，加强对学校体育工作的指导和检查。

学校体育工作应当作为考核学校工作的一项基本内容。普通中小学校的体育工作应当列入督导计划。

第二十四条　学校应当由一位副校（院）长主管体育工作，在制定计划、总结工作、评选先进时，应当把体育工作列为重要内容。

第二十五条　普通高等学校、中等专业学校和规模较大的普通中学，可以建立相应的体育管理部门，配备专职干部和管理人员。

班主任、辅导员应当把学校体育工作作为一项工作内容，教育和督促学生积极参加体育活动。学校的卫生部门应当与体育管理部门互相配合，搞好体育卫生工作。总务部门应当搞好学校体育工作的后勤保障。

学校应当充分发挥共青团、少先队、学生会以及大、中学生体育协会等组织在学校体育工作中的作用。

第八章　奖励与处罚

第二十六条　对在学校体育工作中成绩显著的单位和个人，各级教育、体育行政部门或者学校应当给予表彰、奖励。

第二十七条　对违反本条例，有下列行为之一的单位或者个人，由当地教育行政部门令其限期改正，并视情节轻重对直接责任人员给予批评教育或者行政处分：

（一）不按规定开设或者随意停止体育课的；

（二）未保证学生每天一小时体育活动时间（含体育课）的；

（三）在体育竞赛中违反纪律、弄虚作假的；

（四）不按国家规定解决体育教师工作服装、粮食定量的。

第二十八条　对违反本条例，侵占、破坏学校体育场地、器材、设备的单位或者个人，由当地人民政府或者教育行政部门令其限期清退和修复场地、赔偿或者修复器材、设备。

第九章　附　　则

第二十九条　高等体育院校和普通高等学校的体育专业的体育工作不适用本条例。

技工学校、工读学校、特殊教育学校、成人学校的学校体育工作参照本条例执行。

第三十条　国家教育委员会、国家体育运动委员会可根据本条例制定实施办法。

第三十一条　本条例自发布之日起施行。原教育部、国家体育运动委员会 1979 年 10 月 5 日发布的《高等学校体育工作暂行规定(试行草案)》和《中、小学体育工作暂行规定(试行草案)》同时废止。

关于全面加强和改进新时代学校体育工作的意见

2020年10月中共中央办公厅、国务院办公厅印发

学校体育是实现立德树人根本任务、提升学生综合素质的基础性工程,是加快推进教育现代化、建设教育强国和体育强国的重要工作,对于弘扬社会主义核心价值观,培养学生爱国主义、集体主义、社会主义精神和奋发向上、顽强拼搏的意志品质,实现以体育智、以体育心具有独特功能。为贯彻落实习近平总书记关于教育、体育的重要论述和全国教育大会精神,把学校体育工作摆在更加突出位置,构建德智体美劳全面培养的教育体系,现就全面加强和改进新时代学校体育工作提出如下意见。

一、总体要求

1. 指导思想。以习近平新时代中国特色社会主义思想为指导,全面贯彻党的教育方针,坚持社会主义办学方向,以立德树人为根本,以社会主义核心价值观为引领,以服务学生全面发展、增强综合素质为目标,坚持健康第一的教育理念,推动青少年文化学习和体育锻炼协调发展,帮助学生在体育锻炼中享受乐趣、增强体质、健全人格、锤炼意志,培养德智体美劳全面发展的社会主义建设者和接班人。

2. 工作原则

——改革创新,面向未来。立足时代需求,更新教育理念,深化教学改革,使学校体育同教育事业的改革发展要求相适应,同广大学生对优质丰富体育资源的期盼相契合,同构建德智体美劳全面培养的教育体系相匹配。

——补齐短板,特色发展。补齐师资、场馆、器材等短板,促进学校体育均衡发展。坚持整体推进与典型引领相结合,鼓励特色发展。弘扬中华体育精神,推广中华传统体育项目,形成"一校一品"、"一校多品"的学校体育发展新局面。

——凝心聚力,协同育人。深化体教融合,健全协同育人机制,为学生纵向升学和横向进入专业运动队、职业体育俱乐部打通通道,建立完善家庭、学校、政府、社会共同关心支持学生全面健康成长的激励机制。

3. 主要目标。到2022年,配齐配强体育教师,开齐开足体育课,办学条件全面改善,学校体育工作制度机制更加健全,教学、训练、竞赛体系普遍建立,教育教学质量全面提高,育人成效显著增强,学生身体素质和综合素养明显提升。到2035年,多样化、现代化、高质量的学校体育体系基本形成。

二、不断深化教学改革

4. 开齐开足上好体育课。严格落实学校体育课程开设刚性要求,不断拓宽课程领域,逐步增加课时,丰富课程内容。义务教育阶段和高中阶段学校严格按照国家课程方案和课程标准开齐开足上好体育课。鼓励基础教育阶段学校每天开设1节体育课。高等教育阶段学校要将体育纳入人才培养方案,学生体质健康达标、修满体育学分方可毕业。鼓励高校和科研院所将体育课程纳入研究生教育公共课程体系。

5. 加强体育课程和教材体系建设。学校体育课程注重大中小幼相衔接,聚焦提升学生核心素养。学前教育阶段开展适合幼儿身心特点的游戏活动,培养体育兴趣爱好,促进运动机能协调发展。义务教育阶段体育课程帮助学生掌握1至2项运动技能,引导学生树立正确健康观。高中阶段体育课程进一步发展学生运动专长,引导学生养成健康生活方式,形成积极向上的健全人格。职业教育体育课程与职业技能培养相结合,培养身心健康的技术人才。高等教育阶段体育课程与创新人才培养相结合,培养具有崇高精神追求、高尚人格修养的高素质人才。学校体育教材体系建设要扎根中国、融通中外,充分体现思想性、教育性、创新性、实践性,根据学生年龄特点和身心发展规律,围绕课程目标和运动项目特点,精选教学素材,丰富教学资源。

6. 推广中华传统体育项目。认真梳理武术、摔跤、棋类、射艺、龙舟、毽球、五禽操、舞龙舞狮等中华传统体育项目,因地制宜开展传统体育教学、训练、竞赛活动,并融入学校体育教学、训练、竞赛机制,形成中华传统体育项目竞赛体系。涵养阳光健康、拼搏向上的校园体育文化,培养学生爱国主义、集体主义、社会主义精神,增强文化自信,促进学生知行合一、刚健有为、自强不息。深入开展"传承的力量——学校体育艺术教育弘扬中华优秀传统文化成果展示活动",加强宣传推广,让中华传统体育在校园绽放光彩。

7. 强化学校体育教学训练。逐步完善"健康知识+基本运动技能+专项运动技能"的学校体育教学模式。教会学生科学锻炼和健康知识,指导学生掌握跑、跳、投等基本运动技能和足球、篮球、排球、田径、游泳、体操、武术、冰雪运动等专项运动技能。健全体育锻炼制度,广泛开展普及性体育运动,定期举办学生运动会或体育节,组建体育兴趣小组、社团和俱乐部,推动学生积极参与常规课余训练和体育竞赛。合理安排校外体育活动时间,着力保障学生每天校内、校外各1个小时体育活动时间,促进学生养成终身锻炼的习惯。加强青少年学生军训。

8. 健全体育竞赛和人才培养体系。建立校内竞赛、校际联赛、选拔性竞赛为一体的大中小学体育竞赛体系,构建国家、省、市、县四级学校体育竞赛制度和选拔性竞赛(夏令营)制度。大中小学校建设学校代表队,参加区域乃至全国联赛。加强体教融合,广泛开展青少年体育夏(冬)令营活动,鼓励学校与体校、社会体育俱乐部合作,共同开展体育教学、训练、竞赛,促进竞赛体系深度融合。深化全国学生运动会改革,每年开展赛事项目预赛。加强体育传统特色学校建设,完善竞赛、师资培训等工作,支持建立高水平运动队,提高体育传统特色学校运动水平。加强高校高水平运动队建设,优化拓展项目布局,深化招生、培养、竞赛、管理制度改革,将高校高水平运动队建设与中小学体育竞赛相衔接,纳入国家竞技体育后备人才培养体系。深化高水平运动员注册制度改革,建立健全体育运动水平等级标准,打通教育和体育系统高水平赛事互认通道。

三、全面改善办学条件

9. 配齐配强体育教师。各地要加大力度配齐中小学体育教师,未配齐的地区应每年划出一定比例用于招聘体育教师。在大中小学校设立专(兼)职教练员岗位。建立聘用优秀退役运动员为体育教师或教练员制度。有条件的地区可以通过购买服务方式,与相关专业机构等社会力量合作向中小学提供体育教育教学服务,缓解体育师资不足问题。实施体育教育专业大学生支教计划。通过"国培计划"等加大对农村体育教师的培训力度,支持高等师范院校与优质中小学建立协同培训基地,支持体育教师海外研修访学。推进高校体育教育专业人才培养模式改革,推进地方政府、高校、中小学协同育人,建设一批试点学校和教育基地。明确高校高职体育专业和高校高水平运动队专业教师、教练员配备最低标准,不达标的高校原则上不得开办相关专业。

10. 改善场地器材建设配备。研究制定国家学校体育卫生条件基本标准。建好满足课程教学和实践活动需求的场地设施、专用教室。把农村学校体育设施建设纳入地方义务教育均衡发展规划,鼓励有条件的地区在中小学建设体育场馆,与体育基础薄弱学校共用共享。小规模学校以保基本、兜底线为原则,配备必要的功能教室和设施设备。加强高校体育场馆建设,鼓励有条件的高校与地方共建共享。配好体育教学所需器材设备,建立体育器材补充机制。建有高水平运动队的高校,场地设备配备条件应满足实际需要,不满足的原则上不得招生。

11. 统筹整合社会资源。完善学校和公共体育场馆开放互促共进机制,推进学校体育场馆向社会开放、公共体育场馆向学生免费或低收费开放,提高体育场馆开放程度和利用效率。鼓励学校和社会体育场馆合作开设体育课程。统筹好学校和社会资源,城市和社区建设规划要统筹学生体育锻炼需要,新建项目优先建在学校或其周边。综合利用公共体育设施,将开展体育活动作为解决中小学课后"三点半"问题的有效途径和中小学生课后服务工作的重要载体。

四、积极完善评价机制

12. 推进学校体育评价改革。建立日常参与、体质监测和专项运动技能测试相结合的考查机制,将达到国家学生体质健康标准要求作为教育教学考核的重要内容。完善学生体质健康档案,中小学校要客观记录学生日常体育参与情况和体质健康监测结果,定期向家长反馈。将体育科目纳入初、高中学业水平考试范围。改进中考体育测试内容、方式和计分办法,科学确定并逐步提高分值。积极推进高校在招生测试中增设体育项目。启动在高校招生中使用体育素养评价结果的研究。加强学生综合素质评价档案使用,高校根据人才培养目标和专业学习需要,将学生综合素质评价结果作为招生录取的重要参考。

13. 完善体育教师岗位评价。把师德师风作为评价体育教师素质的第一标准。围绕教会、勤练、常赛的要求,完善体育教师绩效工资和考核评价机制。将评价导向从教师教了多少转向教会了多少,从完成课时数量转向教育教学质量。将体育教师课余指导学生勤练和常赛,以及承担学校安排的课后训练、课外活动、课后服务、指导参赛和走教任务计入工作量,并根据学生体质健康状况和竞赛成绩,在绩效工资内部分配时给予倾斜。完善体育教师职称评聘标准,确保体育教师在职务职称晋升、教学科研成果评定等方面,与其他学科教师享受同等待遇。优化体育教师岗位结构,畅通体育教师职业发展通道。提升体育教师科研能力,在全国教育科学规划课题、教育部人文社会科学研究项目中设立体育专项课题。加大对体育教师表彰力度,在教学成果奖等评选表彰中,保证体育教师占有一定比例。参照体育教师,研究并逐步完善学校教练员岗位评价。

14. 健全教育督导评价体系。将学校体育纳入地方发展规划,明确政府、教育行政部门和学校的职责。把政策措施落实情况、学生体质健康状况、素质测评情况和支持学校开展体育工作情况等纳入教育督导评估范围。完善国家义务教育体育质量监测,提高监测科学性,公布监测结果。把体育工作及其效果作为高校办学评价的重要指标,纳入高校本科教学工作评估指标体系和"双一流"建设成效评价。对政策落实不到位、学生体质健康达标率和素质测评合格率持续下降的地方政府、教育行政部门和学校负责人,依规依法予以问责。

五、切实加强组织保障

15. 加强组织领导和经费保障。地方各级党委和政府要把学校体育工作纳入重要议事日程,加强对本地区学校体育改革发展的总体谋划,党政主要负责同志要重视、关心学校体育工作。各地要建立加强学校体育工作部门联席会议制度,健全统筹协调机制。把学校体育工作纳入有关领导干部培训计划。各级政府要调整优化教育支出结构,完善投入机制,积极支持学校体育工作。地方政府要统筹安排财政转移支付资金和本级财力支持学校体育工作。鼓励和引导社会资金支持学校体育发展,吸引社会捐赠,多渠道增加投入。

16. 加强制度保障。完善学校体育法律制度,研究修订《学校体育工作条例》。鼓励地方出台学校体育法规制度,为推动学校体育发展提供有力法治保障。建立政府主导、部门协同、社会参与的安全风险管理机制。健全政府、学校、家庭共同参与的学校体育运动伤害风险防范和处理机制,探索建立涵盖体育意外伤害的学生综合保险机制。试行学生体育活动安全事故第三方调解机制。强化安全教育,加强大型体育活动安全管理。

17. 营造社会氛围。各地要研究落实加强和改进新时代学校体育工作的具体措施,可以结合实际制定实施学校体育教师配备和场地器材建设三年行动计划。总结经验做法,形成可推广的政策制度。加强宣传,凝聚共识,营造全社会共同促进学校体育发展的良好社会氛围。

关于全面加强和改进新时代学校美育工作的意见

2020年10月中共中央办公厅、国务院办公厅印发

美是纯洁道德、丰富精神的重要源泉。美育是审美教育、情操教育、心灵教育,也是丰富想象力和培养创新意识的教育,能提升审美素养、陶冶情操、温润心灵、激发创新创造活力。为贯彻落实习近平总书记关于教育的重要论述和全国教育大会精神,进一步强化学校美育育人功能,构建德智体美劳全面培养的教育体系,现就全面加强和改进新时代学校美育工作提出如下意见。

一、总体要求

1. 指导思想。以习近平新时代中国特色社会主义思想为指导,全面贯彻党的教育方针,坚持社会主义办学方向,以立德树人为根本,以社会主义核心价值观为引领,以提高学生审美和人文素养为目标,弘扬中华美育精神,以美育人、以美化人、以美培元,把美育纳入各级各类学校人才培养全过程,贯穿学校教育各学段,培养德智体美劳全面发展的社会主义建设者和接班人。

2. 工作原则

——坚持正确方向。将学校美育作为立德树人的重要载体,坚持弘扬社会主义核心价值观,强化中华优秀传统文化、革命文化、社会主义先进文化教育,引领学生树立正确的历史观、民族观、国家观、文化观,陶冶高尚情操,塑造美好心灵,增强文化自信。

——坚持面向全体。健全面向人人的学校美育育人机制,缩小城乡差距和校际差距,让所有在校学生都享有接受美育的机会,整体推进各级各类学校美育发展,加强分类指导,鼓励特色发展,形成"一校一品"、"一校多品"的学校美育发展新局面。

——坚持改革创新。全面深化学校美育综合改革,坚持德智体美劳五育并举,加强各学科有机融合,整合美育资源,补齐发展短板,强化实践体验,完善评价机制,全员全过程全方位育人,形成充满活力、多方协作、开放高效的学校美育新格局。

3. 主要目标。到2022年,学校美育取得突破性进展,美育课程全面开齐开足,教育教学改革成效显著,资源配置不断优化,评价体系逐步健全,管理机制更加完善,育人成效显著增强,学生审美和人文素养明显提升。到2035年,基本形成全覆盖、多样化、高质量的具有中国特色的现代化学校美育体系。

二、不断完善课程和教材体系

4. 树立学科融合理念。加强美育与德育、智育、体育、劳动教育相融合，充分挖掘和运用各学科蕴含的体现中华美育精神与民族审美特质的心灵美、礼乐美、语言美、行为美、科学美、秩序美、健康美、勤劳美、艺术美等丰富美育资源。有机整合相关学科的美育内容，推进课程教学、社会实践和校园文化建设深度融合，大力开展以美育为主题的跨学科教育教学和课外校外实践活动。

5. 完善课程设置。学校美育课程以艺术课程为主体，主要包括音乐、美术、书法、舞蹈、戏剧、戏曲、影视等课程。学前教育阶段开展适合幼儿身心特点的艺术游戏活动。义务教育阶段丰富艺术课程内容，在开好音乐、美术、书法课程的基础上，逐步开设舞蹈、戏剧、影视等艺术课程。高中阶段开设多样化艺术课程，增加艺术课程的可选择性。职业教育将艺术课程与专业课程有机结合，强化实践，开设体现职业教育特点的拓展性艺术课程。高等教育阶段开设以审美和人文素养培养为核心、以创新能力培育为重点、以中华优秀传统文化传承发展和艺术经典教育为主要内容的公共艺术课程。

6. 科学定位课程目标。构建大中小幼相衔接的美育课程体系，明确各级各类学校美育课程目标。学前教育阶段培养幼儿拥有美好、善良心灵和懂得珍惜美好事物。义务教育阶段注重激发学生艺术兴趣和创新意识，培养学生健康向上的审美趣味、审美格调，帮助学生掌握1至2项艺术特长。高中阶段丰富审美体验，开阔人文视野，引导学生树立正确的审美观、文化观。职业教育强化艺术实践，培养具有审美修养的高素质技术技能人才，引导学生完善人格修养，增强文化创新意识。高等教育阶段强化学生文化主体意识，培养具有崇高审美追求、高尚人格修养的高素质人才。

7. 加强教材体系建设。编写教材要坚持马克思主义指导地位，扎根中国、融通中外，体现国家和民族基本价值观，格调高雅，凸显中华美育精神，充分体现思想性、民族性、创新性、实践性。根据学生年龄特点和身心成长规律，围绕课程目标，精选教学素材，丰富教学资源。加强大中小学美育教材一体化建设，注重教材纵向衔接，实现主线贯穿、循序渐进。中小学美育教材按规定审定后使用。高校落实美育教材建设主体责任，做好教材研究、编写、使用等工作，探索形成以美学和艺术史论类、艺术鉴赏类、艺术实践类为主体的高校公共艺术课程教材体系。

三、全面深化教学改革

8. 开齐开足上好美育课。严格落实学校美育课程开设刚性要求，不断拓宽课程领域，逐步增加课时，丰富课程内容。义务教育阶段和高中阶段学校严格按照国家课程方案和课程标准开齐开足上好美育课。高等教育阶段将公共艺术课程与艺术实践纳入学校人才培养方案，实行学分制管理，学生修满公共艺术课程2个学分方能毕业。鼓励高校和科研院所将美学、艺术学课程纳入研究生教育公共课程体系。

9. 深化教学改革。逐步完善“艺术基础知识基本技能+艺术审美体验+艺术专项特长”的教学模式。在学生掌握必要基础知识和基本技能的基础上，着力提升文化理解、审美感知、艺术表现、创意实践等核心素养，帮助学生形成艺术专项特长。成立全国高校和中小学美育教学指导委员会，培育一批学校美育优秀教学成果和名师工作室，建设一批学校美育实践基地，开发一批美育课程优质数字教育资源。推动高雅艺术进校园，持续建设中华优秀传统文化传承学校和基地，创作并推广高校原创文化精品，以大爱之心育莘莘学子，以大美之艺绘传世之作，努力培养心灵美、形象美、语言美、行为美的新时代青少年。

10. 丰富艺术实践活动。面向人人，建立常态化学生全员艺术展演机制，大力推广惠及全体学生的合唱、合奏、集体舞、课本剧、艺术实践工作坊和博物馆、非遗展示传习场所体验学习等实践活动，广泛开展班级、年级、院系、校级等群体性展示交流。有条件的地区可以每年开展大中小学生艺术专项展示，每3年分别组织1次省级大学生和中小学生综合性艺术展演。加强国家级示范性大中小学校学生艺术团建设，遴选优秀学生艺术团参与国家重大演出活动，以弘扬中华优秀传统文化、革命文化、社会主义先进文化为导向，发挥示范引领作用。

11. 推进评价改革。把中小学生学习音乐、美术、书法等艺术类课程以及参与学校组织的艺术实践活动情况纳入学业要求，探索将艺术类科目纳入初、高中学业水平考试范围。全面实施中小学生艺术素质测评，将测评结果纳入初、高中学生综合素质评价。探索将艺术类科目纳入中考改革试点，纳入高中阶段学校考试招生录取计分科目，依据课程标准确定考试内容，利用现代技术手段促进客观公正评价。

12. 加快艺术学科创新发展。专业艺术教育坚持以一流为目标，进一步优化学科专业布局，构建多元化、特色化、高水平的中国特色艺术学科专业体系，加强国家级一流艺术类专业点建设，创新艺术人才培养机制，提高艺术人才培养能力。艺术师范教育以培养高素质专业化创新型教师队伍为根本，坚定办学方向、坚守师范特质、坚持服务需求、强化实践环节，构建协同育人机制，鼓励艺术教师互聘和双向交流。鼓励有条件的地区建设一批高水平艺术学科创新团队和平台，整合美学、艺术学、教育学等学科资源，加强美育基础理论建设，建设一批美育高端智库。

四、着力改善办学条件

13. 配齐配好美育教师。各地要加大中小学美育教师补充力度，未配齐的地区应每年划出一定比例用于招聘美育教师。有条件的地区可以通过购买服务方式，与相关专业机构等社会力量合作，向中小学提供美育教育教学服务，缓解美育师资不足问题。鼓励优秀文艺工作者等人士到学校兼任美育教师。推动实施艺术教育专业大学生支教计划。全面提高美育教师思想政治素质、教学素质、育人能力和职业道德水平。优化美育教师岗位结构，畅通美育教师职业发展通道。将美育教师承担学校安排的艺术社团指导，课外活动、课后服务等第二课堂指导和走教任务计入工作量。在教学成果奖等评选表彰中，保证美育教师占有一定比例。

14. 改善场地器材建设配备。建好满足课程教学和实践活动需求的场地设施、专用教室。把农村学校美育设施建设纳入地方义务教育均衡发展规划，小规模学校以保基本、兜底线为原则，配备必要的功能教室和设施设备。鼓励有条件的地区在中小学校建设美育场馆，与周边学校和社区共用共享。加强高校美育场馆建设，鼓励有条件的高校与地方共建共享剧院、音乐厅、美术馆、书法馆、博物馆等艺术场馆。配好美育教学所需器材设备，建立美育器材补充机制。制定学校美育工作基本标准。

15. 统筹整合社会资源。加强美育的社会资源供给，推动基本公共文化服务项目为学校美育教学服务。城市和社区建设规划要统筹学生艺术实践需要，新建文化艺术项目优先建在学校或其周边。鼓励学校与社会公共文化艺术场馆、文艺院团合作开设美育课程。整合校内、校外资源开展美育实践活动，作为解决中小学课后“三点半”问题的有效途径和中小学生课后服务工作的重要载体。有条件的地方和学校每年组织学生现场参观1次美术馆、书法馆、博物馆，让收藏在馆所里的文物、陈列在大地上的文化艺术遗产成为学校美育的丰厚资源，让广大学生在艺术学习过程中了解中华文化变迁，触摸中华文化脉络，汲取中华文化艺术精髓。充分挖掘学校艺术场馆的社会服务功能，鼓励有条件的学校将艺术场馆向社会有序开放。

16. 建立美育基础薄弱学校帮扶机制。各地要加强乡村学校美育教师培养，通过乡村教师公费定向培养项目，培养能够承担美育教学的全科教师。鼓励开展对乡村学校各学科在职教师的美育培训，培养能够承担美育教学与活动指导的兼职美育教师。推进农村学校艺术教育实验县等综合改革实践，建立校际教师共享和城乡学校“手拉手”帮扶机制。统筹乡镇中心学校和小规模学校美育课程设置、教学安排、教研活动和教师管理，采取同步课堂、共享优质在线资源等方式，补齐师资和资源短板。引导高校师生强化服务社会意识，支持高校开展美育浸润行动计划，支持社会力量开展美育公益项目。

五、切实加强组织保障

17. 加强组织领导和经费保障。地方各级党委和政府要把学校美育工作纳入重要议事日程，纳入地方经济社会发展规划，加强对本地区学校美育改革发展的总体谋划。各地要建立加强学校美育工作部门联席会议制度，健全统筹协调机制。把学校美育工作纳入有关领导干部培训计划。各级政府要调整优化教育支出结构，完善投入机制，地方政府要统筹安排财政转移支付资金和本级财力支持学校美育工作。鼓励和引导社会资金支持学校美育发展，吸引社会捐赠，多渠道增加投入。

18. 加强制度保障。完善学校美育法律制度，研究制定规范学校美育工作的法规。鼓励地方出台学校美育法规制度，为推动学校美育发展提供有力法治保障。健全教育督导评价制度，把政策措施落实情况、学生艺术素质测评情况和支持学校开展美育工作情况等纳入教育督导评估范围。完善国家义务教育美育质量监测，公布监测结果。把美育工作及其效果作为高校办学评价的重要指标，纳入高校本科教学工作评估指标体系和“双一流”建设成效评价。对政策落实不到位、学生艺术素质测评合格率持续下降的地方政府、教育行政部门和学校负责人，依规依法予以问责。

19. 营造社会氛围。各地要研究落实加强和改进新时代学校美育工作的具体措施，可以结合实际制定实施学校美育教师配备和场地器材建设三年行动计划。加强宣传，凝聚共识，营造全社会共同促进学校美育发展的良好社会氛围。

少年儿童体育学校管理办法

1. 2011年9月2日国家体育总局、教育部令第15号公布
2. 自2011年10月1日起施行

第一章　总　　则

第一条　为加强少年儿童体育学校的建设和管理,全面贯彻国家体育、教育方针,促进我国体育事业发展,依据《中华人民共和国体育法》、《中华人民共和国教育法》、《中华人民共和国义务教育法》等法律法规,制定本办法。

第二条　本办法所称少年儿童体育学校是指九年义务教育阶段培养少年儿童体育专项运动技能的体育特色学校(含体育中学、单项体育运动学校、少年儿童业余体育学校,以下简称少体校)。

第三条　少体校的主要任务是为国家和社会培养、输送具有良好思想品德、文化素质和体育特长的优秀体育后备人才。

第四条　县级以上体育和教育行政部门在本级人民政府领导下,统筹规划、分工负责、协调管理少体校工作。体育行政部门负责学校的日常管理,学生训练、参赛,教练员配备和培训等;教育行政部门负责与学生文化教育相关事项的管理,包括教学、教师配备和培训等。

第五条　国家鼓励和支持企业事业组织、社会团体和公民个人举办民办少体校。

举办少体校不得以营利为目的。

第二章　设置与审批

第六条　少体校应当从实际出发,采取独立办学或依附普通中小学等形式办学。

第七条　举办少体校的社会组织应当具有法人资格,公民个人应当具有政治权利和完全民事行为能力。少体校应当具有法人资格。

第八条　举办少体校,应当符合国家关于中小学校的相关设置标准,具备与所设置运动项目相适应的训练场馆、器材设施。

少体校独立进行文化教育的,应当具备与办学规模相适应的文化教学设施、设备和师资。依附普通中小学进行文化教育的,应当和所依附的学校签定联合办学协议,明确双方的权利和义务。

第九条　少体校应当根据本地区的体育传统和运动项目布局设置体育项目。

第十条　少体校的设立、变更、终止由县级以上体育行政部门提出意见,同级教育行政部门根据相关法律法规予以审批。

第三章　招生与学籍

第十一条　少体校按学年度面向普通中小学招生。

少体校招生,对拟招收学生进行体检和选材测试。

第十二条　少体校招生后,应当对招收的新生进行试训。经试训不适宜继续进行专项运动训练的学生,仍回原学校。

第十三条　少体校录取的学生学籍的变动和管理,按照当地学籍管理办法执行。

第四章　思想品德与文化教育

第十四条　少体校应当坚持育人为本,把德育工作放在首位,增强德育工作的针对性和实效性,教育教学活动应遵循少年儿童身心发展规律。

第十五条　少体校应当加强学生爱国主义、集体主义、社会主义思想品德教育,开展文明行为养成教育、法制教育、中华体育精神及体育职业道德教育。

第十六条　少体校应当按照国家规定的义务教育阶段的课程方案、课程标准,选用国家审定的教材,实施文化课教学,并可因地制宜地开发具有区域特色的校本课程和其他教育资源。

第十七条　少体校应当保证学生完成九年义务教育课程。学生完成九年义务教育课程经考核合格的,发给相应的中小学毕业证书。

第五章　体育训练与竞赛

第十八条　少体校应当贯彻“选好苗子、着眼未来、打好基础、系统训练、积极提高”的训练原则,做好选材、育才的基础训练工作。

第十九条　少体校应当按照少年儿童以学习为主、训练为辅的原则,合理安排学生的学习和训练时间。

第二十条　少体校应当按照全国青少年教学训练大纲的规定,对学生进行科学系统的训练,每天训练时间原则上控制在2.5小时以内(含早操)。

专项运动成绩达到运动员技术等级标准的,可申请相应的等级称号。

第二十一条　少体校应当坚持利用假期、形式多样、就近比赛的原则,通过竞赛推动少年儿童体育训练的普及和提高。

第二十二条　少体校学生可以代表在训少体校和原输送学校参加各级体育、教育行政部门举办的体育竞赛活动。

学生竞赛代表资格发生争议的,由主管的体育、教育行政部门按照体育竞赛有关规定执行。

第二十三条　少体校应当加强学生医务监督，禁止使用兴奋剂，禁止超负荷训练，禁止体罚。

第六章　教师、教练员

第二十四条　少体校文化课教师应当具备国家规定的教师资格。公办少体校文化课教师由教育行政部门选派。

第二十五条　少体校教练员实行聘任制。聘任的教练员应当符合国家规定的教练员资格和任职条件。

少体校可以聘请兼职教练员任教。

第二十六条　少体校教师、教练员应当相互尊重，团结协作，关心学生的全面成长，共同做好学生的思想教育、文化学习、体育训练和生活管理工作。

第二十七条　少体校招聘体育工作人员的，对取得优异成绩的退役运动员，可以采取直接考核的方式招聘；对其他退役运动员，应在同等条件下优先聘用。

少体校中使用彩票公益金资助建成的体育设施，须安排一定比例岗位用于聘用退役运动员。

第七章　保障条件

第二十八条　地方各级人民政府应当按照国家规定加强少体校建设，将其纳入当地体育和教育发展规划，将训练竞赛经费、文化教育经费纳入同级财政预算，并加大经费投入，不断改善办学条件。

公办少体校的基建投资，由主管的体育、教育行政部门联合向当地人民政府申报解决。

第二十九条　少体校文化课教师应当具备国家规定的教师资格。教育行政部门负责向公办少体校选派优秀文化课教师。文化课教师的专业技术职务评聘、工资待遇按照国家有关规定执行。

第三十条　少体校学生、教练员的伙食标准每人每日不低于20元，运动服装标准每人每年不低于500元。各省(区、市)应当根据当地经济发展情况和物价水平，制定不低于上述标准的伙食标准和运动服装标准，并建立相应的动态增长机制。

第三十一条　少体校应当为学生办理保险。有条件的，可以根据运动项目训练和比赛的特点，办理专门的意外伤害保险。

第八章　安全管理与监督

第三十二条　少体校应当根据实际情况建立校园安全责任制度，制定安全预防、保险、应急处理和报告等相关制度。

第三十三条　少体校应当配备必要的安全管理人员，开展学校安全管理工作，保障训练竞赛、教育教学及其他活动中学生、教练员和教师的安全。

第三十四条　县级以上体育、教育行政部门应当定期检查少体校文化教育实施情况。对违反《中华人民共和国义务教育法》和有关制度及本办法的行为，应及时予以纠正，并依法对少体校及相关责任人给予相应的处理、处罚。

第三十五条　少体校在训练竞赛、教育教学等活动中发生安全责任事故的，由有关主管部门予以查处，对相关责任人给予处分，造成严重后果的依法追究刑事责任。

第九章　附　　则

第三十六条　各省、自治区、直辖市体育和教育行政部门可以依照本办法制定实施细则或相应的规章制度。

第三十七条　本办法自2011年10月1日起施行。国家体育总局、教育部1999年2月4日发布的《少年儿童体育学校管理办法》(体群字〔1999〕17号)同时废止。

全国学生体育竞赛管理规定

1997年11月28日国家教育委员会发布

第一章　总　　则

第一条　为加强对全国学生体育竞赛的领导和管理，提高学生体育竞赛的水平和效益，使竞赛工作逐步制度化、规范化，特制定本规定。

第二条　全国学生体育竞赛是指全国范围的综合性或单项体育竞赛。全国学生体育竞赛由国家教委和有关部门、中国大学生体育协会或中国中学生体育协会以及由中国大学生体育协会授权的单项分会主办。

第三条　举办全国学生体育竞赛要以育人为宗旨，突出教育特色，讲求综合效益，体现“团结、奋进、文明、育人”的精神。通过竞赛活跃学生的课余文化生活，提高青少年学生的健康水平，发现和培养优秀体育人才，检验和提高学校课余训练水平，推动学校体育工作的发展。

第四条　全国大学生、中学生运动会由国家教委、国家体委、共青团中央联合主办，中国大学生体育协会或中国中学生体育协会协办。

全国大学生运动会每四年举办一次；全国中学生运动会每三年举办一次，如遇特殊情况可提前或顺延举行。

第五条　中国大学生体育协会以及由中国大学生体育协

会授权的各单项分会,每年可主办一至二次全国性大学生单项体育竞赛。

第六条　中国中学生体育协会可根据情况每年举办二至三个项目的单项比赛。

第七条　在举办全国大学生运动会、全国中学生运动会的当年,凡已列入运动会比赛的项目,不再安排该项目的单项比赛。

第二章　竞赛项目和竞赛的申办

第八条　全国大、中学生运动会所设项目应按基础性强、普及面广并具有一定传统的原则选择确定,每届运动会所设项目不宜过多。

根据现阶段实际情况,全国大学生综合运动会可设置6—8个项目,其中必设项目有:田径、游泳、篮球、排球、足球、乒乓球。另外,可选设1—2项易于普及的群众体育项目,如武术、健美操、羽毛球、网球等。

全国中学生综合运动会一般可设5—7个项目,其中必设项目有:田径、游泳、篮球、排球、足球。另外,可选设1—2项易于普及的群众体育项目,如乒乓球、武术等。

第九条　凡承办全国大、中学生综合性运动会的单位和地区,应当提出运动会设项方案,报主办单位审定后正式列入该项比赛的竞赛规程。

第十条　具备以下条件的省、自治区、直辖市均可申请承办全国大学生运动会或全国中学生运动会:

1. 承办地是经济、文化、教育水平较为发达的大、中型城市;
2. 运动会承办城市及学校,必须有较好的体育场馆及设施,符合比赛项目的技术要求和其他条件;
3. 除国家财政拨款外,必须有足够的经济实力,以保证运动会顺利运行;
4. 承办单位必须遵循主办单位制定的各项规定,保证完成运动会筹备、召开、总结等各阶段的工作。

第十一条　申请承办全国大学生运动会、全国中学生运动会,应当在上一届运动会举办前,向主办单位递交申请承办报告,并需附下列文件:

1. 当地人民政府批复意见书;
2. 承办工作实施意向书;
3. 经费预算及经费保证。

第十二条　中国大学生体育协会授权的各单项分会主办年度单项比赛,应当上报年度竞赛计划,并向中国大学生体育协会提供以下材料:

1. 承办单位名称;
2. 比赛名称;
3. 比赛日期、地点;
4. 参赛队数;
5. 竞赛规程;
6. 经费条件。

第十三条　凡有条件承办全国大学生单项体育竞赛的大专院校,在征得当地教育行政部门同意后,均可向大学生体育协会的单项分会提出书面申请。经大学生体育协会单项分会审核后,在比赛前一年的11月底以前,以书面形式上报中国大学生体育协会审批,经批准后方可举行。

申请承办全国中学生单项比赛,应经中国中学生体育协会批准。

第三章　竞 赛 组 织

第十四条　承办单位应在主办单位的指导下,成立筹备委员会或筹备工作领导小组,全面负责各项筹备工作,并制定竞赛规程,报主办单位审定。

第十五条　竞赛规程应包括下列内容:竞赛名称、主办单位、承办单位、协办单位、参赛单位、竞赛日期和地点、运动队及运动员的参赛条件、竞赛办法、录取名次、奖励办法、资格审查、体育道德风尚奖评比、裁判员、经费条件等。

第十六条　承办单位应在比赛开始前向主办单位报送组织委员会成立方案,经主办单位批准,正式成立组织委员会。

组委会全面负责比赛期间的领导及善后工作,处理重大或紧急事项,保证比赛公正、有序地顺利进行。在全部比赛结束后一个月内,向主办单位递交书面总结。

第十七条　竞赛筹备委员会、组织委员会下设各机构工作职责如下:

1. 办公室:根据比赛安排,排定活动日程表,拟定、印刷有关文件和材料,协调各部门的工作,协助有关机构组织各种会议,组织实施体育道德风尚奖运动队、运动员、裁判员的评选工作。

2. 竞赛机构:执行竞赛规程,确保比赛符合各该项目的竞赛规则并按竞赛规程的规定进行。负责比赛轮次和日程的编排;接受参赛队报名,按照竞赛规则的要求,保证比赛场地、器材、设施的正常使用;安排赛前的训练,组织安排裁判员学习和实习,以及赛前的技术会议;编辑竞赛秩序册,定时发送竞赛公报。

3. 接待机构:负责参赛队、裁判员以及参加赛会工作人员的迎送、食宿、市内交通等生活安排;负责返程交通票的订购。

4. 纪律与资格审查机构：依照竞赛规程有关规定，负责审查参赛运动队、运动员的资格；听取受理意见和材料，并作出处理决定；负责处理赛会和比赛期间的一切违纪事件。

5. 财务机构：根据竞赛规模制订经费预算及开支原则；提出经费筹集方案，负责经费筹集和资金管理；合理支付各种费用；在比赛结束后一个月内，向主办单位提交结算报告。

6. 宣传机构：以多种形式进行宣传和报道，扩大影响；负责与新闻单位的联系，组织必要的新闻发布会；编印宣传手册；配合集资部门做好广告宣传和广告设置。

7. 安全机构：负责赛会期间的食宿、交通、赛场安全保卫工作，负责维持赛场观众秩序。

组织委员会机构除下设以上机构外，要加设体育道德风尚评选等与竞赛活动有关的其他机构。

第十八条　全国大学生运动会、全国中学生运动会可设主席团。

第四章　竞 赛 管 理

第十九条　参加全国学生体育竞赛的运动员必须是取得学籍的在校大学生、中学生，并符合参赛项目竞赛规程中有关“运动员条件”的各项规定。

如有违反上述规定者，除取消运动员参赛资格或比赛成绩外，主办单位有权进一步追究派出单位或直接有关人员的责任，视其情节给予相应处理。

第二十条　对学生运动员应建立统一的档案登记，并实行统一的计算机储存管理。凡培养体育后备人才的试点校每年对招收的运动员要进行统计，并向中国大学生体育协会、中国中学生体育协会申报。凡比赛前一年度未申报的运动员一律不得参加本年度比赛。凡当年招收的学生不得参加当年举办的各种竞赛活动。

第二十一条　比赛报名办法必须按所参加比赛的竞赛规程中有关报名规定进行。

第二十二条　全国学生体育竞赛原则上不收取报名费，如确需收取报名费的，必须报请比赛主办单位批准。

第二十三条　参赛队应按竞赛规程所规定的人数和日期报到，同时交验学生身份证或其他具有法律效力的证明文件。

第二十四条　比赛场地、器材、设施要符合竞赛规则的要求和标准，保证比赛顺利进行。大型比赛应有必要的摄录像设备。

比赛一般应安排在学校的场地或体育馆进行。

第二十五条　运动队应安排在条件较好的学校食宿。宿舍、餐厅及周围环境应清洁、卫生，能提供保证运动员赛后的热淋浴条件。必须有食品卫生检验制度，保证运动员营养的需要，杜绝食物中毒现象的发生。

裁判员、运动员应分离住宿和就餐。

第二十六条　赛会期间任何人员不允许将家属、亲友及无关人员带往赛会。情节严重者，将取消其参赛或工作资格。

第二十七条　运动队成员、裁判员、大会工作人员都必须遵守大会制定的制度和纪律规定，遵守国家法律、法规的规定。

第二十八条　承办单位应确保比赛驻地、赛场的安全。参加比赛的各队必须按要求办理全队人员比赛期间阶段性人身保险，否则不得参加比赛。

第二十九条　比赛场、馆内一律禁止吸烟。

第五章　裁判员的选派和管理

第三十条　在比赛中担任副裁判长以上的裁判员由主办单位选聘。其他裁判员按竞赛规程中有关规定选聘。

第三十一条　全国大学生运动会、全国中学生运动会所有裁判员均由主办单位选聘。

第三十二条　凡由主办单位选派的裁判员差旅费由赛区负担。裁判员在比赛期间所有的食宿费、裁判员酬金均由赛区负担。

第三十三条　由中国大学生体育协会各单项分会主办的大学生单项体育比赛，裁判员的选聘方案及主要裁判人员名单，要在比赛前一个月报中国大学生体育协会审批备案。

第三十四条　裁判员在执行裁判工作时要认真执行裁判员守则，不得以任何形式介入裁判工作以外的事情。对违反此规定者将视其情节给予警告、停止工作等相应处理。

第三十五条　如无特殊安排，裁判员到赛区参加工作，应自备裁判服装和裁判工作用品，裁判员临场工作时必须佩带级别标志。

第三十六条　每次竞赛活动结束后 24 小时内，裁判长负责组织全体裁判员进行总结，并写出书面材料连同填好的裁判员工作报告表送交主办单位。

第六章　资格审查、竞赛纪律及申诉

第三十七条　为端正赛风，对比赛中出现的运动队、裁判员、工作人员弄虚作假、徇私舞弊及其他违纪行为，比赛组委会的纪律与资格审查机构，应及时调查核实，并依据竞赛规程、竞赛规则、资格审查办法的规定，分别情况作出警告、停赛、通报或取消运动队、运动员、裁判员及工作人员资格的处理决定。比赛组委会的纪律与资格审查机构的处理决定为最终决定。

第三十八条 参赛各队均有举报和申诉权。举报和申诉时要注重证据,要出具经团(队)领导核准签字后的书面材料及一定数额的举报、申诉费,否则不予受理。

第三十九条 对参赛运动员服用违禁药物的检测和处理,应当严格按照国家体委的有关规定执行。

第七章 竞赛财务管理及经费支配

第四十条 举办学生体育竞赛应贯彻勤俭办赛的方针。比赛预算要符合比赛基本需要,并有可靠的资金或财源保证。

第四十一条 凡与比赛有关的一切经费来源要独立设帐,由专人管理,并健全财务收支制度和监督、审计制度。要做到专款专用,严格执行财务管理的有关规定。

第四十二条 比赛主办单位有权决定对其所主办的比赛进行财务监督、检查和审计。

第四十三条 以赞助单位产品名称、标志命名的比赛,必须征得主办单位的同意,否则不得冠名。

第四十四条 凡承办大、中学生运动会的单位、地区以及承办规模较大的全国大、中学生体育单项比赛的单位,以运动会或比赛的名义所征集的赞助款,广告、售销体育彩票的费用等行政拨款以外的收入,应按总收入5%的比例上缴大、中学生体育协会。

第八章 附 则

第四十五条 本《规定》自发布之日起施行。

学校艺术教育工作规程

1. 2002 年 7 月 25 日教育部令第 13 号发布
2. 自 2002 年 9 月 1 日起施行

第一章 总 则

第一条 为全面贯彻国家的教育方针,加强学校艺术教育工作,促进学生全面发展,根据《中华人民共和国教育法》,制定本规程。

第二条 本规程适用于小学、初级中学、普通高级中学、中等和高等职业学校、普通高等学校。

第三条 艺术教育是学校实施美育的重要途径和内容,是素质教育的有机组成部分。

学校艺术教育工作包括:艺术类课程教学,课外、校外艺术教育活动,校园文化艺术环境建设。

第四条 学校艺术教育工作应以马克思列宁主义、毛泽东思想、邓小平理论为指导,坚持面向现代化、面向世界、面向未来,贯彻面向全体学生、分类指导、因地制宜、讲求实效的方针,遵循普及与提高相结合、课内与课外相结合、学习与实践相结合的原则。通过艺术教育,使学生了解我国优秀的民族艺术文化传统和外国的优秀艺术成果,提高文化艺术素养,增强爱国主义精神;培养感受美、表现美、鉴赏美、创造美的能力,树立正确的审美观念,抵制不良文化的影响;陶冶情操,发展个性,启迪智慧,激发创新意识和创造能力,促进学生全面发展。

第五条 国务院教育行政部门主管和指导全国的学校艺术教育工作。

地方各级人民政府教育行政部门主管和协调本行政区域内的学校艺术教育工作。

各级教育部门应当建立对学校艺术教育工作进行督导、评估的制度。

第二章 学校艺术课程

第六条 各级各类学校应当加强艺术类课程教学,按照国家的规定和要求开齐开足艺术课程。职业学校应当开设满足不同学生需要的艺术课程。普通高等学校应当开设艺术类必修课或者选修课。

第七条 小学、初级中学、普通高级中学开设的艺术课程,应当按照国家或者授权的省级教育行政部门颁布的艺术课程标准进行教学。教学中使用经国家或者授权的省级教育行政部门审定通过的教材。

职业学校、普通高等学校应当结合实际情况制定艺术类必修课或选修课的教学计划(课程方案)进行教学。

第八条 小学、初级中学、普通高级中学的艺术课程列入期末考查和毕业考核科目。

职业学校和普通高等学校的艺术课程应当进行考试或者考查,考试或者考查方式由学校自行决定。实行学分制的学校应将成绩计入学分。

第三章 课外、校外艺术教育活动

第九条 课外、校外艺术教育活动是学校艺术教育的重要组成部分。学校应当面向全体学生组织艺术社团或者艺术活动小组,每个学生至少要参加一项艺术活动。

第十条 学校每年应当根据自身条件,举办经常性、综合性、多样性的艺术活动,与艺术课程教学相结合,扩展和丰富学校艺术教育的内容和形式。省、地、县各级教育行政部门应当定期举办学生艺术展演活动。各级各类学校在艺术教育中应当结合重大节日庆典活动对学生进行爱国主义和集体主义教育。

全国每三年举办一次中学生(包括中等职业学校的学生)艺术展演活动,每三年举办一次全国大学生(包括高等职业学校的学生)艺术展演活动。

国务院教育行政部门根据需要组织学生参加国际学生艺术活动。

第十一条 学校应当充分利用社会艺术教育资源,补充和完善艺术教育活动内容,促进艺术教育活动质量和水平的提高,推动校园文化艺术环境建设。

任何部门和学校不得组织学生参与各种商业性艺术活动或者商业性的庆典活动。

学校组织学生参加社会团体、社会文化部门和其他社会组织举办的艺术比赛或活动,应向上级主管部门报告或者备案。

第十二条 学校应当为学生创造良好的校园文化艺术环境。校园的广播、演出、展览、展示以及校园的整体设计应当有利于营造健康、高雅的学校文化艺术氛围,有利于对学生进行审美教育。

校园内不得进行文化艺术产品的推销活动。

第四章 学校艺术教育的保障

第十三条 各级教育行政部门应当明确学校艺术教育管理机构,配备艺术教育管理人员和教研人员,规划、管理、指导学校艺术教育工作。

学校应当有一位校级领导主管学校艺术教育工作,并明确校内艺术教育管理部门。

学校应当注意发挥共青团、少先队、学生会在艺术教育活动中的作用。

第十四条 各级教育部门和学校应当根据国家有关规定配备专职或者兼职艺术教师,做好艺术教师的培训、管理工作,为艺术教师提供必要的工作条件。

学校的艺术教师必须具备教师资格,兼职教师应当相对稳定,非艺术类专业毕业的兼职教师要接受艺术专业的培训。

艺术教师组织、指导学校课外艺术活动,应当计入教师工作量。

第十五条 学校应当设置艺术教室和艺术活动室,并按照国务院教育行政部门制定的器材配备目录配备艺术课程教学和艺术活动器材。

第十六条 各级教育行政部门和学校应当在年度工作经费预算内保证艺术教育经费。

鼓励社会各界及个人捐资支持学校艺术教育事业。

第五章 奖励与处罚

第十七条 教育行政部门和学校对于在学校艺术教育工作中取得突出成绩的单位和个人,应当给予表彰和奖励。

第十八条 对违反本规程,拒不履行艺术教育责任的,按照隶属关系,分别由上级教育行政部门或者所属教育行政部门、学校给予批评教育并责令限期改正;经教育不改的,视情节轻重,对直接负责人给予行政处分。

第十九条 对侵占、破坏艺术教育场所、设施和其他财产的,依法追究法律责任。

第六章 附　　则

第二十条 工读学校、特殊教育学校、成人学校的艺术教育工作参照本规程执行;中等、高等专业艺术学校(学院)的艺术教育工作另行规定。

第二十一条 省级教育行政部门可根据本规程制定实施细则。

第二十二条 本规程自公布之日起30日后施行。

国家学校体育卫生条件试行基本标准

1. 2008年6月9日发布
2. 教体艺〔2008〕5号

根据《中共中央　国务院关于加强青少年体育增强青少年体质的意见》(中发〔2007〕7号)要求,为保障中小学校体育、卫生工作的正常开展,保证广大中小学生健康成长,依据《学校体育工作条例》、《学校卫生工作条例》以及现有涉及中小学建筑、教学卫生、生活卫生等方面的相关标准和政策规定,制订本《国家学校体育卫生条件试行基本标准》(以下简称《标准》)。

本《标准》适用于全日制小学、初级中学、高级中学(含中等职业学校、民办中小学校)。本《标准》从体育教师、体育场地器材、教学卫生、生活设施、卫生保健室配备以及学生健康体检等方面明确了开展学校体育卫生工作所必不可少的条件,是国家对开展学校体育卫生工作的最基本要求,是中小学校办学应达到的最基本标准,是教育检查、督导和评估的重要内容。各地应当按照本《标准》对中小学校进行核查,尚未达到本《标准》的,应积极创造条件,使其尽快达到标准要求。各地在新建和改扩建中小学校时,应当按照本《标准》进行建设和配备。少数因特殊地理环境和特殊困难达不到本《标准》规定的部分要求的地区,应制定与之相应的办法,确保学校体育场地的需要。

各地应当在本级人民政府领导下，积极创造条件，增加投入，不断改善学校办学条件。鼓励有条件的地区根据本地实际情况，制订高于本《标准》的学校体育卫生条件标准。

一、中小学校体育教师配备基本标准

（一）任职资格

中小学体育教师必须经过体育专业学习或培训，获得教师资格证书，并且每学年接受继续教育应不少于 48 个学时。

（二）配备比例

学校应当在核定的教职工总编制数内，根据体育课教育教学工作的特点，按照教学计划中体育课授课时数和开展课外体育活动的需要，配备体育教师。小学 1~2 年级每 5~6 个班配备 1 名体育教师，3~6 年级每 6~7 个班配备 1 名体育教师；初中每 6~7 个班配备 1 名体育教师；高中（含中等职业学校）每 8~9 个班配备 1 名体育教师。

农村 200 名学生以上的中小学校至少配备 1 名专职体育教师。

二、中小学校体育场地、器材配备基本标准

（一）体育场地

1. 小学

运动场地类别	小学		
	≤18 班	24 班	30 班以上
田径场（块）	200 米（环形）1 块	300 米（环形）1 块	300 米~400 米（环形）1 块
篮球场（块）	2	2	3
排球场（块）	1	2	2
器械体操+游戏区	200 平方米	300 平方米	300 平方米

2. 九年制学校

运动场地类别	九年制学校		
	≤18 班	27 班	36 班以上
田径场（块）	200 米（环形）1 块	300 米（环形）1 块	300 米~400 米（环形）1 块
篮球场（块）	2	3	3
排球场（块）	1	2	3
器械体操+游戏区	200 平方米	300 平方米	350 平方米

3. 初级中学

运动场地类别	初级中学		
	≤18 班	24 班	30 班以上
田径场（块）	300 米（环形）1 块	300 米（环形）1 块	300 米~400 米（环形）1 块
篮球场（块）	2	2	3
排球场（块）	1	2	2
器械体操区	100 平方米	150 平方米	200 平方米

4. 完全中学

运动场地类别	完全中学			
	≤18 班	24 班	30 班	36 班以上
田径场（块）	300 米（环形）1 块	300 米（环形）1 块	300 米（环形）1 块	400 米（环形）1 块
篮球场（块）	2	2	3	3
排球场（块）	1	2	2	3
器械体操区	100 平方米	150 平方米	200 平方米	200 平方米

5. 高级中学（含中等职业学校）

运动场地类别	高级中学（含中等职业学校）			
	≤18 班	24 班	30 班	36 班以上
田径场（块）	300 米（环形）1 块	300 米（环形）1 块	300 米（环形）1 块	400 米（环形）1 块
篮球场（块）	2	2	3	3
排球场（块）	1	2	2	3
器械体操区	100 平方米	150 平方米	200 平方米	200 平方米

注：1. 300 米以上的环形田径场应包括 100 米的直跑道，200 米的环形田径场应至少包括 60 米直跑道。

2. 田径场内应设置 1~2 个沙坑（长 5~6 米、宽 2.75~4 米，助跑道长 25~45 米）。

3. 器械体操区学校可根据实际条件进行集中或分散配备。

4. 因受地理环境限制达不到标准的山区学校，可因地制宜建设相应的体育活动场地。

（二）体育器材

1. 小学体育器材

（1）12 个班（含 12 个班）以下

序号	器材名称	单位	配备数量	备注
1	接力棒	支	6-8	
2	小栏架或钻圈架	付	8-10	
3	发令枪	支	1	
4	标志杆(筒)	根	4	
5	秒 表	块	2	
6	跳高架	付	1	
7	跳高横竿	根	2	★
8	山羊或跳箱	台	1	
9	助跳板	块	1	
10	小沙包	只	20	★
11	垒 球	只	20	★
12	实心球	只	20	★
13	投掷靶	只	1	
14	皮 尺	卷	1	
15	小体操垫	块	20	★
16	低单杠	付	1	
17	爬竿或爬绳	付	1	
18	毽子	只	40	★
19	短跳绳	根	40	★
20	长跳绳	根	8	★
21	小篮球	只	20	★
22	小篮球架	付	1	
23	小足球或软式排球	只	20	★
24	小足球门或排球架	付	1	
25	乒乓球台	张	1	
26	乒乓球拍或板羽球或羽毛球拍	付	20	★
27	乒乓球或羽毛球网架	付	2	
28	乒乓球或板羽球或羽毛球	只	20	★
29	录音机	台	1	
30	肺活量测试仪	台	1	

(2)13 个班(含 13 个班)以上

序号	器材名称	单位	配备数量	备注
1	接力棒	支	8	
2	小栏架(或钻圈架)	付	10	
3	发令枪	支	1	
4	标志杆(筒)	根	8	
5	秒 表	块	3	
6	跳高架	付	1	
7	跳高横竿	根	2	★
8	山 羊	台	1	
9	跳 箱	付	1	
10	助跳板	块	2	
11	小沙包	只	20	★
12	垒 球	只	20	★
13	实心球	只	20	★
14	投掷靶	只	2	
15	皮 尺	卷	1	
16	大体操垫	块	6	
17	小体操垫	块	20	★
18	低单杠	付	2	
19	高单杠	付	1	
20	肋 木	间	1	
21	平 梯	架	1	
22	爬竿或爬绳	付	1	
23	毽了	只	40	★
24	短跳绳	根	40	★
25	长跳绳	根	8	★
26	小篮球	只	20	★
27	小篮球架	付	2	
28	小足球	只	20	★
29	小足球门	付	1	
30	软式排球	只	20	★
31	排球架	付	2	
32	乒乓球台	张	2	

续表

序号	器材名称	单位	配备数量	备注
33	乒乓球拍或板羽球或羽毛球拍	付	20	★
34	乒乓球或羽毛球网架	付	2	
35	乒乓球或板羽球或羽毛球	只	20	★
36	录音机	台	1	
37	肺活量测试仪	台	2	

注:标注“★”的器材为低值易耗器材设备,应及时补充。

2. 中学体育器材(含九年制学校、初级中学、完全中学、中等职业学校、高级中学)

(1)12 个班(含 12 个班)以下

序号	器材名称	单位	配备数量	备注
1	接力棒	支	8	
2	跨栏架	付	10	
3	发令枪	支	1	
4	标志杆(筒)	根	8	
5	秒　表	块	2	
6	跳高架	付	1	
7	跳高横竿	根	2	★
8	山羊或跳箱	台	1	
9	助跳板	块	1	
10	垒　球	个	24	★
11	实心球	个	24	★
12	铅　球	个	8	
13	皮　尺	卷	1	
14	小体操垫	块	24	★
15	低单杠	付	1	
16	高单杠	付	2	
17	高双杠	付	1	
18	剑(刀)	柄	24	★
19	棍	根	24	★
20	短跳绳	根	48	★
21	长跳绳	根	12	★
22	拔河绳	根	1	
23	篮球	只	24	★

续表

序号	器材名称	单位	配备数量	备注
24	篮球架	付	2	
25	足球或软式排球	只	24	★
26	足球门或排球架	付	1	
27	排球架	付	2	
28	乒乓球台	张	1	
29	乒乓球拍或羽毛球拍	付	24	★
30	乒乓球或羽毛球	只	24	★
31	乒乓球或羽毛球网架	付	1	
32	录音机	台	1	
33	肺活量测试仪	台	2	

(2)13 个班(含 13 个班)以上

序号	器材名称	单位	配备数量	备注
1	接力棒	支	12	
2	跨栏架	付	10	
3	发令枪	支	1	
4	标志杆(筒)	根	8	
5	秒　表	块	3	
6	跳高架	付	1	
7	跳高横竿	根	2	★
8	山　羊	台	1	
9	跳　箱	付	1	
10	助跳板	块	2	
11	垒　球	个	24	★
12	实心球	个	24	★
13	铅　球	个	12	
14	皮　尺	卷	1	
15	大体操垫	块	8	
16	小体操垫	块	24	★
17	低单杠	付	2	
18	高单杠	付	2	
19	低双杠	付	2	
20	高双杠	付	2	

续表

序号	器材名称	单位	配备数量	备注
21	肋　木	间	2	
22	平　梯	架	1	
23	剑(刀)	柄	24	★
24	棍	根	24	★
25	短跳绳	根	48	★
26	长跳绳	根	12	★
27	拔河绳	根	1	
28	篮球	只	24	★
29	篮球架	付	3	
30	足球	只	24	★
31	足球门	付	1	
32	软式排球	只	24	★
33	排球架	付	3	
34	乒乓球台	张	2	
35	乒乓球拍或羽毛球拍	付	24	★
36	乒乓球或羽毛球	只	24	★
37	乒乓球或羽毛球网架	付	1	
38	录音机	台	1	
39	肺活量测试仪	台	2	

注：标注“★”的器材为低值易耗器材设备，应及时补充。

各中小学校都应根据学校班级的规模设置体育器材室一间。

三、中小学校教学卫生基本标准

（一）教室

1. 普通教室人均使用面积：小学不低于1.15平方米，中学不低于1.12平方米。

2. 教室前排课桌前缘与黑板应有2米以上距离。

3. 教室内各列课桌间应有不小于0.6米宽的纵向走道，教室后应设置不小于0.6米的横行走道。后排课桌后缘距黑板不超过9米。

（二）课桌椅

1. 教室内在座学生应每人一席。

2. 每间教室内至少应设有2种不同高低型号的课桌椅。

（三）黑板

1. 黑板应完整无破损、无眩光，挂笔性能好，便于擦拭。

2. 黑板下缘与讲台地面的垂直距离：小学为0.8~0.9米，中学为1~1.1米；讲台桌面距教室地面的高度一般为1.2米。

（四）教室采光

1. 单侧采光的教室光线应从学生座位左侧射入，双侧采光的教室主采光窗应设在左侧。

2. 教室墙壁和顶棚为白色或浅色，窗户应采用无色透明玻璃。

3. 教室采光玻地比（窗的透光面积与室内地面面积之比）不得低于1:6。

（五）教室照明

1. 课桌面和黑板照度应分别不低于150LX和200LX，照度分布均匀。自然采光不足时应辅以人工照明。

2. 教室照明应配备40瓦荧光灯9盏以上，并符合节能环保要求。灯管宜垂直于黑板布置。教室照明应采用配有灯罩的灯具，不宜用裸灯，灯具距桌面的悬挂高度为1.7~1.9米。

3. 黑板照明应设2盏40瓦荧光灯，并配有灯罩。

（六）教室微小气候

1. 教室应设通气窗，寒冷地区应有采暖设备。

2. 新装修完的教室应进行室内空气检测，符合《室内空气质量标准》的可投入使用，并保持通风换气。

四、中小学校生活设施基本标准

（一）学生宿舍

1. 学生宿舍不应与教学用房合建。男、女生宿舍应分区或分单元布置。一层出入口及门窗，应设置安全防护设施。

2. 学生宿舍的居室，人均使用面积不应低于3.0平方米。

3. 应保证学生一人一床，上铺应设有符合安全要求的防护栏。

4. 宿舍应保证通风良好，寒冷地区宿舍应设有换气窗。

5. 学生宿舍应设有厕所、盥洗设施。宿舍设室外厕所的，厕所距离宿舍不超过30米，并应设有路灯。

（二）学校集体食堂

1. 学校食堂应取得卫生许可证。食堂从业人员应取得健康证明后方可上岗。

2. 食堂应距污染源25米以上。

3. 食堂应有相对独立的食品原料存放间、食品加工操作间、食品出售场所。

4. 食堂加工操作间最小使用面积不得小于 8 平方米;墙壁应有 1.5 米以上的瓷砖或其他防水、防潮、可清洗的材料装修的墙裙;地面应由防水、防滑、无毒、易清洗的材料装修;配备有足够的通风、排烟装置和有效的防蝇、防尘、防鼠、污水排放以及存放废弃物的设施和设备。

5. 食堂应当有洗刷、消毒池等清洗设施设备。采用化学消毒时,需具备 2 个以上的水池(容器),不得与清洗蔬菜、肉类等设备混用。

(三)学校生活饮用水

1. 学校必须为学生提供充足、安全卫生的饮水以及相关设施。

2. 供学校生活用水的自备井、二次供水的储水池(罐),应有安全防护和消毒设施,自备水源必须远离污染源。

3. 采用二次供水的学校应取得有效的二次供水卫生许可证后方可向学生供水。

(四)学校厕所

1. 新建教学楼应每层设厕所。独立设置的厕所与生活饮用水水源和食堂相距 30 米以上。

2. 女生应按每 15 人设一个蹲位;男生应按每 30 人设一个蹲位,每 40 人设 1 米长的小便槽。

3. 厕所内宜设置单排蹲位,蹲位不得建于蓄粪池之上,并与之有隔断;蓄粪池应加盖。小学厕所蹲位宽度(两脚踏位之间距离)不超过 18 厘米。

4. 厕所结构应安全、完整,应有顶、墙、门、窗和人工照明。

五、中小学校卫生(保健)室建设基本标准

(一)卫生(保健)室设置

1. 卫生室是指取得《医疗机构执业许可证》的学校卫生机构,承担学校预防保健、健康教育、常见病和传染病预防与控制、学校卫生日常检查并为师生提供必要的医疗服务。

2. 保健室是指未取得《医疗机构执业许可证》的学校卫生机构,在卫生专业人员指导下开展学校预防保健、健康教育、常见病和传染病预防与控制、学校卫生日常检查。

3. 寄宿制学校必须设立卫生室,非寄宿制学校可视学校规模设立卫生室或保健室。

(二)卫生(保健)室人员配备要求

1. 寄宿制学校或 600 名学生以上的非寄宿制学校应配备卫生专业技术人员。卫生专业技术人员应持有卫生专业执业资格证书。

2. 600 名学生以下的非寄宿制学校,应配备保健教师或卫生专业技术人员。保健教师由现任具有教师资格的教师担任。

3. 卫生专业技术人员和保健教师应接受学校卫生专业知识和急救技能培训,并取得相应的合格证书。

(三)卫生保健室设施与设备

1. 卫生室。

(1)卫生室建筑面积应大于 40 平方米,并有适应学校卫生工作需要的功能分区。

(2)卫生室应具备以下基本设备:视力表灯箱、杠杆式体重秤、身高坐高计、课桌椅测量尺、血压计、听诊器、体温计、急救箱、压舌板、诊察床、诊察桌、诊察凳、注射器、敷料缸、方盘、镊子、止血带、药品柜、污物桶、紫外线灯、高压灭菌锅等。

2. 保健室。

(1)保健室建筑面积应大于 15 平方米,并有适应学校卫生工作需要的功能分区。

(2)保健室应具备以下基本设备:视力表灯箱、杠杆式体重秤、身高坐高计、课桌椅测量尺、血压计、听诊器、体温计、急救箱、压舌板、观察床、诊察桌、诊察凳、止血带、污物桶等。

六、中小学生健康检查基本标准

(一)基本要求

每年对在校学生进行一次健康体检,并建立学生健康档案。地方教育行政部门和学校应选择符合相关要求的保健和医疗机构承担学生体检工作。

(二)健康体检项目

1. 问诊:既往病史,近期发热、咳嗽史或其他明显不适症状。

2. 内科检查项目:心、肺、肝、脾、血压。

3. 眼科检查项目:裸眼远视力、沙眼、急性传染性结膜炎。

4. 口腔检查:牙齿、牙周。

5. 外科检查项目:头、颈、脊柱、四肢、皮肤、淋巴结。

6. 形态指标:身高、体重。

7. 肝功能:谷丙转氨酶、胆红素。

8. 结核菌素试验。

(三)学生健康体检结果评价与反馈

学生健康体检单位在体检结束后,应进行个体与群体健康评价,并向学生、学校、教育行政部门反馈健康评价结果,分析学生主要健康问题,提出改善学生健

康状况和进一步检查的建议。

（四）学生健康体检机构资质

1. 具有法人资格，并持有《医疗机构执业许可证》的保健和医疗机构，经向教育行政部门备案后，方可承担中小学生定期健康体检工作。

2. 设有专门的预防性健康体检科室及辅助功能设施，具有独立于诊疗区之外的健康人群体检场所。

（五）体检经费

健康检查费用标准由省级相关部门确定。义务教育阶段学生健康体检的费用由学校公用经费开支，其他学生健康检查费用由省级政府制定统一的费用标准和解决办法。

学校体育运动风险防控暂行办法

1. 2015 年 4 月 30 日发布
2. 教体艺〔2015〕3 号
3. 自 2015 年 6 月 1 日起施行

第一章　总　　则

第一条　为防范学校体育运动风险，保护学生、教师和学校的合法权益，保障学校体育工作健康、有序开展，根据《义务教育法》《未成年人保护法》《侵权责任法》等法律，制定本办法。

第二条　学校体育运动是指教育行政部门和学校组织开展或组织参与的体育教学、课外体育活动、课余体育训练、体育比赛，以及学生在学校负有管理责任的体育场地、器材设施自主开展的体育活动。学校体育运动风险是指学校体育运动过程中可能发生人员身体损伤的风险。体育运动伤害事故是指体育运动中发生的造成人员身体损伤后果的事故。

第三条　学校应当依法积极开展学校体育运动，组织学生参加体育锻炼，增进学生体质健康水平。组织学生参加体育锻炼活动应当加强体育运动风险防控工作。

第四条　学校体育运动风险防控遵循预防为主、分级负责、学校落实、社会参与的原则。教育行政部门和学校应当建立健全学校体育运动风险防控机制，预防和避免体育运动伤害事故的发生。

教育行政部门和学校不得以减少体育活动的做法规避体育运动风险。

第五条　本办法适用于全日制中小学、中等职业学校。普通高等学校、特殊教育学校的体育运动风险防控工作可参照本办法，结合实际执行。

第二章　管 理 职 责

第六条　教育行政部门应当把学校体育运动风险防控作为教育管理与督导的重要内容，纳入工作计划，制订适合本地区的学校体育运动风险防控指导意见或工作方案，明确风险防控的具体内容和基本要求，指导并督促学校建立完善学校体育运动风险防控机制，落实防控责任和措施。

教育督导机构应当对学校体育运动风险防控进行督导检查，检查结果作为对学校进行考核和问责的重要依据。

第七条　学校应当建立校内多部门协调配合、师生员工共同参与的学校体育运动风险防控机制，制订风险防控制度和体育运动伤害事故处理预案，明确教务、后勤、学生管理、体育教学等各职能部门的职责，组织和督促相关部门和人员履行职责，落实要求。

第八条　教育行政部门和学校应当严格按照国家有关产品和质量标准选购体育器材设施，没有国家标准和行业标准的，应当要求供应商提供第三方专业机构的安全检测及评估报告。应当建立体育器材设施与场地安全台帐制度，记录采购负责人、采购时执行的标准、使用年限、安装验收、定期检查及维护情况。

学校体育器材设施应当严格按照安装要求，由供应商负责完成安装，安装完成后学校应当进行签收，签收结果记录在体育器材设施与场地安全台帐中。

由教育行政部门采购交由学校使用的体育器材设施，应当将采购安全台帐同期交付。

第九条　学校应当按规定安排学生健康体检，建立学生健康档案，按照《中小学生学籍管理办法》规定，纳入学籍档案管理。学生新入学，应当要求学生家长如实提供学生健康状况的真实信息。转学应当转接学生健康档案。涉及学生个人隐私的，学校负有保密义务。

对不适合参与体育课或统一规定的体育锻炼的学生，学校和教师应当减少或免除其体育活动。

第十条　学校应当主动公示体育运动风险防控管理制度、体育运动伤害事故处理预案等信息，接受家长和社会的监督。

第三章　常 规 要 求

第十一条　教师在体育课教学、体育活动及体育训练前，应当认真检查体育器材设施及场地；体育课教学、体育活动及体育训练中，应当强化安全防范措施，对技术难度较大的动作应当按教学要求，详细分解、充分热身，并采取正确的保护与帮助。

第十二条 教育行政部门或学校组织开展大型体育活动或体育比赛,应当成立安全管理机构;制订安全应急预案;检查体育器材设施及场地,设置相应安全设施及标识;设置现场急救点,安排医务人员现场值守;对学生进行安全教育。

组织学生参加跨地区体育活动和体育比赛,应当根据活动或比赛要求向学生及家长提供安全告知书,获得家长书面反馈意见。

大型体育活动或体育比赛需要第三方提供交通、食品、饮水、医疗等服务的,应当选择有合格资质的服务机构,依法签订规范的服务合同。

第十三条 学校应当根据体育器材设施及场地的安全风险进行分类管理。具有安全风险的体育器材设施应当设立明显警示标志和安全提示。需要在教师指导和保护下才可使用的器材,使用结束后应当屏蔽保存或专门保管,不得处于学生可自由使用的状态;不便于屏蔽保存的,应当有安全提示。教师自制的体育器材,应当组织第三方专业机构或人员进行安全风险评估,评估合格后方能使用。

第十四条 学校应当对体育器材设施及场地的使用安全情况进行巡查,定期进行维护,根据安全需要或相关规定及时更新和报废相应的体育器材设施,及时消除安全隐患。

第十五条 学校应当利用开学教育、校园网络、家长会等进行体育安全宣传教育,普及体育安全知识,宣讲体育运动风险防控要求和措施,引导学生和家长重视理解体育运动风险防范。

第四章 事 故 处 理

第十六条 体育运动伤害事故发生后,学校应当按照体育运动伤害事故处理预案要求及时实施或组织救助,并及时与学生家长进行沟通。

第十七条 发生体育运动伤害事故,情形严重的,学校应当及时向主管教育行政部门报告;属于重大伤亡事故的,主管教育行政部门应当按照有关规定及时向同级人民政府和上一级教育行政部门报告。

体育运动伤害事故处理结束,学校应当将处理结果书面报主管教育行政部门;重大伤亡事故的处理结果,主管教育行政部门应当向同级人民政府和上一级教育行政部门报告。

第十八条 学校应当依据《学生伤害事故处理办法》和相关法律法规依法妥善处理体育运动伤害事故。

第十九条 学校主管教育行政部门可会同体育、医疗、司法等部门及相关方面的专业人士组建学校体育运动伤害事故仲裁小组,对事故进行公平、公正的调查,提出仲裁意见,为事故处理提供依据。

第二十条 教育行政部门和学校应当健全学生体育运动意外伤害保险机制,通过购买校方责任保险、鼓励家长或者监护人自愿为学生购买意外伤害保险等方式,完善学校体育运动风险管理和转移机制。

第五章 附 则

第二十一条 本办法自 2015 年 6 月 1 日起实施。

中小学校体育工作督导评估办法

1. 2017 年 3 月 27 日发布

2. 国教督办〔2017〕4 号

第一条 为深入贯彻落实《国务院办公厅关于强化学校体育促进学生身心健康全面发展的意见》,建立中小学校体育评价机制,提升中小学校体育工作水平和教育教学质量,促进学生身心健康、体魄强健,依据《教育督导条例》,制定本办法。

第二条 国务院教育督导委员会办公室负责组织实施全国督导抽查工作。省级教育督导部门负责统筹组织本区域内的督导评估工作。

第三条 督导评估的原则:

(一)严格标准。国务院教育督导委员会办公室制定统一的督导评估指标和标准。各地按照国家制定的统一标准在开展地方督导评估中严格落实。

(二)客观公正。以中小学校体育工作实际情况为依据,督导过程和结果公开、透明,接受社会监督。

(三)注重实效。坚持督政与督学并重,坚持综合督导与专项督导、定期督导与随机性抽查相结合,以评促建、以评促改,不断提升中小学校体育工作水平和教育教学质量。为中小学校体育工作决策提供依据和建议。

第四条 督导评估主要围绕统筹管理、教育教学、条件保障、评价考试、体质健康等方面内容展开。

(一)统筹管理。加强组织领导、实施发展规划、完善规章制度、落实管理责任、加强绩效考核,形成强化学校体育的工作合力。

(二)教育教学。按国家要求,强化体育课和课外锻炼。开足开齐体育与健康课程,实施大课间体育活动,深化教学改革,提高教学质量;强化学生课外锻炼,广泛开展阳光体育运动,积极开展课余训练和组织丰富多彩的竞赛活动,定期召开运动会等。

（三）条件保障。配齐配强体育师资，加强师资队伍培训，落实体育教师待遇，推动体育场地设施达标，实施学校体育安全风险防控，加大体育经费投入等。

（四）评价考试。完善学校体育考试制度，规范考试考核过程，发挥体育考试的导向作用。按照规定办法建立学校体育评估制度，实施学校体育工作年度报告制度等。

（五）体质健康。建立健全学生体质健康档案，加强学校卫生工作，实施《国家学生体质健康标准》和《学生体质健康监测评价办法》，促进学生体质健康水平明显提高。

第五条　各级教育督导部门在督导评估工作中的职责如下：

县级教育督导部门要定期对区域内中小学校体育工作开展全面的督导评估工作，组织各中小学校做好自查工作，形成县级督导评估报告，并报市级教育督导部门。

市级教育督导部门加强对所辖县（市、区）的督促指导工作，汇总本市督导评估工作情况，形成市级督导评估报告，并报省级教育督导部门。

省级教育督导部门根据本办法和本地实际，建立健全本地区学校体育督导评估机制，制定实施方案，每2-3年开展一次学校体育专项督导评估，形成省级督导评估报告，并报国务院教育督导委员会办公室。

国务院教育督导委员会办公室根据当年中小学体育工作重点及存在的薄弱环节，确定督导评估的重点，随机确定督导对象、随机选派督导人员，进行实地督导抽查，形成国家督导报告，适时向社会公开。

第六条　督导评估工作程序如下：

（一）印发通知。开展督导评估前，教育督导部门向被督导单位印发督导评估的通知。

（二）开展自评。被督导单位按照通知要求进行自评，并将自评报告报送教育督导部门。

（三）实地督导。教育督导部门派出督导组，采取听汇报、问卷调查、访谈座谈、校园观察、查阅资料等方式进行实地督导抽查。

（四）反馈意见。督导组综合被督导单位的自评报告、实地督导情况，形成初步督导意见，并向被督导单位反馈。

（五）整改复查。教育督导部门向被督导单位发出督导意见书，督促、指导被督导单位按督导意见书要求进行整改，必要时进行回访复查。

第七条　地方各级政府和教育行政部门要将中小学校体育督导评估结果作为干部考核、学校问责和实行奖惩的重要依据。

第八条　各地根据本办法制定实施细则。

第九条　本办法由国务院教育督导委员会办公室负责解释，本办法自公布之日起施行。

附件：中小学校体育工作督导评估指标体系（略）

2. 学校卫生与食品安全

学校卫生工作条例

1. 1990年4月25日国务院批准
2. 1990年6月4日国家教育委员会令第10号、卫生部令第1号发布

第一章　总　　则

第一条　为加强学校卫生工作，提高学生的健康水平，制定本条例。

第二条　学校卫生工作的主要任务是：监测学生健康状况；对学生进行健康教育，培养学生良好的卫生习惯；改善学校卫生环境和教学卫生条件；加强对传染病、学生常见病的预防和治疗。

第三条　本条例所称的学校，是指普通中小学、农业中学、职业中学、中等专业学校、技工学校、普通高等学校。

第四条　教育行政部门负责学校卫生工作的行政管理。卫生行政部门负责对学校卫生工作的监督指导。

第二章　学校卫生工作要求

第五条　学校应当合理安排学生的学习时间。学生每日学习时间（包括自习）：小学不超过6小时，中学不超过8小时，大学不超过10小时。

学校或者教师不得以任何理由和方式，增加授课时间和作业量，加重学生学习负担。

第六条　学校教学建筑、环境噪声、室内微小气候、采光、照明等环境质量以及黑板、课桌椅的设置应当符合国家有关标准。

新建、改建、扩建校舍，其选址、设计应当符合国家的卫生标准，并取得当地卫生行政部门的许可。竣工验收应当有当地卫生行政部门参加。

第七条　学校应当按照有关规定为学生设置厕所和洗手设施。寄宿制学校应当为学生提供相应的洗漱、洗澡等卫生设施。

学校应当为学生提供充足的符合卫生标准的饮用水。

第八条　学校应当建立卫生制度，加强对学生个人卫生、环境卫生以及教室、宿舍卫生的管理。

第九条　学校应当认真贯彻执行食品卫生法律、法规，加强饮食卫生管理，办好学生膳食，加强营养指导。

第十条　学校体育场地和器材应当符合卫生和安全要求。运动项目和运动强度应当适合学生的生理承受能力和体质健康状况，防止发生伤害事故。

第十一条　学校应当根据学生的年龄，组织学生参加适当的劳动，并对参加劳动的学生，进行安全教育，提供必要的安全和卫生防护措施。

普通中小学校组织学生参加劳动，不得让学生接触有毒有害物质或者从事不安全工种的作业，不得让学生参加夜班劳动。

普通高等学校、中等专业学校、技工学校、农业中学、职业中学组织学生参加生产劳动，接触有毒有害物质的，按照国家有关规定，提供保健待遇。学校应当定期对他们进行体格检查，加强卫生防护。

第十二条　学校在安排体育课以及劳动等体力活动时，应当注意女学生的生理特点，给予必要的照顾。

第十三条　学校应当把健康教育纳入教学计划。普通中小学必须开设健康教育课，普通高等学校、中等专业学校、技工学校、农业中学、职业中学应当开设健康教育选修课或者讲座。

学校应当开展学生健康咨询活动。

第十四条　学校应当建立学生健康管理制度。根据条件定期对学生进行体格检查，建立学生体质健康卡片，纳入学生档案。

学校对体格检查中发现学生有器质性疾病的，应当配合学生家长做好转诊治疗。

学校对残疾、体弱学生，应当加强医学照顾和心理卫生工作。

第十五条　学校应当配备可以处理一般伤病事故的医疗用品。

第十六条　学校应当积极做好近视眼、弱视、沙眼、龋齿、寄生虫、营养不良、贫血、脊柱弯曲、神经衰弱等学生常见疾病的群体预防和矫治工作。

第十七条　学校应当认真贯彻执行传染病防治法律、法规，做好急、慢性传染病的预防和控制管理工作，同时做好地方病的预防和控制管理工作。

第三章　学校卫生工作管理

第十八条　各级教育行政部门应当把学校卫生工作纳入学校工作计划，作为考评学校工作的一项内容。

第十九条　普通高等学校、中等专业学校、技工学校和规模较大的农业中学、职业中学、普通中小学，可以设立卫生管理机构，管理学校的卫生工作。

第二十条　普通高等学校设校医院或者卫生科。校医院应当设保健科（室），负责师生的卫生保健工作。

城市普通中小学、农村中心小学和普通中学设卫生室，按学生人数600：1的比例配备专职卫生技术人员。

中等专业学校、技工学校、农业中学、职业中学，可以根据需要，配备专职卫生技术人员。

学生不足600人的学校，可以配备专职或者兼职保健教师，开展学校卫生工作。

第二十一条 经本地区卫生行政部门批准，可以成立区域性的中小学生卫生保健机构。

区域性的中小学生卫生保健机构的主要任务是：

（一）调查研究本地区中小学生体质健康状况；

（二）开展中小学生常见疾病的预防与矫治；

（三）开展中小学卫生技术人员的技术培训和业务指导。

第二十二条 学校卫生技术人员的专业技术职称考核、评定，按照卫生、教育行政部门制定的考核标准和办法，由教育行政部门组织实施。

学校卫生技术人员按照国家有关规定，享受卫生保健津贴。

第二十三条 教育行政部门应当将培养学校卫生技术人员的工作列入招生计划，并通过各种教育形式为学校卫生技术人员和保健教师提供进修机会。

第二十四条 各级教育行政部门和学校应当将学校卫生经费纳入核定的年度教育经费预算。

第二十五条 各级卫生行政部门应当组织医疗单位和专业防治机构对学生进行健康检查、传染病防治和常见病矫治，接受转诊治疗。

第二十六条 各级卫生防疫站，对学校卫生工作承担下列任务：

（一）实施学校卫生监测，掌握本地区学生生长发育和健康状况，掌握学生常见病、传染病、地方病动态；

（二）制定学生常见病、传染病、地方病的防治计划；

（三）对本地区学校卫生工作进行技术指导；

（四）开展学校卫生服务。

第二十七条 供学生使用的文具、娱乐器具、保健用品，必须符合国家有关卫生标准。

第四章 学校卫生工作监督

第二十八条 县以上卫生行政部门对学校卫生工作行使监督职权。其职责是：

（一）对新建、改建、扩建校舍的选址、设计实行卫生监督；

（二）对学校内影响学生健康的学习、生活、劳动、环境、食品等方面的卫生和传染病防治工作实行卫生监督；

（三）对学生使用的文具、娱乐器具、保健用品实行卫生监督。

国务院卫生行政部门可以委托国务院其他有关部门的卫生主管机构，在本系统内对前款所列第（一）、（二）项职责行使学校卫生监督职权。

第二十九条 行使学校卫生监督职权的机构设立学校卫生监督员，由省级以上卫生行政部门聘任并发给学校卫生监督员证书。

学校卫生监督员执行卫生行政部门或者其他有关部门卫生主管机构交付的学校卫生监督任务。

第三十条 学校卫生监督员在执行任务时应出示证件。

学校卫生监督员在进行卫生监督时，有权查阅与卫生监督有关的资料，搜集与卫生监督有关的情况，被监督的单位或者个人应当给予配合。学校卫生监督员对所掌握的资料、情况负有保密责任。

第五章 奖励与处罚

第三十一条 对在学校卫生工作中成绩显著的单位或者个人，各级教育、卫生行政部门和学校应当给予表彰、奖励。

第三十二条 违反本条例第六条第二款规定，未经卫生行政部门许可新建、改建、扩建校舍的，由卫生行政部门对直接责任单位或者个人给予警告、责令停止施工或者限期改建。

第三十三条 违反本条例第六条第一款、第七条和第十条规定的，由卫生行政部门对直接责任单位或者个人给予警告并责令限期改进。情节严重的，可以同时建议教育行政部门给予行政处分。

第三十四条 违反本条例第十一条规定，致使学生健康受到损害的，由卫生行政部门对直接责任单位或者个人给予警告，责令限期改进。

第三十五条 违反本条例第二十七条规定的，由卫生行政部门对直接责任单位或者个人给予警告。情节严重的，可以会同工商行政部门没收其不符合国家有关卫生标准的物品，并处以非法所得两倍以下的罚款。

第三十六条 拒绝或者妨碍学校卫生监督员依照本条例实施卫生监督的，由卫生行政部门对直接责任单位或者个人给予警告。情节严重的，可以建议教育行政部门给予行政处分或者处以200元以下的罚款。

第三十七条 当事人对没收、罚款的行政处罚不服的，可以在接到处罚决定书之日起15日内，向作出处罚决定机关的上一级机关申请复议，也可以直接向人民法院起诉。对复议决定不服的，可以在接到复议决定之日起15日内，向人民法院起诉。对罚款决定不履行又逾期不起诉的，由作出处罚决定的机关申请人民法院强制执行。

第六章　附　　则

第三十八条　学校卫生监督办法、学校卫生标准由卫生部会同国家教育委员会制定。

第三十九条　贫困县不能全部适用本条例第六条第一款和第七条规定的，可以由所在省、自治区的教育、卫生行政部门制定变通的规定。变通的规定，应当报送国家教育委员会、卫生部备案。

第四十条　本条例由国家教育委员会、卫生部负责解释。

第四十一条　本条例自发布之日起施行。原教育部、卫生部1979年12月6日颁布的《中、小学卫生工作暂行规定（草案）》和1980年8月26日颁布的《高等学校卫生工作暂行规定（草案）》同时废止。

学校食品安全与营养健康管理规定

1. 2019年2月20日教育部、国家市场监督管理总局、国家卫生健康委员会令第45号公布

2. 自2019年4月1日起施行

第一章　总　　则

第一条　为保障学生和教职工在校集中用餐的食品安全与营养健康，加强监督管理，根据《中华人民共和国食品安全法》（以下简称食品安全法）、《中华人民共和国教育法》《中华人民共和国食品安全法实施条例》等法律法规，制定本规定。

第二条　实施学历教育的各级各类学校、幼儿园（以下统称学校）集中用餐的食品安全与营养健康管理，适用本规定。

本规定所称集中用餐是指学校通过食堂供餐或者外购食品（包括从供餐单位订餐）等形式，集中向学生和教职工提供食品的行为。

第三条　学校集中用餐实行预防为主、全程监控、属地管理、学校落实的原则，建立教育、食品安全监督管理、卫生健康等部门分工负责的工作机制。

第四条　学校集中用餐应当坚持公益便利的原则，围绕采购、贮存、加工、配送、供餐等关键环节，健全学校食品安全风险防控体系，保障食品安全，促进营养健康。

第五条　学校应当按照食品安全法律法规规定和健康中国战略要求，建立健全相关制度，落实校园食品安全责任，开展食品安全与营养健康的宣传教育。

第二章　管理体制

第六条　县级以上地方人民政府依法统一领导、组织、协调学校食品安全监督管理工作以及食品安全突发事故应对工作，将学校食品安全纳入本地区食品安全事故应急预案和学校安全风险防控体系建设。

第七条　教育部门应当指导和督促学校建立健全食品安全与营养健康相关管理制度，将学校食品安全与营养健康管理工作作为学校落实安全风险防控职责、推进健康教育的重要内容，加强评价考核；指导、监督学校加强食品安全教育和日常管理，降低食品安全风险，及时消除食品安全隐患，提升营养健康水平，积极协助相关部门开展工作。

第八条　食品安全监督管理部门应当加强学校集中用餐食品安全监督管理，依法查处涉及学校的食品安全违法行为；建立学校食堂食品安全信用档案，及时向教育部门通报学校食品安全相关信息；对学校食堂食品安全管理人员进行抽查考核，指导学校做好食品安全管理和宣传教育；依法会同有关部门开展学校食品安全事故调查处理。

第九条　卫生健康主管部门应当组织开展校园食品安全风险和营养健康监测，对学校提供营养指导，倡导健康饮食理念，开展适应学校需求的营养健康专业人员培训；指导学校开展食源性疾病预防和营养健康的知识教育，依法开展相关疫情防控处置工作；组织医疗机构救治因学校食品安全事故导致人身伤害的人员。

第十条　区域性的中小学卫生保健机构、妇幼保健机构、疾病预防控制机构，根据职责或者相关主管部门要求，组织开展区域内学校食品安全与营养健康的监测、技术培训和业务指导等工作。

鼓励有条件的地区成立学生营养健康专业指导机构，根据不同年龄阶段学生的膳食营养指南和健康教育的相关规定，指导学校开展学生营养健康相关活动，引导合理搭配饮食。

第十一条　食品安全监督管理部门应当将学校校园及周边地区作为监督检查的重点，定期对学校食堂、供餐单位和校园内以及周边食品经营者开展检查；每学期应当会同教育部门对本行政区域内学校开展食品安全专项检查，督促指导学校落实食品安全责任。

第三章　学校职责

第十二条　学校食品安全实行校长（园长）负责制。

学校应当将食品安全作为学校安全工作的重要内

容,建立健全并落实有关食品安全管理制度和工作要求,定期组织开展食品安全隐患排查。

第十三条　中小学、幼儿园应当建立集中用餐陪餐制度,每餐均应当有学校相关负责人与学生共同用餐,做好陪餐记录,及时发现和解决集中用餐过程中存在的问题。

有条件的中小学、幼儿园应当建立家长陪餐制度,健全相应工作机制,对陪餐家长在学校食品安全与营养健康等方面提出的意见建议及时进行研究反馈。

第十四条　学校应当配备专(兼)职食品安全管理人员和营养健康管理人员,建立并落实集中用餐岗位责任制度,明确食品安全与营养健康管理相关责任。

有条件的地方应当为中小学、幼儿园配备营养专业人员或者支持学校聘请营养专业人员,对膳食营养均衡等进行咨询指导,推广科学配餐、膳食营养等理念。

第十五条　学校食品安全与营养健康管理相关工作人员应当按照有关要求,定期接受培训与考核,学习食品安全与营养健康相关法律、法规、规章、标准和其他相关专业知识。

第十六条　学校应当建立集中用餐信息公开制度,利用公共信息平台等方式及时向师生家长公开食品进货来源、供餐单位等信息,组织师生家长代表参与食品安全与营养健康的管理和监督。

第十七条　学校应当根据卫生健康主管部门发布的学生餐营养指南等标准,针对不同年龄段在校学生营养健康需求,因地制宜引导学生科学营养用餐。

有条件的中小学、幼儿园应当每周公布学生餐带量食谱和营养素供给量。

第十八条　学校应当加强食品安全与营养健康的宣传教育,在全国食品安全宣传周、全民营养周、中国学生营养日、全国碘缺乏病防治日等重要时间节点,开展相关科学知识普及和宣传教育活动。

学校应当将食品安全与营养健康相关知识纳入健康教育教学内容,通过主题班会、课外实践等形式开展经常性宣传教育活动。

第十九条　中小学、幼儿园应当培养学生健康的饮食习惯,加强对学生营养不良与超重、肥胖的监测、评价和干预,利用家长学校等方式对学生家长进行食品安全与营养健康相关知识的宣传教育。

第二十条　中小学、幼儿园一般不得在校内设置小卖部、超市等食品经营场所,确有需要设置的,应当依法取得许可,并避免售卖高盐、高糖及高脂食品。

第二十一条　学校在食品采购、食堂管理、供餐单位选择等涉及学校集中用餐的重大事项上,应当以适当方式听取家长委员会或者学生代表大会、教职工代表大会意见,保障师生家长的知情权、参与权、选择权、监督权。

学校应当畅通食品安全投诉渠道,听取师生家长对食堂、外购食品以及其他有关食品安全的意见、建议。

第二十二条　鼓励学校参加食品安全责任保险。

第四章　食 堂 管 理

第二十三条　有条件的学校应当根据需要设置食堂,为学生和教职工提供服务。

学校自主经营的食堂应当坚持公益性原则,不以营利为目的。实施营养改善计划的农村义务教育学校食堂不得对外承包或者委托经营。

引入社会力量承包或者委托经营学校食堂的,应当以招投标等方式公开选择依法取得食品经营许可、能承担食品安全责任、社会信誉良好的餐饮服务单位或者符合条件的餐饮管理单位。

学校应当与承包方或者受委托经营方依法签订合同,明确双方在食品安全与营养健康方面的权利和义务,承担管理责任,督促其落实食品安全管理制度、履行食品安全与营养健康责任。承包方或者受委托经营方应当依照法律、法规、规章、食品安全标准以及合同约定进行经营,对食品安全负责,并接受委托方的监督。

第二十四条　学校食堂应当依法取得食品经营许可证,严格按照食品经营许可证载明的经营项目进行经营,并在食堂显著位置悬挂或者摆放许可证。

第二十五条　学校食堂应当建立食品安全与营养健康状况自查制度。经营条件发生变化,不再符合食品安全要求的,学校食堂应当立即整改;有发生食品安全事故潜在风险的,应当立即停止食品经营活动,并及时向所在地食品安全监督管理部门和教育部门报告。

第二十六条　学校食堂应当建立健全并落实食品安全管理制度,按照规定制定并执行场所及设施设备清洗消毒、维修保养校验、原料采购至供餐全过程控制管理、餐具饮具清洗消毒、食品添加剂使用管理等食品安全管理制度。

第二十七条　学校食堂应当建立并执行从业人员健康管理制度和培训制度。患有国家卫生健康委规定的有碍食品安全疾病的人员,不得从事接触直接入口食品的工作。从事接触直接入口食品工作的从业人员应当每年进行健康检查,取得健康证明后方可上岗工作,必要时应当进行临时健康检查。

学校食堂从业人员的健康证明应当在学校食堂显著位置进行统一公示。

学校食堂从业人员应当养成良好的个人卫生习惯,加工操作直接入口食品前应当洗手消毒,进入工作岗位前应当穿戴清洁的工作衣帽。

学校食堂从业人员不得有在食堂内吸烟等行为。

第二十八条 学校食堂应当建立食品安全追溯体系,如实、准确、完整记录并保存食品进货查验等信息,保证食品可追溯。鼓励食堂采用信息化手段采集、留存食品经营信息。

第二十九条 学校食堂应当具有与所经营的食品品种、数量、供餐人数相适应的场所并保持环境整洁,与有毒、有害场所以及其他污染源保持规定的距离。

第三十条 学校食堂应当根据所经营的食品品种、数量、供餐人数,配备相应的设施设备,并配备消毒、更衣、盥洗、采光、照明、通风、防腐、防尘、防蝇、防鼠、防虫、洗涤以及处理废水、存放垃圾和废弃物的设备或者设施。就餐区或者就餐区附近应当设置供用餐者清洗手部以及餐具、饮具的用水设施。

食品加工、贮存、陈列、转运等设施设备应当定期维护、清洗、消毒;保温设施及冷藏冷冻设施应当定期清洗、校验。

第三十一条 学校食堂应当具有合理的设备布局和工艺流程,防止待加工食品与直接入口食品、原料与成品或者半成品交叉污染,避免食品接触有毒物、不洁物。制售冷食类食品、生食类食品、裱花蛋糕、现榨果蔬汁等,应当按照有关要求设置专间或者专用操作区,专间应当在加工制作前进行消毒,并由专人加工操作。

第三十二条 学校食堂采购食品及原料应当遵循安全、健康、符合营养需要的原则。有条件的地方或者学校应当实行大宗食品公开招标、集中定点采购制度,签订采购合同时应当明确供货者食品安全责任和义务,保证食品安全。

第三十三条 学校食堂应当建立食品、食品添加剂和食品相关产品进货查验记录制度,如实准确记录名称、规格、数量、生产日期或者生产批号、保质期、进货日期以及供货者名称、地址、联系方式等内容,并保留载有上述信息的相关凭证。

进货查验记录和相关凭证保存期限不得少于产品保质期满后六个月;没有明确保质期的,保存期限不得少于二年。食用农产品的记录和凭证保存期限不得少于六个月。

第三十四条 学校食堂采购食品及原料,应当按照下列要求查验许可相关文件,并留存加盖公章(或者签字)的复印件或者其他凭证:

(一)从食品生产者采购食品的,应当查验其食品生产许可证和产品合格证明文件等;

(二)从食品经营者(商场、超市、便利店等)采购食品的,应当查验其食品经营许可证等;

(三)从食用农产品生产者直接采购的,应当查验并留存其社会信用代码或者身份证复印件;

(四)从集中交易市场采购食用农产品的,应当索取并留存由市场开办者或者经营者加盖公章(或者负责人签字)的购货凭证;

(五)采购肉类的应当查验肉类产品的检疫合格证明;采购肉类制品的应当查验肉类制品的检验合格证明。

第三十五条 学校食堂禁止采购、使用下列食品、食品添加剂、食品相关产品:

(一)超过保质期的食品、食品添加剂;

(二)腐败变质、油脂酸败、霉变生虫、污秽不洁、混有异物、掺假掺杂或者感官性状异常的食品、食品添加剂;

(三)未按规定进行检疫或者检疫不合格的肉类,或者未经检验或者检验不合格的肉类制品;

(四)不符合食品安全标准的食品原料、食品添加剂以及消毒剂、洗涤剂等食品相关产品;

(五)法律、法规、规章规定的其他禁止生产经营或者不符合食品安全标准的食品、食品添加剂、食品相关产品。

学校食堂在加工前应当检查待加工的食品及原料,发现有前款规定情形的,不得加工或者使用。

第三十六条 学校食堂提供蔬菜、水果以及按照国际惯例或者民族习惯需要提供的食品应当符合食品安全要求。

学校食堂不得采购、贮存、使用亚硝酸盐(包括亚硝酸钠、亚硝酸钾)。

中小学、幼儿园食堂不得制售冷荤类食品、生食类食品、裱花蛋糕,不得加工制作四季豆、鲜黄花菜、野生蘑菇、发芽土豆等高风险食品。省、自治区、直辖市食品安全监督管理部门可以结合实际制定本地区中小学、幼儿园集中用餐不得制售的高风险食品目录。

第三十七条 学校食堂应当按照保证食品安全的要求贮存食品,做到通风换气、分区分架分类、离墙离地存放、防蝇防鼠防虫设施完好，并定期检查库存，及时清理变质或者超过保质期的食品。

贮存散装食品，应当在贮存位置标明食品的名称、生产日期或者生产批号、保质期、生产者名称以及联系方式等内容。用于保存食品的冷藏冷冻设备，应当贴有标识，原料、半成品和成品应当分柜存放。

食品库房不得存放有毒、有害物品。

第三十八条　学校食堂应当设置专用的备餐间或者专用操作区，制定并在显著位置公示人员操作规范；备餐操作时应当避免食品受到污染。食品添加剂应当专人专柜（位）保管，按照有关规定做到标识清晰、计量使用、专册记录。

学校食堂制作的食品在烹饪后应当尽量当餐用完，需要熟制的食品应当烧熟煮透。需要再次利用的，应当按照相关规范采取热藏或者冷藏方式存放，并在确认没有腐败变质的情况下，对需要加热的食品经高温彻底加热后食用。

第三十九条　学校食堂用于加工动物性食品原料、植物性食品原料、水产品原料、半成品或者成品等的容器、工具应当从形状、材质、颜色、标识上明显区分，做到分开使用，固定存放，用后洗净并保持清洁。

学校食堂的餐具、饮具和盛放或者接触直接入口食品的容器、工具，使用前应当洗净、消毒。

第四十条　中小学、幼儿园食堂应当对每餐次加工制作的每种食品成品进行留样，每个品种留样量应当满足检验需要，不得少于 125 克，并记录留样食品名称、留样量、留样时间、留样人员等。留样食品应当由专柜冷藏保存 48 小时以上。

高等学校食堂加工制作的大型活动集体用餐，批量制售的热食、非即做即售的热食、冷食类食品、生食类食品、裱花蛋糕应当按照前款规定留样，其他加工食品根据相关规定留样。

第四十一条　学校食堂用水应当符合国家规定的生活饮用水卫生标准。

第四十二条　学校食堂产生的餐厨废弃物应当在餐后及时清除，并按照环保要求分类处理。

食堂应当设置专门的餐厨废弃物收集设施并明显标识，按照规定收集、存放餐厨废弃物，建立相关制度及台账，按照规定交由符合要求的生活垃圾运输单位或者餐厨垃圾处理单位处理。

第四十三条　学校食堂应当建立安全保卫制度，采取措施，禁止非食堂从业人员未经允许进入食品处理区。

学校在校园安全信息化建设中，应当优先在食堂食品库房、烹饪间、备餐间、专间、留样间、餐具饮具清洗消毒间等重点场所实现视频监控全覆盖。

第四十四条　有条件的学校食堂应当做到明厨亮灶，通过视频或者透明玻璃窗、玻璃墙等方式，公开食品加工过程。鼓励运用互联网等信息化手段，加强对食品来源、采购、加工制作全过程的监督。

第五章　外购食品管理

第四十五条　学校从供餐单位订餐的，应当建立健全校外供餐管理制度，选择取得食品经营许可、能承担食品安全责任、社会信誉良好的供餐单位。

学校应当与供餐单位签订供餐合同（或者协议），明确双方食品安全与营养健康的权利和义务，存档备查。

第四十六条　供餐单位应当严格遵守法律、法规和食品安全标准，当餐加工，并遵守本规定的要求，确保食品安全。

第四十七条　学校应当对供餐单位提供的食品随机进行外观查验和必要检验，并在供餐合同（或者协议）中明确约定不合格食品的处理方式。

第四十八条　学校需要现场分餐的，应当建立分餐管理制度。在教室分餐的，应当保障分餐环境卫生整洁。

第四十九条　学校外购食品的，应当索取相关凭证，查验产品包装标签，查看生产日期、保质期和保存条件。不能即时分发的，应当按照保证食品安全的要求贮存。

第六章　食品安全事故调查与应急处置

第五十条　学校应当建立集中用餐食品安全应急管理和突发事故报告制度，制定食品安全事故处置方案。发生集中用餐食品安全事故或者疑似食品安全事故时，应当立即采取下列措施：

（一）积极协助医疗机构进行救治；

（二）停止供餐，并按照规定向所在地教育、食品安全监督管理、卫生健康等部门报告；

（三）封存导致或者可能导致食品安全事故的食品及其原料、工具、用具、设备设施和现场，并按照食品安全监督管理部门要求采取控制措施；

（四）配合食品安全监管部门进行现场调查处理；

（五）配合相关部门对用餐师生进行调查，加强与师生家长联系，通报情况，做好沟通引导工作。

第五十一条　教育部门接到学校食品安全事故报告后，应当立即赶往现场协助相关部门进行调查处理，督促学校采取有效措施，防止事故扩大，并向上级人民政府教育部门报告。

学校发生食品安全事故需要启动应急预案的，教育部门应当立即向同级人民政府以及上一级教育部门报告，按照规定进行处置。

第五十二条　食品安全监督管理部门会同卫生健康、教育等部门依法对食品安全事故进行调查处理。

县级以上疾病预防控制机构接到报告后应当对事故现场进行卫生处理，并对与事故有关的因素开展流行病学调查，及时向同级食品安全监督管理、卫生健康等部门提交流行病学调查报告。

学校食品安全事故的性质、后果及其调查处理情况由食品安全监督管理部门会同卫生健康、教育等部门依法发布和解释。

第五十三条　教育部门和学校应当按照国家食品安全信息统一公布制度的规定建立健全学校食品安全信息公布机制，主动关注涉及本地本校食品安全舆情，除由相关部门统一公布的食品安全信息外，应当准确、及时、客观地向社会发布相关工作信息，回应社会关切。

第七章　责任追究

第五十四条　违反本规定第二十五条、第二十六条、第二十七条第一款、第三十三条，以及第三十四条第（一）项、第（二）项、第（五）项，学校食堂（或者供餐单位）未按规定建立食品安全管理制度，或者未按规定制定、实施餐饮服务经营过程控制要求的，由县级以上人民政府食品安全监督管理部门依照食品安全法第一百二十六条第一款的规定处罚。

违反本规定第三十四条第（三）项、第（四）项，学校食堂（或者供餐单位）未查验或者留存食用农产品生产者、集中交易市场开办者或者经营者的社会信用代码或者身份证复印件或者购货凭证、合格证明文件的，由县级以上人民政府食品安全监督管理部门责令改正；拒不改正的，给予警告，并处5000元以上3万元以下罚款。

第五十五条　违反本规定第三十六条第二款，学校食堂（或者供餐单位）采购、贮存亚硝酸盐（包括亚硝酸钠、亚硝酸钾）的，由县级以上人民政府食品安全监督管理部门责令改正，给予警告，并处5000元以上3万元以下罚款。

违反本规定第三十六条第三款，中小学、幼儿园食堂（或者供餐单位）制售冷荤类食品、生食类食品、裱花蛋糕，或者加工制作四季豆、鲜黄花菜、野生蘑菇、发芽土豆等高风险食品的，由县级以上人民政府食品安全监督管理部门责令改正；拒不改正的，给予警告，并处5000元以上3万元以下罚款。

第五十六条　违反本规定第四十条，学校食堂（或者供餐单位）未按要求留样的，由县级以上人民政府食品安全监督管理部门责令改正，给予警告；拒不改正的，处5000元以上3万元以下罚款。

第五十七条　有食品安全法以及本规定的违法情形，学校未履行食品安全管理责任，由县级以上人民政府食品安全管理部门会同教育部门对学校主要负责人进行约谈，由学校主管教育部门视情节对学校直接负责的主管人员和其他直接责任人员给予相应的处分。

实施营养改善计划的学校违反食品安全法律法规以及本规定的，应当从重处理。

第五十八条　学校食品安全的相关工作人员、相关负责人有下列行为之一的，由学校主管教育部门给予警告或者记过处分；情节较重的，应当给予降低岗位等级或者撤职处分；情节严重的，应当给予开除处分；构成犯罪的，依法移送司法机关处理：

（一）知道或者应当知道食品、食品原料劣质或者不合格而采购的，或者利用工作之便以其他方式谋取不正当利益的；

（二）在招投标和物资采购工作中违反有关规定，造成不良影响或者损失的；

（三）怠于履行职责或者工作不负责任、态度恶劣，造成不良影响的；

（四）违规操作致使师生人身遭受损害的；

（五）发生食品安全事故，擅离职守或者不按规定报告、不采取措施处置或者处置不力的；

（六）其他违反本规定要求的行为。

第五十九条　学校食品安全管理直接负责的主管人员和其他直接责任人员有下列情形之一的，由学校主管教育部门会同有关部门视情节给予相应的处分；构成犯罪的，依法移送司法机关处理：

（一）隐瞒、谎报、缓报食品安全事故的；

（二）隐匿、伪造、毁灭、转移不合格食品或者有关证据，逃避检查、使调查难以进行或者责任难以追究的；

（三）发生食品安全事故，未采取有效控制措施、组织抢救工作致使食物中毒事态扩大，或者未配合有关部门进行食物中毒调查、保留现场的；

（四）其他违反食品安全相关法律法规规定的行为。

第六十条　对于出现重大以上学校食品安全事故的地区，由国务院教育督导机构或者省级人民政府教育督导机构对县级以上地方人民政府相关负责人进行约谈，并依法提请有关部门予以追责。

第六十一条 县级以上人民政府食品安全监督管理、卫生健康、教育等部门未按照食品安全法等法律法规以及本规定要求履行监督管理职责，造成所辖区域内学校集中用餐发生食品安全事故的，应当依据食品安全法和相关规定，对直接负责的主管人员和其他直接责任人员，给予相应的处分；构成犯罪的，依法移送司法机关处理。

第八章 附 则

第六十二条 本规定下列用语的含义：

学校食堂，指学校为学生和教职工提供就餐服务，具有相对独立的原料存放、食品加工制作、食品供应及就餐空间的餐饮服务提供者。

供餐单位，指根据服务对象订购要求，集中加工、分送食品但不提供就餐场所的食品经营者。

学校食堂从业人员，指食堂中从事食品采购、加工制作、供餐、餐饮具清洗消毒等与餐饮服务有关的工作人员。

现榨果蔬汁，指以新鲜水果、蔬菜为主要原料，经压榨、粉碎等方法现场加工制作的供消费者直接饮用的果蔬汁饮品，不包括采用浓浆、浓缩汁、果蔬粉调配成的饮料。

冷食类食品、生食类食品、裱花蛋糕的定义适用《食品经营许可管理办法》的有关规定。

第六十三条 供餐人数较少，难以建立食堂的学校，以及以简单加工学生自带粮食、蔬菜或者以为学生热饭为主的小规模农村学校的食品安全，可以参照食品安全法第三十六条的规定实施管理。

对提供用餐服务的教育培训机构，可以参照本规定管理。

第六十四条 本规定自2019年4月1日起施行，2002年9月20日教育部、原卫生部发布的《学校食堂与学生集体用餐卫生管理规定》同时废止。

学校卫生监督工作规范

1. 2012年9月24日卫生部发布
2. 卫监督发〔2012〕62号

第一章 总 则

第一条 为规范学校卫生监督工作，保障学生身心健康，依据《中华人民共和国传染病防治法》、《学校卫生工作条例》、《医疗机构管理条例》、《生活饮用水卫生监督管理办法》等法律、法规、规章及卫生监督工作职责，制定本规范。

第二条 卫生监督是卫生行政部门及其卫生监督机构依据法律、法规、规章对辖区内学校的卫生工作进行检查指导，督促改进，并对违反相关法律法规规定的单位和个人依法追究其法律责任的卫生行政执法活动。工作经费纳入公共卫生预算管理。

本规范所指的学校是指依法批准设立的普通中小学、中等职业学校和普通高等学校。

第三条 县级以上卫生行政部门实施学校卫生监督指导工作，各级卫生监督机构在同级卫生行政部门领导下承担学校卫生监督工作任务，适用本规范。

第二章 卫生监督职责

第四条 学校卫生监督职责：

（一）教学及生活环境的卫生监督；

（二）传染病防控工作的卫生监督；

（三）生活饮用水的卫生监督；

（四）学校内设医疗机构和保健室的卫生监督；

（五）学校内公共场所的卫生监督；

（六）配合相关部门对学校突发公共卫生事件应急处置工作落实情况的卫生监督；

（七）根据教育行政部门或学校申请，开展学校校舍新建、改建、扩建项目选址、设计及竣工验收的预防性卫生监督指导工作；

（八）上级卫生行政部门交办的其他学校卫生监督任务。

行使学校卫生监督工作职责时，应当根据各级各类学校卫生特点，突出中小学校教学环境、传染病防控、饮用水卫生等监督工作重点，依照法律、法规规定，认真落实本规范要求。

第五条 省级卫生行政部门职责：

（一）制订全省（区、市）学校卫生监督工作制度、规划和年度工作计划并组织实施，根据学校卫生监督综合评价情况，突出重点，确定日常监督内容和监督覆盖率、监督频次；

（二）组织实施全省（区、市）学校卫生监督工作及相关培训，对下级卫生行政部门及监督机构学校卫生监督工作进行指导、督查、稽查和年度考核评估；

（三）开展职责范围内的学校卫生日常监督；

（四）负责全省（区、市）学校卫生监督信息管理及数据汇总、核实、分析及上报卫生行政部门，并通报同级教育行政部门；

（五）组织协调、督办本省学校卫生重大违法案件的查处；

（六）根据教育行政部门或学校的申请，开展职责范围内的学校校舍新建、改建、扩建项目选址、设计及竣工验收的预防性卫生审查工作；

（七）组织协调涉及全省（区、市）学校卫生监督相关工作，承担上级卫生行政部门交办的学校卫生监督任务。

第六条 设区的市级、县级卫生行政部门职责：

（一）根据本省（区、市）学校卫生监督工作规划和年度工作计划，结合实际，制订本行政区域内学校卫生监督工作计划，明确重点监督内容并组织落实；组织开展本行政区域内学校卫生监督培训工作；

（二）组织开展本行政区域内学校的教学及生活环境、传染病防控、生活饮用水、内设医疗机构和保健室、公共场所等卫生监督；配合相关部门开展学校突发公共卫生事件应急处置工作落实情况的卫生监督；

（三）建立本行政区域内学校卫生监督档案，掌握辖区内学校的基本情况及学校卫生工作情况；

（四）组织开展本行政区域内学校卫生违法案件的查处；

（五）负责本行政区域内学校卫生工作监督信息的汇总、核实、分析及上报上级卫生行政部门，并通报同级教育行政部门；

（六）设区的市对区（县）级学校卫生监督工作进行指导、督查和年度考核评估；

（七）根据教育行政部门或学校申请，开展本行政区域学校校舍新建、改建、扩建项目选址、设计及竣工验收的预防性卫生审查工作；

（八）承担上级卫生行政部门交办的学校卫生监督任务。

第七条 省级和设区的市级卫生监督机构应当设立学校卫生监督科（处）室，承担学校卫生监督的具体工作；县级卫生监督机构应当指定科室承担学校卫生监督工作，明确专人承担学校卫生监督工作。

第八条 建立健全卫生监督协管服务工作制度，在乡镇卫生院、社区卫生服务中心配备专（兼）职人员负责有关学校卫生监督协管服务工作，协助卫生监督机构定期开展学校卫生巡查，及时发现并报告问题及隐患；指导学校设立宣传栏，协助开展健康教育及相关培训。

第三章 学校卫生监督内容和方法

第九条 教学、生活环境卫生监督内容：

（一）教室人均面积、环境噪声、室内微小气候、采光、照明等环境卫生质量情况；

（二）黑板、课桌椅等教学设施的设置情况；

（三）学生宿舍、厕所等生活设施卫生情况。

第十条 教学、生活环境卫生监督方法：

（一）测量教室人均面积；检查教室受噪声干扰情况，核实噪声符合卫生标准情况；检查教室通风状况，测定教室内温度、二氧化碳浓度等，查阅室内空气质量检测报告，核实教室微小气候符合卫生标准情况；检查教室朝向、采光方向和照明设置，测定教室采光系数、窗地比、后（侧）墙反射比、课桌面平均照度和灯桌距离，核实教室采光、照明符合卫生标准情况；

（二）检查课桌椅配置及符合卫生标准情况；检查黑板表面，测量黑板尺寸、黑板下缘与讲台地面的垂直距离、黑板反射比，核实教室黑板符合卫生标准情况；

（三）检查学生厕所、洗手设施和寄宿制学校洗漱、洗澡等设施条件是否符合卫生要求，了解学生宿舍卫生管理制度落实情况，测量学生宿舍人均居住面积。

第十一条 传染病防控工作的卫生监督内容：

（一）传染病防控制度建立及措施落实情况；

（二）学校依法履行传染病疫情报告职责情况；

（三）发生传染病后防控措施落实情况。

第十二条 传染病防控工作的卫生监督方法：

（一）查阅学校传染病防控制度及应急预案等资料；

（二）查阅传染病疫情信息登记报告制度和记录等资料；

（三）查阅学生晨检记录、因病缺勤登记、病愈返校证明、疑似传染病病例及病因排查登记、学生健康体检和教师常规体检记录、新生入学预防接种证查验及补种记录、校内公共活动区域及物品定期清洗消毒记录等资料；

（四）对发生传染病病例的学校，查阅传染病病例登记及报告记录、被污染场所消毒处理记录、使用的消毒产品卫生许可批件等相关资料，核实学校传染病控制措施落实情况。

第十三条 生活饮用水卫生监督内容：

（一）生活饮用水管理制度建立及措施落实情况；

（二）生活饮用水水质情况；

（三）学校内供水设施卫生许可、管理情况；

（四）供、管水人员持有效“健康合格证明”和“卫生培训合格证明”情况；

（五）学校索取涉水产品有效卫生许可批件情况；

（六）学校内供水水源防护情况。

第十四条 生活饮用水卫生监督方法：

（一）查阅生活饮用水卫生管理制度及水污染应急预案；

（二）查阅水质卫生检测资料，检查学校饮用水供应方式，根据实际情况，开展现场水质检测或采样送检；

（三）查阅供水设施卫生许可证，供、管水人员“健康合格证明”和“卫生培训合格证明”；

（四）查阅供水设施设备清洗消毒记录；

（五）查阅涉水产品的卫生行政许可批件；

（六）检查学校内供水水源防护设施。

第十五条 学校内设医疗机构或保健室卫生监督内容：

（一）医疗机构或保健室设置及学校卫生工作开展情况；

（二）医疗机构持有效执业许可证、医护人员持有效执业资质证书情况；

（三）医疗机构传染病疫情报告、消毒隔离、医疗废物处置情况。

第十六条 学校内设医疗机构或保健室卫生监督方法：

（一）检查医疗机构、保健室设置及功能分区，查阅中小学校卫生专业技术人员配置相关资料及卫生专业技术人员或保健教师接受学校卫生专业知识和急救知识技能培训记录以及相应的培训合格证书；

（二）查阅《医疗机构执业许可证》、医护人员执业资质证书，查阅开展学校卫生工作资料；

（三）查阅传染病疫情报告、疫情控制措施、消毒隔离等制度，检查执行情况，核实疫情报告管理部门和专职疫情报告人员及依法履行疫情报告与管理职责的情况；检查医疗废物的收集、运送、贮存、处置等环节，并查阅相关记录；查阅消毒剂的生产企业卫生许可证及消毒产品卫生许可批件复印件。

第十七条 学校内游泳场所的卫生监督内容：

（一）持有卫生许可证的情况，从业人员健康检查和培训考核情况；

（二）卫生管理制度落实及卫生管理人员配备情况；

（三）游泳场所水质净化、消毒情况；

（四）传染病和健康危害事故应急工作情况。

第十八条 学校内游泳场所卫生监督方法：

（一）查阅公共场所卫生许可证及从业人员“健康合格证明”和“卫生培训合格证明”；

（二）查阅卫生管理制度，核实设立有卫生管理部门或者配备专（兼）职卫生管理人员情况；

（三）查阅水质净化、消毒、检测记录及近期水质检测报告，根据实际情况，开展现场检测或采样送检；

（四）检查清洗、消毒、保洁、盥洗等设施设备和公共卫生间卫生状况，查阅卫生设施设备维护制度和检查记录；

（五）查阅传染病和健康危害事故应急预案或者方案。

第十九条 学校预防性卫生监督内容：

根据教育行政部门或学校申请，对新建、改建、扩建校舍的选址、设计监督指导并参与竣工验收。

第二十条 学校预防性卫生监督方法：

（一）查阅建设单位提交的相关材料，核实材料的真实性、完整性和准确性；

（二）查阅相关检测（评价）报告，核实建设项目符合卫生要求情况；

（三）指定2名以上卫生监督员进行现场审查，核实学校选址；建筑总体布局；教学环境（教室采光、照明、通风、采暖、黑板、课桌椅设置、噪声）、学生宿舍、厕所及校内游泳场所、公共浴室、医疗机构等符合相关卫生要求情况，以及核查建设单位提交材料与现场实际的吻合情况，并出具相关意见。

第四章 信息管理

第二十一条 各级卫生行政部门应加强学校卫生监督监测信息系统建设，组织分析辖区学校卫生监督监测信息，为制定学校卫生相关政策提供依据。

第二十二条 各级卫生监督机构应当设置专（兼）职人员负责辖区学校卫生监督信息采集、报告任务，通过全国卫生监督信息报告系统及时、准确上报监督检查相关信息，及时更新学校基本情况信息。

各级卫生监督机构应当定期汇总分析学校卫生监督信息，报同级卫生行政部门和上级卫生监督机构，并抄送同级疾病预防控制机构。

第五章 监督情况的处理

第二十三条 县级以上卫生行政部门实施学校卫生监督后，应当及时将检查情况反馈被检查单位，针对问题及时出具卫生监督意见书，必要时通报当地教育行政部门，督促学校落实整改措施；对存在违法行为的，应当按照相关法律、法规和规章的规定，予以查处，并将查处结果通报当地教育行政部门。

第二十四条 县级以上卫生行政部门应当及时将辖区内学校卫生重大违法案件的查处情况逐级向上级卫生行政部门报告，并通报同级教育行政部门。对涉嫌犯罪的，及时移交当地公安机关或司法机关。

第六章　附　　则

第二十五条　本规范所称保健室是指未取得《医疗机构执业许可证》，在卫生专业人员指导下开展学校预防保健、健康教育、常见病和传染病预防与控制、学校卫生日常检查等工作的学校内设卫生机构。

第二十六条　本规范自发布之日起施行。

中小学卫生保健机构工作规程

1995 年 9 月 7 日国家教育委员会发布

第一章　总　　则

第一条　根据《学校卫生工作条例》第二十一条规定，特制定本规程。

第二条　地区性中小学卫生保健机构，是所在地区教育行政部门领导下的面向中小学校、直接为中小学生服务的事业单位，也是研究青少年体质健康、对学生实施健康教育和常见疾病、多发病防治的业务指导部门和社会性服务组织。

第三条　中小学卫生保健机构服务对象主要是所在地区内的中小学生。

第二章　任　　务

第四条　协助教育行政部门规划、部署学校卫生工作。协助学校全面贯彻教育方针，实施学校卫生工作。

第五条　调查研究本地区中小学生体质健康状况。

1. 负责学生的健康体检，做好本地区学生的体质健康监测工作。

2. 建立健全学生健康档案，做好资料统计分析和积累工作，为教育行政部门制定有关政策提供科学依据。

3. 根据学生健康状况和发育水平，提出干预措施，指导学校卫生保健工作。

第六条　开展和指导中小学生常见疾病及其他疾病的防治工作。

1. 开展对近视眼、龋齿、沙眼等学校常见疾病的群体预防和矫治工作。

2. 按照国家有关规定认真做好传染病、地方病的防治工作。

3. 对在体检中发现有器质性疾病的学生要及时做好转诊工作；对因病不能坚持正常学习的学生要及时向学校提出处理意见。

第七条　帮助学校开展健康教育和咨询，普及卫生保健知识，提高学生的卫生素养和自我保健能力。

第八条　协助所在地区教育行政部门制定本辖区中小学卫生技术人员的培训计划，负责对本辖区内的中小学卫生技术人员和健康教育课教师进行培训和业务指导。

第九条　指导学校开展各项卫生工作，协助卫生行政部门对学校教学卫生、体育卫生、环境卫生、劳动卫生、饮食卫生等实施卫生监督。

第十条　开展辖区内学生卫生保健服务。

第三章　管　　理

第十一条　中小学卫生保健机构接受所在地区教育行政部门领导和同级卫生行政部门的业务指导，依照有关法律、法规，开展学校卫生保健工作。

第十二条　中小学卫生保健机构实行行政首长负责制。

第十三条　中小学卫生保健机构人员编制由主管教育行政部门根据其任务和实际服务范围配编，中小学卫生保健机构总编制应不低于学生总人数的万分之三，其中专业卫生技术人员不得少于总编制的 80%，中级职称以上的专业卫生技术人员不得少于总编制的 40%。

第十四条　主管教育行政部门应把中小学卫生保健机构的基本建设纳入教育基本建设总体规划，保证中小学卫生保健机构开展工作必备的办公条件。办公用房面积应以服务对象、工作范围、开展群体防治工作的实际需要而定，一般应不少于每专业人员 15 平方米。卫生保健器材与设备配置应以普通、实用、配套、高效为主，以保证工作的正常开展，有条件的地区可配备一些先进的设备。

第十五条　中小学卫生保健机构在编人员的工资、办公费由主管教育行政部门从教育事业费中拨给。中小学卫生保健机构设备仪器的购置与维修费及房舍维修由主管教育行政部门和中小学卫生保健机构从教育事业费及中小学卫生保健机构预算外收入中支出。

中小学卫生保健机构按照国家有关规定开展卫生保健有偿服务的收入，应主要用于改善办所条件、科研、培训和表彰奖励学校。

第十六条　中小学卫生保健机构应建立卫生技术人员业务培训和进修制度，加强保健机构人员的经常性业务学习和科研实践，不断提高保健机构人员的思想及业务素质。

第十七条　中小学卫生保健机构卫生技术人员的专业技术考核、职称评定按照《学校卫生工作条例》第二十二条规定和（86）教体字 018 号文件精神执行，由教育行政部门组织实施。

第十八条　根据《学校卫生工作条例》第二十二条规定和(86)教体字018号文件规定,中小学卫生保健机构卫生技术人员和行政管理人员,享有本地区卫生部门规定的卫生津贴,同时主管教育行政部门应根据教育部门的实际情况合理解决中小学卫生保健机构的有关待遇。

第十九条　对在学校卫生工作中贡献突出者与长期从事卫生保健工作成绩显著者,应给予表扬、奖励。

第二十条　在学校卫生工作中玩忽职守,造成医疗事故或不良后果者,应按照有关规定给予处理。

第四章　附　　则

第二十一条　中小学卫生保健机构是指中小学卫生保健所、学校体育卫生保健中心、学生保健站等直接为中小学生服务的卫生保健机构。

第二十二条　本规程由国家教育委员会负责解释。

高等学校医疗保健机构工作规程

1. 1998年4月22日教育部发布
2. 根据2010年12月13日教育部令第30号《关于修改和废止部分规章的决定》修正

第一章　总　　则

第一条　为贯彻《学校卫生工作条例》,加强对高等学校医疗保健机构的管理,提高医疗保健工作质量,提高师生员工健康水平,特制定本规程。

第二条　高等学校医疗保健机构指设在高等学校内、主要为师生员工提供医疗保健服务的机构,按学校规模大小及服务对象多少分别设置校医院或卫生科。

第三条　高等学校医疗保健机构应坚持面向全体师生员工、贯彻预防为主的工作方针,树立为教学服务、为提高师生健康水平服务的工作宗旨。

第四条　高等学校医疗保健机构的主要任务是:监测学校人群的健康状况;开展学校健康教育;负责学校常见病和传染病的防治;对影响学校人群健康的有害因素实施医务监督。

第二章　基本职责

第五条　负责新生入学健康检查,定期对学校各类人员进行健康检查;对各类健康检查资料进行统计分析,并根据存在问题及时采取有效防治措施。

第六条　对患病体弱学生实施医疗照顾;对因病不能坚持学习者,根据学籍管理规定,提出休、退学处理意见。

第七条　对学校社区内危重病例实施抢救。校内医疗保健机构不能处理的危重及疑难病例,应当及时转上级医疗机构诊治。

第八条　协助教务部门开设大学生健康教育课程(选修课或必修课)或定期举办健康教育讲座,增强学生自我保健能力,促进学生建立健康的生活方式和良好的卫生习惯。

第九条　开展学校社区内医疗服务,做好各种常见病和多发病的诊治、控制工作。

第十条　贯彻执行传染病防治法规,做好学校社区内传染病预防和管理工作。

第十一条　对学校教学卫生、体育卫生、劳动卫生、环境卫生、饮食与营养卫生等实施医务监督,并提供咨询和技术指导。

第十二条　根据国家有关规定,结合学校实际情况,积极协助学校有关部门对公费医疗进行改革和管理。

第三章　管　　理

第十三条　高等学校医疗保健机构的设置,由各高等学校按《医疗机构管理条例》规定,报所在地卫生行政部门审批。

第十四条　高等学校医疗保健机构受主管校长直接领导,或由主管校长委托总务部门领导,业务上接受当地卫生行政部门的监督和指导。

第十五条　高等学校医疗保健机构人员编制,应根据服务对象的总人数及任务,结合学校的实际情况,参照国家有关规定具体核定。卫生技术人员应占其总编制的80%以上。其中,中、高级技术职务人员应达到卫生技术人员总数的60%左右。

第十六条　高等学校医疗保健机构的科室设置,除执行《医疗机构基本标准(试行)》中相应等级医院及综合门诊部的有关规定外,根据学校卫生工作的特点,应设立健康教育及心理咨询科室(组),或设专人负责该项工作。有条件的校医院可设置适当数量高知病房。

第十七条　校医院(卫生科)的管理,实行院(科)长负责制,院(科)长由所在学校任命。

第十八条　校医院(卫生科)应按照《医疗机构管理条例》的规定,建立以岗位责任制为中心的规章制度。应明确各科室人员职责权限,执行各项保健医疗护理常规和技术操作规程。

第十九条　高等学校卫生技术人员的专业技术职务聘任按国家有关规定执行,卫生技术人员的业务进修纳入学校工作计划。

第二十条　高等学校卫生技术人员的卫生保健津贴,按照国家有关规定执行。

第二十一条　高等学校医疗保健机构的基本建设应纳入学校基建总体规划。其建筑面积按《医疗机构基本标准(试行)》或《普通高校建筑面积标准》的有关规定执行。

第二十二条　高等学校医疗保健机构的基建与设备费、经常性经费、预防经费、健康教育经费,应纳入学校年度预算。

第二十三条　高等学校医疗保健机构要加强自身建设和管理,提高医疗技术水平和服务质量,减少转诊,降低公费医疗支出。

第四章　奖励与处罚

第二十四条　在高等学校医疗保健工作中有突出贡献或长期从事高等学校医疗保健工作成绩显著者,学校及教育行政部门应当给予表彰和奖励。

第二十五条　医风恶劣、工作不负责任而导致医疗事故者,应根据国务院发布的《医疗事故处理条例》予以处理。

第五章　附　　则

第二十六条　本规程自颁布之日起实施。

3. 学校安全管理

国务院关于特大安全事故行政责任追究的规定（节录）

1. 2001 年 4 月 21 日国务院令第 302 号公布
2. 自 2001 年 4 月 21 日起施行

第一条　为了有效地防范特大安全事故的发生，严肃追究特大安全事故的行政责任，保障人民群众生命、财产安全，制定本规定。

第二条　地方人民政府主要领导人和政府有关部门正职负责人对下列特大安全事故的防范、发生，依照法律、行政法规和本规定的规定有失职、渎职情形或者负有领导责任的，依照本规定给予行政处分；构成玩忽职守罪或者其他罪的，依法追究刑事责任：

（一）特大火灾事故；

（二）特大交通安全事故；

（三）特大建筑质量安全事故；

（四）民用爆炸物品和化学危险品特大安全事故；

（五）煤矿和其他矿山特大安全事故；

（六）锅炉、压力容器、压力管道和特种设备特大安全事故；

（七）其他特大安全事故。

地方人民政府和政府有关部门对特大安全事故的防范、发生直接负责的主管人员和其他直接责任人员，比照本规定给予行政处分；构成玩忽职守罪或者其他罪的，依法追究刑事责任。

特大安全事故肇事单位和个人的刑事处罚、行政处罚和民事责任，依照有关法律、法规和规章的规定执行。

第三条　特大安全事故的具体标准，按照国家有关规定执行。

第十条　中小学校对学生进行劳动技能教育以及组织学生参加公益劳动等社会实践活动，必须确保学生安全。严禁以任何形式、名义组织学生从事接触易燃、易爆、有毒、有害等危险品的劳动或者其他危险性劳动。严禁将学校场地出租作为从事易燃、易爆、有毒、有害等危险品的生产、经营场所。

中小学校违反前款规定的，按照学校隶属关系，对县（市、区）、乡（镇）人民政府主要领导人和县（市、区）人民政府教育行政部门正职负责人，根据情节轻重，给予记过、降级直至撤职的行政处分；构成玩忽职守罪或者其他罪的，依法追究刑事责任。

中小学校违反本条第一款规定的，对校长给予撤职的行政处分，对直接组织者给予开除公职的行政处分；构成非法制造爆炸物罪或者其他罪的，依法追究刑事责任。

第十一条　依法对涉及安全生产事项负责行政审批（包括批准、核准、许可、注册、认证、颁发证照、竣工验收等，下同）的政府部门或者机构，必须严格依照法律、法规和规章规定的安全条件和程序进行审查；不符合法律、法规和规章规定的安全条件的，不得批准；不符合法律、法规和规章规定的安全条件，弄虚作假，骗取批准或者勾结串通行政审批工作人员取得批准的，负责行政审批的政府部门或者机构除必须立即撤销原批准外，应当对弄虚作假骗取批准或者勾结串通行政审批工作人员的当事人依法给予行政处罚；构成行贿罪或者其他罪的，依法追究刑事责任。

负责行政审批的政府部门或者机构违反前款规定，对不符合法律、法规和规章规定的安全条件予以批准的，对部门或者机构的正职负责人，根据情节轻重，给予降级、撤职直至开除公职的行政处分；与当事人勾结串通的，应当开除公职；构成受贿罪、玩忽职守罪或者其他罪的，依法追究刑事责任。

第十二条　对依照本规定第十一条第一款的规定取得批准的单位和个人，负责行政审批的政府部门或者机构必须对其实施严格监督检查；发现其不再具备安全条件的，必须立即撤销原批准。

负责行政审批的政府部门或者机构违反前款规定，不对取得批准的单位和个人实施严格监督检查，或者发现其不再具备安全条件而不立即撤销原批准的，对部门或者机构的正职负责人，根据情节轻重，给予降级或者撤职的行政处分；构成受贿罪、玩忽职守罪或者其他罪的，依法追究刑事责任。

第二十一条　任何单位和个人均有权向有关地方人民政府或者政府部门报告特大安全事故隐患，有权向上级人民政府或者政府部门举报地方人民政府或者政府部门不履行安全监督管理职责或者不按照规定履行职责的情况。接到报告或者举报的有关人民政府或者政府部门，应当立即组织对事故隐患进行查处，或者对举报的不履行、不按照规定履行安全监督管理职责的情况进行调查处理。

校车安全管理条例

2012年4月5日国务院令第617号公布

第一章 总 则

第一条 为了加强校车安全管理，保障乘坐校车学生的人身安全，制定本条例。

第二条 本条例所称校车，是指依照本条例取得使用许可，用于接送接受义务教育的学生上下学的7座以上的载客汽车。

接送小学生的校车应当是按照专用校车国家标准设计和制造的小学生专用校车。

第三条 县级以上地方人民政府应当根据本行政区域的学生数量和分布状况等因素，依法制定、调整学校设置规划，保障学生就近入学或者在寄宿制学校入学，减少学生上下学的交通风险。实施义务教育的学校及其教学点的设置、调整，应当充分听取学生家长等有关方面的意见。

县级以上地方人民政府应当采取措施，发展城市和农村的公共交通，合理规划、设置公共交通线路和站点，为需要乘车上下学的学生提供方便。

对确实难以保障就近入学，并且公共交通不能满足学生上下学需要的农村地区，县级以上地方人民政府应当采取措施，保障接受义务教育的学生获得校车服务。

国家建立多渠道筹措校车经费的机制，并通过财政资助、税收优惠、鼓励社会捐赠等多种方式，按照规定支持使用校车接送学生的服务。支持校车服务所需的财政资金由中央财政和地方财政分担，具体办法由国务院财政部门制定。支持校车服务的税收优惠办法，依照法律、行政法规规定的税收管理权限制定。

第四条 国务院教育、公安、交通运输以及工业和信息化、质量监督检验检疫、安全生产监督管理等部门依照法律、行政法规和国务院的规定，负责校车安全管理的有关工作。国务院教育、公安部门会同国务院有关部门建立校车安全管理工作协调机制，统筹协调校车安全管理工作中的重大事项，共同做好校车安全管理工作。

第五条 县级以上地方人民政府对本行政区域的校车安全管理工作负总责，组织有关部门制定并实施与当地经济发展水平和校车服务需求相适应的校车服务方案，统一领导、组织、协调有关部门履行校车安全管理职责。

县级以上地方人民政府教育、公安、交通运输、安全生产监督管理等有关部门依照本条例以及本级人民政府的规定，履行校车安全管理的相关职责。有关部门应当建立健全校车安全管理信息共享机制。

第六条 国务院标准化主管部门会同国务院工业和信息化、公安、交通运输等部门，按照保障安全、经济适用的要求，制定并及时修订校车安全国家标准。

生产校车的企业应当建立健全产品质量保证体系，保证所生产（包括改装，下同）的校车符合校车安全国家标准；不符合标准的，不得出厂、销售。

第七条 保障学生上下学交通安全是政府、学校、社会和家庭的共同责任。社会各方面应当为校车通行提供便利，协助保障校车通行安全。

第八条 县级和设区的市级人民政府教育、公安、交通运输、安全生产监督管理部门应当设立并公布举报电话、举报网络平台，方便群众举报违反校车安全管理规定的行为。

接到举报的部门应当及时依法处理；对不属于本部门管理职责的举报，应当及时移送有关部门处理。

第二章 学校和校车服务提供者

第九条 学校可以配备校车。依法设立的道路旅客运输经营企业、城市公共交通企业，以及根据县级以上地方人民政府规定设立的校车运营单位，可以提供校车服务。

县级以上地方人民政府根据本地区实际情况，可以制定管理办法，组织依法取得道路旅客运输经营许可的个体经营者提供校车服务。

第十条 配备校车的学校和校车服务提供者应当建立健全校车安全管理制度，配备安全管理人员，加强校车的安全维护，定期对校车驾驶人进行安全教育，组织校车驾驶人学习道路交通安全法律法规以及安全防范、应急处置和应急救援知识，保障学生乘坐校车安全。

第十一条 由校车服务提供者提供校车服务的，学校应当与校车服务提供者签订校车安全管理责任书，明确各自的安全管理责任，落实校车运行安全管理措施。

学校应当将校车安全管理责任书报县级或者设区的市级人民政府教育行政部门备案。

第十二条 学校应当对教师、学生及其监护人进行交通安全教育，向学生讲解校车安全乘坐知识和校车安全事故应急处理技能，并定期组织校车安全事故应急处理演练。

学生的监护人应当履行监护义务，配合学校或者校车服务提供者的校车安全管理工作。学生的监护人应当拒绝使用不符合安全要求的车辆接送学生上下学。

第十三条 县级以上地方人民政府教育行政部门应当指导、监督学校建立健全校车安全管理制度，落实校车安全管理责任，组织学校开展交通安全教育。公安机关交通管理部门应当配合教育行政部门组织学校开展交通安全教育。

第三章 校车使用许可

第十四条 使用校车应当依照本条例的规定取得许可。

取得校车使用许可应当符合下列条件：

（一）车辆符合校车安全国家标准，取得机动车检验合格证明，并已经在公安机关交通管理部门办理注册登记；

（二）有取得校车驾驶资格的驾驶人；

（三）有包括行驶线路、开行时间和停靠站点的合理可行的校车运行方案；

（四）有健全的安全管理制度；

（五）已经投保机动车承运人责任保险。

第十五条 学校或者校车服务提供者申请取得校车使用许可，应当向县级或者设区的市级人民政府教育行政部门提交书面申请和证明其符合本条例第十四条规定条件的材料。教育行政部门应当自收到申请材料之日起3个工作日内，分别送同级公安机关交通管理部门、交通运输部门征求意见，公安机关交通管理部门和交通运输部门应当在3个工作日内回复意见。教育行政部门应当自收到回复意见之日起5个工作日内提出审查意见，报本级人民政府。本级人民政府决定批准的，由公安机关交通管理部门发给校车标牌，并在机动车行驶证上签注校车类型和核载人数；不予批准的，书面说明理由。

第十六条 校车标牌应当载明本车的号牌号码、车辆的所有人、驾驶人、行驶线路、开行时间、停靠站点以及校车标牌发牌单位、有效期等事项。

第十七条 取得校车标牌的车辆应当配备统一的校车标志灯和停车指示标志。

校车未运载学生上道路行驶的，不得使用校车标牌、校车标志灯和停车指示标志。

第十八条 禁止使用未取得校车标牌的车辆提供校车服务。

第十九条 取得校车标牌的车辆达到报废标准或者不再作为校车使用的，学校或者校车服务提供者应当将校车标牌交回公安机关交通管理部门。

第二十条 校车应当每半年进行一次机动车安全技术检验。

第二十一条 校车应当配备逃生锤、干粉灭火器、急救箱等安全设备。安全设备应当放置在便于取用的位置，并确保性能良好、有效适用。

校车应当按照规定配备具有行驶记录功能的卫星定位装置。

第二十二条 配备校车的学校和校车服务提供者应当按照国家规定做好校车的安全维护，建立安全维护档案，保证校车处于良好技术状态。不符合安全技术条件的校车，应当停运维修，消除安全隐患。

校车应当由依法取得相应资质的维修企业维修。承接校车维修业务的企业应当按照规定的维修技术规范维修校车，并按照国务院交通运输主管部门的规定对所维修的校车实行质量保证期制度，在质量保证期内对校车的维修质量负责。

第四章 校车驾驶人

第二十三条 校车驾驶人应当依照本条例的规定取得校车驾驶资格。

取得校车驾驶资格应当符合下列条件：

（一）取得相应准驾车型驾驶证并具有3年以上驾驶经历，年龄在25周岁以上、不超过60周岁；

（二）最近连续3个记分周期内没有被记满分记录；

（三）无致人死亡或者重伤的交通事故责任记录；

（四）无饮酒后驾驶或者醉酒驾驶机动车记录，最近1年内无驾驶客运车辆超员、超速等严重交通违法行为记录；

（五）无犯罪记录；

（六）身心健康，无传染性疾病，无癫痫、精神病等可能危及行车安全的疾病病史，无酗酒、吸毒行为记录。

第二十四条 机动车驾驶人申请取得校车驾驶资格，应当向县级或者设区的市级人民政府公安机关交通管理部门提交书面申请和证明其符合本条例第二十三条规定条件的材料。公安机关交通管理部门应当自收到申请材料之日起5个工作日内审查完毕，对符合条件的，在机动车驾驶证上签注准许驾驶校车；不符合条件的，书面说明理由。

第二十五条 机动车驾驶人未取得校车驾驶资格，不得驾驶校车。禁止聘用未取得校车驾驶资格的机动车驾驶人驾驶校车。

第二十六条 校车驾驶人应当每年接受公安机关交通管

理部门的审验。

第二十七条 校车驾驶人应当遵守道路交通安全法律法规,严格按照机动车道路通行规则和驾驶操作规范安全驾驶、文明驾驶。

第五章 校车通行安全

第二十八条 校车行驶线路应当尽量避开急弯、陡坡、临崖、临水的危险路段;确实无法避开的,道路或者交通设施的管理、养护单位应当按照标准对上述危险路段设置安全防护设施、限速标志、警告标牌。

第二十九条 校车经过的道路出现不符合安全通行条件的状况或者存在交通安全隐患的,当地人民政府应当组织有关部门及时改善道路安全通行条件、消除安全隐患。

第三十条 校车运载学生,应当按照国务院公安部门规定的位置放置校车标牌,开启校车标志灯。

校车运载学生,应当按照经审核确定的线路行驶,遇有交通管制、道路施工以及自然灾害、恶劣气象条件或者重大交通事故等影响道路通行情形的除外。

第三十一条 公安机关交通管理部门应当加强对校车行驶线路的道路交通秩序管理。遇交通拥堵的,交通警察应当指挥疏导运载学生的校车优先通行。

校车运载学生,可以在公共交通专用车道以及其他禁止社会车辆通行但允许公共交通车辆通行的路段行驶。

第三十二条 校车上下学生,应当在校车停靠站点停靠;未设校车停靠站点的路段可以在公共交通站台停靠。

道路或者交通设施的管理、养护单位应当按照标准设置校车停靠站点预告标识和校车停靠站点标牌,施划校车停靠站点标线。

第三十三条 校车在道路上停车上下学生,应当靠道路右侧停靠,开启危险报警闪光灯,打开停车指示标志。校车在同方向只有一条机动车道的道路上停靠时,后方车辆应当停车等待,不得超越。校车在同方向有两条以上机动车道的道路上停靠时,校车停靠车道后方和相邻机动车道上的机动车应当停车等待,其他机动车道上的机动车应当减速通过。校车后方停车等待的机动车不得鸣喇叭或者使用灯光催促校车。

第三十四条 校车载人不得超过核定的人数,不得以任何理由超员。

学校和校车服务提供者不得要求校车驾驶人超员、超速驾驶校车。

第三十五条 载有学生的校车在高速公路上行驶的最高时速不得超过80公里,在其他道路上行驶的最高时速不得超过60公里。

道路交通安全法律法规规定或者道路上限速标志、标线标明的最高时速低于前款规定的,从其规定。

载有学生的校车在急弯、陡坡、窄路、窄桥以及冰雪、泥泞的道路上行驶,或者遇有雾、雨、雪、沙尘、冰雹等低能见度气象条件时,最高时速不得超过20公里。

第三十六条 交通警察对违反道路交通安全法律法规的校车,可以在消除违法行为的前提下先予放行,待校车完成接送学生任务后再对校车驾驶人进行处罚。

第三十七条 公安机关交通管理部门应当加强对校车运行情况的监督检查,依法查处校车道路交通安全违法行为,定期将校车驾驶人的道路交通安全违法行为和交通事故信息抄送其所属单位和教育行政部门。

第六章 校车乘车安全

第三十八条 配备校车的学校、校车服务提供者应当指派照管人员随校车全程照管乘车学生。校车服务提供者为学校提供校车服务的,双方可以约定由学校指派随车照管人员。

学校和校车服务提供者应当定期对随车照管人员进行安全教育,组织随车照管人员学习道路交通安全法律法规、应急处置和应急救援知识。

第三十九条 随车照管人员应当履行下列职责:

(一)学生上下车时,在车下引导、指挥,维护上下车秩序;

(二)发现驾驶人无校车驾驶资格,饮酒、醉酒后驾驶,或者身体严重不适以及校车超员等明显妨碍行车安全情形的,制止校车开行;

(三)清点乘车学生人数,帮助、指导学生安全落座、系好安全带,确认车门关闭后示意驾驶人启动校车;

(四)制止学生在校车行驶过程中离开座位等危险行为;

(五)核实学生下车人数,确认乘车学生已经全部离车后本人方可离车。

第四十条 校车的副驾驶座位不得安排学生乘坐。

校车运载学生过程中,禁止除驾驶人、随车照管人员以外的人员乘坐。

第四十一条 校车驾驶人驾驶校车上道路行驶前,应当对校车的制动、转向、外部照明、轮胎、安全门、座椅、安全带等车况是否符合安全技术要求进行检查,不得驾驶存在安全隐患的校车上道路行驶。

校车驾驶人不得在校车载有学生时给车辆加油,不得在校车发动机引擎熄灭前离开驾驶座位。

第四十二条 校车发生交通事故,驾驶人、随车照管人员应当立即报警,设置警示标志。乘车学生继续留在校车内有危险的,随车照管人员应当将学生撤离到安全区域,并及时与学校、校车服务提供者、学生的监护人联系处理后续事宜。

第七章 法律责任

第四十三条 生产、销售不符合校车安全国家标准的校车的,依照道路交通安全、产品质量管理的法律、行政法规的规定处罚。

第四十四条 使用拼装或者达到报废标准的机动车接送学生的,由公安机关交通管理部门收缴并强制报废机动车;对驾驶人处2000元以上5000元以下的罚款,吊销其机动车驾驶证;对车辆所有人处8万元以上10万元以下的罚款,有违法所得的予以没收。

第四十五条 使用未取得校车标牌的车辆提供校车服务,或者使用未取得校车驾驶资格的人员驾驶校车的,由公安机关交通管理部门扣留该机动车,处1万元以上2万元以下的罚款,有违法所得的予以没收。

取得道路运输经营许可的企业或者个体经营者有前款规定的违法行为,除依照前款规定处罚外,情节严重的,由交通运输主管部门吊销其经营许可证件。

伪造、变造或者使用伪造、变造的校车标牌的,由公安机关交通管理部门收缴伪造、变造的校车标牌,扣留该机动车,处2000元以上5000元以下的罚款。

第四十六条 不按照规定为校车配备安全设备,或者不按照规定对校车进行安全维护的,由公安机关交通管理部门责令改正,处1000元以上3000元以下的罚款。

第四十七条 机动车驾驶人未取得校车驾驶资格驾驶校车的,由公安机关交通管理部门处1000元以上3000元以下的罚款,情节严重的,可以并处吊销机动车驾驶证。

第四十八条 校车驾驶人有下列情形之一的,由公安机关交通管理部门责令改正,可以处200元罚款:

(一)驾驶校车运载学生,不按照规定放置校车标牌、开启校车标志灯,或者不按照经审核确定的线路行驶;

(二)校车上下学生,不按照规定在校车停靠站点停靠;

(三)校车未运载学生上道路行驶,使用校车标牌、校车标志灯和停车指示标志;

(四)驾驶校车上道路行驶前,未对校车车况是否符合安全技术要求进行检查,或者驾驶存在安全隐患的校车上道路行驶;

(五)在校车载有学生时给车辆加油,或者在校车发动机引擎熄灭前离开驾驶座位。

校车驾驶人违反道路交通安全法律法规关于道路通行规定的,由公安机关交通管理部门依法从重处罚。

第四十九条 校车驾驶人违反道路交通安全法律法规被依法处罚或者发生道路交通事故,不再符合本条例规定的校车驾驶人条件的,由公安机关交通管理部门取消校车驾驶资格,并在机动车驾驶证上签注。

第五十条 校车载人超过核定人数的,由公安机关交通管理部门扣留车辆至违法状态消除,并依照道路交通安全法律法规的规定从重处罚。

第五十一条 公安机关交通管理部门查处校车道路交通安全违法行为,依法扣留车辆的,应当通知相关学校或者校车服务提供者转运学生,并在违法状态消除后立即发还被扣留车辆。

第五十二条 机动车驾驶人违反本条例规定,不避让校车的,由公安机关交通管理部门处200元罚款。

第五十三条 未依照本条例规定指派照管人员随校车全程照管乘车学生的,由公安机关责令改正,可以处500元罚款。

随车照管人员未履行本条例规定的职责的,由学校或者校车服务提供者责令改正;拒不改正的,给予处分或者予以解聘。

第五十四条 取得校车使用许可的学校、校车服务提供者违反本条例规定,情节严重的,原作出许可决定的地方人民政府可以吊销其校车使用许可,由公安机关交通管理部门收回校车标牌。

第五十五条 学校违反本条例规定的,除依照本条例有关规定予以处罚外,由教育行政部门给予通报批评;导致发生学生伤亡事故的,对政府举办的学校的负有责任的领导人员和直接责任人员依法给予处分;对民办学校由审批机关责令暂停招生,情节严重的,吊销其办学许可证,并由教育行政部门责令负有责任的领导人员和直接责任人员5年内不得从事学校管理事务。

第五十六条 县级以上地方人民政府不依法履行校车安全管理职责,致使本行政区域发生校车安全重大事故的,对负有责任的领导人员和直接责任人员依法给予处分。

第五十七条 教育、公安、交通运输、工业和信息化、质量监督检验检疫、安全生产监督管理等有关部门及其工作人员不依法履行校车安全管理职责的,对负有责任的领导人员和直接责任人员依法给予处分。

第五十八条 违反本条例的规定,构成违反治安管理行为的,由公安机关依法给予治安管理处罚;构成犯罪的,依法追究刑事责任。

第五十九条 发生校车安全事故,造成人身伤亡或者财产损失的,依法承担赔偿责任。

第八章 附 则

第六十条 县级以上地方人民政府应当合理规划幼儿园布局,方便幼儿就近入园。

入园幼儿应当由监护人或者其委托的成年人接送。对确因特殊情况不能由监护人或者其委托的成年人接送,需要使用车辆集中接送的,应当使用按照专用校车国家标准设计和制造的幼儿专用校车,遵守本条例校车安全管理的规定。

第六十一条 省、自治区、直辖市人民政府应当结合本地区实际情况,制定本条例的实施办法。

第六十二条 本条例自公布之日起施行。

本条例施行前已经配备校车的学校和校车服务提供者及其聘用的校车驾驶人应当自本条例施行之日起90日内,依照本条例的规定申请取得校车使用许可、校车驾驶资格。

本条例施行后,用于接送小学生、幼儿的专用校车不能满足需求的,在省、自治区、直辖市人民政府规定的过渡期限内可以使用取得校车标牌的其他载客汽车。

中小学幼儿园安全管理办法

1. *2006年6月30日教育部、公安部、司法部、建设部、交通部、文化部、卫生部、国家工商行政管理总局、国家质量监督检验检疫总局、新闻出版总署令第23号公布*
2. *自2006年9月1日起施行*

第一章 总 则

第一条 为加强中小学、幼儿园安全管理,保障学校及其学生和教职工的人身、财产安全,维护中小学、幼儿园正常的教育教学秩序,根据《中华人民共和国教育法》等法律法规,制定本办法。

第二条 普通中小学、中等职业学校、幼儿园(班)、特殊教育学校、工读学校(以下统称学校)的安全管理适用本办法。

第三条 学校安全管理遵循积极预防、依法管理、社会参与、各负其责的方针。

第四条 学校安全管理工作主要包括:

(一)构建学校安全工作保障体系,全面落实安全工作责任制和事故责任追究制,保障学校安全工作规范、有序进行;

(二)健全学校安全预警机制,制定突发事件应急预案,完善事故预防措施,及时排除安全隐患,不断提高学校安全工作管理水平;

(三)建立校园周边整治协调工作机制,维护校园及周边环境安全;

(四)加强安全宣传教育培训,提高师生安全意识和防护能力;

(五)事故发生后启动应急预案、对伤亡人员实施救治和责任追究等。

第五条 各级教育、公安、司法行政、建设、交通、文化、卫生、工商、质检、新闻出版等部门在本级人民政府的领导下,依法履行学校周边治理和学校安全的监督与管理职责。

学校应当按照本办法履行安全管理和安全教育职责。

社会团体、企业事业单位、其他社会组织和个人应当积极参与和支持学校安全工作,依法维护学校安全。

第二章 安全管理职责

第六条 地方各级人民政府及其教育、公安、司法行政、建设、交通、文化、卫生、工商、质检、新闻出版等部门应当按照职责分工,依法负责学校安全工作,履行学校安全管理职责。

第七条 教育行政部门对学校安全工作履行下列职责:

(一)全面掌握学校安全工作状况,制定学校安全工作考核目标,加强对学校安全工作的检查指导,督促学校建立健全并落实安全管理制度;

(二)建立安全工作责任制和事故责任追究制,及时消除安全隐患,指导学校妥善处理学生伤害事故;

(三)及时了解学校安全教育情况,组织学校有针对性地开展学生安全教育,不断提高教育实效;

(四)制定校园安全的应急预案,指导、监督下级教育行政部门和学校开展安全工作;

(五)协调政府其他相关职能部门共同做好学校安全管理工作,协助当地人民政府组织对学校安全事故的救援和调查处理。

教育督导机构应当组织学校安全工作的专项督导。

第八条 公安机关对学校安全工作履行下列职责:

(一)了解掌握学校及周边治安状况,指导学校做好校园保卫工作,及时依法查处扰乱校园秩序、侵害师生人身、财产安全的案件;

（二）指导和监督学校做好消防安全工作；

（三）协助学校处理校园突发事件。

第九条 卫生部门对学校安全工作履行下列职责：

（一）检查、指导学校卫生防疫和卫生保健工作，落实疾病预防控制措施；

（二）监督、检查学校食堂、学校饮用水和游泳池的卫生状况。

第十条 建设部门对学校安全工作履行下列职责：

（一）加强对学校建筑、燃气设施设备安全状况的监管，发现安全事故隐患的，应当依法责令立即排除；

（二）指导校舍安全检查鉴定工作；

（三）加强对学校工程建设各环节的监督管理，发现校舍、楼梯护栏及其他教学、生活设施违反工程建设强制性标准的，应责令纠正；

（四）依法督促学校定期检验、维修和更新学校相关设施设备。

第十一条 质量技术监督部门应当定期检查学校特种设备及相关设施的安全状况。

第十二条 公安、卫生、交通、建设等部门应当定期向教育行政部门和学校通报与学校安全管理相关的社会治安、疾病防治、交通等情况，提出具体预防要求。

第十三条 文化、新闻出版、工商等部门应当对校园周边的有关经营服务场所加强管理和监督，依法查处违法经营者，维护有利于青少年成长的良好环境。

司法行政、公安等部门应当按照有关规定履行学校安全教育职责。

第十四条 举办学校的地方人民政府、企业事业组织、社会团体和公民个人，应当对学校安全工作履行下列职责：

（一）保证学校符合基本办学标准，保证学校围墙、校舍、场地、教学设施、教学用具、生活设施和饮用水源等办学条件符合国家安全质量标准；

（二）配置紧急照明装置和消防设施与器材，保证学校教学楼、图书馆、实验室、师生宿舍等场所的照明、消防条件符合国家安全规定；

（三）定期对校舍安全进行检查，对需要维修的，及时予以维修；对确认的危房，及时予以改造。

举办学校的地方人民政府应当依法维护学校周边秩序，保障师生和学校的合法权益，为学校提供安全保障。

有条件的，学校举办者应当为学校购买责任保险。

第三章 校内安全管理制度

第十五条 学校应当遵守有关安全工作的法律、法规和规章，建立健全校内各项安全管理制度和安全应急机制，及时消除隐患，预防发生事故。

第十六条 学校应当建立校内安全工作领导机构，实行校长负责制；应当设立保卫机构，配备专职或者兼职安全保卫人员，明确其安全保卫职责。

第十七条 学校应当健全门卫制度，建立校外人员入校的登记或者验证制度，禁止无关人员和校外机动车入内，禁止将非教学用易燃易爆物品、有毒物品、动物和管制器具等危险物品带入校园。

学校门卫应当由专职保安或者其他能够切实履行职责的人员担任。

第十八条 学校应当建立校内安全定期检查制度和危房报告制度，按照国家有关规定安排对学校建筑物、构筑物、设备、设施进行安全检查、检验；发现存在安全隐患的，应当停止使用，及时维修或者更换；维修、更换前应当采取必要的防护措施或者设置警示标志。学校无力解决或者无法排除的重大安全隐患，应当及时书面报告主管部门和其他相关部门。

学校应当在校内高地、水池、楼梯等易发生危险的地方设置警示标志或者采取防护设施。

第十九条 学校应当落实消防安全制度和消防工作责任制，对于政府保障配备的消防设施和器材加强日常维护，保证其能够有效使用，并设置消防安全标志，保证疏散通道、安全出口和消防车通道畅通。

第二十条 学校应当建立用水、用电、用气等相关设施设备的安全管理制度，定期进行检查或者按照规定接受有关主管部门的定期检查，发现老化或者损毁的，及时进行维修或者更换。

第二十一条 学校应当严格执行《学校食堂与学生集体用餐卫生管理规定》、《餐饮业和学生集体用餐配送单位卫生规范》，严格遵守卫生操作规范。建立食堂物资定点采购和索证、登记制度与饭菜留验和记录制度，检查饮用水的卫生安全状况，保障师生饮食卫生安全。

第二十二条 学校应当建立实验室安全管理制度，并将安全管理制度和操作规程置于实验室显著位置。

学校应当严格建立危险化学品、放射物质的购买、保管、使用、登记、注销等制度，保证将危险化学品、放射物质存放在安全地点。

第二十三条 学校应当按照国家有关规定配备具有从业资格的专职医务（保健）人员或者兼职卫生保健教师，购置必需的急救器材和药品，保障对学生常见病的治疗，并负责学校传染病疫情及其他突发公共卫生事件的报告。有条件的学校，应当设立卫生（保健）室。

新生入学应当提交体检证明。托幼机构与小学在入托、入学时应当查验预防接种证。学校应当建立学生健康档案,组织学生定期体检。

第二十四条 学校应当建立学生安全信息通报制度,将学校规定的学生到校和放学时间、学生非正常缺席或者擅自离校情况以及学生身体和心理的异常状况等关系学生安全的信息,及时告知其监护人。

对有特异体质、特定疾病或者其他生理、心理状况异常以及有吸毒行为的学生,学校应当做好安全信息记录,妥善保管学生的健康与安全信息资料,依法保护学生的个人隐私。

第二十五条 有寄宿生的学校应当建立住宿学生安全管理制度,配备专人负责住宿学生的生活管理和安全保卫工作。

学校应当对学生宿舍实行夜间巡查、值班制度,并针对女生宿舍安全工作的特点,加强对女生宿舍的安全管理。

学校应当采取有效措施,保证学生宿舍的消防安全。

第二十六条 学校购买或者租用机动车专门用于接送学生的,应当建立车辆管理制度,并及时到公安机关交通管理部门备案。接送学生的车辆必须检验合格,并定期维护和检测。

接送学生专用校车应当粘贴统一标识。标识样式由省级公安机关交通管理部门和教育行政部门制定。

学校不得租用拼装车、报废车和个人机动车接送学生。

接送学生的机动车驾驶员应当身体健康,具备相应准驾车型3年以上安全驾驶经历,最近3年内任一记分周期没有记满12分记录,无致人伤亡的交通责任事故。

第二十七条 学校应当建立安全工作档案,记录日常安全工作、安全责任落实、安全检查、安全隐患消除等情况。

安全档案作为实施安全工作目标考核、责任追究和事故处理的重要依据。

第四章 日常安全管理

第二十八条 学校在日常的教育教学活动中应当遵循教学规范,落实安全管理要求,合理预见、积极防范可能发生的风险。

学校组织学生参加的集体劳动、教学实习或者社会实践活动,应当符合学生的心理、生理特点和身体健康状况。

学校以及接受学生参加教育教学活动的单位必须采取有效措施,为学生活动提供安全保障。

第二十九条 学校组织学生参加大型集体活动,应当采取下列安全措施:

(一)成立临时的安全管理组织机构;

(二)有针对性地对学生进行安全教育;

(三)安排必要的管理人员,明确所负担的安全职责;

(四)制定安全应急预案,配备相应设施。

第三十条 学校应当按照《学校体育工作条例》和教学计划组织体育教学和体育活动,并根据教学要求采取必要的保护和帮助措施。

学校组织学生开展体育活动,应当避开主要街道和交通要道;开展大型体育活动以及其他大型学生活动,必须经过主要街道和交通要道的,应当事先与公安机关交通管理部门共同研究并落实安全措施。

第三十一条 小学、幼儿园应当建立低年级学生、幼儿上下学时接送的交接制度,不得将晚离学校的低年级学生、幼儿交与无关人员。

第三十二条 学生在教学楼进行教学活动和晚自习时,学校应当合理安排学生疏散时间和楼道上下顺序,同时安排人员巡查,防止发生拥挤踩踏伤害事故。

晚自习学生没有离校之前,学校应当有负责人和教师值班、巡查。

第三十三条 学校不得组织学生参加抢险等应当由专业人员或者成人从事的活动,不得组织学生参与制作烟花爆竹、有毒化学品等具有危险性的活动,不得组织学生参加商业性活动。

第三十四条 学校不得将场地出租给他人从事易燃、易爆、有毒、有害等危险品的生产、经营活动。

学校不得出租校园内场地停放校外机动车辆;不得利用学校用地建设对社会开放的停车场。

第三十五条 学校教职工应当符合相应任职资格和条件要求。学校不得聘用因故意犯罪而受到刑事处罚的人,或者有精神病史的人担任教职工。

学校教师应当遵守职业道德规范和工作纪律,不得侮辱、殴打、体罚或者变相体罚学生;发现学生行为具有危险性的,应当及时告诫、制止,并与学生监护人沟通。

第三十六条 学生在校学习和生活期间,应当遵守学校纪律和规章制度,服从学校的安全教育和管理,不得从事危及自身或者他人安全的活动。

第三十七条 监护人发现被监护人有特异体质、特定疾病或者异常心理状况的,应当及时告知学校。

学校对已知的有特异体质、特定疾病或者异常心理状况的学生,应当给予适当关注和照顾。生理、心理状况异常不宜在校学习的学生,应当休学,由监护人安排治疗、休养。

第五章 安全教育

第三十八条 学校应当按照国家课程标准和地方课程设置要求,将安全教育纳入教学内容,对学生开展安全教育,培养学生的安全意识,提高学生的自我防护能力。

第三十九条 学校应当在开学初、放假前,有针对性地对学生集中开展安全教育。新生入校后,学校应当帮助学生及时了解相关的学校安全制度和安全规定。

第四十条 学校应当针对不同课程实验课的特点与要求,对学生进行实验用品的防毒、防爆、防辐射、防污染等的安全防护教育。

学校应当对学生进行用水、用电的安全教育,对寄宿学生进行防火、防盗和人身防护等方面的安全教育。

第四十一条 学校应当对学生开展安全防范教育,使学生掌握基本的自我保护技能,应对不法侵害。

学校应当对学生开展交通安全教育,使学生掌握基本的交通规则和行为规范。

学校应当对学生开展消防安全教育,有条件的可以组织学生到当地消防站参观和体验,使学生掌握基本的消防安全知识,提高防火意识和逃生自救的能力。

学校应当根据当地实际情况,有针对性地对学生开展到江河湖海、水库等地方戏水、游泳的安全卫生教育。

第四十二条 学校可根据当地实际情况,组织师生开展多种形式的事故预防演练。

学校应当每学期至少开展一次针对洪水、地震、火灾等灾害事故的紧急疏散演练,使师生掌握避险、逃生、自救的方法。

第四十三条 教育行政部门按照有关规定,与人民法院、人民检察院和公安、司法行政等部门以及高等学校协商,选聘优秀的法律工作者担任学校的兼职法制副校长或者法制辅导员。

兼职法制副校长或者法制辅导员应当协助学校检查落实安全制度和安全事故处理、定期对师生进行法制教育等,其工作成果纳入派出单位的工作考核内容。

第四十四条 教育行政部门应当组织负责安全管理的主管人员、学校校长、幼儿园园长和学校负责安全保卫工作的人员,定期接受有关安全管理培训。

第四十五条 学校应当制定教职工安全教育培训计划,通过多种途径和方法,使教职工熟悉安全规章制度、掌握安全救护常识,学会指导学生预防事故、自救、逃生、紧急避险的方法和手段。

第四十六条 学生监护人应当与学校互相配合,在日常生活中加强对被监护人的各项安全教育。

学校鼓励和提倡监护人自愿为学生购买意外伤害保险。

第六章 校园周边安全管理

第四十七条 教育、公安、司法行政、建设、交通、文化、卫生、工商、质检、新闻出版等部门应当建立联席会议制度,定期研究部署学校安全管理工作,依法维护学校周边秩序;通过多种途径和方式,听取学校和社会各界关于学校安全管理工作的意见和建议。

第四十八条 建设、公安等部门应当加强对学校周边建设工程的执法检查,禁止任何单位或者个人违反有关法律、法规、规章、标准,在学校围墙或者建筑物边建设工程,在校园周边设立易燃易爆、剧毒、放射性、腐蚀性等危险物品的生产、经营、储存、使用场所或者设施以及其他可能影响学校安全的场所或者设施。

第四十九条 公安机关应当把学校周边地区作为重点治安巡逻区域,在治安情况复杂的学校周边地区增设治安岗亭和报警点,及时发现和消除各类安全隐患,处置扰乱学校秩序和侵害学生人身、财产安全的违法犯罪行为。

第五十条 公安、建设和交通部门应当依法在学校门前道路设置规范的交通警示标志,施划人行横线,根据需要设置交通信号灯、减速带、过街天桥等设施。

在地处交通复杂路段的学校上下学时间,公安机关应当根据需要部署警力或者交通协管人员维护道路交通秩序。

第五十一条 公安机关和交通部门应当依法加强对农村地区交通工具的监督管理,禁止没有资质的车船搭载学生。

第五十二条 文化部门依法禁止在中学、小学校园周围200米范围内设立互联网上网服务营业场所,并依法查处接纳未成年人进入的互联网上网服务营业场所。工商行政管理部门依法查处取缔擅自设立的互联网上网服务营业场所。

第五十三条 新闻出版、公安、工商行政管理等部门应当依法取缔学校周边兜售非法出版物的游商和无证照摊点,查处学校周边制售含有淫秽色情、凶杀暴力等内容的出版物的单位和个人。

第五十四条 卫生、工商行政管理部门应当对校园周边饮食单位的卫生状况进行监督，取缔非法经营的小卖部、饮食摊点。

第七章 安全事故处理

第五十五条 在发生地震、洪水、泥石流、台风等自然灾害和重大治安、公共卫生突发事件时，教育等部门应当立即启动应急预案，及时转移、疏散学生，或者采取其他必要防护措施，保障学校安全和师生人身财产安全。

第五十六条 校园内发生火灾、食物中毒、重大治安等突发安全事故以及自然灾害时，学校应当启动应急预案，及时组织教职工参与抢险、救助和防护，保障学生身体健康和人身、财产安全。

第五十七条 发生学生伤亡事故时，学校应当按照《学生伤害事故处理办法》规定的原则和程序等，及时实施救助，并进行妥善处理。

第五十八条 发生教职工和学生伤亡等安全事故的，学校应当及时报告主管教育行政部门和政府有关部门；属于重大事故的，教育行政部门应当按照有关规定及时逐级上报。

第五十九条 省级教育行政部门应当在每年1月31日前向国务院教育行政部门书面报告上一年度学校安全工作和学生伤亡事故情况。

第八章 奖励与责任

第六十条 教育、公安、司法行政、建设、交通、文化、卫生、工商、质检、新闻出版等部门，对在学校安全工作中成绩显著或者做出突出贡献的单位和个人，应当视情况联合或者分别给予表彰、奖励。

第六十一条 教育、公安、司法行政、建设、交通、文化、卫生、工商、质检、新闻出版等部门，不依法履行学校安全监督与管理职责的，由上级部门给予批评；对直接责任人员由上级部门和所在单位视情节轻重，给予批评教育或者行政处分；构成犯罪的，依法追究刑事责任。

第六十二条 学校不履行安全管理和安全教育职责，对重大安全隐患未及时采取措施的，有关主管部门应当责令其限期改正；拒不改正或者有下列情形之一的，教育行政部门应当对学校负责人和其他直接责任人员给予行政处分；构成犯罪的，依法追究刑事责任：

（一）发生重大安全事故、造成学生和教职工伤亡的；

（二）发生事故后未及时采取适当措施、造成严重后果的；

（三）瞒报、谎报或者缓报重大事故的；

（四）妨碍事故调查或者提供虚假情况的；

（五）拒绝或者不配合有关部门依法实施安全监督管理职责的。

《中华人民共和国民办教育促进法》及其实施条例另有规定的，依其规定执行。

第六十三条 校外单位或者人员违反治安管理规定、引发学校安全事故的，或者在学校安全事故处理过程中，扰乱学校正常教育教学秩序、违反治安管理规定的，由公安机关依法处理；构成犯罪的，依法追究其刑事责任；造成学校财产损失的，依法承担赔偿责任。

第六十四条 学生人身伤害事故的赔偿，依据有关法律法规、国家有关规定以及《学生伤害事故处理办法》处理。

第九章 附 则

第六十五条 中等职业学校学生实习劳动的安全管理办法另行制定。

第六十六条 本办法自2006年9月1日起施行。

学生伤害事故处理办法

1. 2002年8月21日教育部令第12号发布

2. 根据2010年12月13日教育部令第30号《关于修改和废止部分规章的决定》修正

第一章 总 则

第一条 为积极预防、妥善处理在校学生伤害事故，保护学生、学校的合法权益，根据《中华人民共和国教育法》、《中华人民共和国未成年人保护法》和其他相关法律、行政法规及有关规定，制定本办法。

第二条 在学校实施的教育教学活动或者学校组织的校外活动中，以及在学校负有管理责任的校舍、场地、其他教育教学设施、生活设施内发生的，造成在校学生人身损害后果的事故的处理，适用本办法。

第三条 学生伤害事故应当遵循依法、客观公正、合理适当的原则，及时、妥善地处理。

第四条 学校的举办者应当提供符合安全标准的校舍、场地、其他教育教学设施和生活设施。

教育行政部门应当加强学校安全工作，指导学校落实预防学生伤害事故的措施，指导、协助学校妥善处理学生伤害事故，维护学校正常的教育教学秩序。

第五条 学校应当对在校学生进行必要的安全教育和自护自救教育；应当按照规定，建立健全安全制度，采取相应的管理措施，预防和消除教育教学环境中存在的安全隐患；当发生伤害事故时，应当及时采取措施救助受伤害学生。

学校对学生进行安全教育、管理和保护，应当针对学生年龄、认知能力和法律行为能力的不同，采用相应的内容和预防措施。

第六条　学生应当遵守学校的规章制度和纪律；在不同的受教育阶段，应当根据自身的年龄、认知能力和法律行为能力，避免和消除相应的危险。

第七条　未成年学生的父母或者其他监护人（以下称为监护人）应当依法履行监护职责，配合学校对学生进行安全教育、管理和保护工作。

学校对未成年学生不承担监护职责，但法律有规定的或者学校依法接受委托承担相应监护职责的情形除外。

第二章　事故与责任

第八条　发生学生伤害事故，造成学生人身损害的，学校应当按照《中华人民共和国侵权责任法》及相关法律、法规的规定，承担相应的事故责任。

第九条　因下列情形之一造成的学生伤害事故，学校应当依法承担相应的责任：

（一）学校的校舍、场地、其他公共设施，以及学校提供给学生使用的学具、教育教学和生活设施、设备不符合国家规定的标准，或者有明显不安全因素的；

（二）学校的安全保卫、消防、设施设备管理等安全管理制度有明显疏漏，或者管理混乱，存在重大安全隐患，而未及时采取措施的；

（三）学校向学生提供的药品、食品、饮用水等不符合国家或者行业的有关标准、要求的；

（四）学校组织学生参加教育教学活动或者校外活动，未对学生进行相应的安全教育，并未在可预见的范围内采取必要的安全措施的；

（五）学校知道教师或者其他工作人员患有不适宜担任教育教学工作的疾病，但未采取必要措施的；

（六）学校违反有关规定，组织或者安排未成年学生从事不宜未成年人参加的劳动、体育运动或者其他活动的；

（七）学生有特异体质或者特定疾病，不宜参加某种教育教学活动，学校知道或者应当知道，但未予以必要的注意的；

（八）学生在校期间突发疾病或者受到伤害，学校发现，但未根据实际情况及时采取相应措施，导致不良后果加重的；

（九）学校教师或者其他工作人员体罚或者变相体罚学生，或者在履行职责过程中违反工作要求、操作规程、职业道德或者其他有关规定的；

（十）学校教师或者其他工作人员在负有组织、管理未成年学生的职责期间，发现学生行为具有危险性，但未进行必要的管理、告诫或者制止的；

（十一）对未成年学生擅自离校等与学生人身安全直接相关的信息，学校发现或者知道，但未及时告知未成年学生的监护人，导致未成年学生因脱离监护人的保护而发生伤害的；

（十二）学校有未依法履行职责的其他情形的。

第十条　学生或者未成年学生监护人由于过错，有下列情形之一，造成学生伤害事故，应当依法承担相应的责任：

（一）学生违反法律法规的规定，违反社会公共行为准则、学校的规章制度或者纪律，实施按其年龄和认知能力应当知道具有危险或者可能危及他人的行为的；

（二）学生行为具有危险性，学校、教师已经告诫、纠正，但学生不听劝阻、拒不改正的；

（三）学生或者其监护人知道学生有特异体质，或者患有特定疾病，但未告知学校的；

（四）未成年学生的身体状况、行为、情绪等有异常情况，监护人知道或者已被学校告知，但未履行相应监护职责的；

（五）学生或者未成年学生监护人有其他过错的。

第十一条　学校安排学生参加活动，因提供场地、设备、交通工具、食品及其他消费与服务的经营者，或者学校以外的活动组织者的过错造成的学生伤害事故，有过错的当事人应当依法承担相应的责任。

第十二条　因下列情形之一造成的学生伤害事故，学校已履行了相应职责，行为并无不当的，无法律责任：

（一）地震、雷击、台风、洪水等不可抗的自然因素造成的；

（二）来自学校外部的突发性、偶发性侵害造成的；

（三）学生有特异体质、特定疾病或者异常心理状态，学校不知道或者难于知道的；

（四）学生自杀、自伤的；

（五）在对抗性或者具有风险性的体育竞赛活动中发生意外伤害的；

（六）其他意外因素造成的。

第十三条　下列情形下发生的造成学生人身损害后果的

事故,学校行为并无不当的,不承担事故责任;事故责任应当按有关法律法规或者其他有关规定认定:

（一）在学生自行上学、放学、返校、离校途中发生的;

（二）在学生自行外出或者擅自离校期间发生的;

（三）在放学后、节假日或者假期等学校工作时间以外,学生自行滞留学校或者自行到校发生的;

（四）其他在学校管理职责范围外发生的。

第十四条　因学校教师或者其他工作人员与其职务无关的个人行为,或者因学生、教师及其他个人故意实施的违法犯罪行为,造成学生人身损害的,由致害人依法承担相应的责任。

第三章　事故处理程序

第十五条　发生学生伤害事故,学校应当及时救助受伤害学生,并应当及时告知未成年学生的监护人;有条件的,应当采取紧急救援等方式救助。

第十六条　发生学生伤害事故,情形严重的,学校应当及时向主管教育行政部门及有关部门报告;属于重大伤亡事故的,教育行政部门应当按照有关规定及时向同级人民政府和上一级教育行政部门报告。

第十七条　学校的主管教育行政部门应学校要求或者认为必要,可以指导、协助学校进行事故的处理工作,尽快恢复学校正常的教育教学秩序。

第十八条　发生学生伤害事故,学校与受伤害学生或者学生家长可以通过协商方式解决;双方自愿,可以书面请求主管教育行政部门进行调解。成年学生或者未成年学生的监护人也可以依法直接提起诉讼。

第十九条　教育行政部门收到调解申请,认为必要的,可以指定专门人员进行调解,并应当在受理申请之日起60日内完成调解。

第二十条　经教育行政部门调解,双方就事故处理达成一致意见的,应当在调解人员的见证下签订调解协议,结束调解;在调解期限内,双方不能达成一致意见,或者调解过程中一方提起诉讼,人民法院已经受理的,应当终止调解。

调解结束或者终止,教育行政部门应当书面通知当事人。

第二十一条　对经调解达成的协议,一方当事人不履行或者反悔的,双方可以依法提起诉讼。

第二十二条　事故处理结束,学校应当将事故处理结果书面报告主管的教育行政部门;重大伤亡事故的处理结果,学校主管的教育行政部门应当向同级人民政府和上一级教育行政部门报告。

第四章　事故损害的赔偿

第二十三条　对发生学生伤害事故负有责任的组织或者个人,应当按照法律法规的有关规定,承担相应的损害赔偿责任。

第二十四条　学生伤害事故赔偿的范围与标准,按照有关行政法规、地方性法规或者最高人民法院司法解释中的有关规定确定。

教育行政部门进行调解时,认为学校有责任的,可以依照有关法律法规及国家有关规定,提出相应的调解方案。

第二十五条　对受伤害学生的伤残程度存在争议的,可以委托当地具有相应鉴定资格的医院或者有关机构,依据国家规定的人体伤残标准进行鉴定。

第二十六条　学校对学生伤害事故负有责任的,根据责任大小,适当予以经济赔偿,但不承担解决户口、住房、就业等与救助受伤害学生、赔偿相应经济损失无直接关系的其他事项。

学校无责任的,如果有条件,可以根据实际情况,本着自愿和可能的原则,对受伤害学生给予适当的帮助。

第二十七条　因学校教师或者其他工作人员在履行职务中的故意或者重大过失造成的学生伤害事故,学校予以赔偿后,可以向有关责任人员追偿。

第二十八条　未成年学生对学生伤害事故负有责任的,由其监护人依法承担相应的赔偿责任。

学生的行为侵害学校教师及其他工作人员以及其他组织、个人的合法权益,造成损失的,成年学生或者未成年学生的监护人应当依法予以赔偿。

第二十九条　根据双方达成的协议、经调解形成的协议或者人民法院的生效判决,应当由学校负担的赔偿金,学校应当负责筹措;学校无力完全筹措的,由学校的主管部门或者举办者协助筹措。

第三十条　县级以上人民政府教育行政部门或者学校举办者有条件的,可以通过设立学生伤害赔偿准备金等多种形式,依法筹措伤害赔偿金。

第三十一条　学校有条件的,应当依据保险法的有关规定,参加学校责任保险。

教育行政部门可以根据实际情况,鼓励中小学参加学校责任保险。

提倡学生自愿参加意外伤害保险。在尊重学生意愿的前提下,学校可以为学生参加意外伤害保险创造便利条件,但不得从中收取任何费用。

第五章　事故责任者的处理

第三十二条　发生学生伤害事故，学校负有责任且情节严重的，教育行政部门应当根据有关规定，对学校的直接负责的主管人员和其他直接责任人员，分别给予相应的行政处分；有关责任人的行为触犯刑律的，应当移送司法机关依法追究刑事责任。

第三十三条　学校管理混乱，存在重大安全隐患的，主管的教育行政部门或者其他有关部门应当责令其限期整顿；对情节严重或者拒不改正的，应当依据法律法规的有关规定，给予相应的行政处罚。

第三十四条　教育行政部门未履行相应职责，对学生伤害事故的发生负有责任的，由有关部门对直接负责的主管人员和其他直接责任人员分别给予相应的行政处分；有关责任人的行为触犯刑律的，应当移送司法机关依法追究刑事责任。

第三十五条　违反学校纪律，对造成学生伤害事故负有责任的学生，学校可以给予相应的处分；触犯刑律的，由司法机关依法追究刑事责任。

第三十六条　受伤害学生的监护人、亲属或者其他有关人员，在事故处理过程中无理取闹，扰乱学校正常教育教学秩序，或者侵犯学校、学校教师或者其他工作人员的合法权益的，学校应当报告公安机关依法处理；造成损失的，可以依法要求赔偿。

第六章　附　　则

第三十七条　本办法所称学校，是指国家或者社会力量举办的全日制的中小学（含特殊教育学校）、各类中等职业学校、高等学校。

本办法所称学生是指在上述学校中全日制就读的受教育者。

第三十八条　幼儿园发生的幼儿伤害事故，应当根据幼儿为完全无行为能力人的特点，参照本办法处理。

第三十九条　其他教育机构发生的学生伤害事故，参照本办法处理。

在学校注册的其他受教育者在学校管理范围内发生的伤害事故，参照本办法处理。

第四十条　本办法自 2002 年 9 月 1 日起实施，原国家教委、教育部颁布的与学生人身安全事故处理有关的规定，与本办法不符的，以本办法为准。

在本办法实施之前已处理完毕的学生伤害事故不再重新处理。

十五、未成年人保护

资料补充栏

1. 综　合

中华人民共和国未成年人保护法

1. 1991年9月4日第七届全国人民代表大会常务委员会第二十一次会议通过
2. 2006年12月29日第十届全国人民代表大会常务委员会第二十五次会议第一次修订
3. 根据2012年10月26日第十一届全国人民代表大会常务委员会第二十九次会议《关于修改〈中华人民共和国未成年人保护法〉的决定》修正
4. 2020年10月17日第十三届全国人民代表大会常务委员会第二十二次会议第二次修订

目　录

第一章　总　　则

第一条　【立法目的】为了保护未成年人身心健康,保障未成年人合法权益,促进未成年人德智体美劳全面发展,培养有理想、有道德、有文化、有纪律的社会主义建设者和接班人,培养担当民族复兴大任的时代新人,根据宪法,制定本法。

第二条　【未成年人定义】本法所称未成年人是指未满十八周岁的公民。

第三条　【未成年人平等享有权利】国家保障未成年人的生存权、发展权、受保护权、参与权等权利。

未成年人依法平等地享有各项权利,不因本人及其父母或者其他监护人的民族、种族、性别、户籍、职业、宗教信仰、教育程度、家庭状况、身心健康状况等受到歧视。

第四条　【未成年人保护的基本原则和要求】保护未成年人,应当坚持最有利于未成年人的原则。处理涉及未成年人事项,应当符合下列要求:

(一)给予未成年人特殊、优先保护;
(二)尊重未成年人人格尊严;
(三)保护未成年人隐私权和个人信息;
(四)适应未成年人身心健康发展的规律和特点;
(五)听取未成年人的意见;
(六)保护与教育相结合。

第五条　【教育指导原则】国家、社会、学校和家庭应当对未成年人进行理想教育、道德教育、科学教育、文化教育、法治教育、国家安全教育、健康教育、劳动教育,加强爱国主义、集体主义和中国特色社会主义的教育,培养爱祖国、爱人民、爱劳动、爱科学、爱社会主义的公德,抵制资本主义、封建主义和其他腐朽思想的侵蚀,引导未成年人树立和践行社会主义核心价值观。

第六条　【社会共同责任】保护未成年人,是国家机关、武装力量、政党、人民团体、企业事业单位、社会组织、城乡基层群众性自治组织、未成年人的监护人以及其他成年人的共同责任。

国家、社会、学校和家庭应当教育和帮助未成年人维护自身合法权益,增强自我保护的意识和能力。

第七条　【监护人和国家在监护方面的责任】未成年人的父母或者其他监护人依法对未成年人承担监护职责。

国家采取措施指导、支持、帮助和监督未成年人的父母或者其他监护人履行监护职责。

第八条　【政府对未成年人保护工作的保障】县级以上人民政府应当将未成年人保护工作纳入国民经济和社会发展规划,相关经费纳入本级政府预算。

第九条　【协调机制】县级以上人民政府应当建立未成年人保护工作协调机制,统筹、协调、督促和指导有关部门在各自职责范围内做好未成年人保护工作。协调机制具体工作由县级以上人民政府民政部门承担,省级人民政府也可以根据本地实际情况确定由其他有关部门承担。

第十条　【群团组织及有关社会组织职责】共产主义青年团、妇女联合会、工会、残疾人联合会、关心下一代工作委员会、青年联合会、学生联合会、少年先锋队以及其他人民团体、有关社会组织,应当协助各级人民政府及其有关部门、人民检察院、人民法院做好未成年人保护工作,维护未成年人合法权益。

第十一条　【检举、控告和强制报告制度】任何组织或者个人发现不利于未成年人身心健康或者侵犯未成年人合法权益的情形,都有权劝阻、制止或者向公安、民政、教育等有关部门提出检举、控告。

国家机关、居民委员会、村民委员会、密切接触未成年人的单位及其工作人员,在工作中发现未成年人身心健康受到侵害、疑似受到侵害或者面临其他危险情形的,应当立即向公安、民政、教育等有关部门报告。

有关部门接到涉及未成年人的检举、控告或者报告,应当依法及时受理、处置,并以适当方式将处理结果告知相关单位和人员。

第十二条　【未成年人保护科学研究】国家鼓励和支持未成年人保护方面的科学研究,建设相关学科、设置相关专业,加强人才培养。

第十三条　【未成年人调查统计制度】国家建立健全未成年人统计调查制度,开展未成年人健康、受教育等状况的统计、调查和分析,发布未成年人保护的有关信息。

第十四条　【表彰和奖励】国家对保护未成年人有显著成绩的组织和个人给予表彰和奖励。

第二章　家 庭 保 护

第十五条　【监护人及家庭成员的家庭教育职责】未成年人的父母或者其他监护人应当学习家庭教育知识,接受家庭教育指导,创造良好、和睦、文明的家庭环境。

共同生活的其他成年家庭成员应当协助未成年人的父母或者其他监护人抚养、教育和保护未成年人。

第十六条　【父母或者其他监护人监护职责】未成年人的父母或者其他监护人应当履行下列监护职责:

(一)为未成年人提供生活、健康、安全等方面的保障;

(二)关注未成年人的生理、心理状况和情感需求;

(三)教育和引导未成年人遵纪守法、勤俭节约,养成良好的思想品德和行为习惯;

(四)对未成年人进行安全教育,提高未成年人的自我保护意识和能力;

(五)尊重未成年人受教育的权利,保障适龄未成年人依法接受并完成义务教育;

(六)保障未成年人休息、娱乐和体育锻炼的时间,引导未成年人进行有益身心健康的活动;

(七)妥善管理和保护未成年人的财产;

(八)依法代理未成年人实施民事法律行为;

(九)预防和制止未成年人的不良行为和违法犯罪行为,并进行合理管教;

(十)其他应当履行的监护职责。

第十七条　【监护中的禁止性行为】未成年人的父母或者其他监护人不得实施下列行为:

(一)虐待、遗弃、非法送养未成年人或者对未成年人实施家庭暴力;

(二)放任、教唆或者利用未成年人实施违法犯罪行为;

(三)放任、唆使未成年人参与邪教、迷信活动或者接受恐怖主义、分裂主义、极端主义等侵害;

(四)放任、唆使未成年人吸烟(含电子烟,下同)、饮酒、赌博、流浪乞讨或者欺凌他人;

(五)放任或者迫使应当接受义务教育的未成年人失学、辍学;

(六)放任未成年人沉迷网络,接触危害或者可能影响其身心健康的图书、报刊、电影、广播电视节目、音像制品、电子出版物和网络信息等;

(七)放任未成年人进入营业性娱乐场所、酒吧、互联网上网服务营业场所等不适宜未成年人活动的场所;

(八)允许或者迫使未成年人从事国家规定以外的劳动;

(九)允许、迫使未成年人结婚或者为未成年人订立婚约;

(十)违法处分、侵吞未成年人的财产或者利用未成年人牟取不正当利益;

(十一)其他侵犯未成年人身心健康、财产权益或者不依法履行未成年人保护义务的行为。

第十八条　【监护人安全保障义务】未成年人的父母或者其他监护人应当为未成年人提供安全的家庭生活环境,及时排除引发触电、烫伤、跌落等伤害的安全隐患;采取配备儿童安全座椅、教育未成年人遵守交通规则等措施,防止未成年人受到交通事故的伤害;提高户外安全保护意识,避免未成年人发生溺水、动物伤害等事故。

第十九条　【尊重未成年人意见】未成年人的父母或者其他监护人应当根据未成年人的年龄和智力发展状况,在作出与未成年人权益有关的决定前,听取未成年人的意见,充分考虑其真实意愿。

第二十条　【监护人报告义务】未成年人的父母或者其他监护人发现未成年人身心健康受到侵害、疑似受到侵害或者其他合法权益受到侵犯的,应当及时了解情况并采取保护措施;情况严重的,应当立即向公安、民政、教育等部门报告。

第二十一条　【临时照护】未成年人的父母或者其他监护人不得使未满八周岁或者由于身体、心理原因需要特别照顾的未成年人处于无人看护状态,或者将其交由无民事行为能力、限制民事行为能力、患有严重传染性疾病或者其他不适宜的人员临时照护。

未成年人的父母或者其他监护人不得使未满十六周岁的未成年人脱离监护单独生活。

第二十二条　【长期照护的条件】未成年人的父母或者其他监护人因外出务工等原因在一定期限内不能完全履行监护职责的，应当委托具有照护能力的完全民事行为能力人代为照护；无正当理由的，不得委托他人代为照护。

未成年人的父母或者其他监护人在确定被委托人时，应当综合考虑其道德品质、家庭状况、身心健康状况、与未成年人生活情感上的联系等情况，并听取有表达意愿能力未成年人的意见。

具有下列情形之一的，不得作为被委托人：

（一）曾实施性侵害、虐待、遗弃、拐卖、暴力伤害等违法犯罪行为；

（二）有吸毒、酗酒、赌博等恶习；

（三）曾拒不履行或者长期怠于履行监护、照护职责；

（四）其他不适宜担任被委托人的情形。

第二十三条　【委托长期照护时监护人的义务】未成年人的父母或者其他监护人应当及时将委托照护情况书面告知未成年人所在学校、幼儿园和实际居住地的居民委员会、村民委员会，加强和未成年人所在学校、幼儿园的沟通；与未成年人、被委托人至少每周联系和交流一次，了解未成年人的生活、学习、心理等情况，并给予未成年人亲情关爱。

未成年人的父母或者其他监护人接到被委托人、居民委员会、村民委员会、学校、幼儿园等关于未成年人心理、行为异常的通知后，应当及时采取干预措施。

第二十四条　【离婚父母对未成年子女的义务】未成年人的父母离婚时，应当妥善处理未成年子女的抚养、教育、探望、财产等事宜，听取有表达意愿能力未成年人的意见。不得以抢夺、藏匿未成年子女等方式争夺抚养权。

未成年人的父母离婚后，不直接抚养未成年子女的一方应当依照协议、人民法院判决或者调解确定的时间和方式，在不影响未成年人学习、生活的情况下探望未成年子女，直接抚养的一方应当配合，但被人民法院依法中止探望权的除外。

第三章　学校保护

第二十五条　【全面贯彻国家教育方针政策】学校应当全面贯彻国家教育方针，坚持立德树人，实施素质教育，提高教育质量，注重培养未成年学生认知能力、合作能力、创新能力和实践能力，促进未成年学生全面发展。

学校应当建立未成年学生保护工作制度，健全学生行为规范，培养未成年学生遵纪守法的良好行为习惯。

第二十六条　【幼儿园教育、保育职责】幼儿园应当做好保育、教育工作，遵循幼儿身心发展规律，实施启蒙教育，促进幼儿在体质、智力、品德等方面和谐发展。

第二十七条　【尊重人格尊严】学校、幼儿园的教职员工应当尊重未成年人人格尊严，不得对未成年人实施体罚、变相体罚或者其他侮辱人格尊严的行为。

第二十八条　【保障未成年学生受教育的权利】学校应当保障未成年学生受教育的权利，不得违反国家规定开除、变相开除未成年学生。

学校应当对尚未完成义务教育的辍学未成年学生进行登记并劝返复学；劝返无效的，应当及时向教育行政部门书面报告。

第二十九条　【关爱帮扶并不得歧视未成年学生】学校应当关心、爱护未成年学生，不得因家庭、身体、心理、学习能力等情况歧视学生。对家庭困难、身心有障碍的学生，应当提供关爱；对行为异常、学习有困难的学生，应当耐心帮助。

学校应当配合政府有关部门建立留守未成年学生、困境未成年学生的信息档案，开展关爱帮扶工作。

第三十条　【社会生活指导、心理健康辅导、青春期教育、生命教育】学校应当根据未成年学生身心发展特点，进行社会生活指导、心理健康辅导、青春期教育和生命教育。

第三十一条　【加强劳动教育】学校应当组织未成年学生参加与其年龄相适应的日常生活劳动、生产劳动和服务性劳动，帮助未成年学生掌握必要的劳动知识和技能，养成良好的劳动习惯。

第三十二条　【开展勤俭节约教育活动】学校、幼儿园应当开展勤俭节约、反对浪费、珍惜粮食、文明饮食等宣传教育活动，帮助未成年人树立浪费可耻、节约为荣的意识，养成文明健康、绿色环保的生活习惯。

第三十三条　【保障未成年学生的休息权】学校应当与未成年学生的父母或者其他监护人互相配合，合理安排未成年学生的学习时间，保障其休息、娱乐和体育锻炼的时间。

学校不得占用国家法定节假日、休息日及寒暑假期，组织义务教育阶段的未成年学生集体补课，加重其学习负担。

幼儿园、校外培训机构不得对学龄前未成年人进行小学课程教育。

第三十四条　【学校、幼儿园的卫生保健职责】学校、幼儿园应当提供必要的卫生保健条件，协助卫生健康部门做好在校、在园未成年人的卫生保健工作。

第三十五条　【学校、幼儿园应当保障未成年人安全】学校、幼儿园应当建立安全管理制度，对未成年人进行安全教育，完善安保设施、配备安保人员，保障未成年人在校、在园期间的人身和财产安全。

学校、幼儿园不得在危及未成年人人身安全、身心健康的校舍和其他设施、场所中进行教育教学活动。

学校、幼儿园安排未成年人参加文化娱乐、社会实践等集体活动，应当保护未成年人的身心健康，防止发生人身伤害事故。

第三十六条　【校车安全管理制度】使用校车的学校、幼儿园应当建立健全校车安全管理制度，配备安全管理人员，定期对校车进行安全检查，对校车驾驶人进行安全教育，并向未成年人讲解校车安全乘坐知识，培养未成年人校车安全事故应急处理技能。

第三十七条　【突发事件处置】学校、幼儿园应当根据需要，制定应对自然灾害、事故灾难、公共卫生事件等突发事件和意外伤害的预案，配备相应设施并定期进行必要的演练。

未成年人在校内、园内或者本校、本园组织的校外、园外活动中发生人身伤害事故的，学校、幼儿园应当立即救护，妥善处理，及时通知未成年人的父母或者其他监护人，并向有关部门报告。

第三十八条　【禁止商业行为】学校、幼儿园不得安排未成年人参加商业性活动，不得向未成年人及其父母或者其他监护人推销或者要求其购买指定的商品和服务。

学校、幼儿园不得与校外培训机构合作为未成年人提供有偿课程辅导。

第三十九条　【防治学生欺凌】学校应当建立学生欺凌防控工作制度，对教职员工、学生等开展防治学生欺凌的教育和培训。

学校对学生欺凌行为应当立即制止，通知实施欺凌和被欺凌未成年学生的父母或者其他监护人参与欺凌行为的认定和处理；对相关未成年学生及时给予心理辅导、教育和引导；对相关未成年学生的父母或者其他监护人给予必要的家庭教育指导。

对实施欺凌的未成年学生，学校应当根据欺凌行为的性质和程度，依法加强管教。对严重的欺凌行为，学校不得隐瞒，应当及时向公安机关、教育行政部门报告，并配合相关部门依法处理。

第四十条　【预防性侵害、性骚扰】学校、幼儿园应当建立预防性侵害、性骚扰未成年人工作制度。对性侵害、性骚扰未成年人等违法犯罪行为，学校、幼儿园不得隐瞒，应当及时向公安机关、教育行政部门报告，并配合相关部门依法处理。

学校、幼儿园应当对未成年人开展适合其年龄的性教育，提高未成年人防范性侵害、性骚扰的自我保护意识和能力。对遭受性侵害、性骚扰的未成年人，学校、幼儿园应当及时采取相关的保护措施。

第四十一条　【相关机构参照适用学校保护】婴幼儿照护服务机构、早期教育服务机构、校外培训机构、校外托管机构等应当参照本章有关规定，根据不同年龄阶段未成年人的成长特点和规律，做好未成年人保护工作。

第四章　社会保护

第四十二条　【社会保护的基本内容】全社会应当树立关心、爱护未成年人的良好风尚。

国家鼓励、支持和引导人民团体、企业事业单位、社会组织以及其他组织和个人，开展有利于未成年人健康成长的社会活动和服务。

第四十三条　【居民委员会、村民委员会工作职责】居民委员会、村民委员会应当设置专人专岗负责未成年人保护工作，协助政府有关部门宣传未成年人保护方面的法律法规，指导、帮助和监督未成年人的父母或者其他监护人依法履行监护职责，建立留守未成年人、困境未成年人的信息档案并给予关爱帮扶。

居民委员会、村民委员会应当协助政府有关部门监督未成年人委托照护情况，发现被委托人缺乏照护能力、怠于履行照护职责等情况，应当及时向政府有关部门报告，并告知未成年人的父母或者其他监护人，帮助、督促被委托人履行照护职责。

第四十四条　【社会对未成年人提供福利待遇】爱国主义教育基地、图书馆、青少年宫、儿童活动中心、儿童之家应当对未成年人免费开放；博物馆、纪念馆、科技馆、展览馆、美术馆、文化馆、社区公益性互联网上网服务场所以及影剧院、体育场馆、动物园、植物园、公园等场所，应当按照有关规定对未成年人免费或者优惠开放。

国家鼓励爱国主义教育基地、博物馆、科技馆、美术馆等公共场馆开设未成年人专场，为未成年人提供有针对性的服务。

国家鼓励国家机关、企业事业单位、部队等开发自身教育资源,设立未成年人开放日,为未成年人主题教育、社会实践、职业体验等提供支持。

国家鼓励科研机构和科技类社会组织对未成年人开展科学普及活动。

第四十五条 【免费或者优惠乘坐交通工具】城市公共交通以及公路、铁路、水路、航空客运等应当按照有关规定对未成年人实施免费或者优惠票价。

第四十六条 【母婴设施配备】国家鼓励大型公共场所、公共交通工具、旅游景区景点等设置母婴室、婴儿护理台以及方便幼儿使用的坐便器、洗手台等卫生设施,为未成年人提供便利。

第四十七条 【不得限制应有照顾或者优惠】任何组织或者个人不得违反有关规定,限制未成年人应当享有的照顾或者优惠。

第四十八条 【鼓励有利于未成年人的创作】国家鼓励创作、出版、制作和传播有利于未成年人健康成长的图书、报刊、电影、广播电视节目、舞台艺术作品、音像制品、电子出版物和网络信息等。

第四十九条 【新闻媒体的未成年人保护责任】新闻媒体应当加强未成年人保护方面的宣传,对侵犯未成年人合法权益的行为进行舆论监督。新闻媒体采访报道涉及未成年人事件应当客观、审慎和适度,不得侵犯未成年人的名誉、隐私和其他合法权益。

第五十条 【禁止危害未成年人身心健康内容】禁止制作、复制、出版、发布、传播含有宣扬淫秽、色情、暴力、邪教、迷信、赌博、引诱自杀、恐怖主义、分裂主义、极端主义等危害未成年人身心健康内容的图书、报刊、电影、广播电视节目、舞台艺术作品、音像制品、电子出版物和网络信息等。

第五十一条 【可能影响未成年人身心健康内容的管理】任何组织或者个人出版、发布、传播的图书、报刊、电影、广播电视节目、舞台艺术作品、音像制品、电子出版物或者网络信息,包含可能影响未成年人身心健康内容的,应当以显著方式作出提示。

第五十二条 【禁止儿童色情制品】禁止制作、复制、发布、传播或者持有有关未成年人的淫秽色情物品和网络信息。

第五十三条 【与未成年人有关的广告管理】任何组织或者个人不得刊登、播放、张贴或者散发含有危害未成年人身心健康内容的广告;不得在学校、幼儿园播放、张贴或者散发商业广告;不得利用校服、教材等发布或者变相发布商业广告。

第五十四条 【禁止严重侵犯未成年人权益的行为】禁止拐卖、绑架、虐待、非法收养未成年人,禁止对未成年人实施性侵害、性骚扰。

禁止胁迫、引诱、教唆未成年人参加黑社会性质组织或者从事违法犯罪活动。

禁止胁迫、诱骗、利用未成年人乞讨。

第五十五条 【生产、销售用于未成年人产品的要求】生产、销售用于未成年人的食品、药品、玩具、用具和游戏游艺设备、游乐设施等,应当符合国家或者行业标准,不得危害未成年人的人身安全和身心健康。上述产品的生产者应当在显著位置标明注意事项,未标明注意事项的不得销售。

第五十六条 【公共场所的安全保障义务】未成年人集中活动的公共场所应当符合国家或者行业安全标准,并采取相应安全保护措施。对可能存在安全风险的设施,应当定期进行维护,在显著位置设置安全警示标志并标明适龄范围和注意事项;必要时应当安排专门人员看管。

大型的商场、超市、医院、图书馆、博物馆、科技馆、游乐场、车站、码头、机场、旅游景区景点等场所运营单位应当设置搜寻走失未成年人的安全警报系统。场所运营单位接到求助后,应当立即启动安全警报系统,组织人员进行搜寻并向公安机关报告。

公共场所发生突发事件时,应当优先救护未成年人。

第五十七条 【住宿经营者的安全保护义务】旅馆、宾馆、酒店等住宿经营者接待未成年人入住,或者接待未成年人和成年人共同入住时,应当询问父母或者其他监护人的联系方式、入住人员的身份关系等有关情况;发现有违法犯罪嫌疑的,应当立即向公安机关报告,并及时联系未成年人的父母或者其他监护人。

第五十八条 【不适宜未成年人活动场所在设置和服务的限制】学校、幼儿园周边不得设置营业性娱乐场所、酒吧、互联网上网服务营业场所等不适宜未成年人活动的场所。营业性歌舞娱乐场所、酒吧、互联网上网服务营业场所等不适宜未成年人活动场所的经营者,不得允许未成年人进入;游艺娱乐场所设置的电子游戏设备,除国家法定节假日外,不得向未成年人提供。经营者应当在显著位置设置未成年人禁入、限入标志;对难以判明是否是未成年人的,应当要求其出示身份证件。

第五十九条 【禁止向未成年人销售烟、酒、彩票】学校、幼儿园周边不得设置烟、酒、彩票销售网点。禁止向未成年人销售烟、酒、彩票或者兑付彩票奖金。烟、酒和彩票经营者应当在显著位置设置不向未成年人销售烟、酒或者彩票的标志；对难以判明是否是未成年人的，应当要求其出示身份证件。

任何人不得在学校、幼儿园和其他未成年人集中活动的公共场所吸烟、饮酒。

第六十条　【禁止向未成年人提供、销售危险物品】禁止向未成年人提供、销售管制刀具或者其他可能致人严重伤害的器具等物品。经营者难以判明购买者是否是未成年人的，应当要求其出示身份证件。

第六十一条　【未成年人劳动保护】任何组织或者个人不得招用未满十六周岁未成年人，国家另有规定的除外。

营业性娱乐场所、酒吧、互联网上网服务营业场所等不适宜未成年人活动的场所不得招用已满十六周岁的未成年人。

招用已满十六周岁未成年人的单位和个人应当执行国家在工种、劳动时间、劳动强度和保护措施等方面的规定，不得安排其从事过重、有毒、有害等危害未成年人身心健康的劳动或者危险作业。

任何组织或者个人不得组织未成年人进行危害其身心健康的表演等活动。经未成年人的父母或者其他监护人同意，未成年人参与演出、节目制作等活动，活动组织方应当根据国家有关规定，保障未成年人合法权益。

第六十二条　【从业查询制度】密切接触未成年人的单位招聘工作人员时，应当向公安机关、人民检察院查询应聘者是否具有性侵害、虐待、拐卖、暴力伤害等违法犯罪记录；发现其具有前述行为记录的，不得录用。

密切接触未成年人的单位应当每年定期对工作人员是否具有上述违法犯罪记录进行查询。通过查询或者其他方式发现其工作人员具有上述行为的，应当及时解聘。

第六十三条　【保护未成年人通信自由和通信秘密】任何组织或者个人不得隐匿、毁弃、非法删除未成年人的信件、日记、电子邮件或者其他网络通讯内容。

除下列情形外，任何组织或者个人不得开拆、查阅未成年人的信件、日记、电子邮件或者其他网络通讯内容：

（一）无民事行为能力未成年人的父母或者其他监护人代未成年人开拆、查阅；

（二）因国家安全或者追查刑事犯罪依法进行检查；

（三）紧急情况下为了保护未成年人本人的人身安全。

第五章　网络保护

第六十四条　【网络素养】国家、社会、学校和家庭应当加强未成年人网络素养宣传教育，培养和提高未成年人的网络素养，增强未成年人科学、文明、安全、合理使用网络的意识和能力，保障未成年人在网络空间的合法权益。

第六十五条　【健康网络内容创作与传播】国家鼓励和支持有利于未成年人健康成长的网络内容的创作与传播，鼓励和支持专门以未成年人为服务对象、适合未成年人身心健康特点的网络技术、产品、服务的研发、生产和使用。

第六十六条　【监督检查和惩处非法活动】网信部门及其他有关部门应当加强对未成年人网络保护工作的监督检查，依法惩处利用网络从事危害未成年人身心健康的活动，为未成年人提供安全、健康的网络环境。

第六十七条　【可能影响未成年人身心健康的网络信息】网信部门会同公安、文化和旅游、新闻出版、电影、广播电视等部门根据保护不同年龄阶段未成年人的需要，确定可能影响未成年人身心健康网络信息的种类、范围和判断标准。

第六十八条　【沉迷网络的预防和干预】新闻出版、教育、卫生健康、文化和旅游、网信等部门应当定期开展预防未成年人沉迷网络的宣传教育，监督网络产品和服务提供者履行预防未成年人沉迷网络的义务，指导家庭、学校、社会组织互相配合，采取科学、合理的方式对未成年人沉迷网络进行预防和干预。

任何组织或者个人不得以侵害未成年人身心健康的方式对未成年人沉迷网络进行干预。

第六十九条　【未成年人网络保护软件】学校、社区、图书馆、文化馆、青少年宫等场所为未成年人提供的互联网上网服务设施，应当安装未成年人网络保护软件或者采取其他安全保护技术措施。

智能终端产品的制造者、销售者应当在产品上安装未成年人网络保护软件，或者以显著方式告知用户未成年人网络保护软件的安装渠道和方法。

第七十条　【学校对沉迷网络的预防和处理】学校应当合理使用网络开展教学活动。未经学校允许，未成年学生不得将手机等智能终端产品带入课堂，带入学校的应当统一管理。

学校发现未成年学生沉迷网络的，应当及时告知其父母或者其他监护人，共同对未成年学生进行教育和引导，帮助其恢复正常的学习生活。

第七十一条　【监护人对未成年人的网络保护义务】未成年人的父母或者其他监护人应当提高网络素养，规范自身使用网络的行为，加强对未成年人使用网络行为的引导和监督。

未成年人的父母或者其他监护人应当通过在智能终端产品上安装未成年人网络保护软件、选择适合未成年人的服务模式和管理功能等方式，避免未成年人接触危害或者可能影响其身心健康的网络信息，合理安排未成年人使用网络的时间，有效预防未成年人沉迷网络。

第七十二条　【未成年人个人信息处理以及更正权、删除权】信息处理者通过网络处理未成年人个人信息的，应当遵循合法、正当和必要的原则。处理不满十四周岁未成年人个人信息的，应当征得未成年人的父母或者其他监护人同意，但法律、行政法规另有规定的除外。

未成年人、父母或者其他监护人要求信息处理者更正、删除未成年人个人信息的，信息处理者应当及时采取措施予以更正、删除，但法律、行政法规另有规定的除外。

第七十三条　【私密信息的提示、保护义务】网络服务提供者发现未成年人通过网络发布私密信息的，应当及时提示，并采取必要的保护措施。

第七十四条　【预防未成年人沉迷网络的一般性规定】网络产品和服务提供者不得向未成年人提供诱导其沉迷的产品和服务。

网络游戏、网络直播、网络音视频、网络社交等网络服务提供者应当针对未成年人使用其服务设置相应的时间管理、权限管理、消费管理等功能。

以未成年人为服务对象的在线教育网络产品和服务，不得插入网络游戏链接，不得推送广告等与教学无关的信息。

第七十五条　【网络游戏服务提供者预防沉迷网络义务】网络游戏经依法审批后方可运营。

国家建立统一的未成年人网络游戏电子身份认证系统。网络游戏服务提供者应当要求未成年人以真实身份信息注册并登录网络游戏。

网络游戏服务提供者应当按照国家有关规定和标准，对游戏产品进行分类，作出适龄提示，并采取技术措施，不得让未成年人接触不适宜的游戏或者游戏功能。

网络游戏服务提供者不得在每日二十二时至次日八时向未成年人提供网络游戏服务。

第七十六条　【网络直播服务提供者的义务】网络直播服务提供者不得为未满十六周岁的未成年人提供网络直播发布者账号注册服务；为年满十六周岁的未成年人提供网络直播发布者账号注册服务时，应当对其身份信息进行认证，并征得其父母或者其他监护人同意。

第七十七条　【禁止实施网络欺凌】任何组织或者个人不得通过网络以文字、图片、音视频等形式，对未成年人实施侮辱、诽谤、威胁或者恶意损害形象等网络欺凌行为。

遭受网络欺凌的未成年人及其父母或者其他监护人有权通知网络服务提供者采取删除、屏蔽、断开链接等措施。网络服务提供者接到通知后，应当及时采取必要的措施制止网络欺凌行为，防止信息扩散。

第七十八条　【接受投诉、举报义务】网络产品和服务提供者应当建立便捷、合理、有效的投诉和举报渠道，公开投诉、举报方式等信息，及时受理并处理涉及未成年人的投诉、举报。

第七十九条　【社会公众投诉、举报权】任何组织或者个人发现网络产品、服务含有危害未成年人身心健康的信息，有权向网络产品和服务提供者或者网信、公安等部门投诉、举报。

第八十条　【对用户行为的安全管理义务】网络服务提供者发现用户发布、传播可能影响未成年人身心健康的信息且未作显著提示的，应当作出提示或者通知用户予以提示；未作出提示的，不得传输相关信息。

网络服务提供者发现用户发布、传播含有危害未成年人身心健康内容的信息的，应当立即停止传输相关信息，采取删除、屏蔽、断开链接等处置措施，保存有关记录，并向网信、公安等部门报告。

网络服务提供者发现用户利用其网络服务对未成年人实施违法犯罪行为的，应当立即停止向该用户提供网络服务，保存有关记录，并向公安机关报告。

第六章　政府保护

第八十一条　【未成年人政府保护工作落实主体】县级以上人民政府承担未成年人保护协调机制具体工作的职能部门应当明确相关内设机构或者专门人员，负责承担未成年人保护工作。

乡镇人民政府和街道办事处应当设立未成年人保护工作站或者指定专门人员，及时办理未成年人相关事务；支持、指导居民委员会、村民委员会设立专人专岗，做好未成年人保护工作。

第八十二条　【提供、鼓励、支持家庭教育指导服务】各级人民政府应当将家庭教育指导服务纳入城乡公共服务体系,开展家庭教育知识宣传,鼓励和支持有关人民团体、企业事业单位、社会组织开展家庭教育指导服务。

第八十三条 【政府保障未成年人受教育权利】各级人民政府应当保障未成年人受教育的权利,并采取措施保障留守未成年人、困境未成年人、残疾未成年人接受义务教育。

对尚未完成义务教育的辍学未成年学生,教育行政部门应当责令父母或者其他监护人将其送入学校接受义务教育。

第八十四条 【国家发展托育、学前教育事业】各级人民政府应当发展托育、学前教育事业,办好婴幼儿照护服务机构、幼儿园,支持社会力量依法兴办母婴室、婴幼儿照护服务机构、幼儿园。

县级以上地方人民政府及其有关部门应当培养和培训婴幼儿照护服务机构、幼儿园的保教人员,提高其职业道德素质和业务能力。

第八十五条 【职业教育及职业技能培训】各级人民政府应当发展职业教育,保障未成年人接受职业教育或者职业技能培训,鼓励和支持人民团体、企业事业单位、社会组织为未成年人提供职业技能培训服务。

第八十六条 【残疾未成年人接受教育权利】各级人民政府应当保障具有接受普通教育能力、能适应校园生活的残疾未成年人就近在普通学校、幼儿园接受教育;保障不具有接受普通教育能力的残疾未成年人在特殊教育学校、幼儿园接受学前教育、义务教育和职业教育。

各级人民政府应当保障特殊教育学校、幼儿园的办学、办园条件,鼓励和支持社会力量举办特殊教育学校、幼儿园。

第八十七条 【政府保障校园安全】地方人民政府及其有关部门应当保障校园安全,监督、指导学校、幼儿园等单位落实校园安全责任,建立突发事件的报告、处置和协调机制。

第八十八条 【政府保障校园周边环境安全】公安机关和其他有关部门应当依法维护校园周边的治安和交通秩序,设置监控设备和交通安全设施,预防和制止侵害未成年人的违法犯罪行为。

第八十九条 【未成年人活动场所建设和维护】地方人民政府应当建立和改善适合未成年人的活动场所和设施,支持公益性未成年人活动场所和设施的建设和运行,鼓励社会力量兴办适合未成年人的活动场所和设施,并加强管理。

地方人民政府应当采取措施,鼓励和支持学校在国家法定节假日、休息日及寒暑假期将文化体育设施对未成年人免费或者优惠开放。

地方人民政府应当采取措施,防止任何组织或者个人侵占、破坏学校、幼儿园、婴幼儿照护服务机构等未成年人活动场所的场地、房屋和设施。

第九十条 【卫生保健、传染病防治和心理健康】各级人民政府及其有关部门应当对未成年人进行卫生保健和营养指导,提供卫生保健服务。

卫生健康部门应当依法对未成年人的疫苗预防接种进行规范,防治未成年人常见病、多发病,加强传染病防治和监督管理,做好伤害预防和干预,指导和监督学校、幼儿园、婴幼儿照护服务机构开展卫生保健工作。

教育行政部门应当加强未成年人的心理健康教育,建立未成年人心理问题的早期发现和及时干预机制。卫生健康部门应当做好未成年人心理治疗、心理危机干预以及精神障碍早期识别和诊断治疗等工作。

第九十一条 【政府对困境未成年人实施分类保障】各级人民政府及其有关部门对困境未成年人实施分类保障,采取措施满足其生活、教育、安全、医疗康复、住房等方面的基本需要。

第九十二条 【临时监护的情形】具有下列情形之一的,民政部门应当依法对未成年人进行临时监护:

(一)未成年人流浪乞讨或者身份不明,暂时查找不到父母或者其他监护人;

(二)监护人下落不明且无其他人可以担任监护人;

(三)监护人因自身客观原因或者因发生自然灾害、事故灾难、公共卫生事件等突发事件不能履行监护职责,导致未成年人监护缺失;

(四)监护人拒绝或者怠于履行监护职责,导致未成年人处于无人照料的状态;

(五)监护人教唆、利用未成年人实施违法犯罪行为,未成年人需要被带离安置;

(六)未成年人遭受监护人严重伤害或者面临人身安全威胁,需要被紧急安置;

(七)法律规定的其他情形。

第九十三条 【临时监护方式】对临时监护的未成年人,民政部门可以采取委托亲属抚养、家庭寄养等方式进行安置,也可以交由未成年人救助保护机构或者儿童福利机构进行收留、抚养。

临时监护期间，经民政部门评估，监护人重新具备履行监护职责条件的，民政部门可以将未成年人送回监护人抚养。

第九十四条　【长期监护的法定情形】具有下列情形之一的，民政部门应当依法对未成年人进行长期监护：

（一）查找不到未成年人的父母或者其他监护人；

（二）监护人死亡或者被宣告死亡且无其他人可以担任监护人；

（三）监护人丧失监护能力且无其他人可以担任监护人；

（四）人民法院判决撤销监护人资格并指定由民政部门担任监护人；

（五）法律规定的其他情形。

第九十五条　【民政部门长期监护未成年人的收养】民政部门进行收养评估后，可以依法将其长期监护的未成年人交由符合条件的申请人收养。收养关系成立后，民政部门与未成年人的监护关系终止。

第九十六条　【其他政府职能部门的配合义务和国家监护机构建设】民政部门承担临时监护或者长期监护职责的，财政、教育、卫生健康、公安等部门应当根据各自职责予以配合。

县级以上人民政府及其民政部门应当根据需要设立未成年人救助保护机构、儿童福利机构，负责收留、抚养由民政部门监护的未成年人。

第九十七条　【建设未成年人保护热线、未成年人保护平台】县级以上人民政府应当开通全国统一的未成年人保护热线，及时受理、转介侵犯未成年人合法权益的投诉、举报；鼓励和支持人民团体、企业事业单位、社会组织参与建设未成年人保护服务平台、服务热线、服务站点，提供未成年人保护方面的咨询、帮助。

第九十八条　【建立违法犯罪人员信息查询系统】国家建立性侵害、虐待、拐卖、暴力伤害等违法犯罪人员信息查询系统，向密切接触未成年人的单位提供免费查询服务。

第九十九条　【培育、引导和规范社会力量】地方人民政府应当培育、引导和规范有关社会组织、社会工作者参与未成年人保护工作，开展家庭教育指导服务，为未成年人的心理辅导、康复救助、监护及收养评估等提供专业服务。

第七章　司法保护

第一百条　【司法保护的总体要求】公安机关、人民检察院、人民法院和司法行政部门应当依法履行职责，保障未成年人合法权益。

第一百零一条　【办理案件的专门机构和专门人员】公安机关、人民检察院、人民法院和司法行政部门应当确定专门机构或者指定专门人员，负责办理涉及未成年人案件。办理涉及未成年人案件的人员应当经过专门培训，熟悉未成年人身心特点。专门机构或者专门人员中，应当有女性工作人员。

公安机关、人民检察院、人民法院和司法行政部门应当对上述机构和人员实行与未成年人保护工作相适应的评价考核标准。

第一百零二条　【办理案件的语言、表达方式等】公安机关、人民检察院、人民法院和司法行政部门办理涉及未成年人案件，应当考虑未成年人身心特点和健康成长的需要，使用未成年人能够理解的语言和表达方式，听取未成年人的意见。

第一百零三条　【未成年人隐私和个人信息保护】公安机关、人民检察院、人民法院、司法行政部门以及其他组织和个人不得披露有关案件中未成年人的姓名、影像、住所、就读学校以及其他可能识别出其身份的信息，但查找失踪、被拐卖未成年人等情形除外。

第一百零四条　【未成年人法律援助或者司法救助】对需要法律援助或者司法救助的未成年人，法律援助机构或者公安机关、人民检察院、人民法院和司法行政部门应当给予帮助，依法为其提供法律援助或者司法救助。

法律援助机构应当指派熟悉未成年人身心特点的律师为未成年人提供法律援助服务。

法律援助机构和律师协会应当对办理未成年人法律援助案件的律师进行指导和培训。

第一百零五条　【检察监督】人民检察院通过行使检察权，对涉及未成年人的诉讼活动等依法进行监督。

第一百零六条　【公益诉讼】未成年人合法权益受到侵犯，相关组织和个人未代为提起诉讼的，人民检察院可以督促、支持其提起诉讼；涉及公共利益的，人民检察院有权提起公益诉讼。

第一百零七条　【审理继承、离婚案件时未成年人保护】人民法院审理继承案件，应当依法保护未成年人的继承权和受遗赠权。

人民法院审理离婚案件，涉及未成年子女抚养问题的，应当尊重已满八周岁未成年子女的真实意愿，根据双方具体情况，按照最有利于未成年子女的原则依法处理。

第一百零八条　【人身安全保护令、撤销监护人资格】未成年人的父母或者其他监护人不依法履行监护职责或者严重侵犯被监护的未成年人合法权益的，人民法院可以根据有关人员或者单位的申请，依法作出人身安全保护令或者撤销监护人资格。

被撤销监护人资格的父母或者其他监护人应当依法继续负担抚养费用。

第一百零九条　【社会调查】人民法院审理离婚、抚养、收养、监护、探望等案件涉及未成年人的，可以自行或者委托社会组织对未成年人的相关情况进行社会调查。

第一百一十条　【法定代理人、合适成年人到场】公安机关、人民检察院、人民法院讯问未成年犯罪嫌疑人、被告人，询问未成年被害人、证人，应当依法通知其法定代理人或者其成年亲属、所在学校的代表等合适成年人到场，并采取适当方式，在适当场所进行，保障未成年人的名誉权、隐私权和其他合法权益。

人民法院开庭审理涉及未成年人案件，未成年被害人、证人一般不出庭作证；必须出庭的，应当采取保护其隐私的技术手段和心理干预等保护措施。

第一百一十一条　【特定未成年被害人的司法保护】公安机关、人民检察院、人民法院应当与其他有关政府部门、人民团体、社会组织互相配合，对遭受性侵害或者暴力伤害的未成年被害人及其家庭实施必要的心理干预、经济救助、法律援助、转学安置等保护措施。

第一百一十二条　【同步录音录像等保护措施】公安机关、人民检察院、人民法院办理未成年人遭受性侵害或者暴力伤害案件，在询问未成年被害人、证人时，应当采取同步录音录像等措施，尽量一次完成；未成年被害人、证人是女性的，应当由女性工作人员进行。

第一百一十三条　【违法犯罪未成年人的保护方针】对违法犯罪的未成年人，实行教育、感化、挽救的方针，坚持教育为主、惩罚为辅的原则。

对违法犯罪的未成年人依法处罚后，在升学、就业等方面不得歧视。

第一百一十四条　【对未尽保护职责单位的监督】公安机关、人民检察院、人民法院和司法行政部门发现有关单位未尽到未成年人教育、管理、救助、看护等保护职责的，应当向该单位提出建议。被建议单位应当在一个月内作出书面回复。

第一百一十五条　【法治宣传教育】公安机关、人民检察院、人民法院和司法行政部门应当结合实际，根据涉及未成年人案件的特点，开展未成年人法治宣传教育工作。

第一百一十六条　【鼓励和支持社会组织参与】国家鼓励和支持社会组织、社会工作者参与涉及未成年人案件中未成年人的心理干预、法律援助、社会调查、社会观护、教育矫治、社区矫正等工作。

第八章　法 律 责 任

第一百一十七条　【违反强制报告义务的法律责任】违反本法第十一条第二款规定，未履行报告义务造成严重后果的，由上级主管部门或者所在单位对直接负责的主管人员和其他直接责任人员依法给予处分。

第一百一十八条　【监护人的法律责任】未成年人的父母或者其他监护人不依法履行监护职责或者侵犯未成年人合法权益的，由其居住地的居民委员会、村民委员会予以劝诫、制止；情节严重的，居民委员会、村民委员会应当及时向公安机关报告。

公安机关接到报告或者公安机关、人民检察院、人民法院在办理案件过程中发现未成年人的父母或者其他监护人存在上述情形的，应当予以训诫，并可以责令其接受家庭教育指导。

第一百一十九条　【学校、幼儿园等机构及其教职员工的法律责任】学校、幼儿园、婴幼儿照护服务等机构及其教职员工违反本法第二十七条、第二十八条、第三十九条规定的，由公安、教育、卫生健康、市场监督管理等部门按照职责分工责令改正；拒不改正或者情节严重的，对直接负责的主管人员和其他直接责任人员依法给予处分。

第一百二十条　【未给予未成年人免费或者优惠待遇的法律责任】违反本法第四十四条、第四十五条、第四十七条规定，未给予未成年人免费或者优惠待遇的，由市场监督管理、文化和旅游、交通运输等部门按照职责分工责令限期改正，给予警告；拒不改正的，处一万元以上十万元以下罚款。

第一百二十一条　【制作危害未成年人身心健康的出版物的法律责任】违反本法第五十条、第五十一条规定的，由新闻出版、广播电视、电影、网信等部门按照职责分工责令限期改正，给予警告，没收违法所得，可以并处十万元以下罚款；拒不改正或者情节严重的，责令暂停相关业务、停产停业或者吊销营业执照、吊销相关许可证，违法所得一百万元以上的，并处违法所得一倍以上十倍以下的罚款，没有违法所得或者违法所得不足一百万元的，并处十万元以上一百万元以下罚款。

第一百二十二条　【场所运营单位和住宿经营者的法律责任】场所运营单位违反本法第五十六条第二款规定、住宿经营者违反本法第五十七条规定的，由市场监督管理、应急管理、公安等部门按照职责分工责令限期改正,给予警告;拒不改正或者造成严重后果的,责令停业整顿或者吊销营业执照、吊销相关许可证,并处一万元以上十万元以下罚款。

第一百二十三条　【营业性娱乐场所等经营者的法律责任】相关经营者违反本法第五十八条、第五十九条第一款、第六十条规定的,由文化和旅游、市场监督管理、烟草专卖、公安等部门按照职责分工责令限期改正,给予警告,没收违法所得,可以并处五万元以下罚款;拒不改正或者情节严重的,责令停业整顿或者吊销营业执照、吊销相关许可证,可以并处五万元以上五十万元以下罚款。

第一百二十四条　【公共场所吸烟、饮酒的法律责任】违反本法第五十九条第二款规定,在学校、幼儿园和其他未成年人集中活动的公共场所吸烟、饮酒的,由卫生健康、教育、市场监督管理等部门按照职责分工责令改正,给予警告,可以并处五百元以下罚款;场所管理者未及时制止的,由卫生健康、教育、市场监督管理等部门按照职责分工给予警告,并处一万元以下罚款。

第一百二十五条　【违反未成年人劳动保护的法律责任】违反本法第六十一条规定的,由文化和旅游、人力资源和社会保障、市场监督管理等部门按照职责分工责令限期改正,给予警告,没收违法所得,可以并处十万元以下罚款;拒不改正或者情节严重的,责令停产停业或者吊销营业执照、吊销相关许可证,并处十万元以上一百万元以下罚款。

第一百二十六条　【密切接触未成年人的单位的法律责任】密切接触未成年人的单位违反本法第六十二条规定,未履行查询义务,或者招用、继续聘用具有相关违法犯罪记录人员的,由教育、人力资源和社会保障、市场监督管理等部门按照职责分工责令限期改正,给予警告,并处五万元以下罚款;拒不改正或者造成严重后果的,责令停业整顿或者吊销营业执照、吊销相关许可证,并处五万元以上五十万元以下罚款,对直接负责的主管人员和其他直接责任人员依法给予处分。

第一百二十七条　【信息处理者及网络产品和服务提供者的法律责任】信息处理者违反本法第七十二条规定,或者网络产品和服务提供者违反本法第七十三条、第七十四条、第七十五条、第七十六条、第七十七条、第八十条规定的,由公安、网信、电信、新闻出版、广播电视、文化和旅游等有关部门按照职责分工责令改正,给予警告,没收违法所得,违法所得一百万元以上的,并处违法所得一倍以上十倍以下罚款,没有违法所得或者违法所得不足一百万元的,并处十万元以上一百万元以下罚款,对直接负责的主管人员和其他责任人员处一万元以上十万元以下罚款;拒不改正或者情节严重的,并可以责令暂停相关业务、停业整顿、关闭网站、吊销营业执照或者吊销相关许可证。

第一百二十八条　【国家机关工作人员渎职的法律责任】国家机关工作人员玩忽职守、滥用职权、徇私舞弊,损害未成年人合法权益的,依法给予处分。

第一百二十九条　【其他法律责任】违反本法规定,侵犯未成年人合法权益,造成人身、财产或者其他损害的,依法承担民事责任。

违反本法规定,构成违反治安管理行为的,依法给予治安管理处罚;构成犯罪的,依法追究刑事责任。

第九章　附　　则

第一百三十条　【用语含义】本法中下列用语的含义:

(一)密切接触未成年人的单位,是指学校、幼儿园等教育机构;校外培训机构;未成年人救助保护机构、儿童福利机构等未成年人安置、救助机构;婴幼儿照护服务机构、早期教育服务机构;校外托管、临时看护机构;家政服务机构;为未成年人提供医疗服务的医疗机构;其他对未成年人负有教育、培训、监护、救助、看护、医疗等职责的企业事业单位、社会组织等。

(二)学校,是指普通中小学、特殊教育学校、中等职业学校、专门学校。

(三)学生欺凌,是指发生在学生之间,一方蓄意或者恶意通过肢体、语言及网络等手段实施欺压、侮辱,造成另一方人身伤害、财产损失或者精神损害的行为。

第一百三十一条　【外国人、无国籍未成年人的保护】对中国境内未满十八周岁的外国人、无国籍人,依照本法有关规定予以保护。

第一百三十二条　【施行日期】本法自 2021 年 6 月 1 日起施行。

未成年人学校保护规定

1. 2021 年 6 月 1 日教育部令第 50 号公布
2. 自 2021 年 9 月 1 日起施行

第一章　总　　则

第一条　为了落实学校保护职责,保障未成年人合法权益,促进未成年人德智体美劳全面发展、健康成长,根据《中华人民共和国教育法》《中华人民共和国未成年人保护法》等法律法规,制定本规定。

第二条　普通中小学、中等职业学校（以下简称学校）对本校未成年人（以下统称学生）在校学习、生活期间合法权益的保护，适用本规定。

第三条　学校应当全面贯彻国家教育方针，落实立德树人根本任务，弘扬社会主义核心价值观，依法办学、依法治校，履行学生权益保护法定职责，健全保护制度，完善保护机制。

第四条　学校学生保护工作应当坚持最有利于未成年人的原则，注重保护和教育相结合，适应学生身心健康发展的规律和特点；关心爱护每个学生，尊重学生权利，听取学生意见。

第五条　教育行政部门应当落实工作职责，会同有关部门健全学校学生保护的支持措施、服务体系，加强对学校学生保护工作的支持、指导、监督和评价。

第二章　一般保护

第六条　学校应当平等对待每个学生，不得因学生及其父母或者其他监护人（以下统称家长）的民族、种族、性别、户籍、职业、宗教信仰、教育程度、家庭状况、身心健康情况等歧视学生或者对学生进行区别对待。

第七条　学校应当落实安全管理职责，保护学生在校期间人身安全。学校不得组织、安排学生从事抢险救灾、参与危险性工作，不得安排学生参加商业性活动及其他不宜学生参加的活动。

学生在校内或者本校组织的校外活动中发生人身伤害事故的，学校应当依据有关规定妥善处理，及时通知学生家长；情形严重的，应当按规定向有关部门报告。

第八条　学校不得设置侵犯学生人身自由的管理措施，不得对学生在课间及其他非教学时间的正当交流、游戏、出教室活动等言行自由设置不必要的约束。

第九条　学校应当尊重和保护学生的人格尊严，尊重学生名誉，保护和培育学生的荣誉感、责任感，表彰、奖励学生做到公开、公平、公正；在教育、管理中不得使用任何贬损、侮辱学生及其家长或者所属特定群体的言行、方式。

第十条　学校采集学生个人信息，应当告知学生及其家长，并对所获得的学生及其家庭信息负有管理、保密义务，不得毁弃以及非法删除、泄露、公开、买卖。

学校在奖励、资助、申请贫困救助等工作中，不得泄露学生个人及其家庭隐私；学生的考试成绩、名次等学业信息，学校应当便利学生本人和家长知晓，但不得公开，不得宣传升学情况；除因法定事由，不得查阅学生的信件、日记、电子邮件或者其他网络通讯内容。

第十一条　学校应当尊重和保护学生的受教育权利，保障学生平等使用教育教学设施设备、参加教育教学计划安排的各种活动，并在学业成绩和品行上获得公正评价。

对身心有障碍的学生，应当提供合理便利，实施融合教育，给予特别支持；对学习困难、行为异常的学生，应当以适当方式教育、帮助，必要时，可以通过安排教师或者专业人员课后辅导等方式给予帮助或者支持。

学校应当建立留守学生、困境学生档案，配合政府有关部门做好关爱帮扶工作，避免学生因家庭因素失学、辍学。

第十二条　义务教育学校不得开除或者变相开除学生，不得以长期停课、劝退等方式，剥夺学生在校接受并完成义务教育的权利；对转入专门学校的学生，应当保留学籍，原决定机关决定转回的学生，不得拒绝接收。

义务教育学校应当落实学籍管理制度，健全辍学或者休学、长期请假学生的报告备案制度，对辍学学生应当及时进行劝返，劝返无效的，应当报告有关主管部门。

第十三条　学校应当按规定科学合理安排学生在校作息时间，保证学生有休息、参加文娱活动和体育锻炼的机会和时间，不得统一要求学生在规定的上课时间前到校参加课程教学活动。

义务教育学校不得占用国家法定节假日、休息日及寒暑假，组织学生集体补课；不得以集体补课等形式侵占学生休息时间。

第十四条　学校不得采用毁坏财物的方式对学生进行教育管理，对学生携带进入校园的违法违规物品，按规定予以暂扣的，应当统一管理，并依照有关规定予以处理。

学校不得违反规定向学生收费，不得强制要求或者设置条件要求学生及家长捐款捐物、购买商品或者服务，或者要求家长提供物质帮助、需支付费用的服务等。

第十五条　学校以发布、汇编、出版等方式使用学生作品，对外宣传或者公开使用学生个体肖像的，应当取得学生及其家长许可，并依法保护学生的权利。

第十六条　学校应当尊重学生的参与权和表达权，指导、支持学生参与学校章程、校规校纪、班级公约的制定，处理与学生权益相关的事务时，应当以适当方式听取学生意见。

第十七条　学校对学生实施教育惩戒或者处分学生的，应当依据有关规定，听取学生的陈述、申辩，遵循审慎、公平、公正的原则作出决定。

除开除学籍处分以外，处分学生应当设置期限，对受到处分的学生应当跟踪观察、有针对性地实施教育，确有改正的，到期应当予以解除。解除处分后，学生获得表彰、奖励及其他权益，不再受原处分影响。

第三章　专项保护

第十八条　学校应当落实法律规定建立学生欺凌防控和预防性侵害、性骚扰等专项制度，建立对学生欺凌、性侵害、性骚扰行为的零容忍处理机制和受伤害学生的关爱、帮扶机制。

第十九条　学校应当成立由校内相关人员、法治副校长、法律顾问、有关专家、家长代表、学生代表等参与的学生欺凌治理组织，负责学生欺凌行为的预防和宣传教育、组织认定、实施矫治、提供援助等。

学校应当定期针对全体学生开展防治欺凌专项调查，对学校是否存在欺凌等情形进行评估。

第二十条　学校应当教育、引导学生建立平等、友善、互助的同学关系，组织教职工学习预防、处理学生欺凌的相关政策、措施和方法，对学生开展相应的专题教育，并且应当根据情况给予相关学生家长必要的家庭教育指导。

第二十一条　教职工发现学生实施下列行为的，应当及时制止：

（一）殴打、脚踢、掌掴、抓咬、推撞、拉扯等侵犯他人身体或者恐吓威胁他人；

（二）以辱骂、讥讽、嘲弄、挖苦、起侮辱性绰号等方式侵犯他人人格尊严；

（三）抢夺、强拿硬要或者故意毁坏他人财物；

（四）恶意排斥、孤立他人，影响他人参加学校活动或者社会交往；

（五）通过网络或者其他信息传播方式捏造事实诽谤他人、散布谣言或者错误信息诋毁他人、恶意传播他人隐私。

学生之间，在年龄、身体或者人数等方面占优势的一方蓄意或者恶意对另一方实施前款行为，或者以其他方式欺压、侮辱另一方，造成人身伤害、财产损失或者精神损害的，可以认定为构成欺凌。

第二十二条　教职工应当关注因身体条件、家庭背景或者学习成绩等可能处于弱势或者特殊地位的学生，发现学生存在被孤立、排挤等情形的，应当及时干预。

教职工发现学生有明显的情绪反常、身体损伤等情形，应当及时沟通了解情况，可能存在被欺凌情形的，应当及时向学校报告。

学校应当教育、支持学生主动、及时报告所发现的欺凌情形，保护自身和他人的合法权益。

第二十三条　学校接到关于学生欺凌报告的，应当立即开展调查，认为可能构成欺凌的，应当及时提交学生欺凌治理组织认定和处置，并通知相关学生的家长参与欺凌行为的认定和处理。认定构成欺凌的，应当对实施或者参与欺凌行为的学生作出教育惩戒或者纪律处分，并对其家长提出加强管教的要求，必要时，可以由法治副校长、辅导员对学生及其家长进行训导、教育。

对违反治安管理或者涉嫌犯罪等严重欺凌行为，学校不得隐瞒，应当及时向公安机关、教育行政部门报告，并配合相关部门依法处理。

不同学校学生之间发生的学生欺凌事件，应当在主管教育行政部门的指导下建立联合调查机制，进行认定和处理。

第二十四条　学校应当建立健全教职工与学生交往行为准则、学生宿舍安全管理规定、视频监控管理规定等制度，建立预防、报告、处置性侵害、性骚扰工作机制。

学校应当采取必要措施预防并制止教职工以及其他进入校园的人员实施以下行为：

（一）与学生发生恋爱关系、性关系；

（二）抚摸、故意触碰学生身体特定部位等猥亵行为；

（三）对学生作出调戏、挑逗或者具有性暗示的言行；

（四）向学生展示传播包含色情、淫秽内容的信息、书刊、影片、音像、图片或者其他淫秽物品；

（五）持有包含淫秽、色情内容的视听、图文资料；

（六）其他构成性骚扰、性侵害的违法犯罪行为。

第四章　管理要求

第二十五条　学校应当制定规范教职工、学生行为的校规校纪。校规校纪应当内容合法、合理，制定程序完备，向学生及其家长公开，并按照要求报学校主管部门备案。

第二十六条　学校应当严格执行国家课程方案，按照要求开齐开足课程、选用教材和教学辅助资料。学校开发的校本课程或者引进的课程应当经过科学论证，并报主管教育行政部门备案。

学校不得与校外培训机构合作向学生提供有偿的课程或者课程辅导。

第二十七条　学校应当加强作业管理，指导和监督教师按照规定科学适度布置家庭作业，不得超出规定增加作业量，加重学生学习负担。

第二十八条 学校应当按照规定设置图书馆、班级图书角，配备适合学生认知特点、内容积极向上的课外读物，营造良好阅读环境，培养学生阅读习惯，提升阅读质量。

学校应当加强读物和校园文化环境管理，禁止含有淫秽、色情、暴力、邪教、迷信、赌博、恐怖主义、分裂主义、极端主义等危害未成年人身心健康内容的读物、图片、视听作品等，以及商业广告、有悖于社会主义核心价值观的文化现象进入校园。

第二十九条 学校应当建立健全安全风险防控体系，按照有关规定完善安全、卫生、食品等管理制度，提供符合标准的教育教学设施、设备等，制定自然灾害、突发事件、极端天气和意外伤害应急预案，配备相应设施并定期组织必要的演练。

学生在校期间学校应当对校园实行封闭管理，禁止无关人员进入校园。

第三十条 学校应当以适当方式教育、提醒学生及家长，避免学生使用兴奋剂或者镇静催眠药、镇痛剂等成瘾性药物；发现学生使用的，应当予以制止、向主管部门或者公安机关报告，并应当及时通知家长，但学生因治疗需要并经执业医师诊断同意使用的除外。

第三十一条 学校应当建立学生体质监测制度，发现学生出现营养不良、近视、肥胖、龋齿等倾向或者有导致体质下降的不良行为习惯，应当进行必要的管理、干预，并通知家长，督促、指导家长实施矫治。

学校应当完善管理制度，保障学生在课间、课后使用学校的体育运动场地、设施开展体育锻炼；在周末和节假日期间，按规定向学生和周边未成年人免费或者优惠开放。

第三十二条 学校应当建立学生心理健康教育管理制度，建立学生心理健康问题的早期发现和及时干预机制，按照规定配备专职或者兼职心理健康教育教师、建设心理辅导室，或者通过购买专业社工服务等多种方式为学生提供专业化、个性化的指导和服务。

有条件的学校，可以定期组织教职工进行心理健康状况测评，指导、帮助教职工以积极、乐观的心态对待学生。

第三十三条 学校可以禁止学生携带手机等智能终端产品进入学校或者在校园内使用；对经允许带入的，应当统一管理，除教学需要外，禁止带入课堂。

第三十四条 学校应当将科学、文明、安全、合理使用网络纳入课程内容，对学生进行网络安全、网络文明和防止沉迷网络的教育，预防和干预学生过度使用网络。

学校为学生提供的上网设施，应当安装未成年人上网保护软件或者采取其他安全保护技术措施，避免学生接触不适宜未成年人接触的信息；发现网络产品、服务、信息有危害学生身心健康内容的，或者学生利用网络实施违法活动的，应当立即采取措施并向有关主管部门报告。

第三十五条 任何人不得在校园内吸烟、饮酒。学校应当设置明显的禁止吸烟、饮酒的标识，并不得以烟草制品、酒精饮料的品牌冠名学校、教学楼、设施设备及各类教学、竞赛活动。

第三十六条 学校应当严格执行入职报告和准入查询制度，不得聘用有下列情形的人员：

（一）受到剥夺政治权利或者因故意犯罪受到有期徒刑以上刑事处罚的；

（二）因卖淫、嫖娼、吸毒、赌博等违法行为受到治安管理处罚的；

（三）因虐待、性骚扰、体罚或者侮辱学生等情形被开除或者解聘的；

（四）实施其他被纳入教育领域从业禁止范围的行为的。

学校在聘用教职工或引入志愿者、社工等校外人员时，应当要求相关人员提交承诺书；对在聘人员应当按照规定定期开展核查，发现存在前款规定情形的人员应当及时解聘。

第三十七条 学校发现拟聘人员或者在职教职工存在下列情形的，应当对有关人员是否符合相应岗位要求进行评估，必要时可以安排有专业资质的第三方机构进行评估，并将相关结论作为是否聘用或者调整工作岗位、解聘的依据：

（一）有精神病史的；

（二）有严重酗酒、滥用精神类药物史的；

（三）有其他可能危害未成年人身心健康或者可能造成不良影响的身心疾病的。

第三十八条 学校应当加强对教职工的管理，预防和制止教职工实施法律、法规、规章以及师德规范禁止的行为。学校及教职工不得实施下列行为：

（一）利用管理学生的职务便利或者招生考试、评奖评优、推荐评价等机会，以任何形式向学生及其家长索取、收受财物或者接受宴请、其他利益；

（二）以牟取利益为目的，向学生推销或者要求、指定学生购买特定辅导书、练习册等教辅材料或者其他商品、服务；

（三）组织、要求学生参加校外有偿补课，或者与校外机构、个人合作向学生提供其他有偿服务；

（四）诱导、组织或者要求学生及其家长登录特定经营性网站，参与视频直播、网络购物、网络投票、刷票等活动；

（五）非法提供、泄露学生信息或者利用所掌握的学生信息牟取利益；

（六）其他利用管理学生的职权牟取不正当利益的行为。

第三十九条　学校根据《校车安全管理条例》配备、使用校车的，应当依法建立健全校车安全管理制度，向学生讲解校车安全乘坐知识，培养学生校车安全事故应急处理技能。

第四十条　学校应当定期巡查校园及周边环境，发现存在法律禁止在学校周边设立的营业场所、销售网点的，应当及时采取应对措施，并报告主管教育部门或者其他有关主管部门。

学校及其教职工不得安排或者诱导、组织学生进入营业性娱乐场所、互联网上网服务营业场所、电子游戏场所、酒吧等不适宜未成年人活动的场所；发现学生进入上述场所的，应当及时予以制止、教育，并向上述场所的主管部门反映。

第五章　保护机制

第四十一条　校长是学生学校保护的第一责任人。学校应当指定一名校领导直接负责学生保护工作，并明确具体的工作机构，有条件的，可以设立学生保护专员开展学生保护工作。学校应当为从事学生保护工作的人员接受相关法律、理论和技能的培训提供条件和支持，对教职工开展未成年人保护专项培训。

有条件的学校可以整合欺凌防治、纪律处分等组织、工作机制，组建学生保护委员会，统筹负责学生权益保护及相关制度建设。

第四十二条　学校要树立以生命关怀为核心的教育理念，利用安全教育、心理健康教育、环境保护教育、健康教育、禁毒和预防艾滋病教育等专题教育，引导学生热爱生命、尊重生命；要有针对性地开展青春期教育、性教育，使学生了解生理健康知识，提高防范性侵害、性骚扰的自我保护意识和能力。

第四十三条　学校应当结合相关课程要求，根据学生的身心特点和成长需求开展以宪法教育为核心、以权利与义务教育为重点的法治教育，培养学生树立正确的权利观念，并开展有针对性的预防犯罪教育。

第四十四条　学校可以根据实际组成由学校相关负责人、教师、法治副校长（辅导员）、司法和心理等方面专业人员参加的专业辅导工作机制，对有不良行为的学生进行矫治和帮扶；对有严重不良行为的学生，学校应当配合有关部门进行管教，无力管教或者管教无效的，可以依法向教育行政部门提出申请送专门学校接受专门教育。

第四十五条　学校在作出与学生权益有关的决定前，应当告知学生及其家长，听取意见并酌情采纳。

学校应当发挥学生会、少代会、共青团等学生组织的作用，指导、支持学生参与权益保护，对于情节轻微的学生纠纷或者其他侵害学生权益的情形，可以安排学生代表参与调解。

第四十六条　学校应当建立与家长有效联系机制，利用家访、家长课堂、家长会等多种方式与学生家长建立日常沟通。

学校应当建立学生重大生理、心理疾病报告制度，向家长及时告知学生身体及心理健康状况；学校发现学生身体状况或者情绪反应明显异常、突发疾病或者受到伤害的，应当及时通知学生家长。

第四十七条　学校和教职工发现学生遭受或疑似遭受家庭暴力、虐待、遗弃、长期无人照料、失踪等不法侵害以及面临不法侵害危险的，应当依照规定及时向公安、民政、教育等有关部门报告。学校应当积极参与、配合有关部门做好侵害学生权利案件的调查处理工作。

第四十八条　教职员工发现学生权益受到侵害，属于本职工作范围的，应当及时处理；不属于本职工作范围或者不能处理的，应当及时报告班主任或学校负责人；必要时可以直接向主管教育行政部门或者公安机关报告。

第四十九条　学生因遭受遗弃、虐待向学校请求保护的，学校不得拒绝、推诿，需要采取救助措施的，应当先行救助。

学校应当关心爱护学生，为身体或者心理受到伤害的学生提供相应的心理健康辅导、帮扶教育。对因欺凌造成身体或者心理伤害，无法在原班级就读的学生，学生家长提出调整班级请求，学校经评估认为有必要的，应当予以支持。

第六章　支持与监督

第五十条　教育行政部门应当积极探索与人民检察院、人民法院、公安、司法、民政、应急管理等部门以及从事未成年人保护工作的相关群团组织的协同机制，加强对学校学生保护工作的指导与监督。

第五十一条　教育行政部门应当会同有关部门健全教职工从业禁止人员名单和查询机制，指导、监督学校健全准入和定期查询制度。

第五十二条　教育行政部门可以通过政府购买服务的方式，组织具有相应资质的社会组织、专业机构及其他社会力量，为学校提供法律咨询、心理辅导、行为矫正等专业服务，为预防和处理学生权益受侵害的案件提供支持。

教育行政部门、学校在与有关部门、机构、社会组织及个人合作进行学生保护专业服务与支持过程中，应当与相关人员签订保密协议，保护学生个人及家庭隐私。

第五十三条　教育行政部门应当指定专门机构或者人员承担学生保护的监督职责，有条件的，可以设立学生保护专兼职监察员负责学生保护工作，处理或者指导处理学生欺凌、性侵害、性骚扰以及其他侵害学生权益的事件，会同有关部门落实学校安全区域制度，健全依法处理涉校纠纷的工作机制。

负责学生保护职责的人员应当接受专门业务培训，具备学生保护的必要知识与能力。

第五十四条　教育行政部门应当通过建立投诉举报电话、邮箱或其他途径，受理对学校或者教职工违反本规定或者其他法律法规、侵害学生权利的投诉、举报；处理过程中发现有关人员行为涉嫌违法犯罪的，应当及时向公安机关报案或者移送司法机关。

第五十五条　县级教育行政部门应当会同民政部门，推动设立未成年人保护社会组织，协助受理涉及学生权益的投诉举报、开展侵害学生权益案件的调查和处理，指导、支持学校、教职工、家长开展学生保护工作。

第五十六条　地方教育行政部门应当建立学生保护工作评估制度，定期组织或者委托第三方对管辖区域内学校履行保护学生法定职责情况进行评估，评估结果作为学校管理水平评价、校长考评考核的依据。

各级教育督导机构应当将学校学生保护工作情况纳入政府履行教育职责评价和学校督导评估的内容。

第七章　责任与处理

第五十七条　学校未履行未成年人保护法规定的职责，违反本规定侵犯学生合法权利的，主管教育行政部门应当责令改正，并视情节和后果，依照有关规定和权限分别对学校的主要负责人、直接责任人或者其他责任人员进行诫勉谈话、通报批评、给予处分或者责令学校给予处分；同时，可以给予学校1至3年不得参与相应评奖评优，不得获评各类示范、标兵单位等荣誉的处理。

第五十八条　学校未履行对教职工的管理、监督责任，致使发生教职工严重侵害学生身心健康的违法犯罪行为，或者有包庇、隐瞒不报，威胁、阻拦报案，妨碍调查、对学生打击报复等行为的，主管教育部门应当对主要负责人和直接责任人给予处分或者责令学校给予处分；情节严重的，应当移送有关部门查处，构成违法犯罪的，依法追究相应法律责任。因监管不力、造成严重后果而承担领导责任的校长，5年内不得再担任校长职务。

第五十九条　学校未按本规定建立学生权利保护机制，或者制定的校规违反法律法规和本规定，由主管教育部门责令限期改正、给予通报批评；情节严重、影响较大或者逾期不改正的，可以对学校主要负责人和直接负责人给予处分或者责令学校给予处分。

第六十条　教职工违反本规定的，由学校或者主管教育部门依照事业单位人员管理、中小学教师管理的规定予以处理。

教职工实施第二十四条第二款禁止行为的，应当依法予以开除或者解聘；有教师资格的，由主管教育行政部门撤销教师资格，纳入从业禁止人员名单；涉嫌犯罪的，移送有关部门依法追究责任。

教职工违反第三十八条规定牟取不当利益的，应当责令退还所收费用或者所获利益，给学生造成经济损失的，应当依法予以赔偿，并视情节给予处分，涉嫌违法犯罪的移送有关部门依法追究责任。

学校应当根据实际，建立健全校内其他工作人员聘用和管理制度，对其他人员违反本规定的，根据情节轻重予以校内纪律处分直至予以解聘，涉嫌违反治安管理或者犯罪的，移送有关部门依法追究责任。

第六十一条　教育行政部门未履行对学校的指导、监督职责，管辖区域内学校出现严重侵害学生权益情形的，由上级教育行政部门、教育督导机构责令改正、予以通报批评，情节严重的依法追究主要负责人或者直接责任人的责任。

第八章　附　　则

第六十二条　幼儿园、特殊教育学校应当根据未成年人身心特点，依据本规定有针对性地加强在园、在校未成年人合法权益的保护，并参照本规定、结合实际建立保护制度。

幼儿园、特殊教育学校及其教职工违反保护职责，侵害在园、在校未成年人合法权益的，应当适用本规定从重处理。

第六十三条　本规定自2021年9月1日起施行。

2. 社会保护

禁止使用童工规定

1. 2002年10月15日国务院令第364号公布
2. 自2002年12月1日起施行

第一条　为保护未成年人的身心健康,促进义务教育制度的实施,维护未成年人的合法权益,根据宪法和劳动法、未成年人保护法,制定本规定。

第二条　国家机关、社会团体、企业事业单位、民办非企业单位或者个体工商户(以下统称用人单位)均不得招用不满16周岁的未成年人(招用不满16周岁的未成年人,以下统称使用童工)。

禁止任何单位或者个人为不满16周岁的未成年人介绍就业。

禁止不满16周岁的未成年人开业从事个体经营活动。

第三条　不满16周岁的未成年人的父母或者其他监护人应当保护其身心健康,保障其接受义务教育的权利,不得允许其被用人单位非法招用。

不满16周岁的未成年人的父母或者其他监护人允许其被用人单位非法招用的,所在地的乡(镇)人民政府、城市街道办事处以及村民委员会、居民委员会应当给予批评教育。

第四条　用人单位招用人员时,必须核查被招用人员的身份证;对不满16周岁的未成年人,一律不得录用。用人单位录用人员的录用登记、核查材料应当妥善保管。

第五条　县级以上各级人民政府劳动保障行政部门负责本规定执行情况的监督检查。

县级以上各级人民政府公安、工商行政管理、教育、卫生等行政部门在各自职责范围内对本规定的执行情况进行监督检查,并对劳动保障行政部门的监督检查给予配合。

工会、共青团、妇联等群众组织应当依法维护未成年人的合法权益。

任何单位或者个人发现使用童工的,均有权向县级以上人民政府劳动保障行政部门举报。

第六条　用人单位使用童工的,由劳动保障行政部门按照每使用一名童工每月处5000元罚款的标准给予处罚;在使用有毒物品的作业场所使用童工的,按照《使用有毒物品作业场所劳动保护条例》规定的罚款幅度,或者按照每使用一名童工每月处5000元罚款的标准,从重处罚。劳动保障行政部门并应当责令用人单位限期将童工送回原居住地交其父母或者其他监护人,所需交通和食宿费用全部由用人单位承担。

用人单位经劳动保障行政部门依照前款规定责令限期改正,逾期仍不将童工送交其父母或者其他监护人的,从责令限期改正之日起,由劳动保障行政部门按照每使用一名童工每月处1万元罚款的标准处罚,并由工商行政管理部门吊销其营业执照或者由民政部门撤销民办非企业单位登记;用人单位是国家机关、事业单位的,由有关单位依法对直接负责的主管人员和其他直接责任人员给予降级或者撤职的行政处分或者纪律处分。

第七条　单位或者个人为不满16周岁的未成年人介绍就业的,由劳动保障行政部门按照每介绍一人处5000元罚款的标准给予处罚;职业中介机构为不满16周岁的未成年人介绍就业的,并由劳动保障行政部门吊销其职业介绍许可证。

第八条　用人单位未按照本规定第四条的规定保存录用登记材料,或者伪造录用登记材料的,由劳动保障行政部门处1万元的罚款。

第九条　无营业执照、被依法吊销营业执照的单位以及未依法登记、备案的单位使用童工或者介绍童工就业的,依照本规定第六条、第七条、第八条规定的标准加一倍罚款,该非法单位由有关的行政主管部门予以取缔。

第十条　童工患病或者受伤的,用人单位应当负责送到医疗机构治疗,并负担治疗期间的全部医疗和生活费用。

童工伤残或者死亡的,用人单位由工商行政管理部门吊销营业执照或者由民政部门撤销民办非企业单位登记;用人单位是国家机关、事业单位的,由有关单位依法对直接负责的主管人员和其他直接责任人员给予降级或者撤职的行政处分或者纪律处分;用人单位还应当一次性地对伤残的童工、死亡童工的直系亲属给予赔偿,赔偿金额按照国家工伤保险的有关规定计算。

第十一条　拐骗童工,强迫童工劳动,使用童工从事高空、井下、放射性、高毒、易燃易爆以及国家规定的第四级体力劳动强度的劳动,使用不满14周岁的童工,或者造成童工死亡或者严重伤残的,依照刑法关于拐卖儿童罪、强迫劳动罪或者其他罪的规定,依法追究刑事责任。

第十二条　国家行政机关工作人员有下列行为之一的,依法给予记大过或者降级的行政处分;情节严重的,依法给予撤职或者开除的行政处分;构成犯罪的,依照刑法关于滥用职权罪、玩忽职守罪或者其他罪的规定,依法追究刑事责任:

(一)劳动保障等有关部门工作人员在禁止使用童工的监督检查工作中发现使用童工的情况,不予制止、纠正、查处的;

(二)公安机关的人民警察违反规定发放身份证或者在身份证上登录虚假出生年月的;

(三)工商行政管理部门工作人员发现申请人是不满16周岁的未成年人,仍然为其从事个体经营发放营业执照的。

第十三条　文艺、体育单位经未成年人的父母或者其他监护人同意,可以招用不满16周岁的专业文艺工作者、运动员。用人单位应当保障被招用的不满16周岁的未成年人的身心健康,保障其接受义务教育的权利。文艺、体育单位招用不满16周岁的专业文艺工作者、运动员的办法,由国务院劳动保障行政部门会同国务院文化、体育行政部门制定。

学校、其他教育机构以及职业培训机构按照国家有关规定组织不满16周岁的未成年人进行不影响其人身安全和身心健康的教育实践劳动、职业技能培训劳动,不属于使用童工。

第十四条　本规定自2002年12月1日起施行。1991年4月15日国务院发布的《禁止使用童工规定》同时废止。

未成年人网络保护条例

1. 2023年10月16日国务院令第766号公布
2. 自2024年1月1日起施行

第一章　总　　则

第一条　为了营造有利于未成年人身心健康的网络环境,保障未成年人合法权益,根据《中华人民共和国未成年人保护法》、《中华人民共和国网络安全法》、《中华人民共和国个人信息保护法》等法律,制定本条例。

第二条　未成年人网络保护工作应当坚持中国共产党的领导,坚持以社会主义核心价值观为引领,坚持最有利于未成年人的原则,适应未成年人身心健康发展和网络空间的规律和特点,实行社会共治。

第三条　国家网信部门负责统筹协调未成年人网络保护工作,并依据职责做好未成年人网络保护工作。

国家新闻出版、电影部门和国务院教育、电信、公安、民政、文化和旅游、卫生健康、市场监督管理、广播电视等有关部门依据各自职责做好未成年人网络保护工作。

县级以上地方人民政府及其有关部门依据各自职责做好未成年人网络保护工作。

第四条　共产主义青年团、妇女联合会、工会、残疾人联合会、关心下一代工作委员会、青年联合会、学生联合会、少年先锋队以及其他人民团体、有关社会组织、基层群众性自治组织,协助有关部门做好未成年人网络保护工作,维护未成年人合法权益。

第五条　学校、家庭应当教育引导未成年人参加有益身心健康的活动,科学、文明、安全、合理使用网络,预防和干预未成年人沉迷网络。

第六条　网络产品和服务提供者、个人信息处理者、智能终端产品制造者和销售者应当遵守法律、行政法规和国家有关规定,尊重社会公德,遵守商业道德,诚实信用,履行未成年人网络保护义务,承担社会责任。

第七条　网络产品和服务提供者、个人信息处理者、智能终端产品制造者和销售者应当接受政府和社会的监督,配合有关部门依法实施涉及未成年人网络保护工作的监督检查,建立便捷、合理、有效的投诉、举报渠道,通过显著方式公布投诉、举报途径和方法,及时受理并处理公众投诉、举报。

第八条　任何组织和个人发现违反本条例规定的,可以向网信、新闻出版、电影、教育、电信、公安、民政、文化和旅游、卫生健康、市场监督管理、广播电视等有关部门投诉、举报。收到投诉、举报的部门应当及时依法作出处理;不属于本部门职责的,应当及时移送有权处理的部门。

第九条　网络相关行业组织应当加强行业自律,制定未成年人网络保护相关行业规范,指导会员履行未成年人网络保护义务,加强对未成年人的网络保护。

第十条　新闻媒体应当通过新闻报道、专题栏目(节目)、公益广告等方式,开展未成年人网络保护法律法规、政策措施、典型案例和有关知识的宣传,对侵犯未成年人合法权益的行为进行舆论监督,引导全社会共同参与未成年人网络保护。

第十一条　国家鼓励和支持在未成年人网络保护领域加强科学研究和人才培养,开展国际交流与合作。

第十二条　对在未成年人网络保护工作中作出突出贡献的组织和个人，按照国家有关规定给予表彰和奖励。

第二章　网络素养促进

第十三条　国务院教育部门应当将网络素养教育纳入学校素质教育内容，并会同国家网信部门制定未成年人网络素养测评指标。

教育部门应当指导、支持学校开展未成年人网络素养教育，围绕网络道德意识形成、网络法治观念培养、网络使用能力建设、人身财产安全保护等，培育未成年人网络安全意识、文明素养、行为习惯和防护技能。

第十四条　县级以上人民政府应当科学规划、合理布局，促进公益性上网服务均衡协调发展，加强提供公益性上网服务的公共文化设施建设，改善未成年人上网条件。

县级以上地方人民政府应当通过为中小学校配备具有相应专业能力的指导教师、政府购买服务或者鼓励中小学校自行采购相关服务等方式，为学生提供优质的网络素养教育课程。

第十五条　学校、社区、图书馆、文化馆、青少年宫等场所为未成年人提供互联网上网服务设施的，应当通过安排专业人员、招募志愿者等方式，以及安装未成年人网络保护软件或者采取其他安全保护技术措施，为未成年人提供上网指导和安全、健康的上网环境。

第十六条　学校应当将提高学生网络素养等内容纳入教育教学活动，并合理使用网络开展教学活动，建立健全学生在校期间上网的管理制度，依法规范管理未成年学生带入学校的智能终端产品，帮助学生养成良好上网习惯，培养学生网络安全和网络法治意识，增强学生对网络信息的获取和分析判断能力。

第十七条　未成年人的监护人应当加强家庭家教家风建设，提高自身网络素养，规范自身使用网络的行为，加强对未成年人使用网络行为的教育、示范、引导和监督。

第十八条　国家鼓励和支持研发、生产和使用专门以未成年人为服务对象、适应未成年人身心健康发展规律和特点的网络保护软件、智能终端产品和未成年人模式、未成年人专区等网络技术、产品、服务，加强网络无障碍环境建设和改造，促进未成年人开阔眼界、陶冶情操、提高素质。

第十九条　未成年人网络保护软件、专门供未成年人使用的智能终端产品应当具有有效识别违法信息和可能影响未成年人身心健康的信息、保护未成年人个人信息权益、预防未成年人沉迷网络、便于监护人履行监护职责等功能。

国家网信部门会同国务院有关部门根据未成年人网络保护工作的需要，明确未成年人网络保护软件、专门供未成年人使用的智能终端产品的相关技术标准或者要求，指导监督网络相关行业组织按照有关技术标准和要求对未成年人网络保护软件、专门供未成年人使用的智能终端产品的使用效果进行评估。

智能终端产品制造者应当在产品出厂前安装未成年人网络保护软件，或者采用显著方式告知用户安装渠道和方法。智能终端产品销售者在产品销售前应当采用显著方式告知用户安装未成年人网络保护软件的情况以及安装渠道和方法。

未成年人的监护人应当合理使用并指导未成年人使用网络保护软件、智能终端产品等，创造良好的网络使用家庭环境。

第二十条　未成年人用户数量巨大或者对未成年人群体具有显著影响的网络平台服务提供者，应当履行下列义务：

（一）在网络平台服务的设计、研发、运营等阶段，充分考虑未成年人身心健康发展特点，定期开展未成年人网络保护影响评估；

（二）提供未成年人模式或者未成年人专区等，便利未成年人获取有益身心健康的平台内产品或者服务；

（三）按照国家规定建立健全未成年人网络保护合规制度体系，成立主要由外部成员组成的独立机构，对未成年人网络保护情况进行监督；

（四）遵循公开、公平、公正的原则，制定专门的平台规则，明确平台内产品或者服务提供者的未成年人网络保护义务，并以显著方式提示未成年人用户依法享有的网络保护权利和遭受网络侵害的救济途径；

（五）对违反法律、行政法规严重侵害未成年人身心健康或者侵犯未成年人其他合法权益的平台内产品或者服务提供者，停止提供服务；

（六）每年发布专门的未成年人网络保护社会责任报告，并接受社会监督。

前款所称的未成年人用户数量巨大或者对未成年人群体具有显著影响的网络平台服务提供者的具体认定办法，由国家网信部门会同有关部门另行制定。

第三章　网络信息内容规范

第二十一条　国家鼓励和支持制作、复制、发布、传播弘扬社会主义核心价值观和社会主义先进文化、革命文化、中华优秀传统文化,铸牢中华民族共同体意识,培养未成年人家国情怀和良好品德,引导未成年人养成良好生活习惯和行为习惯等的网络信息,营造有利于未成年人健康成长的清朗网络空间和良好网络生态。

第二十二条 任何组织和个人不得制作、复制、发布、传播含有宣扬淫秽、色情、暴力、邪教、迷信、赌博、引诱自残自杀、恐怖主义、分裂主义、极端主义等危害未成年人身心健康内容的网络信息。

任何组织和个人不得制作、复制、发布、传播或者持有有关未成年人的淫秽色情网络信息。

第二十三条 网络产品和服务中含有可能引发或者诱导未成年人模仿不安全行为、实施违反社会公德行为、产生极端情绪、养成不良嗜好等可能影响未成年人身心健康的信息的,制作、复制、发布、传播该信息的组织和个人应当在信息展示前予以显著提示。

国家网信部门会同国家新闻出版、电影部门和国务院教育、电信、公安、文化和旅游、广播电视等部门,在前款规定基础上确定可能影响未成年人身心健康的信息的具体种类、范围、判断标准和提示办法。

第二十四条 任何组织和个人不得在专门以未成年人为服务对象的网络产品和服务中制作、复制、发布、传播本条例第二十三条第一款规定的可能影响未成年人身心健康的信息。

网络产品和服务提供者不得在首页首屏、弹窗、热搜等处于产品或者服务醒目位置、易引起用户关注的重点环节呈现本条例第二十三条第一款规定的可能影响未成年人身心健康的信息。

网络产品和服务提供者不得通过自动化决策方式向未成年人进行商业营销。

第二十五条 任何组织和个人不得向未成年人发送、推送或者诱骗、强迫未成年人接触含有危害或者可能影响未成年人身心健康内容的网络信息。

第二十六条 任何组织和个人不得通过网络以文字、图片、音视频等形式,对未成年人实施侮辱、诽谤、威胁或者恶意损害形象等网络欺凌行为。

网络产品和服务提供者应当建立健全网络欺凌行为的预警预防、识别监测和处置机制,设置便利未成年人及其监护人保存遭受网络欺凌记录、行使通知权利的功能、渠道,提供便利未成年人设置屏蔽陌生用户、本人发布信息可见范围、禁止转载或者评论本人发布信息、禁止向本人发送信息等网络欺凌信息防护选项。

网络产品和服务提供者应当建立健全网络欺凌信息特征库,优化相关算法模型,采用人工智能、大数据等技术手段和人工审核相结合的方式加强对网络欺凌信息的识别监测。

第二十七条 任何组织和个人不得通过网络以文字、图片、音视频等形式,组织、教唆、胁迫、引诱、欺骗、帮助未成年人实施违法犯罪行为。

第二十八条 以未成年人为服务对象的在线教育网络产品和服务提供者,应当按照法律、行政法规和国家有关规定,根据不同年龄阶段未成年人身心发展特点和认知能力提供相应的产品和服务。

第二十九条 网络产品和服务提供者应当加强对用户发布信息的管理,采取有效措施防止制作、复制、发布、传播违反本条例第二十二条、第二十四条、第二十五条、第二十六条第一款、第二十七条规定的信息,发现违反上述条款规定的信息的,应当立即停止传输相关信息,采取删除、屏蔽、断开链接等处置措施,防止信息扩散,保存有关记录,向网信、公安等部门报告,并对制作、复制、发布、传播上述信息的用户采取警示、限制功能、暂停服务、关闭账号等处置措施。

网络产品和服务提供者发现用户发布、传播本条例第二十三条第一款规定的信息未予显著提示的,应当作出提示或者通知用户予以提示;未作出提示的,不得传输该信息。

第三十条 国家网信、新闻出版、电影部门和国务院教育、电信、公安、文化和旅游、广播电视等部门发现违反本条例第二十二条、第二十四条、第二十五条、第二十六条第一款、第二十七条规定的信息的,或者发现本条例第二十三条第一款规定的信息未予显著提示的,应当要求网络产品和服务提供者按照本条例第二十九条的规定予以处理;对来源于境外的上述信息,应当依法通知有关机构采取技术措施和其他必要措施阻断传播。

第四章 个人信息网络保护

第三十一条 网络服务提供者为未成年人提供信息发布、即时通讯等服务的,应当依法要求未成年人或者其监护人提供未成年人真实身份信息。未成年人或者其监护人不提供未成年人真实身份信息的,网络服务提供者不得为未成年人提供相关服务。

网络直播服务提供者应当建立网络直播发布者真实身份信息动态核验机制,不得向不符合法律规定情形的未成年人用户提供网络直播发布服务。

第三十二条 个人信息处理者应当严格遵守国家网信部门和有关部门关于网络产品和服务必要个人信息范围的规定,不得强制要求未成年人或者其监护人同意非必要的个人信息处理行为，不得因为未成年人或者其监护人不同意处理未成年人非必要个人信息或者撤回同意，拒绝未成年人使用其基本功能服务。

第三十三条 未成年人的监护人应当教育引导未成年人增强个人信息保护意识和能力、掌握个人信息范围、了解个人信息安全风险，指导未成年人行使其在个人信息处理活动中的查阅、复制、更正、补充、删除等权利，保护未成年人个人信息权益。

第三十四条 未成年人或者其监护人依法请求查阅、复制、更正、补充、删除未成年人个人信息的，个人信息处理者应当遵守以下规定：

（一）提供便捷的支持未成年人或者其监护人查阅未成年人个人信息种类、数量等的方法和途径，不得对未成年人或者其监护人的合理请求进行限制；

（二）提供便捷的支持未成年人或者其监护人复制、更正、补充、删除未成年人个人信息的功能，不得设置不合理条件；

（三）及时受理并处理未成年人或者其监护人查阅、复制、更正、补充、删除未成年人个人信息的申请，拒绝未成年人或者其监护人行使权利的请求的，应当书面告知申请人并说明理由。

对未成年人或者其监护人依法提出的转移未成年人个人信息的请求，符合国家网信部门规定条件的，个人信息处理者应当提供转移的途径。

第三十五条 发生或者可能发生未成年人个人信息泄露、篡改、丢失的，个人信息处理者应当立即启动个人信息安全事件应急预案，采取补救措施，及时向网信等部门报告，并按照国家有关规定将事件情况以邮件、信函、电话、信息推送等方式告知受影响的未成年人及其监护人。

个人信息处理者难以逐一告知的，应当采取合理、有效的方式及时发布相关警示信息，法律、行政法规另有规定的除外。

第三十六条 个人信息处理者对其工作人员应当以最小授权为原则，严格设定信息访问权限，控制未成年人个人信息知悉范围。工作人员访问未成年人个人信息的，应当经过相关负责人或者其授权的管理人员审批，记录访问情况，并采取技术措施，避免违法处理未成年人个人信息。

第三十七条 个人信息处理者应当自行或者委托专业机构每年对其处理未成年人个人信息遵守法律、行政法规的情况进行合规审计，并将审计情况及时报告网信等部门。

第三十八条 网络服务提供者发现未成年人私密信息或者未成年人通过网络发布的个人信息中涉及私密信息的，应当及时提示，并采取停止传输等必要保护措施，防止信息扩散。

网络服务提供者通过未成年人私密信息发现未成年人可能遭受侵害的，应当立即采取必要措施保存有关记录，并向公安机关报告。

第五章 网络沉迷防治

第三十九条 对未成年人沉迷网络进行预防和干预，应当遵守法律、行政法规和国家有关规定。

教育、卫生健康、市场监督管理等部门依据各自职责对从事未成年人沉迷网络预防和干预活动的机构实施监督管理。

第四十条 学校应当加强对教师的指导和培训，提高教师对未成年学生沉迷网络的早期识别和干预能力。对于有沉迷网络倾向的未成年学生，学校应当及时告知其监护人，共同对未成年学生进行教育和引导，帮助其恢复正常的学习生活。

第四十一条 未成年人的监护人应当指导未成年人安全合理使用网络，关注未成年人上网情况以及相关生理状况、心理状况、行为习惯，防范未成年人接触危害或者可能影响其身心健康的网络信息，合理安排未成年人使用网络的时间，预防和干预未成年人沉迷网络。

第四十二条 网络产品和服务提供者应当建立健全防沉迷制度，不得向未成年人提供诱导其沉迷的产品和服务，及时修改可能造成未成年人沉迷的内容、功能和规则，并每年向社会公布防沉迷工作情况，接受社会监督。

第四十三条 网络游戏、网络直播、网络音视频、网络社交等网络服务提供者应当针对不同年龄阶段未成年人使用其服务的特点，坚持融合、友好、实用、有效的原则，设置未成年人模式，在使用时段、时长、功能和内容等方面按照国家有关规定和标准提供相应的服务，并以醒目便捷的方式为监护人履行监护职责提供时间管理、权限管理、消费管理等功能。

第四十四条 网络游戏、网络直播、网络音视频、网络社交等网络服务提供者应当采取措施，合理限制不同年龄阶段未成年人在使用其服务中的单次消费数额和单日累计消费数额，不得向未成年人提供与其民事行为能力不符的付费服务。

第四十五条 网络游戏、网络直播、网络音视频、网络社交等网络服务提供者应当采取措施，防范和抵制流量至上等不良价值倾向，不得设置以应援集资、投票打榜、刷量控评等为主题的网络社区、群组、话题，不得诱导未成年人参与应援集资、投票打榜、刷量控评等网络活动，并预防和制止其用户诱导未成年人实施上述行为。

第四十六条 网络游戏服务提供者应当通过统一的未成年人网络游戏电子身份认证系统等必要手段验证未成年人用户真实身份信息。

网络产品和服务提供者不得为未成年人提供游戏账号租售服务。

第四十七条 网络游戏服务提供者应当建立、完善预防未成年人沉迷网络的游戏规则，避免未成年人接触可能影响其身心健康的游戏内容或者游戏功能。

网络游戏服务提供者应当落实适龄提示要求，根据不同年龄阶段未成年人身心发展特点和认知能力，通过评估游戏产品的类型、内容与功能等要素，对游戏产品进行分类，明确游戏产品适合的未成年人用户年龄阶段，并在用户下载、注册、登录界面等位置予以显著提示。

第四十八条 新闻出版、教育、卫生健康、文化和旅游、广播电视、网信等部门应当定期开展预防未成年人沉迷网络的宣传教育，监督检查网络产品和服务提供者履行预防未成年人沉迷网络义务的情况，指导家庭、学校、社会组织互相配合，采取科学、合理的方式对未成年人沉迷网络进行预防和干预。

国家新闻出版部门牵头组织开展未成年人沉迷网络游戏防治工作，会同有关部门制定关于向未成年人提供网络游戏服务的时段、时长、消费上限等管理规定。

卫生健康、教育等部门依据各自职责指导有关医疗卫生机构、高等学校等，开展未成年人沉迷网络所致精神障碍和心理行为问题的基础研究和筛查评估、诊断、预防、干预等应用研究。

第四十九条 严禁任何组织和个人以虐待、胁迫等侵害未成年人身心健康的方式干预未成年人沉迷网络、侵犯未成年人合法权益。

第六章 法律责任

第五十条 地方各级人民政府和县级以上有关部门违反本条例规定，不履行未成年人网络保护职责的，由其上级机关责令改正；拒不改正或者情节严重的，对负有责任的领导人员和直接责任人员依法给予处分。

第五十一条 学校、社区、图书馆、文化馆、青少年宫等违反本条例规定，不履行未成年人网络保护职责的，由教育、文化和旅游等部门依据各自职责责令改正；拒不改正或者情节严重的，对负有责任的领导人员和直接责任人员依法给予处分。

第五十二条 未成年人的监护人不履行本条例规定的监护职责或者侵犯未成年人合法权益的，由未成年人居住地的居民委员会、村民委员会、妇女联合会，监护人所在单位，中小学校、幼儿园等有关密切接触未成年人的单位依法予以批评教育、劝诫制止、督促其接受家庭教育指导等。

第五十三条 违反本条例第七条、第十九条第三款、第三十八条第二款规定的，由网信、新闻出版、电影、教育、电信、公安、民政、文化和旅游、市场监督管理、广播电视等部门依据各自职责责令改正；拒不改正或者情节严重的，处5万元以上50万元以下罚款，对直接负责的主管人员和其他直接责任人员处1万元以上10万元以下罚款。

第五十四条 违反本条例第二十条第一款规定的，由网信、新闻出版、电信、公安、文化和旅游、广播电视等部门依据各自职责责令改正，给予警告，没收违法所得；拒不改正的，并处100万元以下罚款，对直接负责的主管人员和其他直接责任人员处1万元以上10万元以下罚款。

违反本条例第二十条第一款第一项和第五项规定，情节严重的，由省级以上网信、新闻出版、电信、公安、文化和旅游、广播电视等部门依据各自职责责令改正，没收违法所得，并处5000万元以下或者上一年度营业额百分之五以下罚款，并可以责令暂停相关业务或者停业整顿、通报有关部门依法吊销相关业务许可证或者吊销营业执照；对直接负责的主管人员和其他直接责任人员处10万元以上100万元以下罚款，并可以决定禁止其在一定期限内担任相关企业的董事、监事、高级管理人员和未成年人保护负责人。

第五十五条 违反本条例第二十四条、第二十五条规定的，由网信、新闻出版、电影、电信、公安、文化和旅游、市场监督管理、广播电视等部门依据各自职责责令限期改正，给予警告，没收违法所得，可以并处10万元以下罚款；拒不改正或者情节严重的，责令暂停相关业务、停产停业或者吊销相关业务许可证、吊销营业执照，违法所得100万元以上的，并处违法所得1倍以上10倍以下罚款，没有违法所得或者违法所得不足100万元的，并处10万元以上100万元以下罚款。

第五十六条 违反本条例第二十六条第二款和第三款、第二十八条、第二十九条第一款、第三十一条第二款、第三十六条、第三十八条第一款、第四十二条至第四十五条、第四十六条第二款、第四十七条规定的，由网信、新闻出版、电影、教育、电信、公安、文化和旅游、广播电视等部门依据各自职责责令改正，给予警告，没收违法所得，违法所得 100 万元以上的，并处违法所得 1 倍以上 10 倍以下罚款，没有违法所得或者违法所得不足 100 万元的，并处 10 万元以上 100 万元以下罚款，对直接负责的主管人员和其他直接责任人员处 1 万元以上 10 万元以下罚款；拒不改正或者情节严重的，并可以责令暂停相关业务、停业整顿、关闭网站、吊销相关业务许可证或者吊销营业执照。

第五十七条 网络产品和服务提供者违反本条例规定，受到关闭网站、吊销相关业务许可证或者吊销营业执照处罚的，5 年内不得重新申请相关许可，其直接负责的主管人员和其他直接责任人员 5 年内不得从事同类网络产品和服务业务。

第五十八条 违反本条例规定，侵犯未成年人合法权益，给未成年人造成损害的，依法承担民事责任；构成违反治安管理行为的，依法给予治安管理处罚；构成犯罪的，依法追究刑事责任。

第七章 附 则

第五十九条 本条例所称智能终端产品，是指可以接入网络、具有操作系统、能够由用户自行安装应用软件的手机、计算机等网络终端产品。

第六十条 本条例自 2024 年 1 月 1 日起施行。

未成年工特殊保护规定

1. 1994 年 12 月 9 日劳动部发布
2. 劳部发〔1994〕498 号
3. 自 1995 年 1 月 1 日起施行

第一条 为维护未成年工的合法权益，保护其在生产劳动中的健康，根据《中华人民共和国劳动法》的有关规定，制定本规定。

第二条 未成年工是指年满 16 周岁，未满 18 周岁的劳动者。

未成年工的特殊保护是针对未成年工处于生长发育期的特点，以及接受义务教育的需要，采取的特殊劳动保护措施。

第三条 用人单位不得安排未成年工从事以下范围的劳动：

（一）《生产性粉尘作业危害程度分级》国家标准中第一级以上的接尘作业；

（二）《有毒作业分级》国家标准中第一级以上的有毒作业；

（三）《高处作业分级》国家标准中第二级以上的高处作业；

（四）《冷水作业分级》国家标准中第二级以上的冷水作业；

（五）《高温作业分级》国家标准中第三级以上的高温作业；

（六）《低温作业分级》国家标准中第三级以上的低温作业；

（七）《体力劳动强度分级》国家标准中第四级体力劳动强度的作业；

（八）矿山井下及矿山地面采石作业；

（九）森林业中的伐木、流放及守林作业；

（十）工作场所接触放射性物质的作业；

（十一）有易燃易爆、化学性烧伤和热烧伤等危险性大的作业；

（十二）地质勘探和资源勘探的野外作业；

（十三）潜水、涵洞、涵道作业和海拔 3000 米以上的高原作业（不包括世居高原者）；

（十四）连续负重每小时在六次以上并每次超过 20 公斤，间断负重每次超过 25 公斤的作业；

（十五）使用凿岩机、捣固机、气镐、气铲、铆钉机、电锤的作业；

（十六）工作中需要长时间保持低头、弯腰、上举、下蹲等强迫体位和动作频率每分钟大于五十次的流水线作业；

（十七）锅炉司炉。

第四条 未成年工患有某种疾病或具有某些生理缺陷（非残疾型）时，用人单位不得安排其从事以下范围的劳动：

（一）《高处作业分级》国家标准中第一级以上的高处作业；

（二）《低温作业分级》国家标准中第二级以上的低温作业；

（三）《高温作业分级》国家标准中第二级以上的高温作业；

（四）《体力劳动强度分级》国家标准中第三级以上体力劳动强度的作业；

（五）接触铅、苯、汞、甲醛、二硫化碳等易引起过敏反应的作业。

第五条 患有某种疾病或具有某些生理缺陷（非残疾型）的未成年工，是指有以下一种或一种以上情况者：

(一)心血管系统

1. 先天性心脏病;

2. 克山病;

3. 收缩期或舒张期二级以上心脏杂音。

(二)呼吸系统

1. 中度以上气管炎或支气管哮喘;

2. 呼吸音明显减弱;

3. 各类结核病;

4. 体弱儿,呼吸道反复感染者。

(三)消化系统

1. 各类肝炎;

2. 肝、脾肿大;

3. 胃、十二指肠溃疡;

4. 各种消化道疝。

(四)泌尿系统

1. 急、慢性肾炎;

2. 泌尿系感染。

(五)内分泌系统

1. 甲状腺机能亢进;

2. 中度以上糖尿病。

(六)精神神经系统

1. 智力明显低下;

2. 精神忧郁或狂暴。

(七)肌肉、骨骼运动系统

1. 身高和体重低于同龄人标准;

2. 一个及一个以上肢体存在明显功能障碍;

3. 躯干1/4以上部位活动受限,包括强直或不能旋转。

(八)其他

1. 结核性胸膜炎;

2. 各类重度关节炎;

3. 血吸虫病;

4. 严重贫血,其血色素每升低于95克(9.5g/dL)。

第六条 用人单位应按下列要求对未成年工定期进行健康检查:

(一)安排工作岗位之前;

(二)工作满1年;

(三)年满18周岁,距前一次的体检时间已超过半年。

第七条 未成年工的健康检查,应按本规定所附《未成年工健康检查表》列出的项目进行。

第八条 用人单位应根据未成年工的健康检查结果安排其从事适合的劳动,对不能胜任原劳动岗位的,应根据医务部门的证明,予以减轻劳动量或安排其他劳动。

第九条 对未成年工的使用和特殊保护实行登记制度。

(一)用人单位招收使用未成年工,除符合一般用工要求外,还须向所在地的县级以上劳动行政部门办理登记。劳动行政部门根据《未成年工健康检查表》、《未成年工登记表》,核发《未成年工登记证》。

(二)各级劳动行政部门须按本规定第三、四、五、七条的有关规定,审核体检情况和拟安排的劳动范围。

(三)未成年工须持《未成年工登记证》上岗。

(四)《未成年工登记证》由国务院劳动行政部门统一印制。

第十条 未成年工上岗前用人单位应对其进行有关的职业安全卫生教育、培训;未成年工体检和登记,由用人单位统一办理和承担费用。

第十一条 县级以上劳动行政部门对用人单位执行本规定的情况进行监督检查,对违反本规定的行为依照有关法规进行处罚。

各级工会组织对本规定的执行情况进行监督。

第十二条 省、自治区、直辖市劳动行政部门可以根据本规定制定实施办法。

第十三条 本规定自1995年1月1日起施行。

未成年人节目管理规定

1. 2019年3月29日国家广播电视总局令第3号公布

2. 根据2021年10月8日《国家广播电视总局关于第三批修改的部门规章的决定》修订

第一章 总　　则

第一条 为了规范未成年人节目,保护未成年人身心健康,保障未成年人合法权益,教育引导未成年人,培育和弘扬社会主义核心价值观,根据《中华人民共和国未成年人保护法》《广播电视管理条例》等法律、行政法规,制定本规定。

第二条 从事未成年人节目的制作、传播活动,适用本规定。

本规定所称未成年人节目,包括未成年人作为主要参与者或者以未成年人为主要接收对象的广播电视节目和网络视听节目。

第三条 从事未成年人节目制作、传播活动,应当以培养能够担当民族复兴大任的时代新人为着眼点,以培育和弘扬社会主义核心价值观为根本任务,弘扬中华优秀传统文化、革命文化和社会主义先进文化,坚持创新发展，增强原创能力，自觉保护未成年人合法权益，尊重未成年人发展和成长规律，促进未成年人健康成长。

第四条 未成年人节目管理工作应当坚持正确导向，注重保护尊重未成年人的隐私和人格尊严等合法权益，坚持教育保护并重，实行社会共治，防止未成年人节目出现商业化、成人化和过度娱乐化倾向。

第五条 国务院广播电视主管部门负责全国未成年人节目的监督管理工作。

县级以上地方人民政府广播电视主管部门负责本行政区域内未成年人节目的监督管理工作。

第六条 广播电视和网络视听行业组织应当结合行业特点，依法制定未成年人节目行业自律规范，加强职业道德教育，切实履行社会责任，促进业务交流，维护成员合法权益。

第七条 广播电视主管部门对在培育和弘扬社会主义核心价值观、强化正面教育、贴近现实生活、创新内容形式、产生良好社会效果等方面表现突出的未成年人节目，以及在未成年人节目制作、传播活动中做出突出贡献的组织、个人，按照有关规定予以表彰、奖励。

第二章 节目规范

第八条 国家支持、鼓励含有下列内容的未成年人节目的制作、传播：

（一）培育和弘扬社会主义核心价值观；

（二）弘扬中华优秀传统文化、革命文化和社会主义先进文化；

（三）引导树立正确的世界观、人生观、价值观；

（四）发扬中华民族传统家庭美德，树立优良家风；

（五）符合未成年人身心发展规律和特点；

（六）保护未成年人合法权益和情感，体现人文关怀；

（七）反映未成年人健康生活和积极向上的精神面貌；

（八）普及自然和社会科学知识；

（九）其他符合国家支持、鼓励政策的内容。

第九条 未成年人节目不得含有下列内容：

（一）渲染暴力、血腥、恐怖，教唆犯罪或者传授犯罪方法；

（二）除健康、科学的性教育之外的涉性话题、画面；

（三）肯定、赞许未成年人早恋；

（四）诋毁、歪曲或者以不当方式表现中华优秀传统文化、革命文化、社会主义先进文化；

（五）歪曲民族历史或者民族历史人物，歪曲、丑化、亵渎、否定英雄烈士事迹和精神；

（六）宣扬、美化、崇拜曾经对我国发动侵略战争和实施殖民统治的国家、事件、人物；

（七）宣扬邪教、迷信或者消极颓废的思想观念；

（八）宣扬或者肯定不良的家庭观、婚恋观、利益观；

（九）过分强调或者过度表现财富、家庭背景、社会地位；

（十）介绍或者展示自杀、自残和其他易被未成年人模仿的危险行为及游戏项目等；

（十一）表现吸毒、滥用麻醉药品、精神药品和其他违禁药物；

（十二）表现吸烟、售烟和酗酒；

（十三）表现违反社会公共道德、扰乱社会秩序等不良举止行为；

（十四）渲染帮会、黑社会组织的各类仪式；

（十五）宣传、介绍不利于未成年人身心健康的网络游戏；

（十六）法律、行政法规禁止的其他内容。

以科普、教育、警示为目的，制作、传播的节目中确有必要出现上述内容的，应当根据节目内容采取明显图像或者声音等方式予以提示，在显著位置设置明确提醒，并对相应画面、声音进行技术处理，避免过分展示。

第十条 不得制作、传播利用未成年人或者未成年人角色进行商业宣传的非广告类节目。

制作、传播未成年人参与的歌唱类选拔节目、真人秀节目、访谈脱口秀节目应当符合国务院广播电视主管部门的要求。

第十一条 广播电视播出机构、网络视听节目服务机构、节目制作机构应当根据不同年龄段未成年人身心发展状况，制作、传播相应的未成年人节目，并采取明显图像或者声音等方式予以提示。

第十二条 邀请未成年人参与节目制作，应当事先经其法定监护人同意。不得以恐吓、诱骗或者收买等方式迫使、引诱未成年人参与节目制作。

制作未成年人节目应当保障参与制作的未成年人人身和财产安全，以及充足的学习和休息时间。

第十三条 未成年人节目制作过程中，不得泄露或者质问、引诱未成年人泄露个人及其近亲属的隐私信息，不得要求未成年人表达超过其判断能力的观点。

对确需报道的未成年人违法犯罪案件，不得披露犯罪案件中未成年人当事人的姓名、住所、照片、图像等个人信息,以及可能推断出未成年人当事人身份的资料。对于不可避免含有上述内容的画面和声音,应当采取技术处理,达到不可识别的标准。

第十四条　邀请未成年人参与节目制作,其服饰、表演应当符合未成年人年龄特征和时代特点,不得诱导未成年人谈论名利、情爱等话题。

未成年人节目不得宣扬童星效应或者包装、炒作明星子女。

第十五条　未成年人节目应当严格控制设置竞赛排名,不得设置过高物质奖励,不得诱导未成年人现场拉票或者询问未成年人失败退出的感受。

情感故事类、矛盾调解类等节目应当尊重和保护未成年人情感,不得就家庭矛盾纠纷采访未成年人,不得要求未成年人参与节目录制和现场调解,避免未成年人亲眼目睹家庭矛盾冲突和情感纠纷。

未成年人节目不得以任何方式对未成年人进行品行、道德方面的测试,放大不良现象和非理性情绪。

第十六条　未成年人节目的主持人应当依法取得职业资格,言行妆容不得引起未成年人心理不适,并在节目中切实履行引导把控职责。

未成年人节目设置嘉宾,应当按照国务院广播电视主管部门的规定,将道德品行作为首要标准,严格遴选、加强培训,不得选用因丑闻劣迹、违法犯罪等行为造成不良社会影响的人员,并提高基层群众作为节目嘉宾的比重。

第十七条　国产原创未成年人节目应当积极体现中华文化元素,使用外国的人名、地名、服装、形象、背景等应当符合剧情需要。

未成年人节目中的用语用字应当符合有关通用语言文字的法律规定。

第十八条　未成年人节目前后播出广告或者播出过程中插播广告,应当遵守下列规定:

(一)未成年人专门频率、频道、专区、链接、页面不得播出医疗、药品、保健食品、医疗器械、化妆品、酒类、美容广告、不利于未成年人身心健康的网络游戏广告,以及其他不适宜未成年人观看的广告,其他未成年人节目前后不得播出上述广告;

(二)针对不满十四周岁的未成年人的商品或者服务的广告,不得含有劝诱其要求家长购买广告商品或者服务、可能引发其模仿不安全行为的内容;

(三)不得利用不满十周岁的未成年人作为广告代言人;

(四)未成年人广播电视节目每小时播放广告不得超过12分钟;

(五)未成年人网络视听节目播出或者暂停播出过程中,不得插播、展示广告,内容切换过程中的广告时长不得超过30秒。

第三章　传播规范

第十九条　未成年人专门频率、频道应当通过自制、外购、节目交流等多种方式,提高制作、播出未成年人节目的能力,提升节目质量和频率、频道专业化水平,满足未成年人收听收看需求。

网络视听节目服务机构应当以显著方式在显著位置对所传播的未成年人节目建立专区,专门播放适宜未成年人收听收看的节目。

未成年人专门频率频道、网络专区不得播出未成年人不宜收听收看的节目。

第二十条　广播电视播出机构、网络视听节目服务机构对所播出的录播或者用户上传的未成年人节目,应当按照有关规定履行播前审查义务;对直播节目,应当采取直播延时、备用节目替换等必要的技术手段,确保所播出的未成年人节目中不得含有本规定第九条第一款禁止内容。

第二十一条　广播电视播出机构、网络视听节目服务机构应当建立未成年人保护专员制度,安排具有未成年人保护工作经验或者教育背景的人员专门负责未成年人节目、广告的播前审查,并对不适合未成年人收听收看的节目、广告提出调整播出时段或者暂缓播出的建议,暂缓播出的建议由有关节目审查部门组织专家论证后实施。

第二十二条　广播电视播出机构、网络视听节目服务机构在未成年人节目播出过程中,应当至少每隔30分钟在显著位置发送易于辨认的休息提示信息。

第二十三条　广播电视播出机构在法定节假日和学校寒暑假每日8:00至23:00,以及法定节假日和学校寒暑假之外时间每日15:00至22:00,播出的节目应当适宜所有人群收听收看。

未成年人专门频率频道全天播出未成年人节目的比例应当符合国务院广播电视主管部门的要求,在每日17:00-22:00之间应当播出国产动画片或者其他未成年人节目,不得播出影视剧以及引进节目,确需在这一时段播出优秀未成年人影视剧的,应当符合国务院广播电视主管部门的要求。

未成年人专门频率频道、网络专区每日播出或者可供点播的国产动画片和引进动画片的比例应当符合国务院广播电视主管部门的规定。

第二十四条　网络用户上传含有未成年人形象、信息的节目且未经未成年人法定监护人同意的，未成年人的法定监护人有权通知网络视听节目服务机构采取删除、屏蔽、断开链接等必要措施。网络视听节目服务机构接到通知并确认其身份后应当及时采取相关措施。

第二十五条　网络视听节目服务机构应当对网络用户上传的未成年人节目建立公众监督举报制度。在接到公众书面举报后经审查发现节目含有本规定第九条第一款禁止内容或者属于第十条第一款禁止节目类型的，网络视听节目服务机构应当及时采取删除、屏蔽、断开链接等必要措施。

第二十六条　广播电视播出机构、网络视听节目服务机构应当建立由未成年人保护专家、家长代表、教师代表等组成的未成年人节目评估委员会，定期对未成年人节目、广告进行播前、播中、播后评估。必要时，可以邀请未成年人参加评估。评估意见应当作为节目继续播出或者调整的重要依据，有关节目审查部门应当对是否采纳评估意见作出书面说明。

第二十七条　广播电视播出机构、网络视听节目服务机构应当建立未成年人节目社会评价制度，并以适当方式及时公布所评价节目的改进情况。

第二十八条　广播电视播出机构、网络视听节目服务机构应当就未成年人保护情况每年度向当地人民政府广播电视主管部门提交书面年度报告。

评估委员会工作情况、未成年人保护专员履职情况和社会评价情况应当作为年度报告的重要内容。

第四章　监督管理

第二十九条　广播电视主管部门应当建立健全未成年人节目监听监看制度，运用日常监听监看、专项检查、实地抽查等方式，加强对未成年人节目的监督管理。

第三十条　广播电视主管部门应当设立未成年人节目违法行为举报制度，公布举报电话、邮箱等联系方式。

任何单位或者个人有权举报违反本规定的未成年人节目。广播电视主管部门接到举报，应当记录并及时依法调查、处理；对不属于本部门职责范围的，应当及时移送有关部门。

第三十一条　全国性广播电视、网络视听行业组织应当依据本规定，制定未成年人节目内容审核具体行业标准，加强从业人员培训，并就培训情况向国务院广播电视主管部门提交书面年度报告。

第五章　法律责任

第三十二条　违反本规定，制作、传播含有本规定第九条第一款禁止内容的未成年人节目的，或者在以科普、教育、警示为目的制作的节目中，包含本规定第九条第一款禁止内容但未设置明确提醒、进行技术处理的，或者制作、传播本规定第十条禁止的未成年人节目类型的，依照《广播电视管理条例》第四十九条的规定予以处罚。

第三十三条　违反本规定，播放、播出广告的时间超过规定或者播出国产动画片和引进动画片的比例不符合国务院广播电视主管部门规定的，依照《广播电视管理条例》第五十条的规定予以处罚。

第三十四条　违反本规定第十一条至第十七条、第十九条至第二十二条、第二十三条第一款和第二款、第二十四条至第二十八条的规定，由县级以上人民政府广播电视主管部门责令限期改正，给予警告，可以并处三万元以下的罚款。违反第十八条第一项至第三项的规定，由有关部门依法予以处罚。

第三十五条　广播电视节目制作经营机构、广播电视播出机构、网络视听节目服务机构违反本规定，其主管部门或者有权处理单位，应当依法对负有责任的主管人员或者直接责任人员给予处分、处理；造成严重社会影响的，广播电视主管部门可以向被处罚单位的主管部门或者有权处理单位通报情况，提出对负有责任的主管人员或者直接责任人员的处分、处理建议，并可函询后续处分、处理结果。

第三十六条　广播电视主管部门工作人员滥用职权、玩忽职守、徇私舞弊或者未依照本规定履行职责的，对负有责任的主管人员和直接责任人员依法给予处分。

第六章　附　　则

第三十七条　本规定所称网络视听节目服务机构，是指互联网视听节目服务机构和专网及定向传播视听节目服务机构。

本规定所称学校寒暑假是指广播电视播出机构所在地、网络视听节目服务机构注册地教育行政部门规定的时间段。

第三十八条　未构成本规定所称未成年人节目，但节目中含有未成年人形象、信息等内容，有关内容规范和法律责任参照本规定执行。

第三十九条　本规定自 2019 年 4 月 30 日起施行。

国家新闻出版署关于防止未成年人沉迷网络游戏的通知

1. *2019年10月25日发布*
2. *国新出发〔2019〕34号*

各省、自治区、直辖市新闻出版局，各网络游戏企业，有关行业组织：

近年来，网络游戏行业在满足群众休闲娱乐需要、丰富人民精神文化生活的同时，也出现一些值得高度关注的问题，特别是未成年人沉迷网络游戏、过度消费等现象，对未成年人身心健康和正常学习生活造成不良影响，社会反映强烈。规范网络游戏服务，引导网络游戏企业切实把社会效益放在首位，有效遏制未成年人沉迷网络游戏、过度消费等行为，保护未成年人身心健康成长，是贯彻落实习近平总书记关于青少年工作重要指示精神、促进网络游戏繁荣健康有序发展的有效举措。现就有关工作事项通知如下。

一、实行网络游戏用户账号实名注册制度。所有网络游戏用户均须使用有效身份信息方可进行游戏账号注册。自本通知施行之日起，网络游戏企业应建立并实施用户实名注册系统，不得以任何形式为未实名注册的新增用户提供游戏服务。自本通知施行之日起2个月内，网络游戏企业须要求已有用户全部完成实名注册，对未完成实名注册的用户停止提供游戏服务。对用户提供的实名注册信息，网络游戏企业必须严格按照有关法律法规妥善保存、保护，不得用作其他用途。

网络游戏企业可以对其游戏服务设置不超过1小时的游客体验模式。在游客体验模式下，用户无须实名注册，不能充值和付费消费。对使用同一硬件设备的用户，网络游戏企业在15天内不得重复提供游客体验模式。

二、严格控制未成年人使用网络游戏时段、时长。每日22时至次日8时，网络游戏企业不得以任何形式为未成年人提供游戏服务。网络游戏企业向未成年人提供游戏服务的时长，法定节假日每日累计不得超过3小时，其他时间每日累计不得超过1.5小时。

三、规范向未成年人提供付费服务。网络游戏企业须采取有效措施，限制未成年人使用与其民事行为能力不符的付费服务。网络游戏企业不得为未满8周岁的用户提供游戏付费服务。同一网络游戏企业所提供的游戏付费服务，8周岁以上未满16周岁的用户，单次充值金额不得超过50元人民币，每月充值金额累计不得超过200元人民币；16周岁以上未满18周岁的用户，单次充值金额不得超过100元人民币，每月充值金额累计不得超过400元人民币。

四、切实加强行业监管。本通知前述各项要求，均为网络游戏上网出版运营的必要条件。各地出版管理部门要切实履行属地监管职责，严格按照本通知要求做好属地网络游戏企业及其网络游戏服务的监督管理工作。对未落实本通知要求的网络游戏企业，各地出版管理部门应责令限期改正；情节严重的，依法依规予以处理，直至吊销相关许可。各地出版管理部门协调有关执法机构做好监管执法工作。

五、探索实施适龄提示制度。网络游戏企业应从游戏内容和功能的心理接受程度、对抗激烈程度、可能引起认知混淆程度、可能导致危险模仿程度、付费消费程度等多维度综合衡量，探索对上网出版运营的网络游戏作出适合不同年龄段用户的提示，并在用户下载、注册、登录页面等位置显著标明。有关行业组织要探索实施适龄提示具体标准规范，督促网络游戏企业落实适龄提示制度。网络游戏企业应注意分析未成年人沉迷的成因，并及时对造成沉迷的游戏内容、功能或者规则进行修改。

六、积极引导家长、学校等社会各界力量履行未成年人监护守护责任，加强对未成年人健康合理使用网络游戏的教导，帮助未成年人树立正确的网络游戏消费观念和行为习惯。

七、本通知所称未成年人是指未满18周岁的公民，所称网络游戏企业含提供网络游戏服务的平台。

本通知自2019年11月1日起施行。

国家新闻出版署关于进一步严格管理切实防止未成年人沉迷网络游戏的通知

1. *2021年8月30日发布*
2. *国新出发〔2021〕14号*

各省、自治区、直辖市新闻出版局，各网络游戏企业，有关行业组织：

一段时间以来，未成年人过度使用甚至沉迷网络游戏问题突出，对正常生活学习和健康成长造成不良影响，社会各方面特别是广大家长反映强烈。为进一步严格管理措施，坚决防止未成年人沉迷网络游戏，切实保护未成年人身心健康，现将有关要求通知如下。

一、严格限制向未成年人提供网络游戏服务的时间。自本通知施行之日起,所有网络游戏企业仅可在周五、周六、周日和法定节假日每日 20 时至 21 时向未成年人提供 1 小时网络游戏服务,其他时间均不得以任何形式向未成年人提供网络游戏服务。

二、严格落实网络游戏用户账号实名注册和登录要求。所有网络游戏必须接入国家新闻出版署网络游戏防沉迷实名验证系统,所有网络游戏用户必须使用真实有效身份信息进行游戏账号注册并登录网络游戏,网络游戏企业不得以任何形式(含游客体验模式)向未实名注册和登录的用户提供游戏服务。

三、各级出版管理部门加强对网络游戏企业落实提供网络游戏服务时段时长、实名注册和登录、规范付费等情况的监督检查,加大检查频次和力度,对未严格落实的网络游戏企业,依法依规严肃处理。

四、积极引导家庭、学校等社会各方面营造有利于未成年人健康成长的良好环境,依法履行未成年人监护职责,加强未成年人网络素养教育,在未成年人使用网络游戏时督促其以真实身份验证,严格执行未成年人使用网络游戏时段时长规定,引导未成年人形成良好的网络使用习惯,防止未成年人沉迷网络游戏。

五、本通知所称未成年人是指未满 18 周岁的公民,所称网络游戏企业含提供网络游戏服务的平台。

本通知自 2021 年 9 月 1 日起施行。《国家新闻出版署关于防止未成年人沉迷网络游戏工作的通知》(国新出发〔2019〕34 号)相关规定与本通知不一致的,以本通知为准。

3. 司法保护

中华人民共和国预防未成年人犯罪法

1. 1999年6月28日第九届全国人民代表大会常务委员会第十次会议通过

2. 根据2012年10月26日第十一届全国人民代表大会常务委员会第二十九次会议《关于修改〈中华人民共和国预防未成年人犯罪法〉的决定》修正

3. 2020年12月26日第十三届全国人民代表大会常务委员会第二十四次会议修订

4. 自2021年6月1日起施行

目　　录

第一章　总　　则

第一条　【立法目的】为了保障未成年人身心健康，培养未成年人良好品行，有效预防未成年人违法犯罪，制定本法。

第二条　【预防原则】预防未成年人犯罪，立足于教育和保护未成年人相结合，坚持预防为主、提前干预，对未成年人的不良行为和严重不良行为及时进行分级预防、干预和矫治。

第三条　【未成年人合法权益的保护】开展预防未成年人犯罪工作，应当尊重未成年人人格尊严，保护未成年人的名誉权、隐私权和个人信息等合法权益。

第四条　【综合治理】预防未成年人犯罪，在各级人民政府组织下，实行综合治理。

国家机关、人民团体、社会组织、企业事业单位、居民委员会、村民委员会、学校、家庭等各负其责、相互配合，共同做好预防未成年人犯罪工作，及时消除滋生未成年人违法犯罪行为的各种消极因素，为未成年人身心健康发展创造良好的社会环境。

第五条　【各级政府职责】各级人民政府在预防未成年人犯罪方面的工作职责是：

（一）制定预防未成年人犯罪工作规划；

（二）组织公安、教育、民政、文化和旅游、市场监督管理、网信、卫生健康、新闻出版、电影、广播电视、司法行政等有关部门开展预防未成年人犯罪工作；

（三）为预防未成年人犯罪工作提供政策支持和经费保障；

（四）对本法的实施情况和工作规划的执行情况进行检查；

（五）组织开展预防未成年人犯罪宣传教育；

（六）其他预防未成年人犯罪工作职责。

第六条　【专门教育】国家加强专门学校建设，对有严重不良行为的未成年人进行专门教育。专门教育是国民教育体系的组成部分，是对有严重不良行为的未成年人进行教育和矫治的重要保护处分措施。

省级人民政府应当将专门教育发展和专门学校建设纳入经济社会发展规划。县级以上地方人民政府成立专门教育指导委员会，根据需要合理设置专门学校。

专门教育指导委员会由教育、民政、财政、人力资源社会保障、公安、司法行政、人民检察院、人民法院、共产主义青年团、妇女联合会、关心下一代工作委员会、专门学校等单位，以及律师、社会工作者等人员组成，研究确定专门学校教学、管理等相关工作。

专门学校建设和专门教育具体办法，由国务院规定。

第七条　【专门机构或人员负责】公安机关、人民检察院、人民法院、司法行政部门应当由专门机构或者经过专业培训、熟悉未成年人身心特点的专门人员负责预防未成年人犯罪工作。

第八条　【培育社会力量】共产主义青年团、妇女联合会、工会、残疾人联合会、关心下一代工作委员会、青年联合会、学生联合会、少年先锋队以及有关社会组织，应当协助各级人民政府及其有关部门、人民检察院和人民法院做好预防未成年人犯罪工作，为预防未成年人犯罪培育社会力量，提供支持服务。

第九条　【社会组织参与】国家鼓励、支持和指导社会工作服务机构等社会组织参与预防未成年人犯罪相关工作，并加强监督。

第十条　【禁止教唆、胁迫、引诱】任何组织或者个人不得教唆、胁迫、引诱未成年人实施不良行为或者严重不良行为，以及为未成年人实施上述行为提供条件。

第十一条　【抵制不良行为的引诱侵害】未成年人应当遵守法律法规及社会公共道德规范，树立自尊、自律、自强意识，增强辨别是非和自我保护的能力，自觉抵制各种不良行为以及违法犯罪行为的引诱和侵害。

第十二条　【教育、关爱、矫治和对策研究】预防未成年人犯罪，应当结合未成年人不同年龄的生理、心理特点，加强青春期教育、心理关爱、心理矫治和预防犯罪对策的研究。

第十三条　【国际交流合作】国家鼓励和支持预防未成年人犯罪相关学科建设、专业设置、人才培养及科学研究，开展国际交流与合作。

第十四条　【表彰奖励】国家对预防未成年人犯罪工作有显著成绩的组织和个人，给予表彰和奖励。

第二章　预防犯罪的教育

第十五条　【预防犯罪教育】国家、社会、学校和家庭应当对未成年人加强社会主义核心价值观教育，开展预防犯罪教育，增强未成年人的法治观念，使未成年人树立遵纪守法和防范违法犯罪的意识，提高自我管控能力。

第十六条　【监护人责任】未成年人的父母或者其他监护人对未成年人的预防犯罪教育负有直接责任，应当依法履行监护职责，树立优良家风，培养未成年人良好品行；发现未成年人心理或者行为异常的，应当及时了解情况并进行教育、引导和劝诫，不得拒绝或者怠于履行监护职责。

第十七条　【学校教育】教育行政部门、学校应当将预防犯罪教育纳入学校教学计划，指导教职员工结合未成年人的特点，采取多种方式对未成年学生进行有针对性的预防犯罪教育。

第十八条　【法治教育人员的聘请】学校应当聘任从事法治教育的专职或者兼职教师，并可以从司法和执法机关、法学教育和法律服务机构等单位聘请法治副校长、校外法治辅导员。

第十九条　【心理健康教育】学校应当配备专职或者兼职的心理健康教育教师，开展心理健康教育。学校可以根据实际情况与专业心理健康机构合作，建立心理健康筛查和早期干预机制，预防和解决学生心理、行为异常问题。

学校应当与未成年学生的父母或者其他监护人加强沟通，共同做好未成年学生心理健康教育；发现未成年学生可能患有精神障碍的，应当立即告知其父母或者其他监护人送相关专业机构诊治。

第二十条　【学生欺凌防控制度】教育行政部门应当会同有关部门建立学生欺凌防控制度。学校应当加强日常安全管理，完善学生欺凌发现和处置的工作流程，严格排查并及时消除可能导致学生欺凌行为的各种隐患。

第二十一条　【聘请社会工作者协助教育】教育行政部门鼓励和支持学校聘请社会工作者长期或者定期进驻学校，协助开展道德教育、法治教育、生命教育和心理健康教育，参与预防和处理学生欺凌等行为。

第二十二条　【推广科学合理的教育方法】教育行政部门、学校应当通过举办讲座、座谈、培训等活动，介绍科学合理的教育方法，指导教职员工、未成年学生的父母或者其他监护人有效预防未成年人犯罪。

学校应当将预防犯罪教育计划告知未成年学生的父母或者其他监护人。未成年学生的父母或者其他监护人应当配合学校对未成年学生进行有针对性的预防犯罪教育。

第二十三条　【纳入学校年度考核】教育行政部门应当将预防犯罪教育的工作效果纳入学校年度考核内容。

第二十四条　【举办多种形式的宣教活动】各级人民政府及其有关部门、人民检察院、人民法院、共产主义青年团、少年先锋队、妇女联合会、残疾人联合会、关心下一代工作委员会等应当结合实际，组织、举办多种形式的预防未成年人犯罪宣传教育活动。有条件的地方可以建立青少年法治教育基地，对未成年人开展法治教育。

第二十五条　【基层组织法制宣传】居民委员会、村民委员会应当积极开展有针对性的预防未成年人犯罪宣传活动，协助公安机关维护学校周围治安，及时掌握本辖区内未成年人的监护、就学和就业情况，组织、引导社区社会组织参与预防未成年人犯罪工作。

第二十六条　【校外活动场所的宣传教育】青少年宫、儿童活动中心等校外活动场所应当把预防犯罪教育作为一项重要的工作内容，开展多种形式的宣传教育活动。

第二十七条　【职业培训】职业培训机构、用人单位在对已满十六周岁准备就业的未成年人进行职业培训时，应当将预防犯罪教育纳入培训内容。

第三章　对不良行为的干预

第二十八条　【不良行为】本法所称不良行为，是指未成年人实施的不利于其健康成长的下列行为：

（一）吸烟、饮酒；

（二）多次旷课、逃学；

（三）无故夜不归宿、离家出走；

（四）沉迷网络；

（五）与社会上具有不良习性的人交往，组织或者参加实施不良行为的团伙；

（六）进入法律法规规定未成年人不宜进入的场所；

（七）参与赌博、变相赌博，或者参加封建迷信、邪教等活动；

（八）阅览、观看或者收听宣扬淫秽、色情、暴力、恐怖、极端等内容的读物、音像制品或者网络信息等；

（九）其他不利于未成年人身心健康成长的不良行为。

第二十九条　【监护人义务】未成年人的父母或者其他监护人发现未成年人有不良行为的，应当及时制止并加强管教。

第三十条　【公安机关等部门义务】公安机关、居民委员会、村民委员会发现本辖区内未成年人有不良行为的，应当及时制止，并督促其父母或者其他监护人依法履行监护职责。

第三十一条　【学校的管理义务及措施】学校对有不良行为的未成年学生，应当加强管理教育，不得歧视；对拒不改正或者情节严重的，学校可以根据情况予以处分或者采取以下管理教育措施：

（一）予以训导；

（二）要求遵守特定的行为规范；

（三）要求参加特定的专题教育；

（四）要求参加校内服务活动；

（五）要求接受社会工作者或者其他专业人员的心理辅导和行为干预；

（六）其他适当的管理教育措施。

第三十二条　【家校合作机制】学校和家庭应当加强沟通，建立家校合作机制。学校决定对未成年学生采取管理教育措施的，应当及时告知其父母或者其他监护人；未成年学生的父母或者其他监护人应当支持、配合学校进行管理教育。

第三十三条　【对轻微不良行为的管教措施】未成年学生偷窃少量财物，或者有殴打、辱骂、恐吓、强行索要财物等学生欺凌行为，情节轻微的，可以由学校依照本法第三十一条规定采取相应的管理教育措施。

第三十四条　【对旷课逃学行为的处理】未成年学生旷课、逃学的，学校应当及时联系其父母或者其他监护人，了解有关情况；无正当理由的，学校和未成年学生的父母或者其他监护人应当督促其返校学习。

第三十五条　【监护人或学校对夜不归宿、离家出走行为的处理】未成年人无故夜不归宿、离家出走的，父母或者其他监护人、所在的寄宿制学校应当及时查找，必要时向公安机关报告。

收留夜不归宿、离家出走未成年人的，应当及时联系其父母或者其他监护人、所在学校；无法取得联系的，应当及时向公安机关报告。

第三十六条　【公安机关等对夜不归宿、离家出走的未成年人采取保护措施】对夜不归宿、离家出走或者流落街头的未成年人，公安机关、公共场所管理机构等发现或者接到报告后，应当及时采取有效保护措施，并通知其父母或者其他监护人、所在的寄宿制学校，必要时应当护送其返回住所、学校；无法与其父母或者其他监护人、学校取得联系的，应当护送未成年人到救助保护机构接受救助。

第三十七条　【对不良行为团伙的处置】未成年人的父母或者其他监护人、学校发现未成年人组织或者参加实施不良行为的团伙，应当及时制止；发现该团伙有违法犯罪嫌疑的，应当立即向公安机关报告。

第四章　对严重不良行为的矫治

第三十八条　【严重不良行为】本法所称严重不良行为，是指未成年人实施的有刑法规定、因不满法定刑事责任年龄不予刑事处罚的行为，以及严重危害社会的下列行为：

（一）结伙斗殴，追逐、拦截他人，强拿硬要或者任意损毁、占用公私财物等寻衅滋事行为；

（二）非法携带枪支、弹药或者弩、匕首等国家规定的管制器具；

（三）殴打、辱骂、恐吓，或者故意伤害他人身体；

（四）盗窃、哄抢、抢夺或者故意损毁公私财物；

（五）传播淫秽的读物、音像制品或者信息等；

（六）卖淫、嫖娼，或者进行淫秽表演；

（七）吸食、注射毒品，或者向他人提供毒品；

（八）参与赌博赌资较大；

（九）其他严重危害社会的行为。

第三十九条　【对犯罪引诱和人身安全威胁行为的处理】未成年人的父母或者其他监护人、学校、居民委员会、村民委员会发现有人教唆、胁迫、引诱未成年人实施严重不良行为的，应当立即向公安机关报告。公安机关接到报告或者发现有上述情形的，应当及时依法查处；对人身安全受到威胁的未成年人，应当立即采取有效保护措施。

第四十条　【公安机关对严重不良行为的制止】公安机关接到举报或者发现未成年人有严重不良行为的，应当及时制止，依法调查处理，并可以责令其父母或者其他监护人消除或者减轻违法后果，采取措施严加管教。

第四十一条　【矫治教育措施】对有严重不良行为的未

成年人，公安机关可以根据具体情况，采取以下矫治教育措施：

（一）予以训诫；

（二）责令赔礼道歉、赔偿损失；

（三）责令具结悔过；

（四）责令定期报告活动情况；

（五）责令遵守特定的行为规范，不得实施特定行为、接触特定人员或者进入特定场所；

（六）责令接受心理辅导、行为矫治；

（七）责令参加社会服务活动；

（八）责令接受社会观护，由社会组织、有关机构在适当场所对未成年人进行教育、监督和管束；

（九）其他适当的矫治教育措施。

第四十二条　【配合义务】公安机关在对未成年人进行矫治教育时，可以根据需要邀请学校、居民委员会、村民委员会以及社会工作服务机构等社会组织参与。

未成年人的父母或者其他监护人应当积极配合矫治教育措施的实施，不得妨碍阻挠或者放任不管。

第四十三条　【对有严重不良行为的未成年人专门教育】对有严重不良行为的未成年人，未成年人的父母或者其他监护人、所在学校无力管教或者管教无效的，可以向教育行政部门提出申请，经专门教育指导委员会评估同意后，由教育行政部门决定送入专门学校接受专门教育。

第四十四条　【实施严重危害社会行为的未成年人专门教育】未成年人有下列情形之一的，经专门教育指导委员会评估同意，教育行政部门会同公安机关可以决定将其送入专门学校接受专门教育：

（一）实施严重危害社会的行为，情节恶劣或者造成严重后果；

（二）多次实施严重危害社会的行为；

（三）拒不接受或者配合本法第四十一条规定的矫治教育措施；

（四）法律、行政法规规定的其他情形。

第四十五条　【专门矫治教育】未成年人实施刑法规定的行为、因不满法定刑事责任年龄不予刑事处罚的，经专门教育指导委员会评估同意，教育行政部门会同公安机关可以决定对其进行专门矫治教育。

省级人民政府应当结合本地的实际情况，至少确定一所专门学校按照分校区、分班级等方式设置专门场所，对前款规定的未成年人进行专门矫治教育。

前款规定的专门场所实行闭环管理，公安机关、司法行政部门负责未成年人的矫治工作，教育行政部门承担未成年人的教育工作。

第四十六条　【对接受专门教育的学生评估】专门学校应当在每个学期适时提请专门教育指导委员会对接受专门教育的未成年学生的情况进行评估。对经评估适合转回普通学校就读的，专门教育指导委员会应当向原决定机关提出书面建议，由原决定机关决定是否将未成年学生转回普通学校就读。

原决定机关决定将未成年学生转回普通学校的，其原所在学校不得拒绝接收；因特殊情况，不适宜转回原所在学校的，由教育行政部门安排转学。

第四十七条　【分级分类进行教育和矫治】专门学校应当对接受专门教育的未成年人分级分类进行教育和矫治，有针对性地开展道德教育、法治教育、心理健康教育，并根据实际情况进行职业教育；对没有完成义务教育的未成年人，应当保证其继续接受义务教育。

专门学校的未成年学生的学籍保留在原学校，符合毕业条件的，原学校应当颁发毕业证书。

第四十八条　【矫治和教育情况的定期反馈】专门学校应当与接受专门教育的未成年人的父母或者其他监护人加强联系，定期向其反馈未成年人的矫治和教育情况，为父母或者其他监护人、亲属等看望未成年人提供便利。

第四十九条　【行政复议或者行政诉讼】未成年人及其父母或者其他监护人对本章规定的行政决定不服的，可以依法提起行政复议或者行政诉讼。

第五章　对重新犯罪的预防

第五十条　【有针对性地进行法治教育】公安机关、人民检察院、人民法院办理未成年人刑事案件，应当根据未成年人的生理、心理特点和犯罪的情况，有针对性地进行法治教育。

对涉及刑事案件的未成年人进行教育，其法定代理人以外的成年亲属或者教师、辅导员等参与有利于感化、挽救未成年人的，公安机关、人民检察院、人民法院应当邀请其参加有关活动。

第五十一条　【社会调查和心理测评】公安机关、人民检察院、人民法院办理未成年人刑事案件，可以自行或者委托有关社会组织、机构对未成年犯罪嫌疑人或者被告人的成长经历、犯罪原因、监护、教育等情况进行社会调查；根据实际需要并经未成年犯罪嫌疑人、被告人及其法定代理人同意，可以对未成年犯罪嫌疑人、被告人进行心理测评。

社会调查和心理测评的报告可以作为办理案件和教育未成年人的参考。

第五十二条　【取保候审】公安机关、人民检察院、人民法院对于无固定住所、无法提供保证人的未成年人适用取保候审的，应当指定合适成年人作为保证人，必要时可以安排取保候审的未成年人接受社会观护。

第五十三条　【分别关押、管理和教育】对被拘留、逮捕以及在未成年犯管教所执行刑罚的未成年人，应当与成年人分别关押、管理和教育。对未成年人的社区矫正，应当与成年人分别进行。

对有上述情形且没有完成义务教育的未成年人，公安机关、人民检察院、人民法院、司法行政部门应当与教育行政部门相互配合，保证其继续接受义务教育。

第五十四条　【法治教育与职业教育】未成年犯管教所、社区矫正机构应当对未成年犯、未成年社区矫正对象加强法治教育，并根据实际情况对其进行职业教育。

第五十五条　【安置帮教】社区矫正机构应当告知未成年社区矫正对象安置帮教的有关规定，并配合安置帮教工作部门落实或者解决未成年社区矫正对象的就学、就业等问题。

第五十六条　【对刑满释放未成年人的安置】对刑满释放的未成年人，未成年犯管教所应当提前通知其父母或者其他监护人按时接回，并协助落实安置帮教措施。没有父母或者其他监护人、无法查明其父母或者其他监护人的，未成年犯管教所应当提前通知未成年人原户籍所在地或者居住地的司法行政部门安排人员按时接回，由民政部门或者居民委员会、村民委员会依法对其进行监护。

第五十七条　【采取有效的帮教措施】未成年人的父母或者其他监护人和学校、居民委员会、村民委员会对接受社区矫正、刑满释放的未成年人，应当采取有效的帮教措施，协助司法机关以及有关部门做好安置帮教工作。

居民委员会、村民委员会可以聘请思想品德优秀，作风正派，热心未成年人工作的离退休人员、志愿者或其他人员协助做好前款规定的安置帮教工作。

第五十八条　【禁止歧视】刑满释放和接受社区矫正的未成年人，在复学、升学、就业等方面依法享有与其他未成年人同等的权利，任何单位和个人不得歧视。

第五十九条　【犯罪记录信息的保密】未成年人的犯罪记录依法被封存的，公安机关、人民检察院、人民法院和司法行政部门不得向任何单位或者个人提供，但司法机关因办案需要或者有关单位根据国家有关规定进行查询的除外。依法进行查询的单位和个人应当对相关记录信息予以保密。

未成年人接受专门矫治教育、专门教育的记录，以及被行政处罚、采取刑事强制措施和不起诉的记录，适用前款规定。

第六十条　【检察院监督】人民检察院通过依法行使检察权，对未成年人重新犯罪预防工作等进行监督。

第六章　法律责任

第六十一条　【对不履行监护职责行为的处理】公安机关、人民检察院、人民法院在办理案件过程中发现实施严重不良行为的未成年人的父母或者其他监护人不依法履行监护职责的，应当予以训诫，并可以责令其接受家庭教育指导。

第六十二条　【对学校及其教职员工违法行为的处理】学校及其教职员工违反本法规定，不履行预防未成年人犯罪工作职责，或者虐待、歧视相关未成年人的，由教育行政等部门责令改正，通报批评；情节严重的，对直接负责的主管人员和其他直接责任人员依法给予处分。构成违反治安管理行为的，由公安机关依法予以治安管理处罚。

教职员工教唆、胁迫、引诱未成年人实施不良行为或者严重不良行为，以及品行不良、影响恶劣的，教育行政部门、学校应当依法予以解聘或者辞退。

第六十三条　【复学、升学、就业等方面歧视未成年人行为的处罚】违反本法规定，在复学、升学、就业等方面歧视相关未成年人的，由所在单位或者教育、人力资源社会保障等部门责令改正；拒不改正的，对直接负责的主管人员或者其他直接责任人员依法给予处分。

第六十四条　【虐待、歧视接受社会观护的未成年人行为的处罚】有关社会组织、机构及其工作人员虐待、歧视接受社会观护的未成年人，或者出具虚假社会调查、心理测评报告的，由民政、司法行政等部门对直接负责的主管人员或者其他直接责任人员依法给予处分，构成违反治安管理行为的，由公安机关予以治安管理处罚。

第六十五条　【对教唆、胁迫、引诱未成年人实施不良行为的处罚】教唆、胁迫、引诱未成年人实施不良行为或者严重不良行为，构成违反治安管理行为的，由公安机关依法予以治安管理处罚。

第六十六条　【国家机关工作人员渎职行为的处罚】国家机关及其工作人员在预防未成年人犯罪工作中滥用职权、玩忽职守、徇私舞弊的，对直接负责的主管人员和其他直接责任人员，依法给予处分。

第六十七条　【刑事责任】违反本法规定，构成犯罪的，依法追究刑事责任。

第七章　附　　则

第六十八条　【施行日期】本法自2021年6月1日起施行。

中华人民共和国刑法(节录)

1. 1979年7月1日第五届全国人民代表大会第二次会议通过
2. 1997年3月14日第八届全国人民代表大会第五次会议修订
3. 根据1998年12月29日第九届全国人民代表大会常务委员会第六次会议通过的《关于惩治骗购外汇、逃汇和非法买卖外汇犯罪的决定》、1999年12月25日第九届全国人民代表大会常务委员会第十三次会议通过的《中华人民共和国刑法修正案》、2001年8月31日第九届全国人民代表大会常务委员会第二十三次会议通过的《中华人民共和国刑法修正案(二)》、2001年12月29日第九届全国人民代表大会常务委员会第二十五次会议通过的《中华人民共和国刑法修正案(三)》、2002年12月28日第九届全国人民代表大会常务委员会第三十一次会议通过的《中华人民共和国刑法修正案(四)》、2005年2月28日第十届全国人民代表大会常务委员会第十四次会议通过的《中华人民共和国刑法修正案(五)》、2006年6月29日第十届全国人民代表大会常务委员会第二十二次会议通过的《中华人民共和国刑法修正案(六)》、2009年2月28日第十一届全国人民代表大会常务委员会第七次会议通过的《中华人民共和国刑法修正案(七)》、2009年8月27日第十一届全国人民代表大会常务委员会第十次会议通过的《关于修改部分法律的决定》、2011年2月25日第十一届全国人民代表大会常务委员会第十九次会议通过的《中华人民共和国刑法修正案(八)》、2015年8月29日第十二届全国人民代表大会常务委员会第十六次会议通过的《中华人民共和国刑法修正案(九)》、2017年11月4日第十二届全国人民代表大会常务委员会第三十次会议通过的《中华人民共和国刑法修正案(十)》、2020年12月26日第十三届全国人民代表大会常务委员会第二十四次会议通过的《中华人民共和国刑法修正案(十一)》修正和2023年12月29日第十四届全国人民代表大会常务委员会第七次会议通过的《中华人民共和国刑法修正案(十二)》修正)

第二百六十条　【虐待罪】虐待家庭成员,情节恶劣的,处二年以下有期徒刑、拘役或者管制。

犯前款罪,致使被害人重伤、死亡的,处二年以上七年以下有期徒刑。

第一款罪,告诉的才处理,但被害人没有能力告诉,或者因受到强制、威吓无法告诉的除外。

第二百六十条之一　【虐待被监护、看护人罪】对未成年人、老年人、患病的人、残疾人等负有监护、看护职责的人虐待被监护、看护的人,情节恶劣的,处三年以下有期徒刑或者拘役。

单位犯前款罪的,对单位判处罚金,并对其直接负责的主管人员和其他直接责任人员,依照前款的规定处罚。

有第一款行为,同时构成其他犯罪的,依照处罚较重的规定定罪处罚。

中华人民共和国法律援助法

1. 2021年8月20日第十三届全国人民代表大会常务委员会第三十次会议通过
2. 2021年8月20日中华人民共和国主席令第93号公布
3. 自2022年1月1日起施行

目　　录

第一章　总　　则

第一条　【立法目的】为了规范和促进法律援助工作,保障公民和有关当事人的合法权益,保障法律正确实施,维护社会公平正义,制定本法。

第二条　【概念】本法所称法律援助,是国家建立的为经济困难公民和符合法定条件的其他当事人无偿提供法律咨询、代理、刑事辩护等法律服务的制度,是公共法律服务体系的组成部分。

第三条　【基本原则】法律援助工作坚持中国共产党领导,坚持以人民为中心,尊重和保障人权,遵循公开、公平、公正的原则,实行国家保障与社会参与相结合。

第四条　【政府职责】县级以上人民政府应当将法律援助工作纳入国民经济和社会发展规划、基本公共服务体系,保障法律援助事业与经济社会协调发展。

县级以上人民政府应当健全法律援助保障体系,将法律援助相关经费列入本级政府预算,建立动态调整机制,保障法律援助工作需要,促进法律援助均衡发展。

第五条　【指导、监督部门与协作部门职责】国务院司法行政部门指导、监督全国的法律援助工作。县级以上地方人民政府司法行政部门指导、监督本行政区域的法律援助工作。

县级以上人民政府其他有关部门依照各自职责，为法律援助工作提供支持和保障。

第六条　【公检法机关的保障职责】人民法院、人民检察院、公安机关应当在各自职责范围内保障当事人依法获得法律援助，为法律援助人员开展工作提供便利。

第七条　【律师协会职责】律师协会应当指导和支持律师事务所、律师参与法律援助工作。

第八条　【群团组织、事业单位、社会组织】国家鼓励和支持群团组织、事业单位、社会组织在司法行政部门指导下，依法提供法律援助。

第九条　【社会力量捐赠】国家鼓励和支持企业事业单位、社会组织和个人等社会力量，依法通过捐赠等方式为法律援助事业提供支持；对符合条件的，给予税收优惠。

第十条　【宣传与监督】司法行政部门应当开展经常性的法律援助宣传教育，普及法律援助知识。

新闻媒体应当积极开展法律援助公益宣传，并加强舆论监督。

第十一条　【表彰与奖励】国家对在法律援助工作中做出突出贡献的组织和个人，按照有关规定给予表彰、奖励。

第二章　机构和人员

第十二条　【法律援助机构的设立和职能】县级以上人民政府司法行政部门应当设立法律援助机构。法律援助机构负责组织实施法律援助工作，受理、审查法律援助申请，指派律师、基层法律服务工作者、法律援助志愿者等法律援助人员提供法律援助，支付法律援助补贴。

第十三条　【安排相关人员提供法律援助以及设置工作站、联络点】法律援助机构根据工作需要，可以安排本机构具有律师资格或者法律职业资格的工作人员提供法律援助；可以设置法律援助工作站或者联络点，就近受理法律援助申请。

第十四条　【派驻值班律师】法律援助机构可以在人民法院、人民检察院和看守所等场所派驻值班律师，依法为没有辩护人的犯罪嫌疑人、被告人提供法律援助。

第十五条　【政府采购法律援助】司法行政部门可以通过政府采购等方式，择优选择律师事务所等法律服务机构为受援人提供法律援助。

第十六条　【义务主体】律师事务所、基层法律服务所、律师、基层法律服务工作者负有依法提供法律援助的义务。

律师事务所、基层法律服务所应当支持和保障本所律师、基层法律服务工作者履行法律援助义务。

第十七条　【法律援助志愿者】国家鼓励和规范法律援助志愿服务；支持符合条件的个人作为法律援助志愿者，依法提供法律援助。

高等院校、科研机构可以组织从事法学教育、研究工作的人员和法学专业学生作为法律援助志愿者，在司法行政部门指导下，为当事人提供法律咨询、代拟法律文书等法律援助。

法律援助志愿者具体管理办法由国务院有关部门规定。

第十八条　【跨区域法律援助】国家建立健全法律服务资源依法跨区域流动机制，鼓励和支持律师事务所、律师、法律援助志愿者等在法律服务资源相对短缺地区提供法律援助。

第十九条　【法律援助人员的职责】法律援助人员应当依法履行职责，及时为受援人提供符合标准的法律援助服务，维护受援人的合法权益。

第二十条　【法律援助人员的执业要求】法律援助人员应当恪守职业道德和执业纪律，不得向受援人收取任何财物。

第二十一条　【保密义务】法律援助机构、法律援助人员对提供法律援助过程中知悉的国家秘密、商业秘密和个人隐私应当予以保密。

第三章　形式和范围

第二十二条　【法律援助服务形式】法律援助机构可以组织法律援助人员依法提供下列形式的法律援助服务：

（一）法律咨询；

（二）代拟法律文书；

（三）刑事辩护与代理；

（四）民事案件、行政案件、国家赔偿案件的诉讼代理及非诉讼代理；

（五）值班律师法律帮助；

（六）劳动争议调解与仲裁代理；

（七）法律、法规、规章规定的其他形式。

第二十三条　【法律援助机构提供法律咨询服务和提示、告知义务】法律援助机构应当通过服务窗口、电话、网络等多种方式提供法律咨询服务；提示当事人享有依法申请法律援助的权利，并告知申请法律援助的条件和程序。

第二十四条 【犯罪嫌疑人、被告人申请刑事法律援助】刑事案件的犯罪嫌疑人、被告人因经济困难或者其他原因没有委托辩护人的，本人及其近亲属可以向法律援助机构申请法律援助。

第二十五条 【法定刑事法律援助】刑事案件的犯罪嫌疑人、被告人属于下列人员之一，没有委托辩护人的，人民法院、人民检察院、公安机关应当通知法律援助机构指派律师担任辩护人：

（一）未成年人；

（二）视力、听力、言语残疾人；

（三）不能完全辨认自己行为的成年人；

（四）可能被判处无期徒刑、死刑的人；

（五）申请法律援助的死刑复核案件被告人；

（六）缺席审判案件的被告人；

（七）法律法规规定的其他人员。

其他适用普通程序审理的刑事案件，被告人没有委托辩护人的，人民法院可以通知法律援助机构指派律师担任辩护人。

第二十六条 【重刑刑事法律援助】对可能被判处无期徒刑、死刑的人，以及死刑复核案件的被告人，法律援助机构收到人民法院、人民检察院、公安机关通知后，应当指派具有三年以上相关执业经历的律师担任辩护人。

第二十七条 【保障犯罪嫌疑人、被告人委托辩护权】人民法院、人民检察院、公安机关通知法律援助机构指派律师担任辩护人时，不得限制或者损害犯罪嫌疑人、被告人委托辩护人的权利。

第二十八条 【强制医疗法律援助】强制医疗案件的被申请人或者被告人没有委托诉讼代理人的，人民法院应当通知法律援助机构指派律师为其提供法律援助。

第二十九条 【被害人、原告人等申请涉刑事法律援助】刑事公诉案件的被害人及其法定代理人或者近亲属，刑事自诉案件的自诉人及其法定代理人，刑事附带民事诉讼案件的原告人及其法定代理人，因经济困难没有委托诉讼代理人的，可以向法律援助机构申请法律援助。

第三十条 【值班律师法律帮助】值班律师应当依法为没有辩护人的犯罪嫌疑人、被告人提供法律咨询、程序选择建议、申请变更强制措施、对案件处理提出意见等法律帮助。

第三十一条 【民事和行政法律援助事项范围】下列事项的当事人，因经济困难没有委托代理人的，可以向法律援助机构申请法律援助：

（一）依法请求国家赔偿；

（二）请求给予社会保险待遇或者社会救助；

（三）请求发给抚恤金；

（四）请求给付赡养费、抚养费、扶养费；

（五）请求确认劳动关系或者支付劳动报酬；

（六）请求认定公民无民事行为能力或者限制民事行为能力；

（七）请求工伤事故、交通事故、食品药品安全事故、医疗事故人身损害赔偿；

（八）请求环境污染、生态破坏损害赔偿；

（九）法律、法规、规章规定的其他情形。

第三十二条 【申请免予经济困难条件限制的情形】有下列情形之一，当事人申请法律援助的，不受经济困难条件的限制：

（一）英雄烈士近亲属为维护英雄烈士的人格权益；

（二）因见义勇为行为主张相关民事权益；

（三）再审改判无罪请求国家赔偿；

（四）遭受虐待、遗弃或者家庭暴力的受害人主张相关权益；

（五）法律、法规、规章规定的其他情形。

第三十三条 【申诉、再审案件法律援助】当事人不服司法机关生效裁判或者决定提出申诉或者申请再审，人民法院决定、裁定再审或者人民检察院提出抗诉，因经济困难没有委托辩护人或者诉讼代理人的，本人及其近亲属可以向法律援助机构申请法律援助。

第三十四条 【经济困难的标准】经济困难的标准，由省、自治区、直辖市人民政府根据本行政区域经济发展状况和法律援助工作需要确定，并实行动态调整。

第四章 程序和实施

第三十五条 【法律援助及时告知义务】人民法院、人民检察院、公安机关和有关部门在办理案件或者相关事务中，应当及时告知有关当事人有权依法申请法律援助。

第三十六条 【刑事案件法律援助的指派程序】人民法院、人民检察院、公安机关办理刑事案件，发现有本法第二十五条第一款、第二十八条规定情形的，应当在三日内通知法律援助机构指派律师。法律援助机构收到通知后，应当在三日内指派律师并通知人民法院、人民检察院、公安机关。

第三十七条 【值班律师的法律保障】人民法院、人民检察院、公安机关应当保障值班律师依法提供法律帮助，告知没有辩护人的犯罪嫌疑人、被告人有权约见值班律师，并依法为值班律师了解案件有关情况、阅卷、会见等提供便利。

第三十八条　【法律援助的管辖】对诉讼事项的法律援助，由申请人向办案机关所在地的法律援助机构提出申请；对非诉讼事项的法律援助，由申请人向争议处理机关所在地或者事由发生地的法律援助机构提出申请。

第三十九条　【转交法律援助申请的程序】被羁押的犯罪嫌疑人、被告人、服刑人员，以及强制隔离戒毒人员等提出法律援助申请的，办案机关、监管场所应当在二十四小时内将申请转交法律援助机构。

犯罪嫌疑人、被告人通过值班律师提出代理、刑事辩护等法律援助申请的，值班律师应当在二十四小时内将申请转交法律援助机构。

第四十条　【代为提出法律援助申请】无民事行为能力人或者限制民事行为能力人需要法律援助的，可以由其法定代理人代为提出申请。法定代理人侵犯无民事行为能力人、限制民事行为能力人合法权益的，其他法定代理人或者近亲属可以代为提出法律援助申请。

被羁押的犯罪嫌疑人、被告人、服刑人员，以及强制隔离戒毒人员，可以由其法定代理人或者近亲属代为提出法律援助申请。

第四十一条　【经济困难状况的说明及核查】因经济困难申请法律援助的，申请人应当如实说明经济困难状况。

法律援助机构核查申请人的经济困难状况，可以通过信息共享查询，或者由申请人进行个人诚信承诺。

法律援助机构开展核查工作，有关部门、单位、村民委员会、居民委员会和个人应当予以配合。

第四十二条　【免予核查经济困难状况的人员】法律援助申请人有材料证明属于下列人员之一的，免予核查经济困难状况：

（一）无固定生活来源的未成年人、老年人、残疾人等特定群体；

（二）社会救助、司法救助或者优抚对象；

（三）申请支付劳动报酬或者请求工伤事故人身损害赔偿的进城务工人员；

（四）法律、法规、规章规定的其他人员。

第四十三条　【对法律援助申请的审查】法律援助机构应当自收到法律援助申请之日起七日内进行审查，作出是否给予法律援助的决定。决定给予法律援助的，应当自作出决定之日起三日内指派法律援助人员为受援人提供法律援助；决定不给予法律援助的，应当书面告知申请人，并说明理由。

申请人提交的申请材料不齐全的，法律援助机构应当一次性告知申请人需要补充的材料或者要求申请人作出说明。申请人未按要求补充材料或者作出说明的，视为撤回申请。

第四十四条　【先行提供法律援助】法律援助机构收到法律援助申请后，发现有下列情形之一的，可以决定先行提供法律援助：

（一）距法定时效或者期限届满不足七日，需要及时提起诉讼或者申请仲裁、行政复议；

（二）需要立即申请财产保全、证据保全或者先予执行；

（三）法律、法规、规章规定的其他情形。

法律援助机构先行提供法律援助的，受援人应当及时补办有关手续，补充有关材料。

第四十五条　【法律援助服务便捷化】法律援助机构为老年人、残疾人提供法律援助服务的，应当根据实际情况提供无障碍设施设备和服务。

法律法规对向特定群体提供法律援助有其他特别规定的，依照其规定。

第四十六条　【法律援助人员提供援助及通报的义务】法律援助人员接受指派后，无正当理由不得拒绝、拖延或者终止提供法律援助服务。

法律援助人员应当按照规定向受援人通报法律援助事项办理情况，不得损害受援人合法权益。

第四十七条　【受援人的如实陈述及其配合义务】受援人应当向法律援助人员如实陈述与法律援助事项有关的情况，及时提供证据材料，协助、配合办理法律援助事项。

第四十八条　【终止法律援助的情形】有下列情形之一的，法律援助机构应当作出终止法律援助的决定：

（一）受援人以欺骗或者其他不正当手段获得法律援助；

（二）受援人故意隐瞒与案件有关的重要事实或者提供虚假证据；

（三）受援人利用法律援助从事违法活动；

（四）受援人的经济状况发生变化，不再符合法律援助条件；

（五）案件终止审理或者已经被撤销；

（六）受援人自行委托律师或者其他代理人；

（七）受援人有正当理由要求终止法律援助；

（八）法律法规规定的其他情形。

法律援助人员发现有前款规定情形的，应当及时向法律援助机构报告。

第四十九条 【**异议的提出、处理与救济**】申请人、受援人对法律援助机构不予法律援助、终止法律援助的决定有异议的，可以向设立该法律援助机构的司法行政部门提出。

司法行政部门应当自收到异议之日起五日内进行审查，作出维持法律援助机构决定或者责令法律援助机构改正的决定。

申请人、受援人对司法行政部门维持法律援助机构决定不服的，可以依法申请行政复议或者提起行政诉讼。

第五十条 【**法律援助人员报告与提交材料**】法律援助事项办理结束后，法律援助人员应当及时向法律援助机构报告，提交有关法律文书的副本或者复印件、办理情况报告等材料。

第五章 保障和监督

第五十一条 【**法律援助信息共享和工作协同**】国家加强法律援助信息化建设，促进司法行政部门与司法机关及其他有关部门实现信息共享和工作协同。

第五十二条 【**法律援助补贴**】法律援助机构应当依照有关规定及时向法律援助人员支付法律援助补贴。

法律援助补贴的标准，由省、自治区、直辖市人民政府司法行政部门会同同级财政部门，根据当地经济发展水平和法律援助的服务类型、承办成本、基本劳务费用等确定，并实行动态调整。

法律援助补贴免征增值税和个人所得税。

第五十三条 【**对受援人和法律援助人员减免费用**】人民法院应当根据情况对受援人缓收、减收或者免收诉讼费用；对法律援助人员复制相关材料等费用予以免收或者减收。

公证机构、司法鉴定机构应当对受援人减收或者免收公证费、鉴定费。

第五十四条 【**法律援助人员培训制度**】县级以上人民政府司法行政部门应当有计划地对法律援助人员进行培训，提高法律援助人员的专业素质和服务能力。

第五十五条 【**受援人知情权、投诉权和请求变更权**】受援人有权向法律援助机构、法律援助人员了解法律援助事项办理情况；法律援助机构、法律援助人员未依法履行职责的，受援人可以向司法行政部门投诉，并可以请求法律援助机构更换法律援助人员。

第五十六条 【**法律援助工作投诉查处和结果告知**】司法行政部门应当建立法律援助工作投诉查处制度；接到投诉后，应当依照有关规定受理和调查处理，并及时向投诉人告知处理结果。

第五十七条 【**法律援助服务的监督、服务质量标准和质量考核**】司法行政部门应当加强对法律援助服务的监督，制定法律援助服务质量标准，通过第三方评估等方式定期进行质量考核。

第五十八条 【**法律援助信息公开制度**】司法行政部门、法律援助机构应当建立法律援助信息公开制度，定期向社会公布法律援助资金使用、案件办理、质量考核结果等情况，接受社会监督。

第五十九条 【**法律援助服务质量监督措施**】法律援助机构应当综合运用庭审旁听、案卷检查、征询司法机关意见和回访受援人等措施，督促法律援助人员提升服务质量。

第六十条 【**律师事务所、律师履行法律援助义务情况年度考核**】律师协会应当将律师事务所、律师履行法律援助义务的情况纳入年度考核内容，对拒不履行或者怠于履行法律援助义务的律师事务所、律师，依照有关规定进行惩戒。

第六章 法律责任

第六十一条 【**法律援助机构及其工作人员法律责任**】法律援助机构及其工作人员有下列情形之一的，由设立该法律援助机构的司法行政部门责令限期改正；有违法所得的，责令退还或者没收违法所得；对直接负责的主管人员和其他直接责任人员，依法给予处分：

（一）拒绝为符合法律援助条件的人员提供法律援助，或者故意为不符合法律援助条件的人员提供法律援助；

（二）指派不符合本法规定的人员提供法律援助；

（三）收取受援人财物；

（四）从事有偿法律服务；

（五）侵占、私分、挪用法律援助经费；

（六）泄露法律援助过程中知悉的国家秘密、商业秘密和个人隐私；

（七）法律法规规定的其他情形。

第六十二条 【**律师事务所、基层法律服务所法律责任**】律师事务所、基层法律服务所有下列情形之一的，由司法行政部门依法给予处罚：

（一）无正当理由拒绝接受法律援助机构指派；

（二）接受指派后，不及时安排本所律师、基层法律服务工作者办理法律援助事项或者拒绝为本所律师、基层法律服务工作者办理法律援助事项提供支持和保障；

（三）纵容或者放任本所律师、基层法律服务工作者怠于履行法律援助义务或者擅自终止提供法律援助；

（四）法律法规规定的其他情形。

第六十三条　【律师、基层法律服务工作者责任】律师、基层法律服务工作者有下列情形之一的，由司法行政部门依法给予处罚：

（一）无正当理由拒绝履行法律援助义务或者怠于履行法律援助义务；

（二）擅自终止提供法律援助；

（三）收取受援人财物；

（四）泄露法律援助过程中知悉的国家秘密、商业秘密和个人隐私；

（五）法律法规规定的其他情形。

第六十四条　【受援人法律责任】受援人以欺骗或者其他不正当手段获得法律援助的，由司法行政部门责令其支付已实施法律援助的费用，并处三千元以下罚款。

第六十五条　【冒用法律援助名义并谋利的法律责任】违反本法规定，冒用法律援助名义提供法律服务并谋取利益的，由司法行政部门责令改正，没收违法所得，并处违法所得一倍以上三倍以下罚款。

第六十六条　【国家机关及其工作人员渎职的处分】国家机关及其工作人员在法律援助工作中滥用职权、玩忽职守、徇私舞弊的，对直接负责的主管人员和其他直接责任人员，依法给予处分。

第六十七条　【刑事责任】违反本法规定，构成犯罪的，依法追究刑事责任。

第七章　附　　则

第六十八条　【群团组织开展法律援助的法律适用】工会、共产主义青年团、妇女联合会、残疾人联合会等群团组织开展法律援助工作，参照适用本法的相关规定。

第六十九条　【对外国人和无国籍人提供法律援助的法律适用】对外国人和无国籍人提供法律援助，我国法律有规定的，适用法律规定；我国法律没有规定的，可以根据我国缔结或者参加的国际条约，或者按照互惠原则，参照适用本法的相关规定。

第七十条　【军人军属法律援助办法的制定】对军人军属提供法律援助的具体办法，由国务院和中央军事委员会有关部门制定。

第七十一条　【施行日期】本法自 2022 年 1 月 1 日起施行。

未成年人法律援助服务指引（试行）

1. 2020 年 9 月 16 日司法部公共法律服务管理局、中华全国律师协会印发

2. 司公通〔2020〕12 号

第一章　总　　则

第一条　为有效保护未成年人合法权益，加强未成年人法律援助工作，规范未成年人法律援助案件的办理，依据《中华人民共和国民事诉讼法》《中华人民共和国刑事诉讼法》《中华人民共和国未成年人保护法》《法律援助条例》等法律、法规、规范性文件，制定本指引。

第二条　法律援助承办机构及法律援助承办人员办理未成年人法律援助案件，应当遵守《全国民事行政法律援助服务规范》《全国刑事法律援助服务规范》，参考本指引规定的工作原则和办案要求，提高未成年人法律援助案件的办案质量。

第三条　本指引适用于法律援助承办机构、法律援助承办人员办理性侵害未成年人法律援助案件、监护人侵害未成年人权益法律援助案件、学生伤害事故法律援助案件和其他侵害未成年人合法权益的法律援助案件。

其他接受委托办理涉及未成年人案件的律师，可以参照执行。

第四条　未成年人法律援助工作应当坚持最有利于未成年人的原则，遵循给予未成年人特殊、优先保护，尊重未成年人人格尊严，保护未成年人隐私权和个人信息，适应未成年人身心发展的规律和特点，听取未成年人的意见，保护与教育相结合等原则；兼顾未成年犯罪嫌疑人、被告人、被害人权益的双向保护，避免未成年人受到二次伤害，加强跨部门多专业合作，积极寻求相关政府部门、专业机构的支持。

第二章　基本要求

第五条　法律援助机构指派未成年人案件时，应当优先指派熟悉未成年人身心特点、熟悉未成年人法律业务的承办人员。未成年人为女性的性侵害案件，应当优先指派女性承办人员办理。重大社会影响或疑难复杂案件，法律援助机构可以指导、协助法律援助承办人员向办案机关寻求必要支持。有条件的地区，法律援助机构可以建立未成年人法律援助律师团队。

第六条　法律援助承办人员应当在收到指派通知书之日

起5个工作日内会见受援未成年人及其法定代理人（监护人）或近亲属并进行以下工作：

（一）了解案件事实经过、司法程序处理背景、争议焦点和诉讼时效、受援未成年人及其法定代理人（监护人）诉求、案件相关证据材料及证据线索等基本情况；

（二）告知其法律援助承办人员的代理、辩护职责、受援未成年人及其法定代理人（监护人）在诉讼中的权利和义务、案件主要诉讼风险及法律后果；

（三）发现未成年人遭受暴力、虐待、遗弃、性侵害等侵害的，可以向公安机关进行报告，同时向法律援助机构报备，可以为其寻求救助庇护和专业帮助提供协助；

（四）制作谈话笔录，并由受援未成年人及其法定代理人（监护人）或近亲属共同签名确认。未成年人无阅读能力或尚不具备理解认知能力的，法律援助承办人员应当向其宣读笔录，由其法定代理人（监护人）或近亲属代签，并在笔录上载明；

（五）会见受援未成年人时，其法定代理人（监护人）或近亲属至少应有一人在场，会见在押未成年人犯罪嫌疑人、被告人除外；会见受援未成年人的法定代理人（监护人）时，如有必要，受援未成年人可以在场。

第七条　法律援助承办人员办理未成年人案件的工作要求：

（一）与未成年人沟通时不得使用批评性、指责性、侮辱性以及有损人格尊严等性质的语言；

（二）会见未成年人，优先选择未成年人住所或者其他让未成年人感到安全的场所；

（三）会见未成年当事人或未成年证人，应当通知其法定代理人（监护人）或者其他成年亲属等合适成年人到场；

（四）保护未成年人隐私权和个人信息，不得公开涉案未成年人和未成年被害人的姓名、影像、住所、就读学校以及其他可能推断、识别身份信息的其他资料信息；

（五）重大、复杂、疑难案件，应当提请律师事务所或法律援助机构集体讨论，提请律师事务所讨论的，应当将讨论结果报告法律援助机构。

第三章　办理性侵害未成年人案件

第八条　性侵害未成年人犯罪，包括刑法第二百三十六条、第二百三十七条、第三百五十八条、第三百五十九条规定的针对未成年人实施的强奸罪，猥亵他人罪，猥亵儿童罪，组织卖淫罪，强迫卖淫罪，引诱、容留、介绍卖淫罪，引诱幼女卖淫罪等案件。

第九条　法律援助承办人员办理性侵害未成年人案件的工作要求：

（一）法律援助承办人员需要询问未成年被害人的，应当采取和缓、科学的询问方式，以一次、全面询问为原则，尽可能避免反复询问。法律援助承办人员可以建议办案机关在办理案件时，推行全程录音录像制度，以保证被害人陈述的完整性、准确性和真实性；

（二）法律援助承办人员应当向未成年被害人及其法定代理人（监护人）释明刑事附带民事诉讼的受案范围，协助未成年被害人提起刑事附带民事诉讼。法律援助承办人员应当根据未成年被害人的诉讼请求，指引、协助未成年被害人准备证据材料；

（三）法律援助承办人员办理性侵害未成年人案件时，应当于庭审前向人民法院确认案件不公开审理。

第十条　法律援助承办人员发现公安机关在处理性侵害未成年人犯罪案件应当立案而不立案的，可以协助未成年被害人及其法定代理人（监护人）向人民检察院申请立案监督或协助向人民法院提起自诉。

第十一条　法律援助承办人员可以建议办案机关对未成年被害人的心理伤害程度进行社会评估，辅以心理辅导、司法救助等措施，修复和弥补未成年被害人身心伤害；发现未成年被害人存在心理、情绪异常的，应当告知其法定代理人（监护人）为其寻求专业心理咨询与疏导。

第十二条　对于低龄被害人、证人的陈述的证据效力，法律援助承办人员可以建议办案机关结合被害人、证人的心智发育程度、表达能力，以及所处年龄段未成年人普遍的表达能力和认知能力进行客观的判断，对待证事实与其年龄、智力状况或者精神健康状况相适应的未成年人陈述、证言，应当建议办案机关依法予以采信，不能轻易否认其证据效力。

第十三条　在未成年被害人、证人确有必要出庭的案件中，法律援助承办人员应当建议人民法院采取必要保护措施，不暴露被害人、证人的外貌、真实声音，有条件的可以采取视频等方式播放被害人的陈述、证人证言，避免未成年被害人、证人与被告人接触。

第十四条　庭审前，法律援助承办人员应当认真做好下列准备工作：

（一）在举证期限内向人民法院提交证据清单及证据，准备证据材料；

（二）向人民法院确认是否存在证人、鉴定人等出庭作证情况，拟定对证人、鉴定人的询问提纲；

（三）向人民法院确认刑事附带民事诉讼被告人是否有证据提交，拟定质证意见；

（四）拟定对证言笔录、鉴定人的鉴定意见、勘验笔录和其他作为证据的文书的质证意见；

（五）准备辩论意见；

（六）向被害人及其法定代理人（监护人）了解是否有和解或调解方案，并充分向被害人及其法定代理人（监护人）进行法律释明后，向人民法院递交方案；

（七）向被害人及其法定代理人（监护人）介绍庭审程序，使其了解庭审程序、庭审布局和有关注意事项。

第十五条 法律援助承办人员办理性侵害未成年人案件，应当了解和审查以下关键事实：

（一）了解和严格审查未成年被害人是否已满十二周岁、十四周岁的关键事实，正确判断犯罪嫌疑人、被告人是否“明知”或者“应当知道”未成年被害人为幼女的相关事实；

（二）了解和审查犯罪嫌疑人、被告人是否属于对未成年被害人负有“特殊职责的人员”；

（三）准确了解性侵害未成年人案发的地点、场所等关键事实，正确判断是否属于“在公共场所当众”性侵害未成年人。

第十六条 办理利用网络对儿童实施猥亵行为的案件时，法律援助承办人员应指导未成年被害人及其法定代理人（监护人）及时收集、固定能够证明行为人出于满足性刺激的目的，利用网络采取诱骗、强迫或者其他方法要求被害人拍摄、传送暴露身体的不雅照片、视频供其观看等相关事实方面的电子数据，并向办案机关报告。

第十七条 性侵害未成年人犯罪具有《关于依法惩治性侵害未成年人犯罪的意见》第25条规定的情形之一以及第26条第二款规定的情形的，法律援助承办人员应当向人民法院提出依法从重从严惩处的建议。

第十八条 对于犯罪嫌疑人、被告人利用职业便利、违背职业要求的特定义务性侵害未成年人的，法律援助承办人员可以建议人民法院在作出判决时对其宣告从业禁止令。

第十九条 发生在家庭内部的性侵害案件，为确保未成年被害人的安全，法律援助承办人员可以建议办案机关依法对未成年被害人进行紧急安置，避免再次受到侵害。

第二十条 对监护人性侵害未成年人的案件，法律援助承办人员可以建议人民检察院、人民法院向有关部门发出检察建议或司法建议，建议有关部门依法申请撤销监护人资格，为未成年被害人另行指定其他监护人。

第二十一条 发生在学校的性侵害未成年人的案件，在未成年被害人不能正常在原学校就读时，法律援助承办人员可以建议其法定代理人（监护人）向教育主管部门申请为其提供教育帮助或安排转学。

第二十二条 未成年人在学校、幼儿园、教育培训机构等场所遭受性侵害，在依法追究犯罪人员法律责任的同时，法律援助承办人员可以帮助未成年被害人及其法定代理人（监护人）要求上述单位依法承担民事赔偿责任。

第二十三条 从事住宿、餐饮、娱乐等的组织和人员如果没有尽到合理限度范围内的安全保障义务，与未成年被害人遭受性侵害具有因果关系时，法律援助承办人员可以建议未成年被害人及其法定代理人（监护人）向安全保障义务人提起民事诉讼，要求其承担与其过错相应的民事补充赔偿责任。

第二十四条 法律援助承办人员办理性侵害未成年人附带民事诉讼案件，应当配合未成年被害人及其法定代理人（监护人）积极与犯罪嫌疑人、被告人协商、调解民事赔偿，为未成年被害人争取最大限度的民事赔偿。

犯罪嫌疑人、被告人以经济赔偿换取未成年被害人翻供或者撤销案件的，法律援助承办人员应当予以制止，并充分释明法律后果，告知未成年被害人及其法定代理人（监护人）法律风险。未成年被害人及其法定代理人（监护人）接受犯罪嫌疑人、被告人前述条件，法律援助承办人员可以拒绝为其提供法律援助服务，并向法律援助机构报告；法律援助机构核实后应当终止本次法律援助服务。

未成年被害人及其法定代理人（监护人）要求严惩犯罪嫌疑人、被告人，放弃经济赔偿的，法律援助承办人员应当尊重其决定。

第二十五条 未成年被害人及其法定代理人（监护人）提出精神损害赔偿的，法律援助承办人员应当注意收集未成年被害人因遭受性侵害导致精神疾病或者心理伤害的证据，将其精神损害和心理创伤转化为接受治疗、辅导而产生的医疗费用，依法向犯罪嫌疑人、被告人提出赔偿请求。

第二十六条 对未成年被害人因性侵害犯罪造成人身损害，不能及时获得有效赔偿，生活困难的，法律援助承办人员可以帮助未成年被害人及其法定代理人（监护人）、近亲属，依法向办案机关提出司法救助申请。

第四章　办理监护人侵害未成年人权益案件

第二十七条　监护人侵害未成年人权益案件，是指父母或者其他监护人（以下简称监护人）性侵害、出卖、遗弃、虐待、暴力伤害未成年人，教唆、利用未成年人实施违法犯罪行为，胁迫、诱骗、利用未成年人乞讨，以及不履行监护职责严重危害未成年人身心健康等行为。

第二十八条　法律援助承办人员发现监护侵害行为可能构成虐待罪、遗弃罪的，应当告知未成年人及其他监护人、近亲属或村（居）民委员会等有关组织有权告诉或代为告诉。

未成年被害人没有能力告诉，或者因受到强制、威吓无法告诉的，法律援助承办人员应当告知其近亲属或村（居）委员会等有关组织代为告诉或向公安机关报案。

第二十九条　法律援助承办人员发现公安机关处理监护侵害案件应当立案而不立案的，可以协助当事人向人民检察院申请立案监督或协助向人民法院提起自诉。

第三十条　办案过程中，法律援助承办人员发现未成年人身体受到严重伤害、面临严重人身安全威胁或者处于无人照料等危险状态的，应当建议公安机关将其带离实施监护侵害行为的监护人，就近护送至其他监护人、亲属、村（居）民委员会或者未成年人救助保护机构。

第三十一条　监护侵害行为情节较轻，依法不给予治安管理处罚的，法律援助承办人员可以协助未成年人的其他监护人、近亲属要求公安机关对加害人给予批评教育或者出具告诫书。

第三十二条　公安机关将告诫书送交加害人、未成年受害人，以及通知村（居）民委员会后，法律援助承办人员应当建议村（居）民委员会、公安派出所对收到告诫书的加害人，未成年受害人进行查访、监督加害人不再实施家庭暴力。

第三十三条　未成年人遭受监护侵害行为或者面临监护侵害行为的现实危险，法律援助承办人员应当协助其他监护人、近亲属，向未成年人住所地、监护人住所地或者侵害行为地基层人民法院，申请人身安全保护令。

第三十四条　法律援助承办人员应当协助受侵害未成年人搜集公安机关出警记录、告诫书、伤情鉴定意见等证据。

第三十五条　法律援助承办人员代理申请人身安全保护令时，可依法提出如下请求：

（一）禁止被申请人实施家庭暴力；

（二）禁止被申请人骚扰、跟踪、接触申请人及其相关近亲属；

（三）责令被申请人迁出申请人住所；

（四）保护申请人人身安全的其他措施。

第三十六条　人身安全保护令失效前，法律援助承办人员可以根据申请人要求，代理其向人民法院申请撤销、变更或者延长。

第三十七条　发现监护人具有民法典第三十六条、《关于依法处理监护人侵害未成年人权益行为若干问题的意见》第三十五条规定的情形之一的，法律援助承办人员可以建议其他具有监护资格的人、居（村）民委员会、学校、医疗机构、妇联、共青团、未成年人保护组织、民政部门等个人或组织，向未成年人住所地、监护人住所地或者侵害行为地基层人民法院申请撤销原监护人监护资格，依法另行指定监护人。

第三十八条　法律援助承办人员承办申请撤销监护人资格案件，可以协助申请人向人民检察院申请支持起诉。申请支持起诉的，应当向人民检察院提交申请支持起诉书，撤销监护人资格申请书、身份证明材料及案件所有证据材料复印件。

第三十九条　有关个人和组织向人民法院申请撤销监护人资格前，法律援助承办人员应当建议其听取有表达能力的未成年人的意见。

第四十条　法律援助承办人员承办申请撤销监护人资格案件，在接受委托后，应撰写撤销监护人资格申请书。申请书应当包括申请人及被申请人信息、申请事项、事实与理由等内容。

第四十一条　法律援助承办人员办理申请撤销监护人资格的案件，应当向人民法院提交相关证据，并协助社会服务机构递交调查评估报告。该报告应当包含未成年人基本情况，监护存在问题，监护人悔过情况，监护人接受教育、辅导情况，未成年人身心健康状况以及未成年人意愿等内容。

第四十二条　法律援助承办人员根据实际需要可以向人民法院申请聘请适当的社会人士对未成年人进行社会观护，引入心理疏导和测评机制，组织专业社会工作者、儿童心理问题专家等专业人员参与诉讼，为受侵害未成年人和被申请人提供心理辅导和测评服务。

第四十三条　法律援助承办人员应当建议人民法院根据最有利于未成年人的原则，在民法典第二十七条规定的人员和单位中指定监护人。没有依法具有监护资格的人的，建议人民法院依据民法典第三十二条规定指定民政部门担任监护人，也可以指定具备履行监护职责条件的被监护人住所地的村（居）民委员会担任监护人。

第四十四条 法律援助承办人员应当告知现任监护人有权向人民法院提起诉讼，要求被撤销监护人资格的父母继续负担被监护人的抚养费。

第四十五条 判决不撤销监护人资格的，法律援助承办人员根据《关于依法处理监护人侵害未成年人权益行为若干问题的意见》有关要求，可以协助有关个人和部门加强对未成年人的保护和对监护人的监督指导。

第四十六条 具有民法典第三十八条、《关于依法处理监护人侵害未成年人权益行为若干问题的意见》第四十条规定的情形之一的，法律援助承办人员可以向人民法院提出不得判决恢复其监护人资格的建议。

第五章　办理学生伤害事故案件

第四十七条 学生伤害事故案件，是指在学校、幼儿园或其他教育机构（以下简称教育机构）实施的教育教学活动或者组织的校外活动中，以及在教育机构负有管理责任的校舍、场地、其他教育教学设施、生活设施内发生的，造成在校学生人身损害后果的事故。

第四十八条 办理学生伤害事故案件，法律援助承办人员可以就以下事实进行审查：

（一）受侵害未成年人与学校、幼儿园或其他教育机构之间是否存在教育法律关系；

（二）是否存在人身损害结果和经济损失，教育机构、受侵害未成年人或者第三方是否存在过错，教育机构行为与受侵害未成年人损害结果之间是否存在因果关系；

（三）是否超过诉讼时效，是否存在诉讼时效中断、中止或延长的事由。

第四十九条 法律援助承办人员应当根据以下不同情形，告知未成年人及其法定代理人（监护人）相关的责任承担原则：

（一）不满八周岁的无民事行为能力人在教育机构学习、生活期间受到人身损害的，教育机构依据民法典第一千一百九十九条的规定承担过错推定责任；

（二）已满八周岁不满十八周岁的限制民事责任能力人在教育机构学习、生活期间受到人身损害的，教育机构依据民法典第一千二百条的规定承担过错责任；

（三）因教育机构、学生或者其他相关当事人的过错造成的学生伤害事故，相关当事人应当根据其行为过错程度的比例及其与损害结果之间的因果关系承担相应的责任。

第五十条 办理学生伤害事故案件，法律援助承办人员应当调查了解教育机构是否具备办学许可资格，教师或者其他工作人员是否具备职业资格，注意审查和收集能够证明教育机构存在《学生伤害事故处理办法》第九条规定的过错情形的证据。

第五十一条 办理《学生伤害事故处理办法》第十条规定的学生伤害事故案件，法律援助承办人员应当如实告知未成年人及其法定代理人（监护人）可能存在由其承担法律责任的诉讼风险。

第五十二条 办理《学生伤害事故处理办法》第十二条、第十三条规定的学生伤害事故案件，法律援助承办人员应当注意审查和收集教育机构是否已经履行相应职责或行为有无不当。教育机构已经履行相应职责或行为并无不当的，法律援助承办人员应当告知未成年人及其法定代理人（监护人），案件可能存在教育机构不承担责任的诉讼风险。

第五十三条 未成年人在教育机构学习、生活期间，受到教育机构以外的人员人身损害的，法律援助承办人员应当告知未成年人及其法定代理人（监护人）由侵权人承担侵权责任，教育机构未尽到管理职责的，承担相应的补充责任。

第五十四条 办理涉及教育机构侵权案件，法律援助承办人员可以采取以下措施：

（一）关注未成年人的受教育权，发现未成年人因诉讼受到教育机构及教职员工不公正对待的，及时向教育行政主管部门和法律援助机构报告；

（二）根据案情需要，可以和校方协商，或者向教育行政主管部门申请调解，并注意疏导家属情绪，积极参与调解，避免激化矛盾；

（三）可以调查核实教育机构和未成年人各自参保及保险理赔情况。

第五十五条 涉及校园重大安全事故、严重体罚、虐待、学生欺凌、性侵害等可能构成刑事犯罪的案件，法律援助承办人员可以向公安机关报告，或者协助未成年人及其法定代理人（监护人）向公安机关报告，并向法律援助机构报备。

第六章　附　　则

第五十六条 本指引由司法部公共法律服务管理局与中华全国律师协会负责解释，自公布之日起试行。

最高人民法院关于审理未成年人刑事案件具体应用法律若干问题的解释

1. 2005年12月12日最高人民法院审判委员会第1373次会议通过

2. 2006年1月11日公布

3. 法释〔2006〕1号

4. 自2006年1月23日起施行

为正确审理未成年人刑事案件，贯彻"教育为主，惩罚为辅"的原则，根据刑法等有关法律的规定，现就审理未成年人刑事案件具体应用法律的若干问题解释如下：

第一条 本解释所称未成年人刑事案件，是指被告人实施被指控的犯罪时已满十四周岁不满十八周岁的案件。

第二条 刑法第十七条规定的"周岁"，按照公历的年、月、日计算，从周岁生日的第二天起算。

第三条 审理未成年人刑事案件，应当查明被告人实施被指控的犯罪时的年龄。裁判文书中应当写明被告人出生的年、月、日。

第四条 对于没有充分证据证明被告人实施被指控的犯罪时已经达到法定刑事责任年龄且确实无法查明的，应当推定其没有达到相应法定刑事责任年龄。

相关证据足以证明被告人实施被指控的犯罪时已经达到法定刑事责任年龄，但是无法准确查明被告人具体出生日期的，应当认定其达到相应法定刑事责任年龄。

第五条 已满十四周岁不满十六周岁的人实施刑法第十七条第二款规定以外的行为，如果同时触犯了刑法第十七条第二款规定的，应当依照刑法第十七条第二款的规定确定罪名，定罪处罚。

第六条 已满十四周岁不满十六周岁的人偶尔与幼女发生性行为，情节轻微、未造成严重后果的，不认为是犯罪。

第七条 已满十四周岁不满十六周岁的人使用轻微暴力或者威胁，强行索要其他未成年人随身携带的生活、学习用品或者钱财数量不大，且未造成被害人轻微伤以上或者不敢正常到校学习、生活等危害后果的，不认为是犯罪。

已满十六周岁不满十八周岁的人具有前款规定情形的，一般也不认为是犯罪。

第八条 已满十六周岁不满十八周岁的人出于以大欺小、以强凌弱或者寻求精神刺激，随意殴打其他未成年人、多次对其他未成年人强拿硬要或者任意损毁公私财物，扰乱学校及其他公共场所秩序，情节严重的，以寻衅滋事罪定罪处罚。

第九条 已满十六周岁不满十八周岁的人实施盗窃行为未超过三次，盗窃数额虽已达到"数额较大"标准，但案发后能如实供述全部盗窃事实并积极退赃，且具有下列情形之一的，可以认定为"情节显著轻微危害不大"，不认为是犯罪：

（一）系又聋又哑的人或者盲人；

（二）在共同盗窃中起次要或者辅助作用，或者被胁迫；

（三）具有其他轻微情节的。

已满十六周岁不满十八周岁的人盗窃未遂或者中止的，可不认为是犯罪。

已满十六周岁不满十八周岁的人盗窃自己家庭或者近亲属财物，或者盗窃其他亲属财物但其他亲属要求不予追究的，可不按犯罪处理。

第十条 已满十四周岁不满十六周岁的人盗窃、诈骗、抢夺他人财物，为窝藏赃物、抗拒抓捕或者毁灭罪证，当场使用暴力，故意伤害致人重伤或者死亡，或者故意杀人的，应当分别以故意伤害罪或者故意杀人罪定罪处罚。

已满十六周岁不满十八周岁的人犯盗窃、诈骗、抢夺罪，为窝藏赃物、抗拒抓捕或者毁灭罪证而当场使用暴力或者以暴力相威胁的，应当依照刑法第二百六十九条的规定定罪处罚；情节轻微的，可不以抢劫罪定罪处罚。

第十一条 对未成年罪犯适用刑罚，应当充分考虑是否有利于未成年罪犯的教育和矫正。

对未成年罪犯量刑应当依照刑法第六十一条的规定，并充分考虑未成年人实施犯罪行为的动机和目的、犯罪时的年龄、是否初次犯罪、犯罪后的悔罪表现、个人成长经历和一贯表现等因素。对符合管制、缓刑、单处罚金或者免予刑事处罚适用条件的未成年罪犯，应当依法适用管制、缓刑、单处罚金或者免予刑事处罚。

第十二条 行为人在达到法定刑事责任年龄前后均实施

了危害社会行为，只能依法追究其达到法定刑事责任年龄后实施的危害社会行为的刑事责任。

行为人在年满十八周岁前后实施了不同种犯罪行为，对其年满十八周岁以前实施的犯罪应当依法从轻或者减轻处罚。行为人在年满十八周岁前后实施了同种犯罪行为，在量刑时应当考虑对年满十八周岁以前实施的犯罪，适当给予从轻或者减轻处罚。

第十三条　未成年人犯罪只有罪行极其严重的，才可以适用无期徒刑。对已满十四周岁不满十六周岁的人犯罪一般不判处无期徒刑。

第十四条　除刑法规定"应当"附加剥夺政治权利外，对未成年罪犯一般不判处附加剥夺政治权利。

如果对未成年罪犯判处附加剥夺政治权利的，应当依法从轻判处。

对实施被指控犯罪时未成年、审判时已成年的罪犯判处附加剥夺政治权利，适用前款的规定。

第十五条　对未成年罪犯实施刑法规定的"并处"没收财产或者罚金的犯罪，应当依法判处相应的财产刑；对未成年罪犯实施刑法规定的"可以并处"没收财产或者罚金的犯罪，一般不判处财产刑。

对未成年罪犯判处罚金刑时，应当依法从轻或者减轻判处，并根据犯罪情节，综合考虑其缴纳罚金的能力，确定罚金数额。但罚金的最低数额不得少于五百元人民币。

对被判处罚金刑的未成年罪犯，其监护人或者其他人自愿代为垫付罚金的，人民法院应当允许。

第十六条　对未成年罪犯符合刑法第七十二条第一款规定的，可以宣告缓刑。如果同时具有下列情形之一，对其适用缓刑确实不致再危害社会的，应当宣告缓刑：

（一）初次犯罪；

（二）积极退赃或赔偿被害人经济损失；

（三）具备监护、帮教条件。

第十七条　未成年罪犯根据其所犯罪行，可能被判处拘役、三年以下有期徒刑，如果悔罪表现好，并具有下列情形之一的，应当依照刑法第三十七条的规定免予刑事处罚：

（一）系又聋又哑的人或者盲人；

（二）防卫过当或者避险过当；

（三）犯罪预备、中止或者未遂；

（四）共同犯罪中从犯、胁从犯；

（五）犯罪后自首或者有立功表现；

（六）其他犯罪情节轻微不需要判处刑罚的。

第十八条　对未成年罪犯的减刑、假释，在掌握标准上可以比照成年罪犯依法适度放宽。

未成年罪犯能认罪服法，遵守监规，积极参加学习、劳动的，即可视为"确有悔改表现"予以减刑，其减刑的幅度可以适当放宽，间隔的时间可以相应缩短。符合刑法第八十一条第一款规定的，可以假释。

未成年罪犯在服刑期间已经成年的，对其减刑、假释可以适用上述规定。

第十九条　刑事附带民事案件的未成年被告人有个人财产的，应当由本人承担民事赔偿责任，不足部分由监护人予以赔偿，但单位担任监护人的除外。

被告人对被害人物质损失的赔偿情况，可以作为量刑情节予以考虑。

第二十条　本解释自公布之日起施行。

《最高人民法院关于办理未成年人刑事案件适用法律的若干问题的解释》（法发〔1995〕9号）自本解释公布之日起不再执行。

最高人民检察院关于对涉嫌盗窃的不满16周岁未成年人采取刑事拘留强制措施是否违法问题的批复

1. 2011年1月10日最高人民检察院第十一届检察委员会第54次会议通过

2. 2011年1月25日公布

3. 高检发释字〔2011〕1号

4. 自2011年1月25日起施行

北京市人民检察院：

你院京检字〔2010〕107号《关于对涉嫌盗窃的不满16周岁未成年人采取刑事拘留强制措施是否违法的请示》收悉。经研究，批复如下：

根据刑法、刑事诉讼法、未成年人保护法等有关法律规定，对于实施犯罪时未满16周岁的未成年人，且未犯刑法第十七条第二款规定之罪的，公安机关查明犯罪嫌疑人实施犯罪时年龄确系未满16周岁依法不负刑事责任后仍予以刑事拘留的，检察机关应当及时提出纠正意见。

此复。

最高人民法院、最高人民检察院关于办理强奸、猥亵未成年人刑事案件适用法律若干问题的解释

1. *2023 年 1 月 3 日最高人民法院审判委员会第 1878 次会议、2023 年 3 月 2 日最高人民检察院第十三届检察委员会第一百一十四次会议通过*
2. *2023 年 5 月 24 日公布*
3. *法释〔2023〕3 号*
4. *自 2023 年 6 月 1 日起施行*

为依法惩处强奸、猥亵未成年人犯罪，保护未成年人合法权益，根据《中华人民共和国刑法》等法律规定，现就办理此类刑事案件适用法律的若干问题解释如下：

第一条　奸淫幼女的，依照刑法第二百三十六条第二款的规定从重处罚。具有下列情形之一的，应当适用较重的从重处罚幅度：

（一）负有特殊职责的人员实施奸淫的；

（二）采用暴力、胁迫等手段实施奸淫的；

（三）侵入住宅或者学生集体宿舍实施奸淫的；

（四）对农村留守女童、严重残疾或者精神发育迟滞的被害人实施奸淫的；

（五）利用其他未成年人诱骗、介绍、胁迫被害人的；

（六）曾因强奸、猥亵犯罪被判处刑罚的。

强奸已满十四周岁的未成年女性，具有前款第一项、第三项至第六项规定的情形之一，或者致使被害人轻伤、患梅毒、淋病等严重性病的，依照刑法第二百三十六条第一款的规定定罪，从重处罚。

第二条　强奸已满十四周岁的未成年女性或者奸淫幼女，具有下列情形之一的，应当认定为刑法第二百三十六条第三款第一项规定的“强奸妇女、奸淫幼女情节恶劣”：

（一）负有特殊职责的人员多次实施强奸、奸淫的；

（二）有严重摧残、凌辱行为的；

（三）非法拘禁或者利用毒品诱骗、控制被害人的；

（四）多次利用其他未成年人诱骗、介绍、胁迫被害人的；

（五）长期实施强奸、奸淫的；

（六）奸淫精神发育迟滞的被害人致使怀孕的；

（七）对强奸、奸淫过程或者被害人身体隐私部位制作视频、照片等影像资料，以此胁迫对被害人实施强奸、奸淫，或者致使影像资料向多人传播，暴露被害人身份的；

（八）其他情节恶劣的情形。

第三条　奸淫幼女，具有下列情形之一的，应当认定为刑法第二百三十六条第三款第五项规定的“造成幼女伤害”：

（一）致使幼女轻伤的；

（二）致使幼女患梅毒、淋病等严重性病的；

（三）对幼女身心健康造成其他伤害的情形。

第四条　强奸已满十四周岁的未成年女性或者奸淫幼女，致使其感染艾滋病病毒的，应当认定为刑法第二百三十六第三款第六项规定的“致使被害人重伤”。

第五条　对已满十四周岁不满十六周岁的未成年女性负有特殊职责的人员，与该未成年女性发生性关系，具有下列情形之一的，应当认定为刑法第二百三十六条之一规定的“情节恶劣”：

（一）长期发生性关系的；

（二）与多名被害人发生性关系的；

（三）致使被害人感染艾滋病病毒或者患梅毒、淋病等严重性病的；

（四）对发生性关系的过程或者被害人身体隐私部位制作视频、照片等影像资料，致使影像资料向多人传播，暴露被害人身份的；

（五）其他情节恶劣的情形。

第六条　对已满十四周岁的未成年女性负有特殊职责的人员，利用优势地位或者被害人孤立无援的境地，迫使被害人与其发生性关系的，依照刑法第二百三十六条的规定，以强奸罪定罪处罚。

第七条　猥亵儿童，具有下列情形之一的，应当认定为刑法第二百三十七条第三款第三项规定的“造成儿童伤害或者其他严重后果”：

（一）致使儿童轻伤以上的；

（二）致使儿童自残、自杀的；

（三）对儿童身心健康造成其他伤害或者严重后果的情形。

第八条　猥亵儿童，具有下列情形之一的，应当认定为刑法第二百三十七条第三款第四项规定的“猥亵手段恶劣或者有其他恶劣情节”：

（一）以生殖器侵入肛门、口腔或者以生殖器以外的身体部位、物品侵入被害人生殖器、肛门等方式实施

猥亵的；

（二）有严重摧残、凌辱行为的；

（三）对猥亵过程或者被害人身体隐私部位制作视频、照片等影像资料，以此胁迫对被害人实施猥亵，或者致使影像资料向多人传播，暴露被害人身份的；

（四）采取其他恶劣手段实施猥亵或者有其他恶劣情节的情形。

第九条 胁迫、诱骗未成年人通过网络视频聊天或者发送视频、照片等方式，暴露身体隐私部位或者实施淫秽行为，符合刑法第二百三十七条规定的，以强制猥亵罪或者猥亵儿童罪定罪处罚。

胁迫、诱骗未成年人通过网络直播方式实施前款行为，同时符合刑法第二百三十七条、第三百六十五条的规定，构成强制猥亵罪、猥亵儿童罪、组织淫秽表演罪的，依照处罚较重的规定定罪处罚。

第十条 实施猥亵未成年人犯罪，造成被害人轻伤以上后果，同时符合刑法第二百三十四条或者第二百三十二条的规定，构成故意伤害罪、故意杀人罪的，依照处罚较重的规定定罪处罚。

第十一条 强奸、猥亵未成年人的成年被告人认罪认罚的，是否从宽处罚及从宽幅度应当从严把握。

第十二条 对强奸未成年人的成年被告人判处刑罚时，一般不适用缓刑。

对于判处刑罚同时宣告缓刑的，可以根据犯罪情况，同时宣告禁止令，禁止犯罪分子在缓刑考验期限内从事与未成年人有关的工作、活动，禁止其进入中小学校、幼儿园及其他未成年人集中的场所。确因本人就学、居住等原因，经执行机关批准的除外。

第十三条 对于利用职业便利实施强奸、猥亵未成年人等犯罪的，人民法院应当依法适用从业禁止。

第十四条 对未成年人实施强奸、猥亵等犯罪造成人身损害的，应当赔偿医疗费、护理费、交通费、营养费、住院伙食补助费等为治疗和康复支付的合理费用，以及因误工减少的收入。

根据鉴定意见、医疗诊断书等证明需要对未成年人进行精神心理治疗和康复，所需的相关费用，应当认定为前款规定的合理费用。

第十五条 本解释规定的“负有特殊职责的人员”，是指对未成年人负有监护、收养、看护、教育、医疗等职责的人员，包括与未成年人具有共同生活关系且事实上负有照顾、保护等职责的人员。

第十六条 本解释自2023年6月1日起施行。

最高人民法院关于进一步加强少年法庭工作的意见

1. 2010年7月23日印发
2. 法发〔2010〕32号

为正确贯彻《中华人民共和国未成年人保护法》、《中华人民共和国预防未成年人犯罪法》，切实执行对违法犯罪未成年人“教育、感化、挽救”的方针和“教育为主、惩罚为辅”的原则，努力实现少年司法审判制度改革的工作目标，积极促进少年法庭工作的规范发展，大力推动中国特色社会主义少年司法制度的建立和完善，现对今后一个时期加强少年法庭工作提出如下意见。

一、提高思想认识，高度重视少年法庭工作

1. 未成年人是国家和民族的未来与希望，党和国家历来高度重视未成年人的保护工作，始终把这项工作作为党和国家事业的重要组成部分。维护未成年人合法权益，预防、矫治未成年人犯罪，保障未成年人健康成长，是人民法院的重要职责之一。少年法庭工作是人民法院开展未成年人司法维权、积极参与社会治安综合治理的重要平台。当前和今后一个时期，少年法庭工作只能加强，不能削弱。

2. 各级法院应当从实践“三个至上”工作指导思想、落实科学发展观、构建和谐社会的高度，充分认识加强少年法庭工作的重要性和必要性，切实贯彻好“坚持、完善、改革、发展”的工作指导方针，把少年法庭工作摆到重要位置。

二、加强组织领导，建立健全少年法庭机构

3. 各级法院应当进一步加强对少年法庭工作的组织领导和业务指导，切实关心和支持少年法庭机构建设，为少年法庭工作全面、健康发展创造良好条件。

4. 最高人民法院设“少年法庭指导小组”，并在研究室设“少年法庭工作办公室”，负责全国法院少年法庭的日常指导工作。

5. 高级人民法院设“少年法庭指导小组”，组长由副院长担任，小组成员应当包括涉及未成年人案件的各相关审判庭和行政部门负责人。高级人民法院少年法庭指导小组下设“少年法庭工作办公室”，负责本辖区内少年法庭的日常指导工作。“少年法庭工作办公室”设在研究室或者审判庭内。高级人民法院可以在刑事审判庭和民事审判庭内分别设立未成年人案件合

议庭。暂未设立合议庭的，应当指定专职办理未成年人案件的法官。

6. 中级人民法院应当根据未成年人案件的审判需要，逐步完善未成年人案件审判机构建设。有条件的中级人民法院可以设独立建制的未成年人案件综合审判庭（以下简称少年审判庭）。暂未设独立建制少年审判庭的中级人民法院，应当在刑事审判庭和民事审判庭内分别设立未成年人案件合议庭，或者指定专职办理未成年人案件的法官。

7. 有条件的基层人民法院可以设独立建制的少年审判庭，也可以根据中级人民法院指定管辖的要求，设立统一受理未成年人案件的审判庭。未设独立建制少年审判庭或者未设立统一受理未成年人案件审判庭的基层人民法院，应当在刑事审判庭和民事审判庭内分别设立未成年人案件合议庭，或者指定专职办理未成年人案件的法官。

8. 高级人民法院少年法庭指导小组、少年法庭工作办公室及未成年人案件合议庭的设立、变更情况，应当报告最高人民法院少年法庭工作办公室。中级人民法院和基层人民法院未成年人案件审判机构的设立、变更情况，应当逐级报告高级人民法院少年法庭工作办公室。

三、注重队伍建设，提升少年法庭法官的整体素质

9. 各级法院应当高度重视少年法庭法官队伍建设，着重选拔政治素质高、业务能力强，熟悉未成年人身心特点，热爱未成年人权益保护工作和善于做未成年人思想教育工作的法官，负责审理未成年人案件。

10. 各级法院应当从共青团、妇联、工会、学校等组织的工作人员中选任审理未成年人案件的人民陪审员。审理未成年人案件的人民陪审员应当熟悉未成年人身心特点，具备一定的青少年教育学、心理学知识，并经过必要的培训。

11. 各级法院应当加强少年法庭法官的培训工作，不断提升少年法庭法官队伍的整体素质。最高人民法院、高级人民法院每年至少组织一次少年法庭法官业务培训。中级人民法院和基层人民法院也应当以多种形式定期开展少年法庭法官的业务培训。

四、完善工作制度，强化少年法庭的职能作用

12. 各级法院应当总结完善审判实践中行之有效的特色工作制度，强化少年法庭的职能作用，提高工作的实效性。

13. 有条件的人民法院在审理未成年人刑事案件时，对有关组织或者个人调查形成的反映未成年人性格特点、家庭情况、社会交往、成长经历以及实施被指控犯罪前后的表现等情况的调查报告，应当进行庭审质证，认真听取控辩双方对调查报告的意见，量刑时予以综合考虑。必要时人民法院也可以委托有关社会组织就上述情况进行调查或者自行调查。

人民法院应当在总结少年审判工作经验的基础上，结合实际情况，积极规范、完善社会调查报告制度，切实解决有关社会调查人员主体资格、调查报告内容及工作程序等方面的问题，充分发挥社会调查报告在审判中的作用。

14. 人民法院对未成年人与成年人共同犯罪案件，一般应当分案审理。对应当分案起诉而未分案起诉的案件，人民法院可以向检察机关提出建议。

15. 人民法院根据未成年人身心特点，对未成年被告人轻微犯罪或者过失犯罪案件、未成年人为一方当事人的民事和行政案件，可以采取圆桌审判方式。

16. 人民法院审理未成年人刑事案件，应当注重对未成年被告人的法庭教育。法庭教育的主要内容包括对相关法律法规的理解，未成年人实施被指控行为的原因剖析，应当吸取的教训，犯罪行为对社会、家庭、个人的危害和是否应当受刑罚处罚，如何正确对待人民法院裁判以及接受社区矫正或者在监管场所服刑应当注意的问题等。人民法院可以邀请有利于教育、感化、挽救未成年罪犯的人员参加法庭教育。

人民法院审理未成年人民事和行政案件，应当注意从有利于未成年人权益保护及解决矛盾纠纷的角度对当事人进行有针对性的教育和引导。

17. 对犯罪情节轻微，或者系初犯、偶犯的未成年罪犯，符合适用非监禁刑条件的，应当依法适用非监禁刑。对非本地户籍的未成年罪犯，人民法院应当加强与本辖区社区矫正部门的联系，或者通过未成年罪犯户籍地的人民法院与当地社区矫正部门联系，确保非监禁刑的依法适用。

18. 对判决、裁定已经发生法律效力的未成年罪犯，人民法院在向执行机关移送执行的法律文书时，应当同时附送社会调查报告、案件审理中的表现等材料。对正在未成年犯管教所服刑或者接受社区矫正的未成年罪犯，人民法院应当协助未成年犯管教所或者社区矫正部门做好帮教工作。

人民法院应当做好未成年人民事和行政案件判后回访工作，努力为未成年人的健康成长创造良好环境。

人民法院应当对判后跟踪帮教和回访情况作出记录或者写出报告，记录或者报告存入卷宗。

五、深化改革探索，推动少年法庭工作有序发展

19. 各级法院应当积极开展少年司法理论成果和工作经验的交流活动，进一步深化少年司法改革。

20. 各级法院应当从维护未成年人的合法权益，预防、矫治和减少未成年人犯罪的实际需要出发，积极探索异地社会调查、心理评估干预、刑事案件和解、量刑规范化、社区矫正与司法救助、轻罪犯罪记录封存等适合未成年人案件特点的审理、执行方式。

21. 各级法院应当坚持"特殊、优先"保护原则，大胆探索实践社会观护、圆桌审判、诉讼教育引导等未成年人民事和行政案件特色审判制度，不断开拓未成年人民事和行政案件审判的新思路、新方法。

六、积极协调配合，构建少年法庭工作配套机制

22. 各级法院应当在党委政法委的领导、协调下，加强与同级公安、检察、司法行政等部门的工作沟通，积极建立和完善"政法一条龙"工作机制，形成有效预防、矫治和减少未成年人违法犯罪的合力。

23. 各级法院应当加强与有关职能部门、社会组织和团体的协调合作，积极建立和完善"社会一条龙"工作机制，努力调动社会力量，推动未成年罪犯的安置、帮教措施的落实，确保未成年人民事和行政案件得到妥善处理，推动涉诉未成年人救助制度的建立和完善。

24. 各级法院应当加强未成年人保护的法制宣传教育工作，促进全社会树立尊重、保护、教育未成年人的良好风尚，教育和帮助未成年人维护自己的合法权益，增强自我保护的意识和能力。

25. 各级法院应当在党委政法委的领导、协调下，积极与有关部门协商，推动制定本地区关于未成年人社会调查、司法救助、复学安置等问题的规范性文件，切实解决相关问题。

七、完善考核保障，夯实少年法庭工作基础

26. 各级法院应当根据本地区少年法庭工作实际，将庭审以外的延伸帮教、参与社会治安综合治理等工作作为绩效考核指标，纳入绩效考察的范围。

27. 各级法院应当针对未成年人案件审判特点，加大少年法庭在经费、装备和人员编制方面的投入，为少年法庭开展庭审以外的延伸帮教、法制宣传教育工作以及参与社会治安综合治理工作提供必要保障。

最高人民法院、最高人民检察院、公安部、民政部关于依法处理监护人侵害未成年人权益行为若干问题的意见

1. 2014年12月18日印发

2. 法发〔2014〕24号

为切实维护未成年人合法权益，加强未成年人行政保护和司法保护工作，确保未成年人得到妥善监护照料，根据民法通则、民事诉讼法、未成年人保护法等法律规定，现就处理监护人侵害未成年人权益行为（以下简称监护侵害行为）的有关工作制定本意见。

一、一般规定

1. 本意见所称监护侵害行为，是指父母或者其他监护人（以下简称监护人）性侵害、出卖、遗弃、虐待、暴力伤害未成年人，教唆、利用未成年人实施违法犯罪行为，胁迫、诱骗、利用未成年人乞讨，以及不履行监护职责严重危害未成年人身心健康等行为。

2. 处理监护侵害行为，应当遵循未成年人最大利益原则，充分考虑未成年人身心特点和人格尊严，给予未成年人特殊、优先保护。

3. 对于监护侵害行为，任何组织和个人都有权劝阻、制止或者举报。

公安机关应当采取措施，及时制止在工作中发现以及单位、个人举报的监护侵害行为，情况紧急时将未成年人带离监护人。

民政部门应当设立未成年人救助保护机构（包括救助管理站、未成年人救助保护中心），对因受到监护侵害进入机构的未成年人承担临时监护责任，必要时向人民法院申请撤销监护人资格。

人民法院应当依法受理人身安全保护裁定申请和撤销监护人资格案件并作出裁判。

人民检察院对公安机关、人民法院处理监护侵害行为的工作依法实行法律监督。

人民法院、人民检察院、公安机关设有办理未成年人案件专门工作机构的，应当优先由专门工作机构办理监护侵害案件。

4. 人民法院、人民检察院、公安机关、民政部门应当充分履行职责，加强指导和培训，提高保护未成年人的能力和水平；加强沟通协作，建立信息共享机制，实现未成年人行政保护和司法保护的有效衔接。

5. 人民法院、人民检察院、公安机关、民政部门应

当加强与妇儿工委、教育部门、卫生部门、共青团、妇联、关工委、未成年人住所地村(居)民委员会等的联系和协作,积极引导、鼓励、支持法律服务机构、社会工作服务机构、公益慈善组织和志愿者等社会力量,共同做好受监护侵害的未成年人的保护工作。

二、报告和处置

6. 学校、医院、村(居)民委员会、社会工作服务机构等单位及其工作人员,发现未成年人受到监护侵害的,应当及时向公安机关报案或者举报。

其他单位及其工作人员、个人发现未成年人受到监护侵害的,也应当及时向公安机关报案或者举报。

7. 公安机关接到涉及监护侵害行为的报案、举报后,应当立即出警处置,制止正在发生的侵害行为并迅速进行调查。符合刑事立案条件的,应当立即立案侦查。

8. 公安机关在办理监护侵害案件时,应当依照法定程序,及时、全面收集固定证据,保证办案质量。

询问未成年人,应当考虑未成年人的身心特点,采取和缓的方式进行,防止造成进一步伤害。

未成年人有其他监护人的,应当通知其他监护人到场。其他监护人无法通知或者未能到场的,可以通知未成年人的其他成年亲属、所在学校、村(居)民委员会、未成年人保护组织的代表以及专业社会工作者等到场。

9. 监护人的监护侵害行为构成违反治安管理行为的,公安机关应当依法给予治安管理处罚,但情节特别轻微不予治安管理处罚的,应当给予批评教育并通报当地村(居)民委员会;构成犯罪的,依法追究刑事责任。

10. 对于疑似患有精神障碍的监护人,已实施危害未成年人安全的行为或者有危害未成年人安全危险的,其近亲属、所在单位、当地公安机关应当立即采取措施予以制止,并将其送往医疗机构进行精神障碍诊断。

11. 公安机关在出警过程中,发现未成年人身体受到严重伤害、面临严重人身安全威胁或者处于无人照料等危险状态的,应当将其带离实施监护侵害行为的监护人,就近护送至其他监护人、亲属、村(居)民委员会或者未成年人救助保护机构,并办理书面交接手续。未成年人有表达能力的,应当就护送地点征求未成年人意见。

负责接收未成年人的单位和人员(以下简称临时照料人)应当对未成年人予以临时紧急庇护和短期生活照料,保护未成年人的人身安全,不得侵害未成年人合法权益。

公安机关应当书面告知临时照料人有权依法向人民法院申请人身安全保护裁定和撤销监护人资格。

12. 对身体受到严重伤害需要医疗的未成年人,公安机关应当先行送医救治,同时通知其他有监护资格的亲属照料,或者通知当地未成年人救助保护机构开展后续救助工作。

监护人应当依法承担医疗救治费用。其他亲属和未成年人救助保护机构等垫付医疗救治费用的,有权向监护人追偿。

13. 公安机关将受监护侵害的未成年人护送至未成年人救助保护机构的,应当在五个工作日内提供案件侦办查处情况说明。

14. 监护侵害行为可能构成虐待罪的,公安机关应当告知未成年人及其近亲属有权告诉或者代为告诉,并通报所在地同级人民检察院。

未成年人及其近亲属没有告诉的,由人民检察院起诉。

三、临时安置和人身安全保护裁定

15. 未成年人救助保护机构应当接收公安机关护送来的受监护侵害的未成年人,履行临时监护责任。

未成年人救助保护机构履行临时监护责任一般不超过一年。

16. 未成年人救助保护机构可以采取家庭寄养、自愿助养、机构代养或者委托政府指定的寄宿学校安置等方式,对未成年人进行临时照料,并为未成年人提供心理疏导、情感抚慰等服务。

未成年人因临时监护需要转学、异地入学接受义务教育的,教育行政部门应当予以保障。

17. 未成年人的其他监护人、近亲属要求照料未成年人的,经公安机关或者村(居)民委员会确认其身份后,未成年人救助保护机构可以将未成年人交由其照料,终止临时监护。

关系密切的其他亲属、朋友要求照料未成年人的,经未成年人父、母所在单位或者村(居)民委员会同意,未成年人救助保护机构可以将未成年人交由其照料,终止临时监护。

未成年人救助保护机构将未成年人送交亲友临时照料的,应当办理书面交接手续,并书面告知临时照料人有权依法向人民法院申请人身安全保护裁定和撤销监护人资格。

18. 未成年人救助保护机构可以组织社会工作服

务机构等社会力量，对监护人开展监护指导、心理疏导等教育辅导工作，并对未成年人的家庭基本情况、监护情况、监护人悔过情况、未成年人身心健康状况以及未成年人意愿等进行调查评估。监护人接受教育辅导及后续表现情况应当作为调查评估报告的重要内容。

有关单位和个人应当配合调查评估工作的开展。

19. 未成年人救助保护机构应当与公安机关、村(居)民委员会、学校以及未成年人亲属等进行会商，根据案件侦办查处情况说明、调查评估报告和监护人接受教育辅导等情况，并征求有表达能力的未成年人意见，形成会商结论。

经会商认为本意见第 11 条第 1 款规定的危险状态已消除，监护人能够正确履行监护职责的，未成年人救助保护机构应当及时通知监护人领回未成年人。监护人应当在三日内领回未成年人并办理书面交接手续。会商形成结论前，未成年人救助保护机构不得将未成年人交由监护人领回。

经会商认为监护侵害行为属于本意见第 35 条规定情形的，未成年人救助保护机构应当向人民法院申请撤销监护人资格。

20. 未成年人救助保护机构通知监护人领回未成年人的，应当将相关情况通报未成年人所在学校、辖区公安派出所、村(居)民委员会，并告知其对通报内容负有保密义务。

21. 监护人领回未成年人的，未成年人救助保护机构应当指导村(居)民委员会对监护人的监护情况进行随访，开展教育辅导工作。

未成年人救助保护机构也可以组织社会工作服务机构等社会力量，开展前款工作。

22. 未成年人救助保护机构或者其他临时照料人可以根据需要，在诉讼前向未成年人住所地、监护人住所地或者侵害行为地人民法院申请人身安全保护裁定。

未成年人救助保护机构或者其他临时照料人也可以在诉讼中向人民法院申请人身安全保护裁定。

23. 人民法院接受人身安全保护裁定申请后，应当按照民事诉讼法第一百条、第一百零一条、第一百零二条的规定作出裁定。经审查认为存在侵害未成年人人身安全危险的，应当作出人身安全保护裁定。

人民法院接受诉讼前人身安全保护裁定申请后，应当在四十八小时内作出裁定。接受诉讼中人身安全保护裁定申请，情况紧急的，也应当在四十八小时内作出裁定。人身安全保护裁定应当立即执行。

24. 人身安全保护裁定可以包括下列内容中的一项或者多项：

(一)禁止被申请人暴力伤害、威胁未成年人及其临时照料人；

(二)禁止被申请人跟踪、骚扰、接触未成年人及其临时照料人；

(三)责令被申请人迁出未成年人住所；

(四)保护未成年人及其临时照料人人身安全的其他措施。

25. 被申请人拒不履行人身安全保护裁定，危及未成年人及其临时照料人人身安全或者扰乱未成年人救助保护机构工作秩序的，未成年人、未成年人救助保护机构或者其他临时照料人有权向公安机关报告，由公安机关依法处理。

被申请人有其他拒不履行人身安全保护裁定行为的，未成年人、未成年人救助保护机构或者其他临时照料人有权向人民法院报告，人民法院根据民事诉讼法第一百一十一条、第一百一十五条、第一百一十六条的规定，视情节轻重处以罚款、拘留；构成犯罪的，依法追究刑事责任。

26. 当事人对人身安全保护裁定不服的，可以申请复议一次。复议期间不停止裁定的执行。

四、申请撤销监护人资格诉讼

27. 下列单位和人员(以下简称有关单位和人员)有权向人民法院申请撤销监护人资格：

(一)未成年人的其他监护人，祖父母、外祖父母、兄、姐，关系密切的其他亲属、朋友；

(二)未成年人住所地的村(居)民委员会，未成年人父、母所在单位；

(三)民政部门及其设立的未成年人救助保护机构；

(四)共青团、妇联、关工委、学校等团体和单位。

申请撤销监护人资格，一般由前款中负责临时照料未成年人的单位和人员提出，也可以由前款中其他单位和人员提出。

28. 有关单位和人员向人民法院申请撤销监护人资格的，应当提交相关证据。

有包含未成年人基本情况、监护存在问题、监护人悔过情况、监护人接受教育辅导情况、未成年人身心健康状况以及未成年人意愿等内容的调查评估报告的，应当一并提交。

29. 有关单位和人员向公安机关、人民检察院申请出具相关案件证明材料的，公安机关、人民检察院应当提供证明案件事实的基本材料或者书面说明。

30. 监护人因监护侵害行为被提起公诉的案件，人民检察院应当书面告知未成年人及其临时照料人有权依法申请撤销监护人资格。

对于监护侵害行为符合本意见第 35 条规定情形而相关单位和人员没有提起诉讼的，人民检察院应当书面建议当地民政部门或者未成年人救助保护机构向人民法院申请撤销监护人资格。

31. 申请撤销监护人资格案件，由未成年人住所地、监护人住所地或者侵害行为地基层人民法院管辖。

人民法院受理撤销监护人资格案件，不收取诉讼费用。

五、撤销监护人资格案件审理和判后安置

32. 人民法院审理撤销监护人资格案件，比照民事诉讼法规定的特别程序进行，在一个月内审理结案。有特殊情况需要延长的，由本院院长批准。

33. 人民法院应当全面审查调查评估报告等证据材料，听取被申请人、有表达能力的未成年人以及村（居）民委员会、学校、邻居等的意见。

34. 人民法院根据案件需要可以聘请适当的社会人士对未成年人进行社会观护，并可以引入心理疏导和测评机制，组织专业社会工作者、儿童心理问题专家等专业人员参与诉讼，为未成年人和被申请人提供心理辅导和测评服务。

35. 被申请人有下列情形之一的，人民法院可以判决撤销其监护人资格：

（一）性侵害、出卖、遗弃、虐待、暴力伤害未成年人，严重损害未成年人身心健康的；

（二）将未成年人置于无人监管和照看的状态，导致未成年人面临死亡或者严重伤害危险，经教育不改的；

（三）拒不履行监护职责长达六个月以上，导致未成年人流离失所或者生活无着的；

（四）有吸毒、赌博、长期酗酒等恶习无法正确履行监护职责或者因服刑等原因无法履行监护职责，且拒绝将监护职责部分或者全部委托给他人，致使未成年人处于困境或者危险状态的；

（五）胁迫、诱骗、利用未成年人乞讨，经公安机关和未成年人救助保护机构等部门三次以上批评教育拒不改正，严重影响未成年人正常生活和学习的；

（六）教唆、利用未成年人实施违法犯罪行为，情节恶劣的；

（七）有其他严重侵害未成年人合法权益行为的。

36. 判决撤销监护人资格，未成年人有其他监护人的，应当由其他监护人承担监护职责。其他监护人应当采取措施避免未成年人继续受到侵害。

没有其他监护人的，人民法院根据最有利于未成年人的原则，在民法通则第十六条第二款、第四款规定的人员和单位中指定监护人。指定个人担任监护人的，应当综合考虑其意愿、品行、身体状况、经济条件、与未成年人的生活情感联系以及有表达能力的未成年人的意愿等。

没有合适人员和其他单位担任监护人的，人民法院应当指定民政部门担任监护人，由其所属儿童福利机构收留抚养。

37. 判决不撤销监护人资格的，人民法院可以根据需要走访未成年人及其家庭，也可以向当地民政部门、辖区公安派出所、村（居）民委员会、共青团、妇联、未成年人所在学校、监护人所在单位等发出司法建议，加强对未成年人的保护和对监护人的监督指导。

38. 被撤销监护人资格的侵害人，自监护人资格被撤销之日起三个月至一年内，可以书面向人民法院申请恢复监护人资格，并应当提交相关证据。

人民法院应当将前款内容书面告知侵害人和其他监护人、指定监护人。

39. 人民法院审理申请恢复监护人资格案件，按照变更监护关系的案件审理程序进行。

人民法院应当征求未成年人现任监护人和有表达能力的未成年人的意见，并可以委托申请人住所地的未成年人救助保护机构或者其他未成年人保护组织，对申请人监护意愿、悔改表现、监护能力、身心状况、工作生活情况等进行调查，形成调查评估报告。

申请人正在服刑或者接受社区矫正的，人民法院应当征求刑罚执行机关或者社区矫正机构的意见。

40. 人民法院经审理认为申请人确有悔改表现并且适宜担任监护人的，可以判决恢复其监护人资格，原指定监护人的监护人资格终止。

申请人具有下列情形之一的，一般不得判决恢复其监护人资格：

（一）性侵害、出卖未成年人的；

（二）虐待、遗弃未成年人六个月以上、多次遗弃未成年人，并且造成重伤以上严重后果的；

（三）因监护侵害行为被判处五年有期徒刑以上刑罚的。

41. 撤销监护人资格诉讼终结后六个月内，未成年人及其现任监护人可以向人民法院申请人身安全保护裁定。

42. 被撤销监护人资格的父、母应当继续负担未成年人的抚养费用和因监护侵害行为产生的各项费用。相关单位和人员起诉的,人民法院应予支持。

43. 民政部门应当根据有关规定,将符合条件的受监护侵害的未成年人纳入社会救助和相关保障范围。

44. 民政部门担任监护人的,承担抚养职责的儿童福利机构可以送养未成年人。

送养未成年人应当在人民法院作出撤销监护人资格判决一年后进行。侵害人有本意见第 40 条第 2 款规定情形的,不受一年后送养的限制。

最高人民检察院、国家监察委员会、教育部、公安部、民政部、司法部、国家卫生健康委员会、中国共产主义青年团中央委员会、中华全国妇女联合会关于建立侵害未成年人案件强制报告制度的意见(试行)

2020 年 5 月 7 日印发

第一条 为切实加强对未成年人的全面综合司法保护,及时有效惩治侵害未成年人违法犯罪,根据《中华人民共和国刑事诉讼法》《中华人民共和国未成年人保护法》《中华人民共和国反家庭暴力法》《中华人民共和国执业医师法》及相关法律法规,结合未成年人保护工作实际,制定本意见。

第二条 侵害未成年人案件强制报告,是指国家机关、法律法规授权行使公权力的各类组织及法律规定的公职人员,密切接触未成年人行业的各类组织及其从业人员,在工作中发现未成年人遭受或者疑似遭受不法侵害以及面临不法侵害危险的,应当立即向公安机关报案或举报。

第三条 本意见所称密切接触未成年人行业的各类组织,是指依法对未成年人负有教育、看护、医疗、救助、监护等特殊职责,或者虽不负有特殊职责但具有密切接触未成年人条件的企事业单位、基层群众自治组织、社会组织。主要包括:居(村)民委员会;中小学校、幼儿园、校外培训机构、未成年人校外活动场所等教育机构及校车服务提供者;托儿所等托育服务机构;医院、妇幼保健院、急救中心、诊所等医疗机构;儿童福利机构、救助管理机构、未成年人救助保护机构、社会工作服务机构;旅店、宾馆等。

第四条 本意见所称在工作中发现未成年人遭受或者疑似遭受不法侵害以及面临不法侵害危险的情况包括:

(一)未成年人的生殖器官或隐私部位遭受或疑似遭受非正常损伤的;

(二)不满十四周岁的女性未成年人遭受或疑似遭受性侵害、怀孕、流产的;

(三)十四周岁以上女性未成年人遭受或疑似遭受性侵害所致怀孕、流产的;

(四)未成年人身体存在多处损伤、严重营养不良、意识不清,存在或疑似存在受到家庭暴力、欺凌、虐待、殴打或者被人麻醉等情形的;

(五)未成年人因自杀、自残、工伤、中毒、被人麻醉、殴打等非正常原因导致伤残、死亡情形的;

(六)未成年人被遗弃或长期处于无人照料状态的;

(七)发现未成年人来源不明、失踪或者被拐卖、收买的;

(八)发现未成年人被组织乞讨的;

(九)其他严重侵害未成年人身心健康的情形或未成年人正在面临不法侵害危险的。

第五条 根据本意见规定情形向公安机关报案或举报的,应按照主管行政机关要求报告备案。

第六条 具备先期核实条件的相关单位、机构、组织及人员,可以对未成年人疑似遭受不法侵害的情况进行初步核实,并在报案或举报时将相关材料一并提交公安机关。

第七条 医疗机构及其从业人员在收治遭受或疑似遭受人身、精神损害的未成年人时,应当保持高度警惕,按规定书写、记录和保存相关病历资料。

第八条 公安机关接到疑似侵害未成年人权益的报案或举报后,应当立即接受,问明案件初步情况,并制作笔录。根据案件的具体情况,涉嫌违反治安管理的,依法受案审查;涉嫌犯罪的,依法立案侦查。对不属于自己管辖的,及时移送有管辖权的公安机关。

第九条 公安机关侦查未成年人被侵害案件,应当依照法定程序,及时、全面收集固定证据。对于严重侵害未成年人的暴力犯罪案件、社会高度关注的重大、敏感案件,公安机关、人民检察院应当加强办案中的协商、沟通与配合。

公安机关、人民检察院依法向报案人员或者单位调取指控犯罪所需要的处理记录、监控资料、证人证言等证据时,相关单位及其工作人员应当积极予以协助配合,并按照有关规定全面提供。

第十条 公安机关应当在受案或者立案后三日内向报案单位反馈案件进展,并在移送审查起诉前告知报案单位。

第十一条 人民检察院应当切实加强对侵害未成年人案件的立案监督。认为公安机关应当立案而不立案的,应当要求公安机关说明不立案的理由。认为不立案理由不能成立的,应当通知公安机关立案,公安机关接到通知后应当立即立案。

第十二条 公安机关、人民检察院发现未成年人需要保护救助的,应当委托或者联合民政部门或共青团、妇联等群团组织,对未成年人及其家庭实施必要的经济救助、医疗救治、心理干预、调查评估等保护措施。未成年被害人生活特别困难的,司法机关应当及时启动司法救助。

公安机关、人民检察院发现未成年人父母或者其他监护人不依法履行监护职责,或者侵害未成年人合法权益的,应当予以训诫或者责令其接受家庭教育指导。经教育仍不改正,情节严重的,应当依法依规予以惩处。

公安机关、妇联、居民委员会、村民委员会、救助管理机构、未成年人救助保护机构发现未成年人遭受家庭暴力或面临家庭暴力的现实危险,可以依法向人民法院代为申请人身安全保护令。

第十三条 公安机关、人民检察院和司法行政机关及教育、民政、卫生健康等主管行政机关应当对报案人的信息予以保密。违法窃取、泄露报告事项、报告受理情况以及报告人信息的,依法依规予以严惩。

第十四条 相关单位、组织及其工作人员应当注意保护未成年人隐私,对于涉案未成年人身份、案情等信息资料予以严格保密,严禁通过互联网或者以其他方式进行传播。私自传播的,依法给予治安处罚或追究其刑事责任。

第十五条 依法保障相关单位及其工作人员履行强制报告责任,对根据规定报告侵害未成年人案件而引发的纠纷,报告人不予承担相应法律责任;对于干扰、阻碍报告的组织或个人,依法追究法律责任。

第十六条 负有报告义务的单位及其工作人员未履行报告职责,造成严重后果的,由其主管行政机关或者本单位依法对直接负责的主管人员或者其他直接责任人员给予相应处分;构成犯罪的,依法追究刑事责任。相关单位或者单位主管人员阻止工作人员报告的,予以从重处罚。

第十七条 对于行使公权力的公职人员长期不重视强制报告工作,不按规定落实强制报告制度要求的,根据其情节、后果等情况,监察委员会应当依法对相关单位和失职失责人员进行问责,对涉嫌职务违法犯罪的依法调查处理。

第十八条 人民检察院依法对本意见的执行情况进行法律监督。对于工作中发现相关单位对本意见执行、监管不力的,可以通过发出检察建议书等方式进行监督纠正。

第十九条 对于因及时报案使遭受侵害未成年人得到妥善保护、犯罪分子受到依法惩处的,公安机关、人民检察院、民政部门应及时向其主管部门反馈相关情况,单独或联合给予相关机构、人员奖励、表彰。

第二十条 强制报告责任单位的主管部门应当在本部门职能范围内指导、督促责任单位严格落实本意见,并通过年度报告、不定期巡查等方式,对本意见执行情况进行检查。注重加强指导和培训,切实提高相关单位和人员的未成年人保护意识和能力水平。

第二十一条 各级监察委员会、人民检察院、公安机关、司法行政机关、教育、民政、卫生健康部门和妇联、共青团组织应当加强沟通交流,定期通报工作情况,及时研究实践中出现的新情况、新问题。

各部门建立联席会议制度,明确强制报告工作联系人,畅通联系渠道,加强工作衔接和信息共享。人民检察院负责联席会议制度日常工作安排。

第二十二条 相关单位应加强对侵害未成年人案件强制报告的政策和法治宣传,强化全社会保护未成年人、与侵害未成年人违法犯罪行为作斗争的意识,争取理解与支持,营造良好社会氛围。

第二十三条 本意见自印发之日起试行。

最高人民法院、最高人民检察院、公安部、司法部关于未成年人犯罪记录封存的实施办法

1. 2022年5月24日发布
2. 自2022年5月30日起施行

第一条 为了贯彻对违法犯罪未成年人教育、感化、挽救的方针,加强对未成年人的特殊、优先保护,坚持最有利于未成年人原则,根据刑法、刑事诉讼法、未成年人保护法、预防未成年人犯罪法等有关法律规定,结合司法工作实际,制定本办法。

第二条　本办法所称未成年人犯罪记录，是指国家专门机关对未成年犯罪人员情况的客观记载。应当封存的未成年人犯罪记录，包括侦查、起诉、审判及刑事执行过程中形成的有关未成年人犯罪或者涉嫌犯罪的全部案卷材料与电子档案信息。

第三条　不予刑事处罚、不追究刑事责任、不起诉、采取刑事强制措施的记录，以及对涉罪未成年人进行社会调查、帮教考察、心理疏导、司法救助等工作的记录，按照本办法规定的内容和程序进行封存。

第四条　犯罪的时候不满十八周岁，被判处五年有期徒刑以下刑罚以及免予刑事处罚的未成年人犯罪记录，应当依法予以封存。

对在年满十八周岁前后实施数个行为，构成一罪或者一并处理的数罪，主要犯罪行为是在年满十八岁周岁前实施的，被判处或者决定执行五年有期徒刑以下刑罚以及免予刑事处罚的未成年人犯罪记录，应当对全案依法予以封存。

第五条　对于分案办理的未成年人与成年人共同犯罪案件，在封存未成年人案卷材料和信息的同时，应当在未封存的成年人卷宗封面标注“含犯罪记录封存信息”等明显标识，并对相关信息采取必要保密措施。对于未分案办理的未成年人与成年人共同犯罪案件，应当在全案卷宗封面标注“含犯罪记录封存信息”等明显标识，并对相关信息采取必要保密措施。

第六条　其他刑事、民事、行政及公益诉讼案件，因办案需要使用了被封存的未成年人犯罪记录信息的，应当在相关卷宗封面标明“含犯罪记录封存信息”，并对相关信息采取必要保密措施。

第七条　未成年人因事实不清、证据不足被宣告无罪的案件，应当对涉罪记录予以封存；但未成年被告人及其法定代理人申请不予封存或者解除封存的，经人民法院同意，可以不予封存或者解除封存。

第八条　犯罪记录封存决定机关在作出案件处理决定时，应当同时向案件被告人或犯罪嫌疑人及其法定代理人或近亲属释明未成年人犯罪记录封存制度，并告知其相关权利义务。

第九条　未成年人犯罪记录封存应当贯彻及时、有效的原则。对于犯罪记录被封存的未成年人，在入伍、就业时免除犯罪记录的报告义务。

被封存犯罪记录的未成年人因涉嫌再次犯罪接受司法机关调查时，应当主动、如实地供述其犯罪记录情况，不得回避、隐瞒。

第十条　对于需要封存的未成年人犯罪记录，应当遵循《中华人民共和国个人信息保护法》不予公开，并建立专门的未成年人犯罪档案库，执行严格的保管制度。

对于电子信息系统中需要封存的未成年人犯罪记录数据，应当加设封存标记，未经法定查询程序，不得进行信息查询、共享及复用。

封存的未成年人犯罪记录数据不得向外部平台提供或对接。

第十一条　人民法院依法对犯罪时不满十八周岁的被告人判处五年有期徒刑以下刑罚以及免予刑事处罚的，判决生效后，应当将刑事裁判文书、《犯罪记录封存通知书》及时送达被告人，并同时送达同级人民检察院、公安机关，同级人民检察院、公安机关在收到上述文书后应当在三日内统筹相关各级检察机关、公安机关将涉案未成年人的犯罪记录整体封存。

第十二条　人民检察院依法对犯罪时不满十八周岁的犯罪嫌疑人决定不起诉后，应当将《不起诉决定书》、《犯罪记录封存通知书》及时送达被不起诉人，并同时送达同级公安机关，同级公安机关收到上述文书后应当在三日内将涉案未成年人的犯罪记录封存。

第十三条　对于被判处管制、宣告缓刑、假释或者暂予监外执行的未成年罪犯，依法实行社区矫正，执行地社区矫正机构应当在刑事执行完毕后三日内将涉案未成年人的犯罪记录封存。

第十四条　公安机关、人民检察院、人民法院和司法行政机关分别负责受理、审核和处理各自职权范围内有关犯罪记录的封存、查询工作。

第十五条　被封存犯罪记录的未成年人本人或者其法定代理人申请为其出具无犯罪记录证明的，受理单位应当在三个工作日内出具无犯罪记录的证明。

第十六条　司法机关为办案需要或者有关单位根据国家规定查询犯罪记录的，应当向封存犯罪记录的司法机关提出书面申请，列明查询理由、依据和使用范围等，查询人员应当出示单位公函和身份证明等材料。

经审核符合查询条件的，受理单位应当在三个工作日内开具有/无犯罪记录证明。许可查询的，查询后，档案管理部门应当登记相关查询情况，并按照档案管理规定将有关申请、审批材料、保密承诺书等一同存入卷宗归档保存。依法不许可查询的，应当在三个工作日内向查询单位出具不许可查询决定书，并说明理由。

对司法机关为办理案件、开展重新犯罪预防工作需要申请查询的，封存机关可以依法允许其查阅、摘抄、复制相关案卷材料和电子信息。对司法机关以外的单位根据国家规定申请查询的，可以根据查询的用途、目的与实际需要告知被查询对象是否受过刑事处罚、被判处的罪名、刑期等信息，必要时，可以提供相关法律文书复印件。

第十七条 对于许可查询被封存的未成年人犯罪记录的，应当告知查询犯罪记录的单位及相关人员严格按照查询目的和使用范围使用有关信息，严格遵守保密义务，并要求其签署保密承诺书。不按规定使用所查询的犯罪记录或者违反规定泄露相关信息，情节严重或者造成严重后果的，应当依法追究相关人员的责任。

因工作原因获知未成年人封存信息的司法机关、教育行政部门、未成年人所在学校、社区等单位组织及其工作人员、诉讼参与人、社会调查员、合适成年人等，应当做好保密工作，不得泄露被封存的犯罪记录，不得向外界披露该未成年人的姓名、住所、照片，以及可能推断出该未成年人身份的其他资料。违反法律规定披露被封存信息的单位或个人，应当依法追究其法律责任。

第十八条 对被封存犯罪记录的未成年人，符合下列条件之一的，封存机关应当对其犯罪记录解除封存：

（一）在未成年时实施新的犯罪，且新罪与封存记录之罪数罪并罚后被决定执行刑罚超过五年有期徒刑的；

（二）发现未成年时实施的漏罪，且漏罪与封存记录之罪数罪并罚后被决定执行刑罚超过五年有期徒刑的；

（三）经审判监督程序改判五年有期徒刑以上刑罚的；

被封存犯罪记录的未成年人，成年后又故意犯罪的，人民法院应当在裁判文书中载明其之前的犯罪记录。

第十九条 符合解除封存条件的案件，自解除封存条件成立之日起，不再受未成年人犯罪记录封存相关规定的限制。

第二十条 承担犯罪记录封存以及保护未成年人隐私、信息工作的公职人员，不当泄露未成年人犯罪记录或者隐私、信息的，应当予以处分；造成严重后果，给国家、个人造成重大损失或者恶劣影响的，依法追究刑事责任。

第二十一条 涉案未成年人应当封存的信息被不当公开，造成未成年人在就学、就业、生活保障等方面未受到同等待遇的，未成年人及其法定代理人可以向相关机关、单位提出封存申请，或者向人民检察院申请监督。

第二十二条 人民检察院对犯罪记录封存工作进行法律监督。对犯罪记录应当封存而未封存，或者封存不当，或者未成年人及其法定代理人提出异议的，人民检察院应当进行审查，对确实存在错误的，应当及时通知有关单位予以纠正。

有关单位应当自收到人民检察院的纠正意见后及时审查处理。经审查无误的，应当向人民检察院说明理由；经审查确实有误的，应当及时纠正，并将纠正措施与结果告知人民检察院。

第二十三条 对于2012年12月31日以前办结的案件符合犯罪记录封存条件的，应当按照本办法的规定予以封存。

第二十四条 本办法所称“五年有期徒刑以下”含本数。

第二十五条 本办法由最高人民法院、最高人民检察院、公安部、司法部共同负责解释。

第二十六条 本办法自2022年5月30日起施行。

附件：1. 无犯罪记录证明（略）

2. 保密承诺书（略）

·指导案例·

检例第141号——浙江省杭州市余杭区人民检察院对北京某公司侵犯儿童个人信息权益提起民事公益诉讼北京市人民检察院督促保护儿童个人信息权益行政公益诉讼案

【关键词】

民事公益诉讼　行政公益诉讼　侵犯儿童个人信息权益　综合司法保护　案件管辖

【要旨】

检察机关在办理涉未成年人刑事案件时，应当注意发现公益诉讼案件线索，通过综合发挥未成年人检察职能，促推未成年人保护社会治理。网络运营者未依法履行网络保护义务，相关行政机关监管不到位，侵犯儿童个人信息权益的，检察机关可以依法综合开展民事公益诉讼和行政公益诉讼。网络保护公益诉讼案件，在多个检察机关均具有管辖权时，民事公益诉讼应当层报共同的上级检察机关指定管辖，行政公益诉讼一般由互联网企业注册地检察机关管辖。

【基本案情】

某App是北京某公司开发运营的一款知名短视频应用类软件。该App在未以显著、清晰的方式告知并征得儿童监护人明示同意的情况下，允许儿童注册账号，并收集、存储儿童网络账户、位置、联系方式，以及儿童面部识别特征、声音识别特征等个人敏感信息。在未再次征得儿童监护人明示同意的情况下，运用后台算法，向具有浏览儿童内容视频喜好的用户直接推送含有儿童个人信息的短视频。该 App 未对儿童账号采取区分管理措施，默认用户点击"关注"后即可与儿童账号私信联系，并能获取其地理位置、面部特征等个人信息。2018 年 1 月至 2019 年 5 月，徐某某收到该 App 后台推送的含有儿童个人信息的短视频，通过其私信功能联系多名儿童，并对其中 3 名儿童实施猥亵犯罪。

【检察机关履职过程】

（一）民事公益诉讼案件办理

2020 年 7 月，浙江省杭州市余杭区人民检察院在办理徐某某猥亵儿童案时发现北京某公司侵犯儿童个人信息民事公益诉讼案件线索，遂依托互联网技术开展初步调查。检察机关综合 App 收集处理的个人信息数量、App 用户言词证据等证据材料，以证明 App 收集处理儿童个人信息的事实。对该 App 用户服务协议、隐私权保护政策、应用界面等内容进行手机截图，收集儿童用户未经监护人同意即可注册使用 App 的言词证据；使用"区块链"取证设备证明 App 采取监护人默示同意、一次性授权概括同意等方式收集处理儿童个人信息等，以证明 App 收集处理儿童个人信息行为的侵权性质。收集固定数百名儿童个人信息权益受到侵犯的证据，以证明危害后果。提取固定徐某某供述等，以证明 App 侵权行为与实害后果具有因果关系。

经调查并听取当地网信、公安、法院意见，组织互联网领域法律专家、技术专家进行论证，余杭区人民检察院认为，北京某公司运营的短视频 App 在收集、存储、使用儿童个人信息过程中，未遵循正当必要、知情同意、目的明确、安全保障、依法利用原则，其行为违反了民法总则、未成年人保护法、网络安全法关于未成年人民事行为能力、个人信息保护、对未成年人给予特殊优先保护、网络经营者应当依法收集使用个人信息等相关规定，违反了国家互联网信息办公室《儿童个人信息网络保护规定》中"网络运营者收集、使用、转移、披露儿童个人信息的，应当以显著、清晰的方式告知儿童监护人，并应当征得儿童监护人的同意""网络运营者因业务需要，确需超出约定的目的、范围使用儿童个人信息的，应当再次征得儿童监护人的同意"等相关规定，属于违法违规收集、使用儿童个人信息、侵犯儿童个人信息的行为。

据该公司提供数据显示，2020 年，平台 14 岁以下实名注册用户数量约为 7.8 万，14 至 18 岁实名注册用户数量约为 62 万，18 岁以下未实名注册未成年人用户数量以头像、简介、背景等基础维度模型测算约为 1000 余万。该 App 的行为致使众多儿童个人信息权益被侵犯，相关信息面临被泄露、违法使用的风险，给儿童人身、财产安全造成威胁，严重损害了社会公共利益。

该案为涉互联网案件，北京、浙江等地相关检察机关均具有管辖权。余杭区为徐某某猥亵儿童案发生地，杭州市为杭州互联网法院所在地，考虑到调查取证、诉讼便利等因素，经浙江省检察机关层报最高人民检察院指定管辖，2020 年 9 月，余杭区人民检察院对该线索以民事公益诉讼案件立案。9 月 15 日，余杭区人民检察院发布诉前公告，公告期满，没有其他适格主体提起民事公益诉讼。12 月 2 日，余杭区人民检察院向杭州互联网法院提起民事公益诉讼，请求判令：北京某公司立即停止实施利用 App 侵犯儿童个人信息权益的行为，赔礼道歉、消除影响、赔偿损失。

检察机关发布诉前公告的同时，将公告送达北京某公司。该公司表达积极整改并希望调解结案的意愿。检察机关依据相关法律法规，推动公司完善管理，提出具体要求。北京某公司积极配合，对所运营 App 中儿童用户注册环节、儿童个人信息储存、使用和共享环节、儿童网络安全主动性保护等方面细化出 34 项整改措施，突出落实"监护人明示同意"等规则，重点制定单独的儿童个人信息保护规则、用户协议，建立专门儿童信息保护池、创建推送涉未成年人内容的独立算法等制度机制，并明确落实整改措施时间表。同时，该公司表示将结合整改，完善管理制度，自愿接受网信等部门审查，并愿意公开赔礼道歉、赔偿损失。

2021 年 2 月 7 日，杭州互联网法院公开开庭审理此案。北京某公司对公益诉讼诉求均予认可，对检察机关依法履行公益诉讼职责、促进企业完善管理表示感谢。在法庭组织下，双方在确认相关事实证据的基础上达成调解协议：一是被告停止对儿童个人信息权益的侵权行为，对涉案 App 按照双方确认的整改方案、时间推进表执行整改；二是被告完成整改后，对整改情况及效果进行评估，并向公益诉讼起诉人、人民法院出具报告书；三是被告将整改方案及整改完成情况报送网信部门，接受审查；四是被告在《法治日报》及涉案 App 首页公开赔礼道歉。经 30 日公告，3 月 11 日，杭州互联网法院出具调解书结案。

（二）行政公益诉讼案件办理

鉴于该案同时反映出相关行政主管机关对北京某公

司监管不到位的行政公益诉讼案件线索，经浙江省检察机关请示，2020 年 10 月，最高人民检察院将该线索交北京市人民检察院办理。

10 月 22 日，北京市人民检察院对该案以行政公益诉讼立案，经调查向北京市互联网信息办公室提出依法履行监管职责，全面排查、发现和处置违法情形，推动完善儿童个人信息权益网络保护的特殊条款，落实监护人同意的法律规定等相关建议。

12 月 4 日，北京市网信办将其约谈北京某公司负责人、推进该公司严格落实网络保护责任及提升优化软件等履职监管情况函复北京市人民检察院。根据检察机关工作建议，北京市网信办制定了《关于开展未成年人信息安全保护专项整治的工作方案》，对属地重点直播和短视频平台逐一梳理，压实网站主体责任，并将此次专项整治工作与未成年人网络环境治理等专项工作有效衔接，形成保障未成年人用网安全管理合力。

2021 年 4 月 16 日，最高人民检察院向国家互联网信息办公室通报该案有关情况，提出开展短视频行业侵犯儿童个人信息权益问题专项治理，压实网络运营者未成年人保护责任，促进互联网企业对算法等相关技术规则改进提升，推动行业源头治理，建立健全风险防范长效机制，督促企业依法经营等工作建议，强化对网络空间侵犯未成年人权益行为的监管整治。12 月 31 日，国家网信办、工信部、公安部、市场监管总局联合发布《互联网信息服务算法推荐管理规定》，对应用算法推荐技术提供互联网信息服务的治理和相关监督管理工作作出了进一步规范。

【指导意义】

（一）统筹运用四大检察职能，充分发挥未成年人检察工作优势，为未成年人提供全面综合司法保护。未成年人保护案件中一个侵害行为往往涉及多个法律关系，检察机关应当在办案履职中强化综合司法保护意识，尤其是在办理刑事案件的过程中，要同步审查未成年人其他权益是否遭受损害，推进未成年人刑事案件办理与涉未成年人民事、行政、公益诉讼案件办理相互融合，在线索发现、调查取证、综合治理等方面统筹推动，充分发挥法律监督的能动性、及时性和有效性，以四大检察业务融合发展加大未成年人全面综合司法保护力度。

（二）检察机关可以综合运用民事公益诉讼和行政公益诉讼职能，对网络侵犯未成年人个人信息权益的情形进行监督。不特定人群的个人信息权益具有公益属性。对未成年人个人信息权益应予以特殊、优先保护。针对网络侵犯未成年人个人信息权益的情形，检察机关可以综合开展民事公益诉讼和行政公益诉讼，并注重加强两种诉讼类型的衔接和协同。通过对网络运营者提起民事公益诉讼，使其承担违法行为的民事责任，实现对公共利益的有效救济。通过行政公益诉讼督促行政主管部门依法充分履行监管职责，实现最大限度保护未成年人合法权益的目的。

（三）对于跨行政区划的未成年人网络保护公益诉讼案件，应综合考虑案件性质、领域、诉讼便利、有利整改等因素，确定管辖机关。涉网络案件通常具有企业注册地、主要营业地、服务覆盖地、侵权行为地、侵害结果地分离的特点。检察机关办理未成年人网络保护公益诉讼案件，在涉及多个行政区划，多个检察院均具有管辖权的情形下，民事公益诉讼案件应当层报共同的上级检察院指定，一般应当由损害结果发生地检察机关管辖；行政公益诉讼案件一般应当由网络企业注册地检察机关管辖，以便利行政监管。

【相关规定】

《中华人民共和国民法总则》（2017 年施行）第一百七十九条（现为《中华人民共和国民法典》第一百七十九条）

《中华人民共和国民法典》（2021 年施行）第一千零三十四条、第一千零三十五条、第一千一百六十七条、第一千一百八十二条

《中华人民共和国未成年人保护法》（2020 年修订）第一百零六条

《中华人民共和国网络安全法》（2017 年施行）第四十一条、第四十三条、第七十六条

《中华人民共和国民事诉讼法》（2017 年修订）第五十五条（现为 2021 年修订后的第五十八条）

《最高人民法院、最高人民检察院关于检察公益诉讼案件适用法律若干问题的解释》（法释〔2018〕6 号）第十三条（现为 2020 年修订后的第十三条）

《最高人民法院关于互联网法院审理案件若干问题的规定》（2018 年施行）第二条

国家互联网信息办公室《儿童个人信息网络保护规定》（2019 年施行）第二条、第四条、第七条、第八条、第九条、第十条、第十一条、第十三条、第十四条

检例第 142 号——江苏省宿迁市人民检察院对章某为未成年人文身提起民事公益诉讼案

【关键词】

民事公益诉讼　未成年人文身治理　最有利于未成

年人原则　公共利益

【要旨】

为未成年人提供文身服务，损害未成年人身心健康，影响未成年人成长发展，侵犯公共利益，检察机关可以基于最有利于未成年人原则提起公益诉讼。在办理个案的基础上，检察机关可以针对此类问题的监管盲区，提出完善管理的检察建议，推动解决监管缺失问题，健全完善制度，促进社会治理。

【基本案情】

2017年6月以来，章某在江苏省沭阳县沭城街道中华步行街经营某文身馆，累计为数百人提供文身服务，其中未成年人40余名。章某还在未取得医疗美容许可证的情况下，为7名未成年人清除文身。其间，曾有未成年人家长因反对章某为其子女文身而与其发生纠纷，公安机关介入处理。部分未成年人及父母反映因文身导致就学、就业受阻，文身难以清除，清除过程痛苦且易留疤痕，但章某仍然向未成年人提供文身服务。

【检察机关履职过程】

（一）发现线索和调查核实

2020年4月，江苏省沭阳县人民检察院在办理未成年人刑事案件中发现，一些涉案未成年人存在不同程度的文身，且大部分是满臂、满背的大面积文身，有文身馆存在为未成年人提供文身、清除文身服务的行为。其中，章某经营的文身馆先后为40余名未成年人文身，并在未取得医疗美容许可证的情况下为7名未成年人清除文身。根据卫生部办公厅《医疗美容项目分级管理目录》，清除文身属于医疗美容项目。2020年10月31日，沭阳县人民检察院向县卫生健康局发出行政公益诉讼诉前检察建议，建议该局依法履行对无证清除文身行为的监管职责。县卫生健康局联合市场监督管理局、商务局在全县范围内整治无证清除文身乱象，对5家文身馆立案，并处以2.5万元罚款的行政处罚。

沭阳县人民检察院认为，未成年人文身具有易感染、难复原、就业受限制、易被标签化等危害。章某为未成年人提供文身服务，危害未成年人的身体权、健康权，影响其发展，损害社会公共利益。虽然现行相关规定对文身行业的归类管理不尽完善，对为未成年人文身也没有明确的禁止性规定，但是根据未成年人保护法关于“保护未成年人，应当坚持最有利于未成年人的原则”，以及法律对未成年人给予特殊、优先保护的规定，可以通过履行民事公益诉讼检察职能，禁止文身场所经营者继续向未成年人提供文身服务，切实保护未成年人身心健康。

2020年12月，沭阳县人民检察院立案并开展调查取证工作。围绕提供文身服务时章某主观上是否明知未成年人年龄、危害后果、公共利益属性等，与章某、40余名未成年人及其法定代理人等开展谈话询问70余次；对文身馆开展现场勘查、提取相关物证，拍照固定证据；向案件当事人调取支付凭证、门诊病历、发票等书证，进一步证明文身行为事实；检索文身法医学鉴定实例等文献资料以及《中国人民解放军内务条令（试行）》《关于印发公务员录用体检特殊标准（试行）的通知》等规定，对部分未成年人及父母反映的文身难以清除，导致就学、参军、就业等受阻情况进一步调查核实。

（二）诉讼过程

2020年12月25日，沭阳县人民检察院发布诉前公告。公告期满，没有适格主体提起民事公益诉讼。2021年4月12日，沭阳县人民检察院依据民事公益诉讼级别管辖的规定，将案件移送宿迁市人民检察院审查起诉。5月6日，宿迁市人民检察院向宿迁市中级人民法院提起民事公益诉讼，请求判令：章某不得向未成年人提供文身服务，并在国家级媒体向社会公众公开赔礼道歉。

2021年5月24日，宿迁市中级人民法院公开开庭审理本案。检察机关围绕诉讼请求、争议焦点、案件的来源和程序合法性、文身行为事实、文身损害后果等3组13项证据进行多媒体示证，发表质证意见。同时申请了沭阳县中医院美容中心主任医师、南京大学法学院教授作为专家辅助人出庭，证实文身对身体造成创伤，具有不可逆、难以复原等特征；未成年人文身后，易遭社会排斥，给未成年人造成心理创伤，文身行为还会在未成年人群体中产生模仿效应。

被告及其诉讼代理人提出，法律没有禁止给未成年人文身，现行法律没有明确界定公共利益，章某的行为未达到涉及全体或多数未成年人利益的程度，不应认定为侵犯社会公共利益。公益诉讼起诉人提出答辩意见：第一，向未成年人提供文身服务损害社会公共利益。章某对文身对象不进行筛选，对未成年人文身行为予以放任，且文身经营活动具有开放性特征，导致其提供文身服务的未成年人数量众多。文身行为可能在未成年人中随时、随机出现，侵犯未成年人权益，属于侵犯社会公共利益，符合检察机关提起公益诉讼的情形。第二，文身破坏皮肤组织健康且极难清除，清除文身需要多次、反复治疗，并留下疤痕。文身容易被贴上负面评价的标签，易出现效仿和排斥双重效应，影响未成年人正常学习、生活、就业、社交。第三，未成年人心智尚不成熟，缺乏社会经验，对自身行为甄别能力不足，对行为后果缺乏理性判断，很多未成年人对自己的文身行为表示后悔。未成年人正值生长发育期，对任何可能改变其正常身体发育状态、影响其健康成长的行为均应受到合理规制。《中华人民共和国民法典》对未成年人实施民事法律行为的保护规定，《中华人民共和国未成年人保护法》对未成年人生存权、发展权、受保护权、参与权等权利保护规定，都是体现对未成年人的特殊、优先保护。章某明知未成年人文身的损害后果，仍为未成年人文身，不仅侵犯未成年人的身体权、健康权，也影响未成年人发展。

2021年6月1日，宿迁市中级人民法院作出一审判决，判令章某停止向未成年人提供文身服务，并在判决生效之日起十日内在国家级媒体公开向社会公众书面赔礼道歉。一审宣判后，章某当庭表示不上诉并愿意履行判决确定的义务。2021年6月3日，章某在《中国青年报》发表《公开道歉书》，向文身的未成年人、家人以及社会各界公开赔礼道歉，并表示今后不再为未成年人文身。

针对文身行业归类不明、监管主体不清、对为未成年人文身行政执法依据不足等问题，沭阳县人民检察院推动起草并由沭阳县人大常委会审议出台《关于加强未成年人文身治理工作的决议》，明确文身场所不允许未成年人进入，任何人不得为未成年人提供文身服务，不得强迫、劝诱未成年人文身。同时结合各行政部门的职能，对各部门在文身治理中的职责、任务进行规范，并对为未成年人文身的从业人员从信用记录等方面予以规制，提供可操作性规则，促进问题源头治理。

【指导意义】

（一）为未成年人提供文身服务，侵犯未成年人合法权益，损害社会公共利益，属于检察机关公益诉讼监督范畴。文身对未成年人的身心健康和发展均有不同程度的现实影响和潜在危害。未成年人身心尚未成熟，认知和辨别能力较弱，自护能力不足，对文身给自身成长和未来发展带来的影响缺乏预见和判断。为未成年人提供文身服务，侵犯未成年人合法权益，且侵犯行为具有持续性和反复性，侵犯结果和范围可能随时扩大，应当认定为侵犯社会公共利益，检察机关可以提起公益诉讼。

（二）在法律规定不够明确具体、未成年人合法权益亟待保护的情况下，基于最有利于未成年人的原则，检察机关可以提起公益诉讼。《中华人民共和国未成年人保护法》确立的最有利于未成年人的原则，是联合国《儿童权利公约》确定的儿童利益最大化原则的中国化表达。检察机关在处理关乎未成年人的问题时，要全方位考虑未成年人的长远利益和根本利益，综合考虑未成年人身心特点和健康发展需要，选择最有利于未成年人的方案，采取最有利于未成年人的措施，给予未成年人特殊、优先保护。在涉及未成年人利益的案件中，当法律规定不够明确具体，各部门、各方责任难以界定，但未成年人的权益受到严重侵犯或面临侵犯危险、公益亟需保护时，检察机关可立足最有利于未成年人的原则，通过公益诉讼方式维护未成年人合法权益。

（三）检察机关可以结合个案办理推动健全制度、完善监管，促进社会治理。检察机关在办理公益诉讼案件过程中，应当用足用好现有法律规定，督促行政机关依法充分履职。对于存在法律、政策不完善、行政监管缺失等问题的，检察机关可以在个案办理的基础上，推动解决因行政监管有限性和社会事务复杂性造成的监管盲区，促进健全制度和完善管理。

【相关规定】

《中华人民共和国民法典》（2021年施行）第十九条、第一百一十条、第一百七十九条

《中华人民共和国未成年人保护法》（2020年修订）第三条、第四条、第六条、第一百条、第一百零六条

《中华人民共和国民事诉讼法》（2017年修订）第五十五条（现为2021年修订后的第五十八条）

《最高人民法院、最高人民检察院关于检察公益诉讼案件适用法律若干问题的解释》（法释〔2018〕6号）第五条、第十三条（现为2020年修订后的第五条、第十三条）

《最高人民法院关于适用〈中华人民共和国民法典〉时间效力的若干规定》（法释〔2020〕15号）第一条、第二条

检例第144号——贵州省沿河土家族自治县人民检察院督促履行食品安全监管职责行政公益诉讼案

【关键词】

行政公益诉讼　校园周边食品安全　线索发现　跟进监督　提起诉讼

【要旨】

检察机关在履职中可以通过多种渠道发现未成年人保护公益诉讼案件线索。消除校园周边食品安全隐患，规范校园周边秩序，是未成年人保护公益诉讼检察的重点领域。对于易发多发易反弹的未成年人保护顽疾问题，检察机关应当在诉前检察建议发出后持续跟进监督，对于行政机关未能依法全面、充分履职的，应依法提起诉讼，将公益保护落到实处。

【基本案情】

2018年秋季学期开学后，贵州省铜仁市沿河土家族自治县（以下简称“沿河县”）民族小学等7所中小学周边存在流动食品经营者占道制售肠粉、炒粉、油炸土豆、奶茶等食品，供周边中小学生食用的问题。流动食品经营者在未依法办理食品经营相关手续的情况下，以车辆为餐饮作业工具，未配备食品经营卫生设施，未按规定公示健康证明，未穿戴清洁的工作衣帽，所售卖食品存在安全隐患，影响中小学生身体健康，同时占道经营行为严重影响交通安全和社会管理秩序。

【检察机关履职过程】

（一）调查核实和督促履职

2018年9月，检察机关接到人大代表和家长师生反映，沿河县民族小学等学校周边存在流动食品经营者以车辆为餐饮作业工具，违法向未成年学生售卖食品的现象，影响未成年人食品安全、交通安全和校园周边秩序。获取该线索后，沿河县人民检察院经调查认为：流动食品经营者未经办理经营许可或备案登记等相关手续即以车辆为餐饮作业工具进行食品经营活动，存在食品卫生安全隐患，危害未成年人身体健康，对校园周边交通安全和社会秩序造成影响。沿河县市场监管局怠于履行食品安全监督管理职责，导致食品经营者在中小学校园周边占道经营、制售食品的行为形成多发乱象，侵犯了未成年人合法权益，遂决定作为行政公益诉讼案件予以立案。

9月13日，沿河县人民检察院依法向沿河县市场监管局发出行政公益诉讼诉前检察建议，建议其依法履行职责，依法调查处理城区学校周边的流动食品经营者违法经营行为。11月12日，沿河县市场监管局书面回复称，已取缔了所有学校周边以车辆为餐饮作业工具的食品经营活动，对校园周边环境联合开展了专项执法检查。沿河县人民检察院对诉前检察建议落实情况进行跟踪监督，发现沿河县市场监管局在检察机关发出检察建议后，虽采取了取缔、劝离等措施，但食品经营者以流动作业方式在校园周边向未成年学生制售食品的问题仍时常反弹，未能得到有效遏制，社会公共利益持续处于受侵犯状态。

（二）诉讼过程

2019年8月8日，沿河县人民检察院根据贵州省高级人民法院关于行政案件集中管辖的规定，向贵州省铜仁市思南县人民法院提起行政公益诉讼，请求确认被告沿河县市场监管局对城区校园周边无证食品经营者的违法经营行为怠于履行监督管理职责违法，判决沿河县市场监管局对城区校园周边无证食品经营者的违法经营行为依法履行职责。

12月27日，思南县人民法院公开开庭审理本案。沿河县市场监管局辩称，其不具有划定临时区域和固定时段供食品摊贩经营的职责，无直接管理流动食品摊贩的职权。沿河县人民检察院答辩指出，食品摊贩是食品经营者的类型之一。对食品安全的保护是未成年人保护的重要内容，不应因食品经营者无固定经营场所而放松对食品安全的监管。根据《中华人民共和国食品安全法》《贵州省食品安全条例》及市场监管局“三定”方案等规定，市场监管局承担食品生产经营监督管理职责，负有食品安全监督管理，组织实施食品生产经营许可管理，指导食品生产小作坊、小餐饮登记管理和食品小摊贩备案管理的职责，对违法情形应当由其责令改正、给予警告、处以罚款及没收违法所得等。2020年8月1日，思南县人民法院作出判决，支持沿河县人民检察院全部诉讼请求。沿河县市场监管局未提出上诉。

判决生效后，沿河县人民检察院持续监督判决的执行，并促成沿河县人民政府牵头制定《沿河土家族自治县城区校园周边食品安全综合治理实施方案》，组织沿河县市场监管局、城市管理局、公安局、教育局、街道办事处开展城区校园周边食品安全综合治理专项行动，加强法治宣传，划定经营区域，引导流动食品经营者进行备案登记、规范经营。该县中小学校园周边流动食品经营者的经营和生活得到保障，校园周边环境秩序和交通安全得到有效治理。

【指导意义】

（一）全面正确理解“履职中发现”的含义，多渠道拓展案件线索来源。未成年人保护公益诉讼案件线索，既可以在办理其他涉未成年人案件中发现，也可以通过人大代表、政协委员转交、新闻媒体反映以及法治副校长送法进校园、开展未成年人保护主题检察开放日活动、参加未成年人保护联席会议等渠道发现。要立足法律监督职能，注意拓展未成年人保护案件线索发现渠道，通过依法履职，切实维护未成年人合法权益。

（二）校园周边食品安全涉及未成年人合法权益，是未成年人保护检察公益诉讼的工作重点。食品安全事关未成年人身心健康。消除校园周边食品安全隐患，维护校园周边秩序和交通安全，是未成年人保护检察公益诉讼的工作重点。负有监管职责的行政机关不依法充分履职，致社会公共利益持续处于被侵犯状态的，检察机关应当认真分析研究行政机关监管职责，合理确定监督对象，以促使全面履职、有效整改。

（三）检察机关履行公益诉讼职责，应当持续跟进监督,推动问题整改落实到位。对于校园周边食品安全等易发多发易反弹的未成年人保护顽疾问题,检察机关发出公益诉讼诉前检察建议后,要持续跟进落实。行政机关根据诉前检察建议采取了监督管理措施,但未成年人合法权益受侵犯状态尚未得到有效遏制或隐患尚未消除的,要结合行政机关的职责范围、履职条件、履职方式、履职效果等进行综合分析,行政机关未依照法律规定全面、充分履职的,检察机关应当依法提起诉讼。

【相关规定】

《中华人民共和国未成年人保护法》(2020 年修订)第一百零六条

《中华人民共和国食品安全法》(2018 年修订)第二条、第三十三条、第三十五条、第三十六条、第一百二十二条、第一百二十六条

《中华人民共和国行政诉讼法》(2017 年修订)第二十五条

《最高人民法院、最高人民检察院关于检察公益诉讼案件适用法律若干问题的解释》(法释〔2018〕6 号)第二十一条(现为 2020 年修订后的第二十一条)

检例第 145 号——江苏省溧阳市人民检察院督促整治网吧违规接纳未成年人行政公益诉讼案

【关键词】

行政公益诉讼　不适宜未成年人活动场所　社会支持体系　综合治理

【要旨】

不适宜未成年人活动场所违规接纳未成年人进入,损害未成年人身心健康,易滋生违法犯罪,侵犯社会公共利益。检察机关应当依法履行公益诉讼职责,推动行政机关落实监管措施。充分发挥未成年人检察工作社会支持体系作用,促进社会综合治理,形成未成年人保护合力。

【基本案情】

2019 年以来,江苏省溧阳市所辖市区及农村地区部分网吧存在违规接纳未成年人上网的问题。有的网吧未在入口处显著位置悬挂未成年人禁入标志,有的网吧经营者在未成年人进入网吧时未要求其出示身份证件并核对年龄,有的网吧经营者发现未成年人进入后,仍然使用成年人身份证帮助其开户上网,家长多次反映但未能得到解决。

【检察机关履职过程】

2019 年 11 月,江苏省溧阳市人民检察院在办理未成年人孟某某盗窃案中发现,溧阳市辖区内多家网吧违规接纳未成年人上网,部分未成年人甚至通宵在网吧上网。溧阳市人民检察院通过发放 120 份调查问卷、调查走访全市所有 58 家网吧等方式,全面了解辖区内未成年人随意进出网吧的数量和比例,发现 120 名受访未成年人中曾随意进出网吧未受制止的占 32%。未成年人出入网吧影响身心健康,易沾染不良习气,甚至滋生违法犯罪问题。根据《中华人民共和国未成年人保护法》、国务院《互联网上网服务营业场所管理条例》相关规定,市文体广电和旅游局负责对依法设立的互联网上网服务营业场所的经营活动进行监督管理。

2020 年 3 月 2 日,溧阳市人民检察院向市文旅局发出行政公益诉讼诉前检察建议:一是结合实际情况,处罚涉案网吧;二是联合相关部门,推动专项执法;三是发挥社会力量,加强监督宣传;四是加强监督管理,规范网吧经营;五是完善制度,建立长效机制。

收到检察建议后,市文旅局对涉案网吧分别给予警告并罚款 3000 元的行政处罚,对相关责任人进行约谈。市文旅局、市公安局运用信息技术,联合推出双重严防系统,在全市所有网吧内全部强制上线运行,将网吧经营管理后台数据接入公安机关,实现对网吧运行数据的有效监控,确保从源头上杜绝网吧违规接纳未成年人现象。市文旅局在全市开展了为期 6 个月的"清风行动",通过定期通报、签订承诺书、"文明网吧"创建等形式,推动网吧规范经营。

5 月 2 日,市文旅局向检察机关书面回复检察建议落实情况,提出进一步加强网吧监管的工作措施:一是严格审批,强化退出机制,对违法违规的网吧一律列入黑名单;二是对照标准,完善监管体系,会同公安机关建设信息化监管平台;三是依法管理,推进社会监督,聘请 200 余名市场监督员对网吧进行监督;四是定人定岗,实行网格监管,全市每个网吧均有对应的管理执法人员,进行滚动式巡查;五是严管重罚,在寒假、暑假和法定节假日开展专项治理。

溧阳市人民检察院与市文旅局、市公安局召开联席会议,从 2020 年 6 月开始开展三个月的"回头看"工作。检察机关将办案中发现的放任未成年人进入营业性娱乐场所、酒吧、网吧的未成年人父母或其他监护人情况,向妇联、关工委等通报,推动妇联、关工委发挥自身优势,动员社会力量,开展家庭教育指导。积极协同相关职能部门,链接司法社工、"五老"、社区网格员、志愿者等多方资源力量,推动构建常态化监管网络体系,有效防止网吧违规接纳未成年人进入的问题复发和反弹。溧阳市人民

检察院注重延伸办案效果,扩大保护范围,牵头与市教育局、公安局、司法局、团市委、卫健局、妇联等6家单位会签《关于加强未成年人权益保护的意见》,建立市青少年法治教育基地,推动形成全市未成年人保护大格局。

【指导意义】

(一)不适宜未成年人活动的场所多次违规接纳未成年人进入,行政监管不到位的,检察机关可以通过行政公益诉讼督促监管履职。营业性娱乐场所、酒吧、网吧等不适宜未成年人活动场所违规接纳未成年人,以及旅馆、宾馆、酒店等住宿经营者违规接待未成年人入住等,易对未成年人身心健康造成不良影响甚至诱发违法犯罪。上述违规行为发现难、监管难、易反弹,检察机关发现行政机关未依法充分履行监管执法职责的,可以通过行政公益诉讼,督促和支持行政机关依法履职,及时查处违规接纳未成年人的行为,避免出现侵犯未成年人合法权益和诱发违法犯罪等危害后果。

(二)充分发挥未成年人检察工作社会支持体系作用,促进构建未成年人保护大格局。检察机关在积极履行未成年人司法保护职责的同时,应当充分发挥未成年人检察工作社会支持体系优势,加强跨部门协同协作,引入并汇聚更多社会资源和专业力量参与,深入推进未成年人检察办案与社会化保护优势互补,促进齐抓共管和协同治理,以更强的综合保护合力,促进未成年人保护法律规定不折不扣地落到实处。

【相关规定】

《中华人民共和国未成年人保护法》(2020年修订)第一百零六条

《中华人民共和国未成年人保护法》(2012年修正)第三十六条、第六十六条(现为2020年修订后的第五十八条、第一百二十三条)

《中华人民共和国行政诉讼法》(2017年修订)第二十五条

《互联网上网服务营业场所管理条例》(2019年修订)第二十一条、第三十一条

《最高人民法院、最高人民检察院关于检察公益诉讼案件适用法律若干问题的解释》(法释〔2018〕6号)第二十一条(现为2020年修订后的第二十一条)

检例第171号——防止未成年人滥用药物综合司法保护案

【关键词】

综合履职　附条件不起诉　行政公益诉讼　滥用药物　数字检察

【要旨】

检察机关办理涉未成年人案件,应当统筹发挥多种检察职能,通过一体融合履职,加强未成年人综合司法保护。对有滥用药物问题的涉罪未成年人适用附条件不起诉时,可以细化戒瘾治疗措施,提升精准帮教的效果。针对个案中发现的社会治理问题,充分运用大数据分析,深挖类案线索,推动堵漏建制、源头保护,提升"个案办理—类案监督—系统治理"工作质效。

【基本案情】

被附条件不起诉人杨某某,男,作案时17周岁,初中文化,公司文员。

被附条件不起诉人李某某,男,作案时17周岁,初中文化,无业。

被附条件不起诉人杜某某,男,作案时16周岁,初中文化,在其父的菜场摊位帮工。

被附条件不起诉人何某某,男,作案时17周岁,小学文化,无业。

被告人郭某某,男,作案时17周岁,初中文化,休学。

被告人张某某,男,作案时16周岁,初中文化,无业。

被告人陈某某,男,作案时16周岁,初中文化,休学。

2019年至2020年7月,杨某某等7名未成年人在汪某等成年人(另案处理,已判刑)的纠集下,多次在浙江省湖州市某县实施聚众斗殴、寻衅滋事等违法犯罪活动。经查,杨某某、李某某长期大量服用通过网络购买的氢溴酸右美沙芬(以下简称"右美沙芬"),形成一定程度的药物依赖。"右美沙芬"属于非处方止咳药,具有抑制神经中枢的作用,长期服用会给人带来兴奋刺激,易产生暴躁不安、冲动、醉酒样等成瘾性身体表现,易诱发暴力型犯罪或遭受侵害。该药物具有一定的躯体耐受性,停药后会出现胸闷、头晕等戒断反应。

【检察机关履职过程】

审查起诉和附条件不起诉。2020年10月,浙江省湖州市某县公安局将杨某某等7名未成年人分别以涉嫌聚众斗殴、寻衅滋事罪移送审查起诉,某县人民检察院受理后,及时启动社会调查、心理测评等特别程序。经综合评估7名未成年人在共同犯罪中的作用及其成长经历、主观恶性、悔罪表现、监护帮教条件、再犯可能性等因素,依法对杨某某、李某某、杜某某、何某某作出附条件不起诉决定。针对杨某某、李某某的暴力行为与长期大量服用"右美沙芬"成瘾相关,检察机关将禁止滥用药物、配合戒瘾治疗作为所附条件之一,引入专业医疗、心理咨询机构对二人进行"右美沙芬"戒断治疗,并阶段性评估和

调整帮教措施，使二人的药物依赖问题明显改善。对犯罪情节严重的郭某某、张某某、陈某某等3人，依法提起公诉。后人民法院以聚众斗殴罪、寻衅滋事罪数罪并罚，判处郭某某、张某某、陈某某有期徒刑二年至二年三个月不等。

行政公益诉讼。办案期间，某县人民检察院对当地近年来发生的类似刑事案件进行梳理，发现多名涉案未成年人存在“右美沙芬”滥用情况，与未成年人实施犯罪或遭受侵害存在一定关联。在将该情况报告湖州市人民检察院后，湖州市人民检察院在浙江检察大数据法律监督平台上开展数字建模分析，汇总2020年1月起线下线上“右美沙芬”流通数据，集中筛选购买时间间隔短、频次高、数量大的人员，并与检察业务应用系统内的涉案未成年人信息以及公安行政违法案件中的未成年人信息进行数据碰撞，经比对研判后发现，该市46名涉案未成年人有“右美沙芬”滥用史。

经初步调查，当地部分实体、网络药店等违反《中华人民共和国药品管理法》《中华人民共和国药品管理法实施条例》等有关规定，存在部分微商无资质或者违法加价网络销售“右美沙芬”、部分网络平台未设置相关在线药学服务渠道等问题。同时，销售“右美沙芬”未履行用药风险提示和指导用药义务等情况也普遍存在。湖州市市场监督管理局作为承担药品安全监督管理职责的行政部门，未依法全面履行药品经营和流通监督管理职责，导致未成年人可以随意购买“右美沙芬”，危害未成年人身体健康，损害社会公共利益。2021年4月，湖州市人民检察院作为行政公益诉讼立案并开展调查取证工作，将在刑事案件中调取的涉案人员微信聊天记录、手机交易记录等，作为公益诉讼案件证据材料，并固定药物来源、用药反应、用药群体、公益受损事实等关联证据，证实不特定未成年人利益受到损害。

2021年4月25日，湖州市人民检察院向湖州市市场监督管理局发出行政公益诉讼诉前检察建议：一是严格落实监测药品销售实名登记制度，对未成年人购药异常情况予以管控。二是加大“右美沙芬”网络经营流通的监管力度，依法查处非法销售问题。三是对“右美沙芬”成瘾性及安全风险开展测评，推动提升药品管制级别。检察建议发出后，湖州市市场监督管理局采纳检察建议，依法排查销售记录34112条，排查网络销售企业326家，梳理异常购药记录600余条，查处网络违法售药案件8起，追踪滥用涉案药物人员89名；建立按需销售原则，明确医师的用药指导和安全提示义务；落实实名登记、分级预警等综合治理措施。

促进社会治理。湖州市人民检察院会同当地市场监督管理部门、药学会、药品经营企业代表围绕未成年人滥用药物风险防控深入研讨、凝聚共识，推动湖州市市场监督管理局制发《未成年人药物滥用风险管控实施意见（试行）》，加强对实体、网络药品销售企业的监督管理，健全涉未成年人滥用药物事件应急预警处置机制。浙江省人民检察院对湖州检察机关办案情况加强指导，同时建议浙江省教育厅、市场监督管理局等单位开展涉案药物的交易监测、专项检查、成瘾性研究，自下而上推动国家层面研究调整“右美沙芬”药物管制级别。2021年12月，国家药品监督管理局根据各地上报案件信息和反映情况，将“右美沙芬”口服单方制剂由非处方药转为处方药管理。2022年11月，国家药品监督管理局发布《药品网络销售禁止清单（第一版）》公告，将“右美沙芬”口服单方制剂纳入禁止通过网络零售的药品清单。

【指导意义】

（一）统筹运用多种检察职能，推动完善一体履职、全面保护、统分有序的未检融合履职模式，综合保护未成年人合法权益。检察机关应当充分发挥未检业务集中统一办理优势，强化系统审查意识和综合取证能力，在办理涉未成年人刑事案件过程中，一并审查未成年人相关公共利益等其他权益是否遭受损害。对经审查评估需要同步履行相关法律监督职责的案件，应当依法融合履职，综合运用法律赋予的监督手段，系统维护未成年人合法权益。

（二）附条件不起诉考验期监督管理规定的设定，应当以最有利于教育挽救未成年人为原则，体现帮教考察的个性化、精准性和有效性。检察机关对未成年人作出附条件不起诉决定时，应当考虑涉罪未成年人发案原因和个性需求，细化矫治教育措施。对共同犯罪的未成年人，既要考虑其共性问题，又要考虑每名涉罪未成年人的实际情况和个体特点，设置既有共性又有个性的监督管理规定和帮教措施，并督促落实。对存在滥用药物情形的涉罪未成年人，检察机关应当会同未成年人父母或其他监护人，要求其督促未成年人接受心理疏导和戒断治疗，并将相关情况纳入监督考察范围，提升精准帮教效果，落实附条件不起诉制度的教育矫治功能，帮助涉罪未成年人顺利回归社会。

（三）能动运用大数据分析，提升法律监督质效，做实诉源治理。检察机关要综合研判案件背后的风险因素、类案特质，主动应用数字思维，通过数字建模进行数据分析和比对，深挖药品流通过程中的问题，系统梳理类案监督线索，精准发现案发领域治理漏洞，通过开展公益诉讼等方式实现协同治理，促进有关方面依法履职、加强监管执法，推动从顶层设计上健全制度机制，完善相关领域社会治理，实现办案法律效果和社会效果的有机统一。

【相关规定】

《中华人民共和国刑事诉讼法》(2018 年修正)第二百八十三条

《中华人民共和国行政诉讼法》(2017 年修正)第二十五条第四款

《中华人民共和国未成年人保护法》(2020 年修订)第一百零六条

《中华人民共和国预防未成年人犯罪法》(2020 年修订)第四条

《中华人民共和国药品管理法》(2019 年修订)第三条、第十一条、第十二条、第五十一条、第五十二条

《中华人民共和国药品管理法实施条例》(2019 年修订)第十五条、第十九条、第五十一条

检例第 172 号——阻断性侵犯罪未成年被害人感染艾滋病风险综合司法保护案

【关键词】

奸淫幼女　情节恶劣　认罪认罚　艾滋病暴露后预防　检察建议

【要旨】

检察机关办理性侵害未成年人案件，在受邀介入侦查时，应当及时协同做好取证和未成年被害人保护救助工作。对于遭受艾滋病病人或感染者性侵的未成年被害人，应当立即开展艾滋病暴露后预防并进行心理干预、司法救助，最大限度降低犯罪给其造成的危害后果和长期影响。行为人明知自己系艾滋病病人或感染者，奸淫幼女，造成艾滋病传播重大现实风险的，应当认定为奸淫幼女"情节恶劣"。对于犯罪情节恶劣，社会危害严重，主观恶性大的成年人性侵害未成年人案件，即使认罪认罚也不足以从宽处罚的，依法不予从宽。发现类案风险和社会治理漏洞，应当积极推动风险防控和相关领域制度完善。

【基本案情】

被告人王某某，男，1996 年 8 月出生，2016 年 6 月因犯盗窃罪被刑事拘留，入所体检时确诊为艾滋病病毒感染者，同年 10 月被依法判处有期徒刑 6 个月。2017 年 10 月确诊为艾滋病病人，但王某某一直未按县疾病预防控制中心要求接受艾滋病抗病毒治疗。

被告人王某某与被害人林某某(女，案发时 13 周岁)于案发前一周在奶茶店相识，被害人告诉王某某自己在某中学初一就读，其父母均在外务工，自己跟随奶奶生活。2020 年 8 月 25 日晚，被告人王某某和朋友曹某、被害人林某某在奶茶店玩时，王某某提出到林某某家里拿酒喝。21 时许，王某某骑摩托车搭乘林某某、曹某一同前往林某某家，到达林某某所住小区后曹某某有事离开。王某某进入林某某家后产生奸淫之意，明知林某某为初一学生，以扇耳光等暴力手段，强行与林某某发生性关系。当晚林某某报警。次日下午，王某某被抓获归案，但未主动向公安机关供述自己系艾滋病病人的事实。

【检察机关履职过程】

开展保护救助。2020 年，四川省某县人民检察院与各镇(街道)政法委员和村(社区)治保委员建立了应急处置、线索收集、协作协同等涉未成年人保护联动机制。2020 年 8 月 26 日上午，县公安局向县检察院通报有留守儿童在 8 月 25 日晚被性侵，县检察院通过联动机制获知该犯罪嫌疑人已被确诊艾滋病。县检察院受邀介入侦查，一方面，建议公安机关围绕行为人是否明知自己患有艾滋病、是否明知被害人系不满十四周岁的幼女，以及被害人遭受性侵后身心状况等情况调查取证；另一方面，启动未成年人保护联动应急处置机制，协同公安机关和卫生健康部门对被害人开展艾滋病暴露后预防，指导被害人服用阻断药物。因阻断工作启动及时，取得较好效果，被害人在受到侵害后进行了三次艾滋病病毒抗体检测，均呈阴性。检察机关还会同公安机关全面了解被害人家庭情况，协调镇、村妇联、教育行政部门开展临时生活照料、情绪安抚、心理干预、法律援助、转学复课、家庭教育指导工作，并对被害人开展司法救助。

组织不公开听证。本案审查过程中，对于犯罪嫌疑人王某某的行为已构成强奸罪不存在争议，但对于能否适用《中华人民共和国刑法》第二百三十六条第三款第一项"奸淫幼女情节恶劣"存在认识分歧。为保护被害人隐私，2021 年 1 月 13 日，县检察院组织召开不公开听证会，听取艾滋病防治专家、法学专家和未成年人保护单位等各方面意见。听证员认为，犯罪嫌疑人已经确诊为艾滋病病人，案发时处于发病期，其体内病毒载量高，传染性极强，给被害人带来了极大的感染风险。犯罪嫌疑人明知自己系艾滋病病人，性侵幼女，严重危及被害人身心健康，其社会危害性与《中华人民共和国刑法》第二百三十六条第三款第二项至五项规定的严重情形具有相当性。经评议，听证员一致认为本案应按照"奸淫幼女情节恶劣"论处。

指控和证明犯罪。某县人民检察院根据案件事实、

证据并参考听证意见审查认为，王某某属奸淫幼女“情节恶劣”，决定以强奸罪提起公诉，综合王某某系累犯，以及具有进入未成年人住所、采取暴力手段、对农村留守儿童实施犯罪等司法解释性文件规定的从严惩处情节，提出判处有期徒刑十五年、剥夺政治权利五年的量刑建议。

2021 年 2 月 8 日，某县人民法院依法不公开开庭审理本案。被告人王某某及其辩护人对检察机关指控的主要犯罪事实、证据无异议，但提出以下辩解及辩护意见：一是被告人的行为没有造成被害人感染艾滋病的后果，不应当认定为奸淫幼女情节恶劣的情形；二是被告人认罪认罚，建议从宽处理。

针对第一条辩解及辩护意见，公诉人答辩指出：本案适用的是《中华人民共和国刑法》第二百三十六条第三款第一项情节加重，而不是第五项结果加重。本案被告人的行为应当评价为“情节恶劣”，主要理由：一是王某某明知自己患有艾滋病，亦明知自己的行为可能导致的严重危害后果，仍强行与不满 14 周岁的幼女发生性关系，无视他人的健康权和生命权，其行为主观恶性大。二是不满十四周岁的幼女自我保护能力更弱，是刑法特殊保护对象。本案被害人是只有 13 周岁的幼女，被艾滋病病人王某某性侵，有可能因感染艾滋病导致身体健康终身受害，被告人王某某的行为造成艾滋病传播重大现实风险，犯罪性质恶劣，社会危害严重。三是虽然被害人目前未检出艾滋病病毒，但危害后果的阻断得益于司法机关和卫生健康部门的及时干预，不能因此减轻被告人的罪责。而且，由于检测窗口期和个体差异的存在，尚不能完全排除被害人感染艾滋病病毒的可能。这种不确定性将长期影响未成年被害人及其家人的生活。因此，应当认定被告人奸淫幼女“情节恶劣”。

针对第二条辩解及辩护意见，公诉人答辩指出：根据《最高人民法院、最高人民检察院、公安部、国家安全部、司法部关于适用认罪认罚从宽制度的指导意见》，被告人认罪认罚后是否从宽，由司法机关根据案件具体情况决定。本案被告人王某某犯罪情节恶劣，社会危害严重，主观恶性大。且王某某系累犯，又有采取暴力手段奸淫幼女、对农村留守儿童实施犯罪等多项从严惩处情节，虽然认罪认罚，但根据其犯罪事实、性质、情节和影响，不属于《中华人民共和国刑事诉讼法》第十五条规定的“可以依法从宽处理”的情形。

处理结果。2021 年 2 月，某县人民法院采纳检察机关的公诉意见和量刑建议，以强奸罪判处王某某有期徒刑十五年，剥夺政治权利五年。判决宣告后，王某某未提出上诉，判决已生效。

制发检察建议。艾滋病病人或感染者性侵害犯罪案件，若不能及时发现和确认犯罪嫌疑人系艾滋病病人或感染者，并立即开展病毒阻断治疗，将给被害人带来感染艾滋病的极大风险。结合本案暴露出的问题，检察机关开展了专项调查，通过调阅本县 2017 年至 2020 年性侵案件犯罪嫌疑人第一次讯问、拘留入所体检等相关材料，以及到卫生健康部门、公安机关走访了解、查阅档案、询问相关人员、听取意见等，查明：按照《艾滋病防治条例》的规定，公安机关对依法拘留的艾滋病病人或感染者应当采取相应的防治措施防止艾滋病传播，卫生健康部门要对建档的艾滋病病人或感染者进行医学随访，对公安机关采取的防治措施应当予以配合。但实践中，犯罪嫌疑人一般不会主动告知被害人和公安机关自己系艾滋病病人或感染者，公安机关主要通过拘留入所体检才能发现犯罪嫌疑人系艾滋病病人或感染者。通过办案数据分析，拘留入所体检超过案发时间 24 小时的占比达 85.7%，这就势必会错失对被艾滋病病人或感染者性侵的被害人开展暴露后预防的 24 小时黄金时间。存在此问题的原因主要在于公安机关和卫生健康部门之间对案发后第一时间查明犯罪嫌疑人是否系艾滋病病人或感染者缺乏有效沟通核查机制，对性侵害被害人健康权、生命权保护存在安全漏洞。某县人民检察院随即向县公安局制发检察建议并抄送县卫生健康局，建议完善相关信息沟通核查机制，对性侵害案件犯罪嫌疑人应当第一时间开展艾滋病信息核查，对被害人开展艾滋病暴露后预防时间一般应当在案发后 24 小时之内。检察建议引起相关部门高度重视，县检察院会同县公安局、卫生健康局多次进行研究磋商，三部门联合制定《关于建立性侵害案件艾滋病信息核查制度的意见》，明确了对性侵害案件犯罪嫌疑人进行艾滋病信息核查的时间要求和方式、对被害人开展暴露后预防的用药时间，以及持续跟踪关爱保护未成年被害人等措施，切实预防艾滋病病毒通过性侵害等行为向被害人特别是未成年被害人传播。

【指导意义】

（一）对于性侵害未成年人犯罪案件，检察机关受邀介入侦查时应当同步开展未成年被害人保护救助工作。性侵害未成年人案件存在发现难、取证难、危害大的特点，检察机关在受邀介入侦查时，应当建议侦查机关围绕犯罪嫌疑人主观恶性、作案手段、被害人遭受侵害后身心状况等进行全面取证。同时，建议或协同公安机关第一时间核查犯罪嫌疑人是否系艾滋病病人或感染者。确定犯罪嫌疑人系艾滋病病人或感染者的，应当立即协同公安机关和卫生健康部门开展艾滋病暴露后预防，切实保护未成年被害人健康权益。检察机关应当发挥未成年人检察社会支持体系作用，从介入侦查阶段就及时启动心理干预、司法救助、家庭教育指导等保护救助措施，尽可能将犯罪的伤害降至最低。

（二）犯罪嫌疑人明知自己是艾滋病病人或感染者，奸淫幼女，造成艾滋病传播重大现实风险的，应当认定为奸淫幼女"情节恶劣"。行为人明知自己患有艾滋病或者感染艾滋病病毒，仍对幼女实施奸淫，放任艾滋病传播风险的发生，客观上极易造成被害人感染艾滋病的严重后果，主观上体现出行为人对幼女健康权、生命权的极度漠视，其社会危害程度与《中华人民共和国刑法》第二百三十六条第三款第二项至六项规定的情形具有相当性，应当依法认定为奸淫幼女"情节恶劣"，适用十年以上有期徒刑、无期徒刑或者死刑的刑罚。对成年人性侵害未成年人犯罪，应综合考虑案件性质、主观恶性、具体情节、社会危害等因素，从严适用认罪认罚从宽制度。对于犯罪性质和危害后果严重、犯罪手段残忍、社会影响恶劣的，可依法不予从宽。

（三）办理案件中发现未成年人保护工作机制存在漏洞的，应当着眼于最有利于未成年人原则和社会公共利益维护，推动相关领域制度机制完善。对于案件中暴露出的未成年人保护重大风险隐患，检察机关应当深入调查，针对性采取措施，促进相关制度和工作机制完善，促使职能部门更加积极有效依法履职尽责，推动形成损害修复与风险防控相结合，事前保护与事后救助相结合的未成年人综合保护模式。艾滋病暴露后预防有时间窗口，及时发现和确定性侵犯罪嫌疑人系艾滋病人或感染者是关键。办案机关同卫生健康部门之间建立顺畅有效的相关信息沟通核查机制是基础。检察机关针对这方面存在的机制漏洞，会同相关部门建章立制、完善制度措施，有利于最大化保护性侵害案件未成年被害人的生命健康权。

【相关规定】

《中华人民共和国刑法》（2020 年修正）第二百三十六条

《中华人民共和国未成年人保护法》（2020 年修订）第一百条

《艾滋病防治条例》（2019 年修订）第三十一条

《最高人民法院、最高人民检察院、公安部、司法部关于依法惩治性侵害未成年人犯罪的意见》（2013 年施行）第二十五条

《最高人民法院、最高人民检察院、公安部、国家安全部、司法部关于适用认罪认罚从宽制度的指导意见》（2019 年施行）第五条

《人民检察院检察建议工作规定》（2019 年施行）第十一条

检例第 173 号——惩治组织未成年人进行违反治安管理活动犯罪综合司法保护案

【关键词】

组织未成年人进行违反治安管理活动罪　有偿陪侍　情节严重　督促监护令　社会治理

【要旨】

对组织未成年人在 KTV 等娱乐场所进行有偿陪侍的，检察机关应当以组织未成年人进行违反治安管理活动罪进行追诉，并可以从被组织人数、持续时间、组织手段、陪侍情节、危害后果等方面综合认定本罪的"情节严重"。检察机关应当针对案件背后的家庭监护缺失、监护不力问题开展督促监护工作，综合评估监护履责中存在的具体问题，制发个性化督促监护令，并跟踪落实。检察机关应当坚持未成年人保护治罪与治理并重，针对个案发生的原因开展诉源治理。

【基本案情】

原审被告人张某，女，1986 年 11 月出生，个体工商户。

自 2018 年开始，张某为获取非法利益，采用殴打、言语威胁等暴力手段，以及专人看管、"打欠条"经济控制、扣押身份证等限制人身自由的手段，控制 17 名未成年女性在其经营的 KTV 内提供有偿陪侍服务。张某要求未成年女性着装暴露，提供陪酒以及让客人搂抱等色情陪侍服务。17 名未成年被害人因被组织有偿陪侍而沾染吸烟、酗酒、夜不归宿等不良习惯，其中吴某等因被组织有偿陪侍而辍学，杜某某等出现性格孤僻、自暴自弃等情形。

【检察机关履职过程】

刑事案件办理。2019 年 6 月 27 日，山东省某市公安局接群众举报，依法查处张某经营的 KTV，7 月 14 日张某到公安机关投案。同年 11 月，某市人民检察院以组织未成年人进行违反治安管理活动罪对张某提起公诉。2020 年 4 月，某市人民法院作出判决，认定张某具有自首情节，以组织未成年人进行违反治安管理活动罪判处张某有期徒刑二年，并处罚金十万元。一审宣判后，张某以量刑过重为由提出上诉，某市中级人民法院以"积极主动缴纳罚金"为由对其从轻处罚，改判张某有期徒刑一年六个月，并处罚金十万元。

同级检察机关认为二审判决对张某量刑畸轻，改判并减轻刑罚理由不当，确有错误，按照审判监督程序提请山东省人民检察院抗诉。2021 年 2 月，山东省人民检察院依法向山东省高级人民法院提出抗诉，省高级人民法院依法开庭审理。原审被告人张某及其辩护人在再审庭审中提出本罪"情节严重"目前无明确规定，从有利于被告人角度出发，不应予以认定，且张某构成自首，原审判决量刑适当。省检察院派员出庭发表意见：一是侵害未成年人犯罪依法应予严惩，本案查实的未成年陪侍人员达 17 名，被侵害人数众多；二是张某自 2018 年开始组织未成年人进行有偿陪侍活动，持续时间较长；三是张某采用殴打、言语威胁、扣押身份证、强制"打欠条"等手段，对被害人进行人身和经济控制，要求陪侍人员穿着暴露，提供陪酒以及让客人搂抱、摸胸等色情陪侍服务，对被害人身心健康损害严重；四是 17 名被害人因被组织有偿陪侍，沾染吸烟、酗酒、夜不归宿等不良习惯，部分未成年人出现辍学、自暴自弃、心理障碍等情况，危害后果严重。综合上述情节，本案应认定为"情节严重"。此外，张某虽自动投案，但在投案后拒不承认其经营 KTV 的陪侍人员中有未成年人，在公安机关掌握其主要犯罪事实后才如实供述，依法不应认定为自首。2021 年 11 月 29 日，山东省高级人民法院依法作出判决，采纳检察机关意见，改判张某有期徒刑五年，并处罚金三十万元。

制发督促监护令。检察机关办案中发现，17 名未成年被害人均存在家庭监护缺失、监护不力等问题，影响未成年人健康成长，甚至导致未成年人遭受犯罪侵害。检察机关对涉案未成年人的生活环境、家庭教育、监护人监护履责状况等进行调查评估，针对不同的家庭问题，向未成年被害人的监护人分别制发个性化督促监护令：针对监护人长期疏于管教，被害人沾染不良习气及义务教育阶段辍学问题，督促监护人纠正未成年被害人无心向学、沉迷网络等不良习惯，帮助其返校入学；针对监护人教养方式不当，导致亲子关系紧张问题，督促监护人接受家庭教育指导，改变简单粗暴或溺爱的教养方式，提高亲子沟通能力；针对被害人自护意识、能力不足的问题，督促监护人认真学习青春期性教育知识，引导孩子加强自我防护等。检察机关还与公安机关、村委会协作联动，通过电话回访、实地走访等方式推动督促监护令落实。对落实不力的监护人，检察机关委托家庭教育指导师制定改进提升方案，并协调妇联、关工委安排村妇联主席、"五老"志愿者每周两次入户指导。通过上述措施，本案未成年被害人家庭监护中存在的问题得到明显改善。

制发检察建议。针对办案中发现的 KTV 等娱乐场所违规接纳未成年人问题，2020 年 9 月，检察机关向负有监督管理职责的市文化和旅游局等行政职能部门制发检察建议，督促依法履职。收到检察建议后，相关行政职能部门组织开展了娱乐场所无证无照经营专项整治、校园周边文化环境治理等专项行动，重点对违规接纳未成年人、未悬挂未成年人禁入或者限入标志等违法经营行为进行查处，共检查各类经营场所 80 余家次，查处整改问题 20 余个，关停 4 家无证经营歌舞娱乐场所。针对多名被害人未完成义务教育的情形，2020 年 12 月，检察机关向市教育和体育局制发检察建议，督促其履行职责，市教育和体育局组织全面排查工作，劝导 78 名未成年人返回课堂，完善了适龄入学儿童基础信息共享、入学情况全面核查、辍学劝返、教师家访全覆盖、初中毕业生去向考核等义务教育阶段"控辍保学"机制。针对本案 17 名被害人均来自农村，成长过程中法治教育和保护措施相对缺乏，检察机关延伸履职，主动向市委政法委专题报告，推动将未成年人保护纳入村域网格化管理体系。在市委政法委的统一领导下，检察机关依托村级活动站建立未成年人检察联系点，择优选聘 915 名儿童主任、村妇联主席协助检察机关开展法治宣传、社会调查、督促监护、强制报告、公益诉讼线索收集等工作，共同织密未成年人保护工作网络。

【指导意义】

（一）准确把握组织未成年人有偿陪侍行为的定罪处罚，从严惩处侵害未成年人犯罪。《刑法修正案（七）》增设组织未成年人进行违反治安管理活动罪，旨在加强未成年人保护，维护社会治安秩序。《娱乐场所管理条例》将以营利为目的的陪侍与卖淫嫖娼、赌博等行为并列，一并予以禁止，并规定了相应的处罚措施，明确了该行为具有妨害社会治安管理的行政违法性。处于人生成长阶段的未成年人被组织从事有偿陪侍服务，不仅败坏社会风气，危害社会治安秩序，更严重侵害未成年人的人格尊严和身心健康，构成组织未成年人进行违反治安管理活动罪。检察机关办理此类案件，可以围绕被组织人数众多，犯罪行为持续时间长，采用控制手段的强制程度，色情陪侍方式严重损害未成年人身心健康等情形，综合认定为"情节严重"。

（二）聚焦案件背后的问题，统筹使用督促监护令、检察建议等方式，以检察司法保护促进家庭、社会、政府等保护责任落实。在办理涉未成年人案件过程中，检察机关应当注重分析案件暴露出的家庭、社会等方面的问题，结合办案对未成年人的生活环境、家庭教育、监护人监护履责状况等进行调查评估，制定个性化督促监护方案,并跟踪落实,指导、帮助和监督监护人履行监护职责。检察机关应当依法能动履行法律监督职能,督促相关职能部门加强管理、落实责任。检察机关还可以加强与相关部门的协作联动,形成整体合力,积极促进区域未成年人保护制度完善和社会综合治理,更好保护未成年人合法权益和公共利益。

【相关规定】

《中华人民共和国刑法》(2020 年修正)第二百六十二条之二

《中华人民共和国刑事诉讼法》(2018 年修正)第二百五十四条

《中华人民共和国未成年人保护法》(2020 年修订)第七条、第一百一十八条

《中华人民共和国家庭教育促进法》(2022 年施行)第四十九条

《娱乐场所管理条例》(2020 年修订)第三条、第十四条

检例第 174 号——未成年人网络民事权益综合司法保护案

【关键词】

未成年人网络服务　支持起诉　行政公益诉讼　社会治理

【要旨】

未成年人未经父母或者其他监护人同意,因网络高额消费行为引发纠纷提起民事诉讼并向检察机关申请支持起诉的,检察机关应当坚持未成年人特殊、优先保护要求,对确有必要的,可以依法支持起诉。检察机关应当结合办案,综合运用社会治理检察建议、行政公益诉讼诉前检察建议等监督方式,督促、推动网络服务提供者、相关行政主管部门细化落实未成年人网络保护责任。

【基本案情】

原告程某甲,女,2005 年 9 月出生,在校学生。

法定代理人程某,男,系程某甲父亲。

法定代理人徐某,女,系程某甲母亲。

被告上海某网络科技有限公司(以下简称某公司)。

2020 年 7 月,程某甲在父母不知情的情况下,下载某公司开发运营的一款网络游戏社交应用软件(App),并注册成为其用户,后又升级至可以进行高额消费的高级别用户。至 2021 年 2 月,程某甲在该 App 上频繁购买虚拟币、打赏主播,累计消费人民币 21.7 万余元。程某甲的法定代理人程某、徐某,对程某甲登录该 App 并进行高额消费的行为不予追认。

【检察机关履职过程】

支持起诉。2021 年 2 月,程某甲的父亲程某发现女儿的网络高额消费行为,与某公司多次协调未果后向多个相关部门求助,但问题未得到解决。程某通过电话向上海市人民检察院与共青团上海市委员会共建的"上海市未成年人权益保护监督平台"寻求帮助,该平台将线索移至公司注册地某区人民检察院。检察机关受理后,立即向程某了解详细情况。经调查核实,该 App 虽然在用户协议中载明"不满 18 周岁不得自行注册登录",但对用户身份审核不严,致程某甲注册为能够进行高额消费的用户。检察机关向程某甲及其法定代理人解释民法典、未成年人保护法和相关规定,建议程某甲及其法定代理人向人民法院提起民事诉讼。

2021 年 3 月,程某甲及其法定代理人向某区人民法院提起民事诉讼,要求确认程某甲与某公司的网络服务合同无效,某公司全额返还消费款。同时,程某甲及其法定代理人向检察机关申请支持起诉。检察机关审查认为:程某甲系限制民事行为能力人,未经监护人同意实施与其年龄、智力不相符合的高额网络消费行为,其法定代理人亦明确表示对该行为不予追认,程某甲实施的消费行为无效,程某甲及其法定代理人要求网络服务提供者返还钱款符合法律规定。本案系未成年人涉网络案件,相较于应对该类问题经验丰富的某公司,程某甲及其法定代理人在网络证据收集、网络专业知识等方面均处于弱势,其曾采取多种形式维权,但未取得实际效果,检察机关有必要通过支持起诉的方式,帮助程某甲依法维护权益。检察机关指导程某甲的法定代理人收集、梳理证据,固定程某甲在该 App 上的聊天、充值记录,对注册登录过程、使用及消费情况进行公证。同年 5 月,某区人民法院开庭审理此案,检察机关派员出庭,并结合指导程某甲收集的证据发表支持起诉意见,某公司表示认可。检察机关积极配合人民法院开展诉讼调解工作,原、被告自愿达成调解协议并经法庭确认,某公司全额返还程某甲消费款项。同时,针对程某甲父母疏于对女儿心理状况关心,忽视对其网络行为监管等问题,检察机关要求程某甲父母切实履行监护责任,加强对程某甲关心关爱,引导和监督其安全、合理使用网络。

制发检察建议。在支持起诉过程中,检察机关通过大数据摸排、实地走访行政主管部门、法院发现,相关部门受理了大量与涉案 App 有关的未成年人网络消费投诉和立案申请,本案具有一定普遍性。该 App 兼具网络游戏和社交功能,属于网络服务新业态,作为该领域知名

企业之一的某公司，没有完全落实未成年人保护相关法律、行政法规规定的法律责任。针对该App用户超出本区管辖范围的情况，某区人民检察院及时报告，在上海市人民检察院指导下，于2021年5月向某公司制发检察建议，要求其全面落实未成年人网络保护主体责任，按照未成年人保护法有关要求优化产品功能、强化内容管理，完善未成年用户识别认证和保护措施。该公司成立专项整改小组，推出完善平台实名制认证规则、提高平台监管能力、增设未成年人申诉维权通道、升级风险防控措施、完善未成年人个人信息保护制度等六个方面的12项整改措施。

开展行政公益诉讼。结合本案及多起与该App有关的涉未成年人网络服务案件，检察机关发现，相关行政主管部门对网络服务新业态的监管不到位，存在侵害不特定未成年网络消费者合法权益的隐患。2021年6月，某区人民检察院向区文化和旅游局执法大队制发行政公益诉讼诉前检察建议，要求对某公司的整改情况进行跟踪评估，并加强本区互联网企业监管，督促网络服务提供者严格落实未成年人网络保护法律规定和网络保护措施。执法大队完全采纳检察建议，对该公司进行约谈，并以新修订的未成年人保护法正式施行为契机，组织相关网络服务提供者开展网络"护苗行动"。

形成网络保护合力。检察机关立足法律监督职能，邀请市网络游戏行业协会、某区相关行政主管部门，对某公司落实检察建议内容、完善网络服务规则和设定相应技术标准、构建"网游+社交"新业态未成年人保护标准等方面进行跟踪评估。为进一步净化未成年人网络环境，上海市人民检察院组织全市检察机关开展"未成年人网络保护"专项监督，主动会商市网络和信息管理办公室，联合市网络游戏行业协会及某公司等30余家知名网络游戏企业发起《上海市网络游戏行业未成年人保护倡议》，明确技术标准、增设智能筛查和人工审核措施，严格落实未成年人网络防沉迷、消费保护措施，强化未成年人网络游戏真实身份认证，促进建立政府监管、行业自治、企业自律、法律监督的未成年人网络保护"四责协同"机制。检察机关还联合相关部门举办"未成年人网络文明主题宣传""清朗e企来"等活动，通过座谈交流、在线直播、拍摄公益宣传片等方式，向全社会开展以案释法，促进提升未成年人网络保护意识。

【指导意义】

（一）依法能动履行支持起诉职能，保障未成年人民事权益。未成年人保护法明确规定，人民检察院可以通过督促、支持起诉的方式，维护未成年人合法权益。未成年人及其法定代理人因网络服务合同纠纷提出支持起诉申请的，检察机关应当坚持未成年人特殊、优先保护要求，对支持起诉必要性进行审查。对于网络服务提供者未落实未成年人网络保护责任，当事人申请符合法律规定，但存在诉讼能力较弱，采取其他方式不足以实现权利救济等情形的典型案件，检察机关可以依法支持起诉。检察机关可以通过法律释明引导、协助当事人收集证据，制发《支持起诉意见书》，还可以派员出席法庭，发表支持起诉意见，更有力维护未成年人合法权益。同时，检察机关可以结合案件办理开展以案释法宣传，为同类案件处理提供指引，提高当事人依法维权能力。

（二）以司法保护推动网络空间诉源治理，增强未成年人网络保护合力。检察机关针对行政机关履行未成年人网络保护监管职责不到位的情况，可以加强磋商联动，以行政公益诉讼促进未成年人网络保护行政监管落地落实。发现有的互联网平台存在未成年人权益保护措施缺失、违法犯罪隐患等问题的，要依法审慎选择履职方式，充分运用检察建议督促企业依法经营，主动落实未成年人网络保护主体责任。检察机关可以加强与相关行政主管部门、行业协会的联动，将个案办理与类案监督、社会治理相结合，推动未成年人网络保护多方协同、齐抓共管。

【相关规定】

《中华人民共和国民法典》(2021年施行)第一百四十五条、第一百五十七条

《中华人民共和国民事诉讼法》(2021年修正)第十五条

《中华人民共和国未成年人保护法》(2020年修订)第六十六条、第七十四条、第七十五条、第七十八条、第一百零六条

·典型案例·

涂某通、万某玲帮助信息网络犯罪活动案

【基本案情】

涂某通，1998年8月出生，系某大学在校学生。

万某玲，1998年9月出生，作案时系某职业技术学校在校学生，案发时系某医院员工。

2018年起，涂某通明知他人利用信息网络实施犯罪，为牟取非法利益，长期收购银行卡提供给他人使用。2018年，涂某通与万某玲通过兼职认识后，涂某通先后收购了万某玲的3套银行卡(含银行卡、U盾/K宝、身份证照片、手机卡)，并让万某玲帮助其收购银行卡。2019

年3月至2020年1月，万某玲为牟利，在明知银行卡被用于信息网络犯罪的情况下，以亲属开淘宝店需要用卡等理由，从4名同学处收购8套新注册的银行卡提供给涂某通，涂某通将银行卡出售给他人，被用于实施电信网络诈骗等违法犯罪活动。经查，共有21名电信网络诈骗被害人向万某玲出售的上述银行卡内转入人民币207万余元。

【诉讼过程】

2020年11月3日，四川省江油市公安局以涂某通、万某玲涉嫌帮助信息网络犯罪活动罪移送起诉。同年12月3日，江油市人民检察院以帮助信息网络犯罪活动罪对涂某通、万某玲提起公诉。鉴于万某玲犯罪时系在校大学生，因找兼职误入歧途而收购、贩卖银行卡，主动认罪认罚，江油市人民检察院对其提出从轻处罚的量刑建议。涂某通在审查起诉阶段不认罪，也不供述银行卡销售去向、获利数额等情况。2020年12月31日，江油市人民法院作出一审判决，以帮助信息网络犯罪活动罪判处涂某通有期徒刑一年四个月，并处罚金人民币一万元；判处万某玲有期徒刑十个月，并处罚金人民币五千元。涂某通、万某玲未上诉，判决已生效。

【教育治理】

针对在校大学生违法收购、贩卖银行卡被用于网络犯罪的情况，江油市人民检察院会同学校所在地检察院，向涉案学生所在高校制发检察建议，提示在校学生涉“两卡”违法犯罪风险。相关学校积极开展法治宣传，通过以案释法，加强对全校学生的教育引导。江油市人民检察院还会同本辖区内学校开展“断卡”宣传进校园活动，将包括本案在内的多个真实案例纳入宣讲；制作“断卡”普法小漫画进行推送宣传，着力提高在校学生学法懂法、遵法守法的意识。

【典型意义】

从近年来的办案情况看，手机卡、银行卡（以下简称“两卡”）已经成为电信网络诈骗犯罪分子实施诈骗、转移赃款的重要工具。为依法严厉打击非法出租、出售“两卡”违法犯罪活动，2020年10月起，最高人民法院、最高人民检察院、公安部、工业和信息化部、中国人民银行等五部门联合部署开展“断卡”行动，以斩断电信网络诈骗违法犯罪的信息流和资金链。

工作中发现，部分在校学生由于社会阅历不足、法治观念淡薄，已成为非法买卖“两卡”的重要群体之一。在利益诱惑面前，有的学生迷失方向，一步步陷入违法犯罪泥潭，从办卡、卖卡发展到组织收卡、贩卡，成为潜伏在校园中的“卡商”。本案被告人即是这样的“卡商”，他们不仅出售自己的银行卡，还在学校里招揽同学出售银行卡。这些银行卡经过层层周转，落入到诈骗人员等犯罪分子手中，用于流转非法资金，危害不容小觑。对于从“工具人”转变为“卡商”的在校学生，应当综合其犯罪事实、情节和认罪态度，依法追究刑事责任。

对于办案中发现的在校学生涉电信网络诈骗以及“两卡”犯罪风险点，检察机关和教育部门要加强以案释法，深入校园开展形式多样的法治宣传教育活动。特别是对于案件相对多发的学校，要共同研究加强教育管理的意见，提升在校学生的风险意识和防范能力，避免成为犯罪“工具人”。办案地和学校所在地检察机关要加强沟通衔接，及时通报情况，积极提供协助，共同推动做好社会治理工作。

郭某凯、刘某学、耿某雲帮助信息网络犯罪活动案

【基本案情】

郭某凯，1997年10月出生，初中文化，无固定职业。

刘某学，1999年5月出生，系某学院在校学生。

耿某雲，2000年6月出生，高中文化，无固定职业。

2020年8月，刘某学办理休学手续后到河北省石家庄市打工，在网上看到收购手机卡的信息后，办理多张手机卡出售给郭某凯所在的贩卡团伙。后为尽快挣钱，刘某学主动加入该团伙成为“收卡人”。该团伙长期在北京、石家庄等地收购手机卡，贩卖给电信网络诈骗等违法犯罪团伙使用。经统计，郭某凯通过自己及其下线收购、贩卖手机卡3700张，获利人民币5.7万余元；刘某学收购、贩卖手机卡871张，获利人民币1.5万余元。

2020年8月23日，耿某雲在微信兼职群内看到郭某凯团伙发布的收购手机卡信息后，用自己身份证办理9张手机卡并按照郭某凯要求交给刘某学，由刘某学验卡、拍照后通过快递寄出，耿某雲获利人民币450元。其中一张手机卡被用于实施电信网络诈骗犯罪，导致河北省井陉县一名被害人被骗人民币35万余元。

【诉讼过程】

2020年10月9日和11月16日，河北省石家庄市井陉县公安局以郭某凯、刘某学、耿某雲涉嫌帮助信息网络犯罪活动罪提请批准逮捕。井陉县人民检察院经审查，决定批准逮捕郭某凯、刘某学，不批准逮捕耿某雲。2021年3月10日，井陉县公安局对耿某雲终止侦查，进行训诫。同年3月25日，河北省通信管理局对耿某雲作出惩戒决定，2年内停止新入网业务，各基础运营商只保留1个手机号码。

2020年12月15日,井陉县公安局以郭某凯、刘某学涉嫌帮助信息网络犯罪活动罪移送起诉。2021年1月12日,井陉县人民检察院以帮助信息网络犯罪活动罪对郭某凯、刘某学提起公诉。2021年3月16日,井陉县人民法院作出一审判决,以帮助信息网络犯罪活动罪判处郭某凯有期徒刑一年十个月,并处罚金人民币二万元;判处刘某学有期徒刑八个月,并处罚金人民币一万元。郭某凯、刘某学未上诉,判决已生效。

【教育治理】

井陉县人民检察院及时向刘某学所在学校制发检察建议,提示校方加强学生网络法治教育、严格日常管理,积极推动形成预防网络犯罪检校合力。校方高度重视,根据检察建议内容,立即下发通知,要求各系部、任课教师、辅导员强化对学生(包括因休学、实习等原因暂时不在学校的学生)的监督管理,及时了解、掌握学生动态;结合案例情况,完善思想政治、法律常识公共课程内容,有针对性地开展警示教育;积极对接当地司法机关,深入开展"法治进校园"活动,通过张贴海报、开展讲座、组织公开课等方式,推动法治教育走深走实。

【典型意义】

当前,手机卡是犯罪分子实施电信网络诈骗犯罪的重要工具。随着网络实名制要求的落实,办理银行卡、注册网络账号等基本都需要绑定实名制手机卡。司法实践中,犯罪分子为逃避打击,往往非法收购他人手机卡来实施电信网络诈骗,绕过实名制监管要求,成为网络黑灰产业链条上的重要一环。对于明知他人利用信息网络实施犯罪,仍然收购、贩卖他人手机卡的"卡头""卡商",构成犯罪的,要依法追究刑事责任。对于仅出售自己手机卡的,一般不作为犯罪处理,但需要同步进行信用惩戒,强化教育管理。

在深入推进"断卡"行动过程中,检察机关要会同相关部门综合运用好行政和刑事措施,加强行刑衔接,多管齐下,实现罚当其罪,发挥综合效应。对于涉案情节较轻不追究刑事责任的,检察机关要督促相关行政执法部门依法及时给予惩戒。既让违法者承担应有的法律责任,受到警示教育;也向社会传递依法从严惩治涉"两卡"违法犯罪、坚决遏制电信网络诈骗犯罪高发多发势头的立场,推动社会共治。

教育部门和大中专、高职院校,要加强对在校学生的关心、关怀、关爱。对于休学和因各种原因未在校学生,密切与家长、学生、实习单位的沟通,详细了解休学原因、生活近况、工作实习情况等,共同加强对学生的日常教育管理。

吴某豪等9人掩饰、隐瞒犯罪所得案

【基本案情】

吴某豪等9人,2000年至2001年出生,分别系某高校或中专在校学生。

候某,1993年出生,无固定职业。

杨某辉,1993年出生,某网络公司员工。

2019年10月至12月,候某、杨某辉伙同他人,通过在朋友圈发布付费交友的虚假信息,引诱被害人扫描二维码付款,并利用事先植入的"百倍跳转"软件,将实际扣款金额扩增至百倍,以此方式实施诈骗。为便于接收、转移赃款,杨某辉以人民币600元至1000元不等的价格,收购他人成套银行卡资料(含身份证复印件、银行卡号、手机号),用于注册微信商户号,并生成收款二维码,供诈骗团伙使用。其中,吴某豪等9人向杨某辉各出售一套银行卡资料。被害人扫描候某提供的二维码付款后,资金转入对应的微信商户号,并根据后台设置于次日凌晨自动转入该商户号绑定的吴某豪等人的银行账户内。

吴某豪等9人明知本人银行账户内转入资金系他人犯罪所得,仍按照杨某辉的要求通过手机银行转入指定账户,转移诈骗资金分别为人民币2.45万元至29.16万元不等。

【诉讼过程】

2020年3月19日、6月30日,浙江省绍兴市公安局上虞区分局分别以候某、杨某辉涉嫌诈骗罪,吴某豪等9人涉嫌掩饰、隐瞒犯罪所得罪移送起诉。同年8月3日,上虞区人民检察院以诈骗罪对候某、杨某辉,以掩饰、隐瞒犯罪所得罪对吴某豪等9人提起公诉。2020年9月14日,上虞区人民法院作出一审判决,以诈骗罪判处候某、杨某辉有期徒刑七年四个月和六年十个月,并处罚金人民币五万元和二万元;以掩饰、隐瞒犯罪所得罪分别判处吴某豪等9名被告人有期徒刑六个月至三年不等,均适用缓刑,并处罚金人民币一千五百元至三千元不等。各被告人未上诉,判决已生效。

【教育治理】

在办案过程中,上虞区人民检察院主动与涉案学生所在的外省学校加强联系,共同开展协同帮教等工作,通过了解学生在校表现材料、安排心理辅导老师谈心谈话等方式,对涉案学生行为危害、悔罪表现、能否继续接受教育等情况进行评估。同时,校方还制定罪错学生后续在校学习监督管理预案,并向当地教育部门汇报。最终,经三方反复沟通和教育部门同意后,所在学校对其中7

名涉案学生保留学籍，上虞区人民检察院依法提出适用缓刑建议。目前，有3名涉案中专生顺利升为大专生。

上虞区人民检察院持续加强与校方跨省联系，通过微信公众号云分享“两卡”犯罪典型案例及“反诈”主题宣传视频等素材。同时，面向本地多所大学、高中近万名师生开展以防范“两卡”犯罪为主题的“开学第一课”宣讲活动，通过搭建检校协作平台，形成了“打击-协作-预防-宣传”于一体的社会综治型办案机制。

【典型意义】

从“断卡”行动情况看，犯罪分子大量收购银行卡、非银行支付账户等用于接收、转移赃款，绕过金融监管，导致诈骗资金迅速流转、拆解、混同，极大地增加了打击犯罪和追赃挽损的难度，社会危害巨大。对于非法出租、出售包括银行卡在内的“两卡”行为，检察机关要坚持源头打击、全链条惩治。既要依法打击涉“两卡”犯罪行为，又要深挖上下游犯罪线索，依法严惩电信网络诈骗、网络赌博等犯罪团伙，努力铲除整个犯罪链条。

对于涉“两卡”违法犯罪的在校学生，检察机关要坚持惩治与挽救相结合，全面、准确评价起诉必要性，依法、精准提出量刑建议。对于依法需要提起公诉，但被告人具有从犯、认罪认罚、退赃退赔等从宽情节的，可以提出轻缓的量刑建议。要注重做好办案“后半篇文章”，检察机关和教育部门、相关学校要加强沟通联系，根据涉案学生的犯罪情节、认罪悔罪态度、在校一贯表现等情况，在法律政策允许的范围内，给予犯罪情节较轻的涉案学生以继续留校完成学业的机会。同时，加强思想工作和批评教育，使其真正认识错误，悔过自新，努力成为合格守法公民。

许某帮助信息网络犯罪活动不起诉案

【基本案情】

许某，2001年3月出生，系某职业技术学院在校学生。

2020年6月，许某高考后为寻找暑期兼职，联系朋友程某（另案处理）帮忙介绍工作，程某介绍许某办理银行卡出售给他人使用，每张卡价格人民币100元。许某按程某要求先自行办理了一张手机卡，后在程某带领下在7家银行各办理了1张银行卡，并将上述7张银行卡和手机卡交给程某，程某向许某转账人民币200元（另有人民币500元尚未实际支付）。交付银行卡后，程某告知许某银行卡系用于为他人转移赃款。许某为了赚钱，未采取补救措施。经查，上述7张银行卡被他人用于实施电信网络诈骗犯罪，被害人转入资金共计人民币22万余元。

【诉讼过程】

2020年10月12日，安徽省合肥市肥东县公安局以许某涉嫌帮助信息网络犯罪活动罪移送起诉。肥东县人民检察院在审查起诉过程中，到许某所在学校调取相关资料。当地教育部门积极配合，提供了许某的在校证明和日常表现。经工作了解，许某在校期间表现良好，无其他前科劣迹。许某到案后如实供述了犯罪事实，认罪认罚并积极退赃。2020年11月11日，肥东县人民检察院依法对许某作出不起诉决定。收卡人程某因涉嫌其他犯罪事实被另案处理。

【教育治理】

结合本案办理，肥东县人民检察院到许某所在高中及相关学校开展反电信网络诈骗和防范“两卡”犯罪宣讲。通过检察官讲述典型案例、揭示犯罪手法，教育引导学生树立正确的金钱观、消费观，提高风险防范意识。当地教育部门和相关学校高度重视，积极提供宣讲平台，加强检校合作，共同将“保护学生权益、加强网络空间治理”落实到日常教学管理中。

【典型意义】

实践中，在校学生容易被贩卡团伙拉拢、利诱，成为犯罪“工具人”。这之中，有的由于不正确的消费观、价值观，为了金钱利益，非法开办、出售“两卡”；有的在寻找实习机会、社会兼职过程中，由于法治观念淡薄，被犯罪团伙所利用，步入犯罪陷阱；有的交友不慎、识人不明，在所谓“朋友”“老乡”的引诱、教唆下出租、出售“两卡”。

办理涉“两卡”案件，对涉案学生要以教育、挽救、惩戒、警示为主，努力实现办案“三个效果”的有机统一。检察机关要加强与教育部门、相关学校的沟通联系，充分了解其学习情况、在校表现，是否具有帮教条件，综合评判起诉必要性。对于犯罪情节轻微，认罪态度较好的，检察机关可以依法作出不起诉决定，并会同教育部门和相关学校加强教育管理，帮助学生迷途知返、走上正途。

要坚持预防为先的理念，注重源头治理、综合治理，坚持齐抓共管、群防群治。检察机关和教育部门、相关学校要共同深入推动反电信网络诈骗和防范“两卡”违法犯罪校园宣传活动，发挥案例的教育警示作用，防止在校学生成为犯罪“工具人”。

郭某、张某诈骗不起诉案

【基本案情】

郭某，2000 年 6 月出生，系某师范学校在校学生。

张某，2000 年 1 月出生，系某师范学校在校学生。

赵某强、丁某、邵某飞、郭某立，1994 年至 2001 年出生，均无固定职业。

2019 年 10 月至 12 月，赵某强、丁某注册"古宝在线""兴源在线"微信公众号，伙同邵某飞、郭某立，冒充古玩交易平台，以帮助被害人出售古董收藏品，需要缴纳"平台入驻费""专家评估费"的方式实施电信网络诈骗，并招募郭某、张某等人作为财务人员提供微信二维码收取诈骗资金。郭某、张某明知郭某立等人从事诈骗犯罪，仍然按照授意将微信昵称和头像改为与诈骗平台同名的"古宝在线"，骗取被害人信任并收取诈骗资金。郭某、张某收款后，立即将被害人拉黑，并通过微信、支付宝全额转账给郭某立，郭某立给予郭某、张某每笔转账 10 元到 30 元不等的提成。

经查，郭某、张某参与诈骗金额分别为人民币 1.6 万余元和 5800 元。

【诉讼过程】

2020 年 1 月 15 日，江苏省太仓市公安局以赵某强、丁某、邵某飞、郭某立、郭某、张某等 6 人涉嫌诈骗罪提请批准逮捕。同年 1 月 22 日，太仓市人民检察院依法对赵某强、丁某、邵某飞、郭某立等 4 人批准逮捕。鉴于郭某、张某系在校大学生，参与诈骗犯罪数额不大，获利较少，有自首情节，太仓市人民检察院主动联系二人所在的外省学校，开展社会危险性评估。综合二人的犯罪情节、悔罪态度，以及在校表现、校方帮教等因素，依法以无社会危险性不批准逮捕，公安机关对其取保候审。考虑到郭某、张某二人生活、学习均在外省，太仓市人民检察院建议太仓市公安局与当地公安机关、社区及所在学校建立联系，采用远程视频、微信、电话等方式加强日常沟通，了解二人在取保候审期间的思想状况和行为表现，防止出现监管"真空"。

2020 年 3 月 20 日，太仓市公安局以诈骗罪对赵某强等 6 人移送起诉。2020 年 6 月 20 日，太仓市人民检察院以诈骗罪对赵某强、丁某、邵某飞、郭某立等 4 人提起公诉。鉴于郭某、张某犯罪情节轻微，自首并认罪悔罪，在取保候审期间严格执行相关规定，积极配合公安、司法机关办案，综合全案情况，依法作出不起诉决定。2020 年 8 月 17 日，太仓市人民法院以诈骗罪分别判处被告人赵某强、丁某、邵某飞、郭某立等 4 名被告人有期徒刑一年三个月至三年不等，并处罚金人民币四千元至一万元不等。各被告人未上诉，判决已生效。

【教育治理】

针对本案反映出的在校大学生提供收款二维码参与诈骗犯罪的问题，太仓市人民检察院向涉案学生所在学校发出《风险提示函》，提醒学校加强学生兼职就业风险防范教育，提高学生辨别防范能力。该校以此案为契机，针对风险提示内容，通过开展主题班会、全校学生大会、家长座谈会等方式加大宣传力度。太仓市人民检察院积极通过法治进课堂、模拟法庭等举措，在本地学校开展以案释法，提升在校学生的法律意识。郭某、张某被不起诉后，二人已顺利毕业走上工作岗位。

【典型意义】

检察机关在审查逮捕时，要贯彻"少捕慎押"理念，全面准确把握逮捕条件。对于学校和居住地不在本地的学生，要加强与所在学校联系，综合评估其犯罪行为、社会危害、一贯表现、认罪态度等因素，充分考虑所在学校、社区管理教育能力，从能够保障诉讼办案、有利于学生完成学业的角度出发，对于采取取保候审足以防止发生社会危险性的，可以依法不批准逮捕。

犯罪嫌疑人被取保候审后，检察机关要会同公安机关，保持与涉案学生所在学校、居住社区和家长的联系，跟踪了解学生日常表现。相关学校和学生家长要共同承担起监督管理职责，加强教育挽救，促使涉案学生真诚悔过，督促其遵守取保候审规定，确保诉讼活动的顺利进行。

教育部门和相关学校要加强对学生兼职就业的教育引导，规范学校内的兼职就业活动，及时提示风险，帮助学生提高辨别违法犯罪的能力，防止在兼职就业过程中落入违法犯罪"陷阱"。

张某等寻衅滋事、敲诈勒索、非法拘禁案

——依法严惩恶势力犯罪集团针对未成年人"套路贷"

【基本案情】

被告人张某纠集李某、任某、陈某、邰某、王某等人，设立组建某财富公司，在江苏省某市区进行非法放贷活动，以喷油漆、扔油瓶、半夜上门滋扰等"软暴力"手段非法讨要债务。在放贷过程中，该组织成员还引诱、纠集褚某、朱某、姚某、王某、顾某等在校学生，利用同学、朋友关系诱骗其他未成年学生签订虚高借款合同，在借款中随意扣减"服务费、中介费、认家费"等，并逼迫未成年少女

拍摄裸照担保债务，部分未成年被害人被迫逃离居住地躲债，造成辍学等不良后果。该组织通过“套路贷”，多次实施敲诈勒索、寻衅滋事、非法拘禁犯罪，违法所得共计人民币166000元，造成恶劣的社会影响。

【裁判结果】

法院经审理认为，被告人张某纠集褚某、李某等11人，形成人员组织稳定，层级结构清晰的犯罪组织，该组织成员长期纠集在一起，共同实施多起寻衅滋事、敲诈勒索、非法拘禁等违法犯罪活动，欺压百姓，扰乱社会秩序，造成较为恶劣的社会影响，应当认定为恶势力犯罪集团。据此，以敲诈勒索罪、寻衅滋事罪、非法拘禁罪，数罪并罚，依法判处被告人张某有期徒刑九年六个月，并处罚金人民币十八万元；对其他恶势力犯罪集团成员亦判处了相应刑罚。

【典型意义】

本案系江苏省扫黑除恶专项斗争领导小组第一批挂牌督办的案件之一，也是扫黑除恶专项斗争开展以来，该省查处并宣判的第一起以未成年人为主要犯罪对象的黑恶势力“套路贷”犯罪案件。

该案恶势力集团的犯罪行为不仅严重扰乱了正常经济金融秩序，还严重侵害了未成年人权益。其利用未成年人涉世未深、社会经验不足、自我保护能力弱、容易相信同学朋友等特点，以未成年人为主要对象实施“套路贷”犯罪，并利用监护人护子心切，为减小影响容易选择息事宁人做法的心理，通过实施纠缠滋扰等“软暴力”行为，对相关未成年人及其家庭成员进行精神压制，造成严重心理恐慌，从而逼迫被害人支付款项，不仅严重破坏正常教育教学秩序，更给未成年人及其家庭造成巨大伤害。对本案的依法从严惩处，彰显了司法机关重拳打击黑恶势力，坚定保护未成年人合法权益的决心。对于打击针对在校学生，特别是未成年在校生的犯罪，促进平安校园具有重要指导意义。

朱某等寻衅滋事案

——依法惩治校园欺凌

【基本案情】

被告人朱某等五人均系北京某校在校女生（犯罪时均未满18周岁），2017年2月28日，五名被告人在女生宿舍楼内，采用辱骂、殴打、逼迫下跪等方式侮辱女生高某某（17岁），并无故殴打、辱骂女生张某某（15岁）。经鉴定，二被害人的伤情构成轻微伤，五名被告人的行为还造成被害人高某某无法正常生活、学习的严重后果。

【裁判结果】

法院经审理认为，被告人朱某等人随意殴打和辱骂他人，造成二人轻微伤，严重影响他人生活，侵犯公民人身权利，破坏社会秩序，构成寻衅滋事罪，且系共同犯罪。据此，以寻衅滋事罪依法分别判处五名被告人十一个月至一年不等的有期徒刑。

【典型意义】

校园欺凌问题关系到未成年人的健康成长，也牵系着每一个家庭的敏感神经，已成为全社会关注的热点问题。本案就是一起典型的校园欺凌行为构成犯罪的案件。本案中，五名被告人的行为已经不仅仅是同学伙伴之间的打闹玩笑，也不仅仅是一般的违反校规校纪的行为，而是触犯刑法应当受到刑罚惩处的犯罪行为。对此类行为，如果仅仅因被告人系未成年人而“大事化小，小事化了”，就会纵容犯罪，既不利于被告人今后的健康成长，更不利于保护同是未成年人的被害人。本案裁判法院充分考虑五名被告人主观恶性和行为的社会危害性，对其分别判处相应的实刑，符合罪刑相适应原则，在有效维护了未成年被害人合法权益的同时，也给在校学生上了一堂生动的法治课。

本案被中央电视台“新闻1+1”等媒体栏目评论称具有“标本意义”，宣判后不久，适逢教育部等十一个部门联合印发《加强中小学生欺凌综合治理方案》，对中小学生校园欺凌综合整治起到了积极的推动作用。

蒋某猥亵儿童案

——依法严惩通过网络实施的无身体接触的猥亵犯罪

【基本案情】

2015年5月至2016年11月，被告人蒋某虚构身份，谎称自己代表“星晔童星发展工作室”“长城影视”“艺然童星工作室”等单位招聘童星，在QQ聊天软件上结识女童。以检查身材比例和发育情况等为由，要求被害人在线拍摄和发送裸照，并谎称需要面试，诱骗被害人通过QQ视频裸聊并做出淫秽动作。对部分女童还以公开裸照相威胁，逼迫对方与自己继续裸聊。经查，蒋某视频裸聊猥亵儿童达到31人。

【裁判结果】

法院经审理认为，被告人蒋某为满足自身变态欲求，以视频裸聊方式猥亵儿童，其行为已构成猥亵儿童罪。而且，其诱骗被害人多达三十余名，遍布全国各地，多数被害人未满12周岁，最小的不到10周岁，有些被害人被猥亵两次以上，依法应当认定为“有其他恶劣情节”。据此，以犯猥亵儿童罪依法从重判处被告人蒋某有期徒刑十一年。

【典型意义】

本案是一起典型的利用互联网猥亵未成年人的案件。在互联网时代，不法分子运用网络技术实施犯罪的手段更为隐蔽，危害范围更为广泛。被告人以选拔童星、网友聊天、冒充老师等方式诱骗或强迫被害人进行视频裸聊或拍摄裸照，虽然没有与被害人进行身体接触，跟传统意义上的猥亵行为有所不同，但其目的是为了满足自身性欲，客观上侵犯了被害人的人身权利，同样构成猥亵儿童罪。类似的网络犯罪行为严重损害了未成年人身心健康，社会危害性极大。本案对被告人蒋某依法从重判刑，彰显了人民法院本着"儿童利益最大化"的原则，依法严厉惩治侵害未成年人犯罪行为的坚定决心。

本案同时也警示家庭和学校要加强对未成年人的教育，引导未成年人正确使用网络，培养、提高识别风险、自我保护的意识和能力；提醒广大青少年增强自我保护意识，最大限度避免网络违法犯罪的侵害，如果正在面临或者已经遭受不法侵害，要及时告知家长、老师或者报警，第一时间寻求法律的保护。

刘某故意伤害案

——探索推动设立未成年犯罪人前科封存制度

【基本案情】

2006 年 12 月 28 日下午 5 时许，被告人刘某（犯罪时 15 周岁）之父刘某芳酒后与同村刘某文因琐事发生口角，后二人在刘某文家门口对骂，刘某文的两个儿子到场后，与刘某芳相互扭打，继而两家发生殴斗。刘某的祖父刘某宗闻讯赶来后，与刘某文相互厮打。在两人殴斗过程中，被告人刘某闻迅赶到现场，用铁钗将刘某文叉成重伤，刘某作案后主动投案，并如实供述了自己的罪行。

案发后，被害人刘某文与被告人刘某就附带民事赔偿达成和解，刘某文对刘某表示谅解。

【裁判结果】

法院经审理认为，被告人刘某持械故意伤害他人身体，其行为已经构成故意伤害罪。但本案系邻里纠纷引发，被告人刘某因见亲人被人殴打一时愤怒，采取过激行为加入殴斗，犯罪动机尚不恶劣，社会危害尚不严重。刘某犯罪时未满 16 周岁，归案后能够坦白自己的犯罪事实，且案发后积极赔偿被害人的损失，已经取得被害人谅解。据此，以故意伤害罪依法判处被告人刘某有期徒刑一年，缓刑一年六个月。缓刑考验期满后，刘某领取了《前科封存证明书》。

【典型意义】

1997 年刑法第一百条设立了前科报告义务，规定："依法受过刑事处罚的人，在入伍、就业的时候，应当如实向有关单位报告自己曾受过刑事处罚，不得隐瞒。"就未成年犯罪人而言，前科报告义务及其所带来的"犯罪标签化"是其重返社会的障碍和阻力之一。本案是山东法院实施的第一例前科封存案件，是对未成年犯罪人开展有效判后帮教，帮助其顺利回归社会进行的有益探索。根据当地市中院牵头，公安、民政等 11 部门联合出台的《失足未成年人前科封存实施意见》，刘某在缓刑考验期结束后向由该 11 个部门组成的前科封存领导小组提交了相关材料，领导小组考察审批后同意向刘某颁发了《前科封存证明书》，并对其犯罪档案进行封存。学校也保留他的学籍并对其犯罪信息予以保密，保证他的正常学习生活。因为这份证明书，刘某慢慢卸下了心理包袱，并心怀感恩，初中毕业后去天津打工，顺利回归融入社会。

该案取得了良好的社会效果，经各大媒体报道及转载后，在社会引起巨大反响，也引起国内专家学者的关注。山东高院因势利导，在总结部分地市经验、组织专家论证的基础上，在全省全面推开"前科封存"制度。该项制度的开展不仅是在少年司法领域的改革创新，更是为相关刑事立法的修改提供了实践基础。此后，2011 年刑法修正案（八）增加规定了未成年犯罪人的前科封存制度，2012 年刑事诉讼法修改又对未成年犯罪人前科封存作了程序衔接规定。

杨某故意杀人案

——全国首例对未成年被害人跨省心理救助

【基本案情】

2017 年初，被告人杨某跟随同乡李某来津务工，后因工资结算问题二人产生矛盾。2017 年 7 月 25 日 7 时许，杨某向李某索要工资时发生争吵，杨某遂从路边捡起一根三角铁用力击打李某头部，致李某头部流血倒地昏迷。后杨某来到李某居住的宿舍，持菜刀砍李某之子小欢、小旭（案发时 8 岁）。三名被害人被送至医院后，李某、小欢经抢救无效死亡，小旭项部损伤程度经鉴定为轻伤二级。案发后，被害人李某近亲属曾某、被害人小旭因家庭情况特别困难，提出司法救助申请。

【裁判结果】

法院经审理认为，被告人杨某因工资结算问题与被害人李某产生矛盾，先后持三角铁、菜刀行凶，致李某及其长子小欢死亡，致李某次子小旭轻伤，其行为已构成故意杀人罪，应依法予以处罚。被告人杨某罪手段残忍，主观恶性深，犯罪后果严重，虽系投案自首，不足以从轻处罚；其行为给附带民事诉讼原告人造成经济损失，依法应予赔偿。据此，以故意杀人罪，依法判处被告人杨某死刑，剥夺政治权利终身；判决被告人杨某赔偿附带民事诉讼原告人曾某、周某、小旭经济损失人民币共计137,262.26元。

【典型意义】

本案是天津法院开展的全国首例对未成年被害人跨省心理救助的案例。被害人小旭案发时年龄尚小，亲眼目睹了父亲、兄长的被害过程，身心健康受到严重伤害，有此类经历的孩子是容易出现心理问题的高危人群。考虑到被害人的家庭状况和案件具体情况，法院决定对小旭开展司法救助，进行心理干预，尽力帮助其走出心理阴影，步入正常的生活、学习轨道。

由于被救助人生活的地方在四川，距离天津太远，如何开展持续、动态的跨省救助，尤其是心理救助，在全国无先例可循。按照刑事被害人救助规定，只能解决被害人的经济困难。考虑到本案的特殊情况，天津法院创新工作思路，为小旭申请了心理救助专项资金，并与四川法院共同确定了跨省司法救助与心理干预并行的工作方案。目前小旭学习生活状态良好，情绪正常，心理救助初步达到了预期效果。

值得注意的是，除了刑事案件的未成年被害人，家事案件中的未成年人，作为家庭成员也经常被无端地卷入家事纷争之中。法院在审理这类案件时，发现确有需要进行救助的困境儿童，也会积极为他们开展延伸救助工作，充分发挥职能优势，整合专业资源，联合政府部门、教育机构、群团组织等让涉困儿童获得精准救助。

严肃处理瞒报行为
确保强制报告制度落到实处

【基本案情】

2018年3月17日上午，某中学保安陆某某在保安室以亲嘴等方式对苏某某（女，14岁）进行猥亵。3月19日下午，又以看其饲养的小动物为诱饵，将苏某某从学校保安室带至其住宿的工棚内，以压身、摸胸等方式进行强制猥亵。3月20日上午，苏某某将被性侵一事反映给学校老师。后苏某某姐姐、陆某某和老师三方在学校内签订协议，约定由陆某某所在劳务公司代为赔偿人民币3万元，被害人家属就此了结此事，不再追究陆某某责任。3月21日，苏某某得知此协议后表示不满，要求追究陆某某法律责任，遂拨打电话报警，本案由此案发。

2019年1月31日，浙江省杭州市萧山区检察院以强制猥亵罪对被告人陆某某提起公诉，并从严提出量刑建议。陆某某被法院判处有期徒刑二年三个月，并被学校开除。

【发现处置】

1. 查明案发事实，及时救助被害人。案发后，检察机关及时与公安机关沟通配合，提出取证意见，针对涉案教师明知学生被学校保安性侵而隐瞒不报的问题，建议公安机关及时调取三方签署的赔偿协议等书证，固定涉案老师、被害人家属等言词证据，为后续处理追责奠定基础。针对被害人出现创伤后心理应激反应等情况，委托专业心理咨询师进行心理辅导，帮助苏某某及时恢复正常学习、生活。

2. 制发检察建议，强化校园安全管理。本案中，苏某某在校园内两次遭受性侵，学校均未能及时发现；在得知其被性侵后，学校老师也未能按照杭州市萧山区有关强制报告制度的要求严格履行报告义务，导致其未能及时得到保护救助，身心健康遭受严重创伤。据此，萧山区检察院向区教育局制发检察建议，要求督促涉案学校依法依规查处有关人员，切实查找校园安全管理漏洞，认真分析整改；建议联合区公安分局建立全区教职员工入职查询机制，明确把学校工勤人员一并纳入入职查询人员范围；要求严格落实侵害未成年人案件强制报告制度，强化教师群体的报告责任和对被害学生的救助义务，明确不报、瞒报、漏报等处罚规定，切实加大在校未成年人权益保护。

3. 督促联动整改，推进强制报告落实。检察建议发出后，杭州萧山区检察院密切跟进，督促涉案学校落实整改，对隐瞒不报的涉事教师严肃批评教育，并暂停对其评先评优、提职晋级，同时要求全校教职员工尤其是班主任，严格落实报告责任；督促区教育局组织专班深入排查全区校园安全管理问题，制定责任清单、按期整改落实，并推动区教育局、区公安分局完善警校联动机制，健全完善教职员工入职查询制度；督促区教育局与全区学校、老师层层签订安全责任书，确保责任到岗到人；联合推广应用"检察监督线索举报——杭州"支付宝小程序，进一步畅通案件线索举报渠道。

【典型意义】

强制报告制度作用的发挥，关键在于落实。本案中，杭州萧山区检察院针对涉案学校教师违反强制报告义务的情形，及时以检察建议督促教育主管部门和学校严肃整改，对涉案教师进行严肃问责，确保了制度执行刚性。同时，主动对标最高检“一号检察建议”，以个案办理为突破口，以强制报告落地为主抓手，积极会同公安、教育等职能部门，全面排查校园安全防范相关问题，助推完善校园安全防控机制建设，为未成年人健康成长构筑起“防火墙”。

医务人员履行报告职责
有力揭露侵害未成年人犯罪

【基本案情】

自2019年11月起，犯罪嫌疑人李某某因其女儿钟某某(女，10岁)贪玩，常以打骂罚跪手段体罚钟某某。2020年2月6日上午，李某某安排钟某某在家写作业。13时许，外出回家的李某某与杨某某(与李某某系同居关系)发现钟某某在偷玩手机，二人使用抽打、罚跪、浇冷水等方式体罚钟某某，直至钟某某出现身体不支状况。后李某某、杨某某发现钟某某已出现无法下咽且有牙关紧咬的情况，李某某意识到事态严重而拨打120急救电话，后医生接诊时发现钟某某伤情疑似人为所致，李某某对其致伤原因有意隐瞒，遂履行强制报告职责果断报警，本案由此案发。

2020年2月8日，民警接到报警后及时赶到现场将犯罪嫌疑人李某某、杨某某控制。次日，河南省新乡市公安局铁西分局以涉嫌故意伤害罪对李某某、杨某某刑事拘留。2020年3月16日，新乡市卫滨区人民检察院对二人作出批准逮捕决定。2020年5月13日，公安机关将该案移送至卫滨区人民检察院审查起诉，现该案正在办理中。

【发现处置】

1. 强制报告为及时破案创造前提条件。2020年2月8日14时24分，赶到现场的医生发现钟某某已无生命体征。在接诊问询过程中，李某某谎称孩子贪玩没有吃饭而摔倒不起，但医生警觉地发觉孩子时值寒冬未穿外衣，体表伤情似是人为所致，遂严格按照河南省新乡市《侵害未成年人案件强制报告若干规定(试行)》要求，履行强制报告职责果断报警。民警赶到现场将李某某、杨某某控制，后检察机关提前介入。正是接诊医生积极履行强制报告职责，及时揭露犯罪，在一定程度上解决了此类案件的发现难问题。

2. 强制报告为有力控罪奠定证据基础。该案在审查逮捕中，犯罪嫌疑人杨某某辩称案发时不在现场没有参与犯罪，检察机关运用公安机关调取的监控视频和现场勘验报告等证据，有力揭穿了犯罪嫌疑人的谎言。同时，检察机关根据报案医生翔实的证言内容，厘清了两名犯罪嫌疑人在案发后的种种表现，客观驳斥了嫌疑人坚称具备自首情节的辩解。接到报告次日，公安机关以涉嫌故意伤害罪对李某某、杨某某刑事拘留。正是因为本案报案及时，为公安机关第一时间进行现场勘验、调取相关监控视频等侦查活动创造了条件，有助于检察机关及时介入侦查，为全面客观收集证据提出意见建议。

3. 强制报告为密织保护网发挥关键作用。2019年9月，河南省检察机关会同相关职能部门制定了包括强制报告制度在内的系列规范性文件。本案接诊医生能够积极履行强制报告职责，恰是相关职能部门落实强制报告制度的具体体现。为使强制报告制度在基层、一线落实落地，河南省检察机关以构建未成年被害人“一站式”询问、救助中心为契机，配合卫生主管部门广泛宣传发动，使医疗机构从业人员树立起报告意识；以法治进校园“百千万工程”专项活动、派设法治副校长为抓手，使强制报告制度在与未成年人密切接触行业内深入人心；以开通12309检察服务中心未成年人司法保护专区为切口，与政法机关、行政部门和社会机构建立信息交互平台，及时接受未成年人刑事申诉、控告和司法救助线索，密织起未成年人司法保护安全网。

【典型意义】

本案是医务人员基于强制报告制度果断报案的监护侵害案件。正是因为强制报告制度确立并被广大医务人员所认同，使侵害未成年人案件能够及时案发，从而为第一时间收集、固定关键证据创造了条件，也为破解侵害未成年人犯罪案件发现难、取证难、指控难等问题发挥了关键作用，更为司法机关通过办案推动形成上下一体、协作联动、及时有效的未成年人司法保护工作格局奠定了制度基础。

教师依规及时报告
公检合力严惩性侵犯罪

【基本案情】

2015年至2019年4月期间，犯罪嫌疑人李某某通过QQ、微信聊天软件“附近的人”功能，将筛选条件设定为10至20岁女学生，进而搜索添加陌生女性聊天，其中以添加湖北省枣阳市某中学女学生居多。李某某在网络聊天中取得被害人信任后将其骗出，以曝光裸照相威胁、强迫饮酒、殴打等方式对被害人实施性侵行为。李某某自

2015年开始，在四年多的时间内先后以此种方式性侵15名被害人（其中未成年人10人）。2019年4月，被害人武某某（女，15岁）因遭受李某某裸照威胁，向就读学校反映并报警，学校及时将该线索报告给检察机关，本案由此案发。

2019年4月18日，公安机关决定对李某某涉嫌强奸一案立案侦查。2019年5月24日，枣阳市检察院对李某某作出批准逮捕决定。因案件重大，枣阳市检察院于2019年11月22日将该案移送至襄阳市检察院审查起诉。2020年3月27日，襄阳市检察院以李某某涉嫌强奸罪依法向襄阳市中级法院提起公诉，目前该案正在审理中。

【发现处置】

1. 及时处置线索，凸显立案监督效力。公安机关在接到本案报警后，随即将李某某抓获，但仅对其采取行政拘留措施而未予刑事立案。该校在获悉武某某疑似遭受性侵的线索后，立即依照湖北省《关于建立侵害未成年人权益案件强制报告制度的工作办法（试行）》，向枣阳市检察院及时报告，检察机关接到线索后与公安机关沟通核实，经调查后认为李某某的行为涉嫌强奸罪，应依法追究其刑事责任，检察机关当天即启动立案监督程序，通知公安机关立案。

2. 聚焦案件侦办，深挖线索引出陈罪。检察机关第一时间与公安机关沟通配合，及时提出取证意见。在建议公安机关依法调取固定李某某手机信息时，发现疑似存在其他20余名被害人，枣阳市检察院迅速启动应急工作方案，配合公安机关指派精干力量侦办此案，收集固定电子证据，逐一确定被害人身份信息，在保护隐私的前提下开展询问，并同步进行心理疏导，最终查清李某某的全部犯罪事实，为精准指控犯罪夯实证据基础。

3. 延伸监督职能，推进校园长效治理。枣阳市检察院以本案为契机，对本地32所学校强制报告制度落实情况及校园安全管理进行走访调查，结合存在问题向该市教育局发出检察建议。该市教育局第一时间采纳并采取整改措施，在全市教育系统开展进一步加强强制报告制度贯彻落实的学习活动，对全市所有学校、教师进行强制报告义务的再强调；开展防范不法侵害安全隐患专项排查活动，加强对校园安全、学生日常行为规范的管理工作，共排查隐患51处，全部整治到位，并将学校落实防范不法侵害整治工作纳入考评；同时联合检察机关在全市400多所学校集中开展了一系列预防性侵法治宣传活动，提高在校学生自护能力。

【典型意义】

本案是一起持续时间长、受害人数多、且主要针对未成年在校学生的重大恶性性侵案件。检察机关通过多部门协同建立侵害未成年人权益案件强制报告制度，推动负有未成年人保护职责的教育等部门积极履行强制报告职责，依法行使立案监督职权，与公安机关合力打击，深挖犯罪线索，有效严惩了性侵多名未成年人的恶劣犯罪。

强制报告构筑校园防护网
阻断社会不良影响和犯罪侵害

【基本案情】

2019年5月16日，江苏省江阴市某小学老师发现本校六年级女学生董某某（女，12岁）在校外抽烟，经与董某某耐心细致交流，了解到董某某曾与他人发生性关系，疑似遭受性侵害。同时，通过董某某得知该校另一名六年级女学生陈某某（女，12岁）也有类似遭遇。发现上述情况后，老师第一时间报告学校，学校根据该市关于侵害未成年人案件强制报告制度要求，立即向公安机关报案。同时，教育局将有关情况通报检察机关。经查，2018年至2019年3月期间，校外闲散人员朱某某、何某某等人明知董某某、陈某某系不满14周岁幼女，仍假借“谈恋爱”之由与其发生性关系。

江苏省江阴市检察院于2019年8月5日以强奸罪对朱某某等人提起公诉，被法院依法定罪量刑。2019年5月17日，何某某归案，因何某某在其他地区也有类似强奸案件，该案由江阴市公安局移送其他地区司法机关处理，案件仍在办理中。

【发现处置】

1. 敏锐发现问题，及时查处犯罪。自2018年建立侵害未成年人案件强制报告制度以来，江苏省江阴市检察机关积极引导督促职能部门落实强制报告责任，相关人员未成年人保护意识和敏感性不断增强。该案中，学校教师发现低龄女学生异常表现后，敏锐意识到可能存在侵害情形，主动追问了解，及时提供犯罪线索。检察机关在接到学校通报后立即介入，引导公安机关在保护好被害人个人隐私的情况下，深入侦查挖掘挖疑似犯罪，发现多起校外社会闲散人员以“恋爱”为幌子对低龄女学生实施性侵害的案件。

2. 家校联合教育，引导帮助被害学生。针对董某某、陈某某存在的价值观偏差、自我保护意识薄弱、不良偏差行为等问题，检察机关会同学校、青少年权益保护协会对二人进行了青春期教育、社会交往规范指导和行为干预。对家长开展了亲子关系、行为监管等家庭教育指导。通过学校教育和家庭教育双管齐下，两名学生断绝了不良社会交往，行为转变明显，思想偏差得到及时纠正。

3. 加强部门联动，完善校园安全防范机制。此案发生后，该校组建了校园安全观察员队伍，将在校学生与社会闲散人员的不当交往作为重点关注事项。督促老师加强与家长的联系，全方位掌握学生在校外的动态。校园安全观察员强化与公安等职能部门联动，整治校园周边闲散未成年人侵害在校学生权益问题，架构了严密的校园安全防护网。

【典型意义】

低龄学生容易受到不良影响，在校学生与校外闲散人员不当交往滋生的欺凌、性侵害等犯罪在学生群体中影响面广、负作用大，如不及时干预危害严重。在该案中，江苏省江阴市司法机关和教育部门通过落实强制报告制度，从学生的偶然不良行为中，深挖出多起校外人员性侵害在校女学生犯罪。在依法惩治犯罪的同时，检察机关一方面对被害女学生开展教育引导工作，帮助二人改正错误思想观念，树立正确价值观，恢复身心健康。另一方面会同学校加强法治教育与安全建设，落实亲职教育，检校家联合扎牢防护网，避免低龄未成年人受到犯罪侵害和滋扰。

及时干预救助　依法严惩监护侵害案件

【基本案情】

2007年，李某某夫妇因婚后常年无子女，领养一名出生不久的女婴李某甲。2019年5月9日，就读于浙江省桐庐县某小学的李某甲（女，12岁）向其班主任老师求助，称其养父李某某从2018年暑假开始，在家中多次以触摸胸部、阴部等方式对其实施猥亵。李某甲曾向养母诉说，但养母不相信，置之不理，于是向班主任老师反映。老师收到求助后，当日即依照强制报告制度要求，层报至教育主管部门，县教育局于次日向公安机关报案，并向检察机关报备，本案遂案发。

2019年5月10日，桐庐县公安局对李某某猥亵儿童一案立案侦查。2019年6月4日，桐庐县检察院对李某某作出批准逮捕决定。2019年8月7日，桐庐县检察院以李某某涉嫌猥亵儿童罪提起公诉，2019年8月27日，桐庐县法院以猥亵儿童罪判处李某某有期徒刑三年三个月。

【发现处置】

1. 落实强制报告制度，发现干预双及时。2018年7月，杭州市检察院与公安、教育、卫健等部门联合制定市级层面的侵害未成年人案件强制报告制度。制度施行以来，桐庐县检察院主动加强与县公安、教育、卫健等部门的沟通联系，达成工作共识。同时依托“法治进校园”、“两微一端”新媒体平台，向广大师生宣传强制报告制度，打通制度运行“最后一公里”。本案中，被害人向养母诉说无果后，转而向班主任老师求助，班主任老师第一时间向教育主管部门和司法机关报告，并由学校心理老师初步开展心理疏导。桐庐县公安局接到报案线索当日立案侦查，次日，桐庐县人民检察院及时介入，确保案件有效查处。

2. 依托“一站式”机制，办案救助双同步。提出取证建议时，桐庐县检察院发现本案客观证据较为单薄，且被害人李某甲因家中亲属不明事理、一味埋怨，产生了持续性的内疚、自责等负面心理。对此，检察机关运用“一站式”办案机制对被害人开展询问、心理疏导，避免“二次伤害”。一方面，梳理评估案件线索，及时向公安机关提出建议，调取相关证人证言、被害人与其养父聊天记录等证据；另一方面，获取学校初步心理干预记录，通过县妇联邀请资深心理咨询师为李某甲及其养母进行多次心理测评、干预疏导，由村两委人员对养母和其他亲属进行教育劝诫，做到严厉打击犯罪与保护救助两同步。

3. 协调社会化支持，安置帮扶双落地。鉴于本案的特殊性，桐庐县检察院多次牵头召开联席会议，邀请民政、教育、公安、妇联、团委、乡镇及居住村相关人员商讨被害人安置问题。办案期间，为调整亲属心态，根据心理咨询师的建议，暂时将李某甲交由县反家暴庇护所庇护。案件办结后，经充分征询李某甲个人意愿对其进行妥善安置，民政部门确定一名志愿者跟踪陪伴，掌握思想动态、提供生活帮扶。为缓解经济困难，桐庐县检察院还向李某甲发放1万元司法救助金。目前，李某甲日常生活、学习情况良好。

【典型意义】

本案是一起发生在家庭内部成员间的监护侵害案件，发现查处难度极大，但由于学校老师高度负责，积极主动履行强制报告义务，从而使案件从被害人求助到司法机关介入仅用了三天时间，确保了案件依法及时有效查处。在办案过程中，桐庐县检察院针对被害人的心理状态，通过妇联邀请心理咨询师同步开展心理疏导；针对家庭成员和亲属的认知偏差，协调基层组织，对监护人及其亲属进行教育劝诫；针对被害人临时安置，联合民政、妇联等部门审慎制定安置方案，落实案中庇护，案后又及时跟进监督、开展生活帮扶等，全方位构建起保护救助未成年人精细网络。

重拳惩处 严厉打击伤害无辜儿童犯罪

【基本案情】

李某与紫某因矛盾发生争执，将紫某家面包车烧毁，被法院判处拘役六个月。2017 年，李某刑满释放后到紫某家中寻找紫某未果，对放学回家的紫某之子（案发时 6 岁）报复泄愤，将硝酸浇在该童头上，致该童头面部及全身多处皮肤被严重灼伤，构成重伤二级，容貌重度毁损，构成二级伤残，全身多处体表形成瘢痕，构成八级伤残。公安机关对该案立案侦查，云南省昆明市人民检察院对李某以故意伤害罪提起公诉，因其伤害未成年被害人手段特别残忍，情节特别恶劣，后果极其严重，建议对其判处死刑。法院采纳检察机关量刑建议，判处李某死刑立即执行，剥夺政治权利终身。在案件办理过程中，检察机关积极开展对被害人的司法救助，并通过司法救助绿色通道、中华少年儿童慈善救助基金会等渠道为该童筹集救助款 20 余万元。

【典型意义】

为泄私愤，对无辜儿童实施严重暴力犯罪，严重侵害未成年人身心健康，对此类案件应当从严从重惩处。本案中，检察机关依法对犯罪分子提出从严惩处的量刑建议，体现了司法机关对严重侵害未成年人暴力犯罪的“零容忍”态度和重拳严厉打击的力度。

及时介入侦查 坚决严惩
驾车冲撞学生恶性犯罪

【基本案情】

韩某某因生活琐事，预谋“驾车撞人”以宣泄情绪、报复社会。2018 年 11 月，韩某某驾驶机动车至辽宁省某小学门口，逆向加速冲撞返校的学生队伍，造成 6 名未成年人死亡，20 人受伤（18 人系未成年人）。案发后辽宁省葫芦岛市人民检察院第一时间成立专案组及时介入侦查，提出意见，引导公安机关全面收集、固定证据，快速审查，及时确认了韩某某的完全刑事责任能力和故意犯罪心态，综合全案犯罪事实，以危险方法危害公共安全罪对韩某某提起公诉，并提出判处死刑的量刑建议。法院判处韩某某死刑立即执行。

【典型意义】

本案是一起驾车冲撞学生队伍造成多人伤亡的恶性危害公共安全犯罪案件，检察机关及时介入侦查，加强与公安机关衔接配合，依法从严从快办理案件，提出判处死刑的量刑建议，彰显司法机关对此类犯罪依法坚决予以严惩的态度。

从严从快 惩处校园门口捅刺学生犯罪

【基本案情】

赵某某将生活、工作受挫归因于曾就读的中学所致，遂产生报复该校学生的恶念。2018 年 4 月 27 日，赵某某携带三把刀具在该校门口等候，待放学之际持匕首迎面冲向学生连续捅刺，共造成 9 人死亡，4 人重伤，7 人轻伤，1 人轻微伤。案发后，司法机关立即启动快速反应机制，检察机关及时介入侦查，第一时间参与讯问、现场勘验等活动，配合公安机关全面依法收集、固定证据。案发次日，陕西省榆林市米脂县人民检察院以涉嫌故意杀人罪依法将赵某某批准逮捕；5 月 28 日，陕西省榆林市人民检察院依法提起公诉；7 月 10 日，法院以故意杀人罪判处赵某某死刑立即执行，剥夺政治权利终身。

【典型意义】

本案是在校园周边捅刺学生的重大恶性案件，检察机关及时介入侦查，与公安机关分工协作、相互配合，依法从严从快从重批捕起诉，加大指控犯罪力度，充分发挥法律震慑作用，切实维护校园周边安全。

严打黑恶犯罪 坚决遏制
拉拢侵蚀未成年人态势

【基本案情】

2017 年 2 月至 2018 年 2 月，吴某等人以共同出资成立某实业有限公司为幌子，吸纳形成了包括多名未成年人在内的黑社会性质组织。依托软、硬暴力手段面向未成年人群体开设赌场，引诱未成年人参与赌博并欠下赌债，后对这些未成年人及其家人实施敲诈勒索。在较短时间内实施聚众赌博 29 场，敲诈勒索 19 起，非法敛财人民币百万余元，陷入其中的未成年人 55 名，其中在校学生 13 名。该组织成员还诱骗少女吸食违禁品后实施性侵。经公安机关侦查终结，浙江省杭州市余杭区人民检察院于 2018 年 10 月，对吴某等人以涉嫌组织、领导、参加黑社会性质组织罪、赌博罪、聚众斗殴罪、开设赌场罪、敲诈勒索罪、非法侵入住宅罪、强奸罪依法提起公诉。2018 年 12 月，法院依法判处吴某等十二人有期徒刑二十年至三年不等。结合案件办理情况，检察机关向教育部门发出检察建议，推动加强校园管理和学生安全教育。

【典型意义】

本案中，以吴某为首的黑社会性质组织引诱未成年人参与赌博，并借赌博之名进行多种违法犯罪，将黑恶势力的黑手伸向未成年人和校园，社会影响恶劣。公安机关、检察机关、人民法院对此类犯罪行为严厉打击，坚决遏制黑恶犯罪向未成年人领域蔓延。

依法核准　坚决追诉严重侵害未成年人权益犯罪

【基本案情】

1997年7月28日，朱某在江苏徐州市某小区，入室抢劫致幼童彭某死亡，作案后逃离现场。此案多年未侦破。2018年，公安机关通过指纹比对发现线索，将犯罪嫌疑人朱某抓获。2019年2月，江苏省检察机关层报最高人民检察院对朱某核准追诉。最高人民检察院经审查认为，本案虽已超过追诉时效，但考虑朱某的犯罪对象为年仅10岁的未成年人，犯罪性质特别恶劣，后果特别严重，社会影响至今没有消除，依据1979年《中华人民共和国刑法》第七十六条规定，于2019年5月6日对犯罪嫌疑人朱某作出核准追诉决定。

【典型意义】

对法定最高刑为无期徒刑、死刑的犯罪，一般经过二十年不再追诉。如果二十年后认为必须追诉的，依法须经最高人民检察院核准。在办理此案中，检察机关认真贯彻对未成年人特殊、优先保护原则，结合具体犯罪的性质、情节、手段、后果、社会影响、认罪态度等方面，认真审查，严格把关，依法作出核准追诉的决定，体现了坚决打击严重侵害未成年人犯罪的态度和决心。

“法治进校园”有成效　猥亵女童保安“显形”被严惩

【基本案情】

2018年7月，按照最高人民检察院“法治进校园”部署要求，重庆市城口县人民检察院在某偏远乡镇学校讲授预防性侵法治教育课后，该校一名男生向当地派出所报案称“看见学校保安刘某某摸了女同学，这是检察官说的猥亵行为”。公安机关随即开展调查，检察机关及时介入，提出意见，会同公安机关调取学校监控视频并实地查看，搜集相关证据，认定刘某某行为已涉嫌犯罪，2018年10月，以猥亵儿童罪对刘某某提起公诉，2018年12月，法院以刘某某犯猥亵儿童罪，判处有期徒刑二年八个月，禁止其自刑罚执行完毕之日或者假释之日起五年内从事学校保安及其相关职业。

【典型意义】

自2016年6月开始，最高人民检察院、教育部联合部署开展“法治进校园”全国巡讲活动，以学生喜闻乐见的形式，开展法治宣讲、以案释法和课堂普法等活动，成效显著。本案即在校学生听完法治课后主动举报案件线索，既及时惩治了犯罪，又增强了同学们的自护意识，是“法治进校园”活动成效的充分展现。

依法抗诉性侵害未成年人案件　维护法律权威

【基本案情】

2017年9月9日，杨某甲纠集杨某乙、杨某丙等其他5人（均另案处理）共同商量对小英（女，16岁）、小云（女，14岁）、小涵（女，12岁）实施强奸。次日凌晨，杨某甲、杨某乙等人欲强行与三被害人发生性关系。杨某丙（另案起诉，被判处有期徒刑十三年）强奸了小英，杨某甲、杨某乙因小云、小涵反抗且小涵处于生理期而未得逞。2018年9月法院作出判决，判处杨某甲有期徒刑一年六个月、杨某乙有期徒刑一年二个月。广西壮族自治区钦州市检察机关审查认为，一审判决对杨某甲、杨某乙等人系强奸多人的情节未予认定，且未认定具有奸淫不满十四周岁幼女的从重情节，属于认定事实错误，导致量刑畸轻，向法院提起抗诉。2018年12月法院撤销一审判决，改判杨某甲有期徒刑十二年，剥夺政治权利二年；改判杨某乙有期徒刑十年，剥夺政治权利一年。

【典型意义】

多人性侵害多名未成年人案件主观恶性大，后果严重，影响恶劣，依法应予以从严惩处。本案中，检察机关认真履行审判监督职能，对错误判决依法提出抗诉，维护了法律权威和司法公正，取得了良好的法律效果和社会效果。

协作追捕追诉　组织强迫未成年人卖淫犯罪深挖幕后“保护伞”

【基本案情】

2016年至2017年期间，朱某某跨省组织包括6名未成年人在内的十余名女性在酒店卖淫。福建省武平县人民检察院在审查逮捕期间与公安机关协作追捕4人，在审查起诉阶段引导公安机关侦查取证，成功查实朱某某等2人强迫多名未成年人多次卖淫的犯罪事实，又追诉协助组织卖淫的同案犯1人。同时，检察机关针对本案中可能存在为卖淫团伙通风报信、提供幕后帮助的"保护伞"行为，将线索移交监察委员会，挖出相关主管部门人员陈某某。最终朱某某等6人因犯组织卖淫罪、强迫卖淫罪、协助组织卖淫罪分别被判处十二年至一年一个月不等有期徒刑，目前，陈某某因涉嫌徇私枉法、受贿罪被依法提起公诉。

【典型意义】

组织、强迫未成年人卖淫，严重损害未成年人的身心健康，必须依法全面、严厉打击。检察机关加强与公安机关配合协作，充分运用引导取证、追捕、追诉等监督手段，体现出对此类犯罪依法严厉惩处的决心。同时，对于办案中发现的"保护伞"相关线索，及时移送有关部门依法办理，坚决严惩侵害未成年人犯罪背后的帮凶与黑手。

净化网络空间　严惩"童星招募"背后的性侵害犯罪

【基本案情】

2016年5月至2017年5月，曲某某为寻求性刺激，通过QQ聊天软件，冒充某影视公司的女性工作人员，以招募童星需先行检查身体发育情况为由，先后诱骗、唆使被害女童张某某、李某某等人（年龄均在10—13岁之间），要求被害人拍摄自身隐私部位的不雅照片、视频等供其观看。上海市嘉定区人民检察院受理案件后，及时向公安机关提出意见，对涉案电脑中的电子数据进行恢复和固定，进而查明多名被害人的身份信息，最终查证曲某某通过网络猥亵各地女童11人的犯罪事实。2018年3月，检察机关以曲某某涉嫌猥亵儿童罪向法院提起公诉。法院以曲某某犯猥亵儿童罪，判处其有期徒刑十年。

【典型意义】

随着互联网的普及，利用网络社交平台猥亵儿童的新型性侵害案件频发，严重侵害未成年人的人格尊严和身心健康。本案利用"童星招募"实施性侵害犯罪，一方面暴露出被害儿童涉世未深，缺乏辨识能力和自我保护意识；另一方面也凸显了未成年人使用网络社交平台带来的安全隐患，对该类犯罪行为依法予以严厉打击，有效净化了网络空间。

精准适用法律　严厉打击组织未成年人有偿陪侍

【基本案情】

靳某某从2016年开始，使用感情笼络、威胁、殴打等手段，管理控制梁某等8名女性未成年人在KTV有偿陪客人喝酒、唱歌，持续近两年时间。案发后，江苏省宿迁市宿豫区人民检察院提前介入，认为靳某某的行为损害了未成年人身心健康，严重危害了社会治安管理秩序，应当以组织未成年人进行违反治安管理活动罪追究刑事责任，同时向公安机关提出进一步完善收集固定证据的意见。此后，经综合全案证据，认定靳某某组织未成年人进行违反治安管理活动罪情节严重，依法提起公诉。法院采纳了检察机关的意见，判处靳某某有期徒刑六年，并处罚金二万元。

【典型意义】

不良社会风气严重影响未成年人健康成长，对于不法分子组织未成年人在KTV等娱乐场所有偿陪侍行为，应予以严厉打击。本案中，检察机关会同公安机关、人民法院，精准定性，打击治理娱乐场所组织未成年人有偿陪侍现象，有效维护了社会治安秩序，保护未成年人健康成长。

帮教期间发现线索　严惩引诱组织未成年人实施违法犯罪

【基本案情】

刘某等人招募祝某某、马某某、杜某某等多名未成年少女卖淫，后刘某以卖淫女系未成年人为由对嫖客实施敲诈勒索。北京市海淀区人民检察院在对涉案未成年少女开展跟踪帮教过程中了解到，刘某等人多次以诱骗的方式吸引外地未成年少女来京卖淫，并提供统一住宿、日常花销，以及避孕套、手机、收款二维码等实施"仙人跳"的作案工具，可能涉嫌组织卖淫罪。根据这一线索，检察机关积极向公安机关提出意见，并协助调取和固定电子数据，核实嫖客身份，成功追诉刘某等人组织卖淫罪，追加四起敲诈勒索犯罪事实。2019年3月，法院以刘某犯组织卖淫罪、敲诈勒索罪数罪并罚，判处有期徒刑八年并处罚金。

【典型意义】

组织未成年人卖淫并利用未成年人敲诈勒索获取不法利益的行为，严重侵害了未成年人身心健康，严重扰乱了社会秩序，应予以严厉打击。检察机关在对未成年人帮教中敏锐发现犯罪线索，积极提出收集完善证据意见，会同公安机关，成功追诉犯罪，展现了司法机关不放过、不纵容任何侵害未成年人犯罪的鲜明态度。

落实强制报告制度 立案监督办理教师强制猥亵案

【基本案情】

2019年5月，江某某（男，某中学教师）以做实验的名义先后三次将学生小南（女，14周岁）叫到校实验室实施猥亵。事后小南父亲向当地教育部门反映了有关情况并向公安机关报案。江某某也主动到当地派出所投案。公安机关审查后认为江某某并未对小南使用强制手段，未当即立案。湖北省枣阳市教育局根据该省制定的强制报告制度工作办法，向检察机关进行了通报。检察机关向公安机关核实具体案情后，认为江某某利用其作为教师的特殊身份，在违背被害人真实意愿的情况下采用搂抱、亲吻等方式对学生实施侵害，给被害学生形成了心理上的威慑和压迫，这种行为应当构成强制猥亵罪，遂启动立案监督程序。后公安机关以江某某涉嫌强制猥亵罪立案侦查，检察机关提起公诉，同时提出从业禁止建议。法院依法判处江某某有期徒刑一年，自刑罚执行完毕之日起五年内禁止其从事教师职业。

【典型意义】

发生在校园的性侵害未成年人案件，学校具有第一时间获得被害人遭受性侵害信息的客观条件，检察机关依托此条件，积极落实与多部门协同建立的侵害未成年人权益案件强制报告制度，对校园内侵害未成年人线索积极进行处理，依法履行立案监督职能，追究犯罪分子的刑事责任，为未成年人提供及时有效的司法保护。

准确认定犯罪事实 依法办理涉恶集团欺凌学生犯罪案件

【基本案情】

自2017年10月以来，高某招揽邱某等14人（12人系未成年人）组成恶势力犯罪集团，采用威胁、恐吓等方式，在校园及周边向未成年在校学生收取“保护费”，实施抢劫、寻衅滋事、盗窃、诈骗等犯罪20余起，被侵害学生30余人，涉案金额达4万余元。江苏省淮安市淮安区人民检察院及时介入侦查，协助公安机关全面收集固定证据，追加认定一起进入学生宿舍收取“保护费”的寻衅滋事犯罪事实，改变定性四起诈骗犯罪为盗窃罪，对仅参与一起盗窃犯罪、情节较轻的未成年人吴某附条件不起诉，对其他集团成员提起公诉。法院依法采纳检察机关的定罪量刑意见，判处首要分子高某有期徒刑十二年八个月，判处其他13名成员有期徒刑五年至拘役三个月不等刑罚。

【典型意义】

本案是一起由成年人纠集未成年人侵害未成年学生的涉恶校园欺凌案件，侵害人数多、持续时间长、社会影响恶劣，严重危害校园安全。检察机关、公安机关准确认定犯罪事实，合力打击该类涉恶犯罪集团，依法维护了校园安全。

严惩校园欺凌 筑起平安校园防火墙

【基本案情】

2018年3月，刘某某、陈某某等人纠结龙某某等3名未成年人，成立以帮忙打架收取保护费的“帮会”，先后逼迫10余名在校学生加入帮会并交纳保护费，殴打10余名在校学生，收取费用约2000元，致使多名被害学生产生厌学情绪。案发后，四川省内江市市中区人民检察院及时介入，引导公安机关调查取证，依法追加起诉闵某某等帮派骨干成员涉嫌寻衅滋事罪。法院最终判处刘某某等人六年五个月至三年不等刑罚。针对案件中凸显的问题，检察机关向教育主管部门发出加强学生法治教育、建立校园安全防控及净化校园周边环境等检察建议，教育部门及时整改落实，建立健全了校园安全防控体系。

【典型意义】

在校园拉帮结派，收取保护费，欺凌同学，严重扰乱校园秩序，严重影响在校学生安全感，侵害学生身心健康。本案中，检察机关会同公安机关，追诉遗漏犯罪，体现严惩校园欺凌犯罪的决心。发出检察建议督促相关部门依法履职，为未成年人筑起了平安校园防火墙。

准确认定从重情节 严惩校外培训机构猥亵儿童犯罪

【基本案情】

自2017年夏天起至案发，张某某在无照开办的书苑教授书法。期间，在有十余名学生在场的情况下，多次以单独辅导为由，分别将四名11至13岁幼女喊到教室最后一排桌子处，以抚摸胸部、小腹、生殖器及亲吻脸部等方式对上述女童进行猥亵。案发后，江苏省南京市鼓楼区人民检察院及时介入审查，发现可能还有其他被害人，遂建议公安机关扩大侦查范围,又排查出两名学生被猥亵的事实。检察机关结合其他从重情节,以张某某涉嫌猥亵儿童罪向法院提起公诉。法院判处张某某有期徒刑八年,并禁止其刑满五年内从事教育类相关职业。

【典型意义】

校外培训机构教师性侵未成年人,存在犯罪隐蔽、发现难、取证难等特点,检察机关针对校外培训机构教师猥亵儿童案及时介入,提出建议,会同公安机关第一时间固定证据,准确认定从重情节,坚决予以严厉打击,对类似行为起到了震慑和警示作用。

依法打击非法经营"笑气"
保护青少年身心健康

【基本案情】

2017年至2018年5月,武某从网上违法进购"笑气"(一氧化二氮,一种具有较强的传播性、成瘾性和致害性的危险化学品),在微信朋友圈售卖,以快递方式寄送给买方,销售金额6万余元。已查明的购买者中,在校大学生8人,高中生2人,其中一名购买者因长期吸食"笑气",出现腿回沟关节受损、中毒性脑病、泌尿系统感染等不良反应。天津市河东区人民检察院以非法经营罪对武某提起公诉。法院判处武某有期徒刑七个月,并处罚金7千元。在办理案件的同时,检察机关深入学校、社区开展普法宣传,引导青少年远离"笑气"危害。

【典型意义】

麻醉药品和精神药品的滥用,对未成年人的身体和精神造成不可逆的双重摧残,以"笑气"为代表的暂未列入麻醉药品或精神药品管制目录的精神活性物质,逐渐成为不法分子新的牟利工具。针对此类案件,在依法予以打击惩罚犯罪的同时,检察机关积极开展普法宣传,保护未成年人身心健康。

依法惩治遗弃犯罪
司法救助温暖困境儿童

【基本案情】

2017年9月,张某因家庭生活困难,幼子(9岁,智力残疾)生活不能自理,遂将其遗弃于道路旁。2019年3月,四川省巴中市通江县人民检察院以遗弃罪对张某提起公诉,法院判处其拘役四个月,缓期六个月执行。张某在缓刑考验期限内违反监督管理规定,无故殴打其子,检察机关依法履行法律监督职责,向法院建议撤销缓刑,法院依法裁定撤销张某缓刑,收监执行。同时,检察机关向相关单位发出检察建议,督促落实对未成年被害人的教育资助、社会福利等政策。协调将未成年被害人安置于儿童福利院,并依法开展司法救助。

【典型意义】

本案是一起监护人遗弃幼子,在缓刑考验期内仍无故殴打幼子的案件。检察机关依法履行法律监督职能,建议法院撤销缓刑。同时积极开展司法关爱救助,用司法温情呵护困境儿童。

审慎审查追诉漏罪
严厉打击拐卖儿童犯罪

【基本案情】

2018年,广西壮族自治区博白县人民检察院在审查小雨(14岁,边缘智力)3次被拐卖案时发现,林某、黄某在收买小雨后,均曾与小雨同居后又将其出卖,且可能明知小雨系未满十四周岁的幼女仍与其发生性关系,检察机关依法追加认定林某、黄某在拐卖过程中存在强奸行为,并对收买被拐卖儿童的卜某追加认定强奸罪,依法向法院提起公诉。法院以林某、黄某犯拐卖儿童罪,且有强奸情节加重判处有期徒刑十年,剥夺政治权利一年,并处罚金人民币二万元;以卜某犯强奸罪、收买被拐卖的儿童罪,数罪并罚判处有期徒刑九年六个月;对其余6名同案犯分别判处有期徒刑四年六个月至二年不等。

【典型意义】

本案是一起幼女被连续拐卖并遭受性侵害的案例。被害人被拐卖三次,环节多、涉案人数多。检察机关在履行检察职能过程中注重细节审查、及时发现强奸事实后追加起诉并获得法院支持,有效维护了未成年人合法权益。

强化法律监督以案促改
细化落实校园安全规章制度

【基本案情】

李某系某小学教师,2017年6月先后在校内对3名7岁幼童实施猥亵,一审法院以猥亵儿童罪判处其有期徒刑四年六个月。河南省周口市人民检察院审查认为,李某在教室内实施猥亵,具有"在公共场所当众"实施的加重情节,法院判决未认定该情节导致量刑畸轻,遂依法抗诉。法院采纳抗诉意见,改判李某有期徒刑七年。同时,检察机关会同教育部门制定教师入职审查制度,联合开展防性侵专项督查，教育部门依据相关规定吊销李某教师资格证，将其录入从业禁止黑名单，并对该校校长予以免职处分，对主管部门负责人进行诫勉谈话，对辖区校园进行督导排查并加强师德教育，营造未成年人健康成长的安全校园环境。

【典型意义】

检察机关“以抗促治，以案促改”，通过依法坚决抗诉，严厉打击侵害未成年人犯罪，维护法律统一正确实施，会同教育部门全面落实和细化校园安全规章制度，参与推进校园安全体系建设。

被告人何某强奸、强迫卖淫、故意伤害被判死刑案

【基本案情】

被告人何某为达到利用幼女供他人嫖宿牟利的目的，单独或与他人伙同作案，使用诱骗、劫持手段，将被害人常某某(8 周岁)、有智力残疾的谢某某(13 周岁)、被害人杜某某(10 周岁)拘禁在出租房内。期间何某多次对三名被害人实施奸淫，并致常某某轻伤，杜某某轻微伤。何某还拍摄三名被害人裸体照片及视频并通过 QQ 发布招嫖信息，强迫三名被害人卖淫。

【裁判结果】

法院经审理认为，被告人何某采取诱骗、劫持等手段将不满十四周岁的幼女拘禁，后强奸并强迫其卖淫，其行为构成强奸罪、强迫卖淫罪；何某故意伤害他人身体健康，其行为还构成故意伤害罪，且具有强奸幼女多人、多次的情节，犯罪动机卑劣，性质、情节恶劣，手段残忍，人身危险性和社会危害性极大，罪行极其严重，应依法从重处罚。依照《中华人民共和国刑法》等相关规定，以强奸罪判处被告人何某死刑，剥夺政治权利终身；以强迫卖淫罪判处有期徒刑十五年，并处罚金人民币五万元；以故意伤害罪判处有期徒刑二年零六个月；决定执行死刑，剥夺政治权利终身，并处罚金人民币五万元。最高人民法院经复核，依法核准被告人何某死刑。何某已于 2019 年 7 月 24 日被执行死刑。

【典型意义】

性侵害未成年人的案件严重侵害未成年被害人的身心健康，严重影响广大人民群众安全感，性质恶劣，危害严重。对此类案件要坚决依法从重从快惩治，对罪行极其严重的，要坚决依法判处死刑，让犯罪分子受到应有制裁。

近年来，犯罪分子利用网络实施犯罪的案件有所增加。未成年人辨别能力、防范意识相对较弱，更容易成为受害对象。本案警示我们，一定要加强网络监管，加强对未成年人的网络保护；网络企业要强化社会责任，切实履行维护网络安全、净化网络空间的法律义务；学校、家庭要加强对未成年人使用网络情况的监督，教育引导未成年人增强自我保护意识和能力。

同时，本案也提示学校、老师、家庭、家长，一定要切实履行未成年人保护、监护法律责任。本案第三名被害人在上学途中被劫持，学校老师发现被害人未到校后及时通知家长，家长报案后，公安机关通过监控锁定犯罪分子的藏匿地点，及时解救了被害人，并将犯罪分子绳之以法，从而避免了犯罪分子继续为非作恶，更多未成年人受到侵害。

被告人赵某某强奸被判死刑案

【基本案情】

2015 年 6 月至 2017 年 1 月，被告人赵某某与同案被告人李某(女，已判刑)经共谋，由李某到河南省某县的初中学校寻找女生供赵某某奸淫。李某纠集刘某、吴某某、蒋某某、郝某(均另案处理)、谷某某、秦某某、李某某、赵某某(以上人员均系未成年人)等人，采取殴打、恐吓、拍下体照片威胁等手段，先后强迫被害人朱某某等在校初中女学生与赵某某发生性关系，共计 25 人 32 起，其中幼女 14 人 19 起。

【裁判结果】

法院经审理认为，被告人赵某某伙同他人采用暴力、胁迫或者其他手段，强奸妇女、奸淫幼女，其行为已构成强奸罪。赵某某犯罪性质特别恶劣，情节特别严重，社会危害性极大，造成了极为恶劣的社会影响。依照《中华人民共和国刑法》等相关规定，以强奸罪判处被告人赵某某死刑，剥夺政治权利终身。最高人民法院经复核，依法核准被告人死刑。赵某某已于 2019 年 6 月 4 日被执行死刑。

【典型意义】

性侵害未成年人犯罪，严重损害儿童权益，人民法院对此类犯罪历来坚持“零容忍”“严惩处”的立场。对犯罪性质、情节极其恶劣，后果极其严重的，坚决依法判处死刑，绝不姑息。本案被告人赵某某身为公司法定代表人，同时兼任多项社会职务，有着较高的社会地位，却道德败坏，做出如此令人发指之事。赵某某的行为虽未造成被害人重伤或死亡，但其罪行对被害人的心理和生理造成了无法弥补的伤害，社会危害性极大，影响极其恶劣。依法判处并对赵某某执行死刑，彰显了人民法院从严打击

性侵害未成年人犯罪绝不手软的鲜明立场和坚决态度。

被告人王某利用网络强奸被判死刑案

【基本案情】

2013年4月至2014年8月，被告人王某通过网络聊天、电话联系等方式，或经张某（另案处理，已判刑）、侯某某（未满十四周岁）等人介绍，以暴力、胁迫等强制手段强行与多名未成年被害人发生性关系，或明知多名被害人是不满十四周岁的幼女仍与之发生性关系，先后对14名被害人实施奸淫23次，其中不满十四周岁的幼女11人。

【裁判结果】

法院经审理认为，被告人王某采用暴力、胁迫手段强行与多名未成年被害人发生性关系，或明知多名被害人是未满十四周岁的幼女仍与其发生性关系，其行为已构成强奸罪。王某系累犯，依法应当从重处罚。被告人王某的行为致使被害人的身心受到极大摧残，其犯罪性质和情节极其恶劣，社会危害极大，罪行极其严重，应当予以严惩。依照《中华人民共和国刑法》等相关规定，以强奸罪判处被告人王某死刑，剥夺政治权利终身。最高人民法院经复核，依法核准被告人死刑。

【典型意义】

本案系一起典型的利用网络平台，以威逼利诱等方式，利用未成年少女和幼女自我保护意识弱，对之实施性侵害的刑事案件。在本案中，王某预谋犯罪时即选择在校学生作为奸淫对象，被害人案发时均系小学或初中在校学生，其行为挑战社会伦理道德底线，主观动机极其卑劣。王某的行为虽未造成被害人重伤或死亡，但对被害人生理心理造成严重摧残，社会危害性极大，影响极其恶劣。对王某判处并执行死刑，是严格公正司法的必然要求，是彰显公平正义的必然要求。

跨省对被害人甲巴某某司法救助案

【基本案情】

被害人甲巴某某（彝族）生前在渔船打工。2017年11月，甲巴某某在从事捕捞作业时与船员郭某因琐事发生争执厮打，郭某持刀捅刺甲巴某某，致其死亡。案件办理过程中，山东高院承办法官了解到被害人甲巴某某家深处四川大凉山腹地的昭觉县，是国家重点扶持贫困县，甲巴某某遇害后，留下6名未成年子女，妻子没有固定收入，家庭生活非常困顿。考虑到上述情况，承办法官向院司法救助委员会提出了司法救助申请。

【裁判结果】

山东高院司法救助委员会经审查认为，甲巴某某遇害后，其家庭生活困难，符合救助条件。为切实保护6名未成年子女的健康成长，本着“细致关怀、精准救助”的工作理念，用足用好司法救助政策，为其家庭申请了23万元司法救助金。

【典型意义】

未成年人司法救助是法院少年审判工作一项非常重要的延伸职能，本案是山东高院开展的首例跨省对少数民族未成年当事人进行司法救助的案件。为确保司法救助金能够切实保障孩子们的生活和学习，承办法官亲自将司法救助金和相关手续送到大山深处的被害人家，向被害人妻子讲解了司法救助的用意，与其签订了司法救助金使用监管协议，并邀请村支书作为保证人，由村支书监督救助金的使用情况。

经后续追踪，因为有司法救助金的支持，被害人的未成年子女的学习、生活和成长环境得到了极大的改善。这次跨省司法救助，在当地引发了强烈的社会反响，让更多更远的人了解到未成年人司法救助工作，感受到了司法的温度。

原告周某诉被告张某、第三人张某某健康权纠纷案

【基本案情】

第三人张某某未经行政机关许可、备案，在自住房内开办课外辅导班。被告张某在未取得相关资质的情况下，招收了原告周某等六名儿童，在张某某的培训场地开办中国舞培训班。2018年6月，周某练习下腰动作时，张某指示周某应加大下腰动作幅度，但未指导其适度动作，未予扶托保护，导致周某摔倒。周某回家当晚，发现有下肢肌力改变等症状，经多家医院住院治疗，后其伤情鉴定为三级伤残。周某遂提起诉讼，要求判令张某承担主要责任，张某某承担次要责任。

【裁判结果】

法院经审理认为，被告张某未取得相关资格证书，不具备儿童舞蹈教学的资格和能力，在培训教学中，未根据未成年人的生理特点合理安排练习和休息，在原告周某已连续多次下腰练习后指示周某加大动作幅度，且未予扶托保护，导致周某受到严重身体伤害。张某对周某受伤应承担主要过错责任。第三人张某某未经主管机构批准、备案开办校外培训机构，对张某是否具备舞蹈教学的能力和资质进行审查和监督，对周某受伤应承担次要责

任。判决被告张某赔偿原告周某各项损失948168.26元;第三人张某某赔偿原告周某各项损失222542元。

【典型意义】

近年来,校外教育培训市场繁荣,一定程度上为未成年人的全面发展提供了更多的选择。但由于监管机制和安全保障工作的不完善,未成年人在培训机构受到损害的事件屡见不鲜。培训机构及其从业人员因未履行安全保障义务导致未成年人受到伤害的,应当依法承担侵权责任。

本案也警示广大家长,在选择校外培训机构时,应认真审查培训机构的办学许可、备案登记情况,对培训机构的安全保障机制、培训人员的从业资质要尽可能有所了解,确保孩子在合法、规范、安全的培训机构接受教育。有关主管部门应当切实强化对校外培训机构的日常监管,对未经许可擅自开办的培训机构要及时取缔,对未履行从业人员资质审查、培训场所安全保障等义务的培训机构要依法惩处。

陈某被撤销监护权案

【基本案情】

陈某未婚生育一子小吕,小吕出生后被诊断患有多种疾病,治疗费用高昂且难以治愈。小吕生父瞿某因病身亡,陈某自小吕出生起便将小吕滞留在医院不予照料。法院以遗弃罪判处陈某有期徒刑十个月。小吕被送至上海市儿童临时看护中心。鉴于小吕生父身亡,母亲未尽监护人职责,且小吕祖辈均表示无力抚养小吕,上海市儿童临时看护中心向普陀区人民法院提起诉讼,要求撤销陈某的监护权,并指定第三人静安区某居委会作为小吕的监护人承担监护责任。

【裁判结果】

法院经审理认为,父母有抚养、教育和保护未成年子女,保障其健康成长的义务。被申请人陈某作为小吕的母亲,对患有多种疾病的小吕不履行监护职责,拒绝抚养,不提供小吕所必需的生活、医疗保障,严重侵害了未成年人的合法权益。故对申请人上海市儿童临时看护中心要求撤销陈某对小吕监护人资格的申请,依法予以支持。由于被监护人小吕目前没有其他亲属适合作为其监护人,第三人上海市静安区某居委会作为陈某户籍所在地居委会,表示愿意承担小吕的监护职责,故指定该居委会作为小吕监护人。

【典型意义】

本案是司法实践中多部门联合保护未成年人合法权益的典型案例。案件受理后,法院开展庭前社会调查,聘请社会观护员对相关监护人及本案的后续安置、抚养、审核监护机构资质等情况进行审查。在审理过程中,坚持依法高效原则,申请撤销监护人资格与申请确认监护人两案同时立案、同步审理、同日判决。在没有其他近亲属适合担任监护人的情况下,按照最有利于被监护人成长的原则,指定当地居委会担任小吕的监护人,避免被监护人出现监护真空的困境。宣判后,办案法院和法官持续对当事人进行跟踪回访,关爱观护其健康成长。

被告人林某某通过网约车猥亵儿童案

【基本案情】

2017年1月7日14时许,被告人林某某驾驶小型轿车通过滴滴软件平台接单,将独自一人坐车的被害人江某某(9岁)由本市某公交车站附近送往某小区。当车行至某中学侧门附近时,林某某为满足性欲,停车后露出下体欲让坐于副驾驶座的江某某抚摸,遭到拒绝后,又强行对江某某进行猥亵。

【裁判结果】

人民法院经审理认为,被告人林某某猥亵不满十四周岁的儿童,其行为已构成猥亵儿童罪。林某某猥亵儿童,依法应从重处罚。依据刑法有关规定,判决被告人林某某犯猥亵儿童罪,判处有期徒刑二年。

【典型意义】

近年来,网约车因便捷实用,使用人数较多,发展势头迅猛,但网约车监管漏洞引发的社会问题也逐渐暴露,网约车司机殴打、杀害乘客等新闻时常见诸报端。本案被害人母亲因临时有事,通过手机平台预约打车后,被害人在独自乘坐网约车过程中遭到司机猥亵。本案警示:家长要充分认识到未成年人自我防范和自我保护意识较弱这一特点,在无法亲自陪伴时,应尽量为未成年人选择公交车等规范交通工具以保证安全。网约车平台及管理部门要加强监管,提高车内安全监控技术水平,提高驾驶员入行门槛,加大身份识别力度,保障乘车安全。

施某通过裸贷敲诈勒索案

【基本案情】

2017年3月30日,被害人陈某(17岁,在校学生)通过QQ交流平台联系到被告人施某进行贷款。根据施某要求,陈某提供了裸照及联系方式,但施某并未贷款给陈某,而是以公开裸照信息威胁陈某,勒索人民币1000元,陈某一直未付款。施某进一步威胁陈某父母并索要人民币 3000 元，陈某家人未付款而向公安机关报案。因施某的敲诈行为，陈某害怕亲朋好友收到其裸照信息，故而休学在家，学习生活及心理健康遭受严重影响。

【裁判结果】

人民法院经审理认为，施某无视国家法律，以非法占有为目的，敲诈勒索他人财物，数额较大，其行为已构成敲诈勒索罪。施某敲诈勒索未成年人，可从重处罚。施某在犯罪过程中因意志以外的原因而未得逞，属于犯罪未遂，结合其被抓获后如实供述犯罪事实，依法可从轻处罚。依据刑法有关规定，判决施某犯敲诈勒索罪，判处有期徒刑十个月，并处罚金人民币二千元。

【典型意义】

"裸贷"是非法分子借用互联网金融和社交工具为平台和幌子，以让贷款人拍摄"裸照"作"担保"，非法发放高息贷款的行为。因"裸贷"被诈骗、被敲诈勒索的，时有发生。"裸贷"就像一个大坑，一旦陷入，后果不堪设想，有人失去尊严，有人被迫出卖肉体，有人甚至失去生命。本案警示：未成年人或者在校学生应当理性消费，如有债务危机，应当及时和家长沟通或者通过合法途径解决，不能自作主张进行网络贷款。以"裸"换"贷"，既有违公序良俗，也容易让自己沦为严重违法犯罪的受害者。对于已经"裸贷"的，如果遇到以公开自己裸照进行要挟的行为，一定要及时报警，寻求法律保护。

被告人庞某某等人约网友见面强奸案

【基本案情】

2013 年 6 月，被告人庞某甲（15 岁）与被告人庞某乙（18 岁）、周某甲（18 岁）、周某乙（15 岁）、黄某某（15 岁）在旅社房间住宿期间，庞某甲提议并经过同意后，通过 QQ 联系其在互联网上认识的被害人李某（女，13 岁，在校学生）到旅社房间。李某到达后随即被庞某甲、庞某乙、周某甲、周某乙、黄某某在房间内强行奸淫。另以相同方式，庞某甲、庞某乙还曾共同强奸李某 1 次，其中庞某乙强奸未遂；庞某甲还曾单独强奸李某 1 次。

【裁判结果】

人民法院经审理认为，被告人庞某甲单独或分别伙同被告人庞某乙、被告人周某甲、被告人周某乙、被告人黄某某以暴力、威胁手段在对同一幼女实施奸淫，其行为均已构成强奸罪。庞某甲、庞某乙、周某甲、周某乙、黄某某，奸淫未满十四周岁的幼女，庞某甲多次强奸未成年人，依法应从重处罚。庞某甲、周某乙、黄某某犯罪时不满十八周岁；周某乙能自动投案并如实供述犯罪事实，有自首情节；黄某某被抓获后如实供述犯罪事实；庞某乙、周某甲、周某乙、黄某某能赔偿被害人的经济损失，并获得被告人谅解，依法对庞某甲、庞某乙、周某甲从轻处罚，对周某乙、黄某某减轻处罚。依据刑法有关规定，判决被告人庞某甲犯强奸罪，判处有期徒刑十年六个月；判决被告人庞某乙犯强奸罪，判处有期徒刑十年五个月，剥夺政治权利二年；判决被告人周某甲犯强奸罪，判处有期徒刑十年四个月，剥夺政治权利二年；判决被告人周某乙犯强奸罪，判处有期徒刑七年；判决被告人黄某某犯强奸罪，判处有期徒刑七年。

【典型意义】

本案是一起利用网络聊天邀约未成年女学生见面后发生的严重强奸犯罪案件。随着网络科技应用普及，网络交友的便捷、新鲜感使得许多青少年频繁在网络上通过聊天软件交友，又从网上聊天走到现实见面交往。但是未成年人涉世未深，自我保护意识不强，对陌生人防范意识不高，尤其是未成年女性只身与网友见面存在诸多人身安全风险。本案被告人就是在网上邀约一名幼女见面后，与同案被告人对该幼女实施了多人轮奸犯罪行为。虽然被告人已被绳之以法，但已对被害人造成了无法弥补的身心伤害。本案警示：未成年人不宜使用互联网社交网络平台与陌生人交友，切莫单独与网友见面；在遭受侵害后，应立即告知家人并报警，不能因害怕而隐瞒，更不能因恐惧或欺骗再次与网友见面。家庭和学校应加强对未成年人法治教育和德育教育，尤其要提高未成年女学生的人身安全保护意识；及时了解子女网上交友情况。旅店应履行安全管理义务，加强对入住人员审查，尤其要对未与家长同行的未成年人或数名青少年集体开房情况予以警惕，防止违法犯罪情况发生。

杨某某假借迷信强奸案

【基本案情】

2016 年 6 月至 9 月，被告人杨某某利用网络通过 QQ 聊天工具，分别以"张某甲"、"张某乙"、"陈某"及"算命先生"身份与被害人刘某某（14 岁）、王某某（13 岁）、沈某某（15 岁）聊天，并以"算命先生"名义谎称被害人如想和"张某甲"等人生活幸福，必须先与"算命先生"发生性关系方可破解。杨某某以上述手段多次诱骗三名被害人在宾馆与其发生性关系。

【裁判结果】

人民法院经审理认为，被告人杨某某违背妇女意志，利用迷信、威胁等手段强行与被害妇女(幼女)发生性关系,其行为已构成强奸罪。杨某某奸淫未满十四周岁的幼女,强奸多名未成年人,依法应从重处罚。依据刑法有关规定,判决被告人杨某某犯强奸罪,判处有期徒刑十三年六个月,剥夺政治权利三年。

【典型意义】

本案是一起通过互联网交友诱骗、威胁少女实施性侵害的严重犯罪案件。三名被害人均是未成年人,其中一名为幼女。被告人通过一人分饰不同角色,利用未成年人年少、幼稚、胆小的弱势,采用迷信、威胁等手段发生性关系,严重损害未成年人身心健康。本案警示:互联网具有虚拟性,使用者可以不具有真实身份,用不同姓名、性别、年龄、职业与人交往,具有较强欺骗性,未成年人不宜使用互联网社交平台与陌生人交友,以免上当受骗。家长和学校要对未成年人加强性知识、性侵害防卫教育,及时了解子女网上交友情况。

乔某某以视频裸聊方式猥亵儿童案

【基本案情】

被告人乔某某为满足其不良心理需要,于2014年3月至8月间,在自住房电脑上,通过登录QQ添加不满十四周岁的幼女为其好友,并冒充生理老师以视频教学为名,先后诱骗多名幼女与其视频裸聊。

【裁判结果】

人民法院经审理认为,被告人乔某某以刺激或满足其性欲为目的,用视频裸聊方式对多名不满十二周岁的儿童实施猥亵,其行为已构成猥亵儿童罪。乔某某猥亵多名儿童,依法应从重处罚。乔某某被抓获后如实供述犯罪事实,依法可从轻处罚。依据刑法有关规定,判决被告人乔某某犯猥亵儿童罪,判处有期徒刑四年。

【典型意义】

被告人乔某某为了满足自身性欲,采用欺骗手段通过网络视频引诱女童脱光衣服进行裸聊,对儿童身心健康和人格利益造成侵害。这种非直接接触的裸聊行为属于猥亵行为。在互联网时代,不法分子运用网络技术实施传统意义上的犯罪,手段更为隐蔽,危害范围更为广泛。本案警示:未成年人,特别是儿童,不宜单独使用互联网,不宜使用互联网社交平台与陌生人交流,更不能与陌生人视频聊天。未成年人心智发育不完整,识别判断能力差,家长应该控制未成年人使用电子产品和互联网,尤其要关注未成年人使用网络社交平台与陌生人交流;要告知未成年人,无论何种理由,都不能在他人面前或视频下脱去衣服,遇到这种情况应该立即告知父母,中断联系。

叶某甲通过网络向未成年人贩卖毒品案

【基本案情】

被告人叶某甲(16岁,在校学生)与社会闲散人员交友,社会闲散人员询问叶某甲是否有朋友需要毒品,若有需求可以找其购买,并可以获得好处费。2017年1月至2月期间,叶某乙(15岁、在校学生)因朋友要吸毒请求叶某甲帮忙购买毒品,后通过QQ联系与叶某甲商定毒品交易地点、价格、数量。双方先后三次合计以800元价格交易共约1克甲基苯丙胺。

【裁判结果】

人民法院经审理认为,被告人叶某甲明知是毒品甲基苯丙胺仍多次予以贩卖,情节严重,其行为已构成贩卖毒品罪。叶某甲向在校未成年学生贩卖毒品,应从重处罚;叶某甲犯罪时已满十六周岁未满十八周岁,被抓获后如实供述犯罪事实,依法应当减轻处罚。依据刑法有关规定,判决被告人叶某甲犯贩卖毒品罪,判处有期徒刑一年十个月,并处罚金人民币三千元。

【典型意义】

本案是一起未成年人在校学生之间通过互联网联系后贩卖毒品案件。随着信息网络的普及,网络毒品犯罪呈快速蔓延之势,利用网络向未成年人贩卖毒品更具社会危害性。吸毒贩毒易滋生如卖淫、盗窃、抢劫等其他犯罪行为,涉毒人员也是艾滋病的高危人群。当前,毒品犯罪已由社会进入校园、进入未成年人生活领域,要引起各界高度重视。本案警示:未成年人要正确交友,避免与不良社会闲散人员交往;要深刻认识毒品的危害性,避免被他人引诱沾染恶习。家长要认真履行监护责任,帮助子女禁绝接触毒品的可能性;要经常与子女沟通,及时了解子女生活、学习、交友情况,避免未成年人走上犯罪道路。

被告人刘某某提供虚假网络技术诈骗案

【基本案情】

2015年8月份,被告人刘某某在互联网发布传授入侵他人电脑技术、教做外挂及教他人用代码开通永久会员等虚假信息,以招收学员骗取费用。被害人张某某(10岁,在校学生)浏览该信息后,通过QQ与刘某某取得联系,并用其父手机通过"支付宝"向刘某某付费,欲学习网络游戏技术,刘某某谎称可以向张某某提供游戏源代码以帮其在网络游戏中获益。而后，刘某某通过互联网多次向张某某出售与其宣扬不符或不能使用的“网游外挂”及配套使用的“模块”，骗取张某某付款共计人民币13 3079.6元。案发后，刘某某亲属向张某某亲属退赔全部经济损失，张某某对刘某某表示谅解。

【裁判结果】

人民法院经审理认为，被告人刘某某以非法占有为目的，利用互联网发布虚假信息多次骗取他人现金，数额巨大，其行为已构成诈骗罪。刘某某利用互联网发布虚假信息，对不特定多数人实施诈骗，可酌情从严惩处。刘某某被抓获后如实供述犯罪事实，亲属代其退赔全部经济损失，获得被害人谅解，依法可从轻处罚。依据刑法有关规定，判决被告人刘某某犯诈骗罪，判处有期徒刑三年，并处罚金人民币五千元。

【典型意义】

随着我国互联网的迅猛发展，网民规模越来越大，网络用户呈低龄化的特点。青少年由于缺乏独立经济能力，又有一定消费需求，加上身心发展尚未成熟，对虚拟网络交易风险缺乏防范意识，很容易成为网络诈骗分子的“囊中之物”。本案被告人利用被害人未成年、社会经验不足，加之被害人家长对孩子日常生活交易常识缺乏教育、引导和监督，轻易利用互联网骗取张某某13万余元。本案警示：家长要依法履行监护责任，对未成年人使用电子产品和互联网的时间和内容等要进行引导、监督；要配合电子产品有关功能，及时了解子女用网安全；对孩子可能接触到的大额财物要严加管理，避免陷入网络诈骗。

江某某网上虚假销售诈骗案

【基本案情】

被告人江某某在互联网上以虚假出售二手手机的方法实施诈骗，于2017年7月11日骗取被害人李某甲（在校学生）人民币4000元，于同月20日至22日骗取被害人李某乙（16岁，在校学生）人民币900元。江某某的亲属代其退缴赃款人民币4900元。

【裁判结果】

人民法院经审理认为，被告人江某某以非法占有为目的，利用互联网发布虚假信息骗取他人财物，数额较大，其行为已构成诈骗罪。江某某利用互联网发布虚假信息，对不特定多数人实施诈骗，可酌情从严惩处。江某某被抓获后如实供述犯罪事实，退赔全部经济损失，依法可从轻处罚。依据刑法有关规定，判决被告人江某某犯诈骗罪，判处有期徒刑八个月，并处罚金人民币五千元。

【典型意义】

本案是利用互联网通过诈骗方式侵害学生合法权益案件。当下，互联网蓬勃发展，学生们广泛运用，但学生的甄别能力不强，自我保护意识薄弱，上当受骗几率较高。本案警示：未成年人在互联网上购物要提高警惕，事先要经父母同意，不得擅自而为。家长要教育子女网上交易的风险，并及时了解子女需求，帮助子女完成网上交易活动。网络电商管理平台应加强对商户资质和日常资信审查，减少、避免网络诈骗等违法犯罪行为的发生。

王某以招收童星欺骗猥亵儿童案

【基本案情】

2017年4月至6月间，被告人王某利用网上QQ聊天软件，以某公司招收童星需视频考核为名，先后诱骗被害人赵某某（女，10岁）、钱某某（女，12岁）、李某某（女，12岁）与其视频裸聊。

【裁判结果】

人民法院经审理认为，被告人王某以视频裸聊方式猥亵儿童，其行为已构成猥亵儿童罪。王某猥亵儿童，依法应从重处罚。王某被抓获后能如实供述犯罪事实，依法可从轻处罚。依据刑法有关规定，判决被告人王某犯猥亵儿童罪，判处有期徒刑一年十个月。

【典型意义】

网络色情信息的高强度刺激可能使青少年沉溺其中，甚至走上犯罪道路。本案被告人审判时年仅20岁，在玩游戏时被当成女性，收到私聊和广告要求其裸聊和做动作，了解了这种方法之后，由于正值青春期，也想尝试一下，于是编造传媒公司名字，以招收童星考核身材为名，要求幼女与其裸聊，寻求刺激。本案被害人都是幼女，对于不良信息的辨别力差，缺乏基本性知识，对自己行为的性质没有清晰认识，希望成为童星因此被利用。在这个过程中，父母的监管是缺失的，孩子的网络行为没有受到干预和引导，对他们接受的网络信息缺乏甄选。本案警示：家长对孩子使用电子产品和互联网行为不能不管不问，要帮助子女识别色情、暴力、毒品信息，否则极有可能使孩子受到网络色情、暴力、毒品的侵害；要加强对未成年子女的自我保护和风险防范教育。互联网监管部门，应该加强净化网络环境治理，设置浏览级别限制，引导未成年人正确使用网络，促进其健康成长。

付某某诉某网络公司、某教育中心名誉权、隐私权纠纷案

【基本案情】

2014年2月至同年6月，路透社经与某教育中心联系，某教育中心口头同意路透社前往该中心进行采访。路透社与某网络公司签订协议，某网络公司于2014年7月1日至2015年6月30日期间可转载其文件。2014年7月7日，某网络公司旗下的某网站刊出一组《探访北京戒网瘾学校》相关内容的照片和文章，相关网页第一张照片为付某某正面全身照，该图片为付某某坐在汽车后排座中间，左右各有一名成年人。付某某头微微低下，目光朝下，但图片没有打马赛克或者做其他模糊处理。该图片配有说明："北京某教育中心是一所戒网瘾学校，学校通过军事化管理帮助青少年戒除网瘾。目前，类似这样的戒网瘾学校在中国已经多达250所。为了帮助孩子戒除网瘾，很多父母将孩子送到戒网瘾学校，让他们接受心理测验和军事化训练。"另，付某某全身照还出现在第二十一张照片中，该图片中付某某身穿便装，在沙发上与另外两名身着迷彩服的同龄女生交谈。付某某手托下巴，头朝向另外两名女生。该照片配有说明："5月22日，北京某教育中心，一名刚到中心的女孩子正与其他学生交谈，在父母的要求下，这名女孩到这里戒瘾。"

【裁判结果】

人民法院经审理后认为，网络服务提供者在刊载网络信息时，应特别注意对未成年人个人隐私和个人信息的保护。某网络公司旗下的某网站作为网络服务提供者，转载《探访北京戒网瘾学校》相关内容的照片和文章中，未经法定代理人同意使用未成年人付某某的正面全身照且对其面部图像未进行模糊处理。两张照片均可清晰的辨认出是付某某本人，并配有"一名上网成瘾的女孩"和"这名女孩到这里戒瘾"等文字，侵犯了未成年人隐私权。因某网络公司在国内的影响力，该组照片和文章被大量点击和转载，造成了付某某名誉权受到侵害的事实。依据民法有关规定，判决某网络公司在其某网站上发布向付某某赔礼道歉声明，赔偿付某某精神损害抚慰金一万元、公证费二千五百元、律师费三万元。

【典型意义】

本案中，某网络公司转载的是其他新闻从业机构的新闻成果，并非亲自采访所得，此时新闻转载者也要对新闻内容进行合理审查，确保真实性。某网络公司虽与路透社签订有转载新闻的协议，具有合法转载路透社新闻的权利，但这不能免除其对新闻内容进行合理审查的义务。某网络公司没有尽到善良管理人必要的注意审查义务，所转载的新闻存在基本事实错误，同时还将未成年人个人隐私予以公开，不仅侵害了未成年人的名誉权，也侵害了其隐私权，给未成年人成长带来不利影响。本案警示：新闻自由并非毫无边界，网络服务提供者在转载新闻时，应承担法律规定的审慎义务，特别是在关涉未成年人或重大敏感事件时要更加慎重，不能侵害他人的合法权益。

被告人余镇、高敏拐卖儿童、被告人黄思美收买被拐卖的儿童案

【基本案情】

2015年9月，被告人余镇的妻子周某怀孕，2015年底，余镇让被告人高敏寻找需要婴儿并能支付6万元"营养费"的人。经高敏联系，被告人黄思美因儿媳结婚多年未生育，愿意收养。经协商，余镇同意以5.6万元的价格将婴儿"送"给黄思美。2016年6月21日，余镇以假名为周某办理住院手续，次日周某生育一男婴。6月23日，余镇以给孩子洗澡为由私自将男婴从家中抱走送给黄思美，得款5.6万元。黄思美将男婴带至安徽省淮北市相山区家中抚养。男婴母亲周某获悉后到公安机关报案，公安人员至黄思美住处将被拐卖的男婴解救。

【裁判结果】

安徽省淮北市相山区人民法院经审理认为，被告人余镇以非法获利为目的出卖亲生子，被告人高敏居间介绍，二被告人的行为均已构成拐卖儿童罪。被告人黄思美对被拐卖的儿童予以收买，其行为构成收买被拐卖的儿童罪。高敏在共同犯罪中起次要作用，系从犯，可依法减轻处罚。黄思美收买被拐卖的儿童抚养，对被拐卖的儿童没有虐待，未阻碍解救，可依法从轻处罚。依照刑法有关规定，以拐卖儿童罪判处被告人余镇有期徒刑五年，并处罚金人民币三万元；以拐卖儿童罪判处被告人高敏有期徒刑三年，缓刑三年，并处罚金人民币一万元；以收买被拐卖的儿童罪判处被告人黄思美有期徒刑六个月，缓刑一年。宣判后，余镇提出上诉。安徽省淮北市中级人民法院经依法审理，裁定驳回上诉，维持原判。判决已发生法律效力。

【典型意义】

本案是一起出卖亲生子女构成犯罪的典型案例。当前，在司法机关严厉打击下，采取绑架、抢夺、偷盗、拐骗等手段控制儿童后进行贩卖的案件明显下降，但父母出

卖亲生子女的案件仍时有发生。子女不是父母的私有财产，孩子应该享有独立人格尊严，绝不允许买卖。根据2010年《最高人民法院、最高人民检察院、公安部、司法部关于依法惩治拐卖妇女儿童犯罪的意见》有关规定，以非法获利为目的，出卖亲生子女的，应当以拐卖妇女、儿童罪论处。本案中，被告人余镇在妻子怀孕期间即联系被告人高敏物色买家，商定价格，妻子生育后采取欺骗方式将婴儿抱走卖给他人，故法院依法以拐卖儿童罪对其定罪判刑。没有买就没有卖，收买与拐卖相伴而生，《刑法修正案(九)》对收买被拐卖的妇女、儿童罪作了重大修改，删除了原规定具备特定情节可以不追究刑事责任的条款，体现了对买方加大惩治力度的精神。本案被告人黄思美主观上虽然是为帮助他人收养而收买被拐卖的儿童，但其行为同样构成犯罪，法院对其依法定罪判刑，具有重要警示教育意义。

被告人卢晓旭拐骗儿童案

【基本案情】

2015年9月20日16时许，被告人卢晓旭(女)以收取卫生费为名，在天津市河西区上门行骗时，见被害人夏某(女，13岁)独自在家，意欲让夏某跟随其一起行骗，遂谎称与夏某父亲相识，骗取夏某信任后将夏某从家中带离，致使夏某脱离监护人监管。后因发现夏某不具备与其共同行骗的可能性，卢晓旭于同年9月23日晚带夏某搭乘出租车，后借故离开，将夏某独自留在车内。出租车司机了解情况后，将夏某送回家中。同月24日，公安人员将卢晓旭抓获。

【裁判结果】

天津市河西区人民法院经审理认为，被告人卢晓旭以欺骗的方法拐骗儿童脱离家庭和监护人监管，其行为已构成拐骗儿童罪。卢晓旭到案后如实供述自己的罪行，依法可从轻处罚。依照刑法有关规定，以拐骗儿童罪判处被告人卢晓旭有期徒刑二年六个月。宣判后，卢晓旭未提出上诉，检察机关未抗诉，判决已发生法律效力。

【典型意义】

家庭监护是保护儿童安全的最重要方式。家长对儿童的监护权以及儿童受家长的保护权均受法律保护，他人未经监护人同意或授权，不得以任何形式私自将儿童带走，使之脱离家庭和监护人。根据我国刑法第二百六十二条规定，拐骗不满14周岁的未成年人脱离家庭或者监护人的行为，构成拐骗儿童罪。本案被告人卢晓旭拐骗儿童的目的虽然不是为了出卖，在拐骗过程中也没有实施其他加害行为，但其编造谎言，将未满14周岁的儿童从家中骗出，使之长时间脱离家长的监护，侵犯了家长对儿童的监护权及儿童受家长保护权，也严重威胁到儿童的人身安全，已构成犯罪。法院对本案被告人的依法惩处，彰显了对家庭关系和儿童合法权益的保护力度，同时也昭告大众，在未经家长同意和授权的情况下，不论以何种形式私自将儿童带走，使之脱离家庭和监护人的行为都是违法行为，都将受到法律的惩处。拐骗儿童的犯罪行为，使受骗儿童的心灵遭受严重创伤，给儿童的父母和其他亲人造成极大的痛苦，也给群众的正常生活秩序带来威胁。因此，不论其动机、目的如何，都不应轻视其社会危害性，必须给予应有的惩处。

被告人王思琦虐待案

【基本案情】

2010年6月，被告人王思琦与丈夫廖某1离异并获得女儿廖某2(被害人，2007年1月出生)的抚养权，后王思琦将廖某2带至上海生活。2014年6月至2015年4月，王思琦在家全职照顾女儿廖某2学习、生活。其间，王思琦以廖某2撒谎、学习不用功等为由，多次采用用手打、拧，用牙咬，用脚踩，用拖鞋、绳子、电线抽，让其冬天赤裸躺在厨房地板上，将其头塞进马桶，让其长时间练劈叉等方式进行殴打、体罚，致廖某2躯干和四肢软组织大面积挫伤。虽经学校老师、邻居多次劝说，王思琦仍置若罔闻。经鉴定，廖某2的伤情已经构成重伤二级。

【裁判结果】

上海市长宁区人民法院经审理认为，被告人王思琦以教育女儿廖某2为由，长期对尚未成年的廖某2实施家庭暴力，致廖某2重伤，其行为已构成虐待罪。鉴于王思琦案发后确有悔改表现，并表示愿意接受心理干预、不再以任何形式伤害孩子，对其适用缓刑不致再危害其孩子及社会，法院依法判决：被告人王思琦犯虐待罪，判处有期徒刑二年，缓刑二年；被告人王思琦于缓刑考验期起六个月内，未经法定代理人廖某1同意，禁止接触未成年被害人廖某2及其法定代理人廖某1。宣判后，王思琦未提出上诉，检察机关未抗诉，判决已发生法律效力。

【典型意义】

本案是一起母亲虐待亲生女儿致重伤被判刑的典型案例。被告人王思琦身为单亲母亲，独自抚养孩子，承受较大的家庭和社会压力，其爱子之心可鉴，望女成才之愿迫切，但采取暴力手段教育孩子，并造成重伤的严重后果,其行为已经远远超越正常家庭教育的界限,属于家庭暴力。这不仅不能使孩子健康成长,反而给孩子造成了严重的身心伤害,自己也受到了法律的制裁。

实践中,监护人侵害其所监护的未成年人的现象时有发生,但由于未成年人不敢或无法报警,难以被发现。有的即使被发现,因认为这是父母管教子女,属于家务事,一般也很少有人过问,以致此类案件有时难以得到妥善处理。长此以往,导致一些家庭暴力持续发生并不断升级。2016 年 3 月 1 日施行的《反家庭暴力法》,正式确立了学校、医院、村(居)民委员会、社会服务机构等单位发现儿童遭受家庭暴力后有强制报告的义务。本案即是被害人的老师发现被害人身上多处伤痕后,学校报警,公安机关及时立案,得以使本案进入司法程序。未成年人的健康成长,不仅需要家长关爱,也需要全社会的共同关爱和法律的强有力保障。本案中,公安、民政、教育等部门及时向被害人伸出了援助之手,使得被害人的合法权益得到了及时有效的保护。

被告人潘德峰强制猥亵案

【基本案情】

被告人潘德峰原系辽宁省沈阳市某学校兼职教师。2015 年 11 月至 2016 年 4 月期间,潘德峰分别将其学生吴某某(被害人,男,时年 16 岁)、赵某某(被害人,男,时年 16 岁)、朱某某(被害人,男,时年 16 岁)带至其家中,以不喝酒就是不尊敬老师为名,强行将 3 名被害人灌醉后留宿,乘被害人睡觉之际对 3 名被害人多次实施猥亵。

【裁判结果】

辽宁省沈阳市沈北新区人民法院经审理认为,被告人潘德峰利用教师身份,向被害人施压、劝酒致被害人醉酒,后乘被害人睡觉之际实施猥亵行为,已构成了强制猥亵罪。依照刑法有关规定,以强制猥亵罪判处被告人潘德峰有期徒刑三年。宣判后,潘德峰未提出上诉,检察机关未抗诉,判决已发生法律效力。

【典型意义】

本案是一起男教师强制猥亵未成年男学生的典型案例。未成年人身心发育尚不成熟,缺乏自我保护意识和能力,容易受到性侵害。多年来,我国刑法一直注重对妇女、儿童性权利的保障,但对 14 岁以上男性未成年人性权利的保障有所忽略。同时,整个社会对男性未成年人预防性侵害的教育也相对缺乏。家长和学校的忽视,容易使男性未成年人欠缺自我性保护的意识,也使得性侵男性未成年人的犯罪不容易被发现。2015 年 11 月 1 日施行的《刑法修正案(九)》第十三条,将刑法原第二百三十七条关于强制猥亵、侮辱妇女罪的相关规定修改为:"以暴力、胁迫或者其他方法强制猥亵他人或者侮辱妇女的,处五年以下有期徒刑或者拘役。"扩大了强制猥亵的犯罪对象,将男性成年人及未成年人均涵盖在内。这意味着,凡是违背他人意志,实施强制猥亵行为的,不论猥亵的对象是女性还是男性,不论是未成年人还是成年人,均构成犯罪。

本案被告人潘德峰对多名未成年男学生实施性侵害,已触犯刑法,构成强制猥亵罪。潘德峰作为教师,系对未成年学生负有特殊职责的人员,法院依法判处其有期徒刑三年,体现了对此类犯罪从严惩处、绝不姑息的态度。本案的发生提示我们,一方面应加强对男性未成年人防范性侵害知识教育,提高他们安全防范及自我保护的意识和能力;另一方面教育培训机构应进一步加强对所选聘、任用教师的审核、监督和管理。

被告人李轶强奸案

【基本案情】

被告人李轶曾因犯奸淫幼女罪被判处有期徒刑十年,2004 年 7 月 20 日刑满释放。2009 年暑期至 2011 年 6 月,李轶采取带被害人外出玩耍、送钱、送小人书等手段,先后将 14 名 6 至 7 岁的幼女诱骗至湖南省古丈县某山坡、某农贸市场楼梯间及其父在该县某单位的单元房等处,实施奸淫 26 次。其中,李轶于 2011 年五六月间,6 次进入古丈县某小学校园内,从教室里或操场上,先后将 8 名小学一年级女生诱骗至其父单元房内奸淫,2 名幼女遭多次侵害。

【裁判结果】

湖南省湘西土家族苗族自治州中级人民法院经审理认为,被告人李轶以诱骗的方法奸淫幼女的行为构成强奸罪。李轶曾因奸淫幼女被判处有期徒刑十年,刑满释放后仍不思悔改,继续针对幼女实施性侵害,所犯罪行极其严重,社会危害极大,且系累犯,应依法从重处罚。依照刑法有关规定,以强奸罪判处被告人李轶死刑,剥夺政治权利终身。经最高人民法院核准,李轶已被执行死刑。

【典型意义】

本案是一起典型的诱骗无知幼女实施性侵害的严重犯罪案件。根据我国刑法第二百三十六条的规定,奸淫不满 14 周岁幼女的,以强奸论,从重处罚;奸淫幼女多人的,处十年以上有期徒刑、无期徒刑或者死刑。根据最高人民法院、最高人民检察院、公安部、司法部 2013 年 10

月联合颁布的《关于依法惩治性侵害未成年人犯罪的意见》的规定，对不满12周岁的儿童实施强奸行为的、多次实施强奸犯罪的、有强奸犯罪前科劣迹的，更要依法从严惩处。被告人李轶曾因犯奸淫幼女罪被判处有期徒刑十年，刑满释放后仍不思悔改，在近两年时间内强奸14人26次，被害人均系六七岁的幼女，犯罪情节特别恶劣，罪行极其严重，社会危害极大。法院依法对李轶判处死刑，充分体现了严惩严重性侵害犯罪和保护未成年人的精神。

本案中，被告人李轶性侵14名幼女，持续时间长，犯罪次数多，其中有12名幼女是同一所小学一、二年级的学生，大多数学生被侵害后，并未意识到自己已遭受犯罪侵害，既未向老师反映，也未向家长诉说，凸显了我国目前对儿童性别意识及人身安全意识教育的缺位；被告人李轶多次自由出入校园甚至进入教室，将小学女生骗出实施奸淫，凸显了学校在校园安全管理上的不足；本案多名被害人的家长明知李轶有性犯罪前科，却疏于防范，凸显了家长在对孩子监护看管上的疏忽；李轶之前曾因犯奸淫幼女罪被判刑，出狱后仍居住在经常接触到幼女的社区，对其缺乏有效的监管，亦给其再次实施犯罪提供了可乘之机。本案再次启示我们，应进一步加强对未成年人的性教育，提高其自我保护的意识和能力；强化家长、老师的安全防范意识，切实加强校园安全管理，共建平安校园；进一步建立健全预防性侵未成年人犯罪的制度机制，加强对性犯罪前科人员的监管，共同筑牢家庭、学校、社会三道防线，最大限度地预防和减少此类案件的发生。

附　录

资料补充栏

全部教育部令文件汇总

令号	文件名称	公布日期	时效性	备注	本书页码
教育部令第1号	特殊教育学校暂行规程	1998.12.02	已修改	被教育部令第30号修改	408
教育部令第2号	中华人民共和国教育部"中国语言文化友谊奖"设置规定	1999.03.15			71
教育部令第3号	高等学校知识产权保护管理规定	1999.04.08			247
教育部令第4号	中小学接受外国学生管理暂行办法	1999.07.21	已失效	被教育部、外交部、公安部令第42号废止	
教育部、公安部、国家工商行政管理局令第5号	自费出国留学中介服务管理规定	1999.8.24	已失效	被教育部令第38号废止	
教育部、公安部、国家工商行政管理局令第6号	自费出国留学中介服务管理规定实施细则(试行)	1999.08.24	已失效	被教育部令第38号废止	
教育部令第7号	中小学教师继续教育规定	1999.09.13			171
教育部令第8号	中小学校长培训规定	1999.12.30	已修改	被教育部令第30号修改	163
教育部、外交部、公安部令第9号	高等学校接受外国留学生管理规定	2000.01.31	已失效	被教育部、外交部、公安部令第42号废止	
教育部令第10号	《教师资格条例》实施办法	2000.09.23			569
教育部令第11号	中小学教材编写审定管理暂行办法	2001.06.07	已失效	被教育部令第48号废止	
教育部令第12号	学生伤害事故处理办法	2002.08.21	已修改	被教育部令第30号修改	652
教育部令第13号	学校艺术教育工作规程	2002.07.25			620
教育部、卫生部令第14号	学校食堂与学生集体用餐卫生管理规定	2002.9.20	已失效	被教育部、国家市场监督管理总局、国家卫生健康委员会令第45号废止	
教育部令第15号	高等学校境外办学暂行管理办法	2002.12.31	已失效	被教育部令第38号废止	
教育部令第16号	普通话水平测试管理规定	2003.05.21	已失效	被教育部令第51号废止	
教育部令第17号	教育系统内部审计工作规定	2004.04.13	已失效	被教育部令第47号废止	
教育部令第18号	国家教育考试违规处理办法	2004.05.19	已修改	被教育部令第38号修改	74
教育部令第19号	汉语作为外语教学能力认定办法	2004.08.23			572
教育部令第20号	中华人民共和国中外合作办学条例实施办法	2004.06.02			557
教育部令第21号	普通高等学校学生管理规定	2005.03.25	已失效	被教育部令第41号废止	
教育部令第22号	实施教育行政许可若干规定	2005.04.21			72
教育部、公安部、司法部、建设部、交通部、文化部、卫生部、国家工商行政管理总局、国家质量监督检验检疫总局、新闻出版总署令第23号	中小学幼儿园安全管理办法	2006.06.30			648

续表

令号	文件名称	公布日期	时效性	备注	本书页码
教育部令第 24 号	普通高等学校辅导员队伍建设规定	2006. 07. 23	已失效	被教育部令第 43 号废止	
教育部令第 25 号	民办高等学校办学管理若干规定	2007. 02. 03	已修改	被教育部令第 33 号修改	527
教育部令第 26 号	独立学院设置与管理办法	2008. 02. 22	已修改	被教育部令第 38 号修改	270
教育部令第 27 号	高等学校档案管理办法	2008. 08. 20			250
教育部、公安部令第 28 号	高等学校消防安全管理规定	2009. 10. 19			253
教育部令第 29 号	高等学校信息公开办法	2010. 04. 06			258
教育部令第 30 号	教育部关于修改和废止部分规章的决定	2010. 12. 13			
教育部令第 31 号	高等学校章程制定暂行办法	2011. 11. 28			261
教育部令第 32 号	学校教职工代表大会规定	2011. 12. 08			573
教育部令第 33 号	教育部关于修改《国家教育考试违规处理办法》的决定	2012. 01. 05			
教育部令第 34 号	学位论文作假行为处理办法	2012. 11. 13			372
教育部令第 35 号	高等学校学术委员会规程	2014. 01. 29			263
教育部令第 36 号	普通高等学校招生违规行为处理暂行办法	2014. 07. 08			204
教育部令第 37 号	普通高等学校理事会规程(试行)	2014. 07. 16			266
教育部令第 38 号	教育部关于废止和修改部分规章的决定	2015. 11. 10			
教育部令第 39 号	幼儿园工作规程	2016. 01. 05			113
教育部令第 40 号	高等学校预防与处理学术不端行为办法	2016. 06. 16			206
教育部令第 41 号	普通高等学校学生管理规定	2017. 02. 04			209
教育部、外交部、公安部令第 42 号	学校招收和培养国际学生管理办法	2017. 03. 20			495
教育部令第 43 号	普通高等学校辅导员队伍建设规定	2017. 09. 21			281
教育部令第 44 号	教育统计管理规定	2018. 06. 25			78
教育部、国家市场监督管理总局、国家卫生健康委员会令第 45 号	学校食品安全与营养健康管理规定	2019. 02. 20			632
教育部令第 46 号	新时代高等学校思想政治理论课教师队伍建设规定	2020. 01. 16			283
教育部令第 47 号	教育系统内部审计工作规定	2020. 03. 20			81
教育部令第 48 号	教育部关于废止部分规章的决定	2020. 12. 02			
教育部令第 49 号	中小学教育惩戒规则(试行)	2020. 12. 23			156

续表

令号	文件名称	公布日期	时效性	备注	本书页码
教育部令第 50 号	未成年人学校保护规定	2021. 06. 01			669
教育部令第 51 号	普通话水平测试管理规定	2021. 11. 27			575
教育部令第 52 号	中小学法治副校长聘任与管理办法	2021. 12. 27			164
教育部令第 53 号	校外培训行政处罚暂行办法	2023. 8. 23			535
教育部令第 54 号	信息技术产品国家通用语言文字使用管理规定	2023. 1. 3			83
国家体育总局、教育部令第 15 号	少年儿童体育学校管理办法	2011. 09. 02			616
国家体育总局、教育部令第 14 号	中等体育运动学校管理办法	2011. 08. 31			332
卫生部、教育部令第 76 号	托儿所幼儿园卫生保健管理办法	2010. 09. 06			118

全部国家教育委员会令文件汇总

令号	文件名称	发布日期	时效性	备注	本书页码
国家教育委员会令第 1 号	国家教育委员会行政法规、规章发布办法	1989. 03. 17			66
国家教育委员会令第 2 号	幼儿园工作规程(试行)	1989. 06. 05	已失效	被教育部令第 39 号废止	
国家教育委员会令第 3 号	地方教育电视台站设置管理规定	1989. 08. 01	已失效	被《教育电视台站管理规程》(教电〔1997〕4 号)废止	
国家教育委员会令第 4 号	幼儿园管理条例	1989. 09. 11			111
国家教育委员会令第 5 号	电视师范教育管理办法(试行)	1989. 09. 14			571
国家教育委员会令第 6 号	普通高等学校档案管理办法	1989. 10. 10	已失效	被教育部令第 27 号废止	
国家教育委员会令第 7 号	普通高等学校学生管理规定	1990. 01. 20	已失效	被教育部令第 21 号废止	
国家教育委员会令第 8 号、国家体育运动委员会令第 11 号	学校体育工作条例	1990. 03. 12	已修改	被国务院令第 676 号修改	609
国家教育委员会令第 9 号	教育系统内部审计工作规定	1990. 05. 03	已失效	被国家教育委员会令第 24 号废止	
国家教育委员会令第 10 号、卫生部令第 1 号	学校卫生工作条例	1990. 06. 04			630
国家教育委员会令第 11 号	教学仪器优质产品评选办法	1990. 12. 10			67
国家教育委员会令第 12 号	对外汉语教师资格审定办法	1990. 06. 23	已失效	被教育部令第 19 号废止	
国家教育委员会令第 13 号	高等学校校园秩序管理若干规定	1990. 09. 18			274

续表

令号	文件名称	发布日期	时效性	备注	本书页码
国家教育委员会令第 14 号	普通高等学校教育评估暂行规定	1990. 10. 31			245
国家教育委员会令第 15 号	教育督导暂行规定	1991. 04. 26	已失效	被教育部令第 48 号废止	
国家教育委员会令第 16 号	中等专业教育自学考试暂行规定	1991. 06. 12			390
国家教育委员会令、公安部令第 17 号	社会力量办学印章管理暂行规定	1991. 08. 21	已失效	被教育部令第 48 号废止	
国家教育委员会令第 18 号	高等学校招生全国统一考试管理处罚暂行规定	1992. 02. 02			199
国家教育委员会令第 19 号	中华人民共和国义务教育法实施细则	1992. 03. 14	已失效	被国务院令第 516 号废止	
国家教育委员会令第 20 号	高等学校实验室工作规程	1992. 06. 27			202
国家教育委员会令第 22 号	高等教育自学考试命题工作规定	1992. 10. 26			392
国家教育委员会令第 23 号	教师和教育工作者奖励暂行规定	1992. 10. 26	已失效	被《教师和教育工作者奖励规定》(教人〔1998〕1 号)废止	
国家教育委员会令第 24 号	教育系统内部审计工作规定	1996. 04. 05	已失效	被教育部令第 17 号废止	
国家教育委员会令第 25 号	幼儿园工作规程	1996. 03. 09	已失效	被教育部令第 39 号废止	
国家教育委员会令第 26 号	小学管理规程	1996. 03. 09	已修改	被教育部令第 30 号修改	160
国家教育委员会令第 27 号	教育行政处罚暂行实施办法	1998. 03. 06			68